이화여자대학교 한국문화연구원 해제번역총서

근대 역사 교과서
1

| 저자 |

현채(玄采, 1856~1925)는 개화기의 사학자·계몽운동가·서예가이다. 번역관, 외국어학교·한성사범학교의 부교관, 학부 편집국 위원 등을 지낸 후 출판업자, 계몽운동가로 활약하였다. 『보통교과 동국역사』, 『중등교과 동국사략』, 『만국사기(萬國史記)』, 『월남망국사』, 『유년필독』, 『대한지지(大韓地誌)』 등의 저서와 역서를 남겼다.

| 역자 |

나애자(羅愛子)는 이화여자대학교 사학과를 졸업하고 동대학원에서 석박사 학위를 받았다. 현재 국사편찬위원회에서 편사연구관으로 일하고 있다. 주요 논저로는 「근대적 통신기술과 식민지 한국인의 삶」, 「일제강점기 전기통신의 이용과 사회상의 변화」, 「대한제국의 권력구조와 광무개혁」, 「개항 후 외국상인의 침투와 조선상인의 대응」 등의 논문과, 박사학위논문을 엮어 펴낸 『한국근대해운업사연구』(국학자료원, 1998) 등이 있다.

이화여자대학교 한국문화연구원 해제번역총서

근대 역사 교과서 1

초판 인쇄 2011년 6월 20일 **초판 발행** 2011년 6월 30일

저자 현 채 **역자** 나애자 **펴낸이** 박성모 **펴낸곳** 소명출판 **출판등록** 제13-522호

주소 서울시 서초구 서초동 1621-18 란빌딩 1층

전화 02-585-7840 **팩스** 02-585-7848 **전자우편** somyong@korea.com **홈페이지** www.somyong.co.kr

값 45,000원

ISBN 978-89-5626-570-4 94810
ISBN 978-89-5626-569-8 (세트)

이 책은 이화여자대학교의 '2010년 교내특성화사업'의 지원을 받아 출판되었습니다.

이화여자대학교 한국문화연구원 해제번역총서

근대 역사 교과서 1

보통교과 동국역사

나애자

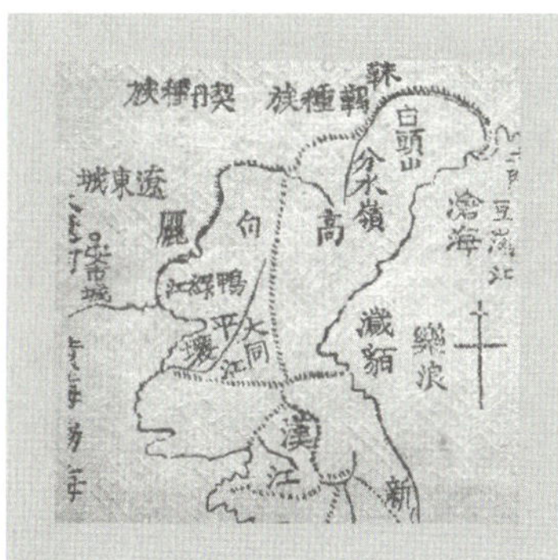

소명출판

발간사

이화여자대학교는 한국의 전문 근대교육기관의 선두주자로서, 한국학 연구에 대한 꾸준한 관심을 기울여 왔습니다. 본교가 2005년 이후 지속적으로 지원하고 있는 '한국학특성화사업'은 한국학 연구의 정체성 확립을 위한 새로운 연구방향을 모색하고자 하는 끊임없는 노력의 일환이라 하겠습니다. 이 사업의 결과물로 출간된 『고서해제』 1, 2권과 한국어 · 역사 · 현대문화 · 예술 분야의 국제화 교재들은 본교의 한국학특성화 사업이 '우리 것에 대한 학문적 성찰'이라는 수렴적 방향과 '우리 것의 세계화'라는 확장적 방향을 동시에 지향하고 있음을 잘 보여주고 있습니다.

한국학 연구자들에게 있어서 가장 절실한 연구의 동력은 새로운 자료의 발견과 그에 대한 해석에서 비롯된다고 알고 있습니다. 따라서 아직 학계에 보고되지 않은 자료를 소장하고 있다는 것은 그 자체로 한국학 연구 분야에서는 대단히 중요한 경쟁력이며, 그것의 발굴 및 해석의 선편을 이끄는 것은 곧 한국학 연구 역량을 획기적으로 확장시킬 수 있는 중요한 관건이 될 것입니다. 그런 의미에서 2010년 특성화사업의 결과로 『이화여자대학교 한국문화연구원 해제번역총서–근대 수신 교과서, 근대 역사 교과서』를 출간하게 된 것은 매우 기쁜 일입니다.

2010년 특성화사업은 본교 소장 고서의 특징적 자료군인 근대 귀중본을 대상으로 해제와 번역, 그리고 원문 영인을 동시에 진행하여 자료에 대한 학문적 접근성과 학술적 가치를 체계적으로 드러내주고 있습니다. 특히 그 중에서도 근대 교과서를 특징적으로 부각시킨 본 총서는 최근 한국학 연구 분야에서 매우 민감한 이슈로 떠오르고 있는 근대성 연구 분야에서 중요한 기초 자료를 제공하고 다양한 연구를 촉발시켜줄 것으로 기대합니다.

1년간의 짧은 사업기간에 알차고 내실 있는 성과를 만들어내기 위해 노력한 많은 분들의 수고가 있었습니다. "한국학 · 한국문화 교육의 국제화 사업단"의 단장으로서 본 사업을 실질적으로 기획하고 추진해주신 전혜영 전 원장님, 자료의 지원을 흔쾌히 해주신 문숙재 전 중앙도서관장님께 특별한 감사를 드립니다. 그리고 한국문화연구원의 모든 관계자 선생님들과 사업의 실무를 담당한 연구원들께도 고마운 마음을 전합니다. 또한 본교의 심화된 한국학 연구 역량을 확인시켜준 교내 번역위원님들과 본 사업에 참여하신 번역 · 교열위원 선생님들 한분 한분께 깊은 감사의 말씀을 전합니다.

앞으로도 "한국문화연구원 해제번역총서" 작업이 계속 순조롭게 진행되기를 바랍니다.

2011년 2월
이화여자대학교 총장
김선욱

서문

한국문화연구원－한국학 · 한국문화 교육의 국제화 사업단에서 추진한 2010년 특성화사업은 이화여대 중앙도서관 소장 근대귀중본 중에서 수신 및 역사 분야의 근대 교과서를 해제 · 번역 · 영인하는 것이다. 이는 이전 고서해제사업 과정에서 특히 그 가치를 높이 인정받아 후속 작업의 필요성이 강하게 제기되었던 본교 소장 근대자료를 최대한 활용하여 이를 체계적으로 정리할 수 있는 학술적 결과물을 만들고자 시도되었다.

2010년 3월 1일부터 시작된 2010년 특성화사업의 경과는 다음과 같다. 먼저 본교 소장 근대서 귀중본의 목록과 범주를 정리하고, 타교나 타 한국학 기관의 소장 및 해제 여부를 확인하는 기초 작업을 진행하였다. 다음 단계로 근대 초기의 시대적 전형성과 이데올로기적 영향력 면에서 학술적 중요성과 의의를 고려하여 근대서 귀중본 중 '수신 · 역사 교과서'류를 사업 대상으로 선정하였다. 이후 전문가를 초빙하여 본교에 소장된 '수신 · 역사 교과서' 자료의 가치와 의의에 대한 감수를 진행하고 그에 의거하여 사업대상 목록을 확정하였으며, 전문 집필진을 구성하여 번역과 해제를 진행하였다.

본 근대 교과서 해제 및 번역 사업은 이화여대 소장 귀중본 자료의 존재와 가치를 학계와 일반 대중 누구에게나 그 내용을 읽고 접할 수 있도록 직접 해제, 번역하고 뒤에 원문까지 영인하여 공간(公刊)한 것이다. 이는 자료의 학문적 인지도와 활용도를 높일 수 있는 가장 효율적인 방식이라고 자부하며, 더욱이 최근 들어 높아지고 있는 근대성 논의에 대한 학계의 높은 관심과 학제간적 연구 경향에 비추어 볼 때, 역사적 가치가 높은 근대 교과서를 해제하고 번역한 본 사업단의 결과물은 학계와 일반의 큰 관심과 반향을 불러일으키기에 충분하다고 판단된다.

『이화여자대학교 한국문화연구원 해제번역총서－근대 수신 교과서, 근대 역사 교과서』의 발간으로 본교에 소장된 귀중한 자료들이 지속적으로 소개되고 연구의 대상으로 주목을 받게 되길 바란다. 또한 본서가 한국의 개화기 및 근대의 역사, 문화적 자료에 관심을 갖고 있는 모든 분들과 학계의 연구자들께 작은 도움이 되었으면 한다. 그동안 본서의 발간을 위해 노력을 아끼지 않은 모든 관계자 여러분께 감사의 마음을 전한다.

2011년 2월

한국문화연구원 원장

최준식

근대계몽기 교과서 해제

허재영

1. 근대계몽기 교과서의 성격

교과서는 '교과용 도서(教科用圖書)'의 준말이다. 달리 말해 교과(教科) 운영을 전제로 교육용 재료를 모아 편찬한 책이 교과서이다. 교과서는 한 사회의 교육 이념을 반영할 뿐 아니라 그 사회의 구조 및 지식 발전 정도를 반영한다.

우리나라 최초의 근대식 교과서는 1895년 학부에서 편찬한 『국민소학독본』으로 알려져 있다. 이 시기 한성사범학교령, 소학교령이 공포되고 이에 따라 한성사범학교 규칙과 소학교 교칙이 만들어졌다. 학교령과 학교 규칙에서는 학교 운영에 필요한 교과를 제시하고 해당 교과에서 사용할 수 있는 교과서의 범위를 정해 놓았다.

학제 도입 초기의 교과서 개발은 『국민소학독본』, 『소학독본』, 『신정심상소학』과 같이 학부에 의해 편찬되었다. 그러나 편찬한 종수가 많지 않았고 보급도 활발하지 않았기 때문에 대부분의 학교에서는 『사민필지』(1886~1892년 사이 육영공원 교사였던 헐버트가 지은 지리서), 『서유견문』과 같은 서적이나 『고문진보』, 사서 등의 서적을 교과서로 사용하였다.

그러나 학제가 정비되고 교육에서 교과서가 중요한 의미를 갖게 됨에 따라 좀 더 체계적인 교과서 개발이 이루어지기 시작했다. 엄밀히 말하면 초기의 교과서는 학부 편찬의 교과서와 민간 차원의 저술이 공존했다. 학부대신이 인정한 교과서는 전통적인 한문 고전과 『사민필지』, 『서유견문』 같은 책들이었다. 그렇지만 통감시대에 이르러 교과서 편찬이나 보급 과정에서 학부의 역할이 커져갔는데 이 시대는 을사늑약 이후 일제의 식민 지배가 시작되던 시기로 '교과용 도서 검정 규정' 발포(1908.8)와 같은 교과서 통제가 강하게 이루어졌다. 근대계몽기의 교과서 변화를 두 시기로 나누어 그 특징을 표로 나타내면 다음과 같다.

근대계몽기 교과서 변천사

시기	특징	비고
제1기 (1895~1905)	근대식 학제 도입에 따른 교과서 개발기	ㅇ학부 편찬의 교과서 출현 ㅇ개인 저술의 비교적 자유로운 교과서 출현 ㅇ학부대신이 인정한 고전이나 개인 저술
제2기 (1906~1910)	통감시대 학정 잠식기의 교과서	ㅇ일본인의 학부 관여 및 교과서 편찬 간섭 ㅇ학부 편찬 교과서를 일본에서 발행함(국어독본, 수신서 등) ㅇ교과용 도서 검정 규정 발포와 교과서 검정 조사 사업 실행 ㅇ일본문(日本文) 교과서 편찬 발행(일어독본, 이과서) ㅇ검정 규정에 따른 검정 교과서의 내용 변질 ㅇ기존의 교과서 가운데 국권회복이나 민지 계발과 무관한 교과서만 인정 ㅇ기존의 교과서 가운데 국권회복이나 민지 계발 등이 들어 있을 경우 불인정 도서로 규정

특히 통감시대 이후 학부의 교과서 편찬은 식민 지배를 전제로 하였기 때문에 이 시기 개발된 『보통학교학도용국어독본』(1907, 일본 도쿄의 대일본주식회사에서 인쇄), 『보통학교학도용일어독본』(1908, 일본 도쿄의 대창서점에서 인쇄), 『보통학교학도용수신서』(1908, 일본 도쿄의 삼성당서점에

서 인쇄)는 1910년 강제 병합 이후 병합과 관련된 사항을 수정한 정정본(이 정정본에서 국어는 '조선어'로, '일본어'는 '국어'로 책명을 바꾸었음)을 발행할 수 있었다. 이와 같이 통감시대 교과서 통제 정책으로 인하여 학부에서 인정하지 않은 교과서가 늘어났으며, 검인정을 통과한 교과서의 내용에도 적지 않은 변화가 일어났다. 교과용 도서 검정 규정 이후 해마다 실시된 '교과서 조사 사업'의 결과 1910년의 교과용 도서 가운데 학부 검정을 통과한 교과서는 33종 47책이었으며, 인정 교과는 40개 교과 305종이었다. 이에 비해 교과용 도서로 인정을 받지 못한 도서가 70종, 검정 무효 및 검정 불허가 교과용 도서가 13종이었는데 이들 도서의 대부분은 '수신, 국어, 역사' 관련 교과서였다.

이처럼 근대계몽기의 교과서는 근대식 학제 도입과 전개 과정, 근대 한국 사회의 구조와 역사성, 지식 수입 정도를 반영하는 중요한 자료라고 할 수 있다.

2. 근대계몽기 교과서의 양상과 특징

근대계몽기 교과서는 교과별로 다양한 양상과 특징을 보인다. 1895년 소학교령 발포 당시의 소학교 교과목은 '수신, 독서, 작문, 습자, 산술, 본국지리, 본국역사, 외국지리, 외국역사, 이과, 도화, 체조, 외국어'였는데, 이 가운데 '수신, 독서, 작문, 습자' 교과는 별도의 교과서를 편찬하지 않고 '독본(讀本)' 형태로 개발하였다. 『국민소학독본』(1895, 학부), 『소학독본』(1895, 학부), 『신정심상소학』(1895, 학부)은 모두 소학용 수신 및 독서를 전제로 개발한 교과서이다. 이들 독본류는 과별 편제를 원칙으로 하였으며, 전통적인 수신 윤리와 근대국가의 이념, 서구의 과학 사상, 우화를 중심으로 한 교훈적인 내용 등을 중심으로 하였다.

교과별 교과서의 편찬은 1905년 이후에 본격적으로 이루어졌다. 이 시기 수신과 교과서는 기존의 소학용 독본과는 달리 '수신교과서', 또는 '윤리학교과서'라는 책명을 사용하였다. 이 시기 수신교과서 개발은 대부분 민간 차원에서 이루어졌으며 대표적인 것으로 『윤리학교과서』(1906, 신해영), 『초등윤리학교과서』(1907, 안종화), 『녀자소학슈신서』(1907, 노병희), 『중등수신교과서』(1907, 휘문의숙), 『초등소학수신서』(1908, 유근), 『고등소학수신서』(1908, 휘문의숙), 『초등수신』(1909, 박정동) 등이 있다. 이들 교과서는 개인 저작물로 편제 방식은 과별 편제, 장절식 편제 등 다양한 방식을 취하였으며, 주요 내용은 전통적인 수신 윤리와 근대적 사회 이념 및 국가 윤리를 담고 있다. 다만 1908년 공포된 '교과용 도서 검정 규정' 이후의 교과서에서는 자주 독립을 전제로 한 근대국가 이념은 교과서 통제 정책에 따라 포함될 수 없었다. 이와는 별개로 학부에서 편찬한 『보통학교학도용수신서』(1909, 학부)는 식민 지배를 전제로 만들어진 교과서여서 내용 면에서 개인 저작물과는 차이가 있다. 이 교과서는 강제 병합 직후 일부 내용을 수정한 상태에서 재발행되었다.

역사과 교과서는 근대식 학제 도입 이후 꾸준히 발행되었다. 1895년 학교령 발포 이후 발행된 『조선역사』(1895, 학부), 『조선역대사략』(1895, 학부), 『동국역대사략』(1899, 학부), 『대한역대사략』(1899, 학부) 등은 기존의 역사 편제 방식을 바탕으로 사실 위주의 설명 방식을 취한 학부 편찬의 교과서이며, 『보통학교동국역사』(1899, 현채)는 개인 저작의 교과서이다.

1905년 이후의 역사 교과서 편찬은 을사늑약과 통감부 설치라는 시대 상황에서 개인 차원의 저술이 활발하게 이루어졌다. 이 시기 개인 저술의 교과서는 학교별 수준을 고려하여 '초등', '중등'을 구별하였으며, '본국역사'와 '외국역사'를 구분하여 편찬하였다. 『초등본국역사』(1909, 유근), 『초등대한역사』(1908, 조종만), 『초등대한역사』(1908, 정인호), 『초등본국역사』(1909, 안종화), 『초등대동역사』(1909, 박정동), 『초등본국역사』(1909, 홍사단), 『신찬초등역사』(1910, 유근) 등은 초등용 본국역사를 대상으로 한 교과서이며, 『중등교과 동국사략』(1905, 현채), 『신정동국역사』(1906, 원영의, 유근) 등은 중등용 교과서이다. 또한 초등과 중등을 구분하지 않았지만 『역사집략』(1905, 김택영), 『대동역사』(1905, 최경환), 『대동역사』(1905, 정교), 『보통교과 대동역사략』(1906, 국민교육회), 『대한력사』(1908, 헐버트, 오성근) 등이 편찬되기도 하였다. 외국역사를 대상으로 한 『만국사』(1906, 김상연), 『동양사교과서』(1908, 유옥겸), 『만국사물기원역사』(1909, 장지연), 『서양사교과서』(1910, 유옥겸) 등이 편찬되었다.

지리교과서는 주로 개인 차원에서 개발하였는데 본국지리교과서로는 『대한지지』(1899, 현채), 『대한신지지』(1907, 장지연), 『초등대한지지』(1907, 안종화, 유근), 『초등지리교과서』(1907, 국민교육회), 『최신 고등대한지지』(1909, 정인호), 『중등지문학』(1907, 윤태영), 『신찬지문학』(1907, 민대식), 『초학디지』(1906, 밀러) 등이 있으며, 외국지리교과서로는 『중등만국지지』(주영환, 노재연), 『만국지리』(1907, 황윤덕), 『초등만국지리대요』(1909, 안종화) 등이 있다.

산술, 교육학 등과 관련된 교과서도 다수 편찬되었다. 산술교과서에는 『정선산학』(1908, 남순희), 『신정교과 산학통편』(1908, 이명칠), 『중등교과 산술신서』(1908, 이상설), 『신식 산술교과서』(1908, 이상익) 등이 있으며, 교육학교과서로는 『간명교육학』(1908, 유옥겸), 『신찬 보통교육학』(1908, 김상연), 『보통교육학』(1910, 학부) 등이 있다. 그 밖의 박물학이나 위생학, 기하학, 법제와 경제, 광물, 잠업 등의 특수 분야의 교과서도 다수 편찬되었는데, 1909년(융희 3년) 3월 20일부터 1910년(융희 4년) 7월까지 학부에서 조사한 '교과서 조사 사업'의 결과를 바탕으로 할 때 근대계몽기에 개발 · 보급된 교과서는 대략 440종이 넘을 것으로 추산된다.

3. 이화여자대학교 소장본의 가치

지금까지 근대계몽기 교과서에 대한 기초 연구는 강윤호(1973), 박붕배(1987), 이종국(1992) 등을 통해 이루어져 왔다. 또한 한국교과서연구재단(2000)에서도 전수 조사의 차원에서 근대계몽기 교과서 목록을 작성한 바 있다. 그러나 전수 조사를 목표로 한 앞선 연구에도 불구하고 이 시기 교과서 발행이나 교과서 통제에 대한 체계적인 연구가 충분히 이루어지지는 못했다. 그 주된 이유 가운데 하나는 기초 조사의 차원에서 발행 교과서를 확보하는 일이 쉽지 않았기 때문이다.

이러한 상황에서 이화여자대학교 중앙도서관(이하 중앙도서관)에 소장되어 있는 근대계몽기 교과서는 매우 값진 자료적 가치를 지닌다. 중앙도서관과 이화여자대학교 한국문화연구원의 협력 하에 진행된 조사 결과 이 시기 교과서는 일제강점기를 포함하여 365종에 이른다. 이들 교과서를 교과별로 분류하면 국어 · 일어 · 문학 등의 '어학' 교과서 80종, '역사' 교과서 30종, '지리' 37종, '수신 · 소학 · 윤리서' 36종, '수학 · 산술' 32종, '물리 · 화학 · 과학' 29종, '동식물학' 15종, '생리 · 위생학' 11종, '경제학' 4종, '법학' 4종, '교육학 · 심리학' 6종, '농업 · 광업' 15종, '창가 · 음악' 22종, '가정 · 재봉' 18종, '도화 · 서법' 15종, '박물학 · 기타' 10종으로 나눌 수 있다.

근대계몽기 개발 · 보급되었던 교과서 가운데 이화여자대학교 소장본은 양적으로 방대할 뿐만 아니라 아직까지 학계에 알려지지 않은 것들이 상당수 포함되어 있으므로 이에 대한 체계적인 연구가 시급하다.

4. 번역의 의의

근대계몽기 교과서 연구는 교육학, 국어교육학, 국어학, 국문학, 역사학 등의 모든 분야에 걸쳐 중요한 의미를 갖는다. 교과서의 지식과 언어는 규범적인 성격을 지니므로 그 교과서가 제작된 시대의 사회와 문화를 가장 정확하게 드러내는 자료라고 할 수 있다.

지금까지 근대계몽기의 교과서 연구는 교과서 발행 실태 조사에 그

친 경우가 많았고 그나마 전수 조사의 차원에서 교과서의 제작 · 보급 과정을 파악하는 데도 소홀한 면이 있었다. 이와 같은 입장에서 이화여자대학교 소장본의 교과서를 체계적으로 정리하여 번역 · 소개하는 일은 근대계몽기의 문화 사상사를 이해하는 데 중요한 의미를 갖는다. 이 작업은 이 시기의 언어와 문화를 이해하는 실증적인 작업이 될 것이다.

이에 한국문화연구원에서는 이화여자대학교 중앙도서관 소장본 근대계몽기의 수신과와 역사과 교과서 가운데 교육사적 가치가 높은 것을 선별하여 우선적으로 번역을 하였다. 이번에 번역 · 소개하는 교과서는 다음과 같다.

교과	책명	저자 및 편자	발행 연도	출판사
수신 교과	초등여학독본(初等女學讀本)	이원경(李源競)	융희 2년(1908)	보문사(普文社)
	초등윤리학교과서(初等倫理學敎科書)	안종화(安鍾和)	융희 1년(1907)	광학서포(廣學書鋪)
	초등수신교과서(初等修身敎科書)	안종화(安鍾和)	융희 3년(1909)	광학서포(廣學書鋪)
	고등소학수신서(高等小學修身書)	휘문의숙(徽文義塾)	융희 1년(1907)	휘문관(徽文館)
	초등소학수신서(初等小學修身書)	유근(柳瑾)	융희 2년(1908)	광학서포(廣學書鋪)
	보통교육 국민의범(普通敎育國民義範)	진희성(陳熙星)	융희 2년(1908)	의진사(義進社)
	윤리학교과서(倫理學敎科書)	신해영(申海永)	융희 2년(1908)	보성관(普成館)
	녀자소학슈신서	노병선(盧秉鮮)	융희 3년(1909)	박문서관(博文書館)
	초등수신서(初等修身書)	박정동(朴晶東)	융희 3년(1909)	동문사(同文社)

	보통교과수신서 (普通教科修身書)	휘문의숙 (徽文義塾)	융희 4년(1910)	휘문관(徽文舘)
	중등수신교과서 (中等修身教科書)	휘문의숙 (徽文義塾)	광무 10년(1906)	휘문관(徽文舘)
역사 교과	정선 만국사 (精選萬國史)	김상연 (金祥演)	광무 10년(1906)	황성신문사 (皇城新聞社)
	초등본국역사 (初等本國歷史)	안종화 (安鍾和)	융희 3년(1909)	광덕서관(廣德書館)
	초등대한역사 (初等大韓歷史)	정인호 (鄭寅虎)	융희 2년(1908)	옥호서림(玉虎書林)
	동양사 교과서 (東洋史 教科書)	유옥겸 (兪鈺兼)	융희 2년(1908)	우문관(右文館)
	보통교과 동국역사 (普通教科東國歷史)	현채 (玄采)	광무 3년(1899)	발행지, 발행자 불명
	중등교과 동국사략 (中等教科東國史略)	현채 (玄采)	광무 10년(1906)	중앙서관(中央書館)
	초등대한력사	조종만	융희 2년(1908)	한양서관
	보통교과 대동역사략 (普通教科大東歷史略)	미상	광무 10년(1906)	대한 국민교육회 (大韓國民教育會)

근대 역사 교과서 해제

강영심(이화여대 한국문화연구원)

1. 근대 교육제도의 도입과 역사 교과서 편찬

구한말은 문호를 개방한 조선이 봉건사회의 개혁을 통한 근대화와 제국주의 열강에 대한 국권수호 란 민족적 당면과제를 해결하려는 다양한 움직임이 모색되었던 시기였다. 당시의 지식인들은 개화운동→개화개혁운동→계몽운동의 맥을 이어가며 근대화와 자주독립을 목표로 민족운동을 전개하였다. 그 중 하나가 근대적 '교육'을 통한 자강운동이며 교육 중에서도 시대인식과 밀접하게 관련된 것이 다름아닌 역사교육이다. 특히 근대적 공교육제도가 출범한 이후 국권이 상실되는 1910년까지의 역사교육은 자국사인식은 물론 근대계몽기 새롭게 대두되는 국민, 국권의식의 형성과 더 나아가 민족의식과 민족정체성의 강화란 측면에서 중요한 문제였다.

또한 1895~1910년 사이에 역사교과목을 위해 편찬된 역사 교과서가 갖는 역사적 의의는 다른 어느 시기보다 크다. 그 이유는 조선후기에 저술된 실학사서 이후의 역사편찬은 바로 1895년의 관찬교과서에서 비롯되었기 때문이다. 일반적으로 사서는 그 시대적 인식 및 사상과 밀접한 관련 속에서 저술되었다는 점을 고려해 볼 때 이 시기에 편찬된 역사 교과서는 시대적 산물이자 당대 역사인식의 결정체라 할 수 있다. 따라서 대한제국시기에 간행된 22종의 국사교과서는 물론 외국 역사 교과서 12종 역시 이 분야 연구에 있어 상당히 중요한 자료임에 틀림없다. 더구나 1895~1910년의 한국사학은 중세사학에서 근대사학으로 발전하기 시작하는 시기이므로 더욱 그러하다.

이러한 격동기의 교육제도는 1894년 갑오개혁에서 새롭게 시작되었다. 사실 1894년 갑오개혁 이전 조선의 교육제도는 성균관, 사학, 향교, 서원 및 서당으로 구성되어 있었으며 고등교육은 성균관에서 담당하고 있었다. 그렇지만 당시 모든 교육기관은 과거(科擧)를 지상목표로 하여 자국사에 대한 학습은 외면한 채 사마천의 『사기(史記)』를 비롯한 『삼국지(三國志)』, 『한서(漢書)』, 『통감(統鑑)』, 『사략(史略)』 등 중국 역사를 읽고 가르치는 것이 역사교육의 실상이었다.

그런데 개항이후 1882년 조선정부는 미국과 조미수호통상조약를 체결한 이후 서양 여러 나라와 국교를 맺게 되면서 신교육의 필요를 절감하고 이를 담당할 교육기관의 설립을 서둘렀다. 그리하여 정부 주도의 관립학교를 세우면서 교육의 내용도 변화되기 시작하였다. 그 외 배재학당, 이화학당 등의 근대식 사립학교도 설립되었으며 새로운 학교교육에 따른 교과과정 및 교과목들이 확정되었고 새로운 교과과정에 역사과목으로 세계역사, 각국역사 등이 개설되었던 것이다.[1]

이후 1894년 조선정부는 갑오개혁을 단행하면서 교육제도도 개혁

---

1 손인수, 『韓國開化教育研究』, 일지사, 1992, 28면.

하였다. 1894년 6월 조선시대의 학무(學務)를 담당하던 예조(禮曹)를 폐지하고, 학무아문(學務衙門)을 신설하여 교육제도의 주관부서를 정비하였으며, 과거제도를 폐지함으로써 신교육제도가 확립되기에 이르렀다. 또한 1895년 2월 고종은 자주독립과 내정개혁의 실시를 주요한 내용으로 하는 '교육조서(教育詔書)'를 반포하여 교육입국(教育立國)의 이상을 천명하였다. 고종은 교육조서반포 이후 교육담당 부서가 학무아문임에도 불구하고 내무아문에서까지 "인민은 먼저 본국사와 본국문(本國文)을 가르칠 것"[2]이라고 특별히 역사교육의 필요성에 대한 훈시를 통해 교육의 방향을 강조하고 있다. 이 조서는 교육에 의해 나라를 정립하겠다는 교육입국의 의지를 천명한 것으로, 근대식 학제를 성립시킬 수 있는 계기가 마련되었다.

드디어 1895년 4월에 교사양성을 목적으로 하는 한성사범학교관제(漢城師範學校官制)를 공포하였는데 이것이 우리나라 최초의 근대식 학교법규였다. 그 뒤 정부는 1895년 5월에 외국어학교 관제를 제정하고 외국어학교(外國語學校)를 설립하였다. 또한 1895년 학무아문이 학부로 재편된 후 1895년 7월 19일 '소학교령(小學校令)'을 공포하고 국고에 의해 서울의 수하동, 재동, 저동 등에 관립소학교를 설립하였으며, 이후 공립소학교와 사립소학교도 전국적으로 설립되어 비로소 초등교육이 가능해졌다. 뒤이어 1889년 4월 공포된 중학교관제에 의해 처음 중학교도 설립되었다.

앞서 1895년에 발표된 각급 학교령에는 학과정도표(교과과정표)도

---

2 『高宗實錄』, 33권, 1895.3월 초, 10일조.

포함되어 있으며 학과목 중에는 '본국역사(本國歷史)'란 과목의 국사교과와 '외국역사'가 역사교과에서 교수되도록 규정하고 있다.[3] 예컨대 한성사범학교에서는 본과(2년과정)의 역사과목은 '본국역사 및 만국역사'로, 속성과(6개월과정)는 '본국역사 및 만국역사대요'란 역사교과과정으로 개설되었다. 또한 관립외국어학교의 교과과정에서는 역사로 '본국역사'를 별도로 두어 자국사를 더 중시한 것이다. 관립소학교의 경우 3년의 심상과(尋常科)와 2~3년의 고등과로 구분된 수업연한 중 심상과에서는 역사로 '본국역사'(선택)를, 고등과에서는 '본국역사'(필수)와 '외국역사'(선택)가 역사과목으로 규정되었다. 그 외에 전통적인 고등교육기관인 성균관의 경학과(經學科)에서도 '본국 및 만국역사'가 교수되도록 경학과규칙을 발표하여 역사교육의 강화에 주력하였다. 그런데 1895년 4월 19일에 발표된 한성사범학교의 학생 모집광고에서는 속성과(速成科)의 입학시험 중 조선역사와 지리가 포함되어 그 과목의 비중을 짐작케 한다.

한성사범학교에서 제시한 '교과목과 교수내용 및 유의점'에 대한 조항 중 특히 본국역사에 관한 내용을 보면, 당시 국가에서 의도하였던 역사교육은 국민된 지조(志操)를 기르는 것, 즉 국민된 긍지를 지니고 국가발전에 대한 자신을 갖도록 함에 그 목적을 두었음을 간파할 수 있다.[4]

한편 민간에서 설립한 사학(私學)은 그 건학정신(建學精神)을 민족주의

---

3 개국 504년 7월 22일, 勅令 제145호 「小學校令」 제8~10조(官報 제119호); 동년 7월 24일, 學部令 제1호 「漢城師範學校規則」(官報 제121호); 동년 8월 9일, 學部令 제2호 「成均館經學院規則」(官報 제135호) 참조.

4 「漢城師範學校規則」 참조.

에 토대를 두고 있었기 때문에 거의 모든 학교에서 국사교육이 이루어졌다. 1898년에 설립된 광흥학교, 한성의숙은 물론 민영환(閔泳煥), 정교(鄭喬) 등이 발기한 흥화학교, 시무학교, 상업전문의 광성학교, 한성법학교, 보성학교 등과 지방 대다수의 사립학교에서 역사가 주요과목으로 교수되었을 뿐 아니라 입학시험의 시험과목 중에 본국사가 포함되었던 것이다. 그 외에 이화학당은 역사가 정규과목으로 개설되었고, 배재학당도 세계역사, 한국역사, 일본역사, 중국역사 등을 교수하였다.

이처럼 역사과목을 중요시한 교과과정은 1906년 통감부설치 후 통감정치의 통제 하에서 실시된 학제개편에 따라 변화를 겪게 되었다.

1906년 이후 개편된 역사과목의 교과과정은 본국역사와 외국역사의 구별을 없애 자국사 과목의 중요성을 희석시켰으며, 역사과목의 시간수도 축소하는 방향으로 왜곡 편성되었다. 우선 소학교를 개편해 4년제로 신설한 보통학교의 경우 역사과목으로 통합하여 자국사개념을 배제시켰다. 이러한 양상은 시간이 지날수록 더욱 강화되어 1909년의 학제 개편에서는 지리와 역사를 한 과목으로 통합시켜 '지리역사'로 명하여 역사과목의 독립성을 제거하였을 뿐 아니라 아예 주당 과목시간 배정도 없애버렸던 것이다. 즉, 보통학교 1, 2학년은 '본국역사 · 지리의 대요(大要)'를 3, 4학년은 '본국역사 · 본국 및 외국지리의 대요'라는 과목명은 두고 있으나 수업시간을 배정하지 않았던 것이다. 이러한 역사와 지리과목의 통합은 다른 학교에서도 동일하였다. 1908년에 신설된 고등여학교에서도 역시 '역사지리'과목에 1주당 1~2시간을 배정하였지만, 1909년의 개편에 따라 과목명만 남기고 그나마 교과시간을 배정하지 않았다.[5] 일제의 학제개편이 조선을 식민지화하는 과정에서 세계관, 시대관, 현실인식을 가르치는 역사과목과 민족의식을 강화하고 항일의식을 심어주는 자국사를 학교교육에서 의도적으로 제외시키려 했던 식민지교육방침의 일환이었음은 짐작하고도 남는다.

전술한 바대로 조선정부가 추진한 새로운 학제 및 교과과정이 정비되자 무엇보다도 각 과목의 교재편찬에 착수하였으며, 학부의 담당자를 중심으로 역사 교과서의 편찬도 서둘렀다. 그러나 당시의 상황은 근대교육을 주관해 갈 인적, 물적자원의 부족은 물론 교과서편찬의 경험이 없었을 뿐 더러 새로운 국사교육의 교재개발을 위한 본국역사에 대한 통사적 서술작업은 더욱 어려운 문제가 아닐 수 없었다. 그러므로 근대교과서 편찬의 경험이 있던 일본의 선례가 참작되거나 일인의 참여 하에 교과서편찬 작업이 진행된 것은 당시의 상황에서는 불가피한 선택이었다. 예컨대 1895년 5월 24일 외부(外部)에서 주일공사관에 사범학교 및 소학교 교과서 편찬참고용으로 일본의 각종 교과서를 보내줄 것을 훈령한 것이 그 중 하나다. 이후 편찬된 최초의 국어교과서인 『심상소학(尋常小學)』과 최초의 교육학 교과서 『신찬교육학(新撰教育學)』은 일본인의 협력과 참여로 비로소 만들 수 있었던 것이다. 이 시기 교육근대화를 위한 조선인의 주체적 역량이 부족한 데 더하여 일제의 침략적 간섭 하에 진행된 교육개혁은 출발부터 자주성을 크게 손상시키는 한계성을 지니고 있었다.[6]

---

5 「私立學校規則」 제2장 학과과정 및 교수시수 제10, 13, 14조. 강윤호, 『개화기의 교과용도서』, 교육출판사, 1973, 42~49면 참조.

6 박걸순, 「韓末 學部 편찬 사서와 그 역사인식」, 『충북사학』 5집, 2000.

교과서편찬사업의 주무부서인 학부는 1895년 3월에 교과용도서의 번역과 편찬 등을 담당할 편집국을 설치하고 교과서 편찬에 착수하였다. 마침내 1895년 10월경 최초의 관찬 역사 교과서 『조선역사(朝鮮歷史)』가 국한문 혼용체로 간행되었고, 이어 『조선역대사략(朝鮮歷代史略)』과 『조선략사(朝鮮略史)』가 편찬되었다.[7] 3책이 비슷한 시기에 출간된 점으로 미루어 보건대, 학부에서 『조선역사』와 『조선역대사략』을 간행하였지만 그 내용이 너무 어려워 초등학교 입문용으로 쉽게 풀어 서술한 『조선략사』를 편찬한 것으로 추측된다.

이후 학부는 이 사서를 보충하여 1899년에 『동국역대사략(東國歷代史略)』, 속간본인 『대한역대사략(大韓歷代史略)』 및 국한문혼용의 『보통교과 동국역사(普通教科東國歷史)』를 편찬하였다.

이 시기 이후의 역사 교과서는 학부보다는 일반인이나 계몽 단체에 의해서 간행되는 경향으로 전환되었다. 그런데 역사 교과서 편찬에서 나타난 변화는 편찬주체에 그치는 것이 아니라 역사 교과서의 서술방식이나 그 내용에도 나타나기 시작하였다. 즉 교과서 서술문체에서 순한문은 거의 사라지고 국한문 또는 순한글로 정착되었던 점이 주목된다. 또한 전근대적인 왕조중심의 편년체 서술을 하면서도 통사를 고대－중세－근대로 시대를 구분하여 기술하는 '신사체(新史體)'가 등장하고 있어 역사 서술 방법론상의 변화도 보인다.

그런데 조선정부의 의도 하에 진행되었던 교과서편찬사업은 1905년 을사조약체결이후 일제의 통감부가 설치되고 학제 개편이 본격화

7 金興洙, 「歷史教科書 및 歷史 圖書의 편찬과 內容」, 『韓國近代歷史教育研究』, 삼영사, 1990, 121면.

되면서 일제 주도의 교과서통제정책으로 전환되었다. 즉 1904년 제1차 한일의정서(韓日議定書)가 체결되고 1905년 제2차 한일협약(韓日協約)이 조인되어 학부참여관(學部參與官)이 부임하자 기존의 한국인위주 교육정책에서 자주적 성격이 크게 약화되었다. 특히 1905년 2월 일본정부의 추천으로 일인관리가 학부 고문관격인 학부참여관으로 임명되자 일본의 한국교육에 대한 간섭이 노골화되었다. 통감부는 1905년부터 학부 편집국을 일인 학부참여관의 지도 감독 하에 두고 교과서에 대한 일정한 제한을 두기 시작하였다. 우선 1906년 각급 학교령을 공포하고 여기에 각 학교의 '교과서사용규정'을 포함시켰다. 이시기 학부의 교과서정책은 교과용도서 번역, 편찬, 검정에 대한 통제가 주된 방향이었으며, 궁극적으로 조선을 강제로 병합할 경우를 전제로 한 성격의 조치였던 것이다.

뒤이어 통감부는 1908년 8월 '사립학교령(私立學校令)'과 '교과용도서검정규정(教科用圖書檢定規程)'을 발표하고 본격적으로 교과서 내용에 대한 간섭과 통제를 가하였다. 사립학교령에 의하면 사립학교를 설립할 때는 학부대신의 인가를 얻어야 하며 인가 신청시 교과용도서명도 제시하도록 규제한 것이다. 즉 '교과용도서검정규정'은 모든 교과용도서가 학부대신의 검정을 받도록 압박한 것이므로 사립학교에도 그대로 적용되어 사립학교의 교육이 통감부의 통제 하에 놓이게 되었다.

1910년 5월말의 교과용도서검정 상황을 보면 역사는 16부가 출원하여 6부만이 인가(불인가 3부, 조사 중 7부)되었으며, 인가상황도 역사는 19부가 출원하여 7부만이 인가되고 있어 큰 제약을 받고 있음을 알 수 있다. 1911년 말 검정된 교과서는 유옥겸의 『동양사교과서(東洋史教科

書)』, 『서양사교과서(西洋史教科書)』, 박정동의 『초등대동역사(初等大東歷史)』, 『초등본국략사(初等本國略史)』, 안종화(安鐘和)의 『초등본국역사(初等本國歷史)』, 유근(柳瑾)의 『신찬초등역사(新撰初等歷史)』로 국사교과서는 고작 4종에 불과하였다. 이는 모두 초등용으로 일제의 조선사왜곡 및 조선인우민화정책의 산물인 바, 특히 한일관계의 기술에서 일본의 우월성을 인정하고 일본이 조선의 근대화와 독립을 위해 노력하고 있다고 서술한 것이 공통된 특징이다. 불인가된 역사 교과서는 국사 9종과 세계사 12종 등 총 21종에 달하였다. 이로써 민족사서는 물론 학부, 문부성 및 일인이 편찬한 다수 도서까지 인가하지 않고 있는데 이는 강제병탄 이후 일제의 식민지배가 강경해져 감을 반영하는 것이다.

근대교육제가 시행된 1895년부터 1910년까지 편찬된 역사 교과서를 국사와 외국역사로 정리한 것이 아래의 표1과 표2이다.

표1 1895~1910년간 편찬된 국사교과서

	교과서명	편집자	연도	대상시대	체제	기타	책수
1	조선역사 (朝鮮歷史)	학부	1895	단군~조선	편년 국한문	최초의국사교과서, 최초국한문, 건국기원사용, 초등용	3권3책
2	조선역대사략 (朝鮮歷代史略)	학부	1895	단군~조선	편년 한문	고등용	3권3책
3	조선략사 (朝鮮略史)	학부	1895	단군~조선	신사체 국한문	1, 2를합쳐 쉽게 초등용	5권2책
4	동국역대사략 (東國歷代史略)	학부	1899	단군~고려	편년 한문	중(고)등용, 95년보다 정돈	6권3책
5	대한역대사략 (大韓歷代史略)	학부	1899	조선	편년 한문	중(고)등용	2권2책
6	보통교과 동국역사 (普通敎科東國歷史)	학부	1899	단군~고려	편년 국한문	중등용 동국역대사략을 초등용으로, 문예 추가 역사총체적 파악 노력, 후일 중등교과동국사략의 기초됨	5권2책
7	역사집략 (歷史輯略)	김택영 (金澤榮)	1905	단군~고려	편년 한문	고등용, 관학 대표한 사찬	1권2책

8	대동역사 (大東歷史)	최경환 (崔景煥)	1905	단군~마한	편년 한문	독립협회 간행 (1896년 필사본을 출판)	5권2책
9	대동역사 (大東歷史)	정교 (鄭 喬)	1905	신라	편년 한문	중등이상, 독립협회 간행	12권4책
10	중등교과동국사략 (中等教科東國史略)	현채 (玄 采)	1906	고대~조선	신사체 국한문	하야시의 『조선사』 역술, 사립중등용, 학부불인가	4권2책
11	보통교과 대동역사략 (普通教科大東歷史略)	국민교육회	1906	단군~고려	편년 국한문	초등용, 계몽주의사서	7권1책
12	신정동국역사 (新訂東國歷史)	원영의 (元泳義), 유근(柳瑾)	1906	단군~고려	편년 국한문	초등용, 계몽주의사서	2권2책
13	초등대한역사 (初等大韓歷史)	정인호 (鄭寅琥)	1908	고대~조선	신사체	사립초등용, 학부불인가	1책
14	대한력ᄉᆞ(상)	헐버트, 오성근 (吳聖根)	1908	단군~고려	편년 한글	선교계 대동역사번역 교회나 선교계학교용	1책
15	초등본국역사 (初等本國歷史)	유근	1908	상고~조선	신사체 국한문	사립초등용, 학부인가	1책
16	초등대한력ᄉᆞ	조종만	1908	상고~조선	신사체 한글	초등용	1책
17	초등본국역사 (初等本國歷史)	안종화 (安鍾和)	1909	상고~조선	신사체 국한문	사립초등용, 학부검정	1책
18	초등본국략사 (初等本國略史)	홍사단	1909	단군~조선	신사체 국한문	사립초등용, 학부검정	2권2책
19	초등대동역사 (初等大東歷史)	박정동 (朴晶東)	1909	단군~조선	신사체 국한문	사립초등용, 학부검정	1책
20	대동청사 (大東青史)	황의돈 (黃義敦)	1909	단군~	신사체 국한문	북간도 명동학교교재	1책
21	신찬초등역사 (新撰初等歷史)	유근	1910	단군~조선	편년 국한문	사립초등용, 학부검정	3권3책
22	국조사 (國朝史)	원영의	1910	조선	편년 국한문	해외민족학교 교재용, 『신정동국역사』의 속편인 듯, 의병, 구국운동, 일제침략 기술	1책

표2 1895년~1910년 간 편찬된 외국 역사 교과서

교과서명	편집자	연도	교과서명	편집자	연도
만국략사(萬國略史) 상권	학부	1895	미국독립사(美國獨立史)	황성신문사 서양서일역본 번역	1899
중일략사론(中日略史論)	학부[輯譯]	1898	파란말년전사(波蘭末年戰史)	어용선(漁瑢善)	1899
태서신사(泰西新史)	학부	1897	만국사기(萬國史記)	학부	1905
아국략사(俄國略史)	학부	1897	중등동양사(中等東洋史)	유옥겸(兪鈺兼)	1908
중국략사론(中國略史編)	학부	1898	동양사교과서(東洋史教科書)	유옥겸	1908
중동전기(中東戰記)	현채중역	1899	정선만국사(精選萬國史)	김상인	1908
애급근대사(埃及近代史)	황성신문사	1899	서양사교과서(西洋史教科書)	유옥겸	1910

2. 근대 역사 교과서의 특징과 양상

구한말 역사 교과서는 그 편찬정책과 구성방식에 따라 크게 3시기로 나눌 수 있다. 제1기는 1895년~1904년까지 제2기는 1905년~1907년까지 제3기는 1908년~1910년까지로 구분해 볼 수 있다. 각 시기구분은 일제의 조선에 대한 지배력강화의 정도를 기준으로 하여 1905년 을사조약체결과 통감정치시행, 그리고 1907년 차관정치실시를 각 시기 구분의 분기점으로 설정하였다.

우선 역사 교과서 저술에 참여한 사람들을 살피면, 김택영, 현채와

같은 학부관리, 보성중학교 교사 원영의, 대한매일신보의 유근, 관립 소학교 교원 박정동, 독립협회의 정교, 흥사단, 국민교육회 등 인텔리 중산층으로서 민중계몽의 전위적 지도자들이었고, 실재 교단에서 교수한 경험이 있는 사람들이 많았고 언론에 관여했던 인사들의 결사가 주축이 되고 있음을 알 수 있다. 그 외 정인호와 조종만은 옥호서림(玉虎書林)과 한양서관(漢陽書館)을 각각 운영하던 출판사경영인이었으며 외국 역사 교과서의 저자로 법률역사교수인 유옥겸과 일본유학파 김상인을 꼽을 수 있다. 그러나 이들은 전문적이고 근대적인 역사교육을 받지 못했지만 학부, 혹은 출판사의 번역원으로 종사하는 과정에서 교과서 편찬의 중요성에 대한 자각을 계기로 저사(著史)에 참여한 경우가 많다. 따라서 이들의 역사인식과 서술에는 일정한 한계가 있다. 즉 일제침략의 본질을 간과하고 무비판적으로 식민사학을 수용한다든가 서술내용의 오류, 역사 서술 방법론상의 전근대성 등이 지적될 수 있을 것이다. 그 중 학부관리였던 김택영과 현채의 경우 저자의 학문적 기반에 따라 교과서의 성격이 결정되는 양상을 확인할 수 있다. 김택영은 전통적인 유학자의 입장에서 저술한 교과서 모두 한문본, 편년체로 정통론과 문헌고증을 중시한 역사인식에 입각해 중국연호를 고집하고 있어 전통적 역사 서술의 한계를 벗어나지 못하고 있다. 게다가 단군조선을 부인한 그가 근대적 역사방법론을 무리하게 도입하면서 일본학자의 식민사학을 수용해 한국사서술에 왜곡된 한국사상(韓國史像)을 덧입히는 전형(典型)이 되는 우를 범하고 말았다.

한편 현채는 역관출신으로 다양한 외국서적을 접할 수 있는 기회가 많아서인지 23종에 달하는 역, 저서를 출판하는 등 새로운 학문을 신속하게 받아들였다. 그 결과 김택영 보다는 앞서서 근대적 역사 서술 체제를 교과서편찬에 적용해 이후 역사 교과서편찬에 영향을 끼쳤던 인물이었다.

다음으로 각 시기별 교과서의 특징을 살펴보자. 제1기(1895~1904)의 국사교과서는 모두 6종으로 학부에서 만든 관찬사서였으며, 그 체제는 1종을 제외한 나머지 5종 모두가 편년체였다.(표1 참조) 교과서 모두가 단군에서 조선까지를 서술하였다. 물론 『보통교과 동국역사』는 고려까지 서술하였지만 원래 계획에서는 조선까지를 대상으로 하였던 것인데 고려까지 서술하고 중단되었다고 전해진다. 그 중 『조선역사』는 최초의 국한문 국사교과서였다는 점과 최초로 개국기원을 사용해 독립의식을 표현했으며 이후 교과서의 방향을 제시한 것에서 그 의의가 크다. 1899년에 간행된 『대한역대사략』에서 '대한'이라는 명칭이 처음 등장하였는데 이는 대한제국의 출범에 따른 변화라 보인다. 이후 제2기와 제3기에서 '대한'이 접두된 역사 교과서는 모두 이 책에서 그 제목을 취했다고 하겠다. 『보통교과 동국역사』에서는 단군조선의 위치를 격상시켜 단군조선에 대한 자주적 인식이 확대되는 서술로 변화하였다는 점이 주목된다.

이시기 외국 역사 교과서도 역시 다수가 학부에서 편찬되었으며 그 외 황성신문사가 출간한 책도 있었다. 최초의 책은 『만국략사 상권』 그 외 중국, 러시아, 이집트역사 및 미국의 독립을 다루고 있다. 대부분 약소국의 역사나 흥망사 및 제국주의 식민지가 된 나라의 역사를 다루고 있어, 당시 애국심을 기르고 국가를 지켜내야 한다는 정신을 고취시키려는 역사교육의 특성이 잘 드러나고 있다.

제2기(1905~1907)의 국사교과서는 제1기와 달리 사찬이 등장하였으며 1905년에 간행된 3종은 모두 한문본이었다. 전체 6종 중 현채의 『중등교과동국사략』은 일본의 하야시 다이스케[林泰輔]가 취한 시대구분법을 도입하여 통사를 태고(太古)-상고(上古)-중고(中古)-근세(近世)로 시대를 구분하여 기술하는 '신사체(新史體)'로 구성되었으며 나머지는 모두 편년체 서술이다. 서술대상 시기를 살피면 현채의 교과서를 제외한 5종은 단군-고려(신라)까지만 다룬 채 당대사를 제외시켜 당시 민족의 현실문제 해결을 외면했다고 비판받고 있다. 또한 『역사집략』은 일본의 식민사학을 무비판적으로 수용해 임나일본부설과 신공황후의 신라 침공설을 조선역사에 서술하여 식민사학의 전형이 되었다. 또한 현채의 『동국사략』은 일본국수주의 국학에 의해 서술한 하야시 다이스케의 『조선사』를 역술하였으니 제국주의적 식민사학의 역사인식으로 국사교과서를 구성한 모양새가 되었다. 뒤이은 제3기의 교과서 모두 이 『동국사략』의 체제를 따랐으니 그 영향을 짐작케 한다. 이 시기의 외국 역사 교과서는 학부에서 편찬된 『만국사기』로 동서양 만국의 고금역사를 국한문으로 편찬한 책으로 문명의 발달에 주안점을 두었다.

제3기(1908~1910)의 교과서는 일제의 교과서통제정책 하에서 편찬된 까닭에 민족적 의미나 자주성을 띤 내용을 담을 수 없다는 한계를 안고 간행된 것으로 대다수 사찬이었다. 초등용 교과서인 탓에 분량도 적고 간략하게 국한문으로 단군-조선까지 서술하면서도 대부분 강화도조약 이후의 역사적 사실은 다루지 않거나 소략하게 처리해 버려 역사 교과서의 역할을 소홀히 하고 있다. 이시기 교과서는 『동국사략』의 신사체인 태고―상고―중고―근세 등의 시기구분을 적용하는 경우가 일반적인 경향이다. 그중에서 정인호의 『초등대한역사』는 37종의 삽화와 2종의 역사지도를 삽입하여 학생들에게 시각자료를 제공한 특징적인 교과서였다. 또한 이 책은 다른 교과서와 달리 개항 이후의 시기에 대한 많은 분량을 할애하여 다양한 민족운동에 대한 기사와 반일조의 서술 등을 포함시켰으므로 이시기 유일하게 불인가판정을 받았던 국사교과서가 되었던 것이다.

제3기의 외국 역사 교과서는 앞선 시기와 달리 '동양사' 혹은 '서양사'교과서란 명칭을 채택하고 있어 일제의 교과서통제정책의 영향을 드러내고 그 내용에서도 역시 일본중심적인 성향이 강했다. 역사 서술 방식에서도 고대사―중세사―근세사라는 시대 구분을 채택하여 신사체를 도입했다는 점이 주목된다. 또한 중국 중심의 외국사에서 벗어나 인식의 대상을 확대하여 세계 각 지역의 여러나라를 대상으로 서술하였으며 문명사에 관한 내용이 많았다는 것은 근대문화에 대한 인식과 더불어 당대 지식인의 역사인식의 시야가 확대되고 있다는 것을 의미한다. 종래의 정치사, 제도사만이 아니라 대외관계사, 학술사, 종교사까지 서술하여 역사적 인식의 폭을 확대시킨 점은 특징적이다.

3 .이화여대 소장본 '근대 역사 교과서'의 가치와 번역의 의의

구한말의 역사인식을 대변하는 역사 교과서 중 이화여대 도서관에 소장된 책을 선별하여 각 시기의 대표적인 역사 교과서 9종을 번역 · 해제하였다. 제1기는 학부의 『보통교과 동국역사』, 제2기는 현채의 『중등교과동국사략』과 국민교육회의 『보통교과 대동역사략』을 선정하였다. 또한 제3기는 정인호의 『초등대한역사』, 조종만의 『초등대한력ᄉ』, 안종화의 『초등본국역사』 등 초등용 국사교과서와 유옥겸의 『동양사교과서』, 김상인의 『정선만국사』 등 외국 역사 교과서를 각각 선정하였다.

이화여자대학교 도서관에는 이번에 번역 · 해제되는 9권의 역사 교과서를 포함하여 다양한 종류의 구한말 근대교과서가 소장되어 있다. 개화기 이후 국민교육 체제가 확립되는 과정에서 기독교 선교사들이 설립한 사립선교학교와 민족학교가 차지하는 위치나 역할은 자못 컸다. 예컨대 기독교 선교사들이 중심이 되어 설립한 이화전문학교는 이화여자대학교로 발전하여 현재 우리나라 여성교육의 중심축 역할을 넘어서서 글로벌이화를 추구하며 세계 속의 여자교육의 메카로 발돋움하고 있다. 이같은 대학의 역할에 걸맞게 이화여대 도서관은 개화기와 대한제국기, 일제 식민지 통치기의 역사 교과서를 비롯해 각종 근대교과서 및 다양한 자료를 수집해서 장기간 소장하고 있어 좋은 자료의 보고로서의 역할을 평가받을 만하다.

이번에 번역되는 역사 교과서들은 물론 이화여대 도서관에만 소장되어 있는 것은 아니다. 그러나 이화여대 소장본은 보존 상태가 양호하여 이 분야 연구에 기초가 되는 양질의 자료로 활용될 충분한 가치가 있다고 판단된다. 그러므로 이번 번역대상으로 선정된 역사 교과서 이외에도 반드시 번역하고 연구해야 할 귀중한 자료들이 적지 않으므로 한국학 관련기관과 연구자들에게 문호를 개방하는 방안을 모색해 보는 것이 바람직하다.

근대 역사 교과서의 번역과 해제를 통하여 도서관에 소장된 중요한 역사 교과서 일부가 공개되어 이 분야에서의 연구와 역사교육분야에 교육 자료로 활용할 수 있게 되었다. 또한 이를 토대로 개화기와 근대의 교육에 관한 연구가 활성화되는 계기가 마련되었다는 점도 주목할 만한 성과다. 아울러 현재 우리가 해결해 나가야 할 난제들을 인식할 수 있는 준거는 물론 바람직한 대응방법을 찾아가는 데 좋은 참고 자료로서의 역할도 충실히 완수할 것이라 생각된다.

근대 역사 교과서 번역은 원문에 충실한 직역을 원칙으로 하면서도 현재 우리말 수준에서 이해할 수 있는 글로 다듬었다. 또한 현재의 관점에서 이해할 수 있도록 재해석하는 과정을 거쳤으므로 단순한 역사적 자료로서 과거 교과서를 확인하는 정도를 넘어서서 우리 역사교육의 좌표와 지향점을 찾는 과정에서도 중요한 시사점을 줄 것이다. 각 역사 교과서 번역자들의 문투를 존중하면서도 전문가들의 치밀한 감수 과정을 거쳤으므로 가독력이나 완성도 측면에서도 일정한 완결성을 갖추고 있는 점도 이번 번역본의 장점으로 꼽을 수 있다. 특히 교육현장의 역사 교사들이 적극적으로 수업자료로 활용하여 학생들이 이 교과서를 통해 구한말의 학생들과 혹시 당대의 지식인들과 대화하며 서로의 역사의식을 논할 수 있는 통로 역할을 해줄 수 있기를 기대한다.

참고문헌

손인수, 『韓國開化教育研究』, 일지사, 1981.

김홍수, 『韓國近代歷史教育研究』, 삼영사, 1990.

한기언, 『日帝의 教科書政策에 관한 研究』, 한국정신문화연구원, 1993.

조동걸 외, 『한국의 역사가와 역사학』, 창작과 비평사, 1994.

박걸순, 『韓國近代史學史研究』, 국학자료원, 1998.

김여칠, 「開化期 國史教科書의 歷史認識」, 단국대학교 박사학위논문, 1985.

홍영백, 「한말세계사 관계사서의 내용과 그 한계」, 『素軒南都泳博士華甲紀念史學論叢』, 1982.

조동걸, 「한말사서와 그의 계몽주의적 허실(상)」, 『한국독립운동사연구』 제1집, 독립기념관 한국독립운동사연구소, 1987.

조동걸, 「한말사서와 그의 계몽주의적 허실(하)」, 『한국학논총』 10, 국민대학교 한국학연구소, 1988.

보통교과 동국역사 해제

나애자

1. 저자

『보통교과 동국역사』는 1899년 현채에 의해 집필된 소학교용 국사 교과서이다. 현채(玄采, 1856~1925)는 역관을 많이 배출한 중인 신분의 천녕(川寧) 현씨 집안에서 태어났고, 호는 백당(白堂)이다. 그는 고종 10년(1873) 18세의 나이로 역과 한학에 급제하였고 1892년 부산항 감리서에서 번역관으로 활동하다가 1895년 외국어학교 부교관, 한성사범학교 부교관을 지냈다. 1896년 초 평강군수(平康郡守)로 임명되었으나, 곧 그만두었다. 그후 현채는 1907년 1월말 해임될 때까지 학부에서 편집국 위원, 주사 등으로 재직하면서 김택영(金澤榮) 등과 함께 역사 교과서를 집필하고, 동서양 역사책 등의 도서를 번역하는 일에 종사하였다. 근대교육의 중요성을 인식하고 있던 현채는 1905년 초 신설된 한성법학교(사립)에서 교장으로 재직하기도 하였다.

1905년 을사조약의 체결 이후 일본인이 학부의 고문격인 학정참여관(學政參與官)으로 임명되면서 한국사 교육에 대한 일제의 통제가 시작되었다. 현채가 1907년 학부에서 해임된 것은 1906년 애국심을 고취시키는 『월남망국사(越南亡國史)』 등을 민간에서 발행하였기 때문이다. 이후 그는 아들 현공렴(1872~1930)과 함께 보성사에서 출판관계 일을 하는 한편으로 『유년필독(幼年必讀)』(1907) 등을 저술하였다. 현채는 당시 상황을 사회진화론에 입각하여 약육강식의 경쟁시대로 파악하고 국권을 찾는 방도로서 자강론을 주장하면서 애국계몽사가로 활약하였다. 그는 대한자강회원, 기호흥학회 찬무원, 국민교육회원, 태극학회원 등으로서 애국계몽운동에 참여하고, 우리 민족의 역사를 널리 알리기 위하여 『야뢰(夜雷)』, 『호남학보』 등의 잡지에 「유년필독초」, 「이순신전」, 「국가지역사(國家之歷史)」 등의 글을 기고하였다. 현채가 번역, 저술한 저서는 위에 든 저서 외에 『중동전기(中東戰記)』(1899), 『법국혁신전사(法國革新全史)』(1900), 『만국사기(萬國史記)』(1905), 『중등교과동국사략(中等教科東國史略)』(1906), 『나마사(羅馬史)』(1907), 『유년필독석의(幼年必讀釋義)』(1907), 『최신초등소학이과서(最新初等小學理科書)』(1907), 『대한지지(大韓地誌)』(1899), 『신찬초등소학(新撰初等小學)』(1909) 등이 있다. 현채가 저술한 교과서류는 역사뿐 아니라 수신(修身), 지리, 자연과학 등 분야가 광범위하여 모두 23종에 달한다.

이밖에 현채는 1900년 양재건 등과 함께 시사총보사를 광문사로 개칭하여 정약용의 『목민심서(牧民心書)』, 『흠흠신서(欽欽新書)』 등의 고서를 출판하였다. 국권상실 이후 1910년 12월에는 최남선, 장지연 등과 함께 조선광문회(朝鮮光文會)를 창설하여 고전의 발굴, 수집과 간행 보급에 힘썼다. 하지만 그는 1915년 『매일신보』에 임나일본부설, 신공황후(神功皇后) 신라침공설 등에 기초하여 한일관계사를 연재하면서 식민지배를 합리화하는 글을 썼다. 1923~1924년에는 조선사편수회의 전신인 조선사편찬위원회에서 위원으로 활동하였다. 한편 그는 안진경체 글씨를 잘 쓰는 서예가로 이름이 높았다.

2. 구성

5권 2책, 356쪽으로 되어 있는 이 책은 김택영이 저술한 중등용 교과서 『동국역대사략(東國歷代史略)』(1899)을 초등용에 알맞게 국한문으로 풀어 쓰면서 현채가 자신의 사관에 의해 내용을 삭제하거나 보완하여 다시 서술한 것이다. 편년체의 서술체제나 구성에서 공통점이 많지만, 때로는 연대를 뛰어넘어 기사본말체식으로 서술하고 있고 구성의 세부적인 내용에서 독특한 면을 보이고 있다.

이 책은 표지, 간지, 서문, 역대일람(歷代一覽), 역대왕도표(歷代王都表), 목록, 본문, 발문으로 구성되어 있다. 이 가운데 「역대일람」과 「역대왕도표」는 1895년 이후 학부에서 편찬한 역사 교과서에서는 처음으로 등장하는 것이다. 「역대일람」은 (고)조선(단군, 기자), 신라, 고구려, 백제, 고려, 조선의 순서로 작성되었고, 왕호, 성씨, 이름, 부친 및 항렬, 모친, 재위 연수, 연령, 후비와 그 부친 등이 정리되어 있다. 신라의 세 여왕 왕호 밑에는 '여주(女主)'라고 특별히 적고 연산군과 광해군 대에는 정통 왕과 달리 한 자를 내려 쓰고 후비를 부인이라고 격하하여 유교적 사관과 도덕주의가 나타나고 있다. 「역대왕도표」는 도읍을 건설한 연대, 도읍명, 현재 이름, 연수(年數)의 내용을 기자조선, 위만 조선, 고구려, 백제, 신라, 고려, 조선 순으로 작성하였다.

다음으로 목록이 있는데, 본문에서 다루는 시기와 일치하지 않아 이 책이 미완성본이 아닌가 하는 의문을 언뜻 갖게 한다. 목록에는 단군조선부터 본조기(本朝紀), 즉 조선시대까지 총 8편(권1 삼국기, 권2 신라기, 권3~5 고려기, 권6~8 본조기)으로 되어 있는데, 본문에서는 고려기로 끝나고 단군조선부터 삼한까지는 권수(卷首)로 처리되어 있다. 당초 구상했던 8편이 5편으로 축소된 것이다. 그 이유에 대해 편집국장 이규환은 발문에서 "의론이 점차 달라져"라고만 밝히고 있어 구체적인 사정은 알 수 없다.

연기(年紀) 표시는 『동국역대사략』과 마찬가지로 그 이전의 교과서가 조선 태조의 개국 기원(紀元)을 사용한 것과 달리 국왕의 재위 연대 아래에 작은 글자 2줄로 중국 연호와 일본 연호, 서기를 함께 표기하는 방식을 쓰고 있다. 일본의 연호를 중국 연호 및 서기와 병기한 것은 당시 국제 관계에서 일본의 영향력이 증대하고 있던 상황을 반영한 것으로 보인다. 유의해야 할 점은 삼국시대와 통일신라 때 칭원법(稱元法)은 새 왕이 즉위한 해를 원년(元年)으로 삼았는데(즉위년 칭원법), 현채는 이 책에서 고려시대와 마찬가지로 새 왕이 즉위한 다음해를 원년으로 계산하는 유년(踰年) 칭원법을 사용하였다는 것이다. 따라서 고려 이전 국왕의 재위 연대는 『삼국사기』의 그것과 1년씩 차이가 난다.

이 책은 『동국역대사략』에서 「안(按)」이라고 하여 사론을 단 것처럼 분명한 형식을 취하지는 않았지만, 본문에서 한 단을 내리고 칸을 들여 써 본문의 내용을 보충하는 설명을 넣거나 역대 역사서를 인용하여 역사적 사실을 고증한다든지 현채 자신의 견해를 피력하는 부분이 군데군데 나온다. 또 관직명 등의 용어와 지명 등에 대해 세주(細註)를 달아 내용 이해를 돕고 있다. 그러나 인명이나 연대 등의 표기에 오류가 있고 편년체 서술인데도 연도가 다른 기사를 함께 수록한 곳이 있으므로, 읽을 때 주의가 필요하다.

3. 내용

현채는 이 책의 편찬 목적을 누구든지 쉽게 읽고 이해할 수 있도록 하고 충군애국정신을 고취하여 만국(萬國)에 명예를 떨치게 한다는 데 두었다. 중요한 사건이나 인물에 대한 묘사가 생생하여 이야기책을 읽는 것처럼 재미있다. 그러나 오늘날의 역사 교과서의 관점에서 본다면 전투장면이나 정변 등 반란의 전개과정, 간음 등의 남녀관계, 잔인한 살해장면의 묘사가 쓸데없이 장황하고 부적절한 대목도 있다. 정치·경제·사회면에서의 제도개혁이나 정책의 변화 등에 대한 서술을 상대적으로 소략한 편이다.

본문에서 각 시대가 차지하는 비중을 서술 분량 면에서 비교하면, 단군조선~삼한 2%, 삼국시대 24%, 통일신라 11%, 고려시대 63%(태조~의종 19%, 명종~충렬왕 22%, 충선왕~공양왕 22%)이다. 고려시대에서도 무신정변이 일어난 이듬해(1171)부터 고려 멸망(1392)까지, 즉 후기가 44%나 된다. 이 가운데 조선왕조가 성립되기까지 태조 이성계의 가계와 장수로서의 활약상, 역성혁명 과정에 대한 설명은 특히 구체적이며, 태조와 그 선조, 태종에 대한 서술에서는 모두 경어체를 사용하고 있다.

이 책의 주요한 내용에 대한 분석을 통하여 현채의 사관을 살펴보기로 한다.

첫째, 자주적 역사인식과 비주체적 역사인식이 뒤섞여 있다. 현채는 단군조선을 권수로 처리하면서 단군조선은 근거로 삼을 문헌이 없어 상고할 수 없다고 하였다. 그러나 한편으로는 학부 편찬의 역대 교과서가 모두 하(夏)나라가 도산(塗山)에서 제후들의 회의를 소집했을 때 단군이 아들을 보내 조알(朝謁)한 사실을 실었던 데 반해 이 책은 그 기사를 삭제하여 중국에 대한 자주적 역사인식을 나타내고 있다. 또 신라의 삼국통일과정을 다루면서 신라군의 활약과 나당전쟁을 비교적 자세하게 서술하였다. 신라정통론의 입장에서 삼국시대와 통일신라시대를 서술하였지만, 발해의 성립과 발전 과정, 거란의 소손녕과의 담판에서 드러난 서희의 고구려 계승의식, 발해를 멸망시킨 거란에 대한 고려 태조의 강경책 등을 상세히 다루어 한민족을 아우르는 역사의식을 표출하였다.

그러나 고대 일본의 국호를 서기전 50년에 한번 왜국(倭國)이라고 부른 것 외에는 모두 일본이라고 표기하고 심지어 왜구조차 일본 도적으로 표현한 것은 당시 일본과의 관계를 의식하여 역사적 용어를 왜곡한 것이라고 할 수 있다. 또 대가야를 일본에서 임나(任那)라고 부르는 사실을 세주로 명시한다든지, 탐라(제주)의 조상인 양을나, 고을나, 부을나가 일본 천황이 보낸 세 딸과 혼인하고 그들이 가지고 온 곡물

종자와 망아지, 송아지로 부유해졌다고 서술한 것은 근대 역사학의 필수 요소인 사료비판 의식이 결여된 것이라고 할 수 있다.

둘째, 전통 역사학의 기본이 되는 도덕주의, 유교적 사관을 바탕으로 역사의 교훈성을 강조하고 있다. 애민의식과 검소함, 국왕과 나라에 대한 충성과 부모에 대한 효심, 결혼한 남녀의 정절 등이 인물 평가의 기준이 되고 있다. 어진 군주나 전쟁터에서 목숨을 아끼지 않고 앞장서 싸운 장수, 용기있게 간언에 힘쓰고 검소하며 공정한 신하 등 충신은 사망 시 백성들이 매우 애통해 하였다는 사실을 상세하게 서술하고 있다. 반면 포학무도하거나 무능한 국왕은 결국 시해되거나 교체되었으며, 반란을 일으켜 정권을 장악한 세력은 결국 정적에 의해 제거되고 불행한 최후를 맞이하였다는 사실을 강조하고 있다. 고려 태조, 성종, 김부식, 서희, 강감찬, 최영, 이성계, 정몽주 등이 긍정적인 인물로 그려지는 반면, 광종, 의종, 최충헌 등 무신정권의 정치세력, 충혜왕 등 원나라 간섭기의 국왕, 정도전 등은 부정적인 인물로 그려지고 있다. 광종과 공민왕이 각각 노비안검법과 반원정책 등 개혁정치를 폈는데도 사후 평가가 부정 일변도인 것은 유교적인 가치판단이 역사적 평가의 기준이 되었기 때문이다.

셋째, 국가의 존립 및 사회 안정과 직결되는 정치 · 군사 관련 기사의 비중이 절대적이지만, 풍속이나 신분제도, 민란 등 사회 관련, 토지제도와 수취체제, 화폐유통 등 경제 관련, 교육 · 학문 · 사상 등 문화 관련 기사도 단편적이나마 취급하고 있으므로, 역사를 총체적으로 파악하려고 노력한 근대적인 역사인식 태도를 엿볼 수 있다.

4. 가치

이 책은 1895년 2월 고종황제에 의해 「교육입국조서」가 반포된 후 7월에 공포된 「소학교령」에 의거하여 설립된 소학교의 심상과(3년)와 고등과(2년, 3년)에서 교재로 사용되었다. 그러나 1906년 8월 일제의 압력에 의해 소학교가 폐지되고 「보통학교령」이 반포되어 역사교육이 지리와 통합되면서 국사교과서로서의 생명을 점차 잃게 되었다. 더욱이 일제가 1908년 「교과용도서검정규정」을 공포하고 1909년에는 출판법을 반포하여 '구 학부'에서 편찬하였던 교과서조차 "지금 조선은 대일본제국의 일부가 되었으므로 (…중략…) 그 내용이 부적당"하다고 발매 금지를 하자, 『보통교과 동국역사』도 그 대상이 되었다. 이때 이미 현채의 저서 『중등교과 동국사략』, 『월남망국사』, 『유년필독』, 『유년필독석의』가 애국심을 고취한다고 하여 압수당한 상태였다.

이 책이 쓰여진 1899년은 열강의 각축이 심화되는 가운데 조선왕조가 대한제국으로 바뀐 지 2년이 된 때이다. 국왕의 칭호를 황제로 격상시켜 대외적으로는 열강과 대등한 자주독립국임을 널리 선언하고 대내적으로는 군주권을 강화하여 황제 주도로 개혁을 시도하고 있던 시기이다. 현채는 이러한 시대적 상황을 반영하여 이 책에서 중국이나 일본 등 주변국가와의 전쟁과 교섭 등 대외관계의 변화를 국내 정치의 변동만큼 중요하게 취급하고 역동적으로 서술하였다. 충군애국정신의 고양이라는 저술 목적은 충분히 달성된 것으로 보인다. 또 이 책은 형식이나 내용면에서 전통적인 역사 서술에서 벗어나지는 못했지만, 그 이전의 역대 교과서에 비하면 역사를 총체적으로 파악하려는 근대적인 요소가 있다. 거기에는 현채가 근대적인 교육기관에서 부교관으로 종사하고 동서양 역사서를 많이 접하고 번역한 경험이 밑거름이 되었을 것이다.

차례

보통교과 동국역사

|근대 역사 교과서 일러두기|

1. 번역의 저본은 이화여자대학교 중앙도서관 소장 『普通教科東國歷史』를 사용하였다.
2. 편차와 체제는 저본을 따랐다. 단 독자의 편의를 위하여 저본의 내용을 해치지 않는 범위에서 문장 길이를 조정하거나 문단을 나누었다.
3. 번역은 직역을 원칙으로 하되, 문맥이 통하는 자연스러운 현대역의 의의를 살리도록 하였다.
4. 맞춤법과 띄어쓰기는 '한글맞춤법통일안'을 따르는 것을 원칙으로 하였다.
5. 한글 표기를 원칙으로 하고, 고유명사나 이름, 관직, 지명, 기타 전문용어는 한자 또는 원어를 ( ) 안에 표기하였다. 반복되어 나올 경우에는 한글로만 표기하였다.
6. 연대는 원문에 있는 표기 방식을 살려 쓰되, '( )' 안에 서력 기년을 부기하였다. 필요에 따라 한국 연호나 역조 임금의 즉위 기년을 환산하여 부기하였다. 추정연도는 '[ ]'를 사용하였다.
   예) 673년(문무왕 13)
7. 부호는 다음과 같이 구별하였다.
   ( ) : 음이 같은 한자 표기
   [ ] : 한글과 발음이 다른 한자 표기
   " " : 인용문, 대화
   ' ' : 재인용, 대화 안의 대화
   「 」: 항목명, 편명, 조명, 논문명
   『 』: 서명

|보통교과 동국역사 일러두기|

1. 원문에는 삼국시대 이후 국왕의 재위 연대가 중국 연호, 일본 연호, 서기와 병기되어 있고 간지가 두주로 표기되어 있다. 이 번역문에서는 간지를 본문으로 처리하되 굵은 글씨로 구별하였다.
2. 고려 이전 각국 왕의 재위 연대 표기는 통상적으로 '즉위년 칭원법(卽位年 稱元法)'을 사용하는데, 이 책은 삼국시대~고려시대 모두 신왕의 즉위년에는 전왕의 연호를 그대로 쓰고 그 다음해를 원년으로 하는 '유년(踰年) 칭원법'을 사용하고 있다. 따라서 고려 이전 국왕의 재위 연대가 『삼국사기』와 1년씩 차이가 나지만, 원문대로 두었다.
3. 편년체로 서술되었지만, 어떤 연도에는 그 해에 일어나지 않은 일이 함께 기록된 경우가 있다. 해당 기사의 끝에 괄호로 서기연도를 표기하였다.
4. 원문의 오류는 『삼국사기』 등에 의거하여 본문에서 바로잡고, 각주에 그 사실을 밝혔다. 특별한 경우 외에는 전거를 일일이 제시하지 않았다.
5. 각주의 일반적인 용어 풀이는 국립국어원 홈페이지(http://www.korean.go.kr) 표준국어대사전에 의거하였다.

보통교과 동국역사(普通教科 東國歷史)

현채(玄采)

보통교과 동국역사 서(序)

천하의 사람들로 하여금 모두 한문(漢文)에 종사하게 한다면, 그것을 공부하기는 매우 고되나 성취하기는 매우 어렵다. 마음과 기력을 거의 다하고 모발이 시들고 지치도록 그것을 공부한다고 해도 여전히 이루지 못하는 것이 있다. 오호라, 천하의 큰 일이 한문에서 그칠 뿐이 아니니, 어찌하여 천하의 인재들을 몰아서 한문에 붙들어 매려고 하는가? 천하의 사람들로 하여금 모두 국문(國文)에 종사하게 한다면, 듣고 보는 것이 쉽게 막히고 신령한 지식이 성장하기 어렵다. 비록 5음(音)을 모두 통달하고 세 가지 역(譯)을 능히 전할 수 있게 한다고 해도 오히려 혹 골고루 미치지 못하는 것이 있다. 오호라, 천하의 문자가 국문에서 그칠 뿐이 아니니, 어찌하여 천하의 인재들을 몰아서 국문에 국한하게 할 것인가? 그렇다면 어찌 그것이 옳다고 할 수 있겠는가?

중국의 증국번(曾國藩)은 일찍이 송학(宋學)은 너무 높아서 그 폐해가 헛되고 거짓이 되며, 한학(漢學)은 너무 실질적이어서 그 폐해가 너무 깊이 파고드는 것을 병통으로 여겼다. 그리하여 그는 단언하기를, "학문을 하는 사람은 마땅히 송학으로써 근본을 삼고 한학으로써 통달해야 한다"고 하였다. 오늘날 우리도 천하의 사람들로 하여금 한문을 근본으로 삼고 국문으로써 통달하여 마치 차 바퀴와 새의 날개가 한쪽을 버릴 수 없는 것과 같도록 하고자 한다. 그렇다면 그것은 아마도 증공(曾公)이 남긴 뜻일 것이다.

올 가을 우리 편집국에서는 『대한역대사략(大韓歷代史略)』 1부를 완성하였다. 이것은 바로 중학교 교과서의 하나이다. 백당(白堂) 현채(玄采) 군은 그 책에서 중요한 사항을 대강 취하여 국문과 한문을 섞어 기록하였으니, 이미 그 책의 장점을 모두 취하고 당시 자신의 뜻으로 부족한 것은 보충하여 8편(篇)을 힘들게 완성하였다.[1] 이것은 대개 여러 소학교를 세우고 이 책으로 보통교과로 삼으려고 한 것이다. 내가 그 책을 취하여 읽어 보니, 말에 조리가 있고 이치가 통하는 것이 마치 노래를 잘하는 사람이 사람들을 웃고 울게 할 수 있는 것과 같다. 비록 일반 백성과 노비, 부인, 어린아이라 할지라도 진실로 글자를 아는 사람이라면 모두 한번 듣고 그 의미를 통달하여 동방의 4천여 년의 역사에서 치란(治亂)과 흥폐(興廢), 장단(長短), 득실(得失)이 눈앞에 있는 것처럼 알게 되니, 그 공(功)이 어찌 작다고 할 수 있는가? 오호라, 천하의 인재들을 선도(善導)하는 데 있을 따름이다. 오늘날 우리나라가 삼천리 강역의 규모와 5백 년을 배양한 깊은 역사가 있으니, 어찌 인재가 부족하다고 탄식하고 세계 각국의 아래에 있다고 여기는가? 백당은 본래 강개(慷慨)한 선비로서 시무(時務)에 관한 서적을 널리 열람하고 대

1 『대한역대사략』은 『동국역대사략』의 속간본이며, 이 책의 발문에 나타나 있듯이 현채는 이 책을 8편으로 구성하려던 당초 계획을 변경하여 5편으로 편찬하였다.

국(大局)의 형세를 깊이 성찰하였다. 그는 일찍이 우리나라의 인재가 문예 한가지 일에 치우쳐 있고 다른 일에 두루 미치지 못하고 있다고 탄식하였다. 그러므로 지금 이 책을 써서 각각의 사람들로 하여금 쉽게 읽음으로써 기름 흐르듯이 이치에 따르고 신령한 지식을 낸 후 더 나아가서 천하의 먼 데까지 이르게 하려고 하였다. 대략 그 재주를 용이 날아다니고 봉황이 나는 것처럼 다함으로써 임금을 높이고 나라를 사랑하는 대사업을 달성한다면, 만국(萬國)에 명예를 떨치는 것이 장차 왕성하여 그것을 막지 못할 것이다. 그 뜻이 훌륭하니 어찌 감동하지 않을 수 있겠는가? 나 역시 시대적 어려움에 눈이 흐려 잘 보이지 않는다. 그러므로 남몰래 북받치는 흥분을 이길 수 없어 이 글을 쓴다.

광무(光武) 3년(1899) 9월 7일 학부(學部) 편집국장 이규환(李圭桓) 서(序)

역대일람(歷代一覽)

이는 본사(本史)와 간혹 같지 않은 곳이 있지만 지금은 속본(俗本)을 따르겠다.[2]

조선(朝鮮)							
왕호(王號)	성씨	이름, 자(字)	부친 및 항렬	모친	재위연수	연령	후비(后妃)
단군(檀君)	환(桓)	왕검(王儉) 혹은 왕험(王險)	환웅(桓雄)의 아들				非西岬(비서갑)의 딸
조선(朝鮮)							
기자(箕子)	자(子)	서여(胥餘)	무을자리(武乙子理)의 아들		40	93	
신라(新羅)							
혁거세거서간(赫居世居西干)	박(朴)		소벌공(蘇伐公)의 양자		60	73	알영부인(閼英夫人)
남해차차웅(南解次次雄)			혁거세의 아들	알영부인	20		운제부인(雲帝夫人)
유리이사금(儒理尼師今)			남해의 태자	운제부인	33		
탈해이사금(脫解尼師今)	석(昔)		다파나국(多婆那國) 왕의 아들		23	85	아효부인(阿孝夫人), 남해의 맏딸
파사이사금(婆娑尼師今)	박		유리의 둘째 아들		32		사성부인(史省夫人) 김씨(金氏), 허루 갈문왕(許婁葛文王)의 딸

2 원문에는 지증왕 이전의 신라 고유의 왕호가 표기되어 있지 않지만, 김부식(金富軾)의 『삼국사기(三國史記)』에 의거하여 왕호를 붙였다. 원문의 오기는 바로잡았다.

지마이사금(祇摩尼師今)			파사의 적자	사성부인 김씨	22		애례부인(愛禮夫人) 김씨, 갈문왕 마제(摩帝)의 딸
일성이사금(逸聖尼師今)			유리의 맏아들		20		박씨, 지소례왕(支所禮王)의 딸
아달라이사금(阿達羅尼師今)			일성의 맏아들	박씨	30		내례부인(內禮夫人) 박씨, 지마의 딸
벌휴이사금(伐休尼師今)	석		구추(仇鄒)(탈해의 아들)	지진내례부인(只珍內禮夫人) 김씨	12		
나해이사금(奈解尼師今)			이매(伊買)(벌휴의 둘째 아들)	내례부인	34		석씨, 골정(骨正)의 딸
조분이사금(助賁尼師今)			골정의 맏아들(벌휴의 태자)	옥모부인(玉帽夫人) 김씨, 구도(仇道) 갈문왕의 딸	17		아이혜부인(阿爾兮夫人) 석씨, 내해의 딸
첨해이사금(沾解尼師今)			골정의 둘째아들	위와 같음	15		
미추이사금(味鄒尼師今)	김(金)		구도(仇道)(김알지(金閼智)의 5대손)	박씨, 갈문왕 이칠(伊柒)의 딸	22		광명부인(光明夫人) 석씨, 조분의 딸
유례이사금(儒禮尼師今)	석		조분의 맏아들	박씨, 갈문왕 나음(奈音)의 딸	14		
기림이사금(基臨尼師今)			걸숙(乞淑)(조분의 아들)		12		
흘해이사금(訖解尼師今)			우로(于老)(나해의 아들)	명원부인(命元夫人), 조분의 딸	46		
내물이사금(奈勿尼師今)	김		말구(末仇)(미추의 동생)	휴례부인(休禮夫人) 김씨	46		김씨, 미추의 딸
실성이사금(實聖尼師今)			대서지(大西知)(김알지의 후손)	이리부인(伊利夫人) 석씨, 아간(阿干) 석등보(昔登保)의 딸	15		김씨, 미추의 딸
눌지마립간(訥祇麻立干)			내물	보반부인(保反夫人) 김씨, 미추의 딸	41		김씨, 실성의 딸
자비마립간(慈悲麻立干)			눌지의 맏아들	김씨, 실성의 딸	21		김씨, 서불한(舒弗邯) 미사흔(未斯欣)의 딸
소지마립간(炤知麻立干)			자비의 맏아들	김씨	21		선혜부인(善兮夫人), 이벌찬(伊伐湌) 내숙(乃宿)의 딸
지증마립간(智證麻立干)		지대로(智大路)	습보(習寶)(내물의 증손)	조생부인(鳥生夫人) 김씨, 눌지의 딸	14	79	연제부인(延帝夫人) 박씨, 이찬(伊湌) 등흔(登欣)의 딸
법흥왕(法興王)		원종(原宗)	지증왕의 맏아들	연제부인 박씨	26		보도부인(保刀夫人) 박씨
진흥왕(眞興王)		삼맥종(彡麥宗)	입종(立宗)(법흥왕의 동생)	부인 김씨, 법흥왕의 딸	36	43	사도부인(思道夫人) 박씨
진지왕(眞智王)		금륜(金輪)	진흥왕의 둘째 아들	사도부인	3		지도부인(知道夫人)

진평왕(眞平王)		백정(伯淨)	동륜(銅輪) (진흥왕의 아들)	만호부인(萬呼夫人) 김씨(입종의 딸)	53		마야부인(摩耶夫人) 김씨, 갈문왕 복승(福勝)의 딸
선덕여왕 [善德女主]		덕만(德曼)	진평왕의 맏딸	마야부인 김씨	15		
진덕여왕 [眞德女主]		승만(勝曼)	국반(國飯) (진평왕의 동복아우)	월명부인(月明夫人) 박씨	7		
태종 (太宗)		춘추(春秋)	문흥왕(文興王) (진지왕의 아들)	문정태후(文貞太后) 김씨, 진평왕의 딸	7	59	문명왕후(文明王后) 김씨, 각찬(角湌) 김서현(金舒玄)의 딸
문무왕(文武王)		법민(法敏)	태종의 원자(元子)	문명왕후 김씨	20		자의왕후(慈儀王后), 파진찬(波珍湌) 선품(善品)의 딸
신문왕(神文王)		정명(政明) 자는 일소(日炤)	문무왕의 태자	자의왕후	11		김씨, 일길찬(一吉湌) 김흠운(金欽運)의 딸
효소왕(孝昭王)		이홍(理洪)	신문왕의 원자	신목왕후(神穆王后) 김씨	10	16	
성덕왕(聖德王)		융기(隆基) 후에 홍광 (興光)으로 고침	신문왕의 둘째 아들	위와 같음	35		김씨, 소판(蘇判) 김원태(金元泰)의 딸
효성왕(孝成王)		승경(承慶)	성덕왕의 둘째 아들	소덕왕후(炤德王后)	5		박씨
경덕왕(景德王)		헌영(憲英)	성덕왕의 셋째 아들	위와 같음	24		이찬(伊湌) 순정(順貞)의 딸
혜공왕(惠恭王)		건운(乾運)	경덕왕의 적자	만월부인(滿月夫人) 김씨, 서불한 의충(義忠)의 딸	15	22	신보왕후(新寶王后), 이찬 유성(維誠)의 딸
선덕왕(宣德王)		양상(良相)	개성왕(開聖王) 효방(孝芳) (내물 9대손)	정의태후(貞懿太后) 김씨, 성덕왕의 딸	5		구족부인(具足夫人), 각간(角干) 양품(良品)의 딸
원성왕(元聖王)		경신(敬信)	명덕대왕 (明德大王) 효양(孝讓) (내물 11대손)	소문태후(昭文太后) 박씨	14		김씨, 각간 신술(神述)의 딸
소성왕(昭聖王)		준옹(俊邕)	혜충대왕 (惠忠大王) 인겸(仁謙) (원성왕의 태자)	성목왕후(聖穆王后) 김씨, 신씨라고도 함	1		계화부인(桂花夫人) 김씨, 숙씨(叔氏)라고도 함. 대아찬(大阿湌) 숙명(叔明)의 딸
애장왕(哀莊王)		중희(重熙)	소성왕	계화부인 김씨	9	22	박씨
헌덕왕(憲德王)		언승(彦昇)	인겸	성목왕후 김씨	17		귀승부인(貴勝夫人) 정씨(貞氏), 각간 예영(禮英)의 딸
흥덕왕(興德王)		경휘(景徽)	인겸	위와 같음	10		장화부인(章和夫人) 김씨, 소성왕의 딸

희강왕(僖康王)		제륭(悌隆)	익성대왕 (翌成大王) 헌정(憲貞) (원성왕의 손자)	순성태후(順成太后) 박씨	2		문목부인(文穆夫人), 갈문왕 충공(忠恭)의 딸
민애왕(閔哀王)		명(明)	선강대왕 (宣康大王) 충공(忠恭) (원성왕의 손자)	선의태후(宣懿太后) 박씨	1		윤용왕후(允容王后)
신무왕(神武王)		우징(祐徵)	성덕대왕 (成德大王) 균정(均貞) (원성왕의 손자)	헌목태후(憲穆太后) 박씨	7개월		
문성왕(文聖王)		경응(慶膺)	신무왕의 태자	정계부인(貞繼夫人)	18		박씨
헌안왕(憲安王)		의청(誼淸)	균정	조명부인(照明夫人), 선강왕(宣康王)의 딸	4		
경문왕(景文王)		응렴(膺廉) 응은 응(凝)으로 쓰기도 함	의공대왕 (懿恭大王) 계명(啓明) (희강왕의 아들)	광의왕태후 (光懿王太后) 박씨	14		문의왕비(文懿王妃) 김씨, 헌안왕의 딸
헌강왕(憲康王)		정(晸)	경문왕의 태자	문의왕후 김씨	11		의명부인(懿明夫人)
정강왕(定康王)		황(晃)	경문왕의 둘째 아들		1		
진성여왕 [眞聖女主]		만(曼)	경문왕		10		
효공왕(孝恭王)		요(嶢)	헌강왕의 서자	의명왕태후 (義明王太后) 김씨	15		이찬 예겸(乂謙)의 딸
신덕왕(神德王)	박	경휘(景暉)	선성대왕 (宣聖大王) 예겸(乂兼) (아달라의 원손(遠孫))	정화왕후(貞和王后)	5		의성왕후(義成王后) 김씨, 헌강왕의 딸
경명왕(景明王)		승영(昇英)	신덕왕의 태자	의성왕후 김씨	7		
경애왕(景哀王)		위응(魏膺)	신덕왕	위와 같음	3		
경순왕(敬順王)	김	부(傅)	신흥대왕 (神興大王) 효종(孝宗) (문성왕의 후손)	계아태후 (桂娥太后)	9		
고구려(高句麗)							
동명왕(東明王)	고(高)	주몽(朱蒙)	부여왕(扶餘王) 금와(金蛙)	유화(柳花)	18	40	졸본부여(卒本扶餘) 왕의 딸
유리왕 [琉璃明王]		유리(類利)	동명왕의 원자	예씨(禮氏), 부여인	36		송씨(松氏), 다물후(多勿侯) 송양(松讓)의 딸
대무신왕 (太武神王)		무휼(無恤)	유리왕의 셋째 아들	송씨	28	41	

민중왕(閔中王)		해읍주(解邑朱)	유리왕		4		
모본왕(慕本王)		해우(解憂)	대무신왕의 원자		5		부여인
태조왕(太祖王)		궁(宮)	재사(再思) (유리왕의 아들)	부여인	93	119	
차대왕(次大王)		수성(遂成)	재사	위와 같음	19	95	
신대왕(新大王)		백고(伯固)	재사		14	91	
고국천왕 (故國川王)		남무(男武)	신대왕의 둘째 아들		18		우씨(于氏), 제나부(堤那部) 소(素)의 딸
산상왕(山上王)		연우(延優)	신대왕		30		전 왕비 우씨
동천왕(東川王)		우위거 (憂位居)	산상왕의 태자	소후후(小后后)의 딸, 주통촌(酒桶村)의 딸	21		
중천왕(中川王)		연불(然弗)	동천왕의 태자		22		연씨(椽氏)
서천왕(西川王)		약로(藥盧)	중천왕의 둘째 아들		22		우씨, 서부대사자(西部大使者) 수(漱)의 딸
봉상왕(烽上王)		상부(相夫)	서천왕의 태자		8		
미천왕(美川王)		을불(乙弗)	돌고(咄固) (봉상왕의 동생)		31		
고국원왕 (故國原王)		쇠(釗)	미천왕의 태자	주씨(周氏)	40		
소수림왕 (小獸林王)		구부(丘夫)	고국원왕		13		
고국양왕 (故國壤王)		이련(伊連)	고국원왕		8		
광개토왕 (廣開土王)		담덕(談德)	고국양왕의 원자		22		
장수왕(長壽王)		거련(巨璉)	광개토왕의 원자		78	98	
문자왕(文咨王)		나운(羅雲)	조다(助多) (장수왕의 아들)		28		
안장왕(安藏王)		홍안(興安)	문자왕의 맏아들		12		
안원왕(安原王)		보연(寶延)	문자왕		14		
양원왕(陽原王)		평성(平成)	안원왕의 맏아들		14		
평원왕(平原王)		양성(陽成)	양원왕의 맏아들		31		
영양왕(嬰陽王)		원(元)	평원왕의 맏아들		28		
영류왕(榮留王)		건무(建武)	평원왕		24		
보장왕(寶藏王)		장(臧)	대양(大陽) (영류왕의 동생)		27		
백제(百濟)							
온조왕(溫祚王)	부여 (扶餘)		주몽왕의 둘째 아들	졸본부여왕의 딸	44		

다루왕(多婁王)			온조왕의 원자		49		
기루왕(己婁王)			다루왕의 원자		51		
개루왕(蓋婁王)			기루왕		38		
초고왕(肖古王)			개루왕		48		
구수왕(仇首王)			초고왕의 원자		20		
고이왕(古爾王)			개루왕의 둘째 아들		52		
책계왕(責稽王)			고이왕		12		보과부인(寶菓夫人), 대방왕(帶方王)의 딸
분서왕(汾西王)			책계왕의 맏아들		6		
비류왕(比流王)			구수왕의 둘째 아들		40		
계왕(契王)			분서왕의 맏아들		2		
근초고왕(近肖古王)			비류왕의 둘째 아들		29		
근구수왕(近仇首王)			근초고왕의 태자		9		
침류왕(枕流王)			근구수왕의 원자	아역부인(阿亦夫人)	1		
진사왕(辰斯王)			근구수왕의 둘째 아들		7		
아신왕(阿莘王)			침류왕의 원자		13		
전지왕(腆支王)		영(映)	아신왕의 원자		15		팔수부인(八須夫人)
구이신왕(久爾辛王)			전지왕의 맏아들	팔수부인	7		
비유왕(毗有王)			구이신왕의 맏아들		28		
개로왕(蓋鹵王)		경사(慶司), 나중에 여경(餘慶)으로 고침	비유왕의 맏아들		20		
문주왕(文周王)			비유왕의 둘째아들		2		
삼근왕(三斤王)			문주왕의 맏아들		2	15	
동성왕(東城王)		모대(牟大)	곤지(昆支)의 둘째 아들		22		신라 이벌찬 비지(比智)의 딸
무령왕(武寧王)		사마(斯摩)	개로왕		22		
성왕(聖王)		명농(明穠)	무령왕		31		
위덕왕(威德王)		창(昌)	성왕의 원자		44		
혜왕(惠王)		계명(季明)	위덕왕의 둘째 아들		1		
법왕(法王)		선(宣)	혜왕의 맏아들		1		

무왕(武王)		장(璋)	법왕		41		
의자왕(義慈王)			무왕의 원자		20		
고려(高麗)							
태조(太祖)	왕(王)	건(建) 자(字)는 약천(若天)	금성태수(金城太守) 융(隆)의 맏아들	위숙왕후(威肅王后) 한씨	26 (신라 멸망 후) 9	67	신혜왕후(神惠王后) 유씨(柳氏), 이중대광(二重大匡) 천궁(天弓)의 딸
혜종(惠宗)		무(武) 자는 승건(承乾)	태조의 맏아들	장화왕후(莊和王后) 오씨(吳氏), 다련군(多憐君)의 딸	2	34	의화왕후(義和王后) 임씨(林氏), 대광(大匡) 희(曦)의 딸
정종(定宗)		요(堯) 자는 천의(天義)	태조의 둘째 아들	신명왕후(神明王后) 유씨(劉氏), 긍달(兢達)의 딸	4	27	문공왕후(文恭王后) 박씨, 삼중대광(三重大匡) 영규(英規)의 딸
광종(光宗)		소(昭) 자는 일화(日華)	태조의 셋째 아들	위와 같음	26	56	대목왕후(大穆王后) 황보씨(皇甫氏), 태조의 딸
경종(景宗)		주(伷) 자는 장민(長民)	광종의 맏아들	대목왕후 황보씨	6	27	헌숙왕후(獻肅王后) 김씨, 신라 경순왕의 딸
성종(成宗)		치(治) 자는 온고(溫古)	대종(戴宗) 욱(旭) (태조의 일곱째아들)의 둘째아들	선의왕후(宣義王后) 유씨(柳氏)	16	38	문덕왕후(文德王后) 유씨(劉氏), 광종의 딸
목종(穆宗)		송(誦) 자는 효신(孝伸)	경종의 맏아들	헌애왕후(獻哀王后) 황보씨, 대종의 딸	12	30	선정왕후(宣正王后) 유씨(劉氏), 종실 홍덕원군(弘德院君) 규(圭)의 딸
현종(顯宗)		순(詢) 자는 안세(安世)	안종(安宗) 욱(郁) (태조의 아들)	효숙왕후(孝肅王后) 황보씨	22	40	원정왕후(元貞王后) 김씨, 성종의 딸
덕종(德宗)		흠(欽) 자는 원량(元良)	현종의 맏아들	원성태후(元成太后) 김씨	3	19	경성왕후(敬成王后) 김씨, 현종의 딸
정종(靖宗)		향(享) 자는 신소(申炤)	현종의 둘째 아들	위와 같음	12	32	용신왕후(容信王后) 한씨(韓氏) 증문하시중(贈門下侍中) 조(祚)의 딸
문종(文宗)		휘(徽) 자는 촉유(燭幽)	현종의 셋째 아들	원혜태후(元惠太后) 김씨, 시중(侍中) 은부(殷傅)의 딸	37	65	인평왕후(仁平王后) 김씨, 현종의 딸
순종(順宗)		훈(勳) 자는 의공(義恭)	문종의 맏아들	인예태후(仁睿太后) 이씨, 중서령(中書令) 자연(子淵)의 딸	4개월	37	정의왕후(貞懿王后) 왕씨, 종실 평양공(平壤公) 기(基)의 딸

선종(宣宗)		운(運) 자는 계천(繼天)	문종의 둘째 아들	위와 같음	11	46	사숙태후(思肅太后) 이씨, 공부상서(工部尙書) 석(碩)의 딸
헌종(獻宗)		욱(昱)	선종의 원자	사숙태후 이씨	1	14	
숙종(肅宗)		옹(顒) 자는 천상(天常)	문종의 셋째 아들	인예태후(仁睿太后) 이씨	10	54	명의태후(明懿太后) 유씨(柳氏), 문하시중(門下侍中) 홍(洪)의 딸
예종(睿宗)		우(俁) 자는 세민(世民)	숙종의 맏아들	명의태후 유씨(柳氏)	17	45	경화왕후(敬和王后) 이씨, 선종의 딸
인종(仁宗)		해(楷) 자는 인표(仁表)	예종의 맏아들	순덕왕후(順德王后) 이씨, 조선국공(朝鮮國公) 자겸(資謙)의 딸	24	38	공예태후(恭睿太后) 임씨(任氏), 중서령(中書令) 원후(元厚)의 딸
의종(毅宗)		현(晛) 자는 일승(日升)	인종의 맏아들	공예태후 임씨	24	47	장경왕후(莊敬王后) 김씨, 종실 강릉공(江陵公) 온(溫)의 딸
명종(明宗)		호(晧) 자는 지단(之旦)	인종의 셋째 아들	위와 같음	27	72	광정태후(光靖太后) 김씨, 위와 같음
신종(神宗)		탁(晫) 자는 지화(至華)	인종의 다섯째 아들	위와 같음	7	61	선정태후(宣靖太后) 김씨, 위와 같음
희종(熙宗)		영(韺) 자는 불피(不陂)	신종의 맏아들	선정태후 김씨	7	57	성평왕후(成平王后) 임씨, 종실 영인후(寧仁侯) 진(禛)의 딸
강종(康宗)		오(祦) 자는 대화(大華)	명종의 맏아들	광정태후(光靖太后) 김씨	2	62	사평왕후(思平王后) 이씨, 의방(義方)의 딸
고종(高宗)		철(瞮) 자는 대명(大明)	강종의 맏아들	원덕태후(元德太后) 유씨(柳氏), 종실 신안후(信安侯) 성(珹)의 딸	46	68	안혜태후(安惠太后) 유씨(柳氏), 희종의 딸
원종(元宗)		식(禃) 자는 일신(日新)	고종의 맏아들	안혜태후 유씨(柳氏)	15	56	순경태후(順敬太后) 김씨, 장익공(莊翼公) 약선(若先)의 딸
충렬왕(忠烈王)		거(昛)	원종의 맏아들	순경태후 김씨	34	73	제국대장공주(齊國大長公主), 이름 홀도로게리미실(忽都魯揭里迷失), 원(元) 세조(世祖)의 딸
충선왕(忠宣王)		장(璋) 자는 중앙(仲昻)	충렬왕의 맏아들	제국대장공주	5	51	계국대장공주(薊國大長公主), 보탑실련(寶塔實憐), 원 진왕(晉王) 감마랄(甘麻剌)의 딸

충숙왕(忠肅王)		도소(燾小) 자는 의효(宜孝)	충선왕의 둘째 아들	의비(懿妃) 야속진(也速眞), 몽고녀	17 복위 8	46	복국장공주(濮國長公主), 역련진팔랄(亦憐眞八剌), 원 영왕(營王) 야선첩목아(也先帖木兒)의 딸
충혜왕(忠惠王)		정(禎)	충숙왕의 맏아들	명덕태후(明德太后) 홍씨(洪氏), 부원군(府院君) 규(奎)의 딸	1 복위 5	30	덕녕공주(德寧公主), 역련진반(亦憐眞班), 원 진서무정왕(鎭西武靖王) 초팔(焦八)의 딸
충목왕(忠穆王)		흔(昕)	충혜왕의 맏아들	덕녕공주	4	12	
충정왕(忠定王)		저(胝)	충혜왕의 서자	희비(禧妃) 윤씨(尹氏)	3	15	
공민왕(恭愍王)		전(顓)	충숙왕의 둘째 아들	명덕태후 홍씨	23	45	휘의(徽懿) 노국대장공주(魯國大長公主), 보탑실리(寶塔失里), 원 종실 위왕(魏王)의 딸
우왕(禑王)	신(辛)	소(小) 자는 모니노 (牟尼奴)	신돈(辛旽)	반야(般若)	14	25	근비(謹妃) 이씨, 판개성부사(判開成府事) 림(琳)의 딸
창왕(昌王)			신우	근비 이씨	1	10	
恭讓王(공양왕)	왕	요(瑤)	정원부원군 (定原府院君) 균(鈞)	복령궁주(福寧宮主) 이씨	3	50	순비(順妃) 노씨(盧氏), 창성군(昌城君) 진(禛)의 딸
조선[本朝]							
태조 (太祖)	이씨	단(旦) 초휘(初諱) 성계(成桂) 자는 군진(君晉) 호 송헌(松軒)	환조(桓祖)의 둘째 아들	의혜왕후(懿惠王后) 최씨(崔氏), 본적 영흥(永興)	7 상왕 위에 10년 있었음	74	신의왕후(神懿王后) 한씨, 본적 안변(安邊), 안천부원군(安川府院君) 경(卿)의 딸 신덕왕후(神德王后) 강씨(康氏), 본적 곡산(谷山), 상산부원군(象山府院君) 윤성(允成)의 딸
정종(定宗)		경(曔) 초휘 방과(芳果) 자는 광원(光遠)	태조의 둘째 아들	신의왕후 한씨	2 상왕 위에 19년 있었음	63	정안왕후(定安王后) 김씨, 본적 경주(慶州) 좌시중(左侍中) 천서(天瑞)의 딸
태종(太宗)		방원(芳遠) 자는 유덕(遺德)	태조의 다섯째 아들	신의왕후 한씨	18 상왕 위에 4년 있었음	56	원경왕후(元敬王后) 민씨(閔氏), 본적 여흥(驪興), 여흥부원군(驪興府院君) 문도공(文度公) 제(霽)의 딸
세종(世宗)		도(裪) 자는 원정(元正)	태종의 셋째 아들	원경왕후 민씨	32	54	소헌왕후(昭憲王后) 심씨(沈氏), 본적 청송(青松), 청천부원군(青川府院君) 안효공(安孝公) 온(溫)의 딸

문종(文宗)		향(珦) 자는 휘지(輝之)	세종의 맏아들	소헌왕후 심씨	2	39	현덕왕후(顯德王后) 권씨(權氏), 본적 안동(安東), 화산부원군(花山府院君) 경혜공(景惠公) 전(專)의 딸
단종(端宗)		홍위(弘暐)	문종의 아들	현덕왕후 권씨	3 상왕 위에 2년 있었음	17	정순왕후(定順王后) 송씨(宋氏), 본적 여산(礪山), 여량부원군(礪良府院君) 현수(玹壽)의 딸
세조(世祖)		유(瑈) 자는 수지(粹之)	세종의 둘째 아들	소헌왕후 심씨	13	52	정희왕후(貞熹王后) 윤씨(尹氏), 본적 파평(坡平), 파평부원군(坡平府院君) 정정공(貞靖公) 번(璠)의 딸
덕종(德宗)		장(暲) 초휘 숭(崇), 자는 원명(原明)	세조의 맏아들	정희왕후 윤씨	성종 2년 신묘에 추존	20	소혜왕후(昭惠王后) 한씨, 본적 청주(淸州), 서원부원군(西原府院君) 양절공(襄節公) 확(確)의 딸
예종(睿宗)		황(晄) 자는 명조(明照) 초자 평보(平甫)	세조의 둘째 아들	정희왕후 윤씨	1	20	장순왕후(章順王后) 한씨, 본적 청주, 상당부원군(上黨府院君) 충성공(忠成公) 명회(明澮)의 딸 안순왕후(安順王后) 한씨, 본적 청주, 청천부원군(淸川府院君) 양혜공(襄惠公) 백륜(伯倫)의 딸
성종(成宗)		혈(娎)	덕종의 둘째아들	소혜왕후 한씨, 연(淵)의 딸	25	38	공혜왕후(恭惠王后) 한씨, 본적 청주, 상당부원군 충성공 명회의 딸 정현왕후(貞顯王后) 윤씨, 본적 파평, 영원부원군(鈴原府院君) 평정공(平靖公) 호(壕)의 딸
연산군 (燕山君)		융(㦕)	성종의 맏아들	폐비 윤씨	11		부인 거창(居昌) 신씨(愼氏), 영의정 승선(承善)의 딸
중종(中宗)		역(懌) 자는 낙천(樂天)	성종의 둘째 아들	정현왕후 윤씨	39	57	단경왕후(端敬王后) 신씨, 본적 거창(居昌), 익창부원군(益昌府院君) 신도공(信度公) 수근(守勤)의 딸 장경왕후(章敬王后) 윤씨, 본적 파평, 파원부원군(坡原府院君) 정헌공(靖憲公) 여필(汝弼)의 딸 문정왕후(文定王后) 윤씨, 본적 파평, 파산부원군(坡山府院君) 정평공(靖平公) 지임(之任)의 딸

인종(仁宗)		호(峼)	중종의 맏아들	장경왕후 윤씨	1	31	인성왕후(仁聖王后) 박씨, 본적 나주(羅州), 금성부원군(錦城府院君) 용(墉)의 딸
명종(明宗)		환(峘) 자는 대양(對陽)	중종의 둘째 아들	문정왕후 윤씨	22	34	인순왕후(仁順王后) 심씨, 본적 청송, 청릉부원군(靑陵府院君) 익효공(翼孝公) 강(鋼)의 딸
선조(宣祖)		연(昖) 초휘 균(鈞)	덕흥대원군 (德興大院君) 초(岹) (중종의 일곱째 아들)의 셋째 아들	하동부대부인 (河東府大夫人) 정씨(鄭氏) 증영의정(贈領議政) 세호(世虎)의 딸	41	57	의인왕후(懿仁王后) 박씨, 본적 나주, 반성부원군(潘城府院君) 응순(應順)의 딸 인목왕후(仁穆王后) 김씨, 본적 연안(延安), 연흥부원군(延興府院君) 의민공(懿愍公) 제남(悌男)의 딸
광해군 (光海君)		혼(琿)	선조의 둘째 아들	공빈(恭嬪) 김씨	14		부인 문화(文化) 유씨(柳氏), 판윤(判尹) 자신(自新)의 딸
원종(元宗)		부(琈)	선조의 다섯째 아들	저경궁(儲慶宮) 인빈(仁嬪) 김씨, 본적 수원(水原) 증영의정(贈領議政) 한우(漢祐)의 딸	인조 10년 임신에 추존	40	인헌왕후(仁獻王后) 구씨(具氏), 본적 능성(綾城), 능안부원군(綾安府院君) 문의공(文懿公) 사맹(思孟)의 딸
인조(仁祖)		종(倧) 자는 화백(和伯) 호는 송창(松窓)	원종의 맏아들	인헌왕후 구씨	27	55	인렬왕후(仁烈王后) 한씨, 본적 청주, 서평부원군(西平府院君) 문익공(文翼公) 준겸(浚謙)의 딸 장렬왕후(莊烈王后) 조씨(趙氏), 본적 양주(楊州), 한원부원군(漢原府院君) 혜목공(惠穆公) 창원(昌遠)의 딸
효종(孝宗)		호(淏) 자는 정연(靜淵) 호는 죽오(竹梧)	인조의 둘째 아들	인렬왕후 한씨	10	41	인선왕후(仁宣王后) 장씨(張氏), 본적 덕수(德水), 신풍부원군(新豊府院君) 문정공(文貞公) 유(維)의 딸
현종(顯宗)		연(棩) 자는 경직(景直)	효종의 아들	인선왕후 장씨	15	34	명성왕후(明聖王后) 김씨, 본적 청풍(淸風), 청풍부원군(淸風府院君) 충익공(忠翼公) 우명(佑明)의 딸

숙종(肅宗)		돈(焞) 자는 명보(明普)	현종의 아들	명성왕후 김씨	46	60	인경왕후(仁敬王后) 김씨, 본적 광주(光州), 광성부원군(光城府院君) 문충공(文忠公) 만기(萬基)의 딸 인현왕후(仁顯王后) 민씨, 본적 여흥, 여양부원군(驪陽府院君) 문정공(文貞公) 유중(維重)의 딸 인원왕후(仁元王后) 김씨, 본적 경주, 경은부원군(慶恩府院君) 효간공(孝簡公) 주신(柱臣)의 딸
경종(景宗)		윤(昀) 자는 휘서(輝瑞)	숙종의 맏아들	대빈궁(大嬪宮) 대빈(大嬪) 장씨, 본적 옥산(玉山) 증영의정 형(炯)의 딸	4	37	단의왕후(端懿王后) 심씨, 본적 청송, 청은부원군(青恩府院君), 호(浩)의 딸 선의왕후(宣懿王后) 어씨(魚氏), 본적 함종(咸從), 함원부원군(咸原府院君) 유구(有龜)의 딸
영조(英祖)		금(昑) 자는 광숙(光叔) 호는 양성헌 (養性軒)	숙종의 넷째 아들	육상궁(毓祥宮) 숙빈(淑嬪) 최씨, 본적 해주(海州) 증영의정 효원(孝元)의 딸	52	83	정성왕후(貞聖王后) 서씨(徐氏), 본적 달성(達城), 달성부원군(達城府院君) 효희공(孝僖公) 종제(宗悌)의 딸 정순왕후(貞純王后) 김씨, 본적 경주, 오흥부원군(鰲興府院君) 충헌공(忠憲公) 한구(漢耉)의 딸
진종(眞宗)		행(緈) 자는 성경(聖敬)	영조의 맏아들	연호궁(延祜宮) 정빈(靖嬪) 이씨, 본적 함양(咸陽) 증좌찬성(贈左贊成) 후철(後哲)의 딸	정조 추존	10	효순왕후(孝純王后) 조씨(趙氏), 본적 풍양(豊壤), 풍릉부원군(豊陵府院君) 문충공(文忠公) 문명(文命)의 딸
장조[莊宗]		선(愃) 자는 윤관(允寬)	영조의 둘째 아들	연희궁(延禧宮) 영빈(暎嬪) 이씨	광무 (光武) 3년 추존	28	헌경왕후(獻敬王后) 홍씨, 본적 풍산(豊山), 영의정 익정공(翼靖公) 봉한(鳳漢)의 딸
정조[正宗]		산(祘) 자는 형운(亨運) 호는 홍재(弘齋)	장조의 둘째 아들	헌경왕후 홍씨	24	49	효의왕후(孝懿王后) 김씨, 본적 청풍, 청원부원군(淸原府院君) 정익공(靖翼公) 시묵(時默)의 딸
순조(純祖)		공(玜) 자는 공보(公寶) 호는 순재(純齋)	정조의 둘째 아들	가순궁(嘉順宮) 수빈(綏嬪) 박씨, 본적 반남(潘南) 충헌공(忠獻公) 준원(準源)의 딸	34	45	순원왕후(純元王后) 김씨, 본적 안동, 영안부원군(永安府院君) 충문공(忠文公) 조순(祖淳)의 딸

익종(翼宗)		대(旲) 자는 덕인(德寅) 호는 경헌(敬軒)	순조의 맏아들	순원왕후 김씨	헌종 추존	22	신정왕후(神貞王后) 조씨, 본적 풍양, 풍은부원군(豊恩府院君) 충경공(忠敬公) 만영(萬永)의 딸
헌종(憲宗)		환(奐) 자는 문응(文應)	익종의 아들	신정왕후 조씨	15	23	효현왕후(孝顯王后) 김씨, 본적 안동, 영흥부원군(永興府院君) 효간공(孝簡公) 조근(祖根)의 딸 명헌태후(明憲太后) 홍씨, 본적 남양(南陽), 익풍부원군(益豊府院君) 익헌공(翼獻公) 재룡(在龍)의 딸
철종(哲宗)		변(昪) 자는 도승(道升) 호는 대용재 (大勇齋)	전계대원군 (全溪大院君) 광(壙) (장조의 손자)의 셋째 아들	용성부대부인 (龍城府大夫人) 염씨(廉氏), 본적 용담(龍潭) 증영의정 성화(成化)의 딸	14	33	철인왕후(哲仁王后) 김씨, 본적 안동, 영은부원군(永恩府院君) 충순공(忠純公) 문근(汶根)의 딸
지금 황상(皇上)		희(熙) 초휘 재황(載晃) 자는 성림(聖臨) 호는 성헌(誠軒)	흥선대원군 (興宣大院君) 하응(昰應) (장조의 증손)의 둘째아들	여흥부대부인 (驪興府大夫人) 민씨, 본적 여흥, 광주부유수 (廣州府留守) 치구(致久)의 딸			명성황후(明成皇后) 민씨, 본적 여흥, 여성부원군(驪城府院君) 치록(致祿)의 딸

역대왕도표(歷代王都表)

이는 본사(本史)와 다른 곳이 많지만 지금은 속본(俗本)을 따르겠다.

건도(建都) 연대	도읍 이름	지금 이름	연수
조선기자(朝鮮箕子)	평양(平壤) 또는 왕검(王儉)	평안도(平安道) 평양부(平壤府)	900여
조선위만(朝鮮衛滿)	위와 같음		87
고구려(高句麗) 동명왕(東明王) 원년	졸본부여(卒本扶餘)	평안도 성천부(成川府)	39
유리왕(瑠璃王) 22년	국내(國內) 위나암(尉那巖)	의주(義州)	206
산상왕(山上王) 13년	환도(丸都) 또는 안촌홀(安寸忽)	영원군(寧遠郡) 검산(劒山)	38
동천왕(東川王) 21년	평양		91
고국원왕(故國原王) 12년	환도		1
고국원왕 13년	평양 동황성(東黃城)	평양 목멱산(木覓山)	84
장수왕(長壽王) 15년	평양		159
평원왕(平原王) 28년	장안(長安)		83
평원왕 28년	평양		
			합계 705
백제(百濟) 온조왕(溫祚王) 원년	하남(河南) 위례(慰禮)	충청도(忠清道) 직산군(稷山郡)	13
온조왕 14년	한산(漢山)	광주(廣州)	375
근초고왕(近肖古王) 26년	북한산(北漢山)	양주(楊洲)	104
문주왕(文周王) 원년	웅진(熊津)	공주(公州)	63
성왕(聖王) 16년	사비(泗沘) 또는 남부여(南扶餘)	부여(扶餘)	123
			합계 678
신라(新羅) 박혁거세(朴赫居世) 원년	진한(辰韓)	경상도(慶尙道) 경주(慶州)	992
고려(高麗) 태조(太祖) 19년	개주(開州)	경기도(京畿道) 개성부(開城府)	296

고종(高宗) 19년	강화(江華)	강화부(江華府)	37
원종(元宗) 11년	개성(開城)		20
충렬왕(忠烈王) 16년	강화		2
충렬왕 18년	개경(開京)	개성부	90
신우(辛禑) 8년	한양(漢陽)	한성부(漢城府)	1
신우 9년	송경(松京)	개성부	7
공양왕(恭讓王) 2년	한양		1
공양왕 3년	송경		1
			합계 456
조선(朝鮮)[本朝] 태조(太祖) 3년	한양		

보통교과 동국역사 목록

보통교과 동국역사 권 머리[卷首]

단군조선기(檀君朝鮮紀)

동방에 처음에 군장(君長)이 없어 인민이 풀로 된 옷을 입고 나무 열매를 먹으며 여름에는 나무 위의 집에서 살고 겨울에는 동굴에서 지냈다. 신인(神人)이 태백산(太白山)지금의 영변부(寧邊府) 묘향산(妙香山) 박달나무 아래에 내려왔다. 그가 성덕(聖德)이 있으니, 나라 사람들이 그를 추대하여 왕으로 삼고 부르기를 단군(檀君)이라 하였다. 이때는 당요(唐堯) 25년 무진(戊辰, 서기전 2333)이고, 우리 대한의 개국 기원전 3734년[3] 이었다. 역대 문헌에 근거로 삼을 것이 없어 상고할 수는 없다.

기자조선기(箕子朝鮮紀)

기자(箕子)는 자(子)가 성이고 이름은 서여(胥餘)이다. 자작(子爵)으로 기(箕)에 봉하였기 때문에 기자라 부른다. 은(殷) 왕 성탕(成湯)의 후예이

3 조선왕조의 개국 연도인 1392년을 기준으로 할 때 '대한의 개국 기원전'은 3724년으로 보아야 할 것이다.

고, 주왕(紂王)의 제부(諸父)[4]였다. 주왕의 태사(太師)[5]가 되었다가 주왕이 무도함을 보고 머리를 풀어헤치고 미친 것처럼 꾸며 남의 종이 되었더니, 주왕이 그를 가두었다. 그후 주(周) 무왕(武王)이 천하를 얻자 그를 석방하고는 도(道)를 물었다. 이에 기자가 홍범 9주(洪範九疇)[6]를 진술하고 남녀 5천 명을 거느리고 조선으로 피난하여 평양에 도읍을 정하였다.

기자가 이에 예의와 농사, 양잠과 베짜기를 백성에게 가르치고 8조의 금지법을 두었다. 살인한 자는 죽음으로써 대가를 치르게 하고, 상해를 입힌 자는 곡식으로 배상하게 하며, 도둑질한 자는 남녀가 그 집에 들어가 노비가 되고, 재물을 바쳐 죄를 면제받고자 하는 자는 한 명당 50만이었다. 비록 면하여 양민이 될지라도 풍속이 오히려 수치라 하여 시집, 장가가기가 어려웠다. 이리하여 도적이 없어서 문을 닫지 않았고, 부인이 정숙하고 믿음이 있으며 음란하지 않았다. 논밭을 개간하고 음식은 제기를 사용하니, 사람들이 인현(仁賢)[7]의 교화가 뚜렷하였다.

그 자손이 국경을 점차 개척하여 서쪽으로 요하(遼河)를 넘고 남쪽으로 한강 이북의 춘천(春川)에 이르며 동쪽으로 함흥(咸興)·강릉(江陵)까지 예속시켰다. 그 후 자손이 교만하고 포악해졌으므로, 연(燕)이 진개(秦開)를 보내어 서쪽으로 2천여 리를 침공하여 취하고 만번한(滿潘汗)요동(遼東) 3현의 이름으로 경계를 삼으니 조선이 마침내 약해졌다. 또 진(秦) 시황(始皇)이 몽염(蒙恬)을 보내 장성(長城)을 쌓고 요동(遼東)에 이르니,

---

4 아버지와 같은 항렬의 당내친이다.

5 중국에서 기록을 맡아보던 벼슬아치로, 곧 사관(史官)이다.

6 하(夏) 우왕(禹王)이 전했다는 아홉 가지 정치원칙이다.

7 어진 사람과 현명한 사람을 아울러 이르는 말이다.

기자 40대손[8] 부(否)가 두려워서 진나라에 복속(服屬)하였다.

기부(箕否)가 죽고 아들 준(準)이 왕이 된 지 20여 년 만인 한(漢)나라 초에 이르러 연나라 왕 노관(盧綰)과 더불어 패수(浿水)압록강을 가리킴를 경계로 정하였다. 노관이 한나라를 배반하고 흉노(匈奴)에게 들어가자 연나라 사람 위만(衛滿)이 무리를 이끌고 동쪽으로 패수를 건너 서쪽 경계에 살고자 하였다. 준왕이 그를 박사(博士)로 삼고 1백 리를 봉하여 서쪽 변방을 지키라고 하였더니 위만이 망명한 무리를 꾀어 모으고 준왕에게 거짓으로 고하기를, "한나라 군사가 열 갈래 길로 쳐들어오니, 청컨대 숙위(宿衛)하겠습니다" 하였다. 드디어 준왕을 습격하니, 준왕이 적을 막지 못하고 바다를 건너 남쪽으로 도망하여 금마군(金馬郡)지금의 익산군(益山郡)에 이르러 마한(馬韓)을 공습하고 스스로 마한이라 칭하였다.

위만조선기(衛滿朝鮮紀) 부(附) 4군(四郡) 2부(二府)

위만은 연나라 사람이다. 한(漢) 고조(高祖) 12년(서기전 195)에 연나라 왕 노관의 난으로 인하여 조선에 들어와 기준을 몰아냈다. 평양에 도읍을 정하고 그 옆의 여러 읍을 복속시키니, 진번(眞番) · 임둔(臨屯)이 다 와서 복종하여 땅이 수천 리에 이르렀다. 그 손자 우거(右渠)에 이르러 한 무제(武帝)의 사신 섭하(涉何)를 죽이니, 무제가 누선장군(樓船將軍) 양

8 원문에는 '41대손(四十一代孫)'이라고 되어 있으나, 오기이므로 바로잡았다.

복(楊僕)과 좌장군(左將軍) 순체(荀彘)를 보내 공격하였다. 우거가 병사를 보내 서로 겨뤄 오랫동안 결판이 나지 않더니, 한나라가 다시 공손수(公孫遂)를 보내 공격하였다. 이듬해 우거의 신하 한도(韓陶) 등이 우거를 죽이고 한나라에 항복하니, 위씨는 3대에 마침내 망하고, 역년(歷年)[9]이 87년이었다(서기전 108).

한나라가 이미 우거를 물리치고 낙랑(樂浪)과 임둔 · 현도(玄菟) · 진번 4군(郡)을 설치하였다. 한 소제(昭帝) 시원(始元) 5년(서기전 82)에 4군을 고쳐 2부(府)를 설치할 때 진번과 현도로써 평주도위부(平州都尉府)를 삼고 임둔과 낙랑으로써 동부도위부(東部都尉府)를 삼고 관리를 보내 지켰다. 이때 백성들이 한나라 법령을 따르지 않고 군장을 스스로 세웠으며, 또 고구려(高句麗)가 서북쪽에서 일어나 현도 · 낙랑의 옛 땅을 점거하였다. 한나라는 그 땅이 멀어 통제하기가 어려움을 알고 도위부를 폐지하였으며, 한[10] 영제(靈帝)는 현도 · 낙랑 · 요동 등에 태수(太守)를 두었다. 이와 같이 하여 위(魏)까지 이르렀는데 고주몽(高朱蒙)의 후손이 점점 강대해져 모용씨(慕容氏)[11]가 망한 후에 4군의 땅을 모조리 탈환하니, 위만으로부터 주몽 원년(서기전 37)까지 모두 158년이었다.

저자주—낙랑은 평양부에서 춘천(春川)에 이르고, 임둔은 경기도 서쪽 교외와 황해동도에 이르며, 현도는 함흥부(咸興府)이고, 진번은 요동이었다.

---

9 한 왕조가 왕업을 누린 햇수이다.

10 후한(後漢)을 가리킨다.

11 중국 하북성(河北城)의 선비계(鮮卑系) 부족으로 대추장의 이름을 부족명으로 하는 관습이 있어 그의 이름을 따라 모용씨라 하였다. 4세기 이후 연(燕)을 건국하였다.

마한기(馬韓紀)

마한 왕 기준(箕準)이 금마군에서 살면서 한왕(韓王)이라 칭했는데, 돌아가시자[薨][12] 시호(諡號)[13]를 무동왕(武東王)이라 하였다. 기자가 동쪽으로 온 후 무릇 1131년에 나라가 망하였고 지금 선우씨(鮮于氏), 한씨(韓氏), 기씨(奇氏)는 다 기자의 후예이다.

대개 마한이 거느린 나라가 모두 50여 국이니, 큰 나라는 만여 집이고 작은 나라는 수천 집이었다. 총 10여만 호로, 백성이 농사에 힘쓰며 양잠을 즐겨하고 거처는 검소하고 소박하며 금은(金銀)을 가볍게 여기고 주옥(珠玉)으로써 머리를 꾸몄다. 남자는 백포(帛袍)[14]를 입고 짚신을 신었으며, 성질이 용감하고 사나워 활과 방패 · 창 · 노(櫓)를 잘 사용하였다. 기준의 후손이 마한의 우두머리 왕으로서 지위를 대대로 지켜나가다가 백제왕 온조(溫祚)가 한강 이남에 도읍을 정하자 한강 남쪽 백 리의 땅을 떼어 주고 삼한의 패권을 독점하더니, 백제 온조왕 26년(8)에 정벌되어 멸망하였다.

저자주—『기씨연보(箕氏年譜)』에 이르기를, 기자가 동쪽으로 오신 후에 나라 사람들이 추대하여 문성왕(文聖王)이라 하고 그 후 장혜왕(莊惠王) 송(松)과 경로왕(敬老王) 순(洵)과 공정왕(恭貞王) 백(伯)과 문무왕(文武王) 춘(椿)과 태원왕(太原王) 공(孔)과 경창왕(景昌王) 장(莊)과 흥평왕

12 『신당서(新唐書)』 권 46, 「백관지(百官志)」 1에 의하면, 붕어(崩御)는 천자의 죽음을, 훙어(薨御)는 제후 또는 3품 이상의 죽음을, 졸(卒)은 5품 이상의 죽음을, 사(死)는 일반 평민의 죽음을 표현하는 것이라고 한다. 현채는 이 책에서 왕의 죽음을 대개 '붕(崩)' 또는 '훙(薨)'으로 표기하였다.

13 제왕이나 재상, 유현(儒賢) 등이 죽은 뒤 그들의 공덕을 기려 붙인 이름이다.

14 비단 두루마기이다.

(興平王) 착(捉)과 철위왕(哲威王) 조(調)와 선혜왕(宣惠王) 색(索)과 의양왕(誼讓王) 사(師)와 문혜왕(文惠王) 염(炎)과 성덕왕(盛德王) 월(越)과 도회왕(悼懷王) 직(職)과 문렬왕(文烈王) 우(優)와 창국왕(昌國王) 목(睦)과 무성왕(武成王) 평(平)과 정경왕(貞敬王) 궐(闕)과 낙성왕(樂成王) 회(懷)와 효종왕(孝宗王) 존(存)과 천로왕(天老王) 효(孝)와 수도왕(修道王) 양(襄)과 휘양왕(徽襄王) 이(邇)와 봉일왕(奉日王) 참(叅)과 덕창왕(德昌王) 근(僅)과 수성왕(壽聖王) 삭(朔)과 영걸왕(英傑王) 여(藜)와 일성왕(逸聖王) 강(岡)과 제세왕(濟世王) 곤(混)과 정국왕(靖國王) 벽(壁)과 도국왕(導國王) 징(澄)과 혁성왕(赫聖王) 즐(騭)과 화라왕(和羅王) 습(習)과 설문왕(說文王) 하(賀)와 경순왕(慶順王) 화(華)와 가덕왕(嘉德王) 후(詡)와 삼로왕(三老王) 욱(煜)과 현문왕(顯文王) 석(釋)과 장평왕(章平王) 윤(潤)과 종통왕(宗統王) 부(否)를 거치고 애왕(哀王) 준(準)에 이르러 마한으로 피신해 살았으니, 기자 기묘(己卯)으로부터 기준 정미(丁未)까지 도합 929년이다. 애왕 후에 무강왕(武康王) 탁(卓)과 안왕(安王) 감(龕)과 혜왕(惠王) 식(寔)과 명왕(明王) 무(武)와 효왕(孝王) 형(亨)과 양왕(襄王) 섭(燮)과 원왕(元王) 훈(勳)과 계왕(稽王) 정(貞)을 거치고 왕학(王學)에 이르러 백제에게 멸망당하니, 왕업을 누린 햇수가 202년이라 하였다.

진한기(辰韓紀)

진한은 마한국 동쪽에 있으니 북쪽은 예맥(濊貊)과 접하고 남쪽은 변한을 이웃하여 12국그 중 사로국(斯盧國)은 바로 신라(新羅)이다이 있었으니, 지금의 경상북도이다. 그 시초는 진(秦)나라 사람이다. 진나라의 가혹한 정치를 피하여 마한에 들어갔는데, 마한이 동쪽 경계를 떼어 주어 살게 하였다. 이것은 12국 중 하나이고, 진나라 사람이라고 하여 또는 진한(秦韓)이라고도 한다. 또 마한에게 통제를 당하여 자립하지 못하였고, 그의 뒤를 이은 왕이 모두 마한 사람이었다. 한(漢) 선제(宣帝) 오봉(五鳳) 원년(서기전 57)에 양산촌(梁山村) 사람 혁거세(赫居世)가 일어나 군장이 되니, 이는 진한의 왕 중 가장 높은 왕이었다. 그 곳은 오곡이 잘 자라고 인민이 양잠에 힘쓰며 길쌈을 잘하고 시집, 장가가는 데 예의가 있고 남녀가 유별하였다. 삼한 중에 지식이 더욱 개발되었고 철제(鐵製) 물건을 만들어 예(濊)와 마한, 일본[15]과 무역하였다. 또 보옥(寶玉)·명경(名鏡)·검·창 등이 유명하였다.

변한기(弁韓紀)

변한은 진한의 남쪽에 있으니, 진한과 섞여 살았기 때문에 마한과 더불어 삼한(三韓)이라 아울러 불리었다. 이 나라도 진한과 같이 12국을 통할하여 모두 24국으로, 큰 나라는 4, 5천 집이고 작은 나라는 6, 7백 집이니 모두 4~5만 호였다. 뒤에 진한은 신라가 병탄하였고 변한은 가락국(駕洛國) 시조 김수로왕(金首露王)에게 점령당했다.

15 원래 '왜(倭)'로 불리었으나, 이 책에서는 '일본(日本)'으로 표기하였다. 이 교과서를 집필한 대한제국시기 당시 일본과의 관계를 의식하여 '왜'를 '일본'이라고 표기한 것으로 보인다.

보통교과 동국역사 권 1

삼국기(三國紀) 신라(新羅) 고구려(高句麗) 백제(百濟)

갑자 마한 개국 138년 ○ 신라 혁거세(赫居世) 원년 ○ 한(漢)[16] 선제(宣帝) 오봉(五鳳) 원년 ○ 일본 천황 숭신(崇神) 41년 ○ 서기전 57년

여름 4월 병진(丙辰)에 신라 태조(太祖) 박혁거세(朴赫居世)가 즉위하였다. 이보다 앞서 조선 유민이 경주(慶州) 6부(部)[17]에 나뉘어 사니, 이는 곧 진한의 시초였다. 군장이 없었는데, 혁거세가 태어나 사람됨이 영민하고 준수하였으므로, 6부에서 그를 추대하여 임금으로 삼았다. 그의 나이가 13세이었다. 국호를 서라벌(徐羅伐)이라 하고 진한 땅에 도읍을 정했으며 박(朴)으로써 성씨를 칭하였다. 그가 태어날 때 박[匏]에서 나왔다고 하는데, 박은 세간에서 박(朴)이라고 하기 때문에 그렇게 일컫는 것이다. 혁거세는 왕을 뜻한다.

저자주—『동사(東史)』[18]에서 이르기를, 신라 건국 때 국호를 서라

16 원문의 '년(年)'은 오기이므로 바로잡았다.

17 알천양산(閼川楊山)·돌산고허(突山高墟)·자산진지(觜山珍支)·무산대수(茂山大樹)·금산가리(金山加里)·명활산고야(明活山高耶)의 6촌이 6부가 되었다.

18 조선 후기 이종휘(李種徽, 1731~1797)가 쓴 기전체(紀傳體) 형식의 한국 역사서이다. 민족의 기원을 단군—기자—삼한에서 시작하여 조선으로 이어진다고 보았다. 부여와 발해를 우리 민족의 고토(故土)로 인식하였으며, 고구려를 중심으로 서술하였다.

벌이라 하고, 또는 사라(斯羅), 사로(斯盧), 신라, 계림(鷄林)이라 하였다. 지증왕(智證王) 때에 이르러 신라로 확정하였으며, 진한은 지금의 경주군이다.

무진 마한 개국 142년 ○ 신라 혁거세 5년 ○ 한 선제 감로(甘露) 원년 ○ 일본 천황 숭신 45년 ○ 서기전 53년

봄 정월에 신라에서 알영(閼英)을 세워 비(妃)로 봉(封)하였다. 처음에 용이 알영정(閼英井)에 나타나 오른쪽 갈빗대에서 여자아이를 낳았는데, 어떤 노파가 바로 아이를 거두어 기르고 그로 말미암아 우물로써 이름을 삼았다. 장성함에 재주와 덕을 모두 갖추고 있으므로, 혁거세가 그녀를 맞이하여 비로 삼았다. 비가 어진 행실이 있어 내조를 잘하였으므로, 당시 사람들이 두 성인[二聖]이라 일컬었다.

신미 마한 개국 145년 ○ 신라 혁거세 8년 ○ 한 선제 감로 4년 ○ 일본 천황 숭신 48년 ○ 서기전 50년

왜국(倭國)이 신라 변경을 침략하다가 왕이 신덕(神德)[19]이 있다는 소문을 듣고 바로 돌아갔다.

저자주—왜는 곧 지금의 일본이다. 그 나라가 우리나라의 동남쪽에 있어 3개 섬을 합해 이루어졌다. 지금까지 2550여 년 동안 하나의 성(姓)이 (왕위를) 서로 전하였고, 시조는 신무천황(神武天皇)이다. 숭신천황(崇神天皇)에 이르러 비로소 우리나라와 통하였으며, 그후 수인천황(垂仁天皇) 때에 신라 탈해왕(脫解王)과 교빙(交聘)[20] 하였다. 백

19 신의 공덕을 이르는 말이다.

제 근초고왕(近肖古王) 때에 왕인(王仁)을 보내어 『논어(論語)』와 『천자문(千字文)』을 전수하니, 그 나라에 문자가 있는 것이 이때부터 시작하였다. 백제 성왕(聖王)이 금동불과 불경을 보내니, 이는 또 불법(佛法)이 일본에 들어간 시초이다. 또 백제가 천문역법과 의학박사, 악공, 도자기 굽는 장인[陶匠], 기와 굽는 장인[瓦匠], 안장 만드는 장인[鞍工], 양조 기술자와 옷 만드는 장인 등을 보냈다. 일본이 이 법을 모두 모방하여 그 나라의 학술과 기예가 이로부터 발달하였다. 신라 문무왕(文武王) 때 천무천황(天武天皇)이 비로소 공자(孔子)께 제사하였다. 신라 진성여왕[眞聖女主][21] 때 우다천황(宇多天皇)이 관백(關白)[22]에게 정사를 위탁하니, 고려(高麗) 말부터 조선[本朝] 선조(宣祖) 때까지 전쟁을 거듭한 것은 모두 관백이 일으킨 것이다. 오늘날에 이르러 목인황제(睦仁皇帝)는 태서(泰西)[23] 여러 나라의 부강을 흠모하여 관백을 폐지하고 정치를 개혁하였으며 강토를 더욱 개척하였다. 대개 관백이 정권을 잡은 지 무릇 660년이었다.

갑신 마한 개국 158년 ○ 신라 혁거세 21년 ○ 고구려 고주몽 원년 ○ 한 원제(元帝) 건소(建昭) 2년 ○ 일본 천황 숭신 61년 ○ 서기전 37년

신라가 도읍의 성을 쌓고 이르기를 금성(金城)경주군 동쪽이라 하였다.

---

20 나라와 나라 사이에 서로 사신을 보내는 것을 이른다.

21 원문에서 현채는 신라의 3대 여왕인 선덕여왕, 진덕여왕, 진성여왕을 모두 '여주(女主)'라 하고, 재위 연대를 표기할 때에도 '왕' 대신 '주(主)'로 표현하였다. 몽고황제도 '몽주(蒙主)'로 표기하고 있으므로, '주'는 '왕'에 대비하여 격하시킨 표현임을 알 수 있다. 그러나 이 번역서에서는 군주의 칭호를 '왕' 또는 '황제'로 통일하였다.

22 성인이 된 천황의 최고 보좌관 또는 섭정으로, 천황을 대행하여 정무를 수행하면서 정권의 실세로 행동한 경우가 많았다. 메이지유신 이전까지 조정대신 중 최고위직이었다.

23 '서양'을 예스럽게 이르는 말이다.

○ 고구려 시조 고주몽(高朱蒙)이 즉위하니, 주몽은 북부여(北扶餘)현도에 속한 개원현(開原縣) 동명성왕(東明聖王)『후한서(後漢書)』 및 『위서(魏書)』에서 나란히 말하기를, 북부여 시조의 이름은 '동명'이라 하였다의 아들이다. 골격이나 외모가 영특하고 훌륭하며 나이 7살 때 활과 화살을 스스로 만들어 백발백중하였으므로, 후에 그의 배다른 형제 7명이 주몽의 재능을 시기하여 죽이고자 하였다. 주몽이 난을 피하여 졸본부여(卒本夫餘)국명이니, 지금의 영고탑(寧古塔) 남쪽에 있고 속서(俗書)에 성천(成川)[24]이라 한다에 이르니, 부여 왕이 아들이 없어 주몽을 보고 딸을 처로 삼아 주었다. 부여 왕이 돌아가시고[崩], 주몽이 왕위를 이어 졸본에 처음으로 도읍하였다. 아들 유리왕(琉璃王) 22년(3)에 국내성(國內城)지금의 초산(楚山) 북쪽으로 강 건너 땅이고, 압록강(鴨綠江)과 파저강(婆猪江) 두 강이 아직 합쳐지지 않은 곳이다[25]으로 도읍을 옮기고, 한나라의 고구려 현을 습격하여 취해서 국호를 고구려라고 하였다. 그것으로 말미암아 고(高)를 성(姓)으로 삼고 국경을 널리 개척하여 북쪽은 부여 땅과 진번·현도의 옛 땅이고, 남쪽은 패수(浿水) 남쪽과 한강 북쪽을 점거하였다. 산상왕(山上王) 13년(209)에 환도성(丸都城)지금의 만포보(滿浦堡) 북안(北岸)이다으로 옮기고 동천왕(東川王) 21년(247)에 평양(平壤)[26]으로 도읍을 옮겼다. 그 곳은 오곡이 자라기 적당하고 좋은 말과 담비·수달, 아름다운 구슬이 있었다. 사람들은 힘세고 용감하며 회동할 때는 읍하는 예(禮)를 갖추면서 사양하는 예가 있었으며 의복은 백색을 숭상하였다.

---

24 평안남도 성천이다. 일연(一然)의 『삼국유사(三國遺事)』에서는 졸본부여가 요동지방에 있었다고 한다(『삼국유사』 권1 「기이(紀異)」 1 「고구려(高句麗)」).

25 현재의 중국 길림성(吉林省) 집안(輯安) 통구(通溝)이다.

26 여기의 평양성은 현재의 평양이 아니라 통구 부근이나 집안현성이라고 보는 견해가 있다.

정해 마한 개국 161년 ○ 신라 혁거세 24년 ○ 고구려 고주몽 4년 ○ 한 원제 건소 5년 ○ 일본 천황 숭신 64년 ○ 서기전 34년

가을 7월에 고구려가 졸본에 성곽을 쌓고 궁실을 지었다.

계사 마한 개국 167년 ○ 신라 혁거세 30년 ○ 고구려 고주몽 10년 ○ 한 성제(成帝) 하평(河平) 원년 ○ 일본 천황 수인(垂仁) 2년 ○ 서기전 28년

여름에 낙랑 사람이 신라를 침범하려고 변방 경계에 이르렀는데 밤에도 집마다 빗장을 걸지 않고 쌓아 놓은 곡식이 들판에 덮인 것을 보고는 서로 말하기를, "백성들이 서로 도둑질을 하지 않으니 도(道)가 있는 나라라고 할 만하다. 우리가 몰래 습격하는 것은 옳지 않다"고 하고 군사를 이끌고 돌아갔다.

갑오 마한 개국 168년 ○ 신라 혁거세 31년 ○ 고구려 고주몽 11년 ○ 한 성제 하평 2년 ○ 일본 천황 수인 3년 ○ 서기전 27년

겨울 11월에 고구려가 북옥저(北沃沮)지금의 함경북도를 멸망시켰다. 북옥저는 북쪽으로 읍루(挹婁)와 접해 있었으므로, 읍루가 침략하여 노략질하는 것을 두려워하여 항상 바위 굴 속에서 피신해 지내다가 겨울철이 되어 읍루가 오지 않는 것을 보고[27] 비로소 내려와 살았는데, 마침내 고구려에게 멸망당하였다. 읍루는 숙신씨(肅愼氏)이니, 즉 말갈(靺鞨)이다.

27 겨울철에는 뱃길이 통행할 수 없었기 때문이다.

신축 · 마한 개국 175년 ○ 신라 혁거세 38년 ○ 고구려 고주몽 18년 ○ 한 성제 홍가(鴻嘉) 원년 ○ 일본 천황 수인 10년 ○ 서기전 20년

봄 2월에 신라가 호공(瓠公)을 보내어 마한에 빙문(聘問)하였다. 마한 왕이 꾸짖기를, "진한과 변한 두 나라는 우리의 속국인데도 근년에 공물[職貢]을 보내지 않으니, 대국을 섬기는 예가 (어찌) 이와 같은가?"라고 하였다. (호공이) 대답하기를, "우리나라가 두 성인두 성인은 혁거세와 알영이다이 처음 일어나면서부터 나라 안이 크게 다스려지고 진한 · 변한 두 나라와 낙랑, 일본이 모두 두려워하였습니다. 그러나 우리 임금께서 겸허한 마음으로 귀국에 (사신을 보내어) 빙례(聘禮)를 닦으니, 이는 예가 지나치다고 할 만합니다. 그런데 지금 왕께서 도리어 성을 내는 것은 무엇 때문입니까?"라고 하였다. 마한 왕이 더욱 화를 내며 죽이려고 하니 좌우에서 그만두기를 간하므로, 그가 돌아가도록 허락하였다. 이에 앞서 진(秦)나라 사람들이 시황의 가혹한 정치를 괴로워하여 마한에 와서 살다가 이때에 이르러 다시 신라에게 의탁하였고, 이 때문에 마한이 신라를 꺼리고 시기하였다.

임인 마한 개국 176년 ○ 신라 혁거세 39년 ○ 고구려 고주몽 19년 ○ 한 성제 홍가 2년 ○ 일본 천황 수인 11년 ○ 서기전 19년

봄에 마한 왕이 돌아가셨다[崩]. 어떤 사람이 신라 왕에게 권하여 말하기를, "한(韓) 왕이 전에 우리 사신을 모욕하였으니, 지금 마땅히 그 상(喪)을 틈타 정벌해야 합니다"라고 하였다. 왕이 이르기를, "남의 재앙을 요행으로 여기는 것은 어질지 못한 짓이다"라고 하고, 사신을 보내어 조위하였다.

○ 고구려 왕이 돌아가시고, 아들 유리(琉璃, 類利)가 즉위하였다. 처음에 주몽이 북부여에 있을 때 예씨(禮氏)를 먼저 처로 삼아 유리가 태어났는데, (주몽으로부터) 소식이 끊어졌다. 그 후 유리가 왕이 남겨 준 부러진 칼을 얻어 왕께 바치고 부자가 비로소 만나 태자가 되었는데,[28] 이때에 이르러 즉위한 것이다.

계묘 계묘(癸卯)—마한 개국 177년 ○ 신라 혁거세 40년 ○ 고구려 유리왕(琉璃王) 원년 ○ 백제 온조왕(溫祚王) 원년 ○ 한 성제 홍가 3년 ○ 일본 천황 수인 12년 ○ 서기전 18년

봄에 백제 시조 고온조(高溫祚)가 즉위하였다. 이는 곧 온조왕이다. 처음에 고구려 왕 고주몽이 난을 피하여 졸본부여로 갔다가 졸본부여 왕의 둘째 딸을 처로 삼았다. 또 그 왕위를 계승하여 두 아들을 낳았으니, 장자는 비류(沸流)라 하고, 차자는 온조라고 하였다. 그런데 예씨가 낳은 유리가 고구려 태자가 되자, 비류 형제는 자신들을 태자가 용납하지 않을까 두려워서 오간(烏干)·마려(馬黎) 등 10명과 더불어 남쪽으로 떠나 한산(漢山)에 이르러 위례성(慰禮城)을 쌓고 살았다. 그로부터 13년 뒤 비류는 그의 백성을 바닷가 미추(彌鄒)지금의 인천부(仁川府)[29]에 살게 하였다. 온조는 하남(河南) 위례성(慰禮城)지금의 광주(廣州) 옛 읍에 도읍을 정하고, 10명의 신하로써 보상(輔相)[30]을 삼고 국호를 십제(十濟)라고 하였다. 그후 비류는 미추 지방이 땅이 습하고 물이 짜서 편히 살지 못하였

---

28 예씨가 임신한 뒤 주몽이 다른 곳으로 떠났고, 그 사이에 유리가 태어났다. 유리는 부러진 칼을 들고 졸본으로 가서 주몽을 만났고, 주몽은 이 칼을 자신이 보관하고 있던 부러진 칼과 맞추어보고 유리가 아들임을 확인하였다.

29 미추는 보통 미추홀(彌鄒忽)이라고 한다(김부식, 『삼국사기(三國史記)』 권 23 「백제본기(百濟本紀)」 1 「온조왕(溫祚王)」 1년).

30 대신을 거느리며 임금을 도와 나라를 다스린 사람을 일컫는다.

고, 위례성에 와서 백성들이 태평하게 지내고 도읍이 이미 정해진 것을 보고는 부끄럽기도 하고 화가 나 죽었다. 이에 그 백성들이 모두 위례로 돌아왔으므로, 다시 국호를 정하여 백제(百濟)라고 하였다. 또 강역을 정하였는데, 북쪽은 패하(浿河)지금의 곡산(谷山) 능성강(能成江)이니, 바로 패강(浿江) 상류이다에 이르고 남쪽은 웅천(熊川)지금의 공주(公州)이고, 서쪽은 대해(大海), 동쪽은 주양(走壤)지금의 춘천(春川)에 이르렀다.

임자 마한 개국 186년 ○ 신라 혁거세 49년 ○ 고구려 유리왕 11년 ○ 백제 온조왕 10년 ○ 한 성제, 원연(元延) 4년 ○ 일본 천황 수인 21년 ○ 서기전 9년

여름 4월에 고구려 왕이 여러 신하에게 이르기를, "선비(鮮卑)지금의 러시아에 속한 시베리아[西伯里亞]가 땅의 형세가 험하고 수비가 견고한 것을 믿고 우리나라를 여러 번 쳐들어오니, 이제 그 걱정을 능히 제어하는 자가 있으면 후한 상을 주겠다"고 하였다. 부분노(扶芬奴)가 계책을 올리면서 말하기를, "선비는 사람들이 용맹스럽고 사나우며 어리석어서 힘으로 싸울 수 없습니다. 지금 거짓 정보를 알려 우리나라가 작고 군사력이 약하다는 것을 보이면, 그들이 당연히 방비를 하지 않을 것입니다. 신이 그 틈을 기다렸다가 정예를 거느리고 샛길로 가고 왕께서는 거짓으로 패배해 그들로 하여금 성을 비우고 추격하게 하십시오. 그러면 신은 그 성으로 들어가고 왕께서는 군사를 돌려와 치면 선비를 이길 수 있을 것입니다"라고 하니, 왕이 그 계책을 따랐다. 선비가 과연 추격해 왔으므로, 부분노가 그 성으로 들어가 전후로 협공하니, 선비가 계책이 궁하고 힘이 다해서 항복하였다. 왕이 부분노에게 식읍(食邑)[31]을 상으로 주었으나, 부분노가 사양하며 말하기를, "이는 왕의

덕입니다. 신이 무슨 공이 있겠습니까?" 하고 받지 않았다. 이에 왕이 황금 30근(斤)과 좋은 말[良馬] 10필(匹)을 하사하였다.

신유 마한 개국 195년 ○ 신라 혁거세 58년 ○ 고구려 유리왕 20년 ○ 백제 온조왕 19년 ○ 한 평제(平帝) 원시(元始) 원년 ○ 일본 천황 수인 30년 ○ 서기 원년

계해 마한 개국 197년 ○ 신라 혁거세 60년 ○ 고구려 유리왕 21년 ○ 백제 온조왕 21년 ○ 한 평제 원시 3년 ○ 일본 천황 수인 32년 ○ 서기 3년

겨울 10월에 고구려가 국내성(國內城)지금의 초산(楚山) 북쪽 강 건너 청국(淸國) 땅이다으로 도읍을 옮기고 위나암성(尉那岩城)을 쌓았다.

갑자 마한 개국 198년 ○ 신라 혁거세 61년 ○ 고구려 유리왕 22년 ○ 백제 온조왕 22년 ○ 한 평제 원시 4년 ○ 일본 천황 수인 33년 ○ 서기 4년

3월에 신라 왕 혁거세가 돌아가시고, 7일 후에 왕비 알영이 또한 돌아가시니, 아들 남해왕(南解王) 남해가 즉위하여 혁거세를 사릉(蛇陵)에 장사 지냈다.

무진 마한 개국 202년 ○ 신라 남해왕 4년 ○ 고구려 유리왕 26년 ○ 백제 온조왕 26년 ○ 한 유자영(孺子嬰) 초시(初始) 원년 ○ 일본 천황 수인 37년 ○ 서기 8년

봄 정월에 신라 왕이 장녀를 석탈해(昔脫解)의 처로 삼았다. 탈해의 신장이 9척(尺)이고 풍채가 좋고 활달하였으며, 재주와 식견이 남보다 뛰어났다.

---

31 국가에서 왕족·공신·봉작자 등에게 지급하던 일정한 지역이다. 수조권(收租權)뿐 아니라 역역(力役)이나 공부(貢賦)의 수취도 할 수 있는 권리가 부여되었다.

○ 가을 7월에 백제 왕이 여러 장수와 의논하여 말하기를, "마한이 점차 쇠약해져 상하(上下)의 마음이 이탈하였다. 만일 다른 나라 사람들에게 병탄된다면 순망치한(脣亡齒寒)[32]이라 이미 잘못된 뒤에는 아무리 후회해도 소용이 없을 것이니, 우리가 남보다 먼저 그 나라를 취하는 것이 좋다"고 하였다. 그리하여 겨울 10월에 사냥을 나간다고 하면서 몰래 군사를 이끌고 엄습하여 드디어 그 나라를 합병하였다. 그러나 오직 원산(圓山)과 금현(錦峴)지금의 나주군(羅州郡)에 있음 두 성만은 굳게 지키고 항복하지 않다가 이듬해 기사(己巳)에 항복하였으므로 백제가 그 백성을 한산(漢山)으로 옮기니, 마한이 망하였다. 그 후 8년이 지나 마한의 옛 장수 주근(周勤)이 기씨(箕氏)의 고국(故國)을 다시 일으키고자 군사를 일으켜 백제 십곡성(十谷城)지금의 곡산(谷山)을 점거하였다. 백제 왕이 군사 5천을 이끌고 와 공격하니, 주근이 힘이 소진하여 자살하였다.

무인 신라 남해왕 14년 ○ 고구려 유리왕 36년 ○ 백제 온조왕 36년 ○ 한 왕망(王莽) 찬위(簒位) 10년 ○ 일본 천황 수인 47년 ○ 서기 18년

여름에 고구려에 소속되었던 7국(國)이 신라에 투항하였다.

○ 겨울 10월에 고구려 왕이 돌아가시고, 아들 대무신왕(大武神王) 무휼(無恤)이 즉위하였다.

갑신 신라 남해왕 20년 ○ 고구려 대무신왕 6년 ○ 백제 온조왕 42년 ○ 한 경시(更始) 2년 ○ 일본 천황 수인 53년 ○ 서기 24년

---

32 입술이 없으면 이가 시리다는 뜻으로, 서로 이해관계가 밀접한 사이에 어느 한쪽이 망하면 다른 한쪽도 그 영향을 받아 온전하기 어려움을 이르는 말이다.

가을에 신라 왕이 돌아가시고, 아들 유리왕(儒理王) 유리가 즉위하였다. 처음에 왕이 돌아가실 때 유리와 탈해에게 유언하기를, "내가 죽은 뒤에 너희 박·석 두 성(姓)이 나이 많은 순서로 왕위를 이으라" 하였다. 왕이 돌아가시자 유리가 탈해에게 왕위를 양보하였는데, 탈해가 말하기를, "왕위[神器]는 용렬한 사람이 감당할 수 있는 자리가 아닙니다"라고 하면서 굳이 사양하였다. 이에 유리왕이 즉위하였다.

무자 신라 유리왕(儒理王) 4년 ○ 고구려 대무신왕 10년 ○ 백제 온조왕 46년 ○ 동한(東漢) 광무제(光武帝) 건무(建武) 4년 ○ 일본 천황 수인 57년 ○ 서기 28년

2월에 백제 시조 고온조(高溫祚)가 돌아가시고, 아들 다루왕(多婁王) 다루가 즉위하였다.

○ 가을 7월에 한나라가 요동(遼東) 군사를 보내 고구려 환도(丸都)지금의 만청(滿淸)[33] 북쪽에서 강 건너 땅를 쳤다. 고구려 사람들이 성을 지킨 지 수십 일이 지났는데도 한나라 군사가 포위를 풀지 않자, 좌보(左輔)대관(大官) 을두지(乙豆智)가 계책을 올려 말하기를, "한나라가 우리 성 안에 물이 없다고 여겨 오랫동안 포위하고 있는 것이니, 마땅히 못에 있는 물고기를 잡아 수초(水草)로 싸서 한나라 군사들에게 보내 먹이도록 하소서"라고 하였다. 왕이 그 계책을 따라 한나라 군대에 서찰을 보내 말하기를, "과인이 우매하여 귀국(貴國)에 죄를 얻어서 장군으로 하여금 백만의 군사를 거느리고 우리 국경에서 비바람을 맞게 하였으니, 지금 후한 뜻에 보답하기 어려워 감히 변변치 못한 물품이나마 좌우(左右)에

33 청나라를 달리 이르는 말로, 여진족이 만주에서 일으킨 나라라고 하는 데에서 유래한다.

제공하노라"고 하였다. 이에 한나라 장수가 성 안에 물이 있음을 알게 되고 갑자기 성을 빼앗기 어렵다고 하면서 군사를 이끌고 돌아갔다.

○ 겨울 11월에 신라 왕이 나라 안을 순행하다가 한 늙은 노파가 헐벗어 몸이 얼고 먹을 것이 없어 굶주린 것을 보고 말하기를, "내가 보잘 것 없는 덕으로 백성 위에 있으면서 노인과 어린이로 하여금 이러한 지경에 이르게 했다"고 하였다. 왕은 유사(有司)에게 명하여 '환과고독(鰥寡孤獨)'[34]을 방문하여 형편을 살펴보게 하고 늙고 병들어 스스로 생활할 수 없는 자들을 진휼하게 하였다. 이에 이웃 나라의 백성 중 오는 자가 매우 많았다.

임진 신라 유리왕 8년 ○ 고구려 대무신왕 14년 ○ 백제 다루왕 4년 ○ 동한 광무제 건무 8년 ○ 일본 천황 수인 61년 ○ 서기 32년

여름 4월에 고구려가 낙랑을 습격하여 항복을 받았다. 이에 앞서 왕자 호동(好童)이 남옥저(南沃沮)에 유람하였을 때 낙랑 왕 최리(崔理)가 호동을 사랑하여 말하기를, "그대의 용모를 보니 보통 사람이 아니다"라고 하고, 드디어 자기 딸로써 처를 삼아 주었다. 그때 낙랑에 북과 나발이 있었는데, 적병(敵兵)이 있으면 저절로 울렸다. 호동이 돌아가려고 할 때 그 딸에게 몰래 이르기를, "그대가 무기고에 들어가 북과 나발을 찢고 부수면, 내가 당신을 예로써 맞이할 것이오"라고 하였다. 여인이 곧바로 무기고에 있는 북의 거죽과 나발의 주둥이를 찢고 부서트리고는 호동에게 알렸다. 호동이 귀국하여 왕에게 권해서 낙랑을

34 늙어서 아내 없는 사람, 젊어서 남편 없는 사람, 어려서 어버이 없는 사람, 늙어서 자식 없는 사람을 아울러 이르는 말이다.

습격하여 취하였다. 최리는 북과 나발이 울리지 않는 것을 보고 대비하지 않았다가 고구려 군사가 갑자기 성 아래에 이르러서야 북과 나발이 모두 파손된 것을 알았다. 드디어 자기 딸을 죽이고 항복하였다.

○ 11월에 고구려 왕자 호동이 자살하였다. 호동이 용모가 수려하고 왕에게 총애를 입고 있었는데, 이때에 이르러 왕의 원비(元妃)가 적통(嫡統)을 빼앗길까 두려워 참소하기를, "호동이 첩에게 무례하게 굴려고 합니다"라고 하였다. 왕이 의심을 품고 있었으므로, 어떤 사람이 호동에게 (왕에게) 아뢰라고 권하였다. 호동이 말하기를, "이것은 어머니의 나쁜 점을 드러내어 아버지께 걱정을 끼치는 것이다"라고 하고 드디어 자살하였다.

계사 신라 유리왕 9년 ○ 고구려 대무신왕 15년 ○ 백제 다루왕 5년 ○ 동한 광무제 건무 9년 ○ 일본 천황 수인 62년 ○ 서기 33년

2월에 백제 왕이 나라의 남쪽 주군(州郡)에 명령하여 비로소 볏논[稻田]을 만들게 하였다.

임인 신라 유리왕 18년 ○ 고구려 대무신왕 24년 ○ 백제 다루왕 14년 ○ 동한 광무제 건무 18년 ○ 일본 천황 수인 71년 ○ 서기 42년

봄 3월에 가락국(駕洛國) 시조 김수로(金首露)가 즉위하였다. 처음에 가락의 부락이 9개 있었는데, 각기 추장(酋長)을 세우고 산과 들에 살았으며, 군신(君臣)의 위호(位號)가 없었다. 남자 형제 6명이 있었는데, 모두 영특하고 뛰어났다. 장자는 김수로이니, 김수로가 그 땅에 나라를 세우고 가야(伽耶)지금의 김해군(金海郡)이다. 가야는 가락의 동음을 다르게 번역한 것이다라고 하

였다. 그 동생 다섯 사람은 또 다섯 가야의 왕이 되었으니, 아라가야(阿羅伽耶)지금의 함안군(咸安郡)·고령가야(高寧伽耶)지금의 함창군(咸昌郡)·성산가야(星山伽耶)지금의 성주군(星州郡)·대가야(大伽耶)지금의 고령군(高靈郡)이니, 일본이 이를 일러 임나(任那)라고 하였다·소가야(小伽耶)지금의 고성군(固城郡)라고 하였다. 그 지역이 신라의 서남쪽에 있어 가락국이라고 총칭하였다. 수로왕이 성곽을 쌓고 궁실을 지으며 허씨(許氏)를 맞아들여 아홉 아들을 낳았다. 두 아들은 어머니 성을 따랐다. 지금의 김해 김씨와 허씨가 모두 그 후예이다.

저자주—『가락국기(駕洛國記)』에 이르기를, "동한 건무 24년에 가락의 허황후(許皇后)가 아유타국(阿踰陀國, 지금의 인도국)으로부터 바다를 건너왔는데, 붉은 돛과 진홍색 깃발이 북쪽을 가리켰다. 수로왕이 궁 서쪽에 천막으로 된 궁궐을 설치하고 마중하여 기다리다가 황후가 도착하자 함께 수레를 타고 입궐하여 황후로 봉하였다"고 하였다. 『여지승람(輿地勝覽)』에 이르기를, "허황후는 남천축국(南天竺國) 왕의 딸이다. 대개 수로왕이 먼저 인도에서 가락으로 와서 살고 그 부인이 또한 뒤따라 이르렀다"고 하였으나, 허황되어 믿을 수 없다.

그 후 왕이 돌아가시니, 나이가 158세였다. 아들 거등(居登)이 즉위하여 신라에 구원을 청하여 외적을 방어하고 그 아들을 볼모로 보냈다. 거등이 죽고, 마품(麻品)과 거질미(居叱彌), 이시품(伊尸品)을 거쳐 좌지(坐知)가 즉위하였다. 그는 여색을 탐하고 또 그 여자의 무리를 총애하여 일을 맡김으로써[35] 나라의 형편을 크게 어지럽혔다가 신하 박원도(朴元道)의 간언을 좇아 그 여자를 물리쳤다. 그때 신라가 가야를 공

35 좌지는 고용살이하는 여자를 얻어 첩으로 삼고 총애하여 나랏일을 그녀의 무리에게 맡겼다.

격하여 정벌하려고 하다가 왕이 회개하는 것을 보고 마침내 그 모의를 중지하였다. 그 후 가야는 또 취희(吹希)와 질지(銍知), 겸지(鉗知)를 거쳐 구형(仇衡)에 이르러 신라와 사이가 나빠지면서 그 북쪽 경계를 여러 번 침략당하였는데, 능히 스스로 지키지 못하고 신라 법흥왕(法興王) 18년(531) 끝내 신라에 항복하였다. 신라 왕이 객례(客禮)로써 대하고 그 나라를 하사하여 식읍으로 삼으니, 가락국이 모두 10대에 왕업을 누린 햇수가 491년이었다.

갑진 신라 유리왕 20년 ○ 고구려 대무신왕 26년 ○ 백제 다루왕 16년 ○ 동한 광무제 건무 20년 ○ 일본 천황 수인 73년 ○ 서기 44년

가을 9월에 한나라가 낙랑을 취하여 군현을 만드니, 살수(薩水) 지금의 안주(安州) 청천강(淸川江) 이북이 모두 한에 소속되었다.

○ 겨울 10월에 고구려 왕이 돌아가시고, 태자 해우(解憂)가 어리므로, 나라 사람들이 왕의 아우 민중왕(閔中王)[36] 해읍주(解邑朱)를 왕위에 세웠다.

무신 신라 유리왕 24년 ○ 고구려 민중왕 4년 ○ 백제 다루왕 20년 ○ 동한 광무 건무 24년 ○ 일본 천황 수인 77년 ○ 서기 48년

봄에 고구려 왕이 돌아가시고 그 조카 모본왕(慕本王) 해우(解憂)가 즉위하였다.

○ 고구려가 한나라의 북평(北平)·어양(漁陽)·상곡(上谷)·태원(太原) 등을 습격하여 취했다가 얼마 후 한나라와 더불어 화친하였다.

36 원문의 '민중왕(閩中王)'은 오기이므로 바로잡았다.

계축 신라 유리왕 29년 ○ 고구려 모본왕 5년 ○ 백제 다루왕 25년 ○ 동한 광무제 건무 29년 ○ 일본 천황 수인 82년 ○ 서기 53년

고구려 왕이 포학 무도하여 앉으면 사람에게 기대고, 누우면 베개 삼아 눕다가 사람이 혹시 움직이면 곧 죽이고, 신하들 중 간언하는 자는 활을 쏘아 죽였다. 그 후 그 신하 두노(杜魯)가 왕을 모시고 있다가 죽임을 당할 것이 두려워 왕을 시해하였다. 나라 사람들이 유리왕의 증손 태조왕(太祖王) 궁(宮)[37]을 왕위에 세우니, 나이가 7세였다. 이에 태후가 수렴청정(垂簾聽政)[38]하였다.

정사 신라 유리왕 33년 ○ 고구려 태조왕 4년 ○ 백제 다루왕 29년 ○ 동한 광무제 중원(中元) 2년 ○ 일본 천황 수인 86년 ○ 서기 57년

겨울 10월에 신라 왕이 돌아가시고 남해왕의 사위 석탈해가 즉위하였다. 이에 앞서 왕이 편치 않자, 신료(臣僚)들에게 유언하기를, "탈해는 국척(國戚)[39]이고 공명(功名)을 여러 번 드러냈다. 짐의 두 아들은 재주가 그에게 미치지 못하고 또 선왕의 명이 있었으니, 짐이 죽은 후에 그로 하여금 대위(大位)에 오르게 하라"고 하였다.

을축 신라 탈해왕 8년 ○ 고구려 태조왕 12년 ○ 백제 다루왕 37년 ○ 동한 명제(明帝) 영평(永平) 8년 ○ 일본 천황 수인 94년 ○ 서기 65년

봄 3월에 신라 왕이 어린아이 알지(閼智)를 태자로 삼았다. 이에 앞서

---

37 원문의 '식(寔)'은 오기이므로 바로잡았다.

38 임금이 어린 나이로 즉위하였을 때, 왕대비나 대왕대비가 왕을 도와 정사를 돌보던 일이다. 왕대비가 신하를 접견할 때 그 앞에 발을 늘인 데서 유래한다.

39 임금의 인척(姻戚)을 이르는 말이다.

왕이 밤에 앉아 있다가 금성(金城) 서쪽 변두리의 시림(始林) 사이에서 닭 우는 소리가 나는 것을 듣고 대보(大輔)관직명 호공(瓠公)을 보내어 살펴보게 하였다. 금빛 나는 궤가 나뭇가지에 걸려 있고 흰 닭이 그 아래에서 울고 있었다. 그 궤를 여니 어린아이가 있었는데, 용모가 뛰어나게 훌륭하였다. 왕이 기뻐하며 이르기를, "이것은 하늘이 (나에게) 아들을 주신 것이다"라고 하고, 이름을 알지라고 하였다. 알지는 방언으로 어린아이이고, 금궤에서 나왔다고 하여 성은 김(金)이다. 닭 우는 소리가 상서롭다고 하여 시림을 고쳐 '계림(鷄林)'이라고 하고 국호로 삼았다.

병자 신라 탈해왕 19년 ○ 고구려 태조왕 23년 ○ 백제 다루왕 48년 ○ 동한 장제(章帝) 건초(建初) 원년 ○ 일본 천황 경행(景行) 6년 ○ 서기 76년

9월에 백제 왕이 돌아가시고, 아들 기루왕(己婁王) 기루가 즉위하였다.

경진 신라 탈해왕 23년 ○ 고구려 태조왕 27년 ○ 백제 기루왕 4년 ○ 동한 장제 건초 5년 ○ 일본 천황 경행 10년 ○ 서기 80년

8월에 신라 왕이 돌아가시고, 유리왕의 둘째 아들 파사왕(婆娑王) 파사가 즉위하였다.

신축 신라 파사왕 21년 ○ 고구려 태조왕 48년 ○ 백제 기루왕 25년 ○ 동한 화제(和帝) 영원(永元) 13년 ○ 일본 천황 경행 31년 ○ 서기 101년

봄 2월에 신라가 성을 금성 동남쪽에 쌓고, 이름을 월성(月城)경주군 동쪽이라고 하였다. 둘레가 1,023보(步)였다. 가을 7월에 왕이 이 성으로 옮겨 살았다.

임자 신라 파사왕 32년 ○ 고구려 태조왕 59년 ○ 백제 기루왕 36년 ○ 동한 안제(安帝) 영초(永初) 6년 ○ 일본 천황 경행 42년 ○ 서기 112년

겨울 10월에 신라 왕이 돌아가시고, 아들 지마왕(祗摩王) 지마가 즉위하였다.

무오 신라 지마왕 6년 ○ 고구려 태조왕 65년 ○ 백제 기루왕 48년 ○ 동한 안제 원초(元初) 5년 ○ 일본 천황 경행 48년 ○ 서기 118년

여름 6월에 고구려 왕이 예맥(濊貊)과 더불어 한나라의 현도를 습격하여 화려성(華麗城)을 공격하였다. 예맥은 조선의 땅이었다. 남북쪽으로는 진한 · 옥저와 접하였고 동쪽은 대해(大海)였고 서쪽은 낙랑이었다. 한 무제(武帝) 원삭(元朔) 5년(서기전 124)에 예군(濊君) 남려(南閭)가 조선을 배반하여 백성을 거느리고 요동에 항복하였다. 한나라는 그 땅을 창해군(滄海郡)으로 삼고 건무(建武)[40] 연간에 그 거수(渠帥)를 봉하여 현후(縣侯)로 삼아 조공(朝貢)하게 하였다. 그런데 이때에 이르러 현도를 습격하여 취하니, 한나라 충주자사(忠州刺史) 마환(馬煥)과 현도태수(玄菟太守) 요광(姚光), 요동태수 채풍(蔡諷) 등이 고구려를 침략하고 예맥의 장수를 쳐서 죽이고 무기와 재물을 모두 빼앗았다. 이에 고구려 왕이 동생 수성(遂成)으로 하여금 군사 2천여 명을 거느리고 한나라 군사를 공격하여 물리치게 하고 몰래 기병(奇兵)[41]을 보내 서현도와 요동 두 군을 불사르고, 이듬해 또 마한 유민 · 예맥인과 함께 요동을 정벌하였다.

---

40 후한(後漢) 광무제(光武帝, 25~55)의 연호이다.
41 적이 예측할 수 없는 기묘한 전술로 기습하는 부대를 이르는 말이다.

정묘 신라 지마왕 15년 ○ 고구려 태조왕 74년 ○ 백제 기루왕 51년 ○ 동한 순제(順帝) 영건(永建) 2년 ○ 일본 천황 경행 57년 ○ 서기 127년

백제 왕이 돌아가시고 아들 개루왕(蓋婁王) 개루가 즉위하였다.

갑술 신라 지마왕 22년 ○ 고구려 태조왕 81년 ○ 백제 개루왕 7년 ○ 동한 순제(順帝) 양가(陽嘉) 3년 ○ 일본 천황 성무(成務) 4년 ○ 서기 134년

가을 8월에 신라 왕이 돌아가시고 아들이 없으므로, 유리왕의 태자 일성왕(逸聖王) 일성이 즉위하였다.

병술 신라 일성왕(逸聖王) 12년 ○ 고구려 태조왕 93년 ○ 백제 개루왕 19년 ○ 동한 질제(質帝) 본초(本初) 원년 ○ 일본 천황 성무 16년 ○ 서기 146년

고구려 왕이 아우 수성에게 왕위를 물려주니, 곧 차대왕(次大王)이다. 이에 앞서 우보(右輔)[42] 고복장(高福章)이 태조왕에게 권하여 말하기를, "수성이 배반하려는 마음이 있어 대왕의 자손을 해칠 것이니, 청컨대 그를 죽이소서"라고 하였는데, 왕이 듣지 않았다. 수성이 왕위를 물려받자 고복장을 육시(戮屍)하고,[43] 또 태조왕의 원자 막근(莫根)을 죽였다. 그 동생 막덕(莫德)은 수성의 손에 죽임을 당할 것이 두려워 스스로 목을 매어 죽었다.

갑오 신라 일성왕 20년 ○ 고구려 차대왕 8년 ○ 백제 개루왕 27년 ○ 동한 환제(桓帝) 영흥(永興) 2년 ○ 일본 천황 성무 24년 ○ 서기 154년

---

42 원문의 '좌보(左輔)'는 오기이므로 바로잡았다(『삼국사기』 권 15 「고구려본기(高句麗本紀)」 3 태조대왕(太祖大王) 94년 冬 10월).

43 이미 죽은 사람의 시체에 다시 목을 베는 형벌을 가하는 것이다.

봄 2월에 신라 왕이 돌아가셨다. 왕이 재위 시에 정사당(政事堂)[44]을 설치하고 제방을 쌓아 논밭을 개간하였으며, 백성에게 명하여 금·은·주옥(珠玉)을 사용하지 못하게 하였다. 아들 아달라왕(阿達羅王) 아달라가 즉위하였다.

을사

신라 아달라왕(阿達羅王) 11년 ○ 고구려 차대왕 19년 ○ 백제 개루왕 38년 ○ 동한 환제 연희(延熹) 8년 ○ 일본 천황 성무 35년 ○ 서기 165년

고구려의 전왕[45]이 돌아가시니, 나이가 119세였다.

○ 고구려 왕 수성이 무도(無道)하므로 명림답부(明臨答夫)가 왕을 시해하고 왕의 아우 백고(伯固)를 왕위에 세웠다.[46] 이 왕이 신대왕(新大王)이다. 이에 앞서 백고는 화가 자기에게 미칠까 두려워서 산골짜기로 도망하였는데, 이때에 이르러 여러 신하들이 맞이해 왕위에 세운 것이다. 왕이 명림답부를 국상(國相)으로 삼고 전왕의 태자 추안(鄒安)을 양국군(讓國君)으로 봉하였다.

병오

신라 아달라왕 12년 ○ 고구려 신대왕 원년 ○ 백제 개루왕 39년 ○ 동한 환제 연희 9년 ○ 일본 천황 성무 36년 ○ 서기 166년

백제 왕이 돌아가시고 아들 초고왕(肖古王) 초고가 즉위하였다. 이에 앞서 개루왕이 신하 도미(都彌)의 아내가 아름답다는 소문을 듣고 먼저 근신(近臣)[47]으로 하여금 거짓으로 왕의 옷을 입고 도미의 처를 사통(私

---

44 신라시대에 임금이 정사를 보거나 국가의 중대사를 논의하던 곳이다.

45 태조왕을 가리킨다.

46 백고는 세 번 사양한 뒤에 즉위하였는데, 그때 나이가 77세였다(『삼국사기』 권 16 「고구려본기」 4 신대왕(新大王) 1년 冬 10월).

通)하게 하였다. 그 아내는 옷을 갈아입는다고 하고는 계집종을 위장시켜 침소에 들게 하였다.[48] 왕은 속임수에 넘어간 것에 노하여 도미를 죄로써 무함(誣陷)하여 그의 두 눈을 빼고 조그마한 배에 태워 물에 띄웠다. 그리고 다시 그 아내에게 음란한 짓을 하려고 하였다. 그 아내가 말하기를, "이제 남편[良人]이 이미 죽었으니, 첩이 마땅히 대왕을 섬길 것입니다. 그러나 지금 달걸이[月事]가 있으니, 청컨대 다른 날을 기다리소서"라고 하니 왕이 허락하였다. 그 아내는 강 입구로 도망가서 남편을 만나 드디어 함께 고구려로 도망하였다.

임자

신라 아달라왕 18년 ○ 고구려 신대왕 7년 ○ 백제 초고왕 6년 ○ 동한 영제(靈帝) 희평(熹平) 원년 ○ 일본 천황 성무 42년 ○ 서기 172년

겨울 11월에 한나라 현도군 태수 경림(耿臨)이 대군을 거느리고 고구려를 공격하였다. 명림답부가 성을 둘러싸고 굳게 지키다가 그들이 돌아가는 틈을 타서 쫓아가 싸워 대파(大破)하니 경림이 한 필의 말도 (데리고) 돌아가지 못하였다.

기미

신라 아달라왕 25년 ○ 고구려 신대왕 14년 ○ 백제 초고왕 13년 ○ 동한 영제 광화(光和) 2년 ○ 일본 천황 성무 49년 ○ 서기 179년

고구려 왕이 돌아가시고 태자 남무(男武)가 즉위하니, 그가 고국천왕(故國川王)이다. 왕의 풍채가 훌륭하고 키가 훤칠하였으며, 일에 임해서는 너그러움과 엄격함이 중도를 얻었다. 우씨(于氏)를 세워 왕후로 삼았다.

---

47 임금을 가까이에서 모시던 신하를 이르는 말이다.

48 원문의 '언침(蔫枕)'은 '천침(薦枕)'의 오기이다.

갑자 신라 아달라왕 30년 ○ 고구려 고국천왕 5년 ○ 백제 초고왕 18년 ○ 동한 영제 중평(中平) 원년 ○ 일본 천황 성무 54년 ○ 서기 184년

봄 3월에 신라 왕이 돌아가시고 후사(後嗣)가 없으므로, 나라 사람들이 탈해왕의 손자 벌휴왕(伐休王) 벌휴를 왕위에 세웠다. 왕이 풍운(風雲)을 점쳐서 홍수와 가뭄, 풍년과 흉년을 미리 알았으며, 또 능히 사람들의 삿되고 정직함을 알았으므로 세상 사람들이 그를 성왕(聖王)이라 일컬었다.

신미 신라 벌휴왕 7년 ○ 고구려 고국천왕 12년 ○ 백제 초고왕 25년 ○ 동한 헌제(獻帝) 초평(初平) 2년 ○ 일본 천황 성무 61년 ○ 서기 191년

고구려 처사(處士)[49] 을파소(乙巴素)가 압록[50] 골짜기에 은둔해 살면서 성질이 강직하고 지혜와 사려가 깊었다. 고구려 신하 안류(晏留)가 왕에게 그를 천거하였고, 왕이 겸손한 말과 정중한 예로써 을파소를 초청하여 국상(國相)으로 삼았다. 귀척(貴戚)[51]과 대신들이 모두 그를 꺼리고 시기하므로, 왕이 이르기를, "국상에게 복종하지 않는 자는 귀천을 막론하고 온 집안을 모두 죽이리라" 하였다. 을파소가 왕이 자신의 능력을 알고 잘 대우해 주는 데 감격하여 정교(政敎)를 밝히고 상벌을 신중하게 하니, 백성들이 편안하게 생업에 종사하고 안팎이 무사하였다. 이에 왕이 안류에게 후한 상을 내렸다.

갑술 신라 벌휴왕 10년 ○ 고구려 고국천왕 15년 ○ 백제 초고왕 28년 ○ 동한 헌제 흥평(興平) 원년 ○ 일본 천황 중애(仲哀) 3년 ○ 서기 194년

---

49 벼슬을 하지 아니하고 초야에 묻혀 살던 선비를 이르는 말이다.
50 압록강변의 한 지역으로 보인다. 위(魏)나라 관구검(毌丘儉)의 침공을 받은 고구려 동천왕이 피신한 곳이 압록원(鴨淥原)이었다(『삼국사기』 권 17 「고구려본기」 5 동천왕(東川王) 20년 秋8월).
51 임금의 친척을 이르는 말이다.

겨울 10월에 고구려에서 처음으로 진대법(賑貸法)을 세웠다. 이에 앞서 고구려 왕이 사냥을 나갔다가 우는 사람을 보고 물으니, 대답하기를, "신이 가난하여 품을 팔아서 어미를 봉양하여 왔는데, 올해는 흉년이 들어 어미를 봉양하기 어렵습니다" 하였다. 왕이 말하기를, "이것은 짐의 죄이다"라 하고, 바로 명령을 내려 매년 3월부터 7월까지 관곡(官穀)을 내어 백성에게 진대(賑貸)하였다가 겨울 수확 후에 곡물을 모두 갚도록 하고 이를 항식(恒式)으로 정하니, 백성이 크게 기뻐하였다.

병자 신라 벌휴왕 12년 ○ 고구려 고국천왕 17년 ○ 백제 초고왕 30년 ○ 동한 헌제 건안(建安) 원년 ○ 일본 천황 중애 5년 ○ 서기 196년

여름 4월에 신라 왕이 돌아가시고 왕의 둘째 아들인 이매(伊買)의 아들 나해왕(奈解王) 나해가 즉위하였다.

○ 5월에 고구려 왕이 돌아가시고 후사가 없었는데, 왕후 우씨(于氏)가 유명(遺命)이라고 속여 왕의 아우 연우(延優)를 왕위에 세웠다. 그가 산상왕(山上王)이다. 처음에 왕이 돌아가셨으나, 왕후가 발상(發喪)[52]하지 않고 밤에 왕의 아우인 발기(發岐)에게 가서 말하기를, "왕이 후사가 없으니, 당신이 계승하시오" 하였다. 발기가 책망하며 말하기를, "결혼한 여자가 밤에 돌아다니는 것이 예(禮)입니까?" 하였다. 왕후가 부끄럽게 여기고 다시 연우의 집으로 가니, 연우가 맞아들여 대접하는 예가 매우 후하였다. 왕후가 곧 연우의 손을 잡고 궁으로 들어가 이튿날 그를 왕위에 세웠다. 이에 발기는 바로 요동태수 공손탁(公孫度)에

52 상례에서 죽은 사람의 혼을 부른 뒤, 상제가 머리를 풀고 슬피 울어 초상난 것을 알리는 일이다.

게 군사를 청하여 연우를 공격하였으나, 이기지 못하고 죽었다. 연우가 우씨를 세워 왕후로 삼았다.[53]

기축 신라 나해왕 13년 ○ 고구려 산상왕 13년 ○ 백제 초고왕 43년 ○ 동한 헌제 건안 14년 ○ 일본 황후 섭정 9년 ○ 서기 209년

겨울 10월에 고구려가 환도(丸都)만포(滿浦) 북쪽 강 건너 땅로 도읍을 옮겼다.

갑오 신라 나해왕 18년 ○ 고구려 산상왕 18년 ○ 백제 초고왕 48년 ○ 동한 헌제 건안 19년 ○ 일본 황후 섭정 14년 ○ 서기 214년

가을 9월에 백제 왕이 돌아가시고 아들 구수왕(仇首王) 구수가 즉위하였다.

정미 신라 나해왕 31년 ○ 고구려 산상왕 31년 ○ 백제 구수왕 13년 ○ 촉한(蜀漢) 후제(後帝) 건흥(建興) 5년 ○ 일본 황후 섭정 27년 ○ 서기 227년

여름 5월에 고구려 왕이 돌아가시고 태자 우위거(憂位居)가 즉위하였으니, 그가 동천왕(東川王)이다. 성품이 너그럽고 인자하였는데, 왕후가 왕의 마음을 시험해 보려고 왕이 나가 놀 때에 사람으로 하여금 노마(路馬)[54]의 갈기를 자르게 하였다. 왕이 궁으로 돌아와 말하기를, "말에 갈기가 없으니 가엾다" 하였다. 또 시자(侍者)[55]로 하여금 수라상을 올릴 때 일부러 국을 옷에 엎지르게 하였으나, 왕이 또한 화내지 않았다.

---

53 형이 죽으면 형수를 부양하던 '형사취수(兄死娶嫂)'의 풍습이다.
54 임금이 타는 수레를 끌던 말을 뜻한다.
55 귀한 사람을 모시고 시중드는 사람을 이르는 말이다.

경술 신라 나해왕 34년 ○ 고구려 동천왕 3년 ○ 백제 구수왕 16년 ○ 촉한 후제 건흥 8년 ○ 일본 황후 섭정 30년 ○ 서기 230년

봄 3월에 신라 왕이 돌아가시고 유명(遺命)으로 사위 조분왕(助賁王) 조분이 즉위하였다. 조분은 벌휴왕의 손자이다.

계축 신라 조분왕 3년 ○ 고구려 동천왕 6년 ○ 백제 구수왕 19년 ○ 촉한 후제 건흥 11년 ○ 일본 황후 섭정 33년 ○ 서기 233년

여름 5월에 일본인이 신라를 침범하므로, 이찬(伊湌)[56] 우로(于老)가 맞이하여 싸우다가 바람을 이용하여 (배에) 불을 놓으니, 일본 군사가 물에 뛰어들어 모두 죽었다.

갑인 신라 조분왕 4년 ○ 고구려 동천왕 7년 ○ 백제 구수왕 20년 ○ 촉한 후제 건흥 12년 ○ 일본 황후 섭정 34년 ○ 서기 234년

위(魏) 왕[主] 조예(曹叡)가 사신을 보내 고구려에 왔다.

○ 가을 9월에 백제 왕이 돌아가시니, 나라 사람들이 초고왕의 동복 아우[母弟] 고이왕(古爾王) 고이를 왕위에 세웠다.

병진 신라 조분왕 6년 ○ 고구려 동천왕 9년 ○ 백제 고이왕(古爾王) 2년 ○ 촉한 후제 건흥 14년 ○ 일본 황후 섭정 36년 ○ 서기 236년

○ 오(吳) 왕[主] 손권(孫權)이 호위(胡衛)를 보내어 고구려에 화친하고자 하였으나, 왕이 그 사신의 목을 베어 머리를 위나라에 전하였다. 이

---

56 원문의 '이손(伊飡)'은 오기이므로 바로잡았다. 이하 신라 관등의 끝에 붙는 '손(飡)' 자는 모두 '찬(湌)'으로 바로잡았다.

듬해 가을에 위나라에 사신을 보내 개원(改元)[57]을 축하하고 후에 또 신하 대가(大加)로 하여금 군사 천 명을 거느리고 위나라[58]를 도와 공손연(公孫淵)을 토벌하였다.

임술 신라 조분왕 12년 ○ 고구려 동천왕 15년 ○ 백제 고이왕 8년 ○ 촉한 후제 연희(延熙) 5년 ○ 일본 황후 섭정 42년 ○ 서기 242년

고구려 왕이 요동과 서안평(西安平)을 습격하여 무찔렀다. 2년 뒤 위나라가 유주 자사(幽州刺史) 관구검(毌丘儉)을 보내 고구려 환도성을 공격하여 함락시키므로, 고구려 왕이 달아났다. 동부(東部) 사람 유유(紐由)가 위나라 진영에 거짓 항복하여 위나라 장수를 칼로 찔러 죽이고 드디어 같이 죽으니, 위나라 군사가 크게 혼란에 빠졌다. 왕이 이에 군사를 세 길로 나누어 나아가게 하여 위나라 군사를 대파하고 도읍을 되찾았다.

정묘 신라 조분왕 17년 ○ 고구려 동천왕 20년 ○ 백제 고이왕 13년 ○ 촉한 후제 연희 10년 ○ 일본 황후 섭정 47년 ○ 서기 247년

봄 2월에 고구려가 평양성(平壤城)을 쌓고 도읍을 옮겼다.

○ 여름 5월에 신라 왕이 돌아가시고 동복아우 첨해왕(沾解王) 첨해가 즉위하였다.

무진 신라 첨해왕 원년 ○ 고구려 동천왕 21년 ○ 백제 고이왕 14년 ○ 촉한 후제 연희 11년 ○ 일본 황후 섭정 48년 ○ 서기 248년

---

57 연호를 바꾸는 일이다.

58 위나라의 태부(太傅) 사마의(司馬懿)를 가리킨다.

가을 9월에 고구려 왕이 돌아가시고, 아들 중천왕(中川王) 연불(然弗)이 즉위하였다. 전왕을 동천(東川)에 장사 지내니, 나라 사람들이 애통해 하지 않는 이가 없었고, 자살하여 따라 죽으려는 자가 있었다.

기묘 신라 첨해왕 12년 ○ 고구려 중천왕 11년 ○ 백제 고이왕 25년 ○ 촉한 후제 경요(景耀) 2년 ○ 일본 황후 섭정 59년 ○ 서기 259년

겨울 12월에 고구려 왕이 두눌곡(杜訥谷)에서 사냥하였는데, 위나라 장수 위지해(尉遲楷)가 습격하였다. 왕이 정예 기병 5천을 뽑아 위나라 군사를 크게 격파하고 8천여 급(級)의 목을 베었다.

신사 신라 첨해왕 14년 ○ 고구려 중천왕 13년 ○ 백제 고이왕 27년 ○ 촉한 후제 경요 4년 ○ 일본 황후 섭정 61년 ○ 서기 261년

신라 왕이 돌아가시고 후사가 없으므로 나라 사람들이 조분왕의 사위 미추왕(味鄒王) 김미추(金味鄒)를 왕위에 세우니, 곧 알지의 7대손이었다.

○ 백제가 범장(犯贓)을 금지하는 법을 세워, 관인으로서 재물을 받거나 물건을 탐하여 도적질하는 자는 그 장물의 3배를 징수하고 종신토록 감옥에 가두었다.

경인 신라 미추왕 9년 ○ 고구려 중천왕 22년 ○ 백제 고이왕 36년 ○ 진(晉) 무제(武帝) 태시(泰始) 6년 ○ 일본 천황 응신(應神) 원년 ○ 서기 270년

겨울 10월 고구려 왕이 돌아가시고 아들 서천왕(西川王) 약로(藥盧)가 즉위하였다. 왕의 사람됨이 총명하고 인자하여 나라 사람들이 그를

웃어른으로서 소중하게 떠받들었다.

○ 신라 신료들이 궁실을 개축하고자 하였으나, 왕이 민력(民力)의 노고를 생각하여 듣지 않았다.

갑진 신라 미추왕 23년 ○ 고구려 서천왕 14년 ○ 백제 고이왕 50년 ○ 진 무제 태강(太康) 5년 ○ 일본 천황 응신 15년 ○ 서기 284년

겨울 10월에 신라 왕이 돌아가시고 유례왕(儒禮王) 석유례(昔儒禮)가 즉위하였다. 그는 조분왕의 맏아들이다.

병오 신라 유례왕 2년 ○ 고구려 서천왕 16년 ○ 백제 고이왕 52년 ○ 진 무제 태강 7년 ○ 일본 천황 응신 17년 ○ 서기 286년

겨울 11월에 백제 왕이 돌아가시고, 아들 책계왕(責稽王) 책계가 즉위하였다.

○ 고구려에서 대방(帶方)지금의 황해도 동쪽이고 경기 서쪽이다을 정벌하니, 대방이 백제에 구원을 요청하였다. 백제 왕이 군대를 보내 구원하였다.

임자 신라 유례왕 8년 ○ 고구려 서천왕 22년 ○ 백제 책계왕 6년 ○ 진 혜제(惠帝) 원강(元康) 2년 ○ 일본 천황 응신 23년 ○ 서기 292년

봄에 고구려 왕이 돌아가시고 아들 봉상왕(烽上王) 상부(相夫)가 즉위하였다. 왕이 즉위 후에 숙부 안국군(安國君) 달가(達賈)와 동생 돌고(咄固)를 꺼리고 시기하여 죄로써 무함하여 죽였다. 이에 앞서 숙신국(肅愼國)이 침입하자 달가가 엄습하여 크게 물리치고 단로성(檀盧城)을 빼앗고 추장을 죽였으며, 민가 6백여 호를 부여로 옮겼다. 또 양맥(梁貊)양맥

은 맥(貊)의 일종이다을 물리치니 이후 나라 사람들이 그를 크게 의지하고 우러러보았다. 이때에 달가가 죄 없이 죽임을 당하는 것을 보고 모두 애통하며 말하기를, "숙신 · 양맥과의 싸움에서 안국군이 아니었으면 우리가 어찌 화를 면할 수 있었겠는가?" 하며, 눈물을 흘리고 조문[弔喪]하지 않는 이가 없었다.

○ 연나라 모용외(慕容廆)가 고구려를 침범하여 서천왕의 무덤을 발굴하다가 광(壙) 안에서 음악 소리가 들리므로, 신령이 있다고 생각하고 매우 두려워하여 군사를 이끌고 물러갔다(296).

무오

신라 유례왕 14년 ○ 고구려 봉상왕 6년 ○ 백제 책계왕 12년 ○ 진 혜제 원강 8년 ○ 일본 천황 응신 29년 ○ 서기 298년

가을에 맥(貊) 사람들이 백제를 공격하므로, 왕이 몸소 적을 막다가 살해당하고, 아들 분서왕(汾西王) 분서가 즉위하였다.

○ 고구려 왕이 궁실을 증축할 때 사치스러움이 극에 달하여 백성들이 곤궁하고 고달팠으며, 여러 신하가 간언하여도 듣지 않았다. 그 후 국상(國相) 창조리(倉助利)가 다시 온 힘을 다하여 간하였으나, 왕이 노하여 말하기를, "국상이 과인(寡人)을 비방하여 백성에게 칭찬을 구하려고 한다"고 하였다. 창조리가 왕이 뉘우치지 않을 것을 알고 나라 사람들을 규합하여 왕을 별궁에 유폐시키니, 왕이 스스로 목숨을 끊었다. 이에 창조리가 을불(乙弗)을 세워 왕으로 삼으니, 그가 미천왕(美川王)이고 서천왕의 손자이다. 처음에 봉상왕이 을불의 아비 돌고가 반역하려는 마음이 있다고 하면서 사사(賜死)하자 을불이 성 밖으로 도망갔다. 을불은 남의 집에서 고용살이를 하다가 소금장수가 되어 고생

을 두루 겪었는데, 지금 옹립된 것이다.

○ 겨울 12월에 신라 왕이 돌아가시고, 조카 기림왕(基臨王) 기림이 즉위하여 일본과 더불어 교빙하였다.

갑자 신라 기림왕 6년 ○ 고구려 미천왕 4년 ○ 백제 분서왕(汾西王) 6년 ○ 진 혜제 영흥(永興) 원년 ○ 일본 천황 응신 35년 ○ 서기 304년

봄 2월에 백제가 낙랑의 서쪽 현을 습격하여 무너뜨렸더니, 겨울 10월에 낙랑 태수(太守)가 자객을 보내어 백제 왕을 죽였다. 나라 사람들이 구수왕(仇首王)의 아들 비류왕(比流王) 비류를 왕위에 세웠다.

경오 신라 기림왕 12년 ○ 고구려 미천왕 10년 ○ 백제 비류왕 6년 ○ 진 회제(懷帝) 영가(永嘉) 4년 ○ 일본 천황 응신 41년 ○ 서기 310년

여름 5월에 신라 왕이 돌아가시고 후사가 없으므로, 여러 신하가 각간(角干)관등명[59] 의 아들 흘해(訖解)를 세워 왕으로 삼으니, 그가 흘해왕이다.

즉위한 지 3년에 일본이 청혼하므로, 왕이 아찬(阿湌)관등명 급리(急利)의 딸로써 허락하였다.

신묘 신라 흘해왕 21년 ○ 고구려 미천왕 31년 ○ 백제 비류왕 27년 ○ 동진(東晋) 성제(成帝) 함화(咸和) 6년 ○ 일본 천황 인덕(仁德) 19년 ○ 서기 331년

봄 2월에 고구려 왕이 돌아가시고 아들 고국원왕(故國原王) 사유(斯由)가 즉위하였다.

59 각간은 신라시대의 최고 관위(官位)이며, 이때 각간의 이름은 우로(于老)이다.

임인 신라 흘해왕 32년 ○ 고구려 고국원왕 11년 ○ 백제 비류왕 38년 ○ 동진 성제 함강(咸康) 8년 ○ 일본 천황 인덕 30년 ○ 서기 342년

가을 8월에 고구려가 환도성을 수리하고 옮겨 살았다가 또 동황성(東黃城)평양부(平壤府) 동산(東山)으로 도읍을 옮겼다.[60]

○ 이에 앞서 고구려가 요동을 공격하였는데, 이때에 이르러 연나라 왕 모용황(慕容皝)이 고구려를 쳐서 함락시키고, 왕태후와 왕비를 사로잡고 전왕[61]의 무덤을 파헤쳐 시신을 가지고 돌아갔다. 이듬해 고구려 (왕이) 아우를 연나라에 보내어 화친을 청하고 연공(年貢)[62]을 보내니 연나라가 그 시신을 돌려보내고 태후는 그대로 머무르게 하여 볼모로 삼았다가 7년 후에 돌려보냈다.

갑진 신라 흘해왕 34년 ○ 고구려 고국원왕 13년 ○ 백제 비류왕 40년 ○ 동진 강제(康帝) 건원(建元) 2년 ○ 일본 천황 인덕 32년 ○ 서기 344년

봄 2월에 일본이 신라에 사신을 보내 청혼하였으나 답신을 보내지 않았더니, 그 후 일본이 서신을 보내 절교하였다.

○ 겨울 10월에 백제 왕이 돌아가시고 분서왕의 맏아들 계왕(契王) 계가 즉위하였다.

병오 신라 흘해왕 36년 ○ 고구려 고국원왕 15년 ○ 백제 계왕 2년 ○ 동진 목제(穆帝) 영화(永和) 2년 ○ 일본 천황 인덕 34년 ○ 서기 346년

---

60 동황성으로 옮긴 것은 이듬해(343년) 가을 7월이었다.

61 미천왕을 가리킨다.

62 해마다 바치던 공물을 이르는 말이다.

가을 9월에 백제 왕이 돌아가시고 비류왕의 둘째 아들 근초고왕(近肖古王) 근초고가 즉위하였다.

○ 일본이 신라 금성(金城)지금의 경주에 있음으로 와 포위하므로, 왕이 성문을 닫고 나가지 않았다. 일본 병사가 양식이 다하여 철수하고 물러나자, 왕이 강세(康世)[63]로 하여금 강한 기병을 보내 추격하여 패배시켰다.

병진 신라 흘해왕 46년 ○ 고구려 고국원왕 25년 ○ 백제 근초고왕 10년 ○ 동진 목제 영화 12년 ○ 일본 천황 인덕 44년 ○ 서기 356년

여름 4월에 신라 왕이 돌아가시고 후사가 없으므로, 나라 사람들이 미추왕의 조카 내물왕(奈勿王) 내물을 왕위에 세웠다. 이로부터 석씨의 제사가 마침내 단절되었다.

갑자 신라 내물왕 8년 ○ 고구려 고국원왕 33년 ○ 백제 근초고왕 18년 ○ 동진 애제(哀帝) 흥녕(興寧) 2년 ○ 일본 천황 인덕 52년 ○ 서기 364년

여름 4월에 일본이 신라를 침범하였다. 왕이 풀로 만든 허수아비에게 병기를 들려서 토함산(吐含山)경주 동쪽에 있음 아래에 벌여 놓아 의병(疑兵)[64]으로 삼고, 용맹한 군사를 부현(斧峴) 동쪽 벌판에 매복시켰다. 일본 군사가 용기만 믿고 곧바로 진격하였으나,[65] 복병이 일어나 불의에 습격하여 거의 다 죽였다.

---

63 당시 이벌찬(伊伐飡)이었다.

64 적의 눈을 속이기 위하여 거짓으로 군사를 꾸미는 것이다.

65 원문의 '지진(輊進)'은 『삼국사기』에 의거하여 '직진(直進)'으로 번역하였다(권 1 「신라본기(新羅本紀)」 3 내물이사금(奈勿尼師今) 9년 夏 4월).

기사 신라 내물왕 13년 ○ 고구려 고국원왕 38년 ○ 백제 근초고왕 23년 ○ 동진 폐제(廢帝)[66] 혁(奕) 태화(太和) 4년 ○ 일본 천황 인덕 57년 ○ 서기 369년

가을 9월에 고구려 왕이 보병과 기병 2만 명을 거느리고 백제를 쳤다. 백제 왕이 태자로 하여금 맞아 싸워 고구려 병사 5천여 급의 목을 베었다. 2년 후에 백제가 고구려 평양성을 공격하였는데, 고구려 왕이 맞서 싸우다가 날라오는 화살을 맞고 돌아가시고 아들 소수림왕(小獸林王) 구부(丘夫)가 즉위하였다.

○ 백제가 한산성(漢山城)지금의 한양(漢陽)으로 도읍을 옮겼다.

임신 신라 내물왕 16년 ○ 고구려 소수림왕 원년 ○ 백제 근초고왕 26년 ○ 동진 간문제(簡文帝) 함안(咸安) 2년 ○ 일본 천황 인덕 60년 ○ 서기 372년

여름 6월에 진(秦)[67] 왕 부견(符堅)이 고구려에 사신을 보내어 승려[浮屠] 순도(順道)와 불상 · 불경을 보내니, 동방의 불법이 이로부터 시작되었다.

○ 고구려에서 태학(太學)을 세워 자제를 가르쳤다.

계유 신라 내물왕 17년 ○ 고구려 소수림왕 2년 ○ 백제 근초고왕 27년 ○ 동진 효무제(孝武帝) 영강(寧康) 원년 ○ 일본 천황 인덕 61년 ○ 서기 373년

봄에 백제 독산성(禿山城)수원 남쪽에 있음 성주가 백성 3백여 명을 이끌고 신라에 와서 의탁하므로, 왕이 6부(部)에 나누어 살게 하였다. 백제 왕이 서신을 보내 책망하며 말하기를, "우리 두 나라가 화친하여 형제 관

---

66 원문의 '동진제(東晋帝)'는 오기이므로 바로잡았다.

67 중국 5호 16국 시대의 전진(前秦)이다.

계를 맺었는데, 지금 왕이 우리의 반민(叛民)[68]을 받아들이니 이것은 화친하는 호의를 돌아보지 않는 것입니다. 청컨대 그 백성들을 돌려 보내주십시오" 하였다. 왕이 답하기를, "백성이란 일정한 마음이 없어서 임금이 사랑으로 품어주면 오고, 잔인하고 포학하면 떠나가는 것이 당연한 이치입니다. 왕은 백성을 구휼하지 않고 다만 과인을 책망하는 것이 옳습니까?" 하니, 백제 왕이 다시는 감히 말하지 못하였다.

○ 고구려에서 비로소 율령(律令)[69] 을 반포하였다.

○ 백제에서 고흥(高興)을 박사(博士)로 삼았다. 백제가 개국 이래로 문자가 아직 없다가 이때에 이르러 비로소 『서기(書記)』[70] 를 두었다.

을해

신라 내물왕 19년 ○ 고구려 소수림왕 4년 ○ 백제 근초고왕 29년 ○ 동진 효무제 영강 3년 ○ 일본 천황 인덕 63년 ○ 서기 375년

가을 7월에 고구려가 백제 십곡성(十谷城) 지금의 곡산(谷山)을 공격하므로 백제가 장수를 보내 맞서 싸웠다.

○ 겨울 11월에 백제 왕이 돌아가시고 아들 근구수왕(近仇首王) 근구수가 즉위하였다.

무인

신라 내물왕 22년 ○ 고구려 소수림왕 7년 ○ 백제 근구수왕 3년 ○ 동진 효무제 태원(太元) 3년 ○ 일본 천황 인덕 66년 ○ 서기 378년

가을 9월에 거란(契丹)이 고구려를 침범하여 북쪽 변경 8부락을 함락시켰다.

---

68 정부를 배반하여 반란을 일으킨 백성을 이르는 말이다.
69 형률과 법령을 아울러 이르는 말로, 곧 법률의 총칭이다.
70 375년에 고흥이 편찬한 역사책이다.

○ 신라가 진(秦)에 사신을 보냈다.

갑신 신라 내물왕 28년 ○ 고구려 소수림왕 13년 ○ 백제 근구수왕 9년 ○ 동진 효무제 태원 9년 ○ 일본 천황 인덕 72년 ○ 서기 384년

여름 4월에 백제 왕이 돌아가시고, 아들 침류왕(枕流王) 침류가 즉위하였다.

○ 가을 7월에 백제에서 사신을 진(晉)에 보냈다.

○ 9월에 호승(胡僧) 마라난타(摩羅難陀)가 진(晉)에서 백제에 이르자, 왕이 예를 갖추어 영접하였다.[71]

○ 겨울 11월에 고구려 왕이 돌아가시고, 동복아우 고국양왕(故國讓王) 이련(伊連)이 즉위하였다. 이듬해 군사 4만 명을 보내 요동과 현도를 공격하여 함락시키고 남녀 1만 명을 포로로 잡아 돌아왔다.

○ 백제 왕이 돌아가시고, 아우 진사왕(辰斯王) 진사가 즉위하였다.

임진 신라 내물왕 36년 ○ 고구려 고국양왕 8년 ○ 백제 진사왕 8년 ○ 동진 효무제 태원 17년 ○ 일본 천황 인덕 80년 ○ 서기 392년

봄에 고구려 왕이 돌아가시고, 아들 광개토왕(廣開土王) 담덕(談德)이 즉위하였다.

○ 백제 왕이 돌아가시고, 침류왕의 아들 아신왕(阿莘王)[72] 아신이 즉위하였다.

---

71 원문의 '마난라타(摩難羅陀)'는 오기이므로 바로잡았다. 마라난타는 인도 승려로, 그에 의해 불교가 백제에 전래되었다.

72 원문의 '아신왕(阿辛王)'은 오기이므로 바로잡았다.

○ 여름 5월에 일본이 (군사를 보내) 신라 금성에 와서 포위하니, 장사(將士)들이 모두 나가 싸우고자 하였다. 왕이 말하기를, "지금 적이 배를 버리고 깊이 들어와 죽도록 싸우고자 하니, 그 예봉(銳鋒)을 감당할 수 없다" 하고, 성문을 닫고 굳게 지켰다. 일본 군사가 물러가므로, 왕이 먼저 용감한 기병 2백 명을 보내 그 귀로를 막아 끊고, 또 보병 1천 명으로써 독산(禿山)[73] 경주군 동쪽에 있음까지 뒤쫓아 양쪽에서 공격하여 대파하니, 죽이거나 사로잡은 자가 매우 많았다.

임인 신라 내물왕 46년 ○ 고구려 광개토왕 10년 ○ 백제 아신왕 10년 ○ 동진 안제(安帝) 원흥(元興) 원년 ○ 일본 천황 이중(履仲) 3년 ○ 서기 402년

2월에 신라 왕이 돌아가시고 태자는 나이가 어리므로, 나라 사람들이 실성왕(實聖王) 실성을 왕위에 세웠다. 실성은 김알지의 후손이다.

○ 이에 앞서 연나라 왕 모용성(慕容盛)이 군사 3만을 거느리고 표기대장군(驃騎大將軍) 모용희(慕容熙)를 선봉으로 삼아 고구려를 쳐들어와 신성(新城)·남소(南蘇)모두 요동에 있음 두 성을 빼앗고 토지 7백여 리를 개척하여 5천여 호를 이주시켰다(400). 이때에 이르러 고구려가 연나라 평주(平州)를 정벌하니 자사(刺史) 모용귀(慕容歸)가 성을 버리고 달아났다(402). 2년 후에 모용희(慕容熙)가 연나라 왕이 되어 다시 요동성을 쳐들어왔다가 패배하여 돌아갔다.

을사 신라 실성왕 3년 ○ 고구려 광개토왕 13년 ○ 백제 아신왕 13년 ○ 동진 안제 의희(義熙) 원년 ○ 일본 천황 이중 6년 ○ 서기 405년

---

73 『삼국사기』에는 '독산(獨山)'으로 표기되어 있다(권 3 「신라본기」 3 내물이사금 38년 夏 5월).

9월에 백제 왕이 돌아가시고, 아들 전지왕(腆支王)[74] 전지가 즉위하였다. 이에 앞서 백제가 일본과 화친을 맺고 전지를 볼모로 삼았었다. 이때에 이르러 (전지가) 왕의 부음을 접하고 통곡하면서 귀국하기를 청하자, 일본이 병사 1백 명으로 그를 호송하였다. 이때 전지의 동생 책례(磔禮)가 스스로 왕이 되었으나, 나라 사람들이 책례를 죽이고 전지를 맞아 왕위에 올렸다.

무신

신라 실성왕 6년 ○ 고구려 광개토왕 16년 ○ 백제 전지왕 3년 ○ 동진 안제 의희 4년 ○ 일본 천황 반정(反正) 3년 ○ 서기 408년

봄 2월에 일본이 군영을 대마도(對馬島)에 설치하여 병사를 훈련시키고 양식을 비축하여 신라를 엄습하려고 하였다. 신라 왕이 이 소식을 듣고 군사를 보내 먼저 공격하려고 하였는데, 신하 미사품(未斯品)이 중지할 것을 간하였다.

○ 3월에 고구려가 북연(北燕)에 사신을 보내고 또 종족(宗族)[75]의 우의를 펼치니, 북연 왕 운(雲)이 이발(李拔)을 보내 보빙(報聘)하였다. 운은 본래 고구려의 지서(支庶)[76]였다. 연나라에서 벼슬을 하여 공작의 지위를 받았는데, 연 왕 희(熙)가 죽자 풍발(馮跋)의 추대를 받아 북연 왕이 되었다.

계축

신라 실성왕 11년 ○ 고구려 광개토왕 21년 ○ 백제 전지왕 8년 ○ 동진 안제 의희 9년 ○ 일본 천황 윤공(允恭) 2년 ○ 서기 413년

---

74 원문의 '전지왕(典支王)'은 오기이므로 바로잡았다.

75 성(姓)과 본(本)이 같은 겨레붙이를 일컫는다.

76 서자 또는 종가(宗家)에서 갈라져 나온 종족이나 맏아들 이외의 아들을 이르는 말이다.

겨울 10월에 고구려 왕이 돌아가시고, 아들 장수왕(長壽王) 거련(巨璉)이 즉위하였다.

정사 신라 실성왕 15년 ○ 고구려 장수왕 4년 ○ 백제 전지왕 12년 ○ 동진 안제 의희 13년 ○ 일본 천황 윤공 6년 ○ 서기 417년

여름 5월에 신라 눌지(訥祗)가 실성왕을 시해하고 스스로 왕이 되었다. 그가 눌지왕이니, 내물왕의 아들이다. 처음에 내물왕이 실성을 고구려에 볼모로 보냈다. 실성이 이로 인하여 눌지에게 원한을 품었다가 지금 눌지를 죽이고자 하였으므로, 눌지가 바로 왕을 시해하였다.

무오 신라 눌지왕 원년 ○ 고구려 장수왕 5년 ○ 백제 전지왕 13년 ○ 동진 안제 의희 14년 ○ 일본 천황 윤공 7년 ○ 서기 418년

가을에 신라 박제상(朴堤上)이 일본에 가서 죽임을 당하였다. 처음에 신라 왕에게 두 아우가 있었으니, 복호(卜好)와 미사흔(未斯欣)이었다. 복호는 고구려에 인질로 보내고 미사흔은 일본에서 볼모로 삼았는데,[77] 왕이 두 아우를 보고 싶어 했다. 먼저 박제상으로 하여금 고구려에 가서 말하여 복호를 나라로 돌려보내게 하였다. 왕이 또 미사흔을 생각하며 박제상에게 이르기를, "나의 두 아우는 나의 좌우 팔과 같다. 지금 한쪽 팔만 얻었으니 어찌할 것인가?" 박제상이 대답하기를, "신이 이미 몸을 나라에 바쳤으니, 어찌 감히 작은 수고를 사양할 수 있겠습니까?

77 『삼국사기』에 의하면, 미사흔이 왜에 볼모로 간 것은 402년이고, 복호가 고구려에 인질로 간 것은 10년 후인 412년이었다(권 3 「신라본기」 3 실성이사금(實聖尼師今) 1년 春 3월; 「신라본기」 3 실성이사금 11년).

그러나 고구려는 그 왕이 어질어서 신이 말 한마디로 깨우칠 수 있었습니다만, 일본에 이르러서는 마땅히 계략으로 속여야 합니다. 지금 신이 길을 떠나거든 왕은 곧바로 신과 미사흔의 가속(家屬)을 옥에 가두어 신이 대왕께 죄를 얻은 것과 같이 하소서. 그러면 신이 계책을 내어서 미사흔을 돌려보내도록 하겠나이다" 하였다. 왕이 그 계책을 사용하였다. 박제상이 일본에 도착하였는데, 일본 왕이 과연 의심을 하다가 그의 식솔이 갇혀 있다는 말을 듣고 박제상이 신라를 배반하였다고 생각하여 바로 장수에게 명하여 군사를 보내 신라를 습격하려고 하였다. 그때 박제상과 미사흔을 향도로 삼았는데, 바다 가운데 섬에 이르러 박제상이 미사흔에게 몰래 돌아가라고 권하였다. 미사흔이 말하기를, "내가 어찌 그대를 버리고 혼자 갈 수 있겠는가?" 하니, 박제상이 말하기를, "만일 공자(公子)[78]를 구출하여 대왕의 마음을 위로할 수 있다면, 제가 어찌 저의 한 목숨을 아끼겠습니까?" 하였다. 미사흔이 울면서 인사하고 도망쳐 돌아갔다. 얼마 후 일본은 미사흔이 도망한 것을 알고 그를 찾는 군사를 보내 사방에서 추격을 하였으나, 연기와 안개로 날이 어두컴컴하여 사로잡지 못하였다. 이에 일본 왕이 박제상을 국문(鞫問)[79]하였다. 박제상이 말하기를, "나는 계림(鷄林)[80]의 신하이다. 우리 임금의 뜻을 이루고자 한 것이니, 어찌 많은 질문이 필요하리요" 하였다. 일본 왕이 화가 나서 말하기를, "네가 이미 나의 신하가 되었는데, 지금 계림의 신하라고 하는 것은 무슨 까닭이냐? 네가 만일 일본의 신

78 지체가 높은 집안의 아들을 이르는 말이다.
79 임금의 명령을 받고 국청(鞫廳)에서 형장(刑杖)을 가하여 중죄인(重罪人)을 신문하던 일이다.
80 앞의 김알지 탄생에 관한 기록에 나타나 있듯이 계림은 당시 신라의 국호이다.

하가 되면 많은 녹봉(祿俸)으로 상을 주리라" 하였다. 박제상이 말하기를, "나는 차라리 계림의 개나 돼지가 될지언정 일본의 신하가 되지는 않겠다. 계림의 채찍으로 치는 형벌을 받을지언정 일본의 벼슬과 녹봉은 받지 않겠다" 하였다. 왕이 더욱 화가 나서 박제상의 다리 살갗을 벗기고 갈대를 베어 놓고 그 위로 걸어가게 하였으며, 또 뜨거운 철판 위에 묶어 세워놓고 국문을 하였다. 박제상이 대답하기를, "계림의 신하이다" 하니 일본 왕이 그를 굴복시킬 수 없음을 깨닫고 불태워 죽였다.

신라 왕은 그가 죽었다는 소식을 듣고 매우 애통해 하면서 그에게 대아찬(大阿飡)관등명을 추증(追贈)[81]하고 그 가족에게 후한 상을 내렸다. 또 미사흔으로 하여금 박제상의 둘째 딸에게 장가들게 하였다. 이에 앞서 미사흔이 올 때 왕이 6부(部)에 명하여 교외에서 맞이하게 하였다. 왕은 그를 보자 손을 붙잡고 눈물을 흘렸으며, 주연을 베풀고 매우 기뻐하면서 우식곡(憂息曲)[82]을 만들어 위로하였다. 박제상의 아내는 세 딸을 거느리고 치술령(鵄述嶺)경주에 있음에 올라가 일본을 바라보고 통곡하다가 죽었다. 박제상은 파사왕의 5대손이다.

경신 신라 눌지왕 3년 ○ 고구려 장수왕 7년 ○ 백제 전지왕 15년 ○ 송(宋) 무제(武帝) 영초(永初) 원년. 이 해에 유송(劉宋) 무제가 진(晉)을 찬탈함 ○ 일본 천황 윤공 9년 ○ 서기 420년

봄 3월에 백제 왕이 돌아가시고, 아들 구이신왕(久爾辛王) 구이신이 즉위하였다.

---

81 나라에 공로가 있는 벼슬아치가 죽은 뒤에 품계를 높여 주던 일이다.

82 거문고 곡의 하나로 세종 12년(1430)까지 연주법이 전해졌지만, 가사는 알 수 없는 6곡 가운데 하나이다.

병인 신라 눌지왕 9년 ○ 고구려 장수왕 13년 ○ 백제 구이신왕 6년 ○ 송 문제(文帝)) 원가(元嘉) 3년 ○ 일본 천황 윤공 15년 ○ 서기 426년

겨울 12월에 백제 왕이 돌아가시고, 아들 비유왕(毗有王)[83] 비유가 즉위하였다.

을해 신라 눌지왕 18년 ○ 고구려 장수왕 22년 ○ 백제 비유왕 9년 ○ 송 문제 원가 12년 ○ 일본 천황 윤공 24년 ○ 서기 435년

봄에 신라가 역대 원릉(園陵)[84]을 보수하였다.

○ 연나라 왕 풍홍(馮弘)이 상서(尙書) 양이(陽伊)를 고구려에 보내어 항복하겠다고 미리 약속하였다. 이것은 위나라가 자주 쳐들어와 고통스러웠기 때문이었다. 이듬해 위나라가 연나라를 칠 때 고구려에 사신을 보내 연나라를 돕지 말라고 하였다. 그러나 고구려 왕이 듣지 않고 갈로(葛盧)와 맹광(孟光)[85]에게 명하여 군사 수만 명을 거느리고 연나라 사신 양이를 따라가 연 왕 풍홍을 맞이하였다. 3년 뒤에 연 왕 풍홍이 고구려 왕이 예로 대하지 않는다면서 송나라 황제에게 의탁하고자 하니, 고구려 왕이 분노하여 그를 죽였다.

을미 신라 눌지왕 38년 ○ 고구려 장수왕 42년 ○ 백제 비유왕 29년 ○ 송 효무제(孝武帝) 효건(孝建) 2년 ○ 일본 천황 안강(安康) 2년 ○ 서기 455년

가을에 백제 왕이 돌아가시고 아들 개로왕(蓋鹵王) 여경(餘慶)이 즉위하였다.

---

83 원문의 '비유왕(比有王)'은 오기이므로 바로잡았다.

84 능원과 같은 말로, 왕이나 왕비의 무덤인 '능(陵)'과 왕세자나 왕세자빈 같은 왕족의 무덤인 '원(園)'을 통틀어 일컫는다.

85 원문의 '맹윤(孟允)'은 오기이므로 바로잡았다.

○ 겨울 10월에 고구려가 백제를 침공하니, 신라가 군사를 보내 구원하였다.

○ 고구려가 송나라에 사신을 보냈다.

○ 백제가 위나라에 사신을 보냈다.

무술

신라 눌지왕 41년 ○ 고구려 장수왕 45년 ○ 백제 개로왕 3년 ○ 송 효무제 대명(大明) 2년 ○ 일본 천황 웅략(雄略) 2년 ○ 서기 458년

가을에 신라 왕이 돌아가시고 아들 자비왕(慈悲王) 자비가 즉위하였다.

을묘

신라 자비왕 17년 ○ 고구려 장수왕 62년 ○ 백제 개로왕 20년 ○ 송 후폐제(後廢帝) 원휘(元徽) 3년 ○ 일본 천황 웅략 19년 ○ 서기 475년

봄 정월에 신라 왕이 월성(月城)으로 옮겨 살았다.

○ 가을 9월에 고구려 왕이 백제를 공격하여 그 왕을 죽이니, 왕의 태자 문주왕(文周王) 문주가 즉위하였다. 처음에 승려 도림(道琳)이 고구려 왕의 밀지를 받고, 고구려 왕에게 죄를 얻었다고 거짓으로 꾸며서 망명하여 백제에 들어갔다. 그때 백제 왕이 바둑을 좋아하므로 도림이 바둑 기술로 나아가 왕과 매우 친해졌다. 이에 도림이 백제 왕에게 성곽을 넓히고 궁실을 높여 국위를 떨치게 하라고 권하였다. 왕이 그 말에 혹하여 그대로 따랐더니, 이로부터 창고가 바닥나고 백성들이 곤궁해졌다. 도림이 도망하여 자기 나라로 돌아가 고구려 왕에게 고하니, 왕이 군사 3만을 거느리고 백제 한성(漢城)을 포위한 지 7일 만에 함락하였다. 백제 왕이 기병 수십을 거느리고 성을 나와 서쪽으로 도망가다가 고구려 장수 걸루(桀婁)에게 해를 당하였다. 당시 태자 문주

가 신라에게 구원을 청하여 군사 1만을 얻어 돌아왔으나, 왕은 죽고 고구려 군사는 이미 물러난 상태였다.

병진 신라 자비왕 18년 ○ 고구려 장수왕 63년 ○ 백제 문주왕 원년 ○ 송 후폐제 원휘 4년 ○ 일본 천황 웅략 20년 ○ 서기 476년

여름 4월에 탐라(耽羅)지금의 제주(濟州)가 방물(方物)을 백제에 바쳤다. 탐라는 혹은 탐모라(耽牟羅)라고도 불렀다. 탐라는 남해 가운데에 있어 아주 옛날에는 사람이 없었는데, 세 사람이 땅에서 솟아 나왔다. 첫째는 양을나(良乙那), 다음은 고을나(高乙那), 셋째는 부을나(夫乙那)라고 하였다. 세 사람은 황무지를 다니면서 사냥을 하여 동물 가죽으로 옷을 해 입고 고기를 먹었다. 어느날 붉은 진흙으로 봉한 나무 함(函)이 바닷가로 떠밀려 왔다. 열어 보니, 그 안에 석함(石函)이 있고 붉은 허리띠에 자줏빛 옷을 입은 사자(使者) 한 사람이 따라 나왔다. 함 안에는 청색 옷을 입은 처녀 셋과 여러 망아지 · 송아지, 오곡의 씨앗이 있었다. 사자는 말하기를, "나는 일본 사신입니다. 우리 왕이 이 세 딸을 낳고 말하기를, '서해 한가운데 큰 산에 신(神)의 아들 세 사람이 장차 나라를 세우려고 하는데 배필이 없다'고 하면서 신에게 명하여 세 딸을 보내왔으니 마땅히 배필로 삼아 대업을 이루십시오" 하고는 바로 구름을 타고 홀연히 사라졌다. 세 사람은 세 여인에게 나누어 장가들고 각각 샘물이 달고 땅이 비옥한 곳을 택하여 살았다. 양을나가 사는 곳을 제 1도(都)라고 하고, 고을나가 사는 곳을 제 2도라고 하였으며, 부을나가 사는 곳을 제 3도라고 하였다. (그들은) 오곡의 씨앗을 뿌리고 망아지와 송아지를 놓아길러 점점 부유해졌다.

○ 6월에 일본이 신라의 동쪽 변경을 침공하자, 왕이 장군 덕지(德智)에게 명하여 공격해 패배시켰다.

○ 겨울 10월에 백제가 웅진(熊津)지금의 공주(公州)으로 도읍을 옮겼다.

정사 신라 자비왕 19년 ○ 고구려 장수왕 64년 ○ 백제 문주왕 2년 ○ 송 순제(順帝) 승명(昇明) 원년 ○ 일본 천황 웅략 21년 ○ 서기 477년

여름에 백제의 해구(解仇)가 임금을 시해하고 태자 삼근왕(三斤王) 삼근을 왕위에 세웠는데, 삼근왕이 해구의 죄를 물어 죽였다.[86]

기미 신라 자비왕 21년 ○ 고구려 장수왕 66년 ○ 백제 삼근왕 2년 ○ 제(齊) 고제(高帝) 건원(建元) 원년. 이 해에 제 고제가 송을 찬탈하여 황제가 됨 ○ 일본 천황 웅략 23년 ○ 서기 479년

봄 2월에 신라 왕이 돌아가시고, 아들 소지왕(炤知王)[87] 소지가 즉위하였다.

○ 백제 왕이 돌아가시고 문주왕의 동복아우 곤지(昆支)의 아들 모대(牟大)가 왕위에 오르니, 그가 동성왕(東城王)이다.

정묘 정묘(丁卯)－신라 소지왕 8년 ○ 고구려 장수왕 74년 ○ 백제 동성왕 8년 ○ 제 무제(武帝) 영명(永明) 5년 ○ 일본 천황 현종(顯宗) 3년 ○ 서기 487년

봄에 신라가 사방에 우역(郵驛)[88]을 설치하였다.

---

86 478년에 해구(解仇)는 은솔(恩率) 연신(燕信)과 더불어 대두성(大豆城)에서 반란을 일으켰다가 토벌되었다.

87 원문의 '소지왕(炤智王)'은 오기이므로 바로잡았다.

88 중앙 관아의 공문을 지방 관아에 전달하고 외국 사신의 왕래나 벼슬아치의 여행과 부임 때 마필(馬匹)을 공급하던 곳이다.

경오 경오(庚午)－신라 소지왕 11년 ○ 고구려 장수왕 77년 ○ 백제 동성왕 11년 ○ 제 무제 영명 8년 ○ 일본 천황 인현(仁賢) 3년 ○ 서기 490년

봄에 신라가 처음으로 시사(市肆)[89]를 설치하여 사방의 물화(物貨)를 유통시켰다.

신미 신라 소지왕 12년 ○ 고구려 장수왕 78년 ○ 백제 동성왕 12년 ○ 제 무제 영명 9년 ○ 일본 천황 인현 4년 ○ 서기 491년

겨울 12월에 고구려 왕이 돌아가시고, 태손(太孫) 문자왕(文咨王) 나운(羅雲)이 즉위하였다.

경진 경진(庚辰)－신라 소지왕 21년 ○ 고구려 문자왕 9년 ○ 백제 동성왕 21년 ○ 제 동혼후(東昏侯) 영원(永元) 2년 ○ 일본 천황 무열(武烈) 2년 ○ 서기 500년

봄에 백제가 임류각(臨流閣)을 지었는데, 높이가 5장(丈)이었다. 또 주연을 베풀 못을 파고 기이한 짐승과 이상한 초목을 기르니, 여러 신하가 간쟁을 하였으나 듣지 않았고, 간하는 신하가 또다시 있을까 두려워 궁궐 문을 닫아버렸다.

○ 겨울 11월에 신라 왕이 돌아가시고 후사가 없으니, 왕의 육촌 아우[再從弟][90] 지대로(智大路)가 즉위하였다. 그가 지증왕(智證王)이다.

신사 신라 지증왕 원년 ○ 고구려 문자왕 10년 ○ 백제 동성왕 22년 ○ 제 화제(和帝) 중흥(中興) 원년 ○ 일본 천황 무열 3년 ○ 서기 501년

---

89 시장 거리의 가게로, 후대의 시전(市廛)이다.

90 원문의 '종조제(從祖弟)'는 오기이므로 바로잡았다.

백제 백가(苩加)[91]가 임금을 시해하였다. 처음에 왕이 백가에게 가림성(加林城)지금의 임천(林川)을 진무(鎭撫)하라고 하였으나, 백가가 병을 핑계로 가지 않았다. 왕이 더욱 권하자 백가가 원한을 품었다가 이때에 이르러 왕이 사냥 나간 틈을 타서 칼로 찔러 죽인 것이다. 태자 여륭(餘隆)이 즉위하니, 그가 무령왕(武寧王)이다. 이듬해 백가가 또 가림성을 거점으로 반란을 일으키니, 왕이 한솔(扞率)관등명 해명(解明)으로 하여금 토벌하게 하였다. 해명은 백가를 잡아서 백강(白江)지금의 백마강(白馬江)에 던졌다.

○ 2월에 신라가 순장(殉葬)[92]을 금하였다. 이전에는 왕이 돌아가면 순장하는 사람이 남녀 각 5인이었다.

○ 3월에 신라가 각 주 · 군(州郡)에 명하여 권농할 때 비로소 소로써 논밭을 갈게 하였다.

계미 신라 지증왕 3년 ○ 고구려 문자왕 12년 ○ 백제 무령왕 2년 ○ 양(梁) 무제(武帝) 천감(天監) 2년 ○ 일본 천황 무열 5년 ○ 서기 503년

가을 9월에 말갈이 백제 고목성(高木城)교동(喬桐)에 있음을 공격하므로, 백제 왕이 군사를 보내 격퇴하였다.

○ 신라가 비로소 국호를 정하고 왕을 칭하였으며,[93] 22대를 추존하여 왕이라고 하고 이듬해 또 상복법(喪服法)을 제정하였다.

---

91 원문의 '작가(芍加)'는 오기이므로 바로잡았다.

92 지배층에 속하는 사람이 죽었을 때 강제로 또는 자진하여 산 사람을 함께 묻던 장례법이다. 순장을 하면 죽은 이의 평상시 생활이 재현된다고 믿었으며, 왕이나 귀족 등이 죽으면 첩, 신하, 종 등을 함께 매장하였다.

93 사라(斯羅) · 사로(斯盧) · 신라(新羅) 등으로 사용되던 국명을 신라로 확정했으며, 왕호를 방언인 마립간(麻立干)에서 중국식인 왕으로 바꾸었다.

을유 신라 지증왕 5년 ○ 고구려 문자왕 14년 ○ 백제 무령왕 4년 ○ 양 무제 천감 4년 ○ 일본 천황 무열 7년 ○ 서기 505년

겨울 11월에 신라가 비로소 유사에게 명하여 얼음을 저장하게 하고, 선박[舟楫] 제도를 정하였다.

임진 신라 지증왕 12년 ○ 고구려 문자왕 21년 ○ 백제 무령왕 11년 ○ 양 무제 천감 11년 ○ 일본 천황 계체(繼體) 6년 ○ 서기 512년

봄 3월에 고구려가 양(梁)에 사신을 보냈다.

○ 여름 4월에 백제가 양나라에 사신을 보냈다.

○ 6월에 우산국(于山國)이 신라에 항복하였다. 우산은 동해 가운데 작은 섬이었다. 일명 울릉도(鬱陵島)로, 땅이 사방 백 리이고 (지세가) 험한 것을 믿고 복종하지 않았다. 이찬(伊飡)관등명 이사부(異斯夫)가 나무로 사자 모형을 만들어 전선(戰船)에 싣고 그 섬에 이르러 속이면서 꾸짖기를, "너희들이 만일 항복하지 않으면 즉시 이 짐승을 풀어놓아 밟아 죽이겠다"고 하니, 그 나라 사람들이 두려워하여 항복하였다.

갑오 신라 지증왕 14년 ○ 고구려 문자왕 23년 ○ 백제 무령왕 13년 ○ 양 무제 천감 13년 ○ 일본 천황 계체 8년 ○ 서기 514년

가을 7월에 신라 왕이 돌아가시니, 시호(諡號)를 지증이라고 하였다. 신라의 시법(諡法)[94]이 이때부터 시작되었고, 아들 법흥왕(法興王) 원종(原宗)이 즉위하였다.

94 시호를 의논하여 정하던 방법이다.

기해

신라 법흥왕 5년 ○ 고구려 문자왕 28년 ○ 백제 무령왕 18년 ○ 양 무제 천감 18년 ○ 일본 천황 계체 13년 ○ 서기 519년

고구려 왕이 돌아가시고 아들 안장왕(安藏王) 흥안(興安)이 즉위하였다.

계묘

신라 법흥왕 9년 ○ 고구려 안장왕 4년 ○ 백제 무령왕 22년 ○ 양 무제 보통(普通) 4년 ○ 일본 천황 계체 17년 ○ 서기 523년

여름 5월에 백제 왕이 돌아가시고 시호를 무령이라고 하니, 백제의 시법이 또한 이때부터 시작되었다. 태자 성왕(聖王) 명농(明穠)이 즉위하였다.

○ 신라가 관제(官制)와 복색(服色)을 정하였다.

무신

신라 법흥왕 14년 ○ 고구려 안장왕 9년 ○ 백제 성왕 5년 ○ 양 무제 태통(太通) 2년 ○ 일본 천황 계체 22년 ○ 서기 528년

신라가 비로소 불교를 행하였다. 이에 앞서 눌지왕 때 승려[沙門] 묵호자(墨胡子)가 고구려에서 왔을 때 왕의 딸이 병으로 위독하였다. 묵호자가 향을 피우며 기도하니, 병이 곧 나았다. 왕이 매우 기뻐하며 불교를 크게 일으킬 때 여러 신하들이 그만두기를 간하였다. 근신(近臣) 이차돈(異次頓)이 말하기를, "불법이 심오하니 우러러 받들지 않을 수 없습니다. 청컨대 신의 머리를 베어 중의(衆議)를 정하소서" 하였다. 왕이 이르기를, "불도(佛道)를 일으키려고 하면서 죄 없는 사람을 먼저 죽이는 것이 옳겠는가?" 하였다. 이차돈이 대답하기를, "만일 도가 행해진다면 비록 죽는다고 해도 유감이 없습니다" 하였다. 왕이 다시 여러 신하와 회의를 하고 이차돈을 죽이려 하였다. 이때 이차돈이 죽으면

서 말하기를, "내가 부처님을 위하여 형벌을 받으니, 부처님께 영험이 있다면 내가 죽은 후에 이상한 일이 있을 것이다" 하였다. 드디어 목을 베자 우유와 같이 하얀 피가 솟아나오니, 사람들이 다시는 불법을 헐뜯지 못하였다.

신해 신라 법흥왕 17년 ○ 고구려 안장왕 12년 ○ 백제 성왕 8년 ○ 양 무제 중태통(中太通) 3년 ○ 일본 천황 계체 25년 ○ 서기 531년

여름 5월에 고구려 왕이 돌아가시고 아우 안원왕(安原王) 보연(寶延)이 즉위하였다.

병진 신라 법흥왕 22년 ○ 고구려 안원왕 5년 ○ 백제 성왕 13년 ○ 양 무제 대동(大同) 2년 ○ 일본 천황 선화(宣化) 원년 ○ 서기 536년

가을에 고구려가 동위(東魏)에 사신을 보냈다.

○ 신라가 비로소 연호(年號)를 세우면서 건원(建元) 원년이라 하였다.

무오 신라 법흥왕 24년 ○ 고구려 안원왕 7년 ○ 백제 성왕 15년 ○ 양 무제 대동 4년 ○ 일본 천황 선화 3년 ○ 서기 538년

백제가 사비(泗沘)[95] 지금의 부여군(夫餘郡)로 도읍을 옮기고, 국호를 남부여(南夫餘)라 하였다.

경신 신라 법흥왕 26년 ○ 고구려 안원왕 9년 ○ 백제 성왕 17년 ○ 양 무제 대동 6년 ○ 일본 천황 흠명(欽明) 원년 ○ 서기 540년

---

95 원문의 '사차(泗泚)'는 오기이므로 바로잡았다.

신라 왕이 돌아가시고, 조카 진흥왕(眞興王) 삼맥종(彡麥宗)이 즉위하였다.

신유 신라 진흥왕 원년 ○ 고구려 안원왕 10년 ○ 백제 성왕 18년 ○ 양 무제 대동 7년 ○ 일본 천황 흠명 2년 ○ 서기 541년

백제가 양(梁)에 사신을 보내 모시박사(毛詩博士)[96]와 열반경의(涅槃經義), 공장(工匠), 화사(畵師) 등을 청해 왔다.

을축 신라 진흥왕 5년 ○ 고구려 안원왕 14년 ○ 백제 성왕 22년 ○ 양 무제 대동 11년 ○ 일본 천황 흠명 6년 ○ 서기 545년

고구려 왕이 돌아가시고 아들 양원왕(陽原王) 평성(平成)이 즉위하였다. ○ 가을 7월에 신라에서 『국사(國史)』를 수찬(修撰)하였다. 이때 이찬(伊湌)관등명 이사부(異斯夫)가 청하기를, "국사는 임금과 신하의 선악을 기록하여 후대에 포폄(褒貶)을 보이는 것입니다. 만일 수찬하지 않는다면 후대가 무엇으로 감계(鑑戒)를 하겠습니까?" 하였다. 왕이 바로 대아찬(大阿湌) 김거칠부(金居柒夫) 등에게 명하여 문사(文士)를 모아서 사실을 수집하여 책을 엮게 하였다.

기사 신라 진흥왕 9년 ○ 고구려 양원왕 4년 ○ 백제 성왕 26년 ○ 양 무제 대청(大淸) 3년 ○ 일본 천황 흠명 10년 ○ 서기 549년

양나라가 부처의 사리(舍利)를 신라에 보내니, 왕이 백관(百官)[97]으로

---

96 모시박사(毛詩博士)는 모시에 능통한 사람을 이르던 말이다. 모시는 『시경(詩經)』을 달리 부르는 말로, 중국 한나라 때의 모형(毛亨)·모장(毛萇)이 전하였다고 하여 이렇게 이른다.

하여금 받들어 맞이하게 하였다.

신미 신라 진흥왕[98] 11년 ○ 고구려 양원왕 6년 ○ 백제 성왕 28년 ○ 양 간문제(簡文帝) 태보(太寶) 2년 ○ 일본 천황 흠명 12년 ○ 서기 551년

신라에서 연호를 고쳐 개국(開國)이라 하였다.

○ 가을 9월에 돌궐(突厥)지금의 터어키[土耳基] 부락이니, 당시에는 지금의 러시아 시베리아에 속하고 일명 선비(鮮卑)이다이 고구려 성을 포위하다가 패배하여 돌아갔다.

○ 신라에서 장군 김거칠부를 보내어 고구려의 10개 군을 공격하여 취하였다. 처음에 거칠부는 승복을 입고 고구려가 강한지 약한지를 엿보려고 그 경내(境內)에 들어갔다. 법사(法師) 혜량(惠亮)이라는 자가 거칠부에게 말하기를, "이 나라가 비록 작지만 인물이 없다고 할 수는 없을 것이다. 그대가 잡힐까 두려우니, 빨리 돌아가라" 하였다. 이때에 이르러 거칠부가 전투에서 이기고 혜량과 함께 돌아오니, 왕이 혜량을 승통(僧統)으로 삼고, 비로소 백좌강회(百座講會)와 팔관(八關)의 법을 설치하였다.

임신 신라 진흥왕 12년 ○ 고구려 양원왕 7년 ○ 백제 성왕 29년 ○ 양 원제(元帝) 승성(承聖) 원년 ○ 일본 천황 흠명 13년 ○ 서기 552년

처음에 가야국 왕 가실(嘉悉)이 당(唐) 악부(樂部)의 쟁(箏)을 본떠서 십이현금(十二絃琴)을 만들고, 악사(樂師) 우륵(于勒)에게 명하여 12곡을 짓게 하였다. 그후 우륵이 나라가 어지러워질 것을 알고 악기를 가지고

---

97 모든 벼슬아치를 이르는 말이다.

98 원문의 '법흥왕(法興王)'은 오기이므로 바로잡았다.

신라에 왔다. 신라 왕이 그를 불러서 연주하게 하고 다시 법지(法知)와 계고(階古), 만덕(萬德) 등에게 명하여 우륵에게서 음악을 배우게 하였다. 우륵이 그들의 재능에 따라 가르칠 때 계고는 금(琴)을 배우고, 법지는 노래를 배웠으며, 만덕은 춤을 배웠다. 세 사람은 12곡을 배워 습득하고는 서로 말하기를, "이 음악은 여러 가지가 뒤섞여있고 음란하여 예스럽거나 우아하지 못하다" 하고 5곡을 만들어냈다. 우륵이 이 소식을 듣고 노여워하였다가 그 곡을 듣고 나서는 감탄하기를, "이것은 바른 곡조의 소리이다" 하였다. 드디어 왕께 연주해 올리니, 왕이 크게 기뻐하면서 그 금을 이름하여, '가야(伽耶)'라 하였다. 또 거문고[玄琴]가 있었으니, 이것은 국상(國相) 왕산악(王山岳)이 진(晉)나라 사람이 보낸 칠현금(七絃琴)[99]을 본따 지은 것이다. 연주할 때 검은 빛깔의 학(鶴)이 와서 춤을 추었으므로, 이름을 '현학금(玄鶴琴)'이라 하였다. 그후 다시 '현금'이라 칭하였다. 또 옥보고(玉寶高)란 자가 지리산(智異山)에 들어가 금을 배운 지 50년 만에 30곡을 스스로 지어 속명득(續命得)에게 전하였다. 속명득은 이를 귀금(貴金)에게 전했는데, 귀금 또한 지리산에 들어가 나오지 않았다. 왕은 거문고를 켜는 법이 전해지지 못할까 걱정되어 이찬 윤흥(允興)으로 하여금 직접 가서 그 비법을 전수하게 하였다. 또 비파(琵琶)가 있어 당나라 제도와 대동소이하였고, 그 음에 3조(調)가 있었다. 하나는 궁조(宮調)이고, 둘째는 칠현조(七賢調)이며, 셋째는 봉황조(鳳凰調)였다.

99 원문의 '칠자금(七玆琴)'은 오기이므로 바로잡았다.

갑술 신라 진흥왕 14년 ○ 고구려 양원왕 9년 ○ 백제 성왕 31년 ○ 양 원제 승성 3년 ○ 일본 천황 흠명 15년 ○ 서기 554년

가을에 백제 왕이 신라를 침략하였다. 신라 장수 김무력(金武力)이 역습하여 싸워 백제 왕을 죽이니, 백제 태자 위덕왕(威德王) 창(昌)이 즉위하였다.

기묘 신라 진흥왕 19년 ○ 고구려 양원왕 14년 ○ 백제 위덕왕 5년 ○ 진(陳) 무제(武帝) 영정(永定) 3년 ○ 일본 천황 흠명 20년 ○ 서기 559년

봄 3월에 고구려 왕이 돌아가시고, 아들 평원왕(平原王) 양성(陽城)이 즉위하였다.

갑오 신라 진흥왕 34년 ○ 고구려 평원왕 15년 ○ 백제 위덕왕 20년 ○ 진(陳)[100] 선제(宣帝) 대건(大建) 6년 ○ 일본 천황 민달(敏達) 3년 ○ 서기 574년

봄에 신라에서 신궁(新宮)을 고쳐 황룡사(皇龍寺)로 삼았다.[101] 장육불상(丈六佛像)을 주조하였는데, 동(銅)이 3만 5천 7근(斤)이었고 겉에 입힌 금이 1백 2냥(兩)이었다. 화공 솔거(率居)가 노송(老松)을 절의 벽에 그렸는데, 새들이 이따금씩 날아들었다가 비틀거리며 떨어지곤 하였다. 후에 그림 빛깔이 바래 흐릿해지자 절의 중이 다시 그림을 보수하였는데, 그후로는 새들이 오지 않았다.

---

100 원문의 '양(梁)'은 오기이므로 바로잡았다.

101 553년 진흥왕은 새로운 궁궐을 짓도록 명령을 내렸는데 황룡이 나타나자, 계획을 바꾸어 절을 짓도록 하였다. 황룡사는 566년에 준공되었다.

병신

신라 진흥왕 36년 ○ 고구려 평원왕 17년 ○ 백제 위덕왕 22년 ○ 진 선제 대건 8년 ○ 일본 천황 민달 5년 ○ 서기 576년

신라 왕이 돌아가셨다. 왕이 홍제(鴻濟)라고 연호를 고치고, 말년에는 부처를 좋아하여 머리카락을 깎고 승복을 입었으며, 스스로 '법운(法雲)'이라 이름하였다. 왕비 또한 비구니가 되었다. 이때에 이르러 왕의 둘째 아들 진지왕(眞智王) 금륜(金輪)이 즉위하였다.

기해

신라 진지왕 3년 ○ 고구려 평원왕 20년 ○ 백제 위덕왕 25년 ○ 진 선제 대건 11년 ○ 일본 천황 민달 8년 ○ 서기 579년

가을 7월에 신라 왕이 돌아가시고 진흥왕 태자 동륜(銅輪)의 아들 백정(伯淨)이 즉위하였다. 그가 진평왕(眞平王)이다.

○ 신라에서 이찬 김후직(金后稷)으로 병부령(兵部令)을 삼았다. 신라 왕이 사냥하기를 좋아하므로 김후직이 간절히 간하였으나, 왕이 듣지 않았다. 김후직이 죽을 때 자기 아들에게 이르기를, "내가 남의 신하가 되어 능히 임금의 잘못을 바로잡지 못하였다. 왕이 돌아다니며 놀기를 그만두지 않아 필경 나라가 망할까 두려우니, 이것이 나의 근심이다. 내가 비록 죽더라도 왕께 이 뜻을 깨닫게 할 것이니, 내가 죽은 뒤에 나를 왕이 사냥하러 가는 길 옆에 묻도록 하라" 하니, 그 아들이 그대로 따랐다. 후일 왕이 사냥을 나가는 도중에 음성이 들리는데, "왕은 가지 마소서" 하였다. 왕이 놀랍고 기이하여 물으니, 좌우에서 말하기를, "소리가 김후직의 무덤에서 나옵니다" 하고, 드디어 김후직의 유언을 진술하였다. 왕이 눈물을 줄줄 흘리면서 말하기를, "그대가 살아서 충성으로 간하더니, 지금 죽어서도 잊지 않으니, 나를 사랑함

이 깊도다" 하고, 이때부터 종신토록 사냥하지 않았다.

○ 신라에서 연호를 고치어 건복(建福)이라 하고 조부령(調府令)을 두어 조세[貢賦]를 맡아보게 하고, 승부령(乘府令)을 두어 수레에 관한 일을 관장하게 하였다(584).

○ 고구려가 장안성(長安城)평양 남쪽의 성으로 도읍을 옮겼다.

○ 신라에서 홍수가 나서 민가 3만 3백 60호가 떠내려가거나 수몰되니, 왕이 사자를 보내어 진휼하였다(589).

경술

신라 진평왕 11년 ○ 고구려 평원왕 31년 ○ 백제 위덕왕 36년 ○ 수(隋) 문제(文帝) 개황(開皇) 10년 ○ 일본 천황 숭준(崇峻) 3년 ○ 서기 590년

겨울 10월에 고구려 왕이 돌아가시고 아들 영양왕(嬰陽王) 원(元)이 즉위하였다. 이듬해 왕이 사신을 보내 수(隋)나라에 이르렀다.

○ 신라에서 명활성(明活城)경주 월성 동쪽을 다시 쌓고, 또 서형산성(西兄山城)[102]을 쌓았다(593).

무오

신라 진평왕 19년 ○ 고구려 영양왕 8년 ○ 백제 위덕왕 44년 ○ 수 문제 개황 18년 ○ 일본 천황 추고(推古) 6년 ○ 서기 598년

봄에 고구려 왕이 말갈 군사를 거느리고 요서(遼西)를 침략하니, 수나라 왕[主]이 노하여 유관(楡關)에 군사를 보냈다가 양식이 떨어져 돌아갔다. 고구려 왕이 또한 사신을 보내 화친하였다.

○ 겨울 12월에 백제 왕이 돌아가시고 둘째 아들 혜왕(惠王) 계명(季明)이 즉위하였다.

---

102 원문의 '서원산성(西元山城)'은 오기이므로 바로잡았다.

기미

신라 진평왕 20년 ○ 고구려 영양왕 9년 ○ 백제 혜왕 원년 ○ 수 문제 개황 19년 ○ 일본 천황 추고 7년 ○ 서기 599년

백제 왕이 돌아가시고 아들 법왕(法王) 선(宣)이 즉위하였다. 왕이 영(令)을 내려 살생을 금하고 민가에서 기르는 매를 놓아주게 하였으며, 물고기를 잡고 사냥하는 도구를 불태웠다.

경신

신라 진평왕 21년 ○ 고구려 영양왕 10년 ○ 백제 법왕 원년 ○ 수 문제 개황 20년 ○ 일본 천황 추고 8년 ○ 서기 600년

봄에 고구려에서 태학박사(太學博士) 이문진(李文眞)에게 명하여 국사(國史)를 편찬하게 하였다. 이에 앞서 『국사기사(國史記事)』 1백 권이 있었는데, 이때에 이르러 『신집(新集)』 5권이 다시 만들어졌다.

○ 여름 5월에 백제 왕이 돌아가시고 아들 무왕(武王) 장(璋)이 즉위하였다.

신미

신라 진평왕 32년 ○ 고구려 영양왕 21년 ○ 백제 무왕 11년 ○ 수 양제(煬帝) 대업(大業) 7년 ○ 일본 천황 추고 19년 ○ 서기 611년

겨울 10월에 백제가 신라 가잠성(椵岑城)[103]을 공격하여 함락시키니, 현령(縣令) 찬덕(讚德)이 전사하였다. 찬덕이 굳게 지킨 지 백여 일 만에 양식이 바닥나고 물이 고갈되었으나, 오히려 힘을 다해 싸우기를 게을리하지 않았다. 성이 장차 함락되려고 하자 찬덕이 하늘을 우러러보며 크게 부르짖기를, "우리 왕이 나에게 성 하나를 맡겼는데 내가 이

---

103 원문의 '가령성(椵嶺城)'은 오기이므로 바로잡았다.

를 능히 보존하지 못하니, 내가 비록 죽을지라도 여귀(厲鬼)가 되어 백제인을 모조리 죽일 것이다" 하고, 드디어 팔을 걷어 올리고 눈을 부릅뜨고는 홰나무를 들이받고 죽었다. 신라에서 그의 아들 해론(奚論)을 대나마(大奈麻)관등명로 삼았다.[104]

임신 신라 진평왕 33년 ○ 고구려 영양왕 22년 ○ 백제 무왕 12년 ○ 수 양제 대업 8년 ○ 일본 천황 추고 20년 ○ 서기 612년

봄 정월에 수 황제 양광(楊廣)이 몸소 대부대를 거느리고 고구려를 공격하니, 고구려 장수 을지문덕(乙支文德)이 맞아 싸워 크게 물리쳤다. 이에 앞서 배구(裴矩)가 수나라 황제에게 고구려를 위협하여 항복시키라고 권하였다. 수나라 황제가 그 말을 좇아 고구려 왕을 깨우쳤으나, 고구려 왕이 듣지 않았다. 이에 수나라 황제가 천하의 군사 1백 13만 3천 8백 명을 보내면서 '2백만'이라고 하고는 9개 길로 나누어 출병시켜 평양에 모두 집결시키고자 하였다. 우문술(宇文述)·내호아(來護兒) 등이 선봉이 되고 정기(旌旗)가 9백 60리에 뻗쳤으며, 대열의 머리와 꼬리가 서로 이어지고 북과 나발이 서로 들렸다. 2월에 수나라 황제가 요수(遼水)에 이르자 고구려 왕이 을지문덕에게 적을 막으라고 하였다. 을지문덕이 우문술 군대가 굶주린 기색이 있는 것을 보고 지쳐 약해지게 하려고 거짓으로 7번 싸워 7번 도망갔다. 우문술 등이 빨리 승리할 것으로 믿고 드디어 살수(薩水)안주(安州) 청천강(淸川江)를 건너 평양성과 30리 떨어진 곳에서 산을 의지하고 군영을 설치하였다. 을지문덕이 사

104 원문의 '해론대(奚論大)'는 '해론(奚論)', '나마(奈麻)'는 '대나마(大奈麻)'의 오기이므로 바로잡았다.

신을 보내 거짓으로 항복하고 우문술에게 청하기를, "공(公)들이 만일 군사를 돌리면 우리가 항복할 것이다" 하였다. 우문술이 자기 군대가 매우 지쳐서 다시 싸우기는 어려울 것을 알고, 또 평양이 성곽과 성을 둘러싼 못이 험하고 굳건하여 빼앗기 어렵다고 판단하여 그것을 허락하였다. 을지문덕은 바로 출병하여 사방에서 습격하여 싸우기도 하고 행군하기도 하면서 가을 7월에 살수에 이르렀다. 그때 수나라 군대가 반쯤 강을 건너고 있었다. 이에 꼬리를 습격하여 크게 물리치니, 수나라 장수 신세웅(辛世雄)이 전사하고 여러 군대가 모두 무너져 흩어졌다. 장수와 병졸들이 도망쳐 돌아갈 때 하루 밤낮에 압록강에 이르렀으니 무릇 4백 50리를 간 것이다. 내호아 또한 군사를 이끌고 돌아갔다. 처음에 수나라의 아홉 군대에서 요동을 넘은 자가 무릇 30만 5천 명이었는데, 요동으로 돌아가니 오직 2천 7백 명뿐이었다. 수많은 물자와 기계는 대부분 잃어버려 없어졌다.

을지문덕의 사람됨이 침착하고 온화하며 슬기로운 꾀가 있었다. 그는 아울러 글도 잘 지어 수나라 군과 서로 버틸 때 수나라 장수 우중문(于仲文)에게 시를 보내, "신통한 책략은 천문을 탐구하였고, 기묘한 계산은 지리(地理)를 궁구하였네. 싸움에서 승리하여 공이 이미 높았으니, 만족함을 알아 멈추기를 원하노라" 하였다. 동방의 오언시[105]가 이로부터 번창하기 시작하였다.

105 한 구가 다섯 글자로 된 한시(漢詩)를 일컫는다.

계유

신라 진평왕 34년 ○ 고구려 영양왕 23년 ○ 백제 무왕 13년 ○ 수 양제 대업 9년 ○ 일본 천황 추고 21년 ○ 서기 613년

여름 4월에 수나라 황제가 또 대군을 몸소 거느리고 고구려 요동성을 공격할 때 성을 포위한 지 20여 일이 지났으나, 빼앗지 못하였다. 마침 양현감(楊玄感)이 모반하였다는 서신이 도착하자, 수나라 황제가 크게 두려워하며 군사를 돌렸다. 그후 그는 다시 침공하고자 하여 탁군(涿郡)에 친히 이르러 융복(戎服)을 입고 회원진(懷遠鎭)까지 이르렀다. 고구려가 비로소 대적할 수 없음을 알고 사신을 보내 화친을 청하고 곡사정(斛斯政)을 보냈다. 수나라 황제가 크게 기뻐하면서 군사를 이끌고 돌아갔다. 곡사정은 양현감과 서로 친하게 지내다가 도망온 사람이었다.

무인

신라 진평왕 39년 ○ 고구려 영양왕 28년 ○ 백제 무왕 18년 ○ 당(唐) 고조(高祖) 무덕(武德) 원년(이 해에 당 고조는 수나라를 멸망시키고 제위에 올랐음) ○ 일본 천황 추고 26년 ○ 서기 618년

가을 9월에 고구려 왕이 돌아가시고 이복동생 영류왕(榮留王) 건무(建武)가 즉위하였다.

○ 당나라가 고구려에 사신을 보내 고구려인으로서 수나라 군대에 포로가 된 자를 송환하니, 고구려 또한 수나라 사람으로서 아직 돌아가지 못한 수만 인을 돌려 보냈다.

을유

신라 진평왕 46년 ○ 고구려 영류왕 7년 ○ 백제 무왕 25년 ○ 당 고조 무덕 8년 ○ 일본 천황 추고 33년 ○ 서기 625년

백제에서 당에 사신을 보냈다.

○ 고구려에서 당에 사신을 보내 불교와 도교[老子]의 법을 배웠다.

○ 신라에서 당에 사신을 보냈다.

기축

신라 진평왕 50년 ○ 고구려 영류왕 11년 ○ 백제 무왕 29년 ○ 당 태종(太宗) 정관(貞觀) 3년 ○ 일본 천황 서명(舒明) 원년 ○ 서기 629년

가을 8월에 신라 김유신(金庾信)이 고구려 낭비성(娘臂城)지금의 청주(淸州)을 공격하여 빼앗았다. 김유신은 수로왕(首露王)의 후손이고 김서현(金舒玄)의 아들이다. 신라 왕이 김서현을 보내 낭비성을 공격할 때 고구려인이 역습하여 신라군이 피해를 보았다. 그때 김유신이 중당주(中幢主)관직명가 되어 자기 아버지에게 말하기를, "유신이 평생에 충효(忠孝)를 스스로 기약하였으니, 싸움에 임하여 용감하게 싸우지 않을 수 없습니다" 하였다. 그리고 그는 곧바로 말에 올라 진(陣)으로 돌진하여 고구려 장수의 목을 베어 그 머리를 들고 왔다. 여러 군사가 승리의 여세를 타서 분발하여 공격해 드디어 그 성을 빼앗았다. 처음에 김서현이 신라 종실(宗室)의 딸 만명(萬明)과 몰래 정을 통하였다. 만명이 임신한 지 20개월 만에 김유신을 낳았는데, 등에 7개의 별무늬가 있었다. 김유신은 장성하여 고구려·백제와 말갈이 번갈아 신라를 침략하는 것을 보자 분개하며 평정할 뜻이 있어 혼자 중악(中嶽)경주 단석산(斷石山) 석굴에 들어가 검을 수련하였다. 그리고 맹세하는 글을 지어 하늘에 고하였더니, 홀연히 노인이 나타나 비결(秘決)을 전하였다. 이후로 지략이 더욱 넓어졌다.

임진

신라 진평왕 53년 ○ 고구려 영류왕 14년 ○ 백제 무왕 32년 ○ 당 태종 정관 6년 ○ 일본 천황 서명 4년 ○ 서기 632년

신라 왕이 돌아가시고 후사가 없으니 나라 사람들이 왕의 딸 덕만(德曼)을 왕위에 세웠다. 그가 선덕여왕[善德女主]이다. 처음에 당나라 황제가 모란꽃 그림과 그 꽃씨를 주었는데, 진평왕이 덕만에게 그것들을 보여주었다. 덕만이 말하기를, "이 꽃은 반드시 향기가 없을 것입니다" 하였다. 왕이 웃으며 말하기를, "네가 어떻게 그것을 아느냐?" 하니, (덕만이) 대답하기를, "꽃은 매우 예쁘지만 그 그림에 벌과 나비가 없으니, 이것은 향기가 없는 꽃입니다" 하였다. 그 씨앗을 심었더니 과연 그러하였다. 우리나라[東國][106]의 모란이 이로부터 비로소 많아졌다.

갑오

신라 선덕왕 2년 ○ 고구려 영류왕 16년 ○ 백제 무왕 34년 ○ 당 태종 정관 8년 ○ 일본 천황 서명 6년 ○ 서기 634년

봄 정월에 신라에서 연호를 고쳐 인평(仁平)이라 하였다.

○ 3월에 백제 왕이 못을 궁의 남쪽에 파고 물을 20여 리나 끌어대 그 못에 넣은 다음 크고 작은 섬을 쌓아 바다 위의 선산(仙山)이라 하였다. 또 물가에 왕흥사(王興寺)를 창건하였는데, 매우 웅장하고 화려하였다. 왕이 매양 친히 나아가 향을 피웠다.

○ 신라 궁궐 서쪽 옥문지(玉門池)에 두꺼비가 많이 모여드니, 신라 왕이 이르기를, "두꺼비가 성난 눈을 하고 있으니, 이는 병사의 형상이다. 생각컨대, 서쪽의 옥문곡(玉門谷)에 이웃나라 군사가 이르렀을 것

106 우리나라는 동쪽에 위치하였다고 하여 동국이라고도 불렸다.

이다" 하였다. 이에 왕이 장군 알천(閼川)을 보내 수색케 하니, 과연 백제의 군사 5백이 말안장을 풀고 휴식하고 있었다. 알천이 갑자기 들이닥쳐 모두 죽이니, 왕이 기뻐하며 알천에게 상을 주었다(636).

경자

신라 선덕왕 8년 ○ 고구려 영류왕 22년 ○ 백제 무왕 40년 ○ 당 태종 정관 14년 ○ 일본 천황 서명 12년 ○ 서기 640년

여름 5월에 신라 · 고구려 · 백제가 모두 당나라에 아들을 보내 입학시켰다.

신축

신라 선덕왕 9년 ○ 고구려 영류왕 23년 ○ 백제 무왕 41년 ○ 당 태종 정관 15년 ○ 일본 천황 서명 13년 ○ 서기 641년

봄 3월에 백제 왕이 돌아가시고 아들 의자왕(義慈王) 의자가 즉위하였다.

임인

신라 선덕왕 10년 ○ 고구려 영류왕 24년 ○ 백제 의자왕 원년 ○ 당 태종 정관 16년 ○ 일본 천황 황극(皇極) 원년 ○ 서기 642년

이에 앞서 고구려 태자 환권(桓權)이 당나라에 이르니, 당나라 황제가 답례로 낭중(郎中) 진대덕(陳大德) 등을 고구려에 보냈다. 진대덕이 산수를 유람한다고 하면서 산과 강, 길, 마을의 험난한 곳과 평탄한 곳을 두루 탐지하고 환국하여 고구려의 허실을 갖추어 진술하였다. 이에 당나라 황제가 동방을 정벌할 뜻을 품게 되었다.

○ 겨울 10월에 고구려 천개소문(泉蓋蘇文)[107]이 그 임금 건무(建武)[108]를 시해하고 왕의 조카 장(臧)을 세웠다. 그가 보장왕(寶藏王)이다. 천개

소문은 용모가 뛰어나고 장대하였으나, 의기(意氣)는 억세고 사나웠다. 자신의 아비를 이어 동부(東部) 대인(大人)이 되니, 여러 대인이 그가 흉악하고 잔혹한 것을 증오하여 왕과 더불어 죽이려고 하다가 일이 누설되었다. 천개소문이 부병(部兵)을 매복시키고 대인 백여 명을 불러 연회를 베풀면서 모두 죽였다. 그는 드디어 궁중으로 들어가 왕을 시해하고, 자기는 막리지(莫離支)관직명이니, 즉 병부상서(兵部尙書)이다가 되어 국사(國事)를 제멋대로 처리하였다. 몸에는 항상 다섯 개의 칼을 차고 출입할 때에는 반드시 귀인(貴人)이나 무장(武將)으로 하여금 땅에 엎드리게 하고는 발로 밟고 말을 탔으며, 말에서 내릴 때에도 역시 그렇게 하였다.

○ 11월에 신라에서 이찬 김춘추(金春秋)를 보내어 고구려에 군사를 청하였다. 이에 앞서 백제가 신라의 서쪽 미후성(獼猴城) 등 40개 성을 빼앗았다. 또 백제 장군 윤충(允忠)이 신라 대야성(大耶城)지금의 합천(陜川)을 공격하여 함락시켰는데, 그때 신라 도독(都督) 김품석(金品釋)이 전사하였다. 이때에 이르러 김춘추가 백제를 멸망시킬 뜻을 품었다.[109] 그가 장차 길을 떠나려 할 때 김유신과 더불어 돌아올 기한을 60일로 정하고 드디어 고구려 왕에게 가서 설득하여 말하기를, "지금 백제는 무도하여 우리 강토를 번갈아 침범하니, 원컨대 대왕의 위엄을 의지하여 설욕하고자 합니다" 하였다. 고구려 왕이 이르기를, "마현(麻峴)과 죽령(竹嶺)지금의 단양군(丹陽郡) 남쪽 지방은 원래 우리 나라 땅이다. 만일 돌려준다면 군사를 보내 돕겠다" 하였다. 김춘추가 대답하여 말하기를, "신이

107 즉 연개소문(淵蓋蘇文)이다. 당 고조 이연(李淵)의 피휘(避諱)로, 『신당서』와 『자치통감(資治通鑑)』, 『삼국사기』 열전에서 연개소문을 천개소문이라 하였다.

108 원문의 '달무(達武)'는 오기이므로 바로잡았다. 건무는 영류왕(榮留王)이다.

109 대야성의 패전에서 김품석의 처 김씨(金氏)도 죽었다. 김씨는 곧 김춘추의 딸이다.

임금의 명을 받들고 원병을 청하는데, 지금 대왕은 어려운 이를 구휼하고 이웃을 구할 것은 생각하지 않고 도리어 땅을 돌려 달라고 하시니, 신이 죽을지언정 명을 받들지는 못하겠습니다" 하였다. 고구려 왕이 노하여 그를 가두었다. 김춘추가 청포(青布)를 고구려 왕의 총신(寵臣)에게 뇌물로 주고 또 고구려 왕에게 서신을 보내기를, "마현과 죽령은 본래 귀국의 땅이었습니다. 이제 신이 귀국해서 이 땅을 돌려드리지 못한다면 하늘의 해가 위에 떠있으니, 원컨대 임금께서는 의심하지 마소서" 하였다.[110] 이때 김유신이 김춘추가 돌아오지 않는 것을 보고 왕께 청하여 병사 3천을 모집하여 장차 고구려를 치려고 한강을 건넜다. 고구려 왕이 신라가 병사를 일으켰다는 소식을 듣고 김춘추를 후한 예로써 돌려 보냈다. 김춘추는 국경 밖으로 나가 환송하는 사람에게 말하기를, "나라의 강토는 사신(使臣)이 감히 마음대로 할 수 있는 것이 아니다"라고 하고 돌아왔다.

계묘 신라 선덕왕 11년 ○ 고구려 보장왕 원년 ○ 백제 의자왕 2년 ○ 당 태종 정관 17년 ○ 일본 천황 황극 2년 ○ 서기 643년

고구려가 당에 사신을 보내 도교를 구하였는데, 당나라 황제가 도사(道士) 숙달(叔達) 등 8인을 보내고 아울러 노자의 『도덕경(道德經)』을 보냈다.

---

110 총신(寵臣)의 이름은 선도해(先道解)이다. 그는 병에 걸린 용왕의 딸을 위해 토끼의 간을 구하려고 육지로 간 거북이가 토끼를 속여 용궁으로 데리고 갔으나, 도중에 간과 심장을 씻어 바위에 두었다고 하는 토끼의 말에 속아 결국 토끼를 놓쳐버렸다는 '토끼와 거북이' 이야기를 김춘추에게 들려주었다(『삼국사기』 권 41 「열전(列傳)」 1 「김유신(金庾信)」 上). 김춘추는 이 이야기를 듣고 고구려를 탈출할 계책을 생각해낸 것이다.

○ 겨울 11월에 백제가 고구려와 군사를 합하여 신라 당항성(党項城)을 공격해 무너뜨리고 이로써 당나라에 들어가는 길을 막으니, 신라가 당에 구원을 청하였다. 두 나라가 이 사실을 듣고 군사를 돌렸다.

갑진 신라 선덕왕 12년 ○ 고구려 보장왕 2년 ○ 백제 의자왕 3년 ○ 당 태종 정관 18년 ○ 일본 천황 황극 3년 ○ 서기 644년

겨울 11월에 당 태종 이세민(李世民)이 대군을 몸소 거느리고 고구려를 공격하였다. 이에 앞서 당 황제가 장엄(蔣儼)을 파견하여 고구려 왕에게 서신을 보내기를, '신라가 (당에) 오는 길을 막지 말고 또 백제와 더불어 각각 군사를 거두라. 그렇지 않으면 바로 군사를 보내 공격할 것이다'라고 하였다. 천개소문이 말하기를, "지난번에 수나라 군사가 우리나라에 쳐들어올 때 신라가 그 틈을 타서 우리 땅 5백 리를 빼앗았으니, 지금 그 땅을 돌려주지 않으면 전쟁을 중지할 수 없다" 하고, 즉시 장엄을 굴방에 가두었다. 당나라 황제가 노하여 군사 10만 3천을 보내 수륙 양면으로 나아가게 하였다. 이때 장량(張亮)을 평양도행군대총관(平壤道行軍大摠管)으로 임명하고 이세적(李世勣)을 요동도행군대총관(遼東道行軍大摠管)으로 삼아 여러 군대를 나누어 지휘하게 하고, 신라・백제・해(奚)・거란으로 하여금 길을 나누어 와서 공격하게 하였다.

을사 신라 선덕왕 13년 ○ 고구려 보장왕 3년 ○ 백제 의자왕 4년 ○ 당 태종 정관 19년 ○ 일본 천황 효덕(孝德) 원년 ○ 서기 645년

봄 정월에 백제가 신라를 침략하였으나, 패하여 돌아갔다. 그때 김유신이 백제의 7개 성을 취하고 수도로 돌아왔는데 백제군이 매리포

성(買利浦城)을 공격해왔다. 신라 왕이 또 김유신에게 적을 막으라고 하니, 김유신이 명을 듣고 처자식을 보지도 않고 다시 백제 군사를 역습하여 2천여 급의 목을 베었다. 군사를 돌려올 때 백제 군사가 또 크게 일어났으므로 신라 왕이 김유신에게 이르기를, "나라의 존망(存亡)이 공(公)의 한 몸에 달려 있으니, 공에게 청하여 다시 가게 하지 않을 수 없도다" 하였다. 김유신이 또 귀가하지 못하고 드디어 길을 떠났다. 많은 사람들이 말하기를, "대장군도 오히려 이와 같이 하는데, 더구나 우리들이겠는가?" 하고 앞을 다투며 뛰어 적진으로 향하니, 백제 군사가 이러한 광경을 바라보고는 물러갔다.

○ 여름 5월에 당나라 황제가 고구려 안시성(安市城)요동에 있음을 공격하다가 공을 세우지 못하고 돌아갔다. 처음에 당나라 황제가 정주(定州)요동지방에 이르러 시신(侍臣)에게 이르기를, "요동은 원래 중국의 땅이었다. 수나라가 4차례 출병하였으나 크게 패배하였으니, 짐(朕)이 지금 중국 자제들을 위하여 그 원수를 갚아 줄 것이다" 하였다. 황제가 몸소 활과 화살을 차고 우의(雨衣)를 안장 뒤에 매어 달고 요수(遼水)를 건너올 다리를 끊어 죽을 힘을 다할 마음을 보이고 요동성을 에워쌌다. 그리고 성 밑에 이르러 몸소 흙을 져다가 참호(塹壕)를 메우고 성을 포위한 지 13일 만에 시끄럽게 북치는 소리가 천지를 진동하니, 그 전투에서 고구려 병사로 죽은 자가 만여 명이었다. 또 (당나라 군대가) 백암성(白巖城)을 함락시키고 안시성으로 나아가 공격하니, 고구려 장수 고연수(高延壽)가 말갈 군사 15만을 합하여 구원하러 왔다. 그 진(陣)의 기세가 40리를 걸쳐 있었으므로, 당 황제가 그것을 바라보고 크게 두려워하여 감히 맞아 싸우지 못하였다. 이에 그는 기만하는 계략으로 고

연수를 속여 말하기를, "내가 온 것은 천개소문이 그 임금을 시해한 죄를 벌하려는 것이요, 다른 뜻은 없다" 하니, 고연수가 그 말을 믿고 방비를 하지 않았다. 당 황제가 이세적에게 명하여 서령(西嶺)에서 매복하게 하고, 다시 약간의 군대를 내어 고연수를 유인하니 고연수가 과연 추격해왔다. 당나라 장수 설인귀(薛仁貴)가 크게 소리 지르며 진을 무너뜨리니, 향하는 곳마다 대적하는 자가 없었다. 이에 고구려 군사가 크게 패배하여 죽은 자가 2만여 명이었다. 고연수 등이 항복하니 당 황제가 또 진군하여 안시성을 공격하여 포위하였으나, 성주 양만춘(梁萬春)[111]이 죽음으로써 지켜 항복하지 않았다. 그때 당나라 황제가 전쟁터에 나섰다가 날아오는 화살에 눈이 맞아 상하였으며, 또 요동이 일찍 추워지고 양식이 떨어져가므로, 군사를 거느리고 돌아갔다. 고구려 군사와 당나라 병사 중 죽은 자가 매우 많으니, 당 황제가 성공하지 못한 것을 깊이 후회하며 탄식하기를, "위징(魏徵)이 있었다면, 내가 어찌 이러한 원행(遠行)을 하였을 것인가?" 하였다. 당 황제는 그 나라로 돌아가 이정(李靖)에게 이르기를, "내가 천하의 무리를 거느리고 고구려의 여러 성(城)에서 곤욕(困辱)을 치렀다" 하였다. 고연수는 당에게 항복한 뒤부터 분하고 한탄스러운 마음을 이기지 못해 마침내 우울증으로 죽었다. 설인귀는 본래 요동 사람으로 사납고 용맹스러워 세상에 이름이 났다. 고구려 사람이 문벌(門閥)로 인재를 등용하자, 설인귀는 등용되지 못하는 것을 원망하고 한탄하여 당나라에 들어가 태종의 신임을 얻었다가 이때에 이르러 고구려 군사를 물리쳤다. 그때

111 '양만춘(楊萬春)'이라고 쓴 경우도 있다.

신라인 설계두(薛罽頭) 또한 당나라 군대를 따라 와 고구려를 쳤다. 이에 앞서 설계두가 항상 말하기를, "우리나라가 인재를 등용하는 것이 골품(骨品)을 논하여 그 족속이 아니면 비록 큰 재주와 걸출한 공이 있더라도 능히 떨쳐 발탁되지 못하니, 내가 중원(中原)[112]으로 가서 불세출의 뛰어난 계략을 떨치고 비상한 공업(功業)을 세울 것이다" 하였다. 이때에 이르러 (설계두가) 당나라 황제에게 스스로를 천거하여 전쟁터에 나가 선두에서 싸우다 죽으니, 당나라 황제가 눈물을 줄줄 흘리고 어의(御衣)를 벗어 그의 몸에 덮어주고 대장군(大將軍)으로 추증(追贈)하였다.

○ 신라 왕이 연호를 고쳐 태화(太和)라고 하였다.

정미 신라 선덕왕 15년 ○ 고구려 보장왕 5년 ○ 백제 의자왕 6년 ○ 당 태종 정관 21년 ○ 일본 천황 효덕 3년 ○ 서기 647년

신라 여왕이 돌아가셨다. 왕이 평상시에 죽을 시기를 예언하더니, 그날에 이르러 돌아가셨다. 진평왕의 동복아우 국반(國飯)의 딸 승만(勝曼)이 왕위에 올랐으니, 그가 진덕여왕[眞德女主]이다.

무신 신라 진덕왕 원년 ○ 고구려 보장왕 6년 ○ 백제 의자왕 7년 ○ 당 태종 정관 22년 ○ 일본 천황 효덕 4년 ○ 서기 648년

봄 정월에 당나라 황제가 대장군 설만철(薛萬徹)에게 명하여 군사 3만여 명과 누선(樓船)·전함(戰艦)을 거느리고 내주(萊州)에서 바다를 건

112 중국의 황허 강 중류의 남부 지역이지만, 흔히 한때 군웅이 할거했던 중국의 중심부나 중국 땅을 일컫는다.

너 고구려를 공격하였다.

○ 겨울에 신라 왕이 김유신으로 하여금 백제를 공격하여 대야성(大耶城)지금의 합천으로 나아가 치게 하였다. 백제가 맞아 싸웠는데, 김유신이 거짓 패하여 옥문관(玉門關)[113]에서 잠복하였다가 엄습하여 대파하고, 드디어 승세를 타서 크게 진격하여 12개의 성을 빼앗았다. 또 9개의 성을 도륙하면서 2만여 급의 목을 베었으며 9천여 명을 사로잡았다. 신라 왕이 논공행상을 할 때 김유신을 행군대총관(行軍大摠管)으로 삼았다.

○ 그때 당 황제가 소정방(蘇定方)에게 명을 내려 군사 20만을 거느리고 백제를 공격하게 하였다. 이윽고 당 황제가 돌아가시면서 유조(遺詔)[114]로 군사를 거두었다.

신해

신라 진덕왕 4년 ○ 고구려 보장왕 9년 ○ 백제 의자왕 10년 ○ 당 고종(高宗) 영휘(永徽) 2년 ○ 일본 천황 효덕 7년 ○ 서기 651년

신라에서 파진찬(波珍飡)[115]관등명 김인문(金仁問)을 당나라에 보내니, 김인문은 김춘추의 둘째 아들이다. 그는 어렸을 때 여러 책을 두루 읽고 겸하여 노자 · 장자(莊子), 부처의 설(說)을 섭렵하였고, 활쏘기와 말타기를 잘하며 음률을 훤히 통달하고 지식과 도량이 넓고 원대하였다. 당 황제가 그를 총애하여 특별히 좌령군위장군(左領軍衛將軍)으로 삼았는데, 당시 그의 나이가 23세였다.

---

113 옥문곡(玉門谷).

114 임금이 죽을 때 내리는 조서(詔書)이다.

115 원문의 '진손(珍飡)'은 오기이므로 바로잡았다.

이에 앞서 신라 왕이 김춘추를 당나라에 보내니(648), 당 태종이 김춘추의 몸가짐이 대단히 훌륭함을 보고 그를 후하게 대우하고, 또 국학(國學)에 보내 석전제(釋奠祭)[116]를 보게 하였다. 김춘추는 당나라 군사를 청하여 백제를 치고자 하였는데, 태종이 소정방으로 하여금 바로 백제를 정벌하도록 하였다. 김춘추가 곧 뱃길로 돌아오다가 고구려의 순라병(巡邏兵)을 만났다. 종자(從者) 온군해(溫君解)[117]가 김춘추를 대신하여 높은 관(冠)을 쓰고 대의(大衣)를 입고 배 위에 앉아 있었는데, 순라병이 김춘추로 여겨 바로 죽였다.

갑인

신라 진덕왕 7년 ○ 고구려 보장왕 12년 ○ 백제 의자왕 13년 ○ 당 고종 영휘 5년 ○ 일본 천황 효덕 10년 ○ 서기 654년

봄 3월에 신라 여왕이 돌아가셨다. 여러 신하가 김춘추를 받들어 왕위에 올리니, 그가 태종(太宗) 무열왕(武烈王)이고 진지왕의 후손 용춘(龍春)의 아들이다.

○ 여름 4월에 신라 왕이 돌아가신 아버지를 추존하여 문흥왕(文興王)이라 하고, 그 비는 왕태후(王太后)라 하였다. 또 율령(律令)을 참작하여 60여 조를 정하였다.

을묘

신라 태종 무열왕 원년 ○ 고구려 보장왕 13년 ○ 백제 의자왕 14년 ○ 당 고종 영휘 6년 ○ 일본 천황 제명(齊明) 원년 ○ 서기 655년

봄에 고구려가 백제 · 말갈과 더불어 군사를 연합하여 신라 북쪽 변

116 음력 2월과 8월의 상정일(上丁日)에 문묘(文廟)에서 공자에게 지내는 제사이다.
117 원문의 '온군(溫君)'은 오기이므로 바로잡았다. 온군해는 사후 대아찬으로 추증되었다.

경의 33개 성을 취하였다. 신라 왕이 당에 사신을 보내 구원을 청하였다.

○ 백제 왕이 간언한 신하 성충(成忠)을 죽였다. 이에 앞서 왕이 망해정(望海亭)을 짓고 궁녀를 거느리고 음란하게 주색에 빠져 마음껏 즐기니 성충이 간곡히 간하였다. 왕이 노하여 사사(賜死)하였다. 성충이 죽으면서 상서(上書)하여 말하기를, "충신은 죽어도 임금을 잊지 않으니, 원컨대 한 말씀 올립니다. 신이 시대의 변화를 살펴보니, 반드시 전쟁이 있을 것입니다. 만일 적병이 오거든 육지에서는 탄현(炭峴)지금의 공주에 있음을 통과하지 못하게 하고, 수로에서는 백강(白江)지금의 부여 백마강(白馬江)을 들어가지 못하게 하며, 험준한 곳에 의거하여 적을 막으소서" 하였다. 왕이 잘못을 깨닫지 못하므로, 이후로 다시는 감히 말하는 자가 없었다.

○ 가을 9월에 신라 김유신이 백제 도비천성(刀比川城)을 공격하여 빼앗았다. 이에 앞서 급찬(汲飡)관등명 조미곤(租未坤)[118]이 백제에 포로로 잡혀 남의 종이 되었다가 도망하여 돌아와서 김유신을 만나 백제의 사세(事勢)를 모두 이야기하였다. 이때부터 김유신이 백제를 병탄할 모의가 더욱 급해졌다.

경신 신라 태종 무열왕 6년 ○ 고구려 보장왕 18년 ○ 백제 의자왕 19년. 이 해에 망함 ○ 당 고종 현경(顯慶) 5년 ○ 일본 천황 제명(齊明) 6년 ○ 서기 660년

봄 3월에 당나라 황제가 소정방을 신구도행군대총관(神丘道行軍大摠管)으로 삼고, 김인문을 부총관(副摠管)으로 삼아서 수군 · 육군 13만을

118 원문의 '미곤(未坤)'을 『삼국사기』에 의거하여 바로잡았다(권 42 「열전」 2 김유신 中).

거느리고 백제를 치게 하였다. 그들이 덕물도(德物島)지금의 인천 서쪽, 즉 덕적 폐진(德積廢鎭)에 이르자 신라 왕이 김유신 등을 보내어 군사 5만으로써 회합하게 하였다. 이에 앞서 백제에 재이(災異)[119]가 많았다. 귀신이 궁 안에서 크게 외치기를, "백제가 망한다. 백제가 망한다" 하고는 곧 땅 속으로 들어갔다. 왕이 파서 보니 거북이가 있었는데, 그 등에 글이 새겨져 있기를, '백제는 둥근 달과 같고, 신라는 초승달과 같다'고 하였다. 왕이 이를 무당에게 물으니 대답하기를, "둥근 달과 같다는 것은 찼다는 것이니, 차면 기울 것이요, 초승달과 같다는 것은 차지 않았다는 것이니, 아직 차지 않았으면 찰 것입니다" 하였다. 왕이 노하여 그를 죽였다. 혹자가 아첨하여 말하기를, "둥근 달은 왕성함이요, 초승달은 미약함이니, 생각건대 국가는 번성하고, 신라는 미약해질 것입니다" 하니 왕이 기뻐하였다. 이때에 이르러 좌평(佐平)관직명[120] 흥수(興首)에게 계책을 물었는데, 흥수가 대답하기를, "용사(勇士)를 뽑아 백강(白江)백마강 상류과 탄현(炭峴)지금의 공주에 있음을 지켜 신라와 당 두 나라 군사를 막게 하고, 우리는 성문을 잘 닫고 굳게 지켰다가 그 군사가 피로해지고 군량이 떨어지기를 기다려 분발하여 공격하면 반드시 격파시킬 것입니다" 하였다. 그러나 왕이 능히 그 말을 수용하지 못하였다.

○ 가을 7월에 김유신 등이 황산(黃山)지금의 연산(連山)으로 군대를 진격시키니, 백제에서 계백(階伯)을 보내 결사대 5천을 거느리고 막게 하였다. 계백이 말하기를, "한 나라 군대로 두 나라의 군대를 당하고자 하

119 재앙이 되는 괴이한 일을 이르는 말이다.

120 벼슬 등급을 나타내는 16관등의 하나로 등급이 1품이었는데, 점차 관직의 의미로 쓰였으며 5명에서 6명으로 늘어났다.

니, (국가의) 존망(存亡)을 알 수 없다. 또 처자식에게 누(累)가 될 것이니, 살아서 욕을 당하느니 죽는 것이 오히려 개운하다" 하고, 드디어 식솔을 모두 죽였다. 계백이 황산에 이르렀는데, 갑자기 신라 군대를 만나 죽게 되었다.

○ 신라 군사가 당나라 병사와 더불어 백제 도성을 공격하여 빼앗았다. 이때 소정방 등이 백제 군사를 웅진(熊津)공주 금강에서 크게 무찔렀다. 김유신이 당나라 진영에 이르니 소정방이 김유신의 휘하 군사들을 잡고 군대의 기일을 지체하여 어겼다고 목을 베려 하였다. 김유신이 매우 노하여 이르기를, "장군이 황산의 승전을 알지 못하고 다만 기일을 어긴 것으로써 죄를 삼으니, 내가 어찌 죄 없이 치욕을 당할 수 있겠는가? 이제 먼저 당나라 군사와 더불어 결전(決戰)을 한 뒤에 백제를 격파하겠다" 하였다. 이에 도끼를 짚고 군문(軍門)에 서니, 성난 머리털은 곤두서고 허리에 찬 보검(寶劍)은 칼집에서 저절로 튀어나와 김유신의 위풍과 칼날의 번쩍임이 사람들로 하여금 두려움을 느끼게 하였다. 소정방이 크게 놀라 김유신에게 사죄하고 곧바로 군대를 합하여 백제 도성으로 진격하여 포위하였다. 백제 왕이 모면할 수 없음을 알고 탄식하여 말하기를, "성충의 말을 듣지 않아 이 지경에 이르렀다" 하고 태자 효(孝)를 거느리고 도망하여 웅진을 지켰다. 둘째 아들 태(泰)가 스스로 일어나 성을 지켰는데, 소정방이 병사로 하여금 성가퀴[城堞][121]에 올라 당나라 깃발을 세우니, 태가 문을 열고 나와 항복하였다. 백제 왕 의자 또한 항복하여 백제가 드디어 망하였다. 백제가 온조왕

121 성 위에 낮게 쌓은 담으로, 여기에 몸을 숨기고 적을 감시하거나 공격한다.

으로부터 의자왕까지 30대에 모두 678년이었다.

8월에 김유신이 큰 연회를 열고 소정방을 대접할 때 의자왕으로 하여금 당(堂) 밑에 앉아 술을 돌리게 하니, 백제의 여러 신하들이 모두 오열하며 눈물을 흘렸다. 소정방이 드디어 백제 왕 의자와 그 아들 효·태·융(隆)·연(演) 등과 대신·장사(將士) 88명과 백성 1만 2천 8백 7명을 포로로 삼아 당나라로 돌아갔다. 겨울 11월에 의자왕이 당에서 병으로 죽으니[卒],[122] 당 황제가 위위경(尉衛卿)을 추증하고 진숙보(陳叔寶) 묘 옆에 묻었다.

신유

신라 태종 무열왕 7년 ○ 고구려 보장왕 19년 ○ 당 고종 용삭(龍朔) 원년 ○ 일본 천황 제명 7년 ○ 서기 661년

여름 5월에 고구려가 말갈과 군사를 연합하여 신라 북한산성(北漢山城)지금의 한양(漢陽)을 공격하였다가 이기지 못하고 돌아갔다.

○ 고 백제 왕 의자의 아들 풍(豊)이 주류성(周留城)을 점거하고 왕이라 칭하므로, 신라에서 장수를 보내 풍을 치니 풍이 고구려로 도망갔다. 처음에 풍이 일본에 볼모로 갔었는데, 백제가 망한 뒤에 그 종실 복신(福信) 등이 그를 맞아 세워 왕으로 삼고 주류성을 점거하였다. 이에 서북부 지방이 모두 호응하니, 풍이 여러 군사를 거느리고 당나라 장수 유인원(劉仁願)을 웅진성공주에서 포위하였다. 신라 왕이 김흠순(金欽純)을 보내 공격하여 패배시키니, 풍은 고구려로 도망가고 남은 무리가 모두 항복하였다.

---

122 역대 백제 왕의 죽음을 '붕(崩)'으로 표현한 것과 달리 '졸(卒)'로 적음으로써 나라를 멸망에 이르게 한 의자왕의 죽음을 격하한 것으로 보인다.

○ 6월에 신라 왕이 돌아가시니, 묘호(廟號)[123]를 태종(太宗)이라 하고, 아들 문무왕(文武王) 법민(法敏)이 즉위하였다. 태종이 재위할 때에 시대가 평화롭고 풍년이어서 '성대(聖代)'라 칭하였다. 그 왕후는 김유신의 누이동생이다.

임술 신라 문무왕 원년 ○ 고구려 보장왕 20년 ○ 당 고종 용삭 2년 ○ 일본 천황 제명 8년 ○ 서기 662년

봄 정월에 신라 왕이 당과 더불어 군사를 합하여 고구려를 쳤다. 그때 당 황제가 태종이 안시성에서 패하고 돌아온 치욕을 갚고자 하여 임아상(任雅相)과 계필하력(契苾何力), 소정방 등을 보내 고구려를 쳤다. 소정방이 먼저 마읍산(馬邑山)평양 서남쪽에 있음을 빼앗고 평양으로 진격하여 성을 포위하였으므로, 신라 왕이 김유신 등 아홉 장군에게 명하여 원조하게 하였다. 이윽고 소정방이 군량이 다하여 군사를 거느리고 돌아가니, 김유신 또한 물러나 돌아갔다.

○ 탐라가 신라에 내조(來朝)[124]하였다. 처음에 고후(高厚)·고청(高淸) 등이 신라에 내조할 때 객성(客星)이 남쪽에 나타나자, 태사(太史)가 아뢰기를, "다른 나라 사람이 내조할 것입니다" 하였다. 이윽고 고후 등을 보게 되니, 그들이 온 것을 왕이 가상하게 여겨, 맏아들을 '성주(星主)'라 칭하였다. 그가 성상(星象)을 움직였다고 보았기 때문이다.

무진 신라 문무왕 7년 ○ 고구려 보장왕 26년(이 해에 고구려가 망함) ○ 당 고종 총장(總章) 원년 ○ 일본 천황 천지(天智) 원년 ○ 서기 668년

---

123 임금이 죽은 뒤에 생전의 공덕을 기리어 붙인 이름을 이르는 말이다.
124 외국의 사신이 찾아오는 것을 이르는 말이다.

가을 9월에 신라 왕이 당나라 군사와 합하여 고구려 평양성을 공격하여 빼앗았다. 이에 앞서 당나라가 이적(李勣)을 요동행군대총관(遼東行軍大摠管)으로 삼고 여러 장수를 통솔하여 고구려의 대곡(大谷)·한성(漢城) 등 2군을 빼앗고 신라에 사신을 보내어 군사를 일으킬 것을 청하였다. 신라 왕이 아우 김인문과 김유신의 동생 김흠순(金欽純)에게 군사를 거느리고 전투를 돕도록 하였다. 그때 김유신은 늙고 병이 들어 집에 있었다. 김흠순 등이 김유신에게 계책을 묻고 즉시 가서 이적 등과 더불어 합세해 (평양성을) 포위하였다. 한 달 남짓 만에, 고구려 왕이 천남생(泉男生)천개소문의 아들을 보내어 수령(首領) 98명을 거느리고 백기를 세워 들고 와서 항복하였다. 이적이 고구려 왕 보장(寶藏)과 그의 두 아들 복남(福男)·덕남(德男)과 대신 남건(男建) 등 20여 만을 포로로 잡고 군사를 돌이켜 돌아가니 고구려가 망하였다.

당이 안동도호부(安東都護府)를 평양에 설치하고 설인귀를 도호(都護)로 삼아 진무(鎭撫)하였다. 고구려는 주몽으로부터 보장왕에 이르기까지 무릇 28대에 왕업을 누린 햇수가 705년이었다. 그 후 당 황제는 보장왕을 요동에 보냈는데, 왕이 말갈과 몰래 도모하여 옛 나라를 회복하고자 하였다. 이에 당 황제가 왕을 소환하였는데, 그가 도착하기 전에 중도에서 죽으니, 당 황제가 힐리(頡利) 묘 옆에 묻어주었다.

보통교과 동국역사 권 2

신라기(新羅紀)

문무왕(文武王)의 휘(諱)는 법민(法敏)이고, 재위 기간이 20년이었다. 통일 전 7년은 삼국기(三國紀)에 보인다.

기사 신라 문무왕 8년당 고종(高宗) 총장(總章) 2년 ○ 일본 천황 천지(天智) 2년 ○ 서기 669년

경오 9년당 고종 함형(咸亨) 원년 ○ 일본 천황 천지 3년 ○ 서기 670년이었다.

그때에 고구려 검모잠(劍牟岑)이 고국을 다시 일으키고자 하여 당나라의 관장(官長)을 죽이고 옛 왕의 외손자 안승(安勝)을 한성(漢城)에서 맞이하여 왕위에 세웠다. 그리고 신라에 사신을 보내어 내부(內附)[125] 하기를 청하였다. 왕이 (안승을) 고구려 왕으로 책봉하고 서쪽 지방 금마저(金馬渚)지금의 익산군(益山郡)에 거처하게 하였다. 당 황제가 장수를 보내 안승을 공격하려고 하자 안승이 두려워서 그 곳을 버리고 귀순하였다. 신라 왕이 그를 다시 보덕왕(報德王)으로 봉하고(674) 누이의 딸[126]로 처를 삼아 주었다(680).

---

125 내부에서 은밀하게 적에게 들러붙는 일을 이르는 말이다.

126 원문에 '외매(外妹)'로 되어 있으나 『삼국사기』에 실린 왕의 교서에 '매녀(妹女)' 즉 누이의 딸이라 한 것에 의거하여 수정하였다(권 7 「신라본기(新羅本紀)」 7 문무왕(文武王) 20년 2월).

신미 10년당 고종 함형 2년 ○ 일본 천황 천지 4년 ○ 서기 671년이었다.

처음에 왕이 백제의 땅을 취하였는데, 당나라 총관(總管) 설인귀(薛仁貴)가 공격하고자 하여 신라의 허실을 정탐하였다. 왕이 또 여러 장수를 나누어 보내 백제의 여러 성을 격파하였더니 설인귀가 병사를 보내 구원하였다. 이에 왕이 장군 죽지(竹旨) 등에게 명하여 당나라 군사와 석성(石城)에서 싸워 5천 3백여 급의 목을 베고 백제 장군 2명을 사로잡았다. 이로부터 백제의 남은 무리가 모두 평정되었다. 얼마 뒤 당나라 장수 고간(高侃) 등이 군사 4만을 거느리고 고구려의 남은 무리를 습격하여 여러 성을 잇달아 빼앗고 평양에 이르렀다. 왕이 장군 의복(義福) 등으로 하여금 고구려 병사와 연합하여 맞아 싸웠으나 패하여 태감(太監) 아진사(阿珍舍)[127]가 전사하였다.

계유 12년당 고종 함형 4년 ○ 일본 천황 천무(天武) 원년 ○ 서기 673년이었다.

태대서발한(太大舒發翰)관직명 김유신이 죽으니, 나이가 79세였다. 왕이 몹시 슬퍼하고 유사에게 명하여 비를 세우고 공을 기록하도록 하였다. 처음에 김유신이 병이 심하므로, 왕이 몸소 가서 안부를 묻고 울면서 말하기를, "공(公)이 만일 세상을 떠난다면 백성들과 사직(社稷)에 대해 어찌할고?" 하였다. (김유신이) 대답하기를, "지금 삼한(三韓)이 통일하고 백성이 두 마음이 없으니, 소강(小康)[128] 상태라고 할 만합니다. 그러나 대통(大統)을 이은 임금이 번번이 수성(守成)하는 것은 드무니,

127 『삼국사기』에는 '안나함(安那含)'(권 7 「신라본기」 7 문무왕 12년) 또는 '아진함(阿珍含)'(권 43, 「열전」 3 「김유신」 부록 「원술(元述)」)으로 되어 있다.

128 소란이나 분란, 혼란이 그치고 조금 잠잠한 상태를 이르는 말이다.

원컨대 대왕은 군자를 가까이하고 소인을 멀리 하여 조정과 인민이 서로 편안하면 신이 죽을지라도 유감이 없을 것입니다" 하였다. 처 김씨는 태종왕(太宗王)의 딸로서 아들 다섯을 두었다. 둘째 아들 김원술(金元述)이 지난 번 평양 전투에서 군대가 패배하자 자살하려고 하였다가 그의 보좌 담릉(淡凌)의 말을 듣고 죽지 않았다. 이에 김유신이 가훈을 저버렸다고 하면서 바로 왕께 아뢰어 목을 베고자 하였다. 김원술이 부끄럽고 두려워 성 밖으로 나가 숨었다가 이때에 이르러 아버지가 돌아가셨다는 소식을 듣고 급히 집으로 가서 어머니를 뵙기를 구하였다. 그 어머니가 말하기를, "네가 선친에게 죄를 얻었는데, 내가 어찌 너를 만나 보겠는가?" 하였다. 이에 김원술이 탄식하며 말하기를, "내가 담릉 때문에 잘못했구나" 하고, 태백산(太白山)으로 도망가 은둔하였다. 그 후 당나라 군사가 매소천성(買蘇川城)을 공격하므로, 김원술이 이전의 수치를 씻으려고 적진에 나가 힘껏 싸워서 공을 세웠다. 그러나 그는 부모에게 용납되지 못한 것 때문에 일생을 마칠 때까지 벼슬을 하지 않았다. 김유신의 처는 그 후 비구니가 되었는데, 성덕왕(聖德王)이 부인(夫人)으로 봉하고 매년 조(租) 1천 석을 하사하였다.

○ 새로운 역법을 사용하였다. 처음에 나마(奈麻) 덕복(德福)[129]이 당나라에 들어가 역술(曆術)을 배우고 이때에 이르러 돌아왔는데, 왕이 그 법을 채용하였다(674).

○ 왕이 궁 안에 못을 파고 산을 만들어 화초를 심고 진기한 날짐승과 길짐승을 길렀다(674).

---

129 원문의 '덕(德)'은 오기이므로 바로잡았다. 『삼국사기』에서는 "대나마(大奈麻) 덕복(德福)"이라 하였다(권 7 「신라본기」 7 문무왕 13년).

○ 왕이 영묘사(靈廟寺) 앞에서 열병(閱兵)하였는데, 아찬(阿飡)관등명 설수진(薛秀眞)이 육진병법(六陣兵法)을 올렸다(674).

○ 구리로 만든 인장을 새로 주조하여 백사(百司)와 주군(州郡)에 나눠 주었다(675).

병자 15년당 고종 의봉(儀鳳) 원년 ○ 일본 천황 천무 4년 ○ 서기 676년이었다.

겨울 11월에 사찬(沙飡)관등명 시득(施得)이 당나라 장수 설인귀와 소부리주(所夫里州)지금의 부여에서 싸워 이겼다. 이에 앞서 왕이 고구려의 남은 무리를 받아들이고 또 백제 옛 땅을 점거하였더니, 당나라 황제가 크게 노하여 왕의 동생 김인문을 계림대도독(鷄林大都督)으로 삼고 유인궤(劉仁軌)를 계림도대총관(鷄林道大摠管)으로 삼아 신라를 공격하게 하였다. 당시 김인문이 당나라에 있었는데 당나라 황제가 김인문에게 명하여 귀국하라 하였다. 유인궤가 먼저 칠중성(七重城)지금의 적성(積城)으로 진격해 빼앗으니, 왕이 사신을 보내어 화친을 청하였다. 당나라가 곧 군사를 거두고 김인문을 소환하여 임해군공(臨海郡公)으로 삼았다. 그러나 왕은 백제의 옛 땅을 더욱 많이 차지하고 고구려의 남쪽 경계까지 주군을 두었다. 당나라 군사가 거란과 말갈을 합하여 여러 번 침범하였으나, 왕은 모두 승리하였다. 이때에 이르러 시득이 또 설인귀와 더불어 20여 번의 싸움에서 모두 이기고 4천여 급의 목을 베니, 이로부터 당나라 군사가 감히 다시는 오지 않았다(675).

○ 말갈이 아달성(阿達城)을 침략하였는데, 성주 소나(素那)가 전사하였다(675). 소나는 백성(白城)지금의 안성(安城) 사람으로, 그의 아버지 침나(沈那)는 체력이 남보다 뛰어나 백제인들이 날랜 장군[飛將軍]이라고 지

목하였다. 소나 또한 용맹스럽고 힘이 강해 아버지의 기풍이 있었다. 왕이 소나를 보내 아달성을 지키라 하였는데, 이때에 이르러 말갈이 갑자기 성에 들어왔다. 소나는 분격하여 칼을 들고 크게 외치며 적진으로 돌격하였다가 수많은 화살이 모두 그에게 집중되어 죽게 되었다. 친구가 그의 아내에게 조문할 때 아내가 울면서 말하기를, "돌아가신 이가 항상 말하기를, '대장부는 왕사(王事)[130]에 죽는 것이 마땅하다' 하더니 지금 그 뜻을 이뤘습니다" 하였다. 왕이 이를 듣고 눈물을 흘렸다.

○ 승려 신혜(信惠)와 의안(義安)을 정관대서성(政官大書省)으로 삼고(669) 또 승려 의상(義相)에게 명하여 부석사(浮石寺)를 태백산(太白山)지금의 영주(榮州)[131] 땅에 창건하게 하였다(676).

신사 20년당 고종 개요(開耀) 원년 ○ 일본 천황 천무 9년 ○ 서기 681년이었다.

가을 7월에 왕이 돌아가시고 태자 정명(政明)이 왕위에 올라 유조(遺詔)로 동해 어귀 큰 돌 위에 장사 지냈다.

신문왕(神文王)의 휘는 정명이요, 자(字)[132]는 일소(日炤)니 재위 기간이 11년이었다.

갑신 3년당 중종 사성(嗣聖) 원년 ○ 일본 천황 천무 12년 ○ 서기 684년이었다.

보덕왕 안승(安勝)의 족자(族子)인 장군 대문(大文)이 금마저(金馬渚)지금

---

130 임금이나 왕실에 관한 일이다.

131 원문의 '영천(榮川)'은 오기이므로 바로잡았다.

132 이름을 소중히 여겨 함부로 부르지 않았던 관습에 따라 관례(冠禮) 뒤에 본이름 대신으로 불렀던 이름이다.

의 익산에 웅거(雄據)하여 고국을 회복하고자 하였다. 왕이 바로 토벌하여 평정하고 그 땅을 금마군(金馬郡)으로 삼았다.

○ 설총(薛聰)을 발탁하여 높은 직급의 관리로 삼았다. 설총의 자는 총지(聰智)이니, 아버지 원효가 일찍이 승려가 되었다가 얼마 뒤 환속하여 요석궁(瑤石宮) 과부인(寡夫人)에게 장가들어 설총을 낳았다. 설총이 총명하고 박학하며 능히 방언으로써 9경(經)의 뜻을 해석하여 후생(後生)을 훈도(訓導)하였다. 또 그는 이어(俚語)[133]로 이두(吏讀)를 만들어 관부(官府) 문서에 사용하였다.

○ 가을 7월에 왕이 돌아가시고 태자 이홍(理洪)이 즉위하였다(692).

효소왕(孝昭王)의 휘는 이홍이니 재위 기간이 10년이었다.

임인 10년당 중종 사성 19년 ○ 일본 천황 문무(文武) 6년 ○ 서기 702년이었다.

가을 7월에 왕이 돌아가시고 후사가 없으니, 나라 사람들이 왕의 동복아우 융기(隆基)를 왕으로 세웠다.

성덕왕(聖德王)의 휘는 융기인데, 후에 개명(改名)하여 흥광(興光)이라 하고,[134] 재위 기간이 35년이었다.

정사 15년당 현종(玄宗) 개원(開元) 5년 ○ 일본 천황 원정(元正) 3년 ○ 서기 717년이었다.

가을 9월에 태감(太監) 김수충(金守忠)이 당에서 돌아와 공자[文宣王]와 10철인(哲人), 72제자의 화상(畵像)을 올리니 명하여 태학(太學)에 두게 하였다.

133 항간(巷間)에 떠돌며 쓰이는 속된 말이다.
134 당 현종의 휘와 같아 개명한 것이다.

신미 29년당 현종 개원 19년 ○ 일본 천황 성무(聖武) 8년 ○ 서기 731년이었다.

일본이 병선(兵船) 3백 척을 보내 동쪽 변방을 침범하니, 왕이 군사를 보내 격파하였다.

계유 31년당 현종 개원 21년 ○ 일본 천황 성무 10년 ○ 서기 733년이었다.

왕이 김윤중(金允中)을 보내어 발해국(渤海國)을 정벌하려 했으나, 그는 성공하지 못하고 돌아왔다. 발해는 본래 속말 말갈(粟末靺鞨)이고 고구려의 별종(別種)이다. 고구려가 이미 멸망하자 대조영(大祚榮)이 스스로 왕위에 올라 진국(震國)의 왕이 되었다. 이에 앞서 당 무후(武后) 때에 걸걸중상(乞乞仲象)이 말갈 추장 걸사비우(乞四比羽)와 고구려의 남은 무리와 더불어 동쪽으로 도망가 태백산(太白山) 동북의 오루하(奧婁河)를 차지하고 있었다. 무후가 걸걸중상을 봉하여 진국공(震國公)으로 삼았는데, 걸걸중상이 죽고 그 아들 대조영이 스스로 왕이 되니, 당 현종 개원 원년에 책립(册立)하여 발해군왕(渤海君王)으로 삼았다. 이에 북부여 · 옥저 등의 땅을 모두 획득하고 왕이 된 지 12년 만에 대조영은 당의 봉작(封爵)을 받아 발해 국경을 개척하였다.

이때에 이르러 대조영이 죽고[死][135] 아들 무예(武藝)가 왕위에 올라 그 땅을 더욱 개척해 넓히고 당나라의 등주(登州)를 침략하였다. 이에 당 황제가 신라 왕에게 격문(檄文)[136] 을 보내 그 남쪽 변방을 치라고 하였다. 왕이 김윤중 등 네 장수로 하여금 당나라 군사와 회합하여 가서

---

135 원문에 '사(死)'로 표현하여 신라 등 다른 나라 왕들의 죽음을 '붕(崩)'으로 쓴 것과 대조된다. 현재는 발해를 신라와 대등한 나라로 인식하지 않은 것으로 보인다.

136 군병을 모집하거나, 적군을 달래거나 꾸짖기 위한 글이다.

공격하게 하였다. 그런데 마침 큰 눈이 내려 산길이 막히고, 사졸(士卒)로 죽은 자가 절반이 넘자 물러나 돌아왔다.

발해 왕 대조영이 개국한 이래로 여섯 왕을 거쳐 선왕(宣王) 야발(野勃)이 즉위하였다. 그는 바로 대조영의 동생이고 나이가 70세였다. 선왕은 여러 생도를 당나라에 보내 고금(古今)의 제도를 학습하게 하고, 그 땅에 5경(京) 15부(府) 62주(州)를 설치하면서 숙신(肅愼)의 옛 땅을 상경(上京)으로 삼았다. 그곳은 바로 용정부(龍井府)로, 즉 대조영의 수책처(樹柵處)이니, 백두산 동남쪽 동모산(東牟山) 아래에 있었다. 그 남쪽은 중경(中京)이니, 현덕부(顯德府)라고 불렀다. 예맥(濊貊)[137]의 옛 땅은 동경(東京)이니, 용원부(龍原府)라고 일컬었다. 옥저의 옛땅은 남경(南京)이니, 남해부(南海府)라고 하였다. 고구려의 옛 땅은 서경(西京)이니, 압록부(鴨綠府)라고 불렀다. 부가 각각 그 주(州)를 지휘하였다. (발해는) 신라와 더불어 패강(浿江)[138]과 철령(鐵嶺)으로 영토의 경계를 나누어 해동(海東)의 성국(盛國)이 되었다.

을해 33년당 현종 개원 23년 ○ 일본 천황 성무 12년 ○ 서기 735년이었다.

봄에 사신을 보내 당나라에 가게 하였는데, 사신이 돌아올 때 당 황제가 패강 이남의 땅을 하사하였다. 이것은 발해가 살수(薩水) 이북과 요동 이남을 중간에서 차지하여 당이 패강 남쪽 땅을 구획한 제도가 불편했기 때문이다.

---

137 원문의 '예맥(穢貊)'은 오기이므로 바로잡았다.
138 대동강이다.

정축 35년당 현종 개원 25년 ○ 일본 천황 성무 14년 ○ 서기 737년이었다.

봄 2월에 왕이 돌아가시고 태자 승경(承慶)이 즉위하였다.

효성왕(孝成王)의 휘는 승경이니, 재위 기간이 5년이었다.

임오 5년당 현종 천보(天寶) 원년 ○ 일본 천황 성무 19년 ○ 서기 742년이었다.

여름 5월에 왕이 돌아가시고 태제(太弟) 헌영(憲英)이 즉위하였다. 왕의 유명(遺命)으로 관을 법류사(法流寺)에서 불태우고 그 뼈를 동해에 뿌렸다.

경덕왕(景德王)의 휘는 헌영이니, 재위 기간이 23년이었다.

을사 23년당 대종(代宗) 영태(永泰) 원년 ○ 일본 천황 효겸(孝謙) 원년 ○ 서기 765년이었다.

여름 6월에 왕이 돌아가시고 태자 건운(乾運)이 왕위에 오르니, 나이가 8세라 모후가 섭정하였다.

혜공왕(惠恭王)의 휘는 건운이니, 재위 기간이 15년이었다.

기미 14년당 대종 대력(大曆) 14년 ○ 일본 천황 광인(光仁) 10년 ○ 서기 779년이었다.

김암(金巖)을 보내어 일본에 빙문(聘問)하였다. 김암은 김유신의 증손으로, 사람됨이 총명하고 민첩하였다. 그는 당나라에 들어가 음양가(陰陽家)의 술업(術業)을 배우고 둔갑법(遁甲法)을 스스로 저술하였다. 그는 환국(還國)하여 집사시랑(執事侍郎)이 되어 패강을 진수(鎭守)하였는데, 농한기에 육진병법(六陣兵法)을 가르쳤다. 이때에 이르러 일본에 가서 빙문하니, 일본 왕[主]이 그의 현명함을 알고 머물러 있게 하려고 하였다. 마침 당의 사신이 와서 함께 돌아왔다.

경신 15년당 덕종(德宗) 건중(建中) 원년 ○ 일본 천황 광인 11년 ○ 서기 780년이었다.

여름 4월이었다. 그때에 왕이 음악과 여색(女色)에 빠져서 실없는 말로 농지거리를 하는 것이 법도가 없었고 기강이 문란하여 인심이 이반하였다. 김지정(金志貞)이 무리를 모아 반란을 일으켜 왕과 후비가 난병(亂兵)에게 시해를 당하였다. 김양상(金良相)이 김지정을 죽이고 스스로 왕이 되었다.

선덕왕(宣德王)의 휘는 양상이니, 사찬(沙湌)관등명 효방(孝芳)의 아들이고, 내물왕의 9대손이다. 재위 기간이 5년이었다.

을축 5년당 덕종 정원(貞元) 원년 ○ 일본 천황 환무(桓武) 4년 ○ 서기 785년이었다.

왕이 돌아가셨다. 왕이 재위 시에 사직단(社稷壇)을 세우고 또 사전(祀典)[139]을 만들었다. 이때에 이르러 나라 사람들이 일길찬(一吉湌)관등명 효양(孝讓)의 아들 상대등(上大等) 경신(敬信)을 세워 왕으로 삼았다.

원성왕(元聖王)의 휘는 경신으로, 내물왕의 12대손[140]이다. 재위 기간이 14년이었다.

무진 3년당 덕종 정원 4년 ○ 일본 천황 환무 7년 ○ 서기 788년이었다.

독서출신과(讀書出身科)를 처음으로 정하였다. 이전에는 다만 활을 쏘는 것으로써 사람을 뽑았는데, 이때에 이르러 『춘추좌전(春秋左傳)』·『예기(禮記)』·『문선(文選)』·『논어(論語)』·『효경(孝經)』에 능통한 자를 뽑

---

139 제사 지내는 예전(禮典)을 이르는 말이다.

140 원문에서는 11대손이라고 하였으나, 『삼국사기』에 의거하여 수정하였다(권 10 「신라본기」 10 원성왕(元聖王) 1년).

아 우등과(優等科)를 주고, 그밖에 오경(五經)[141]·삼사(三史)[142]·제자백가(諸子百家)에 널리 통달한 자는 발탁하여 등용하였다.

○ 당시에 김생(金生)이라는 자가 있었는데, 어려서부터 글씨를 잘 써서 평생 다른 기예(技藝)는 공부하지 않았다. 또 불교를 좋아하여 은둔 생활을 하면서 벼슬하지 않았다. 나이 80에도 오히려 쉬지 않고 붓을 잡았으며, 예서(隷書)·행서(行書)·초서(草書)가 모두 신과 같은 영묘한 경지에 들어갔으니, 학자들이 (그의 글씨를) 매우 소중하게 여겨 잘 간직해 두었다.

기묘 14년당 덕종 정원 15년 ○ 일본 천황 환무 18년 ○ 서기 799년이었다.

왕이 돌아가시고 태자 준옹(俊邕)이 즉위하여 유명(遺命)으로 영구(靈柩)를 봉덕사(奉德寺) 남쪽에서 불태웠다.

소성왕(昭聖王)의 휘는 준옹으로, 재위 기간이 1년이었다.

경진 원년당 덕종 정원 16년 ○ 일본 천황 환무 19년 ○ 서기 800년이었다.

왕이 돌아가시고 태자 청명(淸明)이 왕위에 오르니, 나이가 13세였다. 숙부인 병부령(兵部令) 언승(彦昇)이 섭정하였다.

애장왕(哀莊王)의 휘는 청명[143]인데 뒤에 중희(重熙)라 고쳤다. 재위

---

141 유학의 5가지 경전으로, 『역경(易經)』·『시경(詩經)』·『서경(書經)』·『예기(禮記)』·『춘추(春秋)』를 일컫는다.

142 중국 남북조시대에는 『사기』·『한서(漢書)』·『동관한기(東觀漢記)』를 가리켰는데, 당 이후에는 『동관한기』가 전해지지 않아 그 대신 『후한서』가 포함되었다.

143 원문의 '명청(明淸)'은 오기이므로 바로잡았다.

기간이 9년이었다.

기축 9년당 헌종(憲宗) 원화(元和) 4년 ○ 일본 천황 평성(平城) 4년 ○ 서기 809년이었다.

가을에 김언승이 그의 아우 김제옹(金悌邕)과 더불어 반란을 일으켜 왕을 시해하였다. 또 그는 왕의 아우 체명(體明)을 죽이고 스스로 왕이 되었다.

헌덕왕(憲德王)의 휘는 언승으로, 소성왕의 동복아우이다. 재위 기간이 17년이었다.

기해 10년당 헌종 원화 14년 ○ 일본 천황 차아(嵯峨) 10년 ○ 서기 819년이었다.

가을 7월에 당나라 운주절도사(鄆州節度使) 이사도(李師道)가 모반하므로, 당 황제가 토벌하려고 하면서 사신을 보내어 청병(請兵)하였다. 왕이 김웅원(金雄元)으로 하여금 군사 3만을 거느리고 싸움을 돕게 하였다.

○ 가야산(伽倻山)에 해인사(海印寺, 지금의 합천)를 창건하였다.[144]

임인 13년당 목종(穆宗) 장경(長慶) 2년 ○ 일본 천황 차아 13년 ○ 서기 822년이었다.

봄 정월에 왕이 후사가 없어 동복아우 수종(秀宗)을 태제(太弟)로 삼았다. 그때에 상대등(上大等) 김충공(金忠恭)이 내외의 관직을 주의(注擬)[145] 할 때 청탁이 몰려 들어오므로, 능히 조처하지 못하고 근심을 하다가 병이 들었다. 집사시랑(執事侍郞) 녹진(祿眞)이 뵙기를 청하고 말하기를, "공(公)의 병은 침이 필요 없고 오직 한마디 말로써 치료해 드리겠습니다. 대개 재상이 정사를 하는 것은 관직에 있으면서 일을 담당함이니, 청백(淸白)하고 삼가며 공손하게 하고 뇌물의 문을 막으며 청탁의 길을

144 해인사를 창건한 해는 802년이다.

145 벼슬아치를 임명할 때 임금에게 후보자 세 사람을 정하여 올리던 일이다.

끊어 출척(黜陟)[146]과 상벌을 반드시 바르게 하고 공평하게 한다면 국가가 자연히 태평해질 것입니다. 어찌 구구하게 병이 들었다고 해서 일을 그만두겠습니까?" 하였다. 김충공이 크게 기뻐하여 왕에게 들어가 (녹진의 말을) 아뢰었다. 왕이 말하기를, "이와 같은 현인(賢人)이 있으니, 우리 아우에게 들려주지 않을 수 없다" 하고 태제에게 가서 고하게 하였다. 태제가 들어와 하례하기를, "신이 들으니 임금이 밝으면 신하가 곧다 하니, 이는 국가의 아름다운 일입니다" 하였다.

병오 17년당 경종(敬宗) 보력(寶曆) 2년 ○ 일본 천황 순화(淳和) 3년 ○ 서기 826년이었다.

가을 7월에 우잠(牛岑)지금의 금천(金川) 태수(太守) 백영(白永)에게 명하여 한산(漢山)지금의 한양 이북의 여러 군민(郡民) 1만 명을 보내 패강에 장성(長城) 300리를 쌓았다.

○ 겨울 12월에 왕이 돌아가시고 태제 수종(秀宗)이 즉위하였다.

흥덕왕(興德王)의 휘는 수종인데, 후에 경휘(景徽)라고 고쳤다. 재위 기간이 10년이었다.

병진 10년당 문종(文宗) 개성(開成) 원년 ○ 일본 천황 인명(仁明) 3년 ○ 서기 836년이었다.

겨울 12월에 왕이 돌아가시고 후사가 없어 당제(堂弟)[147]의 아들 제륭(悌隆)이 즉위하였다.

○ 김태렴(金太廉)이 당에서 돌아올 때 차 종자를 얻어 와 지리산에 심었다.

146 못된 사람을 내쫓고 착한 사람을 올리어 쓰는 것을 이르는 말이다.

147 사촌동생이다. 제륭은 원성왕의 손자 헌정(憲貞)의 아들인데, 헌정은 예영(禮英)왕자의 아들로 흥덕왕의 사촌아우였다.

희강왕(僖康王)의 휘는 제륭이니, 원성왕의 증손이고 이찬(伊湌) 헌정(憲貞)의 아들이다. 재위 기간이 2년이었다.

무오 2년당 문종 개성 3년 ○ 일본 천황 인명 5년 ○ 서기 838년이었다.

봄 정월에 김명(金明)이 왕을 시해하고 스스로 왕이 되었다.[148] 김명은 원성왕의 증손이고 아찬(阿湌) 김충공(金忠恭)의 아들이다. 처음에 왕이 즉위하였을 때 흥덕왕의 당제 김균정(金均貞)이 왕위를 다투자, 무주도독(武州都督) 김양(金陽)이 김균정의 아들 김우징(金祐徵)과 더불어 김균정을 왕위에 세우고자 하였다. 그때 김명이 왕의 보좌가 되어 김균정을 죽였더니, 김우징이 두려워서 청해진대사(淸海鎭大使) 장보고(張保皐)에게 가서 의탁하였으며, 김양이 군사를 모집하여 그를 따라 갔다. 그런데 이때에 이르러 김명이 시중(侍中) 이홍(利弘) 등과 더불어 반란을 일으키자, 왕은 목을 매어 죽고 김명이 스스로 왕이 되었다. 이에 김양이 김우징을 받들어 김명을 토벌할 때 장보고가 군사를 나누어 주어 싸움을 도왔다.

신무왕(神武王)의 휘는 우징이니, 원성왕의 손자이고 상대등인 김균정의 아들이다. 재위 기간이 4개월이었다.

기미 원년당 문종 개성 4년 ○ 일본 천황 인명 6년 ○ 서기 839년이었다.

봄 정월에 김양이 군사를 보내 김명을 토벌하니 김명이 도망갔다. 김양이 그를 추격하여 목을 베고 바로 명령을 내려 말하기를, "나의 본뜻은 원수를 갚고자 하는 것이었는데, 지금 두목이 죽임을 당하였으니 백

148 민애왕(閔哀王)이다.

성은 그 생업에 각각 편안하도록 하라" 하니 인심이 크게 기뻐하였다.

○ 여름 4월에 김양이 김우징을 맞아들여 즉위하게 하였다. 왕이 장보고에게 벼슬을 내려 감의군사(感義軍使)로 삼고 식읍 2천 호를 봉(封)하였다.

○ 가을 7월에 왕이 돌아가시고 태자 경응(慶膺)이 즉위하였다.

문성왕(文聖王)의 휘는 경응이고, 재위 기간이 18년이었다.

정축 18년당 선종(宣宗) 대중(大中) 11년 ○ 일본 천황 문덕(文德) 7년 ○ 서기 857년이었다.

가을 8월에 시중 김양이 죽었다. 김양은 태종왕의 9대손이고 김주원(金周元)의 증손이다. 사람됨이 영특하고 용기와 기상이 뛰어났으며, 그가 가는 곳마다 정무를 잘한다는 칭송이 있었다. 당시 위태로운 반란을 맞아 국사를 바로잡을 때 정성스럽고 충성스러운 큰 절개가 우뚝 솟은 듯이 주석(柱石)[149]이 되더니, 이때에 이르러 죽었다. 왕이 애통해 하면서 증직(贈職)[150]과 부의(賻儀)·장사(葬事)를 김유신의 옛 예를 따르도록 하였다.

○ 가을 9월에 왕이 돌아가시고 신무왕의 동생 의정(誼靖)이 즉위하였다.

헌안왕(憲安王)의 휘는 의정이고, 재위 기간이 4년이었다.

신사 4년당 의종(懿宗) 함통(咸通) 2년 ○ 일본 천황 청화(淸和) 3년 ○ 서기 861년이었다.

149 기둥과 주춧돌을 아울러 이르는 말로서 가장 중요한 자리에 있거나 구실을 하는 사람을 비유적으로 표현하는 말이다.

150 죽은 뒤에 품계와 벼슬을 추증하던 일이다.

정월에 왕이 병으로 앓아눕자 좌우에 부탁하여 말하기를, "과인(寡人)이 불행히 아들은 없고 딸뿐이다. 우리나라 고사(故事)에 비록 진덕·선덕 두 여왕[女主]이 있었지만, 이것은 좋은 법이 아니다. 지금 사위 응렴(膺廉)이 나이가 어리기는 하나 성숙한 덕이 있으니, 경들은 그를 왕으로 세워라. 반드시 조종(祖宗)의 업(業)을 추락시키지 않을 것이니, 과인이 죽어도 영원히 없어지지 않을 것이다" 하였다. 왕이 돌아가시니, 응렴이 즉위하였다. 이에 앞서 왕족 계명(啓明)의 아들 응렴이 임해전(臨海殿)에서 왕을 모시고 술자리에 있었는데, 당시 나이가 15세였다. 왕이 그의 기량과 식견을 시험해 보려고 묻기를, "네가 돌아다니면서 배운 지 오래되었다. 선인(善人)을 본 적이 있는가?" 하였다. 그가 대답하기를, "신이 일찍이 세 사람을 보았습니다. 한 사람은 공훈이 있는 문벌 자제로서 남에게 양보하고 스스로를 낮추었고, 한 사람은 집안이 부유한데도 옷을 입는 것이 사치하지 않았으며, 한 사람은 세력이 강한데도 교만한 기색이 없었으니, 이러한 사람들은 선인이라고 할 만합니다" 하였다. 왕이 매우 기뻐하면서 왕후를 돌아보며 말하기를, "짐(朕)이 많은 사람을 겪어 보았으나 응렴과 같은 사람은 없었소" 하고, 큰딸로 아내를 삼게 하였다. 이가 영화부인(寧花夫人)이다.

경문왕(景文王)의 휘는 응렴이니, 계명의 아들이고 희강왕의 증손이다. 재위 기간이 14년이었다.

을미 14년 당 희종(僖宗) 건부(乾符) 2년 ○ 일본 천황 청화 17년 ○ 서기 875년이었다.

가을 7월에 왕이 돌아가시고 태자 정(晸)이 즉위하였다.

헌강왕(憲康王)의 휘는 정이고, 재위 기간이 11년이었다.

을사 10년당 희종(僖宗) 광계(光啓) 원년 ○ 일본 천황 광효(光孝) 원년 ○ 서기 885년이었다.

봄 3월에 최치원(崔致遠)이 당나라에서 돌아왔다. 최치원의 호는 고운(孤雲)이고 사량부(沙梁部) 사람이다. 그는 12세에 당나라에 들어가 학문에 힘써 글 짓는 솜씨가 뛰어났고, 18세에 급제하여 시어사내공봉(侍御史內供奉)이 되었다. 당시 황소(黃巢)가 반란을 일으키자, 병마도통(兵馬都統) 고병(高駢)의 종사(從事)가 되어 서기(書記)의 일을 맡았는데, 황소를 성토하는 격문이 엄정하고 통쾌하여 인심을 크게 감동시켰다. 그 격문에서 이르기를, "오직 천하의 사람들이 모두 드러내놓고 너를 죽일 것을 생각할 뿐 아니라, 또한 땅 속의 귀신들까지 이미 너를 몰래 죽이려고 한다"고 하였다. 황소가 그 격문을 보고 매우 놀라 의자에서 떨어졌다. 이로부터 글을 잘 짓는다는 명성이 천하에 떨쳤다.

이때에 이르러 그가 환국하니 나이가 28세였다. 왕이 그를 시독 겸 한림학사 수병부시랑 지서서감사(侍讀兼翰林學士守兵部侍郞知瑞書監事)로 삼았다. 최치원은 자기의 온오(蘊奧)[151]를 펴보려고 하였으나, 국운이 쇠퇴한 말기가 되어 의심하고 시기하는 사람이 많았기 때문에 뜻을 펴지 못하고, 태산군(太山郡)지금의 태인(泰仁) 또는 서산(瑞山)이라고도 한다 태수로 나갔다. 그후 세상이 어지러운 때를 만나 다시는 벼슬길에 나아가지 않고 산천을 방랑하였다. 지금의 경주 남산(南山)과 지리산 쌍계사(雙溪寺), 가야산(伽耶山) 등이 모두 그가 유람하며 놀던 곳이었다. 문집이 있어 후세에 전하니 바로 『계원필경(桂苑筆畊)』이다.

151 학문이나 기예 따위의 이치가 깊고 오묘함을 이르는 말이다.

병오 11년당 희종 광계 2년 ○ 일본 천황 광효 2년 ○ 서기 886년이었다.

가을 8월에 왕이 돌아가시고 동생 황(晃)이 즉위하였다.

정강왕(定康王)의 휘는 황이니, 1년간 재위하였다.

정미 원년당 희종 광계 3년 ○ 일본 천황 광효 3년 ○ 서기 887년이었다.

가을 7월에 왕이 돌아가시고 여동생 만(曼)이 즉위하였다.

진성왕(眞聖王)의 휘는 만이니, 재위 기간이 10년이었다.

기유 2년당 소종(昭宗) 용기(龍紀) 원년 ○ 일본 천황 우다(宇多) 2년 ○ 서기 889년이었다.

원종(元宗) · 애노(哀奴)[152] 등이 반란을 일으켰다. 이때에 왕[主]이 음탕하고 더러우며 난잡하여 어리고 잘생긴 장부(丈夫)와 몰래 간통하고 이로 인해 요직(要職)을 제수(除授)하니, 이로부터 아첨하는 무리가[153] 방자하게 뜻을 펴고 기강이 크게 무너지게 되었다.[154] 또 국내의 주군(州郡)에서 공부(貢賦)를 바치지 않아 부고(府庫)가 텅 비게 되니, 왕이 사자를 사방으로 보내어 세금을 내도록 독촉하였다. 이에 도적이 벌떼같이 일어났고, 원종과 애노 등은 사벌주(沙伐州)지금의 상주(尙州)를 근거지로 삼아 반란을 일으켰다. 왕이 나마(奈麻) 영기(令奇)로 하여금 가서 사로잡게 하였으나, 영기는 적의 망루를 바라보고 두려워 감히 진격하지 못하였다. 왕이 영기의 목을 벴다.

---

152 원문의 '쇠노(衰奴)'는 오기이므로 바로잡았다.
153 원문의 '행(幸)'은 '행(倖)'의 오기이다.
154 원문의 '양(壤)'은 '괴(壞)'의 오기이다.

신해 4년 당 소종 태순(太順) 2년 ○ 일본 천황 우다 4년 ○ 서기 891년이었다.

겨울 10월에 궁예(弓裔)가 모반하여 북원(北原)지금의 원주(原州)을 점거하였다. 궁예는 헌안왕의 서자로 5월 5일에 태어났는데, 바로 이[齒]가 생겼다. 일관(日官)이 말하기를, "나라에 이롭지 못합니다" 하였다. 왕이 아이를 다락 아래로 던져 버리게 하였는데, 젖 먹이던 여종이 가만히 아이를 받다가 손으로 잘못 만져 한쪽 눈을 애꾸로 만들었다. 10여 세에 머리를 깎아 승려가 되었다. 장성하여서는 담력으로 자부심을 가지더니, 나라가 쇠퇴하고 어지러운 것을 보고 무리를 모아 북원의 도적 양길(梁吉)에게로 가서 의탁하였다. 양길은 바로 군사를 나누어 주어 동쪽 지방을 침략하게 하였다.

임자 5년 후백제(後百濟) 견훤(甄萱) 원년 ○ 당 소종 경복(景福) 원년 ○ 일본 천황 우다 5년 ○ 서기 892년이었다.

견훤(甄萱)이 반란을 일으켜 완산(完山)지금의 전주(全州)을 점거하였다. 견훤은 상주(尙州) 사람으로 본래의 성은 이씨(李氏)였다. 어렸을 때 아버지 아자개(阿慈介)가 들에서 농사를 짓고 있을 때 어머니가 김을 매러 가다가 견훤을 수풀 아래에 두었더니, 호랑이가 와서 젖을 먹였다. 견훤의 체격과 용모가 뛰어나고 기이하였으며, 의지와 기개가 대범하고 빼어났으며, 지략이 많아 전공(戰功)을 세워 비장(裨將)이 되었다. 당시 조정의 기강이 문란하고 도적까지 연이어 일어났는데 견훤이 몰래 다른 뜻을 품고 망명한 무리를 불러 모으니, 순월(旬月)[155] 사이에 무리가

155 열흘이나 달포 가량을 이르는 말이다.

5천에 이르렀다. 그는 무진주(武珍州)지금의 광주(光州)를 습격해 차지하고 스스로 왕이 되었으며, 멀리 북원의 도적 양길을 비장으로 삼았다.

○ 궁예가 북원으로부터 하슬라(何瑟羅)와 부여(夫餘)[156]를 노략질하였는데, 무리가 6백에 이르렀고 스스로 장군이라 칭하였다(894). 사졸과 더불어 즐거움과 괴로움을 같이하고 상벌에 사사로움이 없으니, 그 무리가 그를 경애하고 두려워하였다.

을묘 8년후백제 견훤 4년 ○ 당 소종 건녕(乾寧) 2년 ○ 일본 천황 우다 8년 ○ 서기 895년이었다.

가을 8월에 궁예가 한주(漢州)와 철원(鐵圓)지금의 철원(鐵原) 등 10여 군을 격파하고 송악군(松嶽郡)에 도읍하였다가 다시 철원으로 도읍을 옮기고 국호를 태봉(泰封)이라 하였다. 궁예는 항상 전왕에게 버림받은 것을 원망하고 한(恨)으로 여겨 왕의 화상을 보고 검으로 찔렀다.

○ 궁예가 왕건(王建)을 철원태수(鐵圓太守)로 삼았다. 왕건은 한주(漢州) 송악군 사람이다. 처음에 아버지 융(隆)이 한씨(韓氏)에게 장가를 들어 송악산(松岳山) 남쪽에 집을 지었는데, 기이한 승려 도선(道詵)이 와서 보고 말하기를, "이곳은 성인이 나올 곳입니다. 명년에 공(公)이 귀한 아들을 반드시 얻을 것입니다" 하였다. 기일이 되자 과연 왕건을 낳았는데, 용안(龍顔)에 일각(日角)[157]이 있고, 그릇이 크고 깊었으며 말소리가 우렁차고 세상을 구제할 큰 뜻이 있었다. 왕건의 나이 17세 때 도선이 다시 와서 보기를 청하여 말하기를, "족하(足下)[158]는 사나운 운수가

---

156 『삼국사기』에서는 부약(夫若)이라 하였는데(권 11 「신라본기」 11 진성왕(眞聖王) 9년), 지금의 강원도 철원군 김화읍이다.

157 관상에서 이마 한가운데 뼈가 불거져 있는 것으로 귀인의 상(相)으로 본다.

158 비슷한 또래에서 상대편을 높여 이르는 말이다.

닥쳐오는 때를 만났는데, 삼국의 모든 백성[蒼生]은 공이 널리 구제해주기를 기다리고 있습니다" 하였다. 그리고 군사를 출동시켜 진(陣)을 치는 법과 하늘의 때와 땅의 이로움을 아는 법[天時地利의 法]을 전수하였다. (왕건은) 이때에 이르러 궁예에게 가서 의탁하였다.

정사 10년후백제 견훤 6년 ○ 당 소종 건녕 4년 ○ 일본 천황 우다 10년 ○ 서기 897년이었다.

여름 6월에 왕이 태자 요(嶢)에게 선위하니, 요는 헌강왕의 서자이다.

○ 겨울 12월에 왕이 돌아가셨다.

○ 양길이 국원(國原)지금의 충주(忠州) 등 30여 성을 취하고 궁예가 차지한 땅이 넓고 백성이 많은 것에 노하여 습격하고자 하였다. 그러나 궁예가 먼저 가서 공격하여 대파하였다.

효공왕(孝恭王)의 휘는 요(嶢)이니, 재위 기간이 15년이었다.

경신 3년후백제 견훤 9년 ○ 당 소종 광화(光化) 3년 ○ 일본 천황 제호(醍醐) 3년 ○ 서기 900년이었다.

겨울 10월에 궁예가 왕건을 보내어 광주(廣州)·충주(忠州)·당성(唐城)지금의 남양(南陽)·청주(菁州)지금의 진주(晉州)·괴양(槐壤)지금의 괴산(槐山) 등을 무너뜨렸다.

○ 견훤이 서쪽으로 완산(完山)에 이르니, 백성들이 맞이하며 위로하였다. 견훤이 좌우를 돌아보며 이르기를, "내가 삼국의 일을 살펴보니, 마한이 맨 먼저 일어나고 혁거세가 뒤에 일어났다. 또 백제는 나라를 세워 대대로 이어온 지 6백 년인데, 신라가 아무런 이유 없이 당나라와 더불어 공격하여 멸망시켰으니, 지금 내가 비록 부덕하나 의자왕

의 오랜 울분을 씻고자 한다" 하였다. 드디어 완산에 도읍을 정하고 국호는 후백제(後百濟)라 하였으며, 관직을 설치하고 오월(吳越)에 사신을 보내 우호를 청하였다.

을축 8년후백제 견훤 14년 ○ 태봉 궁예 5년 ○ 당 소종 천우(天祐) 2년 ○ 일본 천황 제호 8년 ○ 서기 905년이었다.

궁예가 연호를 '무태(武泰)'라 하더니, 다시 고쳐 '성책(聖冊)'[159]이라고 하고, 왕건에게 명하여 견훤을 상주(尙州)에서 격파하였다. 이에 토지가 더욱 넓어지고 병사와 군마(軍馬)가 점점 강해지자 더욱 신라를 병탄하고자 하였다. 당시 왕건은 궁예의 교만하고 사치스러움이 날로 심해지는 것을 보고 마음속으로 불안해 하였다. 마침 궁예가 나주(羅州)로 가서 진압하라고 하자 왕건이 수군을 이끌고 먼저 광주(光州) 염해현(鹽海縣)지금의 영광군(靈光郡)에 있음에 이르렀는데, 견훤의 사자가 오월에 가는 것을 보고 그 군함을 빼앗았다. 궁예가 크게 기뻐하며 또 광주 진도군(珍島郡)에 가서 정벌하라 하니, 왕건이 또 공격하여 격파하였다. 그때 왕건이 사졸들을 어루만지며 아껴서 감히 범하기 힘든 위엄과 은혜가 함께 행해졌고, 적국의 국경 사람들이 두려워하면서 항복하였다.

임신 15년후백제 견훤 21년 ○ 태봉 궁예 12년 ○ 후량(後梁) 태조(太祖) 건화(乾化) 2년 ○ 일본 천황 제호 15년 ○ 서기 912년이었다.

여름 4월에 왕이 돌아가시고 박경휘(朴景暉)가 즉위하였다.

159 원문의 '원성(元聖)'은 오기이므로 바로잡았다.

신덕왕(神德王)의 성은 박이고 휘는 경휘이니, 아달라왕의 먼 후손이다. 재위 기간이 5년이었다.

계유 원년후백제 견훤 22년 ○ 태봉 궁예 13년 ○ 후량 말제(末帝)도 그대로 건화 3년으로 칭함 ○ 일본 천황 제호 16년 ○ 서기 913년이었다.

궁예가 왕건이 변방에서 누차 공을 세웠다고 하여 시중(侍中)으로 삼았다. 이에 왕건의 지위가 백료(百僚)의 우두머리가 되고 큰일을 모두 스스로 결정할 수 있었으나, 화가 미칠까 두려워서 지방관에 보임(補任)하기를 구하였다. 궁예가 다시 왕건을 백선장군(百船將軍)으로 삼고, 수군을 거느리고 나주를 진무하라 하였다. 이에 견훤과 해상의 여러 도적이 모두 두려워서 숨고 움직이지 못하였다(914).

○ 궁예가 그의 처 강씨(康氏)를 죽였다. 강씨는 궁예가 인간으로서 지켜야 할 도리에 어긋난 말과 행동을 많이 하는 것을 보고, 그에게 여러 번 간하였다. 궁예가 대답하지 않고 다만 말하기를, "네가 다른 사람과 간음하였으니, 어찌된 일인가? 나는 미륵불(彌勒佛)의 관심법(觀心法)으로 너의 행위를 보았다" 하고는, 뜨거운 불로 쇠 방망이를 달구어서 쳐 죽이고, 아울러 그의 두 아이까지 죽였다. 또 그의 아랫사람들을 무고하게 얽어서 날마다 수백 명을 죽이니, 장상(將相) 중 피해를 입은 자가 열 중 여덟, 아홉이나 되었다(915).

정축 5년후백제 견훤 26년 ○ 태봉 궁예 17년 ○ 후량 말제 정명(貞明) 3년 ○ 일본 천황 제호 20년 ○ 서기 917년이었다.

가을 7월에 왕이 돌아가시고 태자 승영(昇英)이 즉위하였다.

경명왕(景明王)의 휘는 승영이니, 재위 기간이 7년이었다.

무인 원년후백제 견훤 27년 ○ 태봉 궁예 18년. 이 해에 망함 ○ 고려(高麗) 태조(太祖) 원년 ○ 후량 말제 정명 4년 ○ 일본 천황 제호 21년 ○ 서기 918년이었다.

여름 6월 병진(丙辰)에 태봉의 여러 장수들이 왕건을 추대하여 왕으로 삼고 국호를 고려(高麗)라 하였으며, 연호를 정하여 '천수(天授)'라 하였다. 궁예는 도피해 달아나다가 죽으니, 태봉이 망하였다. 이에 앞서 장군 홍유(洪儒)와 배현경(裵玄慶)·신숭겸(申崇謙)·복지겸(卜智謙) 등이 왕건의 집에 이르러 왕건에게 말하기를, "지금 왕의 잔인하고 난폭함이 날로 심해지니, 걸주(桀紂)[160]의 악이라도 이보다 더하지는 않았습니다. 대개 사리에 어두운 임금을 몰아내고 사리에 밝은 임금을 세우는 것은 천하의 대의(大義)입니다. 청컨대, 공께서는 은(殷)나라·주(周)나라의 고사(故事)를 행하소서" 하였다. 왕건이 낯빛을 바꾸며 말하기를, "내가 충의로 자부하여 왔는데, 왕이 아무리 포학하고 난잡하다 하더라도 어찌 두 마음을 가질 수 있겠는가?" 하였다. 여러 장수들이 말하기를, "때는 만나기는 어려워도 잃기는 쉽습니다. 하늘이 주는 것을 취하지 않으면 도리어 그 재앙을 받을 것입니다. 어찌 하늘의 명을 어기고 독부(獨夫)[161]에게 죽임을 당하겠습니까?" 하였으나, 왕건이 오히려 힘써 거절하였다. 그의 부인 유씨(柳氏)가 장막 안에서 몰래 듣다가 나와서 왕건에게 이르기를, "의를 들어 포학한 독부를 치는 것은 예로부터 모두 당연한 것입니다. 이제 여러 장수들의 말을 들으니 첩(妾)[162]

160 중국 하(夏)나라의 걸왕(桀王)과 은(殷)나라의 주왕(紂王)을 아울러 이르는 말이다.
161 포악한 정치를 하여 국민에게 외면을 당한 군주를 이르던 말이다.
162 결혼한 여자가 윗사람을 상대하여 자기를 낮추어 이르던 일인칭 대명사이다.

도 오히려 분노가 치미는데, 하물며 대장부가 가만히 계시겠습니까?" 하고, 손수 갑옷을 들어다 왕건에게 입혔다. 이에 여러 장수가 왕건을 호위하고 나가 군신(君臣)의 예를 행하고 사람을 시켜 달려가며 외치게 하기를, "왕공(王公)이 이미 정의의 깃발을 들었다" 하였다. 백성들이 이를 듣고 먼저 궁궐 안에 이르러 북을 치고 떠들면서 왕건을 기다리는 자가 이미 만여 명이나 되었다. 드디어 (왕건이) 포정전(布政殿)에서 즉위하였다. 궁예가 변고를 듣고 놀라서 말하기를, "왕공이 나라를 얻었으니 내 일은 끝이 났다" 하고, 미복(微服) 차림으로 북문(北門)을 나와 바위 골짜기에서 이틀 밤을 묵었는데, 굶주림이 심하여 보리 이삭을 잘라 먹다가 마침내 부양(斧壤)지금의 평강(平康) 백성에게 살해되었다.

○ 고려가 비로소 관제를 정하였는데, 조서(詔書)를 내리기를, "과거에 태봉 임금[主]은 신라의 관직과 군·읍(郡邑)의 명칭을 많이 고쳤으나, 지금 편리하고 쉬우며 뜻을 알기 쉬운 것을 헤아려 시행하라" 하였다.

○ 가을 7월에 고려 왕이 또 조서를 내리기를, "태봉 임금은 자기 욕심을 따라 오직 취렴(聚斂)[163]을 날마다 일삼고, 1경(頃)의 전토(田土)에서 6석(碩)의 조세를 거두어 백성으로 하여금 밭갈이와 길쌈을 걷어치우고 정처 없이 떠돌아다니게 하는 것이 서로 이어지니, 어찌 백성의 부모 된 본뜻이리요? 지금부터 천하에 통용되는 법을 따라 항구적인 규례를 정하도록 하라" 하였다.

○ 고려 왕이 논공행상을 할 때 홍유 등 2천여 명에게 각각 금·은과 수를 놓은 비단, 미곡을 하사하였다.

163 재물을 탐내어 마구 거두어들이는 일을 이르는 말이다.

○ 견훤이 일길찬(一吉湌)[164] 민합(閔郃)을 고려에 보내어 즉위를 축하하므로, 왕이 후한 예로 대접하였다.

○ 고려의 웅주(熊州)지금의 공주 · 운주(運州)지금의 홍주(洪州) 등 10여 주 · 현이 배반하여 후백제에 항복하니, 고려 왕이 김행도(金行濤)를 동남초토사(東南招討使)로 삼아서 방비하게 하였다.

○ 고려 왕이 송악으로 도읍을 옮기고 철원을 동주(東州)라고 하니, 바로 지금의 철원군이다.

○ 견훤이 오월에 사신을 보냈다.

○ 11월에 고려 유사가 아뢰기를, "전왕 때에 매년 11월에 팔관회(八關會)를 크게 열어 복을 기원하였으니, 청컨대 그 제도를 따르시기 바랍니다" 하였다. 왕이 이에 법왕사(法王寺) · 왕륜사(王輪寺) 등 10개 사찰을 수도에 창립하고 팔관회를 열었다. 8관(關)은 즉 8계(戒)이다. 살아있는 생명을 죽이지 말 것, 도둑질하지 말 것, 음란하고 방탕하게 놀지 말 것, 거짓말을 하지 말 것,[165] 술을 마시지 말 것, 높고 큰 상에 앉지 말 것, 향을 바르거나 꽃다발을 쓰지 말 것, 스스로 노래하거나 보거나 듣지 말 것 등이다. '관(關)'이란 곧 막고 금한다는 것을 의미하니, 여덟 가지 죄를 범하지 않는다는 것이다.

갑신 7년후백제 견훤 33년 ○ 고려 태조 7년 ○ 후당(後唐) 장종(莊宗) 동광(同光) 2년 ○ 일본 천황 제호 27년 ○ 서기 924년이었다.

왕이 돌아가시고, 동복아우 위응(魏膺)이 즉위하여 고려와 우호 관계를 맺었다.

---

164 원문의 '일길찬(一吉粲)과'는 오기이므로 바로잡았다.

165 원문의 '망어(忘語)'는 '망어(妄語)'의 오기이다.

경애왕(景哀王)의 휘는 위응이니, 재위 기간이 3년이었다.

을유 원년후백제 견훤 34년 ○ 고려 태조 8년 ○ 후당 장종 동광 3년 ○ 일본 천황 제호 28년 ○ 서기 925년이었다.

고려에서 정서대장군(征西大將軍) 유금필(庾黔弼)을 시켜 후백제의 연산진(燕山鎭)을 공격하여 장군 길환(吉奐)을 죽이고, 또 임존군(任存郡)지금의 대흥(大興)에서 3천여 명을 죽이거나 사로잡았다. 견훤이 두려워하여 화친을 청하였다.

정해 3년후백제 견훤 36년 ○ 고려 태조 10년 ○ 후당 명종(明宗) 천성(天成) 2년 ○ 일본 천황 제호 30년 ○ 서기 927년이었다.

겨울 10월에 견훤이 수도를 공격해 들어가 왕을 시해하고 왕의 표제(表弟)[166] 김부(金傅)를 왕으로 세웠다. 고려 왕이 몸소 견훤을 공격하였다가 싸움에 졌다. 이에 앞서 견훤이 신라의 수도 근교에 바짝 다가오므로, 왕이 다급함을 고려에 알렸다. 고려 왕이 원병을 보냈으나 아직 도착하기 전에 견훤이 갑자기 왕도(王都)에 들어왔다. 그때 왕은 포석정(鮑石亭)에 나아가 놀면서 술자리를 마련하고 즐기다가, 견훤의 군사가 쳐들어왔다는 소식을 듣고 크게 놀랐다. 왕은 곧 부인과 더불어 성 남쪽 이궁(離宮)으로 달아나 숨었으나, 견훤이 왕을 찾아 시해하고 왕비를 강제로 욕보이고 아들·딸과 진귀한 보물을 거의 다 가지고 돌아갔다.

166 외가쪽 동생인데, 『고려사(高麗史)』에서는 표제(表弟), 『삼국사기』에서는 족제(族弟), 즉 친족 동생이라 하였다(『고려사』 권 1 「세가(世家)」 권 1 태조(太祖) 10년 9월; 『삼국사기』 권 12 「신라본기」 12 경애왕(景哀王) 4년 秋 9월).

고려 왕이 신라에 사신을 보내 조문하여 제사 지내고 몸소 날쌔고 용맹한 기병 5천을 거느리고 견훤을 공산(公山)지금의 대구(大丘)에서 기다리고 있다가 맞이하여 싸웠으나, 견훤의 군사들에게 포위되어 몹시 다급해졌다. 대장 신숭겸(申崇謙)이 자신의 모습이 고려 왕과 비슷하므로, 왕께 아뢰기를, "청컨대 신이 적국 사람들을 속이겠습니다" 하고 왕을 수풀 안에 숨겼다. 그리고 자기가 그 수레를 대신 타고 장군 김락(金樂)과 더불어 힘을 다해 싸우다 죽었다. 왕이 그때를 틈타 위기를 벗어날 수 있었다. 왕은 돌아온 뒤 절을 지어 두 사람의 충성에 보답하였다. 신숭겸의 시호는 장절(壯節)이라고 하였다.

경순왕(敬順王)의 성은 김이고, 휘는 부(傅)이니, 이찬 효종(孝宗)의 아들이고 문성왕의 후손이다. 재위 기간이 8년이었다.

기축 2년후백제 견훤 38년 ○ 고려 태조 12년 ○ 후당 명종 천성 4년 ○ 일본 천황 제호 32년 ○ 서기 929년이었다.

이에 앞서 견훤이 정예 군사 5천 명을 거느리고 고려를 공격하여 장군 홍술(洪術)을 죽였다(929). 이때에 이르러 봄 정월에 고려 왕이 고창군(古昌郡)지금의 안동(安東)에서 견훤과 크게 싸워 8천여 명을 죽이거나 사로잡았다. 이에 영안(永安)·하곡(河曲)안동 근처의 현 등 30여개 성이 모두 고려에 항복하였다(930).

○ 겨울 12월에 고려 왕이 서경(西京)에 이르러 학교를 창설하고 6부(部)의 생도를 모아서 가르치게 하였다. 또 겸하여 의(醫)·복(卜) 두 전공을 설치하였다(930).

신묘 4년후백제 견훤 40년 ○ 고려 태조 14년 ○ 후당 명종 장흥(長興) 2년 ○ 일본 천황 주작(朱雀) 원년 ○ 서기 931년이었다.

봄 2월에 왕이 고려 왕과 수도에서 모였다. 이에 앞서 왕이 고려에 사신을 보내어 서로 보기를 청하니, 고려 왕이 바로 50명의 기병을 거느리고 이르렀다. 왕이 임해전(臨海殿)에서 연회를 베풀었다. 술이 취하자 왕이 말하기를, "작은 나라가 하늘의 도움을 받지 못하여 견훤의 공격으로 망하게 되었으니, 어찌 애통하고 분하지 않겠습니까?" 하고, 눈물을 줄줄 흘렸다. 고려 왕도 눈물을 흘리고, 수십 일 동안 머물다가 돌아갔다. 고려 왕이 처음에 왔을 때 대오(隊伍)가 가지런하고 엄숙하였으며 추호도 범하는 일이 없었으니, 도성의 남녀가 손을 들어 서로 경하하며 말하기를, "옛날에 견씨(甄氏)[167]가 왔을 때에는 승냥이나 이리를 만난 것 같았는데, 이제 왕공(王公)이 온 것은 바로 부모를 뵌 것과 같다" 하였다.

갑오 7년후백제 견훤 43년 ○ 고려 태조 17년 ○ 후당 민제(閔帝) 응순(應順) 원년 ○ 일본 천황 주작 4년 ○ 서기 934년이었다.

고려 왕이 운주(運州)지금의 홍주(洪州)를 정벌하니, 견훤이 정예 군사 5천 명을 거느리고 맞서 싸우다가 화친을 청하였다. 우장군(右將軍) 유금필이 불가하다고 하면서 말하기를, "오늘의 상황에서는 싸움을 그만둘 수 없습니다" 하고, 강한 기병 수천 명으로 견훤에게 돌격하여 3천여 급의 목을 베고 사로잡았다. 이로부터 웅진지금의 공주 이북 30여 개 성이 모두 소문을 듣고 스스로 투항하였다.

167 견훤을 가리킨다.

을미 8년이 해에 신라가 망함 ○ 후백제 견훤 44년 ○ 고려 태조 18년 ○ 후당 민제 응순 2년 ○ 일본 천황 주작 5년 ○ 서기 935년이었다.

봄에 견훤의 아들 신검(神劒)이 그 아버지를 금산불사(金山佛寺)금구(金溝)의 금산사(金山寺)에 유폐시키고 그 아우인 금강(金剛)을 죽인 후 스스로 즉위하였다.

○ 견훤이 고려로 달아났다. 견훤이 금산사에 있은 지 석달 만에, 지키던 군사들에게 술을 마시게 하여 취하게 하고는, 막내아들 능예(能乂)와 딸, 폐첩(嬖妾) 등을 거느리고 나주에 이르러 고려 왕을 뵙기를 청하였다. 왕이 사신을 보내 영접하고, 남궁(南宮)을 주어 후한 예로 대우하였으며, 직위는 백료의 위에 두고, 양주(楊州)를 주어 식읍으로 삼게 하였다.

○ 겨울 10월에 왕이 고려에게 항복하니, 신라가 망하였다. 당시 왕이 영토가 날마다 줄어드는 것을 보고 여러 신하들과 더불어 고려에 항복하려 하였다. 왕자 모(某)[168]가 간하여 말하기를, "나라의 존망에는 천명(天命)이 스스로 있으니, 마땅히 충신 · 의사(義士)를 합하여 죽음을 무릅쓰고 지키다가 힘이 다한 뒤에야 그만둘 수 있습니다. 어찌 1천 년 사직을 하루아침에 타인에게 가볍게 줄 수 있습니까?" 하였다. 왕이 말하기를, "외롭고 위태로움이 이와 같으니, 나는 차마 죄 없는 백성으로 하여금 참혹한 죽임을 당하게[169] 할 수 없다" 하고, 드디어 고려에 항복을 청하였다. 왕자는 울면서 왕에게 하직하고는 개골산(皆骨山)금강산(金剛山)에 들어가 삼베옷을 입고 풀만 먹으면서 일생을 마쳤

168 마의태자(麻衣太子)이다.

169 원문의 '간뇌도지(肝腦塗地)'는 참혹한 죽임을 당하여 간장(肝臟)과 뇌수(腦髓)가 땅에 널려 있다는 뜻으로, 나라를 위하여 목숨을 돌보지 않고 애를 씀을 이르는 말이다.

다. 왕이 고려에 이르니, 고려 왕이 교외로 나와 맞이하여 위로하고 유화궁(柳花宮)을 하사하였으며, 장녀 낙랑공주(樂浪公主)를 아내로 삼게 하였다. 또 정승(政丞)을 제수하여 지위가 태자의 위에 있게 하고 옛 수도를 경주(慶州)라 하고 식읍으로 삼게 하였다. 신라 임금의 계통은 박씨가 10명의 왕이고 석씨가 8명의 왕이며 김씨가 37명의 왕이니, 도합 55명의 왕이다. 왕업을 누린 햇수가 모두 992년이었다.

보통교과 동국역사 권 3

고려기(高麗紀)

태조(太祖) 신성왕(神聖王)의 성은 왕씨(王氏)이고, 휘는 건(建)이며, 자는 약천(若天)이다. 한주(漢州) 송악군 사람이고, 금성태수(金城太守) 융(隆)의 맏아들이다. 재위 기간 26년에서 통일한 뒤가 8년이고, 67세까지 살았다.

병신 고려 태조 19년이 해에 후백제가 망함 ○ 후진(後晉) 고조(高祖) 천복(天福) 원년 ○ 일본 천황 주작 6년 ○ 서기 936년이었다.

가을 9월에 신검이 항복하고 후백제가 망하였다. 이에 앞서 견훤이 왕께 청하기를, "대왕의 위엄으로 적자(賊子)를 베소서" 하였다. 왕이 그 말을 가엾게 여겨 바로 군사를 내서 몸소 토벌하였더니, 신검이 귀순하여 죄를 빌었다. 왕이 그 간신을 죽이고 신검을 특별히 용서하였다. 견훤이 분하고 번민하는 마음을 이기지 못하고 종기가 나 죽었다.

○ 왕이 후백제로부터 군사를 돌려 위봉루(威鳳樓)에 행차하여 문무백관과 백성의 조하(朝賀)[170]를 받고 『정계(政誡)』[171]를 지어 나라 안팎

170 경축일에 신하들이 조정에 나아가 임금에게 하례하던 일을 이르는 말이다.

171 고려 태조 왕건이 신하로서 지켜야 할 규범에 대하여 적은 책으로, 오늘날 전하여지지는 않는다.

에 널리 알렸다.

○ 겨울 12월에 대광(大匡) 배현경(裵玄慶)이 죽었다. 배현경은 경주 사람으로, 담력이 남보다 뛰어나고 군사 중에서 발신(發身)[172]하여 전공이 많았다. 이때에 이르러 죽으니, 시호를 무열(武烈)이라 하였다.

○ 정승 김부가 옥대(玉帶)를 바쳤는데, 길이가 10위(圍)이고 대구(帶銁)[銙]가 62개 있었다. 곧 신라 진평왕이 찼던 것이므로, 세상 사람들이 부르기를, '성대(聖帶)'라고 하였다(937).

신축 24년○ 후진 고조 천복 6년 ○ 일본 천황 주작 11년 ○ 서기 941년이었다.

거란이 사신을 파견하여 낙타 50필을 보냈다. 왕이 "거란이 발해와 연합하여 화목하게 지내다가 하루아침에 멸망시켜 버렸으니, 이는 무도한 나라이다"라 하고 사신들을 섬에 귀양 보내고, 낙타는 만부교(萬夫橋)지금의 송도(松都) 남문 밖에 있음 아래에 매어 두어 모두 굶어 죽게 하였다(942).

계묘 26년후진 고조 천복 8년 ○ 일본 천황 주작 13년 ○ 서기 943년이었다.

5월에 왕이 병에 걸리자, 학사(學士)에게 명하여 유조(遺詔)를 기초하게 하였다. 글이 완성되자, 왕이 다시는 말을 하지 못하였다. 좌우에서 너무 애끓게 울어 울음소리가 더 이상 나오지 않을 정도로 울부짖으니, 왕이 웃으며 말하기를, "뜬 구름과 같은 인생이란 예로부터 모두 그러한 것이다" 하고 말을 마치자, 돌아가셨다. 태자 무(武)가 즉위하여 시호를 신성(神聖)이라 하고, 묘호(廟號)는 태조라 하였으며, 현릉(顯

172 천하거나 가난한 처지를 벗어나 앞길이 훤히 트이는 것을 이르는 말이다.

陵)에 장사 지냈다. 유명(遺命)에 따라 상장(喪葬)[173]과 원릉(園陵)의 제도는 모두 한(漢)나라 문제(文帝)의 고사(故事)에 의거하여 검소하고 절약함을 따르게 하였다. 이후 왕이 돌아가시면 27일에 장사 지냈다.

혜종(惠宗) 의공왕(義恭王)의 휘는 무(武)이고, 자는 승건(承乾)이니, 재위 기간이 2년이었다. 34세까지 살았다.

을사 2년 후진 출제(出帝) 개운(開運) 2년 ○ 일본 천황 주작 15년 ○ 서기 945년이었다.

○ 맏공주를 왕의 아우 소(昭)[174]의 아내로 삼았다. 처음에 태조가 대광(大匡) 왕규(王規)의 딸을 맞아 광주원군(廣州院君)을 낳았는데, 이때에 이르러 왕규가 왕의 아우인 요(堯)와 소를 해치고자 왕께 참소(譖訴)하였다. 왕은 그가 무함하는 것을 알았고, 이에 태조의 딸인 맏공주[175]를 소에게 시집보내 그의 세력을 강하게 키워주었다. 공주는 어머니의 성을 따라 황보씨(皇甫氏)라 하였다. 이후 같은 성씨를 아내로 맞아들일 때에는 (아내가) 모두 외가의 성을 따랐다.

○ 가을 9월에 왕이 돌아가시니, 여러 신하들이 왕의 아우 요를 받들어 왕위에 세웠다. 시호를 의공(義恭)이라 하고 묘호는 혜종(惠宗)이며, 순릉(順陵)에 장사 지냈다.

○ 왕규가 복주(伏誅)되었다. 왕규는 혜종의 상을 틈타 임금의 명령이라고 거짓으로 명령을 내려 대장군 박술희(朴述熙)를 죽이고 반란을

173 장사 지내는 일과 삼년상을 치르는 일을 이르는 말이다.

174 후일의 광종(光宗)이다.

175 여기서 맏공주는 태조의 딸이 아니라 혜종의 딸로, 경화궁부인(慶和宮夫人) 임씨(林氏)이다(『고려사』 권 127 「열전」 40 왕규(王規); 권 88 「열전」 1 경화궁부인 임씨). 이러한 착오는 광종의 제1 비가 태조의 딸인 대목황후 황보씨이기 때문에 생긴 것으로 보인다.

일으키고자 하였다. 서경(西京)의 대광(大匡) 왕식렴(王式廉)이 군사를 거느리고 들어와서 호위하니, 왕규가 갑곶(甲串)강화 갑곶진(甲串津)으로 도망가 숨었다. 왕식렴이 그를 뒤쫓아 가서 목 베어 죽였다.

정종(定宗) 문명왕(文明王)의 휘는 요(堯)이고, 자는 의천(義天)이다. 재위 기간이 4년이었고, 27세까지 살았다.

정미 2년후진 출제 개운 4년 ○ 일본 천황 촌상(村上) 원년 ○ 서기 947년 ○ 이 해에 후진(後晉)이 거란에게 멸망당한 후 후한(後漢) 고조(高祖)[176]가 제(帝)를 칭함이었다.

가을에 광군사(光軍司)를 설치하였다. 처음에 최언휘(崔彦撝)의 아들 최광윤(崔光胤)이 진(晉)[177]에 가서 공부하다가 거란에 포로가 되었는데, 재주와 식견으로 임용되었다. 그런데 거란이 고려를 침범하고자 하는 것을 알게 되자, 그는 서신을 보내 조정에 알렸다. 이에 유사에게 명하여 군사 30만 명을 선발하고, 광군(光軍)이라 불렀다.

무신 3년후한 고조 건우(乾祐) 원년 ○ 일본 천황 촌상 2년 ○ 서기 948년이었다.

가을 9월에 동여진(東女眞)이 말 7백 필(匹)과 방물(方物)을 가지고 와 바쳤다. 동여진은 본래 말갈(靺鞨)의 유종(遺種)인데, 그 종족이 북도(北道)지금의 함경남북도임를 차지하고 살았다. 부락이 매우 번성하여 장령(長嶺)백두대간(白頭大幹)을 장령이라 일컫는다의 동쪽 두만강(豆滿江) 남북에 있는 것은 동여진이니, '생여진(生女眞)'이라고도 하였다. 장령 서쪽 압록강(鴨綠江) 북쪽에 있는 것은 서여진이니 '숙여진(熟女眞)'이라고도 하였다.

---

176 원문의 '고제(高帝)'는 오기이므로 바로잡았다.
177 후진을 가리킨다.

저자주—동여진은 즉 옛 숙신씨(肅愼氏)의 땅이다. 신라 내물왕 때에는 읍루(挹婁)라 불렀고, 실성왕 때에는 물길(勿吉), 진평왕 때에는 말갈이라 하였다. 그 나라는 흑수(黑水)흑룡강(黑龍江)와 속말(粟末) 두 종족으로 나뉘었다. 흑수의 우두머리가 비로소 당나라에 조공하였고, 경덕왕 때 당나라가 그 땅을 연주(燕州)로 삼고 흑수부(黑水部)를 두었다. 그후 속말이 강성해져 호를 '발해국'이라 하고 흑수를 신하로 복종시켰다. 고려 태조 때에 발해는 거란에게 멸망당하였고, 흑수가 그 땅을 다시 마음대로 하면서 다스리며 부르기를, '여진'이라 하였다. 그 나라가 동서 두 종족으로 나뉘어 서쪽 종족은 거란에 속하게 되었다.

기유 4년후한 은제(隱帝). 그대로 건우 2년이라 칭함 ○ 일본 천황 촌상 3년 ○ 서기 949년이었다.

3월에 왕이 병이 위독해지자 동복아우 소(昭)에게 선위(禪位)하고, 제석원(帝釋院)으로 옮겨갔다가 돌아가셨다. 시호를 문명(文明)이라 하고 묘호는 정종이며, 안릉(安陵)에 장사 지냈다.

광종(光宗) 대성왕(大成王)의 휘는 소(昭)이고, 자는 일화(日華)이니, 재위 기간이 26년이었다. 51세까지 살았다.

경술 원년후한 은제 건우 3년 ○ 일본 천황 촌상 4년 ○ 서기 950년이었다.

건원(建元)하여 연호를 광덕(光德)이라 하였다.

병진 7년후주(後周) 세종(世宗) 현덕(顯德) 3년 ○ 일본 천황 촌상 10년 ○ 서기 956년이었다.

주(周)[178] 대리평사(大理評事) 쌍기(雙冀)가 주나라 사신을 따라 왔는데,

왕이 그의 재주를 사랑하여 한림학사(翰林學士)를 제수하고 나라의 문서를 맡아보는 직책을 전적으로 위임하였다. 그리고 시(詩)·부(賦)·송(頌) 및 시무책(時務策)으로써 사인(士人)[179]에게 시험을 보게 해 인재를 뽑으니(958),[180] 이로부터 문풍(文風)이 크게 일어났다. 그의 아버지 쌍철(雙哲)이 쌍기가 왕의 총애를 받고 있다는 소식을 듣고 또 동쪽으로 왔다(959).

○ 노비안검법(奴婢按檢法)을 세웠다. 처음에 기자가 8조의 가르침을 베풀 때 도둑질한 자를 그 집에 잡아들여 노비가 되도록 하였다. 그때부터 노비법이 점차 성행하여 사족(士族) 집안의 노비는 대대로 전해져 '사노비(私奴婢)'라 하고, 관아 주·군의 노비는 '공노비(公奴婢)'라 하였다. 태조 창업 초에 장수와 병졸이 노비를 두었는데, 이는 모두 포로들과 재물을 주고 산 자들이었다. 태조는 항상 속량(贖良)[181] 시키고자 하였으나, 공신의 뜻을 물리치기 어려워 이루지 못하였다. 이때에 이르러 그 노비를 자세히 조사하여 증거를 세움으로써 진짜와 가짜를 분별하게 하니, 이에 천민과 노예가 비로소 뜻한 바를 이루었다.

을축 16년송(宋) 태조(太祖) 건덕(乾德) 3년 ○ 일본 천황 촌상 19년 ○ 서기 965년이었다.

가을 9월에[182] 내의령(內議令) 서필(徐弼)이 죽었다. 서필은 이천(利川) 사람으로 성품이 사리에 밝고 민첩하였다. 또 직접 간하는 것을 잘하

178 후주(後周)이다.
179 벼슬을 하지 않은 선비를 이르는 말이다.
180 이때 과거제도를 처음으로 실시한 것이다.
181 몸값을 받고 노비의 신분을 풀어 주어서 양민이 되게 하던 일이다.
182 『고려사』에는 광종 16년 7월의 일로 되어 있다(권 2 「세가」 2).

였다. 왕이 일찍이 금으로 만든 술그릇을 각 재신(宰臣)들에게 내려 줄 때 서필이 홀로 받지 않고 말하기를, "신(臣)이 재상의 자리에 있으면서 분수에 넘치는 것이 이미 두려운데, 지금 또 금으로 만든 그릇을 내려 주시니, 신이 더욱 황송하여 몸둘 바를 모르겠습니다. 대개 복식(服飾)과 용기(用器)는 등급의 구분이 분명하고, 사치함과 검소함은 잘 다스려진 세상이나 어지러운 세상과 관계가 있습니다. 신하가 만일 금으로 만든 그릇을 사용하면, 폐하는 장차 무슨 그릇을 사용하시겠습니까?" 하였다. 또 말하기를, "폐하는 공이 없는 사람에게는 상을 주지 마시고, 공이 있는 사람은 잊지 마소서" 하니, 왕이 가납(嘉納)[183] 하였다. 그 당시에 왕이 귀화한 당나라 사람들을 중히 예우하여 매번 신하들의 집을 빼앗아 주었다. 서필이 청하여 아뢰기를, "신이 거처하는 집이 조금 넓으니, 바치기를 원합니다" 하였다. 왕이 그 까닭을 물으니 대답하기를, "지금 귀화한 당나라 사람은 관직을 가려서 벼슬하고 집을 골라서 살고 있는데, 세신(世臣)[184] · 고가(故家)[185]들은 도리어 살 곳을 잃는 경우가 많습니다. 어리석은 신은 먼저 자손의 생계를 위하여 신이 살아 있을 때 집을 바치고 다시 작은 집을 지어 신의 자손이 집을 빼앗기는 폐단이 없도록 하고자 합니다" 하였다. 왕이 노하였다가 뒤에 느낀 바 있어 깨닫고, 다시는 신료의 집을 빼앗지 않았다. 그가 거리낌없이 바른 말을 하는 것이 이와 같았다. 시호를 정민(貞敏)[186]이라 하였다.

---

183 옳지 못하거나 잘못한 일을 고치도록 권하는 말을 기꺼이 받아들이는 일을 이르는 말이다.
184 대대로 한 가문이나 왕가를 섬기는 신하를 이르는 말이다.
185 여러 대에 걸쳐 벼슬하며 잘 살아온 집안을 이르는 말이다.
186 원문의 '정경(貞敬)'은 오기이므로 바로잡았다.

을해 26년 송 태조 개보(開寶) 8년 ○ 일본 천황 냉천(冷泉) 8년 ○ 서기 975년이었다.

왕이 돌아가시고 태자 주(伷)가 즉위하였다. 시호를 대성(大成)이라 하고, 묘호는 광종이라 하였으며, 헌릉(憲陵)에 장사 지냈다. 광종이 재위할 때에 참소를 믿어 많은 사람을 죽이고 마음 속에 의구심을 품어 죄악을 없애겠다고 하면서 재회(齋會)[187] 를 널리 베풀었다. 또 도살을 금지하고 불법을 전적으로 받듦으로써 눈앞의 무사함이 부처의 공력에서 도움을 받은 것이라고 하고 이전에 저지른 잘못을 깨닫고 고치는 일이 없었으며, 사치스러움이 절제가 없었다.

경종(景宗) 헌화왕(獻和王)의 휘는 주(伷)이며, 자는 장민(長民)이니, 재위 기간이 6년이었다. 27세까지 살았다.

병자 원년 송 태종(太宗) 태평(太平) 흥국(興國) 원년 ○ 일본 천황 냉천 9년 ○ 서기 976년이었다.

사신을 보내어 송나라에 가도록 하였다. 고려는 태조 때부터 송에 사신을 보냈는데, 이때에 이르러 또 송 태종(太宗)의 즉위를 경하하였다.

○ 비로소 각 품(品)의 전시과(田柴科)를 정하였다. 처음에 태자가 당나라 제도를 모방하여 전토(田土)의 수와 기름지고 척박한 정도를 나누어 문무백관(文武百官)과 부병(府兵)[188] · 한인(閑人)[189]까지 수여하고, 또 땔감을 베어 거둘 수 있는 땅을 지급하니, 이를 일러 '전시과'라고 하였다. 사망하면 모두 조정에 바치게 했다. 다만 부병은 나이가 20세가 되어야 비로소[190] 땅을 주었다가 60세에 도로 바치되, 자손과 친척이 있으면 번갈

187 음식을 차려 여러 승려와 모든 넋을 공양하는 법회를 이르는 말이다.

188 군인전(軍人田)을 지급받은 자로, 농민이 군역을 담당하였다고 보는 부병제(府兵制) 설에 의하면 농민이 곧 부병이었다.

189 6품 이하 관리의 자녀로, 아직 벼슬을 하지 않은 아들과 아직 결혼하지 않은 딸을 가리킨다.

아 지급하였다. 전정(田丁)이 없으면 감문위(監門衛)에서 명부에 등록하였다. 이때에 이르러 여러 직관(職官)과 산관(散官)[191]의 각 품의 전시과를 정하여 관품(官品)의 높고 낮음을 논하지 않고, 다만 인품(人品)에 따라 정하였다. 자삼(紫衫) 이상은 18품으로 구분하고, 단삼(丹衫) 이상은 10품, 비삼(緋衫) 이상은 8품,[192] 녹삼(綠衫) 이상은 10품으로 나누었다. 산직(散職)과 무관의 벼슬은 이 관품 내에서 품등(品等)을 나누고 잡리(雜吏)에 이르기까지 각각 인품의 고하로써 지급하여 등급이 나뉘어 매겨졌다.

○ 김행성(金行成)을 보내어 송나라 태학(太學)에 들어가게 하였다.

무인 3년송 태종 태평 흥국 3년 ○ 일본 천황 냉천 11년 ○ 서기 978년이었다.

여름 4월에 정승(政丞), 항복한 신라의 왕, 김부가 죽으니, 시호를 경순(敬順)이라 하였다. 당시 김부의 자손은 혁혁한 벼슬아치들로서 당시에 견줄 사람이 드물었다.

신사 6년송 태종 태평 흥국 6년 ○ 일본 천황 냉천 14년 ○ 서기 981년이었다.

가을 7월에 왕이 병이 들어 당제(堂弟) 개령군(開寧君) 치(治)[193]를 불러 선위하고 돌아가셨다. 시호를 헌화(獻和)라 하고 묘호는 경종이라 하였으며, 영릉(榮陵)에 장사 지냈다.

○ 겨울 11월에 (왕의) 선친(先親[考])을 추존하여 선경(宣慶)이라 하고,

---

190 원문의 '비비소'는 오기이므로 바로잡았다.

191 일정한 직무가 없는 벼슬이나 그러한 벼슬아치를 이르는 말이다.

192 원문의 '6품(六品)'은 오기이므로 바로잡았다.

193 경종의 아버지인 광종과 개령군 치의 아버지 욱(旭)은 태조의 아들들로서 형제지간이므로, 경종과 개령군은 사촌형제이다.

묘호를 대종(戴宗)이라 하였다.

○ 왕이 팔관회가 조리에 어긋나고 또 번거롭고 요란스럽다고 하여 혁파(革罷)하였다.

성종(成宗) 문의왕(文懿王)의 휘는 치(治)이고, 자는 온고(溫古)이다. 태조의 일곱째 아들인 욱(旭)의 둘째 아들이고, 재위 기간이 16년이었다. 38세까지 살았다.

임오 원년송 태종 태평 흥국 7년 ○ 일본 천황 냉천 15년 ○ 서기 982년이었다.

여름 6월에 조서를 내리기를, "짐(朕)이 모든 국무를 새로이 총괄하는 데 마땅히 해야 할 정사 중 빠뜨리는 것이 응당 많을 것이다. 경관(京官) 5품 이상은 각기 시정(時政)의 득실(得失)을 논하라" 하였다. 상주국(上柱國) 최승로(崔承老)가 28조를 올리니, 불사(佛事)의 옳고 그른 것을 따져 물리친 것이 1/3이었다.[194] 모두 엄격하게 바로잡고 분명하게 고쳐 선왕의 잘못된 정치를 가리켜 물리치고 숨기고 꺼리는 것이 조금도 없으니, 왕이 가납하고 문하시랑평장사(門下侍郎平章事)를 제수하였다.

○ 왕의 생일을 천추절(千秋節)[195]이라 하니, 절일(節日)의 이름이 이때부터 비롯되었다.

○ 왕이 서경지금의 평양에 거둥하여 영명사(永明寺)에 미복으로 몰래 가려고 하다가 어사(御史) 서희(徐熙)가 온 힘을 다하여 간하므로, 그만두고 안장을 얹은 말을 상으로 하사하였다.

---

194 원문의 '26조(二十六條)'는 오기이므로 바로잡았다. 최승로의 시무책은 유교정치이념에 입각한 중앙집권적 귀족정치의 실현을 주장한 것이었다.

195 『고려사』에서는 이때 '천춘절(千春節)'이라 했고 이듬해 '천추절'로 바뀌었다고 하였다(권 3 「세가」 3 성종 원년 6월; 「세가」 3 성종 2년 12월).

○ 이 해에 요(遼)나라가 국호를 바꾸어 '거란(契丹)'이라 하였다.

○ 오복(五服)[196]에 대해 휴가 주는 법을 정하였다. 부모상에는 백 일의 휴가를 주어 기한이 만료되면 바로 기복출사(起復出仕)[197]하되, 다만 공적인 모임이나 연회에는 참석할 수 없게 하였다. 기년복(期年服)에는 30일, 대공(大功)은 20일, 소공(小功)은 15일, 시마(緦麻)는 7일의 휴가를 주었다(985).

병술 5년송 태종 옹희(雍熙) 3년 ○ 일본 천황 화산(花山) 2년 ○ 서기 986년이었다.

봄 정월에 거란이 궐열(厥烈)을 보내어 화친을 청하였다. 이에 앞서 송나라가 거란을 쳐서 연계(燕薊)를 수복하려고 하면서, 사신을 보내 힘을 합쳐 거란을 토벌하여 평정하기를 청하니 왕이 허락하였다. 거란이 이 소식을 듣고 두려워서 화친을 청한 것이다.

○ 경주를 고쳐 동경(東京)이라 하고, 유수(留守)를 두었다(987).

○ 6도에 사자를 보내 효자, 조부모를 잘 받들어 모시는 손자[順孫]와 의로운 남편[義夫], 절개있는 부인[節婦]을 널리 찾아 구하게 하였다.

○ 서원(書院)을 서경에 설치하고 여러 생도로 하여금 사적(史籍)을 베껴 간직하게 하였다.

○ 압록강 밖에 있는 여진을 백두산 밖으로 쫓아냈다. 이에 앞서 신라 말에 삼국이 갈라져 싸울 때 북쪽 경계가 구허(丘墟)[198]를 이루니, 여

196 참최(斬衰 : 3년) · 자최(齊衰 : 1년) · 대공(大功 : 9개월) · 소공(小功 : 5개월) · 시마(緦麻 : 3개월) 등 다섯 가지 상복을 말한다. 부모 상에는 3년, 조부모 상에는 1년, 증조부모 상에는 5개월, 고조부모 상에는 3개월을 입고, 처상(妻喪)에는 1년을 입었다.

197 부모의 상중(喪中)에 출사하는 것을 이른다.

198 예전에는 번화하였으나 뒤에 쓸쓸하게 변한 곳을 이른다.

진이 그 틈을 타서 압록강 내외에 출몰하여 변방의 백성들에게서 노략질하였으므로, 이에 이르러 쫓아낸 것이다.

○ 송나라가 대장경(大藏經)을 보냈으므로, 사신을 보내 치사(致謝)하였다.

○ 추밀원(樞密院)을 설치하였다. 한언공(韓彦恭)이 송에서 돌아와 송나라 제도를 본받자고 하니, 추밀원을 설치하여 군무(軍務)와 국정의 중대사를 성부(省府)와 더불어 참여하여 결정하게 하였다(991).[199]

○ 욱(郁)을 사수현(泗水縣)지금의 사천(泗川)으로 유배하였다(992). 욱은 태조의 여덟째 아들인데, 경종의 비(妃)인 황보씨(皇甫氏)와 간음하여 임신을 시켰다. 왕이 이 소식을 듣고 욱을 유배하니, 비가 매우 급히 집으로 돌아오다가 산기(産氣)가 있어서, 문 앞의 버드나무 가지를 더위잡고 해산을 한 뒤 죽었다. 이 아이가 곧 대량군(大良君) 순(詢)이다. 욱은 사수현에서 죽었다.

계사 12년송 태종 순화(淳化) 4년 ○ 일본 천황 일조(一條) 7년 ○ 서기 993년이었다.

봄에 상평창(常平倉)을 양경(兩京)과 12목(牧)에 설치하였다.

○ 겨울 10월에 거란의 소손녕(蕭遜寧)이 서쪽 변방을 침범하였다. 왕이 박양유(朴良柔)를 상군사(上軍使)로 삼고, 서희를 중군사(中軍使)로, 최량(崔亮)을 하군사(下軍使)로 삼아 서쪽 변경에 보내서 적을 방어하게 하였다.

---

199 송의 추밀원을 본떴으나, 이름은 중추원(中樞院)이라고 하였다. 중추원은 출납(出納)·숙위(宿衛)·군기(軍機)의 일을 맡았으며, 왕권 강화의 기반이 되는 기관이었다. 성부(省府)는 당나라 제도를 따라 설치한 내사문하성(內史門下省)·어사도성(御事都省) 등을 가리킨다.

○ 윤달에 왕이 안북부(安北府)지금의 안주(安州)까지 행차하였다가 선봉사(先鋒使) 윤서안(尹庶顔)[200]이 거란에게 잡혔다는 말을 듣고 서경으로 되돌아왔다.

○ 사신을 거란 진영에 보내 화친을 청하니, 거란이 서신을 보내 항복하기를 독촉하였다. 이때 서희가 군사를 이끌고 전진하자 소손녕이 소리쳐 말하기를, "고구려의 옛 땅은 모두 거란의 영토이다. 지금 고려가 우리나라의 경계를 침략해 빼앗았으므로, 이렇게 군사를 움직인 것이다" 하고, 또 서신을 보내 빨리 항복하라고 하였다. 서희가 그 글을 보고 왕께 돌아와 화친해야 할 상황에 놓여 있다고 아뢰었다. 이에 왕이 사헌(司憲) 이몽전(李蒙戩)을 거란 진영에 보내 화친을 청하였다. 소손녕이 또 글을 보내어 이르기를, "지금 우리 대군 80만이 이곳에 이르렀으니, 강(江)을 건너와 항복하지 않으면 마땅히 모조리 죽여 없애 버리겠다" 하였다. 이몽전이 돌아와 사실대로 아뢰자, 왕이 여러 신하를 모아놓고 의논하였다. 혹자는 말하기를, "왕의 어가(御駕)는 서울[京師]로 돌아가고 중신(重臣)을 따로 보내 항복을 청하게 해야 합니다" 하였다. 혹자는 말하기를, "서경 이북의 땅을 떼어서 주고, 황주(黃州)로부터 절령(岊嶺)즉 자비령(慈悲嶺)으로 지금의 서흥(瑞興)과 황주의 경계에 있음까지 나라의 경계를 긋는 것이 좋겠습니다" 하였다. 왕이 장차 땅을 떼어 주자는 의논을 따르려고 하였는데, 서희가 아뢰기를, "오늘날 거란의 동경(東京)요동에 있음으로부터 우리나라 안북부에 이르기까지 수백 리의 땅이 모두 생여진(生女眞)즉 동여진에게 점거되었었는데, 광종이 이를 빼앗아

200 원문의 '진서안(陳庶顔)'은 오기이므로 바로잡았다.

가주(嘉州)지금의 가산(嘉山) · 송성(松城) 등의 성을 쌓았습니다. 지금 거란의 군대가 온 것은 그 의도가 이 두 성을 차지하려는 데 지나지 않습니다. 고구려의 옛 땅을 모조리 빼앗겠다고 한 것은, 사실 우리를 공갈 협박한 것입니다. 이제 그들 군대의 기세가 성대한 것을 보고서 바로 서경 이북의 땅을 떼어 준다면 이것은 좋은 계책이 아닙니다. 또 삼각산(三角山) 이북 또한 고구려의 옛 땅인데, 저들이 끝없는 욕심으로 강제로 빼앗는 것에 염증을 내지 않는다면 이 땅을 모두 주어야 합니다. 또 적에게 땅을 떼어 준다는 것은 진실로 만세(萬世)에 수치가 될 것입니다. 원하옵건대, 어가는 도성으로 돌아가시고, 신들로 하여금 그들과 한 번 싸워보게 한 후에 다시 의논해도 늦지 않을 것입니다" 하였다. 어사(御史) 이지백(李知白)[201]도 아뢰기를, "성조(聖祖)께서 창업하여 자손에게 물려주시어 오늘에 이르렀으니, 어찌 토지를 적국에 가벼이 넘겨주겠습니까?" 하였다. 이에 땅을 떼어주자는 의론이 마침내 잠잠해졌다.

○ 소손녕이 이몽전의 회답이 없음을 보고 안융진(安戎鎭)지금의 안주(安州)에 있음을 공격하였는데, 중랑장(中郎將) 대도수(大道秀)[202]가 낭장(郎將) 유방(庾方)과 더불어 맞아 싸워 대파하였다.

○ 서희를 거란 진영에 보내어 화친을 청하니, 거란이 군사를 거두었다. 이때에 소손녕이 안융진에서 이미 패하였으므로 감히 병사를 내보내지 못하고 다만 항복을 재촉하였다. 왕이 여러 신하들을 모아 의논하면서 (거란 진영으로) 가기를 원하는 사람을 물으니 감히 응하는 자가 없었다. 서희가 나아가 말하기를, "신이 비록 우둔하지만, 가기

---

201 원문의 '이지일(李知日)'은 오기이므로 바로잡았다.

202 원문의 '문도수(文道秀)'는 오기이므로 바로잡았다.

를 원합니다" 하자, 왕이 드디어 강가의 나루 근처에 나가 잔치를 베풀어 위로하고 송별하였다. 서희가 거란 진영에 이르러 통역하는 사람을 시켜 상견례(相見禮)에 대해 물어보게 하였다. 소손녕이 말하기를, "나는 큰 나라[大朝]의 귀인(貴人)이니, 마당에서 절을 해야 한다" 하였다. 서희가 말하기를, "신하가 임금에 대해서는 아래에서 절을 하는 것이 예의이지만, 지금은 두 나라의 대신이 서로 만나 보는 것인데 어찌 이와 같이 업신여길 수 있는가?" 하고, 두세 번을 오고갔으나 소손녕이 허락하지 않았다. 서희가 관소(館所)에 이르러 곧게 누워서 일어나지 않으니, 소손녕이 그가 당(堂)에 올라와 예를 행하는 것을 허락하였다. 서희가 거란의 진영에 이르러 소손녕과 함께 서로 읍(揖)하며 예를 행한 다음, 동서(東西)로 마주 앉았다. 소손녕이 서희가 동등한 예로써 굽힘이 없는 것을 보고 마음 속으로 기이하게 생각하여 서희에게 말하기를, "고려와 신라, 고구려의 땅은 모두 우리나라의 옛 땅인데, 지금 고려가 침식(侵蝕)하고 있다. 또 우리와 영도가 서로 접해 있으면서 우리를 버리고 도리어 바다를 건너 송나라와 화친하는 것은 무엇인가? 이 때문에 우리나라가 쳐들어온 것이니, 땅을 떼어 주고 조빙(朝聘)[203]을 닦는다면 무사할 수 있을 것이다" 하였다. 서희가 말하기를, "우리나라는 곧 고구려를 계승하였기 때문에 국호를 고려라 하였다. 만일 땅의 경계를 논한다면, 귀국(貴國)의 동경(東京)지금의 요동에 있음이 모두 우리의 경계 안에 있으니, 어찌 '침식하였다'고 할 수 있는가? 또 압록강의 안팎이 모두 우리 경계 안의 지역인데, 지금 여진이 그 사이를 훔쳐

---

203 나라와 나라 사이에 서로 사신을 보내는 일을 이르는 말이다.

점거하고, 완악하고 교활하게 변덕을 부리면서 길을 막아 바다를 건너는 것보다 오히려 어렵게 하고 있으니, 조빙하는 사신이 통하지 못하는 것은 바로 여진 때문이다. 지금 여진을 쫓아내고 우리의 옛 땅을 다시 찾아 성보(城堡)를 쌓고 도로를 통하게 한다면, 어찌 감히 조빙을 닦지 않겠는가?" 하였다. 말투가 강개(慷慨)하고 말이 지혜롭고 사리에 밝으니, 소손녕은 그를 굴복시킬 수 없음을 깨닫고 화친을 허락하고, 이어서 연회를 베풀어 위로하고자 하였다. 그러나 서희가 말하기를, "이제 우리나라가 비록 아무런 탈 없이 군사를 거두지만, 귀국은 이미 군사들이 수고스럽게 멀리까지 와서 상하(上下)가 황황(皇皇)하고[204] 창을 쥐고 창끝을 잡은 군사가 모래벌판에 널려 있는데, 어찌 차마 연회를 즐길 수 있겠는가?" 하였다. 소손녕이 말하기를, "두 나라의 대신이 서로 만났는데, 환호의 예가 없어서야 되겠는가?" 하고 굳이 청하였다. 이에 허락하고 매우 즐겁게 지내다가 연회를 끝냈다. 소손녕이 드디어 거란 왕[主]에게 아뢰니, 거란 왕이 바로 명하여 군사를 철수하도록 하였다. 서희가 거란 진영에 머문 지 7일 만에 돌아오니, 왕이 크게 기뻐하며 강가에 나가서 맞이하였다.

이듬해에 소손녕이 다시 서신을 보내 압록강 서쪽에 5성을 쌓으라 하고, 왕 또한 압록강 동쪽에 경계를 정하여 성을 쌓으라고 하니, 공사[役]를 시작하여 수레와 말을 교통하게 하였다.

○ 시중 박양유를 보내어 거란에 이르니, 포로를 찾아 돌아오기 위한 것이었다(994). 서희가 말하기를, "신이 소손녕과 더불어 여진을 토

204 갈팡질팡 어쩔 줄 모르게 급함을 이르는 말이다.

벌하여 평정하고 옛 땅을 회복한 뒤에야 조빙하는 사신을 통하기로 하였습니다. 이제 겨우 압록강 안쪽을 수복하였으니, 청컨대 압록강 밖을 수복한 뒤에 사신을 보내도 늦지 않을 것입니다" 하였다. 그러나 왕이 말하기를, "조빙을 닦는 것이 너무 오래되면 후환이 있을 것이다" 하고 드디어 사신을 보낸 것이다.

○ 원욱(元郁)을 송나라에 파견하여 군대를 보내달라고 청하였다. 왕이 거란에 보복하기 위하여 사신을 보낸 것인데, 송나라에서는 북쪽 변방이 겨우 편안해졌으니 경솔하게 군사를 움직이기 어렵다고 답하고, 다만 사신을 후대하여 돌려보냈다. 이로부터 송나라와의 관계가 끊어졌다(994).

○ 평장사(平章事) 서희를 보내 여진을 내쫓았다. 서희가 여진을 쫓아내고 장흥진(長興鎭)·귀화진(歸化鎭) 두 진둘다 지금의 의주(義州)에 있음과 곽주(郭州)지금의 곽산(郭山)·귀주(龜州)지금의 귀성(龜城) 두 주에 성을 쌓았다(994).

○ 국내를 나누어 10도(道)를 정하니, 관내도(關內道)지금의 기내(畿內), 중원도(中原道)지금의 충주, 하남도(河南道)지금의 공주, 영남도(嶺南道)지금의 상주(尙州), 영동도(嶺東道)지금의 경주 등지, 강남도(江南道)지금의 전주 등지, 산남도(山南道)지금의 진주(晉州) 등지, 해양도(海陽道)지금의 나주 등지, 삭방도(朔方道)지금의 춘천·강릉·안변(安邊) 등지, 패서도(浿西道)지금의 평양 이서라 하였다. 절도사(節度使) 등의 관리를 각각 두었다(995).

○ 동자(童子) 10명을 거란에 보내어 그 나라의 언어를 익히게 하였다. 또 거란에 구혼하여 부마(駙馬) 소항덕(蕭恒德)의 딸을 (고려로) 시집보내도록 하였다(995).

○ 철전(鐵錢)을 처음으로 주조하였다(996).

정유 16년송 태종 지도(至道) 3년 ○ 일본 천황 일조 11년 ○ 서기 997년이었다.

겨울 10월에 왕의 병환이 위독하여 개령군(開寧君) 송(誦)에게 왕위를 전하고, 천왕사(天王寺)로 이어(移御)하였다. 평장사 왕융(王融)이 대사령(大赦令)을 내리기를 청하였으나, 왕이 허락하지 않으면서 말하기를, "죽고 사는 것은 하늘에 달렸으니, 어찌 죄 있는 자들을 용서함으로써 연명하기를 구하겠는가?" 하고, 이윽고 돌아가셨다. 왕의 타고난 용모가 엄정하고 기량이 넓었으며, 종사(宗社)[205]를 세우고 절의를 숭상하였으며 현인(賢人)을 구하고 백성을 불쌍히 여겨 도와주며 풍속을 개량하는 것을 긴요한 임무로 삼았다. 시호를 문의(文懿)라 하였다. 묘호는 성종이고 강릉(康陵)에 장사 지냈다.

목종(穆宗) 선양왕(宣讓王)의 휘는 송(誦)이고, 자는 효신(孝伸)이니, 경종의 맏아들이다. 재위 기간이 12년이고, 30세까지 살았다.

무술 원년송 진종(眞宗) 함평(咸平) 원년 ○ 일본 천황 일조 12년 ○ 서기 998년이었다.

왕의 생일을 장녕절(長寧節)이라 하였다.

○ 가을 7월에 태보(太保) 내사령(內史令) 서희가 죽었다. 서희는 성품이 엄격하고 몸가짐이나 언행을 조심하였으며, 태도에 위엄이 있었다. 일찍이 거란과의 싸움에서 큰 공을 세웠다. 또 성종을 따라 해주(海州)로 갔을 때 성종이 서희의 막사에 거둥하여 들어가려고 하였더니, 서희가 말하기를, "신의 막사는 지존(至尊)[206]이 계실 곳이 아닙니다" 하였다. 또 술을 내라 하니, 말하기를, "신의 술을 감히 올릴 수 없습니

205 종묘와 사직, 곧 나라를 이르는 말이다.
206 임금을 높여 부르는 말이다.

다" 하였다. 이에 성종이 막사 밖에 앉고 어주(御酒)를 내어 함께 마셨다. 이때에 이르러 죽으니, 시호를 장위(章威)라 하였다.

○ 송나라에 사신을 보내 다시 우호 관계를 맺었다.

계묘 6년송 진종 함평 6년 ○ 일본 천황 일조 17년 ○ 서기 1003년이었다.

태후 황보씨(皇甫氏)가 대량군 순(詢)을 핍박하여 승려가 되게 하고, 김치양(金致陽)을 복야(僕射)로 삼았다. 이에 앞서 왕이 즉위할 때 나이가 아직 어려 태후가 섭정을 하였다. 얼마 뒤 태후는 김치양과 사통(私通)하여 아들을 낳고 왕의 후사로 삼고자 하였으므로, 대량군 순을 미워하여 승려가 되게 하였다. 그리고 순을 해치고자 몰래 순이 있는 삼각산(三角山) 신혈사(神穴寺)에 사람을 보내 해치려고 하였다. 어떤 늙은 승려가 그 음모를 알고 땅을 파서 순을 숨기고 침상(寢牀)을 그 위에 두어 뜻밖의 사변을 방지하였다.

○ 산이 탐라 바다 가운데서 솟아났다. 높이가 백여 장(丈)이고 둘레가 40여 리이며, 풀과 나무는 없고 연기가 산 위를 자욱히 덮었는데, 바라보니 석유황(石硫黃)과 같았다(1007).

기유 12년송 진종 대중상부(大中祥符) 2년 ○ 일본 천황 일조 23년 ○ 서기 1009년이었다.

2월에 삼각산 신혈사에 사신을 보내 대량군 순을 불러 왔다. 이에 앞서 태후가 김치양과 더불어 순을 죽이려고 하다가 뜻을 이루지 못했다. 이때에 이르러 왕이 병석에 누워 있으면서 중추부사(中樞副使) 채충순(蔡忠順)을 몰래 불러 말하기를, "외간(外間)에서 짐이 병중에 있다는 소식을 듣고 왕위를 엿보는 자가 있다고 하니, 경(卿)은 이를 아는가?" 하였다. 그리고 편지 하나를 주었는데, 바로 환관 유희창(劉熙昌)이 올린 것이었다. 그 편지에서 이르기를, "김치양이 장차 반란을 일으키려고 합니다" 하였다. 왕이 또 봉서(封書) 하나를 꺼내 주니, 그 편지는 대량군 순이 쓴 것으로 "간악한 무리가 신을 둘러싸고 핍박하니, 원컨대 불쌍히 여겨 구해주소서"라는 내용이었다. 왕이 다시 채충순에게 부탁하며 말하기를, "짐의 병이 점차 위독해져 머지않아 죽어서 지하에 묻힐 것이다. 태조의 손자는 오직 대량군뿐이다. 경은 최항(崔沆)과 더불어 마음을 다하여 사직을 보전하도록 하라" 하였다. 이에 채충순이 최항 · 유충정(劉忠正)과 더불어 일을 도모하기로 결정하고, 신혈사에 사람을 보내 순을 맞이하였다.

○ 서북면 도순검사(西北面都巡檢使) 강조(康兆)를 불러 군사를 거느리고 들어와 호위하라 하였더니, 강조가 바로 군사를 이끌고 궁궐을 쳐들어와 왕을 폐하여 양국공(讓國公)으로 삼고 대량군 순을 왕위에 세웠다. 강조가 군사를 이끌고 동주(洞州)지금의 서흥(瑞興)에 이르니, 간사한 위종정(魏從正) 등이 난을 꾸미려고 하면서 강조를 속여 말하기를, "주상(主上)께서 병이 위독하여 목숨이 경각에 달려 있습니다. 태후가 김치양과 더불어 사직을 빼앗을 것을 모의하고 있는데, 공(公)이 거느리는 군대의 위력이 두려워 왕명을 위조하여 불러들이는 것이니, 공은 빨리 본도(本道)로 돌아가서 대의(大義)를 일으키시오" 하였다. 강조가 그 말을 좇아 곧 본영(本營)으로 돌아가자, 태후는 과연 강조를 꺼려하여 절령(岊嶺)을 오가지 못하게 막으며 지키고 있었다. 이 때문에 강조는 왕이 이미 돌아가셨다고 생각하고 드디어 부사(副使) 이현운(李鉉雲) 등과 더불어 갑졸(甲卒) 5천 명을 거느리고 평주(平州)지금의 평산(平山)에 이르

렀다. 왕이 아직 돌아가시지 않은 것을 알게 되자 강조는 왕명을 거역한 죄로 벌을 받을까 두려워 매우 겁을 먹고 있었다. 여러 장수들이 말하기를, "사세(事勢)가 이미 여기까지 왔으니 중지할 수는 없습니다" 하였다. 강조는 드디어 영추문(迎秋門)으로 공격해 들어가 왕을 폐하여 양국공이라 하고, 대량군 순을 맞이하여 즉위시켰다. 그리고 김치양 부자와 유행간(庾行簡) 등 7명을 죽이고, 태후의 친속(親屬) 주정(周楨) 등 30여 명을 섬으로 유배 보냈다.

○ 강조가 전왕을 적성(積城)에서 시해하였고, 태후는 황주(黃州)로 도망가 살았다. 이에 앞서 왕이 귀법사(歸法寺)로 도피하였는데, 얼마 지나지 않아 강조가 왕과 태후를 충주로 추방하였다. 왕이 강조에게 말을 달라고 청하였더니, 강조가 다만 2필을 주었다. 이에 길을 가는데 태후가 음식을 들고자 하면 왕이 몸소 밥상을 받들었고, 태후가 길을 떠나려고 하면 왕이 친히 말의 재갈을 잡았다. (일행이) 적성에 이르렀을 때 강조가 상약직장(尙藥直長) 김광보(金光甫)로 하여금 독약을 올려 왕을 시해하였다. 왕의 연세가 30이었다. 문짝으로 관을 삼고 여관(旅館)에 두었다가 한 달쯤 뒤에야 그 현의 남쪽에서 화장(火葬)하였다. 능은 공릉(恭陵)이라 하고, 시호는 선령(宣靈), 묘호는 민종(愍宗)이라 하니, 이는 모두 강조가 지어 정한 것이었다. 신하들과 백성이 이 소식을 듣고 크게 통탄해 하였으나, 새 임금은 이를 알지 못하였다. 그후 거란이 죄를 물으니 왕이 비로소 그 사실을 알고 성 동쪽으로 이장하고 능호(陵號)를 고쳐 의(義)라고 하고 시호는 선양(宣讓), 묘호는 목종이라 하였다. 목종의 성품이 침착하고 의지가 강했으며 임금으로서 도량이 있었으나, 술을 즐기고 사냥을 좋아하였으며 총애하는 간신을 너무 믿

었다가 화가 미쳤다. 태후가 드디어 황주로 달아나 살았다.

○ 강조를 이부상서(吏部尙書)로 삼고 채충순을 직중대(直中臺)로 삼았다.

○ 김씨(金氏)를 세워 비로 삼으니, 비는 성종의 딸이다.

현종(顯宗) 원문왕(元文王)의 휘는 순(詢)이고, 자는 안세(安世)이니, 태조의 여덟째 아들 욱(郁)의 아들이다. 재위 기간이 22년이었고, 40세까지 살았다.

경술 원년송 진종 대중상부 3년 ○ 일본 천황 일조 24년 ○ 서기 1010년이었다.

가을 7월에 거란 왕이 사신을 보내 전왕이 죽은 사건에 관해 힐문하고, 보병과 기병 40만 명을 몸소 거느리고 압록강을 건너와 격문을 전하며 말하기를, "지금 고려 역신 강조는 임금을 죽이고 어린 임금을 세웠으니, 짐이 군사를 일으켜 죄를 묻노라" 하였다. 강조가 나가서 막으면서 통주(通州)지금의 선천(宣川)에 이르러 강물을 사이에 두고 진을 쳤는데, 거란군이 삼수암(三水巖)으로 진격하여 무너뜨렸다. 당시 강조는 병력이 강하다고 스스로 믿고 한가롭게 앉아 바둑을 두고 있다가 거란군이 삽시간에 이르렀다는 소식을 듣고 놀라 일어났다. 정신이 아득한 사이에 목종이 크게 꾸짖기를, "네 놈은 끝장이다. 천벌을 어찌 피할 수 있겠느냐?" 하였다. 강조가 곧 투구를 벗고 몸을 펴서 무릎을 꿇고 말하기를, "죽을 죄를 지었습니다. 죽을 죄를 지었습니다" 하더니, 말이 채 끝나기도 전에 거란군에게 포박되었다. 그는 거란 진영에 이르러 참수되었다.

○ 12월에 거란이 수도를 범하니 여러 신하들이 항복하기를 의논하였다. 예부시랑(禮部侍郎) 강감찬(姜邯贊)이 홀로 말하기를, "오늘의 일은

죄가 강조 한 사람에게 있으니, 다른 걱정은 없습니다. 그러나 적은 군사로 많은 군사를 대적할 수 없으니, 마땅히 그 예봉(銳鋒)을 잠시 피하여 부흥을 서서히 도모하는 것이 좋습니다" 하고, 왕에게 남쪽으로 행차할 것을 권하였다. 이에 왕이 후비(后妃)와 채충순 등을 거느리고 도성 문을 나가 나주에 이르렀다.

신해 2년송 진종 대중상부 4년 ○ 일본 천황 일조 25년 ○ 서기 1011년이었다.

봄 정월에 거란 왕이 수도를 함락하고 물러갔다. 왕이 전주로 돌아와 하공진(河拱辰)을 거란 진영에 보내어 군사를 이끌고 돌아가기를 청하였는데, 거란 왕이 그를 붙잡아두고 못 가게 하였다. 그때 귀주별장(龜州別將) 김숙흥(金叔興)이 거란군을 기다렸다가 맞받아침으로써 대파하여 만여 명의 목을 베었다. 순검사(巡檢使) 양규(楊規) 또한 거란군 4천 5백여 명을 죽이고 포로로 잡혀 갔던 남녀 3만여 명을 탈환하였다. 이윽고 거란 왕의 대군이 몰래 이르니, 양규와 김숙흥이 종일토록 힘들게 싸우다가 모두 죽었다. 두 사람이 죽은 뒤 여러 장수들이 거란군이 지치고 쇠약해진 틈을 타서 뒤에서 거란군을 습격하여 격퇴하니, 거란 왕이 급히 도망가 압록강을 바삐 건넜다. 또 진사(鎭使) 정성(鄭成)이 그들이 절반쯤 건너갔을 때 후미를 공격하니, 거란군 중 물에 빠져 죽은 자가 매우 많았고, 함락되었던 여러 성이 모두 수복되었다.

○ 중대성(中臺省)을 폐지하고 중추원(中樞院)을 설치하였다.

○ 왕이 수도로 돌아와 논공행상을 하고 영빈관(迎賓館)과 회선관(會仙館) 두 관을 설치하여 여러 나라의 사신을 접대하게 하였다.

○ 거란에 사신을 보내어 강화(講和)하였다.

○ 겨울 12월에 거란 왕이 하공진을 죽였다. 하공진이 억류당하였을 때 거란 왕이 예로써 대하는 것이 매우 후하니, 하공진이 겉으로는 충성스럽고 부지런한 것처럼 보이고 (속으로는) 본국으로 돌아가고자 하여 준마(駿馬)를 많이 사들여 돌아갈 계획을 세웠다. 그런데 마침 그 모의가 누설되어 거란 왕이 국문(鞫問)하니, 하공진이 사실대로 대답하고 또 말하기를, "신이 본국에 대해 두 마음이 없으니 돌아가기를 원합니다" 하였다. 거란 왕이 그의 의로움에 감동하여 그를 용서하고 또 절개를 바꾸라고 강요하면서 타일렀다. 그러나 하공진은 더욱 굽히지 않았고 말이 화를 돋우어 마침내 살해당하였다.

○ 거란 왕이 사신을 보내 흥화(興化)지금의 의주(義州)에 속함. 또는 은산(殷山) 밑에 있다고 함・통주(通州)지금의 선천(宣川)・용주(龍州)지금의 용천(龍川)・철주(鐵州)지금의 철산(鐵山)・곽주(郭州)지금의 곽산(郭山)・귀주지금의 귀성 등 6성을 요구하였으나,[207] 대답하지 않았다(1012).

○ 여진이 거란군을 이끌고 압록강을 건너고자 하였으나, 대장군(大將軍) 김승위(金承渭)가 격퇴하였다(1013).

○ 거란이 6성을 연달아 달라고 하다가 국구(國舅)[208]인 상온(詳穩)[209] 소적렬(蕭敵烈)을 보내 통주를 침략하였다. 흥화진의 장군 정신용(鄭神勇)[210]이 맞아 싸우다가 7백여 명의 목을 베니, 거란군이 물러나 돌아갔다(1014).

---

207 거란은 현종이 직접 조회할 것을 요구하였으나, 고려가 왕의 병을 이유로 거부하자 6성을 요구하였다.

208 임금의 장인을 이르는 말이다.

209 요나라의 변경을 진무하는 관직명이다.

210 원문의 '정신통(鄭神通)'은 오기이므로 바로잡았다.

○ 상장군(上將軍) 김훈(金訓)·최질(崔質) 등이 반란을 일으켜 중추원사(中樞院使) 장연우(張延祐)와 일직(日直) 황보유의(皇甫兪義)를 유배하였다(1014). 몇해 전 군사를 부린 이후부터 병력 수를 늘려 군량의 수요가 매우 커지니, 이로 말미암아 백관의 녹봉이 부족하였다. 황보유의 등이 경군(京軍)의 영업전(永業田)을 빼앗아 녹봉에 충당시키니, 무관들이 매우 원망하면서 억울하게 생각하였다. 이때에 이르러 최질은 변방의 공훈을 쌓았으나 정부에서 다만 무관직을 여러 차례 제수하고 문관직은 허락하지 않았으므로,[211] 더욱 야속하게 생각하였다. 이에 김훈[212] 등과 더불어 여러 위(衛)의 군사를 이끌고 궁궐로 들어가 황보유의 등을 심하게 채찍질하고, 또 왕을 직접 만나 호소하여 치죄(治罪)하기를 청하였다. 왕이 부득이하여 황보유의 등을 먼 곳으로 유배하였다. 또 김훈 등의 말을 좇아 문관직인 어사대(御史臺)와 삼사(三司)를 폐지하고 금오대(金吾臺)와 도정서(都正署)를 설치하여 무관으로 하여금 겸임하게 하였다. 이듬해에 왕이 왕가도(王可道)의 계책을 써서 김훈과 최질 등을 죽였다.

무오 9년송 진종 천희(天禧) 2년 ○ 일본 천황 후일조(後一條) 2년 ○ 서기 1018년이었다.

여러 도(道)의 안무사(安撫使)를 폐지하고 4도호(都護)와 8목(牧), 지주군사(知州郡事) 56명, 진장(鎭將) 28명, 현령(縣令) 20명을 두었다.

○ 5월에 승려 10만 명에게 음식을 베풀고 이로부터 해마다 상사(常事)로 삼았다.

---

211 제도적으로 무반은 정3품인 상장군이 최고직으로 그 이상의 승진이 어려웠고 2품 이상의 재추직(宰樞職)은 문반이 독차지하도록 되어 있었다. 군대의 최고 지휘통솔권도 문신이 장악한 상태였으므로, 무신은 상대적으로 천시의 대상이 되었다.

212 원문의 '김순(金順)'은 오기이므로 바로잡았다.

○ 가을 9월에 거란의 대장 소손녕이 갑사 10만 명을 거느리고 침략하였다. 강감찬을 상원수(上元帥)로 삼고 강민첨(姜民瞻)을 부원수로 삼아, 군사 20만 8천 명을 거느리고 적을 막게 하였다. 흥화진지금의 의주에 속함에 이르러 산 속에 군사를 매복시키고, 또 큰 밧줄로 쇠가죽을 꿰어서 큰 냇물을 막았다. 얼마 후 적이 이르자 막은 물을 터놓고 매복한 군사를 내보내어 소손녕을 대파시키니, 소손녕이 감히 맞아 싸우지 못하고 샛길로 수도를 향해 곧장 달려갔다. 이듬해 봄 정월에 강감찬이 군사를 보내 지원하고 수도에서 또한 엄히 대비하면서 기다리니, 소손녕이 공격할 수 없음을 알고 군사를 돌려 귀주에 이르렀다. 강감찬 등이 또 맞아 싸울 때 비바람이 부는 기세를 타서 분발하여 공격해 대파하였다. 이에 쓰러져 있는 시체가 들판을 덮었고, 포로로 잡은 사람과 노획한 말 · 낙타 · 갑주(甲胄) · 병기 등이 이루 헤아릴 수 없이 많았다. 소손녕이 달아나니, 살아서 돌아간 자가 겨우 수천 명이었다. 강감찬이 싸움에서 이기고 돌아오니, 왕이 몸소 교외로 나가 환영하고 연회를 베풀었다. 왕은 황금으로 만든 꽃 8가지를 강감찬의 머리 위에 꽂아주고 오른손으로는 술잔을 잡고 왼손으로는 강감찬의 손을 잡으며 위로하기를 그치지 않았다. 얼마 후 강감찬이 청로(請老)[213]하니, 궤(几)와 지팡이를 하사하고,[214] 3일에 한 번씩 조회하라고 하였다. 또 그를 문하시랑(門下侍郞) 동내사문하평장사(同內史門下平章事) 천수현개

213 마음과 몸은 임금께 바쳤지만 해골만은 돌려달라는 뜻으로, 늙은 재상이 벼슬을 내놓고 은퇴하기를 임금에게 주청하던 일이다.

214 궤는 늙어서 벼슬을 그만두는 대신이나 중신(重臣)에게 임금이 주던 물건으로, 앉아서 팔을 기대는 것이었다. 지팡이는 임금이 70세 이상의 공신이나 원로대신에게 주던 것이다. 손잡이 꼭대기에 비둘기 모양을 새겼기 때문에 구장(鳩杖)이라고 하기도 한다.

국남(天水縣開國男)으로 삼고, 식읍 3백 호(戶)를 내려 주었다.

기사 20년송 인종(仁宗) 천성(天聖) 7년 ○ 일본 천황 후일조 13년 ○ 서기 1029년이었다.

송나라 강남(江南) 사람 이문통(李文通) 등이 와서 서책 597권을 바쳤다.

○ 가을 8월에 개경(開京)에 나성(羅城)을 쌓았다. 평장사 강감찬이 수도에 성곽이 없다고 하면서 축조하기를 청하였다. 이에 그 터를 정하였는데, 둘레가 1만 6백 60보(步)이고 높이는 27척(尺)이며, 성곽의 집은 4천 9백 10간(間)이었다. 대략 21년 만에 공사를 마쳤다.

○ 겨울 12월에 흥요국(興遼國)이 동여진을 이끌고 거란과 서로 공격하다가 사신을 보내 원병을 청하였으나, 왕이 허락하지 않았다. 흥요국은 곧 발해의 남은 종족이다. 대조영의 7대손 대연림(大延琳)이 거란에서 벼슬하여 동경장군(東京將軍)이 되었다가 이때에 이르러 거란을 배반하고 나라를 세워 그 해를 원년으로 하는 기원(紀元)을 쓰더니(1029), 이윽고 거란에게 멸망당하였다(1030).

신미 22년송 인종 천성 9년 ○ 일본 천황 후일조 15년 ○ 서기 1031년이었다.

여름 5월에 왕의 병이 위독해져 태자 흠(欽)에게 죽은 뒤의 일을 부탁하고 돌아가셨다. 왕이 어려서부터 총명하며 어질고 은혜로웠으며, 장성하면서 학문에 힘쓰고 글씨를 잘 썼으며, 귀와 눈을 거친 것은 잊지 않았다. 태자가 즉위하여 시호를 원문(元文)[215]이라 하고 묘호를 현종이라 하였으며, 선릉(宣陵)에 장사 지냈다.

---

215 원문의 '문원(文元)'은 오기이므로 바로잡았다.

○ 가을 8월에 강감찬이 죽었다. 강감찬은 금주(衿州)[216] 지금의 시흥(始興) 사람으로 성품이 청렴하고 검소하여 산업(產業)을 경영하지 않았고, 학문을 좋아하여 싫증내지 않았으며, 뛰어난 지략이 많았다. 몸집이 작고 초라하였으며, 의상이 때가 묻고 해어져서 외모로는 보통 사람에 지나지 않았으나, 얼굴에 엄정한 빛을 띠고 조정에 나아가 큰일과 큰 정책을 결정할 때에는 우뚝하여 나라의 중요한 인물이 되었다. 그는 벼슬을 그만두고 성의 남쪽으로 돌아가 한가롭게 지내다가 이때에 이르러 죽으니, 나이가 84세였다. 시호를 인헌(仁憲)이라 하였다.

○ 겨울 10월에 국자감시(國子監試)를 설행(設行)하여 시(詩)·부(賦)로써 시험을 보아 인재를 뽑으니, 감시법(監試法)이 이때부터 시작되었다.

덕종(德宗) 경강왕(敬康王)의 휘는 흠(欽)이고 자는 원량(元良)이니, 재위 기간은 3년이며 19세까지 살았다.

임신 원년 송 인종(仁宗) 명도(明道) 원년 ○ 일본 천황 후일조 16년 ○ 서기 1032년이었다.

봄 정월에 거란 사자를 받아들이지 않았다. 이에 앞서 김행공(金行恭)이 거란에 가서 압록강에 거란이 쌓은 성과 다리를 부수고자 하였다. 그러나 거란의 왕이 따르지 않자 왕이 매우 원통하고 한탄스러워하였다. 이때에 이르러 왕가도와 이단(李端) 등이 거란을 토벌할 수 있는 상황이라고 말하자 그 계책에 따라 출병하고자 하였고, 이에 따라 거란과의 좋은 관계를 단절하였다.

○ 유소(柳韶)에게 명령을 내려 서북계(西北界)에 관성(關城)을 새로 만

216 원문의 '금천(衿川)'은 오기이므로 바로잡았다.

들었는데, 의주 인산보(麟山堡)로부터 시작하여 함흥 도련포(都連浦)까지 이르렀다. 총 길이가 천 리이고 높이와 두께가 각각 25척(尺)이며, 돌로 쌓았다.

갑술 3년송 인종 경우(景祐) 원년 ○ 일본 천황 후일조 18년 ○ 서기 1034년이었다.

가을 9월에 왕이 병으로 누워서 동복아우 평양군(平壤君) 형(亨)에게 왕위를 넘기고 돌아가시니, 그날 평양군이 즉위하여 시호를 경강(敬康)이라 하였다. 묘호는 덕종이며, 숙릉(肅陵)에 장사 지냈다.

정종(靖宗) 용혜왕(容惠王)의 휘는 형(亨)이고 자는 신소(申炤)이니, 재위 기간이 12년이었고, 32세까지 살았다.

을유 11년송 인종 경력(慶曆) 5년 ○ 일본 천황 후주작(後朱雀) 9년 ○ 서기 1045년이었다.

목을 매거나, 머리를 베어 죽이는 두 가지 죄를 지은 사람들의 형벌을 줄여주었다. (왕이) 조서를 내려 말하기를 "짐이 생명을 귀하게 여기는 덕을 베풀어 백성을 구제할 뜻을 보이니, 목을 매거나 목을 베어 죽이는 두 가지 죄를 범한 자는 무인도로 유배 보내고, 그 중에 형편이 가련한 자는 사람이 사는 섬으로 유배하라" 하였다. 이때 동시에 죽음을 면한 자가 1백 16명이었다.

○ 동쪽 연못에서 키운 두루미, 거위, 오리와 산양류를 풀어주니, 동물을 애완함으로써 동물의 타고난 성질을 손상할까 두려워했기 때문이다.

○ 동여진(東女眞)의 사신이 찾아와서 말을 바쳤다.

병술 12년송 인종 경력 6년 ○ 일본 천황 후냉천(後冷泉) 원년 ○ 서기 1046년이었다.

여름 5월에 왕이 돌아가시니, 동생 낙랑군(樂浪君) 휘(徽)가 즉위하여 시호를 용혜(容惠)라 하였다. 묘호는 정종이고 주능(周陵)에 장사 지냈는데, 유명(遺命)을 따라 모든 제도를 검약하게 하였다.

○ 양규(楊規), 김숙흥(金叔興), 강민첨(姜民瞻) 등이 거란을 부순 공로를 추가로 포상하여 공신각(功臣閣)에 (그들의) 초상을 그려 놓았다.

문종(文宗) 인효왕(仁孝王)의 휘는 휘(徽)이고, 자는 촉유(燭幽)이니, 현종의 셋째 아들이다. 재위 기간이 37년이고 65세까지 살았다.

정유 11년송 인종 가우(嘉祐) 2년 ○ 일본 천황 후냉천 12년 ○ 서기 1057년이었다.

가을 8월에 경정상(慶鼎相)을 한림(翰林)으로 삼았더니, 중서성(中書省)이 아뢰기를, "경정상은 대장장이[鐵匠]의 후예로 청요직(淸要職)[217] 은 분에 넘치니, 청컨대 관직을 삭탈하소서" 하였다. 왕이 이르기를, "옛말에 전하기를, '순무와 무를 캐는 것은 뿌리 때문만은 아니다'[218]라 하였으니, 이것은 쓸모가 있는 것을 귀하게 여기라는 것이다. 경정상의 재능과 식견 중에서 채용할 만한 것이 있으니, 어찌 조상의 계보를 논하겠느냐?" 하고, 그 청을 윤허하지 않았다.

○ 양경(兩京)과 동주(東州)지금의 철원 여러 군[219]에 명령을 내려 한 집에 세 명의 아들이 있으면 그 중 한 아들은 승려가 되는 것을 허용하였다(1059).

---

217 청환(淸宦)과 요직(要職)을 아울러 이르던 말이며, 청환은 학식과 문벌이 높은 사람에게 주던 벼슬이다.

218 일부가 나쁘다고 전부를 버리는 어리석음을 경계하는 비유로, 『시경(詩經)』에 나오는 말이다.

219 『고려사』에서는 "동남 주 · 부 · 군 · 현(東南州府郡縣)"이라 하였다(권 8 「세가」 8 문종(文宗) 13년 8월).

○ 왕이 봉은사(奉恩寺)에 거둥하였다가 드디어 국자감(國子監)에 이르러 수행하는 신하에게 말하기를, "중니(仲尼)[220]는 모든 왕의 스승이니, 어찌 경의를 표하지 않을 수 있는가?" 하고 절을 두 번 하였다(1061).

정미 21년송 영종(英宗) 치평(治平) 4년 ○ 일본 천황 후냉천 22년 ○ 서기 1067년이었다.

거란에 사신을 파견하였다. 이때 거란이 국호를 회복하여 요(遼)라 하였으므로, 이를 축하하기 위해서였다.

○ 흥왕사(興王寺)지금의 풍덕군(豊德郡)에 있음가 완성되니, 모두 2천 8백 칸이었다. 12년 만에 공사가 끝난 것이다.[221] 왕이 완공하였을 때 5일간 밤낮으로 연등대회(燃燈大會)를 열었다. 또한 칙령을 내려 모든 관리와 안서도호부(安西都護府), 개성부(開城府), 광주(廣州)지금의 광주(廣州), 수주(水州)지금의 수원, 양주(楊州)지금의 양주(楊州), 동주지금의 철원, 수주(樹州)지금의 부평(富平)의 5개 주와 강화, 장단(長湍) 2개 현으로 하여금 대궐 정원으로부터 흥왕사 문에 이르기까지 색을 칠한 목책을 묶어 비늘이 잇닿아 차례로 배열된 것처럼 꾸미고, 왕의 수레가 가는 길 좌우에는 연등을 산처럼 쌓아 불이 붙은 나무처럼 만드니 그 밝은 빛이 대낮과 같았다. 왕이 모든 관리를 거느리고 향을 피우며 재물을 바치니, 불교 행사가 전례가 없을 정도로 성대하였다. 또 금탑을 만드니, 금이 1백 44근, 은이 4백 27근이 들어갔다(1078). 연등회가 끝난 후 대사면을 하였다.

○ 태사(太師) 중서령(中書令)으로 벼슬에서 물러난 최충(崔沖)이 죽으니(1068), 시호를 문헌(文憲)이라 했다. 최충은 해주(海州) 사람으로 풍모

220 공자(孔子)의 어릴 적 이름이다.
221 문종 10년(1056) 2월에 공사를 시작하여 문종 21년(1067) 1월에 완성하였다.

가 뛰어나게 훌륭하고, 지조와 성품이 강하고 곧으며 학문을 좋아하였으며, 또한 문장에 뛰어나고 다섯 명의 왕을 차례로 섬기어서 그 당시 명망이 매우 높았다. 현종 이후로 전쟁이 겨우 멈추었으나 학문을 가르칠 여유가 없었는데, 최충이 후진을 불러 모아 가르침을 게을리 하지 않으니, 이때부터 학도(學徒)가 모여 들어 길거리에 넘쳤다. 그리하여 드디어 9개의 재(齋)로 나누어 가르치니, 당시 사람들이 말하기를, "시중(侍中) 최공(崔公)의 학도이다"라고 하였다. 무릇 과거에 응시하는 자제는 먼저 이 학도가 되어서 여름에는 승방(僧房)에 거주하면서 여름 과제를 공부하였다. 이때 학문이 뛰어난 자는 교사(教師)가 되어 경서(經書)와 역사책을 전수하였으며, 때로는 초에 표시를 해 정해진 시간 내에 시를 짓게 하여 차례를 게시하였다. 남자 어른과 남자아이들이[222] 나누어 서서 준조(樽俎)[223]와 나아가고 물러나는 의식을 하는데 모두 위의와 절도가 있어 보는 사람들이 다 감탄하였다. 이 당시에 또 유신(儒臣) 정배걸(鄭倍傑) 등 각기 학교를 설립한 자가 무릇 12명이었다. 그러나 그 번성함이 모두 최충을 따를 수 없었다. 동방에서 학교의 흥함이 최충으로부터 시작되었으니, 세상 사람들이 그를 '해동공자(海東孔子)'라 칭하였다. 그의 자손 중 학문으로써 재상에 오른 자가 수십 명이나 되었다.

○ 신궁(新宮)을 한양에 창건하고 이름을 '남경(南京)'이라 지었다(1068).

○ 양전보수법(量田步數法)을 정할 때 전(田) 1결은 사방을 각각 33보

---

222 원문의 '관동(冠童)'이란 관례(冠禮)를 한 남자 어른과 관례를 하지 않은 남자아이를 가리킨다.

223 제사 때에 고기를 괴어 놓는 적대(炙臺)와 술을 담는 그릇으로, 예를 갖춘 공식적인 자리를 가리킨다.

(步)로 하고, 2결은 47보로 하였으며, 그 이하도 모두 보수(步數)를 판단해 결을 계산하였다(1069).

○ 동여진의 15주(州) 추장들이 내부(內附)하여 군현이 되기를 청하므로 이를 허락하고, 각기 장군직을 내렸더니 얼마 되지 않아 서여진이 또 내부하였다.

○ 일본 사람들이 토산품을 들고 와서 바쳤다. 이후로 왕래가 끊임이 없었다.

○ 송나라 간의대부(諫議大夫) 안도(安燾)와 기거사인(起居舍人) 진목(陳睦)이 와서 송 황제의 명으로 의대(衣帶), 비단 신발, 악기, 금은 그릇 등을 바쳤다(1078).[224] 이후로 양국 사신이 해마다 왕래하였다. 이 당시 송 황제는 우리나라가 문장(文章)을 숭상한다고 하여 사자를 보낼 때마다 반드시 글을 짓는 신하 중에서 뛰어난 자로 하여금 국서(國書)를 작성하도록 하고 사자는 중서성(中書省)에 불려 들어가 문장을 시험한 후에 파견하였다.

○ 겨울 10월에 요나라가 사신을 파견하여 빙문하였다.

○ 사츠마주[薩摩州]가 와서 조공을 바쳤다(1080). 사츠마주는 일본의 별부(別部)로 우리나라와는 멀지 않은 곳에 있는 지역이라 이후로 왕래가 끊이지 않았다.

계해 37년송 신종(神宗) 원풍(元豐) 6년 ○ 일본 천황 후삼조(後三條) 15년 ○ 서기 1083년이었다.

가을 7월에 왕이 돌아가시고 태자가 즉위하였다. 왕이 병에 들어 태

---

224 고려와 송의 외교가 재개된 것은 이보다 앞서 송의 요청에 의해 고려가 정식으로 사신을 보낸 문종 26년(1072)이다.

자 훈(勳)에게 왕위를 넘기고 돌아가시니, 시호를 인효(仁孝)라 하였다. 묘호는 문종이고, 경릉(景陵)에 장사 지냈다. 왕이 어려서부터 총명하고 지혜로웠으며, 장성하면서 학문을 좋아하고 활을 잘 쏘았으며, 포부가 넓고 원대하였으며, 너그럽고 어질며 도량이 커서 많은 사람을 포용하였다.

순종(順宗) **선혜왕**(宣惠王)의 휘는 훈(勳)이니, 재위 기간이 4개월이고, 37세까지 살았다.

겨울 10월에 왕이 돌아가셨다. 왕은 평소부터 질병이 있었는데, 여막(廬幕)[225]에 거처하면서 몸이 몹시 야윌 만큼 아버지의 죽음을 과도하게 슬퍼하다가 상중에 돌아가셨다. 동복아우 국원공(國原公) 운(運)이 즉위하여 시호를 선혜(宣惠)라 하였다. 묘호는 순종이고, 성릉(成陵)에 장사 지냈다.

선종(宣宗) **사효왕**(思孝王)의 휘는 운(運)이고, 자는 계천(繼天)이니, 재위 기간이 11년이고, 46세까지 살았다.

병인 3년송 철종(哲宗) 원우(元祐) 원년 ○ 일본 천황 후삼조 18년 ○ 서기 1086년이었다.

왕이 누이동생 적경공주(積慶公主)를 왕의 아우 부여후(扶餘侯) 수(燧)에게 시집보냈다.

○ 승려 정쌍(貞雙) 등이 구산문(九山門)[226]에서 공부하는 승도(僧徒)를 진사(進士) 선발 규례와 마찬가지로 3년에 한 번씩 뽑도록 주청(奏請)하

---

225 무덤 근처에 지어놓고 상주가 거처하는 초막(草幕)이다.

226 원문의 '구문산(九門山)'은 오기이므로 바로잡았다.

니, 왕이 이를 따랐다(1084).

○ 왕의 아우 석(釋)석은 승려이다 후(煦)가 송나라로부터 돌아왔다. 이에 앞서 문종 때 후가 송나라에 들어가 불법을 구하고자 했으나 허락받지 못하였다가 왕이 즉위하자 상선(商船)을 몰래 타고 송나라에 이르렀다. 송 황제가 손님을 대하는 예의로써 대우하고, 원외랑(員外郎) 양걸(楊傑)을 관반(館伴)으로 삼으니 각지 산천을 유람하였다. (후는) 환국할 때 불교 경전과 경서 1천 권을 가지고 왔으며, 또 주청하여 요, 송, 일본에서 책을 사오니 모두 4천 권이었다. 이를 모두 인쇄하여 발행하였다.

기사 6년송 철종 원우 4년 ○ 일본 천황 굴하(堀河) 3년 ○ 서기 1089년이었다.

겨울 10월에 『인왕경(仁王經)』을 회경전(會慶殿)에서 강의하고, 승려 3만 명에게 식사를 대접했다.

○ 새로 주조한 13층 황금탑(黃金塔)을 회경전에 두고, 경찬회(慶讚會)[227]를 베풀었다.

○ 국청사(國淸寺)를 지으니, 이는 태후가 창건한 것이다.

○ 위계정(魏繼廷)을 어사중승(御史中丞)으로 삼았다. 이 당시 왕이 총애하는 첩 만춘(萬春)의 저택을 짓는데 매우 장엄하고 화려하므로, 위계정이 아뢰기를, "만춘이 윗사람의 뜻이라고 속이며 백성들을 노역시키니 청컨대 이를 헐어 걷어내소서" 하였다. 또 대궐 안에서 열린 잔치에서 왕을 모시고 있다가 술이 거나하게 취한 왕이 위계정에게 일어나 춤을 추라 하자, 그는 사양하면서 말하기를 "영인(伶人)[228]이 본래

227 탑의 창건을 기념한 법회이며, 원문의 '경찬회(慶贊會)'는 오기이므로 바로잡았다.
228 악공(樂工)과 광대, 주흥(酒興)을 돋우는 사람을 이르는 말이다.

부터 있는데 어찌 신하가 춤을 추겠습니까?" 하였다. 떠듬거리며 바른 말을 하는 것이 이와 같았다.

○ 72명의 현인(賢人)의 모습을 국자감 벽 위에 그려 넣었다.

갑술 11년송 철종 소성(紹聖) 원년 ○ 일본 천황 굴하 8년 ○ 서기 1094년이었다.

여름 5월에 왕이 돌아가셨다. 왕이 총명하고 공손하며 검약하였고, 경서와 역사책을 두루 읽었으나 놀러 나가는 데 법도가 없었고, 절과 탑을 많이 만들어 하늘이 노하고 백성이 원망하여 재이(災異)[229]가 자주 일어났다. 태자 욱(昱)이 즉위하여, 시호를 사효(思孝)[230]라고 하였다. 묘호는 선종이고, 인릉(仁陵)에 장사 지냈다.

헌종(獻宗) 공상왕(恭殤王)의 휘는 욱(昱)이니, 재위 기간은 1년이고 14세까지 살았다.

을해 원년송 철종 소성 2년 ○ 일본 천황 굴하 9년 ○ 서기 1095년이었다.

가을 7월에 이자의(李資義)를 형벌에 처해 죽였다. 이자의는 이자연(李子淵)의 손자로서 그의 누이동생이 선종의 후궁이 되어 아들 구(昫)를 낳았다. 이때에 이르러 왕이 유약함을 보고, 구를 왕으로 세우고자 대궐 안에 병사를 모으므로, 왕의 숙부 계림공(鷄林公) 희(熙)가 평장사 소태보(邵台輔)와 더불어 이자의를 죽였다.

○ 겨울 10월에 왕이 계림공 희에게 왕위를 물려주었다.

229 풍수해, 가뭄 등의 천재(天災)와 지진, 해일, 홍수, 분화(噴火) 등의 지이(地異)를 아울러 이르는 말이다.

230 원문의 '사혜(思惠)'는 오기이므로 바로잡았다.

숙종(肅宗) 명효왕(明孝王)의 휘는 옹(顒)이고 자는 천상(天常)이다. 처음의 휘는 희(熙)이니 선종의 동복아우이다. 재위 기간은 10년이고, 52세까지 살았다.

정축 2년송 철종 소성 4년 ○ 일본 천황 굴하 11년 ○ 서기 1097년이었다.

봄 정월에 전왕이 돌아가시니, 시호를 공상(恭殤)이라 하였다. 묘호는 헌종이고 은릉(隱陵)에 장사 지냈다.

기묘 4년송 철종 원부(元符) 2년 ○ 일본 천황 굴하 13년 ○ 서기 1099년이었다.

가을 9월에 왕이 왕비와 태자, 신하들을 이끌고 양주(楊洲)에 이르러 도읍으로 정할 땅을 살펴보았다. 이에 앞서 위위승(衛尉丞) 김위제(金謂磾)가 상서하여 남경(南京)으로 도읍을 옮기기를 청하니, 그 대략은 "『도선기(道詵記)』에 말하기를, '고려의 땅에 삼경(三京)이 있으니 송악이 중경(中京)이고, 목멱양(木覓壤)즉 한양 수도 안은 남경이며, 평양은 서경이다. 11월부터 2월까지는 중경에 머무르고, 3월부터 6월까지는 남경에 머무르며, 7월부터 10월까지는 서경에 머무르면 36개 나라의 사신이 와서 조회할 것이다' 하였습니다. 또한 이르기를, '개국 후 160여 년 만에 목멱양에 도읍을 정한다' 하였습니다. 그러므로 신은 지금이 바로 신경(新京)으로 순행해 머무를 시기라고 생각합니다. 또 나라에 중경과 서경의 양경(兩京)은 있으나 남경이 빠져 있으니, 원컨대 삼각산 남쪽과 목멱산 북쪽에 도성을 건립하여 수시로 순행하며 머무르소서" 하였다. 일자(日者)[231] 등도 따라서 뜻을 같이 하니, 왕이 삼각산에 거둥하였다

231 날의 길흉을 점치는 사람이다.

가 양주에 이르러 도읍으로 정할 땅을 살펴보았고, 그 2년 후에 또 최사추(崔思諏)의 말에 따라 삼각산을 마주 보는 산즉 부아악(負兒嶽)의 남쪽을 택하여 도성을 세울 경계를 정하였다.

○ 이에 앞서 왕이 윤관의 말을 채택하여 화폐를 주조하였는데 이때에 이르러 주전도감(鑄錢都監)이 아뢰기를, "나라 사람들이 비로소 화폐의 사용이 편리하다는 것을 알게 되었으니, 청컨대 이를 종묘(宗廟)에 고하소서" 하니, 왕이 이를 따랐다. 또한 은병(銀甁)을 사용토록 하였는데, 그 제도가 은 한 근으로 우리나라 지형을 본 따 만드니, 민간에서 부르는 이름은 활구(闊口)였다(1101).

○ 소태보가 아뢰기를, "국학(國學)을 운영할 경비가 없으니, 청컨대 이를 폐지하소서" 하였으나, 왕이 대답하지 않았다.

○ 기자묘(箕子墓)를 찾아서 사당을 짓고, 제사를 지냈다.

을유 10년송 휘종(徽宗) 숭녕(崇寧) 4년 ○ 일본 천황 굴하 19년 ○ 서기 1105년이었다.

봄 정월에 왕이 봉은사(奉恩寺)에 가서 연등회를 관람하였다.

○ 겨울 10월에 왕이 돌아가셨다. 태자 우(俁)가 즉위하여 시호를 명효(明孝)라고 하였다. 묘호는 숙종이고 영릉(英陵)에 장사 지냈다.

예종(睿宗) 문효왕(文孝王)의 휘는 우(俁)이고 자는 세민(世民)이니, 재위 기간이 17년이고, 45세까지 살았다.

정해 2년송 휘종 대관(大觀) 원년 ○ 일본 천황 굴하 21년 ○ 서기 1107년이었다.

겨울 12월에 윤관 등이 동여진을 공격하여 대파하고, 길주(吉州) 등 네 개의 성을 쌓았다. 이 당시 변경에 있는 신하가 보고하기를, 여진이

다시 배반하여 변방에 있는 성을 쳐들어 올 때 그 추장이 한 개의 호리병에 꿩의 깃을 매달고 각 부(部)에 돌아다니며 보여주면서 군(軍)의 일을 의논하였는데, 그 계략을 헤아리기가 어렵다고 하였다. 이에 왕이 윤관을 원수(元帥)로 삼고, 오연총(吳延寵)을 부원수로 삼아 군사 17만을 이끌고 진격하였다. 윤관 등이 그 성 아래에 도착하니, 적이 성 위에서 맞서 싸우며 화살이 비처럼 쏟아지므로 여러 군사가 감히 전진하지 못하고 있었다. 병마녹사(兵馬錄事) 척준경(拓俊京)이 거침없이 진격하여 추장 여러 명을 죽이자, 윤관 등이 좌군병마사(左軍兵馬使) 김덕진(金德珍)과 더불어 연합 공격하여 대파하고, 4천 8백여 급의 목을 베었다. 그리고 그로 인하여 땅의 경계를 획정하고, 영주(英州)지금의 길주 안에 있음, 웅주(雄州)지금의 길주 안에 있음, 복주(福州)지금의 단천(端川), 길주 등 4개의 성을 쌓았다.

○ 이(李)씨를 맞아들여 비(妃)로 봉하였다(1108). 비는 급사중(給事中) 이자겸(李資謙)의 딸이고, 이자연(李子淵)의 증손이었다.

기축 4년송 휘종 대관 3년 ○ 일본 천황 조우(鳥羽) 2년 ○ 서기 1109년이었다.

가을 7월에 9성에서 철수하고, 여진의 옛 땅을 돌려주었다. 이에 앞서 윤관이 4성을 쌓고, 또 함주(咸州)지금의 함흥와 공험진(公嶮鎭)지금의 길주에 있음, 의주(宜州)지금의 덕원(德源), 통태(通泰)지금의 길주 남쪽에 있음, 평융(平戎)지금의 길주에 있음 5성을 구축하여 남쪽 경계의 6만여 호를 이사하여 거주케 하고, 개선하고 돌아왔다. 얼마 후 여진이 자주 침범하여 어지럽게 하고 오연총을 패배시키자 다시 윤관 등을 보내 여진과 싸움을 중단하고 화해하였다. 이 당시 해마다 징병하고 군량을 조달하여 나라 안팎이 시끄럽고 어지러웠으며, 기근에다 전염병이 더해졌다. 왕 또한 전쟁을 싫어하고 고통스럽게 생각하여 9성의 반환을 논의할 때 간의대부(諫議大夫) 김인존(金仁存)이 힘써 말하기를, "만일 땅을 돌려주지 않으면 그 나라(여진)가 반드시 우리나라와 요(遼) 사이에 틈을 만들어 낼 것이니, 청컨대 옛 땅을 돌려주소서" 하였다. 왕이 드디어 이를 허락하였다. 여러 신하들이 윤관과 오연총 등이 공 세우기를 좋아하여 이웃나라와 사이가 벌어지게 한 죄를 논하니, 왕이 부득이하여 면직시켰다.

○ 윤관이 죽었다(1111). 윤관은 파평현(坡平縣) 사람으로 학문을 좋아하여 게을리하지 않더니, 장수와 재상이 되자 싸움 중이라도 항상 5경을 지니고 다녔다. 어진 자를 좋아하고 선한 것을 즐김이 한 시대의 으뜸이었다. 시호를 문숙(文肅)이라 하였다.

계사 8년송 휘종 정화(政和) 3년 ○ 일본 천황 조우 6년 ○ 서기 1113년이었다.

봄 2월에 화원(花園) 두 곳을 폐지하였다. 이에 앞서 왕이 장원정(長源亭), 상춘정(賞春亭) 등에 자주 나가서 음악과 연회를 즐기며 놀았으며, 근시(近侍)들이 사치스러움으로 왕의 뜻에 아첨하여 화원을 왕궁 남쪽과 서쪽에 나누어 설치하고, 높은 정자를 크게 지었으며, 민가의 화초를 거두어 이곳으로 옮겨 심었다. 그것도 오히려 부족하여 송나라에서 사오더니, 이윽고 논란이 분분하자 이를 폐지하였다.

○ 4월에 여진의 오라골(烏羅骨), 실현(實顯) 등이 와서 9개 성을 돌려준 데 대하여 사례하고, 말과 금을 바쳤다.

○ 여진 완안부(完顔部)의 아구다[阿骨打]가 군사를 일으켜 요나라를 배반하였다(1114). 요나라가 장차 공격하여 토벌하고자, 우리에게 공문을 보내 그 지역의 경계를 방어하여 도망가지 못하게 하라고 하였다.

○ 중서령(中書令)으로 벼슬에서 물러난 최사추(崔思諏)가 죽었다(1115). 최사추는 최충의 손자이다. 그의 딸이 이자겸에게 시집을 가서 왕비를 낳았으므로 왕의 예우가 특별히 후하였으나, 최사추는 근검하고 공평하며 청렴하여 문벌로서 교만하지 않고 정치를 하는 데에 있어 일의 기본을 힘써 지켰다.

을미 10년송 휘종 정화 5년 ○ 일본 천황 조우 8년 ○ 서기 1115년이었다.

봄에 여진 완안부의 아구다가 황제를 칭하고 국호를 금(金)이라 하였다. 8월에 요나라가 이를 토벌하고자 사신을 보내 군사를 요청하였으나, 왕이 척준경과 김부식(金富軾)의 말을 듣고 이를 따르지 않았다.

○ 왕이 서경에 거둥하여 대동강에 배를 띄우고, 여러 신하들과 함께 시를 지었다. 지제고(知制誥) 최약(崔瀹)이 말하기를, "제왕(帝王)이 마땅히 경술(經術)을 좋아하고, 선한 도(道)를 가려 자문해야 하는데 어찌 벌레나 조각하는 하찮은 재주를 좋아하여 천진함을 잃으려 하십니까?" 하였다. 왕이 이를 관대하게 받아들였더니, 한 사신(詞臣)이 헐뜯으며 말하기를, "최약이 시를 짓는 재능이[232] 없어 이런 말을 하였습니다" 하였다. 왕이 노하여 최약을 파면하였다가 나중에 그가 시를 잘 짓는다는 말을 듣고 소환하였다. 최약은 최유선(崔惟善)의 손자이다.

○ 곽여(郭輿)는 금주(金州) 사람으로 어려서부터 공부에 힘쓰고, 예부(禮部)에 잠시 벼슬하다가 이때에 이르러 은퇴하고자 하였다. 왕이 불러서 보고, 친히 술과 음식을 내리면서 선생이라 부르며 오건(烏巾)[233]

232 원문에 '시재(試才)'라 되어 있으나, 이는 '시재(詩才)'의 오기이다.
233 남자들이 많이 쓰던 쓰개의 하나로 문라건(文羅巾)이라고도 한다.

과 학창(鶴氅)[234]을 입은 사람들이 좌우에서 항상 시중을 들게 하니, 당시 사람들이 금문우객(金門羽客)이라 불렀다.

○ 금나라가 사신을 보내와 우호 관계를 맺었다.

무술 13년송 휘종 중화(重和) 원년 ○ 일본 천황 조우 11년 ○ 서기 1118년이었다.

여름 4월에 안화사(安和寺)를 중수(重修)하고, 송 황제에게 현판(扁額)을 부탁하니, 송 황제가 직접 써서 보내왔다.

임인 17년송 휘종 선화(宣和) 4년 ○ 일본 천황 조우 15년 ○ 서기 1122년이었다.

여름 4월에 왕이 돌아가시고 태자 해(楷)가 즉위하여 시호를 문효(文孝)라 하였다. 묘호는 예종이고, 유능(裕陵)에 장사 지냈다.

○ 겨울 10월에 수태사(守太史) 중서령(中書令) 이자겸을 한양공(漢陽公)으로 삼았다가 다시 조선공(朝鮮公)으로 봉하였다.

인종(仁宗) 영효왕(榮孝王)의 휘는 해(楷)이고 자는 인표(仁表)이며, 처음의 휘는 구(構)이다. 재위 기간은 24년이고, 38세까지 살았다.

을사 3년송 휘종 선화 7년 ○ 일본 천황 숭덕(崇德) 2년 ○ 서기 1125년이었다.

여름 4월에 금나라가 요나라를 멸망시켰다. 이에 앞서 아구다가 요를 정벌할 때 송나라가 금과 모의하여 요의 땅을 나누어 갖기로 약속하고 군사를 내어 서로 도우니, 요의 형세가 날로 줄어들어 우리나라에 구원을 청하였다. (우리나라가) 답변을 하지 않았다가 이때에 이르러

234 소매가 넓고 뒤 솔기가 갈라진 흰옷의 가를 검은 천으로 넓게 댄 웃옷이다.

요에 사신을 보냈는데, 사신이 용주(龍州)지금의 용천(龍川)에서 출발하여 배를 타고 바다를 건너갔으나, 도착하지 못하고 돌아왔다.

병오 4년송 흠종(欽宗) 정강(靖康) 원년 ○ 일본 천황 숭덕 3년 ○ 서기 1126년이었다.

이자겸이 군사를 일으켜 대궐을 범하였다. 처음에 이자겸이 외척이라는 높은 신분으로 권세를 부리자, 중서시랑(中書侍郎) 한안인(韓安仁)이 왕에게 권하여 이자겸을 높이 받들어 벼슬에서 물러나게 하고, 그의 세력이 없어지는 틈을 타서 문공미(文公美) 등과 함께 일을 꾸미고자 하였다. 이자겸이 그 모의를 알고, 곧 죄를 조작하여 한안인을 감물도(甘物島)지금의 영암(靈巖)에 속함에 유배 보냈다가 바로 물에 빠뜨려 죽이고, 문공미는 충주(忠州)로 유배 보내니, 한꺼번에 연루된 유명 인사들이 매우 많았다. 이후 나라 안팎의 대권(大權)이 모두 이자겸에게 돌아갔고, 척준경과 그의 동생 척준신(拓俊臣)이 그를 보좌하였다. 이자겸이 다른 성(姓)이 왕비가 되면 권세와 왕의 총애가 나누어질까 두려워 그의 셋째 딸을 왕에게 억지로 시집보내고, 그후에 또 넷째 딸을 시집보내 비로 삼게 하니 왕이 모두 부득이하여 받아들였다. 이에 이자겸이 더욱 어렵게 여기고 꺼리는 일이 없어 그의 무리들을 널리 심어 높은 관직과 요직에 배치하고 관작(官爵)을 팔아 뇌물이 쏟아졌다. 또 그가 군사와 나라에 관한 일을 제멋대로 관할하고자 하므로, 왕이 이로부터 그를 증오하였다. 내시관(內侍官) 김찬(金粲)과 안보린(安甫鱗)이 왕의 뜻을 헤아리고, 동지추밀원사(同知樞密院事) 지녹연(智祿延)과 함께 이자겸과 척준경을 죽이려고 병사를 일으켜 먼저 척준신을 죽였다. 이자겸이 몹시 두려워하여 모든 관리들을 불러 의논코자 하였으나, 척준경이 말하기를, "일이 급합니다" 하고, 궁궐에 들어가 무리를 이끌고 북을 치며 소란스럽게 하였다.[235] 지녹연 등이 감히 나오지 못하고 있는데 해가 저물자, 척준경이 땔나무를 쌓고 불을 붙였다. 왕이 불을 피해 산호정(山呼亭)으로 걸어 갔다가 해를 당할까 두려워하여 이자겸에게 왕위를 넘기고자 하였다. 그러나 이자겸이 여러 사람들의 뜻이 합쳐지지 않음을 보고, 감히 왕위를 넘겨받지 못하고 왕에게 청하여 남궁(南宮)으로 가게 하고, 그의 무리들을 나누어 보내 안보린 등 10여 명을 죽였다. 지녹연과 김찬은 먼 곳으로 유배 보냈는데 지녹연은 중도에서 살해당했다. 난이 한창일 때 좌복야(左僕射) 홍관(洪灌)이 변란의 소식을 듣고 탄식하기를, "왕이 욕을 당하면 신하는 죽어야 하니 내가 어찌 편안히 있을 수 있겠는가?" 하고, 왕을 따라 서화문(西華門)으로 나갔다가 척준경 등에게 해를 당하였다. 밀직(密直) 김진(金縝)[236]은 "의로운 사람은 역적에게 죽지 않는다" 하고 드디어 문을 잠그고 자기 몸에 불을 질러 죽었다.

○ 3월에 이자겸이 왕을 협박하여 자기 집으로 옮기게 하였다. 그때 왕이 이자겸의 집에 이르니, 이자겸이 자기 처와 함께 땅을 치며 크게 울면서 말하기를, "왕께서 어찌하여 역적을 믿고 골육을 해치고자 합니까?" 하였다. 이때부터 왕의 거동과 식사를 모두 자유롭게 하지 못하도록 하였으며, 재상 박승중(朴昇中)과 허재(許載) 등은 역적들에게 아첨하며 붙어 다녔다. 모든 관료는 인원을 채웠을 뿐이었다.

○ 5월에 왕이 연경궁(延慶宮)으로 거처를 옮겼다.

---

235 원문의 '솔중고조(率衆皷噪)'의 '고(皷)'는 '고(鼓)'의 오기이다.

236 원문의 '김전(金塡)'는 오기이므로 바로잡았다.

○ 척준경이 이자겸을 감금하였다. 이 당시 이자겸의 권세가 날로 성해지자 내의(內醫) 최사전(崔思全)이 왕께 아뢰기를, "이자겸이 제 맘대로 행동하는 것은 오직 척준경을 믿기 때문이니, 만일 척준경을 얻으신다면 병권(兵權)이 왕께 돌아와 이자겸을 쉽게 제거할 수 있을 것입니다" 하고, 바로 척준경에게 가서 설득하여 왕실에 힘을 쓰라 하였다. 또 왕이 손수 쓴 조서를 내리자 척준경이 분개하며 그에 응해 따랐다. 왕이 척준경을 판병부사(判兵部事)로 삼았는데, 마침 이자겸의 종과 척준경의 종이 서로 비난하다가 척준경의 죄악을 열거하니 척준경이 크게 노하여 마침내 이자겸과 사이가 벌어졌다. 이자겸이 또 십팔자(十八子)의 참언을 믿고 반역을 도모하여 떡 안에 독을 넣고 왕에게 바쳤는데, 왕비 이(李)씨가 이 사실을 왕에게 몰래 알렸다. 이에 왕이 떡을 까마귀에게 던지자, 까마귀가 즉시 죽었다. 또 왕께 독약을 바치자 비가 그릇을 들다가 거짓으로 넘어졌으니, 이 비는 이자겸의 넷째 딸이었다. 이에 왕이 친서를 척준경에게 내려 이자겸을 도모하라 하니, 척준경이 드디어 상서(尙書) 김향(金珦)과 함께 이자겸을 붙잡아서 팔보관(八寶關)에 감금하였다. 왕은 이자겸을 영광군(靈光郡)에 유배하고, 그의 무리들을 나누어 먼 곳으로 유배 보냈으며, 척준경을 태사(太師) 문하시랑평장사(門下侍郎平章事)로 삼았다.

○ 두 명의 이씨 왕비를 폐하고, 임(任)씨를 맞아들여 비로 삼았다. 간관(諫官)이 아뢰기를, "두 왕비가 임금님께 이모의 항렬이니,[237] 지존의 배필이 되기 어렵습니다" 하자 왕이 부득이 두 왕비를 내보냈다. 그

237 이자겸의 둘째 딸은 인종의 어머니이고, 이자겸의 셋째 · 넷째 딸은 인종의 왕비였다.

러나 그들이 구원하고 보호한 은의(恩義)를 생각하여 매우 많은 물품을 내려주었고, 사랑하고 그리워함이 매우 두터웠다. 이에 왕이 전중내급사(殿中內給事) 임원후(任元厚)의 딸을 맞아들였다.

○ 가을 7월에 송나라가 사신을 보내 금나라 사람들이 침범함을 알리고, 또한 군사를 일으켜 구원해주기를 청하였다. 왕은 나라가 작고 군사가 약하다는 이유를 들어 사절하고 따르지 않았다.

○ 12월에 이자겸이 유배지에서 죽었다.

정미 5년송 고종(高宗) 건염(建炎) 원년 ○ 일본 천황 숭덕(崇德) 4년 ○ 서기 1127년이었다.

척준경을 암타도(巖墮島)전에 나주에 속했는데, 지금은 지도군(智島郡)에 속함에 유배 보냈다. 척준경이 자신의 공을 믿고 세력을 휘두르며 함부로 날뛰므로 좌정언(左正言) 정지상(鄭知常)이 상소하여 척준경이 난을 일으켰던 죄를 상세히 늘어놓으니, 왕이 척준경을 유배 보내고, 그의 무리를 없앴다.

○ 9월에 금나라가 사신을 보내 송나라와 싸워 이겼음을 알려왔다.

○ 송나라가 휘종(徽宗)과 흠종(欽宗) 두 황제가 있는 곳이 우리나라와 서로 가깝다고 하여 우리나라에 임시로 길을 빌려 사신을 통행시키고자 하였다. 그러나 왕이 변경에 문제가 생길까 두려워하여 이를 허락하지 않고, 다시 송에 사신을 보내 그 연유를 자세히 설명하였다.

임자 10년송 고종 소흥(紹興) 2년 ○ 일본 천황 숭덕 9년 ○ 서기 1132년이었다.

봄 2월에 왕이 서경에 거둥하였다. 이에 앞서 승려 묘청(妙淸)이 백수한(白壽翰)과 더불어 음양술(陰陽術)로 여러 사람을 현혹시키고, 왕 또한 이를 믿고 좋아하였다. 이때에 이르러 묘청이 몰래 큰 떡의 속을 비우고 뜨거운 기름을 가득 담아 대동강에 빠뜨리니, 기름이 수면 위로 떠오르며 오색이 영롱하였는데, 이를 신비한 용이 침을 토한 것이라 하며 왕을 우롱하였다. 왕이 수영을 잘하는 사람을 시켜 물 속에 들어가 떡을 찾아내고 비로소 그 속임수를 알게 되었다.

을묘 13년송 고종 소흥 5년 ○ 일본 천황 숭덕 12년 ○ 서기 1135년이었다.

봄 정월에 묘청이 서경을 근거로 반란을 일으키자 평장사 김부식(金富軾)을 보내어 토벌하였다. 이에 앞서 묘청이 역모할 뜻을 은밀히 품고 있다가 마침 재이(災異)가 여러 번 나타나자 왕에게 서경으로 행차하여 재난을 피하라고 권하고, 이를 기회로 모의를 도모하고자 하였다. 김부식이 간하여 거둥을 중지하였는데, 이때에 이르러 묘청이 서경분사시랑(西京分司侍郞) 조광(趙匡)과 병부상서(兵部尙書) 유참(柳旵) 등과 함께 서경을 점거하여 반란을 일으키고, 국호를 대위(大爲)라 하고, 나라의 연호를 세워 천개(天開)라 하였다. 왕이 김부식에게 명을 내려 김부의(金富儀)와 이주연(李周衍) 등 여러 장수들을 이끌고 나아가 공격하게 하였다. 김부식이 출병할 때 여러 장수들을 불러 모아 말하기를, "서경의 반역은 정지상과 김안(金安), 백수한이 같이 모의한 것이다. 이번에 이들을 제거하지 않으면 서경을 평정하지 못할 것이다" 하고, 세 사람을 불러 목을 벤 후 왕께 아뢰었다. 김부식이 병사를 이끌어 서쪽으로 행진하면서 여러 성에 격문을 보내 조서를 받들어 역적을 토벌하는 뜻을 깨닫도록 일러주었다. 또한 서경의 성 안에 사람을 보내 설득하니, 조광 등이 대적할 수 없음을 알고 나가서 항복하고자 하였으나 스스로 죄가 무거워 용서받기 어려울까 하여 결정하지 않고 미루고 있었다. 마침 평주(平州)지금의 평산(平山) 판관(判官) 김순부(金淳夫)가 타이르는 내용의 조서를 가지고 성에 들어가니, 서경 사람들이 드디어 묘청과 유참 등의 목을 베고, 태부경(太府卿) 윤첨(尹瞻)으로 하여금 조정에 죄를 청하게 하였다. 이때 김부식 또한 상소하여, "윤첨 등을 후하게 대우하여 그들이 스스로 새롭게 하는 길을 열어 주십시오"라고 하고, 녹사(錄事) 백녹진(白錄珍)을 보내 주청하였다. 백녹진이 수도에 이르니, 재상 문공인(文公仁)과 최유(崔濡) 등이 백녹진에게 말하기를, "우리들이 사신 한 명을 보내도록 아뢰어 조서로 타일러 항복하게 하였으니, 그대 원수의 공이 아니다. 그대는 무슨 일로 왔으며, 또 그대의 원수는 바로 서경으로 달려가지 않고 길을 돌아 안북(安北)지금의 안주으로 갔으니, 이는 무슨 까닭인가?" 하면서, 바로 윤첨 등을 하옥하고 또 김부식을 독촉하여 토벌하러 나가라고 하였다. 조광 등은 윤첨이 하옥되었다는 소식을 듣고 반드시 죄를 면하지 못하리라 생각하고, 다시 반란을 일으켰다. 김부식이 그 지역이 험하여 공략하기 힘든 것을 알고, 그 지역 아래에 5개 성을 쌓고 밤나무를 쌓아 병사들이 올라가 대치하게 하면서 적을 오랫동안 곤란하게 하였더니, 적의 양식이 떨어져 항복하는 자가 많았다. 이듬해 봄 2월에 김부식이 서경을 공격하여 빼앗으니, 조광은 불에 타 죽고 나머지 무리는 모두 자살하였다. 이에 김부식을 승진시켜 수태위(守太尉) 문하시중(門下侍中)으로 삼았다.

을축 23년송 고종 소흥 15년 ○ 일본 천황 근위(近衛) 4년 ○ 서기 1145년이었다.

겨울 12월에 문하시중[238]으로 벼슬에서 물러난 김부식이 펴낸 신라, 고구려, 백제의 삼국사[239]를 바치니 왕이 그의 집에 관리를 보내 격려

하고 화주(花酒)를 내렸다. 그 이전에는 동국에 역사 기록이 없어 오직 중국 기록에 근거하여 표준을 삼을 수밖에 없었는데, 김부식이 분발하여 저술함으로써 일가(一家)를 뛰어나게 이루었다.

병인 24년송 고종 소흥 16년 ○ 일본 천황 근위 5년 ○ 서기 1146년이었다.

봄 2월에 왕이 태자 현(晛)에게 왕위를 물려주고 이윽고 돌아가시니, 태자가 즉위하여 시호를 공효(恭孝)라고 하고, 묘호는 인종이라 하였다.

의종(毅宗) 장효왕(莊孝王)의 휘는 현(晛)이고, 자는 일승(日升)이며, 처음의 휘는 철(徹)이다. 재위 기간은 24년이고 47세까지 살았다.

정묘 원년송 고종 소흥 17년 ○ 일본 천황 근위 6년 ○ 서기 1147년이었다.

여름 4월에 왕이 외제석원(外帝釋院)에 거둥하였다. 이후 왕이 사원에 거둥한 것은 모두 기록할 수 없을 정도였다. 또 후사를 얻고자 영통사(靈通寺)에서 기도할 때 『화엄경(華嚴經)』을 읽은 것이 모두 50일이나 되었다.

○ 승보시(陞補試)를 처음으로 설치하고 시부(詩賦)와 경의(經義)로 시험을 실시하여 국학(國學)을 채웠다.

○ 동성(同姓) 간의 혼인과 소공(小功)[240] 이상의 통혼을 금지하였다.

신미 5년송 고종 소흥 21년 ○ 일본 천황 근위 10년 ○ 서기 1151년이었다.

---

238 원문에 '문하(門下)'라고 되어 있는데, '시중(侍中)'이 누락된 것으로 보인다.

239 『삼국사기』를 가리킨다.

240 유복친(有服親)의 일종으로, 종조부모(從祖父母), 재종(再從) 형제, 종질(從姪), 종손(從孫)의 총칭이다.

봄 2월에 문하시중으로 벼슬을 물러난 김부식이 죽으니, 시호를 문열(文烈)이라 하였다. 김부식은 체격과 용모가 크고 단단하였고, 어려서부터 문장으로 세상에 이름을 떨치더니 송나라 사신 서긍(徐兢)이 왔을 때 관반(館伴)[241]이 되었다. 서긍은 그의 사람됨을 흠모하여 『고려도경(高麗圖經)』을 저술하면서 김부식의 집안 내력을 싣고, 그의 얼굴을 그려 돌아가 송 황제에게 바쳤으며, 또 인쇄하여 천하에 전하였다. 이로부터 김부식의 명성이 한 세대에 떨쳤다.

○ 왕이 만수정(萬壽亭)에서 연회를 열었다. 그에 앞서 내시관(內侍官) 윤언문(尹彦文) 등이 기이한 돌을 모아 수창궁(壽昌宮) 북쪽 화원에 높이 쌓고, 또 그 사이에 작은 정자를 지어 '만수(萬壽)'라 부르고, 황색 비단으로 벽을 발랐으며, 갖가지 그릇이 모두 매우 사치스러웠다. 이때에 이르러 연회를 열고 새벽이 되어서야 그만두었다.

정축 11년 송 고종 소흥 27년 ○ 일본 천황 백하(白河) 2년 ○ 서기 1157년

2월이었다. 왕이 도참(圖讖)[242]을 믿어 여러 동생을 증오해서 간신(諫臣)에게 비밀히 지시하여 동생 대녕후(大寧侯) 경(暻)을 탄핵케 하고 그로 인해 유배 보내고, 태후가 동생을 구제할까 두려워 먼저 태후를 보제사(普濟寺)로 옮겨 두었다.

○ 여름 4월에 왕이 대궐 동쪽에 이궁을 짓고 수덕전(壽德殿) 혹은 천녕전(天寧殿)이라 불렀다. 또 시중(侍中) 왕충(王沖) 등 다섯 사람의 저택을 취하여 궁으로 삼고, 이름있는 꽃과 기이한 과실수, 뛰어나게 아름

241 외국 사신의 접대와 향응을 담당하던 관직이다.
242 앞날의 길흉을 예언하는 술법 또는 그런 내용을 적은 책이다.

다운 진귀한 노리개를 좌우로 나열하며, 기이한 돌로 선산(仙山)을 쌓고, 먼 곳에 있는 물을 끌어다 폭포를 만들며 사치스러운 일을 날마다 하니, 백성들이 원망하고 고통스러워했다.

○ 가을에 송나라 상인이 앵무새와 공작을 바쳤다.

○ 인종의 제삿날에 태평정(太平亭)에서 승려들에게 음식을 베풀었다. 이 당시 왕이 불사(佛事)를 좋아하여 승려들이 궁정에 가득 차 넘쳤다. 승려들은 왕의 은총을 믿고 환관과 결탁하여 백성을 괴롭히고 어지럽게 하였다.

임오 16년송 고종 소흥 32년 ○ 일본 천황 이조(二條) 4년 ○ 서기 1162년이었다.

봄 3월에 송나라 명주수(明州守)가 공문을 보내 알리기를, "금나라 군대를 대파하고, 금나라 황제 양(亮)의 초상화를 빼앗았다"고 하였다.

○ 왕이 여러 신하들의 사저를 많이 취하여 별궁을 만들고 재물을 강제로 빼앗으면서 이름을 "별공(別貢)"이라 하였다. 환관들로 하여금 감독케 하니, 환관들이 사사로운 이익을 취하여 원성이 길거리를 채웠다. 간관이 이를 폐지하기를 청하였으나, 왕이 따르지 않았다.

을유 19년송 효종(孝宗) 융흥(隆興) 3년 ○ 일본 천황 이조 7년 ○ 서기 1165년이었다.

여름 4월에 왕이 관란사(觀瀾寺)에 거둥하였다. 이에 앞서 승선(承宣) 김돈중(金敦中)은 김부식의 아들로서 시를 잘 지어 왕의 총애를 받았는데, 이 절을 수리하고 화초를 두루 심었다. 또 단(壇)을 쌓아 어실(御室)이라 하면서 황금과 벽옥(碧玉)으로 장식하고 연회를 열어 왕을 모시니, 왕이 신하들과 더불어 흥겹게 술을 마시고 매우 기뻐하였다. 이 당시 경치가 뛰어나기로 유명한 곳은 또 봉은사(奉恩寺), 중미정(衆美亭), 연복정(延福亭), 만춘정(萬春亭), 수락당(壽樂堂), 선벽재(鮮碧齋), 옥간정(玉竿亭), 금화교(錦花橋) 같은 것들이 모두 기록할 수 없을 정도였다. 왕이 글 짓는 신하들을 데리고 시를 지으며 흥겹게 술을 마시지 않는 날은 거의 없었다. 또 하루 중에도 두세 번씩 옮겨 다녔다. 그후 또 삼계초제(三界醮祭)[243]를 시행하니 그 비용이 엄청나게 많아 곳집이 텅 비었다. 이에 여러 도에서 돈이나 곡식을 거둬들여 도로에 수레의 왕래가 끊이지 않았다.

경인 24년송 효종 건도(乾道) 6년 ○ 일본 천황 고창(高倉) 2년 ○ 서기 1170년이었다.

봄 정월에 왕이 하표(賀表)[244]를 직접 지어 신하들에게 보여주니 신하들이 부득이 표를 올려 축하하였다.

○ 왕이 봉은사에 거둥하여 연등놀이를 관람하고 환궁할 때 채색을 한 누각을 좌우로 묶고 갖가지 놀이를 벌여 어가(御駕)를 환영하였다. 모두 금과 은, 구슬, 옥, 수를 놓은 비단과 고운 비단, 산호와 거북이 등껍질로 만든 패옥으로 장식하여 그 기묘함과 사치함이 고금을 통틀어 비교할 만한 것이 없었다.

○ 2월에 시리우스[狼星]가 남극(南極)에 나타나자 안렴사(按廉使) 박순하(朴純嘏)가 노인성(老人星)이라 부르고 말을 달려 아뢰었다. 왕이 크게 기뻐하며 내전에서 직접 제사를 지내고 모든 관리들이 표를 올려 축하하였다.

---

243 하늘, 땅, 사람의 세가지 세계[三界]를 대상으로, 무속 신앙이나 도교에서 별을 향하여 지내는 제사이다.

244 새해나 경사스러운 날에 신하가 임금에게 바치던 축하하는 글이다.

○ 가을 8월에 상장군 정중부(鄭仲夫) 등이 난을 일으켜 많은 문사(文士)를 죽였다. 이 당시 왕이 화평재(和平齋)에 거둥하여 문신과 함께 시를 짓고 흥겹게 술을 마시며 즐기다 돌아가는 것을 잊으므로, 왕을 모시고 호위하는 장수와 사병들이 모두 원한을 품고 원망하는 말을 하였다. 견룡산원(牽龍散員) 이의방(李義方)과 이고(李高) 등이 정중부를 충동하여 말하기를, "문신들은 배부르게 취하고, 무신들은 굶주리고 고달프니 이를 어찌 참으리오?" 하였다. 이에 앞서 김돈중(金敦中)이 인종 시절에 과거에 급제하여 내시관이 되었는데, 어린 나이에 기백이 날카롭고 대단하여 궁정에서 역귀를 쫓는 나례 의식을 하는 저녁에 촛불로 정중부의 수염을 태웠다. 정중부가 분노하여 김돈중을 때리자, 김돈중의 아버지 김부식이 주청하여 정중부를 때려 다스리려 하였으나, 인종이 정중부를 아껴 몰래 도망가게 하였다. 이후 정중부가 김돈중을 깊이 원망하고 있다가 이때에 이르러 이의방과 더불어 문신들을 제거하고자 하였다. 마침 왕이 보현원(普賢院)에 갈 때 정중부가 이의방에게 말하기를, "오늘 이 기회를 놓치지 않겠다" 하였다. 당시 왕은 무신들이 원망함을 알고 무신들로 하여금 수박희(手搏戲)[245]를 하도록 하고, 후하게 상을 주어 그들의 마음을 위로하고 즐겁게 해주려고 하였다. 그런데 문신 한뢰(韓賴) 등이 무신들이 왕에게 사랑을 받는 것을 시기하여 대장군 이소응(李紹膺)의 뺨을 때려 모욕하였다. 왕 또한 모시고 있던 신하들과 더불어 곁에서 조롱하며 웃으므로, 정중부가 화난 목소리로 말하기를, "이소응이 비록 무부(武夫)이나 관계(官階)가 3품

245 맨손으로 격투하는 전통 무예의 하나로 곧 태껸이다.

인데, 어찌 능멸과 모욕이 이와 같을 수 있느냐?" 하였다. 왕이 위로하여 마음을 풀어 주었다. 그후 왕이 보현원에 도착하자, 이고와 이의방이 먼저 거짓으로 왕명을 내려 순검군(巡檢軍)을 모아서 문신 이종식(李宗植)과 이복기(李復基)를 죽였다. 한뢰가 놀라서 달아나 왕의 수라상 밑에 숨어 왕의 옷을 잡아당기자, 이고가 또 그를 잡아 목을 베었다. 이에 많은 문신과 환관을 죽이니, 쌓인 시체가 산과 같았다. 이고와 이의방 등이 또 도성에 사람을 보내 추밀사(樞密使) 양순정(梁純精) 등 10여 명과 태자궁 관리들을 죽이고, 도로에서 큰소리로 외치며 말하기를, "무릇 문관(文冠)을 쓴 자는 비록 서리(胥吏)라도 모두 죽이라" 하였다. 이에 병졸들이 때를 타 봉기하여 평장사 최포(崔褒)와 지추밀사(知樞密使) 서순(徐醇), 대사성(大司成) 이지심(李知深) 등 50여 명을 죽이고, 드디어 왕을 협박하여 환궁하게 하였다. 9월에 왕이 강안전(康安殿)에 들어가니, 환관 왕광(王光)이 정중부를 토벌하려고 하다가 일이 누설되었다. 정중부가 또 환관 등 수십 명을 죽이니, 당시 총애를 받던 신하들이 죽임을 당해 거의 없어졌다. 그러나 왕은 음악을 즐기고 술을 마시며 기세가 변함없이 태연자약하므로, 이고 등이 왕을 시해하려고 하다가 중지하고 왕을 군기감(軍器監)으로 옮겼다. 태자는 연은관(延恩館)에 두었다. 난이 처음 일어났을 때 문신 중에서 주륙을 면한 자라고 하더라도(이후) 모두 잡혀 욕을 면하지 못하였다. 오직 평장사 최유청(崔惟清)과 서공(徐恭) 등은 원래 무신들이 존경하는 사람들이었기 때문에 무신들이 그들의 집을 둘러싸 호위하여 침범과 폭행을 금지하였고, 그 두 사람의 족속(族屬)도 모두 화를 면했다. 전중급사(殿中給事) 문극겸(文克謙)은 변란의 소식을 듣고 도망가 숨었다가 군사들에게 잡혔다. 문극겸이 말하기를, "나는 문극겸이다. 왕이 만일 나의 말을 따랐다면 어찌 오늘과 같은 일이 있었을까? 원컨대 날카로운 칼로 자결하겠다" 하였다. 여러 장수들이 말하기를, "이 사람은 우리들이 그 명성을 들은 지가 오래되었다" 하고 죽이지 않았다. 김돈중은 감악산(紺嶽山)지금의 적성(積城)에 있음으로 도망가 숨었으나, 정중부가 쫓아가서 죽였다. 그때 정중부 등이 또 군사를 풀어 피살된 문신들의 가옥을 부수었는데, 이후로 무신들이 원한이 있는 자의 집을 부수는 것이 관습이 되었다.

○ 9월에 정중부 등이 왕을 협박하여 거제(巨濟)에서 왕위를 내놓게 하고, 태자는 진도(珍島)로 내쫓았으며, 왕의 동복아우인 익양공(翼陽公) 호(晧)를 세워 왕으로 삼았다.

보통교과 동국역사 권 4

고려기(高麗紀)

명종(明宗) 광효왕(光孝王)의 휘는 호(晧)이고, 자는 지단(之旦)이다. 처음의 휘는 흔(昕)이니, 재위 기간이 27년이었고 72세까지 살았다.

신묘 원년송 효종(孝宗) 건도(乾道) 7년 ○ 일본 천황 고창(高倉) 3년 ○ 서기 1171년이었다.

봄 정월에 왕이 여러 신하들에게 여정궁(麗正宮)에서 연회를 열 때 이고(李高)가 승려 혜수(惠修) 등과 더불어 난을 일으키고자 하였다. 이의방(李義方)은 이고가 자기를 핍박하자 평소에 그를 미워하였으므로, 이에 채원(蔡元) 등으로 하여금 쳐서 죽게 하였다.

계사 3년송 효종 건도 9년 ○ 일본 천황 고창 5년 ○ 서기 1173년이었다.

가을 8월에 동북면병마사(東北面兵馬使) 김보당(金甫當)이 녹사(錄事) 장순석(張純錫) 등과 더불어 군사를 일으켜 정중부(鄭仲夫), 이의방(李義方)을 토벌하려 하였다. 장순석 등은 거제(巨濟)에 가서 전왕을 모시고 경주로 나가 살았는데, 이때 동북면지병마사(東北面知兵馬使) 한언국(韓彦國)이 또한 이에 호응하여 병사를 일으켰다가 정중부 등에게 패하여 죽음을 맞이하였다. 김보당 또한 잡혀서 이의방에게 국문을 받았는데, 김보당이 죽으면서 말하기를, "이번 거사에 문신이라면 누가 함께 모의하지 않았겠느냐?"[246] 하였다. 이에 이의방이 정중부와 함께 문신을 죽여 강물에 던지니, 열흘 동안에 문사가 거의 없어졌다. 낭장(郎將) 김부(金富)가 정중부 등에게 말하기를, "하늘의 뜻을 알 수 없습니다. 인심은 예측할 수 없지만, 힘을 믿고 의리를 저버리고 문관[衣冠]을 모두 없애 버린다면 세상에 어찌 또 김보당과 같은 자가 없겠습니까. 우리 자식들을 문신과 결혼시켜 그들을 안심시키십시오" 하였다. 정중부 등이 그 말을 좇아 이때부터 화(禍)가 점차 멈추었다.

○ 겨울 10월에 정중부 등이 이의민(李義旼)으로 하여금 전왕을 경주에서 시해하게 하였다. 이의민은 경주 사람으로 완력이 있었고, 무장(武將) 중에서도 더욱 흉악하고 잔인하더니, 이때에 이르러 경주에 가서 전왕을 곤원사(坤元寺) 북쪽 연못으로 끌고 가서 손으로 왕의 등뼈를 부러뜨려 죽이고 요로 시체를 싸서 두 개의 도끼를 묶어 연못에 던졌다. 나중에 호장(戶長) 필인(弼仁) 등이 관을 갖추어 물가에 매장하였다. 이의민은 그 공으로 대장군으로 특별히 승진하였다.

갑오 4년송 효종 순희(淳熙) 원년 ○ 일본 천황 고창 6년 ○ 서기 1174년이었다.

봄 정월에 중원사(重元寺), 귀법사(歸法寺) 등의 승도(僧徒) 수천 명이 이의방을 죽이고자 하므로, 이의방이 부병(府兵)을 보내 승려 백여 명을

246 이 말은 사실과 다르지만, 무신에 의한 문신의 대대적 학살을 초래하였다. 이 사건은 계사난(癸巳亂)이라 하며, 경인란(庚寅亂)과 함께 문신들이 참화를 입은 사건을 합쳐서 '경계(庚癸)의 난'이라 부르기도 한다.

죽이고 여러 절을 불에 태우고 그릇을 모두 빼앗았다. 이의방의 형 이준의(李俊儀)가 이를 꾸짖으며 말하기를, "네가 세 가지 큰 죄악이 있으니, 임금을 시해한 것이 첫 번째이고, 태후의 여동생을 겁탈하여 간통한 것이 두 번째이고, 국정을 전단한 것이 세 번째이다" 하였다. 이의방이 노하여 칼로 쳤는데, 이준의가 도망가 화를 면하였다.

○ 3월에 이의방이 딸을 바쳐 태자비로 삼고 이때부터 더욱 마음대로 하고 방자해졌다.

○ 가을 9월에 서경유수(西京留守) 조위총(趙位寵)이 다른 뜻을 품고 서북 양계(兩界)의 여러 성에 격문을 보내 말하기를, "수도[京師]에서 북쪽의 여러 성들이 매우 오만하다고 하여 대군(大軍)을 보내 토벌한다 하니 어찌 앉아서 도륙을 당하겠느냐?" 하였다. 이에 절령(岊嶺)즉 자비령(慈悲嶺)이고, 지금의 서흥(瑞興)에 있음 이북 40여 성이 모두 이에 호응하였다. 조위총이 드디어 서경을 점거하고 정중부 등이 임금을 시해한 죄를 성토하므로, 조정에서 평장사 윤인첨(尹鱗瞻)에게 명령을 내려 공격하게 하였으나 패하고 돌아왔다. 조위총이 승리를 틈타 수도로 바로 향하자 이의방이 군사를 내어 돌격해 대동강까지 쫓아 갔으나, 서로 버틴 지 달포에 다시 패하고 돌아왔다.

○ 연주(延州)지금의 영변(寧邊) 사람 현덕수(玄德秀)가 서경 군사를 쳐서 무찔렀다. 조위총의 격서(檄書)가 도달하니 여러 성이 모두 호응하였다. 현덕수가 주장(州將)에게 일러 말하기를, "지금 조위총이 재앙을 일으킬 마음을 품고 왕명을 거역하니, 충의(忠義)를 가진 자가 어찌 차마 이를 따르겠느냐?" 하고 드디어 주장과 더불어 성문을 닫고 굳게 지켰다. 그때 성 안의 인심이 흉흉하였으므로, 현덕수는 맹주(孟州)즉 맹산(孟

山) 장리(將吏)의 문서를 거짓으로 만들어 성 밖에 있는 사람을 성 안으로 투입하였는데, '수도의 군사 십만 명이 이미 철령(鐵嶺)강원도 회양(淮陽)과 함경도 안변(安邊)과 접해 있는 큰 고개이다을 넘어 서경을 공격하려 하니, 각 주진(州鎭)은 굳게 지키고 기다리라'고 하였다. 이에 성 안에 두 마음을 품는 사람이 없었다. 얼마 후 북면병마사(北面兵馬使) 차운규(車雲圭)가 운주(雲州)지금의 운산(雲山) 사람에게 살해당하자 현덕수는 그의 동생 차이후(車利厚)와 더불어 병마사의 권한을 임시로 수행하면서 진격해 오는 서경의 군사를 격퇴시켰다. 그리고 조위총과 서북지방의 여러 성에서 항복을 권유하려 보낸 사자들을 모두 효수하여 백성들 앞에 내걸었다.

○ 이의방이 형벌을 받아 죽었다. 이의방의 흉악하고 방자함이 날로 심하여 함께 피해를 받은 자가 많았으므로, 정중부는 화가 자기에게 미칠까 두려워 두문불출하였다. 그때 이의방이 정중부의 집에 가서 부자지간이 되기를 서약하니, 정중부가 안심하였다. 이윽고 윤인첨이 다시 대장군이 되어 서쪽 교외에서 군사를 훈련시키고 있었다. 그때 이의방이 선의문(宣義門)에 나타나자 정중부의 아들 정균(鄭筠)이 승도에게 도움을 청할 일이 있다고 몰래 설득하여 이의방을 가두어 목베어 죽이고 이준의 형제와 그 패거리를 모두 죽였다. 또 적신(賊臣)의 딸을 동궁의 배필로 삼는 것이 옳지 않다고 하여 상주하여 내쫓았다.

을미 5년송 효종 순희 2년 ○ 일본 천황 고창 7년 ○ 서기 1175년이었다.

여름 5월에 비로소 전왕을 위하여 3일간 발상(發喪)하고 희릉(禧陵)에 장사 지냈다. 시호를 장효(莊孝)라 하고, 호는 의종이니, 이는 임금을 시해하고 장례를 치르지 않았다고 조위총이 비판한 말 때문이었다.

병신 6년송 효종 순희 3년 ○ 일본 천황 고창 8년 ○ 서기 1176년이었다.

여름 6월에 관군이 서경을 쳐서 빼앗고 조위총을 참수하였다. 이에 앞서 윤인첨은 연주(連州)지금의 개천(价川)를 포위하고 병마부사(兵馬副使) 두경승(杜景升)은 따로 의주(宜州)지금의 덕원(德源)를 쳐서 빼앗았다. 그때 무릇 20번의 전투에서 모두 이기니, 적의 기세가 점차 꺾였다. 이에 왕이 유응규(庾應圭)를 보내 화복(禍福)으로써 타이르니, 조위총이 표문을 올려 항복하기를 청하였다가 이윽고 후회하고 연주를 구원하였다. 두경승이 또 진군하여 (연주를) 쳐서 빼앗고 드디어 서경을 포위한 지 1년여 만에 서경의 양식이 다 떨어져 나와서 항복한 자가 매우 많았다. 조위총이 계책이 궁하고 힘이 다 하니 몰래 금(金)에 사람을 보내 서경의 북방 40여 성을 떼어 주기로 하고 구원을 청하였다. 금나라 왕[主]이 이를 받아들이지 않으니, 조위총이 수심이 가득하여 군사를 내어 결전하다가 크게 패하여 돌아왔다. 이때 윤인첨 등이 성문을 부수고 조위총을 잡아 목을 베어 시가에 효수하였다. 이때 금나라 왕이 다시 건팔장군(建八將軍)으로 하여금 의주관(義州關) 밖에 주둔케 하였다가 조위총이 처형당했다는 소식을 듣고 군사를 거두었다.

정유 7년송 효종 순희 4년 ○ 일본 천황 고창 9년 ○ 서기 1177년이었다.

여름 5월에 서경 사람이 난을 일으켜 부유수(副留守) 박정희(朴挺義)를 죽였다. 처음에 왕의 군대가 서경을 공격할 때 성을 넘어 항복한 자가 천여 명이었다. 성이 함락되자 성 안의 장정이 모두 도망가 숨었는데, 그 후에 항복한 자들이 도망가 숨은 자들을 도적이라고 하면서 부녀자를 겁탈하고 재화를 탈취하였다. 이에 도망자 중 김단(金旦) 등 5백여 명이 난을 일으켜 박정희와 판관(判官) 박녕(朴寧) 등을 죽였다. 조정이 군사를 보내 토벌하니, 서북지방 사람들이 김단을 목 베어 보냈다. 얼마 후 도적이 다시 일어나니, 병마사 이부(李富)가 계략을 써서 이를 토벌하여 평정하였다.

○ 가을 7월에 남쪽 도적 망이(亡伊) 등이 체포되었다. 이에 앞서 공주(公州) 명학소(鳴鶴所)의 백성 망이 등이 조위총의 난을 틈타 무리를 불러 모으고 자칭 산행병마사(山行兵馬使)라 하고 공주를 공격해 함락하였다. 그들이 있는 곳에서 협박해 빼앗으며 지낸 지 1년이 넘었는데, 이때에 병마사 정세유(鄭世猷) 등이 망이를 체포하였다. 이후 남쪽 도적이 점차 평정되었다.

기해 9년송 효종 순희 6년 ○ 일본 천황 고창 11년 ○ 서기 1179년이었다.

장군 경대승(慶大升)이 정중부와 송유인(宋有仁) 등을 죄를 물어 죽였다. 이에 앞서 정중부의 나이가 70이니, 구례(舊例)에서는 마땅히 벼슬에서 물러나야 했다. 이에 슬며시 예관(禮官)을 풍자해 깨우쳐 한나라 공광(孔光)[247]의 고사(故事)를 들어 아룀에 따라 궤(几)와 지팡이를 하사하고 벼슬에서 물러나게 하였다. 그러나 (정중부는) 여전히 모든 국사에 관여하고 결정하였으며, 그의 사위 송유인 등은 세력을 믿고 탐욕이 지나쳐 수도와 지방 사람들이 원망하고 고통스러워했다. 그 문객(門客) 정균(鄭筠)[248]이 공주에게 장가들고자 하니, 왕이 매우 걱정하였다. 그

---

247 공광(孔光, BC 65~AD 5)은 전한(前漢)의 학자 · 정치가였다. 공자의 14대손으로 경학에 능통하여 성제(成帝) 때 박사(博士)로 등용되었고 상서(尙書)를 지냈다. 평제(平帝) 치세 초에 왕망(王莽)의 전횡을 걱정하여 사직을 원하였으나 받아들여지지 않았다. 한나라 제도와 법령에 밝아 어사대부(御史大夫)와 승상(丞相)을 역임하였다.

때 경대승이 정중부 등에게 분개하고 한탄하였으나, 송유인 등이 두려워 감히 드러내지 못하고 있었다. 송유인이 문극겸(文克謙)과 한문준(韓文俊)을 배척해 파직시키자 인심이 들끓었으므로, 경대승이 견룡(牽龍)관직명 허승(許升)으로 하여금 정균을 죽이게 하였다. 그리고 경대승은 결사대를 이끌고 궁궐의 담을 넘어 들어가 지유(指諭) 문공려(文公呂) 등을 죽이고, 드디어 왕명으로 정중부와 송유인 등을 참수하였다. 얼마 후 무신들에게서 원망하는 소리가 나오자 경대승은 겁이 나서 장사 백여 명을 문하에 두고 양성하면서 교대로 숙직하게 하였다.

계묘 13년송 효종 순희 10년 ○ 일본 천황 안덕(安德) 3년 ○ 서기 1183년이었다.

가을 7월에 경대승이 죽었다. 경대승이 정중부 등의 목을 벤 후로 항상 두려워하여, 사람들로 하여금 마을 거리를 사찰하게 하고 떠도는 소문을 들으면 바로 사람들을 잡아다 가두고 국문하였다. 형(刑)이 매우 준엄하고 왕이 무척 좋아하였기 때문에 따르는 자가 많았으나, 학식과 용력(勇力)이 없는 자는 문득 거절당하였으므로 무관들이 감히 방종하지 못하였는데, 이때에 이르러 죽으니, 나이가 겨우 30이었다.

○ 겨울 11월에 태후 임씨(任氏)가 돌아가셨다. 태후가 병들어 누워 있을 때 왕이 친히 약을 달이고 밤에도 옷을 갈아입지 않는 것이 여러 날이 되더니, 병환이 위중해지자 왕이 눈물을 많이 흘려 눈이 퉁퉁 부었다. 태후가 돌아가신 후 조석으로 통곡하니 애통함이 매우 심하였다. 재상이 너무 슬퍼하시지 말라고 청하였으나, 왕은 이를 듣지 않았다.

---

248 정균은 정중부의 문객이 아니라 아들이다.

○ 겨울 12월에 정윤당(鄭允當)을 이부(吏部) 원외랑(員外郞)으로 삼았다. 정윤당은 나이가 어리고 아는 바가 없었으나, 그의 아버지 정세우(鄭世祐)가 세금을 많이 걷어 왕에게 바치고 그 관직을 얻었다. 당시 왕이 사람을 쓰는 방법이 오직 가깝고 친한 사람들과 더불어 정사를 의논하고 참관(參官) 이상은 이조(吏曹)[政曹]에 분부하여 봉하니, 이를 일컬어 '하점(下點)'이라 하였다. 이후로 분경(奔競)[249]의 풍조가 성행하여 뇌물 수수가 공공연히 이루어졌다.

병오 16년송 효종 순희 13년 ○ 일본 천황 후조우(後鳥羽) 원년 ○ 서기 1186년이었다.

겨울 12월에 상장군 최세보(崔世輔)에게 명하여 국사를 편찬하는 데 참여하게 하였다. 당시 사람들이 중방(重房)지금의 정부와 같음에 호소하기를, "국사를 편찬할 때 문극겸이 의종이 시해당한 사실을 그대로 썼으니, 마땅히 무신으로 하여금 관직을 겸하게 하소서" 하자, 문극겸이 두려워서 왕에게 몰래 아뢰었다. 왕이 무신의 겸직이 옛 제도가 아닌 것을 싫어하였지만, 무신의 뜻을 거스르기 어려워 최세보로 하여금 국사를 같이 편찬하게 하였다. 이 때문에 의종의 실록에 누락되고 생략된 것이 많았다.

○ 최세보에게 수태사(守太師)를 제수하고, 두경승을 수태위(守太尉), 이의민을 동중서문하평장사(同中書門下平章事), 박순필(朴純弼)을 중서시랑평장사(中書侍郞平章事)로 삼았다. 그 이전에는 재상[省宰][250]이 두서너 명에 불과하였으나, 이때에 이르러 8명으로 늘어났다. 여러 신하가 글

249 벼슬을 얻기 위해 엽관운동을 하는 일을 이르는 말이다.
250 원문의 '재성(宰省)'은 오기이므로 바로잡았다.

을 보아도 알지 못하고, 늘 성원(省院)에 모여 앉으면 서로 비난하는 것이 두 마리 호랑이가 포효함과 같았으며, 혹 힘을 자랑할 때는 주먹으로 벽을 치니 재신(宰臣) 체면이 서지 않았다. 이의민이 일찍이 두경승과 일을 의논하면서 다투다가 주먹으로 기둥을 치면서 말하기를, “네가 무슨 공으로 내 위에 있느냐?” 하고 크게 꾸짖으며 모욕을 주었다. 그러나 두경승은 웃기만 하고 대답을 하지 않았다.

신해 21년송 광종(光宗) 소희(紹熙) 2년 ○ 일본 천황 후조우 6년 ○ 서기 1191년이었다.

정당문학(政堂文學) 이지명(李知命)이 죽었다. 이 지명은 한산(韓山) 사람으로 여러 서적에 박학하고 사부(詞賦)에 능하며 초서와 예서를 잘 썼으며, 관직에 있을 때는 청렴하고 정직하며 사심이 없었고 굶주린 백성을 구휼하여 살아갈 수 있도록 하였다. 재상이 되자 옛날 대신다운 풍모가 있으니, 세상 사람들이 공경하며 우러러보았다.

○ 정당문학 염신약(廉信若)이 죽었다. 염신약은 약봉(若峯) 사람으로서 체격은 작으나 담대하니 세상 사람들이 안영(晏嬰)과 비교하였다. 그는 모든 일을 완벽하게 처리하였으므로 그가 이르는 곳마다 사람들이 치적을 칭송하였고, 성품이 효성스럽고 우의가 있으며 또한 서적을 두루 열람하고 잘 기억하여 한때 고귀한 글과 큰 저술이 모두 그의 손에서 나왔다.

계축 23년송 광종 소희 4년 ○ 일본 천황 후조우 8년 ○ 서기 1193년이었다.

가을 7월에 남쪽 지방에서 도적떼가 일어났는데, 그 중 가장 심한 자는 김사미(金沙彌)라 하였다. 또 운문산(雲門山)에 자리잡은 자는 효심

(孝心)이라 하니, 초전(草田)을 점거하고 망명한 자들을 불러 모아 주·현을 약탈하였다. 왕이 대장군 전존걸(全存傑)로 하여금 장군 이지순(李至純), 노식(盧植) 등을 거느리고 가서 토벌하게 하였다. 이지순은 이의민의 아들이었다. 처음에 이의민이 십팔자(十八子)의 참설을 믿고 바라서는 안 될 소망을 품어 욕심 많고 야비한 옛날 습관을 잠시 버리고 유명한 선비를 등용하여 헛된 명예를 구하였다. 또 그는 자기의 본적을 경주라 하면서 신라를 부흥한다 하고 김사미, 효심 등과 더불어 오고 갔다. 이지순 또한 도적에게서 뇌물을 받고 관군의 동정을 누설하니, 이 때문에 관군이 가는 곳마다 번번히 패하였다. 전존걸은 원래 지략과 용기로 이름을 떨쳤는데, 이에 화를 내며 말하기를, "만일 내가 이지순의 죄를 물어 벌을 준다면, 그의 아버지가 반드시 나를 해칠 것이고, 그렇게 하지 않는다면 도적이 더욱 성행할 것이니, 죄가 누구에게 돌아갈 것인가?" 하고 드디어 약을 마시고 죽었다. 얼마 후에 김사미가 항복하니, 참수하였다.

○ 겨울 10월에 평장사 최세보가 죽었다. 최세보가 저택을 크게 짓더니, 얼마 되지 않아 그의 아들이 최충헌에게 유배당하고 가문이 모두 멸망하였다.

○ 11월이었다. 태후의 기신재(忌辰齋)[251]를 내전(內殿)에 베풀고 공후(公侯)와 양부(兩府)의 재보(宰輔), 근위(近衛) 여러 신하들이 각기 여러 가지 음식을 올리니, 기신에 음식을 올리는 것이 이때부터 시작되었다.

○ 이의민에게 공신호(功臣號)를 내리고, 문무백관이 모두 이의민의

251 기일에 죽은 이를 천도(遷度)하는 법회이며, 기신(忌辰)은 기일을 높여 부르는 말이다.

저택으로 가서 축하의 잔치를 베풀었다. 이의민이 정사를 마음대로 처리하므로 뇌물을 주고받는 일이 공공연하게 행해졌고, 그의 당파가 연결되니 조정 신하들이 감히 누구냐고 묻지 못했다. 민가를 강제로 빼앗아 차지하고 저택을 크게 짓고 또한 민전을 탈취하였으며, 여러 아들이 아버지의 세력을 등에 업고 방자하게 구는 것이 더욱 심해졌다.

병진 26년송 영종(寧宗) 경원(慶元) 2년 ○ 일본 천황 후조우 11년 ○ 서기 1196년이었다.

여름 4월에 장군 최충헌(崔忠獻)이 그의 동생 동부녹사(東部錄事) 최충수(崔忠粹)로 하여금 이의민의 죄를 물어 죽이고 많은 조정 신하들을 죽이게 하였다. 그 당시 이의민의 흉폭하고 방자함이 날로 심해지고 그의 아들 이지영(李至榮)이 왕의 총애를 받고 있던 궁녀를 강간하니, 조야가 분통을 터트렸다. 또 이지영이 일찍이 최충수의 집비둘기를 빼앗았다. 최충수는 우봉(牛峯)금천(金川) 사람으로, 형 최충헌과 마찬가지로 의심이 많고 거칠며 용감하고 사나웠다. 최충수가 최충헌에게 말하기를, "이의민 네 부자는 나라의 도적입니다. 내가 죄를 물어 죽이고자 합니다"고 하니, 최충헌이 이를 허락하였다. 마침 왕이 보제사(普濟寺)로 행차할 때 이의민이 병을 핑계로 따라 가지 않고 미타산(彌陀山) 별정(別亭)에 가자, 최충헌이 최충수와 그의 조카 박진재(朴晉材) 등과 더불어 이의민이 돌아오는 것을 기다렸다가 목을 베었다. 왕이 이 변란을 듣고 어가를 재촉하여 환궁하였다. 최충헌은 바로 왕께 고하여 이의민의 아들 이지순, 이지광(李至光), 이지영의 목을 베었으며, 또 경주에 사람을 보내 이의민의 삼족(三族)[252]을 멸하였다. 최충헌이 이의민의 당파를 붙잡을 때 상장군 길인(吉仁)이 장군 유광(兪光)과 박공습(朴公

襲)[253] 등과 함께 무기고에서 병기를 꺼내어 금군(禁軍)과 환관, 노예 천여 명에게 나누어 주고 최충헌과 싸웠다. 길인이 패하여 도망가자 왕이 최충헌을 불러들였다. 최충헌이 길인이 궁궐 안에 있는지 의심이 들어 군사를 이끌고 궐에 들어가서 보이는 사람마다 죽이니, 쓰러진 시체가 어지럽게 쌓였다. 유광과 박공습은 모두 자살하고, 왕의 좌우는 오직 궁녀 몇 명이 왕을 모시고 있으면서 울고 있을 뿐이었다. 길인은 북산(北山)으로 달아나 절벽에서 떨어져 죽었다. 최충헌이 또 참지정사(參知政事) 이인성(李仁成)과 승선(承宣) 문적(文迪), 최광유(崔光裕), 대사성(大司成) 이순유(李純裕) 등 36명을 죽였다. 문적의 처 최씨가 쌓여 있는 시체 중에서 남편의 시체를 찾아서 머리에 이고 가니, 최충헌이 그 절개를 가상하게 여겨 거두어 장례를 치르라 하였다. 그리고 왕에게 10조를 아뢰어 청하니, 왕이 모두 따랐다. 최충헌을 좌승선(左承宣)으로 삼았다가 이윽고 어사대의 지사(知事)를 삼고, 최충수, 박진재 등에게는 공신호를 내렸다.

○ 최충헌이 자기 권력이 분산됨을 두려워하여 내시(內侍) 이분(李芬) 등 50여 명을 파면하여 내쫓고, 또 왕자와 소군(小君)[254] 등은 절로 돌려보냈다.

정사 27년송 영종 경원 3년 ○ 일본 천황 후조우 12년 ○ 서기 1197년

9월이었다. 최충헌의 발호(跋扈)가 날로 심하여 최충수, 박진재와 더

---

252 부계(父系), 모계(母系), 처계(妻系)를 통틀어 이르는 말이다.
253 원문의 '박광습(朴光襲)'은 오기이므로 바로잡았다.
254 왕후 이외의 몸에서 태어나 승려가 된 왕자를 이르는 말이다.

불어 네거리에 군대를 주둔시키고, 두경승 및 여러 소군, 홍기(洪機) 등 20여 명을 섬으로 유배 보냈다. 또 왕을 핍박하여 창락궁(昌樂宮)에 유폐하고 태자를 강화로 내쫓았으며, 왕의 동생 평량공(平凉公) 민(旼)을 맞아 왕위에 세웠다. 민이 즉위하여 이름을 탁(晫)으로 바꾸었다.

○ 최충헌을 상장군으로 삼고 최충수는 대장군을, 박진재는 형부시랑(刑部侍郎)을 제수하였다.

○ 최충수가 자기 딸을 태자비로 삼고자 할 때 태자는 이미 혼인하였으므로, 왕이 이를 받아들이지 않았다. 최충수가 협박하여 태자비를 내쫓고 그의 딸을 태자비로 보내려고 하자 그의 어머니가 그만두기를 권했다. 최충수가 화를 내며 말하기를, "이는 부인이 알 바 아닙니다" 하고 손으로 어머니를 떠밀어 땅에 넘어지게 하였다. 최충헌이 이를 듣고, "이는 말로써 깨우칠 수 없는 일이니, 내가 마땅히 사람들을 광화문(廣化門)에 대기시켰다가 그 딸을 들어가지 못하게 해야겠다" 하였다. 최충수가 화를 내며 말하기를, "형이 나를 제거하고자 함은 그 무리를 믿기 때문이다" 하면서 자기의 무리 천여 명을 이끌고 흥국사(興國寺)에서 최충헌과 싸웠다. 최충수가 크게 패하여 관문을 뚫고 동쪽으로 도망가니, 최충헌의 무리가 쫓아가서 목을 베었다. 이로써 대권(大權)이 모두 최충헌에게 돌아갔다.

신종(神宗) **정효왕**(靖孝王)의 휘는 탁(晫)이고 처음의 휘는 민(旼)이며 자는 지화(至華)이니, 명종의 동복아우이다. 재위 기간이 7년이고 61세까지 살았다.

무오 원년송 영종 경원 4년 ○ 일본 천황 후조우 13년 ○ 서기 1198년이었다.

가을 8월에 사노(私奴) 만적(萬積) 등 6명이 북산(北山)에서 땔나무를 하다가 공사(公私) 노예를 불러 모아 일을 모의하면서 말하기를, "국가에서 경인년(庚寅年, 1170)과 계사년(癸巳年, 1173)[255] 이래로 높은 벼슬아치가 천한 노예에서 많이 나왔으니, 장수와 재상이 어찌 씨가 (따로) 있겠는가?" 하였다. 이에 누런 종이 수천 장을 오려서 정(丁)이라는 글자로 표식을 만들고 갑인일(甲寅日)에 홍국사에 모여 먼저 최충헌 등을 죽이고 그 다음 각각 주인들을 때려 죽인 후 천민 장부를 태운다고 하였다. 기약한 날이 되어 종 순정(順貞)이 그의 주인 한충유(韓忠愈)에게 일러바치니, 한충유는 최충헌과 모의하여 만적 등 백여 명을 강물에 던졌다.

○ 최당(崔讜)을 문하시랑평장사(門下侍郎平章事)로 벼슬에서 물러나게 하였다. 당시 양부(兩府)의 재신(宰臣) 중 강제로 벼슬에서 물러나게 한 사람이 20명이었다.

경신 3년송 영종 경원 6년 ○ 일본 천황 토어문(土御門) 2년 ○ 서기 1200년이었다.

여름 5월에 진주(晉州) 주리(州吏) 정방의(鄭方義) 등이 난을 일으켰다. 처음에 정방의가 죄를 저질러 투옥되었는데 그의 동생 정창대(鄭昌大)가 옥에 돌입하여 가쇄(伽鎖)[256]를 풀고 불량배들을 모두 불러 모아 마을을 횡행하면서 평소에 원한이 있던 자들을 죽였다. 모두 6천 4백여 명이나 되었다. 목사(牧使) 이순중(李淳中)이 두려워서 문을 잠그고 나가지 않았으므로 조정에서 소부경(少府卿) 조통(趙通) 등을 보내 진무하라

255 두 차례에 걸친 무신정변이 일어난 해를 각각 가리킨다.
256 죄인의 목에 씌우던 나무 칼과 목이나 발목에 채우던 쇠사슬을 이르는 말이다.

하였으나, 조통 또한 팔짱을 낀 채 아무 일도 하지 않고 두려워 피해 다닐 뿐이었다. 이듬해 진주 사람들이 정방의를 죽였고, 그 무리들은 흩어졌다.

○ 겨울 12월에 최선(崔詵)과 임유(任濡)를 문하시랑동평장사(門下侍郞同平章事)로 삼고 최충헌에게 수태부상주국(守太府上柱國)을 제수하였다가 또 이병부상서어사대부(吏兵部尙書御史大夫)를 겸임하게 하였다. 최충헌은 금달(禁闥)[257]을 출입할 때 병사들로 자신을 호위하게 하고 사저에서 문무관을 주의(注擬)[258]하였다. 이를 아뢰면 왕은 다만 고개를 끄덕였고 두 부(部)의 판사(判事)는 검열할 뿐이었다.

○ 그때 기홍수(奇洪壽)와 차약송(車若松)이 중서성에 앉아서 공작과 모란을 키우는 기술을 의논하고 있었다. 이를 들은 사람이 탄식하기를, "재상의 직이 도를 논하고 나라를 경영하는 데 있거늘 지금 다만 꽃과 새를 품평하고 있으니, 어찌 관리의 몸가짐인가?" 하였다.

임술 5년송 영종 가태(嘉泰) 2년 ○ 일본 천황 토어문 4년 ○ 서기 1202년이었다.

11월에 전왕이 창락궁에서 돌아가시니, 왕이 왕의 예로써 장사 지내고자 하였다. 그러나 최충헌이 이를 따르지 않고 급을 낮춘 예를 쓰고, 시호를 광효(光孝)라 하였다. 묘호는 명종이며 지능(智陵)에 장사 지냈다.

○ 최충헌을 수태부(守太傅) 참지정사(參知政事)로 삼았다.

계해 6년송 영종 가태 3년 ○ 일본 천황 토어문 5년 ○ 서기 1203년이었다.

---

257 궐내에서 임금이 평소에 거처하는 궁전의 앞문을 이르는 말이다.
258 벼슬아치를 임명할 때 임금에게 후보자 세 사람을 정하여 올리던 일이다.

봄 2월에 도량(道場)[259]을 수문전(修門殿)에서 개설하니, 이는 당시 도적들이 자주 봉기하므로 물리치기를 기원하는 것이었다.

○ 겨울 12월에 초토병마사(招討兵馬使) 정언진(丁彦眞)이 남쪽 도적을 토벌하여 평정하였다. 이에 앞서 경주(慶州) 별초군(別抄軍)이 영주(永州) 지금의 영천(永川) 사람들과 틈이 생겨 운문산(雲門山)청도군(淸道郡)에 있으니, 바로 이전에 남쪽 도적 효심의 근거지의 도적을 유인하여 영주를 공략하였다. 또 경주 사람 패좌(孛佐) 등이 고려 왕업이 거의 운이 다했으므로 다시 신라를 부흥한다고 칭하고 병사를 일으켰다. 최충헌이 대장군 김척후(金陟侯) 등을 보내 공격하였는데, 도적의 무리가 더욱 번성하여 서로 버틴 지 해를 넘겼어도 군대는 지치고 아무런 공이 없었다. 이에 김척후를 파면하고 정언진을 파견하니, 정언진이 여러 계략을 써서 도적의 우두머리를 잇달아 사로잡고 1천여 명을 참수하였다. 이때 여러 도적이 대략 평정되었다.

갑자 7년송 영종 가태 4년 ○ 일본 천황 토어문 6년 ○ 서기 1204년이었다.

봄 정월에 왕이 병에 들어 태자 영(祾)에게 왕위를 물려주고 덕양후(德陽候) 사저로 옮겼다가 얼마 되지 않아 돌아가시니, 시호를 정효(靖孝)라 하였다. 묘호는 신종이고 양릉(陽陵)에 장사 지냈다. 이에 앞서 왕이 병에 들어 최충헌에게 내선(內禪)[260]할 뜻을 말하고 최충헌이 태자에게 고하자, 태자가 울면서 고사하였다. 이때에 이르러 조서를 내려 태자에게 전위하니 최충헌이 태자를 옹립하고 대관전(大觀殿)에 나아가 백

259 부처나 보살이 도를 얻는 곳, 또는 불도를 수행하는 절이나 승려들이 모인 곳을 이르는 말이다.
260 임금이 살아 있는 동안에 그 아들에게 임금 자리를 물려주던 일을 이르는 말이다.

관의 축하를 받았는데, 왕이 최충헌을 일으키면서 말하기를, "오늘 짐이 바라는 바가 이루어졌다. 짐의 부자에 대한 경(卿)의 공덕이 깊다"고 하였다.

○ 겨울 12월에 최충헌을 태사(太師) 문하시랑동중서문하평장사(門下侍郎同中書門下平章事)로 임명하였다. 왕은 최충헌이 자신을 옹립한 공이 있다 하여 특수한 예로 대하고, '은문상국(恩門相國)'이라 불렀다.

○ 한유한(韓惟漢)은 서울[京都] 사람으로, 최충헌이 국정을 마음대로 하는 것을 보고 말하기를, "장차 재앙이 일어날 것이다" 하고 처자를 데리고 지리산에 은거하였다. 그는 바깥 사람들과 교류하지 않고 벼슬을 제수 받아도 관직에 나아가지 않았으며, 깊은 계곡으로 옮겨 살면서 평생을 돌아오지 않더니, 얼마 되지 않아 과연 거란과 몽고(蒙古)와의 전쟁이 일어났다.

희종(熙宗) 성효왕(成孝王)의 휘는 영(韺)이고 자는 불피(不陂)이며, 처음의 휘는 덕(悳)이니, 재위 기간이 7년이었고 57세까지 살았다.

정묘 3년송 영종 개희(開禧) 3년 ○ 일본 천황 토어문 9년 ○ 서기 1207년이었다.

봄 정월에 도량을 중방에 설치하였다. 그 전 해에 무관들이 많이 죽은 후부터 무관이 원망하기를 "문신이 저주하였다"고 하므로, 왕이 내시로 하여금 도량을 중방과 장군방(將軍房)에 개설하여 물리치기를 기원했다.

○ 그에 앞서 최충헌을 문하시중(門下侍中) 진강군개국후(晉康郡開國侯)에 제수하였다가 다시 진강후(晉康侯)를 가책(加冊)하였다. 최충헌의 부(府)를 흥녕(興寧)[261]이라 하고 관료를 두고 흥덕궁(興德宮)을 그 밑에 두

니, 왕자와 재보(宰輔) 이하가 모두 그 부에 가서 축하연을 열었다. 그때 꽃과 과일, 관현악기[絲竹]의 풍성함이 삼한(三韓) 이래 신하의 집에 처음이었고, 시종과 문객이 3천 명이나 되었다. 이때에 이르러 또 중서령(中書令) 진강공(晉康公)으로 봉하니, 최충헌은 공작(公爵)이 5등급의 작위 중에서 으뜸이었고 중서령은 신하로서 가장 높은 직위라 하면서 사양하고 이를 받아들이지 않았다.

○ 대장군 박진재는 자신의 문객 중 관직을 제수받은 자가 적다고 하면서 최충헌을 원망하고 일을 도모하고자 하였다. 최충헌이 이 소식을 듣고 불러 묻기를, "네가 무엇 때문에 나에게 일을 꾸미느냐?" 하면서 좌우로 하여금 다리의 힘줄을 자르고 백령도(白翎島)지금의 장연(長淵)에 있음에 유배 보내니, 박진재가 이윽고 병으로 죽었다.

○ 왕이 술사(術士)[262]의 말을 듣고 최충헌의 아들 최우(崔瑀)의 집으로 옮겼다. 최충헌이 어가를 영접하고 장수를 기원하였고 여러 왕자와 재추(宰樞)가 모두 시종하였다. 수를 놓은 비단을 두른 누각과 오랑캐 및 중국의 여러 놀이의 사치스러움이 극에 달했다.

○ 겨울 10월에 왕이 나라의 노인들에게 큰 잔치를 베풀었다. 왕이 친히 술과 음식을 권하였다. 효자, 조부모를 잘 받들어 모시는 손자[順孫], 절개있는 부인[節婦], 의로운 남편[義夫], 환과고독(鰥寡孤獨), 고칠 수 없는 병을 가진 환자에게 물건과 음식을 내렸고 군현도 이를 따라 했다. 근래에 나라에 재앙이 많아 이러한 예식을 오랫동안 폐지하였다가 이때에 이르러 다시 시행한 것이다.

---

261 원문의 '숭녕(崇寧)'은 오기이므로 바로잡았다.
262 음양(陰陽), 복서(卜筮), 점술(占術)에 정통한 사람을 이르는 말이다.

○ 청교(靑郊)지금의 송도(松都)에 있음의 역리(驛吏) 등이 최충헌을 죽이고자 모의하였으므로 최충헌이 국문하였다. 그때 우복야(右僕射) 한기(韓琦)가 연루되었다는 말이 있자, 최충헌이 한기와 그의 세 아들을 죽였다.

기사 5년송 영종 가정(嘉定) 2년 ○ 일본 천황 토어문 11년 ○ 서기 1209년이었다.

봄 3월에 왕이 최충헌의 집으로 옮겼다. 그 집이 활동리(闊洞里)에 있었는데 인가 수백 채를 부수었고, 화려함과 장엄함이 몇 리(里)에 걸치므로 궁중과 같았다. 왕은 겨울이 되어 연경궁으로 돌아왔다. 그때 최충헌이 집 세 채를 새로 짓고 금, 옥, 돈, 곡식을 잔뜩 쌓아놓고 좌우에 이르기를, "나는 금은보화를 왕부(王府)에 바쳐서 나라의 경비를 도울 것이다" 하니 사람들이 모두 칭찬하였다. 그러나 그의 인척 노인우(盧仁祐)가 홀로 말하기를, "이것은 비축하였다가 당신의 경비로 쓰고, 다시 백성들로부터 거둬들이지 않는 것이 어떠한가?"라고 하니 최충헌의 얼굴이 붉어졌다.

신미 7년송 영종 가정 4년 ○ 일본 천황 순덕(順德) 원년 ○ 서기 1211년이었다.

9월에 문하시랑평장사로 벼슬에서 물러난 최당(崔讜)이 죽었다. 최당은 어려서부터 사물에 대한 이해가 빠르고 영리하였으며, 문장을 잘 짓고 가는 곳마다 명성과 업적이 있었다. 그는 네 명의 임금을 내리 모셔 한 시대에 이름이 높았으며, 현인을 추천하고 능력있는 사람을 벼슬에 내보내 종묘와 사직을 편안히 모시게 하고 나이가 많아지자 은퇴하여 쉬고 있었다.

○ 금(金)에 사신을 파견하였으나, 도착하지 못하고 돌아왔다. 이에

앞서 조정에서 사신 김양기(金良器) 등을 금나라에 보낼 때 금이 몽고와 전쟁을 하였다.[263] 김양기가 통주(通州)청 북경(北京) 근처에서 몽고 병사에게 죽임을 당하자 금나라 사람이 그 뼈를 거두어 돌려보냈다. 이때에 다시 사신을 파견하였으나 길이 막혀 도달하지 못했다.

○ 겨울 12월에 왕이 수창궁(壽昌宮)에 있으면서 내시낭중(內侍郎中) 왕준명(王濬明)과 참정(參政) 우승경(于承慶), 추밀사(樞密使) 사홍적(史弘績), 장군 왕익(王翊) 등과 더불어 최충헌을 죽이고자 모의하였다. 이때 승도 10여 명을 궁 안에 잠복시켜 틈을 엿보아 최충헌을 쳐서 죽이려고 하였으나, 이루지 못하였다. 최충헌이 바로 왕준명 등을 유배 보내고 드디어 왕을 폐위시켜 강화로 옮겼다가 다시 자연도(紫鷰島)지금의 인천에 속함로 옮겨 살게 하였다. 태자 지(祉)는 인주(仁州)인천로 내쫓고, 명종의 아들 한남공(漢南公) 정(貞)을 왕위에 세웠다. 왕이 즉위하여 이름을 '오(祦)'로 바꾸고 최충헌에게 공신호(功臣號)를 내렸으며, 그의 집 흥녕부(興寧府)[264]를 진강부(晉康府)로 개명하였다.

강종(康宗) 원효왕(元孝王)의 휘는 오(祦)이고 자는 대화(大華)이니, 명종의 태자이다. 재위 기간이 2년이고, 62세까지 살았다.

계유 2년송 영종 가정 6년 ○ 일본 천황 순덕 3년 ○ 서기 1213년이었다.

가을 8월에 왕이 병이 들어 태자 철(瞮)에게 왕위를 넘기고 얼마 되지 않아 돌아가시니, 시호를 원효(元孝)라 하였다. 묘호는 강종이고 후릉(厚陵)에 장사 지냈다.

---

263 원문의 '구병(搆兵)'은 '구병(構兵)'인 듯하다.

264 원문의 '숭녕부(崇寧府)'는 오기이므로 바로잡았다.

고종(高宗) **안효왕**(安孝王)의 휘는 철(瞮)이고 자는 대명(大明)이며, 처음의 휘는 진(瞋)이다. 재위 기간이 46년이고 68세까지 살았다.

을해 2년송 영종 가정 8년 ○ 일본 천황 순덕 5년 ○ 서기 1215년이었다.

가을 8월에 최충헌이 장군 이광유(李光裕)로 하여금 전왕을 교동(喬洞)으로 옮기게 하였다. 이광유가 돌아와서 대접할 음식이 없음을 보고하니, 최충헌이 성난 목소리로 말하기를, "내가 어질고 너그럽지 않았으면 왕의 부자가 어찌 목숨을 보전할 수 있었겠는가? 왕준명의 일을 생각하면 지금까지도 머리털이 곤두선다"고 하였다. 이에 앞서 왕이 최충헌의 처 임씨(任氏)를 수성택주(綏成宅主)로 삼고, 또 왕씨(王氏)는 정화택주(靜和宅主)로 삼았다. 임씨는 장군 손홍윤(孫洪胤)[265]의 처였는데, 최충헌이 손홍윤을 죽이고 빼앗았다. 왕씨는 바로 강종(康宗)의 딸이다. 최충헌이 별저(別第)로 옮길 때 칼·창과 호위 병사가 몇 리에 걸쳐 가득찼고 따르는 벼슬아치가 매우 많았다. 추밀사(樞密使) 금의(琴儀)는 학문에 힘쓰고 문장을 잘 썼으나, 최충헌에게 아첨하여 거듭 요직에 오르더니, 이때에 이르러 최충헌을 따르며 그 뒤를 쫓아다녔으므로 당시 사람들이 그를 비웃었다.

병자 3년송 영종 가정 9년 ○ 일본 천황 순덕 6년 ○ 서기 1216년

가을 7월이었다. 당시 금나라가 몽고에게 괴롭힘을 당하니, 금의 선무사(宣撫使) 포선만노(蒲鮮萬奴)가 요동을 근거지로 반란을 일으켜 천왕(天王)이라고 칭하고 국호를 대진(大眞)이라 하였다. 금나라 사람들이

265 원문의 '손강윤(孫江胤)'은 오기이므로 바로잡았다.

군사를 일으켜 공격해 정벌하고자 하여 군량과 군마를 빌려달라고 요청하였으나, 조정에서 이에 응하지 않았다.

○ 8월에 거란이 침략해오니, 상장군 노원순(盧元純) 등을 보내 적을 막게 하였다. 그때 거란의 남은 무리인 금산왕자(金山王子)와 금시왕자(金始王子)가 하삭(河朔)의 백성들을 위협하여 항복시키고 스스로 '대요수국왕(大遼收國王)'이라 일컫고 연호를 세워 '천성(天成)'[266]이라 하였다. 그들은 몽고 병사에게 쫓기다가 그 장수 아아(鵝兒)·걸노(乞奴)로 하여금 먼저 수만 명의 군사를 이끌고 강을 건너 회령(會寧), 삭주(朔州) 등의 군(郡)을 침범하여 재산과 곡식, 가축을 약탈하고 운중도(雲中道)지금의 북관(北關)에 있음에 들어가게 하였다. 삭주분도(朔州分道)의 장군 노인수(盧仁綏)가 성을 버리고 도망가자, 노원순을 중군병마사(中軍兵馬使)로, 오응부(吳應夫)를 우군병마사(右軍兵馬使), 김취려(金就礪)를 후군병마사(後軍兵馬使)로 삼고 13영군(十三領軍)과 신기군(神騎軍), 여러 위병(衛兵)을 이끌고 가서 치게 하였다. 그때 적병이 이미 영덕성(寧德城)지금의 의주에 있음을 쳐들어가 많은 사람을 죽이고, 안주(安州)안주, 의주(義州)의주, 철주(鐵州)철산(鐵山), 선주(宣州)선천(宣川) 등으로 진격해 포위하고 서신을 보내 항복을 독촉하였다. 그때 적이 우리나라 사람 양수척(楊水尺)[267]을 얻어 향도로 삼았다. 양수척은 태조가 백제를 공격할 당시 용감하고 사나워 다루기 힘들었던 사람의 자손이었다. 그들은 사냥을 하면서 살고 있었는데, 최충헌이 핍박함을 참지 못하여 적을 맞아 항복하고 산천의 험한 요지

266 원문의 '원성(元成)'은 오기이므로 바로잡았다.

267 후삼국과 고려 시대에 떠돌아다니면서 사냥을 하거나 고리를 만들어 파는 것을 업으로 삼았던 천인이다.

를 모두 알려주었다. 삼군(三軍)이 연주(連州)지금의 개천(价川)에서 적과 싸워 수천 명의 목을 베고 또 연주(延州)지금의 영변(寧邊)에 있음 개평역(開平驛)에서 적과 싸웠다. 그때 김취려가 거란군을 대파하니, 거란군이 묘향산(妙香山)지금의 영변에 있음에 들어가 청채진(淸塞鎭)지금의 희천(熙川)에 있음을 거쳐 도망갔다. 전후하여 적으로서 죽은 자가 만여 명이었다. 적이 물러나자 삼군이 연주로부터 회군하다가 박천(博川)에서 거란 적병과 다시 마주쳤는데, 김취려가 힘껏 싸워서 격퇴시켰다. 김취려는 능히 적은 병사로 많은 적을 물리치고, 기묘한 계책을 내어 전투마다 승리하였다.

○ 겨울 10월에 여러 군사가 거란군과 위주(渭州)지금의 가산(嘉山) 성 밖에서 싸우다가 패하니, 수도가 크게 동요하였다. 적은 서경에 이르러 안정역(安定驛), 임원역(林原驛) 등을 쳐들어가 사람을 죽이고, 대동강을 건너 서해도(西海道)지금의 황해도로 들어갔다. 이에 정숙첨(鄭叔瞻)을 행영중군원수(行營中軍元帥)로 삼고, 조충(趙沖)을 부원수로 삼아 가서 적을 방어하게 하였다. 그때 서울 사람을 모집하여 종군(從軍)할 만한 자는 전부 부오(部伍)[268]에 소속시켰다. 이에 태조의 후예들과 문과 출신이 모두 예속되었고, 또 승도를 뽑아 수만 명을 얻었다. 그런데 정숙첨 등이 군사를 점검해보니 날쌔고 용맹한 자는 모두 최충헌 부자의 문객인 사병(私兵)이 되었고 관군은 오직 노약자뿐이었다. 12월에 흥의역(興義驛)에 이르러 평주(平州)지금의 평산(平山)의 병사들을 보고는 적이 온다고 하면서 모두 달아나 군대가 무너지고, 오직 조충만 군진의 대오를 정돈하였다. 이윽고 적이 황주(黃州)로 들어가 사람들을 죽이고 염주(鹽州)연안(延

268 군진(軍陣)의 대오를 이르는 말이다.

安), 백주(白州)배천(白川) 두 주에 이르니, 정숙첨 등이 금교(金郊)지금의 평산에 있음로 물러났다가 며칠 후에 다시 국청사(國淸寺)로 물러나 주둔하였다.

정축 4년송 영종 가정 10년 ○ 일본 천황 순덕 7년 ○ 서기 1217년이었다.

봄 정월에 흥왕사, 경복사(景福寺) 등 여러 절의 승려들이 최충헌을 죽이려고 모의할 때 거짓으로 거란군에게 패하였다 하면서 새벽녘에 선의문(宣義門)에 이르러 급하게 소리치기를, "거란군이 이르렀다" 하고 최충헌의 집으로 향하였다. 최충헌이 사병과 순검군을 보내서 승도 3백여 명의 목을 베고 또 승려들을 널리 수색하여 8백 명을 죽이니, 시체가 산처럼 쌓였고 흐르는 피가 내를 이루었다. 승도들을 국문할 때 정숙첨이 연루되었다는 말이 있었으므로, 정숙첨을 파직하고 정방보(鄭邦輔)로 그를 대신하였다.

○ 거란군이 물러났다. 왕이 승선(承宣) 김중구(金仲龜)에게 명하여 남도군(南道軍)으로 적을 추격하라 하였다. 안서(安西)지금의 연안, 배천, 재령(載寧) 3군 도호병(都護兵)이 또한 적의 머리 백여 급을 베고, 조충은 염주지금의 연안[269]에서 맹활약하면서 적과 싸우니, 적이 회군하여 북쪽으로 돌아갔다.

○ 가을 7월에 병마사 최원세(崔元世)와 김취려 등이 제주(堤州)지금의 제천(堤川)에서 거란군을 대파하였다. 이에 앞서 거란군이 서쪽으로 돌아가다 정주(定州)에 불을 지르고 안주에 주둔하므로, 관군이 쫓아가 공격하면서 태조탄(太祖灘)에 이르렀는데, 큰 비가 내리고 있었다. 바로 머물러 진을 치고 주연을 베풀어 놀면서 대비하지 않고 있었는데, 적

269 원문의 '정안(廷安)'은 오기이므로 바로잡았다.

이 크게 쳐들어왔다. 김취려가 맞아 싸우다가 창과 화살을 혼자서 받아냈고, 다른 여러 장수 중 죽은 자가 수를 헤아릴 수 없었다. 거란군이 장단에 다다르고 또한 금교역(金郊驛)지금의 평산에 있음에 주둔하니, 다시 오응부(吳應夫)를 중군병마사로 삼고 최원세로 전군(前軍)을, 황대원(黃大源)으로 좌군(左軍)을, 오인영(吳仁永)으로 우군(右軍)을, 유돈식(柳敦植)으로 후군(後軍)을 거느리게 하여 숭인문(崇仁門)을 나서서 적을 막게 하였다. 이윽고 거란군이 또 동주(東州)지금의 철원를 함락하므로, 오응부를 파직하고 최원세로 대신하게 하였다. 김취려는 전군을 이끌고 징파도(澄波渡)에서 적군을 격퇴하고 또 풍양(豊壤)지금의 양주(楊州)에 있음에서 싸워서 노원역(盧元驛)지금의 양주에 있음까지 추격하여 적의 목을 매우 많이 베었다. 적이 다시 양주로부터 원주(原州)에 이르렀다가 얼마 되지 않아 춘천을 함락하여 안렴사(按廉使) 노주한(盧周翰)을 죽이고 또 원주로 나아가 공격하였다. 원주 사람들이 버텨서 모두 아홉 번의 전투를 한 끝에 식량이 떨어지고 원군도 끊겨 성이 함락되었다. 얼마 후 관군이 충주충주와 원주원주 두 주에서 적을 대파하여 3백여 급의 목을 베고 제주(堤州)까지 추격하니, 적의 시체가 내를 뒤덮었다. 또한 박달치(朴達峙)지금의 제천에 있음까지 추격하여 최원세가 김취려와 더불어 고개 정상을 먼저 점거하였다. 그 다음날 적의 수만 기병이 나뉘어서 고개를 올라 요해처(要害處)[270]를 다투었다. 최원세 등이 곧 크게 호령하면서 죽을 각오로 싸우니, 적이 크게 무너져 남녀와 무기, 치중(輜重)[271]을 낭자하게 버리고 동쪽으로 달아나 명주(溟州)지금의 강릉 대관령(大關嶺)을 넘어 도망갔다.

270 전쟁에서, 자기편에는 꼭 필요하면서도 적에게는 해로운 지점을 이르는 말이다.
271 군대의 여러 가지 물품을 통틀어 이르는 말로 탄약, 식량, 장막, 피복 따위를 가리킨다.

○ 겨울 10월이었다. 당시 여진의 황기자군(黃旗子軍)이 침입하니, 서북병마사 조충이 맞아 싸워 잇달아 격파하였다. 적이 패하고 돌아갔다.

무인 5년송 영종 가정 11년 ○ 일본 천황 순덕 8년 ○ 서기 1218년

가을 7월이었다. 이에 앞서 거란군이 제주에서 패배하고 돌아가서 여진에게 원병을 청하니, 군의 기세가 다시 진작되었다. 이에 관군을 연달아 무찌르고 양주로 진격하여 압박하니, 조충을 서북면원수(西北面元帥)로 삼고, 김취려를 병마사(兵馬使)로 삼으며, 정통보(鄭通寶) 등과 함께 전후좌우군을 나누어 거느리게 하였다. 그때 왕이 친히 부월(鈇鉞)[272]을 주고 벼슬하지 않은 생도(生徒)도 모두 종군하게 하였다. 그때 조충이 그 이전의 패배를 매우 부끄럽게 생각하여 주의를 기울여 적을 토벌하니, 호령(號令)이 분명하고 엄숙하였으며, 적을 독산(禿山)지금의 박천(博川)에 있음에서 잇달아 패배시키니 적이 수만 기병을 이끌고 강동성(江東城)으로 들어가 지켰다.

○ 겨울 12월이었다. 처음에 김군수(金君綏)가 조충을 대신하여 서북면병마사가 되었다. 그는 이때에 이르러 숙주(肅州)지금의 숙천(肅川), 영청(永淸)지금의 영유(永柔)에 있는 적을 공격하여 4백여 명의 목을 베었다.

○ 몽고가 원수 합진(哈眞)과 부원수 찰자(札剌)[273]를 파견하여 병사 1만 명을 거느리고 동여진에서 보낸 완안자연(完顔子淵)의 병사 2만 명과 합하여 거란 적(賊)을 공격한다고 하면서 화주(和州)지금의 중화(中和), 맹주(猛州)지금의 맹산(孟山), 순주(順州)지금의 순천(順川), 덕주(德州)지금의 덕천(德川)의 네

272 출정하는 대장에게 통솔권의 상징으로 임금이 손수 주던 작은 도끼와 큰 도끼이다.
273 원문의 '공자(孔剌)'는 오기이므로 바로잡았다.

성을 격파하고 강동성에 이르렀다.

○ 조충이 병사를 보내 몽고군을 만났다. 그때 몽고군이 이미 강동(江東)으로 향하였는데, 날씨가 춥고 눈이 쌓여 있어 군량을 수송하는 길이 이어지지 못하였다. 합진이 원수부(元帥府)에 공문을 보내 말하기를, "우리 황제께서 거란군이 귀국으로 도망가 있은 지 3년이나 되었는데도 싹 쓸어서 없애지 못한 것을 보고 군사를 보내 토벌케 하였으니, 귀국은 오직 군량을 도와 달라" 하였다. 그리고 이르기를, "우리 황제가 적을 격파한 뒤 귀국과 형제의 관계를 맺을 것이다" 하니 조정에서 사자를 파견하여 허실을 남몰래 살피고자 하였다. 그러나 보낼 사람을 구하기가 어려웠는데, 중군판관(中軍判官) 김인경(金仁鏡)이 가기를 청하면서 말하기를, "제가 들으니, 몽고군의 진법(陣法)이 손자(孫子)와 오자(吳子)의 법을 본받았다고 하니 제가 가서 보겠습니다" 하였다. 이에 김인경으로 하여금 정병(精兵) 1천 명을 거느리고, 쌀 1천 석(石)을 갖다 주도록 하니, 합진이 크게 기뻐하며 잔치를 열어 위로하고 매우 환대하였다. 김인경이 방진(方陣)을 펼치고 몽고 장수가 이를 보게 하였다. 군대의 모습이 늠름하고 좌우진퇴(左右進退)의 보벌(步伐)이 질서정연하므로, 합진이 매우 칭찬하였다.

○ 조충, 김취려 등이 몽고군과 동여진군을 만나 강동성을 포위하였다(1219). 당시 몽고와 동여진이 비록 우리나라를 구원한다고 칭하였지만, 몽고는 가장 흉악하고 사나우며, 또 예전에 우리나라와 관계가 좋았던 적이 없었기 때문에, 나라 안팎의 사람들이 대단히 놀랐다. 오로지 조충은 편안한 마음으로 의심을 하지 않았고 사정을 보아가며 임시변통으로 대처하였다. 합진이 또 군사를 더 보내기를 여러번 독

축하니, 여러 장수들이 모두 가는 것을 꺼렸다. 김취려가 말하기를, "국가의 이해가 바로 오늘에 달려 있고 또 일에 임하여 어려움을 사양하지 않음은 신하의 직무이다"고 하면서 스스로 가기를 청하였다. 그리하여 그는 지병마사(知兵馬事) 한광연(韓光衍)과 함께 10명의 장수와 신기(神騎)·대각(大角), 내상(內廂)의 정예 군사를 이끌고 합진을 만나러 갔다. 김취려는 신장이 9척이고 수염이 멋있었다. 합진은 그의 체격이 크고 훌륭함을 보고 또 그가 말하는 것이 매우 기이하여 형제 관계를 맺으면서 김취려에게 말하기를, "내가 6국을 정벌하면서 귀인을 많이 보았으나, 형과 같은 사람은 보지 못하였다" 하고 예를 갖추어 매우 후하게 대접하였다. 며칠 후에 조충도 오자 합진이 또 그를 형으로 모시고자 하여 주연을 베풀고 음악을 연주하며 서로 좋아함을 토로하였다. 이튿날 아침 여러 군사가 강동성 밑에 모여 사면을 포위하니, 거란군이 감히 나오지 못했다.

○ 최충헌에게 궤와 지팡이를 내렸다. 최충헌이 나이가 70이라고 거짓으로 고로(告老)[274]하니, 왕이 그 뜻을 알고 유사(有司)로 하여금 예의를 갖추어 궤와 지팡이를 내리고, 정사를 나와서 보라고 하였다. 최충헌이 또 그의 아들 최우(崔瑀)로 하여금 사병을 널리 모을 때 승도와 노예를 논하지 않고 모두 강제로 속졸(屬卒)로 삼자, 안팎이 크게 소란하여 백성들이 문을 닫고 외출하지 않았고 심지어는 땔나무를 거두는 일도 그만두었다.

○ 강동성을 빼앗으니, 거란적[丹寇]이 평정되었다(1219). 적이 이미

274 벼슬하던 사람이 늙어서 벼슬을 그만두기를 청하는 일을 이르는 말이다.

포위되어 형세가 더욱 궁하고 적의 우두머리 감사왕자(感捨王子)가 목매 죽으니, 그 장수와 병졸 남녀 5만여 명이 문을 열고 나와서 항복하였다. 조충 등이 합진과 더불어 왕자의 권속 및 위승상(僞丞相) · 평장(平章) 이하 백여 명의 목을 베고 나머지는 모두 사면하였다. 이에 합진이 조충 등과 함께 맹세하면서 말하기를, "양국이 영원히 형제로 맺어져 만세(萬世)[275]가 되도록 서로 잊지 않을 것이다" 하였다. 2월에 합진이 병사를 이끌고 북으로 돌아갔다. 조충이 거란의 포로를 각도 주·현에 나누어 보내서 개간하지 않아 묵고 있는 넓은 땅을 골라 모여 살게 하고, 논밭을 헤아려 지급하여 농민이 되게 하였다.[276] 당시 동여진 병사도 북쪽으로 돌아갈 때 그 장수 완안자연이 조충의 사람됨을 기이하게 여겨 이르기를, "조(趙) 원수는 평범한 사람이 아니라 하늘이 고려에 내려 보낸 것이다" 하면서 매우 존경하였다.

○ 최충헌에게 성을 하사하여 왕씨(王氏)라 하였다.

○ 최충헌이 죽었다. 최충헌이 병에 걸려 표를 올려 사직하고, 하사받은 성도 반환하고 내외의 죄수들의 석방을 청하더니, 얼마 되지 않아 죽었다. 백관이 흰 상복을 입고 장례를 치르고 예식과 절차가 모두 왕의 장례를 모방하였다. 최충헌이 죽으려고 할 때 그의 아들 최우로 하여금 비상시를 대비케 하였으니, 이 때문에 감히 움직이는 자가 없었으며 안팎의 대권이 모두 최우에게 돌아갔다. 최충헌이 흉폭 잔학하고 정권을 잡은 지 24년 동안 권위가 대단하여 온 나라가 두려워하였으며 왕은 팔짱을 끼고 아무 일도 하지 않고 명령을 들을 뿐이었다.

---

275 아주 오랜 세대를 이르는 말이다.
276 거란 포로가 살던 곳은 '거란장(契丹場)'으로 불리었다.

경진 7년송 영종 가정 13년 ○ 일본 천황 순덕 10년 ○ 서기 1220년이었다.

가을 9월에 태위(太尉) 문하시랑평장사(門下侍郎平章事) 조충이 죽었다. 조충은 횡천(橫川)지금의 횡성(橫城) 사람으로 평장사 조영인(趙永仁)의 아들이다. 풍채가 크고 겉으로는 씩씩하였으나 속으로는 온화하였으며, 장수가 되거나 조정에 들어가 재상이 되면 조야(朝野)[277]가 믿고 기대하였다. 평상시 모난 면이 드러나지 않았기 때문에 세상 사람들은 단지 그가 마음이 너그럽고 후덕하며 활달한 어른이라고 칭하였다가, 대병(大兵)을 이끌고 큰일을 치른 후에야 도량이 넓어서 작은 일에 얽매이지 않고 범상하지 않다는 사실을 알게 되었다. 재상이 되어서는 동쪽 언덕에 독락원(獨樂園)을 열고 공적인 업무를 마친 여가에 어진 사대부(士大夫)[278]들을 불러들여 거문고와 술로써 스스로 즐겼다. 이때에 이르러 죽으니, 나이가 50세이고 시호를 문정(文正)이라고 하였다.

신사 8년송 영종 가정 14년 ○ 일본 천황 순덕 11년 ○ 서기 1221년이었다.

가을 8월에 몽고 사신 저고여(著古與) 등이 황태제의 명으로 토산물을 요구하였는데, 관(館)의 대우가 불만족스럽다고 장궁(張弓)[279]으로 활을 쏘기도 하고 혹은 막대기로 치기도 하므로 관반(館伴) 이하 사람들이 모두 도망 다니기에 바빴다. 저고여 등이 아직 돌아가지 않았는데, 몽고 사신 저가(這可)가 와서 또 여대왕(女大王)의 명을 받았다고 칭하며 국신(國贐)몽고에게 바치는 뇌물이었다을 독촉하였다. 왕이 장군 김희제(金

---

277 조정과 민간을 통틀어 이르는 말이다.

278 사(士)와 대부(大夫)를 아울러 이르는 말로, 문무 양반(文武兩班)을 일반 평민층에 상대하여 일컫는다. 또는 벼슬이나 문벌이 높은 집안의 사람을 가리킨다.

279 얹은 활이다.

希禪)를 보내어 접대할 때 저가가 영접이 더디고 느슨하다고 책망하였다. 김희제가 말하기를, "당신이 전에 우리 국경에 이르렀을 때 어떤 사람을 활로 쏘아서 생사를 알 수 없게 하였습니다. 만일 그가 살아난다면 그대의 복(福)이고, 죽는다면 그대 일행은 반드시 구류(拘留)를 당할 것입니다"라고 하였다. 저가 등이 부끄럽기도 하고 두려워서 이때부터 김희제의 처분을 한결같이 따랐다. 김희제는 시서(詩書)[280]를 알고 담력과 지략이 있었으며, 사명(詞命)[281]을 잘 하였다.

○ 겨울 12월에 최우를 이병부상서참지정사(吏兵部尚書參知政事)로 삼았다. 최우는 최충헌이 탈취한 공전(公田)과 사전의 백성을 각각 그 주인에게 돌려주고 가난하거나 권력이 없는 선비[寒士]를 발탁함으로써 당시 사람들의 기대를 받았다. 그는 진양후(晉陽侯)로 봉해졌으나, 고사하고 받지 않았다.

을유 12년송 이종(理宗) 보경(寶慶) 원년 ○ 일본 천황 후굴하(後堀河) 4년 ○ 서기 1225년이었다.

봄 정월에 도적이 몽고 사신을 죽였다. 몽고와 우호 관계를 맺은 이후 사신[使价]의 왕래가 끊이지 않았는데, 이때에 이르러 몽고 사신 저고여 등이 압록강을 건너 돌아가다 중도에서 도적에게 피살되니, 몽고가 우리나라가 시킨 일이라고 하여 마침내 통교(通交)가 끊어졌다.[282]

○ 겨울 10월에 최우가 정방(政房)을 사저에 두었다. 옛 제도에서는 이부(吏部)에서 문관의 전형(銓衡)을 맡았고, 병부(兵部)에서는 무관의 선

280 시와 글씨 또는『시경』과『서경』을 아울러 이르는 말이다.

281 사신이 명을 받아 외교적인 일을 할 때 하는 말을 가리킨다.

282 고려는 저고여를 죽인 도적이 금나라 사람이라고 주장하였으나, 몽고는 이를 믿지 않고 고려를 침입하는 구실로 삼았다.

발을 맡아서, 근무한 연월을 차례로 매기고 노고(勞苦)와 안일(安逸)의 등급을 나누며, 공로와 과실을 드러내고 재주가 있고 없음을 논의하여 문서에 모두 기재하니, 이를 '정안(政案)'이라고 하였다. 중서성에서 그 출척(黜陟)을 헤아려 임금께 아뢰면, 문하성에서 왕의 명령을 받들어 시행하였다. 그런데 최충헌이 권력을 제 마음대로 하면서부터 속관(屬官[僚佐])[283]을 두고 정안을 사사로이 가져다 주의(注擬)[284]하고 제수(除授)하였으니, 요좌 등이 회의할 때 그들이 모이는 장소를 '정방'이라 하였다. 이때에 이르러 최우가 정방을 사저에 설치하고 백관을 주의하여 왕에게 올리면, 왕은 오직 팔짱을 끼고 시키는 대로 순순히 따를 뿐이었다.

정해 14년송 이종 보경 3년 ○ 일본 천황 후굴하 6년 ○ 서기 1227년이었다.

3월에 최우가 전왕[285]을 교동(喬桐)에 옮기고 김희제 등을 죽였다. 이에 앞서 술사(術士)가 최우에게 은밀히 말하기를, "왕은 마땅히 왕위를 잃을 것입니다. 공(公)은 왕후(王侯)가 될 상(相)이 있습니다" 하였다. 최우가 이를 김희제에게 말하였는데, 김희제가 그 말을 누설하였다. 최우는 이를 불평하다가 이때에 이르러 어떤 사람이 고하기를, "김희제가 장군 노지정(盧之正), 금휘(琴輝)와 더불어 공을 해치려고 도모하고 전왕을 받들어 세우려 한다"고 하니, 전왕을 교동에 옮기고 김희제와 노지정 등을 바다에 빠뜨려 죽였다. 김희제는 군산도(羣山島) 사람으로, 풍채가 좋고 지혜와 용기가 있었는데, 이때에 이르러 참소로 죽임을

283 장관에게 속한 관원을 이르는 말이다.
284 벼슬아치를 임명할 때 임금에게 후보자 세 사람을 정하여 올리던 일이다.
285 희종(熙宗)을 가리킨다.

당한 것이다. 당시 사람들이 원통하고 애석해 하였다.

경인 17년송 이종 소정(紹定) 3년 ○ 일본 천황 후굴하 9년 ○ 서기 1230년이었다.

최우의 아우 최향(崔珦)이 홍주(洪州)에서 난을 일으키자 최우가 병사를 파견하여 잡아 죽이고 또한 그 무리를 많이 죽였다. 처음에 최충헌이 사망하려 할 때 장군 지윤심(池允深)과 유송절(柳松節) 등이 최우를 제거하고 최충헌의 작은 아들 최향을 받들려 하였다. 최우가 이 소식을 듣고 지윤심과 유송절을 먼 섬에 유배를 보내고, 최향은 홍주에 안치(安置)하였다.[286] 최향은 원래 시기심이 많고 난폭한 사람이라 추방된 이후로 더욱 의롭지 못한 행동을 함부로 하여 그 지역 사람들이 모두 괴로워하였다. 이때에 이르러 그는 모든 불순한 무리를 모아 홍주 부사(副使) 유문거(柳文柜) 등을 죽이고 유송절 등을 불러 와서 이웃 군(郡)에 격문을 보내 군사를 일으켰다. 최우는 병마사 채송년(蔡松年) 등에게 명령을 내려 십영병(十領兵)을 이끌고 가서 토벌하게 하였다. 최향이 군사가 무너져 석굴로 도망가 숨자, (토벌군은) 그를 추격하여 잡아서 유송절 등과 함께 죽이고, 남은 무리를 끝까지 쫓아서 예산(禮山), 결성(結城) 등 7개 현의 감무(監務) 및 최향과 왕래한 자들은 죄의 경중을 묻지 않고 모두 죽였다.

신묘 18년송 이종 소정 4년 ○ 일본 천황 후굴하 10년 ○ 서기 1231년이었다.

가을 8월에 몽고가 사신의 죽음을 원망하여 원수 살리타[撒禮塔]를 파

---

286 먼 곳에 보내 다른 곳으로 옮기지 못하게 주거를 제한하던 형벌이다.

견해 함신진(咸新鎭)지금의 의주에 있음을 공격하였다. 그는 철주(鐵州)지금의 철산(鐵山)에 이르러 낭장 문대(文大)를 포로로 잡고 성 아래에 이르러서는 문대를 협박하여 철주 사람들에게 항복을 권유하라 하였다. 그러나 문대는 크게 외치기를, "가짜 몽고군이니, 항복하지 말라" 하였다. 이 당시에는 동여진이 몽고인 의복을 입고 변경민을 약탈하는 일이 있어서 진짜 몽고와 가짜 몽고의 구별이 있었다. 몽고 사람이 문대의 목을 베려고 하다가 다시 외치도록 했으나, 문대는 여전히 가짜 몽고라고 하였다. 몽고 사람들은 그를 죽이고, 드디어 더욱더 급히 성을 공격하여 무찌른 후 바로 도륙하였다.

○ 채송년을 북계병마사(北界兵馬使)로 삼아 몽고군을 방어하였다.

○ 몽고군이 귀주(龜州)지금의 귀성를 공격하였다. 병마사 박서(朴犀)와 장군 김경손(金慶孫) 등이 성을 굳게 지키니 몽고군이 공격하였으나 이기지 못하였다. 처음에 몽고군이 철주를 도륙하자 삭주(朔州) 분도장군(分道將軍) 김중온(金仲溫)과 정주(靜州)지금의 의주에 속함 분도장군 김경손 및 정주정주 · 삭주삭주 · 위주(渭州)위원(渭原) · 태주(泰州)태천(泰川) 등의 여러 수령들이 모두 귀주로 와서 모였다. 그때 박서가 귀주에 있으면서 바로 여러 장수를 사면(四面)으로 나누어 분담하여 지키게 하였다. 이윽고 몽고군이 크게 이르러 남문(南門)을 공격하므로, 김경손이 죽기를 각오한 12명의 군사를 이끌고 나가 싸웠다. 김경손은 날아오는 화살에 팔을 맞아 피가 줄줄 흐르는데도 손수 북 치기를 그치지 않았다. 전투가 4, 5합(合)에 이르자 몽고군이 물러나 달아났다. 김경손이 대오를 가지런히 하고 승리의 노래를 부르며 돌아오니, 박서가 길가에서 맞이하여 절하고 서로 마주보며 눈물을 흘렸다. 이에 성을 수비하는 일

은 김경손에게 모두 위임하였다. 그때 몽고군이 성을 여러 겹으로 포위하고 밤낮으로 공격하면서 처음에는 수레에 풀을 쌓고 진공하므로, 김경손이 포차(砲車)[287]로 쇠 녹인 물을 쏟아 부어 쌓여 있는 풀을 불태웠다. 몽고군이 다시 누거(樓車)[288]와 큰 상(床)을 쇠가죽으로 덮고 그 속에 군사를 감추고는 성 밑에 이르러 땅굴을 파므로, 박서가 성의 구멍에 쇠 녹인 물을 부어서 누거를 불태웠다. 또 썩은 이엉을 불살라 큰 상을 태우니 죽은 몽고군이 매우 많았고, 모두 기세에 눌려 뒷걸음치며 흩어져 도망갔다. 또 몽고군이 수레 위에 풀을 싣고 이를 불살라 성루(城樓)를 공격하므로, 박서가 미리 성루 위에 물을 저장하였다가 쏟아 부으니, 불이 곧 꺼졌다. 이때에 김경손은 호상(胡床)[289]에 걸터앉아 싸움을 독려하였는데, 포환이 날아와 김경손의 정수리 뒤를 지나 옆 사람의 머리를 쳐서 부수었는데도 끝내 옮기지 않고 신색(神色)[290]이 태연자약하였다. 몽고군이 성을 포위한 지 30일이 되어도 성공하지 못하고 물러났다.

○ 몽고군이 선주(宣州)선천(宣川), 곽주(郭州)곽산(郭山) 2주를 공격하여 함락시키고, 또 용주(龍州)지금의 용천(龍川)를 포위하여 부사(副使) 위소(魏玿)를 포로로 잡았다. 겨울 10월에 (몽고군이) 평주(平州)지금의 평산(平山)에 통첩을 넘기기를, "우리 병사가 함신진의주에 있음에 이르렀을 때 맞이하여 항복한 자는 죽이지 않았으니, 너희 나라가 항복하지 않으면 우리는 돌아가지 않을 것이고 항복하면 우리는 곧 동여진으로 향하겠다"고

---

287 대포 등 화포(火砲)를 끌고 다니는 수레를 이르는 말이다.
288 망루를 설치하여 적의 성이나 진지를 내려다볼 수 있게 만든 수레이다.
289 중국식 의자의 하나이다.
290 상대편의 안색을 높여 이르는 말이다.

하였다. 이로써 나라 사람들이 그들이 진짜 몽고인임을 알게 되었다.

○ 몽고군이 다시 귀주를 공격하니, 박서가 힘껏 싸워 무찔렀다. 몽고군이 귀주 성곽 2백여 첩(堞)을 부수고 성을 넘어 오자, 박서 등이 이를 다시 크게 물리쳤다.

○ 삼군(三軍)의 원수가 안북부(安北府)지금의 안주(安州)에서 몽고군과 싸우다가 무너졌다. 11월에 몽고군이 평주를 도륙하고, 예성강(禮成江)송도 서남쪽에 있는 강에 이르러 집에 불 지르고 백성을 죽이며 약탈하였다. 이에 수도가 흉흉하자 최우가 가병(家兵)으로 자신을 방위하였고, 성을 지키는 병사는 늙고 약한 남녀뿐이었다.

○ 12월에 어사(御史) 민희(閔曦)를 몽고 진영에 파견하여 화평을 청했다. 몽고군이 서울의 네 문 밖에 나누어 주둔하고 또 흥왕사지금의 풍덕(豊德)에 있음를 공격하므로, 민희와 낭중 송국첨(宋國瞻)을 파견하여 몽고군에게 음식을 보내 위로하고 화해를 청하였다. 그들이 몽고 사신 2명과 같이 돌아오니, 종실 회안공(淮安公) 정(侹)을 안북부에 보내 항복하도록 설득하고 살리타에게 많은 토산물을 바쳤다.

○ 몽고군이 다시 귀주를 공격했으나 성공하지 못했다. 몽고군이 다시 대포차(大砲車)를 가지고 귀주를 공격하니, 박서 또한 포차를 보내 죽인 자가 셀 수 없을 정도로 많았다. 몽고군이 회안공의 문첩(文牒)을 보내 항복을 권유했으나, 박서가 이를 듣지 않고 성을 수비함이 점점 공고해졌으며 몽고군을 대파하였다. 몽고군 중 한 노장이 성루에 있는 기계를 둘러보면서 탄식하기를, "내가 천하를 다녔어도 공격을 이렇게 받고도 항복하지 않는 자를 보지 못하였다" 하고, 또 이르기를, "성 안에 있는 여러 공(公)은 언젠가 모두 장상(將相)이 될 것이다" 하였다.

○ 조숙창(趙叔昌)이 몽고 사신과 함께 왔다. 조숙창은 조충의 아들로서 그의 아버지가 일찍이 몽고 합진과 친구 관계를 맺은 바 있었는데, 이때에 이르러 몽고 사신 9명과 함께 몽고 황제의 첩문을 지니고 와서 사신을 죽인 죄를 문책하였다. 또한 2만 필의 말에 실을 수 있는 금, 은, 의복과 자줏빛 비단 1만 필, 수달 가죽 2만 영(領), 말 2만 필, 왕손 종실의 어린 남녀 각 1천 명, 장군 및 대관(大官)의 어린 남녀 각 1천 명을 요구하였다. 그 나머지 요구는 이루 다 기록할 수 없었다. 또한 군사 의복 1백만 벌을 요구했다.

○ 조숙창을 대장군으로 삼고 황금 70근과 백금 1천 2백 근, 동옷[襦衣][291] 1천 벌과 말 170필을 몽고 진영에 보내고 또 사신 등을 죽인 일에 대해 변명하면서 원수 이하 장군들에게 폐물을 바쳤다. 그 때 나라의 창고가 비어서 백관으로 하여금 관품의 고하에 따라 의복을 바치게 하여 그 비용을 충당하였다.

임진 19년송 이종 소정 5년 ○ 일본 천황 후굴하 11년 ○ 서기 1232년이었다.

봄 3월에 삼군이 몽고 진영에 가서 항복하니, 몽고 원수가 돌아갔다.

○ 사신을 귀주에 보내서 몽고에게 항복하도록 타일렀다. 조정[292]이 최임수(崔林壽)와 민희 등에게 몽고인을 따라가 귀주에 이르러 항복을 권유하도록 하였으나, 박서가 이를 따르지 않았다. 민희가 그가 항복하지 않음을 측은히 여기고 칼을 뽑아 자기를 찌르려 하니, 박서가 부득이 항복하였다. 그후 몽고 사신이 박서가 성을 굳게 지킨 것에 분

291 남자가 입는 저고리이다.
292 원문의 '조연(朝延)'은 오기이므로 바로잡았다.

통해 하면서 그를 죽이고자 하였다. 최우가 박서에게 이르기를, "경의 국가에 대한 충절은 매우 장하나 몽고인의 말 또한 두려워할 만하니, 경은 스스로 일을 처리하도록 하라" 하였다. 이에 박서는 고향으로 물러나 돌아갔고, 후에 평장사로 제수되었다가 죽었다.

○ 자주(慈州)를 타일러 몽고인에게 항복하라 하였으나, 지키던 신하 최춘명(崔椿命)이 이를 따르지 않았다. 처음에 몽고군이 자주를 공격하자, 부사(副事) 최춘명이 굳게 지키면서 항복하지 않았다. 이때에 이르러 살리타가 회안공 정(侹)과 더불어 우리 관리 태집성(太集成)과 몽고 관리를 성 아래에 보내서 항복을 권유하였다. 최춘명이 이를 듣지 않고 좌우에 명하여 화살을 어지럽게 쏘니, 태집성이 한을 품고 돌아왔다. 그는 이때에 이르러 최우에게 권하기를, "최춘명을 죽이지 않으면, 몽고인의 화를 풀기 어렵습니다" 하였다. 최우가 최춘명의 목을 베려고 할 때 최춘명이 처형에 임해서도 말과 얼굴빛에 변함이 없었다. 몽고인이 이를 듣고 말하기를, "이 사람이 우리에게는 맞지 않으나, 귀국에는 충신이다" 하고 간곡하게 석방을 청하였다.

○ 몽고에서 다루가치[達魯花赤] 70명을 수도와 부·주·현에 나누어 배치하고 나라를 감시했다.

○ 6월에 최우가 전왕을 자연도(紫燕島)지금의 인천에 있음로 옮겼다.

○ 최우가 왕을 협박하여 강화로 도읍을 옮기고 별초지유(別抄指諭) 김세충(金世沖)을 죽였다. 최우가 몽고의 환란을 피하고자 강화로 천도(遷都)하려 하는데, 그때 나라가 태평한 지 이미 오래되어 성 안에 호구(戶口)가 10만이고, 황금과 벽옥이 서로 바라보고 있어 모두 옮기기를 바라지 않았다. 별초지유 김세충이 최우를 힐난하며 묻기를, "수도 송

도의 성과 주변 못이 견고하고 병력이 충분하므로, 마땅히 죽을 힘을 다해 사직을 보위해야 할 텐데, 이를 버리고 어찌 도망을 갑니까?" 하였다. 최우가 김세충의 목을 베고 왕을 협박하여 강화로 가고자 하였으나 왕이 우물쭈물하고 결정을 하지 않았다. 이에 최우가 먼저 가재(家財)를 강화로 수송하고 유사로 하여금 성 안 5부(部) 사람들을 보냈다. 또 강화에 궁궐을 짓게 하니, 가을 7월에 왕이 강화에 도착하여 객관(客館)[293]에 머물렀다.

○ 여러 도회에 명령을 내려 백성을 산성(山城)과 섬으로 이주케 하였다. 당시 국가에서 북계(北界)의 여러 성에 있던 다루가치의 활과 화살을 빼앗으니, 몽고군이 다시 올까 두려워하였기 때문이다.

○ 세조(世祖)태조의 아버지 융이다와 태조의 두 자궁[梓宮][294]을 강도(江都)[295]로 이장(移葬)하였다.

○ 9월에 몽고가 다시 대거 쳐들어왔다. 몽고 사람이 우리나라가 다루가치[296] 등을 잡아 욕을 보이고 강화로 천도하였다고 하면서 다시 살리타를 보내 쳐들어왔다. 몽고군은 가는 곳마다 죽이고 약탈하여 결혼한 여자나 노약자들도 모두 죽였다. 겨울 12월에 처인성(處仁城)지금의 용인(龍仁)에 있음을 공격해 오니, 어떤 승려가 성 안에서 활을 쏘아 살리타를 죽이고 많은 포로를 잡았다. 몽고군이 마침내 무너져 흩어지고 그 부장(副將)이 회군하였으나 나머지 병사들이 여전히 많아 약탈이

293 각 고을에 설치하여 외국 사신이나 다른 곳에서 온 벼슬아치를 대접하고 묵게 하던 숙소이다.
294 왕, 왕대비, 왕비, 왕세자 등의 시신을 넣던 관이다.
295 강화의 다른 이름으로서 고려 고종 19년(1232)에 몽고의 침입으로 도읍을 이곳으로 옮긴 후, 원종 11년(1270)에 환도(還都)할 때까지 39년 동안 임시 수도로 삼았다 하여 생긴 이름이다.
296 원문의 '달로적화(達魯赤花)'는 오기이므로 바로잡았다.

끊이지 않았다. 나라에서 그 승려에게 상장군을 제수하였으나, 승려가 공을 숨기며 굳이 사양하였다. 나중에 환속하니 그의 이름은 김윤후(金允侯)이다.

계사 20년송 이종 소정 6년 ○ 일본 천황 사조(四條) 원년 ○ 서기 1233년이었다.

5월에 서경 사람 필현보(畢賢甫)와 홍복원(洪福源) 등이 서경에서 반란을 일으키자, 장군 정기(鄭覬)를 선유사(宣諭使)로 삼아 가서 타이르게 하였다. 정기가 대동강에 이르니, 적의 세력이 매우 컸으므로 종자(從者)가 급히 들어가지 말라고 권하였다. 정기가 분개하면서 말하기를, "내가 어찌 왕명을 하찮게 생각하리요?" 하고 드디어 들어갔다. 필현보 등이 정기를 보고 크게 기뻐하며 주인으로 삼고자 하다가 그가 이를 따르지 않음을 한탄하고 미워하여 죽였다. 겨울 12월에 최우가 가병 3천명을 보내 북계병마사 민희와 더불어 토벌하여 필현보의 목을 베니, 홍복원은 몽고로 도망갔다. 이에 앞서 살리타가 우리나라를 침공할 때 홍복원이 항복하여 그 심복이 되었다가 이때에 이르러 반란을 일으켰으니, 이 또한 몽고에 부응한 것이다. 홍복원이 몽고에 있으면서 동경(東京)지금의 요동에 있음 총관(摠官)이 되어 우리나라를 거짓으로 참소하였으니, 몽고의 물자 요구와 침공이 모두 홍복원이 유도한 것이었다.

○ 강도의 외성(外城)을 쌓았다.

○ 김취려가 죽었다. 김취려는 언양(彦陽) 사람으로 사람됨이 절제있고 검소하며, 정직하고 충의를 스스로 지키며, 군대를 지휘함이 엄정해서 병사들이 감히 규율을 어길 수 없었다. 그러나 술이 있으면 병사 중 가장 낮은 자들과 같이 마셨고, 진용을 갖추어 적을 제어할 때 묘한

계책을 많이 내 놓아서 큰 공을 이루었다.

○ 최우가 천도한 공로를 포상하여 진양후(晉陽侯)로 봉하고 부(府)를 세웠다.

정유 24년송 이종 가희(嘉熙) 원년 ○ 일본 천황 사조 5년 ○ 서기 1237년이었다.

봄에 담양(潭陽)의 초적(草賊) 이연년(李延年)이 무리배들을 불러 모아서 이웃 읍을 공격해 무너뜨리고 나주를 포위하였다. 지휘사(指揮使) 김경손이 이연년을 쳐서 목을 베니, 남은 무리가 마침내 흩어졌다. 처음에 도적들이 김경손의 명성을 듣고 김경손을 생포하여 주장(主將)으로 삼기 위해 활과 화살을 사용하지 않았기 때문에 김경손이 부상을 입지 않았다.

○ 가을 8월에 전왕이 돌아가시니, 묘호는 희종이고 석릉(碩陵)에 장사 지냈다.

신축 28년송 이종 순화(淳和) 원년 ○ 일본 천황 사조 9년 ○ 서기 1241년이었다.

당시 몽고군이 경내에 널리 가득 차 여러 해 지났는데, 이때에 이르러 몽고에 사신을 보내 군사를 철수하기를 청하고 종실 영녕공(永寧公) 준(綧)으로 하여금 문벌이 좋은 관리의 자제 10명을 이끌고 몽고에 볼모로 보내게 하였다.

○ 겨울 12월에 최우를 올려 진양공으로 봉하고 식읍을 더해 주었다.

○ 사신을 보내 몽고에 가게 하였다. 그때 몽고 태종(太宗)이 죽고, 왕후가 정사를 보면서 군사를 일으키는 것이 차츰 멈추었고, 양국 사신의 교류가 끊이지 않아 1년에 4, 5차례나 되었다.

무신 35년송 이종 순화 8년 ○ 일본 천황 후심초(後深草) 2년 ○ 서기 1248년이었다.

봄 3월이었다. 당시 몽고군이 북계(北界)에 들어와 수달을 잡는다고 하면서 가는 곳마다 침범하고 약탈하므로, 병마사에게 명령을 내려 백성들을 섬으로 이주케 하였다. 그런데 안북부(安北府)지금의 안주(安州)의 위도(葦島)는 바닷물이 들락거려 농사를 짓기가 어려웠다. 병마판관(兵馬判官) 김방경(金方慶)이 백성들로 하여금 제언(堤堰)[297]을 쌓고 피를 심게 하니, 백성들이 처음에는 고통스러움을 원망하였으나 가을이 되어 많은 곡식을 수확했다. 당시 몽고군이 여러 해 동안 물러가지 않았으나, 섬에 있는 사람들은 굶지 않았다. 또 섬 안에 우물이 없었으므로, 김방경이 큰 연못을 파서 물을 저장하였다가 여름에는 이를 끌어다 쓰고 겨울에는 얼음을 깨어서 물을 쓰니, 백성들이 비로소 그 지혜를 따르게 되었다.

○ 최항(崔沆)을 추밀원지주사(樞密院知奏事)로 삼았다. 최항은 최우의 아들로서 그 동생과 함께 승려가 되니, 이름을 '만전(萬全)'이라 하였다. 무뢰한 문도(門徒)들을 모아서 재물 늘리는 것을 일삼았고 금과 비단이 몇 만이 될 정도로 많았고, 쌓아 놓은 쌀이 50여만 석에 달했다. 백성에게 돈을 빌려 주고 이자를 받아 주·읍(州邑)을 어지럽게 만들더니, 이때에 이르러 최우가 만전으로 하여금 환속하여 개명하게 하고 이 직책을 제수했다. 처음에 전라도안찰사(全羅道按察使) 김지대(金之岱)가 만전의 문도를 잡아서 여러 가지 죄를 묻고 강물에 던졌더니, 만전이 크게 원망하고 한탄하였다. 그러나 김지대가 청렴하고 매사에 조심성

297 수리(水利) 등의 목적으로 강이나 바닷물을 막아 두기 위하여 쌓은 둑으로, 오늘날의 댐과 같다.

이 있어 과실이 없으니, 최항이 해치지 못하였다.

기유 36년송 이종 순화 9년 ○ 일본 천황 후심초 3년 ○ 서기 1249년이었다.

겨울 11월에 최우가 죽고 그의 아들 최항을 추밀부사이병부상서어사대부(樞密副使吏兵部尙書御史大夫)로 삼았다. 최항이 상복을 입은 지 이틀 만에 상복을 벗었다.

○ 최항이 추밀부사 김경손이 여러 사람의 마음을 얻었다 하여 백령도(白翎島)로 유배 보냈다.

○ 북계의 백성들이 몽고군이 해마다 침입하여 고통스러우므로, 내지로 이주하기를 청하였다. 드디어 이들을 서경과 서해도(西海道)로 이주케 하였다.

○ 최춘명이 죽었다(1250).

○ 최항을 문하시중(門下侍中)으로 삼았다(1250).

신해 38년송 이종 순화 11년 ○ 일본 천황 후심초 5년 ○ 서기 1251년이었다.

겨울 10월에 최항이 자신의 어머니 대씨(大氏)[298]를 시해하고 전 추밀부사 김경손 등을 죽였다. 처음에 최우의 외손인 김미(金敉)가 최항과 서로 앞다투어 (권력을) 빼앗아 가졌는데 대씨가 매번 김미를 도왔으므로, 최항이 원한을 깊이 품었다. 이때에 이르러 최항은 대씨의 전 남편의 아들인 장군 오승적(吳承績)을 강물에 던지고, 대씨는 독살하였다. 또 백령도에 사람을 보내 김경손을 바다에 빠트리니, 이는 그가 오

298 대씨는 최항의 계모이고, 친어머니는 기생 서련방(瑞蓮房)이었다(『고려사』 권 103 「열전」 16 김경손(金慶孫); 권 129 「열전」 42 최충헌(崔忠獻)).

승적의 인척이기 때문이었다. 김경손이 장중하면서도 부드럽고 담력과 지략이 있어 큰 공을 여러 번 세웠으며, 조야가 의지하고 우러러보았다. 그의 죽음에 세상 사람들이 모두 몹시 애석하고 아깝게 여겼다.

정사 44년송 이종 보우(寶祐) 5년, 일본 천황 후심초 11년 ○ 서기 1257년이었다.

여름 4월에 최항이 죽자 그의 아들 최의(崔竩)를 장군으로 삼았다. 처음에 최항이 승려로 있을 때 송서(宋情)의 계집종과 정을 통해 최의를 낳았고, 본처와 첩이 모두 아들을 낳지 못하자 최의를 후사로 삼았다. 최의는 용모가 매우 아름답고 성격이 침착하고 과묵하며, 또 수줍음이 매우 많았는데, 정권을 잡자 굶주린 백성을 진휼하여 민심을 수습하였다.

○ 가을 7월에 최의를 좌부승선(左副承宣)으로 삼았다.

○ 최의가 집안의 종[家奴] 이공주(李公柱)를 낭장으로 삼았다. 옛 제도에 노예는 비록 큰 공을 세워도 관작을 제수 받을 수 없었는데, 이제 노예에게도 관직을 제수하는 것이 이때부터 비롯되었다.

무오 45년송 이종 보우(寶祐) 6년 ○ 일본 천황 후심초 12년 ○ 서기 1258년이었다.

여름 4월에 대사성(大司成) 유경(柳璥)과 별장(別將) 김인준(金仁俊) 등이 최의를 죽였다. 최의가 남의 중상을 잘 믿고, 질투심이 많으며, 더러운 재물을 싫어하지 않자 인망을 잃게 되었다. 그때 김인준은 최충헌의 가노였는데, 용모가 기골이 장대하고 컸으며 성격이 너그럽고 후덕하여 베풀기를 좋아하니, 최우와 최항이 모두 총애하고 믿었다. 유경은 정방에 오래 있으면서 또한 최항과 친했다. 최의가 정권을 잡자 두 사람 모두 소원해져 불평을 하였다. 또 송길유(宋吉儒)는 김인준과 유경의 무리로서 탐욕이 많고 포학함이 심하였다. 최의가 송길유를 추자도(楸子島)에 유배하자 그 두 사람은 최의를 더욱 미워하였다. 이때에 이르러 (김인준과 유경은) 낭장 박송비(朴松庇)와 박희실(朴希實), 이연소(李延紹), 이공주, 임연(林衍), 김인준의 동생 김승준(金承俊) 등과 함께 은밀히 모의하여 최의를 죽이려고 하였다. 그들은 별초(別抄) 3대(隊)를 사청(射廳)에 모으고 추밀사(樞密使) 최온(崔昷)을 추대하여 주장으로 삼고 병사를 이끌어 최의의 집에 들어갔다. 그들은 최의가 옥구(屋溝)[299] 안으로 도망가 숨자 찾아내어 목을 베고, 그의 무리를 모두 죽인 후 정사를 왕에게 돌아가게 했다. 그리고 벽에 그린 최충헌과 최우의 초상화를 없애도록 요청하니, 왕이 이를 따랐다. 유경을 추밀원우부승선(樞密院右副承宣)으로 삼고, 박송비와 김인준은 대장군으로 삼으면서 위사공신(衛社功臣)의 칭호를 내렸다. 그 나머지에게도 차등을 두어 관작을 내렸으며 최의의 집안 창고를 열어 서울과 지방의 관민에게 나누어 주었다.

○ 겨울 11월에 유경을 첨서추밀원사(簽書樞密院事)로 삼았다. 유경이 최의를 죽인 후 정방을 편전(便殿)에 두도록 아뢰어 전주(銓注)를 전적으로 맡으니, 김인준이 매우 공경하고 중히 여겨 매사에 자문을 구하였다. 그러나 김인준의 동생 김승준은 스스로 공이 높은데도 직위는 낮다고 여겨 원한을 품고 임연 등과 더불어 유경을 김인준에게 참소하여 승선 벼슬을 파하고 이 직위를 제수하였다. 그것은 정권을 빼앗은 것이며, 이로부터 안팎의 모든 권력이 김인준에게 돌아갔다.

---

299 여자들이 거처하는 지역을 가리킨다.

○ 한양(漢陽) 용진(龍津) 사람 조휘(趙暉)가 정주(定州) 사람 탁청(卓靑)과 함께 몽고군을 이끌고 저도(猪島)지금의 영흥에 있음로 들어와 동북면병마사 신집평(愼執平)을 죽이고 화주(和州)지금 영흥 이북 지역을 가지고 몽고에 항복하였다. 몽고는 화주에 쌍성총관부(雙城摠管府)를 두고 조휘에게 총관(摠管)을 제수하고, 탁청을 천호(千戶)로 삼았다. 조휘 등이 수시로 출몰하여 약탈하였고, 이로부터 나라는 동북지방의 여러 성을 잃었다.

기미 46년송 이종 개경(開慶) 원년 ○ 일본 천황 후심초 13년 ○ 서기 1259년이었다.

6월에 왕이 돌아가셨다. 이때 태자 전(倎)이 몽고에 가서 아직 돌아오지 않았다. 이에 태손(太孫) 심(諶)이 나라 일을 보면서 시호를 안효(安孝)라 하고 묘호는 고종이라 하였으며, 홍릉(洪陵)에 장사 지냈다.

○ 겨울 11월에 옛 서울에 궁궐을 새로 지으니, 이는 장차 육지로 나가 환도(還都)하고자 함이었다.

원종(元宗) 순효왕(順孝王)의 휘는 전(倎)이고 자는 일신(日新)이니, 재위 기간이 15년이고 56세까지 살았다.

경신 원년송 이종 경정(景定) 원년 ○ 일본 천황 귀산(龜山) 원년 ○ 서기 1260년이었다.

2월에 태자가 몽고에서 돌아왔다. 이때 몽고 헌종(憲宗)이 죽고 그의 동생 쿠빌라이[忽必烈]가 송(宋)에서 군대의 위세를 떨치고 있었다. 마침 태자가 양(梁)·초(楚)[300] 사이에 이르렀을 때 쿠빌라이가 양양(襄陽)에서 군대를 이끌고 돌아오고 있었다. 태자가 길 위에서 환영하며 만나

300 양은 하남(河南), 초는 호북(湖北)을 가리킨다.

보았는데, 태자의 얼굴 모습이 그림 같고 일을 주선하는 것이 예에 맞았다. 쿠빌라이가 크게 기뻐하면서 말하기를, "고려는 만리 밖의 나라이다. 당 태종이 공격하여 정벌하였으나 항복시키지 못하였는데, 이제 태자가 제 발로 왔으니, 이것은 하늘의 뜻이다" 하면서 경북부(京北府)에 함께 이르렀다. 이때 비로소 태자가 왕의 부음을 들었다. 이에 쿠빌라이는 강화상(康和尙)으로 하여금 태자를 호송하여 고려로 귀국하게 하였다. 여름 4월에 태자가 즉위하니, 태손이 백관을 이끌고 표문(表文)[301]을 올리고 예를 행하였다.

○ 5월에 김준(金俊)을 추밀부사(樞密副使) 익양군개국백(翼陽君開國伯)으로 삼았다. 이에 앞서 최의를 죽인 공에 대해 순서를 매길 때 유경을 첫째로 삼았었는데, 이때에 이르러 책명(策命)[302]을 바꾸어 김인준을 첫째로 삼았다. 김인준은 김준의 옛 이름이다.

○ 8월에 몽고 황제가 다루가치를 소환하였다.

계해 4년송 이종 경정 4년 ○ 일본 천황 귀산 4년 ○ 서기 1263년이었다.

봄 2월에 일본이 금주(金州)지금의 김해(金海)를 침공하여 주현의 공물선을 약탈해 가지니, 여름 4월에 대관서승(大官署丞) 홍저(洪泞) 등을 일본에 보내 약탈한 연유를 힐책하였다. 일본이 그 일을 엄격히 조사하니, 바로 대마도(對馬島)의 수구(水寇)였다. 그들이 약탈한 쌀과 베를 거두어 반환했다.

---

301 마음에 품은 생각을 적어서 임금에게 올리는 글이다.
302 임금이 신하에게 내려서 명령하던 글발이다.

무진 9년송 도종(度宗) 함순(咸淳) 4년 ○ 일본 천황 귀산 9년 ○ 서기 1268년이었다.

이에 앞서 왕이 김준을 시중으로 삼았다가 이윽고 해양후(海陽侯)로 봉작을 높여 주었다. 김준이 국정을 마음대로 농단하고 출척을 임의로 하며 법령이 가혹하고 준엄하니, 백성들이 원망하고 괴로워하였다.

○ 겨울 12월에 죄를 물어 김준을 죽였다. 왕이 김준의 방자함을 싫어하여 제거하고자 할 때 임연과 사이가 좋지 않음을 알고 임연에게 의논하니, 임연이 드디어 왕이 병에 걸렸다고 칭하고 김준을 조정[朝堂]으로 불러 목을 베었다. 그리고 그의 동생 김승준을 죽이고, 별초군(別抄軍)을 나누어 보내 김준의 여러 아들과 그의 당여(黨與)를 죽였다. 그런데 임연이 왕을 핍박하여 별궁에 가두고, 안경공(安慶公) 창(淐)을 왕으로 세우고 왕은 높여 태상왕(太上王)이라 하였다. 그 때 태자 심(諶)이 몽고에 있으면서 폐위사건을 호소하였다. 몽고 황제[蒙主]가 사신을 보내 힐문하므로, 임연이 두려워하여 왕을 복위시켰다.

경오 11년송 도종 함순 6년 ○ 일본 천황 귀산 11년 ○ 서기 1270년이었다.

봄 2월에 왕이 몽고 수도에 가서 몽고 공주를 태자에게 시집보내 줄 것을 청하고 또 다루가치를 우리나라에 설치해 줄 것을 요청하니, 몽고 황제가 이를 허락하였다.

○ 이에 앞서 몽고가 폐위사건을 힐문하자, 안경공 창이 김방경을 보내서 변명하였다. 그때 서경병마영리(西京兵馬營吏) 최탄(崔坦) 등이 무리를 불러 모아 임연을 죽이겠다고 칭하고 몽고에 3천 명의 병사를 청하며 서경을 진압해 달라고 하였다. 몽고 황제가 몽가독(蒙哥篤)을 보내 병사들을 거느리고 김방경과 더불어 서경에 이르렀다. 최탄 등이

몽고군의 세력을 믿고 난을 일으키고자 하므로 김방경이 힘을 다해 이를 막아 드디어 무사하였다.

○ 몽고가 임연의 폐위사건을 계속 문책하니, 임연이 근심과 번민으로 병에 걸려 죽었다. 그의 아들 임유무(林惟茂)가 교정별감(敎定別監)을 이어 받았다.

○ 여름 5월에 몽고가 행성(行省)을 우리나라에 설치하고 탈타아(脫朶兒)를 다루가치로 삼고 동쪽 방면의 일을 다스리게 했다.

○ 당시 왕이 몽고에 있으면서 나라 안의 신하들에게 (강도에서) 나와 옛 수도로 도읍을 옮기라는 유지(諭旨)를 내렸으나, 임유무가 명령을 거역하고 따르지 않았다. 어사중승(御史中丞) 홍문계(洪文系)와 지문하성(知門下省) 송송례(宋松禮) 등이 별초군을 이끌고 임유무를 죽이고 정사를 왕실에 귀속시키니, 얼마 후 왕이 돌아와 개경(開京)으로 환도하였다.

○ 겨울 12월에 김방경이 진도(珍島)에서 삼별초(三別抄) 군대를 치다가 불리해졌다. 처음에 최우가 나라 안에 도적이 많은 것을 우려하여 용감한 병사들로 하여금 매일 밤 순행하게 하면서 이름을 '야별초(夜別抄)'라 하였다. 여러 도에서 도적이 일어나자 별초군을 나누어 보내 토벌하였는데, 그 수가 너무 많아져 드디어 좌우군으로 분설하였다. 또 몽고에서 도망하여 돌아온 백성들로 1개의 부(部)를 별도로 설치하니, 이것이 곧 삼별초였다. 그후 권신(權臣)이 권력을 잡으면 자신을 지키는 수하로 삼았기 때문에 그 무리가 사납고 다루기가 어려웠는데, 왕이 옛 수도로 환도하면서 바로 혁파하였다. 군사들이 위기를 느끼고 갈 곳을 모르고 있었는데, 장군 배중손(裵仲孫) 등이 드디어 그 병사들을 데리고 반란을 일으켰다. (그들은) 승화후(承化侯) 온(溫)을 협박하여 왕으

로 삼고 공사 재물과 자녀를 약탈하여 바다로 나가 남쪽으로 가서 진도를 점거하고 주현을 침범해 약탈하였다. 추토사(追討使) 신사전(申思佺)이 패하여 돌아오므로, 김방경으로 하여금 군사 6천여 명을 이끌고 몽고 원수 아해(阿海)와 병사를 합쳐 가서 공격하게 하였다. 그때 바다 한 가운데서 적을 만나 김방경이 돌격하다가 포위당하여 매우 위급해졌다. 김방경이 의로운 사람은 적에게 죽지 않는다고 하면서 바다 위로 몸을 던지려 하니, 병사들이 앞을 다투며 구하여 위기를 벗어났다.

신미 12년송 도종 함순 7년 ○ 일본 천황 귀산 12년 ○ 서기 1271년이었다.

여름 5월에 김방경 등이 진도를 대파하였다. 이에 앞서 몽고 황제는 아해가 겁을 먹고 위축되어 앞으로 나가지 않는다고 하면서 흔도(忻都)와 홍다구(洪茶丘)로 하여금 병사를 지휘하고 서로 협조하도록 하였다. 이에 김방경이 흔도, 홍다구 등과 더불어 좌우군을 나누어 거느리고 적을 벽파정(碧波亭)진도 남강(南江)에서 대파하고 가짜 왕 온의 목을 베어 죽이니, 나머지 무리가 탐라(耽羅)에 숨어들었다.

○ 12월에 몽고 다루가치 탈타아가 죽었다. 탈타아는 침착하고 신중하며 너그럽고 후덕하여 백성을 어루만지고 동정하며 결단이 명백하여 법을 잘못 적용하는 일이 없었다. 병이 나서 국의(國醫)가 약을 지어 올렸더니, 탈타아는 이를 거절하면서 말하기를, "내가 만일 이 약을 먹고 죽으면, 귀국을 헐뜯는 자가 반드시 '고려가 독살하였다'고 할 것이다"라고 하면서 약을 먹지 않고 죽었다. 나라 사람들이 그의 죽음을 한탄하며 애석하게 여겼다.

○ 김방경을 수태위(守太尉) 중서문하평장사(中書門下平章事)로 삼았다.

○ 겨울 10월에 몽고가 국호(國號)를 세워 '대원(大元)'이라 하고 사신을 파견하여 통보하므로, 왕도 사신을 보내 치하하였다.

○ 태부(太府)에 재물이 소진되자 부관(府官) 강위찬(姜渭贊)이 고통을 이기지 못해 머리털을 깎고 승려가 되어 도망을 갔다. 그때 궁궐의 창고 또한 텅 비어서 왕에게 올리는 식사가 하루 저녁을 걸렀다.

○ 처음에 홍문계가 임유무를 죽인 공로로 승선이 되었다가 나랏일이 날로 잘못되어가는 것을 보고 사직하였는데, 이때에 이르러 추밀부사(樞密府事)로 옮겨 제수하였으나 또 취임하지 않았다. 당시 나이가 40세가 되지 않았다.

○ 삼별초 도적이 탐라에 들어가서 내외 성을 쌓고 자주 밖으로 나와 약탈하자 왕이 김방경을 원수로 삼고 군사 만여 명을 이끌고 흔도, 홍다구 등과 함께 나아가 토벌하여 이겼다. 도적의 우두머리 김통정(金通精)이 스스로 목을 매어 죽고, 나머지 무리들이 모두 항복하였다. 김방경을 승진시켜 시중으로 삼았다.

○ 원나라가 사신을 보내 남쪽 지방에서 금을 채굴했다.

갑술 15년송 도종 함순 10년 ○ 일본 천황 귀산 15년 ○ 서기 1274년이었다.

여름 6월에 왕이 돌아가셨다. 이때 세자(世子)이때 원나라가 (태자) 칭호를 힐책하여 이후로는 세자라 칭하였다가 원에 있었으므로, 백관이 태자를 멀리서 높여 왕으로 삼고, 전왕의 시호를 순효(順孝)라 하였다. 묘호는 원종이었다. 가을 8월에 세자가 귀국하여 즉위하고 원종을 소릉(韶陵)에 장사 지냈다.

○ 겨울 10월에 김방경 등이 일본군을 대파하였다. 이에 앞서 원 황제[元主]가 일본을 항복시키고자 할 때 우리나라가 일본과 통호(通好)하

였다고 하여 사자 흑적(黑的) 등을 파견하여 우리 사신과 더불어 일본에 가서 내조(來朝)하기를 권하라 하였다. 일본이 이를 따르지 않자 원 황제가 노하여 정벌하고자 할 때 우리나라에 사신을 파견하여 전함(戰艦)을 건조할 것을 독촉하였다. 이때에 이르러 군사 2만 5천 명을 보내 홀돈(忽敦)과 홍다구로 하여금 군사를 거느리고 오게 하였다. 왕이 김방경과 박지량(朴之亮), 김흔(金忻) 등을 보내 싸움을 도왔는데, 대마도에서부터 일기도(壹岐島)까지 싸울 때마다 모두 이겼다. 천여 명의 목을 베고 삼랑포(三郞浦)에 상륙하여 길을 나눠 병사를 나아가게 하였는데, 일본군이 갑자기 이르렀다. 김방경이 우뚝 서서 움직이지 않으며 큰 소리로 꾸짖으니, 일본 병사들이 그 기세에 눌려 뒷걸음을 치며 물러났다. 김흔과 박지량 등이 또 힘을 다해 싸워 대파하니, 엎어진 시체가 삼[麻]과 같았다. 몽고 사람이 탄식하며 말하기를, "몽고인이 잘 싸운다고 하지만, 어찌 이 정도에 이르겠는가?" 하였다. 김방경이 다시 싸우고자 하였으나 홀돈이 그만두기를 권해 드디어 군사를 이끌고 돌아오는데, 마침 심한 비바람이 일어나 많은 전선(戰船)이 부서지고 여러 군대의 익사자가 만여 명이나 되었다.

○ 이에 앞서 왕이 원에 있을 때 원 황제의 딸을 배필로 맞았으니, 그녀는 '홀도노게미실(忽都魯揭迷失) 공주'라 하였다. 이때에 이르러 공주가 왔으므로, 왕이 맞아들일 때[303] 따르는 신하들로 하여금 머리를 깎고 수행하게 하였고, 12월에 숙주(肅州)지금의 숙천(肅川)에서 공주를 만나 호복을 입고 함께 가마를 타고 서울로 들어갔다. 이전 왕비 왕(王)씨의

303 원문에서 왕이 사람을 맞아들일 때는 보통 '영입(迎入)'이라 하였는데, 원나라 공주를 맞아들일 때에는 '역입(逆入)'이라고 표현하였다.

직위를 낮추어 정화궁주(貞和宮主)로 삼았다.

충렬왕(忠烈王)의 휘는 거(昛)이고, 처음의 휘는 심(諶)이었다. 재위 기간이 34년이었고, 73세까지 살았다.

을해 원년송 공종(恭宗) 덕우(德祐) 원년 ○ 일본 천황 후우다(後宇多) 원년 ○ 서기 1275년이었다.

봄 3월에 왕이 공주와 함께 북산(北山) 낙산사(洛山寺)에 거둥하였다. 이후로 사원에 자주 거둥하면서 사냥을 하고 유람을 하였는데, 공주가 모두 함께 다녔다.

○ 이때 국고가 고갈되어 문무백관으로부터 편호(編戶)[304]에 이르기까지 각각 은과 베를 거두어 나라 비용에 충당하였다. 이로부터 나라에 일이 있으면, 바로 전례를 들어 돈이나 물건 등을 거둬들였다.

○ 가을 9월에 공주가 원자(元子) 원(謜)을 낳았다. 궁중에서 연회를 베풀어 축하할 때 정화궁주가 공주에게 술잔을 올리는데 왕이 공주를 돌아보니, 공주가 크게 화를 내면서 "어찌 나를 흘겨봅니까? 정화궁주가 나에게 무릎을 꿇어 절하니 불쾌합니까?" 하면서 드디어 크게 울고 가마를 재촉하여 돌아가려 하였다. 얼마 후 말려서 그만두었다.

○ 겨울 10월에 나라 안에서 결혼을 금지하였다. 이는 원나라가 처녀를 구하기 때문이었다.

○ 왕이 공주와 함께 흥왕사에 거둥할 때 공주가 절에 있는 금탑을 궁으로 가져가려 하자 왕이 이를 막지 못하고 눈물을 흘리기만 하였다. 공주는 또 잣과 인삼을 강남(江南)으로 보내 많은 이익을 얻었다.

---

304 호적에 편입된 집을 가리킨다.

이후 환관을 (여러 지방으로) 나누어 보내 (잣과 인삼을) 수색할 때 그것이 생산되지 않는 지역이라고 해도 모두 거두어 바치니, 백성들이 원망하고 괴로워하였다.

○ 당시 어떤 사람이 익명으로 투서하며 말하기를, "정화궁주가 저주를 하고, 김방경이 모반을 꾸미고 있다"고 하였다. 이에 궁주와 김방경 등을 가두고 국문하였는데, 유경이 이들을 힘껏 변호하여 곧 석방하였다.

○ 도병마사(都兵馬使)가 아뢰기를, 나라의 비용이 다 고갈되었으니, 공이 없는 사람과 불차(不次)[305]로 관직을 얻으려는 사람에게 은을 거두어 국신(國贐)몽고에 (공물을) 바치는 칭호 도감(都監)에 바치자고 하니, 왕이 이를 따랐다.

○ 이에 앞서 왕이 사냥을 좋아하고 매를 원에 보내므로, 응방(鷹坊)을 설치하고 여러 폐인(嬖人)[306]으로 하여금 이를 관장하게 하였다. 이 때문에 폐인의 징수가 몹시 가혹하므로 백성들의 처지가 딱하고 어려웠다. 또 각 도에서 재목을 널리 구하여 궁궐을 짓더니, 이때에 이르러 왕이 갑자기 병에 걸리자, 재추가 토목공사를 중단하고 매를 풀어주며 금탑을 돌려주어 왕의 수명을 빌기를 요청하였다. 공주가 모두 따랐다.

기묘 5년송 제병(帝昺) 상홍(祥興) 2년(이 해에 송이 망함) ○ 일본 천황 후우다 5년 ○ 서기 1279년이었다.

봄 2월에 나라에 명령을 내려 원나라 옷을 모두 입도록 하였다. 처음

---

305 순서를 따르지 않는 인사 행정의 특례이다.
306 남의 비위를 잘 맞추어 귀염을 받는 사람을 이르는 말이다.

에 원종(元宗) 때 장군 인공수(印公秀)가 왕에게 원나라 복장을 본받도록 권하였으나, 원종이 말하기를, "내가 조종(祖宗)의 가풍(家風)을 갑자기 바꾸기 어려우니, 내가 죽고 난 뒤 경들이 알아서 하라" 하였다. 그리고 왕이 공주를 맞아들일 때 재신 송송례 등이 넌지시 지시를 받들어 머리를 자르고 조정에 나아갔으나 그런 사람이 몇 사람 되지 않았는데, 이때에 이르러서는 백관 이하와 궁궐 안, 학관(學館)에 명하여 모두 머리를 자르게 하였다. 오직 백성(百姓)과 노예들만이 예전과 같았다.

○ 여름 4월에 중찬(中贊) 김방경을 대청도(大青島)지금의 장연(長淵)에 있음로 유배하였다. 이에 앞서 장군 위득유(韋得儒) 등이 김방경과 사이가 좋지 않아 원나라 흔도에게 헐뜯어 말하기를, "김방경이 그의 아들과 사위, 장군 나유(羅裕) 등 4백여 명과 함께 왕과 공주, 다루가치를 제거하기로 모의하고 다시 강화에 들어가 반란을 일으키고자 한다" 하였다. 흔도가 바로 수도에 들어가 다루가치 석말천구(石抹天衢)와 더불어 왕과 공주에게 고하고 김방경 등을 국문하였으나, 일이 모두 사실이 아니므로 왕이 풀어 주었다. 이보다 앞서 원의 홍다구가 우리나라를 원망하여 틈을 엿보아 나라에 화를 미치게 하려고 하였는데, 이때에 이르러 원의 황제가 흔도와 홍다구에게 함께 국문하라 명하였다. 이에 홍다구는 쇠사슬을 김방경의 머리에 감고 곤장을 치는 사람에게 그의 머리를 치도록 하고 그를 발가벗겨 하루 종일 세워 두었다. 당시 날씨가 매우 추워 (김방경의) 살과 피부가 얼어서 시커멓게 멍이 들자, 왕이 홍다구에게 이르기를, "지난번에 흔도가 이미 국문하였으니, 어찌하여 꼭 다시 심문해야 하는가?" 하였다. 그러나 홍다구는 그 말을 듣지 않고 참혹하고 지독한 형벌을 더욱 가하였다. 까무러쳤다가 다시 깨어나도

김방경이 끝까지 죄를 인정하지 않으니, 왕은 김방경이 죽을까 두려워하여 그를 몰래 설득하기를, 거짓으로 자백하고 추후에 해명하라고 하였다. 김방경이 말하기를, "신이 간과 뇌가 길바닥을 덮을지라도 어찌 거짓 자백을 하여 사직(社稷)을 저버리겠습니까?" 하면서 홍다구를 돌아보며 말하기를, "나를 죽이려거든 빨리 죽여라. 내가 어찌 불의에 굴복하겠는가?" 하였다. 그는 마침내 대청도(大靑島)에 유배되었다.[307]

○ 가을 7월이었다. 이에 앞서 왕이 원나라에 갔다가 돌아올 때 종행도감(從行都監) 김주정(金周鼎)이 원 황제에게 청하여 우리나라에 있는 다루가치와 왕경(王京)에 주둔하고 있는 진(鎭) 등 몇 가지 일을 없애달라고 하였다. 원 황제가 이를 모두 들어주고 김방경을 사면했다.

○ 왕이 음악과 여색에 깊이 빠져서 교방(敎坊)의 재인(才人)을 늘리고 아첨하는 신하들을 각 도에 나누어 보내어 창기(娼妓)를 선발하여 궁중에 두고 단장을 새로 하게 하고 음란한 가사로 된 요염한 노래를 가르치며 밤낮으로 가무와 음담을 즐기니, 이들에게 지출하는 비용을 헤아릴 수가 없었다. 그 때 윤수(尹秀)와 이정(李貞) 등은 매와 개로 총애를 받았고, 오기(吳祁)와 석천보(石天補) 등은 음악과 여색으로 승진하였다. 그 나머지 송방영(宋邦英) 등은 모두 아첨과 뇌물로 군소배가 섞여서 나아갔고, 왕의 마음은 더욱더 흐려졌다.

신사 7년원(元) 세조(世祖) 지원(至元) 18년 ○ 일본 천황 후우다 7년 ○ 서기 1281년이었다.

여름 6월에 우리나라 군대가 원나라 군대와 연합하여 일본을 공격

---

307 원문 쪽수의 순서에 오류가 있어 바로잡았다. 64쪽 다음의 차례는 67, 68, 65, 66쪽이다.

하다가 패적(敗績)[308]하였다. 이에 앞서 원 황제가 일본에 사자를 보내어 입조(入朝)[309]하라 하였는데, 일본이 사자를 죽였다. 원 황제는 노하여 다시 (일본을) 정벌하기로 하고 정동중서성(征東中書省)을 우리나라에 설치하고 우리나라로 하여금 전선과 군량을 준비하도록 하였다. 왕이 김방경을 고려군 도원수(都元帥)로 삼고 원의 정동원수(征東元帥) 흔도와 홍다구 등과 만나게 하였다. 원나라가 또 범문호(范文虎)로 하여금 만군(蠻軍) 10만 명을 이끌고 일본 일기도(壹岐島)로 가게 하였다. 그때 김방경이 진군하여 일본 태재부(太宰府)에서 연합해 싸워 목을 베어 죽인 자가 매우 많았다. 이윽고 일본군이 갑자기 이르러 군대가 마침내 무너지니, 흔도 등은 돌아가고자 하였으나 김방경은 남군(南軍)을 기다렸다가 연합하여 공격하고자 하였다. 마침내 범문호가 만군을 이끌고 도착하니, 전선이 모두 9천 척이나 되었다. 그런데 마침 태풍이 일어나 만군이 모두 바다에 빠지고, 여러 군대가 돌아오니, 그 다음해에 원이 정동성(征東省)을 폐지하였다.

신묘 17년원 세조 지원 28년 ○ 일본 천황 복견(伏見) 4년 ○ 서기 1291년이었다.

왕이 합단(哈丹)의 군사를 피해 강화로 들어갔다. 이에 앞서 그 전해 12월에 합단원에서 반란을 일으킨 도적 군사 수만 명이 화주(和州)삼화(三和)와 등주(登州)삼등(三登) 2개 주를 함락하고 사람들을 죽여 양식으로 삼았다. 원나라가 평장사(平章事) 설도간(薛闍干)과 도첩목아(闍帖木兒), 우승(右丞) 탑출(塔出) 등을 보내어 보병과 기병 1만 3천 명을 이끌고 구원하였다. 그

---

308 자기 나라가 싸움에 지는 것을 이르는 말이다.
309 외국 사신이 조정의 회의에 참여하던 일이다.

때 왕이 군사들을 피하여 강도(江都)로 옮기니, 왕경유수(王京留守) 송진(宋珍)과 서경유수 정인경(鄭仁卿)은 성을 버리고 강화로 달아났다. 또 적이 양근성(楊根城)으로 나아가 무너뜨리니, 주현의 사람들은 바라보기만 하다가 흩어져 달아났다. 적이 철령(鐵嶺)을 넘어 원주(原州)를 침범하자 별초 향공진사(鄕貢進士) 원충갑(元沖甲)이 적을 맞아 쳐서 열 번을 싸워 모두 이기니, 적의 세력이 차츰 꺾였다. 그때 원의 설도간이 지원하러 와 목천(木川)에서 군사를 합쳐 연기산(燕岐山) 아래에 이르니, 적이 나무숲에 숨어 있다가 아군에게 화살을 쏘았다. 우군만호(右軍萬戶) 김흔(金忻)이 보병 5백 명을 이끌고 맨 먼저 올라 적을 무너뜨렸다. 여러 군이 계속 진격하자 적의 세력이 약해져 흩어져 달아나므로 공주까지 추격하니, 널린 시체가 30리에 달했다. 얼마 후 적의 나머지 무리가 다시 침범하자 좌군만호(左軍萬戶) 한희유(韓希愈)가 적의 진지로 달려 들어가 용사들의 목을 베어 장대에 걸고 나왔다. 적이 모두 기운이 빠졌으므로 (우리 군대가) 분발하여 공격해 대파하니, 합단이 우리 군의 포위를 뚫고 달아났다.

○ 탐라 왕자에게 붉은 가죽 띠와 상아로 만든 홀(笏),[310] 모자, 가죽신발을 하사하였다. 이에 앞서 원나라가 탐라를 취하여 속지(屬地)로 삼았는데, 이때에 이르러 왕이 그 땅을 돌려받았으므로 이러한 선물을 내린 것이다. 그 이듬해 탐라를 다시 제주(濟州)라고 이름을 바꾸었다. 그러나 원나라의 탐라의 말에 대한 요구는 계속되었다.

○ 김방경에게 작위를 내려 상락군개국공(上洛郡開國公)을 제수하였다.

---

310 벼슬아치가 임금을 만날 때 손에 쥐던 물건으로, 조복(朝服), 제복(祭服), 공복(公服) 따위에 사용하였다.

○ 11월에 왕이 공주와 더불어 원나라에 갈 때 세자는 원에 있었다. 백마 84필을 선물로 바치고 진왕(晉王) 감마랄(甘麻剌)의 딸 보탑실련(寶塔實憐)[311] 공주를 아내로 맞게 했다.

정유 23년원 성종(成宗) 대덕(大德) 원년 ○ 일본 천황 복견 10년 ○ 서기 1297년이었다.

여름 5월에 왕이 공주와 함께 환국하였다. 그때 수녕궁(壽寧宮)에 작약꽃이 활짝 피니, 공주가 가지 하나를 꺾어 손에 쥐고 놀다가 한참 지나서 감격하여 울었다. 그리고 공주가 아팠는데, 10여 일 만에 현성사(賢聖寺)에서 돌아가셨다. 세자가 원에서 공주가 돌아가셨다는 소식을 듣고 급히 돌아왔다.

○ 가을 7월이었다. 당시 궁인 무비(無比)가 왕의 총애를 받자 세자가 이를 증오하더니, 상을 치르러 와서 왕께 아뢰기를, “공주의 병은 무비가 저주했기 때문이니, 청컨대 국문하소서” 하였다. 왕이 이를 듣지 않았더니, 세자가 왕의 명을 받들지 않고 좌우로 하여금 무비와 그녀의 무리 수십 명의 목을 베었다. 왕이 이를 막지 못했고, 나라 사람들은 몹시 두려워하였다. 그후 세자가 진사(進士) 최문(崔文)의 처 김(金)씨를 왕께 바치니, 이는 김씨가 용모가 아름다웠으므로 무비가 죽임을 당한 후 왕의 마음을 위로하고자 한 것이다. 나중에 김씨를 숙창원비(淑昌院妃)로 봉하였다.

○ 겨울 10월에 세자가 원나라에 갔다.

311 원문의 ‘보탑보련(寶塔寶憐)’은 오기이므로 바로잡았다.

무술 24년원 성종 대덕 2년 ○ 일본 천황 복견 11년 ○ 서기 1298년이었다.

봄 정월에 세자가 보탑실련 공주와 함께 환국하자 왕이 세자에게 왕위를 넘겨주고 자덕궁(慈德宮)으로 퇴거하였다. 세자가 즉위하여 왕을 높여 상왕(上王)이라 하였다.

○ 여름 4월에 공주가 왕비 조(趙)씨가 총애를 전적으로 받고 있음을 질투하여 원 태후에게 고하여 하소연하기를, "조비(趙妃)가 저주하여 왕이 나를 사랑하지 않도록 한다" 하였다. 원 황제가 조비를 잡아가고, 비의 아버지 조인규(趙仁規)와 그의 아내를 잡아다가 굴레를 씌웠으며, 조인규를 안서(安西)지금의 연안 근처 등의 군에 있음에 유배를 보냈다.

○ 가을 8월에 원나라가 왕과 공주를 강제로 불렀고, 상왕이 복위하였다. 원이 패로올(孛魯兀) 등을 보내 왕과 공주를 데려갔다. 왕이 길을 나설 때 상왕이 금교(金郊)지금의 평산(平山)에 있음에서 송별연을 열었다. 술을 거나하게 마셔 주흥이 일어나고 있는데, 패로올이 원 황제의 명에 따라 왕의 도장을 받아서 상왕에게 전하니, 상왕이 복위하였다.

경자 26년원 성종 대덕 4년 ○ 일본 천황 후복견(後伏見) 2년 ○ 서기 1300년이었다.

가을 8월에 상락공 김방경이 죽었다. 김방경은 안동 사람으로 신라 경순왕의 먼 후손이었다. 성품이 충직하며 믿음이 있고 후덕하며 엄숙하고 과묵하였다. 기량이 넓고 커서 대수롭지 않은 예절에 구애받지 않고 일을 처리하는 데 분명하고 결단이 있었다. 비록 벼슬에서 물러나 한가로이 지내고 있었으나, 나랏일을 집안일처럼 걱정하고, 나라에 큰일이 있으면 반드시 자문을 하였다. 나이 89세에도 머리가 희지 않았고 병이 없이 돌아가시니, 시호를 충렬(忠烈)이라 하였다.

○ 중앙과 지방의 관직을 아울러 살펴서 관직명이 원나라와 같은 것은 모두 개혁하였다.

○ 원이 조인규를 풀어주고 왕비 조씨는 귀국시켰다.

갑진 30년원 후종(後宗) 대덕 8년 ○ 일본 천황 후이조(後二條) 3년 ○ 서기 1304년이었다.

여름 5월에 국학교수(國學敎授)를 설치하였다. 처음에 찬성사(贊成事) 안유(安裕)후에 향(珦)으로 이름을 바꿨다가 전쟁 이후 학교가 훼손되고 유풍(儒風)이 날로 쇠퇴하였으며 양현고(養賢庫)가 다 고갈되어 가르치고 양성할 자본이 없다 하고 양부(兩府)에 건의하여 6품 이상은 각각 은 한 근을 내놓고, 7품 이하는 베[布]를 내놓아 양현고에 귀속시키고, 이를 자본으로 이자를 취하도록 하였다. 왕이 내고(內庫)[312]에서 돈과 곡식을 내놓아 이를 보조하니, 안유가 국학을 수리하였다. 또 강남에 사람을 보내 옛 성인과 70제자의 초상을 그리고, 제기와 악기, 6경과 제자(諸子)[313]의 책과 역사책을 사오게 하였다. 이산(李㦃)과 이진(李瑱)을 추천하여 경사교수도감사(經史敎授都監使)로 삼고, 이성(李晟), 추적(秋適), 최원충(崔元冲) 등을 교수로 삼았으며, 경전마다 교수 2명을 두어 금학(禁學)과 내시관(內侍官), 3도감(都監) · 5고(庫)의 선비 및 7관(館) 12도(徒)의 학생들로 하여금 따라서 듣고 배우게 하였다. 6월에 국학의 대성전(大成殿)이 완성되니, 왕이 옛 성인에게 참배하고 밀직사(密直使) 이혼(李混)에게 명령을 내려 입학송(入學頌)을 지어 학생들에게 보였다.

---

312 왕궁에 직속되어 왕실 재정을 담당하던 창고이다.

313 중국 춘추 전국 시대에 각기 일가(一家)의 학설을 세운 사람들, 또는 그들의 저서와 학술을 가리킨다. 관자(管子), 노자(老子), 장자(莊子), 묵자(墨子), 한비자(韓非子) 등의 189종이 있다.

병오 32년원 성종(成宗) 대덕 10년 ○ 일본 천황 후이조 5년 ○ 서기 1306년이었다.

9월에 첨의중찬(僉議中贊)으로 벼슬에서 물러난 안유가 죽었다. 안유는 흥주(興州)지금의 순흥(順興) 사람으로 사람됨이 장중하고 편안하고 세밀하며, 계획을 잘 짜고 바른 결단을 내렸다. 인재를 육성하고 유학을 부흥시키는 것으로 자기의 임무로 삼았더니, 장례를 치를 때 7관 12도가 모두 소복을 입고 길에서 제사를 지냈다. 시호는 문성(文成)이라 하였다.

무신 34년원 무종(武宗) 지대(至大) 원년 ○ 일본 천황 화원(花園) 원년 ○ 서기 1308년이었다.

가을 7월에 왕이 돌아가시니, 전왕이 원에서 급히 돌아와 시호를 충렬이라 하고 경릉(慶陵)에 장사 지냈다.

○ 겨울 10월에 왕이 숙창원비(淑昌院妃)진사 최문의 아내이니, 왕이 세자일 때 무비를 죽이고 전왕에게 바친 여자이다를 간음하니, 감찰규정(監察糾正) 우탁(禹倬)이 궁궐 안에 들어가 흰옷을 입고 도끼를 지니고 거적 위에 앉아 상소하였다. 근신들이 이를 열어 보고 감히 읽지를 못하자, 우탁이 큰 소리로 말하기를, "경들이 근신이 되어 임금이 잘못한 것을 바로잡지 못하고 악을 키운 것이 이 지경까지 이르렀느냐?" 하니, 좌우가 몹시 두려워하였다. 왕은 부끄러워하는 기색이 있었으나, 얼마 되지 않아 (숙창원비의) 봉작을 숙비(淑妃)로 올려 주었다.

○ 11월에 왕이 원에 갔다.

보통교과 동국역사 권 5

고려기(高麗紀)

충선왕(忠宣王)의 휘는 장(璋)이고 자는 중앙(仲昂)이며, 처음의 휘는 원(謜)이다. 재위 기간이 5년이고 51세까지 살았다.

기유 원년원 무종 지대 2년 ○ 일본 천황 화원 2년 ○ 서기 1309년이었다.

봄 정월에 왕이 원에 있었다.

○ 3월에 연경궁(延慶宮)을 중수(重修)할 때 원의 제도를 모방했다.

○ 왕이 멀리서 명을 내려 수녕궁(壽寧宮)에서 승려 1만 명에게 음식을 베풀고, 그 궁전을 바쳐서 절로 삼았다. 이는 모후의 명복을 빌기 위함이었다. 왕이 항상 문을 닫고 향을 피우며 불교를 지나치게 좋아하였으므로, 번승(番僧)으로 하여금 불경을 번역토록 하고 불계(佛戒)를 받았다.

계축 5년원 인종(仁宗) 황경(皇慶) 2년 ○ 일본 천황 화원 6년 ○ 서기 1313년이었다.

이때 원이 왕에게 귀국하라 하니, 왕은 이를 거절하기가 어려워 아들 강릉대군(江陵大君) 도(燾)에게 왕위를 물려주었다. 도가 연경(燕京)에서 즉위하고 왕을 높여 상왕이라 하였다. 상왕은 스스로 심양왕(瀋陽王)[314]이라 칭하고, 형의 아들 고(暠)를 심왕의 세자로 삼았다.

○ 여름 6월에 왕이 상왕과 공주를 모시고 귀국하였다. 이때 상왕이 왕위를 피하고 연경에 남아 있으려 했으나, 원이 들어 주지 않으므로 부득이 귀국하였다.

충숙왕(忠肅王)의 휘는 도(燾)이고 자는 의효(宜孝)이니, 충선왕의 둘째 아들이다. 재위 기간이 전후로 모두 25년이었고, 46세까지 살았다.

갑인 원년 원 인종 연우(延祐) 원년 ○ 일본 천황 화원 7년 ○ 서기 1314년이었다.

봄 정월에 백이정(白頤正)을 평리(評理)로 삼았다. 백이정은 백문절(白文節)의 아들이다. 이 당시 정주(程朱)[315]의 학문이 동방에 퍼지지 않았는데 백이정이 원에 있으면서 이 학문을 공부하고 동쪽으로 돌아오니, 이제현(李齊賢), 박충좌(朴忠左)가 먼저 가르침을 받았다.

○ 양광도(楊廣道)지금의 경기도와 충청도 두 도를 합쳐 양광도(楊廣道)로 삼고, 경상진안도(慶尙晉安道)의 이름을 바꾸어 경상도(慶尙道)라 하였으며, 교주도(交州道)춘천, 금화(金化) 등를 회양도(淮陽道)로 삼았다.

○ 상왕이 원에 갔다. 상왕이 만권당(萬卷堂)을 연경에 설치하고, 이제현으로 하여금 원의 대유(大儒)[316] 염복(閻復)과 도수(姚燧), 조맹부(趙孟頫), 우집(虞集) 등을 초청하여 경서와 역사를 연구할 때 염복 등이 이제

---

314 고려 후기 몽고와의 전쟁 중에 심주(瀋州)·요양(遼陽)으로 유망하거나 귀부한 고려인들을 통치하기 위해 원나라에서 고려의 왕족에게 수여한 봉호(封號)이다. 충렬왕 33년(1307) 충선왕이 원에서 무종(武宗)을 옹립하는 데 공을 세우자, 원나라는 이듬해에 충선왕을 심양왕(瀋陽王)으로 삼아 심주·요양 지역을 다스리도록 하였다. 충선왕 2년(1310)에 심양왕은 심왕(瀋王)으로 고쳐졌다. 충선왕은 고려왕과 심왕을 겸하다가 고려 왕위를 아들 충숙왕에게 넘겨주고, 심왕위는 조카인 고(暠)에게 넘겨주었다. 이후 고려왕과 심왕 간의 갈등이 시작되었는데, 이 갈등은 주로 심왕이 고려왕위를 차지하려는 이른바 심왕옹립운동으로 나타났다.

315 정자(程子)와 주자(朱子)를 아울러 이르는 말이다.

316 뭇사람의 존경을 받는 이름난 유학자로, 거유(巨儒)라고도 한다.

현의 저술을 보고서 칭찬하기를 마지않았다.

○ 여름 6월에 박사(博士) 유연(柳衍) 등을 강남에 보내 경적(經籍) 1만 8백 권을 사왔다.

병진 3년원 인종 연우 3년 ○ 일본 천황 화원 9년 ○ 서기 1316년이었다.

봄 정월에 왕이 원에 갔다.

○ 3월에 상왕이 심양왕위를 세자 고에게 넘기고, 태위왕(太尉王)이라 자칭하였다.

○ 가을 7월에 왕이 원나라 영왕(營王)의 딸 역련진팔랄(亦憐眞八剌) 공주에게 장가들어 비로 삼고, 겨울 10월에 공주와 함께 귀국하였다.

○ 구전(口傳)으로 이창(李敞)을 당후관(堂后官)으로 삼으니, 이때부터 구두로 직위를 내리는 것이 시작되었다.

경신 인종 연우 7년 ○ 일본 천황 후제호(後醍醐) 2년 ○ 서기 1320년이었다.

여름 6월에 사인(士人[士子])을 시험하여 뽑을 때 이제현과 박효수(朴孝修)가 시험관이 되어 시부법(詩賦法)을 쓰지 않고 책문(策問)[317]을 사용하였다.

○ 겨울 12월에 원이 상왕을 토번(吐蕃)[318]으로 유배하였다. 이에 앞서 원나라에 백안독고사(伯顔禿古思)라는 사람이 있었다. 그는 곧 우리나라 사람 주면(朱冕)의 종이었는데, 스스로 거세하고 원 인종(仁宗)을 번저(藩邸) 때부터 섬기면서 아첨하고 법도를 어기는 일이 많았다. 상

317 정치에 관한 계책을 물어서 답하게 하던 과거(科擧) 과목이다.

318 중국 당나라 · 송나라 때 '티베트 족'을 이르던 말이다.

왕이 그를 매우 미워하여 원 태후에게 고하고, 그가 사람들에게서 빼앗은 전토와 노비를 찾아 돌려주었다. 인종이 돌아가시고 태후가 별궁으로 퇴거하자 독고사는 온갖 모함을 하였다. 상왕이 화를 피하고자 원 황제에게 청하여 강남에 가서 향을 올릴 때 윤주(潤州) 금산사(金山寺)에 도착하였다. 그때 원 황제가 사자를 보내 상왕을 잡아 와 형부(刑部)에 가두었다가 얼마 후 토번으로 유배하니, 원나라 수도와 거리가 만 오천 리나 떨어져 있었다. 상왕이 유배지에 도착한 후에도 독고사가 무고하기를 멈추지 않아 화가 어떻게 미칠지 예측할 수 없었는데, 원의 승상(丞相) 배주(拜住)가 변명하여 구해주어 죄를 면할 수 있었다. 이때 왕을 수행하던 재신(宰臣)들은 모두 도망가 숨고 오직 직보문각(直寶文閣) 박인간(朴仁幹)과 대호군(大護軍) 장원지(張元祉) 등이 수행하였다. 이능간(李凌幹)은 역리(驛吏)에게 금을 주어 왕을 수행하는 신하들에게 공급이 끊어질 걱정이 없도록 하였다. 박경량(朴景亮)은 상왕이 죄를 면하지 못할까 두려워 자살하였다.

○ 권한공(權漢功)과 채홍철(蔡洪哲) 등을 먼 섬으로 유배하였다. 처음에 권한공 등이 원에 있을 때 세력을 믿고 뇌물을 받으니, 왕은 이들을 증오하다가 상왕이 토번으로 가자 그들을 유배하였다. 그러나 권한공 등은 유배지에 가지 않고 홍주(洪州)에 모여 민간을 침범하고 시끄럽게 하였다.

신유 8년원 영종(英宗) 지치(至治) 원년 ○ 일본 천황 후제호 3년 ○ 서기 1321년이었다.

5월에 왕이 소환을 당해 원에 갔다. 이때 심양왕 고(暠)가 원의 총애를 받아 우리나라를 넘보다가 원 황제에게 참소하기를, "왕이 원의 조서를 손으로 찢었습니다" 하니 원 황제가 노하여 왕을 원의 수도에 잡아 두었다. 이에 왕을 시종하던 신하 유청신(柳淸臣)과 오기(吳祁) 등이 왕을 배반하고 오히려 고의 편에 붙어서 날마다 음모를 꾸몄다. 권한공 등 또한 고의 무리이므로, 이때에 이르러 사면을 받고 돌아와서는 가까운 사람들과 함께 백관을 모아 장차 원에 청해 심왕을 왕으로 세우고자 하였다. 집의(執義) 윤선좌(尹宣佐)가 "신하가 되어 왕을 모함하는 일은 개·돼지도 하지 않는다"라고 말하면서 얼굴에 침을 뱉고 갔다. 이에 모든 어사대와 한림원 관리들이 따르지 않았다. 권한공이 다시 백관을 협박하여 서명케 하고 원에 보냈으나, 원 또한 이를 받아들이지 않았다. 윤선좌는 윤관의 7대손이다.

계해 10년원 영종 지치 3년 ○ 일본 천황 후제호 5년 ○ 서기 1323년이었다.

봄 2월에 원이 상왕을 가까운 타사마(朶思麻)로 옮기게 했다.[319] 이때 이제현이 원에 있으면서 원의 승상부에 글을 보내 우리나라가 여러 세대에 걸쳐 귀부한 성실함을 일일이 적고, 또한 말하기를, "우리 늙은 심왕은 바로 원 세조의 친조카[320]입니다. 그 인척 관계가 매우 가깝고 오래 되었는데, 지금 토번으로 멀리 쫓겨나서 위험한 절벽 꼭대기를 열 걸음 걷다 아홉 번 넘어지고, 얼음이 층층이 얼고 눈이 쌓인 곳을 지나 산바람과 지열이 무더운 곳에서 가죽배를 타고 강을 건넜습니다. 밤에는 소가죽으로 만든 천막에서 자고 길이 험한 곳으로 떠난 지 반년 만에 그곳에 도착하였으나, 흙으로 지은 집에서 보리밥을 먹으

319 원문의 '양이(量移)'는 죄를 얻어 먼 곳에 귀양간 사람을 가까운 곳으로 옮기는 것을 이르는 말이다.

320 심왕 곧 충선왕은 원 세조의 딸이 낳았으므로, 원 세조의 외손자이다.

며 그 심한 고생이 말로 다 할 수가 없습니다. 이는 길을 가는 사람이 들어도 오히려 슬퍼서 기가 막히는데, 그 신하가 된 사람은 어떻겠습니까? 이 때문에 저는 음식을 먹어도 맛을 모르고, 누웠다가도 다시 일어나며, 눈물이 메마르고 피가 멈추지 않고 흐릅니다. 엎드려 바라건대 승상은 이러한 상황을 깊이 살펴주십시오"라고 하였다. 또 원나라 승상 배주에게 글을 올리니, 모든 말이 측은하고 슬프며 정성이 간절하였다. 배주가 크게 감탄하여 바로 원 황제에게 이야기하니, 상왕을 가까운 곳으로 옮기도록 하였다. 이제현이 상왕을 가려 뵙고 돌아왔다. 얼마 후 원 영종(英宗)이 돌아가시고 태정제(泰定帝)가 즉위하여 널리 사면할 때 상왕을 소환하였다. 숙비(淑妃)가 신하들을 시켜 원에 말하여 독고사를 죽였다.

○ 겨울 11월에 유청신, 오잠(吳潛) 등이 고를 왕으로 세우려다 성공하지 못하고 원에 고소하여 우리나라의 국호를 폐지하고 행성(行省)을 세워 내지(內地)[321]로 만들라고 하였다. 상왕이 원의 수도에 가서 이제현으로 하여금 원 정부에 글을 올려 그들의 주장이 불가함을 충분히 말도록 하니, 그 일이 조용해졌다.

을축 12년원 태정제(泰定帝) 2년 ○ 일본 천황 후제호 7년 ○ 서기 1325년이었다.

여름 5월에 왕이 공주와 함께 귀국하였다.

○ 상왕이 연경에서 돌아가시니, 시호를 충선이라 하고 덕릉(德陵)에 장사 지냈다.

---

321 외국이나 식민지에서 본국을 이르는 말이다.

○ 겨울 11월에 이제현을 정당문학으로 삼고, 공신의 칭호를 내렸다.

경오 17년원 문종(文宗) 지순(至順) 원년 ○ 일본 천황 후제호 12년 ○ 서기 1330년이었다.

봄 2월에 왕이 세자 정(禎)에게 왕위를 넘겨주었다. 이때 세자가 원에 있었으므로, 연경에서 즉위하고 왕을 높여 태상왕(太上王)이라 하였다.

○ 3월에 왕이 원나라 관서왕(關西王) 초팔(焦八)의 딸 덕녕공주(德寧公主)에게 장가들어 비로 삼았다. 가을 7월에 상왕은 원에 가고 왕과 공주는 귀국하였다.

○ 과거 응시자에게 영(令)을 내려 율시 4운(律詩四韵) 1백 수와 소학(小學)즉 자학(字學)이니, 한나라 때 그것을 소학이라고 불렀다과 5성자운(五聲字韵)을 암송한 후에야 시험을 보도록 허락하였다.

충혜왕(忠惠王)의 휘는 정(禎)이고, 재위 기간이 전후로 모두 6년이었으며, 30세까지 살았다.

신미 원년원 문종 지순 2년 ○ 일본 천황 후제호 13년 ○ 서기 1331년[322]이었다.

여름 4월에 왕이 연복정(延福亭)에 거둥하여 물놀이와 격구(擊毬)를 구경하였다. 왕은 음란하고 게으르며, 사냥을 좋아하여 사냥을 하지 않는 달이 없었다.

○ 가을 7월에 첨의중찬(僉議中贊) 대령부원군(大寧府院君) 최유엄(崔有渰)이 죽었다. 최유엄은 최충의 후손으로, 사람됨이 조용하고 겸손하여 명예와 이익을 구하지 않았고 충직했기 때문에 죄를 받았다가 후에

322 원문의 '一千四百三十年'은 오기이므로 바로잡았다.

크게 기용되어 네 조정에서 대대로 벼슬하여 나라의 원로가 되었다. 조야의 신망을 받다 죽으니, 나이가 93세였고, 시호는 충헌(忠憲)이라 하였다.

○ 8월에 기내(畿內)에 전토를 지급하여 녹봉을 충당하는 과(科)를 폐지하였다.

충숙왕(忠肅王)

임신 후원년(後元年)원 문종 지순 3년 ○ 일본 천황 후제호 14년 ○ 서기 1332년이었다.

봄 2월에 왕이 노는 데 법도가 없다 하여 왕을 소환해 가서 폐위시켰다. 상왕이 연경에서 다시 즉위하였다.

계유 (후)2년원 순제(順帝) 원통(元統) 원년 ○ 일본 천황 후제호 15년 ○ 서기 1333년이었다.

여름 6월에 왕이 공주와 함께 귀국할 때 심왕 고가 따라 돌아왔다.

○ 겨울 11월에 왕이 꿈에 나타난 징조 때문에 이름을 만(卍)음은 만(蠻)으로 바꾸고 방(榜)을 붙여 백성들에게 알렸다.

병자 (후)5년원 순제 지원(至元) 2년 ○ 일본 천황 후제호 18년 ○ 서기 1336년이었다.

겨울 10월 왕이 원에 갔다.

○ 12월에 원이 폐왕(廢王)을 보내 귀국토록 했다.

○ 찬성사(贊成事) 원충(元忠)이 죽었다. 원충은 사람됨이 성실하고 마음이 곧아 왕이 원에 억류되어 있을 때 왕을 모시던 대신이었다. 서로 마음이 맞지 않았지만 충성은 시작과 끝이 한결 같았다.

무인 (후)7년원 순제 지원 4년 ○ 일본 천황 후제호 20년 ○ 서기 1338년이었다.

왕이 귀국하였다.

○ 원이 사신을 보내 내시[宦者]와 동녀(童女)를 구하니, 이때 전의부령(典衣副令) 이곡(李穀)이 원에 있다가 어사대(御使臺)에 말하여 그 일을 없애도록 청하였다. 또 원 황제에게 글을 올렸는데, 그 뜻이 간절하고 명료하므로 원 황제가 이를 들어 주었다.

을묘 8년원 순제 지원 5년 ○ 일본 천황 후촌상(後村上) 원년 ○ 서기 1339년이었다.

봄 3월에 왕이 돌아가시니, 시호를 충숙이라 하고 의릉(毅陵)에 장사지냈다. 폐위되었던 왕이 즉위하였다.

○ 여름 6월이었다. 왕이 황음(荒淫)하고 법도가 없어 서모(庶母)[323]인 수비(壽妃) 권(權)씨를 간음하고 또 충숙왕비 경화공주(慶華公主)를 강제로 간음하였으며, 좌우 신하들의 처와 첩 중에 용모가 아름다운 자들을 모두 빼앗았다. 정승(政丞) 조돈(曹頔)이 왕을 폐위시키고자 하여 심양왕 고를 원에 보내 원의 힘을 빌리라고 하고, 드디어 병사들로 왕궁을 포위하고 왕의 어깨에 화살을 쏘아 맞혔다. 결국 조돈은 잡혀서 죽었고, 그후 고는 원에서 죽었다.

충혜왕(忠惠王)

경진 후원년원 순제 지원 6년 ○ 일본 천황 후촌상 2년 ○ 서기 1340년이었다.

순천군(順天君) 채홍철(蔡洪哲)이 죽었다. 채홍철의 성품이 탐욕스럽고 야비하였으나 재주가 정교하여 문장과 기예에 모두 그 재능을 발

---

323 아버지의 첩을 이르는 말이다.

휘하였다. 그는 활인당(活人堂)을 세워 약물을 나누어 주고, 권부(權溥) 이하 나라의 원로 8명을 초청하여 '기영회(耆英會)'를 만들고, 자하동(紫霞洞)의 가곡(歌曲)을 지어 악부(樂府)에 전하였다.

○ 성산군(星山君) 이조년(李兆年)이 벼슬에서 물러났다. 당시 왕의 음란하고 방탕함이 날로 심해졌고 송강(松崗)에 걸어 나가 참새를 활로 쏘자 이조년이 무릎을 끓고 간하였다. 그러나 왕이 이를 듣지 않으므로, 이조년이 탄식하기를, "왕의 잘못을 바로잡지 못하니, 왕을 모시는 도가 아니다" 하고 그 다음날 말을 타고 고향으로 돌아갔다.

○ 성균좨주(成均祭酒) 우탁(禹倬)이 죽었다. 우탁은 단산(丹山)지금의 단양(丹陽) 사람으로 유교경전과 역사에 통달하고, 역학(易學)이 심오하였다. 충선(忠宣)에게 글을 올려 힘을 다해 간청을 한 후에 늙었다는 이유로 벼슬에서 물러나 예안현(禮安縣)으로 갔다. 충숙왕이 그의 충의가 가상하다 하여 다시 불렀으나, 그는 벼슬에 나아가지 않았다.

계미 (후)4년원 순제 지정(至正) 3년 ○ 일본 천황 후촌상 5년 ○ 서기 1343년이었다.

봄 3월에 왕이 동쪽 교외로 거둥하여 탄환으로 사람을 쏘니, 길을 가던 사람들이 모두 피하여 도망갔다.

○ 여름 5월에 성산군 이조년이 죽었다. 이조년은 어려서부터 학문에 힘쓰고 벼슬길에 들어서서는 견고하고 확실하며 과감하게 말하였다. 왕을 알현하러 들어갈 때마다 왕은 그의 신발 소리를 듣고 반드시 "이조년이 오는구나" 하며, 좌우를 물리치고 용모를 가다듬으며 기다렸으니, 그를 보기를 삼가는 것이 이와 같았다. 시호는 문열(文烈)이라고 하였다.

○ 겨울 11월에 원나라가, 왕이 미친 듯이 난폭하게 남을 해치는 것이 더욱 심해지는 것을 보고 왕을 잡아가서 게양현(揭陽縣)에 유배하였다.

갑신 (후)5년 원 순제 지정 4년 ○ 일본 천황 후촌상 6년 ○ 서기 1344년이었다.

봄 정월에 왕이 게양현으로 가다가 도착하지 못하고 악양현(岳陽縣)에서 돌아가시니, 시호를 충혜라 하고 영릉(永陵)에 장사 지냈다.

○ 2월에 세자 흔(昕)이 원에 있다가 귀국해 즉위하니, 나이가 8세였다.

○ 이제현이 건의하여 전대 왕의 잘못된 정치를 혁파할 때 내승(內乘)과 응방, 보흥고(寶興庫)·덕녕고(德寧庫) 두 창고에 소속되었던 전토와 노비를 조사하여 본주인에게 돌려주었다.

○ 6월에 서연(書筵)을 열고 채하중(蔡河中)과 한종유(韓宗愈), 이제현, 박충좌(朴忠佐), 김륜(金倫), 배전(裵佺), 노영서(盧永瑞), 이천(李蒨), 신예(辛裔), 이인복(李仁復) 등 48명을 4번(番)으로 나누어서 하루씩 번갈아 시독(侍讀)[324]하도록 하였다. 왕이 하루는 이두(李杜)의 시를 보고자 하였으나, 한종유가 말하기를, "옛 사람의 시구(詩句)는 나라를 다스리는 데 무익합니다" 하고 끝내 이를 바치지 않았다.

충목왕(忠穆王)의 휘는 흔(昕)이니, 재위 기간이 4년이고 12세까지 살았다.

무자 4년 원 순제 지정 8년 ○ 일본 천황 후촌상 10년 ○ 서기 1348년이었다.

---

324 시강(侍講)과 같은 말로, 임금 또는 동궁 앞에서 경서 등의 강의를 하던 일이나 그 일을 하던 관리를 가리킨다.

12월에 왕이 돌아가시니, 시호를 충목이라 하고 명릉(明陵)에 장사 지냈다. 왕이 후사가 없으므로, 충혜왕의 왕비 덕녕공주가 기철(奇轍)과 왕후(王煦)에게 임시로 나랏일을 맡겼다.

충정왕(忠定王)의 휘는 저(⿰日氐)이니, 재위 기간이 3년이고, 15세까지 살았다.

기축 원년 원 순제 지정 9년 ○ 일본 천황 후촌상 11년 ○ 서기 1349년이었다.

여름 4월에 충목왕의 의붓 동생 경창원군(慶昌院君) 저(⿰日氐)가 즉위하였다. 이때 나이가 12세밖에 되지 않았으므로, 철성군(鐵城君) 이군해(李君侅)[325]에게 명하여 나랏일을 결정하게 하였다.

○ 겨울 10월에 강릉대군(江陵大君) 기(祺)가 원나라 위왕(魏王)의 딸 노국공주(魯國公主)에게 장가드니, 기는 충혜왕의 동복아우였다.

경인 2년 원 순제 지정 10년 ○ 일본 천황 후촌상 12년 ○ 서기 1350년이었다.

봄 2월에 일본이 남쪽 변경을 침범하였다. 일본이 원의 공격을 받은 것을 분통해 하면서 항상 우리에게 분함을 풀려고 하였으나, 원이 두려워 도발하지 못하였다. 이때에 이르러 원의 정사(政事)가 쇠약해짐을 보고 고성(固城) 등을 침범하니, 합포(合浦) 지금의 창원(昌原)에 있음 천호(千戶) 최선(崔禪)이 이를 격파하였다. 이때부터 일본의 침범이 끊이지 않았다.

신묘 3년 원 순제 지정 11년 ○ 일본 천황 후촌상 13년 ○ 서기 1351년이었다.

---

325 원문의 '이군준(李君俊)'은 오기이므로 바로잡았다.

겨울 10월에 강릉대군 기(祺)가 왕위에 오르니, 이는 원의 힘을 빌린 것이었다. 왕은 왕위를 내어놓고 강화에 거주하였다.

공민왕(恭愍王)의 휘는 전(顓)이고, 처음의 휘는 기(祺)이다. 재위 기간이 23년이고 45세까지 살았다.

임진 원년원 순제 지정 12년 ○ 일본 천황 후촌상 14년 ○ 서기 1352년이었다.

봄 정월에 찬성사(贊成事) 유탁(柳濯)을 전라도만호(全羅道萬戶)로 삼아 일본을 방비하라 하니, 유탁이 군사를 지휘함이 엄정하였고 병사들과 고락을 같이 하였다. 일본이 만덕사(萬德社)에 침입하여 재물을 약탈하자, 유탁이 빠른 기병으로 추격하여 잡았다. (잡혀 갔던) 포로들을 찾아서 돌아오니, 이후로 일본이 다시는 감히 침범하지 못하였다.

○ 왕이 폐왕에게 독주를 먹여 죽이고, 시호는 충정이라 하고 총릉(聰陵)에 장사 지냈다.

○ 성균생원(成均生員) 이색(李穡)이 글을 올려 당시에 할 일을 말하기를, "첫째 경계(經界)를 바르게 하고, 둘째 왜구[日寇]를 방어하고, 셋째 군비를 정비하고, 넷째 학교를 높이며, 다섯째 이단(異端)을 억제하는 것입니다" 하였다. 왕이 모두 기쁘게 받아들였다. 이색은 이곡의 아들이다. 예전에 이곡이 원에서 벼슬을 할 때 이색이 원나라의 국자(國子) 생원이 되어 3년간 학업이 크게 진보하였다.

○ 여름 5월에 왕이 승려 보허(普虛)를 불러 불법에 대하여 묻고 왕사(王師)로 삼으니, 보허가 왕에게 권하기를, 교화(敎化)를 닦아 밝히고 불법을 믿지 말라고 하였다. 그러나 사실은 권세를 잡기 위한 것이었다.

○ 겨울 10월에 조일신(趙日新)이 형벌을 받아 처형되었다. 처음에 조

일신은 왕을 수행하여 연경에 간 옛 공로로 공신의 칭호를 받았으나, 발호할 뜻을 품고 왕궁을 숙직하면서 지키는 신하들을 죽이고 스스로 우정승이 되었다. 왕이 김첨수(金添壽)에게 명을 내려 사로잡아 목을 베었다.

○ 이제현과 조익청(曹益淸)을 좌·우정승으로 삼았다.

갑오 3년원 순제 지정 14년 ○ 일본 천황 후촌상 16년 ○ 서기 1354년이었다.

가을 7월에 유탁 등을 보내 군사를 이끌고 원으로 가게 하였다. 그 당시 원의 정사가 쇠퇴하여 도적이 봉기하고 나라에 큰 난리가 일어나니, 우리나라에 사신을 보내 징병하였다. 이에 왕이 군사 2만여 명을 보내 유탁 등으로 하여금 원 승상 탈탈(脫脫)을 만나 고우(高郵)에서 장사성(張士誠)을 토벌하게 하였으나,[326] 불리하여 회안(淮安)으로 이동하여 방어하였다. 전후 수십 번을 싸우는 중에 장군 최영(崔瑩)이 가장 힘껏 싸우다가 여러 번 창을 맞았고, 죽이고 포로로 잡은 자가 매우 많았다. 그 이듬해에 군사가 돌아왔다.

을미 4년원 순제 지정 15년 ○ 일본 천황 후촌상 17년 ○ 서기 1355년이었다.

겨울 12월에 우리 환조대왕(桓祖大王)이 쌍성(雙城)지금의 영흥으로부터 와서 왕을 뵈셨다.[327] 환조의 성은 이(李)씨이고, 휘는 자춘(子春)이다. 몽고 이름은 오로사불화(吾魯思不花)이고 계통은 전주(全州)이며, 신라의

---

326 고려에서 파견한 군사는 2천여 명이었다. 이들은 원나라에 살고 있던 고려인 2만 1천여 명과 합세하여 전투에 참여하였다.

327 이하 원문에, 본조(本朝)인 조선왕조의 태조를 비롯하여 그의 조상의 행적에 대한 표현은 모두 존칭으로 되어 있다. 이 번역문에도 그 표현을 그대로 살렸다.

사공(司空) 휘는 한(翰)의 먼 후손이다. 3대조(代祖)는 목조대왕(穆祖大王)이라 하니, 휘는 안사(安社)이다. 전주에서 삼척(三陟)으로 이사하시고, 또 삼척에서 의주(宜州)지금의 덕원(德源)로 이사하시니 조정이 의주방어사(宜州防禦使)로 삼고, 고원(高原)에 주둔하여 원나라 사람을 방어하라 하였다. 그때 원나라 사람이 쌍성에 주둔하여 목조에게 협력하기를 청하니 목조가 부득이하여 몽고에 귀부하셨다. 또 알동(斡東)지금의 경흥지방으로 이사하시니 몽고가 남경 5천호소(南京五千戶所) 다루가치로 삼았는데, 이때가 고종 41년(1254)이었다. 목조의 아들은 익조대왕(翼祖大王)이라 하니, 휘는 행리(行里)이고 원의 5천호소 다루가치를 이어받으셨다. 충렬왕 때 원이 일본을 정벌하자 익조가 원 황제의 명을 받아 충렬왕을 알현하셨는데, 그때 물러나면서 말하기를, "선신(先臣)[328]이 북쪽으로 간 것은 실로 호랑이와 이리를 벗어나기 위한 것이지 나라의 은혜를 배반한 것은 아닙니다"라고 하셨다. 충렬왕이 "경은 근본을 잊지 않았다고 할 만하다" 하였다.

익조의 아들은 도조대왕(度祖大王)이라 하니, 휘는 춘(椿)이다. 충숙왕 때에 조정에 와서 임금을 뵈셨다. 도조가 환조를 낳으시니 환조는 말 타기와 활쏘기를 잘하고, 사병들이 즐겨 따랐는데, 이번에 또 임금을 뵈셨다. 처음에 쌍성의 땅이 비옥하여 동남쪽 백성 중에 귀부하는 자가 많았으므로, 조정에서 행성랑(行省郞) 이수산(李壽山)을 보내어 원나라의 중서성(中書省)과 요양성(遼陽省) 2성의 관원과 더불어 백성들의 신구(新舊) 호적을 구분하여 3성이라 칭하였다. 그 뒤 백성들을 어루만져

328 임금에게 자기의 선친(先親)을 이르던 말이다.

편하게 하는 일이 적절하게 되지 않자 백성들이 점차 흩어져 떠나므로, 왕이 환조에게 명하여 그 곳을 주관하게 하였더니, 백성들이 생업에 안정을 얻게 되었다.

병신 5년원 순제 지정 16년 ○ 일본 천황 후촌상 18년 ○ 서기 1356년이었다.

여름 5월에 기철, 권겸(權謙), 노책(盧頙) 등이 형벌을 받아 처형되었다. 처음에 기철의 누이동생이 원에 뽑혀 들어가 원 황제의 제2황후[329]가 되었고, 태자 애유식리달(愛猷識理達)을 낳자, 원이 기(奇)씨 3세를 봉하여 왕으로 삼았다. 기철이 이후로 교만하고 제멋대로 굴어 왕에게 신하라 칭하지 않았다. 또 권겸과 노책은 원 황제와 원 태자에게 딸을 시집보냈다. 세 사람은 서로 세력을 의지하더니, 이때에 이르러 천하가 어지러워진 것을 보고 자신들을 보전하기가 어려울까 두려워 서로 기일을 정해 만나 대역을 도모하였다. 왕이 밀직(密直) 강중경(姜仲卿) 등에게 명하여 갑사(甲士)로 하여금 그들을 쳐서 죽이게 하였다.

○ 원이 정동행중서성이문소(征東行中書省理問所)를 폐지했다.

○ 왕이 옛 영토를 수복하기 위해 인당(印瑭)과 유인우(柳仁雨) 등에게 명하여 압록강 서쪽 8참(站)과 쌍성 등 여러 성을 취하였다.

○ 가을 7월에 옛날 관제(官制)를 회복할 때 문종(文宗) 때의 옛 제도를 많이 도입했다.

○ 9월에 환조를 태복경(太僕卿)으로 삼고, 집 한 채를 하사하였다. 환조는 이로 인해 개경에 머물러 살게 되셨다.

---

329 원문의 '제삼황후(第三皇后)'는 오기이므로 바로잡았다.

○ 겨울 10월에 원이 사자를 보내 왔다. 이때 천하에 병란(兵亂)이 크게 일어나자 원이 우리가 옛 땅을 회복하지 못하게 하기 위한 것이었다.

○ 겨울 11월에 이제현을 시중(侍中)으로 삼았다.

○ 이색을 이부시랑겸병부낭중(吏部侍郎兼兵部郎中)으로 삼았다. 그 당시 이색이 시정(時政)에 관한 8가지 일에 대해 왕에게 진술하였는데, 그 첫 번째가 이부(吏部)·병부(兵部)의 관리 선발을 회복하는 것이었다. 왕이 이를 기쁘게 받아들이고 이색에게 그 직책을 맡겼다.

○ 12월에 승려 보허가 도선의 참설(讖說)로 왕을 설득하여 "한양으로 도읍을 옮기면 36국이 와서 조회할 것입니다" 하였다. 왕이 그 말에 끌려서 한양궁(漢陽宮)을 수리하고 천도하고자 하였으나, 이루지 못했다.

정유 6년원 순제 지정 17년 ○일본 천황 후촌상 19년 ○ 서기 1357년이었다.

9월에 정당문학 안보(安輔)가 죽었다. 안보는 강직하고 청렴하며 결백하였고, 일을 처리할 때 큰 틀을 보존하고자 힘썼으며, 마음을 확정짓지 못해 되돌아보는 적이 없었다. 그가 죽었을 때 집에는 한 섬의 곡식도 없었다. 시호를 문경(文敬)이라 하였다.

○ 관(冠)과 복색(服色)을 바꾸었다. 문무백관은 검은 옷에 푸른 갓을 쓰고, 승려는 검은 두건을 두르며, 여자는 검은 비단을 입도록 했다.

○ 충렬왕 이상의 왕에게 존호(尊號)를 더 올렸다.

○ 겨울 10월에 비로소 3년상을 행하였다. 이는 간관 이색의 말을 따른 것이었다.

무술 7년원 순제 지정 18년 ○ 일본 천황 후촌상 20년 ○ 서기 1358년이었다.

여름 5월에 방국진(方國珍)이 사신을 보내 내빙(來聘)하였다. 그 당시 방국진은 중원(中原)의 난을 틈타서 태주(台州)를 점거하고 있었다.

○ 6월에 장사성(張士誠)이 사신을 파견하여 침향(沈香)과 수정(水晶), 옥대(玉帶) 등의 물품을 바쳤다. 그 당시 장사성은 항주(杭州)를 점거하여 태위(太尉)라 자칭했다.

○ 가을 8월에 서강(西江)에 성을 쌓아 일본을 방어했다.

○ 이(李)씨를 맞아들여 혜비(惠妃)로 봉했다. 혜비는 이제현의 딸이다.

○ 이때 홍건적(紅巾賊)이 일어나 천하에 널리 퍼져 있었다. 그 두목 관선생(關先生) 등은 원의 상도(上都)원의 옛 도읍으로 장성(長城) 밖이다를 함락하고, 또 압록강을 넘어와 약탈과 도둑질을 하였다. 이에 경천흥(慶千興)을 서북면원수(西北面元帥)로 삼고, 안우(安祐)를 부원수로 삼아 가서 토벌하게 하였는데, 당시 적의 수가 4만이나 되었다. 적은 압록강을 건너 의주(義州)의주, 정주(靜州)지금의 의주에 있음 등을 연속하여 함락하였다. 다시 이암(李巖)을 서북면도원수(西北面都元帥)로 삼아 경천흥과 안우, 최영, 김득배(金得培), 이춘부(李春富) 등과 함께 방어하도록 하였다. 이암이 적을 두려워하여 진격하지 못하므로 이승경(李承慶)으로 대신하였다.

경자 9년원 순제 지정 20년 ○ 일본 천황 후촌상 22년 ○ 서기 1360년이었다.

봄 2월에 안우가 상장군 이방실(李芳實)과 함께 홍건적을 함종(咸從)에서 대파하니, 적이 도망갔다. 이 싸움에서 안우 등이 9번 싸워 모두 이기고, 3월에 군사를 이끌고 돌아왔다.

○ 여름 5월이었다. 충정왕(忠定王) 이래로 일본이 침범하지 않는 날

이 없더니, 이때에 전라도로부터 양광도지금의 경기 · 충청 두 도까지 쳐들어와 여러 지역을 불태우고 약탈하였다. 이에 유탁을 병마도통사(兵馬都統使)로 삼고, 이춘부와 환조를 동 · 서강병마사(東西江兵馬使)로 삼아 방어하였다. 일본이 강화를 쳐들어와 약탈하고 돌아갔다.

○ 8월에 3년상 제도를 없애니, 이때 사방에서 전쟁이 일어나 사람을 쓰는 것이 급했기 때문이다.

신축 10년원 순제 지정 21년 ○ 일본 천황 후촌상 23년 ○ 서기 1361년이었다.

봄 2월에 환조를 동북면병마사로 삼았다가 다시 호부상서(戶部尙書)를 더하였다.

○ 우리 환조가 돌아가시니, 왕이 사자를 보내 조의를 표하고 부의를 하였다. 사대부들이 모두 놀라며 탄식하기를, "동북면에는 인물이 없다"고 하였다.

○ 가을 9월에 독로강(禿魯江)지금의 강계(江界)에 있음 만호 박의(朴儀)가 반역하니, 우리 태조대왕(太祖大王)을 보내어 잡아서 죽였다. 태조는 환조의 아들로서 휘는 단(旦)이고 자는 군진(君晋)이며, 처음의 휘는 성계(成桂)이고 자는 중결(仲潔)이다. 충숙왕 후 4년 을해(1335)에 영흥(永興) 흑석리(黑石里)의 사저에서 태어나셨으니, 코가 우뚝 솟고, 용안(龍顔)에다 용모가 매우 뛰어나셨다. 장성하시자 너그럽고 어질며, 도량이 크고, 세상을 구하며 백성을 안전하게 할 재략이 있었다. 이에 앞서 이달충(李達衷)이 동북면병마사가 되었다가 조정으로 돌아갈 때 환조가 환송연을 베풀었는데, 태조가 모시고 서 있다가 술을 올리셨다. 이달충이 공경하며 무릎을 꿇고 술을 마시므로 환조가 이상하게 생각하여 물으

시니, 답하기를, "이 사람은 이인(異人)[330]이라 공(公)이 따라가지 못할 것입니다. 공의 가업을 이 사람이 크게 일으킬 것입니다" 하였다. 이를 계기로 자신의 자손들을 부탁하였으니, 이달충은 원래 사람을 보는 안목이 있는 사람이었다. 이때에 이르러 태조는 금오위상장군(金吾衛上將軍)으로서 동북면상만호(東北面上萬戶)가 되셨다. 마침 박의가 난을 일으키자 태조가 친병 1천 5백을 이끌고 가 토벌하셨다. 박의가 강계로 도망갔으나, 태조가 쫓아가 모두 죽였다.

○ 겨울 10월에 홍건적 우두머리 반성사(潘誠沙)와 관선생 등이 또 군사 수십만 명을 이끌고 압록강을 건너 안주(安州)를 습격하니, 관군이 패하였다. 왕이 다시 평장사 김용(金鏞)과 참지정사(參知政事) 정세운(鄭世雲) 등을 보내 절령(岊嶺)지금의 서흥(瑞興)에 있으며, 일명 자비령(慈悲嶺)이라고 함을 수비하게 하였으나, 또 적에게 습격을 당하여 군사가 크게 무너지고 수도가 진동하였다. 왕이 태후를 모시고 남쪽으로 거둥하니, 적이 바로 도성을 함락했다. 12월에 왕이 복주(福州)지금의 안동에 이르러 정세운을 총병관(摠兵官)으로 삼고 여러 군대를 감독하고 인솔하여 홍건적을 물리치라 하였다. 정세운이 명을 받들고 강개하면서 분한 마음이 북받쳐 적을 토벌하고 나라를 다시 일으키는 것을 자신의 임무로 삼았다.

임인 11년원 순제 지정 22년 ○ 일본 천황 후촌상 24년 ○ 서기 1362년이었다.

봄 정월에 총병관 정세운과 도원수 안우 등이 홍건적을 대파하고, 도성을 수복하였다. 적이 이미 도성에 침입해 있었는데, 안우, 최영 등

330 재주가 신통하고 비범한 사람을 이르는 말이다.

이 군사 20만 명을 이끌고 동쪽 교외에 주둔하였다. 정세운이 여러 군대를 지휘하여 나아가 포위할 때 영해(寧海) 사람 박강(朴强)이 문을 지키고 있던 적을 찔러 죽이자 여러 장수들이 재빠르게 진입하였다. 태조가 휘하 친병 2천 명을 거느리시고 앞장서서 대파하여 적 십여만 명의 목을 베시니, 적의 우두머리 하유(河劉)와 관선생 등이 모두 죽었다. 남은 무리인 파두번(破頭潘) 등 십여만 명은 압록강을 건너 도망갔다.

○ 김용이 아첨으로 왕의 총애를 받으면서 정세운을 싫어하고 질투하였으며, 또 안우, 김득배, 이방실 등이 성공한 것을 미워하여 거짓으로 왕의 뜻이라고 하면서 안우 등으로 하여금 정세운을 죽이게 하였다. 또 그는 모의가 누설될까 두려워 드디어 왕께 고하기를, "안우 등이 주장(主將)을 멋대로 죽이니, 이는 임금님을 업신여기는 것입니다" 하고는 바로 안우 등을 모두 죽였다. 이 당시 안우와 이방실의 아들은 모두 10여 세로 길거리를 떠돌았다. 백성들이 다투어 (그들에게) 음식을 주면서 말하기를, "오늘날 우리가 편안해진 것은 모두 세 원수의 공덕분이다" 하고 눈물을 흘리는 사람들이 있었다.

○ 가을 7월에 태조가 원 승상 나하추[納哈出]를 함흥, 홍원(洪原) 등의 지역에서 대파하셨다. 나하추가 중원의 난을 틈 타 심양(瀋陽) 등지를 점거하고 있을 때, 쌍성지금의 함흥의 도적 조소생(趙小生)과 탁도경(卓都卿) 등은 이미 쌍성을 잃고 우리나라를 매우 원망하고 있다가 나하추를 이끌고 동북 변방을 침입하여 노략질하였다. 왕이 태조를 동북면병마사로 삼고 나가 방어하라 할 때 나하추는 병사 수만을 이끌고 조소생, 탁도경 등과 함께 홍원에 주둔하고 있었다. 또 적의 날랜 장수 한 명이 갑옷을 입고 창을 휘두르니 대적할 사람이 없었다. 태조가 그와 싸움

을 하시다가 거짓으로 패한 척하며 도망가시니, 그 장수가 더욱 분발하며 전진하여 아주 급하게 창으로 찌르려 하였다. 태조가 몸을 돌려 말 옆구리에 착 달라붙으니, 그 장수가 태조를 치지 못하고 창을 따라서 넘어졌다. 태조가 바로 활을 쏘아 그를 죽이자 적이 대패하여 북으로 도망갔다. 태조가 진격하다가 해가 저문 후에 돌아오셨다. 이때 나하추의 처가 나하추에게 말하기를, "공이 천하를 두루 다녔으나, 이와 같은 장군을 어찌 보았겠습니까? 마땅히 빨리 피하십시오" 하였으나, 나하추가 이를 듣지 않고 싸움을 멈추지 않았다. 태조가 또 적의 장수를 여러 명 죽이시고, 기병(奇兵)[331]을 숨겼다가 대파하셨다. 나하추가 대적할 수 없음을 알고 흩어진 병사를 수습하여 도망가니, 이로부터 동북 변방이 모두 평안하게 되었다.

○ 8월에 왕이 청주에 도착하였다.

○ 탐라목호(耽羅牧胡) 고독불화(古禿不花) 등이 성주(星主) 고복수(高福壽)를 내세워 반역을 하고 원에 의지하여 좇았다.

○ 겨울 10월이었다. 처음에 원 황후 기(奇)씨가 기철 등을 위해 복수하고자 하였다. 최유(崔濡)는 원에 있으면서 황후의 뜻을 받들어 원 황제에게 왕을 참소하였다. 이에 원 황제가 덕흥군(德興君) 혜(譓)를 고려왕으로 삼으니, 혜는 충선왕의 아들이다. 이때 최유가 좌정승이 되었고 우리나라 사람으로서 원에 있는 자는 모두 위관(僞官)[332]을 받았다.

계묘 12년원 순제 지정 23년 ○ 일본 천황 후촌상 25년 ○ 서기 1363년이었다.

---

331 적이 예측할 수 없는 기묘한 전술로 기습하는 부대를 이르는 말이다.
332 정통성이 없는 곳에서 내린 관직을 이르는 말이다.

2월에 왕이 서울로 돌아 왔다.

○ 윤 3월에 김용이 덕흥군과 내통하여 왕을 해치고자 할 때 그의 무리 50여 명을 몰래 보내 궁궐문을 지키고 있던 자의 목을 베고, 침전에 빠르게 침입하였다. 환관 안도적(安都赤)의 생김새가 왕과 비슷하므로, 왕을 대신하여[333] 침실에 눕혔다. 적은 그가 왕인줄 알고 죽이고, 그 무리를 나누어 보내 우정승 홍언박(洪彦博) 등을 죽였다. 그러나 얼마 후 일이 실패하여 김용을 밀성군(密城郡)지금의 밀양에 유배하였다가 죽인 후 그의 머리를 도성으로 가지고 왔다. 이때 왕은 오히려 김용을 잊지 못하고 눈물을 흘리며 말하기를, "누구를 믿을 수 있겠는가?" 하였다. 이 당시 홍언박은 훈척(勳戚)으로서 상상(上相)이었으므로, 김용이 권력을 잡았다고 해도 제멋대로 할 수 없었기 때문에 먼저 그를 죽인 것이다. 홍언박은 높은 신망을 받고 있던 사람이어서 그가 죽자 당시 사람들이 한탄하며 애석하게 여겼다. 시호는 문정(文正)이라 하였다.

갑진 13년원 순제 지정 24년 ○ 일본 천황 후촌상 26년 ○ 서기 1364년이었다.

봄 정월에 우리 태조께서 최유를 격파하셨다. 이에 앞서 원나라가 덕흥군 혜(譓)를 우리나라에 보내고자 하니, 왕이 경복흥(慶復興)을 서북면도원수(西北面都元帥)로 삼아 안우경(安遇慶) 등 여러 장수를 지휘하게 하고 가서 방어하게 하였다. 이때에 이르러 최유가 원 병사 1만을 이끌고 압록강을 건너오자[334] 안우경이 공격하여 퇴각시켰으나, 이윽

---

333 원문의 '벌(伐)'은 '대(代)'의 오기이다.

334 원나라가 반원정책을 펴고 있던 공민왕을 폐위하고 자기 나라에 와 있던 충숙왕의 아우 덕흥군을 왕으로 삼는 한편 최유에게 요양의 군사 1만을 주어 고려 영내를 침범하게 한 사건이다. 최유의 군대는 최영과 이성계가 이끈 고려군에게 참패하였고, 원은 어쩔 수 없이 공민왕

고 적병이 몰래 이르니 아군이 대패하였다. 적이 선주(宣州)지금의 선천(宣川)를 점거하니 민심이 더욱 흉흉해졌다. 왕이 최영을 도순위사(都巡慰使)로 삼아 안주(安州)로 급히 달려가게 하고 또 태조에게 명하여 정예 기병 1천을 이끌고 가서 지원하게 하니, 군세가 점차 진작되었다. 이때 적이 수주(隨州)지금의 정주(定州)와 달천(㺚川)에 주둔하자 그 이튿날 태조가 휘하 2명의 노장(老將)[335]을 좌우익으로 삼고 적을 세차게 공격하여 대파하였다. 최유와 혜는 겨우 화를 면하여 강을 건너 도망갔다. 처음에 덕흥군 혜가 정통성 없이 왕위에 올랐을 때 왕이 찬성사 이공수(李公遂)를 원에 보내 사정을 설명하고자 했다. 이공수가 원에 도착하자 혜가 위관(僞官)을 주고자 하였으나, 이공수가 이를 받지 않았다. 그리하여 기후(奇后)가 강제로 명을 내렸으나, 이공수가 강개하면서 말하기를, "신이 비록 목에 흐르는 피를 덕흥(德興)의 수레에 뿌리지는 못하지만, 어찌 이를 차마 따르겠는가?" 하였다. 이때에 이르러 이공수가 글을 써서 대나무 지팡이 속에 담고 몰래 사람을 보내어 최유가 군사를 일으킨 사실을 보고하니, 조정이 비로소 이공수가 굴복하지 않았음을 알았다.

○ 여름 5월에 일본 도적 3천여 명이 진해(鎭海)로 쳐들어오자 경상도순문사(慶尙道巡問使) 김속명(金續命)이 진격하여 모두 죽였다.

○ 겨울 10월이었다. 이에 앞서 최유가 패해서 돌아갔다가 다시 크게 군사를 일으키려 하였다. 원의 감찰어사(監察御史) 유련(紐憐) 등이 최유가 나라를 팔고 불화하게 만든 죄를 자세히 설명하였다. 원 황제가

을 복위케 하고 최유를 잡아서 고려에 보내 형벌을 받게 하였다.

335 싸움의 경험이 많아 군사(軍事)에 밝은 장수를 이르는 말이다.

곧바로 최유를 형틀에 씌워 보내니, 왕은 그의 죄를 물어 죽였다.

○ 이공수가 원나라에서 돌아왔다.

을사 14년원 순제 지정 25년 ○ 일본 천황 후촌상 27년 ○ 서기 1365년이었다.

봄 2월에 노국공주(魯國公主)가 돌아가시니, 왕이 크게 비통하여 불사(佛事)를 크게 열고, 정릉(正陵)에 장사 지냈다. 그때 의식을 장엄하게 하기 위해 행렬에 참여한 호위병제도의 사치함이 극에 달했다.

○ 5월에 요승(妖僧) 편조(遍照)를 사부(師傅)[336]로 삼았다. 편조는 본래 옥천사(玉川寺) 여종의 아들이었다. 예전에 왕이 꿈에서 어떤 사람이 자기를 칼로 찌르려고 하는데 승려가 나타나 구해준 적이 있었는데, 편조를 보니 그와 용모가 같았다. 왕이 기이하게 생각하여 이야기를 나누니, 그가 또한 말을 잘하고 스스로 깨달음을 얻었다고 하였다. 왕이 크게 기뻐하며 여러 차례 불러 만났다. 그후 편조가 머리를 길러 두타(頭陀)[337]가 되고 이름을 바꿔 신돈(辛旽)이라 하자, 왕이 그를 사부로 삼고 국정에 대해 자문을 구하고, 그가 말하는 대로 모두 좇았다. 사대부의 처와 첩들이 그를 신승(神僧)이라 부르면서 법문을 듣고 복을 구한다고 하면서 찾아오면, 신돈이 문득 그들과 정을 통하였다. 이제현이 왕에게 아뢰기를, "신돈의 골격이 옛날 흉인(兇人)과 같아 반드시 후환을 가져올 것이므로, 임금님은 가까이하지 마소서" 하였으나, 왕이 이를 듣지 않았다.

---

336 고려 시대에 태사(太師)와 태부(太傅)를 아울러 이르던 말로, 태사와 태부는 임금의 고문을 맡은 정일품 벼슬로 원로대신에게 주는 명예직이었다.

337 산과 들로 다니면서 온갖 괴로움을 무릅쓰고 불도를 닦는 일, 또는 그런 승려를 이르는 말이다.

○ 가을 8월에 서흥군(瑞興君) 유숙(柳淑)이 벼슬에서 물러났다. 이 당시 신돈이 마음대로 권세를 부릴 때 김란(金蘭)과 이춘부(李春富)의 보좌를 받고, 이인복(李仁復), 최영, 원송수(元松壽) 등 여러 유명 인사들을 참소하여 내쫓았다. 유숙은 자기의 충직함을 신돈이 꺼려한다는 것을 알고 왕에게 사직하기를 아뢰어 시골로 돌아갔다. 이에 장수와 재상 이하가 모두 교외에서 환송연을 열었고, 길에 있는 사람들이 한숨을 쉬며 한탄하였다.

○ 겨울 12월이었다. 당시 왕은 매번 신돈에게 자신을 굽혀 속세의 일을 구제하라고 하였다. 신돈은 거짓으로 긍정하지 않는 체하면서 왕의 뜻을 견고하게 하고 다시 왕에게 권유하면서 말하기를, "왕이 세간(世間)에서 복과 이익을 구하고자 한다면 원컨대 참언을 믿지 마소서" 하였다. 이에 왕이 맹세하는 글을 손수 써서 천신(天神)에 증명하니, 신돈은 이후로 더욱 염려하고 꺼리는 바가 없어지고 위엄을 보이거나 은혜를 베풀어 남을 복종시키는 일을 많이 행사하였다. 이윽고 왕이 수정론도섭리공신(守正論道燮理功臣)의 호칭을 내리고 도첨의(都僉議)[338]를 이끌게 하며, 취성부원군(鷲城府院君)으로 봉작을 높여 주었다.

병오 15년원 순제 지정 26년 ○ 일본 천황 후촌상 28년 ○ 서기 1366년이었다.

여름 4월에 사의대부(司議大夫) 정추(鄭樞)의 직책을 강등하여 동래현령(東萊縣令)으로 삼고, 좌정언(左正言) 이존오(李存吾)는 장사(長沙)지금의 무장군(茂長郡) 감무(監務)로 삼았다. 이때 신돈이 국정을 맡아 불법을 방자하

338 도첨의사사(都僉議使司)를 가리키며, 모든 국가 행정을 관장하던 기관이다.

게 저질렀으나, 감히 그를 배척하는 말을 하는 사람이 없었다. 이존오가 분노하여 상소하고자 하면서 먼저 상소문을 동료에게 보여주며 말하기를, "요물이 나라를 잘못 끌고 가니, 물리쳐 쫓아내지 않을 수 없다" 하였다. 그러나 동료들은 모두 두려워하여 감히 동조하는 자가 없었다. 오직 정추가 따라서 함께 상소하기를, "신들이 엎드려 바라보니, 지난번에 궁궐 안에서 신돈이 감히 전하(殿下)와 나란히 앉았습니다. 무릇 예(禮)라는 것은 위아래를 분별하고 백성의 뜻을 명확히 정하는 것이니, 만일 이러한 예가 없다면 어찌 군신(君臣)과 부자(父子), 국가가 있겠습니까? 오늘날 신돈은 임금님의 은혜를 지나치게 입어 국정을 자기 마음대로 하고, 임금님을 무시하는 마음을 품고 임금님 앞에서 무릎을 구부리지 않습니다. 그가 집에 있을 때에는 재상이 마당에서 절을 합니다. 최항, 김인준, 임연 등도 이와 같이 하지 않았으며, 심지어 이자겸은 인종의 외할아버지였지만 공론을 두려워하여 할아버지와 손자 간의 사사로운 예의를 행하지 않았습니다. 이는 왕과 신하의 구분이 원래부터 정해져 있어 만고불변의 헌법(憲法)이니, 전하도 바꿀 수 없는 것입니다. 또 전하께서 신돈이 현명하다 하여 크게 기용하셨으나, 신돈이 국정을 맡은 이후로 정령(政令)[339]이 문란하여 백성들이 원망하고 탄식합니다. 신들이 간원(諫院)에 있으면서 안타까운 것은 전하께서 장차 사방에서 웃음거리가 되고 만세에 비난을 당하는 것입니다" 하였다. 왕이 크게 노하여 상소문을 불살라 버리고 이존오와 정추를 질책하였다. 그때 신돈이 왕과 더불어 평상(平床)에 마주 앉아 있었으므로, 이존오가 신돈을 크게 꾸짖어 말하기를, "늙은 중이 어찌 이

339 정치상의 법도와 규칙, 명령을 이르는 말이다.

와 같이 무례할 수 있는가?" 하니, 신돈이 당황하고 놀라서 바로 평상에서 내려왔다. 왕이 더욱 노하여 이존오와 정추를 감옥에 가두고는 이춘부와 김란, 이색 등에게 명하여 국문(鞫問)하게 하였다. 이춘부 등이 왕의 뜻을 받들어 이존오를 죽이려 했으나, 이색이 매번 구해 주어 다만 직책을 낮추도록 하였다. 이때 이존오의 나이가 25세였다.

○ 가을 7월에 문수회(文殊會)를 궁중에서 열었다. 이 당시 왕이 후사가 없으니, 신돈이 이를 열어 아들을 얻기를 빌라고 권했기 때문이었다.

○ 5월에 전 첨의시중(僉議侍中) 이공수가 죽었다. 이공수는 익주(益州) 사람으로, 성격이 순수하고 밝으며 삼가고 신중하여 터럭 하나라도 받고 주는 것을 함부로 하지 않았고, 일할 때는 의지가 굳고 강직하여 형세에 굽히지 않았다. 시호는 문충(文忠)이라 하였다.

○ 다시 왕(王)씨를 세워 비로 봉하니, 비는 종실 덕풍군(德豊君)의 딸이다.[340]

○ 겨울 12월에 밀직제학(密直提學) 이달충이 파면되었다. 일찍이 이달충이 사람이 많이 모인 자리에서 신돈을 책망하여 말하기를, "사람들이 공이 술과 여인을 가까이하는 것이 지나치다고 말하니, 무슨 까닭이요?" 하였다. 신돈이 불쾌하여 그를 파직하였다.

정미 16년원 순제 지정 27년 ○ 일본 천황 후촌상 29년 ○ 서기 1367년이었다.

봄 2월에 원이 고대비(高大悲)를 파견하였다. 이때 원나라 황제가 제주로 피란하려고 어부(御府)의 금과 비단을 실어 보냈다. 제주는 다시

340 익비(益妃)이다. 원래 성이 왕씨였으나, 비로 봉해질 때 어머니의 성을 따라 한씨(韓氏) 성을 하사받았다.

우리에게 속하게 되었다.

○ 승려 선현(禪顯)을 왕사(王師)로 삼았다. 선현은 신돈과 친하였으므로, 왕이 강안전(康安殿)으로 불러서 만날 때 왕은 아홉 번 절하는데 선현은 서서 절을 받았다. 백관이 조복(朝服)을 입고 치하하였으며, 신돈은 혼자 융복(戎服)[341]을 입고 전각 위에 서 있었다.

○ 가을 7월에 전 첨의정승(僉議政丞) 계림부원군(鷄林府院君) 이제현이 죽었다. 이제현은 타고난 자질이 중후한데다 학문의 깊이가 심오하여 의논이나 시행된 사업이 모두 빛나서 볼 만하였다. 평생 말을 빨리 하거나 얼굴에 당황한 빛을 보인 적이 없었으며, 허심탄회하게 아랫사람을 대하여 다른 사람의 일은 비록 자그마한 선(善)이라고 하더라도 듣지 못할까 두려워하였으며, 스스로 '익재(益齋)'라 칭하였다. 나라 사람들이 존경하여 노소, 귀천을 논할 것 없이 모두 그를 '익재선생'이라고 일컬었다. 그가 쓴 저서로 『익재난고(益齋亂藁)』 10권이 있다. 고려 이래로 김부식, 이규보(李奎報) 등이 모두 문명(文名)이 높았으나, 그 중 이제현을 제일로 삼았다. 시호는 문충(文忠)이라 하였다.

○ 겨울 10월에 전 시중(侍中) 경복흥과 지첨의(知僉議) 오인택(吳仁澤), 삼사사(三司使) 안우경(安遇慶) 등이 신돈을 제거하려고 모의하다가 일이 발각되어 모두 장형(杖刑)을 받고 남쪽 변방으로 유배되었다.[342]

○ 12월에 이색을 성균대사성(成均大司成)으로 삼고, 정몽주(鄭夢周)를 박사(博士)로 삼았다. 이색이 생원(生員) 수를 늘릴 때 정몽주와 김구용

---

341 철릭과 주립으로 된 옛 군복으로, 무신이 입었으며, 문신도 전쟁이 일어났을 때나 임금을 호종(扈從)할 때 입었다.

342 원문의 '장유(杖流)하다'는 장형(杖刑)과 유형(流刑)을 아울러 받았다는 뜻이다. 장형은 죄인의 볼기를 큰 형장으로 치던 형벌이고, 유형은 죄인을 귀양 보내던 형벌이었다.

(金九容), 박상충(朴尚衷), 박의중(朴宜中), 이숭인(李崇仁) 등을 골라 모두 다른 관직과 함께 교관을 겸하게 하였다. 그들이 매일 명륜당(明倫堂)에 앉아서 경업(經業)을 나누어 가르치고, 강론을 마친 후에 서로 토론을 하니, 이에 학도들이 모여들어 정주성리학(程朱性理學)이 번창하기 시작했다. 이 당시 학자들이 배우는 경서(經書)는 중국으로부터 들어오는 것으로 오직 『주자집주(朱子集註)』 뿐이었다. 정몽주가 강론할 때 새로운 뜻을 스스로 내놓는 것이 많아서 듣는 사람들이 자못 의아해 하였는데, 호병문(胡炳文)의 『사서통(四書通)』을 보니 그 의미가 모두 꼭 들어맞았다. 이색이 극구 칭찬하여 말하기를, "달가(達可)정몽주의 자(字)이다의 논의는 세우는 주장이나 지키는 주장이나 모두 이치에 맞지 않는 게 없다" 하였다.

○ 신돈이 전 첨의찬성사(僉議贊成事) 서녕군(瑞寧君) 유숙을 죽였다. 이때 신돈은 유숙이 비록 벼슬에서 물러났으나 왕이 다시 등용할까 두려워 왕께 참소하기를, "유숙이 항상 임금님을 구천(勾踐)에 비유하고 자신은 범려(范蠡)에 비유하니, 만일 유숙이 범려를 본받아서 배를 타고 떠난다면 반드시 연경으로 가서 덕흥군을 왕으로 세울 모의를 할 것이니, 미리 제거하여 후환을 없애소서" 하였다. 왕이 명령을 내려 장형과 유형에 처하라 하니, 신돈이 바로 사람을 보내 잡아 죽였다. 유숙은 충의와 절개가 높고, 일에 임해 정책을 결정할 때 식견이 탁월하더니, 죽음에 임해서도 안색이 평상시와 같았다. 시호는 문희(文僖)라 하였다.

○ 성균좨주(成均祭酒) 김문현(金文鉉)이 자기 아버지 김달상(金達祥)을 시해하였다. 김문현이 음란하고 행실이 불량하며 법도가 없어 자기

형의 첩과 사통(私通)하자, 김달상이 법사(法司)에서 조사하여 다스릴까 두려워 신돈에게 청하기를, "김문현이 어리석고 모자라니 밖으로 보내달라" 하였다. 신돈이 그 죄를 묻자 김달상이 사실대로 말하기 어려워 다만 말하기를, "미쳐서 정신이 혼미하다" 하였다. 김문현이 이를 듣고 원한을 품어 신돈에게 말하기를, "저의 아버지가 공의 부덕(不德)을 논의하여 말하기를, '반드시 나라를 망하게 할 것이다' 하였습니다" 하니, 신돈이 화가 나 김달상을 먼 곳에 유배하였다가 다시 죽였다. 김문현은 신돈의 문객이 되었다.

○ 명(明) 군사가 연경을 빼앗으니, 원나라 황제가 북쪽 사막으로 도망갔다.

기유 18년명(明) 태조(太祖) 홍무(洪武) 2년 ○ 일본 천황 장경(長慶) 2년 ○ 서기 1369년이었다.

여름 4월에 명 태조(太祖)가 사신을 보내 천하가 평정되었음을 알려왔다.

○ 예부상서(禮部尙書) 홍상재(洪尙載)를 명나라에 파견하였다. 이후 해마다 사신을 보내는 것을 상례로 했다.

○ 6월에 관제를 개편하였다.

○ 가을 7월이었다. 이에 앞서 일본 사람 중에 투화(投化)[343]한 사람들이 많아 조정에서 거제와 남해(南海) 등지에 나누어 살게 했는데, 이때에 이르러 그들이 다시 여러 군을 침범하여 약탈하였다.

경술 19년명 태조 홍무 3년 ○ 일본 천황 장경 3년 ○ 서기 1370년이었다.

343 덕화(德化)를 사모해서 투항하여 귀화함을 이르는 말이다.

우리 태조가 원의 동녕부(東寧府)압록강 서쪽에 있음 올랄성(兀剌城)[344]을 공격하여 빼앗았다. 이 당시 왕이 동녕부를 쳐서 원과의 관계를 끊고자 하여 태조를 동북면원수(東北面元帥)로 삼고, 지용수(池龍壽)를 서북면원수(西北面元帥)로 삼아 가서 공격해 빼앗으라고 했다. 태조가 보병과 기병 만여 명을 이끌고 압록강을 건너 올랄성에 도착하시니 적의 추장 고안위(高安慰)가 험한 요새를 점거하고 항복하지 않았다. 태조가 편전(片箭)[345]을 쏘시니, 모두 70여 발이 다 적의 얼굴을 명중시켰다. 성안에 있던 적의 사기가 떨어지고, 고안위는 밤에 도망갔으며, 여러 산성(山城)이 태조의 높은 명망을 듣고 우러러 보면서 복종하였다. 이에 동쪽은 황성(皇城)옛 여진 황제의 성, 북쪽은 동녕부, 서쪽은 바다에 이르고, 남쪽은 압록강까지 모두 도망가 텅 비게 되었다.

○ 겨울 11월에 우리 태조가 지용수와 함께 요성(遼城)을 공격하여 빼앗으셨다. 처음에 기철(奇轍)의 아들 새인티무르[賽因帖木兒]가 원에서 벼슬하면서 평장사(平章事)가 되었다가 원이 망하자 평장사 김백안(金伯顏)과 함께 남은 무리를 불러 모아 동녕부를 점거하고, 자기 아버지의 원수를 갚고자 우리의 북쪽 변방을 침범하였다. 왕이 태조와 지용수에게 공격하라고 명령하니, 태조가 요성에 진군하셨다. 적의 날랜 장수 처명(處明)이 용기를 믿고 맞서 싸우므로 태조가 먼저 투구를 쏘고, 또 그의 다리를 쏘며 말하기를, "항복하지 않으면 너의 얼굴을 쏘겠다" 하셨다. 처명이 말에서 내려 머리를 조아리며 항복하니, 적의 사기가 떨

---

344 고려사에서는 '우라산성(亏羅山城)'이라 하였다(『고려사』 권 42 「세가」 42 공민왕(恭愍王) 19년 1월).

345 총통에 넣어서 쏘는 하나로 된 화살을 이르는 말이다.

어졌다. 드디어 그 성으로 진격하여 빼앗으니, 새인티무르는 도망가고 김백안을 포로로 잡았으며, 원의 승상 나하추와 그 나머지 적장들을 불러 항복을 받고 군사를 이끌고 돌아오셨다. 후에 처명이 태조의 은혜에 감동하여 화살로 생긴 상처를 보면 오열하며 눈물을 흘리더니, 운봉(雲峯) 전쟁에서 힘써 싸워 공을 세웠다.

신해 20년 명 태조 홍무 4년 ○ 일본 천황 장경 4년 ○ 서기 1371년이었다.

봄 2월에 여진 천호(千戶) 이두란(李豆蘭)이 귀화하였다. 두란의 본래 성은 동(佟)이었다.

○ 여름 5월에 전 장사(長沙) 지금의 무장(茂長) 감무(監務) 이존오가 죽었다. 이존오는 경주 사람으로 성품이 효성스럽고, 우의가 있으며, 소박하면서 중후하였다. 일찍 고아가 되어 학문에 힘써 정몽주, 이숭인 등과 더불어 교분을 나누었고, 좌천된 이후로 공주 석탄(石灘)에서 살면서 신돈의 세력이 날로 강해짐을 보고 울분을 토하다 병이 들었다. 이존오는 병이 심해지자 주위 사람들에게 부축하게 하여 일어나 말하기를, "신돈이 아직도 강한가?" 하였다. 주위 사람이 "그렇다"고 대답하자 다시 누우며 "신돈이 망하여야 나도 망하리라" 말하고, 자리를 돌리다가 죽으니 나이가 31세였다. 그 후 신돈이 처형을 당하자 왕이 이존오의 충성을 생각하여 대사성(大司成) 벼슬을 추증하였다.

○ 가을 7월에 신돈이 형벌을 받아 죽었다. 이때 신돈이 위엄을 보이거나 은혜를 베푸는 일을 마음대로 하니 왕 또한 스스로 편안하지 못하였다. 왕의 성격이 시기하는 마음이 있어 비록 심복 대신이라 하더라도 권세가 강해지면 반드시 죄를 물어 죽였으므로, 신돈도 죽임을 당할까 두려워하여 마침내 반역을 도모하고 그의 무리와 함께 거

사할 날짜를 정하였다. 그의 문객 시랑(侍郎) 이인(李靭)이 왕께 고하자 왕이 신돈의 무리 기현(奇顯)과 최사원(崔思遠) 등을 죽이고 신돈을 수원부(水原府)에 유배하였다가 죽여 수도에서 효시(梟示)하였다. 그의 두 살짜리 아들도 같이 죽였으며, 경복흥 등을 소환하였다.

○ 이색을 정당문학으로 삼고, 가까운 신하들에게 말하기를, "문무 양 대관(大官)이 모두 일류이다" 하니, 이는 이색과 우리 태조를 지칭한 것이다.

○ 자제위(子弟衛)를 설치하여 나이 어리고 미모가 있는 자를 뽑아 소속시키고, 대언(代言) 김경흥(金慶興)에게 관리하게 하였다. 이에 홍륜(洪倫)과 한안(韓安), 권진(權瑨), 노선(盧瑄) 등이 모두 총애를 받아 침실 내에서 항상 시중을 들었다. 또 아름답고 건장한 자들을 많이 뽑아 궁중[禁中]에 항상 두고, 그들을 부르기를, '동고적(東古赤)'이라 하면서 자제위와 함께 나란히 총애하였다.

○ 우(禑)를 봉하여 강릉부원대군(江陵府院大君)으로 삼았다. 이에 앞서 신돈이 귀양갔을 때 왕이 시중을 드는 신하에게 말하기를, "내가 일찍이 신돈의 집에서 한 여종을 사랑하여 아들을 낳았다. 이름은 모니노(牟尼奴)[346]라 하니, 잘 보호하라" 하였다. 그리고 그를 태후전(太后殿)에 불러들여 양육하면서 시중(侍中) 이인임(李仁任)을 돌아보며 말하기를, "원자(元子)가 있으니, 나는 걱정이 없다" 하였다. 이때에 이르러 이름을 우(禑)로 바꾸고 유신(儒臣) 백문보(白文寶)와 전녹생(田祿生), 정추(鄭樞) 등을 사부(師傅)로 삼았다.

346 원문의 '모리노(牟利奴)'는 오기이므로 바로잡았다.

갑인 23년명 태조 홍무 7년 ○ 일본 천황 후귀산(後龜山) 2년 ○ 서기 1374년이었다.

가을 7월에 최영을 양광도지금의 경기도와 충청도 두 도 등의 도통사(都統使)로 삼고 여러 군대를 이끌어 제주를 토벌하게 하였다. 이에 앞서 명나라가 탐라의 말 2천 필을 징발하려 하자 왕이 평리(評理) 한방언(韓方彦)에게 명하여 가서 이를 거두려 하였다. 그때 제주에 있던 원나라 사람 석질리(石迭里) 등이 이를 듣지 않고 말하기를, "내가 어찌 원 세조가 풀어 기른 말을 명나라에 보내리오" 하면서 다만 3백 필을 공급하였다. 왕은 명나라의 뜻을 거스르기가 어려워 최영 등으로 하여금 군사 2만여 명을 이끌고 가서 공격하게 하였다. 석질리 등이 3천여 기병으로 명월포(明月浦)제주에 있음에서 항거하며 싸우자 최영이 진격하여 대파하고, 석질리의 목을 베었으며 그의 남은 무리를 모두 죽였다. 이에 제주가 평정되었다.

○ 9월에 명나라에서 말을 징발하기 위해 보낸 사신이 돌아가므로, 왕이 밀직부사(密直副使) 김의(金義)를 보내어 호송하게 하였다. 그때 명의 사신이 술주정을 하며 매번 김의를 죽이고자 하므로, 김의가 드디어 명나라 사신을 죽이고 말 3백 필을 빼앗아 북원(北元)으로 도망갔다. 김의는 본래 원나라 사람이었다.

○ 왕이 강릉부원군 우의 어머니가 천하다 하여 죽은 궁인(宮人) 한(韓)씨가 낳았다고 하고, 한씨의 3대[347]에게 벼슬을 추증하였다.

○ 환관 최만생(崔萬生)과 왕의 총애를 받던 신하 홍륜(洪倫) 등이 왕을 시해하였다. 처음에 왕이 홍륜 등으로 하여금 궁중의 여인들을 건드려 아들을 낳기를 바랐다. 이때 익비(益妃) 왕(王)씨가 임신을 하였고 최

---

347 아버지, 할아버지, 증조할아버지를 가리킨다.

만생이 이를 왕에게 고하니, 왕은 기뻐하면서 말하기를, "누구와 잠을 잤는고?" 물었다. 최만생이 대답하기를, "익비가 '홍륜이다'라고 말했습니다" 하니, 왕이 말하기를, "내가 마땅히 홍륜을 죽여 그 입을 막을 것이고, 너 또한 죽음을 면치 못할 것이다"라고 하였다. 최만생이 매우 두려워하여 그날 밤 홍륜 등과 함께 침전에 들어가 왕을 쳐서 시해하였다. 태후가 초상을 발표하지 않고 경복흥과 이인임 등을 불러 최만생 등을 죽이고, 이인임의 의견을 따라서 강릉부원군 우를 왕으로 세웠다. 왕의 성품이 본래 엄중하고 거동과 차림새가 예절에 맞았는데, 만년에 마음의 병을 얻어 시기심이 많고 난폭하며 음란함에 빠짐이 심해지다가 이런 화를 당했다. 시호는 공민이라 하고 현릉(玄陵)에 장사 지냈다.

전 폐왕(廢王) **우**(禑)의 어릴 적 자(字)는 모니노(牟尼奴)이니, 재위 기간이 14년이었다.

을묘 원년 명 태조 홍무 8년 ○ 일본 천황 후귀산 3년 ○ 서기 1375년이었다.

봄 정월에 판종부시사(判宗簿寺事)[348] 최원(崔源)을 명에 보내어 사신을 죽인 일을 자세히 설명토록 했다.

○ 도성의 5부(部) 호수를 개정할 때 집의 간가(間架)[349]가 20 이상이 되면 1호가 되어 군정(軍丁) 1명을 뽑고, 간가가 적으면 혹 4, 5집을 합쳐서 1호로 삼았다.

---

348 원문의 '판종부시(判宗簿寺)'는 오기이므로 바로잡았다.

349 집의 칸살의 얽이를 이르는 말이다.

병진 2년명 태조 홍무 9년 ○ 일본 천황 후귀산 4년 ○ 서기 1376년이었다.

봄 3월에 폐왕 우의 어머니 반야(般若)음은 야(耶)를 임진강(臨津江)에 빠뜨려 죽였다. 반야가 태후궁에 들어가 울부짖으며 말하기를, "내가 실제로 주상(主上)을 낳았는데 어찌 한씨를 어머니라고 합니까?" 하였다. 이때 이인임이 왕을 받들어 세운 후 조정의 정사를 마음대로 하고 있었으므로, 바로 반야를 체포하여 하옥하였다가 마침내 임진강에 빠뜨려 죽였다. 반야가 심문을 당할 때 새로 세운 중문(中門)을 가리키며 말하기를, "하늘이 만약 나의 원통함을 안다면 저 문이 반드시 스스로 무너지리라" 하였다. 이윽고 문이 스스로 무너지니, 세상 사람들이 매우 이상하게 여겼다.

○ 가을 7월에 일본이 공주 등의 성을 함락하니, 양광도 원수 박인계(朴仁桂)가 패배하여 죽었다. 최영이 스스로 출전하기를 청하여 일본 병사와 홍산(鴻山)에 싸웠다. 그때 그는 몸소 앞장서서 군사를 이끌다 적의 화살이 입술을 맞추어 피가 방울져 떨어졌으나 신색(神色)[350]이 보통 때와 다름없이 침착하였고, 드디어 분발하여 공격해 대파하였다. 이때부터 위력이 있는 명성이 크게 떨쳤다.

정사 3년명 태조 홍무 10년 ○ 일본 천황 후귀산 5년 ○ 서기 1377년이었다.

봄 3월에 일본이 착량(窄梁)에 침입하여 전선을 불태우고 또 강화를 약탈하니 도성(사람들)이 크게 동요하였다. 우가 겁에 질려 철원(鐵原)으로 도읍을 옮기고자 하자, 최영이 힘껏 간하여 이를 멈추게 하였다.

---

350 상대편의 안색을 높여 이르는 말이다.

이윽고 적이 또 서강(西江)송도의 서강에 진격하여 압박하자 최영이 변안열(邊安烈)과 함께 격퇴하였다.

○ 여름 5월이었다. 그때 일본 도적이 경상도에 그득하니 원수 우인열(禹仁烈)이 군대를 지원해주기를 급히 청하였다. 우가 우리 태조와 김득제(金得齊) 등을 조전원수(助戰元帥)로 삼고 가서 지원하라 하였다. 태조가 단 시일 내에 직행하시다가 지리산(智異山)에서 적을 대파하셨다.

○ 가을 8월에 일본 도적이 서해도(西海道)지금의 황해도를 노략질하였다. 원수 나세순(羅世巡) 등이 싸움에서 패하자 태조가 바로 진격하여 해주(海州)에서 적을 대파하시니, 남은 적들이 험한 지역을 점거하고 섶나무를 쌓아 스스로 방비하였다. 태조가 호상(胡床)[351]에 걸터앉아 계시면서 음악을 울리며 술을 마시고 병사들로 하여금 섶나무를 불태우게 하니, 연기와 불길이 하늘을 뒤덮었다. 적이 세력이 궁하여 죽음을 무릅쓰고 포위를 뚫고 나올 때 화살이 태조 앞에 놓인 술병을 맞추었다. 그러나 태조는 편안히 앉아 일어나지 않으시고 여러 군사를 호령하여 적을 완전히 섬멸하였다.

○ 내성(內城)을 쌓았다. 최영이 건의하였는데, 수도의 외성이 넓고 커서 수비하기가 어려우므로, 내성을 쌓아 뜻밖에 일어나는 일에 대비하고자 한 것이었다.

무오 4년명 태조 홍무 11년 ○ 일본 천황 후귀산 6년 ○ 서기 1378년이었다.

여름 4월이었다. 이때 일본 도적이 수원주(水原州), 남양주(南陽州) 등

351 중국식 의자의 하나이다.

을 연속하여 노략질하였다. 또 착량에 많이 모여 승천부(昇天府)지금의 풍덕(豊德)를 침입하니, 수도가 크게 동요하였다. 우가 최영과 찬성사(贊成使) 양백연(楊伯淵), 우리 태조를 보내 방어하였다. 그때 적이 최영의 군사를 무찌르면 수도를 손에 넣을 수 있다고 생각하고 바로 최영의 군대를 급하게 공격하였다. 최영이 대적하지 못하고 도망을 가자, 태조가 정예 기병을 이끌고 양백연과 함께 연합 공격하여 대파하셨다. 최영도 곁에서 따라 가면서 추격하여 적을 섬멸하였다.

○ 6월에 일본의 구주절도사(九州節度使) 원료준(源了俊)이 승려 신홍(信弘)을 보내와 일본 도적을 사로잡았다. 이에 앞서 우가 판전교사(判典校事) 나흥유(羅興儒)를 일본에 보내 해적을 금지하라 하니, 일본이 대답하기를, "귀국을 침범하는 자는 우리 서해도(西海道) 구주(九州)의 완민(頑民)[352]들이다. 우리나라에서 곧 장수를 보내 토벌하고 바다의 도적을 금지하겠다" 하였다. 그러나 그 후에도 해적의 도둑질과 약탈은 여전히 끊이지 않았으므로, 또 정몽주를 보내 이웃 나라와 교류하는 것의 이해관계를 열심히 설명하니, 일본 사람들이 존경하여 복종하였다. 이때에 이르러 원료준이 신홍으로 하여금 군사를 이끌고 적의 무리를 사로잡게 하였다. 신홍은 여러 차례 싸우다가 병사를 데리고 귀국하였다. 그 다음 해 여름 5월에 일본이 다시 박거사(朴居士) 등을 파견하여 해적을 토벌하였다.

○ 우가 남경(南京)한양으로 사냥을 나갔다. 이 당시 우가 음란하고 법도가 없어 음악과 여색, 사냥을 일삼았다.

---

352 완고한 백성이라는 뜻으로, 새로운 통치에 잘 따르지 아니하는 백성을 이르는 말이다.

경신 6년명 태조 홍무 13년 ○ 일본 천황 후귀산 8년 ○ 서기 1380년이었다.

봄 정월에 태후 홍(洪)씨가 돌아가시니, 나이가 83세였다. 태후는 행실이 어질었고, 임종 시 우에게 대신의 자문을 구하고 돌아다니며 구경하는 것을 삼가하도록 훈계하였다.

○ 가을 8월에 우가 성의 남쪽으로 사냥을 나가서 곡식을 짓밟아 훼손하고, 나이 어린 무리와 어울려 백성들이 살고 있는 마을에서 말을 타고 달리고, 민가의 닭과 개를 활로 쏘며, 길 가는 부인을 겁탈하였다.

○ 9월에 우리 태조께서 일본 도적을 운봉(雲峯)에서 대파하셨다. 이에 앞서 나세순과 심덕부(沈德符) 등이 일본 도적을 진포(鎭浦)지금의 한산(韓山)에 있음에서 부수자, 적이 울분과 독기를 품고 주현(州縣)을 연속 함락하여 3도의 연해지역이 모두 텅 비었다. 또한 원수 배극렴(裵克廉), 정지(鄭地) 등이 사근역(沙斤驛)지금의 함양(咸陽)에 있음에서 패하였다. 이에 적이 운봉현을 불태우고, 인월역(引月驛)지금의 운봉에 있음으로 나아가 주둔하면서 "북상한다"고 큰 소리치니, 나라 안팎이 크게 동요하였다. 우가 태조를 양광도지금의 경기도와 충청도 두 도, 전라도, 경상도의 3도도순찰사(三道都巡察使)로 삼고, 변안열(邊安烈)을 부사(副使)로 삼아 가서 공격하라 하였다. 태조는 변안열 등과 함께 병사를 이끌고 남하하여 적진과 수십 리 떨어져 있었다. 태조가 큰 길 왼쪽에 있는 험한 길을 보시고 말하기를, "적이 반드시 이 길을 통하여 우리를 엄습할 것이다" 하시고, 여러 장수들에게 명을 내려 큰 길로 진군하도록 하였다. 태조가 친히 그 험한 길에 들어가시니, 과연 적병이 그곳에 매복하고 있었다. 태조께서 적 50여 명을 활로 쏘아 죽이시고 세 번 싸워 모두 이기시니, 적이 험한 곳을 점거하여 지키고 있었다. 태조가 여러 군사들을 지휘하며 독려

하여 위로 공격하고 있을 때 날아온 화살이 태조의 왼쪽 다리를 맞추었다. 태조가 그 화살을 뽑으시고 의기가 더 강해지시니, 장수와 병사들이 모두 감동하고 격려되어 죽기를 각오하고 싸웠다. 적 가운데 아지발도(阿只拔都)라는 자는 나이가 겨우 15, 6세였는데, 날쌘 용기가 비교할 자가 없었고, 말을 타고 창을 휘두르며 돌진하여 향하여 가는 곳마다 부수고 쓰러뜨렸다. 태조께서 그가 튼튼한 갑옷과 동면(銅面)을 입고 있어 화살을 쏠 틈이 없음을 보시고 편장(偏將) 이두란에게 이르기를, "내가 투구를 쏘아 투구의 꼭지가 떨어지면 네가 바로 화살을 쏘라" 하시고 말에 뛰어 올라 아지발도의 투구를 쏘아 맞추시니 꼭지가 떨어졌다. 그때 이두란이 바로 화살을 쏘아 그를 죽이니 적의 기세가 꺾였다. 이로써 분발하여 적을 공격하여 대파하시니, 시체가 들판에 널리고, 냇물이 온통 빨갛게 물들었으며, 남은 적은 지리산으로 도망갔다. 승리하고 돌아오실 때 최영이 백관을 이끌고 천수사(天壽寺) 앞에서 영접하였다. 그는 태조와 더불어 두 번씩 절을 하였으며, 태조의 손을 붙잡고 눈물을 흘리면서 말하기를, "삼한(三韓)을 다시 세운 것은 이 한 번의 싸움이다" 하였다. 일본이 이후로 태조를 무서워하여 감히 접근하지 못하였고, 우리나라 사람을 포로로 잡으면 반드시 묻기를, "이 만호(李萬戶)는 지금 어디에 있느냐?" 하였다.

임술 8년명 태조 홍무 15년 ○ 일본 천황 후귀산 10년 ○ 서기 1382년이었다.

봄 2월에 우가 남쪽 교외로 나가 사냥을 하자, 최영이 울면서 간하기를 "충혜왕은 여자를 좋아하였으나 반드시 밤에만 그러하였고, 충숙왕은 놀러 다니기를 좋아하였으나, 때를 놓치지 않아서 백성들의 원망이 없었습니다. 그런데 지금 주상은 유희에 법도가 없어 말에서 떨어져 몸을 상하셨습니다. 신이 재상의 자리에 있으면서 잘못된 것을 바로잡지 못하니, 무슨 면목으로 사람들을 보겠습니까?" 하였다. 그러나 우는 뉘우치지 않았다.

○ 일본 도적이 죽령(竹嶺)지금의 풍기(豊基)와 단양(丹陽) 땅에 있음을 넘어 단양을 노략질하자 원수 변안열이 한방언(韓方彦)과 함께 쳐서 패배시켰다.

○ 가을 9월에 우가 한양으로 도읍을 옮겼다. 이에 앞서 서운관(書雲觀)에서 말하기를, "변괴(變怪)[353]가 자주 보이니, 청컨대 도읍을 옮겨 재난을 피하여야 합니다" 하였다. 이때에 이르러 최영이 또 말하니 도읍을 옮기고, 시중 이자송(李子松)으로 하여금 개경에 머무르며 지키게 하였다.

○ 조준(趙浚)을 경상도체복사(慶尙道體覆使)로 삼았다. 당시 일본 도적이 영남(嶺南)지방에 가득 퍼져 있어서 백성들이 모두 달아나 숨자, 최영이 조준을 천거하였다. 조준이 그 지방에 이르러 도순문사(道巡問使) 이거인(李居仁)이 도적을 경시한 죄를 책망하고 병마사 유익환(兪益桓)의 목을 베었다. 장수들이 모두 두려워서 다리를 떨다가 힘껏 싸우니, 경상도 전체가 믿고 안심하였다. 조준은 재상 조인규의 후손이고, 큰 뜻을 품고 있었다.

계해 9년명 태조 홍무 16년 ○ 일본 천황 후소송(後小松) 원년 ○ 서기 1383년이었다.

가을 8월에 우리 태조께서 여진 사람 호발도(胡拔都)를 길주에서 대파하셨다. 이에 앞서 호발도가 동북의 여러 성을 침범하여 약탈하자,

---

353 이상야릇한 일이나 재변을 이르는 말이다.

우가 태조의 위신이 워낙 대단하다고 여겨 문하찬성사 동북면도지휘사(門下贊成事東北面都指揮使)로 삼고 가서 진압하라 하였다. 이때 호발도가 단주(端州)지금의 단천(端川) 등의 지역을 노략질하니 만호 육려(陸麗) 등이 여러 번 싸웠으나 모두 패하였다. 태조께서 호발도를 길주에서 마주치자 이두란으로 하여금 먼저 나가 싸우라 하셨는데, 이두란이 크게 패하니 호발도가 태조를 가볍게 보고 혼자 말을 타고 나와 싸웠다. 태조가 그 말을 쏘시니, 말이 쓰러졌다. 태조께서 이로 인해 적을 추격해 대파하시니, 호발도가 겨우 도망을 갔다. 태조께서 곧바로 변경을 안전하게 할 대책을 우에게 설명하셨다.

갑자 10년명 태조 홍무 17년 ○ 일본 천황 후소송 2년 ○ 서기 1384년이었다.

정당문학 정몽주를 명나라에 파견하였다. 당시 명이 (우리) 조정과 사이가 벌어져 우리 사신 김유(金庾)와 홍상재(洪尙載) 등을 귀양 보내니, 사람들이 모두 사신으로 가기를 꺼리고 권세가에게 뇌물을 바쳐 사신으로 가는 것을 피하기도 하였다. 이에 정몽주를 파견할 때 우가 불러서 타일렀다. 정몽주가 말하기를, "군부(君父)의 명을 감히 피할 수 있겠습니까?" 하고, 드디어 명나라에 가서 명 황제를 뵙고 자세하고도 분명하게 상황을 설명하였다. 명 황제가 그를 우대하고, 마침내 김유와 홍상재 등을 방면하여 돌아오게 하였다.

○ 9월에 환관 김실(金實)을 문하찬성사로 삼으니, 환관을 재상으로 제수하는 것은 예전에 없던 일이었다.

○ 이에 앞서 덕종이 국자시(國子試)를 시행하였다가 공민왕 때에 이르러 폐지하였는데, 이때에 이르러 다시 성균관(成均館)을 설치하였다.

대언(代言) 윤취(尹就)가 시험을 관장하면서 권세가 있는 집안의 젖비린내 나는 아이들만 뽑으니, 당시 사람들이 조롱하여 말하기를, "분홍방(粉紅榜)"[354]이라 하였다. 이는 아이들이 붉은 옷을 즐겨 입고, 얼굴에 분을 발랐기 때문이었다.

○ 겨울 10월에 북원(北元)북원은 곧 원이 북쪽으로 피해 간 이후이기 때문에 이렇게 부른 것이다이 사신을 보내왔으나, 받아들이지 않았다.

을축 11년명 태조 홍무 18년 ○ 일본 천황 후소송 3년 ○ 서기 1385년이었다.

가을 9월에 우리 태조께서 일본군을 함주(咸州)지금의 함흥에서 대파하셨다. 이에 앞서 일본군이 단주(端州), 함주(咸州) 등을 연속하여 노략질하자, 원수 심덕부 등이 맞아 싸우다가 모두 패하였다. 적의 세력이 점점 커지자, 태조께서 자청하여 공격에 나서 함주에 도착하셨다. 적이 고둥 소리를 듣고 크게 놀라 말하기를, "이 만호(李萬戶)가 도착하였다" 하였다. 태조께서 호군(護軍) 이두란 등 백여 명의 기병을 이끌고 천천히 나아가 적진에 도착하시니, 적이 크게 당황하고 놀랐다. 태조께서 호상에 앉아 계시면서 통역으로 하여금 적에게 소리쳐 말하기를, "오늘 주장(主將)은 이 만호이다. 너희는 빨리 항복하라" 하니, 적의 우두머리가 "이를 받아들이겠다" 하였다. 그러나 항복을 의논하는 일이 결정 나지 않자, 태조께서 말하기를, "우물쭈물하고 있으므로, 공격을 하겠다" 하면서 먼저 복병을 숨겨두고, 이두란 등으로 하여금 적을 유

354 원문에는 '홍분방(洪粉榜)'이라 되어 있으나, 『고려사』에 의거하여 바로잡았다. 또 이 일은 우왕 11년(1385) 3월의 일이었다(『고려사』 권 74 「지(志)」 28 「선거(選擧)」 2 과목(科目) 2).

인하게 하였다. 그리고 태조는 혼자 말을 몰아 적과 충돌하여 적을 많이 죽였다. 또 복병이 일어나니, 함성이 천지를 진동하였다. 이에 적의 무리가 크게 무너져 시체가 냇물을 뒤덮었으며 한 사람도 빠져 나가지 못했다.

○ 겨울 12월에 이인임의 여종 봉가이(鳳加伊)를 봉하여 숙녕옹주(肅寧翁主)로 삼고, 기생 칠점선(七點仙)을 영선옹주(寧善翁主)로 봉하였다. 또 나중에 다시 봉가이를 덕비(德妃)로 삼고, 기생 소매향(少梅香)과 연쌍비(鷰雙飛)를 봉하여 모두 옹주로 삼았다. 우는 놀러 나갈 때마다 항상 말을 달려 (그들을) 찾아 갔다. 예전에 이인임의 여종의 남편 조영길(趙英吉)이 딸을 낳아 봉가이라 불렀는데, 우가 이인임의 집에 갔다가 그녀를 총애하게 되었다. 이로부터 우가 그 집에 날마다 찾아가 이인임을 아버지라 부르고 이인임의 처 박(朴)씨를 어머니라 부르니, 이인임의 권세가 더욱 성해졌다.

○ 이색을 문하시중으로 삼고, 사부의 예로 대하였다.

정묘 13년명 태조 홍무 20년 ○ 일본 천황 후소송 5년 ○ 서기 1387년이었다.

여름 6월에 백관의 관복제도를 개정하였다. 이 전에 우리나라는 원의 복제(服制)를 사용하였는데, 이때에 이르러 정몽주와 이숭인(李崇仁), 하륜(河崙), 강회백(姜淮伯) 등이 복제를 바꾸기를 청하므로, 명나라의 사모단령(紗帽團領)[355] 등을 본떠서 사용하였다. 1품 이하는 모두 사모

355 사모(紗帽)와 단령(團領)을 아울러 이르는 말이다. 사모는 고려 말기에서 조선 시대에 걸쳐 벼슬아치들이 관복을 입을 때에 쓰던 모자이다. 검은 비단[紗]으로 만들었는데 지금은 흔히 전통 혼례식에서 신랑이 쓴다. 단령은 깃을 둥글게 만든 관복이다.

단령을 입고, 품대(品帶)[356] 또한 차별이 있었다. 그러나 우와 환관, 총애를 받던 신하들은 이에 따르지 않았다.

무진 14년명 태조 홍무 21년 ○ 일본 천황 후소송 6년 ○ 서기 1388년이었다.

봄 정월에 임견미(林堅味)와 염흥방(廉興邦), 도길부(都吉敷), 이성림(李成林), 반복해(潘福海) 등의 죄를 물어 죽였다. 이인임은 경산부(京山府)지금의 성주(星州)에 안치(安置)[357]하였다. 이인임이 오랫동안 나라의 통치권을 훔쳐 휘두를 때 임견미를 심복으로 삼고, 또한 염흥방 등 네 사람을 등용하여 조정 요직에 배치하였다. 또 관직과 작위를 팔고 사람들의 논밭과 노비들을 빼앗으니, 나라 안팎이 몹시 분하여 이를 갈았다. 때마침 염흥방이 또 밀직사(密直使) 조반(趙胖)의 밭을 빼앗으니, 조반이 분노하여 염흥방의 종을 잡아 죽였다. 이에 염흥방이 크게 화를 내며 조반이 모반한다고 거짓으로 고하여 국문하였다. 최영이 곧 우에게 권하여 조반을 석방하고, 임견미와 염흥방 등을 죽였다. 이인임은 공이 있다 하여 죽음은 면하고 안치하였다.

○ 최영을 문하시중으로, 우리 태조는 수시중(守侍中), 이색은 판삼사사(判三司事)로 삼았다. 이때 최영이 임견미와 염흥방이 채용한 사람들을 모두 내쫓고자 하자, 태조께서 말하기를, "임견미와 염흥방이 정권을 잡은 지 오래되어 사대부가 모두 그들이 천거한 자들이니, 이번에는 다만 재능이 있는지, 현명한지 여부만을 물어보십시오. 어찌 지난 일을 책망하겠습니까?" 하셨으나, 최영이 이를 듣지 않았다.

---

356 벼슬아치가 공복(公服)에 갖추어 두르던 띠로, 공복의 종류와 품계에 따라 달랐다.
357 먼 곳에 보내 다른 곳으로 옮기지 못하게 주거를 제한하던 형벌이다.

○ 2월에 명 황제가 철령 이북은 본래 원나라에 속한 땅이니 모두 요동에 귀속시키라 하고 철령위(鐵嶺衛)를 요동에 세웠다.

○ 3월에 시중 최영의 딸을 영비(寧妃)로 봉하고, 판사(判事) 신아(申雅)의 딸을 정비(正妃)로 봉하였다. 처음에 왕이 최영의 딸을 맞아들이려 할 때 최영이 사양을 하면서 말하기를, "신의 딸은 비루(鄙陋)[358]하니, 지존(至尊)의 배필로 받들 수 없습니다. 주상께서 기필코 맞아들이려고 하신다면, 노신(老臣)[359]은 마땅히 머리를 깎고 산으로 들어갈 것입니다" 하며 눈물을 흘리며 계속 간청하였다. 그러나 우는 이를 듣지 않았다.

○ 여름 4월에 우가 평양에 행차하여 요동을 공격하였다. 처음에 우는 명나라가 철령 이북을 엿보아 빼앗은 데 분노하여 최영과 함께 비밀히 의논하여 명을 공격하고 원과 계속 우호 관계를 맺고자 하였다. 그리하여 서해도(西海道)지금의 황해도에 가서 여러 도의 군사를 징집하고, 우리 태조를 불러 말하기를, "과인(寡人)이 요양(遼陽)을 공격하고자 하니, 경들은 모든 힘을 다하라" 하였다. 그러나 태조께서 말씀하시기를, "지금 출병해서는 안 되는 네 가지 이유가 있습니다. 첫째는 작은 나라로써 큰 나라를 공격함이고, 둘째는 여름에 군사를 일으키는 것이며, 셋째는 온 나라를 들어 원정(遠征)하면 일본이 우리 허점을 틈탈 것이고, 넷째는 요즘은 더운데다 비가 자주 오니 화살의 아교가 녹고 많은 군사가 전염병에 걸릴 것입니다" 하셨다. 그러나 우가 이를 듣지 않고 말하기를, "이미 군사를 일으켰으니 중지하지 못한다" 하였다. 태조께서 물러나서 눈물을 흘리며 말하기를, "백성들의 재앙이 이로부터[360]

358 행동이나 성질이 너절하고 더러움을 이르는 말이다.
359 늙은 신하가 임금을 상대하여 자기를 낮추어 이르는 일인칭 대명사이다.

시작되었다" 하셨다. 우가 평양에 도착하여 징병을 독촉하고, 압록강에 부교(浮橋)를 만들었으며, 최영에게 추가로 팔도도통사(八道都統使)를 제수하고 조민수(曹敏修)를 좌군도통사(左軍都統使)로 삼으며, 태조를 우군도통사(右軍都統使)로 삼았다. 각자 장수들을 이끌고 출발하니, 좌우군이 합쳐 3만 8천 6백여 명인데, 겉으로는 10만이라 주장하였다. 우는 최영과 함께 평양에 머무르며 멀리서 지시를 내리면서 다시 나라 사람들로 하여금 호복(胡服)을 입게 하고, 원의 옛 제도를 따랐다. 이 당시 명나라가 남옥(藍玉)을 보내 북원을 공격해서 멸망시켰지만, 조정은 이를 모르고 있었던 것이다. 5월에 좌우군이 위화도(威化島)지금의 의주, 압록강 서쪽에 있음에 주둔하고, 원수 홍인계(洪仁桂)가 먼저 요동 경계로 들어가 적을 죽이고 약탈하여 돌아오니, 우가 기뻐하며 금과 비단을 상으로 내렸다.

○ 6월에 우리 태조께서 여러 군사들과 도성으로 돌아와 최영을 잡아서 유배 보내셨다. 이때 태조께서 조민수와 함께 우에게 글을 올려 요동 공격이 순조롭지 않은 상황을 극진하게 설명하였으나, 우가 받아들이지 않았다. 또 최영에게 글을 보내 이익과 손해를 자세히 설명하셨으나, 최영 또한 듣지 않았다. 때문에 태조께서 드디어 여러 장수들을 설득하기를, "지금 만일 요동을 공격하면 백성들이 큰 화를 입을 텐데, 왕이 살피지 않고 최영 또한 늙어서 나라의 존망을 걱정하지 않습니다. 이제 공(公)들과 함께 주상을 뵙고 화복(禍福)을 자세히 설명하고, 임금님 측근의 악을 없애 백성을 편안하게 함이 어떻겠소?" 하셨

---

360 원문의 '백차(白此)'는 '자차(自此)'의 오기이다.

다. 장수들이 다함께 말하기를, "감히 공의 명을 따르지 않을 수 있겠습니까" 하였다. 이에 군사를 돌려 압록강을 건너실 때 태조께서는 백마를 타고, 빨간 활에 흰 깃털 화살을 잡고는 언덕 위에 서서 군사들이 강을 모두 건널 때까지 오랫동안 기다리셨다. 군사들이 우러러 바라보면서 서로 말하기를, "예로부터 저와 같은 분이 어디 있으리오?" 하였다. 이때 "목자(木子)가 나라를 얻는다"라는 동요가 있었는데, 군사들과 민간 노소가 모두 이 노래를 불렀다. 조운사(漕運使) 최유경(崔有慶)이 달려가서 태조가 환군(還軍)하신 사실을 우에게 알리니, 우가 최영과 함께 수도로 말을 달려 돌아와 맞서 싸우려 하였다. 좌우군이 바로 수도로 들어오다 조민수가 최영의 군대에게 패하였으나, 이윽고 태조께서 황룡대기(黃龍大旗)를 세우고 화원(花園)으로 들어가 포위하셨다. 화원은 우가 있던 곳으로, 군사들이 큰소리로 외치며 최영을 내보내라고 청하였다. 우가 최영의 손을 붙잡고 울다가 이별하였다. 최영이 나오자 태조께서 말씀하시기를, "이러한 사변(事變)은 나의 본심이 아닙니다. 그러나 요동을 공격하는 일은 국가의 흥망이 달려 있어 부득이 이런 상황에 이른 것이니, 잘 가십시오" 하면서 마주 보며 눈물을 흘리시다가 드디어 최영을 고봉현(高峯縣)지금의 고양(高陽)으로 귀양 보냈다. 이때 명이 군사를 일으키려 하다가 고려가 군사를 돌이켜 돌아갔다는 소식을 듣고 중지하였다.

○ 우를 폐하고 우의 아들 창(昌)을 왕으로 세웠다. 처음에 우리 태조께서 환군하실 때 전교시(典校寺) 부령(副令) 윤소종(尹紹宗)이 군사들 앞에 이르러 『곽광전(霍光傳)』을 바치자,[361] 태조께서 조인옥(趙仁沃)으로 하여금 읽게 하였다. 조인옥이 이로 인해 극진하게 말하기를, "지금 왕

은 왕(王)씨가 아니고 신돈의 아들이므로, 마땅히 왕씨를 다시 세우는 것이 옳습니다" 하였다. 태조께서 반드시 그렇게 되어야 한다고 하시니,[362] 이에 여러 장수들이 우에게 강화로 가도록 청하였다. 우는 영비, 연쌍비와 함께 대궐에서 나와 강화로 갔다. 이윽고 조민수가 힘껏 의논하여 창을 왕으로 세우고자 할 때, 이색이 유명한 유학자이므로 그의 말을 빌고자 하여 그에게 가서 물었다. 이색이 말하기를, "마땅히 전왕의 아들을 세우시오" 하였다. 조민수 등이 드디어 정비(定妃)공민왕의 비(妃)인 안씨의 교지로 창을 왕으로 세우니, 당시 나이가 9세였다.

○ 명이 철령위를 폐지하였다.

○ 8월에 이색을 문하시중으로 삼고, 우리 태조를 수시중(守侍中)으로 삼았다. 이때 창이 서연(書筵)[363]을 열고, 이색에게 명하여 서연의 일을 이끌게 하고, 정몽주, 정도전(鄭道傳)을 시독(侍讀)으로 삼아 번갈아 입시(入侍)하게 하였다.

○ 대사헌(大司憲) 조준이 건의하여 "전시과(田柴科)가 없어져 사전(私田)이 되면서부터 겸병(兼幷)하는 폐해가 심하니, 청컨대 이를 혁파하소서" 하니, 우리 태조께서 상주하여 시행케 하셨다.

○ 양광도 등의 도지휘사(都指揮使) 정지(鄭地)가 일본 도적을 대파하였다. 이때 일본 도적이 양광, 전라, 경상 3도에 들어와 노략질하며 주

---

361 곽광(霍光, ?~BC 68)은 전한(前漢)의 정치가로, 무제(武帝)가 죽은 후 소제(昭帝)를 보필하여 정사를 집행하였다. 곽광은 소제가 죽은 후 그를 계승한 창읍왕(昌邑王)의 제위를 박탈하고, 선제를 즉위하게 하였다. 윤소종이 『곽광전』을 태조에게 바친 것은 우왕을 폐하고 왕씨를 왕으로 추대할 것을 암시한 것이다.

362 원문의 '심연지(心然之)'는 '필연지(必然之)'의 오기로 보인다.

363 고려 시대에, 임금의 앞에서 경서를 강론하던 자리이다. 예종 11년(1116)에 처음으로 설치하였고 공양왕 2년(1390)에 경연(經筵)으로 고쳤다.

군(州郡)을 불태우고 사람을 죽이므로, 정지가 여러 장수를 이끌고 남원(南原)에서 싸워 대파하였다. 사람들이 말하기를, "이 전투가 아니었으면 3도의 백성들이 다 없어질 뻔하였다" 했다.

○ 우리 태조로 하여금 중앙과 지방의 여러 군대의 일을 총 지휘하게 하였다.

○ 9월에 폐왕 우를 여흥(驪興)으로 옮겼다.

○ 겨울 11월에 김문현(金文鉉)을 형벌로 죽였다. 폐왕 우의 시절에 언관(言官)이 김문현이 자기 아버지를 죽인 죄를 바로잡고자 했으나, 우가 이를 듣지 않고 김문현에게 장형을 가하고 전의(全義)로 귀양 보냈다가 이때에 이르러서야 사람을 보내 목을 졸라 죽였다.

○ 12월에 전 시중 최영을 죽였다. 최영이 이미 유배 갔다가 다시 국문을 받게 되었다. 이때 전법사(典法司) 판서(判書) 조인옥 등이 최영의 죄를 바로잡기를 청하므로, 창이 드디어 최영의 목을 베었다. 최영은 최유청의 5대손으로, 사람됨이 고지식하고 학술은 적으나 충성심이 높고 청렴하며, 강직하고 힘이 남보다 강하였다. 진(陣)에 임하여 적과 맞설 때에는 정신과 기운이 태연하고 한가하여 화살과 돌이 앞에서 왔다갔다 해도 조금도 두려운 기색이 없었다. 싸우는 군사가 한 걸음이라도 물러서면 바로 목을 베어 두루 보였기 때문에 크고 작은 백여 전투에서 한 번도 패한 적이 없었다. 평상시에 재산을 늘리는 데 힘쓰지 않아 거주하는 집이 매우 누추하였으나 태연히 살았고, 비록 장수와 재상을 겸임하여 병권을 오래 잡았으나 뇌물을 주고 청탁하러 오는 사람이 없었다. 이때에 이르러 죽으니 나이가 73세였다. 처형에 임하여 말과 얼굴빛이 변하지 않았으며, 머리가 이미 절단되었는데도

몸을 옮길 때까지 몸이 나무처럼 똑바로 서 있었다. 그가 죽던 날 도성 사람들이 저자를 파하였고, 먼 곳이나 가까운 곳에서 소식을 들은 자들은 모두 눈물을 흘렸다. 나중에 시호를 무민(武愍)이라 내려 주었다.

후폐왕(後廢王) 창(昌)의 재위 기간은 1년이었다.

기사 원년명 태조 홍무 22년 ○ 일본 천황 후소송 7년 ○ 서기 1389년이었다.

봄 2월에 경상도 원수 박위(朴葳)가 일본 대마도(對馬島)를 공격해 무찔렀다. 박위가 일본을 쳐서 전공을 여러 번 세우더니, 이번에는 전함 백 척을 이끌고 대마도에 이르러 일본 전함 3백 척과 바닷가의 오두막집을 거의 모두 불살라 버렸다.

○ 가을 7월에 이색을 판문하부사(判門下府事)로 삼고, 이림(李琳)을 문하시중으로 삼았다. 또 정몽주의 말에 따라 이색과 이림, 우리 태조에게 명하여 칼을 차고 신을 신고서 궁전에 오르며 왕을 뵙고 절을 할 때 이름을 부르지 않도록 하였으니, 이림은 창의 외할아버지였다.

○ 8월에 유구국(琉球國)[364]이 사신을 보내 방물을 바치자, 창이 전객령(典客令) 김윤후(金允厚)로 하여금 보빙하게 하였다.

○ 창을 폐하고 정창부원군(定昌府院君) 요(瑤)를 왕으로 세웠다. 이때 최영의 조카이자 전 호군(護軍) 김저(金佇)가 여흥에 몰래 들어가 우를 만났다. 우가 울면서 말하기를, "어찌 우울하게 여기에 있으리오. 다만 역사(力士) 한 명을 구해 이시중(李侍中)[365]을 해치면 내 뜻을 이룰 수 있을 것이다" 하고, 검 한 자루를 주면서 가까이 믿는 판서(判書) 곽충보

364 현재의 오키나와이다.

365 이성계를 의미한다.

(郭忠輔)로 하여금 일을 도모하라 하였다. 그러나 곽충보가 우리 태조께 이 사실을 알려 김저를 국문하였다. 태조께서 정몽주와 조준, 정도전 등과 더불어 의논하시기를, 우와 창이 모두 왕씨가 아니어서 종사(宗祀)[366]를 모시기 어려우니, 마땅히 가짜를 폐하고 진짜를 세우자고 하셨다. 드디어 정비에게 아뢰어 창을 강화로 추방하고, 신종(神宗)의 7대손 요를 맞아들여 왕으로 세웠다. 이때 나이가 45세였다. 왕이 즉위하여 우와 창의 신분을 내려 서인(庶人)으로 삼고, 이림과 그의 아들 이귀생(李貴生) 등을 유배하였다. 이색을 판문하부사(判門下府事)로, 변안열을 진삼사사(鎭三司事)로, 심덕부를 문하시중으로, 우리 태조를 수문하시중(守門下侍中)으로, 정도전(鄭道傳)을 삼사사(三司使)로 삼았다. 왕의 사람됨이 혼미하고 연약하여 즉위하던 날 해야 할 일을 하지 않고, 오직 울면서 탄식할 뿐이었다.

공양왕(恭讓王)의 휘는 요(瑤)이니, 재위 기간이 4년이었다.

기사 원년 명 태조 홍무 22년 ○ 일본 천황 후소송 7년 ○ 서기 1389년 이었다.

12월에 대관(臺官)이 글을 올려, 이색과 조민수, 이숭인 등이 우와 창의 편을 든 죄를 논하였다. 이에 조민수의 관직을 폐하여 서인으로 삼고 이색과 이숭인을 유배하였으며, 사자를 보내 우와 창 부자를 죽였다. 우의 처 최씨는 큰 소리로 곡을 하면서 말하기를, "첩이 이렇게 된 것은 우리 아버지의 잘못 때문이다" 하고, 밤낮으로 크게 소리내어 울면서 10여 일간 먹지 않았다. 밤에는 우의 시체를 품고 자며, 쌀알을

366 학덕이 있는 사람의 신주를 문묘나 사당, 서원 등에 모시는 일, 또는 공신의 신주를 종묘에 모시는 일을 이르는 말이다.

얻으면 바로 깨끗이 찧어 제사 음식으로 올리니, 세상 사람들이 애처롭고 가엾게 여겼다.

○ 관제를 개편하였다.

○ 공신의 녹을 정할 때 우리 태조를 분충정난광복섭리좌명공신화녕군개국충의백(奮忠定難匡復燮理佐命功臣和寧郡開國忠義伯)으로 봉하고, 심덕부와 정몽주 이하는 모두 차례로 관작을 내리니, 이 당시 9공신이라 불렀다.

경오 2년명 태조 홍무 23년 ○ 일본 천황 후소송 8년 ○ 서기 1390년이었다.

봄 정월에 우리 태조로 하여금 8도의 군마(軍馬)를 지휘하고 군영을 설치하여 번(番)을 나누어 번갈아 가며 숙직케 하였다.

○ 3월에 문하주서(門下注書) 길재(吉再)가 관직을 버리고 귀향하였다. 길재는 해평(海平)지금의 선산(善山) 사람으로 이학(理學)[367]을 전공하여 정몽주를 스승으로 모셨으며, 폐왕 우 시절에 주서가 되었다. 이때에 이르러 그는 장차 나라가 망할 것을 알고, 어머니가 늙었다는 이유로 관직을 내놓고 선산으로 돌아갔다.

○ 이색 등을 먼 지방으로 유배하였다. 처음에 조민수가 창녕(昌寧)에 귀양 가 있었는데 규정(糾正) 전시(田時) 등을 보내어 창을 세운 일을 국문하였다. 또 전시를 장단(長湍)에 파견하여 이색을 국문할 때 옥졸(獄卒)로 하여금 좌우에서 곤장을 잡고 밤낮으로 핍박하면서 조민수가 자백한 글을 보여주었다. 이색은 거짓으로 자백하여 말하기를, "창을

---

367 성리학을 가리킨다.

세울 때 조민수가 주장(主將)이 되었기 때문에 내가 감히 거스르지 못하였으나, 멋대로 왕을 세우는 데 앞장서서 권한 것은 나의 뜻이 아니었다" 하였다. 이때에 이르러 대관(臺官)이 다시 두 사람의 죄를 논하고, 또한 이림과 이귀생, 이을진(李乙珍), 정지(鄭地), 우인열(禹仁烈), 이경도(李庚道), 왕안덕(王安德), 우홍수(禹洪壽), 원상(元庠)이 우의 무리가 된 죄를 묻기를 청하였다. 왕이 우리 태조와 심덕부에게 명을 내리기를, "조민수의 죄는 이미 다스렸으니, 경들은 대간을 설득하여 다시 주장을 고집하지 말라" 하고, 드디어 이색을 함창(咸昌)에 유배하고, 이림과 이귀생 등 아홉 사람도 죄를 물어 귀양 보냈다.

○ 윤 3월에 지신사(知申事) 이행(李行)을 청주(淸州)로 유배하였다. 처음에 대간이 이색의 죄를 논하니, 이행이 아뢰기를, "대간의 논핵(論劾)[368]이 어찌 공신의 뜻이 아니리오?" 하였다. 이에 우리 태조와 공신 등이 글을 올려서 옳고 그름을 가려 사리를 밝힌 다음, 이행을 직위에서 물러나게 하고 비방을 중지하도록 청하였다. 왕이 일을 보라고 명하고, 이행을 유배하였다.

○ 정도전을 정당문학으로, 김사형(金士衡)을 밀직사로, 우리 태종(太宗)[369]을 우부대언(右副代言)으로 삼았다. 태종은 우리 태조의 다섯 번째 아들로 영리하고 지혜로움이 남보다 훨씬 뛰어나시고, 고려의 정치가 어지러워 민심이 떠남에 대한 걱정이 절박하여 의연히 세상을 구할 의지가 있으셨다.

○ 한양으로 도읍을 옮겼다. 이때 서운관이 『도선비기(道詵秘記)』에

---

368 잘못을 논하여 꾸짖는 일을 이르는 말이다.
369 이방원(李芳遠)이다.

있는 지리(地理)의 흥망성쇠에 관한 글을 올려 이러한 일이 있었다.

○ 겨울 11월에 우리 태조를 영삼사사(領三司事)로, 정몽주를 수문하시중으로, 지용기(池湧奇)를 판삼사사로 삼았다.

○ 서경(西京) 천호(千戶) 윤귀택(尹龜澤)이 우리 태조에게 고하기를, "김종연(金宗衍)이 심덕부와 지용기, 박위 등 여러 사람들과 더불어 공(公)을 해치고자 모의하면서 심덕부가 조유(趙裕)로 하여금 군대를 통솔하게 하였습니다" 했다. 태조께서 심덕부에게 말하니, 심덕부가 조유를 하옥하여 대면해서 옳고 그름을 밝히고자 하였다. 태조께서 왕께 아뢰시기를, "심덕부는 신과 함께 서로 시기하고 의심하는 것이 없으니, 청컨대 이를 묻지 마소서" 하였다. 이에 조유를 석방하였는데, 이때 헌부(憲府)가 소를 올려 다투므로, 마침내 조유를 목매어 죽이고, 심덕부 등을 유배하였으며, 김종연은 팔과 다리를 찢었다.

신미 3년명 태조 홍무 24년 ○ 일본 천황 후소송 9년 ○ 서기 1391년이었다.

봄 정월에 우리 태조를 삼군도총제사(三軍都摠制使)로, 배극렴(裵克廉), 조준, 정도전은 중 · 좌 · 우군총제사(中左右軍摠制使)로 삼았다.

○ 2월이었다. 왕익부(王益富)라는 자가 있었는데, 지용기의 처의 친척이었다. 그는 지용기의 집에 출입하면서 자기가 충선왕의 증손이라고 말하였다. 그를 잡아서 심문하여 목매어 죽이고, 아울러 지용기를 유배하였다.

○ 왕이 옛 수도로 돌아오니, 이는 형조판서(刑曹判書) 안원(安瑗)의 말을 따른 것이었다.

○ 사전(私田)을 혁파하고 급전법(給田法)을 정하였다. 이때 문종 시절

의 옛 제도에 의거하여 과전(科田)을 경기에 설치하고 각각 과(科)에 따라 받게 하였다. 제1과는 대군(大君)으로부터 문하시중까지로 150결(結)을 주었고, 그 아래는 점차 줄여 18과에 이르렀다. 무릇 전조(田租)가 항상 수전(水田) 1결에는 조미(糙米)[370]가 30말[斗]이고, 한전(旱田) 1결에는 잡곡이 30말이었다. 이를 넘어서 지나치게 조세를 거두어들이는 것은 장물(贓物)로 논하였다. 결이라는 글자는 고려 때에 창안해서 사용하였으니, 바로 옛날의 1경(頃)이다.

○ 가을 7월에 섬라국(暹羅國)[371]이 사신을 보내 내빙(來聘)[372]하였다. 섬라는 중국 남쪽 바다 가운데에 있는데, 우리와 교류를 하지 않다가, 이때에 이르러 섬라 왕이 나공(奈公) 등 8명을 파견하여 문서를 보내고 방물을 바쳤다. 그때 그 사람들은 어떤 이는 상의를 벗고 어떤 이는 맨발이었으며, 높은 사람은 흰 천으로 머리를 가렸다. 하인들은 높은 사람을 보면 옷을 벗어 몸을 내보였다. 세 번 통역한 후에야 그 뜻을 알 수 있었다.

○ 시중 정몽주가 왕께 아뢰기를, “대관이 다만 탄핵을 일삼아 화가 허물이 없는 사람에까지 미치고 있습니다” 하며, 배극렴 등과 함께 창을 세우고 우를 영입한 것 등 5개 죄의 경중을 나누어 정했다. 또 왕께 아뢰기를, “앞으로 다시 논핵하는 자 있으면 무고(誣告)로 논하소서” 하였다.

○ 8월에 일본 원료준(源了俊)이 사신을 보내 방물을 바치고, 포로들을 돌려보냈다.

---

370 벼를 매통에 갈아서 왕겨만 벗기고 속겨는 벗기지 아니한 쌀이다

371 시암, 즉 타이이다.

372 외국의 사신 등이 예물을 가지고 찾아옴을 이르는 말이다.

○ 9월에 우리 태조를 판문하부사(判門下府事)로 삼고, 심덕부는 문하시중으로 삼았다.

○ 성헌(省憲)과 형조(刑曹)가 글을 올려 "정도전이 간악한 마음을 갖고 있으면서 밖으로는 충직을 드러내 국정을 오염시키니, 극형을 내리소서" 하였으나, 왕이 공신이라 용서하고 향리로 내쫓았다.

○ 도평의사사(都評議司使)가 왕께 아뢰기를, "은과 동이 본래 우리나라에서 생산되지 않아 은병(銀甁) 화폐를 다시 발행하기 어렵습니다. 마땅히 고금을 참작하여 우리나라에서 통용될 저화(楮貨)[373]를 만들어 인쇄한 후 유포하여 오종포(五綜布)와 병행하여 사용토록 하소서"라 하였다.

○ 이색과 이숭인을 소환하였다.

임신 4년명 태조 홍무 25년(이 해에 고려가 망함) ○ 일본 천황 후소송 10년 ○ 서기 1392년이었다.

여름 4월에 조영규(趙英珪)가 수시중(守侍中) 정몽주를 살해했다. 처음에 정몽주는 우리 태조께서 크게 될 인물로 보고 그의 재주와 기량을 소중히 여겨 추천하여 발탁하셨다. 정몽주 또한 태조의 업적을 중하게 받들어서 시가를 읊을 때 이를 묘사하였다. 그러나 무진(戊辰, 1388)에 왕을 폐위한 후부터 정몽주는 비로소 태조를 도모하려는 뜻이 있어 우를 맞아들이고 창을 왕으로 세운 것 등 5개 죄를 정하여 탄핵을 억제하면서 왕으로 하여금 옛 사람을 불러 등용하라 하였다. 또한 김진양(金震陽) 등을 추천하여 간직(諫職)에 배치하였다. 마침 태조께서 해주(海州)에서 사냥하시다가 말에서 떨어져 병이 위독하시니, 정몽주가

373 고려 말기 · 조선 전기에, 닥나무 껍질로 만들어 쓰던 종이돈이다. 고려 공양왕 4년(1392)에 발행하였지만 본격적으로 유통되지는 않았으며, 조선 태종 때 다시 발행되었다.

이 소식을 듣고 기뻐하면서 김진양 등에게 먼저 태조의 측근들을 제거하라 하였다. 이때 김진양이 우상시(右常侍) 이확(李擴) 등과 함께 상소하여 삼사좌사(三司左使) 조준과 전 정당문학 정도전, 전 밀직부사 남은(南誾), 전 판서 윤소종, 전 판사 남재(南在)와 청주목(淸州牧) 조박(趙璞) 등을 탄핵하였다. 이에 왕이 조준 등 6명을 먼 지방에 유배하고, 또 김구련(金龜聯), 이번(李幡) 등을 유배지로 나누어 보내 장차 국문하여 죽이려 하였다. 그때 태조께서 벽란도(碧瀾渡)지금의 송도에 있음에서 돌아오시니, 태종이 재빨리 영접하시고 본가로 급히 돌아가서 정몽주를 없앨 모의를 하였다. 태조의 형의 사위인 변중량(卞仲良)이 이 사실을 정몽주에게 알렸다. 정몽주가 일이 성공할 수 없음을 깨닫고 태조의 집에 이르러 문병을 칭하고 사태를 살피니, 태조의 접대에 변함이 없었다. 이에 조영규 등이 정몽주가 돌아가는 것을 엿보다가 길거리에서 쳐서 죽였다.

정몽주는 사람됨이 호방하고 매우 뛰어났으며, 충효와 높은 절개가 있었고, 어렸을 때부터 학문을 좋아하고 책읽기를 게을리하지 않아 사람의 천성과 천명(天命)의 심오한 이치를 훤히 깨달았다. 그 당시 나라에 변고가 많아 기무(機務)[374]가 크고 번거롭게 많았으나, 정몽주는 말소리와 얼굴빛에 변함없이 여기저기 바쁘게 응수하여도 처리하는 일이 모두 적합하니, 그 당시 사람들이 왕을 보좌할 인재라 칭하였다. 나라 일이 점점 어려워져도 개연히 (나라를) 지키며 온전하고 편안하게 할 의지가 있었다. 한 승려가 대문에 들어서서 시를 바치며 그의 죽음

374 밖으로 드러나지 않게 비밀을 지켜야 할 중요한 일을 이르는 말이다.

을 넌지시 알리니, 정몽주가 그 시를 읽고 눈물을 흘리며 말하기를, "오호, 늦었구나" 하였다. 이때에 이르러 마침내 나라를 위해 목숨을 바치니, 나이가 57세였다. 나중에 우리 조선이 벼슬을 추증하고 시호를 내렸으며 문묘(文廟)에서 (공자에) 덧붙여 제사를 지냈다. 그가 지은 시문(詩文)이 호방하면서 엄숙하고 정결하였으며, 『포은집(圃隱集)』이 있어 세상에 전하였다.

○ 정몽주가 죽자 우리 태종이 고려 왕에게 아뢰어 김진양 등을 국문하게 하였다. 이때 이색, 우현보(禹玄寶), 이숭인, 이종학(李種學), 조호(趙瑚)에게 말이 연결되었다. 이에 먼저 김진양, 이숭인, 이종학과 서견(徐甄), 권홍(權弘) 등을 먼 지방으로 유배하였다. 김진양은 사람됨이 강개하고 소인배와 어울리지 않았으며, 글을 잘 지었다. 정도전과 함께 이색을 스승으로 모실 때 그의 재능과 명성은 정도전보다 뛰어났다. 정도전이 그를 미워하다가 이때에 이르러 체복사(體覆使) 황거정(黃居正)을 사주하여 매로 쳐서 죽였다. 이종학은 이색의 둘째 아들로 장사(長沙)지금의 무장(茂長)로 귀양을 갔다가 정도전에게 목을 졸려 죽었다.

○ 왕이 이색을 청주로 내쫓았다. 왕이 이색에게 말하기를, "경의 아들이 이미 조정에서 죄를 얻었으니 경은 떠나라. 그러나 강을 두 개 건너간 다음에는 오직 경의 뜻에 따라 가라" 하였다. 이색이 대답하기를, "신이 논밭과 집이 없으니, 어디로 돌아갈 수 있겠습니까?" 하였다.

○ 심덕부를 판문하부사(判門下府事)로, 우리 태조를 문하시중으로 삼았다.

○ 6월에 전 판삼사사 우현보와 종실 남평군(南平君) 화(和), 전 절제사(節制使) 왕승귀(王承貴) 등을 먼 곳으로 유배하고, 정도전과 남은 등을 불

러들였다. 우현보는 사람됨이 충성스럽고 후덕하며 관직에 있을 때 청백하였다. 우홍수(禹洪壽) 등 아들 다섯 명은 모두 과거에 오르고, 손자 우성범(禹成範)은 왕의 딸을 배필로 맞았다. 윤소종 등이 그 집안이 강함을 꺼려 제거하고자 하였다. 우현보는 정몽주 등과 더불어 왕실을 도우려 하였는데, 정몽주가 죽어 시신이 길가에 있어도 감히 접근하는 사람이 없자 산속의 절에 사는 승려에게 몰래 이야기하여 시신을 거두어 장사 지냈다. 그는 고려가 망하자 중국으로 도망갔다가 다시 귀국하였는데, 우리 태조가 불러서 공신의 작호(爵號)를 내렸으나 받지 않고 죽었다. 시호는 충정(忠靖)이라 하였다. 우홍수 등은 정도전이 미천함을 멸시하여 그의 고신(告身)[375]에 서명하지 않았다. 정도전이 그를 깊이 원망하다가 혁명 시에 (죄를) 억지로 꾸며 개인적으로 죽였다.

○ 조준을 경기좌우도절제사(京畿左右道節制使)로, 남은을 경상도절제사(慶尙道節制使)로 삼아 각각 그 도의 병마를 관장하게 하였다.

○ 가을 7월에 정도전을 봉화군 충의군(奉化郡忠義君)으로 삼았다.

○ 왕이 원주(原州)에서 왕의 자리를 내놓았다. 당시 태조의 위엄과 덕망이 날로 성하니, 여러 사람의 마음이 그를 떠받들어 사람이 빽빽하게 많이 모인 좌중에서 거리낌없이 말하기를, "천명과 인심이 이미 따르는 대상이 있으니, 어찌 나아가기를 권하지 아니하는가?" 하였다. 12일 신묘(辛卯)에 우시중(右侍中) 배극렴 등이 왕대비 안(安)씨에게 아뢰기를, "지금의 왕이 어리석어 사리에 어둡기 때문에 백성의 주인이 되지 못합니다" 하였다. 드디어 대비의 교서로 왕을 폐하고 원주로 추방

375 조정에서 내리는 벼슬아치의 임명장으로, 곧 직첩(職牒)이다.

하니, 고려는 태조가 개국한 이후 지금의 왕에 이르기까지 무릇 34명의 왕이 있었고, 왕업을 누린 햇수가 475년 만에 망했다. 우리 태조께서 즉위하신 후에 왕을 공양군(恭讓君)으로 강봉(降封)하셨다가 3년 후에 공양군이 돌아가시니, 왕으로 추봉(追封)[376]하셨다.

역사 편집을 시작하였을 때에는 본래 단군으로부터 본조(本朝)[377]에 이르기까지 통틀어서 8편(篇)[378]을 만들려고 하였다. 그러므로 상(上) 3편을 먼저 집필한 날 서문을 작성하여 그 뜻을 서술하였다. 그후 의론이 점차 달라져 편찬이 고려에 이르러 중지되어 겨우 5편이 되었다. 원컨대 세상의 군자들이 다행히 전후의 모순을 보고 이상하게 생각하지 않았으면 한다.

이규환(李圭桓) 지(識)[379]

376 죽은 뒤에 관위(官位) 따위를 내리는 일이다.
377 조선왕조를 가리킨다.
378 원문의 '편(編)'은 오기이므로 바로잡았다.
379 글을 쓰고 나서 아무개가 적음의 뜻으로 쓰는 말이다.

부록

용어해설

|부록 일러두기|

1. 부록의 용어 설명은 독자의 이해를 돕기 위해 한국문화연구원에서 일괄 정리한 것이다.
2. 시대구분(사망 10년 전을 기준)은 다음과 같이 규정한다.
   - 고대 및 나말려초 : 고구려 / 백제 / 신라 / 발해 / 신라 말 · 고려 초 / 신라 말기
   - 고려 : 고려 전기(개국~1170) / 고려 후기(1170~1350) / 고려 말기(1350~1392) / 고려 말 · 조선 초(고려, 조선에 걸쳐 있을 경우)
   - 조선 : 조선 전기(개국~1592) / 조선 후기(1592~1876) / 개화기(1876~1910) / 일제강점기(1910~)
   - 개화기 · 일제강점기 : 양쪽 시대 모두에 걸쳐 있는 경우로 한 왕조의 전 · 후기처럼 연속성이 있는 시기가 아니기 때문에, 개화기와 일제강점기를 모두 제시한다.
3. 중국 왕조의 인물인 경우
   - 기본적으로 국명 뒤에 '나라'를 붙였으며, 뒤에 수식어가 붙지 않을 때는 '나라'를 제외한다.
   - 원은 1271년 이전은 몽골, 그 이후는 원나라로 표기한다.
   - 나라 이름이 2글자 이상(후금, 후당, 동진 등)일 경우는 '나라'를 넣지 않는다.
4. 인명 · 관직명 · 지명 등의 한자 병기는 한 항목 별로 처음에만 병기한다.
   - 바로 아래 항목이라도 별개의 항목이면 한자를 다시 병기한다.
5. 관직 중 한자를 병기하지 않은 경우
   - 신라의 관등, ㅇㅇ도관찰사('ㅇㅇ道都觀察使'는 한자 병기), ㅇ조판사, 영의정, 우의정, 좌의정, 상대등.
6. 인명 중 한자를 병기하지 않은 경우
   - 모든 왕호 : 신라 宣德王(善德王은 '선덕여왕'으로 통일), 고려 定宗 · 靖宗, 모든 추존왕은 제외한다.
   - 정몽주, 김부식, 최영, 묘청, 김유신, 송시열, 조광조, 이성계, 왕건, 견훤, 궁예, 최충헌, 이자겸, 이황, 이이, 주몽, 대조영, 이순신, 흥선대원군, 장보고, 김옥균, 박지원, 서희, 연개소문, 정도전, 원효, 최치원, 이완용, 공자, 김춘추, 정약용
7. 사건명 중 한자를 병기하지 않은 경우
   - 임진왜란, 병자호란, 정유재란, 갑오개혁, 임오군란, 을미사변, 갑신정변, 을사조약, 청일전쟁, 러일전쟁, 위화도회군, 동학운동, 아관파천
8. 몇 째 아들 표기는 장남, 제2남, 제3남 순으로 한다.
9. 관직명, 지명, 인명을 나열할 때 가운데 방점을 사용한다.
10. 아버지나 할아버지, 아들이 유명한 경우가 아니면, 가계 설명은 삭제한다.
11. 관직명의 띄어쓰기 원칙은 다음과 같이 한다.
    - 관청+관직(예 : 이조전랑), 지역+관직(예 : 평주판관) 등의 구조일 때는 모두 붙인다.

인명

가실(嘉悉, 생몰년미상) : 가실왕(嘉悉王)과 동일인물이다. → 가실왕

가실왕(嘉悉王, 생몰년미상) : 가야 말기의 왕이다. 가보왕(嘉寶王)이라고도 하며, 어느 가야국의 왕이었는지는 확실하지 않다. 시대적으로는 동시대의 음악가 우륵(于勒)과의 관계로 미루어 신라 진흥왕(재위 540~576)과 같은 시기의 인물로 짐작된다. 재위 중 가야금을 만들었으며, 우륵에게 명하여 『하가라도(下加羅都)』·『상가라도』 등을 작곡하게 하였다.

갈로(葛盧, 생몰년미상) : 고구려의 장군이다. 436년(장수왕 24) 북연(北燕)이 북위(北魏)에게 백랑성(白狼城)을 빼앗기고, 고구려에 구원을 청해 왔을 때, 맹광(孟光)과 함께 원병을 거느리고 가서 북연군의 후위(後衛)를 맡아 북위군의 추격을 물리쳤다.

감마랄(카말라[甘麻剌], 1263~1302) : 원나라의 황족으로, 진왕(晉王)이다. 세조 쿠빌라이 아들인 유종(裕宗)의 아들로, 지원연간(至元年間 : 1264~1294)에 북쪽 변방을 진압하고 그동안 몽골어로 『통감(通鑑)』을 강의하였다. 근신들을 잘 타이르고, 신하들이나 일반 백성을 소중하게 여겼다. 1287년 이후 태조 칭기즈칸의 4대 행궁(行宮)을 다스렸고, 1295년 세조가 죽자 성종을 추대하여 즉위하게 하였다.

강감찬(姜邯贊, 948~1031) : 고려 전기의 명장이다. 본관은 금주(衿州), 초명은 은천(殷川)이다. 983년(성종 2) 문과에 장원으로 급제하여 예부시랑이 되었다. 거란이 10만 대군을 이끌고 쳐들어왔을 때 서북면행영도통사(西北面行營都統使)로 상원수(上元帥)가 되어 흥화진(興化鎭)에서 적을 무찔렀으며 달아나는 적을 귀주(龜州)에서 크게 격파하였다.

강릉대군 도(江陵大君 燾, 1294~1339) : 충숙왕(忠肅王)과 동일인물이다. → 충숙왕

강민첨(姜民瞻, ?~1021) : 고려 전기의 장군으로, 본관은 진주이다. 목종 때 문과에 급제하였으나 지기(志氣)가 있고 강과(剛果)하여 주로 전공을 통하여 입신하였다. 영일(迎日) 등지에 쳐들어온 동여진을 격퇴하고 거란의 소배압(蕭排押)이 10만 대군으로 쳐들어오자 강감찬의 부장으로 출전하여 흥화진(興化鎭)에서 격파하였으며, 거란군이 개경으로 쳐들어가자 이를 추격하여 자산(慈山)에서 크게 이겼다.

강세(康世, 생몰년미상) : 신라의 정치가로 345년(흘해왕 36)에 이벌찬이 되었다. 이듬해 왜병이 쳐들어와 민가를 약탈하고 금성(金城)까지 공격해오자, 지구전법을 왕에게 건의하여 적을 고립시킨 뒤 식량이 모두 떨어질 때를 기다렸다가 적을 격퇴시켰다.

강수형(康守衡, ?~1289) : 고려 후기의 몽골어 역관이다. 본관은 신천(信川), 초명은 화상(和尙)인데, 원나라에 포로로 잡혀가서 이름을 수형으로 고쳤다. 몽골어에 능통하여 원 궁정에서 고려관계의 통역을 맡았다. 1274년 충렬왕이 즉위하자 추밀원부사(樞密院副使)·상장군(上將軍) 등을 지냈다. 원 세조의 조서(詔書)를 가지고 왔으며 후에 원나라에서 동경총관(東京摠管)이 되었다.

강조(康兆, ?~1010) : 고려 전기의 무신이다. 1009년(목종 12) 천추태후(千秋太后)가 외척 김치양(金致陽)과 더불어 정변을 일으키자, 대량원군(大良院君)을 현종으로 옹립하고 목종을 시해하였다. 현종 즉위 후 중대사(中臺使)가 되었고, 이듬해 거란의 성종이 목종 시해에 대한 죄를 묻는다는 명목으로 40만 대군으로 침입해 오자 행영도통사(行營都統使)가 되어 30만의 군사로 통주(通州)에서 싸우다 사로잡혔다.

강종(康宗, 1211~1213) : 고려의 제22대 왕(재위 1211~1213)이다. 자는 대수(大華), 명종의 장남이고, 어머니는 광정태후(光靖太后) 김씨, 비는 원덕태후(元德太后) 유씨이다. 1171년(명종1) 관례(冠禮)를 올리고, 1173년 왕세자에 책봉되었다. 1197년 최충헌에게 쫓기어 부왕과 함께 강화도로 유배되었다가, 희종을 폐한 최충헌에게 옹립되어 왕위에 올랐다.

강중경(姜仲卿, ?~1356) : 고려 후기의 무신이다. 공민왕이 원나라에 있을 때 시종하였고 기철(奇轍) 일파를 숙청할 때 공을 세웠다. 압록강 서쪽에 있는 원나라 소속의 8참(八站)을 빼앗는 임무를 맡았으나 주정을 부리다 살해되었다.

강화상(康和尙, ?~1289) : 강수형과 동일인물이다. → 강수형

강회백(姜淮伯, 1357~1402) : 고려 말·조선 초의 문신이다. 본관은 진주, 자는 백보(伯父), 호는 통정(通亭)이다. 밀직사판사(密直司判事)·이조판서·정당문학 겸 대사헌(政堂文學兼大司憲) 등을 지냈다. 조선 건국 후에는 동북면도순문사(東北面都巡問使)가 되었다.

개로왕(蓋鹵王, ?~475) : 백제의 제21대 왕(재위 455~475)이다. 이름은 여경(餘慶), 초명은 경가(慶可)이다. 고구려의 첩자 도림(道琳)의 꾀에 빠져 국가재정을 낭비하고 왕족 중심의 집권체제를 추구하여 백제 내부의 결속력을 약화시켰다. 고구려 장수왕의 침입을 받아 죽었다.

개루왕(蓋婁王, ?~166) : 백제의 제4대 왕(재위 128~166)이다. 기루왕(己婁王)의 아들로, 132년 북한산성을 쌓았다. 165년 신라에서 아찬 길선(吉宣)이 반역을 꾀하다 실패하자, 그의 망명을 받아들이고 신라에 돌려주지 않아 두 나라 사이에 싸움이 벌어지는 등 반목이 생겼다.

거등(居登, 생몰년미상) : 거등왕과 동일인물이다. → 거등왕

거등왕(居登王, 생몰년미상) : 금관가야의 제2대 왕(재위 199~259)이다. 수로왕(首露王)의 아들이며, 어머니는 허씨(許氏), 비는 천부경(泉府卿) 신보(申輔)의 딸 모정(慕貞)이다. 금관가야의 제3대왕인 마품왕(麻品王)이 그의 아들이다.

거칠부(居柒夫, ?~579) : 신라 진흥왕 때의 재상이다. 내물왕의 5세손으로, 아버지는 이찬 물력(勿力)이다. 대아찬으로서 『국사(國史)』를 편찬하여 파진찬의 관등을 받았다. 상대등으로 군국정사(軍國政事)를 총괄하였다.

걸걸중상(乞乞仲象, 생몰년미상) : 발해의 제1대 왕인 고왕(대조영)의 아버지이다. 당나라 영주(營州)에서 억류 생활을 하다, 696년 거란족의 반란을 틈타 말갈 추장 걸사

비우(乞四比羽) 등 고구려 유민과 함께 당나라 지배에서 벗어나 동쪽으로 이동하였다. 그 후 당 황제가 그를 회유하려 하였으나 거절당하자 토벌군을 보내 공격하였다. 이에 고구려 유민을 이끌고 이해고(李楷固)의 당나라군과 싸우다 패하여 전사하였다.

걸노(乞奴, 생몰년미상) : 대요수국(大遼收國)의 승상이다. 1216년(고종 3)에 거란군을 이끌고 고려로 쳐들어와 개경을 위협하고 국토의 북쪽을 유린하여 막대한 피해를 입혔다.

걸루(桀婁, 생몰년미상) : 백제의 고위관직에 있던 장수였으나, 죄를 짓고 고구려에 망명하여 대로(大盧)에 임명되었다. 고구려의 백제 공격 시 장수로 파견되어, 도망가던 개로왕(재위 455～475)을 죽였다.

걸사비우(乞四比羽, 생몰년미상) : 고구려에 복속된 말갈족의 추장이다. 고구려 멸망 후 당나라의 영주(營州)에서 억류 생활을 하다, 696년 거란족의 반란으로 혼란이 일어난 틈을 타 영주에서 탈출해서 고구려 유민들을 이끌고 고구려 옛 땅으로 이동하였다. 당나라가 회유하였지만 듣지 않자 토벌군을 파견하여 고구려 유민 집단을 공격하였다. 이 싸움에서 고구려 유민을 지휘한 그는 패전 끝에 전사하였다.

검모잠(劍牟岑, ?～670) : 고구려의 부흥운동가이다. 고구려 수림성(水臨城)에서 태어났으며, 『신당서(新唐書)』에는 겸모잠(鉗牟岑)으로 기록되어 있다. 고구려가 망하자 유민을 모아 안승(安勝)을 왕으로 옹립하고 한성을 근거지로 삼아 고구려 부흥운동을 일으켰다.

견훤(甄萱, 867～936) : 후백제의 제1대 왕(재위 900～935)이다. 전주견씨(全州甄氏)의 시조이고, 본성은 이(李)이며, 아자개(阿慈介)의 아들이다. 관제를 정비하고, 중국과 국교를 맺었으며, 궁예의 후고구려와 충돌하며 세력 확장에 힘썼다. 후에 왕위 계승 문제로 장남 신검(神劍)에게 유폐를 당하였으나 탈출해 고려 왕건에게 투항하였다. 왕건에게 신검 토벌을 요청하여 후백제를 멸망시켰다.

경대승(慶大升, 1154～1183) : 고려 후기의 무신으로 본관은 청주이다. 1179년(명종 9) 정중부(鄭仲夫) 등을 제거하고 실권을 장악하였다. 도방(都房)을 설치하고 문관과 무관을 고루 등용하여 무신의 난으로 무너진 조정의 질서를 회복하려 하였으나, 30살의 나이로 병사하였다.

경덕왕(景德王, ?～765) : 신라의 제35대 왕(재위 742～765)으로 이름은 헌영(憲英)이다. 왕권강화를 위해 한화정책(漢化政策)을 근간으로 하는 제도개혁을 단행하였다.

경명왕(景明王, ?～924) : 신라의 제54대 왕(재위 917～924)이다. 성은 박씨, 이름은 승영(昇英)으로 아버지는 신덕왕이다. 후삼국이 정립하여 패권을 다투던 때에 재위하여 후당에 구원을 청하였으나 실패하였다. 고려 태조 왕건의 도움으로 견훤의 침공을 격퇴하는 등의 전과도 올렸으나, 국세를 떨치지 못하고 죽었다.

경문왕(景文王, ?～875) : 신라의 제48대 왕(재위 861～875)으로 이름은 응렴(膺廉・凝

廉)이다. 신라 쇠퇴기에 빈번히 일어나는 중앙귀족의 모반과 지방 반란 평정에 힘썼다. 당나라에 사신을 파견, 긴밀한 유대를 맺었다. 황룡사탑을 수축하였다. 재위 중 천재지변이 많아 백성이 곤궁하였다.

경복흥(慶復興, ?~1380) : 고려 말기의 재상이다. 본관은 청주, 초명은 천흥(千興), 시호는 정렬(貞烈)이다. 기철(奇轍) 숙청의 공으로 1등공신이 되었다. 1363년(공민왕 11) 최유(崔濡)가 덕흥군(德興君)을 추대하여 군사 1만 명을 이끌고 침입하자, 서북면도원수(西北面都元帥)가 되어 이순(李珣)・최영・안우경(安遇慶) 등과 함께 이를 물리치고 좌시중(左侍中)이 되었다. 신돈 집권 때 그를 제거하려다가 발각되어 유배되었다가, 신돈 주살 후 다시 좌시중이 되었다.

경순왕(敬順王, ?~978) : 신라의 제56대 왕(재위 927~935)으로, 신라 최후의 왕이다. 성은 김씨이고 이름은 부(傅)이며, 문성왕(文聖王)의 6대손이다. 재위 때 후백제의 침공과 약탈로 국가의 기능이 마비되었다. 고려에 귀부하기로 결정하고, 고려 태조에게 항복하였다. 태조로부터 유화궁(柳花宮)을 하사받았으며, 그의 딸인 낙랑공주(樂浪公主)를 아내로 맞고 정승공(政承公)에 봉해졌다. 경주의 사심관에 임명, 고려시대 사심관제도의 시초가 되었다.

경애왕(景哀王, ?~927) : 신라의 제55대 왕(재위 924~927)으로 이름은 위응(魏膺)이다. 아버지는 신덕왕이며 경명왕의 아우이다. 경명왕 때 이찬으로서 상대등이 된 뒤, 신라 말 혼란기에 즉위하였다. 왕건・견훤 등의 세력에 눌려 국왕다운 위엄을 떨치지 못하였다. 927년 포석정(鮑石亭)에서 연회를 하다가 견훤의 습격을 받고 자살하였다.

경종(景宗, 955~981) : 고려의 제5대 왕(재위 975~981)이다. 이름은 유(伷), 자는 장민(長民)이며, 광종의 장남으로 어머니는 대목왕후(大穆王后) 황보씨이다. 976년에는 전시과(田柴科)를 제정하였으며, 977년에는 과거를 재개하였다. 뒤에 정치를 등한히 하고 음탕한 생활에 빠져 소인과 사귀기를 좋아하고, 군자를 멀리하였다.

경천흥(慶千興, ?~1380) : 경복흥과 동일인물이다. → 경복흥

경화공주(慶華公主, ?~1344) : 고려 제27대 충숙왕의 제3비이다. 원나라 출신이며 이름은 백안홀도(伯顔忽都)로, 충숙왕이 원나라에 있을 때 결혼하였다. 충숙왕 사후 연회 때 충혜왕이 강제로 범하자, 심왕파(瀋王派)인 조적(曺頔) 일당에게 이 사실을 알리고, 조적 일당은 심왕 옹립을 위해 난을 일으켰다.

계고(階古, 생몰년미상) : 신라의 악사이다. 우륵의 제자로 가야금 연주자였다. 우륵이 지은 12곡의 가야금곡이 번잡하고 거칠다 하여 5곡으로 줄여, 진흥왕(재위 540~576)과 우륵에게 칭찬을 받았다. 이 곡들은 신라의 대악 궁정음악이 되었고, 계고는 왕 앞에서 자주 가야금을 연주하여 벼슬이 대내마까지 올랐다.

계국대장공주(薊國大長公主, ?~1315) : 고려 충선왕의 비이다. 이름은 보탑실련(寶塔實憐)으로, 원나라의 진왕(晉王) 카말라[甘麻剌]의 딸이며 충선왕 즉위와 함께 왕비에

올랐다. 고려 출신의 조비(趙妃)를 질투하여 이를 원 황실에 모함하자, 원나라에서는 충선왕과 공주를 원나라로 불러들이고 왕위를 다시 충렬왕에게 돌려주었다. 충선왕이 무종 영립의 공으로 1308년 다시 왕위에 오르자 1313년 충선왕과 함께 고려에 돌아왔다. 그 후 원나라에 들어가 그곳에서 죽었다.

계백(階伯, ?~660) : 백제의 장군이다. 나당연합군이 백제를 공격하자 군사 5,000명을 이끌고 출전하여 황산벌에서 신라 김유신의 군대와 맞서 네 차례나 격파하였다. 이후 관창(官昌)의 죽음으로 사기가 오른 신라군의 총공격 때 전사하였다.

계왕(契王, ?~346) : 백제의 제12대 왕(재위 344~346)이다. 제10대 분서왕의 장남인데 나이가 어린 탓에 비류왕이 왕위에 올랐고, 그의 사후 즉위하였다. 강직하고 용감하며 기사(騎射)에 능하였으나, 즉위 3년 만에 죽었다. 왕위는 비류왕의 아들 근초고왕이 계승하였다.

계필하력(契苾何力, 생몰년미상) : 당나라의 무장이다. 당 태종의 제1차 고구려 침공 때 백암성(白巖城)을 함락하고 안시성 싸움에서 패해 회군하였다. 당나라의 제2차 고구려 침공 때도 육로군을 지휘하여 평양성을 공략하였으나, 연남생(淵男生)의 고구려군에게 크게 패하였다.

고간(高侃, 생몰년미상) : 나당전쟁에서 활약한 당나라의 장군이다. 667년 금산에서 고구려군에게 패하였고, 672년에는 신라군과 싸우다 후퇴하던 중 추격해 오는 신라군을 기습하여 대아찬 효천(曉川) 등 6인의 장수를 죽였다.

고국양왕(故國壤王, ?~391) : 고구려의 제18대 왕(재위 384~391)이다. 이름은 이련(伊連)·어지지(於只支)로 소수림왕의 아우이며 광개토왕의 아버지이다. 385년 군사 4만으로 요동을 공격하였고, 이듬해 백제를 정벌하여 국토를 넓히는 등 외치(外治)에 힘썼다. 불교를 널리 펴서 문화를 발전시켰으며, 국사(國社)를 세우고 종묘를 수리하는 등 국가체제 확립에도 크게 이바지하였다.

고국원왕(故國原王, ?~371) : 고구려의 제16대 왕(재위 331~371)이다. 이름은 사유(斯由)·쇠(釗)이고 미천왕의 아들이다. 국강상왕(國岡上王)이라고도 한다. 314년(미천왕 15) 태자로 책봉되고, 즉위하자 평양성을 증축하였으며 국내성을 수리하였다. 모용황(慕容皝)에게 미천왕의 시체를 빼앗기고 왕모 주씨(周氏)와 왕비가 납치되었으나, 조공으로 찾아왔다. 백제 공격에 패하고, 371년 침입한 백제 근초고왕과 평양성에서 싸우다가 죽었다.

고국천왕(故國川王, ?~197) : 고구려의 제9대 왕(재위 179~197)이다. 이름은 남무(男武)이며 신대왕의 제2남으로, 대신들의 추대를 받아 왕위에 올랐다. 국양왕(國襄王)이라고도 한다. 184년 한나라 요동태수(遼東太守)의 침입을 막아 싸워서 대승하였다. 을파소(乙巴素)를 국상으로 등용하여 진대법(賑貸法)을 실시하는 등 현정을 베풀었다.

고막덕(高莫德, ?~148) : 고구려의 왕족으로 태조왕의 제2남이다. 147년에 태조왕은 동생인 차대왕에게 왕위를 물려주었는데, 그 다음해 4월에 숙부인 차대왕이 원자(元子)인 형 고막근(高莫勤)을 살해하자 죽임을 당할까봐 스스로 목숨을 끊었다.

고병(高騈, 1350~1413) : 명나라 초기의 시인이다. 시(詩)는 물론 서화(書畵)에도 능하여 삼절(三絶)이라 일컬어졌고, 민중십재자(閩中十才子 : 복건성의 십재사(十才士))의 한 사람이다. 당시(唐詩)를 초(初)·성(盛)·중(中)·만(晩)의 4기로 분류한 것으로 유명하다. 저서에 『소대집(嘯臺集)』, 『수천청기집(水天淸氣集)』 등이 있다.

고복장(高福章, ?~147) : 고구려의 문신으로, 123년(태조왕 71) 우보(右輔)가 되었다. 146년 태조왕의 동생 수성(遂成)이 왕위를 빼앗으려 하자, 이에 반대하였다. 이 때문에 수성이 차대왕으로 즉위한 이듬해 왕에게 살해되었다.

고연수(高延壽, ?~645) : 고구려 말기의 장군이다. 645년 당 태종이 고구려를 침략하여 요동성을 함락하고 안시성을 포위하자, 당시 북부욕살(北部褥薩 : 뒤의 도독과 같은 벼슬)인 그는 남부욕살인 고혜진(高惠眞)과 함께 고구려와 말갈 연합군 15만 명으로 안시성 구원에 노력하였다. 태종의 유인작전에 빠져 참패하자 투항하였다.

고왕(高王, ?~719) : 발해의 제1대왕(재위 698~719)으로, 발해를 건국하였다. 이름은 대조영이다. 고구려가 멸망한 뒤 당나라의 고구려 유민 분산정책에 따라 가족과 함께 요하(遼河) 서쪽의 영주(營州) 지방으로 이주하였다. 698년 지금의 길림성(吉林省 : 지린성) 돈화현(敦化縣 : 둔화현) 지역인 동모산(東牟山)에 도읍하여 나라를 세우고 왕이 되어 국호를 진(震 : 振)이라 하였다가 713년에 발해로 국호를 바꾸었다.

고을나(高乙那, 생몰년미상) : 삼성신화(三姓神話)에 나오는 제주 고씨의 시조이다. 『고려사』에 따르면 땅에서 솟아나온 양을나(良乙那), 부을나(夫乙那), 고을나는 일본국에서 온 세 공주와 혼인하고 농사를 짓고 살며 태평성대를 이루었다고 한다.

고이왕(古爾王, ?~286) : 백제의 제8대 왕(재위 234~286)이다. 국가체제를 정비하고 왕권을 강화하여 국가 기반을 확립하였다. 관제를 마련하였고, 강력한 중앙집권체제로 발전시켰다. 신라의 변방을 침범하여 영토 확장에도 진력하여, 건국 태조와 같은 업적을 남겼다.

고조(高祖, 566~635) : 당나라의 제1대 황제(재위 618~626)이다. 이름은 이연(李淵)이며 자는 숙덕(叔德)이다. 617년에 중국 각지에서 반란이 터지자 반란에 가담하여 봉기하였다. 이연은 수나라의 수도인 장안으로 들어가서 수 양제를 제위에서 물러나게 하고, 황태손인 양유(楊侑 : 恭帝)를 황제로 세웠으며 자신은 수의 대승상(大丞相)이 되었다. 수 양제의 암살소식을 듣고, 형식상의 선양을 받아 당나라를 건국하였다.

고종(高宗, 1192~1259) : 고려의 제23대 왕(재위 1213~1259)이다. 이름은 철(皞), 초명은 진(瞋)·질(晊)이며 자는 대명(大明)·천우(天祐)이다. 재위 기간에 거란·몽골 등 북방민족의 침입을 받았다. 몽골의 침입으로 강화에 천도하여, 28년간 항쟁하였다. 팔만대장경 조판, 유학 장려 등 문화적 업적을 남겼다.

고주몽(高朱蒙, BC 58～BC 19) : 고구려 동명성왕과 동일인물이다. → 동명성왕

고청(高淸, 생몰년미상) : 신라의 관료이다. 본관은 제주이며 고을나(高乙那)의 15대 후손으로 고후(高厚)의 동생이다. 신라 때 형 고후와 함께 탐진(耽津)에 이르니, 신라왕이 친자식처럼 사랑해서 왕자(王子)라 불렀다. 신라왕에게 보개(寶蓋) 및 옷과 띠를 받고 탐라(耽羅)로 돌아왔다.

고후(高厚, 생몰년미상) : 신라의 관료이다. 본관은 제주이며 고을나(高乙那)의 15대 후손으로 동생 고청(高淸)과 신라의 탐진(耽津)에 이르렀다. 이에 신라왕으로부터 성주(星主)라 불렸고 처음에 탐진에 도착한 까닭에 그들이 사는 고을을 탐라(耽羅)라고 불렀다. 신라왕에게 보개(寶蓋) 및 옷과 띠를 받고 돌아왔다. 이후로부터 탐라는 신라에 편입되었다.

고흥(高興, 생몰년미상) : 백제 근초고왕 때의 학자이다. 박사(博士)라는 직함을 가지고 『서기(書記)』를 편찬하는 등 유학(儒學)과 관련된 분야에서 활동한 것으로 전해질 뿐, 구체적인 행적은 알 수 없다.

곤지(昆支, ?～477) : 백제 개로왕의 아들(또는 동생)이자 동성왕의 아버지이다. 일본에서 15년간 머물다가 백제가 고구려의 공격으로 웅진(熊津)으로 천도하는 국난을 당하자 귀국하여 내신좌평(內臣佐平)에 올랐다.

공민왕(恭愍王, 1330～1374) : 고려의 제31대 왕(재위 1351～1374)이다. 이름은 전(顓)이고 초명은 기(祺)이며, 호는 이재(怡齋)·익당(益堂)이다. 원 배척운동을 통해 몽골풍, 원 연호·관제를 폐지하고, 쌍성총관부(雙城摠管府)를 폐지하여 영토를 회복하였다. 신돈을 등용하여 개혁 정치를 펼쳤다.

공손수(公孫遂, 생몰년미상) : 위만조선을 침략한 한나라의 제남태수(濟南太守)이다. 왕검성을 공격하던 누선장군(樓船將軍) 양복(楊僕)과 좌장군 순체(荀彘)가 서로 다투자 양복을 잡아 가두었다. 조선을 항복시키지 못하였다는 이유로 무제의 노여움을 사서 사형당하였다.

공손연(公孫淵, ?～238) : 중국 삼국시대 연(燕)나라의 왕이다. 오나라를 뿌리치고 위나라 편에 들어 요동태수(遼東太守)가 되었으나, 그 뒤 자립하여 연 왕을 자칭하였다. 위나라가 정토군으로 그를 치게 하여, 공손씨 정권은 멸망하였다.

공손탁(公孫度, ?～204) : 후한 말기의 세력가이다. 요동태수(遼東太守)가 되어 고구려와 오환(烏丸·烏桓)을 쳐서 세력을 넓히고, 스스로 요동후 평주목(遼東侯平州牧)이라 칭하였다.

공양왕(恭讓王, 1345～1394) : 고려의 제34대 마지막 왕(재위 1389～1392)이다. 이름은 요(瑤)이고 신종(神宗)의 7대손이며, 정원부원군(定原府院君) 왕균(王鈞)의 아들이다. 이성계는 위화도회군 뒤에 창왕을 즉위시켰으나, 음모를 꾀하였다는 이유로 그를 폐위시키고 공양왕을 즉위시켰다. 이성계에게 실권을 빼앗겼으며, 정몽주가 살해된 후 덕이 없고 어리석다는 이유로 폐위당하였다.

곽여(郭輿, 1058～1130) : 고려 전기의 문인이다. 본관은 청주, 자는 몽득(夢得), 시호는 진정(眞靜)이다. 궁중의 순복전(純福殿)에 천거되어 왕의 스승으로서 담론에 응하였다. 왕이 산재(山齋)를 지어 주고 허정재(虛靜齋)라는 편액을 하사하였다. 사후 왕이 정지상을 시켜 「산재기(山齋記)」를 써 비(碑)를 세웠다.

곽충보(郭忠輔, ?～1403) : 고려 말・조선 초의 무신이다. 위화도에서 회군하여 최영의 군대를 격파하고 최영을 붙잡아 유배하였으며 우왕을 폐위하고 창왕을 세웠다. 그 뒤 폐위된 우왕이 김저(金佇), 정득후(鄭得厚)와 함께 이성계를 암살할 것을 부탁하자 도리어 이성계에게 밀고하였다.

관구검(毌丘儉, ?～255) : 위(魏)나라의 무장이다. 자는 중공(仲恭)으로, 유주자사(幽州刺史)를 지냈다. 두 차례 고구려를 침공하여 한때 고구려의 국기를 위태롭게 하였다.

광개토왕(廣開土王, 374～412) : 고구려의 제19대 왕(재위 391～412)이다. 이름은 담덕(談德)이며, 고국양왕의 아들이다. 소수림왕의 정치적 안정을 기반으로 최대의 영토를 확장한 정복 군주이다. 한국 최초의 연호를 사용하였으며, 동예를 통합하고 동부여를 정벌하였다.

광종(光宗, 925～975) : 고려의 제4대 왕(재위 949～975)이다. 자는 일화(日華), 휘는 소(昭), 시호는 대성(大成)이다. 태조의 제4남이며 정종(定宗)의 친동생이다. 노비안검법과 과거제를 실시하는 등 개혁정책을 통해 많은 치적을 쌓았다.

구수왕(仇首王, ?～234) : 백제의 제6대 왕(재위 214～234)이다. 귀수왕(貴須王)이라고도 하며, 초고왕의 장남이다. 216년 사도성(沙道城)에서 말갈(靺鞨)의 군대와 싸워 이기고, 222년 신라의 우두진(牛頭鎭)을 공격하여 충훤(忠萱)의 군대 5,000명을 격파하였다. 한재(旱災)와 수재(水災)에 대비하여 제방을 수축하고, 농사를 권하여 민생의 안정을 꾀하였다.

구이신왕(久爾辛王, ?～427) : 백제의 제19대 왕(재위 420～427)이다. 전지왕과 팔수부인(八須夫人)의 장남이며, 비유왕의 아버지이다. 423년・425년 송나라에 사신을 파견하였고, 그 이후에도 매년 사신을 파견하는 등 송나라와의 긴밀한 관계를 유지하려고 노력하였다. 이는 고구려가 북조(北朝)와 동맹관계를 맺고 세력을 확장하려는 데에 맞서는 외교정책의 일환으로 파악된다.

구천(勾踐, ?～BC 465) : 춘추시대 말기 월(越)나라의 왕(재위 BC 496～BC 465)이다. 오왕 합려(闔閭)와 싸워 그를 죽였고 부차(夫差)에게 패하였다. 그 후 부차를 꺾어 자살하게 하고 서주(徐州)에서 제후와 회맹하여 패자가 되었다.

구해왕(仇亥王, 생몰년미상) : 구형왕과 동일인물이다. → 구형왕

구형왕(仇衡王, 생몰년미상) : 금관가야의 제10대 왕(재위 521～532)으로, 금관가야의 마지막 왕이다. 구해왕(仇亥王)이라고도 한다. 겸지왕(鉗知王)의 아들이자, 각간(角干) 김무력(金武力)의 아버지이며, 김유신의 증조부(曾祖父)이다. 532년(법흥왕 19) 신라에 항복하여 상등(上等)의 벼슬과 함께 가락국을 식읍(食邑)으로 받았다.

국반(國飯, 생몰년미상) : 신라의 왕족이다. 제26대 진평왕의 동복아우이며, 진덕여왕의 생부이다. 국분(國芬)·국기안(國其安)이라고도 한다. 579년(진평왕 즉위년)에 진안갈문왕(眞安葛文王)으로 증직되었다.

궁예(弓裔, ?~918) : 후고구려의 제1대 왕(재위 901~918)이다. 성은 김이고, 몰락한 진골귀족의 후예로, 신라의 제47대 헌안왕 또는 제48대 경문왕의 아들이라고도 한다. 898년(효공왕 2) 양길(梁吉)을 타도하고 송악(松岳)을 근거로 자립하여 고구려의 부흥을 표방하고, 다시 901년에 후고구려를 건국하여 스스로 왕이라 칭하였다. 그러나 전제군주로서 횡포가 심하였고, 신숭겸(申崇謙) 등이 왕건을 추대하자 도망가다 피살되었다.

권겸(權謙, ?~1356) : 고려 말기의 역신(逆臣)이다. 본관은 안동이다. 충숙왕 초 사복시부정(司僕寺副正)을 지내고 1321년(충숙왕 8) 우대언(右代言)을 거쳐 민부전서(民部典書)가 되었다. 1352년(공민왕 1)에는 복안부원군(福安府院君)으로서 원나라에 가서 딸을 황태자에게 바치고, 원나라의 태부감태감(太府監太監)의 벼슬을 얻었다. 공민왕의 배원정책으로 기철(奇轍)과 함께 난을 일으켰다.

권한공(權漢功, ?~1349) : 고려 후기의 공신이다. 충숙왕 초 삼사사(三司使)·찬성사(贊成事)를 지냈으며, 충선왕이 양위한 후 원나라에 가서 만권당(萬卷堂)에서 이제현(李齊賢)과 함께 독서하며 문명을 떨쳤다. 도첨의정승(都僉議政丞)에 이르고, 예천부원군(醴泉府院君)에 봉해졌다. 문집으로 『일재일고(一齋逸稿)』가 있다.

귀금(貴金, 생몰년미상) : 신라 진흥왕 때 거문고의 명인이다. 왕은 거문고의 도(道)가 전해지지 않을까 두려워 이찬 윤흥(允興)에게 거문고를 전수하도록 하였다. 윤흥은 안장(安長)·청장(淸長) 두 사람을 귀금에게 보내어 거문고를 배우게 하였고, 귀금은 「표풍(飄風)」 등 3곡을 전해주었다.

근구수왕(近仇首王, ?~384) : 백제의 제14대 왕(재위 375~384)이다. 중국·일본과도 국교를 맺어 중국의 제반 문물을 일본에 전하기도 하였다. 특히 일본에서 백제에 사람을 보내어 학자를 구하므로, 왕의 손자 진손왕(辰孫王)과 함께 왕인(王仁)을 일본에 보내기도 하였다.

근초고왕(近肖古王, ?~375) : 백제의 제13대 왕(재위 346~375)이다. 비류왕의 제2남으로 태어났으며 4세기 중반에 백제를 크게 발전시킨 왕이다. 369년경 남부지역의 영토를 대대적으로 넓히는 한편 고구려의 고국원왕이 2만 대군을 이끌고 쳐들어오자 치양(雉壤 : 황해도 배천)에서 맞아 싸워 5,000여 명을 죽이거나 사로잡는 전과를 거두었다. 왕권을 강화시켰으며, 백제의 정치·경제·문화적 기반을 튼튼히 하였다.

금강(金剛, ?~935) : 후백제 왕 견훤의 제4남이다. 935년에 견훤이 금강에게 왕위를 선위하려고 하자 그의 형 신검(神劍)·양검(良劍)·용검(龍劍) 등이 이를 시기하였다. 이에 신검은 양검·용검 등과 함께 반란을 일으켜, 견훤을 금산사(金山寺)에 가두고 금강을 살해한 뒤 즉위하였다.

금산왕자(金山王子, 생몰년미상) : 대요수국(大遼收國)의 시조인 야사불(耶斯不)의 아들이다. 1217년(고종 4)에 몽골 장군 야율유가(耶律留哥)의 내침을 계기로, 걸노(乞奴)와 함께 9만의 병력으로 압록강을 건너 영삭(寧朔)에 침입해 왔으며, 평안남도 강동군에 있던 강동성(江東城)에도 침입하였다.

금와왕(金蛙王, 생몰년미상) : 고구려 동명성왕 신화에 나오는 동부여의 왕이다. BC 1세기에 활동한 것으로 보이며, 그의 행적은 고구려 시조인 동명성왕의 신화를 전하고 있는 『삼국사기』·『삼국유사』, 그리고 이규보(李奎報)의 「동명왕편(東明王篇)」에 전해지고 있다.

금의(琴儀, 1153~1230) : 고려 후기 문신이다. 본관은 봉화, 자는 절지(節之), 초명은 극의(克儀)이다. 왕의 즉위에 대한 책명사의 접대에 공을 세워 첨서추밀원사(簽書樞密院事)·좌산기상시(左散騎常侍)·한림학사승지(翰林學士承旨)에 올랐다. 수태보 문하시랑동중서문하평장사 이부판사(守太保門下侍郎同中書門下平章事吏部判事)로 치사하였다. 문장에도 뛰어나 『한림별곡(翰林別曲)』에는 금학사(琴學士)로 되어 있다.

금휘(琴輝, ?~1227) : 고려 후기의 무신이다. 1225년(고종 12) 대호군(大護軍)으로 동북면병마사(東北面兵馬使)에 임명되었다. 1227년 대장군(大將軍)이 되었는데, 당시의 집정자 최우(崔瑀)를 제거하고 전왕 희종을 복위하려 했다는 모함을 받아 장군 김희제(金希磾)·상장군(上將軍) 노지정(盧之正)·점술가 주연지(周演之)와 더불어 유배되었다. 희종이 주연지에게 보낸 편지가 발각됨에 따라, 모두 죽임을당하고 그 처자와 형제들도 유배되었다.

급리(急利, 생몰년미상) : 신라 흘해왕(재위 310~356) 때의 문신이다. 왜국왕이 신라에 사신을 보내와 자기 아들과 신라 여인과의 혼인을 요청해 오자, 흘해왕은 급리의 딸을 보내 결혼시켰다. 그의 딸과 왜국왕의 아들이 결혼한 뒤 약 25년 동안 신라와 왜국은 수교를 맺는 등 우호 관계를 유지하였다.

기루왕(己婁王, ?~128) : 백제의 제3대 왕(재위 77~128)이다. 다루왕의 장남으로, 30년(다루왕 3) 태자에 책봉되었다. 77년 왕이 된 뒤 85년에는 신라의 변방을 공략하였으며, 105년(기루왕 29)에는 신라에 사신을 파견하여 화친을 맺었다. 125년 말갈(靺鞨)의 침입을 받은 신라에 원병을 보냈다.

기림왕(基臨王, ?~310) : 신라의 제15대 왕(재위 298~310)이다. 성은 석(昔)이고 이찬 걸숙(乞淑)의 아들, 조분왕의 손자이다. 원래 칭호는 기림이사금(基臨尼師今)으로, 기립왕(基立王)이라고도 한다. 300년 일본과 수교하고, 노령자와 빈민들을 구제하는 등 선정을 베풀었다.

기새인첩목아(奇賽因帖木兒[기새인티무르], 생몰년미상) : 고려 말기의 역신(逆臣)이다. 성은 기(奇)이고 본관은 행주이다. 권신 기철(奇轍)의 아들이며, 기황후의 조카이다. 1367년(공민왕 16) 원나라가 망하자 진바이엔[金伯顔] 등과 함께 동녕부(東寧府)를 근거지로 하여, 아버지 기철이 주살(誅殺)된 데 대한 복수로서 고려의 북변을 침범하였다.

기자(箕子, 생몰년미상) : 상(商)나라 말기의 현인이다. 성은 자(子), 이름은 서여(胥余)이며, 상 태정제(太丁帝)의 아들로 주왕(紂王)의 숙부이다. 주왕의 폭정(暴政)에 대해 간언을 하다 받아들여지지 않자 미친 척을 하여 유폐(幽閉)되었다. 상이 멸망한 뒤 석방되었으나 유민(遺民)들을 이끌고 주나라를 벗어나 북(北)으로 이주하였다. 비간(比干)・미자(微子)와 함께 상 말기의 세 명의 어진 사람[三仁]으로 꼽힌다.

기준(箕準, 생몰년미상) : 준왕과 동일인물이다. → 준왕

기철(奇轍, ?~1356) : 고려 후기 권세가이다. 본관은 행주이고, 몽골식 이름은 바옌부카[伯顔不花]이다. 누이동생이 원 순제의 황후가 되어 태자를 낳자, 기황후와 원나라를 등에 업고 권세를 부렸다. 원나라의 세력이 약화되자 친원파 권겸(權謙)・노책(盧頙) 등과 결탁하여 친척과 심복들을 요직에 앉혀 세력 기반을 구축하였다. 배원정책을 쓴 공민왕이 즉위한 뒤, 반란을 꾀하다 권겸과 함께 주살되었다.

기현(奇顯, ?~1371) : 고려 말기 신돈의 심복 중 핵심인물이다. 관직은 갖지 않았으나 신돈이 한창 권세를 누릴 무렵 그의 집에 거처하면서, 왕궁에 출입하여 조석으로 신돈의 곁을 떠나지 않고 섬겼다. 신돈이 기현 부부를 가장 가까이하였으므로 벼슬을 구하고자 하는 자는 반드시 그의 처를 통하여 뇌물을 바쳤으며, 그 자신은 횡포를 부리고 권세를 누렸다. 뒤에 신돈 일당이 처형될 때 아들 셋과 함께 죽었다.

기홍수(奇洪壽, 1148~1209) : 고려 후기의 무신이다. 본관은 행주, 자는 태고(太古), 시호는 경의(景懿)이다. 1194년(명종 24) 추밀원부사(樞密院副使)를 지내고 1197(신종 즉위년)에 참지정사 판병부사(參知政事判兵部事)를 지냈다. 1203년(신종 6) 벽상삼한삼중대광(壁上三韓三重大匡)・문하시랑동중서문하평장사(門下侍郎同中書門下平章事)를 지내고, 이부판사(吏部判事)로 임명되었으나 사양하고 물러났다.

길재(吉再, 1353~1419) : 고려 말・조선 초의 성리학자이다. 본관은 해평(海平), 자는 재보(再父), 호는 야은(冶隱)・금오산인(金烏山人), 시호는 충절(忠節)이다. 1387년(우왕 13) 성균학정(成均學正)이 되었다가, 1388년에 순유박사(諄諭博士)를 거쳐 성균박사(成均博士)를 지냈다. 조선이 건국된 뒤 1400년(정종 2)에 이방원(李芳遠)이 태상박사(太常博士)에 임명하였으나 두 임금을 섬기지 않겠다는 뜻을 말하며 거절하였다.

길환(吉奐, 생몰년미상) : 고려 전기 청주 인근 출신의 인물이다. 928년(태조 11) 왕건이 견훤에 보낸 글에 간단히 언급된 인물이다. 즉 연산군(燕山郡) 지경에서 길환을 목 베었다고 하였다. 이를 통해 보면 길환은 친 견훤의 정치적 입장을 보인 인물로서 고려의 왕건에 의해 죽임을 당하였음을 알 수 있다.

김경손(金慶孫, ?~1251) : 고려 후기의 장군이다. 본관은 경주, 초명은 운래(雲來)이다.

몽골이 침입하자 결사대 12명을 거느리고 분전 격퇴하였고 뒤이어 귀주(龜州)의 몽골군도 물리쳤다. 적도(賊徒)들을 규합하여 백적도원수(百賊都元帥)라고 자칭하며 세력을 떨치던 이연년(李延年)과 싸워 그를 죽이고 패주시켰다.

김경신(金敬信, ?~798) : 신라 원성왕과 동일인물이다. → 원성왕

김계명(金啓明, 생몰년미상) : 신라의 재상이다. 경문왕(재위 861~875)의 아버지이며 희강왕(재위 836~838)의 아들이다. 파진찬의 관등으로 위흔(魏昕)의 뒤를 이어 시중(侍中)이 되어, 경문왕이 즉위할 때까지 13년간 재직하였다. 효공왕까지 그의 자손 5명에 의해 왕통이 계승되고, 마지막 왕 경순왕도 그의 4대손이다.

김구용(金九容, 1338~1384) : 고려 말기의 학자이다. 본관은 안동, 자는 경지(敬之), 호는 척약재(惕若齋), 초명은 제민(齊閔)이다. 공민왕 때 16세로 진사에 합격한 뒤 문과에 급제하여 덕녕부주부(德寧府主簿)를 거쳐 민부의랑 겸 성균관직강(民部議郎兼成均館直講)이 되었다. 정몽주·박상충(朴尙衷)·이숭인(李崇仁) 등과 성리학을 일으켰고, 척불숭유의 선봉이었다. 사장(詞章)을 잘하였으며, 『동문선』에 8편의 시가 전한다.

김군수(金君綏, 생몰년미상) : 고려 후기 문신이다. 본관은 경주, 호는 설당(雪堂)이며 김부식의 손자이다. 거란병 침입 때 서북면병마사(西北面兵馬使)가 되어 숙주(肅州)·영청(永靑) 등지에서 400여 명을 죽이고 말 50여 필을 빼앗았다. 의주에서 한순(韓恂)·다지(多智) 등이 난을 일으키자, 금나라 원수 우가하(于哥下)에게 서신을 보내 그들의 목을 베게 하여 진압하였다.

김균정(金均貞, ?~836) : 신라의 왕족이다. 원성왕(재위 785~798)의 손자이며 신무왕(재위 839)·헌안왕(재위 857~861)의 아버지이다. 이찬이 되어, 반란을 일으킨 웅천주도독(熊川州都督) 김헌창(金憲昌)을 성주에서 격파하였다. 상대등이 되었으나, 왕이 후사 없이 죽자 종질 김제륭(金悌隆)과 왕위 다툼을 하다가, 김이홍(金利弘) 등에게 살해되었다.

김달상(金達祥, ?~1368) : 고려 말기의 문신으로, 본관은 선산(善山)이다. 밀직사(密直司)의 좌대언(左代言)으로 있던 1361년(공민왕 10) 홍건적이 침입하자, 공민왕의 남천(南遷)에 호종하여 신축호종(辛丑扈從) 1등공신에 녹훈되었다. 1363년 흥왕사(興王寺)의 변 때도 왕을 호위하여 공을 세웠다. 밀직사동지사(密直司同知事)·금위제조관(禁衛提調官) 등을 지냈다.

김덕진(金德珍, 생몰년미상) : 고려 전기의 문신이다. 위위경(衛尉卿)으로 동북면행영병마사(東北面行營兵馬使)가 되어 여진과 대치하였으며, 예종 초에 병부상서 겸 삼사사(兵部尙書兼三司使)를 지냈다. 윤관의 여진정벌 때 우군병마사(右軍兵馬使)·병부상서(兵部尙書)가 되어 군사 4만 3천 8백 명을 이끌고 선덕진(宣德鎭)을 출발하여 광탄(廣灘) 등 32촌을 격파하여 적 290명을 사살하고 300명을 사로잡았다.

김돈중(金敦中, ?~1170) : 고려 전기 문신이다. 본관은 경주이고 중서령(中書令) 김부식

의 아들이다. 1170년 정중부(鄭仲夫)가 보현원(普賢院)에서 난을 일으켜 많은 문신들이 살해당하자, 도망하여 감악산(紺嶽山)에 숨었으나 자신의 종자(從者)의 밀고에 의하여 잡혀 죽었다.

김득배(金得培, 1312~1362) : 고려 말기의 문신이다. 본관은 상주, 호는 난계(蘭溪)이다. 1351년 공민왕이 즉위하자 우부대언(右副代言)이 되었으나, 무고를 받아 파면되었다. 강릉대군(江陵大君 : 공민왕)을 따라 원나라에 갔고 홍건적 침입으로 의주·정주·인주 등이 함락되자 이를 방어하였다. 서경을 탈환하여 적을 압록강 밖으로 격퇴하였으며 홍건적이 다시 침입하자 개경을 수복하였다.

김득제(金得齊, 생몰년미상) : 고려 말기의 무신으로, 김득배(金得培)의 동생이다. 본관은 상주이며 1361년(공민왕 10) 홍건적 20만의 침입으로 공민왕이 복주(福州 : 안동)로 피난할 때, 대장군(大將軍)으로서 호종하고 서울 수복에 공을 세웠으며, 우왕 때도 수차례 왜구를 격퇴하였다.

김락(金樂, ?~927) : 고려의 개국공신으로, 시호는 장절(壯節)이다. 918년(태조 1) 고려가 개국되자 2등공신에 책록되고, 927년 7월 원보(元甫) 재충(在忠)과 함께 대량성(大良城 : 합천)을 공략하여 후백제의 장군 추허조(鄒許祖) 등을 사로잡았다. 그해 공산(公山)에서 견훤과 싸우다가 태조가 포위되자, 대장 신숭겸(申崇謙)과 함께 구하고 전사하였다.

김란(金蘭, ?~1371) : 고려 말기 문신이다. 1362년(공민왕 11) 위위시판사(衛尉寺判事)로 서북면병마사(西北面兵馬使)가 되고, 이듬해 홍건적을 물리친 공으로 인하여 2등공신이 되었다. 당시의 권신 신돈에게 두 딸을 시집보내고, 이춘부(李春富)와 함께 그들 일당의 중진이 되어 밀직부사(密直副使)·서북면도체찰사(西北面都體察使) 등을 역임하였다. 1371년 신돈이 주살되자, 함께 잡혀 죽었다.

김명(金明, ?~839) : 신라 민애왕과 동일인물이다. → 민애왕

김무력(金武力, 생몰년미상) : 신라 진흥왕 때의 장군이다. 신라의 삼국통일에 크게 기여한 김유신의 조부이며, 금관가야의 마지막 왕인 구형왕(仇衡王)의 제3남이다. 532년(법흥왕 19) 금관가야가 신라에 병합되자 부왕과 왕모 및 형 김노종(金奴宗), 김무덕(金武德) 등과 함께 신라에 투항하였다.

김문현(金文鉉, ?~1388) : 고려 말기의 문신이다. 본관은 선주이며 문과에 급제한 뒤 공민왕 때 성균관좨주(成均館祭酒)까지 올랐다. 1363년(공민왕 12) 공민왕을 암살하려는 흥왕사(興王寺)의 변에서 왕을 구한 공으로 2등공신에 책록되었다. 일찍이 여러 여인들과 간통하였는데, 아버지가 그의 죄상이 발각될까 염려하여 먼 곳으로 보내려고 하자, 아버지와 형을 신돈에게 무고하여 죽게 하였다. 신돈 제거 후, 1378년(우왕 4) 체포되어 귀양갔다가 교살되었다.

김미(金敉, 생몰년미상) : 고려 말기의 문신이다. 권신 최우(崔瑀)의 덕으로 1236년(고종 23) 내급사(內給事)가 되고, 뒤에 장군(將軍)으로 승진하였다. 일찍이 딴마음을 먹

고 무뢰배를 모았다는 무고를 받아 최우에 의해 삭발되고 하동으로 귀양갔다. 최우는 김미와 친근했던 장군 김정휘(金正輝) 등 35명을 강에 던져 죽였다.

김방경(金方慶, 1212~1300) : 고려 후기의 명장이다. 본관은 안동, 자는 본연(本然)이다. 감찰어사(監察御史)를 거쳐 1248년(고종 35) 서북면병마판관(西北面兵馬判官)으로 있을 때, 몽고군이 침입하자 주민들과 위도(葦島)에 들어가 농사를 짓게 하였다. 삼별초(三別抄)의 난을 평정하고 원나라가 일본을 정벌할 때 참전하였으나, 두 번 다 태풍과 전염병으로 실패하고 돌아왔다.

김백안(金伯顔, ?~1370) : 고려 후기의 무신이다. 고려에서 낭장(郎將)으로 있다가 원나라에 들어가 대성(臺省)을 거쳐 평장사(平章事)에 올랐다. 기철(奇轍)의 아들 새인티무르[賽因帖木兒]가 원나라의 잔당들을 이끌고 고려를 침범하려 할 때, 여기에 가담하였다. 고려군의 공격으로 포로가 되었는데, 압송 도중에 말을 함부로 하여 처형되었다.

김법민(金法敏, 626~681) : 신라 문무왕과 동일인물이다. → 문무왕

김보당(金甫當, ?~1173) : 고려 후기의 문신으로, 본관은 영광이다. 1171년(명종 1) 우간의대부(右諫議大夫)로서 재상 최윤의(崔允儀) 등을 탄핵하다가 동북면병마사(東北面兵馬使)로 좌천됨에 따라 1173년 전왕 의종을 세운다는 기치 아래 군사를 일으켰다. 관군에게 패하여 처형당할 때 문신으로서 이 모의에 가담하지 않은 자가 없다고 말하여, 많은 문신이 죽임을 당하였다.

김부(金傅, ?~978) : 신라 경순왕과 동일인물이다. → 경순왕

김부(金富, 생몰년미상) : 고려 후기의 무신이다. 1173년(명종 3) 동북면병마사(東北面兵馬使) 김보당(金甫當)이 무신 집권자 정중부(鄭仲夫) 등을 제거하려다 실패하고 살해되었다. 그후 이에 연루된 많은 문신들이 살육되자, 문신과 무신의 자제들을 결혼시켜 후환이 없도록 함으로써 살육의 화를 그치게 하였다.

김부식(金富軾, 1075~1151) : 고려 전기의 문신・학자이다. 본관은 경주, 자는 입지(立之), 호는 뇌천(雷川), 시호는 문열(文烈)로, 신라 왕실의 후예이다. 인종의 명령을 받아 『삼국사기』를 편찬하면서 체재(體裁)를 작성하고 사론(史論)을 직접 썼으며, 1145년에 완성하였다. 호부상서 한림학사승지(戶部尙書翰林學士承旨)를 지냈고 묘청 등의 서경천도세력이 난을 일으키자 원수로서 3군(三軍)을 지휘하며 난을 진압하였다.

김부의(金富儀, 1079~1136) : 고려 전기의 문신이다. 본관은 경주, 자는 자유(子由), 초명은 부철(富轍), 시호는 문의(文懿)로, 김부식의 동생이다. 인종이 세자로 있을 때, 첨사부사직(詹事府司直)이 되어 문학(文學)으로 우대를 받았고, 어사중승(御史中丞)으로 특진하였다. 묘청이 난을 일으키자, 평서10책(平西十策)을 올리고 좌군수(左軍帥)・추밀원사(樞密院使)가 되어 출정하였으며, 평정하고 돌아와 금대(金帶)를 하사받았다.

김사미(金沙彌, ?~1194) : 고려 후기의 민란주동자이다. 무신들이 정권을 잡은 뒤, 백성들이 과중한 수탈에 시달리자 1193년(명종 23) 경상도 운문을 거점으로 난을 일으켰다. 효심(孝心) 등과 연합전선을 갖추고 신라부흥을 주장하였다.

김사형(金士衡, 1333~1407) : 고려 말·조선 초의 문신이다. 본관은 안동, 자는 평보(平甫), 호는 낙포(洛圃), 시호는 익원(翼元)이다. 문하시랑찬성사(門下侍郎贊成事)로 판상서사사(判尙瑞司事)와 병조전서(兵曹典書)를 겸임하였으며 개국공신(開國功臣) 1등에 책록되고, 이어 문하우시중(門下右侍中)에 상락백(上洛伯)으로 봉해졌다.

김생(金生, 711~791) : 신라의 명필이다. 자는 지서(知瑞)이고 별명은 구(玖)이다. 일생을 서예에 바쳤으며, 예서·행서·초서에 능하여 '해동의 서성(書聖)'이라 불렸다. 송나라에서도 왕희지(王羲之)를 능가하는 명필로 이름이 났다. 그의 필적은 유일한 서첩 『전유암산가서(田遊巖山家序)』 외에 『여산폭포시(廬山瀑布詩)』·『낭공대사비(朗空大師碑)』에 전한다.

김서현(金舒玄, 생몰년미상) : 신라의 장군으로, 김유신의 아버지이다. 만노군(萬弩郡 : 진천) 태수로 있을 때 갈문왕(葛文王) 입종(立宗)의 손녀 만명(萬明)과 결혼하여 김유신을 낳았다. 백제와 싸워 전공을 세우고, 고구려의 낭비성(娘臂城 : 충북 청원)을 함락시켰다. 그의 딸 문희(文姬)는 후에 태종무열왕의 비 문명왕후(文明王后)가 되었다.

김세충(金世沖, ?~1232) : 고려 후기의 문신이다. 야별초지유(夜別抄指諭)로 있으면서, 1232년(고종 19) 몽골 침략의 방어책으로 강화도에 도읍을 옮기자는 최우(崔瑀)의 주장에 대하여, 천도를 정면으로 반박하며 송도 사수를 주장하였다. 그러나 대세에 역행하는 자라 하여 최우에 의하여 참형(斬刑)을 당하였고, 천도는 실행되었다.

김속명(金續命, ?~1386) : 고려 후기의 문신이다. 본관은 화평(化平), 시호는 충간(忠簡)이다. 공민왕 때 성품이 강직하여 일체의 권모와 간계에 굽히지 않았기 때문에 주위의 미움을 받아 파직되기도 하였다. 우왕 때 반야(般若)사건의 변론 시 왕에 대하여 불경한 말을 하였다고 하여 탄핵받고 처형될 뻔 하였으나 감형되어 귀양가서 죽었다.

김수로(金首露, 42~199) : 금관가야 수로왕과 동일인물이다. → 수로왕

김수충(金守忠, 생몰년미상) : 신라의 왕족으로, 성덕왕의 아들이다. 714년(성덕왕 13) 견당대감(遣唐大監)으로 당나라에 파견되어 숙위하였다. 당나라 현종의 총애를 받아 집·비단을 하사받았다. 717년 공자와 10철(十哲) 및 72제자의 화상(畫像)을 가지고 돌아와 왕에게 바쳤다.

김숙흥(金叔興, ?~1011) : 고려 전기의 무장이다. 거란의 성종이 침입하였다가 군사를 거두어 돌아갈 때 그 퇴로를 막고 1만여 명의 적군을 무찔렀다. 이어 애전(艾田 : 義州) 지방에서 거란군의 선봉을 꺾었으나 거란의 성종이 대군을 이끌고 쳐들어오자 전사하였다.

김순부(金淳夫, 생몰년미상) : 고려 전기의 문신이다. 1135년(인종 13) 묘청의 난이 일어나자, 평주판관(平州判官)으로서 반군에게 항복을 권하여 성사시켰다. 1162년(의종 16) 예부시랑(禮部侍郞)으로 금 세종의 등극을 축하하는 사신으로 갔다.

김승위(金承渭, 생몰년미상) : 고려 전기의 무신이다. 1013년(현종 4) 강동6주의 반환을 요구하던 요나라가 군대를 보내어 흥화진(興化鎭)을 공격하자, 이를 반격하여 물리쳤다. 1018년 병부상서(兵部尙書)에 올랐다.

김실(金實, ?~1388) : 고려 후기의 환관이다. 우왕이 정사를 소홀히 하자 요순을 본받을 것을 간하였다. 1384년 문하찬성사 상의(門下贊成事商議)에 올랐다. 이듬해 본처를 버리고 사대부 집안의 여자와 결혼하여 왕의 미움을 받기 시작하였다.

김안(金安, ?~1135) : 고려시대의 문신으로 초명은 찬(粲)이다. 1126년(인종 4) 이자겸을 제거하고자 거사하였으나 실패하고 유배되었다. 후에 묘청의 술수에 넘어가 왕에게 그를 극력 추천하고 성인으로 받들게 하였다. 1135년(인종 13) 묘청의 난에 가담한 죄로 김부식에게 참살되었다.

김암(金巖, 생몰년미상) : 신라의 관리・방술가(方術家)로, 김유신의 증손이다. 당나라에 유학하여 음양학(陰陽學)을 연구하고, 『둔갑법(遁甲法)』을 저술하였으며, 점복술과 은형술(隱形術)의 새로운 분야를 개척하였다. 귀국 후에 패강두상(浿江頭上)으로 전임되어 농민에게 『육진병법(六陣兵法)』을 가르쳤다. 779년(혜공왕 15) 일본에 사신으로 파견되었을 때, 그의 재주를 이용하려는 일본 왕 고닌[光仁]에게 억류되었다고 전한다.

김양(金陽, 808~857) : 신라의 왕족으로, 자는 위흔(魏昕)이다. 흥덕왕이 죽은 뒤 김균정(金均貞)과 김제륭(金悌隆)이 왕위 쟁탈전을 벌이자 김균정을 돕다가 실패하였다. 839년 김균정의 아들 김우징(金祐徵), 장보고 등과 함께 군사를 동원하여 왕을 시해하고 김우징을 신무왕으로 추대하였다. 신무왕이 죽은 후 문성왕을 옹립하였다.

김양기(金良器, ?~1211) : 고려 후기의 무신이다. 금나라에 사신으로 가다가 몽고병에게 죽임을 당한 장군이다.

김양상(金良相, ?~785) : 신라 선덕왕과 동일인물이다. → 선덕왕

김언승(金彦昇, ?~826) : 신라 헌덕왕과 동일인물이다. → 헌덕왕

김용(金鏞, ?~1363) : 고려 말기의 정치가로, 본관은 안성이다. 공민왕이 세자로 원나라에 갔을 때 시종한 공으로 대호군(大護軍)에 올랐다. 자신의 권세를 위해 온갖 패륜을 저질렀다. 공민왕을 시해하려다 발각되어 사지가 찢기는 극형을 받고 처형되었다.

김용춘(金龍春, 생몰년미상) : 신라의 왕족이다. 진지왕의 아들이며, 태종무열왕의 아버지이다. 629년(진평왕 51) 대장군(大將軍)으로 김유신과 함께 고구려의 낭비성(娘臂城)을 공격하여 함락시켰다. 아들인 김춘추가 왕위에 오르자 문흥대왕(文興大王)으로 추봉되었다.

김우징(金祐徵, ?~839) : 신라 신무왕과 동일인물이다. → 신무왕

김웅원(金雄元, 생몰년미상) : 신라의 장군이다. 완산주도독(完山州都督)을 지냈고, 819년 당나라 운주절도사(鄆州節都使) 이사도(李師道)의 반란에 순천장군(順天將軍)으로 3만 명의 원군을 이끌고 당나라에 건너가서 난을 진압하는 데 공을 세웠다. 822년(헌덕왕 14) 웅천도독(熊川都督) 김헌창(金憲昌)이 반란을 일으키자, 잡찬으로 김균정(金均貞)·김우징(金祐徵)과 함께 3군을 이끌고 이를 평정하였다.

김원술(金元述, 생몰년미상) : 신라의 무신으로, 김유신의 제2남이다. 672년(문무왕 12) 당나라 군대가 말갈군과 연합, 신라를 침공하자 출전해 싸우다가 후퇴하였다. 그러나 왕명을 어기고 가문을 더럽혔다는 이유로 집을 나와 숨어살다가 675년 당나라 군대가 매소성(買肖城)을 공격하자 이에 참전하여 적을 섬멸, 공을 세웠다.

김위제(金謂磾, 생몰년미상) : 고려 전기의 술가(術家)이다. 1097년(숙종 2) 위위승동정(衛尉丞同正)이 되었고, 『도선기(道詵記)』·『삼각산명당기(三角山明堂記)』 등 도선의 도참설(圖讖說)을 들어 남경(南京)에 도읍을 옮기도록 주청하였다. 그 결과 1104년 남경에 궁궐이 낙성되었다.

김유(金庾, ?~1386) : 고려 말기의 무신으로, 본관은 김해이다. 1362년(공민왕 11) 강릉도병마사(江陵道兵馬使)로서 홍건적을 격파하고 개경(開京)을 수복한 공으로 2등공신에 책록되었으며, 김용(金鏞)의 난을 진압하여 1등공신에 책록되었다. 1367년 전라도도순문사(全羅道都巡問使)로, 난을 일으킨 탐라의 목호(牧胡)를 토벌하였다.

김유신(金庾信, 595~673) : 신라의 장군이다. 본관은 김해이며, 가야국의 시조 김수로왕(金首露王)의 12대손이다. 소정방(蘇定方)이 이끈 당나라군과 연합하여 백제를 멸망시켰다. 당나라군과 함께 고구려 정벌에 나서 여러 번 실패하였으나 결국 성공하였다. 이후, 당나라 군사를 축출하는 데 힘써 한강 이북의 고구려 땅을 수복해 삼국통일의 기반을 다져 놓았다.

김윤중(金允中, 생몰년미상) : 신라의 재상이다. 733년(성덕왕 32) 당나라에서 신라에 발해를 치도록 요구하면서 발해원정군의 지휘관으로 김윤중을 지목하였다. 성덕왕은 그와 그의 동생 김윤문(金允文) 등 세 장군에게 군사를 이끌게 하여 발해를 치게 하였으나, 큰 눈이 와서 원정은 이루지 못하였다.

김윤후(金允侯, 생몰년미상) : 고려 후기의 무신이다. 원래 경기도 평택 지역에 소재하는 백현원(白峴院)의 승려였으나 1232년(고종 19) 몽골이 침입하자 인근 처인부곡(處仁部曲)의 처인성(處仁城)으로 몸을 피하여 입보민들을 지휘하였다.

김응렴(金膺廉, ?~875) : 신라 경문왕과 동일인물이다. → 경문왕

김의(金義, 생몰년미상) : 고려 말·조선 초의 무신이다. 본관은 경주로, 밀직부사(密直副使)를 거쳐 1374년(공민왕 23) 밀직사동지사(密直司同知事)가 되었다. 이성계가 조선을 건국하자 개국공신(開國功臣)으로 추앙되어 평안도관찰사로 부임하였다. 그러나 고려조 때 명나라 사신을 살해한 사실로 난처해진 조정에서 변방 수비를 소홀히 하였다는 이유로 유배하였다.

김인경(金仁鏡, ?~1235) : 고려 후기의 문신이다. 본관은 경주, 시호는 정숙(貞肅), 초명은 양경(良鏡)이다. 명종 때 문과에 급제하여 관직에 들어섰으며, 고종 초에 조충(趙冲)이 강동성(江東城)에서 거란군을 토벌할 때, 판관(判官)으로 출전하여 큰 공을 세웠다. 이후 여러 관직을 역임하였다. 문무를 겸하였으며, 일반 행정에도 뛰어났다.

김인문(金仁問, 629~694) : 신라의 장군·외교가이다. 자는 인수(仁壽)이고 태종무열왕의 제2남이며 문무왕의 아우이다. 신라의 장군·외교가로 당나라에 파견되어 나당연합군 조직에 성공해 소정방(蘇定方)과 연합하여 백제·고구려를 멸망시켰고 당나라에 머물렀다.

김인존(金仁存, ?~1127) : 고려 전기의 문신·학자이다. 선종·헌종·숙종의 세 임금을 섬겼으며, 학문과 문장이 뛰어난 당대의 석학으로 중요한 국사마다 반드시 왕의 자문을 받았다. 1106년(예종 1) 최선(崔璿) 등과 『해동비록(海東秘錄)』을 산정(刪定)하였으며, 박승중(朴昇中) 등과 『시정책요(時政策要)』·『정관정요주(貞觀政要註)』를 찬진하였다.

김인준(金仁俊, ?~1268) : 김준과 동일인물이다. → 김준

김저(金佇, ?~1389) : 고려 말기의 무관으로, 최영의 조카이다. 최영의 측근인 전부령(前副令) 정득후(鄭得厚)와 함께 폐왕 우를 만나 이성계를 살해하라는 부탁을 받고 이성계를 살해하기로 결정하였다. 이성계의 집에 잠입하여 암살하려다 실패하여 '김저의 옥사'가 일어났다.

김제옹(金悌邕, 생몰년미상) : 신라의 왕족이다. 원성왕의 손자이며, 소성왕·헌덕왕의 동생이다. 809년(애장왕 10) 이찬으로, 형 김언승(金彦昇)과 함께 난을 일으켜 조카 애장왕을 죽이고, 김언승을 헌덕왕에 오르게 하였다.

김종연(金宗衍, ?~1390) : 고려 말기의 장군이다. 전라도 지방에서 왜구의 침입을 물리치는 데 크게 공헌하였다. 1390년(공양왕 2) 윤이(尹彛)·이초(李初) 등이 명나라에 들어가 이성계를 참소(讒訴)한 사건에 연루되어 도망다니다 체포되어 고문을 받던 중 죽었다.

김주원(金周元, 생몰년미상) : 신라의 왕족이다. 태종무열왕의 6대손으로 강릉김씨의 시조이다. 785년(선덕왕 6) 왕이 후사가 없이 죽자 왕으로 추대되었으나 즉위하지 못하였다. 후일 아들 김헌창(金憲昌)이 자기 아버지가 왕위에 오르지 못한 것을 원망하여, 반란을 도모하였으나 실패하였다.

김주정(金周鼎, ?~1290) : 고려 후기의 문신이다. 원종·충렬왕 때 여러 관직을 지냈다. 1281년(충렬왕 7) 김방경(金方慶)과 함께 군사를 이끌고 합포(合浦)에 집결, 그해 5월 주사(舟師)로서 원나라군과 함께 일본을 정벌하기 위해 항해하다가, 대명포(大命浦)에서 태풍을 만나 병선이 전복되어 많은 군사를 잃고 되돌아왔다.

김준(金俊, ?~1268) : 고려 후기의 무신이다. 초명은 인준(仁俊)으로, 최우(崔瑀)의 신임을 얻어 전전승지(殿前承旨)를 거쳐 별장(別將)으로 최항(崔沆)을 섬겼다. 최의(崔

竩)를 살해하여 최씨의 무단정치를 타도하고 왕권을 회복시키는 공을 세웠으나, 그의 외교정책이 원종의 미움을 받자 임연(林衍) 일파에게 살해되었다.

김중구(金仲龜, 생몰년미상) : 고려 후기의 문신이다. 1217년(고종 4) 거란군이 침공하였을 때 패하였으며, 1222년 병부상서 추밀원지주사(兵部尙書樞密院知奏事)로서 몽골의 침공에 대비하였다. 1224년 최우(崔瑀)를 살해하려 한 이극인(李克仁)의 사건에 연루되어 유배되었다가 풀려나고, 이후에도 여러 관직을 역임하였다.

김중온(金仲溫, 생몰년미상) : 고려 후기의 무신이다. 1231년(고종 18) 몽골 원수 살리타[撒禮塔]가 구주(龜州)를 포위 공격할 때, 서북면병마사(西北面兵馬使) 박서(朴犀) 등과 함께 이를 막아 물리쳤다.

김지대(金之岱, 1190~1266) : 고려 후기의 문신이다. 김알지(金閼智)의 후손이라고 기록되어 있고, 고종 때 관직을 지냈다. 1258년(고종 45) 몽골이 북변을 침략하자 추밀원첨서사(樞密院簽書事)로 서북지방에 출진하여 서북 40여 성이 안정되었다.

김지정(金志貞, ?~780) : 신라의 왕족이다. 780년(혜공왕 16)에 이찬으로 반란을 일으켜, 왕과 왕비를 모두 죽였다. 그러나 상대등 김양상(金良相)과 이찬 김경신(金敬信) 등의 반격을 받은 뒤 죽임을 당하였다.

김진양(金震陽, ?~1392) : 고려 말기의 문신이다. 공민왕·공양왕 때 관직을 지냈으며, 정몽주·이색(李穡) 등과 함께 이성계를 제거하려다가, 도리어 이성계 일파의 반격으로 실패하였다. 장형을 받고 유배되어 그곳에서 죽었다.

김찬(金粲, ?~1135) : 고려 전기의 무신이다. 1126년(인종 4) 내시지후(內侍祗候)로서 인종의 측근에서 왕을 보필하였는데, 이때 이자겸(李資謙)과 척준경(拓俊京)을 제거하려다 실패하여 멀리 유배되었다. 그러나 곧 이자겸이 실각되자 전중내급사(殿中內給事)로 복직되고 마침 수도 개경의 정국이 어수선한 틈을 타고 왕으로 하여금 묘청을 성인(聖人)으로 받들게 하였다. 1135년 묘청이 서경반란을 일으킬 때 모의에 가담하였다는 죄로 김부식에 의하여 참살되었다.

김척후(金陟侯, 생몰년미상) : 고려 후기의 무신이다. 1193년(명종 23) 장군으로 있으면서 대장군(大將軍) 전존걸(全存傑)의 휘하에서 운문(雲門)의 김사미(金沙彌), 초전(草田)의 효심(孝心) 등이 일으킨 민란을 토벌하고 뒤에 대장군(大將軍)이 되었다. 그러나 1203년(신종 6) 경주 지역에서 패좌(孛左)가 일으킨 난의 토벌이 늦어지자, 속히 토벌하지 않아 반란군의 기세를 높였다는 성대(省臺)의 탄핵을 받고 파직되었다.

김첨수(金添守, 생몰년미상) : 고려 후기의 무신이다. 1332년(충혜왕 2) 충혜왕이 원나라에 불려갈 때 호종한 공신이며, 역적을 꾀하는 조일신(趙日新)을 잡아 목을 베어 죽이는 등 조정을 지키는 데 전력을 다하였다.

김체명(金體明, ?~809) : 신라의 왕족이다. 소성왕의 아들이며 애장왕의 동생이기도 하다. 809년(애장왕 10)에 왕의 숙부로서 섭정직에 있던 김언승(金彦昇)과 그의 아우 이찬 김제옹(金悌邕)이 반란을 일으키자 왕을 시위하다가 피살되었다. 이때 애장왕도 시해되고, 김언승이 헌덕왕으로 즉위하였다.

김춘추(金春秋, 604~661) : 신라 태종무열왕과 동일인물이다. → 태종무열왕

김충공(金忠恭, ?~821) : 신라의 왕족·중신으로, 민애왕의 아버지이다. 817년(헌덕왕 9) 이찬의 품계로 시중(侍中)이 되고, 821년 상대등으로 승진하였으나 그해 여름 병으로 죽었다. 그의 아들 김명(金明)은 838년(희강왕 3) 왕을 죽게 하고 자립하여 민애왕이 되었다.

김취려(金就礪, ?~1234) : 고려 후기의 장군이다. 본관은 언양, 시호는 위열(威烈)이다. 음관(蔭官)으로 정위(正尉)에 임명되어 동궁위(東宮衛)를 거쳐 장군으로서 북동국경을 진압한 후 대장군(大將軍)이 되었다. 거란이 의주·삭주·영주 등지로 침입해 그곳을 근거지로 삼으려 하자 그들을 크게 무찔렀다. 강동성(江東城)을 근거로 저항을 계속하는 거란군을 몽골군·동진군(東眞軍)과 연합하여 일소하고 한순(韓恂)·다지(多知)의 반란을 평정하였다.

김치양(金致陽, ?~1009) : 고려 전기의 권신이다. 목종의 어머니 헌애왕후(獻哀王后) 황보씨의 외척이다. 목종이 즉위하고 천추태후(千秋太后 : 헌애왕후)의 총애로 권력남용과 횡포가 심하였으며, 목종까지 살해하려 하였다. 1009년 강조(康兆)의 정변으로 현종이 즉위하자 아들과 함께 처형되었다.

김태렴(金太廉, 생몰년미상) : 신라 경덕왕 때 일본에 사신으로 간 왕자로, 어느 왕의 아들인지는 알 수 없다. 그의 기사는 『속일본기(續日本記)』에만 전하며, 『삼국사기』나 『삼국유사』 등에는 보이지 않는다.

김통정(金通精, ?~1273) : 고려 후기의 반장(叛將)이다. 삼별초(三別抄)의 장수로 있을 때 강화에서 개경으로 환도가 결정되자 이에 반대하여 진도를 거점으로 몽골과 고려에 저항하였다. 토벌군에게 패하자 나머지 병력을 이끌고 탐라로 들어가 성을 쌓고 항전하였다.

김품석(金品釋, ?~642) : 신라의 무장으로, 김춘추의 사위이다. 642년(선덕여왕 11) 윤충(允充)이 거느린 백제군이 대야성(大耶城)을 공격하여 낙성 위기에 처하게 되자, 투항하면 살려준다는 윤충의 약속을 믿었으나 전멸당하였다.

김행공(金行恭, 생몰년미상) : 고려 전기의 문관이다. 1031년(덕종 즉위년) 공부낭중(工部郎中) 유교(柳喬)와 거란에 사신으로 가서 흥종의 즉위를 축하하였다.

김행도(金行濤, 생몰년미상) : 고려 초기의 재상이다. 918년 고려 건국 후 한찬(韓粲)으로 광평시중(廣評侍中)이 되어 백관의 수반이 되었다. 이해 웅주(熊州)·운주(運州) 등 12개 주현(州縣)이 후백제에 귀부(歸附)하자, 동남도초토사(東南道招討使)·지아주제군사(知牙州諸軍事)가 되어 이를 토벌하였다.

김행성(金行成, 생몰년미상) : 송나라의 관직을 역임한 고려 전기의 문신이다. 976년(경종 1) 강전(康戩) 등과 함께 송나라에 파견되어 국자감(國子監)에 입학하고 이듬해 진사시(進士試)에 급제하였다. 벼슬이 전중승(殿中丞)에 이르러 귀국하지 않고 중국에

머물렀다. 990~994년(성종 9~13) 안주(安州)의 통판(通判)으로 있다가 죽었다.

김향(金珦, ?~1135) : 고려 전기의 문신이다. 본관은 안동, 자는 부민(富民), 시호는 원정(元靖)이다. 인종 때 합문지후(閤門祗候)를 거쳐 경원의 수령으로 나갔다가 곧 감찰어사(監察御使)가 되었다. 1126년(인종 4) 추밀원동지사(樞密院同知事)로 왕명을 받들어 이자겸과 그 일당을 소탕하였으며, 그 공으로 위사공신(衛社功臣)에 책록되었다.

김헌정(金憲貞, 생몰년미상) : 신라의 왕족이다. 원성왕의 손자이며 이찬 김예영(金禮英)의 아들이다. 836년 아들이 희강왕으로 즉위함에 따라 익성대왕(翼成大王)으로 추봉되었다. 그의 자손은 희강왕 이후 경문왕・헌강왕・정강왕・진성여왕・효공왕으로 왕위를 계승하여, 그의 형 김균정(金均貞)의 자손과 왕위계승권을 놓고 대립하였다.

김효방(金孝芳, 생몰년미상) : 신라의 왕족이다. 선덕왕(宣德王)의 아버지이며 각간(角干) 김원훈(金元訓)의 아들로 내물왕의 9세손이다. 부인은 성덕왕의 딸 사소부인(四炤夫人) 김씨이며 관등은 파진찬에 이르렀다. 780년 아들 김양상(金良相)이 선덕왕으로 즉위함에 따라 개성대왕(開聖大王)으로 추존되고, 그의 부인은 정의태후(貞懿太后)로 추봉되었다.

김효양(金孝養, 생몰년미상) : 신라의 왕족이다. 원성왕의 아버지이며 내물왕의 11세손이다. 아들 김경신(金敬信)은 후사 없이 죽은 선덕왕의 뒤를 이어 785년 원성왕으로 즉위하였다. 그의 후손은 번성하여 아들 원성왕을 포함한 이후의 신라 19명의 왕 중 16명(제53・54・55대 왕 제외)이 그의 자손이었다.

김후직(金后稷, 생몰년미상) : 신라 진평왕 때의 충신이다. 지증왕의 증손으로, 진평왕을 섬겨 이찬으로 병부령(兵部令)을 지냈다. 왕이 사냥을 즐겨 정사를 소홀히 하므로 죽어서 왕이 사냥을 다니는 길목에 묻혀 왕이 잘못을 깨닫게 하였다고 한다.

김훈(金訓, ?~1015) : 고려 전기의 무신이다. 거란이 침입하여 통주(通州)에서 크게 패하자 정예군을 매복시켜 기습하였다. 황보유의(皇甫兪義)와 장연우(張延祐)가 경군(京軍)의 영업전(營業田)으로 녹봉의 부족을 충당하려 하자 군사를 이끌고 궁궐로 들어가 이들을 귀양보내고 정사를 좌우하였다. 서경 장락궁(長樂宮) 잔치 때 주살되었다.

김흔(金忻, 1251~1309) : 고려 후기의 무신이다. 본관은 안동으로, 음서로 등용되어 판관(判官)을 거쳐 정4품 장군에 올랐다. 탐라에서 삼별초(三別抄)를 토벌하고 일본원정에 참여하였다. 합단(合丹)이 침입하자 이를 연기(燕岐)와 죽전(竹田)에서 섬멸하였다.

김흠순(金欽純, 생몰년미상) : 신라의 장군이다. 화랑으로서 인덕과 신의가 깊어 존경을 받았고, 삼국통일에 큰 역할을 하였으며, 당나라와의 외교 관계를 회복하는 데 힘썼다.

김희제(金希磾, ?~1227) : 고려 후기의 장군이다. 금나라 군대가 서북 지방에 침입하자 그를 물리치고, 압록강을 건너 석성(石城)을 공략하여 항복을 받는 등 국토 방어에 공을 세웠다.

나세순(羅世巡, ?~1379) : 고려 말기의 무신이다. 공민왕 초에 판각문사(判閣門事)를 거쳐 상호군(上護軍)으로서 최영 휘하에 종군하였다. 1363년(공민왕 12) 흥왕사(興王寺)의 변을 맞아 공을 세워 1등공신에, 이어 추성익위공신(推誠翊衛功臣)에 책록되고 개성윤(開城尹)에 특진되었다. 서북면부원수(西北面副元帥)로 동녕부(東寧府)를 공격하였고 예성강 · 진주 반성현(班城縣) 등지에서 왜구를 격퇴하였다.

나유(羅裕, ?~1292) : 고려 후기의 무장이다. 본관은 금성(錦城), 자는 철준(哲準)이다. 진도에서 삼별초(三別抄)를 진압하였고 원나라가 일본을 정벌할 때 원나라 장수 홀돈(忽敦) 휘하에서 종군하였다. 합단(哈丹)이 동북변경을 침범하였을 때 여러 차례 공을 세웠다.

나흥유(羅興儒, 생몰년미상) : 고려 공민왕(재위 1351~1374) 때의 무신이다. 본관은 나주, 호는 중순당(中順堂)이다. 고려와 중국 지도를 만들고 여러 왕조의 흥망과 국토 변천 · 연혁을 자세히 기록하여 왕에게 바쳤다. 통신사(通信使)로 일본에 건너가 왜구 출몰을 금하도록 요구하다 간첩 혐의로 구속되었다.

낙랑공주(樂浪公主, 생몰년미상) : 고려 태조의 장녀이자 신라 경순왕의 아내이다. 신란궁부인(神鸞宮夫人)이라고도 한다. 경순왕이 고려에 항복하자 공주를 그의 아내로 삼게 하였다.

남려(南閭, 생몰년미상) : 위만조선 말기의 예족(濊族 : 薉族) 군장이다. 당시 예족사회는 위만조선으로부터 상당한 간섭을 받고 있던 처지였으므로, 위만조선의 압력에서 벗어나기 위하여 BC 128년에 휘하의 28만 명과 함께 한나라에 투항하였다.

남옥(藍玉, ?~1393) : 명나라 초기의 무장이다. 서번(西蕃) · 원나라의 나하추[納哈出]를 정벌하였고 촉나라 · 원 순제의 아들 토구스 테무르[脫古思帖木兒] · 후광[湖廣] 만족의 반란 등을 토벌하였고 서번의 한둥[罕東] 땅을 경략하였다.

남은(南誾, 1354~1398) : 고려 말 · 조선 초의 문신이다. 본관은 의령, 시호는 강무(剛武)이다. 공민왕 때 문과에 급제하고, 우왕 때 사직단직(社稷壇直)이 되었다가 삼척(三陟)에서 왜구를 격퇴한 공으로 사복시정(司僕侍正)이 되었다. 이성계의 위화도회군에 동조하여 후에 이성계 일파로 활약하였다. 조선 개국에 공을 세웠다 하여 개국(開國) 1등공신에 책록되었다.

남재(南在, 1351~1419) : 조선 초의 개국공신이다. 개국공신(開國功臣) 1등에 책록되고 의성군(宜城君)에 봉해졌다. 후에 경상도도관찰사(慶尙道都觀察使) · 우의정 · 영의정 등을 지냈다.

남평군(南平君, ?~1394) : 왕화와 동일인물이다. → 왕화

남해왕(南解王, ?~24) : 신라의 제2대 왕(재위 4~24)이다. 박혁거세의 장남으로 박혁

거세의 뒤를 이어 즉위하였다. 6년에 시조의 능을 조영하였고, 8년에 석탈해(昔脫解)가 뛰어난 인물임을 알고 그를 사위로 삼았으며, 10년에 그를 대보(大輔)에 임명하여 정사를 맡겼다. 사릉원(蛇陵園)에 장사지냈다.

납합출(나하추[納哈出], ?~1388) : 원나라 및 명나라의 무장이다. 동북면 쌍성(雙城)을 치고자 침입하였으나 이성계가 이끄는 고려군에게 참패하고 달아났다. 북원이 세워진 후, 고려와 화친을 맺었고 후에 명나라에 항복, 운남(雲南 : 윈난)정벌에 나섰다.

내물왕(奈勿王, ?~402) : 신라의 제17대 왕(재위 356~402)이다. 성은 김씨로 각간 말구(末仇)의 아들이고, 어머니는 휴례부인(休禮夫人) 김씨이다. 비는 미추왕의 딸인 보반부인(保反夫人) 김씨이다. '마립간'이라는 왕의 칭호를 처음 사용하였다. 이때부터 신라에서 한자를 사용하기 시작하였으며 김씨가 왕위를 세습하였다.

내호아(來護兒, 생몰년미상) : 수나라의 수군사령관이다. 612년(영양왕 23)에 수 양제가 대군을 이끌고 고구려를 침략할 때, 내호아를 수군의 최고지휘관으로 삼고 산동성(山東省) 등주(登州)에서 대동강구(大同江口)로 진격하여 평양성에 이르게 하였다.

노국공주(魯國公主, ?~1365) : 노국대장공주와 동일인물이다. → 노국대장공주

노국대장공주(魯國大長公主, ?~1365) : 고려 공민왕의 비이다. 원나라의 황족인 위왕(魏王)의 딸로, 이름은 보탑실리(寶塔實里)이다. 1349년(충정왕 1) 원나라에서 공민왕과 결혼하고 1351년 말 공민왕과 함께 고려에 왔다. 1365년(공민왕 14)에 난산(難産)으로 죽었다.

노선(盧瑄, ?~1374) : 고려 말기의 내시이다. 공민왕이 자제위(子弟衛)를 설치하고 미소년을 뽑을 때 거기에 소속되어 환관 최만생(崔萬生) 등과 공모하고 공민왕을 시해하였다.

노영서(盧永瑞, 생몰년미상) : 고려 말기의 무신이다. 충혜왕의 총신으로 충숙왕이 복위되자 축출되었다. 1339년 충숙왕이 죽은 뒤 다시 충혜왕과 함께 원나라에 붙잡혀갔다가 왕이 복위・환국하자 1등공신에 책록되었다.

노원순(盧元純, 생몰년미상) : 고려 후기의 무신이다. 1216년(고종 3) 8월 몽고군에 쫓긴 거란의 장수 걸노(乞奴) 등이 압록강을 건너와 여러 주와 진을 공략하자, 중군병마사(中軍兵馬使)로서 대장군(大將軍) 김취려(金就礪) 등과 함께 출전하여 적을 크게 무찔렀다.

노인수(盧仁綏, ?~1227) : 고려 후기의 무신이다. 1216년(고종 3) 삭주분도장군(朔州分道將軍)으로 있을 때 거란 금산왕자(金山王子) 휘하의 수만 군사가 침입해 왔으나 절에서 불공만 드리다가 성을 버리고 서울로 패주, 최충헌의 분노를 사 삭직되었다. 주연지(周演之)와 함께 최우(崔瑀)를 죽이려고 모의한 사실이 탄로나, 최우에게 살해되었다.

노인우(盧仁祐, 생몰년미상) : 고려 희종 때의 문신이다. 최충헌의 인척이었던 그는 거짓으로 미친 체하며 최충헌의 잘못을 여러 차례 고하였다.

노책(盧頙, ?~1356) : 고려 후기의 세도가이다. 평양공(平陽公) 왕현(王昡)의 딸 경녕옹주(慶寧翁主)와 결혼하여, 충목왕 때 좌정승(左政丞)이 되고 경양부원군(慶陽府院君)에 책봉되었다. 1355년(공민왕 4) 딸이 원나라 태자비가 되자 원나라 집현전학사(集賢殿學士)로 임명되어 권세를 부렸으나, 기철(奇轍) · 권겸(權謙) 등과의 역모가 탄로나 주살되었다.

녹진(祿眞, 생몰년미상) : 신라의 무장 · 정치가이다. 23세 때 벼슬에 올라, 818년(헌덕왕 10) 집사시랑(執事侍郎)이 되었다. 상대등 김충공(金忠恭)이 인사문제로 고심한 나머지 병으로 은퇴하자, 직언(直言)으로 그를 설득하여 다시 벼슬에 나가게 하였다. 822년 웅천도독(熊川都督) 김헌창(金憲昌)의 반란 때는 관군을 이끌고 출전하여 공을 세웠다.

눌지왕(訥祗王, ?~458) : 신라의 제19대 왕(재위 417~458)이다. 성은 김씨로, 눌지마립간이라고도 한다. 아버지는 제17대 내물왕이며, 제18대 실성왕의 딸을 비로 맞았다. 자신을 해치려는 실성왕을 제거하고 왕위에 올랐다. 우차법(牛車法)을 제정하였으며 백제와 공수동맹(攻守同盟)을 맺어 고구려를 공격하였다.

다루왕(多婁王, ?~77) : 백제의 제2대 왕(재위 28~77)이다. 시조 온조왕의 원자(元子)이다. 38년 흉년이 들자 양조(釀造)를 금지하였다. 여러 차례 침입해 온 북방의 말갈족을 격퇴하고, 56년 우곡성(牛谷城)을 쌓아서 말갈족의 침입에 대비하였다. 한편 신라와도 자주 충돌하였으며, 66년 신라의 와산성(蛙山城)을 점령하는 등 영토를 넓혔다.

다물후(多勿侯, 생몰년미상) : 송양과 동일인물이다. → 송양

단군(檀君, 생몰년미상) : 한민족의 시조로 받드는 고조선의 첫 임금이다. 그에 관한 우리나라의 첫 사서 기록은 『삼국유사』에 전한다. 천제(天帝)인 환인(桓因)의 손자이며, 환웅(桓雄)의 아들로 아사달(阿斯達)에 도읍을 정하고 단군조선을 개국하였다고 전한다.

달가(達賈, ?~292) : 고구려의 왕족으로, 봉상왕의 숙부이다. 280년(서천왕 11) 고구려에 침범한 숙신(肅愼 : 여진)을 격파하여 민가 600여 호를 부여 남쪽으로 옮기고 큰 부락 6, 7개소를 복속하였으며, 숙신의 부락들을 통할하였다. 그 공으로 안국군(安國君)에 봉해지고 아울러 숙신과 양맥의 여러 촌락을 통솔하게 되었다. 백성들의 신망이 높아지자 292년 이를 시기한 봉상왕에 의하여 죽임을 당하였다.

담릉(淡凌, 생몰년미상) : 신라 문무왕 때 김원술(金元述)의 보좌관이다. 672년(문무왕 12) 당나라 장수 고간(高侃)과 이근행(李謹行)이 군사를 거느리고 와서 백수성(白水城 : 재령)을 치려 할 때 신라 구원군의 비장(裨將)이었던 김유신의 아들 김원술을 따라 보좌역으로 출진하였다.

대량군(大良君, 992~1031) : 고려 현종과 동일인물이다. → 현종

대무신왕(大武神王, 4~44) : 고구려의 제3대 왕(재위 18~44)이다. 이름은 무휼(無恤)이

며, 유리왕의 제3남이다. 14년(유리왕 33) 태자로 책봉되어 군국정사(軍國政事)를 맡아보다가 유리왕이 죽은 뒤 즉위하였다. 22년(대무신왕 5) 동부여를 공격하여 대소왕(帶素王)을 죽이고, 26년 개마국(蓋馬國)을 쳐서 이를 병합하여 국토를 살수(薩水) 이북까지 확대하였다.

대무예(大武藝, ?~737) : 발해 무왕과 동일인물이다. → 무왕

대문(大文, ?~684) : 보덕국(報德國)의 장군이며, 왕인 안승(安勝)의 조카이다. 신라가 통일 후 고구려 유민들로 이루어진 보덕국을 폐지하려 하자 이에 반발하여 반란을 꾀하다 죽었다.

대연림(大延琳, 생몰년미상) : 발해 부흥국인 흥료국(興遼國)의 왕이다. 발해의 시조 대조영의 후손으로, 요나라의 동경(東京 : 랴오양) 사리군상은(舍利軍詳隱)으로 있었다. 1029년 동경에서 난을 일으키고 왕이 되어 국호를 흥료(興遼), 연호를 천경(天慶)이라 하였다. 요나라의 공격을 받고 고려에 원병을 청하였으나 거절당하고 이듬해 요나라에 의해 멸망당하였다.

대조영(大祚榮, ?~719) : 발해 고왕과 동일인물이다. → 고왕

덕남(德男, 생몰년미상) : 고구려의 마지막 왕인 보장왕의 아들이다. 고구려는 668년(문무왕 8) 나당연합군의 공격으로 평양성전투에서 대패하였다. 이 전투의 패배로 인해 덕남은 아버지인 보장왕, 형인 태자 복남(福男)과 대신 등 포로 20여만 인과 함께 당나라 장수인 이적(李勣)에게 이끌려 당나라에 포로로 갔다.

덕녕공주(德寧公主, ?~1375) : 고려 충혜왕의 비이다. 원나라 진서무정왕(鎭西武靖王)의 딸로, 몽골이름은 이렌첸빤[亦憐眞班]이다. 충혜왕과 결혼하여 충목왕과 장녕옹주(長寧翁主)를 낳았으며, 충목왕과 충정왕을 도와 국정을 처리하였다.

덕복(德福, 생몰년미상) : 신라의 학자로, 벼슬은 대나마에 이르렀다. 674년(문무왕 14) 당나라에 가서 역술(曆術)을 배우고 돌아와 당나라에서 사용하는 이순풍(李淳風)의 인덕력(麟德曆)을 채용하게 하였다. 국초부터 역서(曆書)를 사용하기는 하였으나 법으로 규정하지 않고 있던 신라에서 이때부터 신력(新曆)의 사용이 법제화되었다.

덕종(德宗, 1016~1034) : 고려의 제9대 왕(재위 1031~1034)이다. 자는 원량(元良), 이름은 흠(欽)이며 현종의 장남이다. 압록강구부터 동해안의 도련포(都連浦)까지 천리장성을 축성하게 하여 동여진인과 거란인들의 투항이 속출하였다. 국자감시(國子監試)를 실시하고 왕가도(王可道)를 감수국사(監修國史)로, 황주량(黃周亮)을 수국사(修國史)로 삼아 현종 때 시작한 국사편찬사업을 완성하였다.

덕지(德智, 생몰년미상) : 신라의 장군이다. 463년(자비왕 6) 왜구가 삽량성(歃良城 : 양산)에 침입하자 벌지(伐智)와 함께 복병(伏兵)전술로 이를 격퇴하였고 그 공으로 우장군(右將軍)이 되었다. 476년(자비왕 19) 재침입한 왜구를 요격하여, 200여 명을 잡아 죽이고 크게 이겼다. 495년(소지왕 17)에는 고구려 군사가 백제의 치양성(雉壤城)을 포위 공략하자 이를 구원하였다.

덕흥군(德興君, 생몰년미상) : 왕혜와 동일인물이다. → 왕혜

도길부(都吉敷, ?~1388) : 고려 말기의 문신이다. 본관은 성주이다. 우왕 때 대언(代言)을 거쳐 제조정방(提調政房)을 지냈으며 방자하게 굴다가 좌천되었으나, 인척인 이인임(李仁任)의 비호 아래 다시 찬성사(贊成事)로 승진되었다. 이인임(李仁任) 일당이 숙청될 때 함께 처형되었다.

도림(道琳, 생몰년미상) : 고구려의 승려이다. 장수왕의 첩자로 백제에 들어가 바둑으로 개로왕의 신임을 얻고 백제의 내정을 살피는 동시에 개로왕을 설득하여 토목공사를 크게 일으켜 재정과 민생을 곤궁에 빠뜨렸다. 그후 장수왕 63년(475) 왕으로 하여금 백제를 쳐서 한성을 함락하고 개로왕을 죽이게 하였다.

도미(都彌, 생몰년미상) : 백제 개루왕(재위 128~166) 때의 평민이다. 가난하지만 의리가 깊었으며 그 아내는 미인인데다가 절개가 굳기로 이름이 있었다. 아내의 굳은 절개에 대한 이야기가 『삼국사기』에 수록되어 있다.

도선(道詵, 827~898) : 신라 말기 동리산문(桐裏山門)의 승려이다. 풍수지리설을 체계화시킨 풍수지리설의 대가로, 특히 태조 왕건의 탄생을 예언하였다. 도선의 비보사탑설(裨補寺塔說)은 「훈요십조」 가운데도 명시되어 있어 후대에 많은 영향을 끼쳤다.

도조(度祖, 생몰년미상) : 조선 태조 이성계의 할아버지이며 익조(翼祖 : 이행리)의 아들이다. 이름은 춘(椿)이고, 어릴 때 이름은 선래(善來)이다. 후처인 조씨가 조휘(趙暉)의 손녀이므로 처가의 정치세력을 이용하려는 목적과 함께 농업과 목축에 편리한 점 때문에 의주에서 화주(和州 : 함흥)로 옮겨 살았다. 이것은 후계자 쟁탈전을 일으키는 계기가 되었다. 능은 함흥에 있는 의릉(義陵)이다.

돌고(咄固, ?~293) : 고구려의 왕족이다. 아버지는 서천왕이고, 봉상왕의 동생이다. 봉상왕으로부터 의심을 받아 죽임을 당하였다.

동륜(銅輪, ?~572) : 신라 진흥왕의 태자였으나 왕위에 오르지 못하고 사망하였다. 이에 아우 사륜(舍輪 : 금륜)이 왕위를 계승하여 진지왕이 되었으나, 즉위 4년 만에 정치가 문란하고 음탕하다는 이유로 왕위에서 쫓겨나고, 동륜의 아들 백정(白淨)이 진평왕으로 즉위하였다.

동명성왕(東明聖王, BC 58~BC 19) : 고구려의 제1대왕(재위 BC 37~BC 19)이다. 『삼국사기』에 따르면 동부여의 금와왕이 데려 온 하백(河伯)의 딸 유화(柳花)가 낳은 알에서 주몽이 나왔다고 한다. 금와왕의 장자 대소(帶素) 등 일곱 왕자 및 여러 신하들이 시기해 죽이려 하자, 유화 부인의 뜻을 따라 화를 피하여 졸본부여(卒本扶餘)로 남하하여, BC 37년 나라를 세워 국호를 고구려라 하고, 성을 고(高)라 하였다.

동성왕(東城王, ?~501) : 백제의 제24대 왕(재위 479~501)이다. 이름은 모대(牟大) 또는 마제(麻帝)·여대(餘大)이다. 신진세력을 등용하여 왕권을 강화하고자 하였으며 남제(南齊) 및 신라와 우호적인 관계를 맺어 고구려를 견제하였다. 집권 말기에는 신진세력을 견제하려 하였으나 도리어 신진세력의 반발을 사 위사좌평(衛士佐

平) 백가(苩加)에 의해 살해되었다.

동천왕(東川王, 209～248) : 고구려의 제11대 왕(재위 227～248)이다. 이름은 우위거(憂位居), 초명은 교체(郊彘)로 산상왕의 아들이다. 동양왕(東襄王)이라고도 한다. 위나라와 우호적인 관계로 지내며 위나라를 도와 공손연(公孫淵) 세력을 멸망시켰다. 위나라와 국경을 접하게 되면서 압력이 거세져 서안평(西安平)을 선제공격하였으나, 유주자사(幽州刺史) 관구검(毌丘儉)의 반격으로 환도성(丸都城)이 함락되어 북옥저로 피난하고 평양성으로 일시 천도하였다.

두경승(杜景升, ?～1197) : 고려 후기의 장군이다. 만경두씨(萬頃杜氏)의 시조이며 배운 것은 없으나 뛰어난 용기로 공학군(控鶴軍)으로 뽑혔다. 1170년 정중부(鄭仲夫)의 난 때 크게 활약하였고, 1173년(명종 3) 김보당(金甫當)의 난을 평정하였다. 그 공으로 장군이 되었고 서북면병마부사(西北面兵馬副使)가 되었다. 이듬해 조위총(趙位寵)이 난을 일으키자 평정하여 삼한후벽상공신(三韓後壁上功臣)이 된 뒤, 이의민(李義旼)과 함께 문하시중(門下侍中)으로 승진하였다.

마라난타(摩羅難陀, 생몰년미상) : 백제에 최초로 불교를 전하였다는 인도의 승려이다. 384년(침류왕 1)에 진(晉)나라를 거쳐 백제에 들어와 불법(佛法)을 크게 전파하였다. 이때부터 백제에 불교가 시작되었다. 그에 관한 상세한 기록은 남아있지 않다.

마려(馬黎, 생몰년미상) : 백제 건국설화에 등장하는 10신(十臣) 가운데 한 사람이다. 비류(沸流)·온조(溫祚) 형제가 고구려로부터 남하할 때 동행하였다. 정착지를 선정할 때에는 미추홀(彌鄒忽)에 정착하려는 비류를 말리는 한편 하남위례성(河南慰禮城)에 도읍할 것을 청하였다. 백제 건국 후에는 온조를 보좌하였다.

마품(麻品, ?～291) : 가락국의 제3대 왕(재위 259～291)으로 마품왕(馬品王)이라고도 불린다. 성은 김씨로, 거등왕의 아들이며, 어머니는 모정부인(慕貞夫人)이다. 종정감(宗正監) 조광(趙匡)의 손녀인 호구(好仇)를 왕비로 맞았다. 태자 거질미(居叱彌)를 낳았다.

막근(莫勤, ?～148) : 고구려의 왕족이다. 태조왕의 장남으로, 148년(차대왕 3) 4월에 숙부인 차대왕이 보낸 사람에 의해 죽임을 당하였다.

막덕(莫德, ?～148) : 고구려의 왕족으로 태조왕의 제2남이다. 147년(차대왕 2)에 태조왕이 동생 수성(遂成) 차대왕에게 왕위를 물려주었는데, 이듬해 4월에 차대왕이 원자(元子)인 형 막근(莫勤)을 살해하였다. 막덕은 죽임을 당할까봐 스스로 목숨을 끊었다.

만덕(萬德, 생몰년미상) : 신라 진흥왕 때의 악사이다. 가야금의 비조(鼻祖) 우륵(于勒)에게 사사한 3제자 중 한 사람이다. 만덕은 춤을 배웠다.

만명(萬明, 생몰년미상) : 김유신의 어머니이다. 진흥왕의 아우 숙흘종(肅訖宗)의 딸이며 김서현(金舒玄)의 아내이다. 김유신을 엄격하게 교육하여 신라의 제일가는 인물로 길렀다.

만적(萬積, ?~1198) : 고려 신종 때의 사람으로 당시 집권자이던 최충헌의 사노비였다. 1198년(신종 1) 노비들을 모아 난을 일으키고자 모의하였으나, 한충유(韓忠愈)의 가노 순정(順貞)이 고변(告變)하여 백여 명의 노예들과 함께 붙잡혀 강물에 던져져 죽었다.

망이(亡伊, 생몰년미상) : 고려 후기 농민 반란의 지도자이다. 무신의 난 이후 사회가 혼란할 때, 같은 공주 명학소(鳴鶴所)의 천민 망소이(亡所伊)와 함께 1176년(명종 6)에 굶주린 농민을 모아 난을 일으켜 공주를 함락하였다. 당시 농번기라 도망가는 농민의 수가 증가하는 등 정세가 불리해지자 망이・망소이 등이 항복함으로써 1년 반 만에 난이 평정되었다.

명림답부(明臨答夫, 67~179) : 고구려의 재상이다. 165년(신대왕 1) 왕제(王弟) 백고(伯固)를 신대왕으로 옹립하였다. 이듬해 패자(沛者)로 승진되고, 고구려 최초의 국상(國相)이 되어 정치・병권을 도맡았다. 172년 현도태수(玄菟太守) 경림(耿臨)의 침입을 받자, 지구전 끝에 책략으로 좌원(坐原 : 요녕성)에서 격파하여, 왕으로부터 좌원・질산(質山)을 식읍으로 받았다.

명종(明宗, 1131~1202) : 고려의 제19대 왕(재위 1170~1197)이다. 이름은 호(晧)로, 1170년 무신의 난 이후 정중부(鄭仲夫) 등에 의해 왕위에 올랐으나, 1197년 최충헌에 의해 폐위되었다.

모니노(牟尼奴, 1365~1389) : 고려 우왕과 동일인물이다. → 우왕

모본왕(慕本王, ?~53) : 고구려의 제5대 왕(재위 48~53)이다. 이름은 해우(解憂)・해애루(解愛婁)이며 대무신왕의 아들로, 민중왕의 뒤를 이어 즉위하였다. 한나라 북평(北平) 등을 공격하였으나, 요동태수 채동(蔡彤)의 제의로 화친을 맺었다. 성품이 포악하고 정사를 돌보지 않아 백성들의 원성을 들었다.

모용성(慕容盛, 373~401) : 5호16국시대 후연(後燕)의 제3대 왕(재위 398~401)이다. 자는 도운(道運), 묘호는 중종(中宗), 시호는 소무제(昭武帝)이다. 387년에 후연의 모용수(慕容垂)에게 귀환하였고, 장락왕(長樂王)에 책봉되었다. 치세 내내 수많은 옥사를 일으켜 많은 공신과 종친들을 처형하였으며, 이러한 폭정으로 반란이 일어나기도 하였다.

모용외(慕容廆, 269~333) : 5호16국시대 전연(前燕)의 시조이다. 금주지방을 근거로 중국인 인재 등용하고 예제(禮制)를 정비하여, 유목적 생활양식과 문화가 중국화하였다. 선비의 단부(段部)・우문부(宇文部) 및 고구려를 격파하여 전연 건국의 기초를 이룩하였다.

모용황 (慕容皝, 297~348) : 5호16국시대 전연(前燕)의 제1대 왕(재위 337~348)으로, 모용외(慕容廆)의 아들이다. 337년 연왕이라 칭하고 조양(朝陽)에 도읍을 정하였다. 고구려를 격파하고, 시라무렌[西拉木倫]강 유역・북경(北京 : 베이징)・천진(天津 : 톈진) 북방에 미치는 대세력이 되었다

모용희(慕容熙, 385~ 407) : 5호16국시대 후연(後燕)의 마지막 왕(재위 401~407)이다. 자는 도문(道文), 시호는 소문제(昭文帝)이다. 402년부터 404년까지 고구려에게 숙군성(宿軍城), 연군(燕郡) 등을 공격당하고 요동 일대를 빼앗겼다.

목조(穆祖, ?~1274) : 조선 태조 이성계의 고조부로, 이름은 안사(安社)이다. 고종 때 지의주사(知宜州事)를 지내면서 선정을 베풀어 명망이 높았다. 원나라에 귀화하여, 남경 오천호(南京五千戶)의 다루가치[達魯花赤]가 되어 여진을 다스렸다. 조선 개국 후 목조에 추증되었고 능은 덕릉(德陵 : 함흥)이다.

목종(穆宗, 980~1009) : 고려의 제7대 왕(재위 997~1009)이다. 경종의 장남이며, 이름은 송(誦)이고 자는 효신(孝伸), 시호는 선양(宣讓)이다. 관리 봉급제도인 전시과(田柴科)를 개정하고 학문을 장려하는 등 치적이 많았으나, 후계자 문제로 강조(康兆)에게 피살되었다.

몽염(蒙恬, ?~BC 209) : 진(秦)나라의 장군이다. BC 221년 제나라를 멸망시킬 때 큰 공을 세웠다. BC 215년 흉노정벌 때 활약이 컸으며, 이듬해 만리장성을 완성하였다. 북쪽 변경을 경비하는 총사령관으로서, 상군(上郡 : 섬서성 부시현)에 주둔하였다. 시황제(始皇帝)가 죽자, 환관 조고(趙高)와 승상(丞相) 이사(李斯)의 흉계로 투옥되어, 자살하였다.

묘청(妙淸, ?~1135) : 고려 전기의 승려이다. 정심(淨心)이라고도 하며 서경 출생이다. 검교소감(檢校少監) 백수한(白壽翰)을 통하여 근신들과 접촉하여, 도참설(圖讖說)을 이용하여 중앙정계에 진출하였다. 서경 천도를 주장하였으나 개경 중신들의 반대로 좌절되었다. 이에 반란을 일으켰으나 부하에게 살해되었고 반란군은 김부식이 이끄는 관군에게 섬멸되었다.

무령왕(武寧王, 462~523) : 백제의 제25대 왕(재위 501~523)으로, 이름은 사마(斯摩)·융(隆)이다. 웅진으로 천도 후 혼란한 백제를 안정시키고 왕권을 강화하였다.

무열왕(武烈王, 604~661) : 신라 태종무열왕과 동일인물이다. → 태종무열왕

무왕(武王, ?~641) : 백제의 제30대 왕(재위 600~641)이다. 이름은 장(璋)이고 어릴 때는 서동(薯童)이라 불렸으며, 법왕의 뒤를 이어 즉위하였다. 신라와 자주 충돌하였고, 고구려 남진을 견제하였다. 수나라에 조공을 바치고, 친당책을 썼으며, 일본에 서적·불교를 전달하였다. 토목공사 등 낭비와 군대 동원으로 국력이 많이 소모되었다.

무왕(武王, ?~737) : 발해의 제2대 왕(재위 719~737)이다. 고왕 대조영의 아들로, 연호를 인안(仁安)이라 하였다. 일본과 수교하여 사신 왕래와 문물교환을 하는 한편, 무력을 양성하여 흑수말갈(黑水靺鞨)을 공격하였다. 발해를 배신한 아우 대문예(大門藝)를 당나라가 받아들이자, 당나라 등주(登州)를 공격하기도 하였다.

무왕(武王, ?~BC 1043?) : 주나라를 건국한 왕으로, 성은 희(姬)이고 이름은 발(發)이다. 주 문왕 희창(姬昌)의 제2남이므로 중발(仲發)이라고도 한다. BC 1046년 서쪽 제후

들을 규합하여 상나라를 멸망시키고 호경(鎬京)으로 도읍을 옮겼으며, 봉건제도를 실시하였다.

무제(武帝, BC 156~BC 87) : 전한(前漢)의 제7대 황제(재위 BC 141~BC 87)이다. 이름은 유철(劉徹), 자는 통(通)이며 묘호는 세종(世宗), 시호는 효무황제(孝武皇帝)이다. 유학을 바탕으로 국가를 다스렸으며 해외 원정을 펼쳐 흉노·위만조선 등을 멸망시켜 당시 중국 역사상 가장 넓은 영토를 만들어 전한의 전성기를 열었다. 한반도에 한사군 또는 한군현을 설치하기도 하였다.

묵호자(墨胡子, 생몰년미상) : 고구려의 승려이다. 신라의 일선군(一善郡)에서 굴을 파고 살다가 신라 공주의 병을 고쳐주어 왕으로부터 불법을 펼치도록 허락받았다. 한국인으로는 불교경전을 처음 배워온 아도(阿道)와 동일인이라는 설이 있다.

문공미(文公美, ?~1137) : 문공인과 동일인물이다. → 문공인

문공인(文公仁, ?~1137) : 고려 전기의 문신이다. 본관은 남평(南平), 초명은 공미(公美), 시호는 충의(忠懿)이다. 추밀원동지사(樞密院同知事)·판상서병부사 감수국사(判尙書兵部事監修國史) 등을 지냈다. 묘청의 서경천도설을 찬성하고 천거하였다. 묘청이 난을 일으키자, 그 토벌을 강력히 주장하였다.

문극겸(文克謙, 1122~1189) : 고려 후기의 문신이다. 본관은 남평(南平), 자는 덕병(德柄), 시호는 충숙(忠肅)이다. 1171년(명종 1) 우승선 어사중승(右承宣御史中丞)으로 많은 문신들을 화에서 구하고, 무신들의 고사의 자문에 응하였다. 용호대장군(龍虎大將軍)·상장군(上將軍)을 겸임, 문무겸직의 시초가 되었다. 권판상서이부사(權判尙書吏部事)에 이르렀다. 글씨에 뛰어났다.

문대(文大, ?~1231) : 고려 후기의 무신이다. 1231년(고종 18) 낭장(郞將)으로 서창현(瑞昌縣)에 있을 때, 몽골군 살리타[撒禮塔] 휘하 군사와 싸우다가 포로가 되었다. 몽골군에게 끌려 철주성(鐵州城)에 이르자 몽골군으로부터 성 안의 군사에게 항복을 권하라는 명령을 받았으나, 이를 거절하고 굴하지 말고 끝까지 항전하라고 외치다가 참살되었다.

문무왕(文武王, 626~681) : 신라의 제30대 왕(재위 661~681)이다. 성은 김, 이름은 법민(法敏)으로, 태종무열왕의 장남이다. 나당연합군으로 660년에 백제, 668년에 고구려를 멸망시켰다. 676년 당나라 세력을 몰아내고 삼국통일을 완수하였다.

문선왕(文宣王, BC 551~BC 479) : 공자를 가리킨다. 공자는 중국 고대의 사상가로, 유교의 시조이며 최고의 덕(德)을 인(仁)이라고 보았다. 739년에 당 현종이 문선왕이라는 시호를 추증하였다.

문성왕(文聖王, ?~857) : 신라의 제46대 왕(재위 839~857)으로, 신무왕의 아들이다. 당시는 신라의 쇠퇴기로 왕위를 둘러싼 귀족들의 다툼이 심하였는데, 문성왕 재위기간 동안 장보고의 반란을 비롯한 많은 모반이 일어났다.

문자왕(文咨王, ?~519) : 고구려의 제21대 왕(재위 491~519)이다. 장수왕의 손자로, 이

름은 나운(羅雲)이다. 497년 신라 우산성(牛山城), 512년에 백제 가불성(加弗城)·원산성(圓山城)을 점령하였다. 백제·신라의 연합작전으로 일진일퇴를 거듭하기도 하였다.

문적(文迪, ?~1196) : 고려 후기의 문신이다. 1187년(명종 17) 급사중(給事中)으로 있으면서 폐신(嬖臣) 조원정(曺元正)이 중서성(中書省)의 공해전(公廨田)을 탈점한 사건이 일어나자 그의 처벌을 주장하여 관철시켰다. 그러나 1196년 최충헌이 이의민(李義旼)을 죽이고 정권을 장악한 직후 참지정사(參知政事) 이인성(李仁成) 등 35명과 함께 인은관(仁恩館)에 갇혔다가 곧 죽임을당하였다.

문종(文宗, 1019~1083) : 고려의 제11대 왕(재위 1046~1083)이다. 이름은 휘(徽), 자는 촉유(燭幽), 시호는 인효(仁孝)이다. 공음전시법(功蔭田柴法)·양전보수법(量田步數法)·삼심제(三審制) 등 법률을 제정하여 내치에 힘썼다. 학문과 서도를 좋아하고 불교를 신봉하였으며, 유학도 장려하였다. 동여진의 침입을 토벌하고, 송나라의 선진문화를 수입하였다. 고려시대 중 가장 찬란한 문화황금기를 이룩하였다.

문주왕(文周王, ?~477) : 백제의 제22대 왕(재위 475~477)으로, 개로왕의 아들이다. 475년(개로왕 21) 고구려의 침입 때 신라의 원군을 이끌고 왔으나, 백제는 패퇴한 뒤였다. 즉위 후 웅진으로 천도하고, 국방에 힘을 쏟았다. 476년 탐라국(耽羅國)으로부터 조공을 받기도 하였으나, 나중에 병관좌평(兵官佐平) 해구(解仇)에게 실권을 빼앗겨 결국 해구의 하수인에게 살해되었다.

미사품(未斯品, 생몰년미상) : 신라 실성왕(재위 402~417) 때의 대신이다. 쓰시마[對馬]섬의 왜인이 내습하려고 한다는 정보를 들은 왕이 정예군으로 역습하려 하자, 정벌의 부당함을 임금에게 고하여 만류하였다.

미사흔(未斯欣, ?~433) : 신라의 왕족으로 내물왕의 제3남이다. 402년(실성왕 1) 신라가 일본과 강화를 맺자, 일본에 볼모로 잡혀갔다. 418년(눌지왕 2) 박제상(朴堤上)의 꾀로 일본에서 도망하였고, 이때 왕과의 우의를 찬양한 노래가 「우식곡(憂息曲)」이다. 박제상의 은혜에 보답하기 위해 그의 둘째 딸과 결혼하였다.

미천왕(美川王, ?~331) : 고구려의 제15대 왕(재위 300~331)이다. 이름은 을불(乙弗)·우불(憂弗)로, 국토 확장에 진력하였다. 현도군(玄菟郡)을 공격하여 요동 서안평(西安平)을 점령하고 313년 낙랑군을 멸망시켰다. 314년에는 대방군을 정벌하여 영토로 삼았다.

미추왕(味鄒王, ?~284) : 신라의 제13대 왕(재위 262~284)이다. 성은 김, 이름은 미조(未照)·미소(未召)로, 구도(仇道)의 아들이며 김알지(金閼智)의 6대손이다. 조분왕의 사위로 왕위에 올랐다. 267년과 283년 백제가 봉산성(烽山城)·괴곡성(槐谷城)을 각각 공격해왔으나 모두 격퇴하였다. 농업을 장려하는 등 내치(內治)에도 힘썼다. 대릉(大陵 : 竹長陵)에 장사 지냈다.

민애왕(閔哀王, ?~839) : 신라의 제44대 왕(재위 838~839)이다. 이름은 김명(金明)이며 원성왕의 증손이자 대아찬 김충공(金忠恭)의 아들이다. 838년 시중(侍中) 김이홍(金利弘)·배훤백(裵萱伯) 등과 함께 희강왕을 협박하여 자살하게 하고 스스로 왕이 되었다. 민애왕 즉위 후, 김우징(金祐徵)이 장보고의 힘을 빌려 쳐들어오자, 패하여 병사들에게 살해되었다.

민중왕(閔中王, ?~48) : 고구려의 제4대 왕(재위 44~48)이다. 이름은 해색주(解色朱)이며 유리왕의 아들이고, 대무신왕의 아우이다. 대무신왕이 죽었을 때 태자 해우(解優 : 모본왕)가 어리므로, 대신 즉위하였다. 유언에 따라 민중원(閔中原) 석굴에 장사 지냈다.

민합(閔郃, 생몰년미상) : 후백제에서 고려에 파견되었던 사신이다. 918년 6월 궁예가 몰락하고 왕건이 고려를 건국하자, 견훤은 그해 8월 일길찬 민합을 고려에 보내어 왕건의 즉위를 축하하였다. 이때 고려에서는 광평시랑(廣平侍郞) 한신일(韓信一) 등이 감미현(甘彌縣)에서 민합 일행을 맞이하고 이들을 후하게 대접하여 돌려보냈다고 한다.

민희(閔曦, 생몰년미상) : 고려 후기의 무신이다. 1231년(고종 18) 북계분대어사(北界分臺御史)로 있으면서 국경경비를 강화하고 몽골의 침략에 대비하였다. 최항(崔沆)이 정권을 잡자 1249년(고종 36) 섬으로 유배되었다.

박경량(朴景亮, ?~1320) : 고려 후기의 문신으로, 충선왕비 조비(趙妃)의 매서(妹壻)이다. 원나라 사신이 조비를 징계할 때 함께 원나라에 잡혀갔다. 충숙왕 때 흥례군(興禮君)에 봉해졌다. 충숙왕의 강남 귀양을 시종하다가, 왕이 무사하지 못할 것을 예측한 신하들이 도망치자 자살하였다.

박상충(朴尙衷, 1332~1375) : 고려 말기의 학자·문신이다. 본관은 반남(潘南), 자는 성부(誠夫), 시호는 문정(文正)이다. 신진유생으로서 친명파에 가담하여 이인임(李仁任) 등 친원파에 대항하였다. 경사(經史)·역학에 밝고 문장이 뛰어났다. 『사전(祀典)』을 썼다.

박서(朴犀, 생몰년미상) : 고려 후기의 무신으로, 본관은 죽산(竹山)이다. 1231년(고종 18) 서북면병마사(西北面兵馬使) 재임 시 몽골 장수 살리타[撒禮塔]가 구주(龜州)를 공격해 오자, 삭주분도장군(朔州分道將軍) 김중온(金仲溫) 등과 함께 1개월에 걸친 격전 끝에 물리쳐 구주성을 사수하였다. 이후 문하평장사(門下平章事)에 이르렀다.

박송비(朴松庇, ?~1278) : 고려 후기의 장군·충신이다. 삼별초(三別抄)를 앞세워 김준(金俊) 등과 함께 최씨정권을 무너뜨리고 정권을 왕에게 돌렸다. 위사공신(衛社功臣)·참지정사(參知政事)를 지냈다. 고종·원종·충렬왕 등 3대에 걸쳐 나라를 위해 큰 공을 세웠다.

박순필(朴純弼, ?~1191) : 고려 후기의 무신이다. 1170년 무신의 난 이후 능력을 인정받아 대장군(大將軍)에 올랐다. 1178년 청주에 사심관(事審官)으로 파견되었으나 임무를 원활히 마치지 못하여 파면되었다가 다시 상장군(上將軍)을 거쳐 병부상서

(兵部尙書)에 임명되었다.

박술희(朴述熙, ?~945) : 고려 전기의 무신이다. 면천박씨(沔川朴氏)의 시조로, 시호는 엄의(嚴毅)이며 대승(大丞) 득의(得宜)의 아들이다. 18세 때 궁예의 호위병이 되고, 뒤에 태조를 섬기면서 대광(大匡)이 되었다. 태조가 혜종을 태자로 책봉하는 데 도왔다.

박승종(朴承宗, 1562~1623) : 조선 후기의 문신이다. 본관은 밀양, 자는 효백(孝伯), 호는 퇴우당(退憂堂), 시호는 숙민(肅愍)이다. 광해군 때 우의정·좌의정·영의정에 오르고 밀양부원군(密陽府院君)에 봉해졌다. 윤인(尹訒) 일당이 인목대비(仁穆大妃)를 죽이려 할 때 죽음을 무릅쓰고 저지하고 폐모론에 반대하였다. 인조반정 때 자결하였다.

박양유(朴良柔, 생몰년미상) : 고려 전기의 문신이다. 시호는 광익(匡益)이다. 993년(성종 12) 거란의 소손녕(蕭遜寧)이 봉산군(蓬山郡)을 공략하자, 상군사(上軍使)로 북계에서 이를 막았다. 서희를 보내어 거란을 설복시켜 강동6주를 얻고, 소손녕(蕭遜寧)을 철병하게 하였다. 뒤에 예폐사(禮幣使)로 거란에 들어가, 조공(朝貢)할 것을 통고하였다.

박원도(朴元道, 생몰년미상) : 금관가야 좌지왕(재위 407~421) 때의 대신이다. 좌지왕이 미천한 신분인 용녀(傭女)를 왕비로 삼고 그녀의 인척들을 중용하여 나라가 위기에 빠지자, 극력 간언하여 왕의 잘못을 바로잡았다.

박위(朴葳, ?~1398) : 고려 말 조선 전기의 문신이다. 본관은 밀양이다. 처음에 우달치[迂達赤 : 임금의 신변 호위]로 등용되었다가 김해부사(金海府使)로 승진하였다. 요동정벌 때 이성계를 도와 위화도에서 회군하여 최영을 몰아내고 대마도 적선을 불태웠다. 이성계와 함께 창왕을 폐하고 공양왕을 옹립하였다. 조선 건국 후, 양광도 절도사로 왜구를 물리쳤으며, 제1차 왕자의 난 때 피살당하였다.

박의(朴儀, ?~1321) : 고려 후기의 총신(寵臣)이다. 사냥에 쓰이는 매와 개를 잘 부려 충렬왕의 총애를 받아 장군이 되었다. 충목왕비 장목왕후(莊穆王后)의 미움을 사서 유배되어 가산까지 몰수되었다가, 곧 풀려나와 우부승지(右副承旨)·좌복야(左僕射)·밀직부지(密直副知)를 지냈으며, 충선왕 때 밀양군(密陽君)에 봉해졌다.

박의중(朴宜中, 1337~1403) : 고려 말·조선 초의 문신이다. 본관은 원래 밀양(密陽)으로 문의박씨(文義)의 시조이다. 자는 자허(子虛), 호는 정재(貞齋), 초명은 실(實), 시호는 문경(文敬)이다. 우왕 때 명나라 사신으로 철령위 철폐를 교섭하여 이루었다. 공양왕 때 대두한 한양 천도설에 반대하였다. 태조 때 『고려사』 수찬에 참여하였으며, 성리학에 밝았고 문장이 우아하였다. 문집에 『정재집(貞齋集)』이 있다.

박인간(朴仁幹, ?~1343) : 고려 말기의 문신이다. 1320년(충숙왕 7) 충선왕이 원나라에서 환관 바이엔투구스[伯顔禿古思]가 수탈한 토지를 원래 주인에게 돌려주게 조처한 일로 토번으로 귀양을 가게 되자 배소(配所)까지 호종하였다. 충혜왕 때 왕제 강릉대군(江陵大君) 왕기(王祺 : 공민왕)의 사부로 원나라에 갔다.

박인계(朴仁桂, ?~1376) : 고려 말기의 장군이다. 1361년(공민왕 10)에 홍건적이 개경을 점령하였을 때 전지문주사(前知文州事)로서 개경을 수복하는 데 공을 세워 1363년 중랑장(中郎將)으로서 1등공신에 올랐다. 1375년(우왕 1)에 양광도안무사(楊廣道按撫使)를 역임하였다. 양광도원수(楊廣道元帥)로서 왜구와 싸우다 전사하였다.

박제상(朴堤上, 363~419) : 신라 눌지왕 때의 충신이다. 이름이 모말(毛末) 혹은 모마리질지(毛麻利叱智)로 기록되어 있기도 하다. 고구려와 왜에 건너가 볼모로 잡혀 있던 왕제들을 고국으로 탈출시켰으나 왜국 군에게 잡혀 유배되었다 살해당하였다.

박지량(朴之亮, ?~1292) : 고려 말기의 장군이다. 여원연합군이 일본을 정벌할 때 김방경(金方慶) 휘하의 중군병마지사(中軍兵馬知使)로 참전하여 공을 세워 상장군(上將軍)이 되었다. 삼사판사(三司判事) · 경상전라도도순문사(慶尙全羅道都巡問使) 등을 지냈다.

박진재(朴晉材, ?~1207) : 고려 후기의 무신이다. 최충헌의 조카로 1196년(명종 26) 대정(隊正)으로 있을 때, 최충헌의 아우 최충수(崔忠粹)와 함께 쿠데타를 일으켜 이의민(李義旼)과 그의 3족을 멸하여, 최충헌이 권력을 잡는 데 결정적인 역할을 하였다. 이후 명종 대신 신종을 옹립하는 데 큰 역할을 하여 형부시랑(刑部侍郞)이 되었다.

박충좌(朴忠佐, 1287~1349) : 고려 말기의 문신이다. 본관은 함양, 자는 자화(子華), 호는 치암(恥庵), 시호는 문제(文齊)이다. 전라도안렴사(全羅道按廉使) · 내서사인(內書舍人) · 밀직제학(密直提學) · 개성부윤(開城府尹) · 찬성사(贊成事) 등을 지냈다. 성품이 온후하고 검소한 대신으로 이름났다.

박혁거세(朴赫居世, BC 69~AD 4) : 신라의 시조(재위 BC 57~AD 4)이다. 박씨의 시조로 이름은 혁거세, 왕호(王號)는 거서간(居西干)이며 비는 알영부인(閼英夫人)이다. 고조선의 유민이 지금의 경상도 지방 산곡간에 흩어져 살면서 형성한 여섯 마을의 왕으로 국호를 서라벌(徐羅伐)이라 하였다. 6부를 순행하면서 백성에게 농잠을 권면하였다. AD 4년 73세로 죽자 담엄사(曇嚴寺) 북쪽의 사릉(蛇陵)에 장사 지냈다.

박효수(朴孝修, ?~1337) : 고려 후기의 관인이다. 본관은 죽산(竹山), 호는 석재(石齋)이다. 1317년(충숙왕 4) 왕으로부터 불신(不信)을 받던 윤신걸(尹莘傑)을 대신하여 이제현(李齊賢)과 함께 과거인 구재삭시(九齋朔試)를 주관하였다. 1321년 밀직부사(密直副使)가 되었고, 첨의평리(僉議評理) 백원항(白元恒) 등과 함께 원나라 중서성(中書省)에 충선왕의 환국(還國)을 청원하는 상서를 올렸다.

박희실(朴希實, 생몰년미상) : 고려 후기의 무신이다. 신의군낭장(新義軍郎將)으로 있으면서, 1258년(고종 45) 대사성(大司成) 유경(柳璥) · 낭장(郞將) 김준(金俊) 등과 모의하여 권신 최의(崔竩)를 죽이고 최씨 무신정권을 무너뜨렸다. 그 공으로 위사공신(衛社功臣)에 책록되었다.

반복해(潘福海, ?~1388) : 고려 우왕의 총신(寵臣)이다. 본관은 거제(巨濟), 자는 유술(有述), 호는 석암(石庵)이다. 1386년(우왕 12) 왕과 함께 옹진(甕津)으로 사냥을 갔을 때, 왕에게 달려드는 멧돼지를 활로 쏘아 구한 공으로 왕씨 성을 하사받고 수양아들이 되었다. 최영을 암살하려다가 실패하고 멸문의 화를 당하였다.

반야(般若, 생몰년미상) : 우왕의 생모로, 고려시대 신돈(辛旽)의 첩이다. 후사가 없는 공민왕이 반야가 낳은 아이, 모니노(牟尼奴)를 데려다 후사로 삼고 죽은 궁인 한씨(韓氏)를 어머니라 부르도록 하였다. 반야는 모니노가 우왕으로 즉위하자, 왕의 생모임을 주장하였다가 임진강에 던져져 죽임을 당하였다.

발기(發岐, ?~197) : 고구려의 왕족이다. 신대왕의 아들이며 고국천왕의 동생이다. 197년 고국천왕이 세자가 없이 죽자, 동생 연우(延優 : 산상왕)와 왕위쟁탈전을 벌이다가 패하여 요동으로 도망하였다. 태수 공손탁(公孫度)에게 군사를 빌려 본국의 산상왕을 치다가, 다시 패하자 자결하였다

방국진(方國珍, 1319~1374) : 원나라 말기의 군웅이다. 해적의 난에 편승하여 해상에서 반란을 일으켰다. 그 뒤 명나라에게 반항과 귀순을 되풀이하다가 항복하여 벼슬을 얻었다.

배구(裵矩, 557~627) : 수나라의 공신으로 북제(北齊)·북주(北周)·수·당의 4왕조에서 활약하였다. 수나라의 서역무역에서 지도적 역할을 하여 변경무역을 수도무역으로 바꾸었다. 고구려에게 조공을 바치게 하려다 실패한 것을 계기로 전쟁이 일어나 결국 수나라 멸망의 원인을 제공하였다.

배극렴(裵克廉, 1325~1392) : 고려 말·조선 초의 무신이다. 본관은 경산, 자는 양가(量可), 호는 필암(筆菴)·주금당(晝錦堂), 시호는 정절(貞節)이다. 고려 때 진주와 상주의 목사(牧使)·합포진첨사(合浦鎭僉使) 등을 지냈다. 이성계 휘하에 들어가 위화도회군을 단행하였고 공양왕을 폐하고 이성계를 추대하여 개국공신(開國功臣) 1등에 책록되었다

배주(拜住, 생몰년미상) : 고려 말기의 문신으로, 원나라의 귀화인이다. 한복(韓復)이라고도 한다. 원나라에서 제과(制科)에 장원, 추밀원부사(樞密院副使)에 이르렀다. 요동정벌 때 이성계를 따라와 고려에 귀화하고, 후한 대우를 받아 판사농시사(判司農寺事)의 벼슬과 성명을 하사받았다. 진현관대제학(進賢館大提學)에 이르렀다.

배중손(裵仲孫, ?~1271) : 고려 후기의 장군이다. 1270년(원종 11) 삼별초(三別抄) 반몽봉기의 지도자이다. 김방경(金方慶)에게 쫓겨 진도에서 항거하다가, 몽골군과 합세한 김방경의 공격에 섬멸되었다.

배현경(裵玄慶, ?~936) : 고려 초의 무신으로, 경주배씨의 시조이다. 초명은 백옥삼(白玉衫 : 白玉三), 시호는 무열(武烈)이다. 왕건을 추대하여 궁예를 몰아내고 고려를 세우게 하였다. 후삼국을 통일하는 데 공을 많이 세워 1등공신으로 녹훈되었다

백가(苩加, ?~501) : 백제 동성왕 때의 귀족이다. 동성왕을 살해하고, 가림성을 근거로 반란을 일으켰다. 새로 즉위한 무령왕의 공격을 받고 항복하였지만, 죽임을 당하고 그 시체는 백강(白江)에 던져졌다.

백고(伯固, 89~179) : 고구려 신대왕과 동일인물이다. → 신대왕

백문보(白文寶, 1303~1374) : 고려 말기의 문신이다. 본관은 직산(稷山), 자는 화보(和父), 호는 담암(澹菴)·동재(動齋), 시호는 충간(忠簡)이다. 중국 송나라의 십과취사(十科取士 : 과거에 10과를 두는 제도) 제도를 도입하도록 주청하고 승려의 허가제를 실시하게 하였다. 환안도감(還安都監)이 설치되자 이를 주관하였다.

백문절(白文節, ?~1282) : 고려 후기의 학자이다. 본관은 남포(藍浦), 자는 빈연(彬然)이다. 중서사인(中書舍人)·사의대부(司議大夫)·이부시랑(吏部侍郞)·보문각학사(寶文閣學士)·국자좨주(國子祭酒)·국학대사성(國學大司成) 등을 지냈다. 문장에 뛰어났다.

백수한(白壽翰, ?~1135) : 고려 전기의 일관(日官)이다. 1128년(인종 6) 검교소감(檢校少監)으로 서경에 파견되자, 묘청의 제자가 되어 서경천도를 주장하다가, 김부식 등의 반대로 뜻을 이루지 못하였다. 1135년 서경에서 묘청이 반란을 일으키자, 이를 토벌하러 출진하던 김부식에 의하여 정지상(鄭知常)·김안(金安) 등과 함께 참살되었다.

백영(白永, 생몰년미상) : 신라의 지방관이다. 826년(헌덕왕 18) 지금의 황해도 금천군(金川郡)인 우잠(牛岑)의 태수(太守)로 재임할 때 왕명을 받고, 한산(漢山 : 공주) 이북의 여러 주군(州郡)의 백성 1만 명을 동원하여 패강(浿江 : 대동강)에 300리의 장성(長城)을 쌓았다. 이는 발해를 견제하기 위한 조처였다.

백이정(白頤正, 1247~1323) : 고려 후기의 학자이다. 본관은 남포(藍浦), 호는 이재(彝齋)이다. 중국 연경(燕京 : 베이징)에서 주자학을 연구하여 고려에 성리학을 전파하는 데 공헌하였다. 충선왕 때 상의회의도감사(商議會議都監事)가 되었고 나중에 상당군(上黨君)에 봉해졌다.

벌휴왕(伐休王, ?~196) : 신라의 제9대 왕(재위 184~196)이다. 벌휴이사금(伐休尼師今)·발휘왕(發暉王)이라고도 한다. 탈해왕의 손자이며 각간 구추(仇鄒)의 아들이다. 처음으로 좌우군주의 군직을 신설하고 소문국(召文國)을 정벌하였으며, 주·군을 순행하여 민정을 살폈다. 백제와 자주 충돌하여 국경분쟁을 일으켰다.

범려(范蠡, 생몰년미상) : 춘추시대 말기의 정치가이다. 월나라 왕 구천(句踐 : 재위 BC 496~BC 465)을 섬겼으며 오나라를 멸망시킨 공신이었다. 이후 오나라를 떠나 제나라로 가서 재상에 올랐다.

범문호(范文虎, 생몰년미상) : 고려 후기 원나라의 장군이다. 1281년(충렬왕 7) 원나라의 제2차 일본정벌 때 원나라 홍다구(洪茶丘) 및 우승(右丞) 실도(實都)와 합세하여 10만 대군으로 이키[壹岐]섬·히라가[平賀]섬 등지에서 싸우다가 태풍으로 많은 군사를 잃고 패하였다.

법왕(法王, ?~600) : 백제의 제29대 왕(재위 599~600)이다. 이름은 선(宣)·효순(孝順)이며 혜왕의 장남이다. 재위년이 불과 2년이었으므로, 특별한 치적은 없다. 다만

불교를 독실하게 믿어 살생을 금하고, 민가에서 기르는 매를 모두 방생하게 하였으며, 사냥도구는 모두 수거하여 소각하였다고 한다. 왕흥사(王興寺)를 창건하기 위해 노력하였지만 뜻을 이루지 못하였다.

법지(法知, 생몰년미상) : 신라의 악사이다. 주지(注知)라고도 하며, 관등은 대나마이다. 552년(진흥왕 13) 왕명에 따라 가야국으로부터 투항해 온 우륵(于勒)에게 노래를 전수받았다.

법흥왕(法興王, ?~540) : 신라의 제23대 왕(재위 514~540)이다. 왕위에 오르자 시법(諡法)을 제정하고, 517년 병부(兵部)를 설치하였다. 520년 율령(律令)을 반포하여 백관(百官)의 공복(公服)을 제정하였으며, 521년 양나라와 국교를 열었다. 군사제도를 정비하고 불교를 공인하여 신라가 중앙집권적 국가 체제를 갖추도록 하였다.

변안열(邊安烈, ?~1390) : 고려 말기의 무신이다. 호는 대은(大隱)이며 본래 심양(瀋陽 : 선양) 사람이다. 원나라 말기 병란(兵亂)으로 심양에 가 있던 공민왕을 따라 고려에 들어와, 본관을 원주(原州)로 하사받았다. 홍건적을 격퇴하였고 최영과 함께 제주도를 정벌하였으며 왜구 퇴치에 공을 세웠다.

변중량(卞仲良, 1345~1398) : 조선 전기의 문신이다. 본관은 밀양, 호는 춘당(春堂)이다. 이성계의 이복형인 이원계(李元桂)의 사위이며 정몽주의 문인이다. 고려 말 문과에 급제하여 밀직사(密直使)를 지냈다. 1395년(태조 4) 이회(李薈) 등과 함께 조준(趙浚)·정도전·남은(南誾) 등의 독직을 비판하다 전중경(殿中卿)의 관직을 박탈당하였으나, 그해 복직되었다. 제1차 왕자의 난 때 정도전 일파로 몰려 참살당하였다.

보덕왕(報德王, 생몰년미상) : 안승과 동일인물이다. → 안승

보장왕(寶藏王, ?~682) : 고구려의 제28대 왕(재위 642~668)으로, 고구려의 마지막 왕이다. 이름은 장(臧)이며, 영류왕의 아우인 태양왕(太陽王)의 아들이다. 영류왕을 시해한 연개소문의 추대를 받아 왕위에 올랐다. 나당연합군의 침공으로 고구려가 멸망하자 당나라로 압송되었다. 고구려 부흥을 도모하다 사천성(四川省 : 쓰촨성)에 유배되었다.

보탑실련(寶塔實憐, ?~1315) : 계국대장공주와 동일인물이다. → 계국대장공주

보허(普虛, 1301~1382) : 고려 말기의 선종 가지산파(迦智山派)의 승려이다. 본관은 홍주(洪州), 속성은 홍(洪)이며, 호는 태고(太古), 시호는 원증국사(圓證國師), 탑호(塔號)는 보월승공(寶月昇空)이다. '9산(九山)의 원융(圓融)과 5교(五教)의 홍통(弘通)'에 진력하여 불교계 통합사업을 전개하였다.

복국장공주(濮國長公主, ?~1319) : 고려 충숙왕의 비이다. 몽골식 이름은 역련진팔랄[亦憐眞八剌]이며, 시호는 정화(靖和)이다. 원나라 영왕(營王) 애센티무르[也先帖木兒 : 세조의 제5남]의 딸이다. 1316년(충숙왕 3) 충숙왕이 원나라에 있을 때 결혼하여, 그해에 고려에 왔다.

복남(福男, 생몰년미상) : 고구려 제28대 보장왕의 태자로, 668년(보장왕 27)에 아버지

보장왕과 아우 덕남(德男), 대신 등 포로 20여만 명과 함께 당나라 장수인 이적(李勣)에게 이끌려 당나라에 포로로 갔다.

복신(福信, ?~663) : 백제의 무장이다. 의자왕의 사촌동생이며, 무왕의 조카이다. 660년(의자왕 20) 나당연합군이 공격해 오자 임존성(任存城)에서 항전하였고, 백제가 망하자 승려 도침(道琛)과 함께 주류성(周留城)에서 부흥 운동을 일으켰다. 왕자 부여풍(夫餘豊)을 옹립하여 당군에 막대한 손해를 주었으나 내분이 생겨 도침을 살해한 뒤 부여풍에게 죽임을 당하였다.

복지겸(卜智謙, 생몰년미상) : 고려의 개국공신·기병대장이다. 초명은 사괴(砂瑰)·사귀(沙貴), 시호는 무공(武恭)이며, 면천복씨(沔川卜氏)의 시조이다. 태봉의 마군(馬軍) 장수로 있다가 궁예가 횡포해져서 민심을 잃자 배현경(裴玄慶)·신숭겸(申崇謙)·홍유(洪儒) 등과 함께 궁예를 몰아내고 왕건을 추대하여 고려를 세우게 하였다. 그 뒤 장군 환선길(桓宣吉)·임춘길(林春吉)의 역모도 평정하는 등 큰 공을 세웠다.

복호(卜好, 생몰년미상) : 신라의 왕족이다. 내물왕의 아들이며 눌지왕의 동생으로, 보해(寶海)라고도 한다. 412년(실성왕 11) 볼모로 고구려에 잡혀가 있다가, 418년(눌지왕 2) 나마 박제상(朴堤上)의 외교 수완으로 풀려 함께 돌아왔다. 일본에 볼모로 잡혀 있던 형 미사흔(未斯欣)도 박제상의 꾀로 같은 해 도망쳐 귀국하였다.

봉가이(鳳加伊, 생몰년미상) : 고려 제32대 왕 우왕의 제7비이다. 노비 신분으로 후비가 되었다. 밀직부사(密直副使) 조영길(趙英吉)의 딸로, 어머니는 당시의 권신인 시중(侍中) 이인임(李仁任)의 노비로 알려져 있다. 1384년(우왕 10) 이인임의 건의로 후궁이 되었고, 곧 덕비(德妃)로 봉해졌다. 우왕의 총애가 매우 깊어 숙비(淑妃) 최씨와 총애 다툼을 벌이던 끝에 숙비의 친정 식구를 죽게 하였다. 위화도회군으로 우왕이 축출될 때 사가(私家)로 쫓겨났다.

봉상왕(烽上王, ?~300) : 고구려의 제14대 왕(재위 292~300)이다. 이름은 상부(相夫)·삽시루(歃矢婁)이며 치갈왕(雉葛王)이라고도 한다. 서천왕의 태자이다. 명신 창조리(倉助利)를 국상에 등용하여 연나라 모용외(慕容廆)의 침입을 격퇴하기도 하였으나, 차츰 사치와 방탕을 일삼아 결국 폐위되어 자결하였다.

부견(符堅, 338~385) : 전진(前秦)의 제3대 왕(재위 357~385)이다. 태학을 정비하고 학문을 장려하였으며, 농경을 활발히 일으켰다. 특히 한인학자 왕맹(王猛)의 보필로 국세를 크게 떨쳤고 전연(前燕)과 전량(前涼)을 멸하였다. 전진의 위세는 동쪽 고구려로부터 서쪽 타림분지 남서부의 호탄(Khotan)에까지 미쳤다.

부분노(扶芬奴, 생몰년미상) : 고구려의 장군이다. BC 32년(동명왕 6) 오이(烏伊)와 함께 태백산(太白山 : 白頭山) 남동쪽의 행인국(荇人國)을 정벌하여 그 곳을 성읍으로 삼고, BC 9년(유리왕 11)에는 변방을 괴롭히는 선비족을 쳐서 항복을 받았다. 그 공으로 정복한 땅을 식읍으로 주었으나 사양하였으므로 나라에서는 황금 30근과 양마(良馬) 10필을 상으로 내렸다.

부여연(夫餘演, 생몰년미상) : 백제의 왕족으로, 의자왕의 제4남이다. 백제가 나당연합군의 공격으로 멸망한 후, 의자왕과 함께 당나라로 끌려가 그곳에서 일생을 마쳤다.

부여융(夫餘隆, 615～682) : 백제의 왕족으로, 의자왕의 아들이다. 644년(의자왕 4) 태자에 책봉되었으나 나당연합군에 의해 왕성이 함락되자 신라군의 포로가 되었다가, 의자왕과 함께 당의 수도 낙양(洛陽 : 뤄양)으로 끌려갔다. 백제의 유민 복신(福信)·도침(道琛) 등이 부흥운동을 일으키자 이들을 무찌르고 웅진도독(熊津都督)이 되어 백제의 옛 땅을 다스렸다. 그 후 신라의 항당 정책으로 압박을 받다 당나라에 돌아가 죽었다.

부여풍(夫餘豊, 생몰년미상) : 백제의 왕족으로, 의자왕의 아들이다. 백제의 멸망 후 일어난 복신(福信)·도침(道琛) 등의 백제부흥군이 일본에 구원을 요청하자, 631년부터 일본에 체류하고 있던 풍은 일본의 원군을 거느리고 귀국하였다. 복신 등에 의해 왕으로 추대되었으나, 복신이 도침을 살해하고 왕까지 시해하려 하자 그를 죽이고 실권을 잡았다. 663년 백강전(白江戰)에서 백제부흥군과 일본의 구원군이 나당연합군에게 전멸당하자 고구려로 망명하였다.

부여효(夫餘孝, 생몰년미상) : 백제의 왕족으로, 의자왕의 장남이다. 나당연합군의 침공으로 백제가 멸망하였을 때, 의자왕과 함께 당나라에 끌려가 그곳에서 일생을 마쳤다.

분서왕(汾西王, ?～304) : 백제의 제10대 왕(재위 298～304)이다. 책계왕의 장남으로, 어려서부터 총명하고 외모가 준수하였으며, 부왕의 뒤를 이어 즉위하였다. 304년(분서왕 6) 낙랑군(樂浪郡)의 서현(西縣)을 공격하여 이를 점령하였으나, 그해 낙랑군의 태수가 보낸 자객에게 살해되었다.

비류(沸流, ?～BC 18?) : 고구려의 건국시조인 주몽의 아들이자 백제의 건국시조인 온조(溫祚)의 형으로 전한다.

비류왕(比流王, ?～344) : 백제의 제11대 왕(재위 304～344)이다. 제6대 구수왕의 제2남으로, 제10대 분서왕이 죽자 그의 아들이 아직 어려서 비류가 신민(臣民)의 추대를 받아 즉위하였다. 오랫동안 민간에서 생활하였으므로 서민의 실정을 잘 알아 선정을 베풀었다. 특히 자활할 수 없는 자에게는 곡식을 1인당 3섬씩 주었다.

비유왕(比有王, ?～455) : 백제의 제20대 왕(재위 427～455)이다. 구이신왕의 장남이며 개로왕의 아버지이다. 4부(四部)를 순시하고 가난한 백성에게 곡식을 내렸으며 국제 외교를 통한 친선에 힘썼다.

산상왕(山上王, ?～227) : 고구려 제10대 왕(재위 197～227)이다. 이름은 연우(延優)·이이모(伊夷模)로, 제8대 신대왕의 아들이며, 제9대 고국천왕의 동생이다. 고국천왕 사후 왕후 우씨(虞氏)에 의해 왕위에 올랐다. 서울을 환도(丸都)로 옮기고, 한나라 평주의 하요(夏瑤)가 1,000여 호를 거느리고 와서 항복하자 그들을 받아들였다.

살례탑(살리타[撒禮塔], ?～1232) : 몽골의 장수이다. 몽골 사신 차고여[札古與 : 著古與]가 고려인에게 살해된 것으로 의심해 공격해 왔으나 패하였다. 다시 군대를 정비하여 개경 성의문(省義門) 밖까지 침공하자 고려에서 사신을 보내어 강화하였다. 다루가치[達魯花赤]를 남겨 두고 돌아갔다가 처인성(處仁城)에 파견되어 있을 때 피살되었다.

삼근왕(三斤王, ?~479) : 백제의 제23대 왕(재위 477~479)이다. 즉위 뒤 나이가 어려 정사 일체를 좌평(佐平) 해구(解仇)에게 맡겼다. 478년(삼근왕 2) 해구가 은솔(恩率) 연신(燕信)과 대두성(大豆城)에서 반란을 일으키자 해구를 격살하고 연신이 고구려로 도망치자 그 처자를 잡아 웅진 거리에서 참수하였다.

서견(徐甄, 생몰년미상) : 고려 말・조선 초의 문신이다. 본관은 이천, 호는 여와(麗窩)이며 안향(安珦)의 문인이다. 조준(趙浚)・정도전을 탄핵하다 정몽주가 살해되자 장류(杖流)되고 조선 개국 후 풀려나 은거하였다. 고려의 망국을 읊은 시조가 전해진다.

서공(徐恭, ?~1171) : 고려 전기의 문신이다. 본관은 이천이고 명신 서희의 현손(玄孫)이다. 여러 벼슬을 거쳐 삼사판사(三司判事)・양계병마사(兩界兵馬使)・평장사(平章事)가 되었다. 항상 무신을 두둔하고 문신의 교만을 비난하여 정중부(鄭仲夫)의 난 때 화를 면하였다.

서긍(徐兢, 생몰년미상) : 송나라의 문신이다. 1123년(인종 1) 사신으로 고려에 들어와 개경에 1개월간 머무르다가, 귀국 후 『선화봉사 고려도경(宣和奉使高麗圖經)』을 지어 고려의 실정을 송나라에 소개하였다.

서순(徐醇, ?~1170?) : 고려 전기의 문신이다. 1163년(의종 17) 상서성좌승(尙書省左丞)으로 있다가 서북면병마사(西北面兵馬使)로 부임하였다. 1165년 중서문하성(中書門下省)의 우상시(右常侍)로 있으면서 국자감시(國子監試)를 주관하였고, 이듬해에는 예부상서(禮部尙書)로서 과거를 주관하였다. 1170년 이복기(李復基)의 모함으로, 지추밀원사(知樞密院事)에서 상서좌복야 판비서성사(尙書左僕射判秘書省事)로 좌천되었다.

서천왕(西川王, ?~292) : 고구려의 제13대 왕(재위 270~292)이다. 이름은 약로(藥盧)・약우(若友)로, 중천왕의 제2남이다. 숙신(肅愼)이 내침하자 이를 격퇴하고 단로성(檀盧城) 등 여러 성을 빼앗았다. 반란을 도모한 동생 일우(逸友)・소발(素勃) 등을 주살하였다.

서필(徐弼, 901~965) : 고려 전기의 관인으로, 서희의 아버지이다. 처음에는 서리로서 관직에 진출하여 벼슬이 내의령(內議令)에 이르렀다. 직언을 서슴지 않았으나, 광종의 개혁정책을 지지하여 신임을 받았다. 사후에 삼중대광 태사 내사령(三重大匡太師內史令)에 추증되었다.

서희(徐熙, 942~998) : 고려 전기의 외교가・문신이다. 960년(광종 11) 문과에 급제하여 광평원외랑(廣評員外郎)에 이어 내의시랑(內議侍郎)이 되었다. 거란의 내침 때 서경 이북을 할양하고 강화하자는 안에 극력 반대하여, 자진해서 국서를 가지고 적장 소손녕(蕭遜寧)과 담판을 벌여 거란군을 철수시켰다. 그 후 여진을 몰아내고 지금의 평북 일대의 국토를 완전히 회복하였다.

석조분(昔助賁, ?~247) : 신라 조분왕과 동일인물이다. → 조분왕

석천보(石天補, 생몰년미상) : 고려 후기의 근신이다. 본관은 충주로, 벼슬이 좌복야(左僕射)에 이르렀으며, 아버지 석주(石胄)·동생 석천경(石天卿)과 함께 왕의 총애를 받았다. 왕의 환심을 얻기 위해 각 도의 관비나 무당 중 인물이 곱거나 음악에 재주가 있는 자들을 뽑아 올리게 하였다. 아버지·동생과 함께 원나라로 끌려가 안서(安西 : 안시)에 유배되었다.

석탈해(昔脫解, ?~80) : 신라 탈해왕과 동일인물이다. → 탈해왕

선덕여왕(善德女王, ?~647) : 신라 최초의 여왕으로 제27대 왕(재위 632~647)이다. 이름은 덕만(德曼)이다. 선정을 베풀어 민생을 향상시켰고 구휼사업에 힘썼으며 불법 등 당나라의 문화를 수입하였다. 첨성대(瞻星臺)·황룡사 구층탑(黃龍寺九層塔)을 건립하는 등의 업적을 남겼다.

선덕왕(宣德王, ?~785) : 신라의 제37대 왕(재위 780~785)이다. 이름은 양상(良相)으로, 내물왕의 10대손이다. 혜공왕 때 이찬 김지정(金志貞)이 반란을 일으켰는데 이를 진압하였고, 난 중에 왕이 죽자 즉위하였다. 당나라에 조공을 바쳤고 검교태위 계림주자사 영해군사 신라왕(檢校大尉鷄林州刺史寧海軍使新羅王)의 봉작을 받았다.

선왕(宣王, ?~830) : 발해의 제10대 왕(재위 818~830)이다. 이름은 대인수(大仁秀)이며, 대조영, 즉 고왕의 아우인 대야발(大野勃)의 4대손으로 알려져 있다. 발해의 중흥군주로 해동성국이라는 칭호를 얻었다. 행정구역을 5경(五京) 15부(十五府) 62주(六十二州)로 개편하고 학술을 진흥시키는 등 전성기를 이루었다.

선종(宣宗, 1049~1094) : 고려의 제13대 왕(재위 1083~1094)이다. 자는 계천(繼天), 시호는 안성(安成)·사효(思孝)이며, 이름은 운(運), 초명은 증(蒸)·기(祈)이다. 문종과 인예태후(仁睿太后) 이씨의 제2남으로 태어났다. 군비를 강화하여 요나라의 침입에 대비하였으며 송나라의 제도를 받아들였다. 유학을 장려하였으나, 불교 또한 신봉하여 국청사(國淸寺)를 짓는 등 토목공사를 일으켜 백성들이 고통스러워하였다.

선현(禪顯, 생몰년미상) : 고려 말기의 승려이다. 신돈이 국정을 집권하던 시기에 왕사(王師)로 책봉되었다. 공민왕이 아홉 번 절을 하였는데 선 채로 받았다는 기록이 전해지는 것으로 보아, 왕 앞에서도 신돈의 세력만을 믿고 오만하였던 것으로 보인다.

설계두(薛罽頭, ?~645) : 신라에서 태어나 당나라에서 활약한 장군이다. 6두품 가문에서 출생하여 진골출신이 아니면 대신과 장군이 될 수 없는 자신의 처지를 억울하게 생각해서 당나라에 가 출세할 것을 다짐하였다. 621년(진평왕 43) 몰래 배를 타고 당나라에 건너갔으며, 645년 당 태종이 고구려를 치기 위해 출정할 때 좌무위과의(左武衛果毅)가 되었다. 요동 안시성 부근 주필산(駐蹕山) 밑에서 고구려 군대와 격전을 벌이다 전사하였다.

설수진(薛秀眞, 생몰년미상) : 신라 문무왕(재위 661~681) 때의 군사전략가이다. 6두품

출신일 것으로 짐작되며, 관등은 아찬에까지 올랐다. 진법(陣法)을 연구하여 특히 당나라의 이정(李靖)이 제갈량(諸葛亮)의 8진법에 의거하여 만든 6진병법(六陣兵法 : 六花陣法이라고도 함)에 조예가 깊었다. 이 병법은 대진(大陣)이 소진(小陣)을 싸고, 대영(大營)이 소영(小營)을 싸며 곡절(曲折) 상대하는 진법이었다.

설인귀(薛仁貴, 613~683) : 당나라 태종과 고종 때 활약한 장수이다. 고구려 정벌에 공을 세웠을 뿐 아니라 안동도호부(安東都護府)의 도호(都護)로서 한반도 침략 정책을 총지휘하였다.

설총(薛聰, 생몰년미상) : 신라의 학자로, 원효의 아들이다. 강수(强首)・최치원과 함께 신라의 3대 문장가로 꼽힌다. 이두를 집대성하였다.

성덕왕(聖德王, ?~737) : 신라의 제33대 왕(재위 702~737)이다. 초명은 천중(天中), 이름은 융기(隆基)・흥광(興光)이며, 신문왕의 제2남이고 효소왕의 친동생이다. 당나라와 활발한 외교 관계를 펼쳤으며 정전(丁田)을 실시하였다.

성왕(聖王, ?~554) : 백제의 제26대 왕(재위 523~554)이다. 이름은 명농(明穠)으로, 『일본서기(日本書紀)』에는 성명왕(聖明王)이라고도 기록되어 있다. 웅진에서 사비성(泗沘城)으로 천도하고 국호를 남부여(南夫餘)로 변경하였다. 지방통치조직 및 정치체제를 개편하여 왕권을 강화하고 대외적으로는 양나라 및 일본과 우호적인 관계를 유지하였다.

성종(成宗, 960~997) : 고려의 제6대 왕(재위 981~997)이다. 휘는 치(治), 자는 온고(溫古)이며 시호는 문의(文懿)이다. 내치・외교에서 많은 치적을 남겼다. 지방행정제도와 중앙관제의 개편을 통해 중앙집권적 정치체제를 정비하고 유교적 정치이념을 실현하고자 하였다. 요나라 군대가 침입하자 서희를 요군의 진영에 보내 외교담판으로 물러가게 하고 강동 6주를 얻어 영토를 확장하였다.

성충(成忠, 605~656) : 백제의 충신으로, 일명 정충(淨忠)으로도 불리운다. 의자왕 때 좌평(佐平)을 지내면서, 왕이 주색에 빠져 정사를 돌보지 않자 국운을 염려하여 극간(極諫)하다가 왕의 노여움을 사서 투옥되었다. 656년(의자왕 16) 옥중에서 외적의 침입을 예언하며 육로는 탄현(炭峴 : 沈峴)에서, 수로는 기벌포(伎伐浦 : 白江口)에서 적을 막으라는 유서를 남기고 죽었다.

성탕(成湯, 생몰년미상) : 상 탕왕과 동일인물이다. → 탕왕

소나(素那, ?~675) : 신라 문무왕 때의 장수이다. 아달성(阿達城)의 성주로 백성군(白城郡) 사산(蛇山 : 稷山) 출신이며, 심나(沈那)의 아들이다. 백제가 망한 뒤 한주도독(漢州都督) 유공(儒公)의 청으로 문무왕은 소나를 북쪽 변경의 아달성에 머물며 변경을 방어하도록 하였다.

소성왕(昭聖王, ?~800) : 신라의 제39대 왕(재위 799~800)이다. 이름은 준옹(俊邕)이며, 원성왕의 태자인 김인겸(金仁謙)의 아들이다. 태자인 김인겸이 왕위에 오르기 전에 요절하자 왕세손으로서 왕위를 계승하여 즉위하였으나, 재위 1년 7개월 만에

승하하였다. 이후부터 신라에서는 왕위 쟁탈전이 심해졌다.

소손녕(蕭遜寧, 생몰년미상) : 요나라의 장수이다. 이름은 덕(德) 또는 항덕(恒德)이다. 993년 군대를 이끌고 고려를 침공하였으나 서희와의 담판으로 강화(講和)를 한 뒤 철군하였다.

소수림왕(小獸林王, ?~384) : 고구려의 제17대 왕(재위 371~384)이다. 소해주류왕(小解朱留王)이라고도 하며 이름은 구부(丘夫)이다. 전진(前秦)으로부터 불교를 도입하고 태학을 설립하였으며, 율령을 반포하는 등 국가 체제를 정비하여 5세기 고구려 전성기의 기틀을 마련하였다.

소정방(蘇定方, 592~667) : 당나라의 무장이다. 이름은 열(烈), 자는 정방(定方)이며 하북(河北 : 허베이) 출생이다. 당 태종 때 동·서돌궐을 항복시켜 중앙아시아 여러 나라를 모두 안서도호부(安西都護府)에 예속시켰다. 나당연합군 대총관으로 신라군과 함께 백제를 멸망시키고 고구려 평양성을 공격하였으나 전세가 불리해지자 철군하였다.

소종(昭宗, 1338~1378) : 북원(北元)의 제2대 황제(재위 1370~1378)이다. 이름은 아이유시리다라[愛猷識里達臘]로, 원 순제의 아들이며 어머니는 고려인 기황후이다. 1368년 원나라가 명나라에 의하여 멸망하자 몽골 고원의 카라코룸(Karakorum)으로 도망가서 즉위하고 연호를 선광(宣光)이라 하였다.

소지왕(炤知王, ?~500) : 신라의 제21대 왕(재위 479~500)이다. 487년 나을(奈乙)에 신궁을 세웠고, 각 지방에 우편역을 설치하고 월성으로 옮겨 거주하였다. 495년 고구려가 백제의 치양성(雉壤城)을 포위 공격하자 원병을 보내 이를 구하였다. 그에 대한 보복으로 이듬해 고구려가 우산성(牛山城)을 침공하자 신라는 고구려군을 이하(泥河) 상류에서 격파하였다.

소태보(邵台輔, 1034~1104) : 고려 전기의 문신으로, 시호는 충겸(忠謙)이다. 1095년 수태위 문하시중(守太尉門下侍中)에 올랐고, 1103년 궤장(几杖)을 하사받았으며 수태부판호부서경유수사(守太傅判戶部西京留守使)가 되고, 문하시중이 된 후 치사하였다. 이듬해 수태사(守太師) 때 협모공신(協謀功臣)이 되었다. 숙종의 묘정에 배향되었다.

속명득(續命得, 생몰년미상) : 신라의 거문고 연주가이다. 거문고 연주의 대가 옥보고(玉寶高)의 제자이다. 생몰년이 미상이고 활동 내용도 알 수 없으나, 활동시기는 대개 제40대 애장왕(재위 800~808) 때로 추측된다.

손권(孫權, 182~252) : 중국 삼국시대 오나라의 제1대 왕이다. 자는 중모(仲謀), 시호(諡號)는 대황제(大皇帝)이다. 안휘(安徽 : 안후이), 호남(湖南 : 후난)을 비롯한 각 지방의 산월 민족과 그 밖의 이민족을 토벌 진무하고, 대만(臺灣 : 타이완)·해남(海南 : 하이난)섬 방면에도 원정군을 보냈으며, 요동(遼東 : 랴오둥)의 공손씨와도 접촉을 시도하는 등 국내외의 경영에 노력하였다.

솔거(率居, 생몰년미상) : 신라의 화가이다. 황룡사(黃龍寺) 벽에 그린 「노송도(老松圖)」에 새들이 앉으려다가 부딪쳐 떨어졌다는 일화가 있다. 그 밖에도 분황사(芬皇寺)의 「관음보살상」, 진주 단속사(斷俗寺)의 「유마거사상(維摩居士像)」 등을 그렸다고 한다. 신화(神畵)라고 하였다 하나 전하지는 않는다.

송길유(宋吉儒, 생몰년미상) : 고려 후기의 관인이다. 병졸의 신분으로 무신집권자 최항(崔沆)의 눈에 들어 출세를 하였다. 1258년 경상도수로방호별감(慶尙道水路防護別監)으로 있으면서 백성들을 섬으로 옮길 때 집을 불태우고 토지와 재물을 빼앗는 만행을 저질렀다.

송방영(宋邦英, ?~1307) : 고려 후기의 관인으로, 본관은 여산(礪山)이다. 충렬왕과 충선왕 부자가 사이가 좋지 않음을 기화로 부자 사이를 이간질하였다. 원나라에 있는 충선왕의 귀국을 방해하고 서흥후(瑞興侯) 왕전(王琠)을 옹립하려고 획책하다가 1307년 충선왕이 실권을 잡자 처형되었다.

송송례(宋松禮, ?~1289) : 고려 후기 대신이다. 본관은 여산(礪山), 시호는 정렬(貞烈)이다. 문하성직사(門下省直事)로 있을 때, 권신 임연(林衍)의 아들 임유무(林惟茂)를 죽여 그 전횡을 뿌리뽑음으로써 왕정을 복고시켰다. 추밀원부사(樞密院副使) 때 사신으로 원나라에 다녀왔으며 추밀원동지사(樞密院同知事) 재임 시 책봉사(册封使)로 원나라에 다녀왔다.

송유인(宋有仁, ?~1179) : 고려 전기의 무신으로, 정중부(鄭仲夫)의 사위이다. 인종 때 음보(蔭補)로 산원(散員)이 되었다. 이어 태자부지유(太子府指諭)를 거쳐 위장군(衛將軍)에 올랐다. 대장군(大將軍) · 형부상서(刑部尙書) · 수사공 상서복야(守司空尙書僕射) · 문하시랑평장사(門下侍郎平章事) · 동중서시랑평장사 병부판사(同中書侍郎平章事兵部判事) 등을 지냈다.

수로왕(首露王, 42~199) : 가야의 제1대 왕으로, 김해김씨의 시조이다. 일명 수릉(首陵)으로 불리기도 한다. 신라의 직제를 따라 각간 · 아간 · 급간 등의 계급을 두고, 그 아래 관리들에게 주나라나 한나라의 관제를 따다가 나눠 정하였다. 아유타국(阿踰陀國)의 공주 허황옥(許黃玉)을 비로 삼았다.

숙달(叔達, 생몰년미상) : 당나라의 도사(道士)이다. 고구려의 억불양도(抑佛揚道) 정책에 따라 고구려에 초빙되어 불사(佛寺)에 도관(道觀)을 차리고 도교를 포교하여 전성시대를 이루었다고 한다.

숙종(肅宗, 1054~1105) : 고려의 제15대 왕(재위 1095~1105)이다. 자는 천상(天常), 초명(初名)은 희(熙), 이름은 옹(顒)이며 시호는 명효(明孝)이다. 문종의 제3남이고 순종의 아우이다. 주전관(鑄錢官)을 두고 은병과 해동통보(海東通寶)를 주조하여 통용하게 하였다. 불교를 신봉하여 많은 불회(佛會)를 열었으며 평양에 기자(箕子)의 무덤을 만들고 묘사를 세웠다.

숙창원비(淑昌院妃, 생몰년미상) : 고려 충렬왕의 비이다. 왕을 미혹하여 정사를 문란하게 하였으며 행실에 절도가 없고 사치를 좋아하여 모친상을 당해서도 향연을 베풀고, 옷차림은 마치 공주와 같았다고 한다.

순도(順道, 생몰년미상) : 고구려로 귀화한 승려이다. 372년(소수림왕 2) 전진(前秦)의 왕 부견(苻堅)의 명령으로 사신을 따라 불상과 경문(經文)을 가지고 고구려에 들어왔다. 기록상으로는 한국 땅에 처음으로 불교를 전파한 인물이 되어 있다. 고구려에서는 순도를 위해 375년 왕명으로 초문사(肖門寺 : 省門寺)를 지어 주었다.

승화후(承化候, ?~1271) : 왕온과 동일인물이다. → 왕온

시득(施得, 생몰년미상) : 신라 문무왕 때의 장군이다. 사찬으로 676년(문무왕 16) 병선을 거느리고 당나라 장군 설인귀(薛仁貴)와 기벌포(伎伐浦 : 장항)에서 싸워 패하였으나 다시 진격하여 22회나 싸운 끝에 승리하여 당나라 군사 4,000여 명을 죽였다.

신검(神劍, ?~936) : 후백제의 제2대 왕(재위 935~936)으로 견훤의 장남이다. 부왕을 금산사(金山寺)에 유폐하고 아우인 금강(金剛)을 죽인 다음 왕위에 올라 대왕이라 칭하였다. 견훤이 탈출하여 왕건에게 귀순하고 함께 공격해오자 일선군(一善郡)에서 맞아 싸웠으나 패배하였다. 왕건은 반역의 이유가 능환(能奐)과 두 아우의 권유 때문이라 하여 신검을 용서하였다.

신대왕(新大王, 89~179) : 고구려의 제8대 왕(재위 165~179)이다. 재사(再思)의 아들이며, 태조왕과 차대왕의 동생이다. 172년 현도군(玄菟郡) 태수 경림(耿臨)이 침략하자 명림답부(明臨答夫)를 보내 대파하였고, 제2남 남무(男武)를 태자로 삼아 왕위 부자상속의 기틀을 마련하였다.

신덕왕(神德王, ?~917) : 신라의 제53대 왕(재위 912~917)이다. 성는 박씨이며 이름은 경휘(景暉)이다. 아달라왕의 23대손으로 대아찬 예겸(乂兼)의 아들이다. 어머니는 정화부인(貞和夫人)이다. 비는 헌강왕의 딸 의성왕후(義成王后) 김씨이다. 효공왕이 후사 없이 죽자 왕으로 추대되어 즉위하였다. 능은 경주 죽성(竹城)에 있다.

신돈(辛旽, ?~1371) : 고려 말기의 승려이다. 자는 요공(耀空), 법명은 편조(遍照)이다. 이름 돈(旽)은 집권 후에 정한 속명이며, 법호는 청한거사(淸閑居士)이다. 공민왕의 신임을 받아 정치계에 들어와 관작을 받고 개혁정책을 펼쳤으나, 처첩을 거느리고 주색에 빠져 비난이 높아졌다. 역모를 획책한다는 투서로 인해 수원에 유폐되었다가 1371(공민왕 20)년에 처형되었다.

신무왕(神武王, ?~839) : 신라의 제45대 왕(재위 839)이다. 성은 김씨이고 이름은 우징(祐徵)으로, 아버지는 원성왕의 손자인 김균정(金均貞)이다. 흥덕왕이 죽어 희강왕이 왕위를 탐내자 아버지를 왕으로 추대하여 싸웠으나 패배하였다. 이듬해 장보고에게로 가서 은신하고, 4월 장보고의 지원을 받아 대군을 이끌고 경주로 쳐들어가 민애왕을 죽이고 왕위에 올랐으나 같은 해 7월에 병사하였다.

신문왕(神文王, ?~692) : 신라의 제31대 왕(재위 681~692)으로, 문무왕의 장남이다. 국학(國學)을 창설하여 학문을 장려하였다. 9주(九州)를 정비하고 서원소경(西原小

京)을 설치하였으며, 봉성사(奉聖寺)・망덕사(望德寺)를 창건하였다. 항복한 고구려 유민에게도 벼슬을 주었다. 녹읍을 폐지하고 조를 주기로 개정하였다.

신사전(申思佺, ?~1289) : 고려 원종 때의 재상이다. 삼별초(三別抄)가 난을 일으켜 진도로 근거지를 옮기자 전라도토적사(全羅道討賊使)가 되어 출전하였으나 토벌을 태만히 하였고, 삼별초가 육지로 나왔다는 소식을 듣고는 개경으로 도망하였으므로 파직되었다.

신숭겸(申崇謙, ?~927) : 고려 초의 무신으로, 평산신씨(平山申氏)의 시조이다. 궁예를 폐하고 왕건을 추대하여 고려 개국의 대업을 이루었다. 공산에서 견훤의 군대에게 태조가 포위되자 그를 구하고 전사하였다.

신아(申雅, 생몰년미상) : 고려 후기의 문신이다. 우왕의 외척으로, 권세를 믿고 불법을 일삼다가 유배되었다.

신예(辛裔, ?~1355) : 고려 후기의 간신이다. 충혜왕 때 좌정언(左正言)・지신사(知申事)를 거쳐 첨의평리(僉議評理)가 되었다. 충목왕 때 왕이 어렸으므로, 원나라 환관이자 매제(妹弟)인 고용보(高龍普)를 등에 업고 취성부원군(鷲城府院君)에 봉해져 국권을 좌우하며 횡포를 부렸다. 이때 세상에서는 그를 가리켜 신왕(辛王)이라 하였다.

신종(神宗, 1144~1204) : 고려의 제20대 왕(재위 1197~1204)이다. 이름은 탁(晫), 초명은 민(旼), 자는 지화(至華), 시호는 정효(靖孝)이다. 인종의 제5남이며 명종의 친동생이다. 1154년(의종 8) 평량후(平凉侯)에 책봉되었다가 1197년(명종 27) 최충헌이 명종을 폐함으로써 뒤를 이어 옹립되었다. 국권은 실제로 최충헌이 전단하여 왕은 실권이 없었으며, 1204년 병이 심하여 태자에게 왕위를 물려주었다.

신집평(愼執平, ?~1258) : 고려 후기의 무신으로, 본관은 거창이다. 동북면병마사(東北面兵馬使)로 재임 중 몽골군이 침략하자, 소관 지역의 백성을 이끌고 인근 섬으로 피난하였으나, 여진족과 공모한 반란자들에게 살해되었다.

실성왕(實聖王, ?~417) : 신라의 제18대 왕(재위 402~417)이다. 실주왕(實主王)・실금왕(實金王)이라고도 한다. 405년 명활산성(明活山城)에 침입한 왜병을 물리쳤으며, 408년 왜 정벌을 계획하였다가 서불한(舒弗邯) 미사품(未斯品)의 건의로 중지하였다. 417년 내물왕의 어린 태자였던 눌지(訥祗)를 시기하여 고구려 사람을 시켜 죽이려다가 눌지에게 살해되었다.

심덕부(沈德符, 1328~1401) : 고려 말・조선 초의 문신이다. 본관은 청송, 자는 득지(得之), 호는 노당(蘆堂)・허강(虛江), 시호는 정안(定安)이다. 조선의 개국공신이며 세종의 장인인 심온(沈溫)의 아버지이다. 위화도회군 후 삼사판사(三司判事)가 되고, 안사공신(安社功臣)을 거쳐 청성군충의백(靑城君忠義伯), 1392년 조선 개국 후에는 청성백(靑城伯)에 봉해졌다.

쌍기(雙冀, 생몰년미상) : 후주(後周)에서 고려에 귀화한 학자이다. 956년(광종 7) 후주의 시대리평사(試大理評事) 재임 시 사신 설문우(薛文遇)를 따라 고려에 와서 신병 때문에 체류하다 귀화하여 원보 한림학사(元補翰林學士)가 되었다. 958년 당나라 관리임용제도를 따라 과거제도를 창설하게 하고 여러 차례 지공거(知貢擧)가 되었다. 이것이 한국 과거제도의 효시이다.

쌍철(雙哲, 생몰년미상) : 후주(後周)에서 고려에 귀화한 귀화인이다. 후주에서 시어 청주수(侍御淸州守)였으며, 고려 광종 때 과거제도의 설치를 건의한 쌍기(雙冀)의 아버지이다.

아골타(아구다[阿骨打], 1068~1123) : 금 태조와 동일인물이다. → 태조

아달라왕(阿達羅王, ?~184) : 신라의 제8대 왕(재위 154~184)이다. 아달라이사금(阿達羅尼師今)이라고도 하며, 일성왕의 장남이다. 157년 처음으로 감물(甘勿) · 마산(馬山)의 두 현을 두고 죽령(竹嶺)의 길을 열었다. 165년 아찬 길선(吉宣)이 모반하였다가 백제로 달아나자 그의 송환을 요구하였으나, 백제에서 응하지 않아 두 나라의 사이가 나빠졌다.

아신왕(阿莘王, ?~405) : 백제의 제17대 왕(재위 392~405)이다. 아방왕(阿芳王) · 아화왕(阿華王)이라고도 한다. 치세기간에 광개토왕이 영도하는 고구려의 남하정책에 대응하기 위하여 부심하였다. 397년 태자 전지(腆支)를 일본에 볼모로 보내어 일본과 화친을 맺은 후, 이듬해 쌍현성(雙峴城)을 쌓고 403년에는 신라를 공략하였다.

아자개(阿慈介, 생몰년미상) : 신라 말 · 고려 초 상주지방의 장군이다. 후백제 왕 견훤의 아버지이며 성은 이씨이다. 상주지방에서 농사를 짓다가 사불성(沙弗城)을 근거로 세력을 일으켜 장군이 되었다. 견훤이 후백제를 세운 후에도 계속 상주지방에서 웅거하다가 918년 고려로 망명하였다.

아해(阿海, 생몰년미상) : 고려 후기 삼별초(三別抄) 토벌에 참여한 몽골 원수이다. 1270년(원종 11) 전라도추토사(全羅道追討使)로 임명된 김방경(金方慶)과 함께 삼별초를 토벌하기 위하여 진도로 갔다. 김방경과 함께 삼견원(三堅院)에 주둔하면서 삼별초와 여러 날 대치하였다.

안경공(安慶公, 생몰년미상) : 왕창과 동일인물이다. → 왕창

안도적(安都赤, ?~1363) : 고려 말기의 환관이다. 김용(金鏞)의 일당이 난을 일으켜 행궁을 습격하자 공민왕을 피신시키고 왕의 침전에 누워 있다가 왕 대신 살해되었다.

안보(安輔, 1302~1357) : 고려 후기의 문신이다. 본관은 순흥, 자는 원지(員之), 시호는 문경(文敬)으로, 『관동별곡(關東別曲)』을 지은 안축(安軸)의 아우이다. 1320년(충숙왕 7) 과거에 급제하여, 경주사록(慶州司錄) · 춘추관수찬(春秋館修撰) 등을 거쳐 편수관(編修官)에 임명되었다. 1344년(충목왕 즉위년) 원나라로 가서 제과(制科)에 급제하여 요양행중서성조마 겸 승발가각고(遼陽行中書省照磨兼承發架閣庫)를 지내다가 홀어머니 봉양을 위하여 귀국하였다. 그 후 전법판서(典法判書)를 거쳐 1352년(공민왕 1) 밀직제학(密直提學) · 정당문학(政堂文學) 등을 역임하였다.

안승(安勝, 생몰년미상) : 고구려의 왕족이다. 연개소문의 동생인 연정토(淵淨土)의 아

들, 보장왕의 서자 또는 보장왕의 외손자라는 기록이 있다. 고구려가 멸망하자 서해안의 사야도(史冶島)로 피신하였다. 고구려 부흥운동을 일으킨 검모잠(劍牟岑)에 의해 왕으로 추대되었으나 신라로 망명하여 귀족이 되었다.

안영(晏嬰, ?~BC 500) : 춘추시대 제나라의 정치가이다. 관중(管仲)과 함께 훌륭한 재상(宰相)으로 이름을 떨쳤다.

안우(安祐, ?~1362) : 고려 말기의 무신으로, 본관은 탐진(耽津)이다. 1352년(공민왕 1) 군부판서(軍簿判書)로서 최영 등과 함께 조일신(趙日新)의 난을 평정하였다. 기철(奇轍)을 주살하였고 서북면부원수(西北面副元帥)로서 의주·정주·고선주(古宣州)에서 홍건적을 소탕하였다. 참지정사(參知政事)를 거쳐 상원수(上元帥)가 되어 재차 침입한 홍건적을 무찔렀다.

안우경(安遇慶, ?~1372) : 고려 말기의 무신이다. 1359년(공민왕 8) 홍건적의 침입 때 안우(安祐) 등과 함께 이를 격퇴하였다. 1361년 홍건적의 재침입 때도 개경 탈환전에 참여하여 적을 섬멸하고 1등공신이 되었다. 흥왕사(興王寺)에서 공민왕을 죽이려던 김용(金鏞) 일당을 진압하였다. 덕흥군(德興君)을 내세워 쳐들어온 최유(崔濡) 휘하의 원군을 몰아냈고 왜구 방어에도 큰 공을 세웠다.

안원(安瑗, 1346~1411) : 고려 말·조선 초의 문신이다. 본관은 순흥, 시호는 경질(景質), 초명은 정(定)이다. 이성계의 조선건국에 반대하고 정치에 참여하지 않았으나, 태조가 한양으로 천도하면서 강제로 구도(舊都) 송경(松京)의 관리를 맡겨 유후(留後)가 되었다. 태종 때 우군동지총제(右軍同知摠制)로서 명나라에 다녀와 『대학연의(大學衍義)』 등의 책을 구해왔고 대사헌(大司憲)·한성부판사(漢城府判事) 등을 지냈다.

안원왕(安原王, ?~545) : 고구려의 제23대 왕(재위 531~545)이다. 이름은 보연(寶延)이고 곡향강상왕(鵠香岡上王), 향강상왕(香岡上王), 안강상왕(安岡上王)이라고도 부른다. 남조의 양나라와 북위(北魏)로부터 안장왕의 지위 계승을 인정받았다. 534년 북위가 동위(東魏)와 서위(西魏)로 분열되자 동위·양과의 양면외교를 전개하여 국가 안정을 유지하였다.

안유(安裕, 1243~1306) : 안향과 동일인물이다. → 안향

안장왕(安藏王, ?~531) : 고구려의 제22대 왕(재위 519~531)이다. 이름은 흥안(興安)으로, 문자왕의 장남으로 왕위를 이어받았다. 남북조의 양나라와 북위(北魏)로부터 지위를 인정받았다. 아울러 양국과 조공 무역관계를 유지하여 전대에 이미 확립되었던 대중국 양면외교정책을 실시하였다.

안향(安珦, 1243~1306) : 고려 후기의 유학자이다. 초명을 유(裕)라고 부르다가 향(珦)으로 개명하였다. 본관은 순흥, 자는 사온(士蘊), 호는 회헌(晦軒)이다. 조선에 들어와 문종과 이름이 동일하자, 이를 피하여 초명인 유로 다시 고쳐 불렀다. 회헌이라는 호는 만년에 송나라의 주자(朱子)를 추모하여 그의 호인 회암(晦庵)을 본따

지은 것이다. 우리나라에 주자성리학을 처음 전한 사람으로 알려져 있다.

알영(閼英, BC 53~?) : 신라 박혁거세의 비이다. 아리영(娥利英)·아이영(娥伊英)·아영(娥英)이라고도 한다. 알영정(閼英井)가에 용(또는 鷄龍)이 나타나 옆구리에서 여자아이를 낳고 가자, 아이의 이름을 우물 이름을 따서 알영이라고 하였다. 용모와 인품이 뛰어나 박혁거세의 비가 되었다.

알지(閼智, 65~?) : 김알지와 동일인물이다. → 김알지

알천(閼川, 생몰년미상) : 신라의 대신이다. 647년(진덕여왕 1) 상대등에 올라 7년간 재임하였으며 화백회의(和白會議)의 의장을 맡았다. 654년 진덕여왕이 죽은 후 화백회의에서 섭정왕(攝政王)으로 추대되었으나 태종무열왕에게 왕위를 양보하였다.

애노(哀奴, 생몰년미상) : 신라의 문신이다. 889년(진성여왕 3)에는 국내의 여러 주와 군에서 공물과 조세를 바치지 않으므로 국고가 비어 재정이 궁핍하였다. 이에 왕이 관리를 보내어 공부(貢賦)를 독촉하자 전국에 도둑이 벌떼처럼 일어났다. 이때 애노(哀奴)도 원종(元宗)과 함께 사벌주(沙伐州 : 상주)에 웅거하여 반란을 일으켰다.

애유식리달랍(愛猷識理達臘, 1338~1378) : 북원 소종과 동일인물이다. → 소종

애장왕(哀莊王, 788~809) : 신라의 제40대 왕(재위 800~809)이다. 성은 김씨, 이름은 청명(淸明)·중희(重熙)이다. 소성왕과 계화부인(桂花夫人) 김씨 사이의 장남이다. 태종무열왕과 문무왕의 묘당(廟堂)을 세우고 해인사(海印寺)를 창건하였으며 일본과 우호를 증진하였다. 숙부 김언승(金彦昇)의 반란 때 살해되었다.

양광(楊廣, 569~618) : 수 양제와 동일인물이다. → 양제

양규(楊規, ?~1011) : 고려 전기의 무신이다. 제2차 거란침입 때 크게 활약하였다. 거란 성종의 군사에게 흥화진(興化鎭)이 포위되자 완강히 저항하였고, 무로대(無老代 : 義州 남쪽)·이수(梨樹)·석령(石嶺)·여리참(餘里站) 등지에서 거란군을 기습하여 잡혀가는 백성 1만여 명을 구하였다. 애전(艾田)에서 김숙흥(金叔興)과 함께 거란군과 싸우다 전사하였다.

양길(梁吉, 생몰년미상) : 신라 말기의 반란자로, 양길(良吉)이라고 쓰기도 한다. 출신에 대해서는 알려진 바가 없다. 전국에서 초적(草賊)이 일어났을 때 북원(北原)에서 봉기 세력을 이끌었고 강원도 일대에 세력을 떨쳤다. 그러나 궁예에게 습격당하여 패하고 휘하세력이 궁예에게 흡수되었다.

양만춘(楊萬春, 생몰년미상) : 고구려 보장왕 때 안시성(安市城)의 성주(城主)이다. 정사에는 이름이 전하지 않고, 송준길(宋浚吉)의 『동춘당선생별집(同春堂先生別集)』과 박지원(朴趾源)의 『열하일기(熱河日記)』 등 야사에만 나온다. 연개소문이 정변을 일으켰을 때 끝까지 싸워 성주의 지위를 유지하였으며, 당 태종이 침공하였을 때도 당나라군을 물리쳤다.

양원왕(陽原王, ?~559) : 고구려의 제24대 왕(재위 545~559)이다. 양강상호왕(陽崗上好王)·양강왕(陽崗王)이라고도 한다. 동위(東魏)·북제(北齊) 등에 조공하여 친선

을 도모하고 백암성(白巖城)·신성(新城 : 撫順) 등을 중수하였다. 돌궐의 침입을 격퇴하였으나 신라·백제에게 한강 유역을 잃었다.

양을나(良乙那, 생몰년미상) : 제주도의 시조로 일컬어지는 전설적인 신인(神人)이다. 삼성신화(三聖神話)에 나오는 제주양씨(濟州梁氏)의 시조이다. 전하는 말에 따르면 원래는 사람이 살지 않던 제주도에 고을나(高乙那)·부을나(夫乙那)와 함께 땅에서 솟아나왔다고 한다.

양제(煬帝, 569~618) : 수나라의 제2대 황제(재위 604~618)이다. 이름은 양광(楊廣), 연호는 대업(大業)으로, 문제의 제2남이다. 만리장성을 수축하고 대운하를 완성하였다. 3차례 고구려를 침입하였으나 대패하였다. 각지에서 민란이 일어나 수나라를 멸망에 이르게 하였다.

양현감(楊玄感, ?~613) : 수나라의 반신(叛臣)이다. 권신 양소(楊素)의 아들로 예부상서(禮部尙書)에 올랐으나 수 양제의 제2차 고구려 침공 때 려양(黎陽 : 리양)에서 반란을 일으키고 패하여 자살하였다.

역련진팔랄(亦憐眞八剌, ?~1319) : 복국장공주와 동일인물이다. → 복국장공주

연개소문(淵蓋蘇文, ?~665?) : 고구려 말기의 장군 겸 재상으로, 천개소문(泉蓋蘇文)이라고도 한다. 죽은 해는 『삼국사기』에 666년(보장왕 25)으로 기록되어 있으나 그의 아들 연남생(淵男生)의 묘지명인 「천남생묘지명(泉男生墓誌銘)」에 의하면 665년에 죽었다고 한다. 쿠데타를 일으켜 보장왕을 세우고 절대 권력을 행사하였다. 연개소문은 외교 면에서 대당강경책(對唐强硬策)을 전개하였으며, 백제와 연합하여 신라를 공격하기도 하였다.

연남생(淵男生, 634~679) : 고구려의 재상이다. 자는 원덕(元德), 연개소문의 장남으로, 천남생(泉男生)이라고도 한다. 대막리지(大莫離支)에 올라 전국을 순시하러 떠난 사이 아우인 연남건(淵男建)이 스스로 막리지의 자리에 오르자 당나라에 구원을 요청하였다. 당나라에 항복하고 신라와 손잡아 고구려를 공격해 멸망시켰다.

연쌍비(鷰雙飛, 생몰년미상) : 고려 제32대 우왕의 후궁이다. 기녀 출신으로, 9비3옹주(九妃三翁主)의 한 사람이다. 명덕태후(明德太后) 홍씨가 죽은 뒤 실의·방탕에 빠진 우왕의 총애를 받아 명순옹주(明順翁主)에 책봉되었다. 1388년 우왕이 강화도로 유배되자, 영비(寧妃)와 함께 시종하였다.

염신약(廉信若, 1118~1192) : 고려 후기의 문신이다. 본관은 서원(瑞原), 자는 공가(公可), 시호는 효문(孝文)으로, 파주 출생이다. 국자감좨주(國子監祭酒)·한림시강학사(翰林侍講學士)·판대부사(判大府事)·서북면병마사(西北面兵馬使) 등을 지내고 정당문학(政黨文學)에 올랐다.

염흥방(廉興邦, ?~1388) : 고려 말기의 권신이다. 공민왕 때 지신사(知申事)로 홍건적을 대파하여 제학(提學)에 올랐고 도병마사(都兵馬使)로서 탐라·목호(牧胡)의 난을 진압하였다. 매관매직을 자행하고 토지와 노비를 강탈하는 등의 행패로 이성계

등에 의해 처형되었다.

영기(令奇, 생몰년미상) : 신라 제51대 진성왕 때 나마 벼슬을 한 사람이다. 원종(元宗)·애노(哀奴)의 난 때, 적을 두려워하여 진공하지 못한 죄로 죽임을 당하였다.

영녕공(永寧公, 1223~1283) : 왕준과 동일인물이다. → 왕준

영류왕(營留王, ?~642) : 고구려의 제27대 왕(재위 618~642)이다. 이름은 건무(建武)·건성(建成)으로, 평원왕의 차남이며 영양왕의 이복동생이다. 동북쪽의 부여성으로부터 동남쪽 바다에 이르는 천리장성의 축조를 시작하면서 연개소문에게 역사(役事)의 감독을 맡겼으나, 그의 반역으로 살해되었다.

영양왕(嬰陽王, ?~618) : 고구려의 제26대 왕(재위 590~618)이다. 이름은 원(元)·대원(大元)으로, 평양왕(平陽王)이라고도 한다. 태학박사(太學博士) 이문진(李文眞)에게 명하여 『신집(新集)』 5권 등을 만들게 하였다. 명장 을지문덕(乙支文德)을 시켜 살수(撒水)에서 수나라군을 섬멸하는 등 수나라의 침공을 막아냈다.

영화부인(寧花夫人, ?~870) : 신라 제48대 경문왕의 제1비이다. 제47대 헌안왕의 맏딸로 경문왕과의 사이에서 헌강왕·정강왕·진성여왕을 낳았다.

예종(睿宗, 1079~1122) : 고려의 제16대 왕(재위1105~1122)이다. 이름은 우(俁), 자는 세민(世民), 시호는 문효(文孝)로, 숙종의 태자이며 명의왕후(明懿王后)의 소생이다. 윤관(尹瓘)에게 여진을 경략하게 하여 9성을 쌓았다. 학교를 세우고 국학(國學)에 양현고(養賢庫)를 설치하는 등 학문을 진흥시켰다.

오간(烏干, 생몰년미상) : 비류(沸流)·온조(溫祚) 형제가 고구려를 떠나 남하할 때 마려(馬黎) 등 10명의 신하가 함께 수행하였는데, 그 가운데 한 사람이다. 온조가 백제를 세우는 데 공헌을 하였다.

오기(吳祁, ?~BC 381) : 전국시대의 군사 지도자·정치가이다. 위나라 사람으로, 공자의 제자인 증자(曾子) 밑에서 공부한 적이 있다. 군대를 이끄는 데 재능을 보였으며 노나라·위나라·초나라를 섬겼다.

오연총(吳延寵, 1055~1116) : 고려 전기의 문신이다. 본관은 해주, 시호는 문양(文襄)이다. 송나라에 사신으로 갔다가 희귀본 『태평어람(太平御覽)』을 구해 가지고 왔다. 한림학사(翰林學士)·승지(承旨) 등을 지냈고, 여진을 소탕하여 상서좌복야(尙書左僕射)·참지정사(參知政事)가 되었다.

오응부(吳應夫, ?~1224) : 고려 후기의 무신이다. 1199년(신종 2) 낭장(郎將)으로 재임 중 명주(溟州)·동경(東京) 등지에서 반란이 일어나자 그곳에 파견되었다가 반란을 진압하지 못한 죄로 유배되었으나 곧 사면되었다. 1216년(고종 3) 거란이 침입하였을 때 중군병마사(中軍兵馬使)가 되어 싸웠으나 형세를 잘못 판단하여 동주(東州)를 빼앗겼으므로 파직되었다.

오인영(吳仁永, 생몰년미상) : 고려 후기의 관리이다. 우부승지(右副承旨)·밀직부사(密直副使)·판위위시사(判衛尉寺事) 등을 지내다가 1299년 한희유의 무고사건에 연

루되어 파직되었으나 다음해 사면되어 밀직사사・군부판서 등을 역임하였다.

오인택(吳仁澤, 생몰년미상) : 고려 후기의 공신이다. 공민왕 때 밀직사판사(密直司判事)로서 뇌물을 탐하여 유배되었다가 신돈이 집권하자 풀려나와 지도첨의(知都僉議)가 되었다. 신돈의 제거를 모의하다가 탄로나 장형을 받고 유배되었다.

오잠(吳潛, 생몰년미상) : 고려 후기의 간신이다. 충렬왕 때 지도첨의사사(知都僉議使司) 등을 역임하며 임금 부자(父子)를 이간시키고 어진 중신들을 모해하였다. 심양왕(瀋陽王) 왕고(王暠)의 일당이 되어 원 황제에게 고려의 국호를 폐할 것을 청원하기도 하였다.

옥보고(玉寶高, 생몰년미상) : 신라의 거문고 대가이다. 지리산의 운상원(雲上院)에서 50년 동안 거문고의 기법을 닦고 30여 곡의 새로운 가락을 지어 신라에 거문고가 널리 퍼지게 하였다. 작품으로 『상원곡(上院曲)』・『중원곡(中院曲)』 등이 있다.

온군해(溫君解, ?~648) : 신라 진덕여왕 때 사신의 종사관이다. 당나라에 사신으로 다녀오던 김춘추가 고구려 군사에 포위되자 의관을 바꿔입고 김춘추로 위장하여 죽임을당하였다.

온조왕(溫祚王, ?~28) : 백제의 제1대왕(재위 BC 18~AD 28)으로, 고구려 시조 동명성왕의 제3남이다. 하남의 위례성(慰禮城)에 도읍을 정하고 국호를 십제(十濟)라 하였다. 얼마 뒤 동복형인 비류(沸流)가 죽고 그 백성들이 위례성에 모여들자 국호를 백제로 고치고, 동명왕묘(東明王廟)를 세워 제사를 지냈다.

왕가도(王可道, ?~1034) : 고려 초기의 문신이다. 본래의 성은 이씨이다. 본관은 청주, 초명은 자림(子琳), 시호는 영숙(英肅)이다. 반란을 일으킨 최질(崔質)・김훈(金訓) 등 무신 일당을 없애고, 그 공으로 호부상서(戶部尙書)가 되었다. 이후 참지정사(參知政事)가 되었다.

왕건(王建, 877~943) : 고려 태조와 동일인물이다. → 태조

왕고(王暠, ?~1345) : 고려 충렬왕의 손자이다. 몽골 이름은 완택독(完澤禿)이며 충선왕 때 연안군(延安君)에 봉해졌다. 1314년 충숙왕이 왕위에 오르면서 세자로 책봉되어 뚤루게[禿魯花 : 인질]로서 원나라에 머물렀다. 1316년(충숙왕 3)에는 충선왕의 심왕위(瀋王位)를 이어받고, 원 양왕(梁王) 송산(松山)의 딸을 아내로 맞아 원나라의 부마도위(駙馬都尉)가 되었다. 고려 왕위를 도모하였으나 실패하였다.

왕규(王規, ?~945) : 고려 초기의 권신으로, 본관은 광주(廣州)이다. 두 딸이 태조의 제15비와 제16비가 되었다. 혜종을 죽이고 외손자 광주원군(廣州院君)을 왕으로 세우려고 하였으나 실패하였다. 혜종이 죽고 정종(定宗)이 즉위하자 난을 일으켰는데, 태조의 종제(從弟) 왕식렴(王式廉)의 개입으로 실패하고 참살당하였다.

왕륭(王隆, ?~897) : 고려 태조 왕건의 아버지이다. 신라의 정치가 쇠퇴하여 견훤과 궁예가 서남(西南)과 한산주(漢山州)를 차지하고 패권을 다투고 있을 때 송악군(松嶽郡)의 성주로 있었다. 896년 궁예가 양길(梁吉)을 정복하고 서북의 패권을 차지하

자 그에게 복속하여 금성태수(金城太守)에 임명되었다. 왕건이 고려 태조가 된 뒤 세조위무대왕(世祖威武大王)으로 추존되었다.

왕산악(王山岳, 생몰년미상) : 고구려 말기의 음악가이다. 거문고를 제작하였으며 또한 거문고 연주의 대가이다. 진(晉)나라 사람이 칠현금(七絃琴)을 고구려에 보냈는데, 당시 고구려 사람들이 연주하는 법을 몰랐다고 한다. 이에 나라에서는 칠현금을 다룰 수 있는 사람을 구하였는데, 당시 제이상(第二相)으로 있던 왕산악이 칠현금을 개량하여 새로운 악기를 만들고 100여 곡을 지어 연주하였다.

왕소(王昭, 925～975) : 광종과 동일인물이다. → 광종

왕승귀(王承貴, ?～1394) : 고려 말·조선 초의 무신이다. 고려 왕족으로 왜구를 물리치는 데 공을 세웠으며 조선 건국 후에는 개국원종공신(開國原從功臣)에 책록되었으나, 1394년 왕씨 일족을 숙청할 때 살해되었다.

왕식렴(王式廉, ?～949) : 고려 초기의 공신이다. 시호는 위정(威靜)이며, 태조 왕건의 사촌동생이다. 안수진(安水鎭)·덕흥진(德興鎭) 등을 설치하여 좌승(左丞)이 되었고, 왕규(王規)가 난을 일으키려 하자 이를 평정하는 데 힘써 대승(大丞)에 올랐다.

왕안덕(王安德, ?～1392) : 고려 말기의 무신이다. 공민왕 때 홍건적을 토벌하여 공신에 책록되었으며, 밀직부사(密直副使)가 되었고 우왕을 옹립하였다. 요동 정벌 때 좌군도통사(左軍都統使) 조민수(曺敏修)의 예하에서 활약하였다.

왕온(王溫, ?～1271) : 고려 전기의 왕족이다. 고려가 몽골과의 오랜 전쟁을 끝내고 개경으로 환도할 때, 이를 반대하던 삼별초(三別抄)의 배중손(裵仲孫) 등에 의하여 왕으로 추대되었다. 이들을 따라 강화도를 버리고 전라도 진도로 옮겨 항전하였다.

왕욱(王郁, ?～996) : 고려 제8대 현종의 아버지로, 시호는 효목헌경효의성덕(孝穆憲景孝懿聖德)이다. 고려 태조의 제8남이며, 어머니는 신라 경순왕의 큰아버지 김억렴(金億廉)의 딸인 신성태후(神成太后) 김씨이다. 경종이 죽은 후 경종비 헌정왕후(獻貞王后)와 사통하여 현종을 낳았다. 이 일로 유배되었고, 현종이 왕위에 오른 후 안종(安宗)으로 추봉되었다.

왕융(王融, 생몰년미상) : 고려 전기의 관인이다. 광종 때부터 성종 때까지 지공거(知貢擧)가 되어 12차례나 과거를 주관하였다. 글솜씨가 뛰어나 왕의 조서와 비문 등을 찬하였다.

왕익부(王益富, ?～1391) : 고려 말기의 무신이다. 공신에 봉해진 충의군(忠義君) 지용기(池湧奇)의 처족으로 스스로 충선왕의 서증손(庶曾孫)이라고 말하고 다니다가 체포되었다. 이어 역모를 꾸몄다는 죄로 그와 더불어 동생 왕득부(王得富) 및 일족 13명이 참수되었다.

왕인(王仁, 생몰년미상) : 일본에서 활동한 백제의 학자이다. 경서(經書)에 통달하였으며 왕과 신하들에게 유교경전과 역사를 가르쳤다. 그의 자손들은 대대로 가와치[河內] 지역에 살면서 관청에서 기록하거나 문서를 다루는 일을 맡았다고 전한다.

왕준(王綧, 1223~1283) : 고려 후기의 왕족이다. 1241년(고종 28) 왕자로 가장하여 볼모로 몽골에 갔으며, 몽골이 고려를 침공하려는 것을 고려에 알렸다. 원 세조에 의하여 안무고려군민총관(按撫高麗軍民摠官)이 되어 만주지방의 고려 유민을 지배하였다.

왕준명(王濬明, 생몰년미상) : 고려 후기 관인이다. 1211년(희종 7) 내시낭중(內侍郎中)으로 재임 중 왕의 명령을 받고 참정(參政) 우승경(于承慶)·추밀(樞密) 사홍적(史弘績)·장군 왕익(王翊) 등과 함께 무신집권자 최충헌을 제거하려고 하다가 실패하여 유배되었다.

왕창(王淐, 생몰년미상) : 고려 제23대 고종의 아들이다. 처음에는 안경후(安慶侯)에, 다시 1253년(고종 40) 안경공으로 봉하여졌다. 1253년, 1257년 두 차례에 걸쳐 몽골에 들어가 몽골군의 철수를 요구하였으나 실패하였다. 1269년(원종 10) 임연(林衍) 등에 의하여 등극하였으나 왕의 폐립에 대한 몽골의 힐책으로 폐위되었다.

왕혜(王譓, 생몰년미상) : 고려 제26대 충선왕의 제3남으로, 몽골식 이름은 타스티무르[塔思帖木兒]이다. 한 때 중이 되었다가 1351년(충정왕 3) 원나라에 건너가 원 순제에게 아첨하여 왕에 책봉되었다. 그 후 기황후·최유(崔濡)·김용(金鏞) 등과 공모하여 1364년(공민왕 13) 요양성(遼陽省)의 군대 1만 명을 거느리고 본국에 침입하였으나 최영·이성계 등에게 패하여 원나라로 되돌아갔다.

왕화(王和, ?~1394) : 고려 후기의 왕족이다. 신종의 7대손이며, 공양왕의 사촌이다. 밀성(密城)의 장님에게 고려 왕실의 복구와 이성계의 운명을 점치게 하였다는 사실이 역모로 알려져, 대역죄로 처형되었다.

왕후(王煦, 1055~1101) : 의천과 동일인물이다. → 의천

우거왕(右渠王, ?~BC 108) : 고조선의 마지막 왕으로, 위만(衛滿)의 손자이다. 철기문화를 바탕으로 한 강력한 군사력으로 주변국과 한나라의 중계무역을 독점하였다. 이에 위협을 느낀 한 무제가 수륙군을 이끌고 침입하자 싸움을 벌였으나, 주화파(主和派)인 이계상(尼谿相) 삼(參)이 보낸 자객에게 살해되었다.

우륵(于勒, 생몰년미상) : 신라의 음악가이다. 대가야 가실왕의 뜻을 받들어 12현금(絃琴 : 가야금)을 만들고 이 악기의 연주곡으로 12곡을 지었다. 국원(國原)에 살며 대나마 계고(階古)와 법지(法知) 등에게 가야금·노래·춤을 가르쳤다.

우문술(宇文述, ?~616) : 수나라의 장군으로 본래 선비족 출신이다. 북주(北周)를 섬겨 벼슬이 상주국(上主國)에 이르고, 589년 수 문제 때에 진(陳)나라를 평정하였다. 605년 양제가 즉위하자 허국공(許國公)에 봉해졌다. 612년 수 양제의 제2차 고구려 원정 때 우중문(于仲文)과 함께 30만 육군을 이끌고 평양 부근까지 쳐들어왔다. 그러나 을지문덕(乙支文德)에게 살수(撒水)에서 크게 패하고 돌아가 신분이 평민으로 떨어졌다가, 후에 다시 등용되었다.

우성범(禹成範, ?~392) : 고려 공양왕의 부마이다. 세자시학(世子詩學) 등을 역임하고 1390년(공양왕 2) 단양군(丹陽君)에 봉하여졌으나, 조선이 건국되고 공양왕이 폐

위되자 처형되었다.

우승경(于承慶, 생몰년미상) : 고려 후기의 관인이다. 최충헌이 집권한 후 우승선(右承宣)·지주사(知奏事)·참지정사(參知政事) 등을 역임하였다. 1211년(희종 7) 왕준명(王濬明)이 왕명을 받고 최충헌을 제거하려 할 때 동조하였다가 거사가 실패로 돌아가 유배되었다.

우왕(禑王, 1365～1389) : 고려의 제32대 왕(재위 1374～1388)이다. 아명은 모니노(牟尼奴)이고 신돈의 시녀였던 반야(般若)의 소생이다. 처음에는 경연(經筵)을 열어 학문을 닦기에 힘쓰고 몸가짐을 바로 하여 기대를 모았으나, 후에 사냥·음주가무·여색 등 방탕에 빠져 백성들의 신망을 잃었다. 이인임(李仁任)의 유배로 정치적 지지기반을 잃자 강릉에 유배된 후, 아들 창왕과 함께 이성계에 의해 살해되었다.

우인열(禹仁烈, 1337～1403) : 고려 말·조선 초의 권신이다. 본관은 단양, 시호는 정평(靖平)이다. 사불랑(沙弗郎) 등에 침입한 왜구를 격파하고 경상양광전라삼도도체찰사(慶尙楊光全羅三道都體察使)·합포도순문사(合浦都巡問使)·찬성사(贊成事) 등을 지냈다. 조선 개국 후 문하시랑찬성사(門下侍郎贊成事) 등을 지냈으며 개국원종공신(開國原從功臣)에 책록되었다.

우중문(于仲文, 545～613) : 중국 수나라의 장군이다. 북주(北周)에서 행군총관(行軍摠管)을 지냈으며, 수나라에 들어가 행군원수(行軍元首)가 되었다. 612년 수 양제의 제2차 고구려 원정 때 우문술(宇文述)과 함께 30만 대군을 이끌고 쳐들어왔으나, 살수(撒水)에서 을지문덕(乙支文德)에게 패하고 돌아갔다.

우집(虞集, 1272～1348) : 원나라의 시인이다. 자는 백생(伯生)이고 호는 도원(道園)·소암(邵庵)이다. 학문소인 규장각(奎章閣)을 창설하고 그 시서학사(侍書學士)가 되어 신임받았다. 당시(唐詩)의 박력을 계승하여 명시(明詩)의 당시 존중의 원류를 이룩한 시인이다. '원시 4대가(元詩四大家)'의 으뜸으로 일컫는다. 주요 저서에는 『도원학고록(道園學古錄)』 등이 있다.

우탁(禹倬, 1262～1342) : 고려 후기의 유학자이다. 본관은 단양, 자는 천장(天章)·탁보(卓甫), 호는 백운(白雲)·단암(丹巖)이며 '역동선생(易東先生)'이라 불렸다. 감찰규정(監察糾正) 때 충선왕이 숙창원비(淑昌院妃)와 밀통한 것을 알고 이를 극간한 뒤 벼슬을 내놓았다. 경사(經史)와 역학(易學)에 통달하였다.

우현보(禹玄寶, 1333～1400) : 고려 말·조선 초의 문신이다. 본관은 단양, 자는 원공(原功), 시호는 충정(忠靖)이다. 우왕 때 밀직대언(密直代言)·삼사좌사(三司左使) 등을 지내고 공양왕 때 삼사판사(三司判事)를 지냈다. 제2차 왕자의 난 때, 반란 소식을 이방원(李芳遠)에게 알린 공으로 추충보조공신(推忠輔祚功臣)이 되었다.

우홍수(禹洪壽, 1355～1392) : 고려 말기의 문신이다. 지신사(知申事)·대사헌(大司憲)·첨서밀직사사(簽書密直司事)·동지밀직사사(同知密直司事) 등을 역임하였으며, 1392년 정몽주 일파로 몰려 파면되었다가 조선 건국 후 귀양가서 장살(杖殺)되었다.

원상(元庠, 생몰년미상) : 고려 말 조선 전기의 문신이다. 조선 개국 뒤 누차 등용되었으나 불응하다가, 1413년(태종 13) 의정부검교참찬사(議政府檢校參贊事)를 지냈다. 1435년(세종 17) 중추원판사(中樞院判事)가 되었으며, 이듬해 궤장(几杖)을 하사받았다.

원성왕(元聖王, ?~798) : 신라의 제38대 왕(재위 785~798)으로, 본명은 김경신(金敬信)이다. 유교정치를 지향하여 788년 독서삼품과(讀書三品科)를 두어 인재를 등용하였다. 독서삼품과는 국학(國學) 학생을 대상으로 치러졌던 일종의 졸업시험이었다. 유교경전의 해석능력에 따라 학생들의 등급을 나누었고, 이 성적은 곧 관리임용으로 연결되었다. 790년 김제(金堤) 벽골제(碧骨堤)를 증축하여 농사를 장려하였다.

원송수(元松壽, 1323~1366) : 고려 말기의 문신이다. 본관은 원주, 시호는 문정(文定)이며 문과에 급제하여 춘추관수찬(春秋館修撰)이 되었다. 서해도안렴사(西海道按廉使)·내서사인(內書舍人)·좌부대언(左副代言) 등의 관직을 맡았고, 홍건적의 난 때 공민왕을 호종하여 1등공신에 책록되었다. 밀직사첨서사(密直司簽書事) 등을 지낸 후 정당문학(政堂文學)에 올랐으나 신돈의 미움으로 파직되었다.

원종(元宗, 1219~1274) : 고려 제24대 왕(재위 1259~1274)이다. 이름은 식(禃), 초명은 전(倎), 자는 일신(日新), 시호 순효(順孝)로, 고종의 장남이다. 1259년(고종 46) 강화를 청하기 위하여 표(表)를 가지고 몽골에 갔다가, 고종이 죽자 1260년에 귀국하여 즉위하였다. 개경으로 환도하려다가 1269년 임연(林衍)에 의해 폐위되었고, 원나라의 문책으로 다시 복위되었다. 원나라에서 매빙사(妹聘使)가 오자 결혼도감(結婚都監)을 설치하여 원성을 샀다.

원충(元忠, 1290~1337) : 고려 후기의 관인이다. 1321년(충숙왕 8) 충숙왕이 심왕(瀋王) 왕고(王暠)의 무고로 원나라에 입조하였을 때 시종하였고, 충숙왕이 귀국한 후 추성좌리공신(推誠佐理功臣)에 책록되었다.

원충갑(元沖甲, 1250~1321) : 고려 후기의 공신이다. 본관은 원주, 시호는 충숙(忠肅)이다. 충렬왕 때 침입한 합단(哈丹)을 무찌르고 원주성을 고수한 공으로 추성분용광국공신(推誠奮勇匡國功臣)에 책록되었다. 벼슬은 삼사우윤(三司右尹)에 이르렀다.

원효(元曉, 617~686) : 신라의 승려이다. 속성은 설(薛), 법명은 원효, 아명은 서당(誓幢)·신당(新幢)이다. 일심(一心)과 화쟁(和諍) 사상을 중심으로 불교의 대중화에 힘썼다. 『대승기신론소(大乘起信論疏)』·『법화경종요(法華經宗要)』 등 수많은 저술을 남겨 불교 사상의 발전에 크게 기여하였다.

위계정(魏繼廷, ?~1107) : 고려시대 문신으로, 시호는 충렬(忠烈)이다. 문종 때 문과에 급제하여 좌보궐지제고(左補闕知制誥)를 지냈다. 선종 때 사은 겸 진봉사(謝恩兼進奉使)로 송나라에 다녀왔고 숙종 때 예부상서(禮部尙書)·문하시랑평장사(門下侍郞平章事) 등을 지낸 후, 예종 때는 수태보(守太保)에 이르렀다.

위덕왕(威德王, ?~598) : 백제의 제27대 왕(재위 554~598)이다. 이름은 창(昌)이며 성왕의 장남이다. 웅천성을 침공한 고구려군을 격퇴하고 신라와 자주 싸웠으며, 진

(陳)・북제(北齊) 등과 친선을 유지하였다. 일본 쇼토쿠[聖德]태자의 스승인 아좌태자(阿佐太子)는 그의 아들이다.

위득유(韋得儒, ?~1278) : 고려 후기의 무신이다. 1277년(충렬왕 3) 도원수(都元帥) 김방경(金方慶)을 무고하여 유배당하게 하였으나, 이듬해 재조사를 위해 김방경과 함께 원나라로 소환되자 도중에 모함 사실이 드러날 것을 두려워하다가 죽었다.

위만(衛滿, 생몰년미상) : 위만조선의 창건자이다. 연나라의 부장으로 있다가, 혼란기에 1천여 명을 이끌고 고조선의 준왕에게 거두어 줄 것을 요청하였다. 그 뒤 세력을 키워 왕위를 빼앗고 도읍을 왕검성(王儉城)에 정하였다.

위징(魏徵, 580~643) : 당나라 초기의 공신・학자이다. 자는 현성(玄成), 시호는 문정공(文貞公), 산동성(山東省) 곡성(曲城) 출생이다. 간의대부(諫議大夫) 등의 요직을 역임하였고 재상을 지냈다. 후주(後周)・수(隋)・오대(五代) 등의 정사편찬과 『유례(類禮)』 등의 편찬에 큰 공헌을 하였다.

유경(柳璥, 1211~1289) : 고려 후기의 공신이다. 본관은 문화(文化), 자는 천년(天年)・장지(藏之)이다. 1258년(고종 45) 최의(崔竩)를 죽이고 최씨의 무단정치를 종식하게 하였다. 이 공으로 좌우위상장군 겸 우부승선(左右衛上將軍兼右副承宣)에 올랐고, 그 뒤 여러 요직을 거쳤다. 문장에 뛰어나 신종・희종・강종・고종 등 4대의 실록편찬에 참여하였고, 많은 인재가 그의 문하에서 배출되었다.

유금필(庾黔弼, ?~941) : 고려 초의 무장으로, 평산유씨(平山庾氏)의 시조이다. 골암진(鶻岩鎭)에 침입한 북번(北蕃)들을 평정하였고 연산진(燕山鎭)에 침입한 백제 장군 길환(吉奐)을 죽였다. 조물군(曹物郡)에서 견훤을 무찌르고 청주에서 후백제군에게 대승을 거두었다. 936년(태조 19) 후백제를 정벌하여 멸망시켰다.

유돈식(柳敦植, 생몰년미상) : 고려 후기의 무관이다. 최충헌의 외조카로 1217년(고종 4) 거란족이 몽골군에게 쫓겨 고려를 침범하자 5군(五軍)의 후군병마사(後軍兵馬使)가 되어 막았다.

유례왕(儒禮王, ?~298) : 신라의 제14대 왕(재위 284~298)이다. 성은 석(昔)으로, 조분이사금의 장남이고 어머니는 갈문왕(葛文王) 나음(奈音)의 딸 박씨이다. 286년 백제와 수교하였고, 287년부터 왜인의 침입이 잦아 변경이 매우 시끄러웠다. 293년 사도성(沙道城)을 개축하고 사벌주(沙伐州)의 호민 80여 가를 옮겼다. 297년 이서국(伊西國)이 금성(金城)에 침입하자 격퇴하였다.

유리왕(琉璃王, ?~18) : 고구려의 제2대 왕(재위 BC 19~AD 18)이다. 이름은 유리(類利)・유류(儒留)・주류(朱留)로, 유리명왕(瑠璃明王)이라고도 한다. 부여로부터 아버지 동명성왕을 찾아 고구려에 입국하여 태자로 책립되었고, 동명성왕에 이어 즉위하였다. 계비인 치희(雉姬)를 그리는 「황조가(黃鳥歌)」를 짓기도 하였다. 3년에 도읍을 홀본(忽本)에서 국내성(國內城)으로 옮겼다.

유리왕(儒理王, ?~57) : 신라의 제3대 왕(재위 24~57)이다. 성은 박씨이고, 노례이사금

(弩禮尼師今)이라고도 한다. 남해차차웅이 죽자 덕망이 높은 매제 탈해(脫解)에게 왕위를 양보하다가, 군신(群臣)들의 추대로 즉위하였다. 28년에 「도솔가(兜率歌)」를 지었으며, 32년 6부(六部)의 이름을 고치고 이(李)·최(崔)·손(孫)·정(鄭)·배(裵)·설(薛)의 성씨를 내렸다.

유소(柳韶, ?~1038) : 고려 전기의 문신으로, 정주유씨(貞州柳氏)의 시조이다. 1029년(현종 20) 서북면판병마사(西北面判兵馬使)로 나가, 흥화진(興化鎭)의 옛 성을 개축하고 위원진(威遠鎭)·정융진(定戎鎭)을 설치하여 백성들을 이주시켰다. 1033년(덕종 2) 왕명에 따라 압록강 하구에서 시작하여 동해안 화주(和州)까지 1,000여 리에 이르는 돌성을 쌓았다.

유숙(柳淑, 1324~1368) : 고려 말기의 문신이다. 공민왕 때 추밀원직학사(樞密院直學士)·동경유수(東京留守) 등을 지냈다. 홍건적이 침입하였을 때 왕을 남행하게 한 공로로 충근절의찬화공신(忠勤節義贊化功臣)이 되고 첨의평리(僉議評理)에 올랐으며 흥왕사(興王寺)의 변란 때 세운 공으로 1등공신에 책록되었다. 신돈의 하수인에게 교살당하였다.

유유(紐由, ?~244) : 고구려 동천왕 때의 용사(勇士)이다. 고구려 5부의 하나로 추정되는 동부(東部) 출신이다. 고구려가 계속적인 위나라 군대의 공세로 심각한 위기에 봉착하자 유유는 밀우(密友)와 함께 위군의 진영에 가서 항복을 청하는 척하면서 위의 지휘관을 살해하고 함께 죽음으로써, 고구려가 위군에 대한 일대 반격을 가하여 위군을 패주시키는 계기를 만들었다.

유응규(庾應圭, 1131~1175) : 고려 전기의 문신으로, 본관은 무송(茂松)이다. 지방관으로 남경에 나가 청렴하고 성사를 잘 하여 합문지후(閤門祗候)가 되었다가, 뒤에 고공원외랑(考功員外郎)이 되었다.

유인우(柳仁雨, ?~1364) : 고려 말기의 무신이다. 99년간이나 원나라에 빼앗겼던 쌍성총관부(雙城摠管府)를 탈환할 때 밀직부사(密直副使)로서 동북면병마사(東北面兵馬使)가 되어 대호군(大護軍) 공부보(貢夫甫)·종부령(宗簿令) 김원봉(金元鳳)·강릉도존무사(江陵道存撫使) 이인임(李仁任)과 함께 나아가 싸웠다. 이자춘(李子春) 부자의 내응을 얻어 총관부를 함락하고 그 일대를 수복하였다.

유참(柳旵, ?~1135) : 고려 전기의 반역자이다. 왕조 질서의 재편을 뜻하는 서경천도계획이 개경 귀족세력의 완강한 반대로 실패하자, 1135년(인종 13) 묘청·조광(趙匡) 등과 더불어 서경에서 반란을 일으켰다. 정부군이 출동하고, 평주판관(平州判官) 김순부(金淳夫)가 조서를 가지고 입성하여 반란군을 설유(說諭)할 때, 변심한 부하 조광에 의해 묘청과 함께 살해되었다.

유청신(柳淸臣, ?~1329) : 고려 후기의 역관(譯官)·재상이다. 시호는 영밀(英密)이다. 장군·대장군(大將軍)·밀직승선(密直承宣)·감찰대부(監察大夫) 등 요직을 역임하였다. 원나라에 있을 때 왕위를 노리는 심양왕(瀋陽王) 왕고(王暠)에게 가담하여 반역

행위를 하였으나 뜻을 이루지 못하자 두려워 귀국하지 못하고 원나라에서 죽었다.

유충정(劉忠正, ?~1009) : 고려 전기의 폐신(嬖臣)이다. 발해 출신으로 목종의 총애를 받아 지은대사 좌사낭중(知銀臺事左司郎中)이 되었다. 김치양(金致陽)이 반역을 꾸밀 때 밀고하여, 대량원군(大良院君)과 강조(康兆)를 불러들여 대비하도록 하였다. 이후, 군사를 이끌고 개성에 들어온 강조가 현종을 옹립하고 목종을 폐하는 과정에서 살해당해였다.

유탁(柳濯, 1311~1371) : 고려 말기의 대신이다. 본관은 고흥, 자는 춘경(春卿)이다. 감문위대호군(監門衛大護軍)이 된 뒤, 여러 관직을 거쳐 고흥군(高興君)에 책봉되었다. 원나라로부터 합포만호(合浦萬戶)로 임명되기도 하였다. 원나라가 홍건적을 정벌할 때 공을 세웠다. 1371년(공민왕 20) 신돈이 주살되자 그와 관련되었다는 무고를 받아 교수형을 당하였다.

유행간(庾行簡, ?~1009) : 고려 전기의 폐신(嬖臣)이다. 목종의 총애를 받아 합문사인(閤門舍人)이 되어 왕의 측근으로서 유충정(劉忠正)과 함께 권세를 부렸다. 목종이 대량원군(大良院君 : 현종)을 맞아 후계를 삼고자 하였을 때 이를 방해하였다가, 강조(康兆)가 목종을 폐하여 양국공(讓國公)으로 삼은 뒤 시해하고 김치양(金致陽) 등을 죽일 때 함께 살해되었다.

윤관(尹瓘, ?~1111) : 고려 전기의 명신・명장이다. 본관은 파평(坡平), 자는 동현(同玄)이다. 여진을 정벌하다 실패하자 별무반(別武班)을 창설하여 군대를 양성하고, 여진 정벌군의 원수로 9성을 쌓아 침범하는 여진을 평정하였다. 그 뒤 여진은 9성의 환부와 강화를 요청하였고 조정은 9성을 지키기 어렵다 하여 여진에게 돌려주었다.

윤선좌(尹宣佐, 1265~1343) : 고려 후기의 문신이다. 권한공(權漢功) 등이 심양왕(瀋陽王) 왕고(王暠)를 왕위에 앉히기 위해 서명하라고 위협하자, 이를 솔선 거부함으로써 왕위찬탈을 모면하게 하였다. 경학(經學)에 밝고, 노자・장자・형명(刑名)의 학(學)에 조예가 깊었으며 문장에 뛰어났다.

윤소종(尹紹宗 1345~1393) : 고려 말・조선 초 문신이다. 본관은 무송(茂松), 자는 헌숙(憲叔), 호는 동정(桐亭)이다. 1388년(우왕 14) 이성계의 위화도회군 때 동문 밖에 나가 『곽광전(霍光傳)』을 바쳐서, 우왕을 폐하고 다른 왕(王)씨를 왕으로 추대할 것을 암시하였다. 1392년 조선이 개국되자 병조전서(兵曹典書)로서 『고려사』 수찬에 참여하였다.

윤수(尹秀, 생몰년미상) : 고려 후기의 무신이다. 1270년(원종 11) 친종장군(親從將軍) 조오(趙璈)로부터 들은 권신 임연(林衍)의 제거계획을 밀고한 것이 두려워 원나라로 도망갔다. 충렬왕이 즉위하자 귀국하여 대장군(大將軍)으로서 응방(鷹房)을 관장하였다. 또 유망민들을 모아 촌락이 없는 곳에 취락을 형성하여 응방의 경제적 기초를 삼기도 하였다.

윤인첨(尹鱗瞻, 1110~1176) : 고려 전기의 문신이다. 본관은 파평(坡平), 자는 태조(胎兆)

이다. 1174년(명종 4) 조위총(趙位寵)의 난이 일어나자 3군(三軍)의 원수가 되어 싸웠으나 자비령에서 패하였다가 다시 서경을 쳐서 1176년에 평정하였다. 그 공으로 추충정난광국공신 상주국 감수국사(推忠靖亂匡國功臣上柱國監修國史)에 올랐다.

윤첨(尹瞻, ?~1135) : 고려 전기의 문신이다. 1135년(인종 13) 서경 분사대부경(分司大府卿)으로 있던 중 묘청의 난에 가담하였다. 묘청과 유참(柳旵) 등이 참살당한 뒤 항복의사를 전하기 위해 김부식에게 갔다가 하옥되었고, 조광(趙匡) 등이 다시 반역하자 이들을 회유하려 하였으나 피살되었다.

윤충(允忠, 생몰년미상) : 백제의 장군이다. 642년(의자왕 2) 군사 1만명을 이끌고 신라의 대야성(大耶城)을 공격하였다. 김춘추의 사위인 성주 김품석(金品釋)에게 항복을 권유하였고, 김품석이 죽죽(竹竹)의 반대에도 불구하고 처자와 함께 성문을 열고 나와 항복을 하자 성을 함락시켰다.

윤취(尹就, 생몰년미상) : 고려 말기의 문신이다. 1387년(우왕 13) 밀직부사(密直副使)로서 명나라 경사(京師)에 가서 천추절(千秋節)을 축하하였다. 1391년(공양왕 3)에는 지밀직사사(知密直司事)가 되었다.

윤흥(允興, ?~866) : 신라의 문신으로, 관등이 이찬에 이르렀다. 거문고 전수자 귀금(貴金)이 지리산에 은둔하며 세상에 나오지 않자 거문고의 맥이 끊길 것을 염려한 왕이 윤흥을 남원태수로 임명하여 거문고를 전수하라는 명을 내렸다. 경문왕 때 동생들과 함께 모반을 도모하다 발각되어 죽임을 당하였다.

을두지(乙豆智, 생몰년미상) : 고구려의 재상이다. 25년(대무신왕 8) 우보(右輔)에 임명되어 군국(軍國)의 사무를 맡아보았고, 27년에는 좌보(左輔)에 임명되었다. 28년 후한(後漢)의 요동태수(遼東太守)가 침입해오자 성을 지키면서 지구전을 전개할 것을 주장하였으며, 또한 계책을 마련하여 후한군이 스스로 물러나게 하였다.

을불(乙弗, ?~331) : 고구려 미천왕과 동일인물이다. → 미천왕

을지문덕(乙支文德, 생몰년미상) : 고구려의 명장이다. 612년(영양왕 23) 수나라의 우중문(于仲文)·우문술(宇文述)이 113만여 명의 수륙양군(水陸兩軍)으로 고구려를 침범하자, 후퇴작전을 이용하여 적군을 지치게 만든 다음, 거짓 항복을 하여 후퇴하는 수나라 군을 살수(撒水)에서 공격하였다.

을파소(乙巴素, ?~203) : 고구려의 재상이다. 압록곡(鴨淥谷) 좌물촌(左勿村) 출신이다. 신하들의 반대에도 불구하고 고국천왕의 신임을 받았으며, 정교(政敎)·상벌(賞罰)을 명백히 하였다. 진대법(賑貸法)을 실시하는 등 태평성대를 이룩하였다.

의복(義福, 생몰년미상) : 신라의 장수이다. 삼국통일전쟁기 백제유민이 661년(무열왕 8)에 사비성(泗沘城)을 공격해왔을 때, 하주장군(下州將軍)에 임명되어 출전하였다.

의상(義相, 625~702) : 신라의 승려로, 화엄종(華嚴宗)의 개조이다. '의상(義湘)'으로 쓰기도 한다. 당나라에서 화엄을 연구하고 돌아와 부석사(浮石寺)를 건립하고 화엄학을 확립하는 데 힘썼다. 저서에 『화엄일승법계도(華嚴一勝法界圖)』 등이 있다.

의안(義安, 생몰년미상) : 신라의 승려이다. 아버지는 사간 재량(才良)이며, 어머니는 자장(慈藏)의 누이동생인 남간부인(南澗夫人)이다. 3형제 가운데 둘째로 형은 국교대덕(國敎大德), 동생은 명랑신인(明朗神印)이다. 674년(문무왕 14) 왕명으로 대서성(大書省)이 되어 정무에 참여하였다.

의자왕(義慈王, ?~660) : 백제의 제31대 왕(재위 641~660)이다. 의자(義慈)는 그의 이름으로, 왕의 시호가 없다. 재위 초기에는 친히 신라를 공격하여 신라에 큰 타격을 주고 국위의 만회에 힘썼으나, 만년에는 사치와 향락에 빠져 나당연합군의 침공을 맞았으며, 끝내 항복하였다.

의종(毅宗, 1127~1173) : 고려의 제18대 왕(재위 1146~1170)이다. 이름은 현(晛), 초명은 철(徹), 자는 일승(日升), 시호는 장효(莊孝)이며, 인종의 장남이다. 1170년 정중부(鄭仲夫)·이의방(李義方) 등이 난을 일으켜 폐위되었으며, 거제도로 쫓겨났다. 1173년(명종 3) 김보당(金甫當)의 복위운동이 실패하자 계림에 유폐되었다가 살해되었다.

의천(義天, 1055~1101) : 고려 전기의 승려·왕족이다. 자는 의천, 이름은 후(煦), 시호는 대각(大覺)으로, 고려 제11대 왕 문종의 제4남이다. 교선일치(敎禪一致)를 역설하며 천태종(天台宗)을 개창하였다. 저서에 『신편제종교장총록(新編諸宗敎藏總錄)』·『석원사림(釋苑詞林)』, 문집에 『대각국사문집(大覺國師文集)』 등이 있다.

이거인(李居仁, ?~1402) : 고려 말·조선 초의 문신이다. 본관은 청주, 호는 난파(蘭坡)이며, 우왕 초에 밀직부사(密直副使)를 지냈다. 조선이 건국되자 삼사좌사(三司左使)로 진위사(陳慰使)가 되어 명나라에 다녀왔고, 뒤에 청천백(淸川伯)에 봉하여졌다. 1394년(태조 3) 판개성부사(判開城府使)로 있을 때, 과거에 사신으로서 밀무역을 한 사실과 타인의 집터를 탈취한 일로 사간원(司諫院)의 탄핵을 받아 이듬해 파직되었다.

이경도(李庚道, 생몰년미상) : 고려 말기의 문신이다. 1390년(공양왕 2) 정주목사(定州牧使)로 김저(金佇)·변안열(邊安烈) 등이 이성계를 제거하고 우왕을 복위시키려는 모의사건에 관련되어 귀양갔다. 곧 소환되었으나 대간(臺諫)의 탄핵으로 다시 유배되었다.

이고(李高, ?~1171) : 고려 전기의 무신이다. 정중부(鄭仲夫)·이의방(李義方) 등과 함께 무신의 난을 주모하였다. 1171년(명종 1) 1월에 정권을 독차지하기 위해 거짓으로 제서(制書)를 꾸미고, 태자의 관례(冠禮)를 계기로 이의방을 제거하려다가 죽임을 당하였다.

이곡(李穀, 1298~1351) : 고려 후기의 학자이다. 본관은 한산(韓山), 초명은 운백(芸白), 자는 중부(仲父), 호는 가정(稼亭), 시호는 문효(文孝)이다. 1333년(충숙왕 2) 원나라 정동성(征東省) 향시(鄕試)에 수석으로 급제하였다. 원 황제에게 건의하여 고려에서의 처녀 징발을 중지하게 하였다. 문장에 뛰어났고 고려에 돌아와 정당문학(政堂文學)을 지냈다.

이공수(李公遂, 1308～1366) : 고려 말기의 문신이다. 본관은 익산, 시호는 문충(文忠)이다. 1363년(공민왕 12) 원나라에서 공민왕을 폐위시키고 덕흥군(德興君)을 왕으로 삼자 원나라에 사신으로 가서 공민왕의 복위를 위해 노력하였으며, 공민왕이 복위되자 고려로 돌아왔다. 신돈이 정권을 잡으면서 그를 시기하여 파면시키자 덕수현(德水縣)에 별장을 짓고 남촌선생(南村先生)이라 자칭하면서 풍류를 즐겼다.

이공주(李公柱, 생몰년미상) : 고려 후기의 무신이다. 1257년(고종 44) 최의(崔竩)가 집정하여 횡포와 탐학을 일삼자, 이듬해 대사성(大司成) 유경(柳璥)·별장(別將) 김준(金俊) 등과 함께 최의와 그 일당을 주살하였다. 4대 60여 년에 걸친 최씨의 무인정권을 종식시키고 왕정(王政)을 회복하였다. 1262년(원종 3) 유경·박희실(朴希實) 등과 함께 위사공신(衛社功臣)에 올랐다.

이귀생(李貴生, 생몰년미상) : 고려 말기의 문신으로, 본관은 고성이다. 1389년(공양왕 1) 우왕의 복위를 꾀하던 김저(金佇)의 옥사에 연좌되어 계림에 유배되었다. 1390년 윤이(尹彝)·이초(李初)의 옥사에 다시 연루되어 아버지와 이색(李穡)·우인열(禹仁烈)·우현보(禹玄寶) 등이 유배될 때 고성에 유배되었고, 이어 청주옥으로 옮겨졌다가 홍수로 풀려나왔다.

이능간(李凌幹, ?～1357) : 고려 후기의 문신이다. 충선왕을 모시고 반전별감(盤纏別監)으로 원나라에 있었다. 감찰대부(監察大夫)·첨의평리(僉議評理)로 원나라에 다녀왔다. 조적(曺頔)의 난 때 충혜왕을 시종한 공으로 1등공신에 올랐다.

이단(李端, ?～1047) : 고려 전기의 문신이다. 문하시랑평장사(門下侍郎平章事)와 문하시랑 동내사문하평장사(門下侍郎同內史門下平章事)를 지냈으며, 물러난 후에도 조정에서 국사를 논할 때는 왕명을 받고 참여하였다. 1029년(현종 20) 상서좌복야(尙書左僕射)로 서경유수사(西京留守使)에 임명되었다. 이때 거란에서 반란이 일어났는데, 이를 공격하자고 극력 주장하였으나 조정에서 논란 끝에 출병하지 않았다.

이달충(李達衷, ?～1385) : 고려 말기의 유학자이다. 본관은 경주, 자는 지중(止中), 호는 제정(霽亭), 시호는 문정(文靖)이다. 신돈에게 주색을 삼가라고 직언하여 파면당하였다가 신돈 주살 후 복직되었다. 동북면병마사(東北面兵馬使)·계림부윤(鷄林府尹) 등을 지냈다.

이두란(李豆蘭, 생몰년미상) : 1371년(공민왕 20)에 고려에 귀화한 여진의 천호(千戶)로, 이성계의 휘하에서 장수로 활약하였다. 왜구 소탕과 위화도회군 등에서 공로를 세워 밀직사(密直司) 등을 역임하였다.

이림(李琳, ?～1391) : 고려 말기의 무신이다. 덕적도(德積島)·자연도(紫燕)의 두 섬과 울주(蔚州)·연산(連山)에 침입한 왜적을 격퇴하였다.

이문진(李文眞, 생몰년미상) : 고구려의 태학박사(太學博士)이다. 600년(영양왕 11)에 왕명으로 기존에 전해 오던 역사책인 『유기(留記)』 100권을 편집하여 『신집(新集)』 5권을 만들었으나 전해지지 않고 있다.

이방실(李芳實, ?～1362) : 고려 후기의 무신으로, 본관은 함안이다. 대호군(大護軍)으로 선성(宣城)에서 다루가치[達魯花赤] 노연상(魯連祥) 부자를 진압하였고, 압록・서경 사이와 풍주(豐州)에서 홍건적을 물리쳤다. 1361년(공민왕 10) 홍건적에 패하여 개경을 빼앗겼으나 수복하고 많은 적을 도륙하였다.

이복기(李復基, ?～1170) : 고려 전기의 문신이다. 의종 말에 지어사대사(知御史臺事)를 지냈다. 성품이 간사하여, 아부하지 않던 지추밀원사(知樞密院事) 서순(徐淳)을 좌복야판비서성사(左僕射判秘書省事)로 좌천시키는 등 자신이 미워하는 자를 탄핵하였다. 왕의 측근으로 총애를 받았으나 무신의 난 때 살해되었다.

이분(李芬, 생몰년미상) : 고려 말기의 공신이다. 1363년(공민왕 12) 김용(金鏞)이 흥왕사(興王寺)에 침입하여 난을 일으킬 때 사재령(司宰令)으로서 이들을 토벌한 공으로 흥왕토적(興王討賊) 1등공신에 서훈되었다.

이사도(李師道, ?～819) : 고구려 유민 출신의 중국 당나라 절도사이다. 평로절도사 검교상서 좌복야(平盧節度使檢校尙書左僕射)를 지냈다. 헌종이 산동성에 대한 책임을 맡겼으나 따르지 않아 죽임을 당하였다.

이사부(異斯夫, 생몰년미상) : 신라의 장군・정치가이다. 성은 김씨, 내물왕의 4대손으로, 일명 태종(苔宗)으로 불리웠다. 541년(진흥왕 2) 병부령(兵部令)이 되어 실권을 장악하였다. 545년에는 국사 편찬을 제안하여 거칠부(居柒夫) 등이 『국사』를 편찬하는 계기를 이루었다. 549년에는 한강 상류지역까지 영토를 넓히는 등 신라의 국력 강화에 큰 역할을 하였다.

이색(李穡, 1328～1396) : 고려 말기의 문신・학자로, 삼은(三隱) 가운데 한 사람이다. 본관은 한산(韓山), 자는 영숙(穎叔), 호는 목은(牧隱)이다. 정방(政房)을 폐지하고, 3년상을 제도화하였으며, 성리학 발전에 공헌하였다. 우왕의 사부였다. 위화도회군 후 창왕을 즉위시켜 이성계를 억제하려 하였다. 조선 태조가 한산백(韓山伯)에 책봉하였으나 사양하였다.

이성(李晟, 1251～1325) : 고려 후기의 문신으로, 본관은 담양이다. 약관(弱冠)에 문과에 급제하여 온수감무(溫水監務)를 거쳐 수원사록(水原司錄)이 되었으나 벼슬을 그만두고 경서연구에 전념하였다. 충선왕에 의해 내서사인(內書舍人)으로 발탁되어 선부의랑(選部議郎) 등을 역임하였다. 다시 낙향하자 민부전서(民部典書)로 특진시켰으며 뒤에 화평부사(化平府使)가 되었다. 학문에 힘써 오경사(五經笥)라는 칭호를 들었다.

이성계(李成桂, 1335～1408) : 조선 태조와 동일인물이다. → 태조

이성림(李成林, ?～1391) : 고려 말기의 문신이다. 본관은 고성으로, 공민왕 때 여러 직책을 맡았다가 밀직부사(密直副使)에 이어 시중(侍中)에 이르렀다. 1378년(우왕 4)에 연산(連山)에 침입한 왜구를 방어하였는데 이때에 판밀직(判密直)으로 양광도(楊廣道)・전라도의 조전원수(助戰元帥)를 겸직하였다. 1389년(창왕 1) 문하시중

(門下侍中)의 지위에서 김저(金佇)의 옥사에 연루되었지만 창왕의 외조부였으므로 극형은 모면하고 철원에 유배되었다.

이세민(李世民, 599~649) : 당 태종과 동일인물이다. → 태종

이세적(李世勣, 594~669) : 이적과 동일인물이다. → 이적

이소응(李紹膺, ?~1180) : 고려 후기의 무신이다. 1170년(의종 24) 대장군(大將軍)으로서 보현원(普賢院)에 행차하는 왕을 호송하는 도중, 젊은 문신 한뢰(韓賴)에게 뺨을 맞는 모욕을 당하였다. 평소부터 무신들이 극도로 천대를 받고 있는 데 대해 불만을 품고 있던 그는 정중부(鄭仲夫) 등과 함께 반란을 일으켜 무신정권을 세웠다.

이수산(李壽山, ?~1376) : 고려 말기의 문신으로, 본관은 수안(遂安)이다. 충혜왕 때 총관(摠管)을 거쳐 밀직부사(密直副使)에 올라 추성익대좌명공신(推誠翊戴佐命功臣)이 되고 춘성군(春城君)에 봉해졌다. 동북면도순문사(東北面都巡問使)로 여진족을 평정하고 경계를 확정하였다. 삼사우사(三司右使)·삼사판사(三司判事)를 거쳤고 신돈의 정적으로 한때 숙청되었다. 공민왕 사후 우왕을 옹립하려는 이인임(李仁任)의 부당성을 지적하였다. 공양왕이 그 충의를 표창하였다.

이순중(李淳中, 생몰년미상) : 고려 후기의 문신이다. 비서감(秘書監)으로서 국자감시(國子監試)를 주관하였을 때, 시제(試題)를 잘못 해석하였다가 탄핵을 받고 좌천되었다. 1207년(희종 3) 진주목사(晋州牧使)로 있을 때 일어난 공노비·사노비의 반란을 수습한 후 창정(倉正) 정방의(鄭方義)를 주모자로 의심하여 처벌하려다가, 오히려 모함을 받아 전라도 초도(草島)에 유배되었다.

이숭인(李崇仁, 1347~1392) : 고려 말기의 학자이다. 본관은 성주, 자는 자안(子安), 호는 도은(陶隱)이다. 삼은(三隱) 가운데 한 사람이다. 밀직제학(密直提學)으로 정몽주와 함께 실록을 편수하였다. 친명·친원 양쪽의 모함을 받아 여러 옥사를 겪었으며, 조선 개국 때 정도전의 원한을 사 살해되었다. 문장에 뛰어났으며 문집에 『도은집(陶隱集)』이 있다

이승경(李承慶, ?~1360) : 고려 후기의 재상으로, 본관은 성주이다. 몽고식 이름은 테무르부카[帖木兒不花]로, 충혜왕 때 정당문학(政堂文學)을 지낸 이조년(李兆年)의 조카이다. 원나라 조정에서 고관을 지냈고, 귀국 후 홍건적이 침입하자 도원수(都元帥)로 출전하여 격퇴하였다.

이시품왕(伊尸品王, ?~407) : 금관가야의 제5대 왕(재위 346~407)이다. 성은 김씨이며 이품왕(伊品王)이라고도 한다. 아버지는 거질미왕(居叱彌王)이며, 어머니는 아궁(阿躬) 아간(阿干)의 손녀 아지부인(阿志夫人)이다.

이암(李嵒, 1297~1364) : 고려 말기의 문신이다. 본관은 고성, 초명은 군해(君侅), 자는 고운(古雲), 호는 행촌(杏村), 시호는 문정(文貞)이다. 충목왕 사후 충정왕을 왕으로 세우기 위하여 원나라에 다녀와서 추성수의동덕찬화공신(推誠守義同德贊化功臣)의 칭호를 받았다. 찬성사(贊成事)·좌정승(左政丞) 등을 지냈다. 묵죽(墨竹)에

뛰어났고, 예서와 초서를 잘 써 조맹부(趙孟頫)와 쌍벽을 이루었다. 「문수원장경비(文殊院藏經碑)」에 글씨가 남아 있다.

이연년(李延年, ?~1237) : 고려 후기의 민란 주모자이다. 본관은 원율(原栗)이다. 백제 부흥을 기치로 내걸고 난을 일으켜 전라도 남부 일대를 점령하여 위세를 떨쳤으나, 전라도지휘사(全羅道指揮使) 김경손(金慶孫)에게 진압되었다.

이의민(李義旼, ?~1196) : 고려 후기의 무신이다. 본관은 정선으로, 아버지는 소금장수, 어머니는 옥령사(玉靈寺)의 노비였다. 천민 출신으로 기골이 장대하여 경군(京軍)에 편입되었고, 수박(手搏)을 잘 하여 의종의 총애를 받아 별장(別將)이 되었다. 무신의 난에 가담하였고 의종 복위 음모와 조위총(趙位寵)의 난을 평정하였다. 경대승(慶大升)이 죽은 후 무신 최고 집권자가 되었다. 후에 최충헌에게 살해되었다.

이의방(李義方, ?~1174) : 고려 후기의 무신으로, 본관은 전주이다. 무신의 난을 일으켰고 이고(李高)가 정권을 마음대로 하려 하자 그를 제거하고 정권을 장악하였다. 중방(重房)을 강화하고 지방관에 하급 무신을 임명하여 그들을 회유하는 정책을 실시하였다.

이인(李靭, ?~1381) : 고려 후기의 문신이다. 공민왕 때 신돈의 반역 음모를 밀고한 공으로 종2품인 정당문학(政堂文學)에 올랐다. 1362년(공민왕 11) 전사관편수관(前史館編修官)으로서 글을 올려 시무10조(時務十條)를 논하였고, 1364년 전교부령(典校副令)으로 오왕(吳王)을 자칭하던 원나라의 반란군 지도자 장사성(張士誠)을 예방(禮訪)하였다.

이인복(李仁復, 1308~1374) : 고려 말기의 문신이다. 본관은 성주, 자는 극례(克禮), 호는 초은(樵隱), 시호는 문충(文忠)이다. 원나라 제과(制科)에 급제하여 벼슬을 받고 돌아왔다. 1352년(공민왕 1) 조일신(趙日新)의 난을 평정하였고, 왕에게 신돈을 멀리하도록 간하였다. 흥안부원군(興安府院君)에 진봉되었으며, 삼사판사(三司判事)를 거쳐 검교시중(檢校侍中)이 되었다. 『고금록(古今錄)』·『금경록(金鏡錄)』을 편수하였고, 문집에 『초은집(樵隱集)』이 있다.

이인성(李仁成, ?~1196) : 고려 후기의 재상이다. 1194년(명종 24)에 동지추밀원사 어사대부(同知樞密院事御史大夫)에 임명되었으며, 1196년 참지정사(參知政事)에 올랐다. 참지정사로 있을 때 최충헌 형제에게 살해당하였다.

이인임(李仁任, ?~1388) : 고려 말기의 문신이다. 본관은 성주, 시호는 황무(荒繆)이다. 공민왕 때 서북면도통사(西北面都統使)로 원나라의 동녕부(東寧府)를 정벌하였고, 광평부원군(廣平府院君)에 책봉되었다. 공민왕 사후 우왕을 추대하였다. 정권을 잡고 친원정책을 취하여 친명파를 추방하고, 전횡을 일삼았다.

이자겸(李資謙, ?~1126) : 고려 전기의 문신이다. 본관은 인주(仁州)이다. 1122년 예종이 죽자 자신의 사위인 연소한 태자(인종)를 즉위하게 하였으며, 다른 외척이 생길까 두려워 자신의 제3녀와 제4녀를 인종의 비로 삼게 하였다. 권세와 총애를 독차지하여 자기 생일을 인수절(仁壽節)이라 하였고, 매관매직과 수뢰로 축재하였다. 1126년(인종 4) 인종이 이자겸과 척준경(拓俊京)의 사이가 벌어진 것을 기회로 척준경을 회유해, 이자겸 일당을 제거하는데 성공하였다. 그해 유배지에서 사망하였다.

이자송(李子松, ?~1388) : 고려 말기의 문신으로, 수원이씨(水原李氏)의 시조이다. 공민왕 때 전법판서(典法判書)로서 원나라에 가서 홍건적 평정을 전하였다. 원나라에서 고려왕으로 덕흥군(德興君)을 책봉하고 호종을 명령하였으나 이를 거절하고 숨었다. 그 후 단성보조공신(端誠輔祚功臣)의 호를 받았고, 우왕 때 여러 관직을 거쳤다.

이자연(李子淵, 1003~1061) : 고려 전기의 문신이다. 본관은 인주(仁州), 자는 약충(若沖), 시호는 장화(章和)이다. 세 딸이 모두 문종의 비가 되자 세력을 장악하였다. 1052년(문종 6) 수태위(守太尉)가 되었고, 이듬해 문하시랑평장사(門下侍郎平章事)에 이르렀다. 그 후 개부의동삼사 태사 겸 중서령 감수국사 상주국 경원군개국공(開府儀同三司太師兼中書令監修國史上柱國慶源郡開國公)이 되었다.

이자의(李資義, ?~1095) : 고려 전기의 문신으로, 본관은 인주(仁州)이다. 헌종이 즉위하자 누이 원신궁주(元信宮主)의 아들인 한산후(漢山侯) 왕윤(王昀)을 옹립하고자 반란을 꾀하였다가 사전에 발각되어 죽임을 당하였다.

이자춘(李子春, 1315~1361) : 조선 태조 이성계의 아버지이다. 함경도 쌍성(雙城) 지방에서 세력을 떨치며 원나라의 천호(千戶)로 있다가 고려 조정에 내알(來謁)하여 소부윤(少府尹)이라는 벼슬을 받고 총관부(摠管府)를 함락시켜 함주(咸州) 이북의 땅을 회복하였다. 함경도지방을 다스리다가 죽었다. 1411년(태종 11) 시호를 연무성환(淵武聖桓)대왕, 묘호를 환조(桓祖)라 하였다. 능은 함흥(咸興)의 정릉(定陵)이다.

이적(李勣, 594~669) : 당나라의 무장이다. 본성이 서씨(徐氏)였으나 당 고조에게 이씨성을 하사받았다. 이름도 세적(世勣)에서 태종의 이름 세민(世民)의 '세'자를 피하여 뺐다. 당 태종에게 등용되어 하북(河北)・하남(河南)을 통일하는 데 공을 세우고 이정(李靖)과 돌궐을 격파하였으며 설연타(薛延陀)를 평정하여 당나라 대제국 건설에 공헌하였다. 고종 때 고구려를 원정하기도 하였다.

이정(李貞, 생몰년미상) : 고려 후기의 무신이다. 본래 천민출신으로 개잡는 일을 하였으나 용력(勇力)이 뛰어나서 권신 김준(金俊)의 아들 김주(金柱)의 신임을 받았다. 1272년(원종 13) 제주의 삼별초를 초유하러 갔다 적에게 잡혔다가 돌아왔다. 충렬왕 유모의 사위가 되어 왕의 총애를 받았고 충청도응방사(忠淸道鷹坊使)가 되어 불량배들을 거느리고 행패가 심하였다.

이정(李靖, 571~649) : 당나라의 명장이다. 처음에는 수나라를 섬겼으나, 수나라에 대항해 군사를 일으킨 이세민(李世民 : 당 태종)에게 체포되었다. 이세민에게 인정을 받고 그의 부장으로 활약하였다. 돌궐의 근거지를 공격하여 힐리가한(頡利可汗)을 포로로 잡고 토욕혼(吐谷渾)의 침입을 막았다.

이제현(李齊賢, 1287~1367) : 고려 말기의 문신・학자이다. 본관은 경주, 자는 중사(仲

思), 호는 익재(益齋) · 역옹(櫟翁) · 실재(實齋)이다. 원나라와의 관계에서 부당한 처사를 해결하는 등 활약하였다. 당대의 명문장가이며 정주학(程朱學)의 기초를 확립하였다. 조맹부(趙孟頫) 서체를 도입하여 유행시켰다. 문집에 『익재집(益齋集)』, 저서에 『효행록(孝行錄)』 · 『역옹패설(櫟翁稗說)』 등이 있다.

이조년(李兆年, 1269~1343) : 고려 후기의 문신이다. 본관은 성주, 자는 원로(元老), 호는 매운당(梅雲堂) · 백화헌(百花軒), 시호는 문열(文烈)이다. 1306년(충렬왕 32) 왕유소(王惟紹) 등이 서흥후(瑞興侯) 왕전(王琠)을 충렬왕의 후계로 삼으려 하자 최진(崔晉)과 함께 충렬왕을 보필하였으며, 심양왕(瀋陽王) 왕고(王暠)의 왕위찬탈 음모를 원나라에 상소하였다. 충혜왕 복위 후 정당문학(政堂文學) · 예문관대제학(藝文館大提學)이 되어 성산군(星山君)에 봉해졌다. 시문에 뛰어났다.

이존오(李存吾, 1341~1371) : 고려 말기의 문신이다. 본관은 경주, 자는 순경(順卿), 호는 석탄(石灘) · 고산(孤山)이다. 1366년(공민왕 15) 우정언(右正言)으로 있을 때 신돈의 횡포를 보고 이를 탄핵하다가 왕의 노여움을 샀다. 신돈의 권력 남용을 풍자한 시 1수를 비롯하여 3수의 시조가 고시조집 『청구영언(青丘永言)』에 실려 있다. 문집에 『석탄집(石灘集)』이 있다.

이종학(李種學, 1361~1392) : 고려 말기의 문신이다. 본관은 한산(韓山), 자는 중문(仲文), 호는 인재(麟齋)이다. 아버지인 이색(李穡)이 국정에 참여하고 있을 때, 해마다 성균시(成均試)를 맡아 물의가 많았다. 공양왕 즉위 후 파직되었다. 고려가 망하자 정도전 등의 사주에 의해 살해당하였다. 문장으로 명성이 높았으며 사실에 밝았다. 문집에 『인재유고(麟齋遺稿)』가 있다.

이주연(李周衍, 생몰년미상) : 고려 전기의 문신이다. 1135년(인종 13) 묘청이 서경에서 반란을 일으키자 진압에 나섰는데, 반란군이 거짓으로 조서(詔書)를 꾸며 양계(兩界)에서 군사를 징발하자, 인종의 명령을 받아 우군 2,000명을 이끌고 가서 동계(東界)의 여러 성을 돌면서 회유하는 등 반란의 진압에 공을 세웠다.

이준의(李俊儀, ?~1174) : 고려 전기의 무신이다. 이의방(李義方)의 형으로, 김보당(金甫當)의 난이 일어났을 때 문신으로 연루된 자를 모두 죽이려 하자, 그 부당함을 설득하여 중지시켰다.

이지명(李知命, 1127~1191) : 고려 후기의 문신이다. 본관은 한산(韓山), 자는 낙수(樂叟), 시호는 문평(文平)이다. 명종 때 한림학사(翰林學士) · 승지(承旨) · 서북면병마사(西北面兵馬使) · 태자소부(太子少博)를 거쳐 정당문학(政堂文學)이 되었다. 문장 · 덕행이 뛰어나 수차례 동지공거(同知貢擧) · 지공거(知貢擧)를 역임하였고, 시부 · 서예에 능하고 초서 · 팔분체(八分體)를 잘 썼다.

이지백(李知白, 생몰년미상) : 고려 전기의 문신이다. 983년(성종 2) 좌승(佐丞)에서 간의대부(諫議大夫)가 되었다. 993년 거란의 대군이 쳐들어왔을 때, 국토를 적국에 떼어 주고 화친하자는 주장에 반대하고 항전할 것을 역설하였다.

이지순(李至純, ?~1196) : 고려 후기의 무신이다. 본관은 정선으로, 무신집권자 이의민(李義旼)의 아들이다. 대장군(大將軍)에 올랐을 때 아버지를 죽인 최충헌과 싸웠으나 패하여 살해되었다.

이지심(李知深, ?~1170) : 고려 전기의 문신이다. 의종 때 정언(正言)·급사중(給事中) 등 주로 간관으로서 많이 활동하고, 국자감대사성(國子監大司成)에 올랐으나 무신의 난 때 살해되었다.

이지영(李至榮, ?~1196) : 고려 후기의 무신이다. 무신집권자 이의민(李義旼)의 아들로, 아버지의 위세를 믿고 횡포를 부리다가 최충헌에게 살해되었다.

이진(李瑱, 1244~1321) : 고려 후기의 문신이다. 본관은 경주, 자는 온고(溫古), 호는 동암(東菴), 초명은 방연(方衍), 시호는 문정(文定)이다. 충선왕 때 사림학사(詞林學士)·좌승지(左承旨)·병조지사(兵曹知事)·상의회의도감사(商議會議都監事)를 거쳐 찬성사(贊成事)에 올랐다. 충숙왕 때 검교첨의정승(檢校僉議政丞)이 되어 임해군(臨海君)에 봉해졌고, 과거를 관장하였다. 제자백가에 통달하고 시문에 뛰어났다. 문집에 『동암집(東菴集)』이 있다.

이차돈(異次頓, 502/506~527) : 신라 법흥왕의 근신(近臣)으로, 한국 불교사상 최초의 순교자이다. 그가 죽은 뒤 일어난 기적이 조신들의 마음을 돌려 신라에 불교가 공인되었다.

이천(李蒨, 1274~1349) : 고려 후기의 문신이다. 1344년(충혜왕 복위 5) 첨의평리상의(僉議評理商議)로 원나라에 다녀왔다. 이듬해 첨의참리(僉議參理)를 거쳐 예문관대제학 검교정승(藝文館大提學檢校政丞)이 되어 월성부원군(月城府院君)에 봉해졌다.

이춘부(李春富, ?~1371) : 고려 말기의 문신이다. 공민왕 때 동강도병마사(東江都兵馬使)로 왜구를 격퇴하였다. 전라도도순검 겸 병마사(全羅道都巡檢兼兵馬使)로 홍건적의 침입을 격퇴하여 1등공신이 되었다. 동덕찬화공신(同德贊化功臣)에 책록되었고, 도첨의시중(都僉議侍中)이 되었으나 신돈 일당으로서 횡포를 자행한 죄로 처형되었다.

이행(李行, 1352~1432) : 고려 말·조선 초의 문신이다. 본관은 여주(驪州), 자는 주도(周道), 호는 기우자(騎牛子)·백암(白巖)·일가도인(一可道人), 시호 문절(文節)이다. 우왕 때 전의부정(典醫副正)으로 탐라에 가서 성주(星主 : 제주목사) 고신걸(高臣傑)의 아들 고봉례(高鳳禮)를 볼모로 데리고 돌아왔다. 고려가 망하자 은거하다 태종 때 예문관대제학(藝文館大提學)·승녕부판사(承寧府判使)·한성부판사(漢城府判使)·형조판서를 지냈다. 문집에 『기우자집(騎牛子集)』이 있다.

이현운(李鉉雲, 생몰년미상) : 고려 전기의 무신이다. 강조(康兆)와 함께 목종을 폐하고 현종을 옹립하였다. 1009년(목종 12) 이부시랑(吏部侍郎)으로 서북면도순검부사(西北面都巡檢副使)가 되어 서북면도순검사 강조(康兆)와 함께 목종을 폐하고 현종을 옹립한 뒤, 중대부사(中臺副使)가 되었다.

이혼(李混, 1252~1312) : 고려 후기의 문신이다. 본관은 전의(全義), 자는 거화(去華)·태초(太初), 호는 몽암(蒙菴), 시호는 문장(文莊)이다. 충선왕 때 정조사(正朝使)로 원나라에 가서 충선왕과 관제개혁을 의논하고 돌아와 대사백(大詞伯)에 올랐고 벽상삼한공신(壁上三韓功臣)이 되었다. 시문에 능하고 단구(短句)에 뛰어났으며 영해(寧海)에 귀양가서 지은 무고(舞鼓)가 악부(樂府)에 전한다.

이홍(利弘, ?~839) : 신라의 시중(侍中)이다. 희강왕의 즉위에 공을 세웠으나, 김명(金明 : 민애왕)을 도와 난을 일으켰다. 희강왕이 자결하고 김명이 즉위하자, 김균정(金均貞)의 아들 김우징(金祐徵)이 김양(金陽)과 함께 민애왕 정벌에 나섰다. 이홍은 김우징(신무왕)의 즉위 후 죽임을 당하였다.

이확(李擴, ?~1392) : 고려 말기의 문신이다. 1390년(공양왕 2) 우사의(右司議)를 거쳐 이듬해 우산기상시(右散騎常侍)에 임명되었다. 1392년 간관(諫官)으로서 조준(趙浚)·정도전 등이 나라의 기강을 어지럽힌다고 탄핵하였는데, 그해 시중(侍中) 정몽주가 살해되자 그 일파로 몰려 양광도(楊廣道)에 유배되었다가 장살(杖殺)되었다.

익조(翼祖, 생몰년미상) : 조선 태조 이성계의 증조부로, 이름은 이행리(李行里)이다. 아버지의 뒤를 이어 벼슬을 받았다. 뒤에 여진족의 기습을 피하여 함경도 경흥(慶興) 지방으로 도피하였다가, 후에 고향인 덕원(德源)으로 돌아왔다. 1394년 익왕(翼王)으로 추존되었고, 후에 다시 익조의 존호를 받았다.

인공수(印公秀, 생몰년미상) : 고려 후기의 무신이다. 원나라에서 귀화한 사람으로, 본명은 홀라타이[忽剌歹]이다. 1269년(원종 10) 세자가 원나라에 입조(入朝)하게 되자 낭장(郎將)으로서 호종하였다. 1275년(충렬왕 1) 대장군(大將軍)으로서 시중(侍中) 김방경(金方慶)과 함께 원나라에 가서 일본 정벌의 준비로 말미암아 백성들이 고통을 받고 있으므로 중단해 줄 것을 청하는 등 원나라와의 외교에서 활약하였다.

인당(印瑭, ?~1356) : 고려 후기의 장군으로, 교동인씨(喬桐印氏)의 시조이다. 서북면영만호(西北面令萬戶) 때 자연도(紫燕島)·삼목도(三木島)에 침입한 왜구를 이권둔(李權屯)과 함께 서강(西江)에서 막았다. 1354년(공민왕 3) 석성부원군(碩城府院君)에 책봉되고 내란이 일어난 원나라에 원군으로 갔다가 돌아와 전라도만호(全羅道萬戶)로서 왜구를 무찔렀다. 이듬해 정남만호(征南萬戶)로 원나라 군대와 홍건적을 격퇴하였다.

인종(仁宗, 1109~1146) : 고려의 제17대 왕(재위 1122~1146)이다. 이름은 해(楷), 초명은 구(構), 자는 인표(仁表), 시호는 효공(孝恭)이며, 예종의 장남이다. 1126년 이자겸의 난이 일어나자, 최사전(崔思全)과 척준경(拓俊京)을 시켜 난을 진압하였다. 또 1135년 묘청의 난이 일어나자, 김부식으로 하여금 난을 평정하게 하였다. 향학의 설립과 서적소의 설치로 교육과 학문의 발전을 도모하고, 김부식 등에게 명을 내려 관찬사서 『삼국사기』를 편찬하게 하였다.

임견미(林堅味, ?~1388) : 고려 말기의 무신이다. 본관은 평택이다. 1361년(공민왕 10) 나주도도병마사(羅州道都兵馬使) 때 홍건적의 난이 일어나자 왕을 호종하여 1등공신이 되었다. 1370년(공민왕 19) 원나라 동녕부(東寧府) 토벌에 부원수(副元帥)로 참전하였고 1374년 제주 목호(牧胡)의 난이 일어나자 부원수로 토벌에 나섰다. 매관매직을 자행하고 토지와 노비를 강탈하는 등의 행패로 이성계 등에 의해 처형되었다.

임연(林衍, ?~1270) : 고려 후기의 권신으로, 본관은 진주(鎭州)이다. 1268년(원종 9) 김준(金俊)을 제거하였다. 이어 원종을 폐하고 안경공(安慶公) 왕창(王淐)을 즉위시킨 뒤 교정별감(敎定別監)이 되어 정치·군사의 실권을 장악하였다. 그러나 몽골의 위협에 안경공을 폐위시키고 원종을 복위시켰다. 원종이 개경 환도를 약속하고 귀국하자, 몽골에 끝까지 항전하려다가 병으로 죽었다.

임원후(任元厚, 1089~1156) : 고려 전기 문신이다. 본관은 장흥, 초명은 원애, 시호는 문정(文忠)이다. 인종의 비이며 의종의 모후(母后)인 공예태후(恭睿太后)의 아버지이다. 묘청의 난이 일어나자 중군원수(中軍元帥)로 김부식과 함께 이를 토벌하였다. 1137년(인종 15) 동덕좌리공신(同德佐理功臣)이 되었으며, 서경유수(西京留守)·문하시랑평장사(門下侍郞平章事)·감수국사(監修國史) 등을 지냈다. 경사(經史)에 정통하고 근검하였다.

임유(任濡, 1149~1212) : 고려 후기의 학자로, 공예태후(恭睿太后 : 의종의 모후)의 동생이다. 만년에 불교를 깊이 믿어 대장경(大藏經)을 금으로 베껴썼다.

임유무(林惟茂, ?~1270) : 고려 후기의 무신이다. 본관은 진주(鎭州), 임연(林衍)의 아들이다. 몽골에 있던 원종이 개경으로 환도하라는 명령을 내리자 환도하지 못하게 막고 야별초(夜別抄)를 교동(喬桐)에 주둔하게 하여 몽골병에 대비하였으나 살해되었다. 그를 마지막으로 무신정권은 몰락하고 왕정복구와 개경환도가 이루어졌다.

자비왕(慈悲王, ?~479) : 신라의 제20대 왕(재위 458~479)으로, 자비마립간(慈悲麻立干)이라고도 한다. 왜인의 잦은 침범에 대비하여 470년 이후 일모성(一牟城)·사시성(沙尸城) 등 많은 성을 축조하여 국방을 강화하였다. 전함(戰艦)을 수리하게 하고, 명활성(明活城)으로 이거(移居)하였다. 왜병이 계속 침입하였으나 매번 이를 격퇴하였다.

장보고(張保皐, ?~846) : 신라의 무장이다. 궁복(弓福)·궁파(弓巴)라고도 한다. 해적들의 인신매매를 근절시키려고 해로의 요충지 청해(淸海)에 진(鎭)을 설치하고 청해진대사(淸海鎭大使)로 해적을 완전 소탕하였다. 840년(문성왕 2) 일본에 무역사절을, 당나라에 견당매물사를 보내어 삼각무역을 하였다.

장사성(張士誠, 1321~1367) : 원나라 말기의 무인이다. 본래 태주(泰州)의 염전인 백구장(白駒場)에 적을 둔 소금 중개인이었다. 염장 관리와 염정(鹽政) 사이의 분쟁을 틈타 난을 일으켰다. 세력이 강소성(江蘇省 : 장쑤성)에서 절강성(浙江省 : 저장성) 일대에 미쳤으나 명나라군의 총공격에 대패하였다.

장수왕(長壽王, 394~491) : 고구려의 제20대 왕(재위 412~491)으로 이름은 거련(巨連 :

巨璉)이며, 광개토왕의 장남이다. 도읍을 국내성(國內城)에서 평양으로 옮기고 적극적으로 남하정책을 추진하여 광활한 영토를 차지하였다.

장순석(張純錫, ?~1173) : 고려 후기의 무신이다. 1173년(명종 3) 동북면병마녹사(東北面兵馬錄事)로 재임 중 동북면병마사(東北面兵馬使) 김보당(金甫當)과 함께 난을 일으켜 무신정권을 몰아내고 의종을 복위시키려 하였으나 실패하였다. 난을 진압하기 위해 이의민(李義旼)이 온다는 소문을 듣고 자기들에게 해가 끼칠까 두려워한 경주사람들에 의해 살해당했다. 결국 의종복위운동도 실패로 돌아갔다.

장연우(張延祐, ?~1015) : 고려 전기의 관인이다. 본관은 흥덕(興德)이며, 객성(客省)을 지낸 장유(張儒)의 아들이다. 1010년(현종 1) 거란의 침략으로 현종이 남쪽으로 몽진할 때 호종하였다. 1014년 경군(京軍)의 영업전을 빼앗아 백관의 녹봉에 충당하게 하였다가 상장군(上將軍) 김훈(金訓)과 최질(崔質) 등의 반란으로 유배되었다.

저고여(著古與, ?~1225) : 고려에 파견된 몽고의 사신이다. 1221년(고종 8)부터 고려에 파견되어 막대한 공물을 요구해 걷어갔으며, 1225년 귀국 길에 압록강 가에서 피살되어 몽고가 고려를 침략하는 구실이 되었다.

적경궁주(積慶宮主, 생몰년미상) : 고려 문종의 딸이다. 문종과 이자연(李子淵)의 딸인 인예태후(仁睿太后) 이씨 사이에서 태어났다. 1086년(선종 3) 이복남매이자 이종사촌인 부여후(扶餘侯) 왕수(王燧)와 결혼하였다.

전녹생(田祿生, 1318~1375) : 고려 말기의 문신이다. 본관은 담양(潭陽), 자는 맹경(孟耕), 호는 야은(壄隱)이다. 충혜왕 때 문과에 급제하여, 제주사록(濟州司錄)·전교시교감(典校寺校勘)을 지냈다. 경상도도순문사(慶尙道都巡問使)·동지공거(同知貢擧)·대사헌(大司憲)을 거쳐 1373년(공민왕 22) 정당문학(政堂文學)으로서 강녕대군(江寧大君 : 우왕)의 사부가 되었다. 이듬해 개성부사(開城府使)·문하평리(門下評理) 등을 지내고 추충찬화보리공신(推忠贊化輔理功臣)이 되었다. 문집에 『야은일고(壄隱逸稿)』가 있다.

전존걸(全存傑, ?~1193) : 고려 후기의 무신이다. 1193년(명종 23) 운문(雲門)의 김사미(金沙彌)와 초전(草田)의 효심(孝心)이 난을 일으키자 대장군(大將軍)에 임명되어 장군 이지순(李至純) 등과 함께 반란군을 토벌하러 갔다. 그러나 무신집권자 이의민(李義旼)의 아들인 이지순이 재물을 노리고 반란군과 내통하자 자결하였다.

전지왕(腆支王, ?~420) : 백제의 제18대 왕(재위 405~420)이다. 이름은 여영(餘映)·영(映)이며, 아신왕의 원자(元子)이다. 사신을 진(晉)나라에 보내고, 408년 상좌평의 직제를 처음으로 제정하고 여신(餘信)을 이에 임명하였다. 416년 동진(東晉)의 안제로부터 사지절도독 백제제군사 진동장군 백제왕(使持節都督百濟諸軍事鎭東將軍百濟王)에 책봉되고 418년 일본에 사신을 파견하였다.

정강왕(定康王, ?~887) : 신라의 제50대 왕(재위 886~887)이다. 이름은 황(晃)이고 경문왕의 제2남이다. 형인 헌강왕이 후사 없이 죽자 그 뒤를 이어 즉위하였다. 887년 황룡사(黃龍寺)에 백고좌(百高座)를 베풀어 청강하였으며, 이찬 김요(金蕘)의 반란을 평정하였다. 887년 7월 재위 2년 만에 죽으면서 누이동생 만(曼 : 진성여왕)에게 전위하였다.

정균(鄭筠, ?~1179) : 고려 전기의 무신이다. 본관은 해주로, 정중부(鄭仲夫)의 아들이다. 무신의 난 이후 병부상서(兵部尙書)・서경유수(西京留守)에 오르고, 조위총(趙位寵)의 난을 평정하였다. 이때 함께 출전한 이의방(李義方)을 죽이고 부자가 정권을 마음대로 휘두르다가 경대승(慶大升)에게 살해되었다.

정도전(鄭道傳, 1342~1398) : 고려 말・조선 초의 문신・학자이다. 본관은 봉화, 자는 종지(宗之), 호는 삼봉(三峰)이다. 이성계를 도와 조선을 건국하였으며 나라의 기틀을 다지는 역할을 하였다. 유학(儒學)의 대가로 개국 후 군사・외교・행정・역사・성리학 등 여러 방면에서 활약하였고, 척불숭유(斥佛崇儒)를 국시로 삼게 하여 유학의 발전에 공헌하였다. 제1차 왕자의 난 때 이방원(李芳遠)에게 피살되었다. 문집에 『삼봉집(三峰集)』, 저서에 『경제문감(經濟文鑑)』 등이 있다.

정몽주(鄭夢周, 1337~1392) : 고려 말기의 문신・학자이다. 본관은 연일(延日), 자는 달가(達可), 호는 포은(圃隱), 시호는 문충(文忠)이다. 의창(義倉)을 세워 빈민을 구제하고 유학을 보급하였으며, 성리학에 밝았다. 개성에 5부 학당과 지방에 향교를 세워 교육진흥을 꾀하였으며, 법질서의 확립을 기하고 외교와 군사면에도 깊이 관여하여 국운을 바로잡으려 했으나 이성계 일파의 손에 최후를 맞이하였다. 시문에도 뛰어나 시조「단심가(丹心歌)」 외에 많은 한시가 전해지며 서화에도 뛰어났다.

정방보(鄭邦輔, ?~1226) : 고려 후기의 무신이다. 1211년(희종 7) 수창궁(壽昌宮)에서 승려와 환관이 최충헌을 살해하려고 한 사건이 일어났을 때 상장군(上將軍)으로서 왕준명(王濬明) 등 주모자를 색출하였다. 벼슬이 참지정사(參知政事)에 이르렀으나 최충헌을 아첨으로 섬기며 뇌물을 탐하여 사람들의 지탄을 받았다.

정방의(鄭方義, ?~1201) : 고려 후기의 반란자로, 본관은 진주(晉州)이다. 1200년(신종 3) 진주 노비들이 일으킨 반란이 평정된 뒤, 사록(司錄) 전수룡(全守龍)을 만나러 활을 메고 갔다가 태수(太守) 이순중(李淳中)으로부터 반란을 꾀한다는 혐의를 받고 체포되었다. 아우의 구출을 받고 반민(叛民)들과 합세하여 본시 원한이 있었던 사람들을 학살한 후 권신에게 뇌물로 바치고 죄를 면하려고 하였다. 원한을 품은 주민들에게 살해당하였다.

정배걸(鄭倍傑, 생몰년미상) : 고려 전기의 학자이다. 초계정씨(草溪鄭氏)의 시조이고, 시호는 홍문(弘文)이다. 1017년(현종 8) 문과에 장원하고 1035년(정종 1) 좌습유(左拾遺)・지제고(知制誥) 등을 지냈다. 1047년(문종 1) 중추원부사(中樞院副使)로서 지공거(知貢擧)가 되었으며, 예부상서・중추사(中樞使)를 역임하였다. 서당을 열어 홍문공도(弘文公徒)라고 하였다. 홍문광학추성찬화공신(弘文廣學推誠贊化功臣) 등으로 추증되었다.

정성(鄭成, 생몰년미상) : 고려 전기의 무신이다. 1010년(현종 1) 요나라 성종이 침입하였을 때 호부낭중(戶部郎中)으로 흥화진사(興化鎭使)가 되어 도순검사(都巡檢使) 양규(楊規) 등과 함께 흥화진을 지켰으며, 이듬해 압록강을 건너 철군하는 요나라 군을 공격하여 승리하였다.

정세운(鄭世雲, ?~1363) : 고려 후기의 무장이다. 본관은 광주(光州)이다. 공민왕을 따라 원나라에 다녀와 대호군(大護軍)에 승진하고 1352년 공민왕이 즉위하자 공신에 책록되었다. 기철(奇轍)을 주살하였고, 홍건적 침입으로 개경이 함락되고 왕이 피난할 때 호종하였다. 총병관(摠兵官)이 되어 20만 대군으로 홍건적을 물리치고 서울을 탈환하였다.

정세유(鄭世猷, 생몰년미상) : 고려 후기의 관인이다. 서북면병마사(西北面兵馬使)·형부상서(刑部尙書) 등을 역임하며 뇌물을 받는 등 부정을 저질러 1185년(명종 15) 유배되었다. 곧 복직하였으나 1194년 아들들과 반역을 꾀하였다는 죄목으로 다시 유배되었다.

정숙첨(鄭叔瞻, 생몰년미상) : 고려 후기의 문신이다. 본관은 하동으로, 최우(崔瑀)의 장인이다. 일찍부터 관직에 올랐으나 1194년(명종 24) 이금대(李金大)의 무고로 유배되었다. 이후 추밀원지주사(樞密院知奏事)로 있으면서 최충헌의 암살을 막기도 하였다. 1217년(고종 4) 최충헌의 살해 음모사건에 연루되어 하동으로 유배되었다.

정신용(鄭神勇, ?~1015) : 고려 전기의 관인이다. 1014년(현종 5) 흥화진(興化鎭)의 장군으로 있으면서 소적렬(蕭敵烈)이 이끄는 거란군을 크게 이겨 대장군(大將軍)으로 승진하였으나, 이듬해 다시 침범한 거란군의 공격을 막다가 전사하였다.

정쌍(貞雙, 생몰년미상) : 고려 전기의 승려이다. 보제사(普濟寺)에 있으면서, 1084년(선종 1) 왕에게 구산문(九山門)에서 공부하는 승려에게도 진사(進士)의 예에 따라 3년마다 과거를 실시하도록 주청하여 허락을 받았다.

정언진(丁彦眞, ?~1215) : 고려 후기의 무신이다. 1203년(신종 6) 대장군(大將軍)으로 있을 때 동경야별초(東京夜別抄) 패좌(孛佐)와 경주도령(慶州都領) 이비(利備) 등이 반란을 일으키자 초토처치병마중도사(招討處置兵馬中道使)가 되어 난을 평정하였다.

정윤당(鄭允當, 생몰년미상) : 고려 후기의 관인이다. 1183년(명종 13) 원외랑을 지냈다. 1194년(명종 24) 아버지 정세유(鄭世裕)가 반역을 도모한다는 대정(隊正) 이금대(李金大)의 밀고로 아버지, 동생과 함께 남쪽 변방으로 유배되었다.

정인경(鄭仁卿, 1241~1305) : 고려 후기의 문신이다. 본관은 서산(瑞山), 자는 춘수(春叟), 시호는 양렬(襄烈)이다. 중국 송나라가 멸망하자 고려로 망명한 정신보(鄭臣保)의 장남이다. 대장군(大將軍)·상장군(上將軍)·서경유수(西京留守)·도첨의중찬(都僉議中贊) 등을 지냈으며, 서산을 본관으로 제수받았다.

정종(定宗, 923~949) : 고려의 제3대 왕(재위 945~949)이다. 이름은 요(堯), 자는 의천(義天), 시호는 문명(文明)이다. 정적을 제거하며 왕위에 올랐다. 서경으로 천도하려 하였으나 개경 세력의 반발과 백성의 원성으로 실패하였다. 거란 침입에 대비하기 위해 광군을 조직하였으며 불교 중흥에 힘썼다.

정종(靖宗, 1018~1046) : 고려의 제10대 왕(재위 1034~1046)이다. 이름은 형(亨), 자는 신조(申照), 시호는 용혜(容惠)이다. 현종의 제2남이며, 덕종의 동생이다. 거란 침입 이후 북방 민족의 침입에 대비하여 1044년 천리장성을 완성시켰다. 예성강의 병선 180척으로 군수물자를 운반하여 서북계 주진(州鎭)의 창고에 보관하게 하는 등 국방 정책에 힘을 기울였다.

정중부(鄭仲夫, 1106~1179) : 고려 전기의 무신으로, 본관 해주이다. 무신의 차별에 불만을 품고 왕의 보현원(普賢院) 거둥 때 문신을 죽이고 정권을 장악하였다. 참지정사(參知政事)·중서시랑평장사(中書侍郎平章事), 문하평장사(門下平章事), 서북면판사, 행영병마 겸 중군병마판사 등을 지냈다. 1179년(명종 9) 같은 무신인 경대승(慶大升)에게 일가족이 몰살되었다.

정지(鄭地, 1347~1391) : 고려 말기의 무신이다. 본관은 하동, 초명은 준제(准提), 시호는 경렬(景烈)이다. 순천·낙안·영광·광주·담양·남원·남해 관음포(觀音浦)에서 왜적을 대파하였고 요동 정벌 때 이성계의 위화도회군에 동조하였다.

정지상(鄭知常, ?~1135) : 고려 전기 문신이다. 본관은 서경, 호는 남호(南湖), 초명은 지원(之元)이다. 수도를 서경으로 옮길 것과 금나라를 정벌하고 고려의 왕도 황제로 칭할 것을 주장하였다. 1135년(인종 13) 묘청의 난 때 이에 관련된 혐의로 김부식에게 참살되었다. 시에 뛰어나 고려 12시인의 한 사람으로 꼽혔다. 저서로는『정사간집(鄭司諫集)』이 있다.

정추(鄭樞, 1333~1382) : 고려 후기의 문신이다. 본관은 청주, 자는 공권(公權), 호는 원재(圓齋)이다. 1353년(공민왕 2) 익재(益齋) 이제현(李齊賢)을 지공거(知貢擧)로 한 과거에 급제한 이후 예문관검열(藝文館檢閱) 및 여러 관직을 거쳐 좌사의대부(左司議大夫)에 올랐다. 이어 성균관대사성(成均館大司成)을 거쳐 정당문학(政堂文學)에 임명되었다가 고려 멸망 10년 전인 1382년(우왕 8)에 병사하였다.

정통보(鄭通寶, 생몰년미상) : 고려 후기의 무신이다. 1218년(고종 5) 조충(趙沖)이 서북면원수(西北面元帥)가 되어 거란군을 깨뜨릴 때, 그 휘하에서 출정하였다.

정화궁주(貞和宮主, ?~1319) : 고려 충렬왕의 비이다. 충렬왕이 태자 때 결혼하였으나, 1274년(원종 15) 충렬왕이 원나라의 제국대장공주(齊國大長公主)와 결혼한 후에는 정화궁주로 격하되었다. 제국대장공주의 미움을 받아 별궁에서 거처하였다.

제국대장공주(齊國大長公主, 1259~1297) : 고려 충렬왕의 비이다. 이름은 홀도로게리미실[忽都魯揭里迷失]이며, 원 세조 쿠빌라이의 딸이다. 1275년(충렬왕 1) 원성공주(元成公主)에 책립되었으며 충선왕을 낳았다. 고려 왕실과 원나라 왕실 사이에 이루어진 최초의 혼인이다.

조광(趙匡, ?~1136) : 고려 전기의 반란자이다. 묘청의 부하로 함께 난을 일으켰으나 세가 불리해지자 묘청을 죽였으며, 토벌군에 의해 서경이 함락되자 분신자살하였다.

조돈(曹頓, 1308~1380) : 고려 말기의 문신이다. 1356년(공민왕 5) 동북면병마사(東北面兵馬使) 유인우(柳仁雨)를 도와 쌍성(雙城) 회복에 공을 세워 예빈경(禮賓卿)이 되었다. 태복경(太僕卿) 때 서경에 침입한 홍건적을 토벌하였고, 1358년에 사농시판사(司農寺判事)가 되었다. 1361년 홍건적이 침입했을 때 공부상서(工部尙書)로서 왕을 호종하였고, 예의판서(禮儀判書)·검교밀직부사(檢校密直副使)를 지냈다. 홍건적을 격퇴한 뒤 1등공신에 책록되었으며, 용성군(龍城君)에 봉해졌다.

조맹부(趙孟頫, 1254~1322) : 원나라의 화가·서예가이다. 서예에서 왕희지(王羲之)의 전형에 복귀할 것을 주장하고 그림에서는 당·북송의 화풍으로 되돌아갈 것을 주장하였다. 그림은 산수·화훼·죽석·인마 등에 모두 뛰어났고, 서예는 특히 해서·행서·초서에 능하였으며, 당시 복고주의의 지도적 입장에 있었다.

조민수(曹敏修 ?~1390) : 고려 말기의 무신이다. 본관은 창녕이다. 요동정벌군 좌군도통사(左軍都統使)로 출정한 뒤 위화도에서 이성계와 회군하여 우왕을 폐하고 창왕을 세우는 데 큰 역할을 하였다.

조박(趙璞, 1356~1408) : 고려 말·조선 초의 문신이다. 고려조에서 삼사좌윤(三司左尹)·청주목사(淸州牧使) 등을 지냈고, 조선이 개국하자 개국공신(開國功臣) 1등에 오르고 평원군(平原君)에 봉해졌다. 조선조에서는 전라도관찰사·대사헌(大司憲)·참찬문하부사(參贊門下府事)·예문관대제학(藝文館大提學) 등을 지냈다.

조반(趙胖, 1341~1401) : 고려 말·조선 초의 문신이다. 1389년(창왕 1) 밀직사동지사(密直司同知事)로 왕의 즉위를 전하려고 명나라에 갔을 때 윤이(尹彝)·이초(李初) 등의 본국에 대한 무고 사실을 해명하여 명나라 황제의 의심을 풀게 하였다. 1392년 조선 개국에 공을 세워 개국공신(開國功臣) 2등에 책록되고 부흥군(復興君)에 봉해졌다.

조분왕(助賁王, ?~247) : 신라의 제11대 왕(재위 230~247)이다. 본래의 칭호는 조분이사금(助賁尼師今)이며, 제귀왕(諸貴王)이라고도 한다. 성은 석(昔)이며, 벌휴왕의 손자로 갈문왕(葛文王) 골정(骨正)의 아들이다. 231년 이찬 우로(于老)를 시켜 감문국(甘文國)을 정복하여 군(郡)으로 만들었고, 233년 왜구가 침입하자 다시 우로를 시켜 격퇴하였다. 236년 골벌국(骨伐國)의 항복을 받았다.

조소생(趙小生, ?~1362) : 고려 말기의 반역자이다. 항몽전쟁 말기 부원(附元) 반역자로 쌍성총관(雙城摠管)이 되었던 조휘(趙暉)의 증손이다. 조휘가 몽골에 투항한 이후 쌍성총관직이 세습되었는데, 1356년(공민왕 5) 원나라의 쇠약을 틈타 쌍성 수복을 꾀할 때 쌍성총관으로 있었다. 공민왕의 쌍성 수복에 대항하였으나 실패하자 여진으로 도주하였다가 1362년 고려의 동북변 지역을 다시 공격해 이성계에게 패배하였다. 같은 해 여진의 다루가치[達魯花赤]에게 살해되었다.

조숙창(趙叔昌, ?~1234) : 고려 후기의 무신으로, 본관은 횡성이다. 1231년(고종 18) 함신진방수장군(咸新鎭防戍將軍)으로 몽고의 살리타[撒禮塔]가 침입해오자 부사 전간(全幹)과 함께 항복하고, 적을 도와 삭주 선덕진(宣德鎭)도 항복하게 하였다.

조영규(趙英珪, ?~1395) : 고려 말·조선 초의 무신이다. 수차례에 걸쳐 왜구 토벌전에 참전하고 이성계가 세력을 구축하는 데 신진세력의 무장으로 크게 활약하였다. 이방원(李芳遠)과 모의하여 정몽주를 살해하고 이성계를 추대하여 조선 개국에 공을 세웠다.

조영인(趙永仁, 1133~1202) : 고려 후기의 무신이다. 본관은 횡성, 시호는 문경(文景)이다. 참지정사(參知政事)·정당문학(政堂文學)·한림학사승지(翰林學士承旨)가 되고, 개부의동삼사 수태사 문하시랑평장사(開府儀同三司守太師門下侍郎平章事) 등을 지냈다. 금나라 사신이 와서 명종이 양위한 사유를 묻고 직접 만나보려 하는 것을 무난히 해결하였다.

조예(曹叡, 205 ?~239) : 삼국시대 위나라의 제2대 왕(재위 226~239)이다. 조진(曹眞)·조휴(曹休) 등의 보좌를 받았다. 오(吳)·촉(蜀)이 연합하여 공격하자 전투에 출진하여 오를 격퇴하였다.

조위총(趙位寵, ?~1176) : 고려 후기의 문신이다. 정중부(鄭仲夫)·이의방(李義方) 등이 정변을 일으키자 절령 이북 40여 성의 호응을 얻어 난을 일으켰다. 중앙군의 총공세로 위기에 처하자 금나라에 사신을 보내 원병을 요청하였으나 실패하여, 서경이 함락된 뒤 처형되었다.

조익청(曹益淸, ?~1353) : 고려 후기의 문신이다. 본관은 창녕, 시호는 양평(襄平)이다. 충혜왕 때 충숙왕·충혜왕 부자간의 불화를 해소하려고 진력하였다. 대호군(大護軍)이 되어 간신 송팔랑(宋八郎)·홍장(洪莊) 등을 잡아 문초하다가 오히려 무고로 좌천되었다. 공민왕이 원나라에 있을 때 시종(侍從)한 공으로 1등공신에 책록되었다.

조인규(趙仁規, 1227~1308) : 고려 후기의 문신이다. 원나라 세조로부터 선무장군(宣武將軍)·왕경단사관 겸 탈탈화손(王京斷事官兼脫脫禾孫)의 벼슬을 받았다. 딸 조비(趙妃 : 충선왕비) 사건으로 원나라에 장류(杖流)되었으나 풀려나 판도첨의사사(判都僉議使司)에 기용되었으며, 자의도첨의사사(咨議都僉議司事)로 평양군(平壤君)에 봉해졌다.

조인옥(趙仁沃, 1347~1396) : 고려 말·조선 초의 문신이다. 본관은 한양, 자는 군계(君啓), 시호는 충정(忠靖)이다. 이성계를 따라 정명군(征明軍)에 참가한 뒤 위화도에서 회군하였다. 이성계·정도전 등과 우왕을 폐위시키고 창왕을 옹립하였으며, 척불숭유(斥佛崇儒)와 전제개혁(田制改革)을 적극 지지하여 신진세력의 기반을 구축하였다. 정도전 등과 이성계를 추대하여 조선개국에 공을 세웠다.

조일신(趙日新, ?~1352) : 고려 후기의 역신(逆臣)이다. 본관은 평양, 초명은 홍문(興問)이다. 공민왕 즉위 후 1등공신에 책록되어 김덕린(金德麟) 등 충신들을 제거하였다. 삼사판사(三司判事)에 올라 국권을 한손에 쥐고 친원파인 기철(奇轍)·기원(奇

轅)을 살해하였다. 왕을 위협하여 우정승(右政丞)이 되었으나 자기의 죄를 감추려고 함께 거사한 동지 8, 9명을 죽인 후 스스로 좌정승(左政丞)에 찬화안사공신(贊化安社功臣)이 되었다.

조준(趙浚, 1346~1405) : 고려 말 · 조선 초의 문신이다. 본관은 평양, 자는 명중(明仲), 호는 우재(吁齋) · 송당(松堂), 시호는 문충(文忠)이다. 고려 말 전제개혁(田制改革)을 단행하여 조선 개국의 경제적인 기반을 닦고, 이성계를 추대하여 개국공신이 되었다. 제1차 왕자의 난 전후로 이방원(李芳遠)의 세자책봉을 주장하였으며, 태종을 옹립하였다. 토지제도에 밝은 학자로 『경제육전(經濟六典)』을 편찬하였다.

조충(趙沖, 1171~1220) : 고려 후기의 문신이다. 본관은 횡천(橫川), 자는 담약(湛若), 시호는 문정(文正)이다. 거란족이 침입하자 출정하여 염주(鹽州)에서 거란족을 격퇴하였고, 서북면병마사(西北面兵馬使)로서 인주(麟州)에 침입한 여진족을 대파하였다. 이후 몽골군과 연합하여 거란군이 있는 강동성(江東城)을 공격하여 항복하게 하였다.

조통(趙通, 생몰년미상) : 고려 후기의 학자 · 문인이다. 본관은 옥과(玉果), 자는 역락(亦樂)이다. 신종 때 문과에 급제한 뒤 왕명으로 금나라에 파견되었다가 억류되었다. 1198년(신종 1)에 돌아와 태자문학(太子文學)을 거쳐, 이듬해 동경에서 도적의 무리가 창궐하자 장작 소감(將作少監)으로서 동경초무사(東京招撫使)가 되었다.

조호(趙瑚, ?~1410) : 고려 말 · 조선 초의 문신이다. 1389년(공양왕 1) 밀직사(密直使)로 있을 때 김저(金佇)의 옥사에 연루되어 유배되었다가 곧 복직되었으나, 1392년(태조 1) 이숭인(李崇仁) 등 고려 구신들과 결당을 모의한 혐의로 유배되었다. 1401년(태종 1) 예문관대학사(藝文館大學士)를 거쳐 검교참찬의정부사(檢校參贊議政府事)가 된 뒤 사헌부(司憲府)를 모독한 죄로 유배되었다가 복직되었으나 1409년 왕실에 불충한 일을 도모하다가 잡혀 옥사하였다.

조휘(趙暉, 생몰년미상) : 고려 후기의 반역자로 본관은 한양(漢陽)이고 용진현(龍津縣) 출생이다. 고종 때 동북면에 침입한 몽골병을 인도하여, 철령 이북의 땅을 몽골이 차지하게 한 뒤 투항하였다. 몽골이 화주에 쌍성총관부(雙城摠管府)를 설치하자 총관이 되어 수차례 북변의 성읍을 침입하여 주민에게 피해를 주었다.

좌지왕(坐知王, ?~421) : 금관가야의 제6대 왕(재위 407~421)이다. 아버지는 5대 이시품왕이며, 어머니는 사농경(司農卿) 극충(克忠)의 딸 정신부인(貞信夫人)이다. 즉위한 뒤 용녀(傭女)와 혼인을 하고 그녀의 척당을 관리로 등용하니 나라 안이 소란해졌다. 이 틈을 타서 신라가 가야를 치려고 모의하였다. 이때 박원도(朴元道)의 충고로 용녀를 귀양보내고 정치를 바로잡았다.

주근(周勤, ?~16) : 마한의 장군이다. 마한의 부흥을 도모하여 우곡성(牛谷城)에 웅거하여 백제에 대하여 반란을 일으켰으나 백제 정벌군에게 패배하자 목매어 자결하였다. 백제는 그 시체의 허리를 베고 가족을 처벌하였다.

주왕(紂王, ?~BC 1046) : 중국 상(商)나라 마지막 왕으로 이름은 제신(帝辛)·제신수(帝辛受)이다. 신체가 장대하고 외모가 준수하며, 총명하고 힘이 장사였다고 한다. 군사적 재능이 있어 많은 전쟁에서 승리를 거두었다. 그러나 향락을 좋아하고 여색을 밝혔고 급기야 애첩 달기(妲己)에게 빠져 나라를 망하게 하였다. 하(夏)나라의 마지막 왕 걸(桀)과 함께 폭군의 전형이 되었다.

주정(周楨, 생몰년미상) : 후한 말기의 인물로, 예주(豫州) 패국(沛國)사람이다. 기주자사(冀州刺史) 왕분(王芬)·남양(南陽) 사람 허유(許攸)와 함께 영제(靈帝)를 폐위하고 합비후(合肥侯)를 옹립할 것을 모의하였다.

죽지(竹旨, 생몰년미상) : 신라의 장군·대신이다. 죽만(竹曼)·지관(智官)이라고도 한다. 화랑 출신 장군으로 김유신과 함께 백제의 군사를 격파하였고, 집정재상(執政宰相)을 지냈으며 나당연합군의 고구려 정벌에도 참전하였다. 화랑 득오곡(得烏谷)이 그를 흠모하여 지은 향가『모죽지랑가(慕竹旨郎歌)』가 전해진다.

준왕(準王, 생몰년미상) : 고조선의 왕이다. 중국의 진(秦) 말·한 초에 걸치는 시대에 재위하였으며, 지금의 요동(遼東 : 랴오둥)지방에서 도망해 온 위만(衛滿)을 받아들여 한씨조선의 서북변(西北邊) 지방을 지키게 하였다.

중천왕(中川王, 224~270) : 고구려의 제12대 왕(재위 248~270)으로, 중양왕(中壤王)이라고도 한다. 이름은 연불(然弗 : 延弗), 동천왕의 장남이며 비는 연씨(椽氏)이다. 동천왕의 뒤를 이어 즉위한 뒤 동생 예물(預物)과 사구(奢句)가 일으킨 반란을 평정하였다. 259년 위나라의 장수 위지계(尉遲階)의 침입군을 양맥곡(梁貊谷)에서 격퇴하였다.

지녹연(智祿延, ?~1126) : 고려 전기의 무신이다. 본관은 봉주(鳳州)이다. 1104년(숙종 9)에 여진을 정벌한 공으로 전중시어사(殿中侍御史)가 되었고, 1120년(예종 15) 서북면병마사(西北面兵馬使)에 올랐다. 이자겸(李資謙)과 척준경(拓俊京)을 제거하고자 하였으나 조급한 거사로 뜻을 이루지 못하였다.

지용기(池湧奇, ?~1392) : 고려 말기의 문신이다. 본관은 충주이다. 요동정벌 때 안주도부원수(安州道副元帥)로서 우군도통사(右軍都統使) 이성계의 지휘하에서 위화도회군에 가담하였다. 이성계와 함께 공양왕을 세워 문하찬성사(門下贊成事)에 임명되었고, 중흥공신(中興功臣)의 호를 받았다.

지용수(池龍壽, 생몰년미상) : 고려 말기의 무신이다. 1361년(공민왕 10) 홍건적 침입 때 개경 탈환에 공을 세우고, 원나라가 고려 왕으로 임명한 덕흥군(德興君)이 거느린 최유(崔濡)의 군사를 격퇴하였으며, 왜구를 격파하였다. 기새인티무르[奇賽因帖木兒]가 서북면에 침입하자 압록강 밖으로 격퇴시켜 동녕부(東寧府)를 회복하였고, 북원과 국교를 단절케 하였다.

지증왕(智證王, 437~514) : 신라의 제22대 왕(재위 500~514)이다. 국호를 신라로 바꾸고 왕호를 방언인 마립간에서 중국식인 왕으로 개정하였다. 순장법 폐지, 우경법(牛耕法) 시행, 상복 제도 제정, 주군현(州郡縣) 정비 등을 통해 신라가 중앙집권적 국가체제를 갖추는 데 초석을 마련하였다.

진덕여왕(眞德女王, ?~654) : 신라의 제28대 왕(재위 647~654)이다. 이름은 승만(勝曼)이고, 진평왕의 동생인 갈문왕(葛文王) 국반(國飯)의 딸이다. 어머니는 월명부인(月明夫人) 박씨이다. 여왕을 반대하는 반란세력을 진압하고 당나라와의 친교를 돈독히 하였으며 삼국통일의 기틀을 마련하였다.

진사왕(辰斯王, ?~392) : 백제의 제16대 왕(재위 385~392)이다. 근구수왕의 제2남이며 침류왕의 동생이다. 고구려를 쳐 도곤성(都坤城)을 함락시키고 200명을 사로잡았으나, 고구려 광개토왕의 침입으로 10여 성을 잃었다. 이를 탈환하려고 구원에 출전하였다가 병사하였다.

진성여왕(眞聖女王, ?~897) : 신라의 제51대 왕(재위 887~897)이다. 이름은 만(曼)·원(垣)이다. 정강왕이 후사 없이 죽자 그 뒤를 이어 왕위에 올랐다. 문란한 행실과 실정으로 국가재정을 위태롭게 하고 민심을 동요시켰으며 이로 인해 전국적인 농민반란이 일어났다. 헌강왕의 서자 요(嶢)를 태자로 책립하였으며 실정에 대한 책임을 지고 태자에게 왕권을 양위하였다.

진시황(秦始皇, BC 259~BC 210) : 중국 최초의 중앙 집권적 통일제국인 진(秦)나라를 건설한 전제군주이다. 성은 영(嬴), 이름은 정(政)으로, 조나라의 대상인 여불위(呂不韋)의 계략으로 즉위한 장양왕(莊襄王)의 아들이다. 강력한 부국강병책을 추진하여 중국대륙의 군소 국가를 모두 통일하였다. 중앙집권정책을 추진하여 법령을 정비하고, 군현제(郡縣制)를 실시하였으며, 문자·도량형·화폐를 통일하였다.

진지왕(眞智王, ?~579) : 신라의 제25대 왕(재위 576~579)이다. 진흥왕의 제2남으로, 휘는 사륜(舍輪)·금륜(金輪)이다. 백제의 잦은 침공을 받았으나, 내리서성(內利西城) 등을 쌓아 방비를 굳게 하였다. 중국의 진나라와 수교하여 화친을 도모하였다. 하지만 정치적으로는 무능하고 음란에 빠져 정사를 돌보지 않았기 때문에 폐위되었다.

진평왕(眞平王, ?~632) : 신라의 제26대 왕(재위 579~632)으로, 진흥왕의 손자이다. 여러 차례에 걸친 고구려·백제의 침공에 대항하였고, 수·당과 수교하였다. 관청을 신설하고 내정의 충실을 도모하였으며, 불교를 진흥시켰다.

진흥왕(眞興王, 534~576) : 신라의 제24대 왕(재위 540~576)이다. 성은 김씨, 이름은 삼맥종(彡麥宗)·심맥부(深麥夫)이다. 백제 점령하의 한강 유역 요지를 획득하였고, 백제 성왕을 사로잡아 죽였다. 이어 대가야를 평정하였고, 새로 개척한 땅에 순수비를 세웠다. 화랑제도를 창시하는 등 군사적·문화적으로 실력을 길러 삼국통일의 기반을 닦았다.

질지(銍知, ?~492) : 금관가야의 제8대왕으로 김질왕(金銍王)이라고도 한다. 즉위한 이듬해에 시조인 수로왕과 왕후 허황옥(許黃玉)의 명복을 빌기 위하여 그들이 처음 만난 자리에 왕후사(王后寺)라는 절을 짓고 전(田) 10결을 주어 비용으로 쓰게 하였다고 한다.

차대왕(次大王, 71~165) : 고구려의 제7대 왕(재위 146~165)이다. 이름은 수성(遂成)으로, 태조왕의 동생이다. 태조왕이 연로하여 정권을 탐내다가 태조왕의 양위를 받아 왕의 자리에 올랐다. 그러나 횡포와 학정을 일삼아, 백성들의 원성을 듣다가 시해당하였다.

차약송(車若松, 생몰년미상) : 고려 후기의 재상이다. 명종 때 장군에 올라 1186년(명종 16) 무관으로서는 최초로 왕의 근시직인 내시원(內侍院)과 다방(茶房)에 겸속(兼屬)되었다. 무예에 뛰어났으며 벼슬이 개부의동삼사 수태위 중서평장사(開府儀同三司守太尉中書平章事)에 이르렀다.

찬덕(讚德, ?~612) : 신라의 지방관이다. 모량부(牟梁部) 출신이다. 610년(진평왕 32) 가잠성(椵岑城)의 현령(縣令)이 되었다. 611년 백제의 무왕이 대군을 거느리고 가잠성을 공격하자 1백일간이나 싸우다가 힘이 다하자 자결하였다.

창왕(昌王, 1380~1389) : 고려의 제33대 왕(재위 1388~1389)이다. 본관은 개성, 이름은 창(昌)이다. 우왕의 아들이며, 어머니는 시중(侍中) 이림(李琳)의 딸 근비(謹妃)이다. 이성계의 위화도회군 후 아버지인 우왕이 강화도로 추방되자 9살의 나이로 왕위에 올랐다. 토지제도를 바로 잡고 전선법(銓選法)을 복구하기도 하였다. 이성계에 의해 폐위된 후 강화도에서 죽었다.

창조리(倉助利, 생몰년미상) : 고구려의 국상(國相)이다. 296년(봉상왕 5) 전연(前燕)의 모용외(慕容廆)가 침입하자 왕에게 고노자(高奴子)를 추천하여 신성태수(新城太守)를 삼게 하여서 모용외를 격퇴시켰다. 왕이 왕권 강화를 위해 왕족세력을 제거하고, 토목공사를 강행하자, 거사하여 왕을 폐위시키고 을불(乙弗 : 미천왕)을 왕으로 세웠다.

채송년(蔡松年, ?~1251) : 고려 후기의 문신이다. 본관은 평강(平康), 자는 천로(天老), 시호는 경평(景平)이다. 1228년(고종 15) 병마사(兵馬使)로 있으면서 청새진호장(淸塞鎭戶長) 등의 모반을 탐지하여 주동자를 주살하였다. 추밀승선(樞密承宣)·중서시랑평장사(中書侍郞平章事)를 지냈다.

채원(蔡元, ?~1172) : 고려 전기의 무신이다. 1170년(의종 24) 정중부(鄭仲夫)·이의방(李義方)·이고(李高) 등과 함께 무신의 난에 참여하여 내시장군(內侍將軍)으로 승진하였다. 1172년(명종 2) 난을 일으키려고 하던 이고를 이의방과 더불어 살해하였으나, 자신도 곧 이의방에게 살해당하였다.

채충순(蔡忠順, ?~1036) : 고려 전기의 문신이다. 권신 김치양(金致陽)이 역모하자 왕명으로 대량원군(大良院君)을 현종으로 모셨으며, 거란의 침입 때 현종을 호종하여 중추사(中樞使)에 올랐다. 추충진절위사공신(推忠盡節衛社功臣)·검교태위(檢校太尉)를 지냈다.

채하중(蔡河中, ?~1358) : 고려 후기의 간신이다. 충숙왕 때 심양왕(瀋陽王) 왕고(王暠)를 고려왕에 추대하려고 망언을 퍼뜨리고 왕에 대한 무고장을 원나라 조정에 바치는 등 횡포를 그치지 않았다. 공민왕 때 승려 달선(達禪)의 반역사건에 연루되어 투옥되었고, 옥중에서 목을 매어 자살하였다.

채홍철(蔡洪哲, 1262~1340) : 고려 말기의 문신이다. 본관은 평강(平康), 자는 무민(無悶), 호는 중암(中庵)이다. 충렬왕 때 장흥부사(長興府使)를 지내고 사임하여 불교와 음악을 연구하였다. 1314년(충숙왕 1) 전적(田籍)·세제(稅制)를 제정할 때 밀직사지사(密直司知事)로서 오도순방계정사(五道巡訪計定使)가 되어 많은 민전(民田)을 편취하여 축재하였다. 작품 「자하동신곡(紫霞洞新曲)」이 『고려악부(高麗樂府)』에 전한다.

책계왕(責稽王, ?~298) : 백제의 제9대 왕(재위 286~298)이다. 고이왕의 아들로 위례성(慰禮城)을 쌓았으며, 고구려가 대방(帶方)을 침공할 때 군사를 보내 고구려를 쳤다. 고구려의 침략에 대비해 아단성(阿旦城)과 사성(蛇城)을 쌓았다. 298년 한인(漢人)이 맥인(貊人)과 함께 침입하자, 맞서 싸우다 전사하였다.

척준경(拓俊京, ?~1144) : 고려 전기 무신이다. 곡산척씨(谷山拓氏)의 시조이다. 이자겸과 함께 인종을 폐위하고자 대궐에 침입하였다 왕의 권유로 뜻을 바꾸어 이자겸을 잡아 귀양 보내고 공신이 되었다. 이후 세도를 마구 부리다가 탄핵을 받고 유배되었으며 복권되었으나 곧 죽었다.

척준신(拓俊臣, ?~1126) : 고려 전기의 관인으로, 본관은 곡산(谷山)이다. 1107년(예종 2) 윤관(尹瓘)이 여진을 정벌할 때 형인 척준경(拓俊京)과 함께 참전하여 공을 세웠다. 1126년(인종 4) 이자겸과 척준경을 제거하고자 군사를 일으킨 내시 김찬(金粲)과 안보린(安甫鱗) 등에게 살해되었다.

천개소문(泉蓋蘇文, ?~665?) : 연개소문과 동일인물이다. → 연개소문

천남생(泉男生, 634~679) : 연남생과 동일인물이다. → 연남생

초고왕(肖古王, ?~214) : 백제의 제5대 왕(재위 166~214)이다. 소고왕(素古王)·속고왕(速古王)이라고도 한다. 개루왕의 장남으로 수차례 신라를 공격하여 신라군을 격파하였다. 적현성(赤峴城)·사도성(沙道城) 등을 축조한 후 동부(東部)의 민호(民戶)를 이주시켰다.

최광윤(崔光胤, 생몰년미상) : 고려 전기의 문신이다. 본관은 경주로, 최언위(崔彦撝)의 아들이다. 후진(後晋)에 빈공진사(賓貢進士)로 유학갔다가 거란의 포로가 되어 그곳에서 벼슬살이를 하였다. 거란이 고려를 침입하려 한다는 사실을 알림으로써 고려에서 광군(光軍)을 창설하여 대비토록 하였다.

최당(崔讜, 1135~1211) : 고려 후기의 문신이다. 1171년(명종 1) 전중내급사(殿中內給事)·상서좌승(尙書左承)·지공거(知貢擧) 등을 지냈다. 신종 때 수태위 문하시랑동중서문하평장사(守太尉門下侍郎同中書門下平章事)에 이르러 치사(致仕)하였다. 최선(崔詵)·장자목(張自牧) 등과 기로회(耆老會)를 만들어 시와 술로 소일하여 지상선(地上仙)이라 불렸다.

최량(崔亮, ?~995) : 고려 전기의 문신이다. 본관은 경주, 시호는 광빈(匡彬)이다. 광종 때 문과에 급제하여 공문박사(攻文博士)가 되었다. 성종의 잠저(潛邸) 시절 그의 사우(師友)였으므로 성종이 즉위하자 특채되었다. 993년(성종 12) 문하시랑(門下侍郎)으로 하군사(下軍使)가 되어 북계에서 거란을 방어하였다. 그 후 내사시랑 겸 민관어사 동내사문하평장사감수국사(內史侍郎兼民官御事同內史門下平章事監修國史)가 되었다.

최리(崔理, 생몰년미상) : 고구려 제3대 대무신왕 때의 낙랑 왕이다. 그의 딸과 고구려 왕자 호동(好童) 사이에 슬픈 사연이 전해지고 있다.

최만생(崔萬生, ?~1374) : 고려 말기의 환관이다. 1374년(공민왕 23) 익비(益妃)가 자제위(子弟衛)에 속한 홍륜(洪倫)과 정을 통하여 임신한 사실을 공민왕에게 알렸다. 왕이 사건의 누설을 막기 위해 홍륜 등을 죽이려고 하자 그는 홍륜·권진(權瑨) 등과 짜고 왕을 시해하였다. 그러나 이튿날 일당들과 함께 효수되었다.

최사전(崔思全, 1067~1139) : 고려 전기의 의관이다. 본관은 탐진(耽津), 자는 휼세(恤世), 시호는 장경(莊景)이다. 탐진최씨(耽津崔氏)의 시조이다. 이자겸의 난 때 척준경(拓俊京)을 설복하여 이자겸을 제거하게 하여 병부상서(兵部尙書)에 추충위사공신(推忠衛社功臣)이 되었다. 후에 문하시랑평장사(門下侍郎平章事)에 이르렀다. 인종의 묘정에 배향되었다.

최사추(崔思諏, 1034~1115) : 고려 전기의 문신이다. 본관은 해주, 자는 가언(嘉言), 시호는 충경(忠景), 초명은 사순(思順)이다. 문종 때 과거에 급제하였다. 1088년(선종 5) 예빈소경(禮賓少卿)에 동지공거(同知貢擧)를 겸임하였다. 1100년(숙종 5) 중서문하시랑평장사(中書門下侍郎平章事)가 되었으며, 1103년 대장군(大將軍) 고문개(高文蓋)가 반역을 일으키자 이를 잡아 귀양 보낸 공으로 문하시중(門下侍中)에 올랐다.

최선(崔禪, 생몰년미상) : 고려 말기의 무신이다. 1350년(충정왕 2)에 왜구가 고성·죽림(竹林)·거제·합포(合浦 : 지금의 마산)에 침입하자 천호(千戶)로서 도령(都領) 양관(梁琯)과 함께 공격하여 물리쳤다.

최선(崔詵, ?~1209) : 고려 후기의 문신이다. 본관은 창원(昌原), 시호는 문의(文懿)이다. 우사간(右司諫)일 때, 명종의 동생인 원경국사(元敬國師) 충희(忠曦)가 궁중에서 음란한 짓을 한다고 규탄하다가 삭출되었다. 1186년(명종 16) 재등용되어 판장작감(判將作監)이 되었다. 1192년 『속자치통감』·『태평어람(太平御覽)』을 교정 간행하였다. 1196년 추밀원사(樞密院使)로서 지공거(知貢擧)를 겸하였다. 1200년(신종 3) 수태부 문하시랑평장사 이부판사(守太傅門下侍郎平章事吏部判事)에 특진하였고, 이듬해 개부의동삼사 상주국(開府儀同三司上主國)에 이르렀다.

최세보(崔世輔, ?~1193) : 고려 후기의 무신이다. 미천한 출신으로 문맹(文盲)이었다. 금군(禁軍)의 대정(隊正)으로서 유시(流矢)의 변에 혐의를 받고 유배되었다. 정중부(鄭仲夫) 등의 난으로 무신이 득세하자 복직하여, 문하시랑평장사(門下侍郎平章

事)・병부판사(兵部判事)・상장군(上將軍)・동수국사(同修國史)를 지냈다.

최승로(崔承老, 927~989) : 고려 전기의 재상이다. 본관은 경주, 시호는 문정(文貞)이다. 982년(성종 1) 사회개혁 및 대중국관의 시정 등에 대한 시무책(時務策) 28조를 올려 고려왕조 기초 작업에 큰 역할을 하였다. 12목(牧)을 설치하고 목사(牧使)를 파견하여 중앙집권적 체제를 갖추도록 하였다.

최약(崔瀹, 생몰년미상) : 고려 전기의 문신으로, 본관은 해주이다. 과거에 급제한 후, 1116년(예종 11) 지제고(知制誥)로서 정사를 돌보지 않고 대동강에서 유연(遊宴)하는 예종에게 간하여 중지하게 하였다. 그러나 뒤에 이 일로 무고를 당하여 춘주부사(春州府使)로 좌천되기도 하였다.

최언위(崔彦撝, 생몰년미상) : 신라 말・고려 초의 문신・서예가이다. 최치원・최승우(崔承祐)와 함께 일대 3최(三崔)로 일컬어졌다. 885년(헌강왕 11) 당나라에 유학하여 문과에 급제한 뒤 909년(효공왕 13) 귀국하였다. 신라가 망하자 고려에서 태자사부(太子師傅)・문한(文翰) 등을 역임하였다. 글씨에 「낭원대사오진탑비명(朗圓大師悟眞塔碑銘)」 등이 남아 있으며, 「영월흥녕사징효대사탑비(寧越興寧寺澄曉大師塔碑)」의 비문을 지었다.

최영(崔瑩, 1316~1388) : 고려 말기의 명장・충신이다. 1359년(공민왕 8) 홍건적이 서경을 함락하자 이방실(李芳實) 등과 함께 이를 물리쳤다. 1361년에도 홍건적이 창궐하여 개경까지 점령하자 이를 격퇴하여 전리판서(典吏判書)에 올랐다. 이후에도 흥왕사(興王寺)의 변, 제주 목호(牧胡)의 난을 진압하였으며, 1376년(우왕 2) 왜구가 삼남지방을 휩쓸자 홍산에서 적을 대파하였다. 1388년 명나라가 철령위(鐵嶺衛)를 설치하려하자, 요동정벌을 계획하고 출정하였으나 이성계의 위화도회군으로 좌절되었다.

최우(崔瑀, ?~1249) : 고려 후기의 권신이다. 본관은 우봉(牛峰), 시호는 광렬(匡烈)로, 이름을 후에 이(怡)로 개명하였다. 1219년(고종 6) 추밀원부사(樞密院副使)로 아버지 최충헌의 뒤를 이어 집권하였다. 개경의 황라성(隍羅城)을 수축하는 등 몽골의 침입에 대처하였다. 1225년 정방(政房)을 설치하여 인사권을 장악하였고 도방(都房)을 확장하였다. 몽골의 침공 소식에 강화천도를 단행하여 성을 쌓아 대비하였다. 1243년 국자감(國子監)을 수축하였으며 사재를 동원하여 대장경판 재조를 완성케 하였다.

최원(崔源, ?~1378) : 고려 말기의 문신이다. 본관 해주이다. 1352년(공민왕 1) 교동(喬桐) 갑산창(甲山倉)에 쳐들어온 왜구를 격퇴하였고 이어 조일신(趙日新)의 난을 평정하여 왕의 총애를 받았다. 그러나 재상 김보(金普)의 무고로 광양감무(光陽監務)로 좌천되었다. 1354년 원나라의 장사성(張士城) 토벌을 위한 원병으로 출정하여 싸우고 돌아왔다. 우왕이 즉위하자 명나라 사신으로 가 공민왕의 홍서(薨逝)를 알리고, 3년간 억류되었다가 풀려났다.

최원세(崔元世, 생몰년미상) : 고려 후기의 무신이다. 1217년(고종 4) 거란의 침입 때 상장군(上將軍)으로 전군병마사(前軍兵馬使)가 되었다. 동주(東州 : 철원)가 함락되자 오응부(吳應夫) 대신 중군병마사(中軍兵馬使)로 병부상서 응양군상장군(兵部尙書鷹揚軍上將軍)이 되어 전군병마사(前軍兵馬使) 김취려(金就礪)와 함께 충주·원주에까지 적을 추격하여 맥곡(麥谷)에서 싸우고, 제천 박달재에서 대파시켰다.

최유(崔濡, ?~1364) : 고려 말기의 역신(逆臣)이다. 1350년(충정왕 2) 동생과 함께 원나라로 도망하였고, 몽골명은 티무르부카[帖木兒不花]이다. 공민왕에게 복수할 기회를 노리던 기황후를 설득하여 공민왕을 폐하고 덕흥군(德興君) 왕혜(王譓)를 세우기로 모의하였다. 1364년(공민왕 13) 1만 명을 이끌고 압록강을 건넜으나 이성계 등의 고려군에게 크게 패해 연경(燕京)으로 도망쳤다. 그 후 탄핵을 받아 고려에 압송되어 사형당하였다.

최유(崔濡, 1072~1140) : 고려 전기의 문신이다. 자는 원택(元澤), 시호는 장경(莊敬)이다. 1128년(인종 6) 이부상서(吏部尙書) 때 사은사(謝恩使)로 금나라에 다녀왔다. 1131년 병부상서(兵部尙書)·판한림원사(判翰林院事), 1132년 이부상서지추밀원사(吏部尙書知樞密院事), 1133년 참지정사(參知政事)·상서예부판사(尙書禮部判書) 등을 역임하였다. 1138년 문하시랑평장사(門下侍郞平章事)가 되었다.

최유경(崔有慶, 1343~1413) : 고려 말·조선 초의 문신이다. 본관은 전주, 자는 경지(慶之), 호는 죽정(竹亭), 시호는 평도(平度)이다. 1372년(공민왕 21) 사헌부장령(司憲府掌令)이 되어 방자한 환관 윤충좌(尹忠佐)를 탄핵하였다. 1388년(우왕 14) 요동정벌 때 이성계의 위화도회군을 신속히 보고하고, 최영이 실각하자 밀직부사(密直副使)에 올랐다. 조선 개국 후 개국원종공신(開國原從功臣)에 책록되었다. 1401년(태종 1) 정조사(正朝使)로 명나라에 다녀왔고 1404년 한성부판사(漢城府判事)에 이르러 치사(致仕)하였다.

최유선(崔惟善, ?~1075) : 고려 전기의 문신이다. 본관은 해주, 시호는 문화(文和)이다. 1030년(현종 21) 문과에 급제하여 한림원(翰林院)에 들어갔다. 1055년(문종 9) 지중추원사(知中樞院事) 때 조상회장사(弔喪會葬使)로 거란 흥종의 장례에 다녀왔다. 1061년 판상서예부사(判尙書禮部事)를 거쳐 중서시랑동중서문하평장사(中書侍郞同中書門下平章事)가 되어 추충찬화강정수제공신(推忠贊化康靖綏濟功臣)의 호를 받았다. 판상서이부사(判尙書吏部事) 등을 거쳐 문하시중(門下侍中)이 되었다.

최유엄(崔有渰, 1239~1331) : 고려 후기의 문신이다. 본관은 해주, 시호는 충헌(忠憲)이다. 원나라가 고려의 노비법을 개정하려고 할 때, 반대하여 중지시켰다. 충렬왕이 세자 대신 서흥후(瑞興侯) 왕전(王琠)을 후사로 세우려 하였을 때도 그 뜻을 굽히게 하였다. 심양왕(瀋陽王) 왕고(王暠)의 일당이 충숙왕 폐위에 실패한 뒤 고려를 원나라에 편입시키려고 하자, 85세의 나이로 연경(燕京)에 가서 이들 일당의 음모를 분쇄시키고 행성(行省)의 설치를 중지시켰다.

최유청(崔惟淸, 1095~1174) : 고려 전기의 문신이다. 직한림원(直翰林院)이 되었으나 인종 초 이자겸의 간계로 파직당하였다. 이후 다시 돌아와 1132년(인종 10) 진주사(陳奏使)가 되어 송나라에 다녀왔으며 1142년에는 간의대부(諫議大夫)로서 금나라에 가 책명을 사하고 돌아와 호부시랑(戶部侍郞)이 되었다. 처남들이 참소를 입은 사건에 연루되어 좌천되었다가 다시 중서시랑평장사(中書侍郞平章事)에 올랐으며 1172년(명종 2)에 이르러 치사(致仕)하였다.

최의(崔竩, ?~1258) : 고려 후기의 무신이다. 본관은 우봉(牛峯)이다. 최씨 무신정권의 마지막 집권자로, 최항(崔沆)의 아들이다. 처음에는 민심을 얻기 위해 노력하였으나, 조정대신들의 지지를 얻지 못하고 어지러운 정사를 거듭하다가 김준(金俊)·유경(柳璥) 등에게 살해되었다.

최임수(崔林壽, 생몰년미상) : 고려 후기의 문신이다. 1228년(고종 15) 시비서감 좌간의대부(試秘書監左諫議大夫)가 되고, 1231년(고종 18) 몽고의 살리타[撒禮塔]가 침입하자 후군지병마사(後軍知兵馬使)로서 감찰어사(監察御使) 민희(閔曦)와 함께 화의를 청하였다. 강화가 성립되자 구주성에 파견되어 홀로 항전하고 있던 박서(朴犀)를 항복하게 하였다.

최질(崔質, ?~1015) : 고려 전기의 무신이다. 1010년(현종 1) 중랑장(中郞將) 때 김훈(金訓) 등과 합세하여 수차례에 걸쳐 거란의 침입을 막았다. 1014년 상장군(上將軍)으로 있으면서 군사를 선동하여, 무신의 영업전(永業田)을 빼앗은 문신 황보유의(皇甫兪義)·장연우(張延祐) 등을 잡아 유배보내고 정권을 잡았다. 1015년 왕가도(王可道)에게 죽었다.

최춘명(崔椿命, ?~1250) : 고려 후기의 충신이다. 1231년(고종 18) 자주부사(慈州副使) 때 몽골군에 포위된 성을 사수하고 항복하지 않았다. 조정에서 두 차례에 걸쳐 사람을 보내어 이미 항복하였음을 알리고 항복할 것을 촉구하였으나 듣지 않았다. 서경에 투옥되었으나, 고려의 충신이니 죽이지 말라는 살리타[撒禮塔]의 주장으로 석방되었다.

최충(崔沖, 984~1068) : 고려 전기의 문신이다. 본관은 해주, 자는 호연(浩然), 호는 성재(惺齋)·월포(月圃)·방회재(放晦齋), 시호는 문헌(文憲)이다. 문장과 글씨에 능하여 해동공자(海東孔子)로 불렸다. 1013년(현종 4) 국사수찬관(國史修撰官)으로 태조에서 목종까지의 7대(代) 실록 편찬에 참여하였다. 1047년(문종 1) 법률관들에게 율령을 가르쳐 고려 형법의 기틀을 마련하였다. 농번기의 공역 금지 등을 상소하여 시행하였고, 동여진을 경계하여 국방을 강화하였다. 벼슬에서 물러나 송악산 아래 서당을 열고 많은 인재를 배출하였는데 이를 문헌공도(文憲公徒)라 하였다.

최충수(崔忠粹, ?~1197) : 고려 후기의 무신이다. 본관은 우봉(牛峰)이다. 형 최충헌과 함께 이의민(李義旼)을 죽이고 권력을 장악하고 자기 딸을 태자비로 삼으려다 형 최충헌과 충돌하여 결국 살해되었다.

최충헌(崔忠獻, 1149～1219) : 고려 후기의 무신이다. 본관은 우봉(牛峰), 초명은 난(鸞), 시호는 경성(景成)이다. 1196년(명종 26) 권신 이의민(李義旼)을 죽이고 정권을 장악하였다. 이어 평량공(平凉公) 왕민(王旼)을 신종으로 앉히고 최씨 무단정권을 확립하였다. 1198년(신종 1) 만적(萬積)의 난을 토벌하고 군사권・인사권을 장악하였다. 이어 신변 보호 차원에서 도방(都房)을 설치하였으며, 교정도감(敎定都監)을 설치해 무신정권의 중앙기관으로서 국정 전반을 감독하게 하였다.

최치원(崔致遠, 857～?) : 신라의 학자이다. 경주최씨(慶州崔氏)의 시조이며, 자는 고운(孤雲)・해운(海雲)이다. 879년 황소(黃巢)의 난 때 고변(高駢)의 종사관(從事官)으로서 「토황소격문(討黃巢檄文)」의 초고를 작성하여 문장가로서 이름을 떨쳤다. 885년(헌강왕 11년) 신라로 돌아온 뒤에는 894년(진성여왕 8) 왕에게 시무책(時務策)을 올려 정치 개혁을 추진하였다. 유교・불교・도교에 모두 이해가 깊었고, 유・불・선 통합 사상을 제시하였다. 수많은 시문(詩文)을 남겨 한문학의 발달에도 기여하였다.

최탄(崔坦, 생몰년미상) : 고려 후기의 역신(逆臣)이다. 1269년(원종 10) 임연(林衍)이 원종을 폐하고 안경공(安慶公) 왕창(王淐)을 세운 것을 구실로 한신(韓慎)・이연령(李延齡) 등과 함께 난을 일으켰다. 서경을 비롯한 북계 54성과 자비령 이북의 황해도 6성을 탈취하여 몽골에 귀부하였다. 원나라 세조는 자비령 이북 지역을 동녕부(東寧府)라 하여 이를 몽골에 내속시키고 최탄을 동녕부총관(東寧府摠管)으로 삼았다. 동녕부는 1290년(충렬왕 16)에야 고려에 반환되었다.

최항(崔沆, ?～1257) : 고려 후기의 권신이다. 본관은 우봉(牛峰), 초명은 만전(萬全)이다. 승려 생활을 하다가 환속하여 1249년(고종 36) 아버지 최우(崔瑀)가 죽자 정권을 이어받았다. 시기심이 많아 전 추밀원부사(樞密院副使) 주숙(周肅)・계모 대씨(大氏) 등을 죽이고 많은 이들을 유배보냈다. 집권 초에는 각 지방의 별공(別貢)과 어량(魚梁 : 선박세)을 면제하고 교정도감(敎定都監)을 개혁하는 등 인심을 얻으려고 애썼으나 점차 사치와 향락에 젖어들었다.

최향(崔珦, ?～1230) : 고려 후기의 무신이다. 최씨 무신정권 제2대 집권자인 최우(崔瑀)의 아우이다. 1219년(고종 6) 아버지 최충헌이 죽자 대장군(大將軍) 최준문(崔俊文) 등은 장남 최우를 제거하고 그를 후계자로 세우려 하였다. 그러나 계획이 좌절되어 최향은 섬으로 유배되었다. 1230년 홍주에서 귀양살이를 하던 중, 형에 대한 앙심 때문에 홍주부사(洪州副使) 유문거(柳文柜) 등을 죽이고 인근에 격문을 돌려 난동을 벌였다. 이 일로 붙잡혀 옥사하였다.

추안(鄒安, 생몰년미상) : 고구려의 왕족으로, 차대왕의 태자이다. 아버지 차대왕이 폭정을 거듭하다가 165년(차대왕 20) 10월에 명림답부(明臨答夫)에게 시해당하자, 두려워 산곡(山谷)으로 도망하였다. 그러나 곧이어 숙부 신대왕이 즉위하여 166년(신대왕 2) 1월 대사령(大赦令)을 내리자, 신대왕에게 용서를 빌어 허락받았다.

추적(秋適, 생몰년미상) : 고려 후기의 문신이다. 호는 노당(露堂)이며, 양지추씨(陽智秋氏)의 시조이다. 충렬왕 초 과거에 급제하여 안동서기(安東書記)·직사관(直史館)을 거쳐 좌사간(左司諫)에 올랐다. 충렬왕 말년 안향(安珦)에 의하여 발탁되어 이성(李晟)·최원충(崔元冲) 등과 함께 7품 이하의 관리, 혹은 생원들에 대한 유학교육을 담당하였으며, 한문교양서인『명심보감』을 편찬하였다고 한다.

충렬왕(忠烈王, 1236~1308) : 고려의 제25대 왕(재위 1274~1308)이다. 원 세조의 강요로 일본 정벌을 위한 동로군(東路軍)을 2차례에 걸쳐 파견하였으나 실패하였다. 원나라의 지나친 간섭과 왕비의 죽음 등으로 정치에 염증을 느껴 왕위를 선위하였으나 7개월 만에 복위해야 하였다. 음주 가무와 사냥으로 소일하며 정사를 돌보지 않았다.

충목왕(忠穆王, 1337~1348) : 고려의 제29대 왕(재위 1344~1348)이다. 이름은 흔(昕)으로, 충혜왕의 아들이다. 1344년 8세의 어린 나이로 즉위하였으므로 어머니 덕녕공주(德寧公主)가 섭정을 하였다. 보흥고(寶興庫)·내승(內乘)·응방(鷹坊) 등을 철폐하고 서연(書筵)을 열었다. 또한 권신들이 독점하였던 녹과전(祿科田)을 소유자들에게 반환하였다. 정치도감(整治都監)을 설치하여 각 도에 양전(量田)을 실시하였으며, 진제도감(賑濟都監)을 설치하여 굶주린 백성을 구제하는 등 많은 선정을 베풀었다.

충선왕(忠宣王, 1275~1325) : 고려의 제26대 왕(재위 1298, 1308~1313)이다. 초명은 원(謜), 이름은 장(璋), 자는 중앙(仲昻)으로, 충렬왕의 아들이다. 1298년 왕위에 오르자 정방(政房)의 폐지 등 관제를 혁신하고 권신들의 토지를 몰수하였으며, 원나라에 대해서도 자주적인 태도를 취하였다. 그러나 7개월 만에 폐위되었다가 1308년 충렬왕이 죽자 다시 왕위에 올랐다. 정치에 싫증을 느껴 원나라로 가 전지(傳旨)로써 국정을 처리하였으나, 그 와중에도 각염법(榷鹽法)을 제정하여 사원과 권문세가의 소금 독점에 의한 폭리를 막았다.

충숙왕(忠肅王, 1294~1339) : 고려의 제27대 왕(재위 1313~1330, 1332~1339)이다. 초명은 도(燾), 휘는 만(卍), 자는 의효(宜孝), 시호는 의효(懿孝)로, 충선왕의 제2남이다. 1313년 왕위에 올랐으나 심양왕(瀋陽王) 왕고(王暠)가 왕위를 노리고 그를 헐뜯어, 5년간 연경에 체류해야 하였다. 1325년 귀국하였으나 눈과 귀가 멀어 정사를 못 돌본다는 조적(曺頔) 일당의 거짓 고발 때문에 정사에 더 염증을 느껴 1330년 태자 정(禎 : 충혜왕)에게 왕위를 넘기고 원나라에 갔다. 충혜왕이 폐위되자 1332년 복위하였으나 정사는 잘 돌보지 않았다.

충정왕(忠定王, 1337~1352) : 고려의 제 30대 왕(재위 1349~1351)이다. 이름은 저(胝)로, 충혜왕의 서자이다. 1349년 충목왕을 이어 즉위하였다. 외척들의 세도 정치와 왜구의 잦은 침입으로 국정이 문란해지자, 충목왕의 후계자로 함께 물망에 올랐던 강릉대군(江陵大君 : 공민왕)에게 민심이 쏠렸다. 1351년 윤택(尹澤)·이승로(李承

老) 등이 충정왕의 폐위를 원나라에 요청하였다. 공민왕이 즉위하자 강화도로 추방되었다가 다음해 독살되었다.

충혜왕(忠惠王, 1315~1344) : 고려의 제 28대 왕(재위 1330~1332, 1339~1344)이다. 이름은 정(禎)으로, 충숙왕의 아들이다. 1330년 왕위에 올랐으나 방탕하고 주색을 일삼아 왕위를 다시 부왕 충숙왕에게 넘긴 뒤, 원나라로 돌아가야 하였다. 1339년 복위하였으나 방탕한 짓을 일삼았다. 이운(李雲) 등이 원에 상소를 올린 끝에 1343년 게양(揭陽)으로 귀양을 가 그곳에서 죽었다.

침류왕(枕流王, ?~385) : 백제의 제 15대 왕(재위 384~385)이다. 근구수왕의 장남이다. 즉위하자 중국 진(晉)나라에 조공을 바쳤다. 호승(胡僧) 마라난타(摩羅難陀)가 백제에 왔을 때 그를 왕궁에서 영접하였다. 이것이 백제에 불교가 전래된 시초이며, 백제는 이때부터 불법(佛法)을 시행하였다. 385년 한산(漢山)에 절을 창건하였고 9개월 후에 사망하였다. 동생인 진사왕이 왕위를 계승하였다.

탁도경(卓都卿, ?~1362) : 고려 말기의 반역자이다. 1258년(고종 45) 몽고군이 쳐들어왔을 때 조휘(趙暉)와 함께 철령(鐵嶺) 이북의 땅을 바쳐 몽고에 항복하고, 몽고가 쌍성총관부(雙城摠管府)를 설치하자 천호(千戶)에 임명된 탁청(卓靑)의 후손이다. 1356년(공민왕 5) 쌍성총관부 천호(千戶)로 있던 중 고려의 공격을 받자 여진지역으로 달아났다.

탁청(卓靑, 생몰년미상) : 고려 후기의 반역자이다. 1258년(고종 45) 12월 용진(龍津)에 있는 조휘(趙暉)와 함께 화주(和州 : 永興) 이북 전역에 걸쳐 반란을 일으키고 몽골에 항복하였다. 몽골에서는 화주에 쌍성총관부(雙城摠管府)를 설치하고 조휘를 총관으로, 탁청을 천호(千戶)로 삼아 통치하게 하였다.

탈탈(脫脫, 생몰년미상) : 원나라 말기의 승상이다. 고려 후기 문신인 강천유(姜千裕)의 여동생이 그의 애첩으로, 강천유는 탈탈을 등에 업고 고려에서 권세를 누렸다.

탈해왕(脫解王, ?~80) : 신라의 제4대 왕(재위 57~80)이다. 원래의 칭호는 탈해이사금(脫解尼師今)으로, 성은 석(昔)이다. 시림(始林)을 계림(鷄林)이라 개칭하여 국호로 정하고 주주(州主)·군주(郡主) 등의 관직을 새로 만들었다. 77년 황산진(黃山津)에서 가야와 싸워 크게 이겼다.

태조(太祖, 877~943) : 고려의 제1대 왕(재위 918~943)이다. 본관은 개성, 자는 약천(若天), 이름은 건(建), 시호는 신성(神聖)이다. 궁예의 휘하에서 견훤의 군사를 격파하였고 정벌한 지방의 구휼에도 힘써 백성의 신망을 얻었다. 고려를 세운 후, 수도를 송악(松嶽)으로 옮기고 불교를 호국신앙으로 삼았으며 신라와 후백제를 합병하여 후삼국을 통일하였다.

태조(太祖, 1068~1123) : 금나라의 제1대 황제(재위 1115~1123)이다. 중국식의 성은 왕(王), 이름은 민(旻)이지만, 여진(女眞) 이름인 아구다[阿骨打]와 부족 이름인 완옌[完顔]을 성으로 더 널리 쓴다. 여진 완옌부의 족장으로, 1115년 금나라를 건국하였다. 북송(北宋)과 동맹을 맺어 1122년에 요나라를 실질적으로 멸망시켰다.

태조(太祖, 1335~1408) : 조선의 제1대 왕(재위 1392~1398)이다. 본관은 전주, 자는 중결(仲潔), 호는 송헌(松軒)이다. 우군도통사(右軍都統使)로서 요동정벌을 위해 북진하다가 위화도에서 회군하여 우왕을 폐하였다. 막강한 권력으로 전제개혁(田制改革)을 단행하였고 신진세력의 경제적 토대를 구축하여 조선을 세우고 도읍을 한양으로 옮겨 초기 국가의 기틀을 다졌다.

태종(太宗, 599~649) : 당나라의 제2대 황제(재위 626~649)로, 본명은 이세민(李世民)이다. 당나라를 수립하고 군웅을 평정하여 중국 통일하였다. 공정한 정치로 후세 제왕의 모범이 되었다. 그러나 좋은 후계자를 두지 못하였고, 만년의 고구려 친정 실패 등으로 그가 죽은 뒤에는 정권이 동요하게 되었으며, 마침내 측천무후(則天武后)가 실권을 장악하였다.

태종(太宗, 1367~1422) : 조선의 제3대 왕(재위 1400~1418)이다. 아버지 이성계 휘하에서 구세력 제거에 큰 역할을 하였으나 세자책봉에 불만을 품고 정도전 등을 살해하는 왕자의 난을 일으켰다. 즉위 후, 의정부(議政府)·삼군도총제부(三軍都摠制府)를 설치하는 등 관제개혁을 통하여 왕권을 강화하였고 최고의 법사(法司)인 의금부(義禁府)도 설치하였다.

태종무열왕(太宗武烈王, 604~661) : 신라의 제29대 왕(재위 654~661)이다. 성은 김씨, 이름은 춘추(春秋)이며, 진지왕의 손자인 이찬 김용춘(金龍春 : 金龍樹)의 아들이다. 김유신 등에게 5만 명의 군사를 주고 당나라 군사와 연합하여 백제를 멸망시켰다. 당의 율령제도를 모방한 관료체계를 정비하고 구서당(九誓幢)이라는 9개 군단(軍團)을 설치하는 등 왕권을 확립하였다.

태집성(太集成, ?~1236) : 고려 후기의 무신이다. 고종 때 낭장(郎將)을 지내고, 1228년(고종 15) 대장군(大將軍)으로 서북면병마사(西北面兵馬使)가 되었다. 1231년(고종 19) 몽고 침입 때 건의하여 강화도로 천도하게 하였고, 후에 수사공(守司空)에 올랐다.

파사왕(婆娑王, ?~112) : 신라의 제5대 왕(재위 80~112)이다. 성은 박씨로, 유리왕의 제2남이다. 가야가 마두성(馬頭城)을 포위 공략하자 이를 물리쳤고, 음즙벌국(音汁伐國)·실직국(悉直國)·압독국(押督國) 등 세 나라를 합병하여 국세를 넓혔다. 이어 비지국(比只國)·다벌국(多伐國)·초팔국(草八國) 등도 합병하였다.

패좌(孛佐, 생몰년미상) : 고려 후기의 문신이다. 1202년(신종 5) 경주도령(慶州都領) 이비(利備) 등과 함께 동경에서 신라의 부흥을 목표로 한 농민반란군을 일으켰다. 패좌는 이때 운문(雲門)·초전(草田)·울진(蔚珍)의 초적(草賊)의 무리들을 불러들여 3군으로 나누어 편성하고 스스로 정군병마(正軍兵馬)라 칭하며 경상도 일대를 점거하였다.

편조(遍照, ?~1371) : 신돈과 동일인물이다. → 신돈

평량공 왕민(平涼公 王玟, 1144~1204) : 고려 신종과 동일인물이다. → 신종

평원왕(平原王, ?~590) : 고구려의 제25대 왕(재위 559~590)으로 평강상호왕(平崗上好王)이라고도 한다. 중국의 진(陳)·수(隋)·북제(北齊)·후주(後周) 등 여러 나라와 수교하였다. 일찍이 장수왕(長壽王)이 평양의 북동쪽 대성산성(大城山城)으로 국도를 옮긴 뒤 양원왕이 장안성(長安城)에 대규모의 축성 공사를 시작한 것을 완성시켜 장안성으로 천도하였다.

포선만노(蒲鮮萬奴, ?~1233) : 대진국(大眞國)의 왕(재위 1216~1233)이다. 처음에 금나라에서 벼슬하여, 거란의 야율유가(耶律留哥)가 금나라를 배반하고 몽골과 내통해 요동(遼東 : 랴오둥)에 의거하자 야율유가 토벌을 명령받았다. 그러나 그는 동경(東京 : 랴오양)을 근거지로 독립하여 국호를 대진국, 연호를 천태(天泰)라 하였다. 그의 세력은 상당히 넓게 미쳤으나, 1233년 몽골군의 포로가 되었고 결국 대진국도 멸망하였다.

풍발(馮跋, ?~430) : 5호16국시대 북연(北燕)의 제2대 왕(재위 409~430)이다. 자는 문기(文起), 묘호는 태조(太祖)이며 시호는 문성제(文成帝)이다.

풍홍(馮弘, ?~430) : 5호16국시대 북연(北燕)의 제3대 왕(재위 430~435)으로 자는 문통(文通), 시호는 소성제(昭成帝)이다. 북연의 마지막 왕이다.

필현보(畢賢甫, ?~1233) : 고려 후기의 역신(逆臣)이다. 현보(玄甫)로 쓰기도 한다. 1233년(고종 20) 낭장(郎將)으로서 동료 홍복원(洪福源)과 함께 반란을 일으켜, 선유사(宣諭使)인 대장군(大將軍) 정의(鄭毅)·박녹전(朴祿全) 등을 죽인 뒤에 성을 탈취하였다. 갖은 불법을 자행하다가 최우(崔瑀)가 보낸 가병(家兵) 3,000명 및 북계병마사(北界兵馬使) 민희(閔曦)에 의하여 붙잡혀 개경에 압송되어 사형당하였다.

하공진(河拱辰, ?~1011) : 고려 전기의 문신으로, 진주하씨(晉州河氏)의 시조이다. 1009년(목종 12) 중랑장(中郎將)을 거쳐 상서좌사낭중(尙書左司郎中)으로 강조(康兆)의 정변에 가담하였다. 거란이 고려를 침범하자 적진에 들어가 현종의 친조(親朝)와 자신의 볼모를 조건으로 철병(撤兵)을 교섭하여 성공하였다. 이후 거란에서 탈출하려다 발각되어 친국(親鞠)을 당하며 회유를 받았으나 끝내 거절하여 살해되었다.

하륜(河崙, 1347~1416) : 고려 말·조선 전기의 문신이다. 본관은 진주, 자는 대림(大臨), 호는 호정(浩亭), 시호는 문충(文忠)이다. 1400년(정종 2) 제2차 왕자의 난에도 이방원(李芳遠)을 도왔다. 이첨(李詹)과 함께 『동국사략(東國史略)』을 편수하였고, 춘추관영사(春秋館領事)로 『태조실록』 편찬을 지휘하였다.

한광연(韓光衍, 생몰년미상) : 고려 후기의 문신이다. 1196년(명종 26) 최충헌의 지시를 받고 지후(祗候)로서 경주에 파견되어, 앞서 주살된 이의민(李義旼)의 삼족을 없앴다. 1222년(고종 9) 추밀원사(樞密院使), 이듬해 보문각대학사(寶文閣大學士)가 되었다. 1224년 추밀원부사(樞密院副使)로서 다시 지공거(知貢擧)가 되어 손완(孫琓) 등 33인을 뽑았다.

한남공 왕정(漢南公 王貞, 1211~1213) : 고려 강종과 동일인물이다. → 강종

한도(韓陶, ?~BC 91) : 위만조선 때의 대신으로, 한음(韓陰)이라고도 한다. BC 109년 조선상(朝鮮相)으로 있을 때 한나라가 공격하자 이듬해 노인(路人)・참(參)・왕협(王唊) 등과 함께 왕검성(王儉城)에서 나와 항복하였다. 위만조선 멸망 후 한나라에 의해 적저후(荻苴侯)에 봉해졌다.

한뢰(韓賴, 생몰년미상) : 고려 전기의 문신이다. 이복기(李復基)・임종식(林宗植) 등과 함께 의종의 총애를 받았다. 1170년(의종 24) 의종이 보현원(普賢院)에 행차 도중 5병수박희(五兵手博戲)를 하게 하자 대장군(大將軍) 이소응(李紹膺)의 뺨을 쳐서 불만에 가득찬 무신들을 자극하는 계기가 되었다. 그 결과 무신의 난이 발발하여 이고(李高)에 의하여 죽임을당하였다.

한문준(韓文俊, ?~1190) : 고려 후기의 문신이다. 본관은 대흥(大興), 시호는 정의(貞懿)이다. 인종 때 과거에 급제하였고, 1170년(명종 즉위년) 대부경(大府卿)에 임명되었다가 추밀원우승선(樞密院右承宣)으로 등용되었다. 1183년(명종 13) 문하시랑평장사판이부사(門下侍郎平章事判吏部事)에 올랐다.

한방언(韓方彦, 생몰년미상) : 고려 말기의 무신으로, 본관은 청주이다. 1361년(공민왕 10) 홍건적의 난 때 공을 세워 1363년(공민왕 12) 2등공신에 책록되었고, 1371년 밀직부사(密直副使)로서 정조사(正朝使)가 되어 명나라에 다녀왔다. 영광・광주・동복(同福)・단양・안동 등지에 쳐들어온 왜구를 격파하였다.

한안(韓安, ?~1374) : 고려 말기의 반역자로, 본관은 청주이다. 미소년으로 자제위(子弟衛)에 속하여 공민왕의 총애를 받았으나, 여러 비를 강제로 욕보여 궁중에 추문을 일으켰다. 자제위(子弟衛)의 홍륜(洪倫)이 익비(益妃)와 통하여 잉태하게 한 사실이 밝혀지자 공민왕을 시해하고, 그 후 참형을 당하였다.

한안인(韓安仁, ?~1122) : 고려 전기의 관인이다. 본관은 단주(湍州)이다. 예종의 총애를 받아 형부상서(刑部尙書)・예부상서(禮部尙書)・동지공거(同知貢擧)・지추밀원사(知樞密院事) 등 요직을 역임하였다. 1122년 인종이 즉위하자 중서시랑평장사(中書侍郎平章事)에 올랐으나 이자겸에 의해 역모의 누명을 쓰고 유배되었다가 살해되었다.

한언공(韓彦恭, 940~1004) : 고려 전기의 관인이다. 991년(성종 10) 송나라에서 대장경 481함 2,500권과 『전소요연화심륜(詮逍遙蓮花心輪)』을 가지고 돌아왔다. 1002년 문하시중(門下侍中)으로 있을 때 화폐로 건원중보(乾元重寶)만 사용하던 것을 토산물도 함께 사용하도록 건의하여 실행시켰다.

한유한(韓惟漢, 생몰년미상) : 고려 전기의 기인(奇人)이다. 처음에는 벼슬하였으나 이자겸의 횡포가 날로 심해지자 장차 화란(禍亂)이 일어날 것을 예측하고, 가족을 데리고 악양(岳陽)에서 숨어 살았다. 조정에서 그의 재주를 아껴 사방으로 물색하여 찾았으나 도망가서 숨어버리고 세상에 나오지 않았다.

한종유(韓宗愈, 1287~1354) : 고려 후기의 문신이다. 본관은 청주, 자는 사고(師古), 호는 복재(復齋), 시호는 문절(文節)이다. 심양왕(瀋陽王)의 무고로 충숙왕이 원 황제에게 국왕인(國王印)을 빼앗기자 원나라에 가서 충숙왕의 환국을 요청하는 글을 올렸다. 그 공으로 좌부대언(左副代言)이 되었다. 조적(曺頔)의 난을 다스려 그 공으로 1등공신에 올라 찬성사(贊成事)가 되었다.

한희유(韓希愈, ?~1306) : 고려 후기의 문신으로, 가주한씨(嘉州韓氏)의 시조이다. 대장군(大將軍)에 올라 삼별초(三別抄) 정벌에 공을 세우고, 일본 정벌에서 선봉으로 활약하였다. 합단(哈丹)의 침입 때 원나라의 원수(元帥) 설도간(薛闍干)과 함께 이를 막아 공을 세우고, 동북면도지휘사(東北面都指揮使)가 되었다. 이후 중대광(重大匡)·첨의중찬(僉議中贊)·우중찬(右中贊) 등을 지냈다.

합진(哈眞[호진], 생몰년미상) : 몽골의 장수이다. 호지키[哈只吉]·호치키[哈赤吉]·호진[合臣]·호칭[河稱]이라고도 한다. 1218년(고종 5) 고려에 들어와 거란을 친 뒤, 조충(趙冲)과 공부세수(貢賦歲輸)의 조약을 체결하였고 김양경(金良鏡)과 형제국이 될 것을 약속하였다. 또 고려와 연합으로 강동성(江東城)의 거란병을 쳐서 항복시키고, 포로가 되었던 고려 사람들을 보내왔다.

해구(解仇, ?~478) : 백제의 반란자이다. 476년(문주왕 2) 병관좌평(兵官佐平)이 되어 내신좌평(內臣佐平) 곤지(昆支)를 살해하고 정권을 장악하였으며, 문주왕을 살해하고 삼근왕을 즉위하게 하였다. 이후 은솔(恩率) 연신(燕信)과 함께 대두성(大豆城)을 본거지로 반란을 일으켰다가 덕솔(德率) 진로(眞老)에게 패하여 살해되었다.

해우(解憂, ?~53) : 고구려 모본왕과 동일인물이다. → 모본왕

허승(許升, ?~1180) : 고려 후기의 무신이다. 1179년(명종 9) 견룡장(牽龍將)으로 있으면서 경대승(慶大升)과 함께 무신집권자 정중부(鄭仲夫) 일당을 제거하였다. 이 공으로 태자부지유별장(太子府指諭別將)에 올랐으나, 공을 믿고 방자하게 행동하다가 경대승에게 살해되었다.

허재(許載, 1062~1144) : 고려 전기의 문신이다. 1109년(예종 4) 9성(九城) 전투에서 여진족을 격퇴하여 감찰어사(監察御使)에 발탁되었다. 동북면·서북면의 병마사(兵馬使)로 변경을 수비하여 정세를 잘 파악해서 수비방책(守備方策)을 왕에게 올려 채택되었다. 이자겸 세력에게 아부하여 참지정사(參知政事)가 되었으나, 이자겸 실각 후 좌천되었다가 이후 호부상서(戶部尙書)로 치사(致仕)하였다.

허황후(許皇后, 33~89) : 가야국 수로왕의 비이다. 이름은 허황옥(許黃玉)이며, 김해허씨(金海許氏)의 시조이다. 본래 인도 아유타국의 공주로, 배를 타고 가야에 와서 왕비가 되었다. 아들 10명을 낳았는데, 2명에게 어머니의 성인 허씨를 주었다고 한다.

헌강왕(憲康, ?~886) : 신라의 제49대 왕(재위 875~886)이다. 이름은 김정(金晸)이며 경문왕과 문의왕후(文懿王后)의 제2남이다. 문치에 힘썼으며, 처용무(處容舞)가 크게 유행하였다. 경주의 민가가 모두 기와로 덮고 숯으로 밥을 짓는다고 할 정도로 부유했다는 기록이 있으나, 이때부터 신라는 쇠퇴기에 접어들었다.

헌덕왕(憲德王, ?~826) : 신라의 제41대 왕(재위 809~826)이다. 이름은 김언승(金彦昇)으로, 소성왕의 동생이다. 난을 일으켜 조카인 애장왕을 죽이고 즉위하였다. 제방을 수리하여 농사를 장려하였으며 친당(親唐) 정책에 힘썼다. 김헌창(金憲昌)의 난을 평정하고, 김헌창의 아들 김범문(金梵文)의 모반을 진압하였다. 패강(浿江)에 장성 약 3백 리를 쌓기도 하였다.

헌안왕(憲安, ?~861) : 신라의 제47대 왕(재위 857~860)이다. 이름은 김의정(金誼靖)·김우정(金祐靖)이다. 859년 전국에 흉년이 들자 백성의 구원에 힘썼고, 제방을 쌓아 농사를 장려하였다. 후사가 없어 왕족 김응렴(金膺廉 : 경문왕)을 만사위로 삼아 그에게 왕위를 물려주었다. 능은 경주 공작지(孔雀趾)이다.

현덕수(玄德秀, ?~1215) : 고려 후기의 무신이다. 본관은 연주(延州)이다. 1174년(명종 4) 조위총(趙位寵)의 난 때 성을 고수하였다. 그 뒤 권감창사(權監倉使)가 되어 서경의 군사 1만에게 성이 포위되자 이를 쳐서 궤멸시켰다.

현종(顯宗, 992~1031) : 고려의 제8대 왕(재위 1009~1031)이다. 이름은 순(詢), 자는 안세(安世)이다. 강조(康兆)의 정변에 의하여 목종이 폐위되자 왕위에 올랐다. 거란 성종의 침입에 참패하였으나 끝내 친조를 하지 않고, 6성 요구도 거절하였다. 다시 거란의 장군 소배압(蕭排押)이 침입하자, 강감찬(姜邯贊)이 이를 섬멸하여 물리쳤다. 이후 거란과의 우호 관계를 회복하고 기민(飢民) 구제에 힘썼으며, 고려왕조의 기틀을 다지는 데 크게 기여하였다.

혜공왕(惠恭王, 758~780) : 신라의 제36대 왕(재위 765~780)이다. 이름은 김건운(金乾運)이다. 경덕왕의 장남으로 어린 나이에 왕위에 올라 태후가 섭정하였으며, 재위 기간 동안 왕당파와 귀족세력 간의 대립이 지속되었다. 김지정(金志貞)이 일으킨 반란의 과정에서 살해되었다. 혜공왕의 죽음으로 귀족 중심의 신라 하대가 시작되었다.

혜량(惠亮, 생몰년미상) : 신라에 귀화한 고구려 승려이다. 고구려의 국력을 정탐하러 왔던 신라의 이찬 거칠부(居柒夫)를 재빨리 귀국하게 함으로써 체포를 면하게 하였다. 551년(진흥왕 12) 나제동맹군이 고구려를 칠 때 거칠부를 따라 신라에 귀화하였고, 진흥왕의 명으로 승통(僧統)이 되어 처음으로 백좌강회(百座講會)·팔관회(八關會)를 주재하였다.

혜왕(惠王, ?~599) : 백제의 제28대 왕(재위 598~599)으로, 이름은 계(季)이다. 형인 위덕왕의 뒤를 이어 즉위하였다가, 이듬해 죽었다. 헌왕(獻王)이라고도 한다. 황해의 무역기지를 고구려와 신라에게 빼앗기고, 수나라의 중국통일로 중국에 있던 백제의 해상 무역기지들이 힘을 잃는 등 나라의 힘이 약해진 상태에서 즉위하여 1년 만에 왕위에서 물러났다.

혜종(惠宗, 912~945) : 고려의 제2대 왕(재위 943~945)이다. 이름은 무(武), 자는 승건(承乾), 시호는 의공(義恭)이다. 태조 왕건의 장남으로 즉위 후, 이복동생 요(堯 : 정종)·소(昭 : 광종)와 왕규(王規)의 왕권 다툼 속에서 곤란을 겪었다.

호공(瓠公, 생몰년미상) : 사로국(斯盧國)의 재상이다. 신라 시조 박혁거세(朴赫居世) 때 벼슬을 하여 신라 창업에 공헌하였으며, BC 20년(박혁거세 38) 마한(馬韓)에 사신으로 가서 조공요구를 거절하고 돌아왔다.

호동(好童, ?~32) : 고구려 대무신왕의 아들이다. 32년(대무신왕 15) 낙랑태수(樂浪太守)의 딸인 공주와 사랑을 언약하고 공주로 하여금 적군의 침입을 알린다는 자명고(自鳴鼓)를 찢게 하여 낙랑을 정벌하였으나 그가 태자가 되는 것을 시기한 원비(元妃)의 참소와 공주에 대한 사랑의 번민으로 자살하였다고 한다.

홀도노게미실공주(忽都魯揭迷失公主, 1259~1297) : 제국대장공주와 동일인물이다. → 제국대장공주

홀돈(忽敦, 생몰년미상) : 흔도와 동일인물이다. → 흔도

홀필열(忽必烈[쿠빌라이], 1215~1294) : 몽골 제국의 제5대 칸(재위 1260~1294)이다. 징기즈 칸의 손자이며, 묘호는 세조이다. 국호를 원으로 고치고 대도(大都)를 도읍으로 정하였다. 남송을 멸망시키고 중국을 통일하였으며, 고려・버마・일본 등지에 침공하였다. 넓은 영토를 차지한 대제국을 완성하여 원나라의 전성시대를 이루었다. 한때 고려와 연합하여 일본을 정복하려 하였으나 두 차례 모두 태풍으로 실패하였다.

홍관(洪灌, ?~1126) : 고려 전기의 문신・서예가이다. 본관은 남양(南陽), 자는 무당(無黨), 시호는 충평(忠平)이다. 김생(金生)의 필법을 본받은 명필이다. 1102년(숙종 7) 집상전(集祥殿)의 문액(門額)을 썼으며 회경전(會慶殿) 병풍에 『서경(書經)』의 「무일편(無逸篇)」을 썼다. 예종의 명으로 『편년통재속편(編年通載續編)』을 완성하였고 김부일(金富佾)・박승중(朴昇中)과 함께 음양이서(陰陽二書)를 논변하였다.

홍규(洪奎, ?~1316) : 고려 후기의 문신이다. 본관 남양(南陽), 초명 문계(文系), 시호 광정(匡定)이다. 충숙왕비 명덕태후(明德太后)의 아버지이다. 원나라에서 돌아오는 왕을 권신인 처남 임유무(林維茂)가 배척하려 하자 삼별초(三別抄)의 힘을 빌려 그를 죽였다. 충렬왕이 양가의 규수를 뽑아 원나라에 보내려 할 때 딸의 머리를 깎게 한 사건으로 귀양갔으며 딸은 마침내 원나라 사신 아고대(阿古大)에게 바쳐졌다.

홍다구(洪茶丘, 1244~1291) : 원나라에 귀화한 고려 무장이다. 본관은 남양(南陽), 본명은 준기(俊奇)이다. 고려에 들어와 봉주(鳳州)에 둔전총관부(屯田摠管府)를 설치하였고, 삼별초(三別抄)의 난을 토벌하였다. 원나라가 일본 정벌을 계획하자 조선(造船) 공사를 가혹하게 독촉하였고, 제2차 일본정벌 때 태풍으로 군사를 잃고 돌아갔다.

홍륜(洪倫, ?~1374) : 고려 후기의 총신(寵臣)이다. 본관은 남양(南陽)이다. 1372년(공민왕 21)에 설치된 자제위(子弟衛)에 소속되어 왕의 좌우에서 보필하였다. 1374년 익비(益妃)와 정을 통하여 임신하자, 공민왕은 사건의 누설을 막기 위해 홍륜 등을 죽이려고 하였다. 이에 최만생(崔萬生) 등과 공모하여 왕을 죽이고, 다음날 주살되었다.

홍문계(洪文系, ?~1316) : 홍규와 동일인물이다. → 홍규

홍복원(洪福源, 1206~1258) : 고려 후기의 역신(逆臣)이다. 본관은 당성(唐城), 초명은 복량(福良)이다. 1232년(고종 19) 고려의 강화천도에 대한 보복으로 살리타[撒禮塔]이 침공해왔을 때 북계를 근거지로 하면서 이에 협력하였다. 다음해에는 서경낭장(西京郎將)의 직함을 가지고 있으면서 필현보(畢賢甫)와 함께 선유사(宣諭使) 정의(鄭毅) 등을 죽이고 반란을 일으켰다.

홍상재(洪尙載, ?~1391) : 고려 말기의 무신이다. 시중(侍中) 채하중(蔡河中)의 사위로, 상장군(上將軍)에 이르렀다가 1357년(공민왕 6) 채하중의 반역사건에 연루되어 유배되었다. 1369년 예부상서(禮部尙書)로서 감문위상호군(監門衛上護軍) 이하생(李夏生)과 함께 명나라 태조의 즉위를 축하하러 남경(南京)에 갔다가 명나라와 국교를 맺고 돌아왔다. 1385년(우왕 11) 주겸(周謙)과 함께 하정사(賀正使)로 명나라에 파견되었다.

홍술(洪術, ? ~ 936) : 홍유와 동일인물이다. → 홍유

홍언박(洪彦博, 1309~1363) : 고려 말기의 문신이다. 본관은 남양(南陽), 자는 중용(仲容), 호는 양파(陽坡), 시호는 문정(文正)이다. 기철(奇轍) 일파를 숙청하는 데 공을 세워 1등공신에 책록되었다. 1361년(공민왕 10) 피난하는 왕을 호종하였으며, 피난 중 내탕금(內帑金)을 절약하고 환도할 때에는 농번기를 피하도록 주청하여 이에 따르게 하였다. 김용(金鏞)이 난을 일으켜 왕을 시해하려 할 때 반란군에 대항하다 살해되었다.

홍유(洪儒, ? ~ 936) : 고려 전기의 무신이다. 고려 개국공신 가운데 한 명으로, 초명은 술(術 : 述)이다. 회인홍씨(懷仁洪氏)의 시조이며 태조의 제26비 의성부원부인(義城府院夫人) 홍씨의 아버지이다. 무장 출신임에도 불구하고 언변과 논리가 매우 뛰어났다고 한다. 폭군 궁예를 몰아내기 위한 거사를 일으킬 당시 태조를 설득하여 혁명을 완수하고 그를 임금으로 옹립한 장본인이다.

홍인계(洪仁桂, ?~1390) : 고려 말기의 무신이다. 1365년(공민왕 14) 판사(判事)로 재직 중, 신돈이 사부(師傅)가 되어 국정을 장악하고 최영 등을 축출할 때 순흥(順興)에 귀양갔다. 1390년(공양왕 2) 명나라에서 돌아온 조반(趙胖)에 의하여 보고된 윤이(尹彝) · 이초(李初)의 고변에 연루되어 순군옥(巡軍獄)에 갇혀 옥사하였다.

환권(桓權, 생몰년미상) : 고구려 영류왕의 태자이다. 640년(영류왕 23) 당나라에 가서 조공을 하자, 당 태종이 그를 위로하고, 폐백(幣帛)을 주었다는 기록이 『삼국사기』에 나온다.

환조(桓祖, 1315~1361) : 이자춘과 동일인물이다. → 이자춘

황거정(黃居正, 생몰년미상) : 고려 말 · 조선 초의 문신이다. 배극렴(裵克廉) · 조준(趙浚) 등과 같이 이성계를 왕으로 추대하였고, 조선이 건국된 뒤 전라도판군기감사(全羅道判軍器監事)에 서임되고, 개국공신(開國功臣)에 녹훈되었다. 1396년(태조 5) 상의중추원사(商議中樞院事)로 있으면서 시위갑사(侍衛甲士) 안백(安白)의 아들

의 불륜을 문책하고, 개성유후(開城留後)로 재임 중 1401년(태종 1) 박포(朴苞)의 난을 평정하는 데 공을 세워 익대좌명공신(翊戴佐命功臣) 3등에 책록되었다.

황보유의(皇甫兪義, ?~1042) : 고려 전기의 문신이다. 천추태후(千秋太后)와 사통한 김치양(金致陽)이 그 사생아를 왕위에 앉히려는 음모를 꾸미자 낭장(郎將) 문연(文演) 등과 함께 대량원군(大良院君 : 현종)을 맞아들여 즉위하게 하였다. 이후 어사대부에 올라 왕가도(王可道)와 함께 개경의 나성(羅城)을 축조하였다.

황소(黃巢, ?~884) : 당나라 말기의 대농민반란의 수령이다. 왕선지(王仙芝)의 반란에 호응하여 군사를 일으킨 후 전국 각지를 전전하면서 가는 곳마다 관군을 격파하고 장안에 입성하여 스스로 황제위에 올랐으나, 관군의 반격으로 자결하였다.

효공왕(孝恭王, ?~912) : 신라의 제52대 왕(재위 897~912)이다. 진성여왕이 죽자 즉위하였다. 궁예에게 패서도(浿西道)·한산주(漢山州) 관내의 30여 성을 빼앗기고, 남서쪽의 땅을 견훤에게 빼앗겼다. 북쪽의 땅을 또 궁예에게 빼앗겨 신라의 영토는 날로 축소되어 갔으나, 환락의 세월을 보냄으로써 후삼국을 탄생케 하였다.

효성왕(孝昭王, ?~742) : 신라의 제34대 왕(재위 737~742)이다. 이름은 김승경(金承慶)이다. 후궁이 왕비의 질투로 살해된 것에 분개한 후궁의 아버지 파진찬 김영종(金永宗)이 모반하자, 이를 평정하였다.

효소왕(孝昭王, ?~702) : 신라의 제32대 왕(재위 692~702)이다. 이름은 김이홍(金理洪)·김이공(金理恭)이다. 송악성(松嶽城)·우잠성(牛岑城)을 축조하였고, 서시전(西市典)과 남시전(南市典)을 설치하여 물화의 유통을 쉽게 하였다. 당·일본 등과 수교하였다.

효심(孝心, 생몰년미상) : 고려 후기의 반역자이다. 1193년(명종 23) 초전(草田)을 근거지로 반란을 일으켰다. 왕이 대장군(大將軍) 전존걸(全存傑)·장군 이지순(李至純)·이공정(李公靖)·김척후(金陟侯)·김경부(金慶夫)·노식(盧植) 등으로 하여금 공격하게 하였으나 실패하였다. 상장군(上將軍) 최인(崔仁)이 남로착적병마사(南路捉賊兵馬使)가 되어 난을 진압하였다.

흔도(忻都, 생몰년미상) : 원나라의 무장이다. 홀돈(忽敦)이라고도 한다. 고려에 주둔하고 있던 몽골군의 지휘관으로, 1271년(원종 12) 고려 장군 김방경(金方慶)과 함께 탐라에서 삼별초를 평정하였다. 고려·원나라 연합으로 일본정벌에 나섰으나 태풍으로 실패하였다.

흘해왕(訖解王, ?~356) : 신라의 제16대 왕(재위 310년~356)이다. 기림왕이 아들 없이 죽자 왕으로 추대되었다. 312년 왜왕의 아들과 아찬 급리(急利)의 딸을 혼인시켜 화친을 꾀하기도 하였다. 『삼국유사』에 백제와 충돌을 벌인 기록이 있다.

흥덕왕(興德王, ?~836) : 신라의 제42대 왕(재위 826~836)이다. 이름은 김경휘(金景徽), 초명은 수종(秀宗)·수승(秀升)으로, 원성왕의 손자이고 헌덕왕의 동생이다. 대아찬 김우징(金祐徵)을 시중(侍中)에 임명하여 정사를 맡기고, 장보고를 청해진대사

(淸海鎭大使)로 삼아 해적의 침입을 막게 하였다. 김대렴(金大廉)이 당에서 가지고 온 차 종자를 지리산에 심게 하여 재배가 성행하도록 하였으며, 복색제도(服色制度)를 고치고 백성들에게 사치를 금하였다.

흥수(興首, 생몰년미상) : 백제의 대신이다. 성충(成忠)과 함께 의자왕에게 직언을 하다가 유배되었다. 660년(의자왕 20) 나당연합군의 침입을 받고 왕이 유배지에 있는 그에게 사자를 보내어 그 방어책을 문의하자, 당나라 군사는 백강(白江)을 건너지 못하게 하고, 신라군은 탄현(炭峴)을 통과하지 못하게 하라고 충언하였으나, 왕이 이를 실행하지 못하고 있다가 백제는 멸망하게 되었다.

희강왕(僖康王, ?~838) : 신라의 제43대 왕(재위 836~838)이다. 이름은 김제륭(金悌隆)・김제옹(金悌顒)이다. 흥덕왕이 후사 없이 죽자, 삼촌인 김균정(金均貞)과 왕위 다툼을 하다가 균정을 살해하고 즉위하였다. 김명(金明)과 김이홍(金利弘)이 반란을 일으켜 측근자를 살해하자, 스스로 목을 매어 자결하였다.

희종(熙宗, 1181~1237) : 고려의 제21대 왕(재위 1204~1211)이다. 이름은 영(韺)이다. 왕 즉위의 공으로 권신 최충헌을 문하시중(門下侍中)・진강군개국후(晉康郡開國侯)에 봉하였으나 횡포가 심하자 그를 죽이려다 실패하였고, 폐위되어 강화(江華)로 쫓겨났다. 이후 복위 음모가 있다는 무고로 유배되어 죽었다.

|지명|

가락(駕洛) : 가야국(加耶國)을 가리킨다. → 가락국

가락국(駕洛國) : 기원 전후부터 562년까지 낙동강 하류지역에 있던 여러 국가의 총칭 또는 그 지역에 위치한 각 국가들의 명칭이다. 가야는 『삼국지(三國志)』 동이전(東夷傳)에 나오는 변한(弁韓) 12국에서 발전하였다. 『삼국유사』 기록은 대략 3세기 중반 이후에 변한지역의 12개국 가운데 일부 국가들이 가야연맹체를 형성하면서 가야라는 명칭을 사용하였음을 반영한 것이다.

가림성(加林城) : 성흥산성(聖興山城)의 옛 이름으로, 충청남도 부여군 임천면 군사리에 있는 백제시대의 산성이다. 수도였던 부여를 수호하기 위하여 금강(錦江) 하류 기슭에 축조된 가장 중요한 산성의 하나이다.

가야산(伽倻山) : 경상남도 합천군과 경상북도 성주군 경계에 있는 산이다. 소의 머리와 모습이 비슷하다고 하여 우두산(牛頭山)이라고도 불렸으며, 상왕산(象王山) · 중향산(衆香山) 등으로도 불리운다. 가야산이라는 이름은 이 산이 옛날 가야국이 있던 이 지역에서 가장 높고 훌륭한 산이었기 때문에 자연스럽게 '가야의 산'이라는 뜻으로 부른 것이라고 전해진다.

가주(嘉州) : 평안북도 박천군 가산면 · 양가면 지역의 고려시대 행정구역이다. 본래 고구려 땅이었다가 발해의 영토가 되었으며 발해 멸망 후 여진족이 점령하였는데, 고려 초기에 이곳에 신도군(信都郡)을 설치하였다. 1413년(태종 13) 가산군(嘉山郡)이 되었다가 1914년 일제강점기에 박천군(博川郡)에 편입되었다.

감악산(紺嶽山) : 경기도 파주시 · 양주시 · 연천구 사이에 있는 산으로 높이는 675m이다. 예로부터 바위 사이로 검은빛과 푸른빛이 동시에 흘러나온다 하여 감악, 즉 감색바위라고 하였다. 이 일대는 광활한 평야지대로 삼국시대부터 전략적 요충지였다.

갑곶(甲串) : 강화도 갑곶진을 가리킨다. 강화도 북부 염하(鹽河)의 서쪽 해안에 위치하고 있다. 고려 고종이 원나라의 침입을 받아 강화도로 피란할 때 이곳이 갑옷만 벗어 쌓아 놓아도 건널 수 있을 만큼 얕다고 하여서 갑곶이라는 지명이 생겼다고 한다.

강남도(江南道) : 금강(錦江) 이남, 전라북도 지역의 고려시대 행정구역이다. 995년(성종 14) 당 태종 때의 중국 행정구역인 10도(十道)를 본떠 지방에 10도를 두면서 금강 이남 지역을 강남도라 하여 전주 · 영주(瀛州 : 정읍) · 순주(淳州 : 순창) · 마주(馬州 : 익산) 등 9주 43현을 관할하게 하였다. 1018년(현종 9) 그 남쪽 지역인 해양도(海陽道)와 합하여 전라도로 개편되었다.

강도(江都) : 강화(江華)의 다른 이름이다. 1232년(고종 19)에 몽골의 침입으로 도읍을 이곳으로 옮긴 후, 1270년(원종 11)에 환도(還都)할 때까지 39년 동안 임시 수도로 삼았다 하여 생긴 이름이다. → 강화

강안전(康安殿) : 고려시대의 정궁(正宮)인 연경궁(延慶宮) 내에 있었던 전각이다. 초기

에는 중광전(重光殿)이라 부르던 것을 1138년(인종 16)에 이 이름으로 개칭하였다. 역대 국왕의 즉위식이 가장 많이 거행되고, 궁궐 내의 연등회(燃燈會)가 주로 개최되던 곳이다.

강화(江華) : 인천광역시 북서부에 있다. 현재의 지명 강화는 940년(태조 23) 이래의 것으로, 고려시대 몽골 침입과 조선시대 병자호란 때는 임시수도의 역할을 하면서 강도(江都)로 승격되기도 하였다. 조선시대에는 수도 방위상 중요시되어 4진(四鎭)의 하나가 되었으며, 수도의 관문에 위치하기 때문에 근세에 이르러서는 병인양요(丙寅洋擾)・신미양요(辛未洋擾)・운요호[雲揚號]사건 등 역사적 사건의 무대가 되었다.

개골산(皆骨山) : 겨울철 금강산(金剛山)을 부르는 이름이다. 금강산은 태백산맥 북부 강원도(북한) 금강군・고성군・통천군에 걸쳐 광범위하게 펼쳐진 산이다.

게양현(揭陽縣) : 지금의 중국 광동성(廣東省 : 광둥성) 조주(潮州 : 차오저우)이다. 고려 충혜왕이 원나라 순제의 명으로 게양현으로 유배형을 받은 일이 있다. 충혜왕은 도중 악양현(岳陽縣 : 웨양현)에서 사망한다.

경산부(京山府) : 경상북도 성주군에 있던 옛 부명(府名)이다. 처음에는 신라의 본피현(本彼縣)이었는데, 경덕왕 때 신안(新安)으로 개명하였다가, 후에 다시 벽진군(碧珍郡)이라 개칭하였다. 940년(태조 23) 경산부라 하였다. 1295년(충렬왕 21)에 흥안도호부(興安都護府)로 승격하였다가, 1308년(충렬왕 34) 다시 성주목(星州牧)으로 승격하였으며, 1312년(충선왕 4)에 격하되어 경산부가 되었다.

경상진안도(慶尙晉安道) : 고려시대 경상도를 부르던 명칭 가운데 하나이다. 경주・상주・진주・안동의 머리글자를 합한 이름으로, 1204년(신종 7) 상진안동도(尙晉安東道)로 개명하였다가 후에 경상진안도(慶尙晉安道)로 고쳤다.

경주(慶州) : 경상북도 남동단에 위치하고 있다. 신라의 왕도였으며, 935년(태조 18) 신라가 고려에 항복하자 경순왕의 식읍이 되었다. 고려시대 내내 여러 군현을 영속한 큰 읍으로서의 면모를 유지하였으며, 12세기 후반 무신 집권기에서는 신라부흥운동이 일어나기도 하였다.

계림(鷄林) : 옛 신라의 왕성인 월성 북쪽에 있는 숲으로, 신라의 김씨 왕족 시조인 김알지의 탄생 설화의 무대가 되었던 곳이다.

고령가야(古寧伽倻) : 가야연맹체의 한 나라로, 이 이름은 가야인들이 원래부터 사용한 것이 아니다. 『삼국사기』 지리지에 따르면 처음 이 지역을 점령한 신라가 고동람군(古冬攬郡)이라고 하였다가, 경덕왕이 지명을 한자식으로 고칠 때 고령군(古寧郡)으로 바꾸었으며, 고려 때 다시 함녕군(咸寧郡)으로 고쳤다고 한다. 대체로 지금의 경상북도 상주시 함창읍을 중심으로 하고 있다.

고봉현(高峯縣) : 경기도 고양시 일대의 통일신라시대 행정구역명이다. 고양현 고봉・덕양(德陽)을 합한 것인데, 고봉은 본래 고구려 때의 달을성현(達乙省縣)으로, 경덕왕 때 고봉현으로 고쳤다. 1413년(태종 13) 행주(幸州)의 별호인 덕양현(德陽縣)과 합쳐 고양현이 되고, 1471년(성종 2) 군으로 승격하였다.

고우(高郵 : 가오유) : 중국 강소성(江蘇省 : 장쑤성) 중서부에 있는 도시이다. 고보호(高寶湖 : 가오바오호)의 남동쪽 기슭에 인접하여 대운하 연안에 자리한 도시로, 수나라 이후 미곡 수송의 중계지로 발달하였다. 마르코 폴로의 『동방견문록(東方見聞錄)』에 그 번영상이 소개되어 있다. 대운하를 통하여 쌀 · 밤 따위를 베이징 쪽으로 운송한다.

고창군(古昌郡) : 지금의 경상북도 안동시 지역이다. 삼한시대 변진(弁辰) 24개국 중 기저국(已沙國)과 불사국(不斯國)이 이곳에 비정되고 있다. 이들 국가의 행방은 알 수 없고, 3세기 중엽 이전에 신라의 영역에 들어가 고타야군(古陁耶郡)이 설치되었다. 757년(경덕왕 16)에 고창군(古昌郡)으로 고쳐졌고, 고려시대인 930년(태조 13)에는 안동부(安東府)로 개칭되어 승격되었다.

공산(公山) : 대구 팔공산(八公山)을 가리킨다. 팔공산은 대구광역시와 영천시 · 군위군 부계면 · 칠곡군 가산면에 걸쳐 있는 산이다. 고려 왕건이 견훤과 전투를 벌인 곳이기도 하다. 원래 산의 명칭은 공산이라고 불렀는데, 견훤을 막다 전사한 신숭겸(申崇謙)을 포함한 고려의 개국공신 8명을 기리기 위해 팔공산이라고 불렀다.

공험진(公嶮鎭) : 고려 윤관(尹瓘)이 개척한 9성(城) 가운데 하나이다. 오늘날의 함경도는 갈라전(曷懶甸)이라 하여 국초부터 동여진이 살면서 고려와 우호 관계를 맺었는데, 완안부(完顔部)가 북만주에서 부족을 통일하고 이곳을 위협하였다. 고려는 윤관을 보내 갈라전을 점령하고 9성을 축성하였으며, 1108년(예종 3) 공험진에 방어사(防禦使)를 설치하고 비(碑)를 세워 경계를 표시하였다.

곽주(郭州) : 평안북도 정주군 곽산면의 옛 이름이다. 고려 초에는 장리현(長利縣)이었는데, 994년(성종 13)에 서희가 외교담판으로 수복한 강동6주(江東六州)의 하나로 곽주라 하였다. 1914년 행정구역 개편에 따라 정주군으로 흡수되었다.

관내도(關內道) : 고려시대의 지방행정구역인 10도(十道) 가운데 하나이다. 995년(성종 14)에 당나라의 제도를 본받아 10도제를 실시하면서, 개경을 중심으로 양주 · 광주 · 황주 · 해주 등의 적기현(赤畿縣)을 둘러싼 29주(二十九州) 82현(八十二縣)으로 관내도를 만들었다. 위로는 황해도 황주, 아래로는 경기도 수원을 포함한 행정구역이다.

관란사(觀瀾寺) : 고려시대의 사찰로, 김부식이 만년에 불교수행을 닦기 위해 원찰(願刹)로 세웠다. 이후 그의 아들 김돈중(金敦中)이 중수하여 아우인 김돈시(金敦時)와 함께 왕의 복을 비는 절로 삼음으로써 의종의 환심을 샀다.

관성(關城) : 충청북도 옥천군의 통일신라 때 행정구역이다. 신라 전기의 고시산군(古尸山郡)을 경덕왕 때 관성군으로 고친 것으로, 고려 전기까지 사용하였다. 1313년(충선왕 5) 옥주(沃州)로 승격되었고, 경산부(京山府) 소속인 이산(利山) · 안읍(安

邑)·양산(陽山) 등 3현을 병합하였다. 1413년(태종 13) 옥천군으로 고치고 경상도 소관이던 것을 충청도로 이관하였다.

광주(廣州) : 발해의 지방행정구역인 62주(六十二州) 가운데 하나이다. 발해는 전국을 5경(五京)·15부(十五府)·62주로 나누어 다스렸는데, 광주는 15부 중의 하나인 철리부(鐵利府)에 속해 있었다. 속현(屬縣)과 위치는 알 수 없다.

광주(廣州) : 경기도 중남부에 위치하고 있다. 원래 백제 지역이었는데, 신라 통일 후 9주5소경(九州五小京)의 설치에 따라 서울·성남지역과 함께 한산주(漢山州)에 편입되었다. 940년(태조 23) 전국의 주(州)·부(府)·군(郡)·현(縣)에 대한 명칭 개정에 따라 현재의 지명인 광주로 개칭되었으며, 당시 4개의 속군(屬郡)과 3개의 속현(屬縣)을 두고 있었다. 983년(성종 2)에는 광주목(廣州牧)이 설치되었다.

괴양(槐壤) : 지금의 충청북도 괴산군이다. 괴산은 삼국시대에 삼국의 접경지대로, 처음에는 고구려의 잉근내현(仍斤內縣)·상모현(上芼縣)·도서현(道西縣)이었으며, 그 뒤 신라에 속해 괴양현(槐壤縣)과 도서현이 되었다.

교주도(交州道) : 고려시대 지방행정구역인 5도(道) 가운데 하나이다. 춘천을 중심으로 한 지금의 강원도 영서지역이다.

국내성(國內城) : 고구려의 두 번째 수도이다. 고사(古史)에 "주몽이 부여에서 난을 피하여 졸본(卒本)에 이르렀다"고 하였는데, 졸본은 고구려의 첫 번째 수도인 흘승골성(紇升骨城)이다. 3년(유리왕 22)에 수도를 국내성으로 옮겼는데, 그 위치는 대체로 길림성(吉林省 : 지린성) 집안현(輯安縣 : 지안현)에 있는 성터라는 설이 가장 유력하다.

국원(國原) : 충청북도 충주의 고구려 때 이름이다. 557년(진흥왕 18)에 국원소경(國原小京)이 되었고, 742년(경덕왕 1) 중원경(中原京)으로 바뀌었다. 940년(태조 23) 중원경을 충주로 개칭하였다.

국청사(國淸寺) : 개성에 있던 고려시대의 사찰이다. 대각국사(大覺國師) 의천의 청원으로 인예태후(仁睿太后)가 창건하였다. 인예태후의 원찰(願刹)이자, 천태종(天台宗)의 종찰(宗刹)이었다.

귀법사(歸法寺) : 고려 광종 때 개경에 창건한 사찰이다. 광종은 당대의 고승이던 균여(均如)를 이 절의 주지로 삼고 민심을 수습하는 한편 여러 가지 불교 의식을 베풀어 왕권 강화를 꾀하였다.

귀화진(歸化鎭) : 994년(성종 13) 서희가 수복한 강동6주(江東六州) 가운데 하나로, 현재 위치는 알 수 없다.

금마군(金馬郡) : 전라북도 익산군의 옛 이름이다. 백제의 시조 온조(溫祚)가 마한을 병합하고 이곳을 금마저(金馬渚)라 하였으며, 경덕왕 때 금마군(金馬郡)으로 개칭되어 옥야현(沃野縣)을 영속시켰다. 1344년(충혜왕 복위 5) 원 순제의 황후 기씨(奇氏)의 외향이라 하여 익주(益州)로 승격되었다.

금마저(金馬渚) : 금마군과 동일하다. → 금마군

금산사(金山寺) : 전라북도 김제시 금산면 모악산(母岳山)에 있는 대사찰이다. 『금산사사적(金山寺事蹟)』에 의하면 600년(무왕 1)에 창건되었다고 하며, 경덕왕대 진표(眞表)가 중창을 이룩하여 대찰의 면모를 갖추었다고 한다. 1069년(문종 23) 혜덕왕사(慧德王師)가 대가람(大伽藍)으로 재청하고, 그 남쪽에 광교원(廣敎院)이라는 대사구(大寺區)를 증설하여 창건 이래 가장 큰 규모의 대도량(大道場)이 되었다.

금성(金城) : BC 37년(혁거세 21)에 신라의 혁거세왕이 쌓은 왕성이다.

금천(衿川) : 지금의 서울시 금천구 시흥동이다. 고구려 때 잉벌노(仍伐奴)라 하였고 통일신라시대에는 곡양(穀壤), 고려시대에는 금주(衿州), 조선시대에는 금천(衿川)이라 하였다.

금화교(錦花橋) : 고려시대 만춘정(萬春亭) 안에 있던 다리이다. 만춘정은 정자로, 장단군(長湍郡)과 개풍군(開豊郡) 사이로 흐르는 판적천(板積川) 기슭의 판적요(板積窯)에 있었다.

기자조선(箕子朝鮮) : 상나라 말기에 기자(箕子)가 조선에 와서, BC 1,100년경에 건국하였다고 전하는 나라이다. BC 195년 위만(衛滿)에게 멸망될 때까지 900여 년간 존속하였던 것으로 이해되어 왔다. 고려와 조선시대에는 기자조선의 실체를 인정하였지만, 최근에는 이를 부정하는 견해가 지배적이다.

길주(吉州) : 함경북도 남부에 있는 군이다. 1107년(예종 2) 윤관(尹瓘)이 여진족을 쫓아낸 후 670칸에 이르는 긴 성을 쌓고 길주라고 하였다.

나성(羅城) : 개성시 외곽을 둘러싼 고려시대의 외성이다. 고려 도성이었던 개성을 둘러싼 성으로, 개성옛성 또는 개성성・나성・외성(外城)이라고도 한다. 11세기 초 거란의 침입이 있은 뒤 강감찬의 건의에 따라 현종이 청주의 호족 이가도(李可道)에게 명하여 축성하였다. 1009년(현종 즉위년) 공사가 시작되어, 착공 21년 만인 1029년(현종 20)에 완공하였다.

낙랑(樂浪) : 낙랑군과 동일하다. → 낙랑군

낙랑군(樂浪郡) : 한사군(漢四郡) 가운데 청천강 이남 황해도 자비령(慈悲嶺) 이북 일대에 있던 행정 구역이다. 전한 무제가 BC 108년에 위만조선(衛滿朝鮮)을 멸망시키고 설치한 뒤, 여러 번 변천을 거듭하다가 313년(미천왕 14)에 고구려에 병합되었다.

남경(南京) : 서울시의 옛 이름이다. 고구려 때 북한산군(北漢山郡)이었는데, 1067년(문종 21)에 남경으로 고치고 유수관(留守官)을 두어 다스리게 하였다. 뒤에 이곳으로 수도를 옮기려 하였으나 고려시대에는 실현되지 못하였다.

남부여(南夫餘) : 538년(성왕 16)에 백제가 서울을 웅진(熊津)에서 사비(泗泌 : 부여)로 옮겼을 때 쓴 국호이다.

남양주(南陽州) : 경기도 중앙에 위치하는 시이다. 고구려 때는 매성군(買省郡) 또는 창화군(昌化郡)이었다가 통일신라 경덕왕 때 내소군(來蘇郡)으로 고쳤다. 고려 초에 견주(見州)로 승격되었고, 1018년(현종 9) 양주목(陽州牧)에 편입되었다. 그 후 여러 변천이 있었으나 주로 양주로 불리다가, 1980년 남양주군이 되었다.

남옥저(南沃沮) : 오늘날의 함흥 일대를 중심으로 함경남도 중북부 일원에 존재하였던 고대 읍락집단의 총칭이다. 함경북도 북부 및 간도지역의 북옥저와 대비한 명칭으로, 본래는 북옥저와 함께 옥저로 불리던 집단의 일부였다. 남으로 동예(東濊)와 접하고 서로는 낙랑군(樂浪郡)과 잇닿아 동예와 함께 낙랑군의 지배와 간섭을 받았으며 후에 고구려에 복속되었다.

낭비성(娘臂城) : 충청북도 청주시와 청원군 일대의 삼국시대 지명이다. 삼국 간에 서로 뺏고 빼앗겨 영속(領屬)이 자주 뒤바뀐 요충지로, 명칭도 상당현(上黨縣)·낭자곡성(娘子谷城) 등 여러 번 바뀌었다. 통일신라 때에 낭비성을 서원경(西原京)으로 승격시켰고, 고려 태조 때부터 청주라는 이름을 썼다.

단주(端州) : 함경남도 단천시의 고려시대 행정구역명이다. 본래는 여진족이 차지하던 땅인데, 1107년(예종 2) 윤관(尹瓘)의 여진정벌로 여기에 복주(福州)를 설치하고 방어사(防禦使)를 두어 다스렸다.

당(唐) : 618년 이연(李淵)이 건국하여 907년 애제 때 후량(後梁) 주전충(朱全忠)에게 멸망하기까지 290년간 20대의 황제에 의하여 통치되었다. 중국의 통일제국으로는 한나라에 이어 제2의 전성기를 이루었다. 당에서 발달한 문물 및 정비된 제도는 동아시아 여러 나라에 많은 영향을 끼쳐 그 주변 민족이 정치·문화적으로 성장하는 데 크게 기여하였다.

당항성(黨項城) : 경기도 화성시 서신면 상안리 구봉산(九峰山) 위에 있는 삼국시대의 석축 산성으로 당성(黨城)이라고도 불리운다. 당항성이 있는 지역은 신라 경덕왕 때 당은군(唐恩郡)이었다. 이곳은 신라가 황해를 통해 중국과 교통하였던 중요한 출입구 구실을 하였다.

대가야(大伽倻) : 6가야 가운데 지금의 경상북도 고령 지역에 있던 가야국이다. 『삼국사기』 지리지에는 시조 이진아시왕(伊珍阿豉王)으로부터 도설지왕(道設智王)까지 16대 520년간 존속하였다고 하나 확실하지 않다. 한때 6가야의 맹주였으나 562년 신라에 멸망하였다. 정치적으로는 삼국보다 발전하지 못하였지만, 문화적으로는 가야금을 제작하고 음악을 정리하는 등 높은 문화수준을 보유하였다.

대방(帶方) : 중국 한나라가 설치한 군현(郡縣)으로, 지금의 한강 이북 경기도 지방과 자비령(慈悲嶺) 이남의 황해도 지방이었을 것으로 짐작된다. 이 지역은 고조선에 복속된 진번국(眞番國)의 땅이었다. 고조선이 멸망된 뒤 한 무제가 한사군(漢四郡) 중 하나인 진번군을 두었는데, 진번군은 곧 낙랑군에 통합되었다. 그 후 후한(後漢) 헌제 건안년간(建安年間 : 196~220)에 낙랑군 소속의 땅 중 남쪽 일부를 떼어서 대방군을 설치하였다.

대야성(大耶城) : 경상남도 합천군 남부지방에 있던 신라시대의 성이다. 757년(경덕왕 16) 강양군(江陽郡)으로 강등되었다가, 920년(경명왕 4) 후백제의 견훤에게 빼앗긴 것을 되찾았다. 1018년(현종 9) 합주(陜州)로 승격되었고, 1413년(태종 13) 합천군으로 개칭되었다.

도련포(都連浦) : 함경남도 함주군 연포면에 있었던 광포(廣浦)의 옛 이름이다. 고려시대 천리장성의 동쪽 종점이었으며, 이성계가 나하추[納哈出]를 공격할 때 이곳에서 우군(右軍)이 출발하였다고 한다.

독산성(禿山城) : 충청남도 부여군 구룡면 구봉리에 있는 원삼국시대 산성이다. 주변 지역을 한눈에 감시할 수 있는 요충지인 높이 94m의 구릉 정상부에 자리하고 있다. 성 내부로 추정되는 지점에서 원삼국시대 혹은 백제시대의 각종 토기들이 수습되었다.

돌궐(突厥) : 알타이 산맥에서 발원한 철륵(鐵勒)의 하위 부족이다. 돌궐은 투르크의 가차(假借)식 표기이다. 『주서(周書)』 이역(異域) 돌궐(突厥)열전에서는 "돌궐은 대개 흉노의 별종이다"라며 흉노의 후손이라고도 하였다. 괵튀르크(Göktürk)라고도 하는데, 이는 하늘의 투르크 혹은 천상의 투르크라는 의미이다.

동경(東京) : 발해의 행정구역인 5경(五京) 가운데 하나로, 785년~794년 동안 발해의 수도였다. 위치는 중국 길림성(吉林省 : 지린성) 혼춘(琿春 : 훈춘)으로 비정된다.

동경(東京) : 고려 3경(三京) 가운데 하나인 경주이다. 고려시대에 개경이 수도의 역할을 하면서, 과거에 중요한 역할을 하였던 도시를 수도와 같이 대우해 주고 관리하기 위해 준수도의 지위를 부여하였는데, 경주도 그 중 하나였다.

동위(東魏) : 중국 남북조시대 북위(北魏)가 분열하여 건국된 나라로, 534년~550년까지 존속하였다. 영토는 북위의 낙양(洛陽 : 뤄양)부터 동쪽 지역이다. 국호는 '위'이지만, 같은 북위에서 분열한 서위(西魏)와 구분하기 위해 동위란 호칭을 사용한다.

동주(洞州) : 황해도 서흥군의 고려시대 행정구역이다. 본래는 고구려 때의 오곡군(五谷郡)으로 우차탄홀(于次呑忽)이라고도 한다. 통일신라 경덕왕 때 오관군(五關郡)이라 하고, 고려 초에 동주로 개칭하였다. 조선시대 태조 때 서흥(瑞興)으로 고치고 현령(縣令)을 두었다.

마한(馬韓) : 한반도 중부 이남 지역에 분포한 삼한 가운데 하나로, 대체로 BC 1C~AD 3C에 경기·충청·전라도 지방에 분포한 54개의 소국(小國)을 가리킨다. 진수(陳壽)의 『삼국지』 위지(魏志) 동이전(東夷傳)에 따르면, 마한 54소국은 큰 나라는 1만여 가(家), 작은 나라는 수천 가로서 모두 합하면 10여 만 호(戶)가 되었다고 한다.

마현(麻峴) : 경상북도 경주시 현곡면 남사리와 서면 도리, 영천시 고경면 덕정리의 접경지대에 있는 고개로 마질령(麻叱嶺)이라고도 한다.

만권당(萬卷堂) : 고려 충선왕이 원나라의 수도인 대도(大都 : 베이징)에 지은 독서당(讀書堂)이다. 충숙왕 1년(1314년)에 충선왕이 건립하였으며, 고금의 많은 진서(珍書)를 수집하여 학문을 연구하게 하던 학술 연구기관이다. 충선왕은 본국으로부터 이제현(李齊賢)을 부르고 원의 유명한 학자 조맹부(趙孟頫)·염복(閻復)·우집(虞集)·요봉(姚烽) 등을 초청하여, 함께 경사(經史)를 연구 토론하게 하였다. 이에 고려와 원나라 양국의 문예 교류가 활발하였다.

만덕사(萬德寺) : 원나라의 사찰로 충혜왕의 서자 석기(釋器)가 공민왕의 명령으로 출가해서 한동안 머물렀던 곳이다.

만번한(滿潘汗) : 평안북도 박천군에 있는 박천강(博川江) 유역을 이른다. 『위략(魏略)』에 따르면 만번한은 연나라 요동군의 동쪽 끝에 있었던 지명이라 한다. 『한서(漢書)』 지리지에 따르면 요동군의 속현(屬縣) 중에 문현(文縣)과 번한현(番汗縣)이 있는데, 이 중의 '문현'의 음(音)이 '만현'으로 변하였고, 그 만현과 번한현을 한꺼번에 말하여 만번한현이 되었다고 한다.

만부교(萬夫橋) : 고려시대 개경 보정문(保定門) 안에 있던 다리이다. 942년(태조 25) 거란이 친선을 도모하여 사신과 낙타 50필을 보냈으나, 태조는 교린을 거부하고 낙타를 이곳에 묶어 두어 굶겨 죽였다.

만춘정(萬春亭) : 고려시대의 정자이다. 장단군(長湍郡)과 개풍군(開豊郡) 사이로 흐르는 판적천(板積川)가의 판적요(板積窯)에 있었다. 의종이 이곳에 연흥전(延興殿) 등 정자를 짓고 화원을 가꾼 후 자주 행차하여 배를 띄우고 놀면서 며칠씩 호화로운 연회를 즐겼다.

말갈(靺鞨) : 6~7C 경 만주 북동부에서 한반도 북부까지 거주한 퉁구스계 민족이다. 주나라 때에는 숙신(肅愼), 한나라 때에는 읍루(挹婁)라 불렀다. 본래 송화강(松花江 : 쑹화강) 유역의 물길(勿吉)이 지배하였으나 6C 중엽 물길의 세력이 약화되자 각 부족들이 자립하였는데, 이들을 총칭하여 말갈이라 부른다. 후에 아구다[阿骨打]가 부족을 통합하고 세력을 확장하여 금나라를 세우고 만주와 북중국을 지배한 여진족이 되었다.

망해정(望海亭) : 백제 의자왕이 왕궁 남쪽에 세운 정자이다.

명륜당(明倫堂) : 고려시대 말기부터 조선시대에 걸쳐 유학을 가르치던 강당이다. 성균관의 유생들이 강학을 하던 곳으로, 왕이 이곳에 들러 유생들을 격려하거나 직접 유생들을 가르치고 그 실력을 시험하였다.

명활성(明活城) : 경상북도 경주시 천군동과 보문동에 걸쳐 있는 산성이다. 정확한 축성 연대는 알 수 없으나 405년(실성왕 4) 4월에 왜병이 명활성을 공격하였다는 『삼국사기』의 기록으로 미루어 보면 그 이전에 축성되었음을 알 수 있다. 축성방식 역시 다듬지 않은 돌을 사용하는 신라 초기의 방식을 취하고 있다. 동해에서 오는 왜병에 대비해야 할 위치에 있었던 까닭에 일찍부터 산성이 축조된 것으로 보인다.

몽골[蒙古] : 몽고 → 원

무진주(武珍州) : 신라의 광역 행정구역인 9주(九州) 5소경(五小京)의 한 주로, 영역은 전라남도 일대이다. 주치(州治)는 지금의 광주광역시이고 15개 군 43개 현이 소속되어 있으며 직접 관할하는 현은 3개이다.

물길(勿吉) : 몽골로이드에 속한 남방 퉁구스족으로 금나라와 청나라를 세웠다. 이들은 일찍부터 송화강(松花江 : 쑹화강) 연안에 널리 퍼져 살면서 목축과 농업에 종사하였다.

미추홀(彌鄒忽) : 지금의 인천광역시 지역이다.

밀성군(密城郡) : 지금의 경상북도 밀양이다. 변한의 땅으로 가락국에 속하였으나, 505년(지증왕 6)에 신라에 병합되어 추화군(推火郡)이 되었다가 757년(경덕왕 16)에 밀성군으로 개칭하였다. 995년(성종 14)에 밀주군(密州郡), 1018년(현종 9)에 다시 밀성군이 되었으나, 1275년(충렬왕 1)에 귀화부곡(歸化部曲)으로 강등되어 계림부(鷄林府)에 속하였다가 후에 밀성현으로 승격하였다. 1285년에는 밀성군, 다시 1390년(공양왕 2)에 밀성부로 승격하였다.

발해(渤海) : 중국 동북지방 동부・연해주・한반도 북부에 있던 나라(698~926)이다. 고구려 출신 대조영(大祚榮 : 고왕)이 국가를 세웠다. 만주지방에 혼거하던 말갈족도 함께 포용하여, 고구려 유족이 주로 상류 지배층을 형성하고, 말갈족이 하류층을 형성하였다. 10대 선왕대에는 과거 고구려의 영토를 회복하고 북쪽 연해주 지역으로 더 진출하여, '해동성국(海東盛國)'이라고 호칭할 정도로 국세를 떨쳤다.

백강(白江) : 백마강(白馬江)이라고도 한다. 전라북도 장수군 장수읍에서 발원하여 충청남도・충청북도를 거쳐 강경에서부터 충청남도・전라북도의 도계를 이루면서 군산만으로 흘러드는 금강(錦江)의 하류 구간을 일컫는 명칭이다.

백성(白城) : 경기도 안성 지역의 옛 지명이다. 본래 고구려의 내혜홀(奈兮忽)이었고, 백제의 영토가 된 뒤에도 그 명칭을 그대로 사용하였다. 757년(경덕왕 16)에 백성군으로 고쳐 한주(漢州)에 속하였으며, 고려 태조 때 안성(安城)으로 이름을 바꾸어 현으로 하였고, 1362년(공민왕 11)에 군으로 승격하여 오늘에 이른다. 백성이라는 지명은 '깨끗하고 조용한 고을'이라는 의미에서 나왔다.

백암성(白巖城) : 고구려 때 서부지방의 주요 방위성(防衛城)으로 요동성에서 동쪽으로 22.8km 거리에 있었다. 지리적으로 요하(遼河) 유역에 위치하여 고구려와 당나라의 국경지대에 있었다. 백암이라는 지명의 유래는 '백'이 밝다・크다는 의미를 가지므로 '큰산'이 된다. 평야지역의 구릉을 배경으로 발달된 지명으로 보인다.

법왕사(法王寺) : 경기도 개성시 연경궁(延慶宮)에 있었던 사찰이다. 919년(태조 2)에 태조가 개성 10사(十寺) 가운데 하나로 창건하였다. 고려시대 팔관회(八關會)와 매우 깊은 연관을 가지고 있는 사찰로서 팔관회 뒤에는 거의 왕이 행차하여 분향하는 특수사찰의 성격을 띠고 있었다. 이는 이 절이 국가적 대찰의 성격을 지녔음을 시사한다.

벽란도(碧瀾渡) : 고려시대 예성강 하구의 무역항이자 요충지이다. 934년(태조 17) 7월에 고려 상선이 후당(後唐) 등주(登州)에 가서 교역하였고, 같은 해 10월에는 고려의 배가 청주(青州)에서 무역을 하였다. 958년(광종 9)에는 후주(後周)에서 비단 수천필로 구리를 무역해 온 기록도 있다.

변한(弁韓) : 한반도 중부 이남 지역에 분포한 삼한(三韓) 가운데 하나이다. 대체로 기원

전후부터 4세기경까지 지금의 김해・마산 지역에 분포하였다.

보제사(普濟寺) : 경기도 개성시 한천동의 동구(洞口)에 있었던 고려시대 사찰이다. 광통보제사(廣通普濟寺) 또는 당사(唐寺)라고도 하였다. 후에 연복사(演福寺)로 이름이 바뀌었다. 고려 왕실과 밀접한 관련을 맺고 있었으며, 많은 불교 행사가 개최되었다.

보현원(普賢院) : 강원도 춘천시 북산면 청평리에 있는 고려시대의 절터이다. 973년(광종 24) 승려 영현(永玄)이 창건하여 이름을 백암선원(白巖禪院)이라 하였다. 이후 보현원・문수원(文殊院)으로 불려오다 조선 명종 때 보우(普雨)가 절을 크게 중건하고 이름을 청평사(淸平寺)라 개칭하였다.

복주(福州) : 발해의 지방행정구역인 62주(六十二州) 가운데 하나이다. 회원부(懷遠府)에 속하나, 그 위치와 속현(屬縣)은 미상이다.

복주(福州) : 지금의 경상북도 안동의 옛 이름이다. 신라시대에 고창군(高昌郡)이었는데, 태조 왕건의 통일전쟁 당시 왕건에게 귀부하여 경상도 지역에서 후백제 세력을 약화시키는 데 공헌을 하였다 하여 안동부(安東府)로 승격되었다. 이후 1308년(충렬왕 34) 복주목으로 개편되었다.

봉은사(奉恩寺) : 경기도 개성시 태평동에 있었던 고려시대 사찰이다. 951년(광종 2)에 창건되었다. 태조의 진영(眞影)을 봉안하여 고려 역대 임금들이 자주 행차하였다. 신라시대에도 봉은사성전(奉恩寺成典)이란 관청이 있는 것으로 보아, 같은 이름의 사찰이 있었던 것으로 추정된다.

부석사(浮石寺) : 경상북도 영주시 부석면 북지리 봉황산(鳳凰山)에 있는 사찰이다. 676년(문무왕 16) 의상(義相)이 왕명을 받들어 창건하였다. 한국 화엄종(華嚴宗)의 근본도량(根本道場)이다.

부양(釜壤) : 오늘날 강원도(북한) 평강군 지역이다.

부여(夫餘) : BC 2세기경부터 494년까지 존속한 예맥족계의 나라이다. 토지가 광활하고 농업을 하기에 적합한 지금의 북만주 농안(農安 : 눙안)・장춘(長春 : 창춘) 일대에서 농업을 주로 하면서 궁실(宮室)・성책(城柵)・창고・감옥 등을 갖추었던 나라이다.

북경(北京 : 베이징) : 중국의 수도이다. 전국시대에는 연나라의 수도였으며, 초기에는 계(薊 : 지)라고도 불렸다. 후에 요・금・원・명・청나라 등을 거쳐 중화민국 초기의 수도로서 800년의 역사를 이어왔다. 1928년 시(市)로 정하고 이름을 북평(北平 : 베이핑)으로 개칭하였다. 1949년 중화인민공화국의 수립과 함께 명칭도 다시 베이징으로 고치고 수도로 정해졌다.

북부여(北夫餘) : 부여와 같다. → 부여

북옥저(北沃沮) : 옥저의 북쪽에 있던 부족국가이다. 매구루(買溝婁)라고도 한다. 옥저에서 북쪽으로 800여 리 떨어진 곳에 있었으며 두만강을 사이에 두고 읍루(挹婁)와 접경하였는데, 지금의 두만강 유역 함경도지방이 이에 해당한다.

북원(北原) : 통일신라시대에 둔 5소경(五小京)의 하나이다. 지금의 강원도 원주시에 설치하였던 행정 구역으로, 678년(문무왕 18)에 두었다가 경덕왕 때 북원경으로 고쳤다.

북평(北平) : 지금의 베이징 지역이다. → 북경

북한산성(北漢山城) : 북한산에 있는 산성으로, 고구려와 백제 간의 쟁탈 중심지였다. 백제가 대방군(帶方郡)의 옛 땅을 합치고 차차 북방에 쳐들어갈 무렵인 132년(개루왕 5)에 이 성을 쌓았다. 그러나 고구려의 광개토왕은 백제를 공격하였고, 광개토왕의 아들 장수왕이 이 성을 포위하여 함락시키자, 서울 지방은 고구려의 북한산주(北漢山州)로 예속되었다. 신라의 진흥왕이 북경(北境) 관내를 순시하였을 때 순수비(巡狩碑)를 건립하였다.

사량부(沙梁部) : 신라 경주 6부의 하나로, 그 위치에 대해서는 여러 설이 있다. 『삼국사기』에 따르면 32년(유리왕 9) 돌산 고허촌(突山高墟村)을 사량부로 개편하고, 그 부(部)의 사람들에게 최씨(崔氏) 성을 수여하였다고 한다.

사벌주(沙伐州) : 신라의 광역 행정구역인 9주(九州) 5소경(五小京)의 한 주(州)이다. 주치(州治)는 지금의 상주시이고 9개 군 27개 현이 소속되어 있었으며 직접 관할하는 현은 3개였다. 영역은 지금의 경상북도 북서부 일대 및 충청북도 일부이다.

사수현(泗水縣) : 지금의 경상남도 사천이다. 변진(弁辰) 12국 중의 하나였고, 포상8국(浦上八國) 가운데 하나인 사물국(史勿國)에 속하였다. 신라시대 사물현 지역으로 통일신라시대에 사수현, 고려시대에 사주현(泗州縣), 조선시대에 사천현이라 하였다.

삭방도(朔方道) : 고려시대 10도(十道) 가운데 하나로, 지금의 강원도이다. 995년(성종 14)에 당나라 제도를 채용하여 10도의 제도를 정할 때 처음 설치하여 춘주(春州)·화주(和州)·명주(溟州) 등 7주 62현을 관할하게 하였다. 1036년(정종 2)에 화주·명주 등이 동계(東界)에 속하였고 나머지는 1178년(명종 8)에 춘주도(春州道)로 개편되었다.

삭주(朔州) : 평안북도 북부에 있는 군이다. 압록강의 수풍(水豊)댐 남쪽 5km 지점에 위치한다. 본래 영새현(寧塞縣)이라 하였다가 1018년(현종 9) 삭주로 고쳐 방어사(防禦使)를 두고 뒤에 부(府)로 승격하였다. 고려시대 천리장성이 지나가는 국방의 요새였다.

산남도(山南道) : 고려시대 10도(十道) 가운데 하나로, 지금의 경상남도 진주 등지이다. 가야산의 남쪽이라 하여 산남도라 하였다.

산호정(山呼亭) : 고려시대 개경의 궁궐 금원(禁苑)에 있던 정자이다.

살수(薩水) : 청천강의 옛 이름이다.

삼각산(三角山) : 북한산의 다른 이름이다. 백운대(白雲臺)·인수봉(仁壽峰)·만경대(萬景臺)의 세 봉우리가 있어 이렇게 부른다.

삼한(三韓) : 상고시대에 한반도 남부에 자리잡고 있던 세 부족사회, 즉 마한(馬韓)·진한(辰韓)·변한(弁韓)을 말한다.

상경(上京) : 발해의 수도로, 5경(五京) 가운데 하나이다. 지금의 흑룡강성(黑龍江省 : 헤이룽장성) 영안현(寧安縣) 동경성(東京城)에 있었다. 발해의 제3대 문왕 대흠무(大欽茂)가 755년 무렵 중경 현덕부(中京顯德府)에서 이곳으로 천도하였다. 785년 무렵 발해는 수도를 다시 동경 용원부(東京龍原府)로 옮겼다가 제5대 성왕 대화여(大華璵) 때 다시 이곳으로 옮겨 멸망에 이르렀다.

상곡(上谷) : 진(秦)나라 때 지금의 북경시(北京市 : 베이징시) 연경현(延慶縣 : 옌칭현)에 두었던 군이다. 수나라 때 지금의 하북성(河北省 : 허베이성) 중서부 이현(易縣 : 이현)에 두었던 군의 이름이기도 하다.

상도(上都) : 원나라의 도성 가운데 하나로, 내몽골 자치구 도론노르(Dolonnor)의 북서 36km에 있다. 1256년 쿠빌라이가 유병충(劉秉忠)에게 명하여 축성하였으며, 개평부(開平府)라 명명하고 여기에서 즉위하였다. 1625년에 대도(大都 : 북경)가 완성된 이후는 황제의 피서를 위한 여름 수도가 되었다. 1358년에 홍건적의 난에 의하여 타버리고 원나라의 멸망과 함께 없어졌다.

상주(尙州) : 경상북도의 서북부에 있는 시이다. 속리산・남장사(南長寺)・화달리(化達里) 삼층 석탑 따위가 있다.

서경(西京) : 고려시대 3경(三京) 가운데 하나인 평양이다. 당나라 세력이 물러간 통일신라시대 이래 크게 황폐해지자, 고려는 건국 초부터 황해도 지방의 백성을 옮겨 살게 하는 등 그 재건에 힘썼다. 처음에는 평양대도호부(平壤大都護府)로 삼았다가 성종 때 3경제도가 이루어지면서 왕도인 개경 외에 경주를 동경, 평양을 서경이라 하고 여기에 유수지사(留守知事)를 두었다.

서해도(西海道) : 고려시대에 지금의 황해도 지역에 둔 행정 구역이다. 995년(성종 14) 10도제(十道制)를 실시할 때 관내도(關內道)에 소속되었다가, 1018년(헌종 9)에 서해도로 개편되었다.

성산가야(星山伽倻) : 6가야 가운데 지금의 경상북도 성주 지역에 있던 가야국이다. 벽진가야(碧珍伽耶)라고도 한다. 성산이라는 지명은 원래 757년(경덕왕 16)에 일리군(一利郡)을 개칭하여 생긴 것이다. 따라서 성산가야라는 명칭은 적어도 경덕왕대 이후의 신라 하대에 쓰인 것이라고 할 수 있다.

송악군(松岳郡) : 오늘날 북한에 위치한 개성의 옛 지명이다. 4C 후반에서 5C 중반까지 백제가 강성할 때 약 1세기 동안은 백제에 속하였다가 555년(진흥왕 16)에 신라가 정복하여 신라 영토가 되었다. 신라시대에 처음 송악군으로 개칭되었으며, 늦어도 7세기부터는 송악(松岳)으로 불렸다. 통일신라 말기에는 궁예가 도읍으로 정하였다.

수녕궁(壽寧宮) : 고려시대 개성 하지전(下紙展) 수륙교(水陸橋) 옆에 위치하던 궁이다. 1146년(의종 즉위년) 10월에 대녕궁(大寧宮)으로 개칭하고 장공주(長公主)에게 하사하였다.

수주(樹州) : 경기도 부천 지역의 옛 지명이다. 원래 고구려의 주부토군(主夫吐郡)이었는데, 신라의 영역이 된 뒤 경덕왕 때 장제군(長堤郡)이라 개명하였다. 고려 초 수

주로 고쳤으며, 1150년(의종 4) 안남도호부(安南都護府)로 격상시키고 6현이 소속되었다. 1413년(태종 13) 부평도호부(富平都護府)로 된 뒤 부천군(富川郡)이 될 때까지, 약 500년간 큰 변동이 없었다.

수주(水州) : 경기도 수원시 및 화성시의 고려시대 행정구역이다. 고려 태조가 후백제를 공략하러 남정(南征)할 때 이곳 출신의 김칠(金七)·최승규(崔承珪) 등 200여 명이 귀순하자 그 공으로 수성군(水城郡)이라 부르던 것을 주로 승격시켰다.

수주(隨州) : 평안북도 정주 지역의 옛 지명이다. 994년(성종 13) 서희가 여진을 내쫓은 뒤 이곳에 수주를 설치하여 북계(北界)에 예속시켰다. 정주의 남쪽 15리 지점에 있는데 고려시대 거란·몽골·홍건적 등의 침입을 받았던 곳으로 의주와 평양을 잇는 교통·군사상의 중요한 요충지였다.

수창궁(壽昌宮) : 고려시대에 도성의 서소문 안에 있던 궁궐이다. 초기에 건립한 별궁(別宮)으로 그 안에 관인전(寬仁殿)·화평전(和平殿)·만수정(萬壽亭) 등이 있었다. 1011년(현종 2) 거란의 침입으로 대부분의 정궁(正宮)이 불탔지만 수창궁은 건재하여 청주로 피난갔던 국왕이 이곳에 들어와 기거하였다.

신혈사(神穴寺) : 서울특별시 은평구 진관외동 삼각산에 있던 사찰로, 고려 성종 때 여철(如哲)이 창건하였다. 현종이 왕위에 즉위하기 전에 천추태후(千秋太后)와 김치양(金致陽) 세력에게 생명의 위협을 받으면서 숨어 있던 곳으로 유명하다.

심양(瀋陽 : 선양) : 중국 요녕성(遼寧省 : 랴오닝성)에 있다. 동북지방 최대의 도시로 이 지방의 정치·경제·문화·교통의 중심지이다. 한나라 때에는 요동군(遼東郡)에 속하였고, 뒤에 고구려의 영토에 속해 있다가 다시 당나라의 지배하에 들어가서 심주(瀋州)가 되었다. 그 후 발해에 속하였다. 청나라 때에는 1644년에 베이징으로 수도를 옮기기 전까지, 약 20년간 수도이기도 하였다.

십곡성(十谷城) : 황해도 곡산군 일대의 고구려 때 지명이다. 고구려 때 덕돈홀(德頓忽)·곡성(谷城)·고곡군(古谷郡) 등으로 불리다가 통일신라시대인 748년(경덕왕 7)에 십곡성현이 되었고, 757년 진서현(鎭瑞縣)으로 개칭되었다.

아달성(阿達城) : 신라의 동북방 국경으로, 지금의 경기도 이천군으로 비정된다.

아라가야(阿羅伽倻) : 6가야 가운데 지금의 경상남도 함안 지역에 있던 가야국이다. 원래 변한 12국의 하나인 안야국(安邪國)이었다. 4세기 말경까지 구야국(狗邪國 : 금관가야)과 함께 전기 가야연맹의 양대 세력을 이루었다.

악양현(岳陽縣) : 신라시대에 경상남도 하동군 악양면과 화개면에 있던 지역이다. 변한시대에는 낙노국(樂奴國)의 영역이었고, 가야시대에 대사(帶沙)에 부속되었다. 악양면 일대에는 범포(帆浦), 화개면에는 합포(陜浦)가 있었다.

안시성(安市城) : 삼국시대에 고구려와 당나라의 경계에 있던 산성이다. 당시 인구가 10만 명 정도였던 고구려 영지로, 고구려가 요하(遼河) 유역에 설치하였던 방어성들 가운데 전략적으로 요동성(遼東城) 다음으로 중요한 곳이었다. 668년 고구려 멸망

후에는 검모잠(劍牟岑)을 중심으로 한 고구려부흥운동의 요동 지역 중심지가 되었으나, 671년 7월 당나라 군대에 함락되었다.

안주(安州) : 발해의 지방행정구역인 62주(六十二州) 가운데 하나이다. 발해는 전국을 5경(五京) 15부(十五府) 62주의 행정구역으로 나누었다. 안주는 러시아의 연해주(沿海州) 지역에 설치한 안변부(安邊府)에 속해 있었으며, 안변부의 수주(首州)였다. 위치는 연해주의 동해에 면한 해안지역에 있었고, 그 속현(屬縣)은 밝혀지지 않았다.

안화사(安和寺) : 개성 송악산(松岳山) 기슭 자하동(紫霞洞)에 있던 사찰이다. 태조는 즉위 초에 후백제와 강화를 맺어 사촌동생 왕신(王信)을 인질로 보냈는데 후백제에서 인질로 온 견훤의 조카 진호(眞虎)가 고려에서 병으로 죽자 견훤이 왕신을 죽여 양국 간의 사이는 다시 벌어졌다. 태조는 억울하게 죽은 왕신의 명복을 빌기 위하여 안화사를 지었다.

양광도(楊廣道) : 고려시대 지방행정구역인 5도(五道) 가운데 하나로, 양주(楊州)와 광주(廣州)에서 비롯된 명칭이다. 지금의 경기도 남부 · 강원도 일부 · 충청도의 대부분을 차지하는 지역이다.

양주(楊州) : 경기도 중북부에 있는 시이다. 고구려 때는 매성군(買省郡) 혹은 창화군(昌化郡)이라 하였고, 신라시대에는 내소(內蘇)라 불렀다. 고려시대에는 다시 견주(見州)로 승격하고, 1018년(현종 9) 양주에 속하였다. 조선시대에는 다시 양주로 개칭한 뒤 1895년(고종 32) 목(牧)을 군(郡)으로 승격시켰다. 2003년 양주시(楊州市)가 되었다.

어양(漁陽) : 지금의 중국 북경시(北京市 : 베이징시) 밀운(密雲)에 있는 지명으로 당나라 안녹산(安祿山)의 난이 일어난 곳이다.

연경(燕京) : 북경(北京 : 베이징)의 옛 이름이다. BC 1000년 경 연나라의 수도인 계(薊)가 오늘날 베이징이 있는 곳에 건립되었다. 연나라의 멸망 이후 계속해서 진(秦) · 한, 그리고 진(晋)왕조가 이곳에 지방 현을 설립하였다. 그 이후로 금나라 때는 중도대흥부(中都大興府), 원나라 때는 대도(大都), 명나라 · 청나라 때는 북경으로 바뀌어도, 계속 연경으로 불리게 된다.

연경궁(延慶宮) : 개성 송악산(松岳山) 밑에 있던 고려시대의 궁궐이다. 정전(正殿)은 건덕궁(乾德宮)이며 혹 대관(大觀)이라고도 한다. 인종 때 이자겸(李資謙)이 이 궁을 불태웠고, 공민왕 때에 또 홍건적의 난을 겪어서 다시는 새로 세우지 못하였다.

연계(燕薊) : 중국 하북성 지역이다. 936년 석경당(石敬瑭)이 거란의 원조를 받아 후당(後唐)을 멸망시키고 후진(後晉)을 세운 대가로 거란에 할양한 땅이다. 할양 이후 중원의 한인국가(漢人國家)와 오랫동안 분쟁의 불씨가 되었다.

연복정(延福亭) : 고려시대 개성 동쪽에 있던 정자의 이름이다. 유흥과 오락을 즐겼던 의종은 경치 좋은 곳을 골라 이 정자를 세우게 한 뒤 자주 행차하였다.

영광군(靈光郡) : 전라남도 북서부에 위치해 있다. 백제 때 무시이군(武尸伊郡)이었는데 통일신라시대인 757년(경덕왕 16)에 무령군(武靈郡), 고려시대인 995년(성종 14)에 영광군(靈光郡)이라고 하였다. 1018년(현종 9)에 강남도(江南道 : 현 전라북도)와 해양도(海陽道 : 현 전라남도)를 통합해, 전라도라 개칭하였는데 이때 영광군이 전라도 관할로 되었다.

영남도(嶺南道) : 고려시대 지방 행정구역인 10도(十道) 가운데 하나이다. 995년(성종 14) 지리적 조건을 고려해 전국을 10도로 나누고, 죽령(竹嶺)을 기준으로 해서 그 남쪽 지역을 지칭한 명칭이다. 여기에는 이전에 상주(尙州)의 관할 하에 있던 12주(州)・48현(縣)이 포함되어 있었다.

영동도(嶺東道) : 고려시대 지방 행정구역인 10도(十道) 가운데 하나이다. 995년(성종 14) 지리적 조건을 고려해 전국을 10도로 나누고, 죽령(竹嶺)을 기준으로 해서 그 동쪽 지역을 지칭한 명칭이다. 여기에는 이전에 경주와 김주(金州)의 관할 하에 있던 9주(州)・35현(縣)이 포함되어 있었다.

영명사(永明寺) : 고려시대 서경에 있던 사찰로, 광개토왕이 세운 9사(九寺) 중의 하나라는 설이 있다. 조선시대에 와서는 선교양종(禪教兩宗) 36본사의 하나로 되었다. 이 절의 팔각오중석탑(八角五重石塔)이 유명하다.

영묘사(靈廟寺) : 경상북도 경주시 서악동에 있는 신라시대의 사찰이다. 635년(선덕여왕 4)에 성신(星神)을 제사하기 위하여 세워졌다. 영묘사(靈妙寺)라고도 한다.

영빈관(迎賓館) : 1101년(현종 2)에 여러 나라 사신을 맞이하기 위하여 회선관(會仙館)과 같이 설치하였던 건물이다. 이 명칭은 고려 말까지 계속해서 나오지만 동일한 건물을 가리키는 것 같지는 않다. 문종 때 와서는 사신 맞이의 주요 장소가 순천관(順天館)으로 바뀌고 있는데, 『고려도경(高麗圖經)』에 의하면 이는 원래 문종의 별궁이었다고 한다.

영주(英州) : 함경북도 길주군 지역에 있었던 고려시대의 행정구역이다. 고려시대의 국경지역으로 1108년(예종 3) 윤관(尹瓘)이 여진족을 몰아내고 몽라골령(蒙羅骨嶺) 아래에 성을 쌓아 안령군영주방어사(安嶺軍英州防禦使)를 두었다. 1109년에 성을 헐고 이 지역을 여진에게 내주었다가 공민왕 때 다시 찾아 1390년(공양왕 2) 길주에 병합하였다.

영통사(靈通寺) : 개성시 용흥동에 있는 고려시대의 사찰이다. 1027년(현종 18) 창건된 사찰로, 1036년(靖宗 2)에 왕이 자식 넷이 있을 경우에는 한 자식의 출가를 허락한다는 법을 제정한 뒤 이 절에 계단(戒壇)을 설치하고 경률(經律)을 익히는 한편 시험을 치르는 장소로 만들었다. 대각국사(大覺國師) 의천은 1065년(문종 19)에 이 절에서 출가하였다.

영흥(永興) 흑석리(黑石里) : 함경남도에 있으며, 조선 태조 이성계가 태어난 곳이다.

예맥(濊貊) : 한민족의 근간이 되는 민족이다. 초기에 숙신(肅愼)과 동호(東胡) 사이에 끼어 중국의 송화강(松花江 : 쑹화강)・흑룡강(黑龍江 : 헤이룽강)과 압록강・두만강 유역 및 한반도 북부 지역인 함경도·강원도 등지에 걸쳐 살았고 그 갈래가 남부에서 백제를 이루며 번창한 대민족이었을 것으로 추정된다.

예성강(禮成江) : 황해북도 수안군 언진산(彦眞山)에서 발원하여 황해남도 배천군과 개성시 개풍군 사이에서 강화만으로 흘러드는 강이다.

오월(吳越) : 5대10국시대 10국 가운데 하나이다. 당나라 절도사(節度使) 전류(錢鏐)가 현재의 항주(杭州 : 항저우)를 중심으로 절강(浙江 : 저장) 지역을 지배하였던 나라이다.

옥저(沃沮) : 지금의 함경남도 해안 지역에서 두만강 유역 일대에 걸쳐 존재하였던 고대의 부족국가이다. 함흥 일대를 중심으로 거주하던 집단을 동옥저라 하고, 두만강 유역의 집단을 북옥저라 하였다. 양자 모두 고구려의 지방제도 아래에 편제되었고, 옥저인은 고구려의 지방민으로 귀속되었다.

완산(完山) : 전라북도 전주의 옛 이름이다.

왕륜사(王輪寺) : 개성 송악산(松岳山) 동남쪽 기슭 고려동(高麗洞) 죽선대(竹仙臺) 입구에 있던 사찰이다. 918년(태조 2)에 세운 10찰(十刹) 가운데 하나이다. 몽골의 병란으로 불타버린 뒤, 1275년(충렬왕 1) 중건하였다.

왕흥사(王興寺) : 충청남도 부여군 규암면 신리에 있었던 사찰이다. 600년(법왕 2) 정월에 법왕이 절을 창건하고 30명을 출가시켜 승려로 만들었으며, 자주 들러 향불을 올렸다고 한다. 660년(의자왕 20) 백제의 멸망 후, 이 절을 기점으로 항거하던 백제잔병이 무열왕에 의하여 7일 만에 700명 사살되면서 절도 폐허가 되었다고 전한다.

외제석원(外帝釋院) : 개성 송악산(松岳山)에 있던 절이다. 924년(태조 7)에 신중원(神衆院)과 함께 태조가 창건하여 안녕과 국난의 수호를 위한 왕실의 기도도량(祈禱道場)으로 고려 말까지 존립하였다. 천재나 병란·질병 등이 있을 때 불력(佛力)과 제석천의 힘을 빌고자 하였던 호국사찰이었다.

왜(倭) : 한국과 중국에서 일본을 가리키던 호칭이다. 대체로 일본인의 체구가 작아 왜인(矮人)이라는 말이 변하여 '倭'가 되었다고 하는데, 일본인들의 주장은 이와 다르다. 이 말이 공식적으로 쓰이지 않게 된 것은 『신당서(新唐書)』 이후이며 한국도 일본과 친교가 있었던 백제 때부터라 여겨진다.

요(遼) : 중국 북방에서 거란[契丹]이 세운 정복 왕조(916~1125)이다. 중국 북방의 내몽고(內蒙古 : 네이멍구) 지역을 중심으로 건국되었다. 916년 건국 당시의 명칭은 거란국이었지만, 938년 연운16주(燕雲十六州)를 획득한 뒤 나라 명칭을 요라고 하였다.

요동(遼東) : 중국 요하(遼河 : 랴오허)의 동쪽 지방이라는 의미로, 지금의 요녕성(遼寧省 : 랴오닝성) 동남부 일대를 일컫는다. 우리나라와 지리적으로 매우 가깝고, 특히 중국으로 가는 중요한 육상 통로이기 때문에 각종 외교 사절과 상인들의 왕래가 빈번하게 이루어지기도 하였다. 그 중요성 때문에 오래 전부터 이곳의 영유권을 놓고 우리나라와 중국, 그리고 북방 민족 간의 다툼이 치열하게 벌어지기도 하였다.

요동성(遼東城) : 만주 요양(遼陽 : 랴오양) 부근에 있었던 고구려시대의 성이다. 요동수

(遼東水) 기슭에서 가장 험하고 견고했던 고구려의 요새이다. 612년(영양왕 23)과 613년 수나라의 1·2차 고구려침입 때 맹렬히 공격하였으나, 성의 방어가 워낙 튼튼하여 함락할 수 없었다고 한다. 645년(보장왕 4) 당 태종이 고구려를 침입하였을 때 함락되었다.

요서(遼西) : 요하(遼河 : 랴오허) 서쪽 일대의 지역을 통틀어 이르는 말이다.

요하(遼河) : 중국 동북지방 남부 평원을 관류하는 강이다. 중국 7대 강 가운데 하나로 요녕(遼寧 : 랴오닝) 사람들은 '어머니 강'이라고 부른다.

용주(龍州) : 발해의 지방행정구역인 62주(六十二州) 가운데 하나이다. 발해는 전국을 5경(五京) 15부(十五府) 62주의 행정구역으로 나누었다. 용주는 발해의 수도인 상경용천부(上京龍泉府)의 수주(首州)였으므로, 용주의 수현(首縣)인 영녕현(永寧縣)과 함께 수도의 중심지역에 설치되었을 것으로 짐작된다.

우산국(于山國) : 경상북도 울릉군에 있던 고대의 해상 왕국이다. 『삼국사기』에 처음으로 등장한 이후 신라가 멸망할 때까지 사료에 나오지 않다가 고려 현종조의 기록에 다시 나온다. 이와 같은 단편적인 기록만으로는 우산국 명칭의 유래를 밝힐 수 없는 실정이다.

운문산(雲門山) : 경상북도 청도군 운문면과 경상남도 밀양시 산내면 경계에 있는 산이다. 경상남북도의 경계를 따라 뻗은 태백산맥 남단의 주봉 가운데 하나이며, 운문현(雲門峴)을 중심으로 동운문과 서운문으로 나뉜다.

운봉현(雲峯縣) : 전라북도 남원시 운봉읍의 통일신라 이래 행정구역이다. 신라 초 모산현(母山縣)이라 하였으며, 757년(경덕왕 16)에 운봉현으로 고쳐 천령군(天嶺郡 : 함양군)에 속하게 하였다.

운주(運州) : 평안북도 중앙부에 있는 군이다. 동쪽과 남쪽은 영변군, 서쪽은 창성군·태천군, 북쪽은 초산군에 접한다.

울릉도(鬱陵島) : 경상북도 울릉군을 이루는 섬이다. 512년(지증왕 13) 신라의 이사부(異斯夫)가 우산국(于山國)을 점령한 뒤 우릉도(羽陵島)·무릉도(武陵島) 등으로 불리다가 1915년 현재의 이름으로 바뀌고 경상북도에 편입되었다.

웅주(雄州) : 길주의 옛 이름이다. → 길주

웅진(熊津) : 충청남도 공주시의 옛 이름이다. 475년부터 538년까지 63년간 백제의 수도였다. 고구려의 침략으로 한강 유역의 위례성(慰禮城)에서 밀려나 수도를 웅진으로 옮겼다가, 538년(성왕 16) 수도를 다시 사비로 옮겼다.

원(元) : 아시아의 중앙 내륙에 있는 국가이다. 13세기 초 징기스칸이 등장해 역사상 최대의 대제국을 건설하였으며, 동서 여러 국가에 큰 영향을 미쳤다. 몽골제국이 멸망하고 남은 내륙 중앙부가 1688년 청에 복속되어 '외몽골'로 불렸다. 1911년 제1차 혁명을 일으켜 자치를 인정받았으나 1920년 철폐되었고 러시아의 10월 혁명에 영향을 받아 1921년 제2차 혁명을 일으켜 독립하였다.

월성(月城) : 경상북도 경주시 인왕동에 있는 신라시대의 도성이다. 모양이 반달 같다 하여 반월성(半月城)・신월성(新月城)이라고도 하였으며, 왕이 계신 곳이라 하여 재성(在城)이라고도 하였다. 『삼국사기』에 의하면 101년(파사왕 22)에 쌓은 것으로 되어 있어, 궁성으로 월성을 쌓은 뒤 금성(金城)에서 이곳으로 도성을 옮겼음을 알 수 있다.

위나암성(尉那岩城) : 환도성과 같다. → 환도성

위례성(慰禮城) : 백제의 초기 왕성이다. 역사 기록에는 위례성과 하남위례성(河南慰禮城)이라는 이름이 함께 나오는데, 흔히 한강 북쪽에 처음 만든 왕성을 위례성 혹은 하북위례성이라 부르고, 한강 남쪽에 새로 지은 왕성은 하남위례성이라 불렀다고 풀이한다. 하북위례성은 북한산 동쪽 기슭으로 비정되는데 확실하지 않고, 하남위례성은 몽촌토성으로 비정된다. 한편, 『삼국유사』에서는 지금의 충청남도 천안시 직산면으로 비정하였다.

위봉루(威鳳樓) : 경기도 개성에 위치하는 고려시대의 누각이다. 국가에 경사스러운 일이 있을 때 이곳에서 임금이 친히 문무백관과 백성들의 조하(朝賀)를 받기도 하고, 과거의 방을 내걸어 급제를 하사하거나, 과거의 전시(殿試)를 보는 장소로도 사용되었다.

위화도(威化島) : 평안북도 신의주시 상단리와 하단리에 딸린 섬이다. 1388년(우왕 14) 5월 요동정벌 때 우군도통사(右軍都統使) 이성계가 이곳에서 회군을 단행함으로써 조선을 여는 역사적 계기를 이룩한 곳이다. 조선시대에 들어와 어적(於赤)・검동(黔同) 두 섬과 함께 3도(三島)라 하여 농민을 이주시켜 경작하게 하였다.

유관(楡關) : 산해관(山海關 : 산하이관)의 다른 이름이다. 행정적으로는 중국 하북성(河北省 : 허베이성) 진황도시(秦皇島市 : 친황다오시)에 속하며, 동북 방면과의 연안 육상교통로의 관문이다. 북서쪽으로는 연산산맥(燕山山脈 : 러산산맥), 동쪽으로는 발해만(渤海灣 : 보하이만)에 접해 있다. 만리장성 동쪽 끝 시작지점이다.

읍루(挹婁) : 한나라 때 말갈족의 이름이다.

의주(義州) : 발해의 지방행정구역인 62주(六十二州) 가운데 하나이다. 발해는 전국에 5경(五京) 15부(十五府) 62주를 설치하여 지방을 통치하였는데, 의주는 철리부(鐵利府)에 속하였다.

의주(宜州) : 함경남도 덕원(德源)에 두었던 고려 성종 때의 행정구역이다. 고구려 때의 천정군(泉井郡)을 통일신라 때 정천군(井泉郡)으로 고치고, 고려 초에 용주(湧州)라 하였다가 성종 때 의주로 고쳤다. 조선 태종 때는 의천(宜川), 세종 때는 덕원으로 고쳐 군을 두었다.

인산보(麟山堡) : 평안북도 의주군에 있던 조선시대의 군영(軍營) 소재지이다. 고구려 때는 영제현(靈蹄縣), 고려시대에 인주(麟州)라고 하였다. 조선시대에 주를 폐하고 군영을 만들어 인산보・인산진이라 하였다. 세조 때에는 둘레가 8,200여 척에 이르는 성을 쌓아 평안도 병마절도사영(兵馬節度使營)으로 삼았다.

임나(任那) : 경상북도 고령 지방에 있었던 고대 부족국가이다. 임나가야(任那伽倻)의 줄임말로, 신라에서는 금관가야 다음에 6가야의 맹주국이었다고 하여 대가야라고 불렀다. 그 본명은 미마나(彌摩那, 또는 임나)이다.

임둔(臨屯) : 임둔군과 동일하다. → 임둔군

임둔군(臨屯郡) : 중국 한나라가 위만 조선을 정벌하고 설치한 한사군(漢四郡) 가운데 하나이다. 그 위치에 대하여서는 함경도 부근이라는 설과 요동(遼東 : 랴오둥)·요서(遼西 : 랴오시) 지방이라는 설 등이 있다. 광개토왕 때에 고구려의 영토가 되었다.

임해전(臨海殿) : 신라 경주 안압지 서쪽에 있던 전각이다.

자비령(慈悲嶺) : 황해도 황주군·봉산군·서흥군 경계에 있는 고개이다. 고려시대 역신 최탄(崔坦)이 난을 일으켜 서경을 비롯한 북계(北界) 54성과 자비령 이북 6성을 가지고 몽골에 귀순하여, 이곳을 동녕부(東寧府)라 칭함으로써 1270년(원종 11)~1290년(충렬왕 16)까지 자비령이 고려와 원의 국경이 되었다.

자연도(紫鷰島) : 인천에 있는 섬으로 조선 숙종 때 오늘날의 영종도(永宗島)로 이름이 바뀌었다.

장원정(長源亭) : 고려시대 개경의 예성강(禮成江)변에 있던 이궁이다. 1056년(문종 10)에 태사령(太史令) 김종원(金宗元)에게 명하여 창건한 것으로, 도선(道詵)의 풍수설에 근거하여 조성하였다.

저도(猪島) : 함경남도 영흥군 진평면에 위치한 섬이다.

적성(積城) : 경기도 파주 지역의 옛 지명이다. 본래 고구려의 칠중성(七重城)이었는데, 신라 경덕왕 때 중성(重城)으로 고쳤으며, 고려 초기에 적성이라 고쳤다. 중성이나 적성의 뜻은 이곳에 많은 성이 있었다는 것이다. 그 중 칠중성은 나당연합군과 고구려군과의 격전이 일어났던 곳이었으며, 교통상의 요지이기도 하였다.

절령(岊嶺) : 자비령과 같다. → 자비령

정주(定州) : 발해의 지방행정구역인 62주(六十二州) 가운데 하나로서, 청주(晴州)로도 표기되었다. 남경 남해부(南京南海府)에 속하였으며, 5개의 속현(屬縣)을 다스렸다. 정주는 남경의 북쪽, 즉 오늘날 함경북도 일대를 포괄한 주, 또는 함경북도 성진으로 추정되고 있다.

정주(靜州) : 평안북도 의주 지역의 옛 지명으로, 위화도와 마주하고 있었다. 본래 고려의 송산현(松山縣)이었는데, 1033년(덕종 2)에 토성을 쌓고 정주진(靜州鎭)이라 하였다. 의주 남쪽의 국경 방어지역으로 인주(麟州)·영주(靈州)와 함께 백마산성(白馬山城)의 외곽 군사기지의 구실을 하였다. 지금의 고성면 지역으로 추정된다.

제(齊) : 춘추전국시대에 패권을 다투었던 전국7웅(戰國七雄) 가운데 하나이다. 진(陳)나라에서 제나라로 망명한 대부(大夫) 전씨(田氏)가 BC 5C 전걸(田乞)·전상(田常) 부자대에 점차 제나라의 실권을 잡고, BC 391년에 전화(田和 : 전상의 증손자)가 주나라 왕으로부터 정식으로 제후로서 인정을 받아 성립된 나라이다.

제석원(帝釋院) : 제석신앙에 의거하여 주로 호국을 목적으로 한 종교의식을 행하였던 사원이다. 고려시대의 경우, 919년(태조 2) 송악에 도읍을 정하고 궁궐과 관청을 지음과 동시에 법왕사(法王寺)・왕륜사(王輪寺) 등의 10사(十寺)를 지었는데, 이때 내제석원(內帝釋院)을 창건하였다.

졸본부여(卒本夫餘) : 고구려를 달리 이르는 말이다. 부여의 일족이 졸본에 도읍하여 세운 나라라는 의미이다.

주류성(周留城) : 삼국시대 백제의 성으로, 백제가 멸망한 뒤 부흥운동의 본거지가 되었던 곳이다. 660년(의자왕 20) 백제의 의자왕이 나당연합군에게 항복하자 백제 부흥운동이 산발적으로 일어났는데, 점차 흑치상지(黑齒常之)・복신(福信)이 웅거한 임존성(任存城)과 도침(道琛)이 이끄는 주류성을 중심으로 부흥운동세력이 통합되었다.

죽령(竹嶺) : 충청북도 단양군 대강면과 경상북도 영주시 풍기읍 경계에 위치한 고개이다. 죽령재・대재라고도 하며, 158년(아달라왕 5)에 처음 길을 열었다.

중미정(衆美亭) : 1067년(의종 21)에 지은 정자이다. 백성을 동원하여 청녕재(淸寧齋 : 의종 때 지은 별관) 남쪽 산록에 정(丁)자 정자를 지어 중미정(衆美亭)이라는 현판을 붙였으며, 그 남쪽 시냇물을 토삭으로 막고 못가에 모정(茅亭)을 세웠다. 물오리가 놀고 갈대가 선 것이 강호 경치와 흡사하였다고 한다.

중악(中嶽) : 경주 단석산(斷石山)을 가리킨다. 신라시대에 화랑들의 수련장소로 이용되었던 곳이다.

중원도(中原道) : 고려시대의 지방행정구역이다. 당 태종이 산천의 형편에 따라 10도(十道)를 정한 것을 본받아 995년(성종 14)에 지리적 조건을 고려해 전국을 10도로 나누었는데, 이 때 충주의 옛 명칭인 중원경(中原京)을 본떠 중원도로 정했으며, 충주・청주 등의 13주(州) 42현(縣)을 관장하게 하였다.

지리산(智異山) : 전라북도 남원시, 전라남도 구례군, 경상남도 산청군・하동군・함양군에 걸쳐 있는 산으로, 우리나라 남부 지방을 대표하는 산이다. 신라 5악(五嶽)의 남악(南嶽)으로 어리석은 사람이 머물면 지혜로운 사람으로 달라진다 하여 지리산(智異山)이라 불렀다. 또 멀리 백두대간이 흘러왔다 하여 두류산(頭流山)이라고도 하며, 옛 삼신산(三神山)의 하나인 방장산(方丈山)으로도 알려져 있다.

진번군(眞番郡) : 한나라가 고조선 멸망 후에 설치한 한사군(漢四郡)의 하나이다. 『사기』 조선전 등에 보이는 진번국에서 유래한 명칭이다. 군현 설치 이후 25년 만인 BC 82년에 군을 폐해 낙랑군에 합하여졌다. 위치와 강역에 대해서는 학자 간에 의견이 분분하다.

진한(辰韓) : 한반도 중부 이남 지역에 분포한 삼한 가운데 하나로, 대체로 기원 전후부터 4C 경에 지금의 대구・경주 지역에 분포한 12개의 소국을 가리킨다. 진한의 형성 주체에 관해서는 의견이 분분한데, 『삼국지』에서는 진한을 옛 진국(辰國)이라 하고 『후한서』에서는 진국이 진한뿐만 아니라 삼한 전체를 포괄한다고 하고 있다.

착량(窄梁) : 지금의 경기도 수원 지방이다.

창해군(滄海郡) : 지금의 강원도 지방에 두었던 중국의 행정 구역이다. 한 무제가 기원전 128년에 동예(東濊) 지방을 정복하고 그곳에 두었는데, 동예인들의 반항 때문에 곧 없앴다.

천수사(天壽寺) : 고려 숙종 때 창건하기 시작하여 1116년(예종 11)에 완성된 사찰이다. 숙종 및 명의태후(明懿太后)의 진영이 봉안되었으며 역대 임금이 자주 행차하던 곳이다. 특히 이 절 주위의 풍치가 아름다워 사신을 맞이하거나 놀기에 적합한 장소였기 때문에, 이곳에서 풍악을 울리면서 사신들을 맞이하고 전송하였다고 한다.

철령(鐵嶺) : 함경남도 안변군과 강원도 회양군의 경계에 있는 고개이다. 고려 초까지 이 관문의 북쪽에는 여진족이 발호하였으며, 이 고개는 북방 호족(胡族)을 방위하는 일선으로 중시하였다.

철원(鐵圓) : 강원도 철원(鐵原) 지역의 고구려 때 지명으로, 모을동비(毛乙冬非)라고도 하였다. 신라 영역에 들어간 뒤 757년(경덕왕 16) 철성군(鐵城郡)이라 칭하였다. 그 뒤 궁예가 이 곳에 태봉을 세워 한때 융성하였다.

철주(鐵州) : 평안북도 철산군의 옛 지명이다. 동쪽은 선천군, 북쪽은 의주군, 서쪽은 용천군에 접하고, 남쪽은 황해에 면해 있다. 고대에는 낙랑군(樂浪郡)과 고구려의 영향 하에 있었을 것으로 보이나 기록에 전하는 것이 없다. 993년(성종 12) 서희의 활약으로 강동6주(江東六州)를 수복한 후 고구려의 영토가 되었다.

청주(淸州) : 충청북도의 중앙에 있는 시이다. 삼한시대에 마한의 땅이었다가 백제시대에 상당현(上黨縣), 일명 낭비성(娘臂城) 또는 낭자곡(娘子谷)이라고도 하였다. 685년(문무왕 5) 서원소경(西原小京)을 두었고, 757년(경덕왕 16) 서원경(西原京)으로 승격하였다. 940년(태조 23) 청주로 지명을 고쳤다.

청주(菁州) : 경상남도 진주시의 옛 이름이다. 신라의 9주(九州) 가운데 하나로, 685년(신문왕 5) 거타주(居陀州 : 경상남도 거창 일대)를 개편하여 지금의 진주를 중심으로 하여 설치하였다. 757년(경덕왕 16) 9주의 이름을 고칠 때 강주(康州)로 되었으나, 뒤에도 청주의 명칭은 계속 쓰였다.

청해진(淸海鎭) : 장보고가 해상권을 장악하고 중국・일본과 무역하던 곳이다. 장보고는 군사 1만 명을 이끌고 중국과 일본 해로의 요해처인 청해에 진(鎭)을 설치하고 그곳을 중심으로 서남 해안의 해상권을 장악하였다. 또한 당시에 성행하던 중국의 해적을 소탕하는 한편, 중국과 일본 사이에 끼어들어 동방무역의 패권을 잡게 되었다.

춘천(春川) : 강원도 중서부에 있는 시이다. 고대에는 맥국(貊國)의 땅이었다가 637년(선덕여왕 6)에 우수주(牛首州) 또는 우두주(牛頭州)라 하였고, 673년(문무왕 13) 수약주(首若州)로 개칭하였다. 경덕왕 때 삭주(朔州)로 고쳤다가 뒤에 광해주(光海

州)로 고쳤다. 고려시대인 940년(태조 23) 춘주(春州)가 되었고, 조선시대인 1413년(태종 13) 춘천군으로 고쳤다.

충주(忠州) : 충청북도 중부에 있는 시이다. 48년까지 고구려의 땅이었으며, 그 후 한때 임나가야(任那伽倻)에 속하였다가 신라의 판도에 들어가서 경덕왕 때에 중원(中原) 또는 대원(大原)이라고 일컬었다. 982년(성종 30) 충주로 개칭하고 그 후 1281년(충렬왕 3)에 다시 충주성(忠州城)이라 개칭하였다.

치술령(鵄述嶺) : 경상북도 경주시 외동읍과 울산광역시 울주군 두동면 경계에 있는 산이다. 산꼭대기에는 신라 눌지왕 때 일본에 볼모로 잡혀간 눌지왕의 동생 미사흔(未斯欣)을 구하러 갔다가 죽은 박제상(朴堤上)의 아내가 동해를 바라보며 남편을 기다리다 바위가 되었다는 망부석(望夫石)과 신모사(神母寺)·기우단 등이 있다.

칠중성(七重城) : 경기도 파주시 적성면 구읍리에 위치한 산성이다. 진흥왕 대에 신라영토가 된 이래 선덕여왕 때에 북방 변경의 요충지인 칠중현에 축조된 성으로 신라의 통일전쟁 시기에 격전지였다.

타사마(朶思麻) : 중국 감숙성(甘肅省 : 깐쑤성)에 있는 지역으로, 고려 충선왕의 유배지였다.

탄현(炭峴) : 대전광역시 동구와 충청북도 옥천군 군서면의 경계에 위치한 식장산(食藏山)에 있는 고개이다. 전략적으로 요충지로, 백제 의자왕 때 신라군이 탄현을 함락하여 백제가 멸망하였다.

탐라(耽羅) : 제주도를 가리킨다. 제주도에는 고대에서 중세까지 464년간 이어진 탐라국이 있었다. 백제·신라의 영토였다가 15세기 초반에 조선에 완전 병합되었다.

태봉(泰封) : 신라 말기 궁예가 세운 나라이다(901~918). 당시 궁예는 신라에 의해 망한 고구려를 대신하여 복수한다고 호언하며 서북지방의 인심을 모으려 하였다. 904년에는 국호를 마진(摩震)이라 하고, 신라의 관제를 참작하여 관제를 정하고 국가의 체제를 갖추었다. 이듬해 수도를 철원으로 옮기고, 911년에 국호를 태봉이라 고쳤다. 왕건이 왕으로 추대되면서 멸망하였다.

태산군(太山郡) : 지금의 전라북도 정읍시 태인면이다. 태인은 태산현(泰山縣)과 인의현(仁義縣)의 합명이다. 태산현은 본래 백제의 대시산군(大尸山郡)을 757년(경덕왕 16) 태산(太山)으로 고친 것이며, 인의현은 백제 때 빈굴(賓屈)·빈성(斌城)·부성(賦城) 등으로 불렸다. 940년(태조 23) 이들을 모두 고부군(古阜郡)에 소속시켜서 태산군으로 감무(監務)를 겸하게 하였다.

태원(太原 : 타이위안) : 현재 중국 산서성(山西省 : 산시성)의 성도(省都)이다. 분하(汾河 : 펀허) 상류에 있는 도시로, 전국시대 때 조나라의 도읍지였다.

태주(台州 : 타이저우) : 지금의 절강성(浙江省 : 저장성) 임해(臨海 : 린하이)이다. 대주만으로 흘러가는 영강(靈江 : 링장) 북안에 있고 그 지류의 시풍계(始豊溪) 상류에는 천태산(天台山)이 있다. 삼국시대 오나라 때 임해군이 설치되었으며, 당나라 때인 621년에 해주(海州)가 되었고, 천태산으로 인하여 태주(台州)라고 불렀다.

태평정(太平亭) : 고려 의종 때에 민가를 헐어내고 호화롭게 지은 정자이다. 태자에게 현판의 글씨를 쓰도록 하고 주위에는 여러 호화로운 정자를 짓고 진귀한 물품들로 장식하여 백성들의 노고가 컸다고 한다.

토번(吐蕃) : 중국의 서남 지역에 있었던 나라로, 오늘날의 서장(西藏), 티베트이다. 그 계통은 서강(西羌)에서 나왔는데, 송첸캄포[葉宗弄贊] 재위 시에 인도와 교통하고 당 태종과 우호 관계를 맺으면서 양국의 문물을 받아들여 크게 번창하였다.

토함산(吐含山) : 경상북도 경주시에 있는 산이다. 경주 시역에서 가장 큰 산으로 신라시대에는 동악(東嶽)이라 하였고 호국의 진산(鎭山)으로 신성시되어 왔다.

통주(通州) : 평안북도 선천군의 옛 이름이다. 고구려시대에 안화군(安化郡)으로 불리면서 역사무대에 처음으로 등장하였으며, 발해 전성시대에는 압록부(鴨錄府)에 소속되었을 것으로 추정된다. 993년(성종 12) 거란의 1차 침입 때 서희의 활약으로 수복된 강동6주(江東六州) 가운데 하나이다. 당시 통주의 치소(治所)는 동림성(東林城)이었다.

파저강(婆猪江) : 압록강의 지류로, 동가강(佟佳江 : 퉁자장)이라고도 한다. 중국 요녕성(遼寧省 : 랴오닝성) 환인현(桓仁縣 : 환런현)을 흐르는 강이다. 강 유역은 고구려의 발상지로 북부여(北夫餘)에서 남하한 고구려족이 환런 지방을 근거지로 삼아 나라의 기틀을 다졌다고 한다.

파평현(坡平縣) : 경기도 파주시의 옛 지명이다. 본래 백제의 파해평사현(坡害平史縣)이었는데 고구려가 점령하였다가 뒤에 신라의 영토가 되었다. 757년(경덕왕 16)에 파평이라 고쳤으며, 1398년(태조 7)에 서원(瑞原)과 합병하여 원평군(原平郡)이 되었다. 1460년(세조 6) 왕비의 고향이어서 목(牧)으로 승격하고 파주목으로 개칭되었다. 조선시대에 이 지역은 임진강 하류에 있어 파주에서 적성(積城)・마전(麻田) 등을 잇는 도로가 발달하였다.

패강(浿江) : 패수와 같다. → 패수

패서도(浿西道) : 고려의 지방관제인 10도(十道) 가운데 하나이다. 후고구려의 궁예가 분정한 패서 13진(十三鎭)의 명칭을 따서 패서도를 설치하고 서경 소관의 14주(州) 4현(縣) 7진(鎭)을 소속시켰다.

패수(浿水) : 고조선 때, 요동과 경계를 이루던 강으로 지금의 청천강・압록강 또는 요서지방의 대릉하(大凌河)로 보는 설이 있으나 정설은 없다. 삼국시대에 들어와서도 패수라는 명칭은 계속 쓰였는데, 지금의 예성강으로 생각된다. 이 패수는 또한 패하(浿河)・패강(浿江)으로 기록되어 있기도 하다. 한편 735년(성덕왕 34)에 당나라가 정식으로 신라의 영유권을 공인한 이른바 '패강 이남의 땅'의 패강은 지금의 대동강을 가리키는 것 같다.

포석정(鮑石亭) : 경상북도 경주시 배동에 있는 정자 및 연회장소이다. 창설연대는 자세하지 않으나, 통일신라시대에 건립된 것으로 추정되며, 정자는 없어졌으나 포어(鮑魚 : 전복)의 형태를 모방하여 만든 수구가 남아 있다. 계수(溪水)를 받아들여 이것을 점복 모양의 수구(水溝)에 흐르게 하고 그것에 술잔을 띄워 문무백관(文武百官)의 품계에 좇아 열을 지어 앉아서 시를 읊고, 노래를 부르며, 흐르는 술잔을 차례로 마시면서 흥겨워하였다고 한다.

하남도(河南道) : 고려의 10도(十道) 가운데 하나로, 공주(公州)·운주(運州) 등 11주 34현을 소관(所管)하게 하였다. 1106년(예종 1)에 관내도(關內道) 및 중원도(中原道)와 함께 양광충청주도(楊廣忠淸州道)로 되었다. 1171년(명종 1)에 양광주도(楊廣州道)와 충청주도(忠淸州道)로 나누어졌다가, 1314년(충숙왕 1)에 다시 합쳐져 양광도로 되었다. 1356년(공민왕 5)에 충청도로 바뀌었다.

한산(漢山) : 백제의 두 번째 도읍지였던, 지금의 경기도 광주(廣州)의 옛 읍과 남한산성(南漢山城)을 말한다. 5년(온조왕 14)에 이곳으로 옮겼다.

한양(漢陽) : 서울특별시의 옛 이름이다.

한주(漢州) : 신라시대의 지방행정구역으로, 한산주(漢山州)라고도 한다. 삼국통일 직후에 완성된 9주(九州)의 하나이다. 신라 통일 전에는 한산주였으며, 757년(경덕왕 16) 9주의 이름을 모두 고칠 때 한주(漢州)로 되었으나, 그 뒤에도 한산주의 명칭은 계속 사용되었다. 757년 개편 당시 한산주는 하나의 소경(小京)과 27개 군, 46개 현을 관장하였으며 주에 직속하는 현은 둘이었다. 주치(州治)는 현재의 광주(廣州)이다.

함주(咸州) : 함경남도 중부에 위치한 군이다. 원래 고구려 땅으로, 고구려가 망한 후에는 오랫동안 여진족의 할거지가 되었다. 1107년(예종 2) 윤관(尹瓘)·오연총(吳延寵) 등이 여진족을 쫓아내고 함주대도독(咸州大都督)을 두어 진동군(鎭東軍)이라 하였다.

함흥(咸興) : 함경남도 중남부에 위치한 시이다. 삼국시대에는 고구려의 영토였다가 발해의 5경 가운데 하나인 남경 남해부(南京南海府)가 설치되었으나, 발해가 멸망한 뒤에는 여진족의 거주지가 되었다. 1107년(예종 2) 윤관(尹瓘)이 이 지역의 여진을 정벌함으로써 수복되었으나, 몽골이 쌍성총관부(雙城摠管府)를 설치하자 그 관할이 되었다. 공민왕대에 수복되었고, 1416년(태종 16)에는 함흥부로 승격하여 함길도(咸吉道)의 관찰사영(觀察使營)으로 삼았다.

합포(合浦) : 경상남도 마산시 합포 지역의 옛 지명이다. 1274년(원종 15)에 원나라 세조가 명령하여 합포에 정동행성(征東行省)을 설치하여 일본을 정벌하도록 하였다. 조선 시대에는 경상도에서 세곡을 운반하는 가장 큰 포구였다.

해양도(海陽道) : 전라남도 지방의 고려 초기 행정구역이다. 995년(성종 14) 전국을 10도(道)로 구획할 때 14주(州) 62현(縣)을 묶어 해양도라 하였다. 1018년(현종 9) 전라도라 고쳤다.

해인사(海印寺) : 경상남도 합천군 가야면 가야산(伽倻山) 남서쪽에 있는 사찰이다. 신라 애장왕 때의 순응(順應)과 이정(利貞)이 당나라에서 돌아와 우두산(牛頭山 : 가야산)에 초당(草堂)을 지은 데서 비롯된다. 팔만대장경판(八萬大藏經板)을 봉안한 법보사찰(法寶寺刹)이다.

해주(海州) : 발해의 지방행정구역인 62주(六十二州) 가운데 하나이다. 발해는 전국에 5경(五京) 15부(十五府) 62주를 설치하여 지방을 통치하였다. 철리부(鐵利府)에 속한 해주는 발해 62주의 하나로서, 자사가 다스렸으며 지금의 위치는 중국 흑룡강성(黑龍江省 : 헤이룽장성) 목단강(牧丹江 : 무단장) 근처일 것으로 추정된다.

현도(玄菟) : → 현도군

현도군(玄菟郡) : 한 무제가 BC 107년에 세운 한사군(漢四郡) 가운데 하나이다. BC 75년에 토착민들의 저항으로 인해 고구려의 서북쪽으로 옮겨갔으며, 후한 초기(1C)에 다시 고구려의 압박으로 서쪽(무순 지역)으로 이치되었다. 이후 공손씨(公孫氏)의 지배를 받다가 위진남북조 시대에는 모용부(慕容部)의 지배를 받았다. 이 시기 동안 계속해서 고구려의 압박을 받았으며 광개토왕의 공격으로 멸망하였다.

현성사(賢聖寺) : 경기도 개성시 탄현문(炭峴門) 안에 있었던 고려시대의 사찰이다. 936년(태조 19) 태조가 광흥사(廣興寺)・미륵사(彌勒寺) 등과 함께 창건하여 현성사(現聖寺)라 하고, 밀교종파인 신인종(神印宗)의 본산으로 삼았다. 현(現)이라는 글자가 의종의 이름과 같다 하여, 1176년(명종 6)에 이를 현(賢)자로 바꾸어 현성사(賢聖寺)라 하였다.

홍산(鴻山) : 충청남도 부여 지역의 옛 지명이다. 본래 백제의 대산현(大山縣)이었는데, 757년(경덕왕 16) 한산(翰山)으로 고쳐고, 940년(태조 23) 홍산으로 고쳤다. 지명은 그 모양이 나는 기러기처럼 생긴 비홍산(飛鴻山)에서 유래하였다.

홍원(洪原) : 함경남도 중부 해안지대에 있는 군이다. 이성계가 조선 건국 전에 원나라 장수 나하추[納哈出]와 싸워 이겼던 달단동(韃靼洞) 전적지가 있다.

환도성(丸都城) : 중국 길림성(吉林省 : 지린성) 집안현(集安縣 : 지안현)에 있는 고구려의 성이다. 3년(유리왕 22) 국도를 국내성(國內城)으로 옮기면서 위나암성(尉那巖城)이라는 이름으로 처음 축조하였다. 2세기 후반에는 공손씨(公孫氏) 세력의 위협이 점차 증가하는 가운데 198년(산상왕 2) 전면적으로 다시 축조되어 임시 왕성이 되었고, 명칭도 환도성으로 바꾸어졌다.

황룡사(皇龍寺) : 경상북도 경주시 황룡동 동대봉산(東大封山)에 있는 절이다. 월성(月城)의 동쪽 용궁의 남쪽에 있었다. 규모나 사격(寺格)에서 신라 제일의 사찰로, 신라의 사상과 예술에서도 차지하는 비중이 컸다. 553년(진흥왕 14)에 새로운 대궐을 본궁 남쪽에 짓다가 거기에서 황룡이 나타났으므로 이를 불사(佛寺)로 고쳐 황룡사라 하고 17년 만인 569년에 완성하였다. 1238년(고종 25) 몽골의 침입으로 가람이 소실되었다.

황산(黃山) : 충청남도 논산 지역의 옛 이름이다. 국방상 요지로 금강(錦江) 북쪽의 논산 평야 일부를 차지하는 황산벌로 알려진 곳이다.

황주(黃州) : 황해도 중앙 북단에 있는 군이다. 고구려 때 동홀(冬忽) 또는 동어홀(冬於忽) 지역으로, 신라 헌덕왕 때 취성군(取城郡)으로 개칭되었다. 태봉 때인 905년 경 황주로 지명이 정해져 오늘에 이른다.

회경전(會慶殿) : 고려시대 궁성 안에 위치한 정전(正殿)이다. 『고려도경(高麗圖經)』에 의하면, 그 위치는 궁성의 정남문인 승평문(昇平門)을 지나 안으로 더 들어가 신봉문(神鳳門)과 창합문(閶闔門)을 지나면 회경전에 도달한다고 기록되어 있다.

회선관(會仙館) : 고려시대 외국의 사신이나 상인들의 숙박 편의를 위해 설치한 객관(客館) 하나이다. 1012년(현종 2) 개경에 설치된 것이다.

흥주(興州) : 경상북도 영주시 일대의 고려시대 행정구역이다. 고구려 때는 급벌산군(及伐山郡), 통일신라시대는 업산군(岌山郡)이라 하다가 고려 초 흥주(興州)라 개칭하고 충목왕 때 승격하여 순흥부(順興府)가 되었다.

흥화진(興化鎭) : 평안북도 의주군 위원면 지역에 설치되었던 고려 시대의 성보(城堡)이다. 993년(성종 12) 개척되기 시작한 강동6주(江東六州) 가운데 하나로, 995년에 축조되었다. 대중국 관계에서 군사상・교통상의 요충지였으므로 거란의 끈질긴 반환요구의 대상이 되었으며, 여러 차례에 걸쳐 그들의 침공을 받기도 하였다.

관직명・관부명

각간(角干) : 신라시대의 최고 관등(官等)이다. 이벌찬(伊伐飡)・이벌간(伊伐干)・우벌찬(于伐飡)・각찬(角粲) 등 다른 이름이 많으며, 처음에는 주다(酒多)라고 하였다. 진골(眞骨)만이 할 수 있는 벼슬로, 공복(公服) 색깔은 자색(紫色)이다.

간의대부(諫議大夫) : 고려시대 문하부(門下府)의 관직이다. 원래는 고려 목종 때부터 좌(左)・우간의대부(右諫議大夫)가 있었다. 문종 때 정4품관을 좌우 각 1명씩 보직하였다가 1116년(예종 11) 좌(左)・우사의대부(右司議大夫)로 하였다. 1298년(충렬왕 24) 좌・우간의대부로 명칭을 고치고 품계를 내려 종4품관으로 하였다가, 다시 좌우사의대부로 개칭하였다.

감무(監務) : 고려시대에 지방의 군현(郡縣)에 파견한 관직이다. 성종 때 12목(牧)에 지방관을 파견하면서 정비되기 시작한 고려 전기 지방제도는 현종 때 일단락되었으나, 실제로는 수령을 파견하지 못한 속군현(屬郡縣)이 많이 존재하였다. 이에 1106년(예종 1) 중앙에서 정식으로 관리를 설치하지 못하였던 속군현과 향(鄕)・소(所)・부곡(部曲)・장(莊)・처(處) 등에 감무를 파견하였다.

감문위(監門衛) : 고려시대 군제(軍制)인 6위(六衛) 가운데 하나로 도성 문을 경비하는 역할을 하였다. 궁성 내외의 모든 문을 경비하는 군대로 938년(태조 21)에 설치되었다. 그 조직은 1령(領 : 1령은 1,000명)으로 구성되었다.

감의군사(感義軍使) : 신라시대 장보고에게 내려진 명예관직이다. 신라 신무왕은 청해진대사(淸海鎭大使) 장보고의 군사력을 배경으로 민애왕을 축출하고 839년 왕위에 오른 뒤, 이제까지 신라에는 없었던 감의군사라는 관직을 내리고 식읍 2,000호를 주어 그에 대한 논공행상을 하였다.

감찰규정(監察糾正) : 고려시대 감찰사(監察司)에 속한 종6품 벼슬로 대관(臺官)의 일원이다. 1308년(충렬왕 34)에 감찰어사(監察御史)를 감찰규정(監察糾正)으로 고치고 정원을 14명으로 증원하는 한편, 이 중 4명은 겸관으로 하였다. 1356년(공민왕 5)에 다시 감찰어사로, 1362년(공민왕 11)에 또 다시 규정으로 고쳤으며, 1369년(공민왕 18)에는 겸규정(兼糾正)을 더 두기도 하였다.

감찰어사(監察御史) : 고려시대 어사대(御史臺)의 종6품 관직이다. 정원은 10명으로 문(文)과 이(吏)를 각 5명 두었다. 995년(성종 14) 국초의 사헌대(司憲臺)를 어사대로 개편하면서 두었다가 1014년(현종 5)에 금오대(金吾臺)로 개편할 때 폐지하였다. 1015년 사헌대의 감찰사헌(監察司憲)으로 고쳤다가 1023년 어사대의 감찰어사로 복구하였다. 1045년(정종 11) 권지감찰어사(權知監察御使)를 각문지후(閣門祗候) 위에 두었고, 문종 때에 품계와 정원을 정하였다.

견룡(牽龍) : 고려시대 궁궐을 지키던 숙위군(宿衛軍)이다. 주로 대전(大殿)을 숙위하였지만, 동궁(東宮)을 숙위하는 동궁견룡이 따로 설치되어 있었으며, 충렬왕 때부터는 제비주부(諸妃主府)의 숙위에도 동원되었다. 국왕과 가까워 총애를 받았으므로 권귀(權貴)의 자제들이 자리를 다투었다 한다. 1274년(충렬왕 즉위년) 숙위 조직으로서 홀치[忽赤]가 설치된 이후에도 폐지되지 않았으나, 설치 및 폐지 시기와 조직・규모 등에 대해서는 자세히 알 수 없다.

경사교수도감(經史敎授都監) : 고려 후기 유학의 진흥업무를 관장하던 임시관서이다. 유학연구의 필요성이 절실함에도 불구하고 시문 위주의 학풍이 되자, 1296년 독립적인 특수관청으로 경사교수도감을 설치하여 보다 적극적인 유학진흥을 꾀하였다. 명유(名儒) 2인을 택하여 경사교수도감사(經史敎授都監使)로 삼아 7품 이하의 관원에게 경서와 사서(史書)를 가르치게 하였다.

경사교수도감사(經史敎授都監使) : → 경사교수도감

계림대도독(鷄林大都督) : 계림대도독부(鷄林大都督府)의 수장이다. 계림대도독부는 663년(문무왕 3) 나당연합군이 백제를 멸망시킨 뒤, 당나라가 신라를 영토화하려고 설치한 기관이다. 신라는 이것을 무시하여 고구려・백제의 유민과 함께 당나라의 세력을 물리치고 국토를 통일하였다. 이 도독부 제도는 당나라가 다른 나라에 침입하면 설치하던 기관으로, 당시 백제 고지(古地)에는 웅진도독부(熊津都督府)를, 고구려에는 안동도호부(安東都護府)를 설치하였다.

광군사(光軍司) : 고려시대 지방 농민으로 조직된 광군을 통할하던 관청이다. 947년(정종 2) 거란의 침입을 막기 위해 개경에 설치되었다. 그 뒤 얼마 동안 광군도감(光軍都監)이라 하다가, 1011년(현종 2) 다시 광군사로 환원하였다.

교방(敎坊) : 고려・조선시대 기녀들을 중심으로 하여 가무(歌舞)를 관장하던 기관이다. 주로 속악(俗樂)과 당악(唐樂)을 맡았다. 1010년(현종 1) 교방에 속해 있던 100여 명의 궁녀를 풀어주었으나 충렬왕 때 다시 각 지방에서 기예에 뛰어난 창기(倡妓)들을 뽑아 교방을 충실하게 하였다.

교정별감(敎定別監) : 교정도감의 우두머리로 무인정권의 최충헌(崔忠獻) 시대로부터 김준(金俊) 시대까지 권신(權臣)이 차지하던 특정관직이다. 정권을 잡은 최충헌이 교정도감을 두고 교정별감이 된 이후, 역대 무관 권세가들이 이 관직에 임명되는 것이 관례로 되었다. 장군직을 거쳐야만 임명되었던 것으로 보인다.

국상(國相) : 고구려 초기의 최고관직이다. 주요 국사를 논의하고 결의한 제가회의(諸加會議)의 의장으로, 중요한 국사를 평의・의결하는 기능을 가졌다. 166년(신대왕 2) 종전의 좌우보(左右輔)를 고쳐 국상이라 하고 명림답부(明臨答夫)를 처음으로 국상에 임명하였다.

국자감(國子監) : 고려시대 국가에서 필요한 인재를 양성하기 위한 최고의 교육기관이다. 국자감은 국립대학에 해당하는 교육기관인데, 창설 연대가 분명하지 않다. 992년(성종 11)에 국자감을 창건하라는 성종의 지시가 전하고 있지만, 이를 근거로 992년에 국자감이 처음 설립되었다고 단정하기는 어렵다.

국자시(國子試) : 국자감시를 가리킨다. 고려시대 국자감에서 실시한 예부시(禮部試)의 예비시험으로, 합격자는 진사(進士)로 뽑혔으므로 진사시라고도 하였다. 이 밖에 감시(監試)·사마시(司馬試)·남성시(南省試) 등으로도 불렸다. 시험과목은 제술(製述)·명경과(明經科)로 이루어지고 급제하면 예부시에 응시할 자격을 갖게 된다. 또 합격되어 진사가 되면 고려사회의 상층신분으로 신역(身役)과 군역(軍役)을 면제받는 특전이 있었다.

국학(國學) : 신라의 최고 교육기관이다. 예부(禮部)에 속한 교육기관으로, 『삼국사기』에 따르면 682년(신문왕 2)에 설치했다고 한다. 경덕왕 때 이름을 대학감(大學監)으로 고쳤다가 혜공왕 때 국학으로 되돌렸다. 소속 관직으로는 경(卿), 박사(博士), 조교(助教), 대사(大舍), 사(史) 등이 있었다.

국학(國學) : 고려시대 중앙에 있었던 교육기관이다. 992년(성종 11) 당나라의 제도를 본떠서 국자감(國子監)으로 개편하였다가 1275년(충렬왕 1)에 원나라의 간섭으로 국자감을 국학으로 고치면서 관원으로는 대사성(大司成)·전주(典酒)·사예(司藝)를 두었다. 그 뒤 1298년에 성균감(成均監)으로 고쳤다.

국학대성전(國學大成殿) : 고려시대 국학(國學), 곧 국자감(國子監)에 두었던 사당이다. 공자를 비롯한 성현(聖賢)들을 배향(配享)하였다.

규정(糾正) : 고려시대 사헌부(司憲府)의 종6품 관직이다. 1308년(충렬왕 34) 감찰사(監察司)를 사헌부로 개편하면서 속관의 명칭도 바꾸어 감찰사의 감찰어사(監察御使)를 규정이라 고치고 정원 14명을 두었다.

금오대(金吾臺) : 고려 현종 때 관리의 규찰·탄핵과 풍속 교정 등을 담당했던 관청이다. 1014년(현종 5) 11월 상장군(上將軍) 김훈(金訓)·최질(崔質) 등의 무신들이 난을 일으켜 실권을 장악하고, 왕에게 요청하여 어사대(御使臺)를 없애고 금오대를 두었다.

급사중(給事中) : 고려시대 중서문하성(中書門下省)의 종4품 관직이다. 문종 때 처음으로 1명을 두어 조칙(詔勅)에 관한 심의를 맡아보게 하였다. 1275년(충렬왕 1) 중서문하성을 첨의부(僉議府)로 개편하면서 중사(中事)로 고치고, 1298년 급사중으로 고쳐 불렀다.

급찬(汲湌) : 신라 17관등(十七官等)의 제9등으로, 급벌간(級伐干)·급벌찬(級伐湌)으로도 불리운다. 6두품(六頭品) 신분층이 차지한 제6·7·8·9관등의 최하위로, 신라 관리계급의 중간계급이며, 5두품(五頭品)이 차지했던 바로 아래 대나마(大奈麻)와는 큰 차이가 있다. 비색(緋色)의 공복(公服)으로 그 신분을 표시하였다.

기거사인(起居舍人) : 고려시대 중서문하성(中書門下省)에 속한 관직이다. 기거랑(起居郎)과 같이 국왕에 대한 간쟁과 봉박(封駁)을 담당한 간관(諫官)의 역할뿐만 아니라 왕의 일상생활의 행적을 기록하였다.

나마(奈麻) : 신라의 17관등(十七官等)의 제11등으로, 나말(奈末)·내마라고도 한다. 32

년(유리왕 9)에 두었다는 설도 있으나, 520년(법흥왕 7) 율령제정 때 둔 것이 더 확실하다. 중나마(重奈麻)에서 7중나마(七重奈麻)까지 7계급이 있다.

낭장(郎將) : 고려・조선시대의 무관직이다. 고려시대는 정6품으로서 2군(二軍) 6위(六衛)에 속하였으며, 1령(領)에 2~5명씩 배속되었다. 조선 태조 때는 6품관으로서 의흥친군(義興親軍)의 10위(十衛)에 속하였다.

낭중(郎中) : 고려시대 상서성(尙書省)・고공사(考功司)・도관(都官) 및 6조(六曹)에 딸린 정5품 벼슬이다. 1275년(충렬왕 1) 원나라의 영향으로 정랑(正郞)으로 되었다가, 1298년 다시 낭중으로 환원되었다. 뒤에 직랑(直郞) 또는 정랑(正郞)으로 여러 번 바뀌었다.

내승(內乘) : 고려 후기 궁중의 승여(乘輿)를 맡은 관청이다. 원래 어승마조습(御乘馬調習)・사육(飼育)과 국왕의 시위(侍衛)・전령(傳令) 및 궁궐의 입직(立直) 등을 관장하였으나, 충선왕 때 숙위(宿衛)의 시위군으로서의 직책이 더 중시되었다.

내시(內侍) : 고려시대 숙위(宿衛) 및 근시(近侍)의 일을 맡아본 관원이다. 처음에는 재예(才藝)와 용모에 뛰어난 자 20명 내외로 제한하였으나, 점차 권문세가의 자제 또는 시문(詩文)・경문(經文)에 능통한 문과 출신으로 임명하였다.

내시관(內侍官) : 내시와 같다. → 내시

내의(內醫) : 조선시대 내의원(內醫院)에 딸리어 임금의 의약을 맡던 의원이다.

내의령(內議令) : 고려 초기 중앙행정의 최고기관의 하나인 내의성(內議省)의 종1품 장관이다. 조칙(詔勅)에 관한 사무를 총관하였다.

녹사(祿事) : 고려시대 각 관청에 속한 7~8품 벼슬로, 행정실무를 담당하였다.

달로화적(다루가치[達魯花赤]) : 몽골의 관직으로 각 관서(官署)의 장(長)을 칭한다. 다루가치가 최초로 고려에 배치된 것은 제1차 몽골 침입 때의 일로, 몽골은 군대 철수의 조건으로 서북면 지방 14개 성에 72명의 다루가치를 두고 민정(民政)을 맡아보게 하여 고려 관민과 불화가 잦았다. 원나라가 물러간 후에 소멸되었다.

당주(幢主) : 신라시대 군사조직의 기본단위인 당(幢)의 지휘자이다. 진평왕 이후 지방행정과 군대조직이 분화되어 군사적 기능은 중앙군단으로 이양되면서 군대지휘관으로서의 당주로 분리되고, 지방관으로서의 기능은 군태수(郡太守)로 분리되었다.

당후관(堂後官) : 고려시대 중서성(中書省)과 추밀원(樞密院)에 속한 관직으로 문종 때 정7품으로 정하여 2명을 두었다. 승선(承宣) 밑에서 왕명 출납에 관한 실무를 맡아보았다. 아울러 중서성과 추밀원의 후신인 밀직사(密直司)에도 정7품의 당후관 2명을 두었다.

대관(臺官) : 고려・조선시대에 탄핵・감찰 등을 담당한 관료이다. 신라 진흥왕 때 처음 사정을 담당하는 관리를 두었고, 659년(무열왕 6) 관청으로서 사정부(司正府)를 설치하였다. 발해에서도 대관을 두었는데, 중정대(中正臺)의 대중정・소중정이 그것이다.

대관서승(大官署丞) : 대관서의 승을 가리킨다. 대관서는 고려시대 제사와 연회의 음식을 조달한 관청이다. 대관서의 승은 정6품의 관직으로, 주로 실무를 맡아보았다.

대광(大匡) : 태봉과 고려 초기의 관계(官階)이다. 고려 초 문・무신이 모두 관계가 같아 대광을 썼는데, 995년(성종 14) 문・무신으로 나누어 무신은 그대로 대광이라 하고, 문신은 개부의동삼사(開府儀同三司)로 고쳐 문신의 품계(品階)로 사용하였다.

대리평사(大理評事) : 고려시대 형옥(刑獄) 관련 업무를 담당했던 대리시(大理寺)의 관원이다.

대보(大輔) : 신라 초기의 최고 관직으로 뒤의 재상과 같은 직무를 맡아보았다. 제2대 남해왕 때 석탈해(昔脫解)가 최초로 대보가 되어 중대한 국사(國事)를 맡아 처리하였는데, 뒤에 새로운 관제가 확립되면서 없어졌다.

대사(大舍) : 신라의 17관등(十七官等) 가운데 제12등이다. 4두품(四頭品)이 올라갈 수 있는 최고의 관등이며, 황색 공복을 입었다.

대사성(大司成) : 조선시대 성균관(成均館)의 으뜸 벼슬인 정3품의 당상관(堂上官) 관직이다. 유학과 문묘(文廟)의 관리에 관한 일을 담당하였다.

대사헌(大司憲) : 조선시대 사헌부(司憲府)의 장관이다. 대헌(大憲)이라고도 하며, 종2품이다. 시정(時政)에 대한 탄핵, 백관에 대한 규찰, 풍속 교정, 억울한 누명의 해원(解寃), 참람허위(僭濫虛僞) 금지 등의 임무를 맡았다.

대아찬(大阿飡) : 신라의 17관등(十七官等) 가운데 제5등이다. 제1등 이벌찬(伊伐飡)으로부터 대아찬까지는 진골(眞骨) 이상인 자만이 받을 수 있고 중요 국사에 참여할 수 있었다. 공복(公服)은 자줏빛이었다.

대언(代言) : 고려・조선시대의 관직이다. 왕명의 하달을 맡은 벼슬로, 1310년(충선왕 2) 승지(承旨)를 고친 이름이다. 공민왕 때 승선(承宣)・승지로 부르다가 1401년(태종 1) 다시 대언으로 하였으나 1433년(세종 15) 승지로 고쳤다.

대장군(大將軍) : 고려시대 종3품 무관직이다. 중앙군에서 상장군(上將軍) 다음가는 직위로, 2군(二軍) 6위(六衛) 8개 단위부대에 각 1인씩 배속되어 총 8인에 이르렀다. 각 군・위의 부지휘관 임무를 담당한 것으로 보인다. 이들은 상장군과 더불어 합의기관인 중방(重房)을 구성하였으며, 이로 인하여 무신의 권력집중이 이루어지게 되었다.

대호군(大護軍) : 조선시대 5위(五衛)에 딸린 무관직이다. 건공장군(建功將軍)・보공장군(保功將軍)이라고도 하였다. 1466년(세조 12) 종3품관으로 확정되어 5위의 고급 지휘관으로 법제화하였다. 당시에는 정원이 14명이었으나 후기에는 12명이 되었다. 임진왜란 후 군제가 문란해짐에 따라 폐지되었다.

덕녕고(德寧庫) : 고려 후기에 국왕이 개인적으로 설치한 재정기관이다. 설치연대는 알 수 없으며, 이제현(李齊賢)의 상서(上書)로 1345년(충목왕 1)에 폐지되었다.

도독(都督) : 중국에서 군정(軍政)을 맡은 지방 관청이다. 도독주군사(都督州軍事)의 약칭으로 주(州)의 자사(刺使)가 겸임하였다. 3국(三國)의 위(魏)나라 문제(文帝) 때 군사권을 장악한 이후 당(唐)나라 때까지 군대의 실권을 장악하였다.

도병마사(都兵馬使) : 고려시대의 국방회의기구이다. 국가의 군기(軍機) 및 국방상 중요한 일을 의정하던 합의기관이다. 도병마사가 설치된 시기는 분명하지 않으며 1011년(현종 2)에 도병마녹사(都兵馬錄事)를 임명한 기록이 처음 나오므로 현종 초에는 도병마사가 설치된 것으로 보인다.

도순문사(道巡問使) : 고려시대의 외관직(外官職)이다. 1281년(충렬왕 7)부터 파견되기 시작하여 하삼도(下三道)의 경우 창왕 즉위년까지, 양계(兩界)의 경우 조선 태종 때까지 존속하였다. 고려 우왕 때에 이르러 원수(元帥)를 겸하면서 도(道)의 군사 업무를 총괄하였다.

도순위사(都巡慰使) : 고려시대의 임시 관직이다. 그 연혁・직무 등은 분명하지 않으나, 대체로 고려 후기에 양계(兩界) 방면에 파견되었던 것으로 추정된다.

도원수(都元帥) : 고려・조선시대 전시에 군대를 통할한 임시 무관직이다. 고려 이후 내외의 전쟁 때 대개 문신의 최고관을 도원수로 임명하고 임시로 군권(軍權)을 주어 군대를 통솔하게 하였다. 한 지방의 병권(兵權)을 맡은 장수를 도원수라 하기도 하였다.

도절제사(道節制使) : 고려 말기에 설치된 양계(兩界) 지역의 장관이다. 1389년(공양왕 1) 종래의 도순문사(都巡問使)를 이 이름으로 고쳐, 대체로 재추(宰樞)로서 이 직을 맡도록 하였다.

도정서(都正署) : 고려시대의 관청이다. 1014년(현종 5) 김훈(金訓)・최질(崔質) 등 무신이 정권을 잡자 3사(三司)를 없애고 그에 대신하여 두었다. 이듬해 이들이 제거되자 없애고 다시 3사로 복구되었다.

도첨의(都僉議) : 고려 후기 중앙에서 모든 국가 행정을 관장하던 기관이다. 1275년(충렬왕 1) 원나라의 간섭으로 중서문하성(中書門下省)과 상서성(尙書省)을 합해 설치한 첨의부(僉議府)로, 1293년(충렬왕 19)에 도첨의사사(都僉議使司)로 이름을 바꾸었다. 1356년(공민왕 5)에 문종 때의 옛 제도에 따라 중서문하성과 상서성이 복구되고 도첨의사사는 폐지되었다.

도통사(都統使) : 고려 후기 출정군의 최고사령관이다. 도원수(都元帥) 이하 여러 장수들을 통솔하였다. 1360년(공민왕 9) 왜구의 대규모 침입 시에 최초로 출현한다. 한편 우왕대 이후로는 한 사람이 몇 개 도(道)의 군사력을 지휘할 수 있는가에 따라 3도도통사니 6도도통사니 하는 직함을 갖게 되었다. 전란이 계속되던 시기에 군권을 장악하고 있는 만큼 이러한 도통사에는 보통 왕이 신임하는 최고위 관료가 임명되었다.

도평의사사(都評議使司) : 고려 후기의 최고 정무기관이다. 전기에 설치되었던 도병마사(都兵馬使)의 후신이며 도당(都堂)이라고도 한다. 도병마사는 989년(성종 8) 동서북면병마사(東西北面兵馬使)를 설치하고 중앙에서 이들을 지휘하기 위한 판사

(判事)를 둔 데서 유래한다. 현종 초를 전후한 시기에 설치되었다.

도호(都護) : 전한(前漢)의 선제(宣帝) 때부터 당나라에 걸쳐서 변경의 여러 번족(蕃族)의 위무(慰撫)나 정벌의 일을 맡아보던 벼슬이다.

동경유수(東京留守) : 고려시대 경주의 최고 통치관이다. 성종 때 경주를 동경이라 칭하고 3품 이상의 관리를 유수로 삼았다.

동녕부(東寧府) : 원나라가 고려의 서경에 설치한 통치기관이다. 원 세조는 1270년(원종 11) 자비령으로 경계를 삼아 그 이북의 지역을 모두 원나라 영토로 만들고 서경에 동녕부를 설치한 후, 최탄(崔坦)을 동녕부총관(東寧府摠管)에 임명하였다. 1290년(충렬왕 16)에 고려의 끈질긴 요구를 받아들여 이 지역을 고려에 돌려주고, 동녕부를 요동으로 옮겼다.

막리지(莫離支) : 고구려의 최고관직이다. 막리지의 실체에 대해서는 의견이 분분하다. 먼저, 막리지를 고구려 제1관등인 대대로(大對盧)와 같다고 보는 견해가 있는데, 3년마다 다수의 막리지 중에서 대대로가 선출된 것으로 본다. 또 다른 의견으로는 제2관등인 태대형(太大兄)으로 보는 견해가 있다.

만호(萬戶) : 고려·조선시대의 무관직이다. 몽골식 명칭으로서 1281년(충렬왕 7) 고려와 원의 연합군에 의한 일본 정벌, 즉 동정(東征)을 할 때 중군(中軍)·좌군(左軍)·우군(右軍)에 3개의 만호를 두었다. 그 후 개경의 순군만호(巡軍萬戶)를 비롯하여 합포·전라·탐라·서경 등에 5개 만호가 증설되었다.

모시박사(毛詩博士) : 541년(성왕 19)에 백제가 양나라에서 초청했던 『시경(詩經)』에 정통한 학자이다. '모시'는 『시경』의 다른 이름으로서, 한나라의 모형(毛亨)·모장(毛萇)이 전한 것이기 때문에 생긴 명칭이다.

목사(牧使) : 고려 중엽 이후와 조선시대 관찰사 밑에서 목(牧)을 맡아 다스린 정3품 외직(外職) 문관이다. 목사는 신라 때의 군주(軍主)와 그 직위가 같으며, 보통 병권을 가졌다.

문하시랑(門下侍郎) : 문하시랑평장사와 동일하다. → 문하시랑평장사

문하시랑평장사(門下侍郎平章事) : 고려시대 중서문하성(中書門下省)의 정2품 관직이다. 문하시랑(門下侍郎)·문하평장사(門下平章事)라고도 한다. 문하시중(門下侍中)의 다음 자리로 내사시랑평장사(內史侍郎平章事)와 같은 지위이다.

문하시중(門下侍中) : 고려시대의 최고 관직이다. 문하성의 장관으로, 수상직을 수행하였다.

문하주서(門下注書) : 고려 후기 문하부(門下府)의 종7품 관직으로, 중서주서(中書注書)의 후신이다. 국초의 내의성(內議省)이 내사성(內史省)·중서성(中書省)·도첨의부(都僉議府)·문하부로 개정될 때마다 내사주서·중서주서·도첨의주서·문하주서로 여러 번 바뀌었다. 그 직임은 문하부의 문서 또는 기록을 관장하는 것이었다.

문하찬성사(門下贊成事) : 고려 후기 문하부(門下府)의 정2품 벼슬이다. 고려 전기의 문

하평장사(門下平章事) 및 중서평장사(中書平章事)의 후신이다. 1275년(충렬왕 1) 원나라의 요구에 따른 관제개혁에서 평장사가 찬성사로 바뀌었다가, 1356년(공민왕 5) 다시 평장사로 환원되었다.

밀직(密直) : 고려시대 밀직사(密直司)의 관직이다. 1275년(충렬왕 1) 추밀부사(樞密副使)를 고친 이름이다. 처음에는 종2품의 부사 4명을 두었다가 1311년(충선왕 3)에 부사의 품계를 정3품으로 낮추어 고려 말까지 이어졌다.

밀직부사(密直副使) : 고려시대 밀직사(密直司)의 관직이다. 1275년(충렬왕 1) 추밀부사(樞密副使)를 고친 이름이다. 처음에는 종2품의 부사 4명을 두었다가 1311년(충선왕 3)에 부사의 품계를 정품으로 낮추어 고려 말까지 이어졌다.

밀직사(密直使) : 밀직사사(密直司使)라고도 한다. 고려 후기 밀직사에 속한 종2품 벼슬로, 충렬왕 1년(1275)에 추밀원사(樞密院使)를 고친 것이다.

밀직제학(密直提學) : 고려 말기 밀직사(密直司)에 둔 정3품의 관직이다. 문종 때 중추원(中樞院)에 두었던 직학사(直學士)를 충렬왕 때 제학(提學)으로 고쳤다. 1369년(공민왕 18)에 이를 학사(學士)라 하였다가 다시 제학으로 고쳤다.

박사(博士) : 고대의 전문 학자 및 기술자에게 주던 벼슬 이름이다. 삼국시대에 이르면, 고구려에서 태학박사(太學博士) 이문진(李文眞)이 『신집(新集)』 5권을 편찬했다는 기록과 백제에서 근초고왕 때 박사 고흥(高興)이 『서기(書記)』를 지었다는 기록이 각각 『삼국사기』에 보인다.

박사(博士) : 고려시대 국자감(國子監)에서 유학과 전문 기술의 교육을 담당한 관직이다. 이밖에 사천대(司天臺)에는 복박사(卜博士), 태의감(太醫監)에는 의학박사(醫學博士)와 주금박사(呪噤博士)를 두어 각각 전문 기술을 교육하였다. 그리고 태상시(太常寺)에는 태상박사(太常博士)를 두었는데, 이 태상박사는 교육보다도 의례에 관한 찬술과 시호의 제정 등을 맡았다.

별장(別將) : 고려시대 정7품의 무관직이다. 중앙군의 하급 장교로, 바로 위의 직위인 낭장(郎將)과 마찬가지로 2군(二軍) 6위(六衛)에 222명이 소속되었고, 그 밖에 도부외(都府外) 2인, 의장부(儀仗府) · 견예부(堅銳府)에 각 1인, 충용위(忠勇衛) 20인 등 총 246인이 있었다.

별초군(別抄軍) : 고려시대의 임시 특별부대이다. 글자 그대로 필요할 때마다 선발하여 조직한 임시적인 성격의 결사대 또는 선봉대로서 무신정권 시기 국가의 공병(公兵)이 약화되면서 크게 발달하였다. 1174년(명종 4) 조위총(趙位寵)의 난을 토벌할 때나 1216년(고종 3) 거란침입 때 별초군이 파견되었다. 그 뒤 점차 임시적인 성격을 넘어 상설부대로서 공병의 역할을 하고 무신들의 사병으로 이용되기도 하였다.

별초지유(別抄指諭) : 별초군의 지유를 가리킨다. 지유는 고려시대의 무관 보직으로, 단위 부대 지휘관의 칭호이다.

병마녹사(兵馬錄事) : 고려시대의 지방관직이다. 1042년(정종 8) 병마사제(兵馬使制)를 정비하면서 동서북면에 병마사(兵馬使) 1인(3품), 지병마사(知兵馬使) 1인(3품), 병마부사(兵馬副使) 2인(4품), 병마판관(兵馬判官) 3인(5・6품)과 함께 병마녹사 4인을 두었다.

병마사(兵馬使) : 고려시대 중앙군의 지휘관이다. 병마사에는 중앙군의 전투동원을 위해 조직된 5군(五軍)의 지휘관인 중(中)・전(前)・후(後)・좌(左)・우군병마사(右軍兵馬使), 임시 부대의 지휘관인 행영병마사(行營兵馬使), 추가 파견 부대의 지휘관인 가발병마사(加發兵馬使) 등이 있었다. 이들은 비상시 군의 출동이 필요할 때 임명되었다. 이 제도는 북방 특수지역인 동계(東界)・북계(北界)의 양계(兩界)에서 군사・행정을 담당하는 기구로 두어졌다.

병마판관(兵馬判官) : 고려시대에 북방의 동・서 양계(兩界) 지방에 둔 외직(外職) 무관 벼슬이다. 품계(品階)는 5품에서 6품까지이며 정원은 양계에 각각 세 명씩이었다.

병부(兵部) : 신라・고려시대에 군사에 관한 사무를 관장한 관청이다. 신라시대의 병부는 중앙행정관청인 13부 가운데 하나로, 군사업무를 총괄하였다. 고려시대에 병부는 무선(武選 : 무신들의 인사)・군무(軍務)・의위(儀衛)・우역(郵驛) 등의 일을 맡아보았다.

병부령(兵部令) : 신라시대 병부(兵部)의 으뜸 벼슬이다. 병부령의 관등은 대아찬(大阿飡)에서 태대각간(太大角干)까지로, 법흥왕 때에는 1명을 두었다가 진흥왕과 태종무열왕 때 각각 1명씩 늘려 모두 3명을 두었다. 재상과 사신(私臣)을 겸하기도 하였다.

병부상서(兵部尙書) : 고려시대 정3품의 관직으로 군사에 관한 사무를 맡아본 병부(兵部)의 장관이다.

보흥고(寶興庫) : 1340년(충혜왕 복위 1) 충혜왕이 수탈・사리(私利)를 목적으로 사설(私設)한 재정기구이다. 원나라를 오가며 사치・향락에 빠진 충혜왕은 그 비용 마련을 위하여 백성의 땅 등 재산을 빼앗아 여기에 속하게 하였다.

복야(僕射) : 고려시대 상서도성(尙書都省)・도첨의사사(都僉議使司)・상서성(尙書省)의 정2품 벼슬로 좌(左)・우복야(右僕射)가 있었다.

부사(副使) : 고려시대의 관직이다. 중추원(中樞院)에 속한 정3품, 3사(三司)에 속한 종4품 벼슬로, 사(使)의 다음이다.

부원대군(府院大君) : 고려시대와 조선 초기에 친왕자에게 봉한 작호이다. 고려 초기에 사용하다가 현종 때는 사용하지 않고, 충렬왕 이후 다시 사용하였다. 조선 왕조가 창건된 뒤 얼마동안 고려 충렬왕 이후의 법제를 그대로 사용하여 구(舊) 고려 종실(宗室)에 있던 제공(提控)을 부원대군이라 하였다. 얼마 뒤 대군(大君)으로 대치하고 종래의 호칭은 폐지하였다.

부원수(副元帥) : 고려・조선시대 전시(戰時)에 임명하는 임시 벼슬이다. 도원수(都元帥)・상원수(上元帥) 또는 원수(元帥)에 버금가는 군대의 통솔자이다.

부유수(副留守) : 고려시대 옛 도읍지나 행행지(行幸地) 및 군사 요충지에 설치되었던 관서인 유수부(留守府)의 차관이다. 유수(留守)의 다음으로, 품계는 처음에 4품 이상으로 하였다가 뒤에 정3품으로 하였다.

사의대부(司議大夫) : 고려시대 문하부(門下府)의 관직이다. 본래 목종 때에 좌(左)·우간의대부(右諫議大夫)가 있었는데, 1116년(예종 11)에 좌·우사의대부로 고쳤다. 간관(諫官)의 임무를 담당하였고, 수직자(受職者)의 고신(告身)을 심사하고 동의하는 서경(署經)의 권한도 가지고 있었다.

사찬(沙飡) : 신라의 17관등(十七官等) 가운데 제8등이다. 살찬(薩飡)·사돌간(沙咄干)·사간(沙干)이라고도 한다. 520년(법흥왕 7)에 제정되었으며, 차관에 해당하는 관직에 임명되었다. 공복(公服)의 빛깔은 비색(緋色)이었다.

산원(散員) : 고려시대의 중앙군인 2군(二軍) 6위(六衛)의 정8품 무관직이다. 산원은 응양군(鷹揚軍)에 3명을 배치한 것 외에는 각 영(營)마다 5명씩 두어 전체 223명을 설치하였다. 이로 보아 200명 단위부대에 속하였으며 그 지휘관인 낭장(郞將)과 부지휘관인 별장(別將)의 보좌관이었던 것으로 추정된다.

산행병마사(山行兵馬使) : 1176년(명종 6) 망이(亡伊)·망소이(亡所伊) 등이 반란을 일으켰을 때, 스스로 일컫던 벼슬 이름으로 고려시대 공식적인 관직이 아니다.

삼별초(三別抄) : 고려 무신정권 때의 특수군대이다. 1219년(고종 6) 최충헌의 정권을 계승한 최우(崔瑀)가 방도(防盜) 등 치안유지를 위해 설치한 야별초(夜別抄)에서 비롯되었다.

삼사(三司) : 호부(戶部)와 함께 고려시대 국가재정의 중추적 기능을 담당했던 중앙 기구로, 조선왕조 건국 이후에도 삼사의 정치적 위상과 기능은 그대로 계승되었다. 그러나 1405년(태종 5) 태종이 6조(六曹)의 기능을 강화시키기 위해 사평부(司平府)를 호조(戶曹)에 병합시키면서 폐지되었다.

삼사사(三司使) : 고려시대 삼사(三司)에 속한 정3품 벼슬이다. 충렬왕 때 좌사(左使)와 우사(右使)로 나누고 공민왕 11년(1362)에 정2품으로 올렸다.

삼사좌사(三司左使) : 삼사사가 나뉜 것이다. → 삼사사

상군사(上軍使) : 고려시대 993년(성종 12)에 거란의 침입을 막기 위해 임시로 두었던 군직의 하나이다.

상대등(上大等) : 신라의 최고 관직이다. 상대등은 국사를 관장하고 귀족·백관회의인 화백(和白)을 주재(主宰)하며 귀족연합의 대변자이기도 하였다.

상상(上相) : 으뜸인 재상이란 말로, 시중(侍中)이나 영의정(領議政)을 가리킨다.

상서(尙書) : 고려시대의 상서6부(尙書六部)의 정3품 관직이다. 재상에 들지 못하였기 때문에 국사를 의결하지는 못하였으나 8좌(八座)의 하나가 되어 같은 3품 중에서도 재상으로 올라가는 우위직이었다. 6부의 업무를 국왕에게 직접 아뢰는 일을 하였다.

상원수(上元帥) : 고려시대 무관직이다. 원수는 원래 상설관이 아니고 군대가 동원될 때 이를 지휘하기 위해서 동원된 통수직(統帥職)이었다. 그런데 고려 말 왜구가 창궐

하여 전국적으로 군대를 상주시킬 필요가 있게 되자, 각지에 원수를 파견하여 거의 상설관화되었다. 각 도에 파견된 원수의 수는 정해져 있지 않았으나, 점차 늘어나 명령계통이 서지 않는 문제가 발생하기도 하였다.

상장군(上將軍) : 고려 때 중앙군 최고 사령관의 관직명으로 품계는 무반의 최고 품계인 정3품이다. 2군(二軍) 6위(六衛)에 1인씩 8명이 기본 편제이며, 각 군의 대장군(大將軍)과 함께 중방(重房)을 구성하였다.

상주국(上柱國) : 중국 전국시대부터 사용된 관명(官名)으로 나라에 큰 공을 세운 사람에게 부여되는 훈직(勳職)이었다. 흔히 벼슬은 관(官)·작(爵)·훈(勳)으로 구별되는데, 이 가운데 훈은 국가에 공이 있는 사람에게 주는 명예직이다. 고려에서는 문종 통치 시기부터 첫째 등급의 훈위(勳位)에 해당하는 정2품에 이 명칭을 사용하였다.

상평창(常平倉) : 중국·한국에서 곡가(穀價) 조정을 위하여 국가에서 설치한 창고이다. 이 정책의 배후에는 곡가의 변동에 따라 생활을 위협받는 일반농민을 보호하고, 반대로 그에게서 부당한 이윤을 취하는 상인의 활동을 억제하려고 하는 의도, 즉 중농억상사상(重農抑商思想)이 깔려 있다.

서경유수(西京留守) : 서경에 상주하는 행정장관으로 종2품의 관직이다. 경관(京官)이 겸직하는 것이 통례였으나 공민왕 이후로는 겸직을 허용하지 않았다.

서발한(舒發翰) : 각간과 동일하다. → 각간

서북면도순검사(西北面都巡檢使) : 고려시대에 지방에 임시로 파견하던 무관이다. 1009년(목종 12) 강조(康兆)가 서북면도순검사(西北面都巡檢使)가 되어 서경에 파견되었다.

서운관(書雲觀) : 고려·조선시대의 관청이다. 고려시대에는 천문(天文)·역수(曆數)·측후(測候)·각루(刻漏)의 일을 맡아보았다.

선무사(宣撫使) : 조선시대에 국왕이 특별히 지방에 파견한 사신이다. 지방에 어려운 일이 있을 때 보낸 임시 직책으로, 1862년(철종 13) 삼남에 민란이 일자 조구하(趙龜夏)를 전라도선무사로, 이삼현(李參鉉)을 경상도선무사로 파견하여 민란의 실태를 파악하고 백성을 위무하도록 하였다.

선유사(宣諭使) : 병란이 났을 때 임금의 명령을 받아 백성을 훈유하던 임시 벼슬이다.

성균관(成均館) : 고려 말·조선시대 최고의 교육기관이다. 한국 최고의 학부기관으로서 '성균'이라는 명칭이 처음 사용된 것은 1289년(충렬왕 15)에 국자감(國子監)의 명칭을 '성균'이라는 말로 바꾸면서부터이다. 1308년(충선왕 1년)에 성균관으로 개칭되었고, 공민왕 때 국자감으로 명칭이 바뀌었다가, 1362년(공민왕 11)에 다시 성균관이라는 이름을 찾았다.

성균대사성(成均大司成) : 고려 말·조선시대 성균관의 으뜸 벼슬이다. 사장(師長)이라고도 불렀으며, 문과 출신의 학문이 뛰어난 자로서 보임하였다. 1366년(공민왕 15) 성균관을 다시 짓고 이색(李穡)을 겸대사성(兼大司成)으로 임명한 것으로부터 비롯되었다.

성균좨주[成均祭酒] : 성균관의 좨주를 가리킨다. 좨주는 고려·조선시대의 관직으로, 고려시대에는 국자감(國子監)·성균감(成均監)·성균관의 종3품 벼슬이었다. 조선시대는 성균관에서 교회(敎晦)하는 일을 맡아보던 종3품관으로, 특히 학덕이 높은 사람을 임명하였다. 1401년(태종 1) 사성(司成)으로 고쳤다.

성주(星主) : 신라 때부터 조선 초까지 제주 지역의 토착 세력 가운데 최상위 토호가 역임했던 관직이다. 외관(外官)의 역할을 대신하거나 혹은 외관과 협력 관계를 맺으며 중앙 정부의 제주 지역 관할에 참여하였다.

성헌(省憲) : 사간원(司諫院)·사헌부(司憲府)의 관원을 가리킨다.

수문하시중(守門下侍中) : 고려시대의 관직으로, 중서문하성(中書門下省)의 종1품 재신(宰臣)이다. 1356년(공민왕 5) 첨의부(僉議府)를 중서문하성과 상서성(尙書省)으로 분리할 때, 좌(左)·우정승(右政丞)을 문하시중(門下侍中)과 수문하시중으로 고쳤는데, 1362년(공민왕 11)에는 다시 첨의좌정승(僉議左政丞)·첨의우정승(僉議右政丞)으로 환원하였다.

수시중(守侍中) : 고려시대 문하부(門下府)의 으뜸 벼슬이다. 1356년(공민왕 5)에 우의정(右議政)을 고친 것으로, 그 후 우정승(右政丞)·우시중(右侍中)으로 고치고 창왕 때 다시 이 이름으로 고쳤다.

수태사(守太師) : 고려시대 왕자·부마·비부(妃父) 등의 종실과 공신 및 고위 관원에게 내린 벼슬의 하나이다. 태보(太保)·태부(太傅)와 함께 3사(三師)라 불렸고 이 가운데 가장 높은 벼슬이다.

순검사(巡檢使) : 고려시대 순찰과 치안 유지를 주로 맡아보던 순검군(巡檢軍)의 지휘관이다. 설치시기는 알 수 없으나 목종과 현종 때 서북면과 동북면에 도순검사(都巡檢使)를 파견했다는 기록이 있다. 무신정권기에 순검군은 집권무신의 사병(私兵)으로 변질되었으며, 치안 유지를 위해 야별초(夜別抄)가 설치되면서 곧 폐지된 것으로 보인다.

승부령(乘府令) : 신라시대에 궁중의 노부(鹵簿 : 왕실의 의장제도)와 마필(馬匹)·거승(車乘)에 관한 일을 관장한 관청이다.

승상(丞相) : 고려 후기 정동행성(征東行省)의 종1품 최고 관직이다. 본래 중국에서 군주를 보필하는 최고 관직으로, 원나라에 들어와 중서성(中書省)과 행중서성(行中書省 : 行省)에 모두 설치되었다. 고려에는 1280년(충렬왕 6) 정동행성이 처음 설치된 뒤 1288년에 충렬왕이 정동행성좌승상(征東行省左丞相)에 임명되고, 그 뒤 고려 국왕은 모두 이 관직을 겸하여 국왕승상(國王丞相)으로 불리었다.

승선(承宣) : 고려와 조선시대에 왕명의 출납을 관장한 관직이다. 이들은 백관이 국왕에게 올리는 모든 문서를 접수·검토하여 왕에게 전달하고 왕명을 받아 하달하였으며, 이를 대변하기도 하였다. 따라서 이들을 임금의 몸이라 하여 용후(龍喉) 또는 후설직(喉舌職)이라고도 하였다.

시독(侍讀) : 경연(經筵)에서 글을 강의하는 벼슬 이름이다.

시중(侍中) : 고려시대 최고 정무기관인 중서문하성(中書門下省)의 수상직으로 종1품에 해당되었다. 신라 때는 747년(경덕왕 6) 집사성(執事省)의 중시(中侍)를 시중으로 고쳤고, 태봉 때는 광평성(廣評省)의 광치나(匡治奈)를 시중으로 개칭하였다. 고려는 이런 전통과 함께 982년(성종 1)에 당나라의 관제를 채용하여 내사문하성(內史門下省)을 설치하면서 처음으로 시중을 두었으며, 1061년(문종 15)에 중서문하성으로 개편할 때 정원과 품계를 정하였다.

신기(神騎) : 신기군(神騎軍)을 가리킨다. 고려시대 신보군(神步軍)·항마군(降魔軍)과 더불어 별무반(別武班)을 이룬 기병부대(騎兵部隊)이다. 1104년(숙종 9)에 설치되었다. 특수군대의 하나로 문무산관(文武散官)으로부터 서리(胥吏)·상인·복례(僕隷) 및 주부군현(州府郡縣)에 있는 사람에 이르기까지 말을 가진 자는 이에 소속되었다.

심양왕(瀋陽王) : 심왕(瀋王)이라고도 한다. 고려 후기 심주(瀋州)·요양(遼陽)의 고려인들을 통치하기 위해 원나라에서 고려의 왕족에게 수여한 봉호(封號)이다. 1307년(충렬왕 33)에 충선왕이 원 무종(武宗) 옹립에 공을 세우자, 이듬해 그를 심양왕(瀋陽王)으로 삼았고 1310년(충선왕 2)에 심왕으로 고쳐졌다. 원나라에서 왕족·부마들에게 진봉(進封)하였던 제왕(諸王)의 반열에 들었으며, 서열은 39위로서 41위인 고려 국왕보다 상위에 있었다.

쌍성총관부(雙城摠管府) : 고려시대에 원나라가 화주(和州)에 둔 통치기구이다. 1356년(공민왕 5) 추밀원부사(樞密院副使) 유인우(柳仁雨)를 동북면병마사(東北面兵馬使)에 임명하여 이 지역을 공략하게 하였는데 천호(千戶) 이자춘(李子春)의 협력으로 탈환하여 쌍성총관부를 폐지하고 화주목(和州牧)을 설치하였다.

아찬(阿飡) : 신라의 17관등(十七官等) 가운데 제6등으로, 6두품(六頭品) 신분층이 오를 수 있는 한계 관계이다. 아척간(阿尺干)이라고도 한다. 세분화하여 아찬부터 중아찬(重阿飡)·3중아찬·4중아찬으로 올라가는데, 6두품 신분층은 중아찬으로 승급이 끝난다.

안동도호부(安東都護府) : 고구려 멸망 후, 당나라가 고구려의 옛 땅에 둔 최고 군정기관(軍政機關)이다. 668년(문무왕 8) 당나라 군사가 고구려를 멸망시킨 뒤 그 영토를 9도독부(九都督府)·42주(四十二州)·100현(百縣)으로 나누고, 이를 관장하기 위하여 평양에 안동도호부를 설치하여 당나라 장수 설인귀(薛仁貴)를 도호부사로 삼아 통치하도록 하였다.

안렴사(按廉使) : 고려 지방행정구획인 5도(道)의 장관이다. 안찰사(按察使)가 처음 기록에 나타난 것은 1037년(정종 3)이었다. 이후 1276년(충렬왕 2)에 안렴사로 개칭되었고, 충선왕 즉위 후 제찰사(提察使)로 바뀌었다가 다시 충숙왕 후년에 안렴사로 환원되는 과정을 밟았지만 제도로서는 고려 말까지 계속되었다.

안무사(安撫使) : 고려시대의 외관직(外官職)이다. 1107년(예종 2)에 백성의 어려움을 살피고 수령의 근무태도를 조사하여 고과를 매기는 일을 그 임무로 하는 안무사를 여러 도에 보냈다. 후기의 안무사는 실제로는 지방에 변란이 일어났을 때에 파견되었으며 지방 군현(郡縣)의 떠돌아다니는 백성을 안집(安集)하는 것을 임무로 하였다.

안찰사(按察使) : 고려 최고 지방행정구획인 5도의 장관으로, 안렴사(按廉使)의 후신이다. 충숙왕대에 다시 안렴사로 환원된다.

야별초(夜別抄) : 고려 고종 때의 집권자 최우(崔瑀)가 도성(都城) 안에 도둑이 많아 이를 막기 위하여 설치한 것이다. 점차 기능과 권한이 확대되고 인원도 많아져, 이를 좌・우별초로 나누어 편성하였다. 도둑잡기뿐만 아니라, 몽골의 침입이 있자 몽골군과도 싸워 공을 세웠다. 또한 몽골군과 싸울 때 포로가 되었다가 탈출하여 온 자들을 모아 또하나의 별초로 신의군(神義軍)을 조직하고, 이를 좌・우별초와 합하여 3별초(三別抄)라 하였다.

양현고(養賢庫) : 고려시대의 장학재단이다. 1119년(예종 14) 사학(私學)의 융성으로 위축된 관학(官學)의 진흥을 위하여 설치하였다. 예종은 이전의 국자감(國子監)을 국학으로 고치면서 일대 개혁을 단행하였다. 많은 학생을 수용할 수 있는 학사(學舍)를 신축함과 동시에 학생의 교육 및 국학의 재정적 뒷받침을 위하여 국학 안에 양현고를 설치하여, 당시의 유학생 60명과 무학생(武學生) 17명의 뒷바라지를 하게 하였다.

어사대(御史臺) : 고려시대에 시정(時政)의 잘잘못을 논의하고 풍속을 교정하며 백관을 규찰하고 탄핵하는 일을 맡은 관청이다. 국초에 설치한 사헌대(司憲臺)를 995년(성종 14)에 개편한 것이다. 1014년(현종 5)에 김훈(金訓) 등이 무신난을 일으키자 금오대(金吾臺)로 고쳤다가 그 뒤 어사대・사헌대로 바꾸었고, 1023년에 다시 어사대로 개칭하였다.

어사대부(御史大夫) : 고려시대 어사대(御史臺)의 정3품 관직이다. 판사(判事)와 함께 어사대를 이끌던 으뜸 벼슬로, 995년(성종 14) 국초의 사헌대(司憲臺)를 어사대로 개편하면서 두었다. 1298년(충렬왕 24) 어사대가 사헌부(司憲府)로 개칭된 이후 대사헌(大司憲)으로 개칭되어 정2품관으로 승격되었으며, 이 명칭이 조선시대에까지 이어진다.

어사도성(御事都省) : 고려시대의 정무집행기관이다. 982년(성종 1)에 당나라 제도를 채용하여 어사도성을 두고 아래에 선관(選官)・병관(兵官)・민관(民官)・형관(刑官)・예관(禮官)・공관(工官) 등의 어사6관(御事六官)을 설치하였다. 995년에 상서도성(尙書都省)과 상서6부(尙書六部)로 고치면서 이부(吏部)・병부(兵部)・호부(戶部)・형부(刑部)・예부(禮部)・공부(工部)를 두었다.

어사중승(御史中丞) : 고려시대 어사대(御史臺)의 관직이다. 995년(성종 14) 어사대의 설치와 함께 처음 두어졌으며 문종 때 정원 1명으로 정비되었다. 어사대가 사헌대(司憲臺)・사헌부(司憲府)로 바뀌면서 중승・사헌중승(司憲中丞)으로 불리기도 하였다.

역리(驛吏) : 전근대 역(驛)의 실무를 집행한 역의 향리층이다. 역리의 경우 일반 행정단위의 향리보다는 낮은 대우를 받았다.

영삼사사(領三司事) : 고려시대에 회계 출납의 업무를 담당하였던 삼사(三司)의 벼슬이다. 원래 삼사의 최고 관직은 판삼사사(判三司事)였는데, 우왕 때 영삼사사를 두어 최고의 관직으로 삼았다.

예부상서(禮部尙書) : 고려시대 예의・제향(祭享)・조회(朝會)・교빙(交聘)・학교・과거에 관한 일을 관장하던 예부의 으뜸 벼슬이다.

예부시랑(禮部侍郎) : 고려시대 예부의 정4품 벼슬이다.

우군만호(右軍萬戶) : → 만호

우보(右輔) : 고구려의 관직으로 우상(右相)이라고도 한다. 25년(대무신왕 8) 을두지(乙豆智)를 우보로 삼아 군사에 관한 정사를 맡겼다는 기사와 166년(신대왕 2)에 좌보(左輔)와 우보를 합쳐 국상(國相)으로 고쳤다는 기사로 보아, 대개 국가의 군국지사(軍國之事)를 담당하던 관직으로 여겨진다.

우복야(右僕射) : 고려시대 상서성(尙書省)에 속한 정2품 관직이다. 상서우복야(尙書右僕射)라고도 한다. 정원 1명으로, 995년(성종 14) 처음 설치하였으며, 문종 때 품계・정원을 정하였다. 1275년(충렬왕 1) 폐지하였고, 1356년(공민왕 5) 다시 두었으나 1362년 폐지하였다.

우상시(右常侍) : 고려시대 문하성(門下省)의 정3품 관직이다. 문종 때 우산기상시(右散騎常侍)를 개칭한 것이다. 좌상시(左常侍)와 함께 낭사(郎舍)의 최고위직으로 간쟁・봉박(封駁)・서경(署經) 등의 일을 담당하였다. 1275년(충렬왕 1) 첨의부(僉議府)가 설치되면서 폐지되었으나, 1298년에 우산기상시로 부활하였으며, 곧 바로 다시 바뀌었다.

우시중(右侍中) : 고려시대 백관의 서무와 간쟁을 관장하던 도첨의사사(都僉議使司)・도첨의부(都僉議府)・문하부(門下府)의 종1품 벼슬이다. 도첨의부와 문하부는 도첨의사사의 후신이다.

우정언(右正言) : → 정언

원외랑(員外郎) : 고려시대 상서6부(尙書六部)의 정6품 관직이다. 정원은 이부(吏部) 1명, 고공(考功)・병부(兵部)・호부(戶部)・형부(刑部)・도관(都官)・예부(禮部)・공부(工部) 등은 각 2명이다.

유수(留守) : 고려・조선시대 수도 이외의 옛 도읍지나 국왕의 행궁이 있던 곳, 군사적인 요지에 두었던 유수부(留守府)의 관직이다. 고려시대는 옛 왕경인 3경(三京)에다 유수부를 설치하고 유수관을 두었다. 조선시대에는 삼경제도를 벗어나 수도방위를 위한 행정적・군사적 중요 지역에 유수부를 두어 유수를 파견하였다.

응방(鷹坊) : 고려・조선시대에 매의 사냥과 사육을 위해 두었던 관청이다. 응방 제도는 몽골이 조공품(朝貢品)으로 요구하는 해동청(海東靑 : 사냥매)을 잡고 길러서 몽골에 보내기 위해 설치하였다.

이벌찬(李伐湌) : 각간과 같다. → 각간

이부(吏部) : 고려시대 상서6부(尙書六部) 중 하나이다. 982년(성종 1) 선관(選官)이라 하여 문관의 인사와 공훈이 있는 자에게 봉작을 주는 일을 맡게 하였다. 995년 상서이부(尙書吏部)로 개편된 후 1275년(충렬왕 1) 이후에는 예부(禮部)와 합쳐졌다가 분리되고 명칭도 여러번 바뀌었다. 1356년(공민왕 5) 문종관제로 복귀할 때 이부가 된 후로도 명칭이 여러번 바뀌다가 1389년(공양왕 1)에 이조(吏曹)로 개칭된 뒤 조선시대로 이어졌다.

이부상서(吏部尙書) : 이부의 상서이다. 상서는 고려시대의 상서6부(尙書六部)의 정3품 관직으로, 소속 부(部)의 업무를 국왕에게 직접 아뢰는 일을 하였다. 재상에 들지 못하였기 때문에 국사를 의결하지는 못하였으나 8좌(八座)의 하나가 되어 같은 3품 중에서도 재상으로 올라가는 우위직이었다.

이조(吏曹) : 고려・조선시대의 중앙행정 기구인 6조(六曹) 가운데 하나이다. 고려는 국초에 선관(選官)이라 하여 문관(文官)의 선임(選任)・공훈(功勳)・봉작(封爵) 등의 일을 총괄하게 하였다가 995년(성종 14) 상서이부(尙書吏部)로 개편하였다.

이찬(伊飡) : 신라의 17관등(十七官等) 가운데 제2등이다. 이척찬(伊尺飡)이라고도 하는데, 진골(眞骨) 신분층이 차지할 수 있는 관등이지만, 태종무열왕 이전에는 성골(聖骨) 출신도 있었던 것으로 보인다. 자색(紫色) 공복(公服)을 입었다.

일길찬(一吉飡) : 신라의 17관등(十七官等) 가운데 제7등이다. 일길간(一吉干)・을길간(乙吉干)이라고도 한다. 진골(眞骨)과 6두품(六頭品)이 오를 수 있었으며, 비색(緋色) 공복(公服)을 입었다.

자사(刺史) : 한나라 때 군(郡)・국(國)을 감독하기 위하여 각 주(州)에 둔 검찰관이다. 행정장관이 아니므로 일정한 위치 없이 항상 관내를 이동하였다. 처음에는 직위가 군의 태수(太守)보다 낮았으나 점차 지위가 높아져 한 주의 장관으로서 군사・민정을 관장하는 군벌(軍閥)로 발전하였다. 당・송나라를 거쳐 명나라 때 폐지되었으나, 후에 지주의 존칭으로 쓰였다.

자제위(子弟衛) : 고려 공민왕 때 궁중에 두었던 관청이다. 1372년(공민왕 21) 왕권을 강화하고 실지회복을 하기 위한 인재를 양성할 목적으로 궁중에 설치하였다.

장군(將軍) : 고려시대 정4품 무관직이다. 중앙군에서 세 번째 서열에 해당되는 계급이다. 1,000명 단위 부대인 2군(二軍) 6위(六衛) 각 영(領)에 1인씩 편성되어 부대장이 되었다. 그러나 2군 6위에 소속된 45인 이외에도 충용위(忠勇衛)에 4인이 더 있어 총 49인이다. 이들의 합의기관으로는 장군방(將軍房)이 있었는데, 때로는 상장군(上將軍)・대장군(大將軍)의 합의기구인 중방(重房)과 대립되는 일도 있었다.

장군방(將軍房) : 고려・조선시대 무관들의 협의기구이다. 조선시대에 각 영(領)에 두었던 장군들이 고려와 같은 장군방을 구성하여 군사문제를 협의하였다. 1400년(정종 2) 폐지하였다가, 1406년(태종 6) 호군방(護軍房)으로 개칭하여 다시 설치하였다.

장리(將吏) : 군관(軍官)의 통칭이다.

재추(宰樞) : 고려시대 재부(宰府)의 재신(宰臣)과 중추원의 추신(樞臣)을 아우르는 말이다.

전교시(典校寺) : 고려시대에 경적(經籍)・축문(祝文)・상소(上疏) 등을 맡아본 관청이다.

전법판서(典法判書) : 고려시대 법률(法律)・사송(詞訟)・형옥(刑獄)에 관한 일을 맡아보던 전법사(典法司)의 벼슬 이름이다. 정3품의 품계로서 판사(判事) 다음에 해당한다.

전중내급사(殿中內給事) : 고려 전중성(殿中省)의 종6품 벼슬이다. 전중성은 종정시(宗正寺)와 함께 종부시(宗簿寺)의 전신으로 종친의 보첩을 맡고 있던 관아였다. 문종 이후에 전중시(殿中寺)로 고쳤다가 1298년(충렬왕 24)에 충선왕이 선위를 받아 관제를 개혁할 때 종정시로 고쳤다. 그 뒤 1310년(충선왕 2)에 다시 종부시로 개칭하였다. 내급사는 종5품의 승(丞)과 더불어 전중성 내지 종정시의 실무를 맡고 있었다.

절도사(節度使) : 고려・조선시대의 외관직(外官職)이다. 고려시대에는 995년(성종 14) 지방행정구역을 12주(州)로 나누고 주 장관으로 절도사를 두었으며, 조선시대에는 병마절도사(兵馬節度使)와 수군절도사(水軍節度使)로 나누어 각 주진(主鎭)을 관장하였다.

절제사(節制使) : 고려・조선시대의 무관직이다. 고려시대에는 1389년(공양왕 1) 무관의 원수(元帥)를 절제사로 고쳐 외직(外職)으로 나갈 때는 주(州)・부(府)의 장관직을 겸직하게 하였다. 조선시대에는 병마(兵馬)・수군(水軍)으로 구분하여 정3품관으로 임용하고, 각 지방의 거진(巨鎭)을 지휘하였다.

정당문학(政堂文學) : 고려・조선시대 국가 행정을 총괄하던 관직이다. 고려시대에는 내사문하성(內史門下省)과 이를 개칭한 중서문하성(中書門下省)의 종2품 문관 벼슬이다. 1275년(충렬왕 1) 중서문하성이 첨의부(僉議府)로 개편되면서 참문학사(參文學事)로 개칭되었으나 1290년에 다시 정당문학으로 고쳤다. 충선왕 때 잠시 폐지했다가 뒤에 중서문하성・문하부(門下府)에 이 관직을 두어 조선에 계승되었다.

정동중서성(征東中書省) : 고려 후기 원나라가 일본 원정을 위해 고려에 설치한 전방사령부이다. 정식 명칭은 정동행중서성(征東行中書省)으로 '정동'은 일본정벌을 뜻하고, '행중서성'은 중앙정부의 중서성(中書省)의 지방파견기관을 뜻하는 것이다. 보통 정동행성으로 불리며 기능은 이후 바뀌었으나 명칭은 고려 말까지 그대로 존속하였다.

정동행성이문소(征東行省理問所) : 정동중서성과 같다. → 정동중서성

정방(政房) : 고려 무신정권기에 최우(崔瑀)가 자신의 집에 설치하여 인사행정을 취급한 기관이다. 정방은 최우 때 설치되었지만 이미 최충헌 때부터 교정도감(敎定都監)을 설치해 문무백관의 인사행정을 마음대로 하였다. 정방은 교정도감의 인사행정 기능을 분리하여 설치한 것이다.

정사당(政事堂) : 신라・고려시대에 국가 중대사를 회의하던 의사당(議事堂)이다.

정승(政丞) : 고려・조선시대 문무백관의 가장 높은 수상급(首相級) 관직이다. 고려에서는 935년(태조 18) 고려에 복속하여 온 신라의 마지막 경순왕에게 정승 벼슬을 내렸는데, 이 벼슬은 태자의 위(位)로 예우한 것이었다.

정언(正言) : 고려·조선시대 봉박(封駁)과 간쟁을 담당한 관직이다. 고려시대에는 국가 행정을 총관하는 중서문하성(中書門下省)에서 조칙(詔勅)을 심의하고 왕에게 간하여 잘못을 바로잡게 하는 간쟁을 맡아보던 낭사(郎舍)였다. 1116년(예종 11) 종6품의 좌습유(左拾遺)·우습유(右拾遺)를 좌정언(左正言)·우정언(右正言)으로 개칭하고 각 1명씩을 두었다.

조부령(調府令) : 신라시대 조부의 장관이다.

조운사(漕運使) : 고려 초기에 지방에서 징수한 조부(租賦)를 개경으로 운송하기 위하여 파견했던 관리이다. 1029년(현종 20)에 없앴다.

종부시(宗簿寺) : 고려시대 왕실의 보첩(譜牒)을 맡아보던 관청이다. 원래 전중성(殿中省)이라 하던 것을 목종 때 전중시(殿中寺)로, 1298년(충렬왕 24) 종정시(宗正寺)로 하였다가 1310년(충선왕 2) 종부시로 개칭한 것이다. 그 후 자주 종정시와 종부시로 바뀌었고 그때마다 관원의 정원·명칭도 바뀌었다.

좌군(左軍) : 고려시대 기본 군대편성인 5군(五軍) 가운데 하나이다. 5군은 중·전·후·좌·우군을 가리킨다. 1391년(공양왕 3) 전·후군을 없애고 중·좌·우 3군(三軍)으로 개편하였다.

좌군도통사(左軍都統使) : 1388년(우왕 14) 최영이 주도하여 요동 정벌을 계획하고 출정군을 편제할 때 좌·우군으로 나누었는데, 좌군의 최고 지휘관을 좌군도통사라고 하였다. 당시 출정군 조직은 최영이 팔도도통사(八道都統使)가 되고, 조민수(曹敏修)가 좌군도통사, 이성계가 우군도통사였다. 좌·우군의 인원은 모두 3만 8천 8백 30명이었으며, 말은 2만 1천 6백 82필이었다.

좌군만호(左軍萬戶) : → 만호

좌군병마사(左軍兵馬使) : 고려시대의 정3품 무관 벼슬이다. 989년(성종 8)에 처음으로 북방의 동계(東界)와 서계(西界)에 두어 그 지방의 군권(軍權)을 전담하게 하였다.

좌보(左輔) : 고구려시대의 관직이다. 우보(右輔)와 함께 군국(軍國)의 일을 맡아 보았다. 44년(대무신왕 27) 을두지(乙豆智)가 처음으로 임명되었으며 166년(신대왕 2) 우보와 아울러 국상(國相)으로 개칭되었다.

좌복야(左僕射) : 고려·조선시대의 관직으로, 상서좌복야(尙書左僕射)를 줄인 말이다. 고려시대에는 백관을 총관하던 상서도성(尙書都省)의 정2품 벼슬이었다.

좌부승선(左副承宣) : 고려·조선시대의 관직이다. 고려시대는 1023년(현종 14) 중추원(中樞院)의 직원으로 설치되어 왕명의 출납, 궁중의 숙위 및 군기를 맡아보았다. 1276년(충렬왕 2) 좌부승지(左副承旨), 1310년(충선왕 2) 좌부대언(左副代言)으로 개칭되었다.

좌승선(左承宣) : 고려시대 중추원(中樞院)의 정3품 관직이다. 1023년(현종 14)에 처음 설치되었는데 이때는 부추(副樞) 이하가 겸임하다가 문종 때에 정3품 관직으로 정비되었다. 지주사(知奏事)·우승선(右承宣)·좌부승선(左副承宣)·우부승선(右副

承宣)과 함께 승선방(承宣房)에서 집무하면서 교대로 왕궁에 직숙(直宿)하여 왕명을 출납하는 것이 주된 기능이었다. 상좌(尙左 : 왼쪽을 높임)의 원칙에 따라 우승선보다 상위직이었다.

좌정승(左政丞) : 고려시대 도첨의사사(都僉議使司)・도첨의부(都僉議府)의 종1품 관직이다. 좌・우정승이 있다. 1308년(충렬왕 34)에 충선왕이 원나라에 있으면서 도첨의사사의 좌중찬(左中贊)・우중찬(右中贊)을 정승으로 고쳐 1인으로 줄였다.

좌정언(左正言) : → 정언

좌평(佐平) : 백제의 16관등(十六官等) 가운데 제1품으로, 좌평(左平)・좌솔(左率)로도 기록되어 있다.

주전도감(鑄錢都監) : 고려시대 화폐를 주전하던 관청이다. 처음 해동통보(海東通寶) 1만 5천 관(貫)을 만들어 재상(宰相)・문무 양반・군인들에게 나누어 주어 주화 유통의 시초가 되었다.

중군(中軍) : 고려시대 기본 군대편성의 하나이다. 고려 군대의 기본편성은 중・전・후・좌・우군의 5군(五軍)이었는데, 중군은 그 가운데서 중앙에 위치한 부대이다. 그러나 이 5군은 평상시의 군대조직이라기보다는 전투에 동원하기 위한 편제의 하나로 이해되고 있다. 1391년(공양왕 3) 전・후군을 없애고 중・좌・우 3군(三軍)으로 개편하여 삼군도총제부(三軍都摠制府)라 하였다.

중군병마사(中軍兵馬使) : 고려시대 중군에 소속된 병마사이다.

중당주(中幢主) : → 당주

중랑장(中郎將) : 고려시대의 정5품 무관직이다. 중앙군에서 장군(將軍) 다음가는 계급이다. 2군(二軍) 6위(六衛)에는 장군 밑에 각기 두 사람의 중랑장이 있는데 이들은 장군의 보좌관이었던 듯하다.

중방(重房) : 고려시대 최고위 무신 합좌기구이다. 고려 중앙군인 2군(二軍) 6위(六衛)의 정・부지휘관인 상장군(上將軍)과 대장군(大將軍) 총 16명의 합좌기구로, 기록상으로는 1167년(의종 21)에 처음 등장하지만 대략 현종조에 완성된 것으로 생각된다.

중서령(中書令) : 고려시대의 관직이다. 서무(庶務)를 총괄하고, 간쟁을 담당한 중서문하성(中書門下省)의 으뜸벼슬로, 종1품관이었다.

중서성(中書省) : 고려시대 최고 중앙정치기구이다.

중서시랑(中書侍郎) : 고려시대에 중서문하성에서 국사(國事)를 논의하는 일을 맡아보던 정2품 벼슬이다. 1061년(문종 15)에 내사시랑평장사(內史侍郎平章事)를 고친 것으로, 뒤에 첨의시랑찬성사(僉議侍郎贊成事)로 고쳤다.

중서시랑평장사(中書侍郎平章事) : 중서시랑과 같다. → 중서시랑

중추부사(中樞副使) : 고려시대 중추원(中樞院) 소속의 정3품 벼슬로, 출납・숙위・군기 등의 일을 관장하였다.

중추원(中樞院) : 고려시대 왕명 출납・궁궐・숙위(宿衛)・군국기무(軍國機務) 등의 정무

를 담당한 중앙 관청으로, 추밀원(樞密院) 또는 밀직사(密直司)로 불리기도 하였다.

중추원사(中樞院使) : 고려시대 중추원(中樞院)의 종2품 벼슬로, 중추사(中樞使)라고도 한다.

지병마사(知兵馬事) : 고려시대 동북면과 서북면의 병마사 아래에 두었던 3품 무관직이다.

지사(知事) : 고려시대의 중앙관직으로 대개 으뜸벼슬인 판사(判事) 바로 아래 벼슬이다.

지신사(知申事) : 고려시대 중추원(中樞院)의 속아문인 승지방(承旨房)에 소속된 정3품 관직이다. 승지방은 왕명의 출납을 담당하던 곳이다.

지어사대사(知御史臺事) : 고려시대 시정(時政)을 논하고 풍속을 교정하며 백관에 대한 규찰과 탄핵을 담당했던 어사대의 관직이다. 『고려사』 백관지에는 품계가 명시되어 있지 않지만 정3품 어사대부(御史大夫)와 종4품 어사중승(御史中丞) 사이에 위치하였다.

지유(指諭) : 고려시대의 무관 보직으로서 단위 부대 지휘관의 칭호이다. 산원(散員)에서 중랑장(中郎將)에 이르는 무장들이 주로 이에 보임되었다. 권력의 주변에 위치하였던 만큼 이들 금군(禁軍)의 지유들은 정쟁에 자주 관여하였다. 무신집권기 이후 여러 차례의 정권 변동에서 이들은 주목할 만한 역할을 하였다.

지제고(知制誥) : 고려시대에 국왕이 반포하는 조서・교서 등의 글을 지어 바치는 일을 맡아보던 관직이다. 특히 문장에 뛰어난 사람을 뽑아 이 직책을 맡겼는데, 성종 때에는 50세 미만의 문관으로 지제고를 역임하지 않은 사람에게는 한림원(翰林院)에서 달마다 시(詩)・부(賦)를 출제하여 문학을 장려하였고, 말기에도 지제고가 시험관이 되어 문관들의 문학 실력을 시험하였다.

지첨의(知僉議) : 고려시대에 첨의부(僉議府)의 종2품 벼슬이다. 1275년(충렬왕 1)에 지문하성사(知門下省事)를 고친 것으로, 충선왕 때에 없앴다.

지추밀사(知樞密事) : 고려시대 왕명의 출납과 궁중의 숙위・군사 기밀을 맡아보던 추밀원(樞密院)의 종2품 관리이다.

지휘사(指揮使) : 고려시대에 지방의 군정을 총괄하는 벼슬이다. 변란이 일어났을 때 임명하여 파견하였다. 2품 이상을 임명할 경우 도지휘사(都指揮使)라고 하였으며, 3품 이하의 관원으로 임명하였을 경우는 지휘사라고 하였다.

직중대(直中臺) : 고려시대 중추원(中樞院)의 관직이다. 중추원은 왕명의 출납・숙위・군기 등을 관장하였다. 성종 10년에 병관시랑 한언공(韓彦恭)이 송에 사신으로 다녀온 뒤 중추원 설치를 건의한 뒤 두었으며, 현종이 즉위하여 중추원 및 은대(銀臺) 남북원을 파하고 중대성(中臺省)을 두어 직무를 관장케 하였는데 이 때 사・부사・직중대・겸직중대를 두었다.

진사(進士) : 고려에서 958년(광종 9) 과거제도를 시행하면서 1차 시험에 합격한 자를 상공(上貢 : 중앙)진사・향공(鄕貢 : 지방)진사・빈공(賓貢 : 외국인)진사라 하였고, 2차 시험인 국자감시(國子監試)에 합격한 자를 진사라 하였다. 이들의 시험과목은

시(詩)·부(賦)·송(頌) 및 시무책(時務策) 등이었다.

진장(鎭將): 고려시대 진(鎭)의 으뜸 벼슬이다.

집사시랑(執事侍郎): 신라시대 최고 행정관서로 위로는 왕명을 받들고, 아래로는 여러 행정기관을 거느렸던 집사부(執事部)의 차관이다. 집사부의 장관인 중시 아래에는 전대등(典大等) 2인이 있었는데, 전대등은 565년(진흥왕 26)에 처음 임명되었으며 747년(경덕왕 6)에 시랑(侍郎)으로 개칭되었다. 제11등 나마(奈麻)부터 제6등 아찬(阿湌)까지 전대등에 취임할 수 있었다.

집의(執義): 고려시대 사헌부의 정3품 관직이다. 어사대중승(御史臺中丞)의 후신으로 정원은 1인이었다. 대관으로서 정사를 비판하고 관리를 규찰하며 풍속을 바로잡는 임무를 맡았다.

찬성사(贊成事): 고려 후기 문하부(門下府)의 정2품 관직이다. 시랑찬성사(侍郎贊成事)와 찬성사의 상하 구분이 있으나 둘을 합하여 찬성사라 부르는 것이 보통이다.

참정(參政): 참지정사와 같은 말이다. → 참지정사

참지정사(參知政事): 고려시대 중서문하성(中書門下省)의 종2품 벼슬이다. 1061년(문종 15)에 처음으로 두어 1275년(충렬왕 1) 첨의평리(僉議評理)로 고쳤다가, 1308(충선왕 복위년)년 평리로 되었다. 1명이던 것이 이때 3명으로 증원되었다. 1356년(공민왕 5) 참지정사로 복구되었다가, 1369년 참지문하부사(參知門下府事), 1372년 문하평리(門下評理)로 바뀌었다.

천호(千戶): 고려 후기에 몽골의 영향을 받아 설치한 관직이다. 1258년(고종 45)에 동북면 지역에서 조휘(趙暉)와 탁청(卓靑)이 몽골에 항복하자 몽골이 탁청에게 처음 임명하였다.

철령위(鐵嶺衛): 고려 후기 명나라가 철령 이북의 땅에 설치하고자 했던 직할지이다. 1387년(우왕 13) 명나라는 철령 이북의 땅이 원나라에 속하였으므로 요동에 귀속시켜야 한다는 이유를 내세워 설치를 결정하였다. 이에 반발한 고려는 최영을 팔도도통사(八道都統使)로 삼아 이른바 요동정벌을 단행하였으나, 이성계의 위화도 회군으로 중단되었다. 이후 명나라는 더 이상 철령위의 설치를 거론하지 않았다.

첨서추밀원사(簽書樞密院事): 고려시대 중추원(中樞院)에 속한 정3품 벼슬이다. 1095년(헌종 1)에 첨서중추원사(簽書中樞院事)를 고친 것으로, 잠시 첨서밀직사사(簽書密直司事)로 고쳐 사용하다가 1356년(공민왕 5)에 다시 이 이름으로 고쳤다.

첨의시중(僉議侍中): 고려 후기 최고 관직이다. 1275년(충렬왕 1) 원나라의 정치 간섭으로 중서문하성(中書門下省)과 상서성(尙書省)을 병합하여 첨의부(僉議府)로 낮추어 부르게 되었고, 장관직도 첨의중찬(僉議中贊)으로 바뀌었다. 1356년(공민왕 5)에는 반원운동의 일환으로 관제가 복구되면서 중서문하성이 부활되고, 1362년(공민왕 11)에 다시 도첨의부(都僉議府)로 바뀌면서 첨의정승(僉議政丞)으로 되었다가 다음해에 첨의시중으로 고쳤다.

첨의찬성사(僉議贊成事) : 고려 후기 도첨의사사(都僉議使司)의 정2품 관직이다. 1308년(충선왕 복위년) 관제를 개편할 때 기존의 첨의시랑찬성사(僉議侍郎贊成事)와 첨의찬성사를 통합해서 고친 이름으로 정원은 3명을 두었다. 뒤에 다시 찬성사로 복원하였다. 1356년(공민왕 5) 관제개혁 때 평장사(平章事)로, 1362년 도첨의부가 문하부(門下府)로 개편될 때 문하찬성사(門下贊成事)로 개칭되어 고려 말까지 존속하였다.

체복사(體覆使) : 임금의 명령을 받고 지방에 가서 벼슬아치들의 군무(軍務)에 관한 범죄 사실을 조사하는 임시 벼슬이다.

총병관(摠兵官) : 원래 출정하는 장수의 관명이었는데, 군무가 복잡해짐에 따라 한 지방의 진수(鎭戍)를 맡는 장수의 관명이 되었다.

추밀부사(樞密府事) : 고려시대 밀직사(密直司)의 관직으로 1275년(충렬왕 1) 추밀부사(樞密副使)를 고친 이름이다. 처음에는 종2품의 부사 4명을 두었다가 1311년(충선왕 3)에 부사의 품계를 정3품으로 낮추어 고려 말까지 이어졌다.

추밀원(樞密院) : 고려시대 왕명의 출납과 궁중의 숙위·군기를 맡아보던 중추원(中樞院)의 후신이다. 1095년(헌종 1)에 중추원을 추밀원으로 바꾸었는데, 추밀원은 송나라의 추밀원의 명칭을 모방하여 설치한 관청이다. 1275년(충렬왕 1) 밀직사(密直司)로 개칭하였다. 그 뒤 공민왕의 반원개혁정치에 따라 1356년(공민왕 5)에는 밀직사를 폐지하고 추밀원으로 바꾸었다.

추토사(追討使) : 반란이나 도적떼가 일어났을 때 이를 토벌하기 위하여 둔 임시 벼슬이다.

태감(太監) : 명·청나라 때 환관의 장관, 또는 환관의 속칭(俗稱)이다. 환관은 궁정에서 사역하는 내관으로 거세된 사람을 가리킨다. 궁중환관의 직임은 궁문수위, 어전내의 보안, 관비의 감독, 궁중의 전명(傳命), 궁정 내의 청소 및 대내(大內)의 감선(監膳 : 궐내 음식물 감독), 왕의 출행 시 수행, 각종 잡역 등이었다.

태대각간(太大角干) : 비상설(非常設)의 신라 최고 관등(官等)이다. 신라의 17관등(十七官等) 가운데 가장 높은 계급은 각간이었으나 660년(무열왕 7) 백제를 멸하는 데 공을 세운 김유신에게 기존 관등(官等) 위에 대각간의 벼슬을 주었고, 668년(문무왕 8)에는 고구려를 멸하는 데 공을 세웠다 해서 김유신에게 다시 태대각간의 벼슬을 내렸다.

태대서발한(太大舒發翰) : 태대각간(太大角干)과 같다. → 태대각간

태보(太保) : 고려시대 왕의 최고 고문직이다. 태사(太師)·태부(太傅)·태보(太保)를 통틀어 3사(三師)라 일컬었다. 실무에는 종사하지 않았으며, 적임자가 없으면 공석(空席)으로 두었다.

태수(太守) : 신라시대 각 고을의 으뜸 벼슬이다. 제6등 중아찬(重阿飡)에서 제13등 사지(舍知)까지가 임명될 수 있었다.

태위(太尉) : 고려시대에 임금의 고문 역할을 하던 국가의 최고 명예직의 하나이다. 대위(大尉)라고도 쓰지만 태위라고 읽는다. 사공(司空)·사도(司徒)와 함께 3공(三

公)으로 불렸는데, 왕자·부마·비부(妃父) 등의 종친과 공신(功臣) 및 고위 관리들이 임명되다.

태학(太學) : 372년(소수림왕 2) 중앙에 설치된 고구려의 국립학교로, 한국역사상 학교교육의 시초이다. 태학은 유교적 정치이념에 충실한 인재를 양성하여 중앙집권적 정치제도에 적합한 관리를 양성하였다. 상류계급의 자제들만이 입학할 수 있는 귀족학교였으며, 태학에서 교육을 담당한 교수는 소형(小兄) 이상의 관등을 가진 사람이 태학박사(太學博士)로 임명되었다. 고려시대에는 국자감(國子監)의 한 분과로 인종 때 설치하였다.

태학박사(太學博士) : 고구려시대 교육을 담당하였던 전문 관직이다. 소수림왕 때 설치된 국립교육기관인 태학(太學)의 교수였던 것 같다. 소형(小兄) 이상의 관등을 가진 자가 임명되었다.

파진찬(波珍湌) : 신라의 17관등 중 제4등으로, 진골만이 받을 수 있었다.

판관(判官) : 신라·고려·조선시대의 관직이다. 신라시대에는 경덕왕 때 사찰의 일을 맡아보던 벼슬이었으며, 고려시대에는 5~9품 관직으로 중앙과 지방에 두었다. 조선시대에는 종5품 관직으로 중앙 및 지방에 두었는데, 소속관아의 행정실무를 지휘 담당하거나, 지방관을 도와 행정·군정에 참여하였다.

판사(判事) : 고려시대 3사(三司)·중추원(中樞院)·추밀원(樞密院)·어사대(御史臺)·밀직사(密直司)·한림원(翰林院)·비서성(秘書省)·각문(閣門)·통례문(通禮門)·군부사(軍簿司)·판도사(版圖司) 등의 장관으로 품계는 1품에서 3품까지였다.

판삼사사(判三司事) : 고려시대 삼사(三司)의 으뜸 벼슬이다. 품계는 종1품으로 재신(宰臣)이 겸하였다.

판서(判書) : 고려·조선시대 중앙행정관서의 장관이다. 고려시대에는 1275년(충렬왕 1) 설정한 정3품관으로, 중앙행정관서의 장관이었다. 조선시대에도 6조(六曹)의 장관을 판서라 하였다.

팔도도통사(八道都統使) : 고려 1388년(우왕 14) 요동을 정벌하기 위하여 당시 문하시중(門下侍中)이었던 최영에게 8도의 병력을 총 지휘할 수 있는 권한을 부여하였던 최고의 임시 무관 벼슬이다.

평리(評理) : 고려 때 도첨의사사(都僉議使司)·도첨의부(都僉議府)·문하부(門下府)의 종2품 벼슬로, 참지정사(參知政事)의 후신이다.

평장사(平章事) : 고려시대의 정2품 관직이다. 982년(성종 1) 내사문하성(內史門下省)에 내사시랑평장사(內史侍郎平章事)·문하시랑평장사(門下侍郎平章事)를 둔 이래 1061년(문종 15)과 1356년(공민왕 5) 중서문하성(中書門下省)에 중서시랑평장사(中書侍郎平章事)·문하시랑평장사·중서평장사(中書平章事)·문하평장사(門下平章事)를 두었는데 모두 정2품관이었으며 정원은 각각 1명씩이었다.

한림(翰林) : 고려 때에 임금의 명령을 받아 문서를 꾸미는 일을 맡아보던 관청이다.

한림학사(翰林學士) : 고려시대 학사원(學士院)·한림원(翰林院)에 속한 정4품 벼슬로, 임금의 조서를 짓는 일을 맡아보았다.

한솔(扞率) : 백제의 16관등(十六官等) 가운데 제5등이다. 한성시대에 분화되기 시작하여 사비시대에 정비된 '솔(率)' 계통의 하나이며, 정원은 일정하지 않았다. 보라색의 관복에 관(冠)을 은화(銀花)로 장식하였다.

향공진사(鄕貢進士) : 고려시대 지방의 향교 등에서 수업하고, 그 지방 계수관(界首官)이 실시하는 시험에 합격한 사람을 향공(鄕貢)이라 하였는데, 이들이 다시 진사시(進士試)에 합격하면 이를 향공진사라 하였다.

현령(縣令) : 신라시대의 지방관직으로, 현(縣)의 장관이다. 선저지(先沮知 : 조위, 제17등) 이상 사찬(沙湌 : 제8등)까지의 관등을 가진 자로 보임하였다. 『삼국사기』 직관지에는 군 태수(太守)와 현령의 중간에 위치하는 소수(少守 : 制守)가 등장하는데, 이 역시 현의 장관으로 생각된다. 이로 미루어 신라통일기에는 현을 크기에 따라 양분하여, 큰 현의 장관을 소수, 작은 현의 장관을 현령이라 하였던 것으로 짐작된다.

형부(刑部) : 고려시대의 관청으로 6부(六部)의 하나이며 법률·소송·형옥(刑獄)에 관한 일을 관장하였다.

형부시랑(刑部侍郎) : 형부에 소속되었던 정4품의 관직이다. 형부시랑은 형부의 전신인 의형대시랑(義刑臺侍郎)을 계승한 것이다. 문종 때의 관제에 의하면 시랑은 2인이었는데, 1275(충렬왕 1)에 시랑을 총랑(摠郎)으로 바꾸었다가 1356년(공민왕 5)에 다시 시랑으로 바꾸었다.

형조(刑曹) : 고려·조선시대 법률·사송(詞訟)·형옥(刑獄)·노예에 관한 일을 맡아본 중앙관청이다.

형조판서(刑曹判書) : 고려·조선시대 형조(刑曹)의 장관이다. 몇 번 명칭을 변경하다가 1389년(공양왕 1)에 형조로 바뀌면서, 장관의 명칭도 판서로 확정되었다.

호군(護軍) : 고려·조선시대 정4품의 무관직이다. 고려 공민왕 때 장군(將軍)을 고친 것이다. 고려시대에는 5위(五衛)에 속하였으며, 1392년 조선 건국 초에는 12명의 정원을 두었으나 명종 때 8명을 감원하였다. 호군은 후에 문관·무관·음관(蔭官)에서 임명하고 봉록(俸祿)만을 지급하였고 실제 직무는 맡지 않았다.

호부(戶部) : 고려·조선시대에 호구(戶口)·공부(貢賦)·전토 및 식량과 기타 재화·경제에 관한 정무(政務)를 맡아보던 중앙관청이다.

호부상서(戶部尙書) : 고려시대 호부(戶部)의 장관이다.

호장(戶長) : 고려시대 향직(鄕職)의 우두머리로, 부호장과 더불어 호장층을 형성하여 해당 고을의 모든 향리들이 수행하던 말단 실무행정을 총괄하였다. 신라 말·고려 초에 지방의 성주나 호족들에게 호장·부호장의 향직을 주면서 탄생하였다. 이들은 지방자치의 성과를 많이 거두었다.

영인

보통교과 동국역사 1

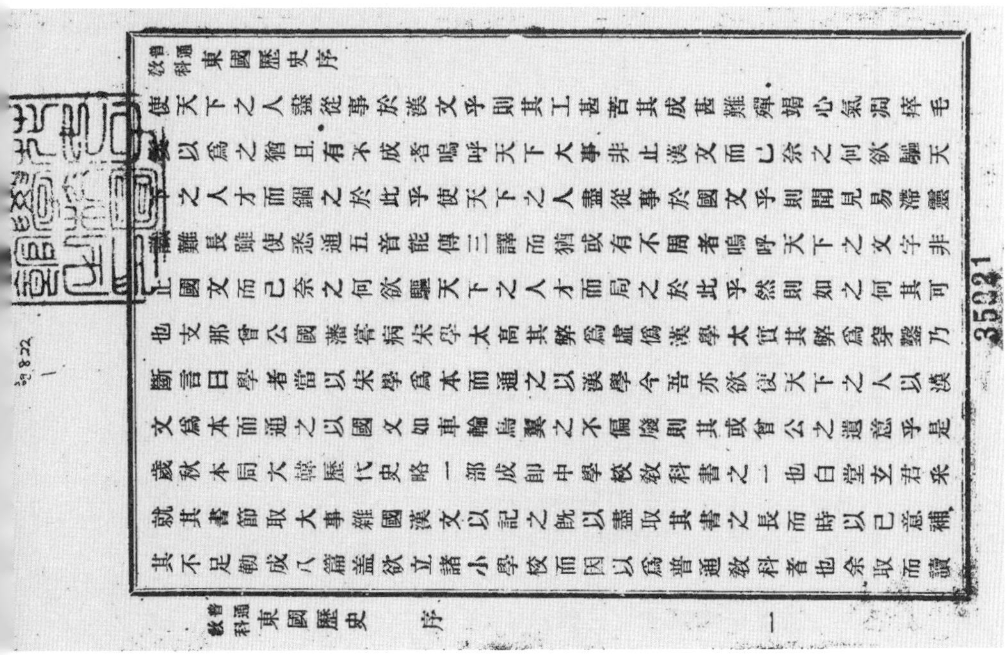

普通敎科 東國歷史序

使天下之人盡從事於漢文乎則其工甚苦其成甚難殫竭心氣淈捽毛
鮮以爲之猶且有不成者嗚呼天下大事非止漢文而已奈之何欲驅天
下之人才而錮之於此乎使天下之人盡從事於國文乎則聞見易滯靈
識難長雖使悉通五音能傳三譯而猶或有不周者嗚呼天下之文字非
止國文而已奈之何欲驅天下之人才而局之於此乎然則如之何其可
也支那曾公國藩嘗病宋學太高其弊爲虛僞漢學太宜其弊爲穿鑿乃
斷言曰學者當以宋學爲本而通之以漢學今吾亦欲從天下之人以漢
文爲本而通之以國文如車輪鳥翼之不偏廢則其或曾公之遺意乎是
歲秋本局大韓歷代史略一部成卽中學校教科書之一也白堂玄君采
就其書節取大事雜國漢文以記之旣以盡取其書之長而時以己意補
其不足輙成八篇蓋欲立諸小學校而因以爲普通教科書也余取而讀

普通敎科 東國歷史 序 一

之其辭辯其理暢如善歌者能使人笑且泣也雖氓隷婦孺苟能知字者皆可一閱而通其意有以知東方四千餘年治亂興廢長短得失如在目中其功豈淺淺哉嗚呼天下之人才惟在善導之而已今以我國三千里疆域之大五百年培養之深曷嘗有乏才之歎而出於世界各國下哉白堂本慷慨士博覽時務之書深察大局之勢盖嘗歎我國人才之偏於文藝一事而不周於他務故今爲是書欲使人人易讀洫然理順發其神識然後進而放于天下之遠略以盡其才龍驤鳳翥成就尊君愛國之大事業而播令譽於萬國者將沛乎其莫之禦也其意尤豈不可感哉余亦嘉目時艱者也故竊不勝奮憤而爲之言

光武三年九月七日學部編輯局長李圭桓序

普通教科 東國歷史

歷代一覽

此ᄂᆞᆫ 本史의 歲不同ᄒᆞᆫ處가 有ᄒᆞ나 今에 俗本을 姑從ᄒᆞ노라

朝鮮

王號	姓氏	名字	父及輩行	母	在位年數	年齡	后妃
檀君	桓	王儉或曰王險	桓雄子				非西岬女
朝鮮							
箕子	子	胥餘	武乙子理子		四十	九十三	
新羅							
赫居世	朴		蘇伐公養子		六十	七十三	閼英夫人
南解			赫居世子	閼英夫人	二十		雲帝夫人
儒理			南解太子	雲帝夫人	三十三		
脫解	昔		多婆那國王子		二十三	八十五	阿孝夫人南解長女

婆娑	朴		儒理二子		三十二		史省夫人金氏許婁葛文王女
祗摩			婆娑嫡子	史省夫人金氏	二十二		愛禮夫人金氏葛文王摩帝女
逸聖			儒理長子		二十		朴氏支所禮王女
阿達羅			逸聖長子	朴氏	三十		內禮夫人朴氏祗摩女
伐休	昔		仇鄒(脫解子)	只珍內禮夫人金氏	十二		
奈解			伊買(伐休二子)	內禮夫人	三十四		昔氏骨正女
助賁			骨正長子(伐休太子)	玉帽夫人金氏仇道葛文王女	十七		阿爾兮夫人昔氏奈解女
沾解			骨正二子	同上	十五		
味鄒	金		仇道(金閼智五世孫)	朴氏葛文王伊柒女	二十二		光明夫人昔氏助賁女

儒禮	昔		助賁長子	朴氏葛文王奈音女	十四		
基臨			乞淑(助賁子)		十二		
訖解			于老(奈解子)子	命元夫人助賁女	四十六		
奈勿	金		末仇(味鄒弟)子	休禮夫人金氏	四十六		金氏味鄒女
實聖			大西知(金閼智裔孫)	伊利夫人昔氏阿干登保女	十五		金氏味鄒女
訥祗			奈勿子	保反夫人金氏(味鄒女)	四十一		金氏實聖女
慈悲			訥祗長子	金氏實聖女	二十一		金氏舒弗邯未斯欣女
炤智			慈悲長子	金氏	二十一		善兮夫人伊伐飡乃宿女
智證		智大路	習寶(奈勿曾孫)	鳥生夫人金氏(訥祗女)	十四	七十九	延帝夫人朴氏伊飡登欣女
法興		原宗	智證王長子	延帝夫人朴氏	二十六		保刀夫人朴氏

王號		名	世系	母	在位	壽	妃
眞興		彡麥宗	立宗(法興王弟)	夫人金氏法興王女	三十六	四十三	思道夫人朴氏
眞智		金輪	眞興王次子	思道夫人	三		知道夫人
眞平		伯淨	銅輪(眞興王子)	萬呼夫人金氏(立宗女)	五十三		摩耶夫人金氏葛文王福勝女
善德主女		德曼	眞平王長女	摩耶夫人金氏	十五		
眞德主女		勝曼	國飯(眞平王母弟)	月明夫人朴氏	七		
太宗		春秋	文興王(眞智王子)	文貞太后金氏眞平王女	七	五十九	文明王后金氏角飡舒玄女
文武		法敏	太宗元子	文明王后金氏	二十		慈儀王后波珍飡善品女
神文		政明字日炤	文武王太子	慈義王后	十一		金氏一吉飡欽運女
孝昭		理洪	神文王元子	神穆王后金氏	十	十六	
聖德		隆基後改興光	神文王次子	同上	三十五		金氏蘇判元泰女

王號		名	世系	母	在位	壽	妃
孝成		承慶	聖德王二子	炤德王后	五		朴氏
景德		憲英	聖德王三子	同上	二十四		伊飡順貞女
惠恭		乾運	景德王嫡子	滿月夫人金氏舒弗邯義忠女	十五	二十二	新寶王后伊飡維誠女
宣德		良相	開聖王孝芳(奈勿九世孫)	貞懿太后金氏聖德王女	五		具足夫人角干良品女
元聖		敬信	明德大王孝讓(奈勿十一世孫)	昭文太后朴氏	十四		金氏角干神述女
昭聖		俊邕	惠忠大王仁謙(元聖王太子)	聖穆王后金氏稱申氏	一		桂花夫人金氏稱叔氏大阿飡叔明女
哀莊		重熙	昭聖王	桂花夫人金氏	九	二十二	朴氏

憲德		彥昇	仁謙	聖穆王后金氏	十七		貴勝夫人貞氏角干禮英女
興德		景徽	仁謙	同上	十		章和夫人金氏昭聖王女
僖康		悌隆	翼成大王憲貞	順成太后朴氏	二		文穆夫人葛文王忠恭女
			（元聖王孫）				
閔哀		明	宣康大王忠恭	宣懿太后朴氏	一		允容王后
			（元聖王孫）				
神武		祐徵	成德大王均貞	憲穆太后朴氏	七月		
			（元聖王孫）				
文聖		慶膺	神武王太子	貞繼夫人	十八		朴氏
憲安		誼靖	均貞	昭明夫人宣康王女	四		
景文		膺廉（膺一作凝）	懿恭大王啓明	光懿王太后朴氏	十四		文懿王妃金氏安憲王女

			（僖康王子）				
憲康		晸	景文王太子	文懿王后金氏	十一		懿明夫人
定康		晃	景文王二子		一		
眞聖女主		曼	景文王		十		
孝恭		嶢	憲康王庶子	義明王太后金氏	十五		伊飡乂謙女
神德	朴	景暉	宣聖大王乂謙	貞和王后	五		義成王后金氏憲康王女
			（阿達羅遠孫）				
景明		昇英	神德王太子	義成王后金氏	七		
景哀		魏膺	神德王	同上	三		
敬順	金	傅	神興大王孝宗	桂娥太后	九		
			（文聖王裔孫）				

高句麗							
東明王	高	朱蒙	扶餘王金蛙	柳花	十八	四十	卒本扶餘王女
琉璃		類利	東明王元子	禮氏扶餘人	三十六		松氏多勿侯松讓女
太武		無恤	琉璃王三子	松氏	二十六	四十一	
閔中		解邑朱	琉璃王		四		
慕本		解憂	太武神王元子		五		扶餘人
太祖		宮	再思(琉璃王子)	扶餘人	九十三	百十九	
次大		遂成	再思	同上	十九	九十五	
新大		伯固	再思		十四	九十一	
故國川		男武	新大王二子		十八		于氏提那部素女
山上		延優	新大王		三十		前后于氏

東川		憂位居	山上王太子	小后酒桶村女	二十一		
中川		然弗	東川王太子		二十二		椽氏
西川		藥盧	中川王二子		二十二		于氏西部大使者漱女
烽上		相夫	西川王太子		八		
美川		乙弗	咄固(烽上王弟)		三十一		
故國原		釗	美川王太子	周氏	四十		
小獸林		丘夫	故國原王		十三		
故國壤		伊連	故國原王		八		
廣開土		談德	故國壤王元子		二十二		
長壽		巨璉	廣開土王元子		七十八	九十八	
文咨		羅雲	助多(長壽王子)		二十八		

安臧		興安	文咨王長子	十二		
安原		寶延	文咨王	十四		
陽原		平成	安原王長子	十四		
平原		陽成	陽原王長子	三十一		
嬰陽		元	平原王長子	二十八		
榮留		建武	平原王	二十四		
寶藏		臧	大陽(榮留王弟)	二十七		
百濟						
溫祚王	扶餘		朱蒙王二子 卒本扶餘王女	四十四		
多婁			溫祚王元子	四十九		
已婁			多婁王元子	五十一		

蓋婁			已婁王	三十八		
肖古			蓋婁王	四十八		
仇首			肖古王元子	二十一		
古爾			蓋婁王次子	五十二		
責稽			古爾王	十二		夫人寶菓帶方王女
汾西			責稽王長子	六		
比流			仇首王二子	四十		
契王			汾西王長子	二		
近肖古			比流王二子	二十九		
近仇首			近肖古王太子	九		
枕流			近仇首王元子 阿亦夫人	一		

辰斯			近仇首王仲子		七		
阿花			枕流王元子		十三		
直支		映	阿花王元子		十五		八須夫人
久爾辛			直支王長子	八須夫人	七		
毗有			久爾辛長子		二十八		
蓋鹵		慶司 後改餘慶	毗有王長子		二十		
文周			毗有王次子		二		
三斤			文周王長子		二	十五	
東城		牟大	昆支二子		二十二		新羅伊伐飡比智女
武寧		斯摩	蓋鹵王		二十二		
聖王	明	穠	武寧王		三十一		

威德		昌	聖王元子		[illegible]四		
惠王		季明	威德王二子		一		
法王		宣	惠王長子		一		
武王		璋	法王		四十一		
義慈			武王元子		二十		
	高麗						
太祖	王	建 字若天	金城太守隆長子	威肅王后韓氏	二十六(新羅亡後九)	六十七	神惠王后柳氏二重大匡天弓女
惠宗		武 字承乾	太祖長子	莊和王后吳氏名憐君女	二	三十四	義和王后林氏大匡曦女
定宗		堯 字天義	太祖二子	神明王后劉氏兢達女	四	二十七	文恭王后朴氏三重大匡英規女
光宗		昭 字日華	太祖三子	上同	二十六	五十一	大穆王后皇甫氏太祖女

廟號		名·字	系	母	在位	壽	妃
景宗		伷 字長民	光宗長子	大穆王后皇甫氏	六	二十七	獻肅王后金氏新羅敬順王女
成宗		治 字溫古	戴宗旭(太祖七子)二子	宣義王后柳氏	十六	三十八	文德王后劉氏光宗女
穆宗		誦 字孝伸	景宗長子	獻哀王后皇甫氏戴宗女	十二	三十	宣正王后劉氏宗室弘德院君圭女
顯宗		詢 字安世	安宗郁(太祖子)子	孝肅王后皇甫氏	二十二	四十	元貞王后金氏成宗女
德宗		欽 字元良	顯宗長子	元成太后金氏	三	十九	敬成王后金氏顯宗女
靖宗		亨 字申炤	顯宗次子	同上	十二	三十二	容信王后韓氏贈門下侍中祚女
文宗		徽 字燭幽	顯宗三子	元惠太后金氏侍中殷傅女	三十七	六十五	仁平王后金氏顯宗女
順宗		勳 字義恭	文宗長子	仁睿太后李氏中書令子淵女	四月	三十七	貞懿王后王氏宗室平壤公基女

廟號		名·字	系	母	在位	壽	妃
宣宗		運 字繼天	文宗次子	同上	十一	四十六	思肅太后李氏工部尙書碩女
獻宗		昱	宣宗元子	思肅太后李氏	一	十四	
肅宗		顒 字天常	文宗三子	仁睿太后李氏	十	五十四	明懿太后柳氏門下侍中洪女
睿宗		俁 字世民	肅宗長子	明懿太后柳氏	十七	四十五	敬和王后李氏宣宗女
仁宗		楷 字仁表	睿宗長子	順德王后李氏朝鮮國公資謙女	二十四	三十八	恭睿太后任氏中書令元厚女
毅宗		晛 字日升	仁宗長子	恭睿太后任氏	二十四	四十七	莊敬王后金氏宗室江陵公溫女
明宗		晧 字之旦	仁宗三子	同上	二十七	七十二	光靖太后金氏同上
神宗		晫 字至華	仁宗五子	同上	七	六十一	宣靖太后金氏同上
熙宗		韺 字不陂	神宗長子	宣靖太后金氏	七	五十七	成平王后任氏宗室寧仁侯禛女
康宗		祦 字大華	明宗長子	光靖太后金氏	二	六十二	思平王后李氏義方女

高宗		瞮 字大明	康宗長子	元德太后柳氏宗室信安侯瑊女	四十六	六十八	安惠太后柳氏熙宗女
元宗		禃 字日新	高宗長子	安惠太后柳氏	十五	五十六	順敬太后金氏莊翼公若先女
忠烈		昛	元宗長子	順敬太后金氏	三十四	七十三	齊國大長公主名忽都魯揭里迷失元世祖女
忠宣		璋 字仲昂	忠烈王長子	齊國大長公主	五	五十一	薊國大長公主寶塔實憐元晉王甘麻剌女
忠肅		燾 小字宜孝	忠宣王二子	懿妃也速眞蒙古女	十七	四十六	濮國長公主亦憐眞八剌元營王也先帖木兒女
					復位八		
忠惠		禎	忠肅王長子	明德太后洪氏府院君[illegible]女	一	三十	德寧公主亦憐眞班元鎭西武靖王焦八女
					復位五		
忠穆		昕	忠惠王長子	德寧公主	四	十二	
忠定		眡	忠惠王庶子	禧妃尹氏	三	十五	

恭愍		顓	忠肅王次子	明德太后洪氏	二十三	四十五	徽懿魯國大長公主寶塔失里元宗室魏王女
禑	辛	小字牟尼奴	辛旽	般若	十四	二十五	謹妃李氏判開城府事琳女
昌			辛禑	謹妃李氏	一	十	
恭讓	王	瑤	定原府院君鈞	福寧宮主李氏	三	五十	順妃盧氏昌城君禛女
	本朝						
太祖	李氏	旦 初諱成桂	桓祖二子	懿惠王后崔氏籍永興	七 在上	七十四	神懿王后韓氏籍安邊安川府院君卿女
		字君晉 號松軒			王位十年		神德王后康氏籍谷山象山府院君允成女
定宗		曔 初諱芳果	太祖次子	神懿王后韓氏	二 在上	六十三	定安王后金氏籍慶州左侍中天瑞女
		字光遠			王位十九年		
太宗		芳遠 字遺德	太祖五子	神懿王后韓氏	十八 在上	五十六	元敬王后閔氏籍驪興驪興府院君文度公霽女
					王位四年		

世宗	祹 字元正	太宗三子	元敬王后閔氏	三十二	五十四	昭憲王后沈氏籍青松青川府院君安孝公溫女
文宗	珦 字輝之	世宗長子	昭憲王后沈氏	二	三十九	顯德王后權氏籍安東花山府院君景愍公專女
端宗	弘暐	文宗子	顯德王后權氏	三 在上王位二年	十七	定順王后宋氏籍礪山礪良府院君玹壽女
世祖	瑈 字粹之	世宗次子	昭憲王后沈氏	十三	五十二	貞熹王后尹氏籍坡平坡平府院君貞靖公璠女
德宗	暲 初諱崇	世祖長子	貞熹太后尹氏	成宗二年	二十	昭惠王后韓氏籍淸州西原府院君襄節公確女
	字原明			辛卯追尊		
睿宗	晄 字明照	世祖次子	貞熹王后尹氏	一	二十	章順王后韓氏籍淸州上黨府院君忠成公明澮女
	初字平甫					安順王后韓氏籍淸州淸川府院君襄惠公伯倫女
成宗	娎	德宗次子	昭惠王后韓氏	二十五	三十八	恭惠王后韓氏籍淸州上黨府院君忠成公明澮女
			淵女			貞顯王后尹氏籍坡平鈴原府院君平靖公壕女

燕山君	㦕	成宗長子	廢妃尹氏	十一		夫人居昌愼氏領議政承善女
中宗	懌 字樂天	成宗次子	貞顯王后尹氏	三十九	五十七	端敬王后愼氏籍居昌益昌府院君信度公守勤女
						章敬王后尹氏籍坡平坡原府院君靖憲公汝弼女
						文定王后尹氏籍坡平坡山府院君靖平公之任女
仁宗	峼	中宗長子	章敬王后尹氏	一	三十一	仁聖王后朴氏籍羅州錦城府院君墉女
明宗	峘 字對陽	中宗次子	文定王后尹氏	二十二	三十四	仁順王后沈氏籍靑松靑陵府院君翼孝公鋼女
宣祖	昖 初諱鈞	德興大院君岹子	河東府大夫人鄭氏	四十一	五十七	懿仁王后朴氏籍羅州潘城府院君應順女
		(中宗七子)	贈領議政世虎女			仁穆王后金氏籍延安延興府院君懿愍公悌男女
光海君	琿	宣祖二子	恭嬪金氏	十四		夫人文化柳氏判尹自新女
元宗	琈	宣祖五子	儲慶宮仁嬪金氏籍水原	仁祖十年	四十	仁獻王后具氏籍綾城綾安府院君文懿公思孟女
			贈領議政漢祐女	壬申追尊		

仁祖	倧 字和伯 號松窓	元宗長子	仁獻王后具氏	二十七	五十五	仁烈王后韓氏籍清州西平府院君文翼公浚謙女 莊烈王后趙氏籍楊州漢原府院君惠穆公昌遠女
孝宗	淏 字靜淵 號竹梧	仁祖次子	仁烈王后韓氏	十	四十一	仁宣王后張氏籍德水新豐府院君文貞公維女
顯宗	棩 字景直	孝宗子	仁宣王后張氏	十五	三十四	明聖王后金氏籍清風清風府院君忠翼公佑明女
肅宗	焞 字明普	顯宗子	明聖王后金氏	四十六	六十	仁敬王后金氏籍光州光城府院君文忠公萬基女 仁顯王后閔氏籍驪興驪陽府院君文貞公維重女 仁元王后金氏籍慶州慶恩府院君孝簡公柱臣女
景宗	昀 字輝瑞	肅宗長子	大嬪宮大嬪張氏籍玉山贈領議政炯女	四	三十七	端懿王后沈氏籍青松青恩府院君浩女 宣懿王后魚氏籍咸從咸原府院君有龜女
英祖	昑 字光叔 號養性軒	肅宗四子	毓祥宮淑嬪崔氏籍海州贈領議政孝元女	五十二	八十三	貞聖王后徐氏籍達城達城府院君孝僖公宗悌女 貞純王后金氏籍慶州鰲興府院君忠憲公漢耉女

眞宗	緈 字聖敬	英祖長子	延祜宮靖嬪李氏籍咸陽贈左贊成後哲女	正宗追尊	十	孝純王后趙氏籍豐壤豐陵府院君文忠公文命女
莊宗	愃 字允寬	英祖二子	延禧宮暎嬪李氏	光武三年追尊	二十八	獻敬王后洪氏籍豐山領議政翼靖公鳳漢女
正宗	祘 字亨運 號弘齋	莊宗二子	獻敬王后洪氏	二十四	四十九	孝懿王后金氏籍清風清原府院君靖翼公時默女
純祖	玜 字公寶 號純齋	正宗二子	嘉順宮綏嬪朴氏籍潘南忠獻公準源女	三十四	四十五	純元王后金氏籍安東永安府院君忠文公祖淳女
翼宗	旲 字德寅 號敬軒	純祖長子	純元王后金氏	憲宗追尊	二十二	神貞王后趙氏籍豐壤豐恩府院君忠敬公萬永女

憲宗	諱奐 字文應	翼宗子	神貞王后趙氏	十五	二十三	孝顯王后金氏籍安東永興府院君亨簡公祖根女 明憲太后洪氏籍南陽益豐府院君翼獻公在龍女
哲宗	諱昇 字道升 號大勇齋	全溪大院君璜三子(莊宗孫)	龍城府大夫人廉氏籍龍潭 贈領議政成化女	十四	三十三	哲仁王后金氏籍安東永恩府院君忠純公汶根女
今皇上	諱熙 初諱載晃 字聖臨 號誠軒	興宣大院君昰應(莊宗曾孫)次子	驪興府大夫人閔氏籍驪興 廣州府留守致久女			明成皇后閔氏籍驪興驪城府院君致祿女

普通教科 東國歷史　歷代王都表

此는本史와岐異處가多ᄒᆞ나今에俗本을姑從ᄒᆞ노라

建都年代	都名	今名	年數
朝鮮箕子	平壤 又王儉	平安道平壤府	九百餘
朝鮮衛滿	同		八十七
高句麗東明王 元	卒本扶餘	平安道成川府	三十九
瑠璃王 廿二	國內尉那巖	義州	二百六
山上王 十三	丸都 又安寸忽	寧遠郡劍山	三十八
東川王 廿一	平壤		九十一
故國原王 十二	丸都		一
同 十三	平壤東黃城	平壤木覓山	八十四
長壽王 十五	平壤		百五十九
平原王 廿八	長安		八十三

同	平壤		合計七百五
百濟溫祚王 元	河南慰禮	忠淸道稷山郡	十三
同 十四	漢山	廣州	三百七十五
近肖古王 廿六	北漢山	楊州	百四
文周王 元	熊津	公州	六十三
聖王 十六	泗沘 又曰扶餘	扶餘	百二十三
			合計六百七十八
新羅朴赫居世 元	辰韓	慶尙道慶州	九百九十二
高麗太祖 十九	開州	京畿道開城府	二百九十六
高宗 十九	江華	江華府	三十七
元宗 十一	開城		二十

忠烈王 十六	江華		二
同 十八	開京	開城府	九十
辛禑 八	漢陽	漢城府	一
同 九	松京	開城府	七
恭讓王 二	漢陽		一
同 三	松京		一
			合計四百五十六
本朝太祖 三	漢陽		

普通教科 東國歷史目錄 ○

普通教科 東國歷史卷首

檀君朝鮮記

東方이初에君長이無ᄒᆞ야人民이草衣木食ᄒᆞ며夏巢冬穴ᄒᆞ더니神人이太白山(今寧邊府妙香山)檀木下에降ᄒᆞ야聖德이有ᄒᆞ거ᄂᆞᆯ國人이推尊ᄒᆞ야王을ᄉᆞᆷ고號ᄒᆞ야曰檀君이라ᄒᆞ니此ᄂᆞᆫ唐堯二十五年戊辰이오我大韓의開國記元前三千七百三十四年이라歷世의文獻이無徵ᄒᆞ야不可考러라

箕子朝鮮記

箕子ᄂᆞᆫ子姓이오名은胥餘니子爵으로箕에封ᄒᆞᆫ고로箕子라稱ᄒᆞ니殷王成湯의苗裔오紂의諸父라紂의太師되엿다가紂의無道ᄒᆞᆷ을見ᄒᆞ고披髮佯狂ᄒᆞ야奴가되시니紂ㅣ囚之ᄒᆞ더라既而오周武王이天下ᄅᆞᆯ得ᄒᆞ미其囚ᄅᆞᆯ釋ᄒᆞ고因ᄒᆞ야道ᄅᆞᆯ訪ᄒᆞ거ᄂᆞᆯ箕子ㅣ이에洪範九

疇를 陳ᄒᆞ시고 男女五千人을 率ᄒᆞ고 朝鮮에 避入ᄒᆞ샤 平壤에 都ᄒᆞ시니라

箕子ㅣ 이에 禮義와 田蠶과 織作으로ᄡᅥ 其民을 敎ᄒᆞ시고 八條의 禁을 設ᄒᆞ야 殺人者ᄂᆞᆫ 死로ᄡᅥ 償ᄒᆞ고 相傷者ᄂᆞᆫ 穀으로ᄡᅥ 償ᄒᆞ고 相盜者ᄂᆞᆫ 男女가 其家에 沒入ᄒᆞ야 奴婢가 되고 그 自贖고져 ᄒᆞᄂᆞᆫ 者ᄂᆞᆫ 人一名에 五十萬이오 비록 免ᄒᆞ야 良民이 될지라도 俗이 오히려 羞耻라ᄒᆞ야 嫁娶가 難ᄒᆞ니 이럼으로 盜賊이 無ᄒᆞ야 門戶를 不閉ᄒᆞ고 婦人이 貞信不淫ᄒᆞ며 田野ㅣ 闢ᄒᆞ고 飮食을 籩豆로ᄡᅥ 用ᄒᆞ니 仁賢의 化ㅣ 著ᄒᆞ더라

其子孫이 國境을 漸拓ᄒᆞ야 西으로 遼河를 過ᄒᆞ고 南으로 漢水以北春川에 至ᄒᆞ며 東으로 咸興江陵ᄭᆞ지 隸屬ᄒᆞ엿더니 其後에 子孫이 驕虐ᄒᆞ거ᄂᆞᆯ 燕이 秦開를 遣ᄒᆞ야 其西方二千餘里地를 攻取ᄒᆞ고 滿潘汗(遼東三縣名)으로 爲界ᄒᆞ니 朝鮮이 遂弱ᄒᆞ니라 밋 秦始皇이 蒙恬을 遣ᄒᆞ야 長

城을 築ᄒᆞ야 遼東에 至ᄒᆞ니 箕子四十一代孫否ㅣ 畏ᄒᆞ야 秦에 屬ᄒᆞ엿마가 否ㅣ 死ᄒᆞ고 其子準이 立ᄒᆞᆫ지 二十餘年에 漢初에 至ᄒᆞ야 燕王盧綰으로더브러 浿水(指鴨綠河)로ᄡᅥ 定界ᄒᆞ더니 밋 綰이 漢을 叛ᄒᆞ고 匈奴에 入ᄒᆞ민 燕人衛滿이 衆을 率ᄒᆞ고 東으로 浿水를 渡ᄒᆞ야 西界에 居코자ᄒᆞ거ᄂᆞᆯ 準이 博士를 拜ᄒᆞ고 百里를 封ᄒᆞ야 西鄙를 守ᄒᆞ라ᄒᆞ얏더니 滿이 亡命黨을 誘聚ᄒᆞ고 準의게 詐告曰 漢兵이 十道로 來侵ᄒᆞ니 請컨ᄃᆡ 宿衛ᄒᆞ리라ᄒᆞ고 드듸여 準을 襲ᄒᆞ거ᄂᆞᆯ 準이 抵敵지 못ᄒᆞ고 浮海南奔ᄒᆞ야 金馬郡(今益山郡)에 至ᄒᆞ야 馬韓을 攻襲ᄒᆞ고 自稱馬韓이라ᄒᆞ니라

衛滿朝鮮紀 附四郡 二府

衛滿은 燕人이라 漢高祖十二年에 燕王盧綰의 亂을 因ᄒᆞ야 朝鮮에 入ᄒᆞ야 箕準을 逐ᄒᆞ고 平壤에 都ᄒᆞ야 其傍諸邑을 役屬ᄒᆞ며 眞蕃臨屯이 다 來服ᄒᆞ야 地方이 數千里라 其孫右渠에 至ᄒᆞ야 漢武帝의 使臣涉何

를殺ᄒᆞ니武帝ㅣ樓船將軍楊僕과左將軍荀彘를遣ᄒᆞ야攻ᄒᆞ거늘右渠ㅣ發兵相拒ᄒᆞ야久而不決ᄒᆞ더니漢이다시公孫遂를遣ᄒᆞ야攻ᄒᆞᆯ식明年에右渠의臣韓陶等이右渠를殺ᄒᆞ야漢에降ᄒᆞ니衛氏ㅣ三世에遂亡ᄒᆞ고其歷年이八十七年이러라

漢이이믜右渠를破ᄒᆞ민樂浪과臨屯과玄菟와眞蕃四郡를置ᄒᆞ엿더니漢昭帝始元五年에四郡을改ᄒᆞ야二府를置ᄒᆞᆯ식眞蕃과玄菟로뻐平州都尉府를숨고臨屯과樂浪으로뻐東部都尉府를숨고官吏를遣ᄒᆞ야守ᄒᆞ니此時에人民이漢의法令을不從ᄒᆞ고君長을自立ᄒᆞ며또高勾麗가西北에起ᄒᆞ야玄菟樂浪舊地를據有ᄒᆞ니漢이그地遠難制ᄒᆞᆷ을知ᄒᆞ고都尉府를罷ᄒᆞ며漢靈帝ᄂᆞᆫ玄菟樂浪遼東等太守를置ᄒᆞ야如此히魏ᄭᆞ지至ᄒᆞ다가高朱蒙의後孫이漸漸强大ᄒᆞ야慕容氏가亡ᄒᆞᆫ後에四郡의地를全히奪還ᄒᆞ니衛滿으로브터朱蒙元年ᄭᆞ지凡

一百五十八年이러라

樂浪은平壤府와밋春川이오臨屯은京畿西郊와黃海東道오玄菟ᄂᆞᆫ咸興府오眞蕃은遼東이라

馬韓紀

馬韓王箕準이金馬郡에居ᄒᆞ야韓王이라稱ᄒᆞ더니밋薨ᄒᆞ민諡曰武東王이라箕子가東來ᄒᆞ신後凡一千一百三十一年에國이絶ᄒᆞ고今에鮮于氏韓氏奇氏ᄂᆞᆫ다箕子의遺裔러라

盖馬韓의統率ᄒᆞᆫ國이凡五十餘니大國은萬餘家오小國은數千家라揔히十餘萬戶오其民이種植을務ᄒᆞ며蠶桑을喜ᄒᆞ고居處ㅣ儉朴ᄒᆞ며金銀을輕視ᄒᆞ고珠玉으로뻐髮을飾ᄒᆞ며男子ᄂᆞᆫ帛袍를衣ᄒᆞ고草履를服ᄒᆞ며性이勇悍ᄒᆞ야弓楯矛櫓를善用ᄒᆞ고箕準의後孫이馬韓總王으로世世自守ᄒᆞ다가밋百濟王溫祚ㅣ漢南에都ᄒᆞ민漢南百里

地를割與ᄒᆞ고三韓의覇權을獨占ᄒᆞ더니百濟溫祚王二十六年에討滅ᄒᆞᆫ비되니라

箕氏年譜에曰箕子ㅣ東來ᄒᆞ신後에國人이推尊ᄒᆞ야文聖王이라ᄒᆞ고其後莊惠王松과敬老王洵과恭貞王伯과文武王椿과太原王孔과景昌王莊과興平王捉과哲威王調와宣惠王索과誼讓王師와文惠王炎과盛德王越과悼懷王職과文烈王優와昌國王睦과武成王平과貞敬王闕과樂成王懷와孝宗王存과天老王孝와修道王襄과徽襄王邇와奉日王參과德昌王僅과壽聖王朔과英傑王藜와逸聖王岡과濟世王混과靖國王璧과導國王澄과赫聖王騭과和羅王諧과說文王賓와慶順王華와嘉德王謝와三老王煜과顯文王釋과章平王潤과宗統王否를經ᄒᆞ고哀王準에至ᄒᆞ야馬韓에避居ᄒᆞ니箕子己卯로브터箕準丁未ᄭᆞ지合九百二十九年이오哀王後에武康王卓과安王龕과惠王寔과明王武와孝王亨과襄王燮과元王勳과稽王貞을經ᄒᆞ고王學에至ᄒᆞ야百濟의게滅ᄒᆞᆫ비되니歷年이二百二年이라ᄒᆞ더라

辰韓紀

辰韓은馬韓國東方에在ᄒᆞ니北은濊貊을接ᄒᆞ고南은弁韓을隣ᄒᆞ야十二國(其中斯盧國은即新羅라)을有ᄒᆞ니今慶尙北道오其始ᄂᆞᆫ秦人이라秦의苛政을避ᄒᆞ야馬韓에入ᄒᆞ거ᄂᆞᆯ馬韓이東界를割與ᄒᆞ야處케ᄒᆞ니此ᄂᆞᆫ十二國中의一이오秦人이라ᄒᆞ야又曰秦韓이라ᄒᆞ고또馬韓의게見制ᄒᆞ야自立지못ᄒᆞ고其繼位ᄒᆞᄂᆞᆫ王이다馬韓人이러니漢宣帝五鳳元年에梁山村人赫居世ㅣ立ᄒᆞ야君長이되니此ᄂᆞᆫ辰韓摠王이라其地ᄂᆞᆫ五穀이宜ᄒᆞ고人民이蠶桑을務ᄒᆞ며織作이善ᄒᆞ고嫁娶가有禮ᄒᆞ고男女가有別ᄒᆞ며三韓中에智識이더옥開發ᄒᆞ고鐵貨를造ᄒᆞ야濊

와馬韓과밋日本에貿易ᄒᆞ며또寶玉名鏡刀槍等이有名ᄒᆞ더라

弁韓紀

弁韓은辰韓의南에在ᄒᆞ니辰韓과雜居ᄒᆞ야馬韓으로더브러三韓이라並稱ᄒᆞ니此國도辰韓과갓치十二國을統轄ᄒᆞ야合二十四國에大國은四五千家오小國은六七百家니摠히四五萬戶러니後에辰韓은新羅ㅣ併呑ᄒᆞ고弁韓은駕洛國始祖金首露王의占領ᄒᆞᆫ바되니라

三國記 新羅 高句麗 百濟

甲子

馬韓開國一百三十八年○新羅赫居世元年○漢宣帝五鳳元年○日皇崇神四十一年○西歷紀元前五十七年 夏四月丙辰에新羅太祖朴赫居世ㅣ立ᄒᆞ다先是에朝鮮遺民이慶州六部에分居ᄒᆞ니此ᄂᆞᆫ곳辰韓의始라君長이無ᄒᆞ더니赫居世ㅣ生ᄒᆞ민爲人이英俊ᄒᆞ거ᄂᆞᆯ六部ㅣ推立ᄒᆞ야君을삼으니年이十三이라國號ᄅᆞᆯ徐羅伐이라ᄒᆞ고辰韓地에都ᄒᆞ며朴으로ᄡᅥ姓을稱ᄒᆞ니그始生時에瓠中에셔出ᄒᆞ엿다ᄒᆞᄂᆞᆫ딕瓠ᄂᆞᆫ俗言에朴인고로謂ᄒᆞᆷ이오赫居世ᄂᆞᆫ王이라ᄒᆞᆷ이러라

東史에曰新羅建國時에號曰徐羅伐又曰斯[illegible]曰斯盧曰新羅曰鷄林이라ᄒᆞ더니智證王時에至ᄒᆞ야新羅라確定ᄒᆞ며辰韓은今慶州郡이라

戊辰

馬韓開國一百四十二年○新羅赫居世五年○漢宣帝甘露元年○日皇崇神四十五年○西歷紀元前五十三年

春正月에 新羅ㅣ 閼英을 立ᄒᆞ야 妃를 封ᄒᆞ다 初에 龍이 閼英井에 見ᄒᆞ야 右脇으로 女를 生ᄒᆞ거ᄂᆞᆯ 老嫗ㅣ 곳 收養ᄒᆞ고 因ᄒᆞ야 井으로ᄡᅥ 名ᄒᆞ엿더니 밋 長成ᄒᆞ미 才德이 俱有ᄒᆞ거ᄂᆞᆯ 赫居世ㅣ 納ᄒᆞ야 妃를 삼으니 妃가 賢行이 有ᄒᆞ야 能히 內輔ᄒᆞᄂᆞᆫ지라 時人이 二聖이라 謂ᄒᆞ더라

辛未

馬韓開國一百四十五年○新羅赫居世八年○漢宣帝甘露四年○日皇崇神四十八年○西歷紀元前五十年

倭國이 新羅邊境을 侵ᄒᆞ다가 王의 神德이 有홈을 聞ᄒᆞ고 乃還ᄒᆞ더라

倭ᄂᆞᆫ 即今 日本이라 其國이 我國 東南에 在ᄒᆞ야 三島를 合ᄒᆞ야 成ᄒᆞ고 至今 二千五百五十餘年에 一姓이 相傳ᄒᆞ며 其始祖ᄂᆞᆫ 神武天皇이오 崇神天皇에 至ᄒᆞ야 비로소 我邦에 通ᄒᆞ며 其後 垂仁天皇時에 新羅 脫解王과 交聘ᄒᆞ고 百濟 近肖古王時에 王仁을 遣ᄒᆞ야 論語와 千字文을 傳授ᄒᆞ니 其國의 文字가 有홈이 自此로 始ᄒᆞ며 百濟 聖王이 金銅佛과 밋 佛經을 送ᄒᆞ니 此ᄂᆞᆫ 또 佛法이 日本에 入ᄒᆞᆫ 始初오 또 百濟가 天文曆法과 醫博士와 樂人과 陶匠 瓦匠과 鞍工과 釀酒人과 縫衣工 等을 遣ᄒᆞ니 日本이 다 此法을 仿行ᄒᆞ야 其國의 學術 技藝가 自此로 發達ᄒᆞ며 新羅 文武王時에 天武天皇이 비로소 孔子ᄭᅴ 祀ᄒᆞ고 新羅 眞聖女主時에 宇多天皇이 關白의게 委政ᄒᆞ니 高麗 季世로부터 本朝 宣祖時ᄭᆞ지 干戈를 屢搆ᄒᆞᆫ者ㅣ 다 關白의 所使오 至今 睦仁皇帝ᄂᆞᆫ 泰西諸國의 富强을 慕ᄒᆞ야 關白을 廢ᄒᆞ고 政治를 改革ᄒᆞ며 疆土를 益拓ᄒᆞ니 大抵 政權을 關白이 執ᄒᆞᆫ지 凡 六百六十年이러라

甲申

馬韓開國一百五十八年○新羅赫居世二十一年○高句麗高朱蒙元年○漢元帝建昭二年○日皇崇神六十一年○西歷紀元前三十七年

新羅ㅣ 京城을 築ᄒᆞ고 號曰 金城(慶州郡東)이라ᄒᆞ다 ○高句麗 始祖 高朱蒙이 立ᄒᆞ니 朱蒙은 北扶餘(玄菟屬開原縣) 東明聖王(後漢書及魏書에 幷云ᄒᆞ되 北扶餘始祖의 名은 東明이

라

의子라骨表가英偉ᄒᆞ고年이七歲에弓矢를自作ᄒᆞ야百發百中ᄒᆞᄂᆞᆫ지라後에其異母兄弟七人이朱蒙의才能을忌ᄒᆞ야殺코ᄌᆞᄒᆞ거ᄂᆞᆯ朱蒙이逃難ᄒᆞ야卒本扶餘([illegible]名에니在今寧古塔南이오俗本에成川이라)에至ᄒᆞ니扶餘王이無子ᄒᆞ야朱蒙을見ᄒᆞ고女로ᄡᅥ妻ᄒᆞ엿다가扶餘王이崩ᄒᆞ고朱蒙이嗣位ᄒᆞ야卒本에始都ᄒᆞ고子琉璃王二十二年에國內城(今楚山北隔水之地오鴨綠婆豬兩水가未合ᄒᆞᆫ處라)에移都ᄒᆞ고漢의高句麗縣을襲取ᄒᆞ야國號를高句麗라ᄒᆞ고因ᄒᆞ야高로ᄡᅥ姓ᄒᆞ고國境을廣拓ᄒᆞ야北은扶餘地와眞番玄菟故地오南은浿南과漢北을占踞ᄒᆞ고山上王十三年에丸都城(今在滿浦堡北片이라)에移居ᄒᆞ고東川王二十一年에平壤에移都ᄒᆞ니其地ᄂᆞᆫ五穀이宜ᄒᆞ고良馬貂豻美珠가有ᄒᆞ며其人은强勇ᄒᆞ고會同揖讓의禮가有ᄒᆞ며衣服은白色을崇尙ᄒᆞ더라

丁亥 (馬韓開國一百六十一年○新羅赫居世二十四年○高句麗高朱蒙四年○漢元帝建昭五年○日皇崇神六十四年○西歷紀元前三十四年)

秋七月에高句麗ㅣ卒本에城郭을築ᄒᆞ고宮室을營ᄒᆞ다

癸巳 (馬韓開國一百六十七年○新羅赫居世三十年○高句麗高朱蒙十年○漢成帝河平元年○日皇垂仁二年○西歷紀元前二十八年) 夏에樂浪人이新羅를侵ᄒᆞ다가邊界에至ᄒᆞ야夜戶가不扃ᄒᆞ고露積이被野ᄒᆞᆷ을見ᄒᆞ고相謂曰人民이相盜치아니ᄒᆞ니可謂有道ᄒᆞᆫ國이라吾儕가掩襲ᄒᆞᆷ이不可ᄒᆞ다ᄒᆞ고引還ᄒᆞ더라

甲午 (馬韓開國一百六十八年○新羅赫居世三十一年○高句麗高朱蒙十一年○漢成帝河平二年○日皇垂仁三年○西歷紀元前二十七年) 冬十一月에高句麗ㅣ北沃沮(今咸鏡北道)를滅ᄒᆞ다北沃沮ᄂᆞᆫ北으로挹婁를接ᄒᆞ미挹婁의寇掠을畏懼ᄒᆞ야恒常巖穴에避居ᄒᆞ다가冬時에至ᄒᆞ야挹婁의不來ᄒᆞᆷ을見ᄒᆞ고바야흐로下居ᄒᆞ더니맛ᄎᆞᆷᄂᆡ麗의게滅ᄒᆞᆫ빈되고挹婁ᄂᆞᆫ肅愼氏니卽靺鞨이러라

辛丑 (馬韓開國一百七十五年○新羅赫居世三十八年○高句麗高朱蒙十八年○漢成帝鴻嘉元年○日皇垂仁十年○西歷紀元前二十年) 春二月에新羅ㅣ瓠公을遣ᄒᆞ야馬韓에聘ᄒᆞ니馬韓王이讓責ᄒᆞ야曰辰

下二韓은我의屬國이어늘近年에職貢을不輸ᄒᆞ니事大ᄒᆞᄂᆞᆫ禮가如此乎아ᄒᆞ거늘對曰我國이二聖(赫居世及閼英이라)이肇興ᄒᆞᆷ으로브터國內가大治ᄒᆞ고辰卞二邦과樂浪과日本이다畏懷ᄒᆞ나吾王이謙虛ᄒᆞᄂᆞᆫ心으로貴國에修聘ᄒᆞ니可謂禮에過ᄒᆞ다ᄒᆞ깃거늘今에王이도로혀怒ᄒᆞᆷ은何故오ᄒᆞᆫᄃᆡ馬韓王이益怒ᄒᆞ야殺코자ᄒᆞ니左右ㅣ諫止ᄒᆞ야이에許還ᄒᆞ니라先是에秦人이始皇의苛政을苦ᄒᆞ야馬韓에來居ᄒᆞ다가至是ᄒᆞ야다시新羅의게依附ᄒᆞᄂᆞᆫ고로馬韓이忌嫉ᄒᆞ더라

壬寅

(馬韓開國一百七十六年○新羅赫居世三十九年○高句麗高朱蒙十九年○漢成帝鴻嘉二年○日本垂仁十一年○西歷紀元前十九年)春에馬韓王이崩ᄒᆞ거늘或이新羅王을勸ᄒᆞ야曰韓王이前日에我의使臣을辱ᄒᆞ엿스니今에맛당히其喪을乘ᄒᆞ야伐ᄒᆞ자ᄒᆞᆫᄃᆡ王曰人의災를幸ᄒᆞᆷ이不仁이라ᄒᆞ고遣使弔慰ᄒᆞ니라○高句麗王이崩ᄒᆞ고子琉璃ㅣ類利ㅣ立ᄒᆞ다初에朱蒙이北扶餘에在ᄒᆞᆯ時에禮氏를先娶ᄒᆞ야類利가生ᄒᆞᄆᆡ息信이遂絶ᄒᆞ다가其後에類利ㅣ王의所遺ᄒᆞᆫ斷劍을得ᄒᆞ야王씌進呈ᄒᆞ고父子ㅣ비로소相聚ᄒᆞ야太子ㅣ되엿더니至是ᄒᆞ야立ᄒᆞ니라

癸卯

(○馬韓開國一百七十七年○新羅赫居世四十年○高句麗琉璃王元年○百濟溫祚王元年○漢成帝鴻嘉三年○日本垂仁十二年○西歷紀元前十八年)春에百濟始祖高溫祚ㅣ立ᄒᆞ니此ᄂᆞᆫ곳溫祚王이라初에高句麗王高朱蒙이卒本扶餘에逃難ᄒᆞ엿다가卒本扶餘主의第二女를娶ᄒᆞ고또其王의位를繼ᄒᆞ야二子를生ᄒᆞ니長曰沸流오次曰溫祚라밋禮氏의生ᄒᆞᆫ類利가高句麗太子ㅣ되ᄆᆡ沸流兄弟가太子ㅣ不容ᄒᆞᆯ가恐ᄒᆞ야烏干馬黎等十人으로더브러南遁ᄒᆞ야漢山에至ᄒᆞ야慰禮城을築ᄒᆞ고居ᄒᆞ더니其後十三年에沸流ᄂᆞᆫ其民을海濱彌鄒(今仁川府)에居케ᄒᆞ고溫祚ᄂᆞᆫ河南慰禮城(今廣州古邑)에定都ᄒᆞ야十臣으로ᄡᅥ輔相을삼고國號를十濟라ᄒᆞ더니其後에沸流ㅣ彌鄒의地方이土濕水鹹ᄒᆞ야

安居치못ᄒᆞ고慰禮城에來ᄒᆞ야人民이安泰ᄒᆞ고都邑이旣定홈을見ᄒᆞ고慙恚ᄒᆞ야死ᄒᆞ니이에其民이다慰禮에歸ᄒᆞᄂᆞᆫ지라다시國號ᄅᆞᆯ定ᄒᆞ야百濟라ᄒᆞ고ᄯᅩ疆域을定ᄒᆞᆯᄉᆡ北은浿河(今谷山能成江이니即浿江上流라)에至ᄒᆞ고南은熊川(今公州)이오西ᄂᆞᆫ大海오東은走壤(今春川)에至ᄒᆞ더라

壬子 (馬韓開國一百八十六年○新羅赫居世四十九年○高句麗琉璃王十年○百濟溫祚王十年○漢成帝元延四年○日皇垂仁二十一年○西歷紀元前九年)夏四月에高句麗王이羣臣다려謂ᄒᆞ야曰鮮卑가(今俄屬西伯里亞)其險固ᄅᆞᆯ恃ᄒᆞ고我國을屢侵ᄒᆞ니이졔此患을能制ᄒᆞᆯ者ㅣ有ᄒᆞ면重賞을與ᄒᆞ리라ᄒᆞᆫᄃᆡ扶芬奴ㅣ獻策曰鮮卑ᄂᆞᆫ勇悍ᄒᆞ고ᄯᅩ愚蠢ᄒᆞ니力鬪치못ᄒᆞᆯ지라今에反間을設ᄒᆞ야我의國少兵弱홈을示ᄒᆞ면彼가應當設備치아니ᄒᆞ리니臣이其隙을俟ᄒᆞ야間道로精兵을進ᄒᆞ고王은佯敗ᄒᆞ야彼로ᄒᆞ여곰空城來追케ᄒᆞ야臣은其城에入ᄒᆞ고王은回軍返擊ᄒᆞ면鮮卑ᄅᆞᆯ可克ᄒᆞ리이다ᄒᆞ거ᄂᆞᆯ王이其計ᄅᆞᆯ從ᄒᆞ엿더니鮮卑가果然來追ᄒᆞ거ᄂᆞᆯ扶芬奴ㅣ其城에入ᄒᆞ야前後夾攻ᄒᆞ니鮮卑ㅣ計窮力盡ᄒᆞ야降服ᄒᆞᄂᆞᆫ지라王이扶芬奴ᄅᆞᆯ賞ᄒᆞ야食邑을予ᄒᆞᆫᄃᆡ扶芬奴ㅣ辭曰此ᄂᆞᆫ王의德이라臣이何功이有ᄒᆞ리오ᄒᆞ고不受ᄒᆞ거ᄂᆞᆯ王이이에黃金三十斤과良馬十匹을賜ᄒᆞ다

辛酉 (馬韓開國一百九十五年○新羅赫居世五十八年○高句麗琉璃王十九年○百濟溫祚王十九年○漢平帝元始元年○日皇垂仁三十年○西歷紀元元年)

癸亥 (馬韓開國一百九十七年○新羅赫居世六十年○高句麗琉璃王二十一年○百濟溫祚王二十一年○漢平帝元始三年○日皇垂仁三十二年○西歷紀元後三年)三月에高句麗ㅣ國內城(今楚山北隔水ᄒᆞᆫ清國地라)에移都ᄒᆞ고慰那岩城을築ᄒᆞ다

甲子 (馬韓開國一百九十八年○新羅赫居世六十一年○高句麗琉璃王二十二年○百濟溫祚王二十二年○漢平帝元始四年○日皇垂仁三十三年○西歷紀元後四年)三月에新羅王赫居世ㅣ崩ᄒᆞ고其後七日에王妃閼英이ᄯᅩᄒᆞᆫ崩ᄒᆞ거ᄂᆞᆯ子南解ㅣ立ᄒᆞ야赫居世ᄅᆞᆯ蛇陵에葬ᄒᆞ다

戊辰

馬韓開國二百二年○新羅南解王四年○高句麗琉璃王二十六年○百濟溫祚王二十六年○漢孺子嬰初始元年○日皇垂仁三十七年○西曆紀元後八年

春正月에新羅王이長女로써昔脫解의게妻ᄒᆞ다脫解의身長이九尺이오風神이秀朗ᄒᆞ고才識이過人ᄒᆞ더라○秋七月에百濟王이諸將과議論ᄒᆞ야曰馬韓이漸漸疲弱ᄒᆞ야上下ㅣ離心ᄒᆞ니萬一他人의并呑ᄒᆞᆫ비되면脣亡齒寒이라後悔莫及ᄒᆞ리니我ㅣ先取ᄒᆞᆷ이可타ᄒᆞ고冬十月에出獵ᄒᆞᆫ다稱ᄒᆞ고潛師掩襲ᄒᆞ야其國을遂并ᄒᆞ니오작圓山과錦峴(在今羅州郡)二城이固守不下ᄒᆞ다가翌年己巳에降ᄒᆞ거ᄂᆞᆯ百濟ㅣ其民을漢山에移送ᄒᆞ니馬韓이亡ᄒᆞ다其後八年을經ᄒᆞ야馬韓舊將周勤이箕氏의故國을興復ᄒᆞ고자ᄒᆞ야起兵ᄒᆞ야百濟十谷城(今山谷)을據ᄒᆞ거ᄂᆞᆯ百濟王이軍士五千을率ᄒᆞ고來攻ᄒᆞ니勤이力盡自殺ᄒᆞ더라

戊寅

新羅南解王十四年○高句麗琉璃王三十六年○百濟溫祚王三十六年○漢王莽簒位十年○日皇垂仁四十七年○西曆紀元後十八年

夏에高句麗의屬ᄒᆞᆫ七國이新羅에投降ᄒᆞ다○冬十月에高句麗王이崩ᄒᆞ고子大武神王無恤이立ᄒᆞ다

甲申

新羅南解王二十年○高句麗大武神王六年○百濟溫祚王四十二年○漢更始二年○日皇垂仁五十三年○西曆紀元後二十四年

秋에新羅王이崩ᄒᆞ고子儒理王儒理ㅣ立ᄒᆞ다初에王이崩ᄒᆞᆯ時에儒理와밋昔脫解의게遺言ᄒᆞ야曰我ㅣ死後에朴昔兩姓아年長으로써嗣位ᄒᆞ라ᄒᆞ더니밋王이崩ᄒᆞ미儒理ㅣ脫解의게讓位ᄒᆞᆫ대脫解曰神器ᄂᆞᆫ庸人의堪任ᄒᆞᆯ비아니라ᄒᆞ고固辭ᄒᆞ거ᄂᆞᆯ이에儒理王이即位ᄒᆞ다

戊子

新羅儒理王四年○高句麗大武神王十年○百濟溫祚王四十六年○東漢光武建武四年○日皇垂仁五十七年○西曆紀元後二十八年

二月에百濟始祖高溫祚ㅣ崩ᄒᆞ고子多婁王多婁ㅣ立ᄒᆞ다○秋七月에漢이遼東兵을發ᄒᆞ야高句麗丸都(在今滿洲北臨江ᄒᆞᆫ地)를攻ᄒᆞ거ᄂᆞᆯ麗人이守城ᄒᆞᆫ지數旬에漢圍가不解ᄒᆞᄂᆞᆫ지라左輔(大官)乙豆智ㅣ獻策ᄒᆞ야曰漢이我城中에無水ᄒᆞ다ᄒᆞ야久圍ᄒᆞᆷ이니맛당히池魚를水草로써包

裏ᄒᆞ이漢軍을犒饋ᄒᆞ소서ᄒᆞ거ᄂᆞᆯ王이其計ᄅᆞᆯ從ᄒᆞ야漢軍에貽書ᄒᆞ야曰寡人이愚昧ᄒᆞᆷ으로貴國에開罪ᄒᆞ야將軍으로ᄒᆞ야곰百萬의師ᄅᆞᆯ弊境에暴露ᄒᆞ니今에厚意ᄅᆞᆯ答키難ᄒᆞ야敢히薄物로ᄡᅥ左右에供ᄒᆞ노라ᄒᆞᆫᄃᆡ於是에漢將이城內에有水ᄒᆞᆷ을知ᄒᆞ고猝拔키難ᄒᆞ다ᄒᆞ고引還ᄒᆞ니라○冬十一月에新羅王이國內ᄅᆞᆯ巡行ᄒᆞ다가老嫗가凍餒ᄒᆞᆷ을見ᄒᆞ고曰予ㅣ菲德으로ᄡᅥ民上에忝居ᄒᆞ야老幼로ᄒᆞ여곰此에至케ᄒᆞ엿다ᄒᆞ고因ᄒᆞ야有司ᄅᆞᆯ命ᄒᆞ야鰥寡孤獨을存問ᄒᆞ고또老病ᄒᆞ야自活키難ᄒᆞᆫ者ᄅᆞᆯ賑給ᄒᆞ니鄰國百姓이來者ㅣ甚衆ᄒᆞ더라

壬辰

新羅儒理王八年○高句麗大武神王十四年○百濟多婁王四年○東漢光武建武八年○日皇垂仁六十一年○西歷紀元後三十二年○夏四月에高句麗ㅣ樂浪을襲擊ᄒᆞ야受降ᄒᆞ다先是에王子好童이南沃沮에遊ᄒᆞᆯ시樂浪王崔理ㅣ好童을愛ᄒᆞ야謂曰君의相貌ᄅᆞᆯ見ᄒᆞ니常人이아니라ᄒᆞ고드ᄃᆡ여其女로ᄡᅥ妻ᄒᆞ니時에樂浪에鼓角이有ᄒᆞ야

만일敵兵이有ᄒᆞ면自鳴ᄒᆞᄂᆞᆫ지라好童이將還ᄒᆞᆯ시其女ᄃᆞ려潛謂曰汝가武庫에入ᄒᆞ야鼓角을割破ᄒᆞ면我ㅣ汝ᄅᆞᆯ禮聘ᄒᆞ리라ᄒᆞᆫᄃᆡ女ㅣ곳武庫의鼓面과角口ᄅᆞᆯ裂割ᄒᆞ고好童의게報ᄒᆞ거ᄂᆞᆯ好童이歸ᄒᆞ야王을勸ᄒᆞ야樂浪을襲取ᄒᆞ니崔理ㅣ鼓角이不鳴ᄒᆞᆷ을見ᄒᆞ고設備치아니ᄒᆞ엿다가麗兵이城下에奄至ᄒᆞ거ᄂᆞᆯ그제야鼓角이皆破ᄒᆞᆷ을知ᄒᆞ고드ᄃᆡ여其女ᄅᆞᆯ殺ᄒᆞ고出降ᄒᆞ니라○十一月에高句麗王子好童이自殺ᄒᆞ다好童이容貌가甚美ᄒᆞ고王의게有寵ᄒᆞ더니至是ᄒᆞ야王의元妃가奪嫡ᄒᆞᆯ가恐ᄒᆞ야讒訴ᄒᆞ야曰好童이妾의게無禮코자ᄒᆞᆫ다ᄒᆞ니王이懷疑ᄒᆞᄂᆞᆫ지라或이好童을勸ᄒᆞ야自白ᄒᆞ라ᄒᆞᆫᄃᆡ好童曰此ᄂᆞᆫ母惡을顯ᄒᆞ고父憂ᄅᆞᆯ貽ᄒᆞᆷ이라ᄒᆞ고드ᄃᆡ여自殺ᄒᆞ니라

癸巳

新羅儒理王九年○高句麗大武神王十五年○百濟多婁王五年○東漢光武建武九年○日皇垂仁六十二年○西歷紀元後三十三年○二月에百濟王이國南州郡을命ᄒᆞ야비로소稻田을作ᄒᆞ다

(新羅儒理王十八年○高句麗大武神王二十四年○百濟多婁王十四年○東漢光武建武十八年○日皇垂仁七十一年○西歷紀元後四十二年)春三月에駕洛國始祖金首露ㅣ立ᄒᆞ다初에駕洛의部落이九가有ᄒᆞ야各其酋長을立ᄒᆞ고山野에居ᄒᆞ야君臣位號가無ᄒᆞ더니男子兄弟六人이有ᄒᆞ야다英偉ᄒᆞ고長은曰首露니首露ㅣ其地에開國ᄒᆞ고號曰伽耶(今金海郡이오伽耶는駕洛의同音을異譯홈이라)ㅣ라ᄒᆞ고其弟五人이ᄯᅩ五伽耶主ㅣ되니曰阿羅伽耶(今咸安郡)曰古寧伽耶(今咸昌郡)曰星山伽耶(今星州郡)曰大伽耶(今高靈郡이니日本이謂之任那ㅣ라)曰小伽耶(今固城郡)니其地가新羅西南에在ᄒᆞ야總稱駕洛國이러라首露ㅣ城郭을築ᄒᆞ고宮室을營ᄒᆞ며許氏를納ᄒᆞ야九子를生ᄒᆞ미二子가母姓을從ᄒᆞ니今에金海金氏와밋許氏가다其苗裔러라

駕洛國記에曰東漢建武二十四年에駕洛의許皇后ㅣ阿踰陀國(今印度國)으로브터渡海ᄒᆞᆯ새緋帆과茜旗가北指ᄒᆞᄂᆞᆫ지라首露王이宮西에幔殿을設ᄒᆞ고迎候ᄒᆞ다가밋后ㅣ至ᄒᆞ미同輦入闕ᄒᆞ야后를封ᄒᆞ엿다ᄒᆞ고輿地勝覽에曰許皇后ᄂᆞᆫ南天竺國王의女라

大抵首露王이몬져印度로브터駕洛에來住ᄒᆞ고其夫人이ᄯᅩᄒᆞᆫ繼至ᄒᆞ엿다ᄒᆞ나荒誕ᄒᆞ야不可信이러라

其後에王이崩ᄒᆞ니年이一百五十八歲오其子居登이立ᄒᆞ야新羅救援을請ᄒᆞ야外寇를防禦ᄒᆞ고其子를送質ᄒᆞ더니居登이卒ᄒᆞ고麻品과居叱彌와伊尸品을歷ᄒᆞ야坐知가立ᄒᆞ미女色을貪ᄒᆞ고ᄯᅩ其黨을寵任ᄒᆞ야國勢가大亂ᄒᆞ다가其臣朴元道의諫을從ᄒᆞ야其女를擯斥ᄒᆞ니此時에新羅ㅣ攻伐코ᄌᆞᄒᆞ다가王의悔改ᄒᆞᆷ을見ᄒᆞ고其謀가遂止ᄒᆞ며其後에ᄯᅩ吹希와銍知와鉗知를歷ᄒᆞ고仇衡에至ᄒᆞ야新羅와失和ᄒᆞ야其北境을屢次見侵ᄒᆞ야能히自主치못ᄒᆞ고新羅法興王十八年에畢竟新羅에降ᄒᆞ거ᄂᆞᆯ羅王이客禮로ᄡᅥ待ᄒᆞ고其國을賜ᄒᆞ야

食邑을삼으니駕洛國이凡十世에歷年이四百九十一年이러라

甲辰 (新羅儒理王二十年○高句麗大武神王二十六年○百濟多婁王十六年○東漢光武建武二十年○日皇垂仁七十三年○西歷紀元後四十四年) 秋九月에漢이樂浪을取ᄒᆞ야郡縣을作ᄒᆞ니薩水(今淸川江安州)以北이다漢에屬ᄒᆞ더라○冬十月에高句麗王이崩ᄒᆞ고太子解憂ㅣ年幼ᄒᆞ거ᄂᆞᆯ國人이王의弟閔中王解邑朱ᄅᆞᆯ立ᄒᆞ다

戊申 (新羅儒理王二十四年○高句麗閔中王四年○百濟多婁王二十年○東漢光武建武二十四年○日皇垂仁七十七年○西歷紀元後四十八年) 春에高句麗王이崩ᄒᆞ고其侄慕本王解憂ㅣ立ᄒᆞ다○高句麗ㅣ漢의北平漁陽上谷太原等地ᄅᆞᆯ襲取ᄒᆞ엿다가既而오漢으로더브러和親ᄒᆞ다

癸丑 (新羅儒理王二十九年○高句麗慕本王五年○百濟多婁王二十五年○東漢光武建武二十九年○日皇垂仁八十二年○西歷紀元後五十三年) 高句麗王이暴虐無道ᄒᆞ야坐ᄒᆞ면人을藉ᄒᆞ고臥ᄒᆞ면枕ᄒᆞ다가人이或動搖ᄒᆞ면곳殺ᄒᆞ며羣臣의諫ᄒᆞᄂᆞᆫ者ᄂᆞᆫ射殺ᄒᆞ더니其後에其臣杜魯ㅣ王을侍ᄒᆞ엿다가見殺ᄒᆞᆯ가恐ᄒᆞ야王을弑ᄒᆞ거ᄂᆞᆯ國人이琉璃王의曾孫太祖王宮을立ᄒᆞ니年이七歲라太后ㅣ垂簾聽政ᄒᆞ니라

丁巳 (新羅儒理王三十三年○高句麗太祖王四年○百濟多婁王二十九年○東漢光武中元二年○日皇垂仁八十六年○西歷紀元後五十七年) 冬十月에新羅王이崩ᄒᆞ고南解王의婿脫解王昔脫解ㅣ立ᄒᆞ다先是에王이不豫ᄒᆞᆯ시臣僚ᄅᆞᆯ囑ᄒᆞ야曰脫解ᄂᆞᆫ國戚이오功名을歷著ᄒᆞ야朕의二子가其才ᄅᆞᆯ不逮ᄒᆞ고또先君의命이有ᄒᆞ시니朕이死ᄒᆞᆫ後에大位에即케ᄒᆞ라ᄒᆞ더라

乙丑 (新羅脫解王八年○高句麗太祖王十二年○百濟多婁王三十七年○東漢明帝永平八年○日皇垂仁九十四年○西歷紀元後六十五年) 春三月에新羅王이小兒閼智로ᄡᅧ太子ᄅᆞᆯ삼다先是에王이夜坐ᄒᆞ엿다가金城西偏始林間에鷄聲이有ᄒᆞᆷ을聞ᄒᆞ고大輔(官名)瓠公을遣ᄒᆞ야視ᄒᆞ니金櫝이樹梢에掛ᄒᆞ고白鷄가其下에셔鳴ᄒᆞ거ᄂᆞᆯ其櫝을開ᄒᆞ니小兒ㅣ有ᄒᆞ야姿貌가奇偉ᄒᆞᆫ지라王이喜曰此ᄂᆞᆫ天이子ᄅᆞᆯ與ᄒᆞ심

이라ᄒ고名ᄒ야曰閼智라ᄒ니閼智ᄂ方言에小兒오其金櫝에셔出ᄒ엿다ᄒ야姓은金이오鷄鳴의祥이有홈으로ᄡ始林을改ᄒ야鷄林이라ᄒ고因ᄒ야國號를稱ᄒ다

丙子 新羅脫解王十九年○高句麗太祖王二十三年○百濟多婁王四十八年○東漢章帝建初元年○日皇景行六年○西歷紀元後七十六年

九月에百濟王이崩ᄒ고子己婁王己婁ㅣ立ᄒ다

庚辰 新羅脫解王二十三年○高句麗太祖王二十七年○百濟己婁王四年○東漢章帝建初五年○日皇景行十年○西歷紀元後八十年

秋八月에新羅王이崩ᄒ고儒理王의第二子婆娑王婆娑ㅣ立ᄒ다

辛丑 新羅婆娑王二十一年○高句麗太祖王四十八年○百濟己婁王二十五年○東漢和帝永元十三年○日皇景行三十一年○西歷紀元後百一年

春二月에新羅ㅣ城을金城東南에築ᄒ고號曰月城慶州郡東이라ᄒ니周가一千二十三步라秋七月에王이移居ᄒ다

壬子 新羅婆娑王三十二年○高句麗太祖王五十九年○百濟己婁王三十六年○東漢安帝永初六年○日皇景行四十二年○西歷紀元後百十二年

冬十月에新羅王이崩ᄒ고子抵摩王抵摩ㅣ立ᄒ다

戊午 新羅抵摩王六年○高句麗太祖王六十五年○百濟己婁王四十八年○東漢安帝元初五年○日皇景行四十八年○西歷紀元後百十八年

夏六月에高句麗王이濊貊으로더브러漢玄菟를襲ᄒ야華麗城을攻ᄒ다濊貊은朝鮮의地라南北은辰韓과沃沮를接ᄒ고東은大海오西ᄂ樂浪이라漢武帝元朔五年에濊君南閭ㅣ朝鮮을畔ᄒ야其民을率ᄒ고遼東에降ᄒ거ᄂ漢이其地로ᄡ滄海郡을삼고建武中에其渠帥를封ᄒ야縣侯를拜ᄒ고朝貢케ᄒ엿더니至是ᄒ야玄菟를襲取ᄒ니漢忠州刺史馮煥과玄菟太守姚光과遼東太守蔡諷等이高句麗를侵略ᄒ고濊貊의將帥를擊殺ᄒ고兵仗과財物을盡奪ᄒᄂ지라麗王이이에其弟遂成으로ᄒ여곰軍士二千餘人을率ᄒ야漢軍을遮擊ᄒ고가만이奇兵을遣ᄒ야西玄菟와遼東의二郡을焚ᄒ고翌年에또馬韓遺民과밋濊貊人으로더브러遼東을伐ᄒ다

丁卯 新羅抵摩王十五年○高句麗太祖王七十四年○百濟己婁王五十一年○東漢順帝永建二年○日皇景行五十七年○西歷紀元後百二十

七年 百濟王이崩ᄒᆞ고子蓋婁王蓋婁ㅣ立ᄒᆞ다

甲戌

○新羅祗摩王二十三年○高句麗太祖王八十一年○百濟蓋婁王七年 東漢順帝陽嘉三年○日皇成務四年○西曆紀元後百三十四年

秋八月에新羅王이崩ᄒᆞ고無子ᄒᆞ거늘儒理王太子逸聖王逸聖이立ᄒᆞ다

丙戌

○新羅逸聖王十二年○高句麗太祖王九十三年○百濟蓋婁王十九年 東漢質帝本初元年○日皇成務十六年○西曆紀元後百四十六年

高句麗王이其弟遂成의게傳位ᄒᆞ니此는次大王이라先是에左輔高福章이太祖王을勸ᄒᆞ야曰遂成이反意가有ᄒᆞ야大王의子孫을害ᄒᆞ리니請컨ᄃᆡ誅ᄒᆞ소셔ᄒᆞᆫᄃᆡ王이不聽ᄒᆞ더니밋遂成이受禪ᄒᆞ매高福章을戮ᄒᆞ고또太祖王의元子莫根을殺ᄒᆞ니其弟莫德이其手에死홈가恐ᄒᆞ야自經ᄒᆞ니라

甲午

新羅逸聖王二十年○高句麗次大王八年○百濟蓋婁王二十七年 東漢桓帝永興二年○日皇成務二十四年○西曆紀元後百五十四年

春二月에新羅王이崩ᄒᆞ다王이在位時에政事堂을置ᄒᆞ고隄防을修ᄒᆞ야田野를闢ᄒᆞ고또民을命ᄒᆞ야金銀珠를不用케ᄒᆞ더라子阿達羅王阿達羅ㅣ立ᄒᆞ다

乙巳

○新羅阿達羅王十一年○高句麗次大王十九年○百濟蓋婁王三十八年 東漢桓帝延熹八年○日皇成務三十五年○西曆紀元後百六十五年

高句麗前王이崩ᄒᆞ니年이百十九歲러라○高句麗王遂成이無道ᄒᆞ거늘明臨答夫ㅣ弑ᄒᆞ고王의弟伯固를立ᄒᆞ니此는新大王이라先是에伯固ㅣ禍가及홀가恐ᄒᆞ야山谷에遁ᄒᆞ엿더니至是ᄒᆞ야羣臣이迎立ᄒᆞ거늘王이明臨答夫로ᄡᅥ國相을拜ᄒᆞ고前王太子鄒安으로讓國君을封ᄒᆞ다

丙午

○新羅阿達羅王十二年○高句麗新大王元年○百濟蓋婁王三十九年 東漢桓帝延熹九年○日皇成務三十六年○西曆紀元後百六十六年

百濟王이崩ᄒᆞ고子肖古王肖古ㅣ立ᄒᆞ다先是에蓋婁王이其臣都彌의妻가艶美홈을聞ᄒᆞ고몬져近臣으로ᄒᆞ여곰거짓王의衣裝을飾ᄒᆞ고都彌의妻를私코자ᄒᆞ니妻ㅣ更衣ᄒᆞᆫ다稱ᄒᆞ고一婢를假裝ᄒᆞ야

蓋枕ᄒᆞ거ᄂᆞᆯ王이見欺ᄒᆞᆷ을怒ᄒᆞ야都彌ᄅᆞᆯ罪로ᄡᅥ誣ᄒᆞ야兩目을矐ᄒᆞ고小船에置ᄒᆞ야河水에泛ᄒᆞ고다시其妻ᄅᆞᆯ亂코자ᄒᆞ니妻ㅣ曰今에良人이已逝ᄒᆞ엿스니妾이맛당히大王을事ᄒᆞᆯ지라然ᄒᆞ나今에月事가有ᄒᆞ니請컨ᄃᆡ他日을竢ᄒᆞ소셔ᄒᆞ거ᄂᆞᆯ王이許諾ᄒᆞ엿더니妻ㅣ江口에逃至ᄒᆞ야其夫ᄅᆞᆯ遇ᄒᆞ야드ᄃᆡ여高句麗에同奔ᄒᆞ니라

壬子 新羅阿達羅王十八年○高句麗新大王七年○百濟肖古王十六年○東漢靈帝熹平元年○日皇成務四十二年○西歷紀元後百七十二年○冬十一月에漢玄菟太守耿臨이大兵을率ᄒᆞ고高句麗ᄅᆞᆯ攻ᄒᆞ거ᄂᆞᆯ明臨答夫ㅣ嬰城固守ᄒᆞ다가그引還ᄒᆞᆷ을乘ᄒᆞ야追戰大破ᄒᆞ니耿臨이匹馬도不返ᄒᆞ니라

己未 新羅阿達羅王二十五年○高句麗新大王十四年○百濟肖古王十三年○東漢靈帝光和二年○日皇成務四十九年○西歷紀元後百七十九年 高句麗王이崩ᄒᆞ고太子男武ㅣ立ᄒᆞ니此ᄂᆞᆫ故國川王이라王의姿表가雄偉ᄒᆞ고事ᄅᆞᆯ臨ᄒᆞ야寬猛이得中ᄒᆞ며于氏ᄅᆞᆯ立ᄒᆞ야后ᄅᆞᆯ삼다

甲子 新羅阿達羅王三十年○高句麗故國川王五年○百濟肖古王十八年○東漢靈帝中平元年○日皇成務五十四年○西歷紀元後百八十四年 春三月에新羅王이崩ᄒᆞ고無嗣ᄒᆞ거ᄂᆞᆯ國人이脫解王의孫伐休王伐休ᄅᆞᆯ立ᄒᆞ다王이風雲을占ᄒᆞ야水旱과豐儉을預知ᄒᆞ며또能히人의邪正을知ᄒᆞᄂᆞᆫ지라世人이聖王이라稱ᄒᆞ더라

辛未 新羅伐休王七年○高句麗故國川王十二年○百濟肖古王二十五年○東漢獻帝初平二年○日皇成務六十一年○西歷紀元後百九十一年 高句麗處士乙巴素ㅣ鴨綠谷에隱居ᄒᆞ야性質이剛毅ᄒᆞ고智慮가淵深ᄒᆞ거ᄂᆞᆯ麗臣晏留ㅣ王ᄭᅴ薦ᄒᆞᆫᄃᆡ王이卑辭重禮로ᄡᅥ聘請ᄒᆞ야國相을拜ᄒᆞ엿더니貴戚大臣이다忌嫉ᄒᆞᄂᆞᆫ지라王曰國相을不從ᄒᆞᄂᆞᆫ者ᄂᆞᆫ貴賤을毋論ᄒᆞ고다族誅ᄒᆞ리라ᄒᆞᆫᄃᆡ巴素ㅣ그知遇ᄅᆞᆯ感激ᄒᆞ야政敎ᄅᆞᆯ明ᄒᆞ고賞罰을愼ᄒᆞ니人民이安業ᄒᆞ고內外가無事ᄒᆞ거ᄂᆞᆯ王이이에晏留ᄅᆞᆯ厚賞ᄒᆞ다

甲戌 新羅伐休王十年○高句麗故國川王十五年○百濟肖古王二十八年○東漢獻帝興平元年○日皇仲哀三年○西歷紀元後百九十四年

冬十月에高句麗ㅣ처음으로賑貸法을立ᄒᆞ다先是에麗王이出獵ᄒᆞ다가哭者를見ᄒᆞ고問ᄒᆞᆫᄃᆡ對曰臣이貧窮ᄒᆞ야傭力養母ᄒᆞ더니今年이歲가不登ᄒᆞ야養毋ᄒᆞ기難ᄒᆞ다ᄒᆞ거ᄂᆞᆯ王曰此ᄂᆞᆫ朕의罪라ᄒᆞ고곳下令ᄒᆞ야每歲三月로브터七月ᄭᆞ지官穀을出ᄒᆞ야百姓의게賑貸ᄒᆞ엿다가冬月歲熟後에輸還케ᄒᆞ야恒式을定ᄒᆞ니百姓이大悅ᄒᆞ더라

丙子 ○新羅伐休王十二年○高句麗故國川王十七年○百濟肖古王三十年○東漢獻帝建安元年○日皇仲哀五年○西歷紀元後百九十六年

夏四月에新羅王이崩ᄒᆞ고王의第二子伊買의子奈解王奈解ㅣ立ᄒᆞ다○五月에高句麗王이崩ᄒᆞ고無嗣ᄒᆞ거ᄂᆞᆯ王后于氏ㅣ遺命을矯ᄒᆞ야王의弟延優를立ᄒᆞ니此ᄂᆞᆫ山上王이라初에王이崩ᄒᆞ거ᄂᆞᆯ后ㅣ發喪치아니ᄒᆞ고夜에王弟發岐의게往ᄒᆞ야謂曰王이無後ᄒᆞ니子ㅣ嗣立ᄒᆞ라ᄒᆞ거ᄂᆞᆯ發岐ㅣ責曰婦人의夜行이禮乎아ᄒᆞᆫᄃᆡ后ㅣ慚ᄒᆞ야다시延優의第에至ᄒᆞ니延優ㅣ迎入ᄒᆞ야禮待가極厚ᄒᆞ거ᄂᆞᆯ后ㅣ곳延優에手를握ᄒᆞ고入宮ᄒᆞ야翌日에立ᄒᆞ니發岐ㅣ곳遼東太守公孫度의게請兵ᄒᆞ야延優를攻ᄒᆞ다가不克ᄒᆞ고死ᄒᆞ거ᄂᆞᆯ延優ㅣ이에于氏를立ᄒᆞ야后를삼더라

己丑 ○新羅奈解王十三年○高句麗山上王十三年○百濟肖古王四十三年○東漢獻帝建安十四年○日后攝政九年○西歷紀元後二百九年

冬十月에高句麗ㅣ丸都(滿浦北隔水之地)에移都ᄒᆞ다

甲午 ○新羅奈解王十八年○高句麗山上王十八年○百濟肖古王四十八年○東漢獻帝建安十九年○日后攝政十四年○西歷紀元後二百十四年

秋九月에百濟王이崩ᄒᆞ고子仇首王仇首ㅣ立ᄒᆞ다

丁未 新羅奈解王三十一年○高句麗山上王三十一年○百濟仇首王十三年○蜀漢後帝建興五年○日后攝政二十七年○西歷紀元後二百二十七年

夏五月에高句麗王이崩ᄒᆞ고太子憂位居ㅣ立ᄒᆞ니此ᄂᆞᆫ東川王이라性이寬仁ᄒᆞ거ᄂᆞᆯ王后ㅣ其心을試코자ᄒᆞ야王이出遊ᄒᆞᆯ時에人으로ᄒᆞ여곰路馬의鬣을截ᄒᆞᆫᄃᆡ王이還宮ᄒᆞ야曰馬가鬣이無ᄒᆞ니可憐ᄒᆞ다ᄒᆞ고또侍者로ᄒᆞ여곰進食ᄒᆞᆯ時에거짓羹을衣上에覆ᄒᆞᆫᄃᆡ王

이또ᄒᆞᆫ不怒ᄒᆞ더라

庚戌 新羅奈解王三十四年○高句麗東川王三年○百濟仇首王十六年 蜀漢後帝建興八年○日后攝政三十年○西歷紀元後二百三十年○

春三月에新羅王이崩ᄒᆞ고遺命으로其婿助賁王助賁이立ᄒᆞ니助賁은伐休王에孫이러라

癸丑 新羅助賁王三年○高句麗東川王六年○百濟仇首王十九年○蜀漢 後帝建興十一年○日后攝政三十三年○西歷紀元後二百三十三年

夏五月에日人이新羅를侵犯ᄒᆞ거ᄂᆞᆯ伊飡于老ㅣ迎戰ᄒᆞ다가風을乘ᄒᆞ야縱火ᄒᆞ니日兵이赴水ᄒᆞ야盡死ᄒᆞ더라

甲寅 新羅助賁王四年○高句麗東川王七年○百濟仇首王二十年○蜀漢 後帝建興十二年○日后攝政三十四年○西歷紀元後二百三十四年

魏主曹叡ㅣ使臣을遣ᄒᆞ야高句麗에來ᄒᆞ다○秋九月에百濟王이崩ᄒᆞ거ᄂᆞᆯ國人이肖古王母弟古爾王古爾를立ᄒᆞ다

丙辰 新羅助賁王六年○高句麗東川王九年○百濟古爾王二年○蜀漢後 帝建興十四年○日后攝政三十六年○西歷紀元後二百三十六年

吳主孫權이胡衛를遣ᄒᆞ야高句麗와通和코ᄌᆞᄒᆞ거ᄂᆞᆯ王이其使를斬ᄒᆞ야首를魏에傳ᄒᆞ고翌年秋에魏에遣使ᄒᆞ야改元을賀ᄒᆞ고後에또其臣大加로ᄒᆞ여곰軍士千人을率ᄒᆞ고魏를助ᄒᆞ야公孫淵을伐ᄒᆞ다

壬戌 新羅助賁王十二年○高句麗東川王十五年○百濟古爾王八年○蜀 漢後帝延熙五年○日后攝政四十二年○西歷紀元後二百四十二年

高句麗王이遼東과西安平을襲破ᄒᆞ엿더니其後二年에魏ㅣ幽州刺史毋丘儉을遣ᄒᆞ야高句麗丸都城을攻陷ᄒᆞ거ᄂᆞᆯ麗王이出奔ᄒᆞ엿더니東部人紐由ㅣ魏營에詐降ᄒᆞ야魏將을刺殺ᄒᆞ고드듸여俱死ᄒᆞ니魏軍이大亂ᄒᆞᄂᆞᆫ지라王이이에三道進兵ᄒᆞ야魏軍을大破ᄒᆞ고다시還都ᄒᆞ더라

丁卯 新羅助賁王十七年○高句麗東川王二十年○百濟古爾王十三年○ 蜀漢後帝延熙十年○日后攝政四十七年○西歷紀元後二百四十七年

春二月에高句麗ㅣ平壤城을築ᄒᆞ고移都ᄒᆞ다○夏五月에新羅王이崩ᄒᆞ고母弟沾解王沾解ㅣ立ᄒᆞ다

戊辰 新羅沾解王元年○高句麗東川王二十一年○百濟古爾王十四年○ 蜀漢後帝延熙十一年○日后攝政四十八年○西歷紀元後二百四十

八年 秋九月에高句麗王이崩ᄒᆞ고子中川王然弗이立ᄒᆞ야前王을東川
에葬ᄒᆞ니國人이莫不哀傷ᄒᆞ야至於自殺ᄒᆞᄂᆞᆫ者ㅣ有ᄒᆞ더라

己卯

新羅沾解王十二年○高句麗中川王十一年○百濟古尒王二十五年○蜀漢後帝景耀二年○日后攝政五十九年○西歷紀元後二百五十九年

冬十二月에高句麗王이杜訥谷에敗ᄒᆞᆯᄉᆡ魏將尉遲楷ㅣ襲擊ᄒᆞ거
ᄂᆞᆯ王이精騎五千을發ᄒᆞ야魏兵을大破ᄒᆞ고八千餘級을斬ᄒᆞ다

辛巳

新羅沾解王十四年○高句麗中川王十三年○百濟古尒王二十七年○蜀漢後帝景耀四年○日后攝政六十一年○西歷紀元後二百六十一年

新羅王이崩ᄒᆞ고無嗣ᄒᆞ거ᄂᆞᆯ國人이助賁王의婿味鄒王金味鄒ᄅᆞᆯ
立ᄒᆞ니곳閼智의七世孫이러라○百濟ㅣ犯贓法을立ᄒᆞ야官人의受
財와밋貪盜ᄒᆞᄂᆞᆫ者ᄂᆞᆫ其贓을三倍徵出ᄒᆞ고禁錮終身ᄒᆞ다

庚寅

新羅味鄒王九年○高句麗中川王二十二年○百濟古尒王三十六年○晉武帝泰始六年○日皇應神元年○西歷紀元後二百七十年

冬十月에高句麗王이崩ᄒᆞ고子西川王藥盧ㅣ立ᄒᆞ야爲人이聰明仁慈
ᄒᆞ니國人이愛戴ᄒᆞ더라○新羅臣寮ㅣ宮室을改築코ᄌᆞᄒᆞ거ᄂᆞᆯ王이
民力의勞苦ᄅᆞᆯ念ᄒᆞ야不聽ᄒᆞ더라

甲辰

新羅味鄒王二十三年○高句麗西川王十四年○百濟古尒王五十一年○晉武帝太康五年○日皇應神十五年○西歷紀元後二百八十四年

冬十月에新羅王이崩ᄒᆞ고儒禮王昔儒禮ㅣ立ᄒᆞ니此ᄂᆞᆫ助賁王의長
子ㅣ러라

丙午

新羅儒禮王二年○高句麗西川王十六年○百濟古尒王五十二年○晉武帝太康七年○日皇應神十七年○西歷紀元後二百八十六年

冬十一月에百濟王이崩ᄒᆞ고子責稽王責稽ㅣ立ᄒᆞ다○高句麗ㅣ帶
方(今黃海道東이오京畿西라)을伐ᄒᆞ니帶方이百濟의게求救ᄒᆞ거ᄂᆞᆯ百濟王이出
師救援ᄒᆞ다

壬子

新羅儒禮王八年○高句麗西川王二十二年○百濟責稽王六年○晉惠帝元康二年○日皇應神二十三年○西歷紀元後二百九十二年

春에高句麗王이崩ᄒᆞ고子烽上王相夫ㅣ立ᄒᆞ더라王이卽位後에其叔
父安國君達賈와밋其弟咄固ᄅᆞᆯ忌嫉ᄒᆞ야罪로ᄡᅥ誣殺ᄒᆞ더라先是에肅
愼國이來侵ᄒᆞ거ᄂᆞᆯ達賈ㅣ掩擊大破ᄒᆞ고檀盧城을進拔ᄒᆞ야酋長을

殺ᄒᆞ고其民六百餘戶를扶餘에遷ᄒᆞ고또梁貊一(梁貊은貊의種이니라)을破ᄒᆞ니自後로國人이크게倚望ᄒᆞ더니이에無罪被殺ᄒᆞᆷ을見ᄒᆞ고다哀傷ᄒᆞ야日肅愼梁貊의役에安國君이아니면吾等이엇지免禍ᄒᆞ리오ᄒᆞ고流涕相吊치아니ᄒᆞᄂᆞᆫ者ㅣ無ᄒᆞ더라○燕慕容廆ㅣ高句麗를侵犯ᄒᆞ야西川王의塚을發掘ᄒᆞ다가壙內에樂聲이出ᄒᆞ거ᄂᆞᆯ神靈이有ᄒᆞ다ᄒᆞ고大懼ᄒᆞ야引退ᄒᆞ니라

戊午 新羅儒禮王十四年○高句麗烽上王六年○百濟責稽王十二年○晋惠帝元康八年○日皇應神二十九年○西曆紀元後二百九十八年

秋에貊人이百濟를攻ᄒᆞ거ᄂᆞᆯ王이親히禦敵ᄒᆞ다가見殺ᄒᆞ고子汾西王汾西ㅣ立ᄒᆞ다○高句麗王이宮室을增築ᄒᆞᆯ시窮極奢侈ᄒᆞ야百姓이困瘁ᄒᆞ며羣臣이諫爭ᄒᆞ야도不聽ᄒᆞ더니其後國相倉助利ㅣ다시極諫ᄒᆞᆫᄃᆡ王이怒曰國相이寡人을謗ᄒᆞ야百姓의게要譽ᄒᆞᆷ이라ᄒᆞ거ᄂᆞᆯ助利ㅣ王의不悛ᄒᆞᆷ을知ᄒᆞ고國人을糾合ᄒᆞ야王을別宮에幽ᄒᆞ니王이自殺ᄒᆞᄂᆞᆫ지라助利ㅣ이에乙弗을立ᄒᆞ야王을삼으니此ᄂᆞᆫ美川王이오西川王의孫이라初에烽上王이乙弗의父咄固ㅣ異心이有ᄒᆞ다ᄒᆞ고賜死ᄒᆞ거ᄂᆞᆯ乙弗이野에遁ᄒᆞ야人家傭作이되얏다가또鹽賈가되야艱苦를備嘗ᄒᆞ더니今에迎立ᄒᆞ니라○冬十二月에新羅王이崩ᄒᆞ고其侄基臨王基臨이立ᄒᆞ야日本으로더부러交聘ᄒᆞ다

甲子 新羅基臨王六年○高句麗美川王四年○百濟汾西王六年○晋惠帝永興元年○日皇應神三十五年○西曆紀元後三百四年

春二月에百濟ㅣ樂浪의西縣을襲破ᄒᆞ엿더니冬十月에樂浪太守ㅣ刺客을遣ᄒᆞ야百濟王을殺ᄒᆞ거ᄂᆞᆯ國人이仇首王의子比流王比流를立ᄒᆞ다

庚午 新羅基臨王十二年○高句麗美川王十年○百濟比流王六年○晋懷帝永嘉四年○日皇應神四十一年○西曆紀元後三百十年

夏五月에新羅王이崩ᄒᆞ고無嗣ᄒᆞ거ᄂᆞᆯ羣臣이角干(官名)의子訖解를立ᄒᆞ야王을삼으니此ᄂᆞᆫ訖解王이라越三年에日本이請婚ᄒᆞ거ᄂᆞᆯ王이阿飡

(官名)急利의女로뻐許ᄒᆞ다

辛卯 (新羅訖解王二十一年○高句麗美川王三十一年○百濟比流王二十七年○東晋成帝咸和六年○日皇仁德十九年○西歷紀元後三百三十一年) 春二月에高句麗王이崩ᄒᆞ고子故國原王斯由ㅣ立ᄒᆞ다

壬寅 (新羅訖解王三十二年○高句麗故國原王十一年○百濟比流王三十八年○東晋成帝咸康八年○日皇仁德三十年○西歷紀元後三百四十二年) 秋八月에高句麗ㅣ丸都城을修葺ᄒᆞ고移居ᄒᆞ다가ᄯᅩ東黃城(平壤府東山)에遷都ᄒᆞ다○先是에高句麗ㅣ遼東을攻ᄒᆞ엿더니至是ᄒᆞ야燕王慕容皝이高句麗ᄅᆞᆯ攻陷ᄒᆞ고王太后와밋王妃ᄅᆞᆯ擄ᄒᆞ고前王의墓ᄅᆞᆯ發ᄒᆞ야屍ᄅᆞᆯ載歸ᄒᆞ거ᄂᆞᆯ翌年에高句麗ㅣ其弟ᄅᆞᆯ燕國에遣ᄒᆞ야和親을請ᄒᆞ고年貢을輸ᄒᆞ니燕이其屍ᄅᆞᆯ還ᄒᆞ고太后ᄂᆞᆫ留質ᄒᆞ엿다가其後七年에遣還ᄒᆞ니라

甲辰 (新羅訖解王三十四年○高句麗故國原王十三年○百濟比流王四十年○東晋康帝建元二年○日皇仁德三十二年○西歷紀元後三百四十四年) 春二月에日本이新羅에遣使ᄒᆞ야請婚ᄒᆞ거ᄂᆞᆯ不答ᄒᆞ엿더니其

後에日本이移書絕交ᄒᆞ더라○冬十月에百濟王이崩ᄒᆞ고汾西王長子契王契ㅣ立ᄒᆞ다

丙午 (新羅訖解王三十六年○高句麗故國原王十五年○百濟契王二年○東晋穆帝永和二年○日皇仁德三十四年○西歷紀元後三百四十六年) 秋九月에百濟王이崩ᄒᆞ고比流王第二子近肖古王近肖古ㅣ立ᄒᆞ다○日本이新羅金城(在今慶州)을來圍ᄒᆞ거ᄂᆞᆯ王이閉門不出ᄒᆞ니日兵이食盡ᄒᆞ야撤退ᄒᆞᄂᆞᆫ지라王이康世로ᄒᆞ여곰勁騎ᄅᆞᆯ發ᄒᆞ야擊敗ᄒᆞ다

丙辰 (新羅訖解王四十六年○高句麗故國原王二十五年○百濟近肖古王十年○東晋穆帝永和十二年○日皇仁德四十四年○西歷紀元後三百五十六年) 夏四月에新羅王이崩ᄒᆞ고無嗣ᄒᆞ거ᄂᆞᆯ國人이味鄒王의侄奈勿王奈勿을立ᄒᆞ니自此로昔氏의祀ㅣ遂絕ᄒᆞ다

甲子 (新羅奈勿王八年○高句麗故國原王三十三年○百濟近肖古王十八年○東晋哀帝興寧二年○日皇仁德五十二年○西歷紀元後三百六十四年) 夏四月에日本이新羅ᄅᆞᆯ侵犯ᄒᆞ거ᄂᆞᆯ王이草偶人으로뻐兵器ᄅᆞᆯ執ᄒᆞ고吐含山(在慶州東)下에羅列ᄒᆞ야疑兵을삼고勇士ᄅᆞᆯ斧峴東原에埋

伏ᄒᆞ엿더니日兵이特勇輕進ᄒᆞ다가伏兵이出其不意ᄒᆞ야擊殺殆盡ᄒᆞ다

己巳

(新羅奈勿王十三年○高句麗故國原王三十八年○百濟近肖古王二十三年○東晉帝奕太和四年○日皇仁德五十七年○西曆紀元後三百六十九年)秋九月에高句麗王이步騎二萬을率ᄒᆞ고百濟를伐ᄒᆞ니百濟ㅣ其太子로ᄒᆞ여곰迎戰ᄒᆞ야麗兵五千餘級을獲ᄒᆞ고越二年에百濟ㅣ高句麗平壤城을攻ᄒᆞ거ᄂᆞᆯ麗王이拒戰ᄒᆞ다가流矢를中ᄒᆞ야崩ᄒᆞ고子小獸林王丘夫ㅣ立ᄒᆞ다○百濟ㅣ漢山城(今漢陽)에移都ᄒᆞ다

壬申

(新羅奈勿王十六年○高句麗小獸林王元年○百濟近肖古王二十六年○東晉簡文帝咸安二年○日皇仁德六十年○西曆紀元後三百七十二年)夏六月에秦王符堅이高句麗에遣使ᄒᆞ야浮屠順道와밋佛像佛經을送ᄒᆞ니東方의佛法이自此로始ᄒᆞ니라○高句麗ㅣ太學을立ᄒᆞ야子弟를敎ᄒᆞ다

癸酉

(新羅奈勿王十七年○高句麗小獸林王二年○百濟近肖古王二十七年○東晉孝武帝寧康元年○日皇仁德六十一年○西曆紀元後三百七十三年)春에百濟禿山城(在水原南)主ㅣ人民三百餘로ᄡᅥ新羅에來附ᄒᆞ거ᄂᆞᆯ王이六部에分居케ᄒᆞ엿더니百濟王이致書ᄒᆞ야責讓曰我兩國이和好ᄒᆞ야兄弟를結ᄒᆞ엿거ᄂᆞᆯ今에王이我의叛民을納ᄒᆞ니此ᄂᆞᆫ和誼를不顧ᄒᆞᆷ이라請컨ᄃᆡ其民을遣還ᄒᆞ라ᄒᆞ거ᄂᆞᆯ王이答曰民은常心이無ᄒᆞ야君이愛懷ᄒᆞ면來ᄒᆞ고殘虐ᄒᆞ면去ᄒᆞᆷ이곳常理라王은百姓을不恤ᄒᆞ고다만寡人을責ᄒᆞᆷ이可乎아ᄒᆞᆫᄃᆡ百濟王이다시敢言치못ᄒᆞ더라○高句麗ㅣ비로소律令을頒行ᄒᆞ다○百濟ㅣ高興으로ᄡᅥ博士를拜ᄒᆞ니百濟ㅣ開國以來로文字가未有ᄒᆞ다가王是ᄒᆞ야비로소書記를置ᄒᆞ니라

乙亥

(新羅奈勿王十九年○高句麗小獸林王四年○百濟近肖古王二十九年○東晉孝武帝寧康三年○日皇仁德六十三年○西曆紀元後三百七十五年)秋七月에高句麗ㅣ百濟十谷城(今谷山)을攻ᄒᆞ거ᄂᆞᆯ百濟ㅣ遣將拒戰ᄒᆞ다○冬十一月에百濟王이崩ᄒᆞ고子近仇首王近仇首ㅣ立ᄒᆞ다

戊寅

○新羅奈勿王二十二年○高句麗小獸林王七年○百濟近仇首王三年 東晉孝武帝太元三年○日皇仁德六十六年○西歷紀元後三百七十八年 秋九月에契丹이高句麗를犯ᄒᆞ야北邊八部落을陷ᄒᆞ다○新羅ㅣ秦에遣使ᄒᆞ다

甲申

新羅奈勿王二十八年○高句麗小獸林王十三年○百濟近仇首王九年○東晉孝武帝太元九年○日皇仁德七十二年○西歷紀元後三百八十四年 夏四月에百濟王이崩ᄒᆞ고子枕流王枕流ㅣ立ᄒᆞ다○秋七月에百濟ㅣ使臣을晉에遣ᄒᆞ다○九月에胡僧摩難羅陀ㅣ晉으로브터百濟에至ᄒᆞ거ᄂᆞᆯ王이禮로ᄡᅥ迎接ᄒᆞ다○冬十一月에高句麗王이崩ᄒᆞ고母弟故國讓王伊連이立ᄒᆞ야翌年에軍士四萬을發ᄒᆞ야遼東玄菟를攻陷ᄒᆞ고男女一萬을擄還ᄒᆞ다○百濟王이崩ᄒᆞ고弟辰斯王辰斯ㅣ立ᄒᆞ다

壬辰

新羅奈勿王三十六年○高句麗故國讓王八年○百濟辰斯王八年○東晉孝武帝太元十七年○日皇仁德八十年○西歷紀元後三百九十二年 春에高句麗王이崩ᄒᆞ고子廣開土王談德이立ᄒᆞ다○百濟王이崩ᄒᆞ고枕流王의子阿辛王阿辛이立ᄒᆞ다○夏五月에日本이新羅金城을來圍ᄒᆞ거ᄂᆞᆯ將士ㅣ다出戰코ᄌᆞ ᄒᆞᆫᄃᆡ王曰今에賊이捨舟深入ᄒᆞ야死戰코ᄌᆞᄒᆞ니其鋒을不可當이라ᄒᆞ고이에閉城固守ᄒᆞ더니밋日兵이退ᄒᆞ거ᄂᆞᆯ王이몬져勇騎二百을遣ᄒᆞ야其歸路를遮截ᄒᆞ고ᄯᅩ步卒一千으로ᄡᅥ禿山(在慶州東郡)에追至ᄒᆞ야夾擊大破ᄒᆞ야殺獲이甚衆ᄒᆞ다

壬寅

○新羅奈勿王四十六年○高句麗廣開土王十年○百濟阿辛王十年 東晉安帝元興元年○日皇履仲三年○西歷紀元後四百二年 春二月에新羅王이崩ᄒᆞ고太子ㅣ年幼ᄒᆞ거ᄂᆞᆯ國人이實聖王實聖을立ᄒᆞ니實聖은金閼智의孫이러라○先是燕王慕容盛이軍士三萬을率ᄒᆞ고驃騎大將軍慕容熙로ᄡᅥ前鋒을삼고高句麗를來侵ᄒᆞ야新城南蘇(並在遼東)二城을拔ᄒᆞ고土地七百餘里를開拓ᄒᆞ고五千餘戶를徙去ᄒᆞ거ᄂᆞᆯ至是ᄒᆞ야高句麗ㅣ燕의平州를伐ᄒᆞ니刺史慕容歸ㅣ城을棄ᄒᆞ고走ᄒᆞ더니其後二年에慕容熙ㅣ燕王이되야다시遼東城을來攻ᄒᆞ

다가敗還ᄒᆞ니라

乙巳 ○新羅實聖王三年○高句麗廣開土王十三年○百濟阿莘王十三年○東晋安帝義熙元年○日皇履仲六年○西曆紀元後四百五年 秋九月에百濟王이崩ᄒᆞ고子典支王典支ㅣ立ᄒᆞ다先是에百濟ㅣ日本과結和ᄒᆞ고典支로爲質ᄒᆞ엿더니至是ᄒᆞ야王의訃音을接ᄒᆞ고痛哭請歸ᄒᆞᆫ디日本이兵士百人으로ᄡᅧ護送ᄒᆞᆯ시時에典支의弟碟禮ㅣ自立ᄒᆞ거ᄂᆞᆯ國人이碟禮를殺ᄒᆞ고典支를迎立ᄒᆞ다

戊申 ○新羅實聖王六年○高句麗廣開土王十六年○百濟典支王三年○東晋安帝義熙四年○日皇反正三年○西曆紀元後四百八年 春二月에日本이軍營을對馬島에置ᄒᆞ고鍊兵儲糧ᄒᆞ야新羅를掩襲코ᄌᆞᄒᆞ거ᄂᆞᆯ新羅王이聞ᄒᆞ고發兵先攻코ᄌᆞᄒᆞ니其臣未斯品이諫止ᄒᆞ다○三月에高句麗ㅣ北燕에遣使ᄒᆞ고ᄯᅩ宗族의誼를叙ᄒᆞ니北燕王雲이李拔을遣ᄒᆞ야報聘ᄒᆞ다雲은本高勾麗의支庶라燕國에仕ᄒᆞ야公爵을封ᄒᆞ엿더니燕王熙가死ᄒᆞ미馮跋의推戴ᄒᆞᆫ비되야北燕王이되

니라

癸丑 ○新羅實聖王十二年○高句麗廣開土王二十二年○百濟典支王九年○東晋安帝義熙九年○日皇允恭二年○西曆紀元後四百十三年 冬十月에高句麗王이崩ᄒᆞ고子長壽王巨璉이立ᄒᆞ다

丁巳 新羅實聖王十五年○高句麗長壽王四年○百濟典支王十二年○東晋安帝義熙十三年○日皇允恭六年○西曆紀元後四百十七年 夏五月에新羅訥祗ㅣ實聖王을弑ᄒᆞ고自立ᄒᆞ니此ᄂᆞᆫ訥祗王이니奈勿王의子라初에奈勿王이實聖을高句麗에遣質ᄒᆞ엿더니實聖이因ᄒᆞ야訥祗를怨恨ᄒᆞ다가今에訥祗를殺코ᄌᆞᄒᆞ거ᄂᆞᆯ訥祗ㅣ곳王을弑ᄒᆞ니라

戊午 新羅訥祗王元年○高句麗長壽王五年○百濟典支王十三年○東晋安帝義熙十四年○日皇允恭七年○西曆紀元後四百十八年 秋에新羅朴堤上이日本에至ᄒᆞ야見殺ᄒᆞ다初에羅王이二弟가有ᄒᆞ니曰卜好曰未斯欣이라卜好ᄂᆞᆫ高句麗에遣質ᄒᆞ고未斯欣은日本에爲質ᄒᆞ엿더니王이二弟를見코ᄌᆞᄒᆞ야몬ᄌᆞ堤上으로ᄒᆞ여곰高句麗로

往說ᄒᆞ야卜好ᄅᆞᆯ回國케ᄒᆞ고既而오王이또未斯欣을思ᄒᆞ야堤上다려謂曰我의二弟ᄂᆞᆫ곳左右臂라今의一臂만只得ᄒᆞ니奈何오堤上이對曰臣이이믜以身許國ᄒᆞ엿ᄉᆞ니엇지微勞ᄅᆞᆯ敢辭ᄒᆞ리오然ᄒᆞ나高句麗ᄂᆞᆫ其王이賢ᄒᆞ니臣이能히一言으로相悟케ᄒᆞ엿거니와至於日本ᄒᆞ야ᄂᆞᆫ맛당히謀計로뼈紿ᄒᆞᆯ지라今에臣이去ᄒᆞ거든王은곳臣과밋未斯欣의家屬을拘囚ᄒᆞ야臣이大王께得罪ᄒᆞᆷ과如케ᄒᆞ시면臣이計策을出ᄒᆞ야未斯欣을送回ᄒᆞ리이다ᄒᆞ거ᄂᆞᆯ王이其計ᄅᆞᆯ用ᄒᆞ엿더니堤上이日本에至ᄒᆞ니日主ㅣ果然疑訝ᄒᆞ다가밋其家屬의被囚ᄒᆞᆷ을聞ᄒᆞ고이에堤上이新羅ᄅᆞᆯ叛ᄒᆞ엿다ᄒᆞ야곳命將出師ᄒᆞ야新羅ᄅᆞᆯ將襲ᄒᆞᆯᄉᆡ堤上과未斯欣으로뼈鄕導ᄅᆞᆯ삼거ᄂᆞᆯ海島에至ᄒᆞ야堤上이未斯欣을勸ᄒᆞ야潛還ᄒᆞ라ᄒᆞ니未斯欣이曰我ㅣ엇지君을捨ᄒᆞ고獨行ᄒᆞ리오堤上曰만일公子ᄅᆞᆯ救出ᄒᆞ야大王의情을慰安ᄒᆞᆯ진ᄃᆡ我ㅣ

엇지一命을愛ᄒᆞ리오ᄒᆞ니未斯欣이泣辭遁還ᄒᆞ다既而오日本이未斯欣의逃亡ᄒᆞᆷ을聞ᄒᆞ고探軍을派ᄒᆞ야四追ᄒᆞᆯᄉᆡ烟霧가晦暝ᄒᆞ야不獲ᄒᆞ더라이에日主ㅣ堤上을鞫問ᄒᆞ거ᄂᆞᆯ堤上曰我ᄂᆞᆫ鷄林의臣이라吾君의志ᄅᆞᆯ成코ᄌᆞᄒᆞᆷ이니何必多問ᄒᆞ리오ᄒᆞᆫᄃᆡ日主ㅣ怒曰汝ㅣ이믜我臣이되엿거ᄂᆞᆯ今에鷄林의臣이라ᄒᆞᆷ은何故오汝ㅣ만일日本의臣이되면重祿을賞賜ᄒᆞ리라ᄒᆞ거ᄂᆞᆯ堤上이曰吾ㅣ차라리鷄林의犬豕가될지언뎡日本의臣子되기ᄂᆞᆫ不願이오鷄林의箠楚ᄅᆞᆯ受ᄒᆞᆯ지언뎡日本의爵祿은不受ᄒᆞ리라ᄒᆞᆫᄃᆡ日主ㅣ더욱怒ᄒᆞ야堤上의脚을剝ᄒᆞ고蒹葭ᄅᆞᆯ刈ᄒᆞ야其上에趍ᄒᆞ라ᄒᆞ고또熱鐵上에扶立ᄒᆞ고鞫問ᄒᆞ거ᄂᆞᆯ答曰鷄林의臣이로라ᄒᆞᆫᄃᆡ日主ㅣ其不可屈ᄒᆞᆷ을知ᄒᆞ고이에燒殺ᄒᆞ니라新羅王이其死ᄒᆞᆷ을聞ᄒᆞ고哀慟이殊甚ᄒᆞ며곳大阿飡官을追贈ᄒᆞ고其家ᄅᆞᆯ厚給ᄒᆞ고未斯欣으로ᄒᆞ여곰其第二女ᄅᆞᆯ娶케ᄒᆞ다

先是未斯欣이來ᄒᆞᆫ時에王이六部ᄅᆞᆯ命ᄒᆞ야郊迎ᄒᆞ고밋見ᄒᆞᄆᆡ握手滂泣ᄒᆞ며置酒極歡ᄒᆞ고憂息曲을作ᄒᆞ야慰勞ᄒᆞ다堤上의妻ㅣ三女ᄅᆞᆯ率ᄒᆞ고鵄述嶺(在慶州)에上ᄒᆞ야日本을望ᄒᆞ고痛哭ᄒᆞ다가死ᄒᆞ니堤上은婆娑王의五世孫이러라

庚申 (新羅訥祇王三年○高句麗長壽王七年○百濟典支王十五年○宋武帝永初元年是歲劉宋簒晉○日皇允恭九年○西歷紀元後四百二十年) 春三月에百濟王이崩ᄒᆞ고子久爾辛王久爾辛이立ᄒᆞ다

丙寅 (新羅訥祇王九年○高句麗長壽王十三年○百濟久爾辛王六年○宋文帝元嘉三年○日皇允恭十五年○西歷紀元後四百二十六年) 冬十二月에百濟王이崩ᄒᆞ고子比有王比有ㅣ立ᄒᆞ다

乙亥 (新羅訥祇王十八年○高句麗長壽王二十二年○百濟比有王九年○宋文帝元嘉十二年○日皇允恭二十四年○西歷紀元後四百三十五年) 春에新羅ㅣ歷代의園陵을修葺ᄒᆞ다○燕王馮弘이尙書陽伊ᄅᆞᆯ高句麗에遣ᄒᆞ야來投ᄒᆞᆷ을預約ᄒᆞ니此ᄂᆞᆫ魏가數伐ᄒᆞᆷ을苦ᄒᆞᆷ이러라翌年에魏ㅣ燕을伐ᄒᆞᆯᄉᆡ麗에遣使ᄒᆞ야燕을勿助ᄒᆞ라ᄒᆞ거ᄂᆞᆯ王이不聽

ᄒᆞ고葛盧와孟光을命ᄒᆞ야軍士數萬을率ᄒᆞ고燕使陽伊ᄅᆞᆯ隨ᄒᆞ야燕王弘을迎至ᄒᆞ엿더니其後三年에燕王弘이麗王이不禮ᄒᆞᆫ다ᄒᆞ고宋帝의게往依코ᄌᆞᄒᆞ거ᄂᆞᆯ麗王이怒ᄒᆞ야殺ᄒᆞ니라

乙未 (新羅訥祇王三十八年○高句麗長壽王四十二年○百濟比有王二十九年○宋孝武帝孝建二年○日皇安康二年○西歷紀元後四百五十五年) 秋에百濟王이崩ᄒᆞ고子蓋鹵王餘慶이立ᄒᆞ다○冬十月에高句麗ㅣ百濟ᄅᆞᆯ侵攻ᄒᆞ거ᄂᆞᆯ新羅ㅣ遣兵救援ᄒᆞ다○高句麗ㅣ宋에遣使ᄒᆞ다○百濟ㅣ魏에遣使ᄒᆞ다

戊戌 (新羅訥祇王四十一年○高句麗長壽王四十五年○百濟蓋鹵王三年○宋孝武帝大明二年○日皇雄略二年○西歷紀元後四百五十八年) 秋에新羅王이崩ᄒᆞ고子慈悲王慈悲ㅣ立ᄒᆞ다

乙卯 (新羅慈悲王十七年○高句麗長壽王六十二年○百濟蓋鹵王二十年○宋後廢帝元徽三年○日皇雄略十九年○西歷紀元後四百七十五年) 春正月에新羅王이月城에移居ᄒᆞ다○秋九月에高句麗王이百濟ᄅᆞᆯ攻ᄒᆞ야其王을殺ᄒᆞ니王의太子文周王文周ㅣ立ᄒᆞ다初에浮屠道

琳이麗王의密旨를受ᄒᆞ고거짓麗王씌得罪ᄒᆞ엿다ᄒᆞ고亡命ᄒᆞ야百濟에入ᄒᆞ니時에濟王이奕碁를嗜ᄒᆞᄂᆞᆫ지라道琳이이에碁術로進ᄒᆞ야甚히親昵ᄒᆞ거ᄂᆞᆯ이에濟王을勸ᄒᆞ야城郭을廣ᄒᆞ고宮室을崇ᄒᆞ야國威를壯케ᄒᆞ라ᄒᆞ니王이其言을惑ᄒᆞ야聽從ᄒᆞ더니自此로倉廩가虛竭ᄒᆞ고人民이困窮ᄒᆞ거ᄂᆞᆯ道琳이逃還ᄒᆞ야麗王의게告ᄒᆞᆫ듸王이이에軍士三萬을率ᄒᆞ고百濟의漢城을圍ᄒᆞ야七日에拔ᄒᆞ니濟王이數十騎를率ᄒᆞ고出城西走ᄒᆞ다가麗將桀婁의게被害ᄒᆞ다時에太子文周ㅣ新羅의게求救ᄒᆞ야軍士一萬을得ᄒᆞ엿더니밋還來ᄒᆞ미王은死ᄒᆞ고麗兵이已退ᄒᆞ엿더라

丙辰

新羅慈悲王十八年○高句麗長壽王六十三年○百濟文周王元年○宋後廢帝元徽四年○日皇雄略二十年○西歷紀元後四百七十六年○

夏四月에耽羅ㅣ(今濟州)方物을百濟의게獻ᄒᆞ다耽羅ᄂᆞᆫ或曰耽牟羅라南海中에在ᄒᆞ야古昔에ᄂᆞᆫ人物이無ᄒᆞ더니三人이有ᄒᆞ야地로좃ᄎᆞ湧出ᄒᆞ니長曰良乙那오次曰高乙那오三曰夫乙那라이에荒地에游獵ᄒᆞ야衣皮食肉ᄒᆞ더니一日은紫泥로封ᄒᆞᆫ木函이海濱에浮來ᄒᆞ거ᄂᆞᆯ開見ᄒᆞ니內에石函이有ᄒᆞ고一紅帶紫衣使者ㅣ隨來ᄒᆞ고函內에青衣處女三과諸駒犢과五穀의種子가有ᄒᆞ고使者ㅣ曰我ᄂᆞᆫ日本使臣이라吾王이此三女를生ᄒᆞ고言ᄒᆞ되西海中岳에神子三人이將且開國코ᄌᆞᄒᆞ되配匹이無ᄒᆞ다ᄒᆞ고臣을命ᄒᆞ야三女를送來ᄒᆞ엿스니맛당히配耦를作ᄒᆞ야大業을成ᄒᆞ라ᄒᆞ고곳乘雲忽去ᄒᆞ거ᄂᆞᆯ三人이이에分娶ᄒᆞ고各其泉甘土肥處를擇ᄒᆞ야居ᄒᆞᆯᄉᆡ良乙那所居ᄂᆞᆫ第一都라ᄒᆞ고高乙那所居ᄂᆞᆫ第二都라ᄒᆞ고夫乙那所居ᄂᆞᆫ第三都라ᄒᆞ고五穀을播ᄒᆞ며駒犢을牧ᄒᆞ야漸漸富盛ᄒᆞ더라○六月에日本이新羅東邊을侵攻ᄒᆞ거ᄂᆞᆯ王이將軍德智를命ᄒᆞ야擊敗ᄒᆞ다○冬十月에百濟ㅣ熊津(今公州)에移都ᄒᆞ다

丁巳 新羅慈悲王十九年○高句麗長壽王六十四年○百濟文周王二年○宋順帝昇明元年○日皇雄略二十一年○西曆紀元後四百七十七年○

夏에百濟의解仇ㅣ其君을弑ᄒᆞ고太子三斤王三斤을立ᄒᆞ니三斤王이解仇를誅ᄒᆞ다

己未 ○新羅慈悲王二十一年○高句麗長壽王六十六年○百濟三斤王二年○齊高帝建元元年是歲齊高帝篡宋爲帝○日皇雄略二十三年○西歷紀元後四百七十九年

春二月에新羅王이崩ᄒᆞ고子炤智王炤智ㅣ立ᄒᆞ다○百濟王이崩ᄒᆞ고文周王母弟昆支의子牟大ㅣ立ᄒᆞ니此는東城王이러라

丁卯 新羅炤智王八年○高句麗長壽王七十四年○百濟東城王八年○齊武帝永明五年○日皇顯宗三年○西歷紀元後四百八十七年

○春에新羅ㅣ四方郵驛을置ᄒᆞ다

庚午 新羅炤智王十一年○高句麗長壽王七十七年○百濟東城王十一年○齊武帝永明八年○日皇仁賢三年○西歷紀元後四百九十年

春에新羅ㅣ市肆를初置ᄒᆞ야四方의貨를通ᄒᆞ다

辛未 ○新羅炤智王十二年○高句麗長壽王七十八年○百濟東城王十二年○齊武帝永明九年○日皇仁賢四年○西歷紀元後四百九十一年

冬十二月에高句麗王이崩ᄒᆞ고太孫文咨王羅雲이立ᄒᆞ다

庚辰 新羅炤智王二十二年○高句麗文咨王九年○百濟東城王二十一年○齊東昏侯永元二年○日皇武烈二年○西歷紀元後五百年

春에百濟ㅣ臨流閣을建ᄒᆞ니高가五丈이오또酒池를穿ᄒᆞ고奇禽과異卉를養ᄒᆞ거늘羣臣이諫諍ᄒᆞ되不聽ᄒᆞ고諫者가更有ᄒᆯ가恐ᄒᆞ야宮門을閉ᄒᆞ더라○冬十一月에新羅王이崩ᄒᆞ고無嗣ᄒᆞ거늘王의從祖弟智大路ㅣ立ᄒᆞ니此는智證王이러라

辛巳 ○新羅智證王元年○高句麗文咨王十年○百濟東城王二十二年○齊和帝中興元年○日皇武烈三年○西歷紀元後五百一年

百濟苩加ㅣ其君을弑ᄒᆞ다初에王이苩加로ᄡᅧ加林城今林川을鎭撫ᄒᆞ라ᄒᆞᆫ딕苩加ㅣ稱疾不往ᄒᆞ거늘王이益勸ᄒᆞᄂᆞᆫ지라苩加ㅣ怨恨ᄒᆞ다가至是ᄒᆞ야王의出獵을乘ᄒᆞ야刺殺ᄒᆞ거늘太子餘隆이立ᄒᆞ니此는武寧王이라翌年에苩加ㅣ또加林城을據ᄒᆞ야叛ᄒᆞ거늘王이扞率官名解明으로ᄒᆞ여곰往討ᄒᆞ야苩加를執ᄒᆞ야白江今白馬江이라에投ᄒᆞ다○二月에

新羅ㅣ殉葬을禁ᄒᆞ다先是에ᄂᆞᆫ王이崩ᄒᆞ면殉葬者가男女各五人이러라○三月에新羅ㅣ各州郡을命ᄒᆞ야勸農ᄒᆞᆯ시비로소牛로써耕田케ᄒᆞ다

癸未 (新羅智證王三年○高句麗文咨王十二年○百濟武寧王二年 ○梁武帝天監二年○日皇武烈五年○西曆紀元後五百三年) 秋九月에靺鞨이百濟高木城(在舊桐)을攻ᄒᆞ거ᄂᆞᆯ濟王이遣兵擊退ᄒᆞ다○新羅ㅣ비로소國號ᄅᆞᆯ定ᄒᆞ고王을稱ᄒᆞ며二十二世ᄅᆞᆯ追尊ᄒᆞ야王이라ᄒᆞ고翌年에또喪服法을制定ᄒᆞ다

乙酉 (新羅智證王五年○高句麗文咨王十四年○百濟武寧王四年 ○梁武帝天監四年○日皇武烈七年○西曆紀元後五百五年) 冬十一月에新羅ㅣ비로소有司ᄅᆞᆯ命ᄒᆞ야氷을藏케ᄒᆞ고舟楫의制ᄅᆞᆯ定ᄒᆞ다

壬辰 (新羅智證王十二年○高句麗文咨王二十一年○百濟武寧王十一年 ○梁武帝天監十一年○日皇繼體六年○西曆紀元後五百十二年)

春三月에高句麗ㅣ梁에遣使ᄒᆞ다○夏四月에百濟ㅣ梁에遣使ᄒᆞ다○六月에于山國이新羅에降ᄒᆞ다于山은東海中小島라一名은欝陵

이니地方이百里오其險阻ᄅᆞᆯ恃ᄒᆞ고不服ᄒᆞ거ᄂᆞᆯ伊飡(官名)異斯夫ㅣ木으로써獅子ᄅᆞᆯ製ᄒᆞ야戰船에載ᄒᆞ고其島에抵ᄒᆞ야誑嚇ᄒᆞ야曰汝ㅣ만일不降ᄒᆞ면곳此獸ᄅᆞᆯ放ᄒᆞ야踏殺ᄒᆞ리라ᄒᆞ니國人이懼ᄒᆞ야降ᄒᆞ니라

甲午 (新羅智證王十四年○高句麗文咨王二十三年○百濟武寧王十三年 ○梁武帝天監十三年○日皇繼體八年○西曆紀元後五百十四年)

秋七月에新羅王이崩ᄒᆞ거ᄂᆞᆯ諡ᄒᆞ야曰智證이라ᄒᆞ니新羅의諡法이自此로始ᄒᆞ고子法興王原宗이立ᄒᆞ다

己亥 (新羅法興王五年○高句麗文咨王二十八年○百濟武寧王十八年○ 梁武帝天監十八年○日皇繼體十三年○西曆紀元後五百十九年)

○高句麗王이崩ᄒᆞ고子安藏王興安이立ᄒᆞ다

癸卯 (新羅法興王九年○高句麗安藏王四年○百濟武寧王二十二年○ 梁武帝普通四年○日皇繼體十七年○西曆紀元後五百二十三年) 夏五月에百濟王이崩ᄒᆞ고諡曰武寧이라ᄒᆞ니百濟의諡法이또ᄒᆞᆫ自此로始ᄒᆞ고太子聖王明穠이立ᄒᆞ다○新羅ㅣ官制와服色을定ᄒᆞ다

戊申

新羅法興王十四年○高句麗安藏王九年○百濟聖王五年○梁武帝太通二年○日皇繼體二十二年○西曆紀元後五百二十八年

新羅ㅣ비로소佛敎ᄂᆞᆯ行ᄒᆞ다先是訥祇王時에沙門墨胡子ㅣ高句麗로브터來ᄒᆞᆯ시時에王의女ㅣ病亟ᄒᆞ거ᄂᆞᆯ胡子ㅣ焚香祝禱ᄒᆞ니病이곳愈ᄒᆞᄂᆞᆫ지라王이奇喜ᄒᆞ야이에佛教ᄅᆞᆯ大興ᄒᆞᆯ시羣臣이諫止ᄒᆞ거ᄂᆞᆯ近臣異次頓이曰佛法이深奥ᄒᆞ니不可不崇奉ᄒᆞᆯ지라請컨ᄃᆡ臣의頭ᄅᆞᆯ斬ᄒᆞ야衆議ᄅᆞᆯ定ᄒᆞ소셔ᄒᆞ거ᄂᆞᆯ王曰佛道ᄅᆞᆯ興코ᄌᆞᄒᆞ고不辜ᄅᆞᆯ先殺ᄒᆞᆷ이可乎아ᄒᆞᆫᄃᆡ對曰만일道가行ᄒᆞ면비록死ᄒᆞ야도無憾이로소이다ᄒᆞ거ᄂᆞᆯ王이다시羣臣과會議ᄒᆞ고異次頓을殺ᄒᆞᆯ시異次頓이臨死에曰我ㅣ佛을爲ᄒᆞ야就刑ᄒᆞ니佛이有靈ᄒᆞ면我ㅣ死後에異祥이有ᄒᆞ리라ᄒᆞ더니밋斬ᄒᆞ미乳와如ᄒᆞᆫ白血이湧出ᄒᆞ거ᄂᆞᆯ衆이다시佛法을毁謗치못ᄒᆞ더라

辛亥

新羅法興王十七年○高句麗安藏王十二年○百濟聖王八年○梁武帝中太通三年○日皇繼體二十五年○西曆紀元後五百三十一年

夏五月에高句麗王이崩ᄒᆞ고弟安原王寶延이立ᄒᆞ다

丙辰

新羅法興王二十二年○高句麗安原王五年○百濟聖王十三年○梁武帝大同二年○日皇宣化元年○西曆紀元後五百三十六年

秋에高句麗ㅣ東魏에遣使ᄒᆞ다○新羅ㅣ비로소年號ᄅᆞᆯ建ᄒᆞᆯ시建元元年이라ᄒᆞ다

戊午

新羅法興王二十四年○高句麗安原王七年○百濟聖王十五年○梁武帝大同四年○日皇宣化三年○西曆紀元後五百三十八年

百濟ㅣ泗沘今扶餘郡에移都ᄒᆞ고國號ᄅᆞᆯ南扶餘라ᄒᆞ다

庚申

新羅法興王二十六年○高句麗安原王九年○百濟聖王十七年○梁武帝大同六年○日皇欽明元年○西曆紀元後五百四十年

新羅王이崩ᄒᆞ고姪眞興王彡麥宗이立ᄒᆞ다

辛酉

新羅眞興王元年○高句麗安原王十年○百濟聖王十八年○梁武帝大同七年○日皇欽明二年○西曆紀元後五百四十一年

百濟ㅣ梁에遣使ᄒᆞ야毛詩博士와涅槃經義와工匠과畫師等을請來ᄒᆞ다

乙丑

新羅眞興王五年○高句麗安原王十四年○百濟聖王二十二年○梁武帝大同十一年○日皇欽明六年○西曆紀元後五百四十五年

高句麗王이崩ᄒᆞ고子陽原王平成이立ᄒᆞ다○秋七月에新羅ㅣ國史ᄅᆞᆯ

修撰ᄒᆞᆯ식伊飡(官名)異斯夫ㅣ請ᄒᆞ야曰國史ᄂᆞᆫ君臣의善惡을記ᄒᆞ야褒貶을後代에示ᄒᆞᄂᆞ니만일修撰치아니면後代가何로監戒ᄒᆞ리오ᄒᆞ거ᄂᆞᆯ王이곳大阿飡金居柒夫等을命ᄒᆞ야文士를集ᄒᆞ야撰輯ᄒᆞ다

己巳

(新羅眞興王九年○高句麗陽原王四年○百濟聖王二十六年○梁武帝大淸三年○日本欽明十年○西歷紀元後五百四十九年)○梁이佛의舍利를新羅에送ᄒᆞ거ᄂᆞᆯ王이百官으로ᄒᆞ여곰奉迎ᄒᆞ다

辛未

(新羅法興王十一年○高句麗陽原王六年○百濟聖王二十八年○梁簡文帝太寶二年○日本欽明十二年○西歷紀元後五百五十一年)○新羅ㅣ改元ᄒᆞ야開國이라ᄒᆞ다○秋九月에突厥(今土耳基部落이니其時에今俄屬西比利亞에居ᄒᆞ고一名은鮮卑라)이高句麗城을圍ᄒᆞ다가敗歸ᄒᆞ다○新羅ㅣ將軍金居柒夫를遣ᄒᆞ야高句麗의十郡을攻取ᄒᆞ다初에柒夫ㅣ僧裝을被ᄒᆞ고高句麗의强弱을覘ᄒᆞᆯ식其境에入ᄒᆞ니法師惠亮이란者ㅣ有ᄒᆞ야居柒夫다려謂ᄒᆞ야曰此國이雖小ᄒᆞ나無人타謂치못ᄒᆞᆯ지라恐컨ᄃᆡ子ㅣ見執ᄒᆞ리니速反ᄒᆞ라ᄒᆞ더니至是ᄒᆞ야居柒夫ㅣ戰勝ᄒᆞ고惠亮을携歸ᄒᆞ거ᄂᆞᆯ王이ᄲᅧ僧統을삼고비로소百座講會와밋八關의法을置ᄒᆞ다

壬申

(新羅眞興王十二年○高句麗陽原王七年○百濟聖王二十九年○梁元帝承聖元年○日本欽明十三年○西歷紀元後五百五十二年)○初에伽耶國王嘉悉이唐樂部의箏을效法ᄒᆞ야十二絃琴을製ᄒᆞ고樂師于勒을命ᄒᆞ야十二曲을造ᄒᆞ엿더니後에于勒이國이作亂ᄒᆞᆷ을知ᄒᆞ고樂器를携ᄒᆞ고新羅에來ᄒᆞ거ᄂᆞᆯ羅王이召見ᄒᆞ야奏樂케ᄒᆞ고다시法知와階古와萬德等을命ᄒᆞ야勒의게樂을學ᄒᆞ라ᄒᆞ니勒이其材를隨ᄒᆞ야敎ᄒᆞᆯ식階古ᄂᆞᆫ琴을學ᄒᆞ고法知ᄂᆞᆫ歌를學ᄒᆞ고萬德은舞를學ᄒᆞ야三人이十二曲을學得ᄒᆞ고相謂曰此樂이繁淫ᄒᆞ야古雅치못ᄒᆞ다ᄒᆞ고이에五曲을製就ᄒᆞ니于勒이聞ᄒᆞ고怒ᄒᆞ다가밋其曲을聽ᄒᆞ고歎曰此ᄂᆞᆫ正聲이라ᄒᆞ고드ᄃᆡ여王ᄭᅴ奏ᄒᆞ니王이大悅ᄒᆞ야其琴을名ᄒᆞ야曰伽耶라ᄒᆞ고ᄯᅩ玄琴이有ᄒᆞ니此ᄂᆞᆫ國相王山岳이晉人의送ᄒᆞᆫ바

七絃琴을倣ᄒᆞ야製ᄒᆞᆫ者라奏ᄒᆞᆯ時에玄鶴이來舞ᄒᆞ거ᄂᆞᆯ因ᄒᆞ야名曰玄鶴琴이라ᄒᆞ더니後에다시玄琴이라稱ᄒᆞ고또玉寶高란者ㅣ智異山에入ᄒᆞ야學琴ᄒᆞᆫ지五十年에三十曲을自製ᄒᆞ야續命得의게傳ᄒᆞ고續命得은貴金의게傳ᄒᆞ니貴金이또ᄒᆞᆫ智異山에入ᄒᆞ야不出ᄒᆞ거ᄂᆞᆯ王이琴道가不傳ᄒᆞᆯ가恐ᄒᆞ야伊飡允興으로ᄒᆞ여곰親往ᄒᆞ야其秘ᄅᆞᆯ傳ᄒᆞ고또琵琶가有ᄒᆞ야唐制로더브러大同小異ᄒᆞ고其音이三調가有ᄒᆞ니一은宮調오二ᄂᆞᆫ七賢調오三은鳳凰調ㅣ러라

甲戌　新羅眞興王十四年○高句麗陽原王九年○百濟聖王三十一年○梁元帝承聖三年○日皇欽明十五年○西曆紀元後五百五十四年○秋에百濟王이新羅ᄅᆞᆯ侵ᄒᆞ거ᄂᆞᆯ羅將金武力이逆戰ᄒᆞ야濟王을殺ᄒᆞ니濟太子威德王昌이立ᄒᆞ다

己卯　新羅眞興王十九年○高句麗陽原王十四年○百濟威德王五年○陳武帝永定三年○日皇欽明二十年○西曆紀元後五百五十九年○春三月에高句麗王이崩ᄒᆞ고子平原王陽城이立ᄒᆞ다

甲午　新羅眞興王三十四年○高句麗平原王十五年○百濟威德王二十年○梁宣帝大建六年○日皇敏達三年○西曆紀元後五百七十四年○春에新羅ㅣ新宮을捨ᄒᆞ야皇龍寺ᄅᆞᆯ삼고丈六佛像을鑄造ᄒᆞ니銅이三萬五千七斤이오鍍ᄒᆞᆫ金이百二兩重이러라畫工率居ㅣ老松을寺壁에畫ᄒᆞ니鳥雀이往往이飛入ᄒᆞ다가蹭蹬ᄒᆞ야落ᄒᆞ더니後에畫色이漫漶ᄒᆞ거ᄂᆞᆯ寺僧이다시補畫ᄒᆞ엿더니自後론鳥雀이不來ᄒᆞ더라

丙申　新羅眞興王三十六年○高句麗平原王十七年○百濟威德王二十二年○梁宣帝大建八年○日皇敏達五年○西曆紀元後五百七十六年　新羅王이崩ᄒᆞ다王이鴻濟라改元ᄒᆞ고末年에佛을好ᄒᆞ야剃髮ᄒᆞ고僧衣ᄅᆞᆯ披ᄒᆞ며自號曰法雲이라ᄒᆞ고王妃도또ᄒᆞᆫ尼가되더니至是ᄒᆞ야王의次子眞智王金輪이立ᄒᆞ다

己亥　新羅眞智王三年○高句麗平原王二十年○百濟威德王二十五年○梁宣帝大建十一年○日皇敏達八年○西曆紀元後五百七十九年○秋七月에新羅王이崩ᄒᆞ고眞興王太子銅輪의子伯淨이立ᄒᆞ니此ᄂᆞᆫ眞平王이러라○新羅ㅣ伊飡金后稷으로ᄡᅧ兵部令을拜ᄒᆞ다羅王이

畋獵을好ᄒᆞ야后稷이切諫ᄒᆞ되不聽ᄒᆞ더니后稷이將死에其子다려謂曰吾ㅣ人臣이되야能히君의惡을匡救치못ᄒᆞ니恐컨ᄃᆡ王이遊畋不已ᄒᆞ다가畢竟國을亡ᄒᆞᆯ지니此ᄂᆞᆫ吾의憂라吾ㅣ雖死ᄒᆞ야도王에意를悟케ᄒᆞ리니我ㅣ死後에我를王의遊畋ᄒᆞᄂᆞᆫ路側에瘞ᄒᆞ라其子ㅣ從ᄒᆞ엿더니他日에王이出獵ᄒᆞᆯ시中路에聲이有ᄒᆞ야曰王은毋去ᄒᆞ라ᄒᆞᄂᆞᆫ지라王이驚怪ᄒᆞ야問ᄒᆞ니左右ㅣ曰聲이后稷墓에서出ᄒᆞᆫ다ᄒᆞ고드ᄃᆡ여后稷의遺言을陳ᄒᆞᆫᄃᆡ王이潸然流涕ᄒᆞ야曰夫子ㅣ生時에忠諫ᄒᆞ더니今에死ᄒᆞ야도不忘ᄒᆞ니其愛我ᄒᆞᆷ이甚ᄒᆞ다ᄒᆞ고自此로終身토록出獵지아니ᄒᆞ니라○新羅ㅣ改元ᄒᆞ야建福이라ᄒᆞ고調府令을置ᄒᆞ야貢賦를掌ᄒᆞ고乘府令을置ᄒᆞ야車乘을掌ᄒᆞ다○高句麗ㅣ長安城(平壤南城)에移都ᄒᆞ다○新羅ㅣ大水ᄒᆞ야民家三萬三百六十戶가漂沒ᄒᆞ거ᄂᆞᆯ使者를發ᄒᆞ야賑給ᄒᆞ다

庚戌

(新羅眞平王十一年○高句麗平原王三十一年○百濟威德王三十六年○隋文帝開皇十年○日皇崇峻三年○西曆紀元後五百九十年○)

冬十月에高句麗王이崩ᄒᆞ고子嬰陽王元이立ᄒᆞ야翌年에遣使ᄒᆞ야隋國에至ᄒᆞ다○新羅ㅣ明活城(慶州東月城)을改築ᄒᆞ고또西元山城을築ᄒᆞ다

戊午

(新羅眞平王十九年○高句麗嬰陽王八年○百濟威德王四十四年○隋文帝開皇十八年○日皇推古六年○西曆紀元後五百九十八年○)

春에高句麗王이靺鞨兵을率ᄒᆞ고遼西를侵伐ᄒᆞᆫᄃᆡ隋主ㅣ怒ᄒᆞ야楡關에出兵ᄒᆞ엿다가乏食ᄒᆞ야還ᄒᆞ거ᄂᆞᆯ麗王이또ᄒᆞᆫ遣使和親ᄒᆞ다○冬十二月에百濟王이崩ᄒᆞ고第二子惠王季明이立ᄒᆞ다

己未

(新羅眞平王二十年○高句麗嬰陽王九年○百濟惠王元年○隋文帝開皇十九年○日皇推古七年○西曆紀元後五百九十九年)

百濟王이崩ᄒᆞ고子法王宣이立ᄒᆞ야下令ᄒᆞ야殺生을禁ᄒᆞ고民家의鷹鷂를放케ᄒᆞ고또漁獵의具를焚ᄒᆞ다

庚申

(新羅眞平王二十一年○高句麗嬰陽王十年○百濟法王元年○隋文帝開皇二十年○日皇推古八年○西曆紀元後六百年)

春에高

句麗ㅣ太學博士李文眞을命ᄒᆞ야國史를修撰ᄒᆞ다先是에國史記事一百卷이有ᄒᆞ더니至是ᄒᆞ야新集五卷이更成ᄒᆞ니라○夏五月에百濟王이崩ᄒᆞ고子武王璋이立ᄒᆞ다

辛未

○新羅眞平王三十二年○高句麗嬰陽王二十一年○百濟武王十一年 ○隋煬帝大業七年○日皇推古十九年○西曆紀元後六百十一年

冬十月에百濟ㅣ新羅椵岑城을攻陷ᄒᆞ니縣令讚德이死ᄒᆞ다讚德이固守ᄒᆞᆫ지百餘日에糧盡水竭ᄒᆞ되오히려力戰不息ᄒᆞ다가城이將陷ᄒᆞ거ᄂᆞᆯ讚德이仰天大呼曰吾王이一城으로ᄡᅧ我의게委任ᄒᆞ엿거ᄂᆞᆯ我ㅣ此를能保치못ᄒᆞ니我ㅣ雖死ᄒᆞᆯ지라도厲鬼가되야百濟人을殲ᄒᆞ리라ᄒᆞ고드듸여攘臂瞋目ᄒᆞ고槐樹에觸頭ᄒᆞ야死ᄒᆞ니新羅ㅣ其子奚論大로ᄡᅧ奈麻(官名)를拜ᄒᆞ다

壬申

○新羅眞平王三十三年○高句麗嬰陽王二十二年○百濟武王十二年 ○隋煬帝大業八年○日皇推古二十年○西曆紀元後六百十二年

春正月에隋帝煬廣이親히大兵을擧ᄒᆞ야高句麗를攻ᄒᆞ거ᄂᆞᆯ麗將乙支文德이迎擊大破ᄒᆞ다先是에裴矩ㅣ隋帝를勸ᄒᆞ야高句麗를脅降ᄒᆞ라ᄒᆞ니隋帝ㅣ其言을從ᄒᆞ야麗王에게諭ᄒᆞ거ᄂᆞᆯ麗王이不聽ᄒᆞ엿더니隋帝ㅣ이에天下兵一百十三萬三千八百人을發ᄒᆞ야號曰二百萬이라ᄒᆞ고九道로出ᄒᆞ야平壤에總集코자ᄒᆞᆯ새宇文述來護兒等이先鋒이되고旌旗가九百六十里를亘ᄒᆞ며首尾ㅣ相繼ᄒᆞ고鼓角이相聞ᄒᆞ더라二月에隋帝가遼水에至ᄒᆞ거ᄂᆞᆯ麗王이文德으로ᄒᆞ여곰禦敵ᄒᆞ라ᄒᆞ니文德이述軍의飢色이有ᄒᆞᆷ을見ᄒᆞ고疲弊코자ᄒᆞ야거즛七戰七走ᄒᆞᆫ듸述等이驟勝ᄒᆞᆷ을恃ᄒᆞ고드듸여薩水(安州淸川江)를渡ᄒᆞ야平壤城과相距ᄒᆞᆫ三十里地에依山ᄒᆞ야軍營을設ᄒᆞ거ᄂᆞᆯ文德이遣使詐降ᄒᆞ고述의게請ᄒᆞ야曰公等이萬一返師ᄒᆞ면我ㅣ降服ᄒᆞ리라ᄒᆞᆫ듸述이自軍이疲弊ᄒᆞ야復戰키難ᄒᆞᆷ을知ᄒᆞ고또平壤은城池가險固難拔ᄒᆞ다ᄒᆞ야이에許諾ᄒᆞ거ᄂᆞᆯ文德이곳出兵ᄒᆞ야四面鈔擊ᄒᆞᆯ새且

戰且行ᄒᆞ다가秋七月에薩水에至ᄒᆞ니隋軍이半渡ᄒᆞᄂᆞᆫ지라이에尾擊大破ᄒᆞ니隋將辛世雄이戰死ᄒᆞ고諸軍이다潰散ᄒᆞ야將士ㅣ奔還ᄒᆞᆯ시一日一夜에鴨綠江에至ᄒᆞ니凡四百五十里라來護兒ㅣ또ᄒᆞᆫ引還ᄒᆞ더라初에隋의九軍이遼東을度ᄒᆞᆫ者ㅣ凡三十萬五千이러니밋遼東에還至ᄒᆞ니오작二千七百人이오資儲器械가失亡殆盡이러라

文德의爲人이沉鷙ᄒᆞ고智數가有ᄒᆞ며兼히屬文을善ᄒᆞ야隋軍과相持ᄒᆞᆯ시隋將于仲文의게贈詩ᄒᆞ야曰神策은究天文이오妙算은窮地理라戰勝功既高ᄒᆞ니知足願云止어다ᄒᆞ니東方의五言詩가自此倡始ᄒᆞ엿더라

癸酉

○新羅眞平王三十四年○高句麗嬰陽王二十三年○百濟武王十三年○隋煬帝大業九年○日皇推古二十一年○西歷紀元後六百十三年

夏四月에隋帝ㅣ또大軍을親率ᄒᆞ고高句麗遼東城을攻ᄒᆞᆯ시圍城ᄒᆞᆫ지二十餘日에不拔ᄒᆞ더니맛참楊玄感의反書가至ᄒᆞ거ᄂᆞᆯ隋帝ㅣ大懼ᄒᆞ야回軍ᄒᆞ고其後에다시來攻코자ᄒᆞ야涿郡에親至ᄒᆞ야戎服을御ᄒᆞ고懷遠鎭ᄭᆞ지至ᄒᆞ거ᄂᆞᆯ高句麗ㅣ비로소其不敵ᄒᆞᆷ을知ᄒᆞ고遣使請和ᄒᆞ고斛斯政을送ᄒᆞᆫᄃᆡ隋帝ㅣ大悅ᄒᆞ야班師ᄒᆞ니斛斯政은楊玄感과相善ᄒᆞ다가來奔ᄒᆞᆫ人이러라

戊寅

○新羅眞平王三十九年○高句麗嬰陽王二十八年○百濟武王十八年○唐高祖武德元年是歲唐高祖滅隋即帝位○日皇推古二十六年○西歷紀元後六百十八年

秋九月에高句麗王이崩ᄒᆞ고異母弟榮留王建武ㅣ立ᄒᆞ다○唐이高句麗에遣使ᄒᆞ야麗人이隋軍의게被擄ᄒᆞᆫ者를送還ᄒᆞ거ᄂᆞᆯ高句麗ㅣ또ᄒᆞᆫ隋人의未還ᄒᆞᆫ者數萬人을刷還ᄒᆞ다

乙酉

新羅眞平王四十六年○高句麗榮留王七年○百濟武王二十五年○唐高祖武德八年○日皇推古三十三年○西歷紀元後六百二十五年

百濟ㅣ唐에遣使ᄒᆞ다○高句麗ㅣ唐에遣使ᄒᆞ야佛老法을學ᄒᆞ다○新羅ㅣ唐에遣使ᄒᆞ다

己丑

○新羅眞平王五十年○高句麗榮留王十一年○百濟武王二十九年○唐太宗貞觀三年○日皇舒明元年○西歷紀元後六百二十九年

秋

壬辰

八月에新羅金庾信이高句麗娘臂城(今淸州)을攻拔ᄒᆞ다庾信은首露王後裔오舒玄의子라羅王이舒玄을遣ᄒᆞ야娘臂城을攻ᄒᆞᆯᄉᆡ麗人이逆戰ᄒᆞ야羅軍이失利ᄒᆞᄂᆞᆫ지라時에庾信이中幢主(官名)가되야其父의게告曰庾信이平生에忠孝로自期ᄒᆞ엿ᄉᆞ니今에臨陣ᄒᆞ야不可不勇戰ᄒᆞ겟다ᄒᆞ고이에跨馬突陣ᄒᆞ야麗將을斬ᄒᆞ고其首를提來ᄒᆞ니諸軍이곳乘勝奮擊ᄒᆞ야드ᄃᆡ여其城을拔ᄒᆞ다初에舒玄이新羅宗室의女萬明을潛通ᄒᆞ야有娠ᄒᆞᆫ지二十朔에庾信을生ᄒᆞ니背上에七星文이有ᄒᆞ고밋長成ᄒᆞᄆᆡ麗濟와靺鞨이新羅를侵軼ᄒᆞᆷ을見ᄒᆞ고慨然히創平ᄒᆞᆯ志가有ᄒᆞ야獨히中嶽(慶州斷石山)石窟에入ᄒᆞ야劍을鍊ᄒᆞ고作誓告天ᄒᆞ엿더니忽然이老人이來ᄒᆞ야秘訣을傳ᄒᆞ미自後로智畧이益廣ᄒᆞ더라

(○新羅眞平王五十三年○高句麗榮留王十四年○百濟武王三十二年 ○唐太宗貞觀六年○日皇舒明四年○西歷紀元後六百三十二年)

甲午

新羅王이崩ᄒᆞ고無嗣ᄒᆞ거ᄂᆞᆯ國人이王의女德曼을立ᄒᆞ니此ᄂᆞᆫ善德女主라初에唐帝ㅣ牧丹花圖와밋其花種을贈ᄒᆞ거ᄂᆞᆯ眞平王이德曼을示ᄒᆞ니德曼이曰此花가반다시香氣가無ᄒᆞ리이다ᄒᆞ거ᄂᆞᆯ王이笑曰爾가何以知之오ᄒᆞᆫᄃᆡ對曰花가絕艶ᄒᆞ나其畵에蜂蝶이無ᄒᆞ니此ᄂᆞᆫ無香ᄒᆞᆫ花라ᄒᆞ더니種之ᄒᆞ니果然이오東國의牡丹이自此始盛ᄒᆞ더라

(新羅善德主二年○高句麗榮留王十六年○百濟武王三十四年○春 唐太宗貞觀八年○日皇舒明六年○西歷紀元後六百三十四年)

正月에新羅ㅣ改元ᄒᆞ야仁平이라ᄒᆞ다○三月에百濟王이池를宮南에鑿ᄒᆞ고二十餘里를引水ᄒᆞ야池中에注ᄒᆞ고島嶼를築ᄒᆞ야海上仙山이라ᄒᆞ고또臨水ᄒᆞ야王興寺를創建ᄒᆞᆯᄉᆡ窮極히壯麗ᄒᆞ고ᄆᆡ양親詣行香ᄒᆞ더라○新羅宮西玉門池에蝦蟆ㅣ大集ᄒᆞ거ᄂᆞᆯ羅主ㅣ曰蝦蟆ㅣ怒目ᄒᆞ니此ᄂᆞᆫ兵象이라意者컨ᄃᆡ西方玉門谷에隣兵이至ᄒᆞ엿

다ᄒ고이에將軍閼川을遣ᄒ야搜探ᄒ라ᄒ엿더니果然百濟의甲士五百이鮮鞍休息ᄒ거늘곳掩擊盡殺ᄒ니羅主ㅣ喜ᄒ야閼川을賞賜ᄒ다

庚子（新羅善德主八年○高句麗榮留王二十二年○百濟武王四十年○唐太宗貞觀十四年○日皇舒明十二年○西歷紀元後六百四十年○）夏五月에新羅高句麗百濟ㅣ다唐國에遣子ᄒ야入學ᄒ다

辛丑（新羅善德主九年○高句麗榮留王二十三年○百濟武王四十一年○唐太宗貞觀十五年○日皇舒明十三年○西歷紀元後六百四十一年○）春三月에百濟王이崩ᄒ고子義慈王義慈ㅣ立ᄒ다

壬寅（新羅善德主十年○高句麗榮留王二十四年○百濟義慈王元年○唐太宗貞觀十六年○日皇皇極元年○西歷紀元後六百四十二年○）先是에高句麗太子桓權이唐에至ᄒ니唐帝ㅣ郞中陳大德等을遣ᄒ야報聘ᄒᆯ식大德이山水를遊覽ᄒ다稱ᄒ고山川道里의險易를다探悉ᄒ고밋還國ᄒ미高句麗의虛實을備陳ᄒ니唐帝ㅣ이에東伐ᄒᆯ志가有ᄒ더라○冬十月에高句麗泉蓋蘇文이其君建武를弑ᄒ고王의姪臧을立ᄒ니此ᄂᆫ寶藏王이러라蘇文의狀貌ㅣ雄偉ᄒ고意氣가鷙悍ᄒ며其父를嗣ᄒ야東部大人이되니諸大人이其凶殘ᄒᆷ을憎惡ᄒ야王으로더브러謀誅코자ᄒ다가事泄ᄒ거늘蘇文이部兵을埋伏ᄒ고諸大人百餘를召宴ᄒ야盡殺ᄒ고드ᄃᆡ여入宮ᄒ야王을弑ᄒ고自己ᄂᆫ莫離支（官名이니即兵部尙書라）가되야國事를專擅ᄒ고恒常五刀를佩ᄒ며出入時에ᄂᆫ반다시貴人武將으로ᄒ여곰伏地케ᄒ고足으로ᄡᅥ踏ᄒ야馬를乘ᄒ고下馬時에도亦然ᄒ더라○十一月에新羅ㅣ伊飡金春秋를遣ᄒ야高句麗에乞師ᄒ다先是에百濟ㅣ新羅西方獮猴等四十城을取ᄒ고또百濟將軍允忠이新羅大耶城（今陜川）을攻陷ᄒ야新羅都督金品釋이戰死ᄒ엿더니至是ᄒ야春秋ㅣ百濟를滅ᄒᆯ志가有ᄒ야將行ᄒᆯ시金庾信으로더부러歸期를六旬爲限ᄒ고드ᄃᆡ여麗王을往說ᄒ야日今에百濟ㅣ無道ᄒ야我의疆場을侵軼ᄒ니願컨ᄃᆡ大王의威를

癸卯

仗ᄒᆞ야雪恥코자ᄒᆞ노이다ᄒᆞᆫᄃᆡ麗王曰麻峴과竹嶺(今丹陽郡南地)은元來我國의土地라만일還送ᄒᆞ면곳出兵相助ᄒᆞ리라ᄒᆞ거ᄂᆞᆯ春秋ㅣ對曰臣이君命을奉ᄒᆞ고乞師ᄒᆞᆷ이어ᄂᆞᆯ今에大王이卹難救隣을不思ᄒᆞ고도로혀土地를歸ᄒᆞ라ᄒᆞ시니臣이死ᄒᆞᆯ지언뎡奉命치못ᄒᆞ리라ᄒᆞᆫᄃᆡ麗王이怒ᄒᆞ야囚執ᄒᆞ거ᄂᆞᆯ春秋ㅣ青布로ᄡᅥ麗王의寵臣을賂遺ᄒᆞ고또麗王의게移書曰麻峴과竹嶺은本是貴國의地라今에臣이返國ᄒᆞ야此地를不還ᄒᆞ면곳天日이在上ᄒᆞ니願컨ᄃᆡ王은勿疑ᄒᆞ소셔ᄒᆞ더라此時에金庾信이春秋의不返ᄒᆞᆷ을見ᄒᆞ고王씌請ᄒᆞ야兵士三千을召募ᄒᆞ야高句麗를將伐ᄒᆞᆯ시漢江을渡ᄒᆞ니麗王이新羅ㅣ起兵ᄒᆞᆷ을聞ᄒᆞ고이에春秋를厚禮遣歸ᄒᆞ거ᄂᆞᆯ春秋ㅣ境外에出ᄒᆞ야送者다려謂ᄒᆞ야曰國家疆土ᄂᆞᆫ使臣의敢專ᄒᆞᆯ바아니라ᄒᆞ고歸ᄒᆞ니라

(新羅善德王十二年○高句麗寶藏王二年○百濟義慈王三年○唐太宗貞觀十七年○日本皇極天皇二年○西歷紀元後六百四十三年)

甲辰

句麗ㅣ唐에遣使ᄒᆞ야道教를求ᄒᆞᆫᄃᆡ唐帝가道士叔達等八人을遣ᄒᆞ고兼ᄒᆞ야老子道德經을送ᄒᆞ더라○冬十一月에百濟ㅣ高句麗와合兵ᄒᆞ야新羅党項城을攻破ᄒᆞ야唐國에入ᄒᆞᄂᆞᆫ路를塞ᄒᆞ거ᄂᆞᆯ新羅ㅣ唐에求救ᄒᆞ니二國이聞知ᄒᆞ고乃還ᄒᆞ니라

(新羅善德王十三年○高句麗寶藏王三年○百濟義慈王四年○唐太宗貞觀十八年○日本皇極天皇三年○西歷紀元後六百四十四年)

冬十一月에唐太宗李世民이大軍을親率ᄒᆞ야高句麗를攻ᄒᆞᆯ시先是에唐帝ㅣ蔣儼을遣ᄒᆞ야麗王의게送書ᄒᆞ야新羅의來路를毋遏ᄒᆞ고또百濟로더브러各其戢兵ᄒᆞ라不然이면곳發兵攻擊ᄒᆞ리라ᄒᆞ거ᄂᆞᆯ泉蓋蘇文이曰往者에隋兵이伐我ᄒᆞᆯ시新羅ㅣ乘隙ᄒᆞ야我地五百里를奪ᄒᆞ엿스니今에其地를不返ᄒᆞ면兵事를未弭ᄒᆞ리라ᄒᆞ고곳蔣儼을窟室中에囚ᄒᆞ엿더니唐帝ㅣ怒ᄒᆞ야軍士十萬三千을發ᄒᆞ야水陸並進ᄒᆞᆯ시張亮으로ᄡᅥ平壤道行軍大摠管을拜ᄒᆞ고李世勣으로遼東道

行軍大摠管을拜ᄒᆞ야諸軍을分領ᄒᆞ고因ᄒᆞ야新羅百濟奚契丹으로
ᄒᆞ여곰分道來擊ᄒᆞ더라

乙巳（新羅善德主十三年○高句麗寶藏王三年○百濟義慈王四年○唐太宗貞觀十九年○日皇孝德元年○西歷紀元後六百四十五年○）春
正月에百濟ㅣ新羅를侵ᄒᆞ다가敗還ᄒᆞ다時에金庾信이百濟의七城
을取ᄒᆞ고還都홀ᄉᆡ濟軍이買利浦城을來攻ᄒᆞ거ᄂᆞᆯ羅主ㅣ또庾信으
로ᄒᆞ야곰拒敵ᄒᆞ라ᄒᆞ니庾信이聞命ᄒᆞ고妻子를不見ᄒᆞ고다시濟軍
을逆擊ᄒᆞ야二千餘級을斬ᄒᆞ고回軍홀ᄉᆡ濟軍이또大擧ᄒᆞᄂᆞᆫ지라羅
主ㅣ庾信다려謂曰國의存亡이公一身에繫ᄒᆞ니不可不公을請ᄒᆞ야
再往케ᄒᆞ노라ᄒᆞ거ᄂᆞᆯ庾信이또歸家치못ᄒᆞ고遂行ᄒᆞ니衆이曰大將
軍도오히려如此ᄒᆞ거든況我輩乎아ᄒᆞ고踴躍爭先ᄒᆞ야敵陣을向ᄒᆞ
니濟軍이望風退去ᄒᆞ더라○夏五月에唐帝ㅣ高句麗安市城（在遼東）을
攻ᄒᆞ다가無功而還ᄒᆞ다初에唐帝ㅣ定州（遼東地）에至ᄒᆞ야侍臣다려謂

曰遼東은元來中國의地오隋氏ㅣ四次出師ᄒᆞ되다大敗ᄒᆞ엿ᄉᆞ니朕
이今에中國子弟를爲ᄒᆞ야其讐를報雪ᄒᆞ리라ᄒᆞ고親히弓矢를佩ᄒᆞ
고雨衣를鞍後에結ᄒᆞ고遼水의歸橋를斷ᄒᆞ야必死홀心을示ᄒᆞ고遼
東城을圍홀ᄉᆡ其下에至ᄒᆞ야親히土를負ᄒᆞ야塹을塡ᄒᆞ고圍城ᄒᆞᆫ지
十三日에鼓噪ᄒᆞᄂᆞᆫ聲이天地를振動ᄒᆞ니此戰에麗兵이死者ㅣ萬餘
人이러라또白巖城을下ᄒᆞ고安市城을進攻ᄒᆞ니麗將高延壽ㅣ靺鞨
兵十五萬을合ᄒᆞ야來救홀ᄉᆡ陣勢가四十里를連亘ᄒᆞ거ᄂᆞᆯ唐帝ㅣ望
見ᄒᆞ고大懼ᄒᆞ야敢히迎戰치못ᄒᆞ고이에詭計로延壽를紿ᄒᆞ야曰吾
의來홈은泉蓋蘇文의弑君ᄒᆞᆫ罪를討홈이오他意가無ᄒᆞ다ᄒᆞᆫ듸延壽
ㅣ其言을信ᄒᆞ고設備치아니ᄒᆞ거ᄂᆞᆯ唐帝ㅣ世勣을命ᄒᆞ야西嶺에埋
伏ᄒᆞ고다시小軍을出ᄒᆞ야延壽를誘引ᄒᆞ니延壽ㅣ果然來追ᄒᆞ거ᄂᆞᆯ
唐將薛仁貴ㅣ大呼陷陣ᄒᆞ야所向無敵이라이에麗軍이大敗ᄒᆞ야死

者ㅣ二萬餘人이오延壽等이降ᄒᆞ거ᄂᆞᆯ唐帝ㅣᄯᅩ進軍ᄒᆞ야安市城을攻圍ᄒᆞ니城主梁萬春이死守不下ᄒᆞ고時에唐帝ㅣ臨陣ᄒᆞ엿다가流矢에目이傷ᄒᆞ고ᄯᅩ遼東이早寒ᄒᆞ며粮食이且盡ᄒᆞᆫ지라이에班師ᄒᆞᆯᄉᆡ麗軍과唐兵의死者ㅣ甚衆ᄒᆞ거ᄂᆞᆯ唐帝ㅣ成功치못ᄒᆞᆷ을深悔ᄒᆞ야歎曰魏徵이若在ᄒᆞ면吾ㅣ엇지此行이有ᄒᆞ리오ᄒᆞ고其國에還ᄒᆞ야李靖다려謂曰吾ㅣ天下의衆으로쎠高句麗數城의게困ᄒᆞ엿다ᄒᆞ더라延壽ㅣ唐의게降ᄒᆞᆫ後로브터憤歎을不勝ᄒᆞ야맛ᄎᆞᆷ내憂死ᄒᆞ니라薛仁貴ᄂᆞᆫ本遼東人이라驍勇으로世上에聞ᄒᆞ더니및麗人이門地로쎠用人ᄒᆞ미仁貴ㅣ見用치못ᄒᆞᆷ을忿恨ᄒᆞ야唐國에入ᄒᆞ야太宗의信任ᄒᆞᆫ비되엿다가至是ᄒᆞ야麗軍을破ᄒᆞ니라時에新羅人薛罽頭ㅣᄯᅩᄒᆞᆫ唐兵을隨ᄒᆞ야高句麗ᄅᆞᆯ伐ᄒᆞ다先是에罽頭ㅣ常曰我國의用人ᄒᆞᆷ이骨品을論ᄒᆞ야其族이아니면비록鴻才傑功이有ᄒᆞ야도能히振發치못ᄒᆞᄂᆞ니我ㅣ中原에遊ᄒᆞ야不世의雄略을奮ᄒᆞ고非常ᄒᆞᆫ功業을立ᄒᆞ리라ᄒᆞ더니至是ᄒᆞ야唐帝의게自薦ᄒᆞ야臨陣先鬪ᄒᆞ다가死ᄒᆞ거ᄂᆞᆯ唐帝ㅣ泫然流涕ᄒᆞ고御衣ᄅᆞᆯ脫ᄒᆞ야其身을覆ᄒᆞ고大將軍을追贈ᄒᆞ니라○新羅主ㅣ改元ᄒᆞ야太和라ᄒᆞ다

丁未 (新羅善德主十五年○高句麗寶藏王五年○百濟義慈王六年○唐太宗貞觀二十一年○日皇孝德三年○西歷紀元後六百四十七年)新羅女主ㅣ崩ᄒᆞ다主ㅣ平日에死期ᄅᆞᆯ預言ᄒᆞ더니其日에至ᄒᆞ야崩ᄒᆞ고眞平王母弟國飯의女勝曼이立ᄒᆞ니此ᄂᆞᆫ眞德女主ㅣ러라

戊申 (新羅眞德主元年○高句麗寶藏王六年○百濟義慈王七年○唐太宗貞觀二十二年○日皇孝德四年○西歷紀元後六百四十八年)春正月에唐帝ㅣ大將軍薛萬徹을命ᄒᆞ야軍士三萬餘人과樓船과戰艦을率ᄒᆞ고萊州로브터泛海ᄒᆞ야高句麗ᄅᆞᆯ攻ᄒᆞ더라○冬에新羅ㅣ金庾信으로ᄒᆞ여곰百濟ᄅᆞᆯ攻ᄒᆞ야大耶城(今陜川)을進攻ᄒᆞ니百濟ㅣ逆戰ᄒᆞ거ᄂᆞᆯ庾信이佯敗ᄒᆞ야玉門關에設伏ᄒᆞ엿다가掩擊大破ᄒᆞ고드듸

여乘勝大進ᄒᆞ야十二城을拔ᄒᆞ고또九城을屠ᄒᆞ며二萬餘級을斬ᄒᆞ고九千餘人을虜ᄒᆞ거ᄂᆞᆯ羅主ㅣ論功行賞ᄒᆞᆯᄉᆡ庾信으로ᄡᅥ行軍大摠管을拜ᄒᆞ다○時에唐帝ㅣ蘇定方을命ᄒᆞ야軍士二十萬을帥ᄒᆞ고百濟ᄅᆞᆯ攻ᄒᆞ다가既而오唐帝ㅣ崩ᄒᆞ미遺詔로罷兵ᄒᆞ니라

辛亥

(新羅眞德主四年○高句麗寶藏王九年○百濟義慈王十年○唐高宗永徽二年○日皇孝德七年○西歷紀元後六百五十一年)新羅ㅣ珍㱡(官名)金仁問을唐에遣ᄒᆞ니仁問은春秋의第二子라幼時에羣書ᄅᆞᆯ博覽ᄒᆞ고兼ᄒᆞ야莊老와浮屠의說을涉獵ᄒᆞ고射御ᄅᆞᆯ善ᄒᆞ며音律을曉通ᄒᆞ고識量이宏遠ᄒᆞ거ᄂᆞᆯ唐帝ㅣ寵愛ᄒᆞ야特히左領軍衛將軍을拜ᄒᆞ니時年이二十三이라先時에羅主ㅣ金春秋ᄅᆞᆯ唐에遣ᄒᆞ니唐太宗이春秋의儀表가英偉ᄒᆞᆷ을見ᄒᆞ고厚待ᄒᆞ고또國學에送ᄒᆞ야釋奠을觀케ᄒᆞ거ᄂᆞᆯ春秋ㅣ이에唐兵을請ᄒᆞ야百濟ᄅᆞᆯ伐코자ᄒᆞᆫᄃᆡ太宗이곳蘇定方으로ᄒᆞ여곰百濟ᄅᆞᆯ伐ᄒᆞ라ᄒᆞ거ᄂᆞᆯ春秋ㅣ곳海上에還至ᄒᆞ다가高句麗의邏卒ᄅᆞᆯ遇ᄒᆞ니從者溫君이春秋ᄅᆞᆯ代ᄒᆞ야高冠大衣로船上에坐ᄒᆞᆫᄃᆡ邏兵이春秋라ᄒᆞ야곳殺ᄒᆞ니라

甲寅

(新羅眞德主七年○高句麗寶藏王十二年○百濟義慈王十三年○唐高宗永徽五年○日皇孝德十年○西歷紀元後六百五十四年)春三月에新羅女主ㅣ崩ᄒᆞ거ᄂᆞᆯ羣臣이金春秋ᄅᆞᆯ奉ᄒᆞ야王位에陞ᄒᆞ니此ᄂᆞᆫ太宗武烈王이오眞智王後孫龍春의子ㅣ러라○夏四月에新羅王이其考ᄅᆞᆯ追尊ᄒᆞ야文興王이라ᄒᆞ고其妃ᄂᆞᆫ王太后라ᄒᆞ고律令을叅酌ᄒᆞ야六十餘條ᄅᆞᆯ定ᄒᆞ다

乙卯

(新羅太宗武烈王元年○高句麗寶藏王十三年○百濟義慈王十四年○唐高宗永徽六年○日皇齊明元年○西歷紀元後六百五十五年)春에高句麗ㅣ百濟와靺鞨로더브러連兵ᄒᆞ야新羅北境의三十三城을取ᄒᆞ거ᄂᆞᆯ羅王이唐에遣使ᄒᆞ야救援을請ᄒᆞ다○百濟王이諫臣成忠을殺ᄒᆞ다先是에王이望海亭을建ᄒᆞ고宮女ᄅᆞᆯ率ᄒᆞ야淫酗耽樂ᄒᆞ거ᄂᆞᆯ成忠이極諫ᄒᆞᆫᄃᆡ王이怒ᄒᆞ야賜死ᄒᆞᄂᆞᆫ지라成忠이臨死에上書

日忠臣은死不忘君ᄒᆞᄂᆞ니願컨ᄃᆡ一言을獻ᄒᆞ노이다臣이時變을察ᄒᆞ니반다시兵革이有ᄒᆞᆯ지라만일敵兵이來ᄒᆞ거든陸地에ᄂᆞᆫ炭峴(今在公州)을不過케ᄒᆞ고水路에ᄂᆞᆫ白江(今扶餘白馬江)을不入케ᄒᆞ고險阻를據ᄒᆞ야敵을禦ᄒᆞ소셔ᄒᆞᆫᄃᆡ王이不省ᄒᆞᄂᆞᆫ지라自後로다시敢言ᄒᆞᄂᆞᆫ者가無ᄒᆞ더라○秋九月에新羅金庾信이百濟刀比川城을攻拔ᄒᆞ다先是에汲飡(官名)未坤이百濟에被擄ᄒᆞ야人의奴ㅣ되엿다가後에逃歸ᄒᆞ야庾信을見ᄒᆞ고百濟의事勢를悉言ᄒᆞ거ᄂᆞᆯ自是로庾信이百濟를倂呑ᄒᆞᆯ謀가益急ᄒᆞ더라

庚申年(新羅太宗武烈王六年○高句麗寶藏王十八年○百濟義慈王十九年 是歲唐高宗顯慶五年○日本皇齊明六年○西歷紀元後六百六十年)春三月에唐帝ㅣ蘇定方으로ᄡᅥ神丘道行軍大摠管을拜ᄒᆞ고金仁問으로ᄡᅥ副摠管을拜ᄒᆞ야水陸兵十三萬을率ᄒᆞ고百濟를攻ᄒᆞᆯᄉᆡ德物島(今仁川西德積鎭)에至ᄒᆞ거ᄂᆞᆯ羅王이庾信等을遣ᄒᆞ야軍士五萬으로ᄡᅥ會ᄒᆞ다先是에百濟에灾異가多ᄒᆞ야鬼가宮中에셔大呼曰百濟가亡ᄒᆞᆫ다百濟가亡ᄒᆞᆫ다ᄒᆞ고곳地中에入ᄒᆞ거ᄂᆞᆯ王이掘見ᄒᆞ니龜가有ᄒᆞ고其背에文이有ᄒᆞ야曰百濟ᄂᆞᆫ月輪과同ᄒᆞ고新羅ᄂᆞᆫ月新과如ᄒᆞ다ᄒᆞ엿거ᄂᆞᆯ王이巫者의게問ᄒᆞᆫᄃᆡ曰同月輪은滿也니滿ᄒᆞ면虧ᄒᆞ고如月新은未滿이니未滿ᄒᆞ면盈이라ᄒᆞ거ᄂᆞᆯ王이怒ᄒᆞ야殺ᄒᆞ니或이諂ᄒᆞ야曰同月輪은盛ᄒᆞᆷ이오月新은微ᄒᆞᆷ이니意者컨ᄃᆡ國家ᄂᆞᆫ盛ᄒᆞ고新羅ᄂᆞᆫ微ᄒᆞᆯ가ᄒᆞ노이다ᄒᆞᆫᄃᆡ王이悅ᄒᆞ더니至是ᄒᆞ야佐平(官名)興首의게問計ᄒᆞ거ᄂᆞᆯ興首ㅣ對曰勇士를簡選ᄒᆞ야白江(白馬江上流)과炭峴(今在公州)을扼守ᄒᆞ야羅唐兩軍을拒遏ᄒᆞ고我ᄂᆞᆫ深閉固守ᄒᆞ엿다가其兵疲食盡ᄒᆞ기를俟ᄒᆞ야奮擊ᄒᆞ면必破ᄒᆞ리이다ᄒᆞᆫᄃᆡ王이能用치못ᄒᆞ더라○秋七月에庾信等이黃山(今連山)에進軍ᄒᆞ니百濟ㅣ階伯을遣ᄒᆞ야死士五千을率ᄒᆞ고拒戰ᄒᆞᆯᄉᆡ階伯이曰一國偏師로兩國兵을當코자ᄒᆞ니存亡을不可知오ᄯᅩ妻子의累ㅣ되리니그生ᄒᆞ야辱될진ᄃᆡ死ᄒᆞᆷ이

오히려快ᄒᆞ다ᄒᆞ고드ᄃᆡ여家屬을盡殺ᄒᆞ고黃山에至ᄒᆞ다가猝然이羅兵을遇ᄒᆞ야死之ᄒᆞ니라○羅兵이唐兵으로더브러百濟都城을攻拔ᄒᆞ다時에定方等이濟軍을熊津(公州錦江)에서大破ᄒᆞᆯᄉᆡ庾信이唐營에至ᄒᆞ니定方이庾信의麾下士를執ᄒᆞ고軍期를遲誤ᄒᆞ엿다ᄒᆞ고斬코자ᄒᆞ거ᄂᆞᆯ庾信이大怒曰將軍이黃山의戰捷ᄒᆞᆷ을不知ᄒᆞ고다만違期로ᄡᅥ歸罪ᄒᆞ니吾ㅣ엇지無罪受辱ᄒᆞ리오今에몬져唐兵과決戰ᄒᆞᆫ然後에百濟를破ᄒᆞ리라ᄒᆞ고이에鈇鉞을仗ᄒᆞ고軍門에立ᄒᆞ니怒髮은上指ᄒᆞ고腰間의寶劍이自躍ᄒᆞ야鞘에出ᄒᆞ미庾信의威風과劍光의閃爍ᄒᆞᆷ이人으로ᄒᆞ야곰懼怕ᄒᆞᆯ지라定方이大驚ᄒᆞ야庾信의게謝罪ᄒᆞ고곳合兵ᄒᆞ야百濟都城을進圍ᄒᆞ니濟王이不免ᄒᆞᆷ을知ᄒᆞ고嘆息曰吾ㅣ成忠의言을不聽ᄒᆞ야至此ᄒᆞ도다ᄒᆞ고太子孝를率ᄒᆞ고逃亡ᄒᆞ야熊津을保守ᄒᆞ고次子泰가自立ᄒᆞ야城을守ᄒᆞ거ᄂᆞᆯ定方이兵士로ᄒᆞ여곰城堞에登ᄒᆞ야唐國의旗幟를立ᄒᆞ니於是에泰가開門出降ᄒᆞ고濟王義慈도ᄯᅩᄒᆞᆫ來降ᄒᆞ야百濟가遂亡ᄒᆞ다百濟ㅣ溫祚王으로브터義慈王ᄭᅡ지三十世에共六百七十八年이러라八月에庾信이大讌을排設ᄒᆞ고定方을饗ᄒᆞᆯᄉᆡ義慈로ᄒᆞ여곰堂下에坐ᄒᆞ야行酒케ᄒᆞ니百濟羣臣이다嗚咽流涕ᄒᆞ더라定方이드ᄃᆡ여濟王義慈와밋其子孝泰隆演等과大臣將士八十八人과百姓一萬二千八百七人을擄ᄒᆞ야唐國으로還ᄒᆞ더니冬十一月에義慈ㅣ唐에서病卒ᄒᆞ거ᄂᆞᆯ唐帝ㅣ尉衛卿을贈ᄒᆞ고陳叔寶墓側에葬ᄒᆞ니라

辛酉 (新羅太宗武烈王七年○高句麗寶藏王十九年○唐高宗龍朔元年○日皇齊明七年○西歷紀元後六百六十一年) 夏五月에高句麗ㅣ靺鞨과連兵ᄒᆞ야新羅北漢山城(今漢陽)을攻ᄒᆞ다가不克ᄒᆞ고還ᄒᆞ다○故百濟王義慈의子豊이周留城을據ᄒᆞ고王이라稱ᄒᆞ거ᄂᆞᆯ新羅ㅣ遣將ᄒᆞ야豊을伐ᄒᆞ니豊이高句麗로奔ᄒᆞ니라初에豊이日本에

爲質ᄒᆞ더니百濟가亡ᄒᆞᆫ後에其宗室福信等이迎立ᄒᆞ야王을삼고周留城을據ᄒᆞ니西北部ㅣ다響應ᄒᆞ거ᄂᆞᆯ豐이諸軍을率ᄒᆞ고唐將劉仁願을熊津城(公州)에圍ᄒᆞᄂᆞᆫ지라新羅王이金欽純을遣ᄒᆞ야擊敗ᄒᆞ니豐은高句麗에奔ᄒᆞ고餘衆이皆降ᄒᆞ니라○六月에新羅王이崩ᄒᆞ거ᄂᆞᆯ廟號ᄅᆞᆯ太宗이라ᄒᆞ고子文武王法敏이立ᄒᆞ다太宗이在位時에時和歲豐ᄒᆞ야聖代라稱ᄒᆞ고其后ᄂᆞᆫ金庾信의妹러라

壬戌

(新羅文武王元年○高句麗寶藏王二十年○唐高宗龍朔二年○日皇齊明八年○西曆紀元後六百六十二年)春正月에新羅王이唐으로더브러合兵ᄒᆞ야高句麗ᄅᆞᆯ伐ᄒᆞ다時에唐帝가太宗이安市城에서敗還ᄒᆞᆫ恥ᄅᆞᆯ雪코자ᄒᆞ야任雅相과契苾何力과蘇定方等을遣ᄒᆞ야高句麗ᄅᆞᆯ擊ᄒᆞᆯ서定方이몬져馬邑山(在平壤西南)을奪ᄒᆞ고平壤을進圍ᄒᆞ거ᄂᆞᆯ於是에羅主ㅣ金庾信等九將軍을命ᄒᆞ야助援케ᄒᆞ엿더니旣而오定方이食盡ᄒᆞ야班師ᄒᆞ니庾信이ᄯᅩᄒᆞᆫ退還ᄒᆞ다○耽羅ㅣ

新羅에來朝ᄒᆞ다初에高厚高淸等이新羅에來朝ᄒᆞᆯ시時에客星이南方에見ᄒᆞ거ᄂᆞᆯ太史ㅣ奏ᄒᆞ되異國人이來朝ᄒᆞ리라ᄒᆞ더니旣而오高厚等을見ᄒᆞ고其來ᄒᆞᆷ을嘉尙ᄒᆞ야長子ᄅᆞᆯ稱ᄒᆞ야曰星主라ᄒᆞ니그星象을動ᄒᆞ엿다ᄒᆞᆷ이러라

戊辰

(新羅文武王七年○高句麗寶藏王二十六年是歲高句麗亡○唐高宗總章元年○日皇天智元年○西曆紀元後六百六十八年)秋九月에新羅王이唐兵과合ᄒᆞ야高句麗平壤城을攻拔ᄒᆞ다先是에唐이李勣으로ᄡᅥ遼東行軍大摠管을拜ᄒᆞ고諸將을督率ᄒᆞ야高句麗의大谷漢城等二郡을拔ᄒᆞ고新羅에遣使ᄒᆞ야發兵을請ᄒᆞ거ᄂᆞᆯ羅王이其弟仁問과밋金庾信의弟金欽純으로ᄡᅥ率軍助戰ᄒᆞ니時에庾信은老病ᄒᆞ야在家ᄒᆞ거ᄂᆞᆯ欽純等이庾信의게問計ᄒᆞ고即行ᄒᆞ야李勣等으로더브러合圍ᄒᆞ엿더니月餘에麗王이泉男生(蘇文子)을遣ᄒᆞ야首領九十八人을率ᄒᆞ고白旗ᄅᆞᆯ竪ᄒᆞ고來降ᄒᆞ거ᄂᆞᆯ勣이麗王臧과밋其二子

麗男德男과大臣男建等二十餘萬을擄ᄒᆞ고回軍ᄒᆞ니高句麗ㅣ亡ᄒᆞ다唐이安東都護府를平壤에置ᄒᆞ고薛仁貴로ᄡᅥ都護를拜ᄒᆞ야鎭撫ᄒᆞ니高句麗ㅣ朱蒙으로브터寶藏王ᄭᆞ지至ᄒᆞ기凡二十八世에歷年이七百五年이러라其後에唐帝ㅣ寶藏王을遼東에送還ᄒᆞ엿더니王이靺鞨과潛謀ᄒᆞ야故國을恢復고자ᄒᆞ거ᄂᆞᆯ唐帝ㅣ王을召還ᄒᆞ야未至ᄒᆞ고中道에셔死ᄒᆞ니唐帝ㅣ頡利墓側에葬ᄒᆞ다

普通教科 東國歷史卷二

新羅紀

文武王의諱ᄂᆞᆫ法敏이오在位二十年이라(統一前七年은三國記에見ᄒᆞ다)

新羅文武王八年(唐高宗總章二年○日皇天智二年○西歷紀元後六百六十九年)

九年(唐高宗咸亨元年○日皇天智三年○西歷紀元後六百七十年)이라時에高句麗劍牟岑이故國을興復고자ᄒᆞ야唐의官長을殺ᄒᆞ고故王外孫安勝을漢城에迎立ᄒᆞ고新羅에遣使ᄒᆞ야內附ᄒᆞ기를請ᄒᆞ거ᄂᆞᆯ王이高句麗王을冊封ᄒᆞ고西方金馬渚(今益山郡)에處케ᄒᆞ엿더니唐帝ㅣ遣將ᄒᆞ야安勝을攻코자ᄒᆞ니安勝이恐ᄒᆞ야其地를棄ᄒᆞ고來歸ᄒᆞᄂᆞᆫ지라羅王이다시報德王을封ᄒᆞ고外妹로ᄡᅥ妻ᄒᆞ다

十年(唐高宗咸亨二年○日皇天智四年○西歷紀元後六百七十一年)이라初에王이百濟의土地를取ᄒᆞ더니唐總管薛仁貴ㅣ來攻코자ᄒᆞ야新羅虛實을偵探ᄒᆞ거ᄂᆞᆯ王이ᄯᅩ

諸將을分遣ᄒᆞ야百濟의諸城을擊破ᄒᆞ엿더니薛仁貴ㅣ遣兵救援ᄒᆞᄂᆞᆫ지라이에王이將軍竹旨等을命ᄒᆞ야唐兵과石城에서戰ᄒᆞ야五千三百餘級을斬ᄒᆞ고百濟의將軍二人을獲ᄒᆞ니自此로百濟餘衆이悉平ᄒᆞ니라既而오唐將高侃等이軍士四萬을率ᄒᆞ고高句麗餘衆을襲擊ᄒᆞ야諸城을連克ᄒᆞ고平壤에至ᄒᆞ거ᄂᆞᆯ王이將軍義福等으로ᄒᆞ여곰麗兵과合ᄒᆞ야逆戰ᄒᆞ다가敗ᄒᆞ야太監阿珎舍ㅣ死之ᄒᆞ다

癸酉

十二年(唐高宗咸亨四年○日皇天武元年○西曆紀元後六百七十三年)이라太大舒發翰(官名)金庾信이卒ᄒᆞ니年이七十九라王이크게震悼ᄒᆞ고有司ᄅᆞᆯ命ᄒᆞ야立碑記功ᄒᆞ다初에庾信이疾篤ᄒᆞ거ᄂᆞᆯ王이親臨存問ᄒᆞ고泣曰公이만일不諱ᄒᆞ면人民과社稷에奈何오ᄒᆞᆫ대對曰今에三韓이統一ᄒᆞ고百姓이異心이無ᄒᆞ니可謂少康이라ᄒᆞᆯ지라然이나繼統ᄒᆞᄂᆞᆫ人君이ᄆᆡ양守成ᄒᆞᆫ者ㅣ鮮ᄒᆞ니願컨ᄃᆡ大王은君子ᄅᆞᆯ親ᄒᆞ고小人을遠ᄒᆞ야朝廷과人民이相安ᄒᆞ면臣이死ᄒᆞᆯ지라도無憾이로소이다ᄒᆞ더라妻金氏ᄂᆞᆫ太宗王의女라子五人이有ᄒᆞ더니次子元述이向者平壤之役에軍敗ᄒᆞ야自殺코ᄌᆞᄒᆞ다가其佐淡凌의言을聽ᄒᆞ고不死ᄒᆞ거ᄂᆞᆯ庾信이ᄡᅥᄒᆞ되家訓을負ᄒᆞ엿다ᄒᆞ고곳王ᄭᅴ奏ᄒᆞ야斬코ᄌᆞᄒᆞ니元述이慚懼ᄒᆞ야野에遁ᄒᆞ엿다가至是ᄒᆞ야其父의卒ᄒᆞᆷ을聞ᄒᆞ고奔喪ᄒᆞ야母ᄅᆞᆯ求見ᄒᆞᆫᄃᆡ母ㅣ曰爾가先君의게得罪ᄒᆞ엿스니我ㅣ엇지相見ᄒᆞ리오ᄒᆞᄂᆞᆫ지라元述이이에歎息曰吾ㅣ淡凌의誤ᄒᆞᆫ빈되엿다ᄒᆞ고太白山에逃隱ᄒᆞ다가後에唐兵이買蘇川城을攻ᄒᆞ거ᄂᆞᆯ元述이前恥ᄅᆞᆯ雪코ᄌᆞᄒᆞ야赴敵力戰ᄒᆞ야功勳을建ᄒᆞ나其父母의게不容ᄒᆞᆷ으로ᄡᅥ終身不仕ᄒᆞ고庾信의妻ᄂᆞᆫ其後에尼가되거ᄂᆞᆯ聖德王이夫人을封ᄒᆞ고每歲에租一千石을賜ᄒᆞ다○新曆을用ᄒᆞ다初에奈麻德이唐에入ᄒᆞ야曆術을學ᄒᆞ고至是ᄒᆞ야回國ᄒᆞ거ᄂᆞᆯ王이其法을用ᄒᆞ다○王이宮內에池ᄅᆞᆯ

丙子

穿ᄒᆞ고川을造ᄒᆞ야花卉를植ᄒᆞ고珍禽奇獸를養ᄒᆞ더라◎王이靈廟寺前에셔閱兵ᄒᆞᆯ시阿飡(官名)薛秀眞이六陣兵法을進ᄒᆞ다○銅印을新鑄ᄒᆞ야百司와밋州郡에頒給ᄒᆞ다

十五年(唐高宗儀鳳元年○日本天武四年○西曆紀元後六百七十六年)이라冬十一月에沙飡(官名)施得이唐將薛仁貴를所夫里州(今扶餘)에셔戰克ᄒᆞ다先是에王이高句麗의餘衆을納ᄒᆞ고또百濟故地를據ᄒᆞ엿더니唐帝ㅣ大怒ᄒᆞ야王의弟仁問으로ᄡᅥ鷄林大都督을拜ᄒᆞ고劉仁軌로ᄡᅥ鷄林道大摠管을拜ᄒᆞ야新羅를攻ᄒᆞ라ᄒᆞᆯ시時에仁問이唐에在ᄒᆞ더니唐帝ㅣ仁問을命ᄒᆞ야歸國ᄒᆞ라ᄒᆞ고仁軌ㅣ몬져七重城(今積城)을進拔ᄒᆞ거ᄂᆞᆯ王이遣使請和ᄒᆞᆫ딕唐이곳罷兵ᄒᆞ고仁問을召還ᄒᆞ야臨海郡公을拜ᄒᆞ니라然이나王은더욱百濟故地를取ᄒᆞ고高句麗南境ᄭᆞ지州郡을置ᄒᆞ니唐兵이契丹과靺鞨을合ᄒᆞ야屢次侵犯ᄒᆞ되王이다勝捷ᄒᆞ더니至是ᄒᆞ야施得이또仁貴로더부러二十餘戰에다勝捷ᄒᆞ고四千餘級을斬ᄒᆞ니自此로唐兵이敢히復至치못ᄒᆞ더라○靺鞨이阿達城을寇ᄒᆞ거ᄂᆞᆯ城主素那ㅣ戰死ᄒᆞ다素那ᄂᆞᆫ白城(今安城)人이니其父沈那ㅣ膂力이過人ᄒᆞ야百濟人이飛將軍이라指目ᄒᆞ더니素那ㅣ또ᄒᆞᆫ雄豪ᄒᆞ야父風이有ᄒᆞ거ᄂᆞᆯ王이素那를遣ᄒᆞ야阿達城을守ᄒᆞ라ᄒᆞ엿더니至是ᄒᆞ야靺鞨이猝然히入城ᄒᆞ거ᄂᆞᆯ素那ㅣ奮劍大呼ᄒᆞ야敵陣을突擊ᄒᆞ다가衆矢가叢集ᄒᆞ야死ᄒᆞᄂᆞᆫ지라友人이其妻의게吊ᄒᆞᆫ딕妻ㅣ哭曰亡人이常言ᄒᆞ되大丈夫ㅣ王事에死ᄒᆞᆷ이맛당ᄒᆞ다ᄒᆞ더니今에其志를成ᄒᆞᆷ이라ᄒᆞ거ᄂᆞᆯ王이聞ᄒᆞ고流涕ᄒᆞ더라○僧信惠와義安으로ᄡᅥ政官大書省을拜ᄒᆞ고또僧義相을命ᄒᆞ야浮石寺를太白山(今榮川地)에創建ᄒᆞ다

辛巳

二十年(唐高宗開耀元年○日本天武九年○西曆紀元後六百八十一年)이라秋七月에王이崩ᄒᆞ고太子政明이立ᄒᆞ야遺詔로ᄡᅥ東海口大石上에葬ᄒᆞ다

神文王의諱ᄂᆞᆫ政明이오字ᄂᆞᆫ日炤니在位十一年이라
甲申 三年(唐中宗嗣聖元年○日皇天武十二年○西曆紀元後六百八十四年)이라報德王安勝의族子將軍
大文이金馬渚(今益山)를據ᄒᆞ야故國을恢復고ᄌᆞᄒᆞ거ᄂᆞᆯ王이곳討平ᄒᆞ
고其地로ᄡᅥ金馬郡을삼다○薛聰을擢ᄒᆞ야高秩官을拜ᄒᆞ다聰의字
ᄂᆞᆫ聰智니父元曉ㅣ일즉이沙門이되엿다가既而오退俗ᄒᆞ야瑤石宮
寡夫人을娶ᄒᆞ야聰을生ᄒᆞ니聰이明鋭博學ᄒᆞ고能히方言으로ᄡᅥ九
經意義를解ᄒᆞ야後生을訓導ᄒᆞ며또俚語로ᄡᅥ吏讀를製ᄒᆞ야官府文
書에行ᄒᆞ니라○秋七月에王이崩ᄒᆞ고太子理洪이立ᄒᆞ다

孝昭王의諱ᄂᆞᆫ理洪이니在位十年이라
壬寅 十年(唐中宗嗣聖十九年○日皇文武六年○西曆紀元後七百二年)이라秋七月에王이崩ᄒᆞ고無嗣
ᄒᆞ거ᄂᆞᆯ國人이王의母弟隆基를立ᄒᆞ다

聖德王의諱ᄂᆞᆫ隆基니後에改名ᄒᆞ야興光이라ᄒᆞ고在位三十五

年이라
丁巳 十五年(唐玄宗開元五年○日皇元正三年○西曆紀元後七百十七年)이라秋九月에太監守忠이唐
으로조ᄎᆞ回國ᄒᆞ야文宣王과밋十哲과七十二弟子의畵像을上ᄒᆞ거
ᄂᆞᆯ命ᄒᆞ야太學에置ᄒᆞ다
辛未 二十九年(唐玄宗開元十九年○日皇聖武八年○西曆紀元後七百三十一年)이라日本이兵船三百艘
를遣ᄒᆞ야東邊을侵伐ᄒᆞ거ᄂᆞᆯ王이發兵擊破ᄒᆞ다
癸酉 三十一年(唐玄宗開元二十一年○日皇聖武十年○西曆紀元後七百三十三年)이라王이金允中을遣ᄒᆞ
야渤海國을伐ᄒᆞ다가不克ᄒᆞ고還ᄒᆞ니渤海ᄂᆞᆫ本粟末靺鞨이오高句
麗의別種이라高句麗ㅣ이믜滅ᄒᆞᆷ이大祚榮이自立ᄒᆞ야震國王이되
다先是唐武后時에乞乞仲象이靺鞨酋長乞四比羽와밋高句麗遺種
으로더브러東奔ᄒᆞ야太白山東北奧婁河를據有ᄒᆞ니武后ㅣ仲象을
封ᄒᆞ야震國公을숨앗더니仲象이死ᄒᆞ고子大祚榮이自立爲王ᄒᆞ거

는唐玄宗開元元年에册立ᄒ야渤海郡王을삼다이에北扶餘沃沮等地를盡得ᄒ고王이된지十二年에祚榮이唐의封爵을受ᄒ야渤海國境을開拓ᄒ더니至是ᄒ야祚榮이死ᄒ고子武藝ㅣ立ᄒ야더욱其地를拓大ᄒ고唐의登州를侵伐ᄒ는지라唐帝ㅣ이에新羅王의게傳檄ᄒ야其南鄙를擊ᄒ라ᄒ거늘王이允中等四將으로ᄒ여곰唐軍을會合ᄒ야往攻ᄒᆯ새會에大雪이下ᄒ야山路가阻隘ᄒ고士卒의死者ㅣ過半이라이에引還ᄒ다渤海王祚榮이開國ᄒᆫ以來로六王을歷ᄒ야宣王野勃이立ᄒ니即祚榮의弟오年이七十이러라諸生을唐에遣ᄒ야古今制度를學習ᄒ고其地에五京十五府六十二州를寘ᄒᆯ새肅愼故地로ᄡ上京을삼으니此는곳龍井府오即大祚榮의樹柵處니白頭山東南東牟山下에在ᄒ고其南은中京이니日顯德府오濊貊의故地는東京이니日龍原府오沃沮故地는南京이니日南海府오高句麗故地는西京이니日鴨綠府라府가各其州를領ᄒ야新羅로더브러浿江과鐵嶺으로ᄡ地界를劃ᄒ야海東의盛國이되니라

乙亥 三十三年(唐玄宗開元二十三年○日皇聖武十二年○西曆紀元後七百三十五年)이라春에遣使ᄒ야唐에如ᄒ더니밋使者ㅣ還ᄒᆯ새唐帝가浿江以南의地를賜ᄒ니此는薩水以北과遼東以南을渤海가中間에踞ᄒ야唐이浿南地를區制가不便ᄒᆷ이러라

丁丑 三十五年(唐玄宗開元二十五年○日皇聖武十四年○西曆紀元後七百三十七年)이라春二月에王이崩ᄒ고太子承慶이立ᄒ다

孝成王의諱는承慶이니在位五年이라

壬午 五年(唐玄宗天寶元年○日皇聖武十九年○西曆紀元後七百四十二年)이라夏五月에王이崩ᄒ고太弟憲英이立ᄒ야遺命으로ᄡ其柩를法流寺에燒ᄒ고其骨을東海에散ᄒ니라

景德王의諱는憲英이니在位二十三年이라

乙巳 二十三年唐代宗永泰元年○日皇孝謙元年○西歷紀元後七百六十五年이라夏六月에王이崩ᄒᆞ고
太子乾運이立ᄒᆞ니年이八歲라母后ㅣ攝政ᄒᆞ다

惠恭王의諱는乾運이니在位十五年이라

己未 十四年唐代宗大曆十四年○日皇光仁十年○西歷紀元後七百七十九年이라金巖을遣ᄒᆞ야日本에
聘ᄒᆞ다巖은庾信의曾孫이니爲人이聰敏ᄒᆞ고唐에入ᄒᆞ야陰陽家의
術業을學ᄒᆞ고遁甲法을自述ᄒᆞ더니밋還國ᄒᆞ미執事侍郞이되야浿
江을鎭守ᄒᆯᄉᆡ農隙에六陣兵法을敎ᄒᆞ고至是ᄒᆞ야日本에往聘ᄒᆞ니
日主ㅣ其賢ᄒᆞᆷ을知ᄒᆞ고留코자ᄒᆞ다가맛ᄎᆞᆷ唐使ㅣ來ᄒᆞ야同還ᄒᆞ다

庚申 十五年唐德宗建中元年○日皇光仁十一年○西歷紀元後七百八十年夏四月이라時에王이聲色에
沈惑ᄒᆞ야戲謔이無度ᄒᆞ고綱紀가紊亂ᄒᆞ야人心이離叛ᄒᆞ니金志貞
이聚衆作亂ᄒᆞ야王과밋后妃가亂兵의害ᄒᆞᆫ비되거ᄂᆞᆯ金良相이志貞

을誅ᄒᆞ고自立ᄒᆞ야王이되니라

宣德王의諱는良相이니沙飡官名孝芳의子오奈勿王의九世孫이
오在位五年이라

乙丑 五年唐德宗貞元元年○日皇桓武四年○西歷紀元後七百八十五年이라王이崩ᄒᆞ다王이在位時에
社稷壇을立ᄒᆞ고ᄯᅩ祀典을修ᄒᆞ니라至是ᄒᆞ야國人이一吉飡官名孝讓
의子上大等敬信을立ᄒᆞ야王을삼다

元聖王의諱는敬信이니奈勿王의十一世孫이오在位十四年이
라

戊辰 三年唐德宗貞元四年○日皇桓武七年○西歷紀元後七百八十八年이라讀書出身科를始定ᄒᆞ다先
是에ᄂᆞᆫ다만射로ᄡᅥ選人ᄒᆞ더니至是ᄒᆞ야春秋左傳禮記文選論語孝
經을能通ᄒᆞᄂᆞᆫ者를選ᄒᆞ야優等科를予ᄒᆞ고其外에五經三史諸子百
家를博通ᄒᆞᄂᆞᆫ者ᄂᆞᆫ곳擢用ᄒᆞ다○時에金生이라ᄒᆞᄂᆞᆫ者ㅣ有ᄒᆞ야自

幼로能書ᄒᆞ야平生에他藝ᄅᆞᆯ不攻ᄒᆞ고또佛法을好ᄒᆞ야隱居不仕ᄒᆞ더니年이八十에오히려操筆不休ᄒᆞ며隷行草가다入神ᄒᆞ니學者ㅣ寶藏ᄒᆞ더라

己卯 十四年(唐德宗貞元十五年○日皇桓武十八年○西歷紀元後七百九十九年)이라王이崩ᄒᆞ고太子俊邕이立ᄒᆞ야遺命으로ᄡᅥ靈柩ᄅᆞᆯ奉德寺南에燒ᄒᆞ다

昭聖王의諱ᄂᆞᆫ俊邕이니在位一年이라

庚辰 元年(唐德宗貞元十六年○日皇桓武十九年○西歷紀元後八百年)이라王이崩ᄒᆞ고太子淸明이立ᄒᆞ니年이十三이라叔父兵部令彦昇이攝政ᄒᆞ다

哀莊王의諱ᄂᆞᆫ明淸이니後에重熙라改ᄒᆞ고在位九年이라

己丑 九年(唐憲宗元和四年○日皇平城四年○西歷紀元後八百九年)이라秋에彦昇이其弟悌邕으로더ᄇᆞ러作亂ᄒᆞ야王을弑ᄒᆞ고또王의弟體明을殺ᄒᆞ고自立ᄒᆞ야王이되다

憲德王의諱ᄂᆞᆫ彦昇이니昭聖王의母弟오在位十七年이라

己亥 十年(唐憲宗元和十四年○日皇嵯峨十年○西歷紀元後八百十九年)이라秋七月에唐鄆州節度使李師道ㅣ叛ᄒᆞ거ᄂᆞᆯ唐帝ㅣ장차討伐ᄒᆞᆯ시使臣을遣ᄒᆞ야請兵ᄒᆞ거ᄂᆞᆯ王이金雄元으로ᄒᆞ여곰軍士三萬을率ᄒᆞ야助戰ᄒᆞ다○伽倻山에海印寺(今陜川)ᄅᆞᆯ創建ᄒᆞ다

壬寅 十三年(唐穆宗長慶二年○日皇嵯峨十三年○西歷紀元後八百二十二年)이라春正月에王이無嗣ᄒᆞ야母弟秀宗으로ᄡᅥ太弟ᄅᆞᆯ삼다時에上大等忠恭이內外官職을擬注ᄒᆞᆯ시請托이坌至ᄒᆞᄂᆞᆫ지라忠恭이能決치못ᄒᆞ고憂疑成疾ᄒᆞ엿더니執事侍郞祿眞이請見ᄒᆞ야日公의病은砭石을不須ᄒᆞ고오쟉一言으로ᄡᅥ醫病코ᄌᆞᄒᆞ노라大抵宰相의爲政ᄒᆞᆷ은當官莅事ᄒᆞ야淸白恪恭ᄒᆞ며貨賂의門을杜ᄒᆞ고請托의路ᄅᆞᆯ絶ᄒᆞ야黜陟과予奪을必正必公ᄒᆞ면國家가自然太平ᄒᆞ리니엇지區區히成疾廢事ᄒᆞ리오ᄒᆞ거ᄂᆞᆯ忠

恭이大悅ᄒᆞ야王ᄭᅴ入陳ᄒᆞᆫᄃᆡ王曰如此ᄒᆞᆫ賢人이有ᄒᆞ니吾弟로ᄒᆞ여곰不可不聞知케ᄒᆞ리라ᄒᆞ고太弟의게往告ᄒᆞ니太弟ㅣ入賀ᄒᆞ야曰臣은聞ᄒᆞ니君明ᄒᆞ면臣直이라ᄒᆞ니此ᄂᆞᆫ國家의美事로소이다ᄒᆞ더라

丙午 十七年唐敬宗寶曆二年○日皇淳和三年○西曆紀元後八百二十六年이라秋七月에牛岑今金川太守白永을命ᄒᆞ야漢山今漢陽以北諸郡人一萬을發ᄒᆞ야浿江長城三百里를築ᄒᆞ다○冬十二月에王이崩ᄒᆞ고太弟秀宗이立ᄒᆞ다

興德王의諱ᄂᆞᆫ秀宗이니後에景徽라改ᄒᆞ고在位十年이라

丙辰 十年唐文宗開成元年○日皇仁明三年○西曆紀元後八百三十六年이라冬十二月에王이崩ᄒᆞ고無嗣ᄒᆞ야堂弟의子悌隆이立ᄒᆞ다○金太廉이唐으로브터還ᄒᆞᆯ식茶種을得來ᄒᆞ야智異山에種ᄒᆞ다

僖康王의諱ᄂᆞᆫ悌隆이니元聖王의孫이오伊飡憲貞의子오在位二年이라

戊午 二年唐文宗開成三年○日皇仁明五年○西曆紀元後八百三十八年이라春正月에金明이王을弑ᄒᆞ고自立ᄒᆞ다明은元聖王曾孫이오阿飡忠恭의子라初에王이立ᄒᆞᆯ시興德王의堂弟均貞이爭立ᄒᆞ거ᄂᆞᆯ武州都督金陽이均貞의子祐徵으로더브러均貞을立고져ᄒᆞ더니時에明이王의羽翼이되야均貞을殺ᄒᆞ니祐徵이懼ᄒᆞ야淸海鎭大使張保皐의게往依ᄒᆞ거ᄂᆞᆯ陽이募兵往從ᄒᆞ더니至是ᄒᆞ야金明이侍中利弘等으로더브러作亂ᄒᆞ야王은縊死ᄒᆞ고明이自立ᄒᆞ야王이되거ᄂᆞᆯ陽이이에祐徵을奉ᄒᆞ야明을討ᄒᆞᆯ시保皐ㅣ分兵助戰ᄒᆞ니라

神武王의諱ᄂᆞᆫ祐徵이니元聖王의孫이오上大等均貞의子오在位四月이라

己未 元年唐文宗開成四年○日皇仁明六年○西曆紀元後八百三十九年이라春正月에金陽이進兵ᄒᆞ야

金明을討ᄒᆞ니金明이逃亡ᄒᆞ거ᄂᆞᆯ陽이追斬ᄒᆞ고곳下令曰我의本意ᄂᆞᆫ報讐코ᄌᆞᄒᆞᆷ이러니今에渠魁가就戮ᄒᆞ엿스니百姓은其業을各安ᄒᆞ라ᄒᆞ니人心이大悅ᄒᆞ더라○夏四月에金陽이祐徵을迎入ᄒᆞ야即位ᄒᆞ니王이張保皐를拜ᄒᆞ야感義軍使를삼고食邑二千戶를封ᄒᆞ다○秋七月에王이崩ᄒᆞ고太子慶膺이立ᄒᆞ다

文聖王의諱ᄂᆞᆫ慶膺이오在位十八年이라

丁丑 十八年(唐宣宗大中十一年〇日皇文德七年〇西歷紀元後八百五十七年)이라秋八月에侍中金陽이卒ᄒᆞ다陽은太宗王의九世孫이오周元의曾孫이라爲人이英傑ᄒᆞ고所至에政譽가有ᄒᆞ며時에危亂을値ᄒᆞ야國事를匡濟ᄒᆞᆯ시精忠大節이屹然이柱石이되더니至是에卒ᄒᆞ니王이哀慟ᄒᆞ고贈職과賻葬이金庾信舊例를一依ᄒᆞ다○秋九月에王이崩ᄒᆞ고神武王의弟誼靖이立ᄒᆞ다

憲安王의諱ᄂᆞᆫ誼靖이니在位四年이라

辛巳 四年(唐懿宗咸通二年〇日皇淸和三年〇西歷紀元後八百六十一年)이라正月에王이寢疾ᄒᆞ야左右를囑ᄒᆞ야曰寡人이不幸히無子有女ᄒᆞ니我國故事에비록眞德善德二女主가有ᄒᆞ엿스나此ᄂᆞᆫ良法이아니라今에外甥膺廉이年紀ㅣ雖少ᄒᆞ나老成ᄒᆞᆫ德이有ᄒᆞ니卿等은奉立ᄒᆞ라반다시祖宗의業을不墜ᄒᆞ리니寡人이死ᄒᆞ야도不朽ᄒᆞ리라ᄒᆞ더니밋王이崩ᄒᆞ미膺廉이立ᄒᆞ다先是에王族啓明의子膺廉이王을臨海殿에셔侍宴ᄒᆞᆯ시時年이十五라王이其器識을試코ᄌᆞᄒᆞ야問曰汝가游學ᄒᆞᆫ지久矣라善人을得見乎아ᄒᆞᆫᄃᆡ對曰臣이일즉三人을見ᄒᆞ오니一은勳閥子弟가能히讓人自下ᄒᆞ고一은家가富ᄒᆞ야도被服이不侈ᄒᆞ고一은勢가榮ᄒᆞ야도驕氣가無ᄒᆞ니此等人은可謂善人이라ᄒᆞᄂᆞ이다ᄒᆞ거ᄂᆞᆯ王이大悅ᄒᆞ야王后를顧謂曰朕이閱人이多ᄒᆞ되膺廉과如ᄒᆞᆫ者ㅣ無ᄒᆞ다ᄒᆞ고

長女로써妻ᄒᆞ니此ᄂᆞᆫ寧花夫人이러라

景文王의諱ᄂᆞᆫ膺廉이니啓明의子오僖康王의曾孫이오在位十四年이라

乙未 十四年(唐僖宗乾符二年○西曆紀元後八百七十五年日本淸和十七年)이라秋七月에王이崩ᄒᆞ고太子晸이立ᄒᆞ다

憲康王의諱ᄂᆞᆫ晸이오在位十一年이라

乙巳 十年(唐僖宗光啓元年○西曆紀元後八百八十五年日本光孝元年)이라春三月에崔致遠이唐으로브터還ᄒᆞ다致遠의號ᄂᆞᆫ孤雲이오沙梁部人이니十二歲에唐에入ᄒᆞ야力學能文ᄒᆞ고十八에登第ᄒᆞ야侍御史內供奉이되엿더니時에黃巢ㅣ叛ᄒᆞ거ᄂᆞᆯ兵馬都統高騈의從事가되야書記를任ᄒᆞᆯ시黃巢를討ᄒᆞᄂᆞᆫ檄文이嚴正痛快ᄒᆞ야크게人心을感動ᄒᆞ니其檄文에曰不惟天下之人이皆思顯戮이라抑亦地中之鬼가已欲陰誅라ᄒᆞ니巢ㅣ其檄을見ᄒᆞ고大驚下床ᄒᆞᆫ지라自此로文名이天下에振動ᄒᆞ고至是ᄒᆞ야還國ᄒᆞ니年이二十八이라王이侍讀兼翰林學士守兵部侍郞知瑞,監事를拜ᄒᆞ거ᄂᆞᆯ致遠이自己의蘊奧를施展코ᄌᆞᄒᆞ다가衰世를當ᄒᆞ야疑忌가多ᄒᆞᆫ지라이에見容치못ᄒᆞ고太山郡(今泰仁云瑞山)又太守를出補ᄒᆞ엿더니後에世亂을値ᄒᆞ야다시仕進치아니ᄒᆞ고山水間에放浪ᄒᆞ니今慶州南山과智異山雙溪寺와伽耶山等이다其游翫ᄒᆞ든處이오文集이有ᄒᆞ야後世에傳ᄒᆞ니卽桂苑筆畊이러라

丙午 十一年(唐僖宗光啓二年○西曆紀元後八百八十六年日本光孝二年)이라秋八月에王이崩ᄒᆞ고弟晃이立ᄒᆞ다

• 定康王의諱ᄂᆞᆫ晃이니在位一年이라

丁未 元年(唐僖宗光啓三年○西曆紀元後八百八十七年日本光孝三年)이라秋七月에王이崩ᄒᆞ고女弟曼이立ᄒᆞ다

眞聖王의 諱ᄂᆞᆫ 曼이니 在位十年이라

己酉

二年(唐昭宗龍紀元年○日皇宇多二年○西歷紀元後八百八十九年)이라 元宗哀奴等이 叛ᄒᆞ다 時에 主ㅣ 淫穢濱亂ᄒᆞ야 少年美丈夫를 潛通ᄒᆞ고 因ᄒᆞ야 要職을 授ᄒᆞ니 自此로 佞幸이 肆志ᄒᆞ고 紀綱이 大壞ᄒᆞ며 ᄯᅩ 國內州郡이 貢賦를 不輸ᄒᆞ야 府庫ㅣ 虛竭ᄒᆞ거ᄂᆞᆯ 主ㅣ 使者를 四遣ᄒᆞ야 督刷ᄒᆞ니 이에 盜賊이 蜂起ᄒᆞ고 元宗哀奴等은 沙伐州(今尙州)를 據ᄒᆞ야 叛ᄒᆞᄂᆞᆫ지라 主ㅣ 奈麻令奇로 ᄒᆞ여곰 往捕ᄒᆞ라 ᄒᆞ니 令奇ㅣ 賊壘를 望見ᄒᆞ고 畏懼ᄒᆞ야 敢進치 못ᄒᆞ거ᄂᆞᆯ 主ㅣ 令奇를 斬ᄒᆞ니라

辛亥

四年(唐昭宗大順二年○日皇宇多四年○西歷紀元後八百九十一年)이라 冬十月에 弓裔ㅣ 叛ᄒᆞ야 北原(今原州)을 據ᄒᆞ다 裔ᄂᆞᆫ 憲安王의 庶子ㅣ니 五月五日에 生ᄒᆞ고 곳 齒가 生ᄒᆞᄂᆞᆫ지라 日者ㅣ 言ᄒᆞ되 國家에 不利ᄒᆞ다 ᄒᆞ거ᄂᆞᆯ 王이 樓下에 擲棄ᄒᆞ엿더니 乳婢가 가만히 捧ᄒᆞ다가 手로ᄡᅥ 誤觸ᄒᆞ야 一目을 眇ᄒᆞ고 十餘

歲에 祝髮ᄒᆞ야 僧이 되고 밋 長成ᄒᆞ미 膽氣로ᄡᅥ 自負ᄒᆞ더니 國家ㅣ 衰亂ᄒᆞᆷ을 見ᄒᆞ고 聚衆ᄒᆞ야 北原賊梁吉에게 往投ᄒᆞ니 吉이 곳 軍士를 分ᄒᆞ야 東으로 略地케 ᄒᆞ더라

壬子

五年(後百濟甄萱元年○唐昭宗景福元年○日皇宇多五年○西歷紀元後八百九十二年)이라 甄萱이 叛ᄒᆞ야 完山(今全州)을 據ᄒᆞ다 萱은 尙州人이오 本姓은 李라 幼時에 父阿慈介ㅣ 野에 耕ᄒᆞᆯ시 母ㅣ 往餉ᄒᆞ다가 萱을 林下에 置ᄒᆞ얏더니 虎가 來乳ᄒᆞ더라 萱의 體貌가 雄奇ᄒᆞ고 志氣가 倜儻ᄒᆞ며 智略이 大有ᄒᆞ야 戰功으로ᄡᅥ 裨將이 되엿다가 時에 朝綱이 紊亂ᄒᆞ고 盜賊이 並起ᄒᆞ거ᄂᆞᆯ 萱이 異志를 潛懷ᄒᆞ고 亡命을 嘯聚ᄒᆞ야 旬月에 衆이 五千이라 武珍州(今光州)를 襲取ᄒᆞ고 自立ᄒᆞ야 王이 되고 遂히 北原賊梁吉로ᄡᅥ 裨將을 삼더라 ○弓裔ㅣ 北原으로브터 何瑟羅大餘를 寇ᄒᆞᆯ시 衆이 六百이라 將軍이라 自稱ᄒᆞ고 士卒과 甘苦를 同ᄒᆞ고 予奪ᄒᆞᆷ이 無私ᄒᆞ니 衆이 愛畏ᄒᆞ더라

乙卯

八年(後百濟甄萱四年○唐昭宗乾寧二年○日皇宇多八年○西曆紀元後八百九十五年)이라 秋八月에弓裔ㅣ漢州와鐵圓(今鐵原)等十餘郡을破ᄒᆞ고松岳郡에都ᄒᆞ엿다가다시鐵圓에遷都ᄒᆞ고國號ᄅᆞᆯ泰封이라ᄒᆞ니라弓裔ㅣ恒常前王의見棄ᄒᆞᆷ을怨恨ᄒᆞ야其畫像을見ᄒᆞ고劒으로ᄡᅥ擊ᄒᆞ더라○弓裔ㅣ王建으로ᄡᅥ鐵圓太守ᄅᆞᆯ拜ᄒᆞ다建은漢州松嶽郡人이라初에父隆이韓氏ᄅᆞᆯ娶ᄒᆞ고松岳山南에築室ᄒᆞ엿더니異僧道詵이來覩ᄒᆞ고謂曰此ᄂᆞᆫ聖人이出ᄒᆞᆯ地라明年에公이貴子ᄅᆞᆯ必得ᄒᆞ리라ᄒᆞ더니及期ᄒᆞ야果然建을生ᄒᆞ니龍顔日角이오器度가雄深ᄒᆞ고語音이洪大ᄒᆞ며濟世ᄒᆞᆯ大志가有ᄒᆞ더라年이十七에道詵이다시至ᄒᆞ야請見曰足下ㅣ百六의會ᄅᆞᆯ値ᄒᆞ야三國蒼生이公의弘濟ᄅᆞᆯ待ᄒᆞᆫ다ᄒᆞ고因ᄒᆞ야出師置陣과天時地利의法을傳授ᄒᆞ더니至是ᄒᆞ야弓裔의게往投ᄒᆞ니라

丁巳

十年(後百濟甄萱六年○唐昭宗乾寧四年○日皇宇多十年○西曆紀元後八百九十七年)이라 夏六月에主ㅣ太

庚申

子嶢의게禪位ᄒᆞ니嶢ᄂᆞᆫ憲康王의庶子러라○冬十二月에主ㅣ崩ᄒᆞ다○梁吉이國原(今忠州)等三十餘城을取ᄒᆞ고弓裔의地廣民衆ᄒᆞᆷ을怒ᄒᆞ야襲擊고ᄌᆞᄒᆞ거ᄂᆞᆯ弓裔ㅣ몬져往攻大破ᄒᆞ니라

孝恭王의諱ᄂᆞᆫ嶢니在位十五年이라

三年(後百濟甄萱九年○唐昭宗光化三年○日皇醍醐三年○西曆紀元後九百年)○이라冬十月에弓裔ㅣ王建을遣ᄒᆞ야廣州忠州唐城(今南陽)菁州(今晉州)槐壤(今槐山)等을破ᄒᆞ다○甄萱이西으로完山에至ᄒᆞ니百姓이迎勞ᄒᆞ거ᄂᆞᆯ萱이左右다려顧謂曰吾ㅣ三國의事ᄅᆞᆯ見ᄒᆞ니馬韓이先起ᄒᆞ고赫居世가後興ᄒᆞ며또百濟ᄂᆞᆫ開國ᄒᆞ야傳世가六百이어ᄂᆞᆯ新羅ㅣ無故히唐으로더브러攻滅ᄒᆞ엿스니今에予ㅣ비록不德ᄒᆞ나義慈王의宿憤을雪코ᄌᆞᄒᆞ노라ᄒᆞ고드듸여完山에定都ᄒᆞ고國號ᄂᆞᆫ後百濟라ᄒᆞ고官職을設ᄒᆞ고吳越에遣使ᄒᆞ야請好ᄒᆞ더라

乙丑 八年(後百濟甄萱十四年○泰封弓裔五年○唐昭宗天祐二年○日皇醍醐八年○西曆紀元後九百五年)이라弓裔ㅣ紀元ᄒᆞ야曰武泰라ᄒᆞ더니다시改ᄒᆞ야元聖이라ᄒᆞ고王建을命ᄒᆞ야甄萱을尙州에셔破ᄒᆞ니이에土地가益廣ᄒᆞ고士馬가漸强ᄒᆞᆫ지라더욱新羅를倂呑코ᄌᆞᄒᆞ더라時에王建이弓裔의驕奢가日甚ᄒᆞᆷ을見ᄒᆞ고心內에不安ᄒᆞ더니맛ᄎᆞᆷ弓裔ㅣ羅州를往鎭ᄒᆞ라ᄒᆞ거ᄂᆞᆯ建이舟師로ᄡᅧ몬져光州鹽海縣(在今靈光郡)에至ᄒᆞ야甄萱의使者ㅣ吳越에往ᄒᆞᆷ을見ᄒᆞ고其艦을奪ᄒᆞ니弓裔ㅣ大喜ᄒᆞ야또光州珍島郡을往伐ᄒᆞ라ᄒᆞ거ᄂᆞᆯ建이또攻破ᄒᆞ다時에建이士卒을撫愛ᄒᆞ야威惠가并行ᄒᆞ고敵境이讋服ᄒᆞ더라

壬申 十五年(後百濟甄萱二十一年○泰封弓裔十二年○後梁太祖乾化二年○日皇醍醐十五年○西曆紀元後九百十二年)이라

夏四月에王崩ᄒᆞ고朴景暉ㅣ立ᄒᆞ다

神德王의姓은朴이오諱ᄂᆞᆫ景暉니阿達羅王의遠孫이오在位五年이라

癸酉 元年(後百濟甄萱二十二年○泰封弓裔十三年○後梁末帝仍稱乾化三年○日皇醍醐十六年○西曆紀元後九百十三年)이라

弓裔ㅣ王建이邊功을屢著ᄒᆞ엿다ᄒᆞ야侍中을拜ᄒᆞ니이에建의位가百僚의上이되고大事를다自決ᄒᆞ나禍가及ᄒᆞᆯ가恐ᄒᆞ야外補ᄒᆞ기를求ᄒᆞ니弓裔ㅣ다시建으로ᄡᅧ百船將軍을拜ᄒᆞ야水軍을領率ᄒᆞ고羅州를鎭撫ᄒᆞ라ᄒᆞ니甄萱과밋海上諸賊이다慴伏ᄒᆞ야動치못ᄒᆞ더라

○弓裔ㅣ其妻康氏를殺ᄒᆞ다康氏ㅣ弓裔의無道ᄒᆞᆷ을見ᄒᆞ고數諫ᄒᆞᆫᄃᆡ裔ㅣ不答ᄒᆞ고但曰汝ㅣ他人과通奸ᄒᆞᆷ은何也오我ㅣ彌勒佛의觀心法으로汝의行爲를觀ᄒᆞᆫ다ᄒᆞ고烈火로ᄡᅧ鐵杵를燒赤ᄒᆞ야撞殺ᄒᆞ고并히其兩兒를殺ᄒᆞ고또其下를誣搆ᄒᆞ야數百人을日殺ᄒᆞ니將相의遇害ᄒᆞᄂᆞᆫ者ㅣ十에八九러라

丁丑 五年(後百濟甄萱二十六年○泰封弓裔十七年○後梁末帝貞明三年○日皇醍醐二十年○西曆紀元後九百十七年)이라秋

戊寅

七月에王이崩ᄒᆞ고太子昇英이立ᄒᆞ다

景明王의諱ᄂᆞᆫ昇英이니在位七年이라

元年(後百濟甄萱二十七年○泰封弓裔十八年是歲亡○高麗太祖元年○後梁末帝貞明四年○日本醍醐二十一年○西歷紀元後九百十八年)이라夏六月丙辰에泰封諸將이王建을推戴ᄒᆞ야王을삼고國號ᄂᆞᆫ高麗오建元ᄒᆞ야曰天授라ᄒᆞ고弓裔ᄂᆞᆫ避走ᄒᆞ다가死ᄒᆞ니泰封이亡ᄒᆞ니라先是에將軍洪儒와裴玄慶과申崇謙과卜智謙等이王建宅에至ᄒᆞ야建다려謂ᄒᆞ야曰今에王의暴虐이日甚ᄒᆞ니桀紂의惡이라도過치아닐지,라大抵廢昏立明ᄒᆞᆷ은天下大義니請컨ᄃᆡ公은殷周故事ᄅᆞᆯ行ᄒᆞ소셔ᄒᆞᆫᄃᆡ建이作色曰吾ㅣ忠義로ᄡᅥ自許ᄒᆞ니王이비록暴亂ᄒᆞ나엇지二心을有ᄒᆞ리오ᄒᆞᆫᄃᆡ諸將曰時ᄂᆞᆫ難遭오易失이라天與不取ᄒᆞ면其殃을反受ᄒᆞ리니엇지天命을違ᄒᆞ고獨夫의게死ᄒᆞ리오ᄒᆞ거ᄂᆞᆯ建이오히려力拒ᄒᆞ엿더니其夫人柳氏ㅣ帳中에셔竊聽ᄒᆞ

다가出ᄒᆞ야建다려謂曰義ᄅᆞᆯ擧ᄒᆞ야虐夫ᄅᆞᆯ伐ᄒᆞᆷ은自古皆然이라今에諸將의言을聞ᄒᆞ니妾도오히려奮發ᄒᆞ거든況大丈夫乎잇가ᄒᆞ고親히甲領을提ᄒᆞ야建의게被ᄒᆞ거ᄂᆞᆯ이에諸將이建을擁出ᄒᆞ야君臣의禮ᄅᆞᆯ行ᄒᆞ고人으로ᄒᆞ여곰馳呼曰王公이이믜義旗ᄅᆞᆯ擧ᄒᆞ엿다ᄒᆞ니百姓이此ᄅᆞᆯ聞ᄒᆞ고몬져宮內에至ᄒᆞ야鼓噪ᄒᆞ고建을待ᄒᆞᄂᆞᆫ者ㅣ이믜萬餘人이라드ᄃᆡ여布政殿에셔卽位ᄒᆞ니弓裔ㅣ聞變ᄒᆞ고驚駭ᄒᆞ야曰王公이天下ᄅᆞᆯ得ᄒᆞ니吾事가已矣라ᄒᆞ고微服으로北門을出ᄒᆞ야巖谷間에셔信宿ᄒᆞ고飢餓가甚ᄒᆞ야麥穗ᄅᆞᆯ截食ᄒᆞ다가맛ᄎᆞᆷ내斧壤(今平康)百姓의게遇害ᄒᆞ다○高麗ㅣ비로소官制ᄅᆞᆯ定ᄒᆞᆯ새下詔ᄒᆞ야曰徃者에泰封主ㅣ新羅의官職과郡邑의名號ᄅᆞᆯ多改ᄒᆞ엿스나今에그便易可曉ᄒᆞᆯ者ᄅᆞᆯ叅酌施行ᄒᆞ라ᄒᆞ다○秋七月에高麗王이또下詔曰泰封主ㅣ其慾을從ᄒᆞ야오쟉聚斂을日事ᄒᆞ고至於一頃田에六碩

租稅를收ᄒᆞ야百姓으로ᄒᆞ야곰撤耕廢職ᄒᆞ야流亡이相繼ᄒᆞ니엇지人民의父母된本意리오自今으로天下의通法을遵ᄒᆞ야恆例를定ᄒᆞ라ᄒᆞ니라○高麗王이論功行賞홀ᄉᆡ洪儒等二千餘人을各其金銀과錦繡와米穀을賜ᄒᆞ다○甄萱이一吉粲閔郃을高麗에遣ᄒᆞ야即位를賀ᄒᆞ거ᄂᆞᆯ王이厚禮ᄒᆞ다○高麗의熊州(今公州)運州(今洪州)等十餘州縣이叛ᄒᆞ야後百濟의게降ᄒᆞ거ᄂᆞᆯ麗王이金行濤로ᄡᅥ東南招討使를拜ᄒᆞ야防備ᄒᆞ다○高麗王이松岳에移都ᄒᆞ고鐵圓으로ᄡᅥ東州라ᄒᆞ니곳今의鐵原郡이러라○甄萱이吳越에遣使ᄒᆞ다○十一月에高麗有司ㅣ上言ᄒᆞ되前王時에每歲仲冬에八關會를大設ᄒᆞ야福佑를祈ᄒᆞ엿스니請컨ᄃᆡ其制를遵行ᄒᆞ소셔ᄒᆞ거ᄂᆞᆯ王이이에法王王輪等十寺를都內에創立ᄒᆞ고八關會를仍設ᄒᆞ니八關은即八戒라不殺生과不偸盜와不淫佚과不忘語와不飮酒와不坐高大床과不著香華와不自樂觀聽이오關者ᄂᆞᆫ곳閉禁ᄒᆞᆫ다ᄂᆞᆫ意니八罪를犯치아니ᄒᆞᆫ다ᄒᆞᆷ이러라

甲申 七年(後百濟甄萱三十三年○高麗太祖七年○後唐莊宗同光二年○日皇醍醐二十七年○西歷紀元後九百二十四年)이라王이崩ᄒᆞ고母弟魏膺이立ᄒᆞ야高麗와聘好ᄒᆞ다

景哀王의諱ᄂᆞᆫ魏膺이니在位三年이라

乙酉 元年(後百濟甄萱三十四年○高麗太祖八年○後唐莊宗同光三年○日皇醍醐二十八年○西歷紀元後九百二十五年)이라高麗ㅣ征西大將軍庾黔弼로ᄒᆞ여곰後百濟의燕山鎭을攻ᄒᆞ야將軍吉奐을殺ᄒᆞ고ᄯᅩ任存郡(今大興)에셔三千餘人을殺獲ᄒᆞ니甄萱이懼ᄒᆞ야乞和ᄒᆞ더라

丁亥 三年(後百濟甄萱三十六年○高麗太祖十年○後唐明宗天成二年○日皇醍醐三十年○西歷紀元後九百二十七年)이라冬十月에甄萱이京都를攻入ᄒᆞ야王을弑ᄒᆞ고王의表弟金傅를立ᄒᆞ거ᄂᆞᆯ麗王이親히萱을討擊ᄒᆞ다가敗績ᄒᆞ다先是에萱이新羅의郊畿를進逼ᄒᆞ거ᄂᆞᆯ王이高麗의게告急ᄒᆞᆫᄃᆡ麗王이遣援ᄒᆞ야未至에萱이猝

然히王都에入ᄒᆞ니時에王은鮑石亭에出遊ᄒᆞ야置酒歡樂ᄒᆞ다가萱兵의至ᄒᆞᆷ을聞ᄒᆞ고大驚ᄒᆞ야곳夫人으로더브러城南離宮에走匿ᄒᆞ니萱이王을索ᄒᆞ야弑ᄒᆞ고王妃를强辱ᄒᆞ며子女와珎寶를盡取ᄒᆞ야歸ᄒᆞ거ᄂᆞᆯ麗王이新羅에遣使ᄒᆞ야吊祭ᄒᆞ고親히精騎五千을率ᄒᆞ고甄萱을公山(今大丘)에서邀擊ᄒᆞ다가萱兵의게被圍ᄒᆞᆷ이甚急ᄒᆞ더니大將申崇謙이貌가麗王과類ᄒᆞᆫ지라王ᄭᅴ奏曰臣이請컨ᄃᆡ敵人을誑ᄒᆞ리니다ᄒᆞ고이에王을林藪中에匿ᄒᆞ고自己가其車를代乘ᄒᆞ고將軍金樂으로더브러力戰ᄒᆞ다가死ᄒᆞ니王이此時를乘ᄒᆞ야得脫ᄒᆞ고既歸에寺를建ᄒᆞ야二人의忠誠을報ᄒᆞ고申崇謙의謚ᄂᆞᆫ壯節이라ᄒᆞ다

敬順王의姓은金이오諱ᄂᆞᆫ傅니伊飡孝宗의子오文聖王의後孫이오在位八年이라

己丑 二年(後百濟甄萱三十八年○高麗太祖十二年○後唐明宗天成四年○日皇醍醐三十二年○西歷紀元後九百二十九年)이라

先是에甄萱이甲卒五千을率ᄒᆞ고高麗를攻ᄒᆞ야將軍洪術을殺ᄒᆞ거ᄂᆞᆯ至是ᄒᆞ야春正月에麗王이古昌郡에서(今安東)甄萱과大戰ᄒᆞ야八千餘人을殺獲ᄒᆞ니於是에永安河曲(安東近縣)等三十餘城이다高麗에降ᄒᆞ다○冬十二月에麗王이西京에至ᄒᆞ야學校를創設ᄒᆞ고六部生徒를聚集ᄒᆞ야敎授ᄒᆞ고兼ᄒᆞ야醫卜二業을置ᄒᆞ다

辛卯 四年(後百濟甄萱四十年○高麗太祖十四年○後唐明宗長興二年○日皇朱雀元年○西歷紀元後九百三十一年)이라春二月에王이高麗王과國都에서會ᄒᆞ다先是에王이高麗에遣使ᄒᆞ야相見ᄒᆞ기를請ᄒᆞ거ᄂᆞᆯ麗王이곳五十騎를率ᄒᆞ고至ᄒᆞ니王이臨海殿에셔設宴ᄒᆞᆯ식酒酣에王曰小國이天祐를未獲ᄒᆞ야甄萱의搖喪ᄒᆞᆫ비되니엇지痛忿치아니ᄒᆞ리오ᄒᆞ고因ᄒᆞ야泣然流涕ᄒᆞᄂᆞᆫ지라麗王이또ᄒᆞᆫ泣下ᄒᆞ고數旬을留ᄒᆞ다가還ᄒᆞ다麗王이初至ᄒᆞᆯ時에隊伍가整肅ᄒᆞ고秋毫를不犯ᄒᆞ니都中士女ㅣ擧手相慶ᄒᆞ야曰昔者甄氏가來ᄒᆞᆯ

時ᄂᆞᆫ豺狼을逢ᄒᆞᆫ듯ᄒᆞ더니今에王公의來ᄒᆞᆷ은父母ᄅᆞᆯ見ᄒᆞᆷ과如ᄒᆞ다ᄒᆞ더라

甲午 七年(後百濟甄萱四十三年○高麗太祖十七年○後唐閔帝應順元年○日皇朱雀四年○西歷紀元後九百三十四年)이라高麗王이運州(今洪州)ᄅᆞᆯ伐ᄒᆞ니甄萱이甲士五千을率ᄒᆞ고迎戰ᄒᆞ다가和親을請ᄒᆞ거ᄂᆞᆯ右將軍庾黔弼이不可ᄒᆞ야曰今日事勢ᄂᆞᆫ罷戰치못ᄒᆞ리라ᄒᆞ고곳勁騎數千으로ᄡᅥ甄萱을突擊ᄒᆞ야三千餘級을斬獲ᄒᆞ니自是로熊津(今公州)以北三十餘城이다聞風自降ᄒᆞ니라

乙未 八年(是歲新羅亡○後百濟甄萱四十四年○高麗太祖十八年○後唐閔帝應順二年○日皇朱雀五年○西歷紀元後九百三十五年)이라春에甄萱의子神劒이其父ᄅᆞᆯ金山佛寺(今金溝金山寺)에幽ᄒᆞ고其弟金剛을殺ᄒᆞ고自立ᄒᆞ다○甄萱이高麗에來奔ᄒᆞ다萱이金山寺에在ᄒᆞᆫ지三月에守卒을飮醉ᄒᆞ고季子能乂와밋其女와嬖妾等을率ᄒᆞ고羅州에至ᄒᆞ야高麗王을請見ᄒᆞ거ᄂᆞᆯ王이遣使迎接ᄒᆞ고南宮을予ᄒᆞ야厚禮로ᄡᅥ待ᄒᆞ며位ᄅᆞᆯ百僚上에置ᄒᆞ고楊州ᄅᆞᆯ賜ᄒᆞ야食邑을삼다○冬十月에王이高麗의게降ᄒᆞ니新羅ㅣ亡ᄒᆞ다時에王이土地가日削ᄒᆞᆷ을見ᄒᆞ고이에群臣으로더브러高麗에降코ᄌᆞᄒᆞᆫᄃᆡ王子某ㅣ諫ᄒᆞ야曰國家存亡은天命이自在ᄒᆞ니맛ᄃᆡ히忠臣義士ᄅᆞᆯ合ᄒᆞ야死守ᄒᆞ다가力盡ᄒᆞᆫ後에已ᄒᆞᆯ지라엇지一千年社稷을一朝에他人을輕予ᄒᆞ리오王曰孤危가如此ᄒᆞ니吾ㅣ無辜ᄒᆞᆫ人民으로ᄒᆞ여곰肝腦塗地ᄒᆞᆷ을不忍ᄒᆞᆫ다ᄒᆞ고드ᄃᆡ여高麗에請降ᄒᆞ거ᄂᆞᆯ王子ㅣ泣辭ᄒᆞ고皆骨山(金剛山)에入ᄒᆞ야麻衣草食으로其身을終ᄒᆞ니라王이高麗에至ᄒᆞ니麗王이郊外에出ᄒᆞ야迎勞ᄒᆞ고柳花宮을賜ᄒᆞ고長女樂浪公主로ᄡᅥ妻ᄒᆞ고또政丞을拜ᄒᆞ야位가太子의上에在케ᄒᆞ고其故都로ᄡᅥ慶州라ᄒᆞ고因ᄒᆞ야其食邑을삼다新羅繼統이朴氏가十王이오昔氏가八王이오金氏가三十七王이니合五十五王이오歷年이共九百九十二年

이러라

丙申

高麗紀

太祖神聖王의姓은王氏오諱는建이오字는若天이니漢州松岳郡人이오金城太守隆의長子라在位二十六年에統一ᄒᆞᆫ後가八年이오壽는六十七이라

高麗太祖十九年(是歲後百濟亡○後晋高祖天福元年○日皇朱雀六年○西曆紀元後九百三十六年)이라秋九月에神劒이降ᄒᆞ고後百濟ㅣ亡ᄒᆞ다先是에甄萱이王씌請ᄒᆞ야曰大王의威靈으로써賊子를誅ᄒᆞ쇼셔ᄒᆞ거ᄂᆞᆯ王이其言을憐悶ᄒᆞ야곳發兵親討ᄒᆞ엿더니神劒이歸命乞罪ᄒᆞᄂᆞᆫ지라王이其奸臣을殺ᄒᆞ고神劒을特赦ᄒᆞ니萱이憤懣을不勝ᄒᆞ야疽發ᄒᆞ야死ᄒᆞ니라○王이後百濟로브터回軍ᄒᆞ야威鳳樓에御ᄒᆞ고文武百官과밋百姓의朝賀를受ᄒᆞ고政誡를製ᄒᆞ야中外에頒示ᄒᆞ다○冬十二月에大匡裴玄慶이卒

ᄒᆞ다玄慶은慶州人이니膽力이過人ᄒᆞ고行伍中에셔發身ᄒᆞ야戰功이多ᄒᆞ더니王是ᄒᆞ야卒ᄒᆞ니諡曰武烈이라ᄒᆞ다○政丞金傅ㅣ玉帶를獻ᄒᆞ니長이十圍오銙가六十二니곳新羅眞平王의御ᄒᆞ던비라世人이稱ᄒᆞ야曰聖帶라ᄒᆞ더라

辛丑 二十四年(後晋高祖天福六年○日皇朱雀十一年○西歷紀元後九百四十一年)이라契丹이遣使ᄒᆞ야槖駝五十匹을送ᄒᆞ거ᄂᆞᆯ王이ᄡᅥᄒᆞ되契丹이渤海와連和ᄒᆞ엿다가一朝에殄滅ᄒᆞ니此ᄂᆞᆫ無道ᄒᆞᆫ國이라ᄒᆞ고其使를海島에流ᄒᆞ고槖駝ᄂᆞᆫ萬夫橋(在今松都南門外)下에繫ᄒᆞ야다餓死케ᄒᆞ다

癸卯 二十六年(後晋高祖天福八年○日皇朱雀十三年○西歷紀元後九百四十三年)이라五月에王이有疾ᄒᆞ야學士를命ᄒᆞ야遺詔를草ᄒᆞᆯ시文이成ᄒᆞᄆᆡ다시能語치못ᄒᆞ니左右ㅣ失聲大哭ᄒᆞᄂᆞᆫ지라王이笑曰浮生이自古皆然ᄒᆞ다ᄒᆞ고言訖에崩ᄒᆞ거ᄂᆞᆯ太子武ㅣ卽位ᄒᆞ야諡曰神聖이오廟號ᄂᆞᆫ太祖라ᄒᆞ고顯陵에葬ᄒᆞ고遺命으로ᄡᅥ喪葬과園陵制度를다漢文帝故事를依ᄒᆞ야儉約을從케ᄒᆞ니自後로王이崩ᄒᆞ면二十七日에葬ᄒᆞ더라

惠宗義恭王의諱ᄂᆞᆫ武오字ᄂᆞᆫ承乾이니在位二年이오壽가三十四라

乙巳 二年(後晋出帝開運二年○日皇朱雀十五年○西歷紀元後九百四十五年)이라長公主로ᄡᅥ王의弟昭의게妻ᄒᆞ다初에太祖ㅣ大匡王規의女를納ᄒᆞ야廣州院君을生ᄒᆞ엿더니至是ᄒᆞ야規ㅣ王의弟堯와밋昭를害코ᄌᆞᄒᆞ야王ᄭᅴ讒ᄒᆞ거ᄂᆞᆯ王이其誣를知ᄒᆞ고이에太祖의女長公主로ᄡᅥ昭에게嫁ᄒᆞ야其勢를强케ᄒᆞᆯ시公主ㅣ母姓을從ᄒᆞ야皇甫氏라ᄒᆞ고後에同姓을娶ᄒᆞᆯ時ᄂᆞᆫ다外家의姓을從ᄒᆞ더라○秋九月에王이崩ᄒᆞ거ᄂᆞᆯ羣臣이王의弟堯를奉ᄒᆞ야卽位ᄒᆞ고諡ᄒᆞ야曰義恭이라ᄒᆞ고廟號ᄂᆞᆫ惠宗이오順陵에葬ᄒᆞ다○王規ㅣ伏誅ᄒᆞ다規ㅣ惠宗의喪을乘ᄒᆞ야矯命으로大將軍朴述

熙를殺ᄒ고作亂코ᄌᄒ더니西京大匡王式廉이引兵入衛ᄒ니規ㅣ甲串(江華甲串津)으로逃竄ᄒ거늘式廉이追斬ᄒ다

定宗文明王의諱ᄂ堯오字ᄂ義天이니在位四年이오壽가二十七이라

二年(丁未)(後晋出帝開運四年○日皇村上元年○西曆紀元後九百四十七年○是歲後晋爲契丹所滅○後漢高帝稱帝)이라秋에光軍司를置ᄒ다初에崔彦撝의子光胤이晋에游學ᄒ다가契丹의게被虜ᄒ야才識으로써見用ᄒ얏ᄂ니契丹이高麗를侵犯코ᄌᄒᆷ을知ᄒ고致書ᄒ야朝廷에聞ᄒ거ᄂᆯ於是에有司를命ᄒ야軍士三十萬을選ᄒ야號曰光軍이라ᄒ다

三年(戊申)(後漢高祖乾祐元年○日皇村上二年○西曆紀元後九百四十八年)이라秋九月에東女眞이馬七百匹과밋方物을來獻ᄒ다東女眞은本靺鞨遺種이니其種이北道(今咸鏡南北道라)에占居ᄒ야部落이甚盛ᄒ지라長嶺(白頭大幹을謂之長脊이라)의東豆滿江南北에在ᄒ者ᄂ東女眞이니亦曰生女眞이오長嶺西鴨綠江北에在ᄒ者ᄂ西女眞이니亦曰熟女眞이라

東女眞은卽古肅愼氏의地라新羅奈勿王時에ᄂ挹婁라稱ᄒ고實聖王時에ᄂ勿吉이오眞平王時에ᄂ靺鞨이라ᄒ야其國이黑水(黑龍江)와粟末兩種에分ᄒ고黑水의渠長이비로소唐에朝貢ᄒ고景德王時에唐이其地로써燕州를삼고黑水部를置ᄒ더니其後에粟末이强盛ᄒ야號를渤海國이라ᄒ고黑水를臣服ᄒ다가밋高麗太祖時에渤海ᄂ契丹의滅ᄒ비되고黑水가其地를復擅ᄒ야攻號曰女眞이라ᄒ고其國이東西兩種에分ᄒ야西種은契丹에繫籍ᄒ니라

四年(己酉)(後漢隱帝仍稱乾祐二年○日皇村上三年○西曆紀元後九百四十九年)이라三月에王이疾篤ᄒ야母弟昭의게禪位ᄒ고帝釋院에移御ᄒ얏다가崩ᄒ거늘諡ᄒ야曰文

明이라ᄒᆞ고廟號ᄂᆞᆫ定宗이오安陵에葬ᄒᆞ다

光宗大成王의諱ᄂᆞᆫ昭오字ᄂᆞᆫ日華니在位二十六年이오壽가五十一이라

庚戌 元年 後漢隱帝乾祐三年○日本村上四年○西曆紀元後九百五十年 이라建元ᄒᆞ야曰光德이라ᄒᆞ다

丙辰 七年 後周世宗顯德三年○日本村上十年○西曆紀元後九百五十六年 이라用大理評事雙冀ㅣ周使를從ᄒᆞ야來ᄒᆞ거ᄂᆞᆯ王이其才를愛ᄒᆞ야翰林學士를拜ᄒᆞ고文任을專委ᄒᆞ야詩賦頌과밋時務策으로士子를試取ᄒᆞ니自此로文風이大興ᄒᆞ더라其父哲이冀의寵幸ᄒᆞᆷ을聞ᄒᆞ고ᄯᅩ東來ᄒᆞ다○奴婢按檢法을立ᄒᆞ다初에箕子ㅣ八條의敎를設ᄒᆞᆯ시竊盜ᄒᆞᆫ者를其家에沒入ᄒᆞ야奴婢가되니自此로奴婢法이漸盛ᄒᆞ야士族家奴婢ᄂᆞᆫ世傳ᄒᆞ야曰私奴婢라ᄒᆞ고官衙州郡의奴婢ᄂᆞᆫ公奴婢라ᄒᆞ더니밋太祖創業初에將士가奴婢를賜ᄒᆞᆯ시此ᄂᆞᆫ다俘虜人과밋貨財로ᄡᅥ買ᄒᆞᆫ者라太祖ㅣ但常賤良코ᄌᆞᄒᆞ니功臣의意를難拂ᄒᆞ야不果ᄒᆞ엿더니至是ᄒᆞ야其奴婢를按驗ᄒᆞ야眞假를分辨케ᄒᆞ니於是에賤隷가비로소得志ᄒᆞ더라

乙丑 十六年 宋太祖乾德三年○日本村上十九年○西曆紀元後九百六十五年 이라秋九月에內議令徐弼이卒ᄒᆞ다弼은利川人이라性이通敏ᄒᆞ고ᄯᅩ能히直諫ᄒᆞ야王이일즉金酒器로ᄡᅥ各宰臣을賜ᄒᆞᆯ시弼이獨히不受ᄒᆞ야曰臣이宰輔에居ᄒᆞ야濫分을已懼ᄒᆞ엿거ᄂᆞᆯ今에ᄯᅩ金器를賜ᄒᆞ시니臣이더욱惶懼ᄒᆞ오며大抵服用은等分을明ᄒᆞ고奢儉은治亂에關ᄒᆞᄂᆞ니臣이萬一金器를用ᄒᆞ면陛下ᄂᆞᆫ將且何器를用ᄒᆞ리오ᄒᆞ고又曰陛下ᄂᆞᆫ無功을勿賞ᄒᆞ고有功을勿忘ᄒᆞ소셔ᄒᆞ니王이嘉納ᄒᆞ더라時에王이歸化ᄒᆞᆫ唐人을禮遇ᄒᆞ야비양臣僚의第宅을奪予ᄒᆞ거ᄂᆞᆯ弼이請ᄒᆞ야曰臣의第宅이稍寬ᄒᆞ니願獻ᄒᆞ노이다ᄒᆞᆫ대王이其故를問ᄒᆞ니對曰今에歸化唐人은擇官ᄒᆞ야仕ᄒᆞ고擇屋ᄒᆞ야處ᄒᆞ며世臣과故家ᄂᆞᆫ도로혀失所ᄒᆞᆫ

乙亥

者ㅣ多ᄒᆞ니臣愚ᄂᆞᆫ몬져子孫計ᄅᆞᆯ爲ᄒᆞ야臣이生存時에第宅을獻ᄒᆞ고다시小第ᄅᆞᆯ營ᄒᆞ야臣의子孫이見奪ᄒᆞᄂᆞᆫ弊가無케ᄒᆞ노이다ᄒᆞᆫᄃᆡ王이怒ᄒᆞ다가後에感悟ᄒᆞ고다시臣僚第宅을奪치아니ᄒᆞ니其謇諤ᄒᆞᆫ類가如此ᄒᆞ더라諡ᄒᆞ야日貞敬이라ᄒᆞ다

二十六年(宋太祖開寶八年○日皇冷泉八年○西歷紀元後九百七十五年)이라王이崩ᄒᆞ고太子伷ㅣ即位ᄒᆞ야諡ᄒᆞ야日大成이오廟號ᄂᆞᆫ光宗이라ᄒᆞ고憲陵에葬ᄒᆞ다光宗이在位時에信讒多殺ᄒᆞ고心中에疑懼ᄒᆞ야罪惡을欲消ᄒᆞᆫ다ᄒᆞ고齋會ᄅᆞᆯ廣設ᄒᆞ며ᄯᅩ屠殺을禁ᄒᆞ고佛法을專奉ᄒᆞ야ᄡᅥᄒᆞᄃᆡ目前의無事ᄒᆞᆷ이佛力의所佑라ᄒᆞ고前非ᄅᆞᆯ悛改치아니ᄒᆞ고奢侈가無節ᄒᆞ더라

景宗獻和王의諱ᄂᆞᆫ伷오字ᄂᆞᆫ長民이니在位六年이오壽가二十七이라

丙子

元年(宋太宗太平興國元年○日皇冷泉九年○西歷紀元後九百七十六年)이라遣使ᄒᆞ야宋에如ᄒᆞ다高麗ㅣ太祖時로브터宋에遣使ᄒᆞ더니至是ᄒᆞ야ᄯᅩ宋太宗의即位ᄒᆞᆷ을慶賀ᄒᆞ다○비로소各品田柴科ᄅᆞᆯ定ᄒᆞ다初에太子ㅣ唐制ᄅᆞᆯ仿ᄒᆞ야田의數와밋其膏瘠을分ᄒᆞ야文武百官과밋府兵閑人ᄭᆞ지授與ᄒᆞ고ᄯᅩ樵採地ᄅᆞᆯ給ᄒᆞ니此ᄂᆞᆫ謂之田柴科라身沒ᄒᆞ면다公家에納ᄒᆞ고오직府兵은年滿二十ᄒᆞ여야비비소授ᄒᆞ엿다가六十에還納ᄒᆞ되子孫과親戚이有ᄒᆞ면遞給ᄒᆞ고田丁이無ᄒᆞ면監門衛에籍入ᄒᆞ더니至是ᄒᆞ야諸職散官各品의田柴科ᄅᆞᆯ定ᄒᆞ야官品의高低ᄅᆞᆯ不論ᄒᆞ고다만人品을隨ᄒᆞ야定ᄒᆞᆯᄉᆡ紫衫以上은十八品에分作ᄒᆞ고丹衫以上은十品을作ᄒᆞ고緋衫以上은六品을作ᄒᆞ고綠衫以上은十品을作ᄒᆞ고散職武職은本官品內에셔品等을分ᄒᆞ고至於雜吏ᄒᆞ야ᄂᆞᆫ各其人品高下로ᄡᅥ支給ᄒᆞ야分等이有ᄒᆞ더라○金行成을遣ᄒᆞ야宋國太學에入

ᄒᆞ다

戊寅

三年(宋太宗太平興國三年○日皇冷泉十一年○西曆紀元後九百七十八年)이라夏四月에政丞新羅降王金傅ㅣ卒ᄒᆞ니諡曰敬順이라ᄒᆞ다時에傅의子孫이冠冕이赫赫ᄒᆞ야當時에罕比ᄒᆞ더라

辛巳

六年(宋太宗太平興國六年○日皇冷泉十四年○西曆紀元後九百八十一年)이라秋七月에王이有疾ᄒᆞ야堂弟開寧君治의게禪位ᄒᆞ고崩ᄒᆞ거ᄂᆞᆯ諡ᄒᆞ야曰獻和오廟號ᄂᆞᆫ景宗이라ᄒᆞ고榮陵에葬ᄒᆞ다○冬十一月에考를追尊ᄒᆞ야宣慶이오廟號ᄂᆞᆫ戴宗이라ᄒᆞ다○王이八關會ᄂᆞᆫ不經ᄒᆞ고ᄯᅩ煩擾ᄒᆞ다ᄒᆞ야革罷ᄒᆞ다

成宗文懿王의諱ᄂᆞᆫ治오字ᄂᆞᆫ溫古니太祖第七子旭의第二子오

在位十六年이오壽가三十八이라

壬午

元年(宋太宗太平興國七年○日皇冷泉十五年○西曆紀元後九百八十二年)이라夏六月에詔ᄒᆞ야曰朕이萬幾를新總ᄒᆞᄆᆡ闕政이應多ᄒᆞᆯ지라其京官五品以上은各其時政得失을論ᄒᆞ라ᄒᆞᆫᄃᆡ上柱國崔承老ㅣ二十六條를上ᄒᆞ니其佛事를論斥ᄒᆞᆫ者ㅣ三分의一이라다峻切明直ᄒᆞ야先王의弊政을指斥ᄒᆞ고隱諱가少無ᄒᆞ거ᄂᆞᆯ王이嘉納ᄒᆞ고門下侍郞平章事를拜ᄒᆞ다○王의生日로ᄡᅥ千秋節이라ᄒᆞ니節日의名이自此로始ᄒᆞ니라○王이西京(今平壤)에幸ᄒᆞ야永明寺에微行코ᄌᆞᄒᆞ다가御史徐熙ㅣ極諫ᄒᆞ거ᄂᆞᆯ이에止ᄒᆞ고鞍馬를賞賜ᄒᆞ다○是歲에遼ㅣ國號를改ᄒᆞ야曰契丹이라ᄒᆞ다○五服의給暇ᄒᆞᄂᆞᆫ法을定ᄒᆞᆯ시父母喪에ᄂᆞᆫ百日을給暇ᄒᆞ야期滿ᄒᆞ면곳起復出仕ᄒᆞ되다만公會宴樂에不參ᄒᆞ고朞年服에ᄂᆞᆫ三十日이오大功은二十日이오小功은十五日이오緦麻ᄂᆞᆫ七日을給暇ᄒᆞ다

丙戌

五年(宋太宗雍熙三年○日皇花山二年○西曆紀元後九百八十六年)이라春正月에契丹이厥烈을遣ᄒᆞ야請和ᄒᆞ다先是에宋이契丹을伐ᄒᆞ야燕薊를收復고ᄌᆞᄒᆞᆯ시使臣

을遣ᄒᆞ야協力討平ᄒᆞ기ᄅᆞᆯ請ᄒᆞ거ᄂᆞᆯ王이許ᄒᆞ엿더니契丹이聞ᄒᆞ고懼ᄒᆞ야請和ᄒᆞ더라○慶州ᄅᆞᆯ改ᄒᆞ야東京이라ᄒᆞ고留守ᄅᆞᆯ置ᄒᆞ다○六道에遣使ᄒᆞ야孝子順孫과義夫節婦ᄅᆞᆯ訪求ᄒᆞ다○書院을西京에置ᄒᆞ고諸生으로ᄒᆞ여곰史籍을抄藏ᄒᆞ다○鴨綠江外에在ᄒᆞᆫ女眞을白頭山外에逐出ᄒᆞ다先是新羅末에三國이分爭ᄒᆞ야北界가邱墟ᄅᆞᆯ成ᄒᆞ니女眞이乘間ᄒᆞ야鴨綠江內外에出沒ᄒᆞ야邊民을搶掠ᄒᆞ거ᄂᆞᆯ王是ᄒᆞ야逐出ᄒᆞ다○宋이大藏經을送ᄒᆞ거ᄂᆞᆯ遣使致謝ᄒᆞ다○樞密院을置ᄒᆞ다韓彦恭이宋으로부터還ᄒᆞ야宋制ᄅᆞᆯ依倣코ᄌᆞᄒᆞ거ᄂᆞᆯ이에樞密院을置ᄒᆞ야軍國重事ᄅᆞᆯ省府로더브러叅決케ᄒᆞ다○郁을泗水縣(今泗川)에流ᄒᆞ다郁은太祖第八子라景宗의妃皇甫氏ᄅᆞᆯ烝ᄒᆞ야有娠ᄒᆞ거ᄂᆞᆯ王이聞ᄒᆞ고이에郁을流ᄒᆞ니妃가倉皇이還第ᄒᆞ다가胎가動ᄒᆞ야門前柳枝ᄅᆞᆯ攀ᄒᆞ고免身ᄒᆞᆫ後에卒ᄒᆞ니兒ᄂᆞᆫ곳大良君詢이오

癸巳

郁은泗水縣에셔死ᄒᆞ다

十二年(宋太宗淳化四年○日皇一條七年○西曆紀元後九百九十三年)이라春에常平倉을兩京과十二牧에置ᄒᆞ다○冬十月에契丹蕭遜寧이西鄙ᄅᆞᆯ犯ᄒᆞ거ᄂᆞᆯ王이朴良柔로ᄡᅥ上軍使ᄅᆞᆯ삼고徐熙로ᄡᅥ中軍使ᄅᆞᆯ삼고崔亮으로ᄡᅥ下軍使ᄅᆞᆯ삼아西界에出ᄒᆞ야禦敵ᄒᆞ다○閏月에王이安北府(今安州)에進次ᄒᆞ엿다가先鋒使陳庶顔이契丹의게被擒ᄒᆞᆷ을聞ᄒᆞ고西京에還ᄒᆞ다○使臣을契丹營에遣ᄒᆞ야請和ᄒᆞ니契丹이移書ᄒᆞ야降服을督促ᄒᆞ니라是時에徐熙ㅣ引兵前進ᄒᆞᆯ서遜寧이聲言ᄒᆞ야日高句麗舊地ᄂᆞᆫ다契丹國土地어ᄂᆞᆯ今에高麗ㅣ壃界ᄅᆞᆯ侵奪ᄒᆞ니이럼으로動兵ᄒᆞ엿다ᄒᆞ고ᄯᅩ移書ᄒᆞ야速降ᄒᆞ라ᄒᆞ거ᄂᆞᆯ熙ㅣ其書ᄅᆞᆯ見ᄒᆞ고王ᄭᅴ還奏ᄒᆞ되可和ᄒᆞᆯ狀이有ᄒᆞ다ᄒᆞᄂᆞᆫ지라王이이에司憲李蒙戩을丹營에遣ᄒᆞ야請和ᄒᆞᆫ듸遜寧이ᄯᅩ移書曰今에我大軍八十萬이至此ᄒᆞ니만일出江來

降치아니ᄒᆞ면맛당히殄滅ᄒᆞ리라ᄒᆞ거ᄂᆞᆯ蒙戩이還白ᄒᆞᆫᄃᆡ王이羣臣을會議ᄒᆞ니或은言ᄒᆞ되車駕ᄂᆞᆫ京師에還ᄒᆞ고重臣을別遣ᄒᆞ야乞降ᄒᆞᆷ이可ᄒᆞ다ᄒᆞ며或은曰西京以北을割與ᄒᆞ고黃州로브터岊嶺(即慈悲嶺)黃州(在今瑞興黃州界)ᄭᆞ지疆界를畫ᄒᆞᆷ이可타ᄒᆞ거ᄂᆞᆯ王이將且割地의議를從코자ᄒᆞᆫᄃᆡ徐熙ㅣ曰今에契丹東京(在遼東)으로브터我國安北府에至ᄒᆞ기ᄭᆞ지數百里間이다生女眞(即東女眞)의所據어ᄂᆞᆯ光宗이取ᄒᆞ야嘉州(今嘉山)松城等城을築ᄒᆞ엿스니今에丹兵의來ᄒᆞᆷ은其志가不過二城을取코ᄌᆞᄒᆞᆷ이오그高句麗舊地를盡取ᄒᆞᆫ다ᄒᆞᆷ은其實이我를恐嚇ᄒᆞᆷ이어ᄂᆞᆯ今에其兵勢의盛大ᄒᆞᆷ을見ᄒᆞ고곳西京以北을割與ᄒᆞ면此ᄂᆞᆫ得策이아니오또三角山以北도또ᄒᆞᆫ高句麗舊地니彼가만일溪壑의慾으로誅求가無厭ᄒᆞ면此地를다可히盡與ᄒᆞ며또割地ᄒᆞᆷ은萬世의羞耻니願컨ᄃᆡ車駕ᄂᆞᆫ都城에還ᄒᆞ시고臣等으로ᄒᆞ여곰一戰ᄒᆞᆫ後에再議ᄒᆞᆷ

이未晚이로소이다ᄒᆞ며御史李知白이亦曰聖祖ㅣ創業垂統ᄒᆞ야今日에至ᄒᆞ엿스니엇지土地로ᄡᅥ敵國을輕與ᄒᆞ리오ᄒᆞ거ᄂᆞᆯ이에割地의議가遂寢ᄒᆞ다○蕭遜寧이李蒙戩의回報가無ᄒᆞᆷ을見ᄒᆞ고安戎鎭(在今安州)을攻ᄒᆞ거ᄂᆞᆯ中郞將文道秀ㅣ郞將庾方으로더브러迎戰大破ᄒᆞ다○徐熙를丹營에遣ᄒᆞ야請和ᄒᆞ니契丹이罷兵ᄒᆞ다此時에遜寧이安戎鎭에셔旣敗ᄒᆞ미敢히進兵치못ᄒᆞ고다만降服을催促ᄒᆞ거ᄂᆞᆯ王이羣臣을會議ᄒᆞ야願往ᄒᆞᆯ人을問ᄒᆞ니敢應者ㅣ無ᄒᆞᆫ지라徐熙ㅣ進曰臣이비록愚鹵ᄒᆞ나願往ᄒᆞ노이다ᄒᆞ거ᄂᆞᆯ王이드ᄃᆡ여江頭에出餞ᄒᆞ야慰藉送別ᄒᆞ더라熙ㅣ丹營에至ᄒᆞ야譯人으로ᄒᆞ여곰相見ᄒᆞᄂᆞᆫ禮를問ᄒᆞᆫᄃᆡ遜寧이曰我ᄂᆞᆫ大朝의貴人이라庭에셔拜ᄒᆞ라ᄒᆞ거ᄂᆞᆯ熙ㅣ曰臣子가君의게下拜ᄒᆞᆷ은禮어이와今에兩國大臣이相見ᄒᆞ거ᄂᆞᆯ엇지如此慢視ᄒᆞᄂᆞ고ᄒᆞ고往復再三에遜寧이不許ᄒᆞᄂᆞᆫ지라熙ㅣ

館所에至ᄒᆞ야堅臥不起ᄒᆞ니遜寧이이에升堂行禮ᄒᆞᆷ을許ᄒᆞ거ᄂᆞᆯ熙ㅣ丹營에至ᄒᆞ야遜寧으로더브러相揖行禮ᄒᆞᆫ後에東西對坐ᄒᆞ니遜寧이熙의抗禮不屈ᄒᆞᆷ을見ᄒᆞ고心中에奇異ᄒᆞ야熙다려謂曰高麗와新羅高句麗의地ᄂᆞᆫ다我國의舊地어ᄂᆞᆯ今에高麗가侵蝕ᄒᆞ고또我와壤地가相接ᄒᆞ거ᄂᆞᆯ我를捨ᄒᆞ고도로혀越海ᄒᆞ야宋國과和親ᄒᆞᆷ은何也오이럼으로我國이來攻ᄒᆞᆷ이니만일割地修聘ᄒᆞ면可히無事ᄒᆞ리라ᄒᆞ거ᄂᆞᆯ熙ㅣ曰我國은곳高句麗의舊라故로國號를高麗라ᄒᆞ엿고만일地界로論ᄒᆞ면貴國의東京(在今遼東)이다我境內에在ᄒᆞ니엇지侵蝕ᄒᆞ엿다謂ᄒᆞ며또鴨綠江內外가다我의境域이어ᄂᆞᆯ今에女眞이其間을盜據ᄒᆞ야頑黠變詐ᄒᆞ야道塗의梗塞ᄒᆞᆷ이涉海ᄒᆞ니보다오히려難ᄒᆞ니聘使의不通ᄒᆞᆷ은곳女眞의故라今에女眞을逐ᄒᆞ고我의舊地를還歸ᄒᆞ야城堡를築ᄒᆞ고道路를通케ᄒᆞ면엇지修聘치아니ᄒᆞ리오ᄒᆞ

고辭氣가慷慨ᄒᆞ며言語가明達ᄒᆞᆫ지라遜寧이其不可屈ᄒᆞᆷ을知ᄒᆞ고이에和親을許ᄒᆞ고因ᄒᆞ야宴慰코ᄌᆞᄒᆞ거ᄂᆞᆯ熙ㅣ曰今에我國이비록無故受兵ᄒᆞ나貴國이이믜勞師遠來ᄒᆞ야上下가皇皇ᄒᆞ고操戈執銳ᄒᆞᆫ士가沙塲에暴露ᄒᆞ거ᄂᆞᆯ엇지宴樂을忍爲ᄒᆞ리오ᄒᆞᆫᄃᆡ遜寧이曰兩國大臣이相見ᄒᆞ니歡好의禮가無치못ᄒᆞ다ᄒᆞ고固請ᄒᆞᄂᆞᆫ지라이에許諾ᄒᆞ고極歡ᄒᆞ다가罷ᄒᆞ다遜寧이드듸여契丹主의게聞ᄒᆞ니契丹主ㅣ곳命ᄒᆞ야罷兵ᄒᆞ니라熙ㅣ丹營에留ᄒᆞᆫ지七日에還ᄒᆞ니王이大喜ᄒᆞ야江上에出迎ᄒᆞ다翌年에遜寧이다시致書ᄒᆞ야鴨江西에五城을築ᄒᆞ고王도또ᄒᆞᆫ鴨江東에地界를定ᄒᆞ야築城ᄒᆞ라ᄒᆞ거ᄂᆞᆯ이에始役ᄒᆞ야車馬를交通ᄒᆞ다○侍中朴良柔를遣ᄒᆞ야契丹에至ᄒᆞ니俘口를索還ᄒᆞᆷ이라徐熙曰臣이遜寧으로더브러女眞을討平ᄒᆞ고舊地를恢復ᄒᆞᆫ後에聘使를通ᄒᆞᆫ다ᄒᆞ엿거ᄂᆞᆯ今에江內를纔復ᄒᆞ엿스니請건

ᄃᆡ江外를收復ᄒᆞᆫ後修聘ᄒᆞᆷ이未晩이로소이다ᄒᆞ거ᄂᆞᆯ王曰修聘이太久ᄒᆞ면後患이有ᄒᆞ리라ᄒᆞ고드ᄃᆡ여遣去ᄒᆞ다○元郁을宋에遣ᄒᆞ야乞師ᄒᆞ다王이契丹을報復고ᄌᆞᄒᆞ야宋에遣使ᄒᆞ엿더니宋이答ᄒᆞ되北鄙가甫寧ᄒᆞ엿스미輕動키難ᄒᆞ다ᄒᆞ고다만使臣을優禮遣還ᄒᆞ거ᄂᆞᆯ自是로宋國과相絶ᄒᆞ다○平章事徐熙를遣ᄒᆞ야女眞을逐ᄒᆞ다熙ㅣ女眞을逐ᄒᆞ고長興歸化二鎭(並在今寧州)과밋郭(今郭山)龜(今龜城)二州에築城ᄒᆞ다○國內를分ᄒᆞ야十道로定ᄒᆞ니曰關內道(今畿內)曰中原道(今忠州)曰河南道(今公州)曰嶺南道(今尙州)曰嶺東道(今慶州等地)曰江南道(今全州等地)曰山南道(今晋州等地)曰海陽道(今羅州等地)曰朔方道(今春川江陵安邊等地)曰浿西道(今平壤以西)라節度使等官을各置ᄒᆞ다○童子十人을契丹에遣ᄒᆞ야其國語를習ᄒᆞ고또契丹의게求婚ᄒᆞ야駙馬蕭恆德의女로ᄡᅧ遣嫁ᄒᆞ다○鐵錢을始鑄ᄒᆞ다

丁酉

十六年(宋太宗至道三年○日皇一條十一年○西曆紀元後九百九十七年)이라冬十月에王이不豫ᄒᆞ야開寧君誦에게傳位ᄒᆞ고天王寺에移御ᄒᆞ엿더니平章事王融이大赦ᄒᆞ기를請ᄒᆞ거ᄂᆞᆯ王이不許曰死生이在天ᄒᆞ니엇지有罪를赦ᄒᆞ야延命을求ᄒᆞ리오ᄒᆞ고이윽고薨ᄒᆞ다王의天姿ㅣ嚴正ᄒᆞ고器宇ㅣ寬弘ᄒᆞ며宗社를立ᄒᆞ고節義를崇ᄒᆞ며賢人을求ᄒᆞ고百姓을撫卹ᄒᆞ야移風易俗ᄒᆞᆷ으로要務를삼더라諡曰文懿라ᄒᆞ고廟號ᄂᆞᆫ成宗이오康陵에葬ᄒᆞ다

穆宗宣讓王의諱ᄂᆞᆫ誦이오字ᄂᆞᆫ孝伸이니景宗의長子오在位十二年이오壽가三十이라

戊戌

元年(宋眞宗咸平元年○日皇一條十二年○西曆紀元後九百九十八年)이라王의生日로ᄡᅧ長寧節이라ᄒᆞ다○秋七月에太保內史令徐熙ㅣ卒ᄒᆞ다熙의性이嚴恪ᄒᆞ고威儀가有ᄒᆞ며일즉이契丹의役에大功을成ᄒᆞ고또成宗을從ᄒᆞ야海州

에至ᄒᆞ시成宗이熙의幕次에至ᄒᆞ야入고ᄌᆞᄒᆞ엿더니熙ㅣ曰臣의幕은至尊의臨御ᄒᆞᆯ비아니로소이다ᄒᆞ고또酒ᄅᆞᆯ進ᄒᆞ라ᄒᆞᆫᄃᆡ曰臣의酒ᄂᆞᆫ堪獻치못ᄒᆞᆯ노이다ᄒᆞ거ᄂᆞᆯ成宗이이에幕外에坐ᄒᆞ고御酒ᄅᆞᆯ進ᄒᆞ야共飮ᄒᆞ더라至是ᄒᆞ야卒ᄒᆞ니謚曰章威라ᄒᆞ다○宋에遣使ᄒᆞ야다시通好ᄒᆞ다

癸卯

六年(宋眞宗咸平六年○日皇一條十七年○西歷紀元後一千三年)이라太后皇甫氏ㅣ大良君詢을逼ᄒᆞ야僧이되게ᄒᆞ고金致陽으로ᄡᅥ僕射ᄅᆞᆯ拜ᄒᆞ다先是에王이卽位ᄒᆞᆯ식年이尙少ᄒᆞ야太后ㅣ攝政ᄒᆞ더니旣而오太后ㅣ金致陽과私通ᄒᆞ야子ᄅᆞᆯ生ᄒᆞ고王의後嗣ᄅᆞᆯ삼고ᄌᆞᄒᆞᆯ식大良君詢을忌嫉ᄒᆞ야僧이되게ᄒᆞ고因ᄒᆞ야詢을害코ᄌᆞᄒᆞ야가만이詢의在ᄒᆞᆫ三角山神穴寺에遣人ᄒᆞ야謀害ᄒᆞ거ᄂᆞᆯ老僧이其謀ᄅᆞᆯ知ᄒᆞ고地ᄅᆞᆯ穴ᄒᆞ야詢을匿ᄒᆞ고臥榻을其上에置ᄒᆞ야不測을防ᄒᆞ다○山이耽羅海中에湧出ᄒᆞ니高가百餘丈이오周圍가四十餘里오草木이無ᄒᆞ고煙氣가其上에冪ᄒᆞ야望見ᄒᆞ니石硫黃과如ᄒᆞ더라

己酉

十二年(宋眞宗大中祥符二年○日皇一條二十三年○西歷紀元後一千九年)이라二月에三角山神穴寺에遣使ᄒᆞ야大良君詢을召ᄒᆞ다先是에太后ㅣ金致陽으로더브러詢을謀殺ᄒᆞ다가不成ᄒᆞ얏더니至是ᄒᆞ야王이寢疾ᄒᆞᆯ식中樞副使蔡忠順을密召ᄒᆞ야曰外間이朕의寢疾ᄒᆞᆷ을聞ᄒᆞ고覬覦ᄒᆞᄂᆞᆫ者ㅣ有ᄒᆞ다ᄒᆞ니卿이知乎아ᄒᆞ고因ᄒᆞ야一書ᄅᆞᆯ與ᄒᆞ니곳宦官劉熙昌의上ᄒᆞᆫ비라其書에曰金致陽이將且作亂ᄒᆞᆫ다ᄒᆞ고또一封書ᄅᆞᆯ出ᄒᆞ니其書ᄂᆞᆫ大良君詢의書라奸黨이臣을圍逼ᄒᆞ니願컨ᄃᆡ憐救ᄒᆞ소셔ᄒᆞᆷ이라王이다시忠順을囑付曰朕의疾病이漸篤ᄒᆞ야朝夕入地ᄒᆞᆯ거시오太祖의孫子ᄂᆞᆫ오작大良君ᄲᅮᆫ이라卿은崔沆으로더브러社稷을盡心保全ᄒᆞ라ᄒᆞ거ᄂᆞᆯ忠順이이에崔沆劉忠正으로더브러定謀ᄒᆞ고神穴寺에遣

人ᄒᆞ야詢을迎ᄒᆞ다○西北面都巡檢使康兆를召ᄒᆞ야率兵入衛ᄒᆞ라ᄒᆞ니兆ㅣ곳引兵犯闕ᄒᆞ야王을廢ᄒᆞ야讓國公을삼고大良君詢을立ᄒᆞ다兆ㅣ引兵ᄒᆞ고洞州(今祥原)에至ᄒᆞ니奸人魏從正等이搆亂코자ᄒᆞ야兆를紿ᄒᆞ야曰主上이大漸ᄒᆞ미命이頃刻에在ᄒᆞᆫ지라太后ㅣ致陽으로더브러社稷을謀奪ᄒᆞᆯ셔公의兵威를恐ᄒᆞ야矯命徵召홈이니公은本道에速還ᄒᆞ야大義를擧ᄒᆞ라ᄒᆞ니兆ㅣ其言을從ᄒᆞ야곳本營에歸ᄒᆞ거ᄂᆞᆯ此時太后ㅣ果然兆를忌憚ᄒᆞ야岊嶺을搤守ᄒᆞᄂᆞᆫ지라兆ㅣ이에王이已崩ᄒᆞ엿다ᄒᆞ고드ᄃᆡ여副使李鉉雲等으로더브러甲卒五千을率ᄒᆞ고平州(今平山)에至ᄒᆞ야王이未崩홈을知ᄒᆞ고이에拒命ᄒᆞᆫ罪를討ᄒᆞᆯ가恐ᄒᆞ야大驚ᄒᆞ더니諸將이曰事勢가이의至此ᄒᆞ니中止치못ᄒᆞ리라ᄒᆞ거ᄂᆞᆯ兆ㅣ드ᄃᆡ여迎秋門을攻入ᄒᆞ야王을廢ᄒᆞ야讓國公이라ᄒᆞ고大良君詢을迎ᄒᆞ야卽位ᄒᆞ고金致陽父子와밋庾行簡等七

人을殺ᄒᆞ고太后親屬周楨等三十餘人을海島에流竄ᄒᆞ다○康兆ㅣ前王을積城에서弒ᄒᆞ고太后ᄂᆞᆫ黃州에遜居ᄒᆞ다先是에王이歸法寺에避至ᄒᆞ엿더니旣而오兆ㅣ王과太后를忠州에放ᄒᆞ거ᄂᆞᆯ王이兆의게馬를請ᄒᆞ니兆ㅣ다만二匹을與ᄒᆞᄂᆞᆫ지라이에行ᄒᆞᆯ새太后ㅣ欲食ᄒᆞ면王이盤盂를親奉ᄒᆞ고太后ㅣ欲行ᄒᆞ면王이馬鞚을親執ᄒᆞ고積城에至ᄒᆞ니兆ㅣ尙藥直長金光甫로ᄒᆞ여곰進毒ᄒᆞ야王을弒ᄒᆞ니年이三十이라門扇으로棺을삼고旅館에厝ᄒᆞ엿다가月餘에其縣南에火葬ᄒᆞ고陵曰恭陵이오諡ᄂᆞᆫ宣靈이오廟號ᄂᆞᆫ愍宗이라ᄒᆞ니다康兆의撰定이라臣民이此를聞ᄒᆞ고크게痛惋ᄒᆞ나新王은不知ᄒᆞ더니其後에契丹이問罪ᄒᆞ거ᄂᆞᆯ王이비로소知ᄒᆞ고城東에移葬ᄒᆞ고陵號를改ᄒᆞ야曰義오諡曰宣讓이오廟號ᄂᆞᆫ穆宗이라ᄒᆞ다穆宗의性이沈毅ᄒᆞ고人君의度量이有ᄒᆞ나嗜酒好獵ᄒᆞ고嬖倖을信狎ᄒᆞ다가禍에及

庚戌

ᄒᆞ니라太后ㅣ드듸여黃州에遜居ᄒᆞ다○康兆로뼈吏部尙書를拜ᄒᆞ고蔡忠順으로直中臺를삼다○金氏를立ᄒᆞ야妃를삼으니妃ᄂᆞᆫ成宗의女러라

顯宗元文王의諱ᄂᆞᆫ詢이오字ᄂᆞᆫ安世니太祖第八子郁의子오在位二十二年이오壽가四十이라

元年(宋眞宗大中祥符三年○日皇一條二十四年○西曆紀元後一千十年)이라秋七月에契丹主ㅣ遣使ᄒᆞ야前王의事를詰問ᄒᆞ고步騎四十萬을親率ᄒᆞ고鴨綠江을渡ᄒᆞ야傳檄曰今에高麗逆臣康兆ㅣ弑君立幼ᄒᆞ니朕이興師問罪ᄒᆞ노라ᄒᆞ거ᄂᆞᆯ兆ㅣ出禦ᄒᆞᆯ시通州(今宣川)에至ᄒᆞ야隔水設陣ᄒᆞ엿더니丹兵이三水巖을進破ᄒᆞ거ᄂᆞᆯ時에兆ㅣ兵强을自恃ᄒᆞ고閒坐彈碁ᄒᆞ다가丹兵이驟至ᄒᆞᆷ을聞ᄒᆞ고驚起ᄒᆞᆯ시恍惚間에穆宗이大叱曰汝奴아休ᄒᆞ라天罰을엇지逃亡ᄒᆞ리오ᄒᆞᄂᆞᆫ지라兆ㅣ곳脫鍪長跪ᄒᆞ야曰死罪死罪라ᄒᆞ더니言未訖에丹兵의게被縛ᄒᆞ야丹營에至ᄒᆞ야斬ᄒᆞ니라○十二月에契丹이京都를犯ᄒᆞ니羣臣이降服ᄒᆞ기를議ᄒᆞᆯ서禮部侍郞姜邯贊이獨曰今日事ᄂᆞᆫ罪가康兆一人의게在ᄒᆞ고他憂ᄂᆞᆫ無ᄒᆞᆯ지라然이나衆寡가不敵ᄒᆞ니맛당히其鋒을暫避ᄒᆞ야興復을徐圖ᄒᆞᆷ이可ᄒᆞ다ᄒᆞ고王을勸ᄒᆞ야南幸ᄒᆞ니王이이에后妃와밋蔡忠順等을率ᄒᆞ고都門을出ᄒᆞ야羅州에至ᄒᆞ다

辛亥

二年(宋眞宗大中祥符四年○日皇一條二十五年○西曆紀元後一千十一年)이라春正月에契丹主ㅣ京城을陷ᄒᆞ고이윽고退去ᄒᆞ거ᄂᆞᆯ王이全州에還至ᄒᆞ야河拱辰을丹營에遣ᄒᆞ야班師ᄒᆞ기를請ᄒᆞ니丹主ㅣ挽留不遣ᄒᆞ더라是時에龜州別將金叔興이契丹을邀擊大破ᄒᆞ야萬餘級을斬ᄒᆞ고巡檢使楊規도또ᄒᆞᆫ丹兵四千五百餘人을殺ᄒᆞ고被虜ᄒᆞᆫ男女三萬餘人을奪還ᄒᆞ엿더니이윽고契丹主의大軍이掩至ᄒᆞ야規와叔興이終日苦戰ᄒᆞ다가다

死之ᄒᆞ다二人이旣死ᄒᆞᄆᆡ諸將이丹兵의疲弊ᄒᆞᆷ을乘ᄒᆞ야自後抄擊ᄒᆞ니丹主ㅣ急遁ᄒᆞ야鴨綠江을促渡ᄒᆞ거ᄂᆞᆯ鎭使鄭成이또其半渡ᄒᆞᆷ을尾擊ᄒᆞ니丹兵의溺死ᄒᆞᆫ者ㅣ甚衆ᄒᆞ고諸降城이다收復ᄒᆞ니라○中臺省을罷ᄒᆞ고中樞院을設ᄒᆞ다○王이京都에還至ᄒᆞ야論功行賞ᄒᆞ고迎賓會仙二館을置ᄒᆞ야諸國使臣을接待케ᄒᆞ다○契丹에遣使講和ᄒᆞ다○冬十二月에丹主ㅣ河拱辰을殺ᄒᆞ다拱辰이被留ᄒᆞᄆᆡ丹主ㅣ禮待가甚厚ᄒᆞ거ᄂᆞᆯ拱辰이忠勤을外示ᄒᆞ고還國코ᄌᆞᄒᆞ야駿馬ᄅᆞᆯ多市ᄒᆞ야歸計ᄅᆞᆯ作ᄒᆞ엿더니맛ᄎᆞᆷ其謀가泄ᄒᆞ야丹主ㅣ鞫問ᄒᆞ거ᄂᆞᆯ拱辰이實狀으로ᄡᅥ對ᄒᆞ고且曰臣이本國에二心이無ᄒᆞ야願歸ᄒᆞ노라ᄒᆞᆫᄃᆡ丹主ㅣ其義ᄅᆞᆯ感動ᄒᆞ야赦ᄒᆞ고또改節ᄒᆞ라强喩ᄒᆞ거ᄂᆞᆯ拱辰이더옥不屈ᄒᆞ고言辭가激厲ᄒᆞ야맛ᄎᆞᆷ내見殺ᄒᆞ다○契丹主ㅣ遣使ᄒᆞ야興化(今屬義州又云在殷山之下)通州(今宣川)龍州(今龍川)鐵州(今鐵山)郭州(今郭山)龜

州(今龜城)等六城을來索ᄒᆞ거ᄂᆞᆯ不答ᄒᆞ다○女眞이契丹兵을引ᄒᆞ야鴨綠江을渡코ᄌᆞᄒᆞ거ᄂᆞᆯ大將軍金承渭ㅣ擊退ᄒᆞ다○契丹이六城을連索ᄒᆞ다가其國身詳穩蕭敵烈이通州ᄅᆞᆯ來侵ᄒᆞ거ᄂᆞᆯ興化鎭將軍鄭神通이迎戰ᄒᆞ야七百餘級을斬ᄒᆞ니丹兵이退去ᄒᆞ더라○上將軍金訓崔質等이作亂ᄒᆞ야中樞院使張延祐와日直皇甫兪義ᄅᆞᆯ流配ᄒᆞ다年前用兵ᄒᆞᆫ後로브터軍額을增設ᄒᆞ야餉需가浩大ᄒᆞ니由是로百官俸祿이不足ᄒᆞ거ᄂᆞᆯ兪義等이京軍의永業田을奪ᄒᆞ야祿俸을充作ᄒᆞ엿더니武官이甚히怨恨ᄒᆞ다가至是ᄒᆞ야崔質이邊功이有ᄒᆞ거ᄂᆞᆯ政府ㅣ다만武職을累拜ᄒᆞ되文職은不許ᄒᆞᆫ지라質이더옥怏怏ᄒᆞ야이에金順等으로더브러諸衛士ᄅᆞᆯ率ᄒᆞ고禁中에入ᄒᆞ야兪義等을痛捶ᄒᆞ고또王ᄭᅴ面訴ᄒᆞ야治罪ᄒᆞ기ᄅᆞᆯ請ᄒᆞ거ᄂᆞᆯ王이不得已ᄒᆞ야兪義等을遠地에流配ᄒᆞ고또訓等의言을從ᄒᆞ야文職의御史臺와三司ᄅᆞᆯ罷

戊午

ᄒᆞ고金吾臺와都正署ᄅᆞᆯ置ᄒᆞ야武官으로ᄒᆞ여곰兼帶케ᄒᆞ엿다가明
年에王이王可道의計ᄅᆞᆯ用ᄒᆞ야訓賓等을誅ᄒᆞ다
九年(宋眞宗天禧二年○日皇後一條二年○西歷紀元後一千十八年)이라諸道按撫使ᄅᆞᆯ罷ᄒᆞ고四都
護와八牧과밋知州郡事五十六과鎭將二十八과縣令二十을置ᄒᆞ다
○五月에僧十萬을施飯ᄒᆞ고自是로歲以爲常ᄒᆞ더라○秋九月에契
丹大將蕭遜寧이甲士十萬을率ᄒᆞ고來侵ᄒᆞ거ᄂᆞᆯ姜邯贊으로上元帥
ᄅᆞᆯ拜ᄒᆞ고姜民瞻으로副元帥ᄅᆞᆯ拜ᄒᆞ야軍士二十萬八千人을率ᄒᆞ고
禦敵ᄒᆞᆯ새興化鎭(今屬義州)에至ᄒᆞ야山中에設伏ᄒᆞ고ᄯᅩ大繩으로ᄢᅦ牛皮
ᄅᆞᆯ貫ᄒᆞ야大川을塞ᄒᆞ엿더니既而오敵이至ᄒᆞ거ᄂᆞᆯ곳塞을決ᄒᆞ고伏
兵이ᄯᅩ發ᄒᆞ야遜寧을大破ᄒᆞ니遜寧이敢히迎戰치못ᄒᆞ고곳間道로
京城을直趨ᄒᆞ거ᄂᆞᆯ翌年春正月에邯贊이遣兵入援ᄒᆞ고京師에셔ᄯᅩ
ᄒᆞᆫ嚴備以待ᄒᆞ니遜寧이可攻치못ᄒᆞᆷ을知ᄒᆞ고回軍ᄒᆞ야龜州에至ᄒᆞ

己未

거ᄂᆞᆯ邯贊等이ᄯᅩ邀戰ᄒᆞᆯ새風雨의勢ᄅᆞᆯ乘ᄒᆞ야奮擊大破ᄒᆞ니이에殭
尸가遍野ᄒᆞ고人口와馬駝甲冑兵仗을俘獲이不可勝計오遜寧이遁
去ᄒᆞ니生還ᄒᆞᆫ者ㅣ겨우數千人이러라邯贊이凱還ᄒᆞ니王이親히郊
迎賜宴ᄒᆞᆯ새金花八枝로ᄢᅧ邯贊頭上에揷ᄒᆞ고右手로執觴ᄒᆞ고左手
로邯贊의手ᄅᆞᆯ執ᄒᆞ고慰勞不已ᄒᆞ더니既而오邯贊이請老ᄒᆞ거ᄂᆞᆯ几
杖을賜ᄒᆞ고三日一朝ᄒᆞ라ᄒᆞ며ᄯᅩ門下侍郞同內史門下平章事天水
縣開國男을拜ᄒᆞ고食邑이三百戶러라
二十年(宋仁宗天聖七年○日皇後一條十三年○西歷紀元後一千二十九年)이라宋江南人李文通等이
來ᄒᆞ야書冊五百九十七卷을獻ᄒᆞ다○秋八月에開京에羅城을築ᄒᆞ
다平章事姜邯贊이京都에城郭이無ᄒᆞ다ᄒᆞ야築造ᄒᆞ기ᄅᆞᆯ請ᄒᆞ거ᄂᆞᆯ
이에其地ᄅᆞᆯ定ᄒᆞᆯ새周가一萬六百六十步오高가二十七尺이오郭屋
이四千九百一十間이니凡二十一年에畢役ᄒᆞ니라○冬十二月에興

遼國이東女眞을引ᄒᆞ야契丹과相攻ᄒᆞ다가遣使乞援ᄒᆞ거ᄂᆞᆯ王이不許ᄒᆞ니興遼ᄂᆞᆫ곳渤海遺種이라大祚榮의七世孫延琳이契丹의게仕ᄒᆞ야東京將軍이되엿다가至是ᄒᆞ야契丹을叛ᄒᆞ고建國紀元ᄒᆞ더니이윽고契丹의게滅ᄒᆞᆫ바되니라

辛未

二十二年(宋仁宗天聖九年○西歷紀元後一千三十一年)이라夏五月에王이疾篤ᄒᆞ야太子欽의게後事ᄅᆞᆯ囑ᄒᆞ고崩ᄒᆞ다王이自幼로聰悟仁惠ᄒᆞ며밋長成ᄒᆞ미敏學工書ᄒᆞ고耳目의所經ᄒᆞᆫ者ᄂᆞᆫ遺忘치아니ᄒᆞ더라太子ㅣ即位ᄒᆞ야謚曰文元이라ᄒᆞ고廟號ᄂᆞᆫ顯宗이오宣陵에葬ᄒᆞ다○秋八月에姜邯贊이卒ᄒᆞ다邯贊은衿川(今始興)人이라性이淸儉ᄒᆞ야産業을不營ᄒᆞ고好學不倦ᄒᆞ며奇略이多ᄒᆞ고形體가矮陋ᄒᆞ며衣裳이垢弊ᄒᆞ야外貌가中人을不踰ᄒᆞ나正色立朝ᄒᆞ야大事와大策을決ᄒᆞᆯ時에ᄂᆞᆫ砣然이邦家柱石이되더니밋致仕ᄒᆞ고城南에歸臥ᄒᆞ엿다가至是ᄒᆞ야卒ᄒᆞ니年이八十四오謚曰仁憲이라ᄒᆞ다○冬十月에國子監試ᄅᆞᆯ設ᄒᆞ야詩賦로ᄡᅥ試取ᄒᆞ니監試法이自此始ᄒᆞ니라

德宗敬康王의諱ᄂᆞᆫ欽이오字ᄂᆞᆫ元良이니在位三年이오壽가十九라

壬申

元年(宋仁宗明道元年○西歷紀元後一千三十二年)이라春正月에契丹使者ᄅᆞᆯ不納ᄒᆞ다先是에金行恭이契丹에至ᄒᆞ야鴨綠江에契丹의築ᄒᆞᆫ바城橋ᄅᆞᆯ毁코ᄌᆞᄒᆞᆫ더丹主ㅣ不從ᄒᆞᄂᆞᆫ지라王이甚히怨恨ᄒᆞ다가至是ᄒᆞ야王可道와李端等이契丹의可伐ᄒᆞᆯ狀을言ᄒᆞ거ᄂᆞᆯ이에其計ᄅᆞᆯ從ᄒᆞ야出兵코ᄌᆞᄒᆞᄂᆞᆫ고로契丹과絕好ᄒᆞᆷ이러라○柳韶ᄅᆞᆯ命ᄒᆞ야西北界의關城을創置ᄒᆞᆯ시義州麟山堡로브터起ᄒᆞ야咸興都連浦에至ᄒᆞ니延袤가千里라高厚가各二十五尺이오石으로ᄡᅥ築ᄒᆞ다

甲戌

三年(宋仁宗景祐元年○西歷紀元後一千三十四年)이라秋九月에王이寢疾ᄒᆞ야

母弟平壤君亨의게傳位ᄒᆞ고崩ᄒᆞ거ᄂᆞᆯ是日에平壤君이卽位ᄒᆞ야謚曰敬康이라ᄒᆞ고廟號ᄂᆞᆫ德宗이오肅陵에葬ᄒᆞ다

靖宗容惠王의諱ᄂᆞᆫ亨이오字ᄂᆞᆫ申炤니在位十二年이오壽가三十二라

乙酉 十一年(宋仁宗慶曆五年○日皇後朱雀九年○西歷紀元後一千四十五年)이라絞斬二罪ᄅᆞᆯ減ᄒᆞ다詔曰朕이好生ᄒᆞᄂᆞᆫ德을施ᄒᆞ야恤民의意ᄅᆞᆯ示ᄒᆞ노니그絞斬二罪ᄅᆞᆯ犯ᄒᆞᄂᆞᆫ者ᄂᆞᆫ無人島에流配ᄒᆞ고其中에또情勢가可矜ᄒᆞᆫ者ᄂᆞᆫ有人島에流配ᄒᆞ라ᄒᆞ니於是에一時免死者ㅣ百十六人이러라○東池의所養ᄒᆞᆫ白鶴鵝鴨山羊의類ᄅᆞᆯ放ᄒᆞ니玩好로ᄡᅥ物性을傷ᄒᆞᆯ가恐ᄒᆞᆷ이러라○東女眞이來朝ᄒᆞ고馬ᄅᆞᆯ獻ᄒᆞ다

丙戌 十二年(宋仁宗慶曆六年○日皇後冷泉元年○西歷紀元後一千四十六年)이라夏五月에王이崩ᄒᆞ거ᄂᆞᆯ弟樂浪君徽ㅣ立ᄒᆞ야謚ᄒᆞ야曰容惠라ᄒᆞ고廟號ᄂᆞᆫ靖宗이오周陵에葬ᄒᆞ시遺命을遵ᄒᆞ야制度ᄅᆞᆯ다儉約케ᄒᆞ다○楊規金叔興姜民瞻等의契丹破ᄒᆞᆫ功을追褒ᄒᆞ야功臣閣에圖形ᄒᆞ다

文宗仁孝王의諱ᄂᆞᆫ徽오字ᄂᆞᆫ燭幽니顯宗의第三子오在位三十七年이오壽가六十五라

丁酉 十一年(宋仁宗嘉祐二年○日皇後冷泉十二年○西歷紀元後一千五十七年)이라秋八月에慶鼎相으로ᄡᅥ翰林을拜ᄒᆞ엿더니中書省이言ᄒᆞ되鼎相은鐵匠의後裔라清要가濫分ᄒᆞ니請컨ᄃᆡ削職ᄒᆞ소셔ᄒᆞ거ᄂᆞᆯ王曰古語에云ᄒᆞ되采葑采菲ᄂᆞᆫ無以下體라ᄒᆞ엿스니그可用ᄒᆞᆷ을貴타ᄒᆞᆷ이라鼎相의才識이可採ᄒᆞᆯ者ㅣ有ᄒᆞ니엇지世系ᄅᆞᆯ論ᄒᆞ리오ᄒᆞ고其請을不允ᄒᆞ다○兩京과및東州(今鐵原)의諸郡을命ᄒᆞ야一家에三子가有ᄒᆞᆫ者ᄂᆞᆫ一子ᄅᆞᆯ許ᄒᆞ야僧이되게ᄒᆞ다○王이奉恩寺에幸ᄒᆞ엿다가드ᄃᆡ여國子監에至ᄒᆞ야侍臣다려謂ᄒᆞ야曰仲尼ᄂᆞᆫ百王의師라엇지致敬치아니리오ᄒᆞ고再拜

丁未

ᄒᆞ니라

二十一年(宋英宗治平四年○日皇後冷泉二年○西歷紀元後一千六十七年)이라契丹에遣使ᄒᆞ다時에契丹이國號를復ᄒᆞ야遼라ᄒᆞᄂᆞᆫ고로致賀ᄒᆞᆷ이러라○興王寺(今在豊德郡)가成ᄒᆞ니凡二千八百間이라十二年에工이訖ᄒᆞ다王이落成ᄒᆞᆯ서五晝夜燃燈大會를設ᄒᆞ고또勅令ᄒᆞ야百司와安西都護府와開城府와廣(今廣州)水(今水原)楊(今楊州)東(今鐵原)樹(今富平)五州와밋江華長湍二縣으로ᄒᆞ여곰闕庭으로브터寺門에至ᄒᆞ기ᄭᆞ지彩棚을結ᄒᆞ야鱗次連亙ᄒᆞ고輦路左右에燈山과火樹를作ᄒᆞ니明光이晝와如ᄒᆞ고王이百官을率ᄒᆞ고行香納財ᄒᆞᆯ시佛事의盛ᄒᆞᆷ이曠古未有ᄒᆞ더라또金塔을造ᄒᆞ니金이一百四十四斤이오銀이四百二十七斤이오燃燈會를罷ᄒᆞᆫ後에大赦ᄒᆞ다○太師中書令致仕崔冲이卒ᄒᆞ니諡曰文憲이라冲은海州人이니風姿ㅣ瓌偉ᄒᆞ고操性이堅貞好學ᄒᆞ며또屬文을善ᄒᆞ고五朝를歷事ᄒᆞ야時望이甚重ᄒᆞ더라顯宗以後로干戈가纔息ᄒᆞᄆᆡ文敎를未遑ᄒᆞ더니冲이後進을收召ᄒᆞ야敎誨를不倦ᄒᆞ니自是로學徒가坌集ᄒᆞ야街巷이塡溢ᄒᆞ거ᄂᆞᆯ드듸여九齋를分ᄒᆞ야敎授ᄒᆞ니時人이謂曰侍中崔公의學徒라凡應擧ᄒᆞᄂᆞᆫ子弟가몬져此學에隸屬ᄒᆞ며夏時에ᄂᆞᆫ僧房에住ᄒᆞ야夏課를做ᄒᆞᆯ시其學이優ᄒᆞᆫ者ᄂᆞᆫ敎師가되야經史를傳授ᄒᆞ며或刻燭賦詩ᄒᆞ야次第를牓ᄒᆞ며冠童이分列ᄒᆞ야樽俎와進退가다儀節이有ᄒᆞ니觀者ㅣ다嘉歎ᄒᆞ더라時에또儒臣鄭倍傑等이各其學校를設立ᄒᆞᆫ者ㅣ凡十二라然이나其盛ᄒᆞᆷ이다冲을不及ᄒᆞ고東方學校의興ᄒᆞᆷ이冲으로브터始ᄒᆞ니世上이海東孔子라稱ᄒᆞ고其子孫이文行으로ᄡᅥ宰輔에列ᄒᆞᆫ者數十人이러라○新宮을漢陽에創建ᄒᆞ고名ᄒᆞ야曰南京이라ᄒᆞ다○量田步數法을定ᄒᆞᆯ시田一結은方이三十三步오二結은四十七步오以下ᄂᆞᆫ다步數를折ᄒᆞ야結

癸亥

을計作ᄒᆞ다○東女眞의十五州酋長이內附ᄒᆞ야郡縣되기를請ᄒᆞ거ᄂᆞᆯ許諾ᄒᆞ고各其將軍職을授ᄒᆞ엿더니未幾에西女眞이또ᄒᆞᆫ內附ᄒᆞ더라○日本人이土物을來獻ᄒᆞ고自是로來往이絡繹ᄒᆞ더라○宋諫議大夫安燾와起居舍人陳睦이來ᄒᆞ야宋帝의命으로衣帶綵緞樂器金銀器物等을獻ᄒᆞ고自是로兩國使价가連歲來往ᄒᆞ더라時에宋帝ㅣ本國이文章을崇尙ᄒᆞᆫ다ᄒᆞ야미양遣使ᄒᆞᆯ時에반다시詞臣의尤ᄒᆞᆫ者로ᄒᆞ여곰國書를修撰ᄒᆞ고其使者ᄂᆞᆫ中書省에召赴ᄒᆞ야文詞를試ᄒᆞᆫ後에遣ᄒᆞ더라○冬十月에遼ㅣ遣使來聘ᄒᆞ다○薩摩州ㅣ來貢ᄒᆞ니薩摩州ᄂᆞᆫ日本의別府오我國과不遠ᄒᆞᆫ地라自是로往來가不絕ᄒᆞ더라

三十七年(宋神宗元豐六年○日皇後三條十五年○西歷紀元後一千八十三年)이라秋七月에王이崩ᄒᆞ고太子ㅣ卽位ᄒᆞ다王이不豫ᄒᆞ야太子勳의게傳位ᄒᆞ고崩ᄒᆞ거ᄂᆞᆯ諡日仁孝라ᄒᆞ고廟號ᄂᆞᆫ文宗이오景陵에葬ᄒᆞ다王이自幼로聰慧ᄒᆞ고밋長成ᄒᆞ미好學善射ᄒᆞ며志略이宏遠ᄒᆞ야寬仁大度가能히衆人을容納ᄒᆞ더라

順宗宣惠王의諱ᄂᆞᆫ勳이니在位四月이오壽가三十七이라

冬十月에王이崩ᄒᆞ다王이自素有疾ᄒᆞ더니밋居廬ᄒᆞ미哀毁가過度ᄒᆞ야喪次에서崩ᄒᆞ고母弟國原公運이卽位ᄒᆞ야諡ᄒᆞ야日宣惠오廟號ᄂᆞᆫ順宗이오成陵에葬ᄒᆞ다

宣宗思孝王의諱ᄂᆞᆫ運이오字ᄂᆞᆫ繼天이니在位十一年이오壽가四十六이라

丙寅

三年(宋哲宗元祐元年○日皇後三條十八年○西歷紀元後一千八十六年)이라王이其妹積慶公主로배王弟扶餘侯燧의게嫁ᄒᆞ다○僧貞雙等이奏請ᄒᆞ되九門山에叅學ᄒᆞᄂᆞᆫ僧徒를進士規例와갓치三年一選ᄒᆞᄌᆞᄒᆞ거ᄂᆞᆯ王이從ᄒᆞ다○王弟

釋(釋은僧이라)煦ㅣ宋으로브터還ᄒᆞ다先是文宗時에煦ㅣ入宋ᄒᆞ야佛法
을求코ᄌᆞᄒᆞ거ᄂᆞᆯ不許ᄒᆞ엿더니밋王이即位ᄒᆞᄆᆡ商船을潛乘ᄒᆞ고宋
에至ᄒᆞ니宋帝ㅣ客禮로ᄡᅥ待ᄒᆞ고員外郞楊傑로ᄒᆞ여곰館伴을삼거
ᄂᆞᆯ이에各地山川을游覽ᄒᆞ다가밋還國ᄒᆞᆯ시釋典과經書一千卷을持
來ᄒᆞ고또奏請ᄒᆞ야遼宋과밋日本에購書ᄒᆞ니合四千卷이라다刋行
ᄒᆞ다

己巳 六年(宋哲宗元祐四年○日皇堀河三年○西歷紀元後一千八十九年)이라冬十月에仁王經을會慶殿
에서講ᄒᆞ고僧三萬을施飯ᄒᆞ다○新鑄ᄒᆞᆫ十三層黃金塔을會慶殿에
置ᄒᆞ고慶讚會ᄅᆞᆯ設ᄒᆞ다○國淸寺ᄅᆞᆯ建ᄒᆞ니太后의所創이러라○魏
繼廷으로ᄡᅥ御史中丞을拜ᄒᆞ다時에王이嬖妾萬春의第宅을營建ᄒᆞᆯ
시極히壯麗ᄒᆞᆫ지라繼廷이奏曰萬春이上意ᄅᆞᆯ誑惑ᄒᆞ야百姓을勞役
ᄒᆞ니請컨ᄃᆡ毁撤ᄒᆞ소서ᄒᆞ고또內宴을侍ᄒᆞ다가酒酣에繼廷으로ᄒᆞ

여곰起舞ᄒᆞ라ᄒᆞᆫᄃᆡ辭曰伶人이自有ᄒᆞ니엇지臣舞ᄅᆞᆯ用ᄒᆞ리오ᄒᆞ니
其謇諤ᄒᆞᆷ이類此ᄒᆞ더라○七十二賢의像을國子壁上에圖ᄒᆞ다

甲戌 十一年(宋哲宗紹聖元年○日皇堀河八年○西歷紀元後一千九十四年)이라夏五月에王이崩ᄒᆞ다王
이聰明恭儉ᄒᆞ고經史ᄅᆞᆯ博覽ᄒᆞ되游幸이無度ᄒᆞ고寺塔을多創ᄒᆞ야
天怒人怨ᄒᆞ고災異가屢興ᄒᆞ더라太子昱이即位ᄒᆞ야謚曰思惠라ᄒᆞ
고廟號ᄂᆞᆫ宣宗이오仁陵에葬ᄒᆞ다

獻宗恭殤王의諱ᄂᆞᆫ昱이니在位一年이오壽가十四라

乙亥 元年(宋哲宗紹聖二年○日皇堀河九年○西歷紀元後一千九十五年)이라秋七月에李資義ㅣ伏誅ᄒᆞ
다資義ᄂᆞᆫ子淵의孫이라其妹가宣宗後宮이되야子昀ᄅᆞᆯ生ᄒᆞ더니至
是ᄒᆞ야王의幼弱ᄒᆞᆷ을見ᄒᆞ고昀ᄅᆞᆯ立코ᄌᆞᄒᆞ야禁中에聚兵ᄒᆞ거ᄂᆞᆯ王
의叔父鷄林公熙ㅣ平章事邵台輔로더브러資義ᄅᆞᆯ誅ᄒᆞ다○冬十月
에王이鷄林公熙의게禪位ᄒᆞ다

丁丑 己卯

肅宗明孝王의諱는顒이오字는天常이오初諱는熙니宣宗母弟오在位十年이오壽가五十二라

二年(宋哲宗紹聖四年○日皇堀河十一年○西曆紀元後一千九十七年)이라春正月에前王이崩ᄒᆞ니諡曰恭殤이오廟號는獻宗이오隱陵에葬ᄒᆞ다

四年(宋哲宗元符二年○日皇堀河十三年○西曆紀元後一千九十九年)이라秋九月에王이王妃와太子와밋羣僚를率ᄒᆞ고楊州에至ᄒᆞ야宅都ᄒᆞᆯ地를相ᄒᆞ다先是에衛尉丞金謂磾ㅣ上書ᄒᆞ야南京에遷都ᄒᆞᆷ을請ᄒᆞ니其略에曰道詵記에云ᄒᆞ되高麗地가三京이有ᄒᆞ야松岳은中京이오木覔壤(即漢陽)은南京이오平壤은西京이니十一月로브터二月ᄭᆞ지中京에住ᄒᆞ고三月로브터六月ᄭᆞ지南京에住ᄒᆞ고七月로브터十月ᄭᆞ지西京에住ᄒᆞ면三十六國이來朝ᄒᆞᆫ다ᄒᆞ며又云ᄒᆞ되開國後百六十餘年에木覔壤에都ᄒᆞᆫ다ᄒᆞ엿스니臣은ᄡᅧᄒᆞ되今時에正히新京을巡住ᄒᆞᆯ期오ᄯᅩ國家가

乙酉

中西兩京은有ᄒᆞ되南京이闕ᄒᆞ니願컨ᄃᆡ三角南과木覔北에都城을建立ᄒᆞ야隨時巡住ᄒᆞ소셔ᄒᆞ며日者等이ᄯᅩ從和ᄒᆞ는지라王이이에三角山에幸行ᄒᆞ엿다가楊州에至ᄒᆞ야宅都ᄒᆞᆯ地를相ᄒᆞ고其後二年에ᄯᅩ崔思諏에言을從ᄒᆞ야三角山面岳(即見嶽)의南을擇ᄒᆞ야建都ᄒᆞᆯ界地를定ᄒᆞ다○先是에王이尹瓘의言을用ᄒᆞ야錢貨를鑄造ᄒᆞ엿더니至是ᄒᆞ야鑄錢都監이奏ᄒᆞ되國人이비로소用錢의便利ᄒᆞᆷ을知ᄒᆞ니請컨ᄃᆡ宗廟에告ᄒᆞ소셔ᄒᆞ거ᄂᆞᆯ王이從ᄒᆞ고ᄯᅩ銀瓶을用케ᄒᆞᆯ시其制가銀一斤으로ᄡᅧ本國地形을像ᄒᆞ니俗名은闊口러라○邵台輔ㅣ上言ᄒᆞ되國學이糜費가不貲ᄒᆞ니請컨ᄃᆡ罷ᄒᆞ소셔ᄒᆞ거ᄂᆞᆯ不報ᄒᆞ다○箕子墓를求ᄒᆞ야祠를建ᄒᆞ고祭ᄒᆞ다

十年(宋徽宗崇寧四年○日皇堀河十九年○西曆紀元後一千一百五年)이라春正月에王이奉恩寺에至ᄒᆞ야燃燈을觀ᄒᆞ다○冬十月에王이崩ᄒᆞ고太子俁ㅣ即位ᄒᆞ야諡

丁亥

ᄒᆞ야曰明孝라ᄒᆞ고廟號ᄂᆞᆫ肅宗이오英陵에葬ᄒᆞ다

睿宗文孝王의諱ᄂᆞᆫ俁오字ᄂᆞᆫ世民이니在位十七年이오壽가四十五라

二年(宋徽宗大觀元年○日皇堀河二十一年○西曆紀元後一千一百七年)이라冬十二月에尹瓘等이東女眞을擊ᄒᆞ야大破ᄒᆞ고吉州等四城을築ᄒᆞ다時에邊臣이報稱ᄒᆞ되女眞이다시叛ᄒᆞ야邊城을侵突ᄒᆞᆯ새其酋長이一葫蘆로ᄡᅥ雉尾를懸ᄒᆞ고諸部에轉示ᄒᆞ야軍事를議論ᄒᆞ미其計가叵測ᄒᆞ다ᄒᆞ거ᄂᆞᆯ王이이에尹瓘으로ᄡᅥ元帥를拜ᄒᆞ고吳延寵으로ᄡᅥ副元帥를拜ᄒᆞ야軍士十七萬을率ᄒᆞ고進擊ᄒᆞᆯ새瓘等이其城下에至ᄒᆞ니敵이城上에셔拒戰ᄒᆞ야矢下가如雨ᄒᆞᆫ지라諸軍이能히前進치못ᄒᆞ더니兵馬錄事拓俊京이突進ᄒᆞ야酋長數人을殺ᄒᆞ거ᄂᆞᆯ瓘等이이에左軍兵馬使金德珎으로더브러合擊大破ᄒᆞ야四千八百餘級을斬ᄒᆞ고因ᄒᆞ야地界를

己丑

劃定ᄒᆞ고英州(今吉州內)雄州(今吉州內)福州(今端川)吉州等四城을築ᄒᆞ다○李氏를納ᄒᆞ야妃를封ᄒᆞ니妃ᄂᆞᆫ給事中資謙에女오子淵의曾孫이러라

四年(宋徽宗大觀三年○日皇鳥羽二年○西曆紀元後一千一百九年)이라秋七月에九城을撤ᄒᆞ고女眞舊地를還ᄒᆞ다先是에尹瓘이四城을築ᄒᆞ고또咸州(今咸興)와公嶮鎭(今吉州)과宜州(今德源)와通泰州(今吉州南)와平戎(今吉州)五城을築ᄒᆞ고南界의六萬餘戶를徙居케ᄒᆞ고凱還ᄒᆞ엿더니既而오女鎭이자조侵擾ᄒᆞ야吳延寵을敗ᄒᆞ거ᄂᆞᆯ다시瓘等을遣ᄒᆞ야女眞과講和ᄒᆞ다時에年年이徵兵調餉ᄒᆞ미中外가騷擾ᄒᆞ고또饑饉疾疫이加ᄒᆞ며王도또ᄒᆞᆫ兵事를厭苦ᄒᆞ야九城을議還ᄒᆞᆯ새諫議大夫金仁存이力言ᄒᆞ되萬一還地치아니ᄒᆞ면彼가반다시遼와生釁ᄒᆞ리니請컨ᄃᆡ舊地를還ᄒᆞ소서ᄒᆞ거ᄂᆞᆯ드ᄃᆡ여許諾이니羣臣이瓘과延寵等의好功啓釁ᄒᆞᆫ罪를論ᄒᆞ거ᄂᆞᆯ

癸巳

王이不得已ᄒᆞ야免官ᄒᆞ다○尹瓘이卒ᄒᆞ다瓘은坡平縣人이니好學不倦ᄒᆞ더니밋將相이되미비록軍中이라도恒常五經으로ᄡᅥ自隨ᄒᆞ고好賢善樂홈이一時에冠ᄒᆞ더라諡曰文肅이라ᄒᆞ다

八年(宋徽宗政和三年○日皇鳥羽六年○西歷紀元後一千一百十三年)이라春二月에花園二處를罷ᄒᆞ다先是에王이長源賞春等亭에數出ᄒᆞ야曲宴娛樂ᄒᆞ며近侍가奢侈로王意를媚ᄒᆞ야花園을王宮南西에分設ᄒᆞ고臺榭를大建ᄒᆞ며民家花草를括取ᄒᆞ야移栽ᄒᆞ다가오히려不足ᄒᆞ야또宋國에購來ᄒᆞ더니이우고物議가紛紜ᄒᆞ야罷ᄒᆞ다○四月에女眞烏羅骨實顯等이來ᄒᆞ야九城還給홈을致謝ᄒᆞ고馬와밋金을獻ᄒᆞ다○女鎭完顏阿骨打ㅣ擧兵ᄒᆞ야遼를叛ᄒᆞ거ᄂᆞᆯ遼ㅣ將且攻伐홀ᄉᆡ我의게移牒ᄒᆞ야其地界를防守ᄒᆞ야走避치못ᄒᆞ게ᄒᆞ라ᄒᆞ더라○中書令致仕崔思諏ㅣ卒ᄒᆞ다思諏ᄂᆞᆫ沖의孫이라其女ㅣ李資謙의게適ᄒᆞ야王妃를生ᄒᆞᆫ고로

乙未

王이禮待가特厚ᄒᆞ나然이나思諏가勤謹公廉ᄒᆞ야門地로ᄡᅥ驕人치아니ᄒᆞ고爲政에大體를務存ᄒᆞ더라

十年(宋徽宗政和五年○日皇鳥羽八年○西歷紀元後一千一百十五年)이라春에女鎭完顏阿骨打ㅣ皇帝를稱ᄒᆞ고國號를金이라ᄒᆞ니八月에遼ㅣ將伐홀ᄉᆡ遣使請兵ᄒᆞ거ᄂᆞᆯ王이拓俊京과金富軾의言을用ᄒᆞ야不從ᄒᆞ다○王이西京에幸ᄒᆞ야大同江에泛舟ᄒᆞ고諸臣으로더브러賦詩ᄒᆞ니知制誥崔瀹이言ᄒᆞ되帝王이맛당히經術을好ᄒᆞ야善道를咨諏홀지라엇지雕虫小技를事ᄒᆞ야天眞을喪ᄒᆞ리오ᄒᆞ거ᄂᆞᆯ王이優納ᄒᆞ엿더니一詞臣이譖ᄒᆞ야曰瀹이試才가短ᄒᆞᆫ고로此言이有ᄒᆞ다ᄒᆞ거ᄂᆞᆯ王이怒ᄒᆞ야瀹을罷黜ᄒᆞ더니後에其能詩홈을聞ᄒᆞ고召還ᄒᆞ니瀹은惟善의孫이러라○郭輿ᄂᆞᆫ金州人이라自少力學ᄒᆞ고禮部에暫仕ᄒᆞ다가至是ᄒᆞ야歸隱ᄒᆞ거ᄂᆞᆯ王이召見ᄒᆞ고酒食을親賜ᄒᆞ며先生이라稱ᄒᆞ고烏巾鶴氅

으로左右에常侍ᄒᆞ니時人이金門羽客이라ᄒᆞ더라○金이遣使通好ᄒᆞ다

戊戌 十三年(宋徽宗重和元年○日皇鳥羽十一年○西歷紀元後一千一百十八年)이라夏四月에安和寺를重修ᄒᆞ고扁額을宋帝의게求ᄒᆞ니宋帝ㅣ親書送來ᄒᆞ더라

壬寅 十七年(宋徽宗宣和四年○日皇鳥羽十五年○西歷紀元後一千一百二十二年)이라夏四月에王이崩ᄒᆞ고太子楷ㅣ即位ᄒᆞ야諡ᄒᆞ야曰文孝라ᄒᆞ고廟號ᄂᆞᆫ睿宗이오裕陵에葬ᄒᆞ다○冬十月에守太師中書令李資謙으로ᄡᅥ漢陽公을拜ᄒᆞ더니이윽고다시朝鮮公을封ᄒᆞ다

仁宗榮孝王의諱ᄂᆞᆫ楷오字ᄂᆞᆫ仁表오初諱ᄂᆞᆫ構니在位二十四年이오壽가三十八이라

乙巳 三年(宋徽宗宣和七年○日皇崇德二年○西歷紀元後一千一百二十五年)이라夏四月에金人이遼를滅ᄒᆞ다先是阿骨打ㅣ伐遼ᄒᆞᆯ時에宋國이金과通謀ᄒᆞ야遼의土地를共分ᄒᆞ기를約ᄒᆞ고出師相助ᄒᆞ니遼의形勢가日蹙ᄒᆞ야我의게救援을請ᄒᆞ거ᄂᆞᆯ不報ᄒᆞ엿더니至是ᄒᆞ야遼에遣使ᄒᆞᆯ시龍州(今龍川)에서發ᄒᆞ야泛海前往ᄒᆞ다가不達ᄒᆞ고還ᄒᆞ다

丙午 四年(宋欽宗靖康元年○日皇崇德三年○西歷紀元後一千一百二十六年)이라李資謙이擧兵犯闕ᄒᆞ다初에資謙이外戚尊貴로ᄡᅥ用事ᄒᆞ거ᄂᆞᆯ中書侍郞韓安仁이王을勸ᄒᆞ야資謙을尊奉ᄒᆞ야致仕케ᄒᆞ고其無勢ᄒᆞᆷ을乘ᄒᆞ야文公美等으로더브러圖謀코ᄌᆞ ᄒᆞ엿더니資謙이其謀를知ᄒᆞ고곳罪를羅織ᄒᆞ야安仁을甘物島(今靈巖)에流ᄒᆞ야곳沈殺ᄒᆞ고公美ᄂᆞᆫ忠州에流ᄒᆞ니一時名流가連坐ᄒᆞᆫ者ㅣ甚多ᄒᆞ며自此로內外大權이다資謙의게歸ᄒᆞ고拓俊京과밋其弟俊臣이其羽翼이되더라資謙이他姓이王妃가되면權寵이分ᄒᆞᆯ가恐ᄒᆞ야强히第三女를王ᄭᅴ納ᄒᆞ고其後에또其第四女를納ᄒᆞ야妃를삼으니王이다不得已聽從ᄒᆞᄂᆞᆫ지라이에資謙이더욱忌憚

이無ᄒᆞ야黨與ᄅᆞᆯ廣樹ᄒᆞ야顯要에布列ᄒᆞ고賣官鬻爵ᄒᆞ야賄遺가輻湊ᄒᆞ고ᄯᅩ軍國事ᄅᆞᆯ專管코ᄌᆞᄒᆞ거ᄂᆞᆯ王이自此로憎惡ᄒᆞ더니內侍官金粲과安甫鱗이王意ᄅᆞᆯ揣知ᄒᆞ고이에同知樞密院事智祿延으로더브러資謙과俊京을殺코ᄌᆞᄒᆞᆯᄉᆡ兵士ᄅᆞᆯ發ᄒᆞ야俊臣을先殺ᄒᆞ니資謙이恐懼ᄒᆞ야百寮ᄅᆞᆯ召議코ᄌᆞᄒᆞ거ᄂᆞᆯ俊京이日事ㅣ急矣라ᄒᆞ고禁中에入ᄒᆞ야率衆鼓噪ᄒᆞ니祿延等이敢出치못ᄒᆞᄂᆞᆫ지라日이向晩에俊京이薪을積ᄒᆞ야縱火ᄒᆞ니王이避火ᄒᆞ야山呼亭에步至ᄒᆞ엿다가遇害ᄒᆞᆯ가恐ᄒᆞ야資謙의게禪位코ᄌᆞᄒᆞ니資謙이衆意가不合ᄒᆞᆷ을見ᄒᆞ고敢히受禪치못ᄒᆞ고이에王을請ᄒᆞ야南宮에出御ᄒᆞ고其黨을分遣ᄒᆞ야甫鱗等十餘人을殺ᄒᆞ고祿延과粲은遠地로流ᄒᆞ다가祿延은中道에서殺ᄒᆞ다亂이方作ᄒᆞᆯᄉᆡ左僕射洪灌이聞變ᄒᆞ고歎曰主辱ᄒᆞ면臣死ᄒᆞᄂᆞ니吾ㅣ엇지自安ᄒᆞ리오ᄒᆞ고이에王을從ᄒᆞ야西華門에出

ᄒᆞ다가俊京等의게被害ᄒᆞ고密直金塡은義不死賊이라ᄒᆞ고드듸여閉戶自焚ᄒᆞ야死ᄒᆞ다○三月에李資謙이王을刼迫ᄒᆞ야其第에移御ᄒᆞ다時에王이資謙第에至ᄒᆞ니資謙이其妻로더브러拊地大哭曰王은奈何로賊臣을信ᄒᆞ야骨肉을害코ᄌᆞᄒᆞᄂᆞᆫ고ᄒᆞ고自是로王의動止와飮食을다自由치못ᄒᆞ게ᄒᆞ며宰相朴昇中과許載等은賊黨을諂附ᄒᆞ고百寮ᄂᆞᆫ備員而已러라○五月에王이延慶宮에移御ᄒᆞ다○拓俊京이李資謙을因ᄒᆞ다時에資謙의權勢가日盛ᄒᆞ거ᄂᆞᆯ內醫崔思全이王ᄭᅴ奏曰資謙의跋扈ᄂᆞᆫ오작俊京을恃ᄒᆞᆷ이니萬一俊京을得ᄒᆞ면兵權이內屬ᄒᆞ야資謙을易除ᄒᆞ리이다ᄒᆞ고곳俊京을往說ᄒᆞ야王室에效力ᄒᆞ라ᄒᆞ고ᄯᅩ王의手詔ᄅᆞᆯ賜ᄒᆞ니俊京이慨然應從ᄒᆞ거ᄂᆞᆯ王이이에俊京으로ᄡᅥ判兵部事ᄅᆞᆯ拜ᄒᆞ엿더니會에資謙家奴ㅣ俊京의奴와갓치相詰ᄒᆞ다가因ᄒᆞ야俊京의罪惡을數ᄒᆞ거ᄂᆞᆯ俊京이大怒ᄒᆞ야드

되여資謙으로더브러有隙ᄒᆞ고資謙이또十八子의讖을信ᄒᆞ고不軌ᄅᆞᆯ圖謀ᄒᆞ야餠中에置毒ᄒᆞ야王씌進ᄒᆞ거ᄂᆞᆯ王妃李氏ㅣ密白ᄒᆞᄂᆞᆫ지라王이이에餠으로ᄡᅥ烏의게投ᄒᆞ니烏가卽斃ᄒᆞ고또毒藥을進ᄒᆞ거ᄂᆞᆯ妃ㅣ奉椀ᄒᆞ다가佯히蹶地ᄒᆞ니妃ᄂᆞᆫ資謙의第四女러라王이이에手書ᄅᆞᆯ俊京의게下ᄒᆞ야資謙을圖ᄒᆞ라ᄒᆞ니俊京이드듸여尙書金珦으로더브러資謙을執ᄒᆞ야八寶關에囚ᄒᆞ거ᄂᆞᆯ王이資謙을靈光郡에流ᄒᆞ고其支黨은遠地에分配ᄒᆞ고俊京으로ᄡᅥ太師門下侍郎平章事ᄅᆞᆯ拜ᄒᆞ다○二妃李氏ᄅᆞᆯ廢ᄒᆞ고任氏ᄅᆞᆯ納ᄒᆞ야妃ᄅᆞᆯ삼다諫官이上言ᄒᆞ되二妃가上의게從母行이니至尊을配키難ᄒᆞ다ᄒᆞ거ᄂᆞᆯ王이不得已ᄒᆞ야二妃ᄅᆞᆯ出ᄒᆞ나其救護ᄒᆞᆫ恩義ᄅᆞᆯ思ᄒᆞ야賜與가甚多ᄒᆞ고寵眷이極厚ᄒᆞ더라이에殿中內給事任元厚의女ᄅᆞᆯ納ᄒᆞ다○秋七月에宋이遣使ᄒᆞ야金人이侵逼ᄒᆞᆷ을告ᄒᆞ고또發兵來援ᄒᆞ기ᄅᆞᆯ請ᄒᆞ거ᄂᆞᆯ王이國小兵弱ᄒᆞᆷ으로ᄡᅥ謝辭不從ᄒᆞ다○十二月에李資謙이貶所에서死ᄒᆞ다

丁未 五年 ○宋高宗建炎元年 ○西歷紀元後一千一百二十七年 ○日皇崇德四年 이라拓俊京을巖墮島 前屬羅州今屬智島郡 에流配ᄒᆞ다俊京이特功跋扈ᄒᆞ거ᄂᆞᆯ左正言鄭知常이上疏ᄒᆞ야俊京의亂逆ᄒᆞᆫ罪ᄅᆞᆯ陳ᄒᆞᆫ듸王이이에俊京을流ᄒᆞ고其黨與ᄅᆞᆯ鋤治ᄒᆞ다○九月에金이遣使ᄒᆞ야克宋ᄒᆞᆷ을告ᄒᆞ더라○宋이徽欽二帝의所在가本國과相近ᄒᆞ다ᄒᆞ야本國에假道ᄒᆞ야使臣을通코ᄌᆞᄒᆞ거ᄂᆞᆯ王이邊釁은生ᄒᆞᆯ가恐ᄒᆞ야不許ᄒᆞ고다시宋에遣使ᄒᆞ야其緣由ᄅᆞᆯ詳言ᄒᆞ다

壬子 十年 ○宋高宗紹興二年 ○西歷紀元後一千一百三十二年 ○日皇崇德九年 이라春二月에王이西京에幸ᄒᆞ다先是에僧妙淸이白壽翰으로더브러陰陽之術로衆人을眩惑ᄒᆞ며王도또ᄒᆞᆫ信愛ᄒᆞ더니至是ᄒᆞ야가만이大餠에中을空케ᄒᆞ고熟油

乙卯

롤盛ᄒᆞ야大同江에沈ᄒᆞ니油가水面에浮出ᄒᆞ야五色이玲瓏케ᄒᆞ고ᄡᅧᄒᆞ되神龍이吐涎ᄒᆞ엿다ᄒᆞ고王을愚弄ᄒᆞ거ᄂᆞᆯ王이善泅者로ᄒᆞ여곰水中에入ᄒᆞ야餅을索得ᄒᆞ고其詐를始知ᄒᆞ니라

十三年(○宋高宗紹興五年○日皇崇德十二年 西歷紀元後一千一百三十五年)이라春正月에妙清이西京으로ᄡᅧ叛ᄒᆞ거ᄂᆞᆯ平章事金富軾을遣ᄒᆞ야討伐ᄒᆞ다先是에妙清이逆謀를陰懷ᄒᆞ더니맛ᄎᆞᆷ災異가屢見ᄒᆞᄂᆞᆫ지라이에王을勸ᄒᆞ야西幸ᄒᆞ야避災ᄒᆞ라ᄒᆞ고因ᄒᆞ야圖謀코ᄌᆞᄒᆞ거ᄂᆞᆯ金富軾이諫止ᄒᆞ엿더니至是ᄒᆞ야妙清이西京分司侍郞趙匡과밋兵部尙書柳旵等으로더브러西京을據ᄒᆞ야叛ᄒᆞ고國號를大爲라ᄒᆞ며建元ᄒᆞ야曰天開라ᄒᆞ거ᄂᆞᆯ王이富軾을命ᄒᆞ야金富儀와李周衍等諸將을領ᄒᆞ고進勦ᄒᆞ니富軾이出師홀ᄉᆡ諸將을召集ᄒᆞ야曰西京의叛홈은鄭知常과金安과白壽翰이與謀홈이라今에此人을不除ᄒᆞ면西都를平치못ᄒᆞ리라ᄒᆞ고

이에三人을召ᄒᆞ야斬ᄒᆞᆫ後에王ᄭᅴ奏ᄒᆞ고引兵西行홀ᄉᆡ諸城에馳檄ᄒᆞ야奉詔討賊ᄒᆞᄂᆞᆫ意를曉諭ᄒᆞ고ᄯᅩ西京城中에遣人招諭ᄒᆞ니匡等이그不赦홈을知ᄒᆞ고出降코ᄌᆞᄒᆞ나ᄉᆞᄉᆞ로罪重難容홈가ᄒᆞ야猶豫未決ᄒᆞ더니맛ᄎᆞᆷ平州(今平山)判官金淳夫ㅣ招諭詔를賚ᄒᆞ고入城ᄒᆞ니西人이드ᄃᆡ여妙清과旵等을斬ᄒᆞ고太府卿尹瞻으로ᄒᆞ여곰朝廷에請罪ᄒᆞ거ᄂᆞᆯ是時에金富軾이ᄯᅩᄒᆞᆫ上言ᄒᆞ야尹瞻等을厚待ᄒᆞ야其自新ᄒᆞᄂᆞᆫ路를開ᄒᆞ소셔ᄒᆞ고錄事白錄珎을遣ᄒᆞ야奏請ᄒᆞ엿더니밋京師에至ᄒᆞ니宰相文公仁과崔濡等이錄珎다려謂ᄒᆞ야曰吾等이單价를奏遣ᄒᆞ야賚詔諭降케홈이오汝元帥의功이아니니汝가來홈은何事이며ᄯᅩ汝元帥가西京을直趣치아니ᄒᆞ고迂路로安北(今安州)을徃赴ᄒᆞ니此ᄂᆞᆫ何故오ᄒᆞ고곳尹瞻等을下獄ᄒᆞ고ᄯᅩ富軾을督促ᄒᆞ야進討ᄒᆞ라ᄒᆞ니匡等이瞻이下獄홈을聞ᄒᆞ고必然不免ᄒᆞ리라ᄒᆞ고다시叛

ᄒᆞ거ᄂᆞᆯ富軾이其險固難拔ᄒᆞᆷ을知ᄒᆞ고五城을其下에築ᄒᆞ고積粟峙兵ᄒᆞ야賊을久困케ᄒᆞ엿더니賊이糧盡ᄒᆞ야出降ᄒᆞᄂᆞᆫ者ㅣ多ᄒᆞ더라翌年春二月에富軾이西京을攻拔ᄒᆞ니趙匡은焚死ᄒᆞ고餘衆은다自殺ᄒᆞ거ᄂᆞᆯ이에富軾을進ᄒᆞ야守太尉門下侍中을拜ᄒᆞ다

乙丑 二十三年(○宋高宗紹興十五年○西曆紀元後一千一百四十五年○日皇近衛四年)이라冬十二月에門下致仕金富軾이所撰ᄒᆞᆫ新羅高句麗百濟三國史를上ᄒᆞ거ᄂᆞᆯ王이其第에遣官獎諭ᄒᆞ고花酒를賜ᄒᆞ다先是에ᄂᆞᆫ東國에史記가無ᄒᆞ야오작中國記籍을憑準ᄒᆞᆯᄲᅮᆫ이러니富軾이이에發忿著述ᄒᆞ야一家를卓成ᄒᆞ니라

丙寅 二十四年(○宋高宗紹興十六年○西曆紀元後一千一百四十六年○日皇近衛五年)이라春二月에王이太子晛의게傳位ᄒᆞ고이윽고崩ᄒᆞ거ᄂᆞᆯ太子ㅣ即位ᄒᆞ야諡曰恭孝오廟號ᄂᆞᆫ仁宗이라ᄒᆞ다

毅宗莊孝王의諱ᄂᆞᆫ晛이오字ᄂᆞᆫ日升이오初諱ᄂᆞᆫ徹이니在位二十四年이오壽가四十七이라

丁卯 元年(○宋高宗紹興十七年○西曆紀元後一千一百四十七年○日皇近衛六年)이라夏四月에王이外帝釋院에幸行ᄒᆞ고自後로寺院에遊幸이不可勝記오또求嗣코자ᄒᆞ야靈通寺에祈禱ᄒᆞᆯᄉᆡ華嚴經을論ᄒᆞᆷ이凡五十日이러라○陞補試를始置ᄒᆞ고詩賦와經義로ᄡᅥ取士ᄒᆞ야國學을充ᄒᆞ다○同姓婚娶와并히小功以上의通婚을禁ᄒᆞ다

辛未 五年(○宋高宗紹興二十一年○西曆紀元後一千一百五十一年○日皇近衛十一年)이라春二月에門下侍中致仕金富軾이卒ᄒᆞ니諡曰文烈이라ᄒᆞ다富軾이體貌가豐碩ᄒᆞ고自少로文章이名世ᄒᆞ더니및宋使徐兢이來ᄒᆞᆫ時에館伴이되니兢이其爲人을忻慕ᄒᆞ야高麗圖經을著ᄒᆞ고其家世를載ᄒᆞ며其像을圖歸ᄒᆞ야宋帝ᄭᅴ獻ᄒᆞ고또鏤板ᄒᆞ야天下에傳ᄒᆞ니自此로富軾의名이一世를

振動ᄒᆞ더라○王이萬壽亭에宴ᄒᆞ다先是에內侍官尹彦文等이怪石을聚ᄒᆞ야壽昌宮北園에高築ᄒᆞ고또其間에小亭을構ᄒᆞ야日萬壽라ᄒᆞ고黃綾으로ᄡᅥ壁을被ᄒᆞ며各般器物이다窮極奢侈ᄒᆞ더니王是에設宴ᄒᆞ야侵曉乃罷ᄒᆞ다

丁丑 十一年(宋高宗紹興二十七年○西曆紀元後一千一百五十七年皇後白河二年)二月이라王이圖讖을信ᄒᆞ야諸弟를憎惡ᄒᆞᆯ시諫臣을密諭ᄒᆞ야其弟大寧侯暻을劾奏케ᄒᆞ고因ᄒᆞ야流配ᄒᆞ고太后ㅣ救ᄒᆞᆯ가恐ᄒᆞ야몬저太后를普濟寺에還ᄒᆞ다○夏四月에王이闕東偏에離宮을建ᄒᆞ니日壽德殿이오日天寧殿이라또侍中王沖等五人의第宅을取ᄒᆞ야宮을삼고名花異果와奇麗珍玩을左右羅列ᄒᆞ고怪石으로ᄡᅥ仙山을築ᄒᆞ고遠水를引ᄒᆞ야飛泉을作ᄒᆞ며奢侈를日事ᄒᆞ니百姓이怨苦ᄒᆞ더라○秋에宋商人이鸚鵡와孔雀을獻ᄒᆞ다○仁宗忌辰日에僧을太平亭에서施飯ᄒᆞ다時에王이佛事를喜ᄒᆞ야緇徒가宮庭에盈溢ᄒᆞ며恩寵을怙恃ᄒᆞ고宦官을結托ᄒᆞ야百姓을侵擾ᄒᆞ더라

壬午 十六年(宋高宗紹興三十二年○西曆紀元後一千一百六十二年皇二條四年)이라春三月에宋明州守ㅣ牒告ᄒᆞ되金師를大破ᄒᆞ고金主亮의圖像을得ᄒᆞ엿다ᄒᆞ더라○王이羣臣私第를多取ᄒᆞ야別宮을作ᄒᆞ고貨財를誅求ᄒᆞᆯ시名曰別貢이라ᄒᆞ고宦官으로ᄒᆞ여곰監領ᄒᆞ니이에宦官이私利를營ᄒᆞ야怨聲이載路ᄒᆞ거ᄂᆞᆯ諫官이請罷ᄒᆞ되不從ᄒᆞ더라

乙酉 十九年(宋孝宗隆興三年○西曆紀元後一千一百六十五年皇二條七年)이라夏四月에王이觀瀾寺에幸行ᄒᆞ다先是에承宣金敦中은富軾의子라詞華로ᄡᅥ王의게有寵ᄒᆞ야此寺를修築ᄒᆞ고花草를遍植ᄒᆞ며壇을築ᄒᆞ야御室이라ᄒᆞ고金碧으로ᄡᅥ飾ᄒᆞ고宴을設ᄒᆞ야王을享ᄒᆞ거ᄂᆞᆯ王이羣臣으로더브러酣飮盡歡ᄒᆞ더라是時에景勝으로ᄡᅥ有名ᄒᆞᆫ者ㅣ또奉恩寺衆美亭延福

庚寅

亭萬春亭壽樂堂鮮碧齋玉竿亭錦花橋의類가不可殫記라王이詞臣을率ᄒᆞ고賦詩酬飲ᄒᆞᆷ이虛日이殆無ᄒᆞ고ᄯᅩ一日中에移徙ᄒᆞ기ᄅᆞᆯ再三에至ᄒᆞ더라其後에ᄯᅩ三界醮祭ᄅᆞᆯ設ᄒᆞ시其費가巨萬이라府庫가罄竭ᄒᆞ거ᄂᆞᆯ이에諸道에徵求ᄒᆞ야轉輸가道路에絡繹ᄒᆞ더라

二十四年(○宋孝宗乾道六年○日皇高倉二年○西歷紀元後一千一百七十年)이라春正月에王이賀表ᄅᆞᆯ自製ᄒᆞ야羣臣의게宣示ᄒᆞ니羣臣이이에不得已表賀ᄒᆞ다○王이奉恩寺에幸ᄒᆞ야燃燈戲ᄅᆞᆯ觀ᄒᆞ고還宮ᄒᆞᆯ시彩棚을左右에結ᄒᆞ고百戲ᄅᆞᆯ陳ᄒᆞ야御駕ᄅᆞᆯ迎ᄒᆞ니다金銀珠玉과錦繡綺羅와珊瑚玳瑁로飾ᄒᆞ야그奇巧奢侈ᄒᆞᆷ이亘古無比러라○二月에狼星이南極에現ᄒᆞ거ᄂᆞᆯ按廉使朴純嘏ㅣ老人星이라稱ᄒᆞ고馳驛以聞ᄒᆞ니王이大喜ᄒᆞ야內殿에서親醮ᄒᆞ고百官은表賀ᄒᆞ더라○秋八月에上將軍鄭仲夫等이作亂ᄒᆞ야文士ᄅᆞᆯ大殺ᄒᆞ다時에王이和平齋에幸行ᄒᆞᆯ시文臣으로더브러詩賦酬飲ᄒᆞ야樂而忘返ᄒᆞᄂᆞᆫ지라扈從ᄒᆞᄂᆞᆫ將士가다仇恨ᄒᆞ야怨言이有ᄒᆞ거ᄂᆞᆯ牽龍散員李義方과李高等이仲夫ᄅᆞᆯ激勸ᄒᆞ야曰文臣은醉飽ᄒᆞ고武臣은飢困ᄒᆞ니此ᄅᆞᆯ何堪ᄒᆞ리오ᄒᆞ더라先是에金敎中이仁宗時에登科ᄒᆞ야內侍官이되며年少氣銳ᄒᆞ야宮庭儺夕에燭으로ᄡᅥ仲夫의鬚ᄅᆞᆯ燃ᄒᆞ거ᄂᆞᆯ仲夫ㅣ怒ᄒᆞ야敎中을搏ᄒᆞ니敎中의父富軾이奏請ᄒᆞ야仲夫ᄅᆞᆯ拷治코ᄌᆞᄒᆞ거ᄂᆞᆯ仁宗이仲夫ᄅᆞᆯ愛ᄒᆞ야가만이逃亡케ᄒᆞ니自此로仲夫ㅣ敎中을深嗔ᄒᆞ더니至是ᄒᆞ야李義方으로더브러文臣을除去코ᄌᆞᄒᆞ다가및王이普賢院에如ᄒᆞᆯ시仲夫ㅣ義方다려謂ᄒᆞ야曰今에此機ᄅᆞᆯ勿失ᄒᆞ리라ᄒᆞ더니此時에王이武臣이怨望ᄒᆞᆷ을知ᄒᆞ고이에武臣으로ᄒᆞ여곰手搏ᄒᆞᄂᆞᆫ戲ᄅᆞᆯ設ᄒᆞ고因ᄒᆞ야厚賜ᄒᆞ야其心을慰悅코ᄌᆞᄒᆞ엿더니文臣韓賴等이武臣이見寵ᄒᆞᆷ가忌嫉ᄒᆞ야大將軍李紹膺을批頰ᄒᆞ야侮辱ᄒᆞ며王은ᄯᅩ侍臣으로더

브러從傍譏笑ᄒᆞᄂᆞᆫ지라仲夫ㅣ厲聲ᄒᆞ야曰紹膺이비록武夫나官階가三品이어ᄂᆞᆯ엇지凌侮가至此오ᄒᆞ거ᄂᆞᆯ王이慰解ᄒᆞ더니밋王이普賢院에至ᄒᆞ니李高와李義方이몬져矯命으로巡檢軍을聚集ᄒᆞ엿다가文臣李宗植李復基ᄅᆞᆯ殺ᄒᆞᄂᆞᆫ지라韓賴ㅣ驚走ᄒᆞ야御床에匿ᄒᆞ야王의衣ᄅᆞᆯ挽ᄒᆞ거ᄂᆞᆯ高ㅣ또執斬ᄒᆞ고이에文臣과宦官을大殺ᄒᆞ야積尸가山과如ᄒᆞ더라高와義方等이또京城에遣人ᄒᆞ야樞密使梁純精等十餘人과밋太子宮宮僚ᄅᆞᆯ殺ᄒᆞ고道路에서大呼ᄒᆞ야曰凡文冠을戴ᄒᆞᆫ者ᄂᆞᆫ비록胥吏라도다誅殺ᄒᆞ라ᄒᆞ니이에卒伍가乘時蜂起ᄒᆞ야平章事崔褒와知樞密使徐醇과大司成李知深等五十餘人을殺ᄒᆞ고드듸여王을脅迫ᄒᆞ야還宮ᄒᆞ더라九月에王이康安殿에入ᄒᆞ니宦官王光이仲夫ᄅᆞᆯ討코ᄌᆞᄒᆞ다가事泄ᄒᆞ거ᄂᆞᆯ仲夫ㅣ또宦官等數十人을大殺ᄒᆞ야當時의寵倖이斬戮殆盡ᄒᆞ더라然이나王은奏樂飮酒ᄒᆞ야意氣가自若ᄒᆞ거ᄂᆞᆯ李高等이王을弑코ᄌᆞᄒᆞ다가이에中止ᄒᆞ고다시王을軍器監에遷ᄒᆞ고太子ᄂᆞᆫ延恩館에置ᄒᆞ니라亂이初作ᄒᆞᆯ時에凡文臣中에誅戮을免ᄒᆞᆫ者라도다拘辱을不免ᄒᆞ되오쟉平章事崔惟淸과徐恭等은元來武臣이敬重ᄒᆞᄂᆞᆫ人이라이에其第宅을環衛ᄒᆞ야侵暴ᄅᆞᆯ禁止ᄒᆞ고其二人의族屬도다免禍ᄒᆞ며殿中給事文克謙은聞變逃匿ᄒᆞ엿다가軍士의게被獲ᄒᆞ니克謙이曰我ᄂᆞᆫ文克謙이라上이萬一我言을從ᄒᆞ엿스면엇지今日事가有ᄒᆞ리오願컨ᄃᆡ利劍으로뻐自決ᄒᆞ리라ᄒᆞ니諸將이曰此人은吾輩가聞名이久矣라ᄒᆞ고不殺ᄒᆞ며金敎中은紺嶽山(今在積城)에亡匿ᄒᆞ거ᄂᆞᆯ仲夫ㅣ追殺ᄒᆞ더라時에仲夫等이또軍士ᄅᆞᆯ縱ᄒᆞ야所殺ᄒᆞᆫ文臣의家屋을撤毁ᄒᆞ니此後로武人이習以爲常ᄒᆞ야讐怨이有ᄒᆞᆫ者ᄂᆞᆫ其家ᄅᆞᆯ撤毁ᄒᆞ더라○九月에鄭仲夫等이王을逼ᄒᆞ야巨濟에遜位케ᄒᆞ고太子ᄂᆞᆫ珍島에放ᄒᆞ고王의母弟翼

陽公晧를立ᄒᆞ야王을삼다○

영인

보통교과 동국역사 2

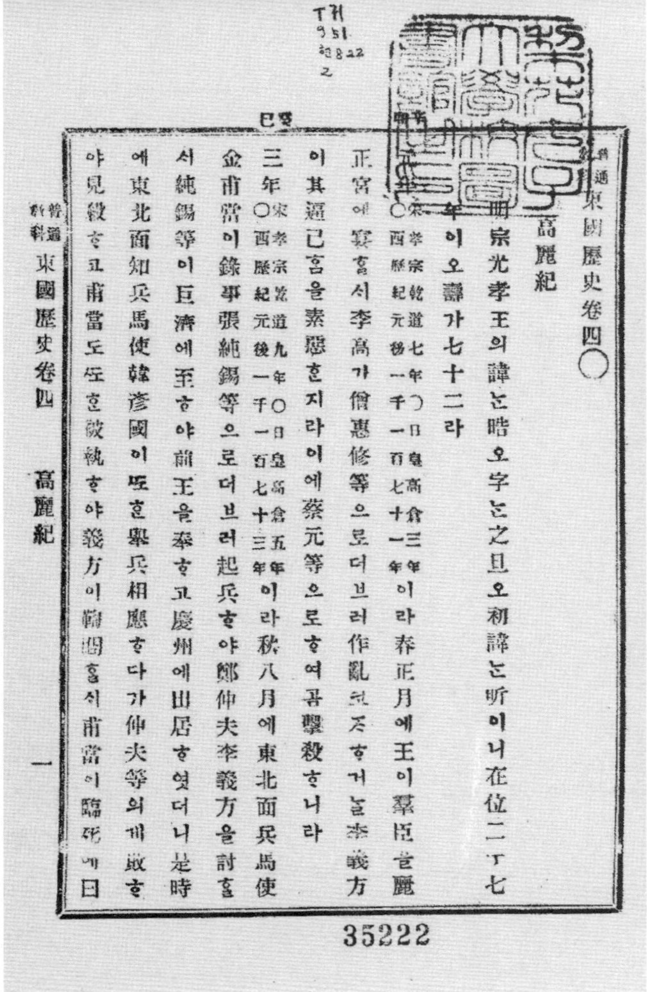

高麗紀

明宗光孝王의 諱는 晧오 字는 之且오 初諱는 昕이니 在位二十七
年이오 壽가 七十二라
○宋孝宗乾道七年 日本高倉三年 西歷紀元後一千一百七十一年이라 春正月에 王이 羣臣을 麗
正宮에 宴ᄒᆞᆯ식 李高가 僧惠修等으로 더브러 作亂코ᄌᆞ ᄒᆞ거ᄂᆞᆯ 李義方
이 其遲己ᄒᆞᆷ을 素憾ᄒᆞᆫ지라 이에 蔡元等으로 ᄒᆞ여곰 擊殺ᄒᆞ니라
三年 ○宋孝宗乾道九年 日本高倉五年 西歷紀元後一千一百七十三年이라 秋八月에 東北面兵馬使
金甫當이 錄事張純錫等으로 더브러 起兵ᄒᆞ야 鄭仲夫李義方을 討ᄒᆞᆯ
서 純錫等이 巨濟에 至ᄒᆞ야 前王을 奉ᄒᆞ고 慶州에 出居ᄒᆞ엿더니 是時
에 東北面知兵馬使韓彥國이 또ᄒᆞᆫ 擧兵相應ᄒᆞ다가 仲夫等의게 敗ᄒᆞ
야 見殺ᄒᆞ고 甫當도 또ᄒᆞᆫ 被執ᄒᆞ야 義方이 鞫問ᄒᆞᆯ식 甫當이 臨死에 曰

今番事에文臣이誰가與謀치아니ᄒᆞ리오ᄒᆞ니義方이이에仲夫로더브러文臣을誅殺ᄒᆞ야江水에投ᄒᆞ니旬日間에文士가殆盡ᄒᆞᄂᆞᆫ지라郞將金富ㅣ仲夫等다려謂曰天意를不可知오人心은不可測이라만일恃力棄義ᄒᆞ고衣冠을薙獮ᄒᆞ면世上에엇지ᄯᅩ金甫當과如ᄒᆞᆫ者ㅣ無ᄒᆞ리오吾輩의子女로文臣과通婚ᄒᆞ야其心을安케ᄒᆞ라ᄒᆞᆫ대仲夫等이其言을從ᄒᆞ야自是로禍가稍止ᄒᆞ니라○冬十月에鄭仲夫等이李義旼으로ᄒᆞ여곰前王을慶州에셔弑ᄒᆞ다義旼은慶州人이라膂刀이有ᄒᆞ고武將中에더옥兇殘ᄒᆞ더니至是ᄒᆞ야慶州에至ᄒᆞ야前王을坤元寺北淵上에引至ᄒᆞ야手로王의脊骨을拉ᄒᆞ야弑ᄒᆞ고褥로屍를裹ᄒᆞ야兩釜를合ᄒᆞ야淵中에投ᄒᆞ얏더니後에戶長弼仁等이棺을具ᄒᆞ야水濱에葬ᄒᆞ고義旼은其功으로ᄡᅥ大將軍을擢拜ᄒᆞ니라

甲午

四年(宋孝宗淳熙元年○日皇高倉六年 西歷紀元後一千一百七十四年)이라春正月에重元歸法等寺의僧徒數千이李義方을誅코ᄌᆞᄒᆞ거ᄂᆞᆯ義方이府兵을發ᄒᆞ야僧百餘을殺ᄒᆞ고諸寺를焚ᄒᆞ고器皿을盡取ᄒᆞ니義方의兄俊儀ㅣ責罵ᄒᆞ야曰汝가三大惡이有ᄒᆞ니弑君이一也오太后女弟를掠奸홈이二也오國政을專擅홈이三也ㅣ라ᄒᆞᆫ디義方이怒ᄒᆞ야劍으로ᄡᅥ擊ᄒᆞ거ᄂᆞᆯ俊儀ㅣ走免ᄒᆞ다○三月에李義方이其女를納ᄒᆞ야太子妃를삼고自此로더욱專恣ᄒᆞ더라○秋九月에西京留守趙位寵이異志를懷ᄒᆞ고西北兩界諸城에移檄曰聞ᄒᆞ니京師에셔北方諸城이桀驁ᄒᆞ다ᄒᆞ야大兵을發ᄒᆞ야來討ᄒᆞᆫ다ᄒᆞ니엇지居戮을坐取ᄒᆞ리오ᄒᆞᆫ디於是에岊嶺(卽慈悲嶺이오在今瑞興)以北四十餘城이다響應ᄒᆞᄂᆞᆫ지라位寵이드듸여西京을據ᄒᆞ고仲夫等의弑君ᄒᆞᆫ罪를討ᄒᆞ거ᄂᆞᆯ朝廷이平章事尹鱗瞻을命ᄒᆞ야往擊ᄒᆞ다가敗還ᄒᆞ니位寵이京師를乘勝直向ᄒᆞᄂᆞᆫ지라義方이出兵突擊ᄒᆞ야大同江ᄭᆞ지追至ᄒᆞ야相持月餘에다시敗還ᄒᆞ니라○延

州(今遂寧)人玄德秀ㅣ西京兵을擊敗ᄒᆞ다位寵의檄書가至ᄒᆞ니諸城이다響應ᄒᆞ거ᄂᆞᆯ德秀ㅣ州將다려謂ᄒᆞ야曰今에位寵이禍心을包藏ᄒᆞ야王命을拒逆ᄒᆞ니忠義ᄅᆞᆯ懷ᄒᆞᆫ者ㅣ엇지忍從ᄒᆞ리오ᄒᆞ고드ᄃᆡ여州將으로더브러閉城固守ᄒᆞ더라時에城中人心이恟恟ᄒᆞ거ᄂᆞᆯ德秀ㅣ孟州(今孟山)將吏의書ᄅᆞᆯ詐作ᄒᆞ야城外人으로ᄒᆞ야곰城中에投ᄒᆞ되京兵十萬이이믜鐵嶺(江原道淮陽과安邊接境大嶺이라)을踰ᄒᆞ야西京을將擣ᄒᆞ니各州鎭은堅守以待ᄒᆞ라ᄒᆞ니城中이이에貳心이無ᄒᆞ더라旣而오北面兵馬使車雲圭ㅣ雲州(今雲山)人의게見殺ᄒᆞ거ᄂᆞᆯ德秀ㅣ其弟剡厚로더브러兵馬事ᄅᆞᆯ權行ᄒᆞ고西京兵의來擊ᄒᆞᄂᆞᆫ者ᄅᆞᆯ擊敗ᄒᆞ고位寵과밋西北諸城의勸降使者ᄅᆞᆯ다梟首示衆ᄒᆞ니라○李義方이伏誅ᄒᆞ다義方이兇恣가日甚ᄒᆞ야同列이被害ᄒᆞᄂᆞᆫ者ㅣ多ᄒᆞ거ᄂᆞᆯ鄭仲夫ㅣ禍가及己ᄒᆞᆯ가恐ᄒᆞ야杜門不出ᄒᆞᆫᄃᆡ義方이仲夫第에至ᄒᆞ야父子ㅣ되기ᄅᆞᆯ誓約ᄒᆞ니仲夫ㅣ이에心安ᄒᆞ더니이윽고尹鱗瞻이다시大將軍이되야西郊에셔治兵ᄒᆞᆯ시義方이宣義門에出ᄒᆞ거ᄂᆞᆯ仲夫의子筠이僧徒ᄅᆞᆯ密喩ᄒᆞ야求訴ᄒᆞᆯ事가有ᄒᆞ다ᄒᆞ고義方을掩斬ᄒᆞ고俊儀兄弟와밋其黨與ᄅᆞᆯ皆殺ᄒᆞ고또賊臣의女ᄅᆞᆯ東宮에配ᄒᆞᆷ이不可ᄒᆞ다ᄒᆞ야奏黜ᄒᆞ니라

(乙未) 五年(○宋孝宗淳熙二年西歷紀元後一千一百七十五年)이라夏五月에비로소前王을爲ᄒᆞ야發喪三日ᄒᆞ고禧陵에葬ᄒᆞ고諡曰莊孝오號ᄂᆞᆫ毅宗이니此ᄂᆞᆫ趙位寵이弑君不葬으로爲辭ᄒᆞᆷ이러라

(丙申) 六年(○宋孝宗淳熙三年西歷紀元後一千一百七十六年)이라夏六月에官軍이西京을拔ᄒᆞ고趙位寵을斬ᄒᆞ다先是에尹鱗瞻은漣州(今漣川)ᄅᆞᆯ圍ᄒᆞ고兵馬副使杜景升은別노히宜州(今德源)ᄅᆞᆯ拔ᄒᆞᆯ서凡二十戰에皆捷ᄒᆞ니賊勢가稍挫ᄒᆞ거ᄂᆞᆯ王이이에庾應圭ᄅᆞᆯ遣ᄒᆞ야禍福으로明喩ᄒᆞᆫᄃᆡ位寵이上

表請降ᄒᆞ다가이윽고後悔ᄒᆞ야漣州를救援ᄒᆞ거ᄂᆞᆯ景升이ᄯᅩ進拔ᄒᆞ고드ᄃᆡ여西京을圍ᄒᆞᆫ지年餘에西京이食盡ᄒᆞ야出降ᄒᆞᆫ者ㅣ甚衆ᄒᆞ니位寵이計窮力盡ᄒᆞ야가만이金에遣人ᄒᆞ야西京와北方四十餘城으로ᄡᅥ割與ᄒᆞ고救援을請ᄒᆞ거ᄂᆞᆯ金主ㅣ不從ᄒᆞ니位寵이憂懣ᄒᆞ야出兵決戰ᄒᆞ다가大敗還入ᄒᆞᄂᆞᆫ지라於是에麟瞻等이城門을破ᄒᆞ고位寵을擒斬ᄒᆞ야市街에梟首ᄒᆞ다此時에金主ㅣ다시建八將軍으로ᄒᆞ야곰義州關外에來屯ᄒᆞ엿다가位寵이誅ᄒᆞᆷ을聞ᄒᆞ고乃還ᄒᆞ더라

丁酉

七年(宋孝宗淳熙四年○日皇高倉九年○西歷紀元後一千一百七十七年)이라夏五月에西京人이作亂ᄒᆞ야副留守朴挺義를殺ᄒᆞ다初에王師가西京을攻ᄒᆞᆯ식踰城出降ᄒᆞᄂᆞᆫ者ㅣ千餘人이오밋城陷ᄒᆞ미城中壯丁이다逃匿ᄒᆞ더니其後降ᄒᆞᆫ者ㅣ逃匿者로ᄡᅥ賊이라ᄒᆞ고婦女를刼掠ᄒᆞ고財貨를攘奪ᄒᆞᄂᆞᆫ지라이에逃者中에金旦等五百餘人이作亂ᄒᆞ야挺義와밋判官朴寧等을殺ᄒᆞ거ᄂᆞᆯ朝廷이遣兵討伐ᄒᆞ니西北人이旦를斬送ᄒᆞ더니既而오賊이復熾ᄒᆞ거ᄂᆞᆯ兵馬使李富ㅣ用計討平ᄒᆞ다○秋七月에南賊亡伊等이就擒ᄒᆞ다先是에公州鳴鶴所의民亡伊等이位寵의亂을乘ᄒᆞ야徒黨을嘯聚ᄒᆞ고自稱曰山行兵馬使라ᄒᆞ고公州를攻陷ᄒᆞ고所在에剽掠ᄒᆞᆫ지踰年이러니于是에兵馬使鄭世猷等이亡伊를捕ᄒᆞ니自是로南賊이稍平ᄒᆞ더라

己亥

九年(宋孝宗淳熙六年○日皇高倉十一年○西歷紀元後一千一百七十九年)이라將軍慶大升이鄭仲夫와宋有仁等을誅ᄒᆞ다先是에仲夫ㅣ年이七十이니舊例에ᄂᆞᆫ맛당히致仕ᄒᆞᆯ지라이에醴官을諷喩ᄒᆞ야漢孔光故事를奏依ᄒᆞ야비록几杖을賜ᄒᆞ고致仕ᄒᆞ엿스나國事ᄂᆞᆫ다依然히關決ᄒᆞ며其婿宋有仁等은怙勢貪濫ᄒᆞ야中外가怨苦ᄒᆞ고其門客鄭筠은公主를尙코ᄌᆞᄒᆞ거ᄂᆞᆯ王이甚患ᄒᆞᆯ식時에大升이仲夫等을憤恨ᄒᆞ나有仁等을畏ᄒᆞ야敢發

치못ᄒᆞ더니밋有仁이文克謙과韓文俊을斥罷ᄒᆞ야人心이沸騰ᄒᆞ거ᄂᆞᆯ大升이牽龍(官名)許升으로ᄒᆞ야곰鄭筠을殺ᄒᆞ고大升은死士를率ᄒᆞ고宮墻을踰入ᄒᆞ야指諭文公呂等을殺ᄒᆞ고드듸여王命으로仲夫와有仁等을斬ᄒᆞ엿더니既而오武臣이怨言이有ᄒᆞ거ᄂᆞᆯ大升이懼ᄒᆞ야壯士百餘人을門下에留養ᄒᆞ고輪番直宿ᄒᆞ더라

癸卯

十三年(宋孝宗淳熙十年○日皇安德三年○西歷紀元後一千一百八十三年)이라秋七月에慶大升이卒ᄒᆞ다大升이鄭仲夫等을斬ᄒᆞᆫ後로恒常畏懼ᄒᆞ야人으로ᄒᆞ야곰里巷에伺察ᄒᆞ야飛語를偶聞ᄒᆞ면곳拘囚鞫問ᄒᆞ야用刑이甚峻ᄒᆞ고또王이寵優ᄒᆞᄂᆞᆫ고로歸附ᄒᆞᄂᆞᆫ者ㅣ多ᄒᆞ나學識과勇力이無ᄒᆞᆫ者ᄂᆞᆫ믄득拒絕ᄒᆞ니이럼으로武官이敢히放縱치못ᄒᆞ더니至是ᄒᆞ야卒ᄒᆞ니年이겨우三十이러라○冬十一月에太后任氏ㅣ薨ᄒᆞ다太后ㅣ寢疾ᄒᆞᆷ시王이藥餌를親調ᄒᆞ고夜不解衣ᄒᆞᆫ者ㅣ屢日이러니밋疾革ᄒᆞᆷ이王이涕泣ᄒᆞ야日이盡ᄒᆞ고后ㅣ崩ᄒᆞᆫ後에朝夕哭臨ᄒᆞ야哀痛이殆甚ᄒᆞ고宰相이節哀ᄒᆞ기를請ᄒᆞ되不聽ᄒᆞ더라○冬十二月에鄭允當으로ᄡᅥ吏部員外郎을삼다允當이年少無知ᄒᆞ거ᄂᆞᆯ其父世祐ㅣ厚斂ᄒᆞ야王ᄭᅴ獻ᄒᆞ고是官을得拜ᄒᆞ니時에王의用人ᄒᆞᆷ이오작近習으로더브러政事를議論ᄒᆞ고叅官以上은政曹에封付ᄒᆞ야名日下點이라由是로奔競이成風ᄒᆞ야賄賂가竝行ᄒᆞ더라

丙午

十六年(宋孝宗淳熙十三年○日皇後鳥羽元年○西歷紀元後一千一百八十六年)이라冬十二月에上將軍崔世輔를命ᄒᆞ야國史를同修ᄒᆞ다時에人이重房(曾今政府)에訴ᄒᆞ야曰國史를修ᄒᆞᆯ時에文克謙이毅宗의被弒ᄒᆞᆫ事를直書ᄒᆞ엿스니맛당히武臣으로ᄒᆞ여곰兼官케ᄒᆞ소서ᄒᆞ거ᄂᆞᆯ克謙이懼ᄒᆞ야王ᄭᅴ密白ᄒᆞ니王이武臣의意를難違ᄒᆞ나其舊制가아님을憎惡ᄒᆞ야이에世輔로ᄒᆞ여곰國史를同修ᄒᆞ라ᄒᆞ니由是로毅宗의實錄이踈略ᄒᆞᆫ者ㅣ多ᄒᆞ더라

辛亥

○崔世輔로써守太師를拜ᄒᆞ고杜景升으로써守太尉를拜ᄒᆞ고李義旼으로써同中書門下平章事를拜ᄒᆞ고朴純弼로써中書侍郎平章事를拜ᄒᆞ다先是에ᄂᆞᆫ宰省이不過數三人이러니至是ᄒᆞ야八員에增至ᄒᆞ고諸臣이目不知書ᄒᆞ야미양省院에會坐ᄒᆞ면互相詬罵ᄒᆞᆷ이兩虎가咆哮ᄒᆞᆷ과如ᄒᆞ고或勇力을自矜ᄒᆞᆷ시拳으로써壁을撞ᄒᆞ야宰臣體面이無ᄒᆞ더라義旼이일즉景升과議事相爭ᄒᆞ다가義旼이奮拳擊柱ᄒᆞ야曰爾가何功으로吾上에居ᄒᆞᄂᆞ뇨ᄒᆞ고크게詬辱ᄒᆞ거ᄂᆞᆯ景升이笑而不荅ᄒᆞ더라

二十一年(宋光宗紹熙二年○日皇後鳥羽六年 ○西紀元後一千一百九十一年)이라政堂文學李知命이卒ᄒᆞ다知命은韓山人이니群書를博學ᄒᆞ고詞賦와草隷를工ᄒᆞ며居官에廉直無私ᄒᆞ고飢民을賑活ᄒᆞ며宰相이되미古大臣風이有ᄒᆞ니世上이欽仰ᄒᆞ더라○政堂文學廉信若이卒ᄒᆞ다信若은若峯人이라爲人이體小膽大ᄒᆞ니世人이晏嬰에比ᄒᆞ며分符仗節ᄒᆞ미所至에聲績이有ᄒᆞ고性이孝友ᄒᆞ며또博覽强記ᄒᆞ야一時高文大冊이다其手에出ᄒᆞ더라

癸丑

二十三年(宋光宗紹熙四年○日皇後鳥羽八年 ○西紀元後一千一百九十三年)이라秋七月에南方群盜ㅣ起ᄒᆞᆯ식其尤劇ᄒᆞᆫ者ᄂᆞᆫ曰金沙彌오또雲門山에在ᄒᆞᆫ者ᄂᆞᆫ曰孝心이니草田을據有ᄒᆞ고亡命을嘯聚ᄒᆞ야州縣을剽掠ᄒᆞ거ᄂᆞᆯ王이大將軍全存傑로ᄒᆞ여곰將軍李至純盧植等을率ᄒᆞ고往討ᄒᆞ라ᄒᆞ니至純은義旼의子라初에義旼이十八子의讖을信ᄒᆞ고非望을懷ᄒᆞ야貪鄙ᄒᆞᆫ舊習을暫袪ᄒᆞ고名士를收用ᄒᆞ야虛譽를要求ᄒᆞ며또自己의本籍이慶州라ᄒᆞ야新羅를復興ᄒᆞᆫ다ᄒᆞ고沙彌孝心等으로더브러交通ᄒᆞ더니至純이또ᄒᆞᆫ賊의賄賂를受ᄒᆞ야官軍動靜을漏泄ᄒᆞ니이럼으로官軍이所至에輒敗ᄒᆞᄂᆞᆫ지라存傑은元來智勇으로名世ᄒᆞ더니이에

忿恚ᄒᆞ야曰만일我로ᄒᆞ여곰王純을治罪ᄒᆞ면其父가必然我를害ᄒᆞᆯ거시오否則賊이益熾ᄒᆞ리니罪가誰의게歸ᄒᆞ리오ᄒᆞ고드ᄃᆡ여仰藥而死ᄒᆞ더니旣而오沙彌ㅣ降ᄒᆞ거ᄂᆞᆯ斬ᄒᆞ다○冬十月에平章事崔世輔ㅣ死ᄒᆞ다世輔ㅣ第宅을大營ᄒᆞ더니未幾에其子ㅣ崔忠獻의流ᄒᆞᆫ비되고家門이盡滅ᄒᆞ더라○十一月이라太后忌辰齋를內殿에設ᄒᆞ고公侯와兩府宰輔와近衛諸臣이各其殽饌을進ᄒᆞ니忌辰에進饌이自此始ᄒᆞ더라○李義旼의게功臣號를賜ᄒᆞ고文武百官이다義旼第에就ᄒᆞ야宴賀ᄒᆞ다義旼이政事를專擅ᄒᆞᆷ셔賄賂가行公ᄒᆞ고支黨이連結ᄒᆞ니廷臣이莫敢誰何오民居를占奪ᄒᆞ야第宅을大起ᄒᆞ고또民田을攘取ᄒᆞ며諸子ㅣ其父를倚勢ᄒᆞ야肆橫이尤甚ᄒᆞ더라

丙辰

二十六年（宋寧宗慶元二年○日皇後鳥羽十一年（西歷紀元後一千一百九十六年）이라夏四月에將軍崔忠獻이其弟東部錄事忠粹로ᄒᆞ야곰李義旼을誅ᄒᆞ고朝臣을大殺ᄒᆞ다時에義旼이兇恣가日甚ᄒᆞ고其子至榮이王의嬖姬를逼淫ᄒᆞ니朝野가痛惋ᄒᆞ며至榮이또일즉忠粹의家鵓鴿을奪ᄒᆞ니忠粹ᄂᆞᆫ牛峯（金川）人이라兄忠獻으로더브러다猜險勇悍ᄒᆞ더니忠粹ㅣ忠獻다려謂ᄒᆞ야曰義旼四父子ᄂᆞᆫ國賊이라我ㅣ誅코ᄌᆞᄒᆞ노라ᄒᆞᆫᄃᆡ忠獻이許諾ᄒᆞ더니맛ᄎᆞᆷ王이普濟寺에幸ᄒᆞᆯ셰義旼이稱疾不從ᄒᆞ고彌陀山別亭에往ᄒᆞ거ᄂᆞᆯ忠獻이忠粹와밋其甥朴晉材等으로더브러其還ᄒᆞᆷ을俟ᄒᆞ야斬ᄒᆞ니王이聞變ᄒᆞ고促駕還宮ᄒᆞ거ᄂᆞᆯ忠獻이곳王의告ᄒᆞ고義旼의子至純至光至榮을斬ᄒᆞ고또慶州에遣使ᄒᆞ야義旼의三族을滅ᄒᆞ다忠獻이義旼의支黨을捕ᄒᆞᆯ시上將軍吉仁이將軍兪光과朴光襲等으로더브러武庫兵仗을出ᄒᆞ야禁軍과宦官奴隷千餘人을分授ᄒᆞ고忠獻과戰ᄒᆞ다가吉仁이敗ᄒᆞ야逃亡ᄒᆞ거ᄂᆞᆯ王이忠獻을召入ᄒᆞᆫᄃᆡ忠獻이吉仁이宮內에在ᄒᆞᆫ가疑慮ᄒᆞ야縱兵闌入ᄒᆞ야見人輒殺ᄒᆞ니僵

屍가狼藉ᄒᆞ고兪光과朴公襲은다自殺ᄒᆞ고王의左右ᄂᆞᆫ오작宮姬數人이侍側垂泣ᄒᆞᆯᄲᅮᆫ이오吉仁은北山으로走ᄒᆞ야墮崖而死ᄒᆞ더라忠獻이ᄯᅩ叅知政事李仁成과承宣文迪과崔光裕와大司成李純裕等三十六人을殺ᄒᆞ니文迪의妻崔氏ㅣ積屍中에서夫屍를覓ᄒᆞ야藏去ᄒᆞᄂᆞᆫ지라忠獻이其節을嘉ᄒᆞ야收葬ᄒᆞ라ᄒᆞ고ᄯᅩ十條를奏請ᄒᆞ거ᄂᆞᆯ王이다從ᄒᆞ고忠獻을拜ᄒᆞ야左承宣을삼앗다가이윽고御史臺事를知케ᄒᆞ고忠粹晉材等은功臣號를賜ᄒᆞ다○崔忠獻이自己權力이分ᄒᆞᆯ가恐ᄒᆞ야內侍李芬等五十餘人을罷黜ᄒᆞ고ᄯᅩ王子小君輩ᄂᆞᆫ本寺에還送ᄒᆞ더라

二十七年(宋寧宗慶元三年○日皇後鳥羽十二年○西曆紀元後一千一百九十七年)九月이라崔忠獻이跋扈가日甚ᄒᆞ야崔忠粹와朴晉材로더브러四街에屯兵ᄒᆞ고杜景升과밋諸小君洪機等二十餘人을海島에流ᄒᆞ고곳王을逼ᄒᆞ야昌樂宮에

幽ᄒᆞ고太子ᄂᆞᆫ江華에放ᄒᆞ고王의弟平凉公旼을迎立ᄒᆞ거ᄂᆞᆯ旼이卽位ᄒᆞ야攻名曰晫이라ᄒᆞ다○崔忠獻으로ᄡᅥ二爵宣을拜ᄒᆞ고崔忠粹로大將軍을拜ᄒᆞ고朴晉材ᄂᆞᆫ刑部侍郞을拜ᄒᆞ다○崔忠粹ㅣ其女로ᄡᅥ太子妃를삼고자ᄒᆞᆯ새太子ㅣ이믜娶ᄒᆞ얏ᄂᆞᆫ지라王이不聽ᄒᆞ엿더니忠粹ㅣ脅迫ᄒᆞ야太子妃를黜ᄒᆞ고其女를納ᄒᆞᆯ새其母ㅣ勸止ᄒᆞᆫ듸忠粹ㅣ怒曰此ᄂᆞᆫ婦人의知ᄒᆞᆯ비아니라ᄒᆞ고手로ᄡᅥ推ᄒᆞ야仆地ᄒᆞᆫᄂᆞᆫ지라忠獻이聞ᄒᆞ고曰此ᄂᆞᆫ言語로開諭치못ᄒᆞ리니吾ㅣ맛당히衆人으로ᄒᆞ여곰廣化門에候待ᄒᆞ엿다가其女를不納ᄒᆞᆷ이可ᄒᆞ다ᄒᆞᆫ듸忠粹ㅣ怒曰兄이我를除코자ᄒᆞᆷ은其衆을恃ᄒᆞᆷ이라ᄒᆞ고드듸여其徒千餘人을率ᄒᆞ고忠獻과興國寺에서戰ᄒᆞ다가忠粹ㅣ大敗ᄒᆞ야斬關東走ᄒᆞ거ᄂᆞᆯ忠獻의黨이追及ᄒᆞ야斬ᄒᆞ니自此로大權이다忠獻의게歸ᄒᆞ니라

神宗靖孝王의諱ᄂᆞᆫ晫이오初諱ᄂᆞᆫ旼이오字ᄂᆞᆫ至華니明宗同母弟오在位七年이오壽가六十一이라

戊午

元年(宋寧宗慶元四年○日皇後鳥羽十三年○西歷紀元後一千一百九十八年)이라秋八月에私奴萬積等六人이北山에樵採ᄒᆞ다가公私奴隸를招集ᄒᆞ야謀曰國家ㅣ庚癸以來로朱紫가賤隸에셔多起ᄒᆞ엿스니將相이엇지種子가有ᄒᆞ리오ᄒᆞ고이에黃紙數千을剪ᄒᆞ야丁字로標識을作ᄒᆞ고甲寅日로興國寺에聚集ᄒᆞ야몬저崔忠獻等을誅ᄒᆞ고因ᄒᆞ야各其其主를格殺ᄒᆞ고賤籍을焚ᄒᆞ다ᄒᆞ더니及期ᄒᆞ야奴順貞이其主韓忠愈의게告ᄒᆞ니忠愈ㅣ忠獻과謀ᄒᆞ야萬積等百餘人을江에投ᄒᆞ다○崔讜을門下侍郞平章事로致仕케ᄒᆞ니時에兩府宰臣을勸令致仕ᄒᆞᆫ者ㅣ二十人이러라

庚申

三年(宋寧宗慶元六年○日皇土御門二年○西歷紀元後一千二百年)이라夏五月에晉州州吏鄭方義等이作亂ᄒᆞ다初에方義ㅣ罪로ᄡᅥ被囚ᄒᆞ엿더니其弟昌大가獄中에突入ᄒᆞ야枷鎖를脫ᄒᆞ고모든不逞ᄒᆞᆫ徒를聚集ᄒᆞ야州里에橫行ᄒᆞ며仇怨者를殺ᄒᆞ니凡六千四百餘人이라牧使李淳中이懼ᄒᆞ야閉閤不出ᄒᆞ거ᄂᆞᆯ朝廷이少府卿趙通等을遣ᄒᆞ야鎭撫ᄒᆞ라ᄒᆞ니通이ᄯᅩᄒᆞᆫ拱手畏避ᄒᆞᆯᄲᅮᆫ이러니明年에晉州人이方義를殺ᄒᆞ고其黨이散ᄒᆞ다○冬十二月에崔詵과任濡로ᄡᅥ門下侍郞同平章事를拜ᄒᆞ고崔忠獻은守太府上柱國을拜ᄒᆞ엿다가ᄯᅩ吏兵部尙書御史大夫를兼任ᄒᆞ니忠獻이禁闥에出入ᄒᆞᆯ셰兵士로自衛ᄒᆞ고私第에셔文武官을注擬ᄒᆞ야奏ᄒᆞ면王은다만頷之ᄒᆞ고二部判事ᄂᆞᆫ檢閱ᄒᆞᆯᄲᅮᆫ이러라○時에奇洪壽와車若松이中書省의坐ᄒᆞ야孔雀과牧丹養ᄒᆞᄂᆞᆫ術을議論ᄒᆞᄂᆞᆫ지라聞者ㅣ歎曰宰相의職이論道經邦ᄒᆞᄂᆞᆫ데在ᄒᆞ거ᄂᆞᆯ今에다만花鳥를評品ᄒᆞ니엇지百寮를儀表ᄒᆞ리오ᄒᆞ더라

壬戌

五年(宋寧宗嘉泰二年○日皇土御門四年○西歷紀元後一千二百二年)이라十一月에前王이昌樂宮

에서崩ᄒᆞ거ᄂᆞᆯ王이王禮로ᄡᅥ葬코ᄌᆞᄒᆞᆫᄃᆡ忠獻이不從ᄒᆞ야降等ᄒᆞᆫ禮를用ᄒᆞ고諡曰光孝오廟號ᄂᆞᆫ明宗이오智陵에葬ᄒᆞ다○崔忠獻으로ᄡᅥ守太傅參知政事ᄅᆞᆯ拜ᄒᆞ다

癸亥

六年(宋寧宗嘉泰三年日皇土御門五年○西歷紀元後一千二百三年)이라春二月에道場을修文殿에設ᄒᆞ니時에寇盜가數起ᄒᆞᄂᆞᆫ고로祈禳홈이러라○冬十二月에招討兵馬使丁彦眞이南賊을討平ᄒᆞ다先是에慶州別抄軍이永州(今永川)人으로더브러有隙ᄒᆞ야雲門山(在淸道郡이니卽向者南盜孝心의佔據地라)의賊을引ᄒᆞ야永州ᄅᆞᆯ攻ᄒᆞ고ᄯᅩ慶州人李佐等이高麗王業이幾盡ᄒᆞ니다시新羅ᄅᆞᆯ興復ᄒᆞᆫ다稱ᄒᆞ고起兵ᄒᆞ거ᄂᆞᆯ忠獻이大將軍金陟侯等을遣ᄒᆞ야攻ᄒᆞ니賊黨이益熾ᄒᆞ야相持ᄒᆞᆫ지逾年에師老無功ᄒᆞᄂᆞᆫ지라이에陟侯ᄅᆞᆯ罷ᄒᆞ고彦眞을遣ᄒᆞ니彦眞이方略을多設ᄒᆞ야賊魁ᄅᆞᆯ連捕ᄒᆞ고一千餘級을斬首ᄒᆞ니於是에諸賊이略平ᄒᆞ니라

甲子

七年(宋寧宗嘉泰四年日皇土御門六年○西歷紀元後一千二百四年)이라春正月에王이不豫ᄒᆞ야太子譓의게傳位ᄒᆞ고德陽侯私第에移御ᄒᆞ엿다가尋崩ᄒᆞ니諡曰靖孝오廟號ᄂᆞᆫ神宗이오陽陵에葬ᄒᆞ다先是에王이不豫ᄒᆞ야崔忠獻의게內禪ᄒᆞᆯ意ᄅᆞᆯ語ᄒᆞᆫᄃᆡ忠獻이太子ᄭᅴ告ᄒᆞ니太子ㅣ涕泣固辭ᄒᆞ더니至是에下詔ᄒᆞ야太子의게傳位ᄒᆞ니忠獻이太子ᄅᆞᆯ擁翼ᄒᆞ고大觀殿에出御ᄒᆞ야百官의賀ᄅᆞᆯ受ᄒᆞᆯᄉᆡ王이忠獻을扶起ᄒᆞ야曰今日에朕의志願이畢矣라卿이朕의父子의게功德이不淺ᄒᆞ다ᄒᆞ더라○冬十二月에崔忠獻으로ᄡᅥ太師門下侍郞同中書門下平章事ᄅᆞᆯ拜ᄒᆞ다王이忠獻이擁立ᄒᆞᆫ功이有ᄒᆞ다ᄒᆞ야殊禮로待ᄒᆞ고呼曰恩門相國이라ᄒᆞ더라○韓惟漢은京都人이라忠獻의專擅홈을見ᄒᆞ고曰亂이將作이라ᄒᆞ고妻子ᄅᆞᆯ挈ᄒᆞ고智異山에隱居ᄒᆞ야外人을交接지아니ᄒᆞ고除官ᄒᆞ야도不起ᄒᆞ며ᄯᅩ深谷에移居ᄒᆞ야終身不返ᄒᆞ더니未幾에果然

丁卯

契丹과蒙古의亂이有ᄒᆞ니라

熙宗成孝王에諱ᄂᆞᆫ韺이오字ᄂᆞᆫ不陂오初諱ᄂᆞᆫ悳이니在位七年이오壽가五十七이라

三年(宋寧宗開禧三年○日皇土御門九年○西歷紀元後一千二百七年)이라春正月에道場을重房에設ᄒᆞ다前年에武官이多死ᄒᆞᆫ後로브터武官이怨ᄒᆞ되文臣이呪呾ᄒᆞ엿다ᄒᆞ거ᄂᆞᆯ王이이에內侍로ᄒᆞ여곰道場을重房과밋將軍房에設ᄒᆞ야祈禳ᄒᆞ다○先是에崔忠獻으로ᄡᅥ門下侍中晋康郡開國侯를拜ᄒᆞ엿다가다시晋康侯를加冊ᄒᆞ고其府ᄂᆞᆫ興寧이라ᄒᆞ고官僚를置ᄒᆞ고興德宮으로ᄡᅥ屬ᄒᆞ니王子宰輔以下가다其府에就ᄒᆞ야讌賀ᄒᆞᆯ새花果와絲竹의盛ᄒᆞᆷ이三韓以來人臣家에初有ᄒᆞ고侍從과門客이三千人이러니至是ᄒᆞ야ᄯᅩ中書令晋康公을封ᄒᆞ니忠獻이ᄡᅥᄒᆞ되公爵은五等爵의首오中書令은人臣의極이라ᄒᆞ야辭謝不受ᄒᆞ더라○大將軍朴晋材ㅣ其門客의除官ᄒᆞᆫ者ㅣ少ᄒᆞ다ᄒᆞ고忠獻을怨望ᄒᆞ야圖코져ᄒᆞ거ᄂᆞᆯ忠獻이聞知ᄒᆞ고招問曰汝ㅣ何故謀我오ᄒᆞ고左右로ᄒᆞ여곰其脚筋을斷截ᄒᆞ고白翎島(在今長淵)에流配ᄒᆞ니晋材ㅣ이윽고病死ᄒᆞ다○王이術士의言을用ᄒᆞ야忠獻子瑀의第에移御ᄒᆞ니忠獻이迎駕獻壽ᄒᆞ고諸王子와宰樞가皆侍ᄒᆞ고錦繡彩棚과胡漢雜戲가窮極奢侈ᄒᆞ더라○冬十月에王이國老를大饗ᄒᆞ다王이親히酒食을侑ᄒᆞ고因ᄒᆞ야孝順節義와鰥寡孤獨廢疾人의게物饌을賜ᄒᆞ고郡縣도亦然ᄒᆞ니比來에國家가多難ᄒᆞ야此禮를久廢ᄒᆞ엿다가至是ᄒᆞ야更行ᄒᆞ다○靑郊(在今松都)驛吏等이忠獻을謀殺ᄒᆞ거ᄂᆞᆯ忠獻이鞫問ᄒᆞᆯ새右僕射韓琦의게辭連ᄒᆞᆫ지라忠獻이琦와밋其三子를殺ᄒᆞ다

己巳

五年(宋寧宗嘉定二年○日皇土御門十一年○西歷紀元後一千二百九年)이라春三月에王이崔忠獻第에移御ᄒᆞ니其第가闊洞里에在ᄒᆞ야人家數百을毁ᄒᆞ고壯麗雄傑ᄒᆞᆷ

이數里에延袤ᄒᆞ야禁掖과如ᄒᆞ더라冬에至ᄒᆞ야延慶宮에還御ᄒᆞ다時에忠獻이三第를新營ᄒᆞ고金玉錢穀을多藏ᄒᆞ고左右ᄃᆞ려謂曰吾ㅣ金銀珠寶를王府에獻ᄒᆞ야國用을助ᄒᆞ리라ᄒᆞ니衆이다稱善ᄒᆞᄂᆞᆫ지라其姻戚盧仁祐ㅣ獨曰此ᄂᆞᆫ留儲ᄒᆞ야君의經費를作ᄒᆞ고다시民斂을不爲홈이何如오ᄒᆞ니忠獻이赧然ᄒᆞ더라

七年(宋寧宗嘉定四年○日皇順德元年西歷紀元後一千二百十一年)이라九月에門下侍郞平章事致仕崔讜이卒ᄒᆞ다讜이自少聰悟ᄒᆞ고屬文을善ᄒᆞ며所至에聲績이有ᄒᆞ고四朝를歷仕ᄒᆞ야一時에名重ᄒᆞ며賢人을薦ᄒᆞ고能者를進ᄒᆞ야宗社를奠安ᄒᆞ고年이未衰에休退ᄒᆞ더라○遣使ᄒᆞ야金에如ᄒᆞ다가不至ᄒᆞ고還ᄒᆞ다先是에朝廷이使臣金良器等을金에遣ᄒᆞᆯ시時에金이蒙古로더브러構兵ᄒᆞ야良器ㅣ通州(近京北地)에서蒙兵의게死ᄒᆞ거ᄂᆞᆯ金人이其骨을收ᄒᆞ야送還ᄒᆞ더니至是에다시遣使ᄒᆞ다가路梗

不達ᄒᆞ다○冬十二月에王이壽昌宮에在ᄒᆞ야內侍郞中王濬明과參政于承慶과樞密使史弘績과將軍王翊等으로더브러忠獻을謀誅ᄒᆞᆯ시僧徒十餘人을宮內에伏伺ᄒᆞ야忠獻을擊殺코ᄌᆞᄒᆞ다가不果ᄒᆞ니忠獻이곳濬明等을流配ᄒᆞ고드듸여王을廢ᄒᆞ야江華에遷ᄒᆞ엿다가다시紫鷰島(今仁川屬)에移居케ᄒᆞ고太子祉ᄂᆞᆫ仁州(仁川)에放ᄒᆞ고明宗의子漢南公貞을立ᄒᆞ니王이卽位ᄒᆞ야改名曰祦라ᄒᆞ고忠獻을功臣號를賜ᄒᆞ고其弟崇寧府를改ᄒᆞ야晋康府라ᄒᆞ다

康宗元孝王의諱ᄂᆞᆫ祦오字ᄂᆞᆫ大華니明宗의太子오在位二年이오壽가六十二라

二年(宋寧宗嘉定六年○日皇順德三年西歷紀元後一千二百十三年)이라秋八月에王이不豫ᄒᆞ야太子瞮의게傳位ᄒᆞ고尋崩ᄒᆞ니諡曰元孝오廟號ᄂᆞᆫ康宗이오厚陵에葬ᄒᆞ다

高宗安孝王의諱는皞이오字는大明이오初諱는瞋이니在位四十六年이오壽가六十八이라

乙亥

二年(宋寧宗嘉定八年○西曆紀元後一千二百十五年日皇順德五年)이라秋八月에崔忠獻이將軍李光裕로ᄒᆞ여곰前王을喬桐에遷ᄒᆞᆯ시光裕ㅣ還ᄒᆞ야其供頓이闕乏ᄒᆞᆷ을言ᄒᆞᆫᄃᆡ忠獻이厲聲ᄒᆞ야曰我의仁恕가아니면王의父子가엇지首領을得保ᄒᆞ며濬明의事를追思ᄒᆞ면至今ᄭᆞ지我의毛髮이盡竪ᄒᆞᆫ다ᄒᆞ더라先是에王이忠獻의妻任氏를封ᄒᆞ야綏成宅主를삼고ᄯᅩ王氏는靜和宅主를삼으니任氏는將軍孫江胤의妻라忠獻이江胤을殺ᄒᆞ고奪ᄒᆞ며王氏는卽康宗의女러라忠獻이別第에移入ᄒᆞᆯ시斂載과兵衛가數里에彌滿ᄒᆞ고朝士가追隨ᄒᆞ는者ㅣ甚衆ᄒᆞ더라樞密使琴儀는力學ᄒᆞ고屬文을善ᄒᆞ나忠獻을諂事ᄒᆞ야華要를歷敭ᄒᆞ더니至是에忠獻을隨ᄒᆞ야其後를從往ᄒᆞ니時人이鄙笑ᄒᆞ더라

丙子

三年(宋寧宗嘉定九年○西曆紀元後一千二百十六年日皇順德六年)秋七月이라時에金國이蒙古의게被困ᄒᆞ니其宣撫使蒲鮮萬奴ㅣ遼東을叛據ᄒᆞ야天王이라稱ᄒᆞ고國號는大眞이라ᄒᆞ거ᄂᆞᆯ金人이將且擧兵攻伐코ᄌᆞᄒᆞ야軍粮과戰馬를乞借ᄒᆞ니朝廷이不應ᄒᆞ다○八月에契丹이來侵ᄒᆞ거ᄂᆞᆯ上將軍盧元純等을遣ᄒᆞ야禦敵ᄒᆞ다時에契丹遺種의金山王子와金始王子ㅣ河朔人民을脅降ᄒᆞ고自稱曰大遼收國王이오建元ᄒᆞ야曰天成이라ᄒᆞ다가蒙兵의게被逐ᄒᆞ야其將鵝兒乞奴로ᄒᆞ여곰몬져數萬兵을率ᄒᆞ고渡江ᄒᆞ야會寧朔州等郡을侵犯ᄒᆞ야財穀과畜産을奪掠ᄒᆞ고雲中道(今在北關)에移入ᄒᆞ니朔州分道將軍盧仁綏ㅣ棄城ᄒᆞ고走ᄒᆞᄂᆞᆫ지라이에盧元純으로中軍兵馬使를合고吳應夫로右軍兵馬使를삼고金就礪로後軍兵馬使를삼고十三領軍과밋神騎諸衛兵을率ᄒᆞ고往擊ᄒᆞᆯ시時에賊兵이이믜寧德城(今在義州)을屠ᄒᆞ고安州(今安州)義州(今義州)鐵山(今鐵山)宣川(今宣川)等

州로進聞ᄒᆞ고殄滅ᄒᆞ야降服을督促ᄒᆞ신ᄃᆡ賊이我國人趙水尺을得ᄒᆞ야鄕導를삼으니趙水尺은太祖ㅣ百濟를攻ᄒᆞᆯ時에勇悍難制ᄒᆞ든還種이라田獵을爲業ᄒᆞ더니忠獻의侵暴를不堪ᄒᆞ야賊을迎降ᄒᆞ고山川險要를다指示ᄒᆞ더라三軍이進州(今川)에서迎戰ᄒᆞ야數千級을斬ᄒᆞ고또延州(今寧邊)開平驛에서戰ᄒᆞ실ᄉᆡ金就礪ㅣ丹兵을大破ᄒᆞ니丹兵이妙香山(在寧邊)에入ᄒᆞ야淸塞鎭(在熙川)을臨ᄒᆞ야遁去ᄒᆞ니賊의前後死者ㅣ萬餘人이러라賊이旣退ᄒᆞ믹三軍이延州로부터回軍ᄒᆞ다가博川에서丹賊을要迎ᄒᆞ야就礪ㅣ力戰却退ᄒᆞ다就礪ㅣ能히以少擊衆ᄒᆞ고奇計를出ᄒᆞ야每戰輒勝ᄒᆞ더라○冬十月에諸軍이丹兵과渭州(今寧山)嘉城外에서戰ᄒᆞ다가敗績ᄒᆞ니京城이大震ᄒᆞ고賊은西京에至ᄒᆞ야安定林原驛等을屠ᄒᆞ고大同江을渡ᄒᆞ야西海道(今黃海道)로入ᄒᆞᄂᆞᆫ지라이에鄭叔瞻으로써行營中軍元帥를拜ᄒᆞ고趙冲으로써副元帥를

拜ᄒᆞ야往禦ᄒᆞᆯᄉᆡ京都人을搜括ᄒᆞ야可히從軍ᄒᆞᆯ者ᄂᆞᆫ다部伍에屬ᄒᆞ니이에太祖苗裔와밋文科出身이다隸屬ᄒᆞ고또僧徒를抄選ᄒᆞ야數萬人을得ᄒᆞ엿더니밋叔瞻等이黜軍ᄒᆞᆯᄉᆡ驍勇者ᄂᆞᆫ다忠獻父子門客의私兵이되고官軍은오작老弱뿐이라十二月에興義驛에至ᄒᆞ야平州(今平山)의兵을見ᄒᆞ고賊이來ᄒᆞᆫ다ᄒᆞ야다奔潰ᄒᆞ고오작趙冲이部伍를整頓ᄒᆞ더니이윽고賊이黃州를屠ᄒᆞ고鹽(今延安)白(今白川)二州에至ᄒᆞ거ᄂᆞᆯ叔瞻等이金郊(在平山)에退屯ᄒᆞ엿다가數日에또國淸寺에退駐ᄒᆞ다

丁丑 四年(宋寧宗嘉定十一年○西紀一千二百十八年)이라春正月에興王景福等諸寺의僧人이忠獻을謀殺ᄒᆞᆯᄉᆡ거ᄌᆞᆺ丹兵의게敗ᄒᆞ엿다ᄒᆞ고曉夜에宣義門에至ᄒᆞ야急呼曰丹兵이至矣라ᄒᆞ고忠獻家로向ᄒᆞ니忠獻이家兵과巡檢軍을遣ᄒᆞ야僧徒三百餘人을斬ᄒᆞ고또僧人을大索ᄒᆞ야八百人을殺ᄒᆞ니積屍가如山ᄒᆞ고流血이成川ᄒᆞ더라이에僧徒를鞫問

호시鄭叔瞻의게辭連호거늘곳叔瞻을罷호고鄭邦輔로뼈代호다○丹兵이退호다王이承宣金仲龜를命호야南道軍으로賊을往擊호라호고安西(今延安白川載寧三郡)都護兵이또호賊首百餘級을斬호고趙沖은鹽州(今延安)에서耀兵호니賊이이에回軍北歸호다○秋七月에兵馬使崔元世와金就礪等이丹兵을堤州(今堤川)에서大破호다先是에丹兵이西歸호다가定州를焚호고安州에駐屯호거늘官軍이往擊호셔太祖灘에至호니大雨가如注라곳留屯호야置酒宴樂호고設備치아니호엿더니賊이大至호니金就礪ㅣ逆戰호다가槍과矢를獨受호고其餘諸將의死호者ㅣ不知其數오丹兵이長湍에至호고또金郊驛(在今平山)에屯호거늘다시吳應夫로뼈中軍兵馬使를拜호고崔元世로뼈前軍을將호고黃大源은左軍을將호고吳仁永은右軍을將호고柳敦植은後軍을將호야崇仁門을出호야禦敵호더니이욱고丹兵이또東州(今鐵原)로

陷호거늘이에應夫를罷호고崔元世로뼈代호고就礪는前軍을將호고賊兵을澄波渡에서擊却호고또豐壤驛(在今楊州)에서戰호야盧元驛(在今楊州)에追至호야斬馘이甚多호니賊이다시楊州로부터原州에至호엿다가未幾에春川을陷호야按廉使盧周翰을殺호고또原州를進攻호거늘州人이相持호야凡九戰에食盡援絶호야城이陷호더니既而오官軍이賊을忠(忠州)原(原州)兩州에서大破호야三百餘級을斬호고堤州에追至호니賊屍가川流를蔽塞호고또朴達峙(在今堤川)에追及호야元世ㅣ就礪로더브러嶺上을先據호엿더니明日에賊數萬騎가嶺을分登호야要害를爭호거늘元世等이곳大呼死戰호니賊이大潰호야男女兵仗輜重을狼藉委棄호고東走호야溟州(今江陵)大關嶺을踰호야遁去호다○冬十月이라時에女眞黃旗子軍이來侵호거늘西北兵馬使趙沖이迎戰連破호니賊이敗還호더라

戊寅

五年(宋寧宗嘉定十一年○日皇順德八年○西歷紀元後一千二百十八年)秋七月이라先是에丹兵이堤州에서敗還ᄒᆞ야女眞의게援兵을請ᄒᆞ니軍勢가復振ᄒᆞᄂᆞᆫ지라이에官軍을連破ᄒᆞ고楊州를進逼ᄒᆞ거ᄂᆞᆯ趙冲으로西北面元帥를拜ᄒᆞ고金就礪로兵馬使를拜ᄒᆞ고鄭通寶等으로더브러前後左右軍을分領ᄒᆞᆯᄉᆡ王이親히鈇鉞을授ᄒᆞ고生徒의入仕치아니ᄒᆞᆫ者를다從軍케ᄒᆞ다時에冲이前敗를深耻ᄒᆞ야銳意討賊ᄒᆞᆯᄉᆡ號令이明肅ᄒᆞ고賊을禿山(在今博川)에서連敗ᄒᆞ니賊이數萬騎를引ᄒᆞ고江東城을入保ᄒᆞ더라○冬十二月이라初에金君綏ㅣ趙冲을代ᄒᆞ야西北兵馬使가되엿다가至是에肅州(今肅川)永淸(今永柔)에在ᄒᆞᆫ賊을攻ᄒᆞ야四百餘級을斬ᄒᆞ다○蒙이其元帥哈眞과副帥孔剌를遣ᄒᆞ야軍士一萬을率ᄒᆞ고東女眞의完顔子淵兵二萬을合ᄒᆞ야丹賊을攻ᄒᆞᆫ다稱ᄒᆞ고和(今中和)猛(今孟山)順(今順川)德(今德川)四城을破ᄒᆞ고江東城에至ᄒᆞ더라○趙冲이遣兵ᄒᆞ야

蒙兵을會合ᄒᆞ다時에蒙兵이이믜江東을向ᄒᆞᆯᄉᆡ天寒雪積ᄒᆞ야粮道가不繼ᄒᆞᄂᆞᆫ지라哈眞이元帥府에移牒ᄒᆞ야曰我皇帝ㅣ丹兵이貴國에逃在ᄒᆞᆫ지三年에掃滅치못ᄒᆞᆷ을見ᄒᆞ고遣兵來討ᄒᆞ니貴國은오작軍粮을是助ᄒᆞ라ᄒᆞ며且曰我皇帝ㅣ破賊ᄒᆞᆫ後에貴國과兄弟를結ᄒᆞᆫ다ᄒᆞ거ᄂᆞᆯ朝廷이使者를遣ᄒᆞ야虛實을詗察코ᄌᆞᄒᆞ되其人이難ᄒᆞ더니中軍判官金仁鏡이請行ᄒᆞ야曰我ㅣ聞ᄒᆞ니蒙兵의陣法이孫吳를師法ᄒᆞᆫ다ᄒᆞ니我ㅣ往見ᄒᆞ리이다ᄒᆞ거ᄂᆞᆯ이에仁鏡으로ᄒᆞ여곰精兵一千을率ᄒᆞ고米一千石을往給ᄒᆞ니哈眞이大喜ᄒᆞ야宴慰極歡ᄒᆞ다가仁鏡이方陣을結ᄒᆞ고蒙將으로ᄒᆞ여곰觀ᄒᆞᆯᄉᆡ軍容이凜凜ᄒᆞ고左右進退步伐이整齊ᄒᆞᄂᆞᆫ지라哈眞이稱歎不已ᄒᆞ더라○趙冲金就礪等이蒙兵과東女眞兵을會合ᄒᆞ야江東城을圍ᄒᆞ다時에蒙古와東女眞이비록救我ᄒᆞᆫ다稱ᄒᆞ나蒙古ᄂᆞᆫ가쟝兇悍ᄒᆞ고ᄯᅩ本國과舊好가無

ᄒᆞᆫ지라이에中外人心이震駭ᄒᆞ되獨히沖은坦然不疑ᄒᆞ고隨事彌縫ᄒᆞ며哈眞이또添兵을屢督ᄒᆞ니諸將이다其行을憚ᄒᆞᄂᆞᆫ지라金就礪ㅣ日國家利害가正히今日에在ᄒᆞ고또臨事ᄒᆞ야難을不辭ᄒᆞᆷ은臣子의職이라ᄒᆞ고自行ᄒᆞ기ᄅᆞᆯ請ᄒᆞ야知兵馬事韓光衍으로더브러十將과밋神騎大角과內廂精卒을領率ᄒᆞ고往會ᄒᆞ다就礪ㅣ身長이九尺이오鬚髯이美ᄒᆞ거ᄂᆞᆯ哈眞이其狀貌의魁偉ᄒᆞᆷ을見ᄒᆞ고또其言論을大奇ᄒᆞ야兄弟ᄅᆞᆯ結ᄒᆞ고就礪다려謂曰我ㅣ六國을征伐ᄒᆞ야貴人을多見ᄒᆞ엿스나兄과如ᄒᆞᆫ者ᄅᆞᆯ未見ᄒᆞ엿다ᄒᆞ고禮待가甚厚ᄒᆞ더니數日에趙沖이亦至ᄒᆞ니哈眞이또ᄒᆞᆫ兄으로事之ᄒᆞ거ᄂᆞᆯ이에置酒作樂ᄒᆞ고情款을吐露ᄒᆞ다詰朝에諸軍이江東城下에會ᄒᆞ야四面을合圍ᄒᆞ니丹兵이敢出치못ᄒᆞ더라○崔忠獻은几杖을賜ᄒᆞ다忠獻이年이七十이라거짓告老ᄒᆞ거ᄂᆞᆯ王이其意ᄅᆞᆯ知ᄒᆞ고有司로ᄒᆞ여곰禮儀ᄅᆞᆯ

備ᄒᆞ야几杖을賜ᄒᆞ고政事ᄅᆞᆯ出視ᄒᆞ라ᄒᆞ며忠獻이또其子瑀로ᄒᆞ여곰私兵을廣抄ᄒᆞᆯ식僧徒奴隷ᄅᆞᆯ勿論ᄒᆞ고다屬卒에勒入ᄒᆞ니이에中外가大擾ᄒᆞ야人民이杜門不出ᄒᆞ고甚至於樵採ᄅᆞᆯ廢ᄒᆞ더라○江東城을拔ᄒᆞ니丹寇ㅣ平ᄒᆞ다賊이이믜被圍ᄒᆞ미形勢가益窘ᄒᆞ고賊魁感捨王子ㅣ縊死ᄒᆞ니其將卒男女五萬餘人이開門出降ᄒᆞ거ᄂᆞᆯ沖等이哈眞으로더브러王子의眷屬과밋僞丞相平章以下百餘人을斬ᄒᆞ고其餘ᄂᆞᆫ다赦ᄒᆞ다哈眞이이에沖等으로더부러同盟曰兩國이永히兄弟ᄅᆞᆯ結ᄒᆞ야萬世가되도록相忘치아니ᄒᆞ리라ᄒᆞ고二月에哈眞이引兵北歸ᄒᆞ니라沖이契丹의俘虜로ᄡᅧ各道州縣에分送ᄒᆞ야閒曠ᄒᆞᆫ地ᄅᆞᆯ擇ᄒᆞ야聚居ᄒᆞ고土田을量給ᄒᆞ야農民이되게ᄒᆞ다時에東女眞兵이또ᄒᆞᆫ北歸ᄒᆞᆯ식其帥完顔子淵이沖의爲人을奇異ᄒᆞ야曰趙元帥ᄂᆞᆫ常人이아니라高麗에此人은天이賜ᄒᆞᆷ이라ᄒᆞ고甚히敬重ᄒᆞ더라

庚辰

○崔忠獻을賜姓ᄒᆞ야王氏라ᄒᆞ다○崔忠獻이死ᄒᆞ다忠獻이有疾ᄒᆞ야上表辭職ᄒᆞ고또賜姓을還ᄒᆞ고內外囚徒를請放ᄒᆞ더니未幾에忠獻이死ᄒᆞ거ᄂᆞᆯ百官이縞素會葬ᄒᆞ고羽葆鼓吹가다王者를擬ᄒᆞ더라忠獻이將死에其子瑀로ᄒᆞ여곰非常을防備ᄒᆞ니이럼으로敢動ᄒᆞᄂᆞᆫ者ㅣ無ᄒᆞ고內外大權이다瑀의게歸ᄒᆞ다忠獻이兇暴殘虐ᄒᆞ고秉政ᄒᆞᆫ지二十四年에威權이赫然ᄒᆞ야擧國이惴惴ᄒᆞ고人主ᄂᆞᆫ拱手聽命ᄒᆞᆯ ᄲᅮᆫ이러라

七年(宋寧宗嘉定十三年○日皇順德十年○西歷紀元後一千二百二十年)이라秋九月에太尉門下侍郞平章事趙沖이卒ᄒᆞ다沖은橫(今橫城)川人이니平章事永仁의子라風姿가魁偉ᄒᆞ고外莊內和ᄒᆞ며出將入相에朝野ㅣ倚望ᄒᆞ고平時에圭稜을不露ᄒᆞ니世人이다만其寬厚豁達ᄒᆞᆫ長者라稱ᄒᆞ더니밋大兵을掌ᄒᆞ고大事를決ᄒᆞᆫ然後에야그磊落不凡ᄒᆞᆷ을知ᄒᆞ더라밋宰相이되ᄆᆡ

辛巳

獨樂園을東皐에開ᄒᆞ고公餘에賢士大夫를招引ᄒᆞ야琴酒自娛ᄒᆞ더니至是ᄒᆞ야卒ᄒᆞ니年이五十이오諡曰文正이라ᄒᆞ다

八年(宋寧宗嘉定十四年○日皇順德十一年○西歷紀元後一千二百二十一年)이라秋八月에蒙使著古與等이其皇太弟의命으로土物을來索ᄒᆞᆯ시館待가不滿ᄒᆞ다ᄒᆞ야張弓持杖ᄒᆞ고或射或擊ᄒᆞ니館伴以下가다奔避倉皇ᄒᆞ며著古與等이未還에蒙使這可ㅣ또其女大王의命을稱ᄒᆞ고國贐(蒙古에게贈遺ᄒᆞᄂᆞᆫ贈物이라)을來督ᄒᆞ거ᄂᆞᆯ王이將軍金希磾를遣ᄒᆞ야儐待ᄒᆞᆯ시這可ㅣ그迎接이遲緩ᄒᆞᆷ을責ᄒᆞ거ᄂᆞᆯ希磾ㅣ曰君이向者에我境에至ᄒᆞ야一人을手射ᄒᆞ미死生을不可知라만일生ᄒᆞ면君의福이오不然ᄒᆞ면君의一行이必然拘執이되리라ᄒᆞ니這可等이慚懼ᄒᆞ야自此로希磾의處分을一從ᄒᆞ니希磾ᄂᆞᆫ詩書를知ᄒᆞ고膽略이有ᄒᆞ며詞命이善ᄒᆞ더라○冬十二月에崔瑀로ᄡᅥ吏兵部尙書叅知政事를拜ᄒᆞ다瑀ㅣ忠獻의所奪ᄒᆞᆫ公私

田民을各其主의게還ᄒᆞ고또寒士를拔擢ᄒᆞ야時望을收攬ᄒᆞ며晉陽侯를封ᄒᆞ니固辭不受ᄒᆞ더라

乙酉

十二年(宋理宗寶慶元年○日皇後堀河四年○西曆紀元後一千二百二十五年)이라春正月에盜ㅣ蒙使著古與等을殺ᄒᆞ다蒙이結好ᄒᆞᆫ後로使价가往來不絶ᄒᆞ더니至是ᄒᆞ야蒙使著古與等이鴨綠江을還渡ᄒᆞ다가中道에서盜의殺ᄒᆞᆫ바되니蒙이我國의所使라ᄒᆞ고드듸여相絶ᄒᆞ다○冬十月에崔瑀ㅣ政房을私第에置ᄒᆞ다舊制에ᄂᆞᆫ吏曹ㅣ文銓을掌ᄒᆞ고兵部ㅣ武選을掌ᄒᆞ야年月을第次ᄒᆞ고勞逸을分等ᄒᆞ며功過를標題ᄒᆞ고才否를論議ᄒᆞ야다書에載ᄒᆞ니此ᄂᆞᆫ謂之政案이라中書省이其黜陟을擬ᄒᆞ야奏聞ᄒᆞ면門下ᄂᆞᆫ制勅을承ᄒᆞ야施行ᄒᆞ더니崔忠獻이擅權ᄒᆞᆷ으로브터僚佐를置ᄒᆞ고政案을私取ᄒᆞ야注擬除授ᄒᆞ고僚佐等이會議ᄒᆞᆯ서其所會處를謂之政房이라至是ᄒᆞ야政房을瑀ㅣ私第에設置ᄒᆞ고百官을擬注ᄒᆞ야王게上ᄒᆞ면王은오쟉拱手唯唯ᄒᆞᆯᄲᅮᆫ이러라

丁亥

十四年(宋理宗寶慶三年○日皇後堀河六年○西曆紀元後一千二百二十七年)이라三月에崔瑀ㅣ前王을喬桐에遷ᄒᆞ고將軍金希磾等을殺ᄒᆞ다先是에術士ㅣ崔瑀의게密語曰王이맛당히失位ᄒᆞᆯ거시오公은王侯의相이有ᄒᆞ다ᄒᆞ니瑀ㅣ金希磾와相語ᄒᆞ엿더니希磾ㅣ其語를泄ᄒᆞᄂᆞᆫ지라瑀ㅣ이믜不平ᄒᆞ다가至是ᄒᆞ야人이告ᄒᆞ되希磾가將軍盧之正과琴輝로더브러公을謀害ᄒᆞ고前王을奉立고ᄌᆞᄒᆞᆫ다ᄒᆞᆫ듸瑀ㅣ이에前王을喬桐에遷ᄒᆞ고希磾와之正等을海에沈殺ᄒᆞ다希磾ᄂᆞᆫ羣山島人이라風儀가美ᄒᆞ고智勇이有ᄒᆞ더니至是ᄒᆞ야被讒見殺ᄒᆞ니時人이冤惜ᄒᆞ더라

庚寅

十七年(宋理宗紹定三年○日皇後堀河九年○西曆紀元後一千二百三十年)이라崔瑀의弟珦이洪州에서作亂ᄒᆞ거ᄂᆞᆯ瑀ㅣ遣兵擒殺ᄒᆞ고또其黨與를大殺ᄒᆞ다初에忠獻이將死ᄒᆞᆯ서將軍池允深과柳松節等이崔瑀를去ᄒᆞ고忠獻의小子珦을

奉코져ᄒᆞ니珹ㅣ開ᄒᆞ고允深과松節을遠島에流配ᄒᆞ고珣은洪州에安置ᄒᆞ엿더니珣은元來猜暴ᄒᆞᆫ人이라見放ᄒᆞᆫ後로더욱不義를恣行ᄒᆞ야圖境이困苦ᄒᆞ더니至是ᄒᆞ야모든不逞의徒를聚集ᄒᆞ야州의副使柳文柜等을殺ᄒᆞ고松節等을召來ᄒᆞ고傍郡을傳檄發兵ᄒᆞ거ᄂᆞᆯ珹ㅣ兵馬使蔡松年等을命ᄒᆞ야十領兵을將ᄒᆞ고往討ᄒᆞ니珣이兵潰ᄒᆞ야石窟에逃匿ᄒᆞ거ᄂᆞᆯ追執ᄒᆞ야松節等과갓치殺ᄒᆞ고餘黨을窮治ᄒᆞᆯ서禮山結城等七縣의監務와밋珣과來往ᄒᆞᆫ者ᄂᆞᆫ輕重을不問ᄒᆞ고다殺ᄒᆞ더라

十八年(○宋理宗紹定四年○日皇後堀河十年西歷紀元後一千二百三十一年)이라秋八月에蒙古ㅣ殺使ᄒᆞᆷ을怨ᄒᆞ야元帥撒禮塔을遣ᄒᆞ야咸新鎭(今義州에在)을攻ᄒᆞ고鐵州(今鐵山)에至ᄒᆞ야耶將文大를虜ᄒᆞ고城下에至ᄒᆞ야文大를刧迫ᄒᆞ야鐵州人을喩降ᄒᆞ라ᄒᆞ거ᄂᆞᆯ文大ㅣ이에大呼曰假蒙이니勿降ᄒᆞ라ᄒᆞ니時에東女眞이蒙人衣服을着ᄒᆞ고邊民을抄掠ᄒᆞᄂᆞᆫ고로眞蒙假蒙의別이有ᄒᆞᆷ이라蒙人이斬코져ᄒᆞ다가다시呼ᄒᆞ라ᄒᆞ거ᄂᆞᆯ文大ㅣ또前과갓치假蒙이라ᄒᆞᆫ대蒙人이殺ᄒᆞ고드ᄃᆡ여攻城愈急ᄒᆞ야城破ᄒᆞᆫ後곳屠戮ᄒᆞ더라○蔡松年으로ᄡᅥ北界兵馬使를拜ᄒᆞ야蒙兵을防禦ᄒᆞ다○蒙兵이龜州(今龜城)를攻ᄒᆞ거ᄂᆞᆯ兵馬使朴犀와將軍金慶孫等이嬰城固守ᄒᆞ니蒙兵이攻之不克ᄒᆞ더라初에蒙兵이鐵州를屠ᄒᆞ거ᄂᆞᆯ朔州分道將軍金仲溫과靜州(今義州屬)分道將軍金慶孫과밋靜(靜州)朔(朔州)渭(渭原)泰(泰川)等州諸守令이다龜州에來會ᄒᆞ니時에朴犀ㅣ龜州에在ᄒᆞ야곳諸將을部署ᄒᆞ야四面을分守ᄒᆞ더니이윽고蒙兵이大至ᄒᆞ야南門을攻ᄒᆞ거ᄂᆞᆯ慶孫이死士十二人을率ᄒᆞ고出戰ᄒᆞ다가慶孫이流矢를中ᄒᆞ야臂血이淋漓ᄒᆞ되皷를手擊不止ᄒᆞ고戰四五合에蒙兵이却走ᄒᆞᄂᆞᆫ지라慶孫이隊伍를整齊ᄒᆞ고凱歌를唱還ᄒᆞ니朴犀ㅣ道左에迎拜ᄒᆞ고

相對而泣ᄒᆞ더라이에守城事ᄅᆞᆯ다慶孫의게委任ᄒᆞ다時에蒙兵이圍城ᄒᆞ기數重이오日夜攻擊ᄒᆞᆯ시初에ᄂᆞᆫ車上에草ᄅᆞᆯ積ᄒᆞ야進攻ᄒᆞ거ᄂᆞᆯ慶孫이砲車로ᄡᅥ鐵液을溶ᄒᆞ야其積草에瀉焚ᄒᆞ니蒙人이다시樓車와밋大床을牛皮로ᄡᅥ裹ᄒᆞ고其中에軍士ᄅᆞᆯ藏ᄒᆞ야城底에至ᄒᆞ야地道ᄅᆞᆯ穿ᄒᆞ거ᄂᆞᆯ犀ㅣ곳城穴로鐵液을注下ᄒᆞ야樓車ᄅᆞᆯ燒ᄒᆞ고또朽茨ᄅᆞᆯ爇ᄒᆞ야大床을焚ᄒᆞ니蒙人의死者ㅣ甚多ᄒᆞ고다辟易散去ᄒᆞ며蒙人이또車上에草ᄅᆞᆯ爇ᄒᆞ야譙樓ᄅᆞᆯ攻ᄒᆞ거ᄂᆞᆯ犀ㅣ水ᄅᆞᆯ樓上에預儲ᄒᆞ야ᄡᅥ灌ᄒᆞ니火ㅣ곳熄ᄒᆞ더라此時에金慶孫은胡床에踞坐督戰ᄒᆞ다가飛砲가慶孫의項後ᄅᆞᆯ過ᄒᆞ야傍人의首ᄅᆞᆯ擊碎ᄒᆞ거ᄂᆞᆯ慶孫이맛ᄎᆞᆷᄂᆡ移動치아니ᄒᆞ고神色이自若ᄒᆞ더라蒙兵이圍城ᄒᆞᆫ지三旬에不克ᄒᆞ고引退ᄒᆞ다○蒙兵이宜川(宜川)郭山(郭山)二州ᄅᆞᆯ攻陷ᄒᆞ고또龍州(今龍川)ᄅᆞᆯ圍ᄒᆞ야副使魏玿ᄅᆞᆯ虜ᄒᆞ고冬十月에平州(今平山)에移牒ᄒᆞ야曰我兵이咸新鎭(在義州)에至ᄒᆞ야迎降ᄒᆞᆫ者ᄅᆞᆯ不殺ᄒᆞ엿스니汝國이만일不降ᄒᆞ면我ㅣ不歸ᄒᆞ고降ᄒᆞ면我ㅣ곳東女眞을向ᄒᆞ리라ᄒᆞ니自是로國家ㅣ비로소眞蒙임을知ᄒᆞ니라○蒙兵이다시龜州ᄅᆞᆯ攻ᄒᆞ거ᄂᆞᆯ朴犀ㅣ力戰破之ᄒᆞ다蒙兵이龜州城郭二百餘堞을破ᄒᆞ고城을越入ᄒᆞ거ᄂᆞᆯ犀等이또大破ᄒᆞ다○三軍의師ㅣ安北府(今安州)에셔蒙兵과戰ᄒᆞ다가潰ᄒᆞ니十一月에蒙兵이平州ᄅᆞᆯ屠ᄒᆞ고禮成江(松都西南江)에至ᄒᆞ야廬舍ᄅᆞᆯ焚燒ᄒᆞ고人民을殺掠ᄒᆞ니京城이恟恟ᄒᆞᄂᆞᆫ지라崔瑀ㅣ家兵으로ᄡᅥ自衛ᄒᆞ며守城兵은老弱男女ㅣ러라○十二月에御史閔曦ᄅᆞᆯ蒙營에遣ᄒᆞ야請和ᄒᆞ다蒙兵이京城四門外에分屯ᄒᆞ고또興王寺(在今豐德)ᄅᆞᆯ攻ᄒᆞᄂᆞᆫ지라이에曦와밋郞中宋國瞻을遣ᄒᆞ야蒙兵을犒勞ᄒᆞ고和好ᄅᆞᆯ請ᄒᆞ야蒙使二人과偕來ᄒᆞ거ᄂᆞᆯ宗室淮安公侹을安北府에遣ᄒᆞ야論降ᄒᆞ고撒禮塔의게土物을大贈ᄒᆞ다○蒙兵이다시龜州ᄅᆞᆯ攻ᄒᆞ

다가不克ᄒᆞ다蒙兵이또大砲車로써龜州를攻ᄒᆞ거ᄂᆞᆯ朴犀ㅣ또ᄒᆞᆫ砲車를發ᄒᆞ야擊殺이無筭ᄒᆞ니蒙兵이淮安公의文牒을遣ᄒᆞ야諭降ᄒᆞᄂᆞᆫ지라犀ㅣ不聽ᄒᆞ고守城益固ᄒᆞ며蒙兵을大破ᄒᆞ니蒙軍中에一老將이城壘器械를環視ᄒᆞ고歎曰吾ㅣ天下를行ᄒᆞ엿스되被攻이如此ᄒᆞ고不降ᄒᆞᄂᆞᆫ者를不見ᄒᆞ엿다ᄒᆞ고又曰城中諸公은他日에다將相이되리라ᄒᆞ더라○趙叔昌이蒙使와偕來ᄒᆞ다叔昌은冲의子라其父ㅣ일즉蒙古哈眞과有舊ᄒᆞ더니至是에蒙使九人으로더브러蒙帝의牒文을持來ᄒᆞ야殺使ᄒᆞᆫ事를責ᄒᆞ고또金銀衣服二萬駄와紫羅一萬疋과獺皮二萬領과馬二萬匹과王孫宗室의童男女各一千과將領大官의童男女各一千을求ᄒᆞ며其餘需索이不可勝記오또軍士衣服一百萬襲을求ᄒᆞ더라○趙叔昌을拜ᄒᆞ야大將軍을삼고黃金七十斤과白金一千二百斤과襦衣一千領과馬百七十匹을蒙營에遣ᄒᆞ고또殺使等事를辨明ᄒᆞ고元帥以下將領의게幣物을贈ᄒᆞᆯ서時에府庫ㅣ虛竭ᄒᆞ야百官으로ᄒᆞ여곰品級高下로衣服을出ᄒᆞ야其費를充用ᄒᆞ다

壬辰

十九年(宋理宗紹定五年○日皇後堀河十一年○西曆紀元後一千二百三十二年)이라春三月에三軍이蒙營에往降ᄒᆞ니蒙師ㅣ乃還ᄒᆞ다○使臣을龜州에遣ᄒᆞ야蒙의게諭降ᄒᆞ다朝廷이崔林壽와閔曦等으로ᄒᆞ여곰蒙人을隨ᄒᆞ야龜州에至ᄒᆞ야諭降ᄒᆞ니朴犀ㅣ不從ᄒᆞᄂᆞᆫ지라閔曦ㅣ그不降ᄒᆞᆷ을鬪然ᄒᆞ야拔劍自剌코ᄌᆞᄒᆞ니犀ㅣ이에不得已ᄒᆞ야降ᄒᆞ다後에蒙使ㅣ其固守ᄒᆞᆷ을憤恨ᄒᆞ야殺코ᄌᆞᄒᆞ거ᄂᆞᆯ崔瑀ㅣ朴犀다려謂曰卿이國家에ᄂᆞᆫ忠節이甚壯ᄒᆞ나蒙人의言이또ᄒᆞᆫ可畏니卿은其自處ᄒᆞ라ᄒᆞ거ᄂᆞᆯ犀ㅣ이에鄕里에退歸ᄒᆞ엿다가後에平章事를拜ᄒᆞ야써卒ᄒᆞ다○慈州를諭ᄒᆞ야蒙人의게降ᄒᆞ라ᄒᆞ니守臣崔椿命이不從ᄒᆞ다初에蒙兵이慈州를攻ᄒᆞ거ᄂᆞᆯ副事崔椿命이固守不降ᄒᆞ엿더니至是ᄒᆞ야撒禮塔이淮安

公侹으로더브러我官太集成과밋蒙古官人을城下에遣至ᄒᆞ야諭降ᄒᆞᄂᆞᆫ지라椿命이不聽ᄒᆞ고左右를命ᄒᆞ야亂射ᄒᆞ니集成이懷恨而返ᄒᆞ다가至是에崔瑀를勸ᄒᆞ야曰椿命을不殺ᄒᆞ면蒙人에怒를難解ᄒᆞ리라ᄒᆞ니瑀ㅣ椿命을將斬ᄒᆞᆯ석椿命이臨刑에辭色이不變ᄒᆞ거ᄂᆞᆯ蒙人이聞ᄒᆞ고曰此人이我의게ᄂᆞᆫ不合ᄒᆞ나貴國에ᄂᆞᆫ忠臣이라ᄒᆞ고固請放釋ᄒᆞ더라○蒙古ㅣ達魯花赤七十人을京府州縣에分置ᄒᆞ야監國ᄒᆞ더라○六月에崔瑀ㅣ前王을紫燕島(在今仁川)에遷ᄒᆞ다○崔瑀ㅣ王을脅迫ᄒᆞ야江華에遷都ᄒᆞ고別抄指諭金世冲을殺ᄒᆞ다崔瑀ㅣ蒙患을避코ᄌᆞᄒᆞ야江華에遷都ᄒᆞ니時에昇平이旣久ᄒᆞ야城內에戶口ㅣ十萬이오金碧이相望ᄒᆞ야다遷移ᄒᆞ기를不願ᄒᆞᄂᆞᆫ지라別抄指諭金世冲이瑀를詰問ᄒᆞ야曰松京이城池가堅固ᄒᆞ고兵力이甚足ᄒᆞ니맛당히社稷을戮力保衛ᄒᆞᆯ지니此를捨ᄒᆞ고安往乎아ᄒᆞᆫ듸瑀ㅣ世冲을

斬ᄒᆞ고王을脅迫ᄒᆞ야江華에幸行코ᄌᆞᄒᆞ니王이依違未決ᄒᆞᄂᆞᆫ지라瑀ㅣ이에몬져家財를江華에輸送ᄒᆞ고有司로ᄒᆞ여곰城內五部人戶를發送ᄒᆞ고ᄯᅩ江華에宮闕을營造ᄒᆞ니秋七月에王이江華에至ᄒᆞ야客館을御ᄒᆞ다○諸都를命ᄒᆞ야民人으로ᄒᆞ여곰山城과海島에徙入케ᄒᆞ니時에國家ㅣ北界諸城에在ᄒᆞᆫ達魯花赤의弓矢를奪ᄒᆞ미蒙兵이復至ᄒᆞᆯ가恐ᄒᆞᆷ이러라○世祖(太祖의父隆이라)太祖二梓宮을江都에移葬ᄒᆞ다○九月에蒙古ㅣ다시大擧來侵ᄒᆞ다蒙人이ᄡᅥᄒᆞ되我國이達魯赤花等을拘辱ᄒᆞ고江華에遷都ᄒᆞ엿다ᄒᆞ야다시撒禮塔을遣ᄒᆞ야來攻ᄒᆞᆯ석所在에屠掠ᄒᆞ야비록婦人老弱이라도다殺ᄒᆞ고冬十二月에處仁城(在今龍仁)을進攻ᄒᆞ거ᄂᆞᆯ一僧이城內로좃차撒禮塔을射殺ᄒᆞ고俘獲이亦多ᄒᆞ니蒙兵이遂潰ᄒᆞ고其副將이回軍ᄒᆞ나餘衆이尙多ᄒᆞ야侵掠不已ᄒᆞ더라國家ㅣ其僧으로ᄡᅥ上將軍을授ᄒᆞ니僧이辭功固讓

ᄒᆞ고後에還俗ᄒᆞ니名은金允侯러라

癸巳 二十年(○宋理宗紹定六年○日皇四條元年 西歷紀元後一千二百三十三年)이라五月에西京人畢賢甫洪福源等이西京으로ᄡᅥ反ᄒᆞ거ᄂᆞᆯ將軍鄭顗로ᄡᅥ宣諭使ᄅᆞᆯ拜ᄒᆞ야往喩ᄒᆞᆯ시顗ㅣ大同江에至ᄒᆞ니賊勢ㅣ甚盛ᄒᆞᆫ지라從者ㅣ遽入치아님을勸ᄒᆞᆫᄃᆡ顗ㅣ奮然曰我ㅣ엇지王命을少稽ᄒᆞ리오ᄒᆞ고ᄃᆞ듸여入ᄒᆞ니賢甫等이顗ᄅᆞᆯ見ᄒᆞ고大喜ᄒᆞ야其主ᄅᆞᆯ삼고ᄌᆞᄒᆞᆫ다가不屈ᄒᆞᆷ을恨惡ᄒᆞ야殺ᄒᆞ거ᄂᆞᆯ冬十二月에崔瑀ㅣ家兵三千을發ᄒᆞ야北界兵馬使閔曦로더브러往討ᄒᆞ야賢甫ᄅᆞᆯ斬ᄒᆞ니福源은蒙古에逃去ᄒᆞ다先是撒禮塔이侵我ᄒᆞᆯ시福源이迎降ᄒᆞ야其腹心이되엿다가至是ᄒᆞ야反ᄒᆞ니또ᄒᆞᆫ蒙古ᄅᆞᆯ應ᄒᆞᆷ이라福源이蒙古에在ᄒᆞ야東京(在今遼東)據管이되야本國을構讒ᄒᆞ니蒙古의徵索과侵伐이다福源의導誘러라○江都外城을築ᄒᆞ다○金就礪ㅣ卒ᄒᆞ다就礪ᄂᆞᆫ彦陽人이라爲人이節儉正

直ᄒᆞ고忠義自守ᄒᆞ며持軍ᄒᆞᆷ이嚴整ᄒᆞ야士卒이敢犯치못ᄒᆞ나酒가有ᄒᆞ면곳士卒最下者로더브러同飮ᄒᆞ고臨陣制敵에奇計ᄅᆞᆯ多出ᄒᆞ야大功을成ᄒᆞ더라○崔瑀의遷都ᄒᆞᆫ功을論賞ᄒᆞ야晉陽侯ᄅᆞᆯ封ᄒᆞ고府ᄅᆞᆯ立ᄒᆞ다

丁酉 二十四年(○宋理宗嘉熙元年○日皇四條五年 西歷紀元後一千二百三十七年)이라春에潭陽草賊李延年이無賴輩ᄅᆞᆯ嘯聚ᄒᆞ야傍邑을攻破ᄒᆞ고羅州ᄅᆞᆯ進圍ᄒᆞ거ᄂᆞᆯ指揮使金慶孫이延年을擊斬ᄒᆞ니餘衆이遂潰ᄒᆞ다初에賊이慶孫의盛名을聞ᄒᆞ고生擒ᄒᆞ야主將을삼고ᄌᆞᄒᆞᄂᆞᆫ고로弓矢ᄅᆞᆯ不用ᄒᆞ야慶孫이受傷치아니ᄒᆞ니라○秋八月에前王이崩ᄒᆞ니廟號ᄂᆞᆫ熙宗이오碩陵에葬ᄒᆞ다

辛丑 二十八年(○宋理宗淳祐元年○日皇四條九年 西歷紀元後一千二百四十一年)이라時에蒙兵이境內에彌漫ᄒᆞᆫ지屢年이러니至是ᄒᆞ야蒙에遣使ᄒᆞ야罷兵ᄒᆞ기ᄅᆞᆯ請ᄒᆞ고宗

室永寧公綧으로ᄒᆞ여곰衣冠子弟十人을率ᄒᆞ고蒙에遣質ᄒᆞ다○冬
十二月에崔瑀를進ᄒᆞ야晉陽公을封ᄒᆞ고食邑을加ᄒᆞ다○遣使ᄒᆞ야
蒙에如ᄒᆞ다時에蒙太宗이殂ᄒᆞ고女后ㅣ臨朝ᄒᆞ야兵患이稍息ᄒᆞ고
兩國使价가往來不絶ᄒᆞ야一歲에或四五次가되더라

戊申

三十五年(○宋理宗淳和八年○日皇後深草二年○西暦紀元後一千二百四十八年)春三月이라時에蒙兵
이北界에入ᄒᆞ야捕獵ᄒᆞᆫ다稱ᄒᆞ고所在侵掠ᄒᆞᄂᆞᆫ지라兵馬使를命ᄒᆞ
야人民을海島에入ᄒᆞᆯ시安北府(今安州)의葦島ᄂᆞᆫ海潮가出入ᄒᆞ야耕種
이難ᄒᆞ거ᄂᆞᆯ兵馬判官金方慶이人民으로ᄒᆞ여곰堤堰을築ᄒᆞ고稗를
種ᄒᆞ니人民이初에ᄂᆞᆫ怨苦ᄒᆞ다가秋에至ᄒᆞ야大稔ᄒᆞ니時에蒙兵이
비록連歲不退ᄒᆞ나島人은饑乏이無ᄒᆞ고또島中에井泉이無ᄒᆞ거ᄂᆞᆯ
方慶이大澤을堀ᄒᆞ야貯水ᄒᆞ엿다가夏에ᄂᆞᆫ汲引ᄒᆞ고冬에ᄂᆞᆫ鑿冰ᄒᆞ
니人이비로소其智를服ᄒᆞ더라○崔沆으로ᄡᅥ樞密院知奏事를拜ᄒᆞ
다沆은瑀의子라其弟로더브러僧이되니名曰萬全이라無賴門徒를
聚集ᄒᆞ야殖貨로爲事ᄒᆞ고金帛이鉅萬計오所蓄ᄒᆞᆫ米가五十餘萬石
이라貸民取息ᄒᆞ야州邑을侵擾ᄒᆞ더니至是ᄒᆞ야瑀ㅣ萬全으로ᄒᆞ여
곰歸俗ᄒᆞ야改名ᄒᆞ고是職을拜ᄒᆞ다初에全羅道按察使金之岱ㅣ萬
全의門徒를捕ᄒᆞ야數罪ᄒᆞ고江에投ᄒᆞ엿더니萬全이크게怨恨ᄒᆞ나
之岱ㅣ廉謹ᄒᆞ야過失이無ᄒᆞ니沆이害치못ᄒᆞ더라

己酉

三十六年(○宋理宗淳和九年○日皇後深草三年○西暦紀元後一千二百四十九年)이라冬十一月에崔瑀
ㅣ死ᄒᆞ고其子沆으로ᄡᅥ樞密副使吏兵部尙書御史大夫를拜ᄒᆞ니沆
이服喪ᄒᆞᆫ지二日에除喪ᄒᆞ다○崔沆이樞密副使金慶孫이衆心을得
ᄒᆞ엿다ᄒᆞ야白翎島에流配ᄒᆞ다○北界人民이蒙兵이連歲來侵ᄒᆞᆷ을
苦ᄒᆞ야內地에徙入ᄒᆞ기를請ᄒᆞ거ᄂᆞᆯ드듸여西京과밋西海道에遷徙
케ᄒᆞ다○崔椿命이卒ᄒᆞ다○崔沆으로ᄡᅥ門下侍中을拜ᄒᆞ다

辛亥

三十八年(宋理宗淳祐十一年○日皇後深草五年○西曆紀元後一千二百五十一年)이라冬十月에崔沆이其母大氏를弑ᄒᆞ고前樞密副使金慶孫等을殺ᄒᆞ다初에崔瑀의外孫金敉ㅣ沆으로더브러互相傾奪ᄒᆞᆯ시大氏ㅣ미양敉를助ᄒᆞᄂᆞᆫ지라沆이깁히怨恨ᄒᆞ다가至是ᄒᆞ야沆이大氏前夫의子將軍吳承績을江에投ᄒᆞ고大氏ᄂᆞᆫ毒殺ᄒᆞ고또白翎島에遣人ᄒᆞ야慶孫을海에沈ᄒᆞ니此ᄂᆞᆫ承績의姻親이됨이라慶孫이莊重裕和ᄒᆞ고膽略이有ᄒᆞ야大功을屢立ᄒᆞ고朝野가倚望ᄒᆞ더니其死에世人이다痛惜ᄒᆞ더라

丁巳

四十四年(宋理宗寶祐五年○日皇後深草十一年○西曆紀元後一千二百五十七年)이라夏四月에崔沆이死ᄒᆞ거ᄂᆞᆯ其子竩로ᄡᅥ將軍을拜ᄒᆞ다初에沆이爲僧時에宋楈의婢를通ᄒᆞ야竩를生ᄒᆞ고嫡妾이다無子ᄒᆞ야竩로ᄡᅥ嗣를삼으니竩ᄂᆞᆫ容儀가甚美ᄒᆞ고性이沈默ᄒᆞ며또羞澁이多ᄒᆞ더니밋秉政ᄒᆞ매飢民을賑給ᄒᆞ야人心을收拾ᄒᆞ더라○秋七月에崔竩로ᄡᅥ左副承宣을삼다○崔竩ㅣ家奴李公柱로ᄡᅥ郞將을삼다舊制에奴隷가비록大功이有ᄒᆞ야도官爵을不拜ᄒᆞ더니今에奴隷의拜官이自此始ᄒᆞ더라

戊午

四十五年(宋理宗寶祐六年○日皇後深草十二年○西曆紀元後一千二百五十八年)이라夏四月에大司成柳璥과別將金仁俊等이崔竩를誅ᄒᆞ다竩가讒言을信ᄒᆞ야忌嫉이多ᄒᆞ고黷貨가無厭ᄒᆞ니由是로人望을失ᄒᆞ고時에金仁俊은忠獻의家奴라狀貌ㅣ魁岸ᄒᆞ고性이寬厚好施ᄒᆞ야瑀와밋沆이다寵信ᄒᆞ며柳璥은政房에久在ᄒᆞ야또ᄒᆞᆫ沆의親厚ᄒᆞᆫ비되더니밋竩가執政ᄒᆞ매다疎遠ᄒᆞ니二人이不平ᄒᆞ고또宋吉儒ᄂᆞᆫ金仁俊과柳璥의黨이라貪虐이甚ᄒᆞ거ᄂᆞᆯ崔竩ㅣ吉儒를楸子島에流配ᄒᆞ니이럼으로二人이더옥交惡ᄒᆞ더니至是ᄒᆞ야郞將朴松庇와朴希實과李延紹와李公柱와林衍과밋仁俊의弟承俊等으로더브러密謀ᄒᆞ야竩를誅ᄒᆞᆯ시別抄三隊를射廳에聚集ᄒᆞ고樞密使崔昷을推ᄒᆞ야主將을삼고兵士를率ᄒᆞ고

𨺗家에入ᄒᆞ니𨺗ㅣ屋壽中에走匿ᄒᆞ거ᄂᆞᆯ索出ᄒᆞ야斬ᄒᆞ고其黨을盡殺ᄒᆞ고政事ᄅᆞᆯ王ᄭᅴ歸ᄒᆞ고因ᄒᆞ야忠獻과瑀의壁上圖形을請削ᄒᆞ거ᄂᆞᆯ王이從ᄒᆞ고璥으로ᄡᅥ樞密院右副承宣을拜ᄒᆞ고松庇와仁俊은大將軍을拜ᄒᆞ고衛社功臣號ᄅᆞᆯ賜ᄒᆞ고其餘ᄂᆞᆫ賜爵이有差ᄒᆞ고𨺗의家倉을發ᄒᆞ야中外官民을賑給ᄒᆞ다○冬十一月에柳璥으로ᄡᅥ簽書樞密院事ᄅᆞᆯ拜ᄒᆞ다璥이崔𨺗ᄅᆞᆯ旣誅ᄒᆞ매政房을便殿에奏置ᄒᆞ야銓注ᄅᆞᆯ專掌ᄒᆞ니金仁俊이甚히敬重ᄒᆞ야每事ᄅᆞᆯ諮詢ᄒᆞ더라然이나仁俊의弟承俊이스ᄉᆞ로功高位卑ᄒᆞ다ᄒᆞ야怨恨을懷ᄒᆞ고林衍等으로더브러璥을仁俊의게譖ᄒᆞ야承宣을罷ᄒᆞ고是職을拜ᄒᆞ니其政柄을奪ᄒᆞᆷ이라自此로內外權이다仁俊의게歸ᄒᆞ다○漢陽龍津人趙暉ㅣ定州人卓靑으로더브러蒙兵을引ᄒᆞ야猪島(今在永興)에入ᄒᆞ야東北面兵馬使愼執平을殺ᄒᆞ고和州(今永興)以北으로ᄡᅥ蒙古의게降ᄒᆞ니蒙이雙城

己未

摠管府ᄅᆞᆯ和州에置ᄒᆞ고暉로ᄡᅥ摠管을拜ᄒᆞ고靑으로ᄡᅥ千戶ᄅᆞᆯ삼으니暉等이出沒寇抄ᄒᆞ야國家ㅣ自此로東北諸城을失ᄒᆞ다

四十六年(宋理宗開慶元年○日皇後深草十三年○西歷紀元後一千二百五十九年)이라六月에王이崩ᄒᆞ거ᄂᆞᆯ時에太子倎이蒙古에如ᄒᆞ야未還ᄒᆞᆫ지라이에太孫諶이監國ᄒᆞ야諡曰安孝오廟號ᄂᆞᆫ高宗이라ᄒᆞ고洪陵에葬ᄒᆞ다○冬十一月에宮闕을舊京에創建ᄒᆞ니將且出陸還都코ᄌᆞᄒᆞᆷ이러라

元宗順孝王의諱ᄂᆞᆫ倎이오字ᄂᆞᆫ日新이니在位十五年이오壽가五十六이라

庚申

元年(宋理宗景定元年○日皇龜山元年○西歷紀元後一千二百六十年)이라二月에太子ㅣ蒙으로브터還ᄒᆞ다時에蒙古憲宗이殂ᄒᆞ고其弟忽必烈이宋에觀兵ᄒᆞᆯ셔맛ᄎᆞᆷ太子ㅣ梁楚間에至ᄒᆞ니忽必烈이襄陽으로브터班師ᄒᆞ거ᄂᆞᆯ太子ㅣ道上에셔迎見ᄒᆞᆯ셔眉目이如畵ᄒᆞ고周旋이中禮ᄒᆞᄂᆞᆫ지라忽必烈이

大喜曰高麗ᄂᆞᆫ萬里之國이라唐太宗으로브터攻伐ᄒᆞ되降服지못ᄒᆞ더니今에太子ㅣ自來ᄒᆞ니此ᄂᆞᆫ天意라ᄒᆞ고드듸여京北府에俱至ᄒᆞ니太子ㅣ비로소王의訃音을聞ᄒᆞ거ᄂᆞᆯ忽必烈이이에康和尙으로ᄒᆞ여곰太子ᄅᆞᆯ護送還國ᄒᆞ야夏四月에太子ㅣ卽位ᄒᆞ니太孫이百官을率ᄒᆞ고上表行禮ᄒᆞ다○五月에金俊으로ᄡᅥ樞密副使翼陽君開國伯을拜ᄒᆞ다先是에崔竩誅ᄒᆞᆫ功을敍ᄒᆞᆯ시柳璥으로ᄡᅥ第一을삼더니至是ᄒᆞ야仁俊을改策ᄒᆞ야第一을삼으니仁俊은卽金俊이舊名이러라○八月에蒙古主ㅣ達魯花赤을召還ᄒᆞ다

癸亥

四年(宋理宗景定四年○日皇龜山四年○西曆紀元後一千二百六十三年)이라春二月에日本이金州(今金海)ᄅᆞᆯ侵攻ᄒᆞ야州縣의貢船을掠取ᄒᆞ거ᄂᆞᆯ夏四月에太官署丞洪泞等을日本에遣ᄒᆞ야侵掠ᄒᆞᆫ緣故ᄅᆞᆯ詰責ᄒᆞᆫ듸日本이其事ᄅᆞᆯ嚴推ᄒᆞ니곳對馬島의水寇라其所掠ᄒᆞᆫ米布ᄅᆞᆯ徵還ᄒᆞ다

戊辰

九年(宋度宗咸淳四年○日皇龜山九年○西曆紀元後一千二百六十八年)이라先是에王이金俊으로ᄡᅥ侍中을拜ᄒᆞ엿다가이윽고海陽侯ᄅᆞᆯ進封ᄒᆞ니俊이國政을擅弄ᄒᆞ고黜陟을任意ᄒᆞ며法令이苛峻ᄒᆞ니百姓이怨苦ᄒᆞ더라○冬十二月에金俊을誅ᄒᆞ다王이俊의縱恣ᄒᆞᆷ을惡ᄒᆞ야除코ᄌᆞᄒᆞᆯ시林衍과宦官을知ᄒᆞ고衍의게謀ᄒᆞ니衍이드듸여王이有疾ᄒᆞ다稱ᄒᆞ고俊을朝堂에召至ᄒᆞ야斬ᄒᆞ고幷히其弟承俊을殺ᄒᆞ고別抄兵을分遣ᄒᆞ야俊의諸子와밋其黨與ᄅᆞᆯ殺ᄒᆞ더니이윽고林衍이王을逼迫ᄒᆞ야別宮에幽ᄒᆞ고安慶公淐을立ᄒᆞ고王을尊ᄒᆞ야太上王이라ᄒᆞ거ᄂᆞᆯ時에太子諶이蒙古에在ᄒᆞ엿다가廢立事ᄅᆞᆯ訴ᄒᆞ니蒙主ㅣ遣使詰問ᄒᆞ거ᄂᆞᆯ衍이懼ᄒᆞ야王을復位ᄒᆞ더라

庚午

十一年(宋度宗咸淳六年○日皇龜山十一年○西曆紀元後一千二百七十年)이라春二月에王이蒙古京都에至ᄒᆞ야蒙古公主로ᄡᅥ太子의게遣嫁ᄒᆞᆷ을請ᄒᆞ고또本國에還都

花赤을請置ᄒᆞ니蒙主ㅣ許諾ᄒᆞ더라○先是에蒙古ㅣ廢立事ᄅᆞᆯ詰問ᄒᆞ거ᄂᆞᆯ安慶公淐이金方慶을遣ᄒᆞ야陳辨ᄒᆞᆯ시時에西京兵馬營吏崔坦等이徒黨을嘯聚ᄒᆞ야林衍을誅ᄒᆞᆫ다稱ᄒᆞ고蒙古의게三千兵을請ᄒᆞ야西京을來鎭ᄒᆞ라ᄒᆞ니蒙主ㅣ蒙哥篤을遣ᄒᆞ야將兵ᄒᆞ고方慶으로더브러西京에偕至ᄒᆞ니坦等이蒙兵을藉勢ᄒᆞ고搆亂코ᄌᆞᄒᆞ거ᄂᆞᆯ方慶이盡心彌縫ᄒᆞ야드듸여無事ᄒᆞ니라○蒙이林衍의廢立事ᄅᆞᆯ連責ᄒᆞ니衍이憂懣成疾ᄒᆞ야死ᄒᆞ고其子惟茂ㅣ敎定別監을襲拜ᄒᆞ다○夏五月에蒙이行省을我國에置ᄒᆞ고脫朶兒로ᄡᅥ達魯花赤을삼고東方事ᄅᆞᆯ領ᄒᆞ더라○時에王이蒙에在ᄒᆞ야國中臣僚ᄅᆞᆯ諭ᄒᆞ야舊京에出都ᄒᆞ라ᄒᆞ니林惟茂ㅣ拒命不從ᄒᆞ거ᄂᆞᆯ御史中丞洪文系와知門下省宋松禮等이別抄兵을率ᄒᆞ고惟茂ᄅᆞᆯ誅ᄒᆞ야政事ᄅᆞᆯ王室에歸ᄒᆞ더니旣而오王이至ᄒᆞ야開京에還都ᄒᆞ다○冬十二月에金方慶이三別抄兵을珍島에서擊ᄒᆞ다가不利ᄒᆞ다初에崔瑀ㅣ國中에多盜ᄒᆞᆷ을患ᄒᆞ야勇士로ᄒᆞ여곰每夜巡行ᄒᆞᆯ시名曰夜別抄라ᄒᆞ더니밋諸道에盜起ᄒᆞ거ᄂᆞᆯ別抄軍을分遣戢捕ᄒᆞᆯ시其數가甚多ᄒᆞ야드듸여左右軍을分設ᄒᆞ고또國人의蒙古로逃還ᄒᆞᆫ者로ᄡᅥ一部ᄅᆞᆯ別置ᄒᆞ니此ᄂᆞᆫ곳三別抄라自此로權臣이執國ᄒᆞ야爪牙ᄅᆞᆯ삼ᄂᆞᆫ고로此輩가狂悍難制ᄒᆞ더니王이舊京에還都ᄒᆞ야곳革罷ᄒᆞ니軍情이危疑ᄒᆞ야所適을莫知ᄒᆞᄂᆞᆫ지라將軍裴仲孫等이드듸여其兵으로ᄡᅥ叛ᄒᆞ야承化侯溫을逼ᄒᆞ야王을삼고公私財貨와밋子女ᄅᆞᆯ掠取ᄒᆞ고浮海南去ᄒᆞ야珍島ᄅᆞᆯ入據ᄒᆞ고州縣을侵掠ᄒᆞ거ᄂᆞᆯ追討使申思佺이奔還ᄒᆞᄂᆞᆫ지라이에方慶으로ᄡᅥ軍士六千餘人을率ᄒᆞ고蒙古元帥阿海와合兵往勦ᄒᆞᆯ시海中에서賊을遇ᄒᆞ야方慶이突擊ᄒᆞ다가被圍가甚急ᄒᆞᆫ지라方慶이義不死賊이라ᄒᆞ고海上에欲投ᄒᆞ더니北士卒이爭救得脫ᄒᆞ다

辛未

十二年宋度宗咸淳七年○日本龜山十二年○西曆紀元後一千二百七十一年이라夏五月에金方慶等이珍島ᄅᆞᆯ大破ᄒᆞ다先是에蒙主ᅵ阿海가畏縮不前ᄒᆞᆫ다ᄒᆞ야忻都와밋洪茶丘로ᄡᅥ領兵相助ᄒᆞ거ᄂᆞᆯ方慶이이에忻都茶丘等으로더브러左右軍을分率ᄒᆞ고賊을碧波亭在珍島에서大破ᄒᆞ고僞王溫을斬ᄒᆞ니餘衆이耽羅에竄入ᄒᆞ더라○十二月에蒙古達魯花赤脫朶兒ᅵ卒ᄒᆞ다脫朶兒ᅵ沈重寬厚ᄒᆞ야人民을撫恤ᄒᆞ고聽斷이明白ᄒᆞ야枉法이無ᄒᆞ더니及疾作에國醫가進藥ᄒᆞ니脫朶兒ᅵ謝却ᄒᆞ야曰我ᅵ만일飮此而死ᄒᆞ면貴國을譏議ᄒᆞᄂᆞᆫ者ᅵ必曰高麗ᅵ毒殺ᄒᆞ엿다ᄒᆞ리라ᄒᆞ고不飮ᄒᆞ고卒ᄒᆞ니國人이歎惜ᄒᆞ더라○金方慶으로ᄡᅥ守太尉中書門下平章事ᄅᆞᆯ拜ᄒᆞ다○冬十月에蒙이國號ᄅᆞᆯ建ᄒᆞ야曰大元이라ᄒᆞ고遣使來告ᄒᆞ거ᄂᆞᆯ王이또ᄒᆞᆫ遣使致賀ᄒᆞ다○太府에貯財가告罄ᄒᆞ거ᄂᆞᆯ府官姜消贇이其苦ᄅᆞᆯ不勝ᄒᆞ야髡髮逃去ᄒᆞ고時에內藏이또虛竭ᄒᆞ야御供이一夕을闕ᄒᆞ다○初에洪文系ᅵ林惟茂ᄅᆞᆯ誅ᄒᆞᆫ功으로ᄡᅥ承宣을拜ᄒᆞ엿다가國事가日非ᄒᆞᆷ을見ᄒᆞ고辭職ᄒᆞ더니王是ᄒᆞ야樞密府事ᄅᆞᆯ移拜ᄒᆞ되또不就ᄒᆞ니時年이未滿四十이러라○三別抄賊이耽羅에入ᄒᆞ야內外城을築ᄒᆞ고數出抄掠ᄒᆞ거ᄂᆞᆯ王이金方慶으로ᄡᅥ元帥ᄅᆞᆯ拜ᄒᆞ고軍士萬餘ᄅᆞᆯ率ᄒᆞ고忻都茶丘等으로더브러進討ᄒᆞ야克ᄒᆞ니賊魁金通精이自縊死ᄒᆞ고餘衆이皆降ᄒᆞ거ᄂᆞᆯ方慶을進ᄒᆞ야侍中을拜ᄒᆞ다○元이遣使ᄒᆞ야南方에採金ᄒᆞ다

甲戌

十五年宋度宗咸淳十年○日本龜山十五年○西曆紀元後一千二百七十四年이라夏六月에王이崩ᄒᆞ니時에世子時에元이稱呼ᄅᆞᆯ譏責ᄒᆞ야自此로世子라稱ᄒᆞ다ᅵ元에在ᄒᆞ거ᄂᆞᆯ百官이太子ᄅᆞᆯ遣迎ᄒᆞ야王을삼고前王을諡ᄒᆞ야曰順孝오廟號ᄂᆞᆫ元宗이오秋八月에世子ᅵ回國ᄒᆞ야卽位ᄒᆞ고韶陵에葬ᄒᆞ다○冬十月에金方慶等이日本兵을大破ᄒᆞ다先是에元主ᅵ日本을致降코ᄌᆞᄒᆞᆯ새我國이日本

과通好ᄒᆞ엿다ᄒᆞ야其使黑的等을遣ᄒᆞ야我使로더브러日本에如ᄒᆞ야來朝ᄒᆞ기를勸ᄒᆞ라ᄒᆞ니日本이不從ᄒᆞ거ᄂᆞᆯ元主ㅣ怒ᄒᆞ야欲伐ᄒᆞᆯ시本國에遣使ᄒᆞ야戰艦을督造ᄒᆞ고至是에軍士二萬五千을發ᄒᆞ야忽敦과洪茶丘로ᄒᆞ여곰領率ᄒᆞ고來ᄒᆞ거ᄂᆞᆯ王이方慶과밋朴之亮金忻等을遣ᄒᆞ야助戰ᄒᆞᆯ서對馬島로브터壹岐島에至ᄒᆞ야連戰皆克ᄒᆞ고千餘級을斬ᄒᆞ고三郞浦에登陸ᄒᆞ야分路進兵ᄒᆞ엿더니日兵이突至ᄒᆞᄂᆞᆫ지라方慶이屹立不動ᄒᆞ고厲聲大喝ᄒᆞ니日兵이辟易退去ᄒᆞ거ᄂᆞᆯ忻과之亮等이또力戰大破ᄒᆞ니伏屍가麻와如ᄒᆞᆫ지라蒙人이歎曰蒙人이비록善戰ᄒᆞ나엇지及此ᄒᆞ리오ᄒᆞ더라方慶이復戰코ᄌᆞᄒᆞ니忽敦이勸止ᄒᆞ고드듸여引還ᄒᆞ더니맛ᄎᆞᆷ大風雨가作ᄒᆞ야戰船이多破ᄒᆞ고諸軍의溺死者ㅣ또ᄒᆞᆫ萬餘人이러라○先是에王이元에在ᄒᆞ야元主의女를娶ᄒᆞ니曰忽都魯揭迷失公主라至是ᄒᆞ야公主가來ᄒᆞ거ᄂᆞᆯ王이逆入ᄒᆞᆯ서從臣으로ᄒᆞ여곰頭髮을剃ᄒᆞ고隨從ᄒᆞ엿다가十二月에公主로더브러肅州(今肅川)에會ᄒᆞ야胡服으로同輦入京ᄒᆞ고前妃王氏를降封ᄒᆞ야貞和宮主를삼다

忠烈王의諱ᄂᆞᆫ昛오初諱ᄂᆞᆫ諶이니在位三十四年이오壽가七十三이라

乙亥

元年(宋恭宗德祐元年○西曆紀元後一千二百七十五年(日皇後宇多元年))이라春三月에王이公主로더브러北山洛山寺에幸行ᄒᆞ고自後로寺院에屢幸ᄒᆞ며至於田獵遊觀에公主ㅣ다叅徃ᄒᆞ더라○時에帑藏이匱竭ᄒᆞ야文武百官으로브터編戶ᄭᆞ지各其銀布를出ᄒᆞ야國用을以充ᄒᆞ더니自是로國家가有事ᄒᆞ면곳前例를作ᄒᆞ야收斂ᄒᆞ더라○秋九月에公主ㅣ元子謜을生ᄒᆞ니宮中이宴賀ᄒᆞᆯ서貞和宮主ㅣ行酒ᄒᆞ거ᄂᆞᆯ王이公主를顧見ᄒᆞ니公主ㅣ大怒曰엇지我를白眼相視ᄒᆞᄂᆞᆫ고貞和宮主ㅣ我의게跪拜ᄒᆞᆷ

을不喜ᄒᆞᆷ이라ᄒᆞ고드듸여大哭ᄒᆞ고促駕欲還ᄒᆞ다가既而오勸止ᄒᆞ다○冬十月에國中婚嫁를禁ᄒᆞ니元이處女를求ᄒᆞᆷ이러라○王이公主로더브러興王寺에幸行ᄒᆞᆯ식公主ㅣ寺中金塔을取ᄒᆞ야入內코ᄌᆞᄒᆞ거ᄂᆞᆯ王이禁止不得ᄒᆞ야涕泣ᄒᆞᆯ뿐이오公主ㅣ또松子와人蔘을江南에送ᄒᆞ야厚利를獲ᄒᆞ고自後로宦官을分遣ᄒᆞ야搜索ᄒᆞᆯ시비록不産ᄒᆞᄂᆞᆫ地라도다徵納ᄒᆞ니人民이怨苦ᄒᆞ더라○時에人이匿名書를投ᄒᆞ야言ᄒᆞ되貞和宮主ㅣ呪咀ᄒᆞ고金方慶은不軌를謀ᄒᆞᆫ다ᄒᆞ거ᄂᆞᆯ비예宮主와方慶等을因ᄒᆞ고鞫問ᄒᆞ더니柳璥이力辨乃釋ᄒᆞ다○都兵馬使ㅣ言ᄒᆞ되國用이殫竭ᄒᆞ니兼功人과밋不求로求官ᄒᆞᄂᆞᆫ者ᄂᆞᆫ銀을稱斂ᄒᆞ야國贐(蒙古에贈遺ᄒᆞᄂᆞᆫ稱號리)都監에納ᄒᆞ자ᄒᆞ거ᄂᆞᆯ王이從ᄒᆞ다○先是에王이田獵을好ᄒᆞ고또鷹鶻를元에送ᄒᆞᄂᆞᆫ고로鷹坊을置ᄒᆞ고諸嬖人으로써掌ᄒᆞ니嬖人이因ᄒᆞ야徵斂이苛虐ᄒᆞ야百姓이困苦ᄒᆞ며또材木을諸道에廣求ᄒᆞ야宮闕을營造ᄒᆞ더니至是ᄒᆞ야王이猝然히得疾ᄒᆞ거ᄂᆞᆯ宰樞ㅣ土木을停ᄒᆞ고鷹鶻를放ᄒᆞ며金塔을還ᄒᆞ야命을祈ᄒᆞ소서ᄒᆞᆫ듸公主ㅣ다從ᄒᆞ더라

己卯 五年(宋帝昺祥興二年是歲宋亡○日皇後宇多五年○西曆紀元後一千二百七十九年)이라春二月에國內로令ᄒᆞ야다元服을着ᄒᆞ다初에元宗時에將軍印公秀ㅣ王을勸ᄒᆞ야元服을效ᄒᆞ라ᄒᆞ거ᄂᆞᆯ元宗이曰吾ㅣ祖宗家風을遽變키難ᄒᆞ니我ㅣ死後에卿等이自爲ᄒᆞ라ᄒᆞ더니밋王이公主를逆ᄒᆞᆯ時에宰臣宋松禮等이風旨를承ᄒᆞ야剃髮造朝ᄒᆞ니幾人이無ᄒᆞ더니及是ᄒᆞ야百官以下와禁內와學館을命ᄒᆞ야다開剃ᄒᆞ고오작百姓과奴隸ᄂᆞᆫ仍舊ᄒᆞ더라○夏四月에中贊金方慶을大青島(在今長淵)에流ᄒᆞ다先是에將軍韋得儒等이方慶과有隙ᄒᆞ야元國忻都의게譖曰方慶이其子婿와밋將軍羅裕等四百餘人으로더브러王과公主와밋達魯花赤을謀去ᄒᆞ고다시

江華에入ᄒᆞ야叛코ᄌᆞᄒᆞ다ᄒᆞ거ᄂᆞᆯ忻都ㅣ곳京城에入ᄒᆞ야達魯花赤石抹天衢로더브러王과밋公主의게告ᄒᆞ고方慶等을鞫問ᄒᆞ니事가다無實ᄒᆞ거ᄂᆞᆯ王이赦遣ᄒᆞ엿더니先是에元의洪茶丘ㅣ本國을怨ᄒᆞ야伺釁嫁禍코ᄌᆞᄒᆞ다가至是ᄒᆞ야元主ㅣ忻都와茶丘를命ᄒᆞ야同鞫ᄒᆞ라ᄒᆞ니於是에茶丘ㅣ鐵索으로方慶의首를圍ᄒᆞ고杖者로ᄒᆞ여곰其頭를擊ᄒᆞ며終日을裸立ᄒᆞ니時에天이極寒ᄒᆞ야肌膚가凍ᄒᆞ야潑墨과如ᄒᆞ거ᄂᆞᆯ王이茶丘다려謂曰向者忻都ㅣ已鞫ᄒᆞ엿스니何必更問ᄒᆞ리오ᄒᆞᆫ듸茶丘ㅣ不從ᄒᆞ고慘毒을益加ᄒᆞ야昏絶ᄒᆞ다가復甦ᄒᆞ야도方慶이맛ᄎᆞᆷ닉不服ᄒᆞ니王이方慶이死ᄒᆞᆯ가恐ᄒᆞ야方慶의게密喩ᄒᆞ야아직誣服ᄒᆞ야追後申理ᄒᆞ라ᄒᆞ거ᄂᆞᆯ方慶이曰臣이肝腦塗地ᄒᆞᆯ지라도엇지誣服ᄒᆞ야社稷을負ᄒᆞ리오ᄒᆞ고茶丘를顧謂曰欲殺ᄒᆞ거든便殺ᄒᆞᆯ지라我ㅣ엇지不義에屈ᄒᆞ리오ᄒᆞ더니맛ᄎᆞᆷ닉大靑島에

城ᄒᆞ고江華에奔入ᄒᆞ며賊이楊根城을進陷ᄒᆞ니州縣이望風奔潰ᄒᆞ고賊이鐵嶺을踰ᄒᆞ야原州를犯ᄒᆞ거ᄂᆞᆯ別抄鄕貢進士元沖甲이迎擊ᄒᆞ야十戰皆捷ᄒᆞ니賊勢가稍挫ᄒᆞᆫ지라時에元의薛闍干이來援ᄒᆞ야木川에서合軍ᄒᆞ야燕岐山下에進至ᄒᆞ니賊이林木間에隱伏ᄒᆞ야我軍을射ᄒᆞ거ᄂᆞᆯ右軍萬戶金忻이步卒五百을率ᄒᆞ고先登ᄒᆞ야破ᄒᆞ고諸軍이繼進ᄒᆞ니賊이勢窮奔潰ᄒᆞ거ᄂᆞᆯ公州에追至ᄒᆞ니伏屍가三十里라旣而오賊의餘衆이다시來犯ᄒᆞ거ᄂᆞᆯ左軍萬戶韓希愈ㅣ其陣에馳入ᄒᆞ야勇士를斬ᄒᆞ야竿에揭ᄒᆞ고嵒ᄒᆞ니賊이다奪氣ᄒᆞ거ᄂᆞᆯ이에奮擊大破ᄒᆞ니哈丹이潰圍遁去ᄒᆞ더라○耽羅王子의게紅鞓과牙笏帽蓋靴를賜ᄒᆞ다先是에元이耽羅를取ᄒᆞ야屬地를삼더니至是ᄒᆞ야王이其地를索還ᄒᆞᆫ고로是賜가有ᄒᆞ고明年에耽羅를다시濟州라改稱ᄒᆞ다然이나元이耽羅의屬ᄂᆞᆫ오히려取索이不絶ᄒᆞ더라○金方

慶爵을賜ᄒᆞ야上洛郡開國公을拜ᄒᆞ다○十一月에王이公主로더브러元에如ᄒᆞ시時에世子一元에在ᄒᆞ야白馬八十匹로ᄡᅧ納幣ᄒᆞ고晉王甘麻剌의女寶塔實憐公主를娶ᄒᆞ다

丁酉

二十三年(元成宗大德元年○日本伏見十年○西歷紀元後一千二百九十七年)이라夏五月에王이公主로더브러還國ᄒᆞ다時에壽寧宮에芍藥이盛開ᄒᆞ거ᄂᆞᆯ公主ㅣ一枝를摘ᄒᆞ야把玩ᄒᆞ다가良久에感泣ᄒᆞ더니因ᄒᆞ야不豫ᄒᆞᆫ지十餘日에賢聖寺에서崩ᄒᆞ거ᄂᆞᆯ世子ㅣ元으로브터奔喪ᄒᆞ다○秋七月이라時에宮人無比ㅣ王의게有寵ᄒᆞ미世子ㅣ憎惡ᄒᆞ더니밋奔喪ᄒᆞ야王ᄭᅴ奏曰公主의疾은無比의呪咀니請컨ᄃᆡ鞫問ᄒᆞ노이다ᄒᆞ거ᄂᆞᆯ王이不聽ᄒᆞ엿더니世子ㅣ奉命치아니ᄒᆞ고左右로ᄒᆞ여곰無比와及其黨數十人을斬ᄒᆞ니王이禁치못ᄒᆞ고國人은震慴ᄒᆞ더라其後에世子ㅣ進士崔文의妻金氏를王ᄭᅴ納ᄒᆞ니金氏ᄂᆞᆫ姿色이有ᄒᆞᆫ지라無比가誅ᄒᆞᆫ後

流配ᄒᆞ다○秋七月이라先是에王이元에如ᄒᆞ엿다가還ᄒᆞᆯᄉᆡ從行都監金周鼎이元主의게請ᄒᆞ야本國에達魯花赤과밋王京에留鎭等數事를罷ᄒᆞᄌᆞᄒᆞ니元主ㅣ다從ᄒᆞ고金方慶을赦ᄒᆞ다○王이聲色에沉湎ᄒᆞ야敎坊才人을增設ᄒᆞᆯᄉᆡ倖臣을諸道에分遣ᄒᆞ야娼妓를選ᄒᆞ야宮中에置ᄒᆞ고新粧을飾ᄒᆞ야淫詞艶曲을敎ᄒᆞ고日夜로歌舞狎褻ᄒᆞ며供億과賜與의費가不可勝紀라時에尹秀와李貞等은鷹犬으로寵ᄒᆞ고吳祁石天補等은聲色으로進ᄒᆞ고其餘宋邦英等은다諂諛賄賂로ᄡᅧ羣少가雜進ᄒᆞ고王心은益蕩ᄒᆞ더라

辛巳

七年(元世祖至元十八年○日本後宇多七年○西歷紀元後一千二百八十一年)이라夏六月에我師ㅣ元兵과合ᄒᆞ야日本을攻ᄒᆞ다가敗績ᄒᆞ다先是에元主ㅣ日本에遣使ᄒᆞ야入朝ᄒᆞ라ᄒᆞ니日本이使者를殺ᄒᆞ거ᄂᆞᆯ元主ㅣ怒ᄒᆞ야다시伐코ᄌᆞᄒᆞᆯᄉᆡ征東中書省을本國에置ᄒᆞ고本國으로ᄒᆞ여곰戰船과軍糧을準備

호라호거늘王이金方慶으로써高麗軍都元帥를拜호야元의征東元帥忻都와洪茶丘等을會호라호니元이또范文虎로호야곰蠻軍十萬을率호고日本壹岐島에赴홀시于是에方慶이進軍호야日本太宰府에서合戰호야斬殺이頗多호더니이윽고日兵이突至호야軍이遂潰호니忻都等은欲還호고方慶은南軍을竢호야合攻코ᄌᆞ호더니맛ᄎᆞᆷ文虎ㅣ蠻軍을携至호니戰船이合九千艘라이윽고大風이起호야蠻軍이海中에皆沒호고諸軍이還호니明年에元이征東省을罷호다

辛卯

十七年(元世祖至元二十八年○日皇伏見四年○西曆紀元後一千二百九十一年)이라王이哈丹의兵을避호야江華에入호다先是前年十二月에哈丹(元叛賊)兵數萬이和(三和)登(三登)二州를陷호고人을殺호야糧食을삼거늘元이平章事薛闍干과闍帖木兒와右丞塔出等을遣호야步騎一萬三千을率호고求援홀시時에王이避兵호야江都에遷호니王京留守宋珍과西京留守鄭仁卿은棄

로王의心을慰安코ᄌᆞ홈이오後에淑昌院妃를封호다○冬十月에世子ㅣ元에如호다

戊戌

二十四年(元成宗大德二年○日皇伏見十一年○西曆紀元後一千二百九十八年)이라春正月에世子ㅣ寶塔實憐公主로더브러還國호거늘王이世子의게傳位호고慈德宮에退居호니世子ㅣ即位호야王을尊호야上王이라호다○夏四月에公主ㅣ王妃趙氏가專寵홈을妬호야元太后의게告訴호야日趙妃가呪咀호야王으로호여곰不愛케호다호니元主ㅣ趙妃를執去호고妃의父趙仁規와밋其妻를搆掠호야鞫供호고仁規를安西(在今延安近地等郡)에流호다○秋八月에元이王과밋公主를徵召호고上王이復位호다元이孛魯兀等을遣호야王과公主를趨召호기늘王이登程홀시上王이金郊(在今平山)에餞送호야酒酣에孛魯兀이元主의命으로王의印을取호야上王의게授호니上王이復位호다

庚子

二十六年(元成宗大德四年○日皇後伏見元年○西曆紀元一千三百年)이라秋八月에上洛公金方慶이卒하다方慶은安東人이오新羅敬順王의遠孫이라性이忠直信厚하고嚴毅寡言하며器宇가寬弘하야少節을不拘하며臨事明斷하고비록致仕閒居하나憂國如家하고國家에大事가有하면반다시諮詢하더라年이八十九에頭髮이不白하고無疾而逝하니諡曰忠烈이라하다○內外官을併省할식其官名이元과同한者는다改革하다○元이趙仁規를放하고王妃趙氏는回國하다

甲辰

三十年(元成宗大德八年○日皇後二條三年○西曆紀元一千三百四年)이라夏五月에國學敎授를置하다初에贊成事安裕(後에改名珦)ㅣ兵革後에學校가圮毁하고儒風이日衰하며또養賢庫가殫竭하야敎養이無資하다하고兩府에建議하야六品以上은各其銀一斤을出하고七品以下는布를出하야養賢庫에歸屬하야存本取息케하거늘王이內庫의錢穀을出하야補助하니

裕ㅣ國學을葺治하고또江南에遣人하야先聖과밋七十子의像을畫하고祭器樂器와밋六經과諸子史를購來하고李㦃李瑱을薦하야經史敎授都監使를拜하고李晸秋適崔元冲等으로敎授를삼고每一經에敎授兩人을置하고禁學과內侍官과三都監五庫의士와밋七館十二徒諸生으로하여곰從하야聽習케하다六月에國學大成殿이成하니王이先聖을謁하고密直使李混을命하야入學頌을作하야諸生을示하다

丙午

三十二年(元成宗大德十年○日皇後二條五年○西曆紀元一千三百六年)이라九月에僉議中贊致仕安裕ㅣ卒하다裕는興州(今順興)人이라爲人이莊重安詳하고能謀善斷하며人材를養育하고斯文을興復함으로己任을作하더니밋葬하매七館十二徒ㅣ다素服하고路에서祭하더라諡曰文成이라하다

戊申

三十四年(元武宗至大元年○日皇花園元年○西曆紀元一千三百八年)이라秋七月에王이崩하거

ᄂᆞᆫ前王이元으로브터奔喪ᄒᆞ야謚ᄒᆞ야曰忠烈이오慶陵에葬ᄒᆞ다○
冬十月에王이淑昌院妃(即進士崔文의妻ㅣ니王이世子時에無比를殺ᄒᆞ고前王의게進ᄒᆞᆫ女ㅣ라)를烝ᄒᆞ거
ᄂᆞᆯ監察糾正禹倬이白衣로持斧席藁ᄒᆞ고詣闕上疏ᄒᆞᆫ디近臣이展閱
ᄒᆞ고敢讀지못ᄒᆞᄂᆞᆫ지라倬이厲聲曰卿等이近臣이되야君의非를格
지못ᄒᆞ고養惡ᄒᆞᆷ이至此ᄒᆞ냐ᄒᆞᆫ디左右ㅣ震慴ᄒᆞ고王은慚色이有ᄒᆞ
더니未幾에淑妃를進封ᄒᆞ더라○十一月에王이元에如ᄒᆞ다

普通敎科 東國歷史卷五

高麗紀

忠宣王의諱ᄂᆞᆫ璋이오字ᄂᆞᆫ仲昻이오初諱ᄂᆞᆫ謜이니在位五年이
오壽가五十一이라

己酉 元年(元武宗至大二年○日皇花園二年○西歷紀元後一千三百九年)이라春正月에王이元에在ᄒᆞ다
○三月에延慶宮을重修ᄒᆞ샤元의制度를倣ᄒᆞ다○王이遙命ᄒᆞ야僧
一萬을壽寧宮에서施飯ᄒᆞ고其宮을捨ᄒᆞ야寺를삼으니母后의冥福
을祈ᄒᆞᆷ이러라王이恒常閉戶焚香ᄒᆞ고浮屠를酷嗜ᄒᆞ야番僧으로ᄒᆞ
여곰佛經을繙譯ᄒᆞ고佛戒를受ᄒᆞ다

癸丑 五年(元仁宗皇慶二年○日皇花園六年○西歷紀元後一千三百十三年)이라時에元이王을歸國ᄒᆞ라
ᄒᆞ거ᄂᆞᆯ王이辭謝키難ᄒᆞ야子江陵大君燾의게傳位ᄒᆞ니燾ㅣ燕京에
셔即位ᄒᆞ야王을尊ᄒᆞ야上王이라ᄒᆞ고上王은自稱瀋陽王이오兄의

子燾으로써瀋世子삼다ᄅᆞᆯ○夏六月에王이上王과밋公主ᄅᆞᆯ奉ᄒᆞ고回國ᄒᆞ다時에上王이避位ᄒᆞ고留燕코ᄌᆞᄒᆞ나元이不聽ᄒᆞᄂᆞᆫ고로不得已還國ᄒᆞ다

忠肅王의諱ᄂᆞᆫ燾오字ᄂᆞᆫ宜孝니忠宣王의第二子오在位가前後凡二十五年이오壽ㅣ四十六이라

甲寅 元年(元仁宗延祐元年○日皇花園七年○西歷紀元後一千三百十四年)이라春正月에白頤正으로써評理ᄅᆞᆯ拜ᄒᆞ다頤正은文節의子라時에程朱의學이東方에未及ᄒᆞ엿더니頤正이元에在ᄒᆞ야其學을得ᄒᆞ고東還ᄒᆞ니李齊賢朴忠佐ㅣ몬져師受ᄒᆞ니라○楊廣(今京畿道)忠淸兩道ᄅᆞᆯ合ᄒᆞ야楊廣道ᄅᆞᆯ삼고慶尙晉安道ᄅᆞᆯ改ᄒᆞ야慶尙道라ᄒᆞ고交州道(春川金化等)로써淮陽道ᄅᆞᆯ삼다○上王이元에如ᄒᆞ다上王이萬卷堂을燕京에置ᄒᆞ고李齊賢으로ᄒᆞ여곰元의大儒閻復과姚燧와趙孟頫와虞集等을迎致ᄒᆞ야書史ᄅᆞᆯ考究ᄒᆞᆯᄉᆡ復等이齊賢의著述을見ᄒᆞ고다稱歎不置ᄒᆞ더라○夏六月에博士柳衍等을江南에遣ᄒᆞ야經籍一萬八百卷을購來ᄒᆞ다

丙辰 三年(元仁宗延祐三年○日皇花園九年○西歷紀元後一千三百十六年)이라春正月에王이元에如ᄒᆞ다○三月에上王이瀋陽王位ᄅᆞᆯ世子暠의게傳ᄒᆞ고太尉王이라自稱ᄒᆞ다○秋七月에王이元의營王女亦憐眞八剌公主ᄅᆞᆯ聘ᄒᆞ야妃ᄅᆞᆯ삼고冬十月에公主로더브러回國ᄒᆞ다○口傳으로李皦을拜ᄒᆞ야堂后官을삼으니口傳授職이自此始러라

庚申 七年(元仁宗延祐七年○日皇後醍醐二年○西歷紀元後一千三百二十年)이라夏六月에士子ᄅᆞᆯ試取ᄒᆞᆯᄉᆡ李齊賢과朴孝修가試官이되야詩賦法을罷ᄒᆞ고策問을用ᄒᆞ다○冬十二月에元이上王을吐蕃에流ᄒᆞ다先是元國에伯顏秃古思라ᄒᆞᄂᆞᆫ者ㅣ有ᄒᆞ니곳本國人朱冕의家奴라其身을自宮ᄒᆞ고元仁宗을潘邸에事ᄒᆞ야佞險不法이多ᄒᆞ거ᄂᆞᆯ上王이크게嫉恨ᄒᆞ야元太后의게

告ᄒᆞ고그人의게奪ᄒᆞᆫ田土와臧獲을索還ᄒᆞ엿더니밋仁宗이崩ᄒᆞ고
太后ㅣ別宮에退居ᄒᆞ믹禿古思ㅣ百計讒譖ᄒᆞ거ᄂᆞᆯ上王이避禍코ᄌᆞ
ᄒᆞ야元主의게請ᄒᆞ야江南에降香ᄒᆞᆯ서潤州金山寺에至ᄒᆞ니元主ㅣ
使者를遣ᄒᆞ야上王을執還ᄒᆞ야刑部에下ᄒᆞ엿다가旣而오또吐蕃에
流ᄒᆞ니元京과相距가萬五千里라上王이流所에至ᄒᆞ믹禿古思ㅣ또
讒搆不已ᄒᆞ야禍가거의不測ᄒᆞ더니元丞相拜住ㅣ營救ᄒᆞ야得免ᄒᆞ
다時에王의隨從宰臣等은다逃匿ᄒᆞ고오작直寶文閣朴仁幹과大護
軍張元祉等이從行ᄒᆞ며李凌幹은金을驛吏의게附與ᄒᆞ야從臣이乏
絶ᄒᆞᆫ患이無ᄒᆞ고朴景亮은上王이不免ᄒᆞᆯ가恐ᄒᆞ야自殺ᄒᆞ다○權漢
功과蔡洪哲等을遠島에流ᄒᆞ다初에漢功等이元에在ᄒᆞ야怙勢納賂
ᄒᆞ거ᄂᆞᆯ王이憎惡ᄒᆞ다가밋上王이吐蕃에去ᄒᆞ믹王이漢功等을流ᄒᆞ
니漢功等이配所에往치아니ᄒᆞ고洪州界에聚集ᄒᆞ야民間을侵擾ᄒᆞ

더라

辛酉 八年(元英宗至治元年○西歷紀元後一千三百二十一年○日皇後醍醐三年)이라五月에王이被召ᄒᆞ야
元에如ᄒᆞ다時에瀋陽王暠이元에有寵ᄒᆞ야本國을窺覦ᄒᆞ야元主의
게譖曰王이元의詔書를手裂ᄒᆞ엿다ᄒᆞ니元主ㅣ怒ᄒᆞ야王을京師에
執留ᄒᆞ니이에王의從臣柳淸臣吳祁等이王을叛ᄒᆞ고도로혀暠의게
附ᄒᆞ야詭謀가日出ᄒᆞ고權漢功等도또ᄒᆞᆫ暠의黨이라至是에赦還ᄒᆞ
야其親信ᄒᆞᆫ人等으로더브러百官을會集ᄒᆞ고장ᄎᆞ元에請ᄒᆞ야瀋王
을立코ᄌᆞᄒᆞ거ᄂᆞᆯ執義尹宣佐ㅣ曰臣子가되야君上을讒訴ᄒᆞᆷ은狗彘
도不爲ᄒᆞᆯ겟다ᄒᆞ고其面에唾ᄒᆞ고去ᄒᆞ니이에臺輪이다不從ᄒᆞ거ᄂᆞᆯ
漢功이다시百官을勒逼署名ᄒᆞ야元에送ᄒᆞ더니元이또ᄒᆞᆫ不納ᄒᆞ니
宣佐ᄂᆞᆫ瓘의七世孫이러라

癸亥 十年(元英宗至治三年○西歷紀元後一千三百二十三年○日皇後醍醐五年)이라春二月에元이上王을

朶思麻에量移ᄒᆞ다時에李齊賢이元에在ᄒᆞ야元丞相府에移書ᄒᆞ야本國이累世로歸附ᄒᆞᄂᆞᆫ勤을歷序ᄒᆞ고且曰我老瀋王은即元世祖의親甥이라其姻親이甚近且舊ᄒᆞ거ᄂᆞᆯ今에吐蕃에遠竄ᄒᆞ야顚崖絶險에十步九折ᄒᆞ고層冰積雪과嵐瘴이蒸薰ᄒᆞᆫ處에革船으로渡河ᄒᆞ고牛箱으로夜宿ᄒᆞ다가間關ᄒᆞᆫ지半年에其域에方至ᄒᆞ야麥飯土屋에辛苦가莫狀ᄒᆞ니此ᄂᆞᆫ行路가聞ᄒᆞ야도오히려於悒ᄒᆞᆯ지라其臣下된者ㅣ何如ᄒᆞ리오此ᄂᆞᆫ僕이當食忘味ᄒᆞ고已臥復起ᄒᆞ며淚盡血繼ᄒᆞᆷ이니伏願丞相은此狀을深察ᄒᆞ라ᄒᆞ고또元丞相拜住의게致書ᄒᆞ니屢千百言이라다惻怛誠懇ᄒᆞ니拜住ㅣ크게感歎ᄒᆞ야곳元主의게言ᄒᆞ야量移ᄒᆞ거ᄂᆞᆯ齊賢이上王을往謁ᄒᆞ고還ᄒᆞ다旣而오元英宗이崩ᄒᆞ고泰定帝가即位ᄒᆞ야大赦ᄒᆞᆯ시上王을召還ᄒᆞ거ᄂᆞᆯ淑妃ㅣ이에羣臣으로ᄒᆞ여곰禿古思를元의게言ᄒᆞ야誅ᄒᆞ다〇冬十一月이라柳淸臣吳潛等이이의暠을立고ᄌᆞᄒᆞ다가不成ᄒᆞ고元의게告訴ᄒᆞ야本國國號를罷ᄒᆞ고行省을立ᄒᆞ야內地를作ᄒᆞ랴ᄒᆞ거ᄂᆞᆯ上王이元京에至ᄒᆞ야李齊賢으로ᄒᆞ여곰元政府에致書ᄒᆞ야其不可ᄒᆞᆷ을極言ᄒᆞ니이에事가寢息ᄒᆞ다

乙丑

十二年〈元泰定帝二年〇日皇後醍醐七年〇西歷紀元後一千三百二十五年〉이라夏五月에王이公主로더브러還國ᄒᆞ다〇上王이燕京에서崩ᄒᆞ니諡曰忠宣이오德陵에葬ᄒᆞᄒᆞ다〇冬十一月에李齊賢으로써政堂文學을拜ᄒᆞ고功臣號를賜ᄒᆞ다

庚午

十七年〈元文宗至順元年〇日皇後醍醐十二年〇西歷紀元後一千三百三十年〉이라春二月에王이世子禎의게傳位ᄒᆞ니時에世子ㅣ元에在ᄒᆞ야燕京에서即位ᄒᆞ고王을遜尊ᄒᆞ야太上王이라ᄒᆞ다〇三月에王이元關西王焦八의女德寧公主를聘ᄒᆞ야妃를삼다秋七月에上王은元에如ᄒᆞ고王과公主ᄂᆞᆫ還國ᄒᆞ

다○擧子로令ᄒᆞ야律詩四韻百首와小學(卽字學이니漢時에謂之小學이라)五聲字韻
을誦ᄒᆞᆫ後에야赴試ᄅᆞᆯ許ᄒᆞ다

忠惠王의諱ᄂᆞᆫ禎이오在位가前後凡六年이오壽가三十이라

辛未 元年(元文宗至順二年○日皇後醍醐十三年○西歷紀元後一千四百三十年)이라夏四月에王이延福亭에幸行ᄒᆞ야水戲와擊毬ᄅᆞᆯ觀ᄒᆞ고淫佚游畋ᄒᆞ야虛月이無ᄒᆞ더라○秋七月에僉議中贊大寧府院君崔有渰이卒ᄒᆞ다有渰은冲의後라爲人이恬退ᄒᆞ야名利ᄅᆞᆯ不求ᄒᆞ고忠直ᄒᆞᆷ으로ᄡᅥ得罪ᄒᆞ다가後에大用ᄒᆞ야四朝ᄅᆞᆯ歷事ᄒᆞ고國家元老가되야朝野ㅣ倚望ᄒᆞ더니卒ᄒᆞ니年이九十三이오諡曰忠憲이라ᄒᆞ다○八月이라畿內에給田充祿ᄒᆞᄂᆞᆫ科ᄅᆞᆯ罷ᄒᆞ다

忠肅王

壬申 後元年(元文宗至順三年○日皇後醍醐十四年○西歷紀元後一千三百三十二年)이라春二月에王이游戲無度ᄒᆞ다ᄒᆞ야王을召去ᄒᆞ고上王이燕京에셔復位ᄒᆞ다

癸酉 二年(元順帝元統元年○日皇後醍醐十五年○西歷紀元後一千三百三十三年)이라夏六月에王이公主로더브러回國ᄒᆞᆯ시瀋王暠ㅣ從還ᄒᆞ다○冬十一月에王이夢兆로ᄡᅥ卍(音鑑)은이라改名ᄒᆞ고榜을貼ᄒᆞ야人民을知喩ᄒᆞ다

丙子 五年(元順帝至元二年○日皇後醍醐十八年○西歷紀元後一千三百三十六年)이라冬十月에王이元에如ᄒᆞ다○十二月에元이廢王을遣ᄒᆞ야還國ᄒᆞ다○贊成事元忠이卒ᄒᆞ다忠의爲人이誠慤不撓ᄒᆞ야王이元에被留ᄒᆞᆫ時에侍從大臣이라携貳ᄒᆞ되忠은終始가一節이러라

戊寅 七年(元順帝至元四年○日皇後醍醐二十年○西歷紀元後一千三百三十八年)이라王이還國ᄒᆞ다○元이遣使ᄒᆞ야宦者와童女ᄅᆞᆯ求ᄒᆞ거ᄂᆞᆯ時에典衣副令李穀이元에在ᄒᆞ야御史臺에言ᄒᆞ야其事ᄅᆞᆯ請罷ᄒᆞ고또元主의게上書ᄒᆞᆯ시辭意가懇明ᄒᆞ니元主ㅣ聽納ᄒᆞ더라

乙卯

八年(元順帝至元五年○日皇後村上元年○西曆紀元後一千三百三十九年)이라春三月에王이崩ᄒᆞ니諡曰忠肅이오毅陵에葬ᄒᆞ고廢王이即位ᄒᆞ다○夏六月이라王이荒淫無度ᄒᆞ야其庶母壽妃權氏를烝ᄒᆞ고또忠肅王妃慶華公主를逼淫ᄒᆞ며左右諸臣妻妾의姿色이有ᄒᆞᆫ者를다奪取ᄒᆞ거ᄂᆞᆯ政丞曹頔이廢立코ᄌᆞᄒᆞ야瀋陽王暠를元에遣人ᄒᆞ야元의力을借ᄒᆞ라ᄒᆞ고드ᄃᆡ여兵士로ᄡᅥ王宮을圍ᄒᆞ야王의肩을射中ᄒᆞ더니이윽고頔이被執ᄒᆞ야見殺ᄒᆞ고暠ᄂᆞᆫ其後에元에셔死ᄒᆞ다

忠惠王

庚辰

後元年(元順帝至元六年○日皇後村上二年○西曆紀元後一千三百四十年)이라順天君蔡洪哲이死ᄒᆞ다洪哲의爲人이貪鄙ᄒᆞ나才性이精巧ᄒᆞ야詞章技藝가다其能을各盡ᄒᆞ고活人堂을搆ᄒᆞ야藥物을施ᄒᆞ며權溥以下國老八人을邀請ᄒᆞ야耆英會를作ᄒᆞ고紫霞洞의歌曲을製ᄒᆞ야樂府에傳ᄒᆞ더라○星山君李兆年이致仕ᄒᆞ다時에王이淫縱이日甚ᄒᆞ시松崗에步出ᄒᆞ야雀을彈ᄒᆞ거ᄂᆞᆯ兆年이跪諫ᄒᆞᆫᄃᆡ王이不聽ᄒᆞᄂᆞᆫ지라兆年이歎曰君惡을匡救치못ᄒᆞ니事君ᄒᆞᄂᆞᆫ道가아니라ᄒᆞ고明日에匹馬還鄕ᄒᆞ다○成均祭酒禹倬이卒ᄒᆞ다倬은丹山人(今丹陽)이라經史를通ᄒᆞ며易學이深奧ᄒᆞ고忠宣의게上書極諫ᄒᆞᆫ後에禮安縣에退老ᄒᆞ거ᄂᆞᆯ忠肅王이其忠義를嘉ᄒᆞ야再召ᄒᆞ되不起ᄒᆞ더라

癸未

四年(元順帝至正三年○日皇後村上五年○西曆紀元後一千三百四十三年)이라春三月에王이東郊에幸ᄒᆞ야彈丸으로ᄡᅥ人을射ᄒᆞ니行路가다避走ᄒᆞ더라○夏五月에星山君李兆年이卒ᄒᆞ다兆年이自少力學ᄒᆞ고밋立朝ᄒᆞ미堅確敢言ᄒᆞ야미양王을入見ᄒᆞ면王이其履聲을聞ᄒᆞ고必曰兆年이來ᄒᆞᆫ다ᄒᆞ고左右를屛ᄒᆞ고整容以竢ᄒᆞ니其見憚이如此ᄒᆞ더라諡曰文烈이라ᄒᆞ다○冬十一月에元이王의狂虐이愈甚ᄒᆞᆷ을見ᄒᆞ고王을執去ᄒᆞ야揭陽

縣에流ᄒᆞ다

甲申
五年(元順帝至正四年○日皇後村上六年○西歷紀元後一千三百四十四年)이라春正月에王이揭陽縣에往ᄒᆞ다가未至ᄒᆞ고岳陽縣에서崩ᄒᆞ니諡曰忠惠오永陵에葬ᄒᆞ다○二月에世子昕이元에在ᄒᆞ다가歸國ᄒᆞ야即位ᄒᆞ니年이八歲러라○李齊賢이建議ᄒᆞ야先朝弊政을革罷ᄒᆞᆯ새內乘鷹坊과및寶興德寧二庫에屬ᄒᆞᆫ土田奴婢를査梭ᄒᆞ야本主의게還ᄒᆞ다○六月에書筵을置ᄒᆞ고蔡河中과韓宗愈와李齊賢과朴忠佐와金倫과裵佺과盧永瑞와李倩과辛蕆와李仁復等四十八人으로ᄡᅥ四番을分ᄒᆞ야更日侍讀ᄒᆞᆯ새王이일즉李杜詩를觀코자ᄒᆞᆫ딕宗愈ㅣ曰古人의詩句ᄂᆞᆫ治道에無益ᄒᆞ다ᄒᆞ고맛ᄎᆞᆷ닉進納지아니ᄒᆞ더라

忠穆王의諱ᄂᆞᆫ昕이니在位四年이오壽가十二라

戊子
四年(元順帝至正八年○日皇後村上十年○西歷紀元後一千三百四十八年)이라十二月에王이崩ᄒᆞ니諡曰忠穆이오明陵에葬ᄒᆞ다王이無嗣ᄒᆞ거ᄂᆞᆯ忠惠王의妃德寧公主ㅣ奇轍과王煦로ᄡᅥ國事를權任ᄒᆞ다

忠定王의諱ᄂᆞᆫ眡니在位三年이오壽가十五라

己丑
元年(元順帝至正九年○日皇後村上十一年○西歷紀元後一千三百四十九年)이라夏四月에忠穆王의庶弟慶昌院君眡ㅣ立ᄒᆞ니時年이十二라鐵城君李君侅을命ᄒᆞ야國政을聽斷ᄒᆞ다○冬十月에江陵大君祺ㅣ元의魏王女魯國公主를聘ᄒᆞ니祺ᄂᆞᆫ忠惠王의母弟러라

庚寅
二年(元順帝至正十年○日皇後村上十二年○西歷紀元後一千三百五十年)이라春二月에日本이南邊을侵ᄒᆞ다日本이元의攻ᄒᆞᆷ을忿恨ᄒᆞ야恒常我의게釋憾코ᄌᆞᄒᆞ나元을畏ᄒᆞ야敢發치못ᄒᆞ더니至是ᄒᆞ야元의政事가衰弱ᄒᆞᆷ을見ᄒᆞ고固城等處를來侵ᄒᆞ거ᄂᆞᆯ合浦(今昌原)千戶崔禪이擊破ᄒᆞ니自此로日患이不絕ᄒᆞ더라

辛卯

三年(元順帝至正十一年○日皇後村上十三年○西歷紀元後一千三百五十一年)이라冬十月에江陵君祺ㅣ王位에即ᄒᆞ니元의力을藉ᄒᆞᆷ이오王은遜位ᄒᆞ야江華에居ᄒᆞ다

恭愍王의諱ᄂᆞᆫ顓이오初諱ᄂᆞᆫ祺니在位二十三年이오壽가四十五라

壬辰

元年(元順帝至正十二年○日皇後村上十四年○西歷紀元後一千三百五十二年)이라春正月에贊成事柳濯으로ᄡᅧ全羅道萬戶를拜ᄒᆞ야日本을防備ᄒᆞ라ᄒᆞ니濯이持軍이嚴整ᄒᆞ고士卒로더브러甘苦를同ᄒᆞ며日本이萬德社에入ᄒᆞ야剽掠ᄒᆞ거ᄂᆞᆯ濯이輕騎로ᄡᅧ追捕ᄒᆞ야其俘를索還ᄒᆞ니自此로日本이다시敢犯치못ᄒᆞ더라○王이廢王을酖殺ᄒᆞ고諡曰忠定이라ᄒᆞ고聰陵에葬ᄒᆞ다○成均生員李穡이上書ᄒᆞ야時事를言ᄒᆞ니一曰經界를正ᄒᆞ고二曰日寇를禦ᄒᆞ고三曰武備를修ᄒᆞ고四曰學校를崇ᄒᆞ고五曰異端을抑ᄒᆞᆷ이라王이다嘉納ᄒᆞ니穡은穀의子라先是穀이元에仕ᄒᆞᆯ時에穡이元의國子生員이되야三年에學業이大進ᄒᆞ더라○夏五月에僧普虛를召ᄒᆞ야佛法을問ᄒᆞ고王師를拜ᄒᆞ니普虛ㅣ王을勸ᄒᆞ야敎化를修明ᄒᆞ고佛法을勿信ᄒᆞ라ᄒᆞ나其實은權勢를招攬ᄒᆞᆷ이러라○冬十月에趙日新이伏誅ᄒᆞ다初에日新이燕京의隨從舊恩으로功臣號를賜ᄒᆞ엿더니日新이跋扈ᄒᆞᆯ志가有ᄒᆞ야王宮의宿衛臣僚를殺ᄒᆞ고ᄉᆞᄉᆞ로右政丞이되거ᄂᆞᆯ王이金添壽를命ᄒᆞ야執斬ᄒᆞ다○李齊賢과曹益淸으로左右政丞을拜ᄒᆞ다

甲午

三年(元順帝至正十四年○日皇後村上十六年○西歷紀元後一千三百五十四年)이라秋七月에柳濯等을遣ᄒᆞ야軍士를率ᄒᆞ고元에赴ᄒᆞ다時에元의政事가陵夷ᄒᆞ야盜賊이蜂起ᄒᆞ고天下ㅣ大亂ᄒᆞ야我의게遣使ᄒᆞ야徵兵ᄒᆞ거ᄂᆞᆯ王이이에軍士二萬餘人을發ᄒᆞ야濯等으로ᄒᆞ여곰元丞相脫脫을往會ᄒᆞ야張士誠을高郵에伐ᄒᆞ다가不利ᄒᆞ고淮安을移防ᄒᆞ야前後數十戰에將軍

乙未

崔瑩이가장力戰ᄒᆞ다가數槍을被ᄒᆞ고殺獲이甚多ᄒᆞ며明年에師ㅣ還ᄒᆞ다

四年(元順帝至正十五年○日皇後村上十七年○西曆紀元後一千三百五十五年)이라冬十二月에我桓祖大王이雙城(今永興)으로브터來朝ᄒᆞ시다 桓祖의姓은李氏오諱는子春이오蒙古諱는吾魯思不花니系는全州오新羅司空諱(翰)의苗裔오三世祖는曰

穆祖大王이니諱는安社라全州로브터三陟에徙ᄒᆞ시고또三陟으로브터宜州(今德源)에徙ᄒᆞ시니朝廷이宜州防禦使를拜ᄒᆞ고高原에屯ᄒᆞ야元人을禦ᄒᆞ라ᄒᆞᆯᄉᆡ時에元人이雙城에來屯ᄒᆞ야 穆祖를請ᄒᆞ야協力고ᄌᆞᄒᆞ거ᄂᆞᆯ 穆祖ㅣ不得已ᄒᆞ야蒙의게歸ᄒᆞ시고또斡東(今慶興地)에徙ᄒᆞ시니蒙이南京五千戶所達魯花赤을拜ᄒᆞ니此는高宗四十一年이오 穆祖의子는曰

翼祖大王이니諱는行里오元의五千戶所達魯花赤을襲封ᄒᆞ시더니忠烈王時에元이日本을伐ᄒᆞ거ᄂᆞᆯ 翼祖ㅣ元主의命으로忠烈을來見ᄒᆞ실ᄉᆡ因謝ᄒᆞ사曰先臣이北去ᄒᆞᆷ은實노虎狼의口를脫ᄒᆞᆷ이오國恩을背ᄒᆞᆷ이아니로소이다ᄒᆞ신ᄃᆡ忠烈이曰卿은可謂不忘本이라ᄒᆞ더라 翼祖의子는曰

度祖大王이니諱는椿이라忠肅王時에來朝ᄒᆞ시고 度祖ㅣ桓祖를生ᄒᆞ시니 桓祖ㅣ騎射를善ᄒᆞ고士卒이樂附ᄒᆞ며于是에또來朝ᄒᆞ시다初에雙城의地가沃饒ᄒᆞ야東南人民이歸附ᄒᆞᄂᆞᆫ者ㅣ多ᄒᆞ거ᄂᆞᆯ朝廷이行省郞李壽山을遣ᄒᆞ야元의中書遼陽二省官員으로더브러民의新舊籍을區分ᄒᆞ야三省이라稱ᄒᆞ더니其後에撫綏가失宜ᄒᆞ야稍稍히流徙ᄒᆞᄂᆞᆫ지라王이 桓祖를命ᄒᆞ야主管ᄒᆞ라ᄒᆞ니民人이이에其業을安ᄒᆞ더라

丙申

五年(元順帝至正十六年○日皇後村上十八年○西歷紀元後一千三百五十六年)이라夏五月에奇轍權謙盧頙等이伏誅ᄒᆞ다初에轍의妹弟ㅣ元에選入ᄒᆞ야元帝의第三皇后ㅣ되야太子愛猷識理達을生ᄒᆞ거ᄂᆞᆯ元이이에奇氏三世ᄅᆞᆯ封ᄒᆞ야王을삼으니轍이自此로驕橫ᄒᆞ야王의게稱臣치아니ᄒᆞ고또謙과頙은元帝와밋元太子의게女ᄅᆞᆯ納ᄒᆞ고三人이聲勢相倚ᄒᆞ더니至是ᄒᆞ야天下ㅣ亂ᄒᆞᆷ을見ᄒᆞ고自全키難ᄒᆞᆯ가恐ᄒᆞ야서로期會ᄒᆞ야大逆을圖謀ᄒᆞ거ᄂᆞᆯ王이密直姜仲卿等을命ᄒᆞ야甲士로ᄒᆞ여곰擊殺ᄒᆞ다○元이征東行中書省理問所ᄅᆞᆯ罷ᄒᆞ다○王이舊疆을收復고ᄌᆞᄒᆞ야印璫과柳仁雨等을命ᄒᆞ야鴨江以西八站과밋雙城等諸城을取ᄒᆞ다○秋七月에舊日官制ᄅᆞᆯ復ᄒᆞᆯ시文宗舊制ᄅᆞᆯ多取ᄒᆞ다○九月에 桓祖로ᄡᅥ太僕卿을拜ᄒᆞ고第宅一區ᄅᆞᆯ賜ᄒᆞ거ᄂᆞᆯ 桓祖ㅣ因ᄒᆞ야開京에留居ᄒᆞ시다○冬十月에元이遣使ᄒᆞ야來ᄒᆞ니是時天下에兵亂이大起ᄒᆞ야元이故地收復ᄒᆞᆷ을暇치못ᄒᆞᆷ이러라○冬十一月에李齊賢으로ᄡᅥ侍中을拜ᄒᆞ다○李穡으로ᄡᅥ吏部侍郎兼兵部郎中을拜ᄒᆞ다時에穡이時政八事ᄅᆞᆯ陳ᄒᆞᆯ시其一은吏兵部의選擧ᄅᆞᆯ復ᄒᆞᆷ이라王이嘉納ᄒᆞ야是職을授ᄒᆞ다○十二月에僧普虛ㅣ道詵의讖說로ᄡᅥ王을說ᄒᆞ야曰漢陽에都ᄒᆞ면三十六國이來朝ᄒᆞᆫ다ᄒᆞ거ᄂᆞᆯ王이其言을惑ᄒᆞ야漢陽宮을修葺ᄒᆞ고遷都코ᄌᆞᄒᆞ다가不果ᄒᆞ다

丁酉

六年(元順帝至正十七年○日皇後村上十九年○西歷紀元後一千三百五十七年)이라九月에政堂文學安輔ㅣ卒ᄒᆞ다輔ㅣ剛直廉潔ᄒᆞ고臨事에大體ᄅᆞᆯ務存ᄒᆞ고依違顧望이無ᄒᆞ며밋卒ᄒᆞ미家에擔石의儲가無ᄒᆞ더라諡曰文敬이라ᄒᆞ다○冠과服色을改ᄒᆞᆯ시文武百官은黑衣靑笠이오僧은黑巾이오女ᄂᆞᆫ黑羅러라○忠烈王以上의게尊號ᄅᆞᆯ加上ᄒᆞ다○冬十月에비로소三年喪을行ᄒᆞ니諫官李穡의言을從ᄒᆞᆷ이러라

戊戌

七年(元順帝至正十八年○日皇後村上二十年○西曆紀元後一千三百五十八年)이라夏五月에方國珍이遣使來聘ᄒᆞ니時에國珍이中原의亂을因ᄒᆞ야台州를據ᄒᆞ더라○六月에張士誠이遣使ᄒᆞ야沈香과水晶과玉帶等物을獻ᄒᆞ니時에士誠이杭州를據ᄒᆞ야太尉라自稱ᄒᆞ더라○秋八月에西江에城을築ᄒᆞ야日本을防禦ᄒᆞ다○李氏를納ᄒᆞ야惠妃를封ᄒᆞ니妃ᄂᆞᆫ齊賢의女러라○時에紅巾賊이有ᄒᆞ야天下에遍滿ᄒᆞ고其魁關先生等이元의上都(元故都니長城以外라)를陷ᄒᆞ고ᄯᅩ鴨綠을渡ᄒᆞ야剽竊ᄒᆞ거ᄂᆞᆯ慶千興으로ᄡᅥ西北面元帥를拜ᄒᆞ고安祐로ᄡᅥ副元帥를拜ᄒᆞ야往討ᄒᆞᆯ서時에賊衆이四萬이라鴨綠을渡ᄒᆞ야義(義州)靜(在今義州)等州를連陷ᄒᆞ거ᄂᆞᆯ다시李嚴으로ᄡᅥ西北面都元帥를拜ᄒᆞ야千興과祐와밋崔瑩金得培李春富等으로더브러防禦ᄒᆞ더니이윽고嚴이賊을畏ᄒᆞ야進兵치못ᄒᆞ거ᄂᆞᆯ李承慶으로ᄡᅥ代ᄒᆞ다

庚子

九年(元順帝至正二十年○日皇後村上二十二年○西曆紀元後一千三百六十年)이라春二月에安祐ㅣ上將軍李芳實로더브러紅巾賊을咸從에셔大破ᄒᆞ니賊이遁去ᄒᆞ다是役에祐等이九戰皆捷ᄒᆞ고三月에班師ᄒᆞ다○夏五月이라忠定以來로日本이來侵ᄒᆞ야虛日이無ᄒᆞ더니于是에全羅道로브터楊廣道(今京畿忠淸兩道)를進侵ᄒᆞ야列邑을焚掠ᄒᆞ거ᄂᆞᆯ이에柳濯으로ᄡᅥ兵馬都統使를拜ᄒᆞ고李春富와밋 桓祖로ᄡᅥ東西江兵馬使를拜ᄒᆞ야防禦ᄒᆞᆯ시日本이江華를侵掠ᄒᆞ고去ᄒᆞ더라○八月에三年喪制를除ᄒᆞ니時에四方에兵興ᄒᆞ야用人이爲急ᄒᆞᆷ이러라

辛丑

十年(元順帝至正二十一年○日皇後村上二十三年○西曆紀元後一千三百六十一年)이라春二月에 桓祖로ᄡᅥ東北面兵馬使를拜ᄒᆞ엿다가다시戶部尙書를加ᄒᆞ다○我 桓祖ㅣ卒ᄒᆞ시니王이遣使ᄒᆞ야弔慰致賻ᄒᆞ고士大夫ㅣ다驚歎ᄒᆞ야曰東北面이無人ᄒᆞ다ᄒᆞ더라○秋九月에禿魯江(在今江界)萬戶朴儀ㅣ叛ᄒᆞ

거ᄂᆞᆯ我
太祖大王을遣ᄒᆞ야執誅ᄒᆞ다 太祖ᄂᆞᆫ 桓祖의子라諱ᄂᆞᆫ旦오字ᄂᆞᆫ
君晋이니初諱ᄂᆞᆫ成桂오字ᄂᆞᆫ仲潔이라忠肅王後四年乙亥에永興黑
石里私邸에셔誕降ᄒᆞ시니隆準龍顔이오奇偉絕倫ᄒᆞ시더니밋長ᄒᆞ
시미寬仁大度오濟世安民ᄒᆞᆯ才略이有ᄒᆞ시더라先是에李達衷이東
北面兵馬使가되엿다가還朝ᄒᆞ거ᄂᆞᆯ 桓祖ㅣ餞送ᄒᆞ실ᄉᆡ 太祖ㅣ
侍立ᄒᆞ시다가行酒ᄒᆞ시니達衷이恭敬이跪飮ᄒᆞᄂᆞᆫ지라 桓祖ㅣ怪
異ᄒᆞ야問ᄒᆞ신ᄃᆡ答曰此人은異人이라公의及ᄒᆞᆯ비아니오公의家業
을此人이能히大興ᄒᆞ리라ᄒᆞ고因ᄒᆞ야子孫으로ᄡᅥ付屬ᄒᆞ니達衷은
元來識鑑이有ᄒᆞᆫ人이러라至是ᄒᆞ야 太祖ㅣ金吾衛上將軍으로東
北面上萬戶가되시더니會에朴儀ㅣ作亂ᄒᆞ거ᄂᆞᆯ 太祖ㅣ親兵一千
五百으로往討ᄒᆞ시니儀ㅣ江界에逃入ᄒᆞᄂᆞᆫ지라 太祖ㅣ窮追ᄒᆞ야

盡誅ᄒᆞ시다○冬十月에紅巾賊魁首潘誠沙와關先生等이又軍士數
十萬을率ᄒᆞ고鴨綠을渡ᄒᆞ야安州를襲ᄒᆞ니官軍이敗績ᄒᆞᄂᆞᆫ지라王
이다시平章事金鏞과參知政事鄭世雲等을遣ᄒᆞ야岊嶺(在今瑞興 名慈悲嶺)一
을守備ᄒᆞ다가又賊의襲擊을被ᄒᆞ야軍士가大潰ᄒᆞ고京師ㅣ震動ᄒᆞ
거ᄂᆞᆯ王이이에太后를奉ᄒᆞ야南幸ᄒᆞ니賊이곳京城을陷ᄒᆞ다十二月
에王이福州(今安東)에至ᄒᆞ야世雲으로ᄡᅥ摠兵官을拜ᄒᆞ야諸軍을督率
ᄒᆞ야紅賊을擊ᄒᆞ라ᄒᆞ니世雲이承命ᄒᆞ고慷慨憂忿ᄒᆞ야討賊興復ᄒᆞᆷ
으로ᄡᅥ己任을삼더라

壬寅

十一年(元順帝至正二十二年○日皇後村上二十四年○西曆紀元後一千三百六十二年)이라春正月에摠兵
官鄭世雲과都元帥安祐等이紅賊을大破ᄒᆞ고京城을收復ᄒᆞ다賊이
이믜京城에入ᄒᆞ거ᄂᆞᆯ安祐崔瑩等이軍士二十萬을率ᄒᆞ야東郊에屯
ᄒᆞ고世雲은諸軍을督ᄒᆞ야進圍ᄒᆞᆯᄉᆡ寧海人朴强이守門ᄒᆞᆫ賊을斫殺

ᄒᆞ고諸將이離人ᄒᆞᄂᆞᆫ지라 太祖ㅣ麾下親兵二千人을率ᄒᆞ시고先登大破ᄒᆞ야賊十餘萬을斬ᄒᆞ시니賊魁河劉와關先生等이다死ᄒᆞ고餘黨破頭潘等十餘萬이鴨綠을涉ᄒᆞ야遁ᄒᆞ더라○金鏞이佞幸으로明王의게得寵ᄒᆞ야鄭世雲을忌嫉ᄒᆞ고ᄯᅩ安祐金得培李芳實等의成功ᄒᆞᆷ을惡ᄒᆞ야主旨를矯ᄒᆞ야祐等으로ᄒᆞ여곰世雲을殺케ᄒᆞ고ᄯᅩ謀進ᄒᆞᆯ가恐ᄒᆞ야ᄃᆞ시여王의게告曰祐等이主將을擅殺ᄒᆞ니此ᄂᆞᆫ君上을慢視ᄒᆞᆷ이라ᄒᆞ고곳祐等을盡殺ᄒᆞ니時에祐와芳實의子ㅣ年이다十餘歲라市街에遊ᄒᆞᆯ새人民이食物을爭饋ᄒᆞ야日今에我輩가獲安ᄒᆞᆷ은다三元帥의功이라ᄒᆞ고泣下ᄒᆞᄂᆞᆫ者ㅣ有ᄒᆞ더라○秋七月에

太祖ㅣ元丞相納哈出을咸興洪原等地에셔大破ᄒᆞ시다納哈出이中原의亂을因ᄒᆞ야瀋陽等地를據在ᄒᆞᆯ새時에雙城(今咸鏡)賊趙小生과卓都卿等이雙城을旣失ᄒᆞ매本國을深怨ᄒᆞ야納哈出을引ᄒᆞ야東北邊을入寇ᄒᆞ거ᄂᆞᆯ王이 太祖로ᄡᅥ東北面兵馬使를拜ᄒᆞ야出禦ᄒᆞ라ᄒᆞ신대時에納哈出이兵士數萬을率ᄒᆞ고小生과都卿等으로더브러洪原에屯ᄒᆞ고賊의驍將一人이鐵鎧를戴ᄒᆞ고衆을揮ᄒᆞ니衆이對敵ᄒᆞᆯ者ㅣ無ᄒᆞ거ᄂᆞᆯ 太祖ㅣ與戰ᄒᆞ시다가거ᄌᆞᆺ敗走ᄒᆞ시니其人이奮前ᄒᆞ야衆을注ᄒᆞᆷ이甚急ᄒᆞ거ᄂᆞᆯ 太祖ㅣ鏇身ᄒᆞ샤馬韉에偃著ᄒᆞ시니其人이 太祖를擊지못ᄒᆞ고衆을隨ᄒᆞ야側ᄒᆞ거ᄂᆞᆯ 太祖ㅣ곳射殪ᄒᆞ시니賊이大敗奔北ᄒᆞᄂᆞᆫ지라 太祖ㅣ進擊ᄒᆞ야日暮ᄒᆞᆫ後還ᄒᆞ시다時에納哈出의妻ㅣ納哈出다려謂曰公이天下를周行ᄒᆞ엿스나如此ᄒᆞᆫ將軍을엇지見ᄒᆞ엿스리오맛당히速避ᄒᆞ라ᄒᆞᆫ듸納哈出이不從ᄒᆞ고角戰不已ᄒᆞ거ᄂᆞᆯ 太祖ㅣᄯᅩ其將을屢殺ᄒᆞ시고奇兵을伏ᄒᆞ야大破ᄒᆞ시니納哈出이不可敵ᄒᆞᆷ을知ᄒᆞ고散卒을收拾ᄒᆞ야遁去ᄒᆞ니於是에東北諸路가悉平ᄒᆞ다○八月에王이淸州에至ᄒᆞ다○耽羅牧胡古

禿不花等이星主高福壽로뻐叛ᄒᆞ야元에依附ᄒᆞ다○冬十月이라初에元后奇氏ㅣ奇轍等을爲ᄒᆞ야報仇코ᄌᆞᄒᆞ고崔濡ᄂᆞᆫ元에在ᄒᆞ야后의旨를承望ᄒᆞ야王을元主의게構譖ᄒᆞ니元主ㅣ이에德興君譓로뻐高麗王을삼으니譓ᄂᆞᆫ忠宣王의子라於是에濡ㅣ左政丞이되고國人의在元ᄒᆞᆫ者ᄂᆞᆫ다僞官을署ᄒᆞ더라

癸卯

十二年(元順帝至正二十三年○日皇後村上二十五年○西歷紀元後一千三百六十三年)이라二月에王이京師에還ᄒᆞ다○閏三月에金鏞이德興君의內應이되야王을害코ᄌᆞᄒᆞᆯ식其黨五十餘人을密遣ᄒᆞ야宮門을斬ᄒᆞ고寢殿에徑入ᄒᆞ거ᄂᆞᆯ宦官安都赤의貌가王과類ᄒᆞᆫ지라王을代ᄒᆞ야寢內에臥ᄒᆞ니賊이王이라ᄒᆞ야殺ᄒᆞ고其黨을分遣ᄒᆞ야右政丞洪彦博等을殺ᄒᆞ더니旣而오事敗ᄒᆞ야鏞을密城郡(今密陽)에流ᄒᆞ엿다가다시殺ᄒᆞ야京師에傳首ᄒᆞ다時에王은오히려鏞을不忘ᄒᆞ고泣下曰誰를可恃ᄒᆞᆯ고ᄒᆞ더라時에彦博이勳戚으로뻐上相이되야鏞이비록寵權ᄒᆞ나能히逞志치못ᄒᆞᄂᆞᆫ고로몬저殺ᄒᆞ니彦博은重望이有ᄒᆞᆫ人이라밋死ᄒᆞ미時人이歎惜ᄒᆞ더라謚曰文正이라ᄒᆞ다

甲辰

十三年(元順帝至正二十四年○日皇後村上二十六年○西歷紀元後一千三百六十四年)이라春正月에我太祖ㅣ崔濡를擊破ᄒᆞ시다先是에元이德興君譓를我國에納고ᄌᆞᄒᆞ거ᄂᆞᆯ王이慶復興으로뻐西北面都元帥를拜ᄒᆞ야安遇慶等諸將을領ᄒᆞ고往禦ᄒᆞᆯ식至是ᄒᆞ야濡ㅣ元兵一萬으로뻐鴨綠江을渡ᄒᆞ거ᄂᆞᆯ遇慶이擊却ᄒᆞ엿더니이윽고賊兵이奄至ᄒᆞ니我軍이大敗ᄒᆞ고賊은宣州(今宣川)를入據ᄒᆞ니人情이더욱恟懼ᄒᆞᄂᆞᆫ지라王이崔瑩으로뻐都巡慰使를拜ᄒᆞ야安州를急趣ᄒᆞ고 또太祖를命ᄒᆞ야精騎一千을率ᄒᆞ시고赴援케ᄒᆞ니軍勢가稍振ᄒᆞ더라時에賊이隨州(今定州)達川에來屯ᄒᆞ거ᄂᆞᆯ翌日에 太祖ㅣ手下老將二人으로뻐左右翼을삼고奮擊大

破ᄒᆞ시니濡와밋謙가겨우免ᄒᆞ야渡江遁去ᄒᆞ니라初에德興君謙가僞立ᄒᆞᆯ時에王이贊成事李公遂를元에遣ᄒᆞ야陳情ᄒᆞᆯᄉᆡ公遂ㅣ元에至ᄒᆞ니謙ㅣ僞官을授코져ᄒᆞ거ᄂᆞᆯ公遂ㅣ不受ᄒᆞ엿더니奇后ㅣ强命ᄒᆞᄂᆞᆫ지라公遂ㅣ慷慨히言ᄒᆞ야曰臣이비록頸血로ᄡᅥ德興의轅을不濺ᄒᆞ나엇지此를忍從ᄒᆞ리오ᄒᆞ더니至是에公遂ㅣ書를竹杖中에納ᄒᆞ고가만이遣人ᄒᆞ야濡의起兵ᄒᆞᆷ을報ᄒᆞ니朝廷이비로소公遂의不屈ᄒᆞᆷ을知ᄒᆞ더라○夏五月에日賊三千餘人이鎭海를來侵ᄒᆞ거ᄂᆞᆯ慶尙道巡問使金續命이進擊殲殺ᄒᆞ다○冬十月이라先是에崔濡ㅣ敗還ᄒᆞ야다시大擧코져ᄒᆞᆯᄉᆡ元監察御史紐憐等이濡의賣國搆釁ᄒᆞᆫ罪를陳述ᄒᆞ니元主ㅣ곳濡를械送ᄒᆞ거ᄂᆞᆯ王이誅ᄒᆞ다○李公遂ㅣ元으로브터還ᄒᆞ다

十四年(元順帝至正二十五年○日皇後村上二十七年○西歷紀元後一千三百六十五年)이라春二月에魯國

公主ㅣ崩ᄒᆞ니王이크게悲慟ᄒᆞ야佛事를大張ᄒᆞ고밋正陵에葬ᄒᆞᆯᄉᆡ儀衛制度가窮極奢侈ᄒᆞ더라○五月에妖僧遍照로ᄡᅥ師傅를삼다遍照ᄂᆞᆫ本玉川寺婢의子라先是에王이夢中에人이劒으로ᄡᅥ己를刺ᄒᆞ거ᄂᆞᆯ僧이有ᄒᆞ야救免ᄒᆞ더니밋遍照를見ᄒᆞ니其貌와如ᄒᆞᆫ지라王이奇異ᄒᆞ야與語ᄒᆞ니ᄯᅩᄒᆞᆫ辯給ᄒᆞ고自謂ᄒᆞ되得道ᄒᆞ엿다ᄒᆞ거ᄂᆞᆯ王이大悅ᄒᆞ야屢次召見ᄒᆞ고其後에遍照ㅣ長髮ᄒᆞ야頭陀가되고改名ᄒᆞ야辛旽이라ᄒᆞ거ᄂᆞᆯ王이師傅를拜ᄒᆞ고國政으로ᄡᅥ訪問ᄒᆞ야所言을다聽從ᄒᆞ며士大夫의妻妾은神僧이라ᄒᆞ야聽法求福ᄒᆞᆫ다ᄒᆞ고來ᄒᆞ면旽이믄득私通ᄒᆞᄂᆞᆫ지라李齊賢이上言ᄒᆞ되旽의骨格이古昔兇人과如ᄒᆞ야後患을必貽ᄒᆞ리니王은勿近ᄒᆞ소셔ᄒᆞᆫᄃᆡ王이不聽ᄒᆞ더라○秋八月에瑞興君柳淑이致仕ᄒᆞ다時에辛旽이用事ᄒᆞᆯᄉᆡ金蘭과李春富로ᄡᅥ羽翼을삼고李仁復과崔瑩과元松壽等諸名流를讒逐ᄒᆞ니

溺이自己의忠直이旽의所忌됨을知ᄒᆞ고骸骨을乞ᄒᆞ야田里에歸ᄒᆞ
니將相以下가다郊外에餞送ᄒᆞ며行路가咨嗟ᄒᆞ더라○冬十二月이
라時에王이비앙辛旽을謂ᄒᆞ야屈己救世ᄒᆞ라ᄒᆞ니旽이거짓不肯ᄒᆞ
야王의意를堅케ᄒᆞ고다시王을勸ᄒᆞ야曰王이世間福利를求코ᄌᆞᄒᆞ실
진ᄃᆡ願컨ᄃᆡ讒言을無信ᄒᆞ소서ᄒᆞ니王이이에盟書를手寫ᄒᆞ야天神
에證明ᄒᆞ니旽이自此로더옥顧忌가無ᄒᆞ야威福을大行ᄒᆞ더라이윽
고王이守正論道燮理功臣號를賜ᄒᆞ고都僉議로領ᄒᆞ고鷲城府院君
을進封ᄒᆞ더

丙午 十五年(元順帝至正二十六年○日皇後村上二十一年○西曆紀元後一千三百六十六年)이라夏四月에司議
大夫鄭樞로貶ᄒᆞ야東萊縣令을삼고左正言李存吾ᄂᆞᆫ長沙(今長興都護)監務
로삼다時에辛旽이當國ᄒᆞ야不法을行肆ᄒᆞ되敢히斥言ᄒᆞᄂᆞᆫ者ㅣ無
ᄒᆞᆫ지라李存吾ㅣ忿怒ᄒᆞ야上疏코ᄌᆞ홀ᄉᆡ몬져疏本을同列의게示ᄒᆞ

야曰妖物이誤國ᄒᆞ니不可不屛逐ᄒᆞ리라ᄒᆞ니同僚가다畏縮ᄒᆞ야敢
應ᄒᆞᄂᆞᆫ者ㅣ無ᄒᆞ고오작鄭樞ㅣ從ᄒᆞ야上疏曰臣等이伏見ᄒᆞ오니向
日殿內에서辛旽이敢히殿下와幷坐ᄒᆞ니大抵禮ᄂᆞᆫ上下를分辨ᄒᆞ고
民志를明定ᄒᆞᆷ이라만일此禮가無ᄒᆞ면엇지君臣父子와밋國家ㅣ有
ᄒᆞ리오今에旽이上恩을遍蒙ᄒᆞ야國政을專擅ᄒᆞ고無君ᄒᆞᆫ心을懷ᄒᆞ
야君上의前에屈膝치아니ᄒᆞ며ᄯᅩ在家時에ᄂᆞᆫ宰相이庭下에拜ᄒᆞ니
此ᄂᆞᆫ비록崔沆金仁俊林衍等도如此ᄒᆞᆫ者ㅣ無ᄒᆞ엿고至於李資謙ᄒᆞ
야ᄂᆞᆫ仁宗의外祖라然이나公論을畏ᄒᆞ야祖孫의私禮를不行ᄒᆞ엿ᄉᆞ
니此ᄂᆞᆫ君臣의分이素定ᄒᆞ야萬古不易ᄒᆞᆫ憲法이니殿下ㅣ能히變易
치못ᄒᆞᆯ빈오ᄯᅩ殿下ㅣ旽을賢ᄒᆞ다ᄒᆞ야大用ᄒᆞ시나旽이用事ᄒᆞᆫ後로
政令이紊亂ᄒᆞ야百姓이怨咨ᄒᆞ니臣等이諫院에處ᄒᆞ야可惜ᄒᆞᆫ者ᄂᆞᆫ
殿下ㅣ將且四方에取笑ᄒᆞ고萬世에見譏ᄒᆞᆷ이로소이다ᄒᆞᆫᄃᆡ王이大

怒ᄒᆞ야其疏ᄅᆞᆯ焚ᄒᆞ고存吾와樞ᄅᆞᆯ叱責ᄒᆞᆯ시時에旽이王으로더브러對床ᄒᆞ야坐ᄒᆞ거ᄂᆞᆯ存吾ㅣ大叱曰老僧이엇지無禮ᄒᆞᆷ이如此ᄒᆞ뇨ᄒᆞ니旽이惶駭ᄒᆞ야곳下床ᄒᆞᄂᆞᆫ지라王이더욱怒ᄒᆞ야存吾와樞ᄅᆞᆯ下獄ᄒᆞ고李春富와金蘭과李穡等을命ᄒᆞ야鞫問ᄒᆞ라ᄒᆞ거ᄂᆞᆯ春富等이王意ᄅᆞᆯ承ᄒᆞ야存吾ᄅᆞᆯ欲殺ᄒᆞ니李穡이미양救護ᄒᆞ야其職을僅貶ᄒᆞ니時에存吾의年이二十五러라○秋七月에文殊會ᄅᆞᆯ宮中에設ᄒᆞ다時에王이無嗣ᄒᆞ거ᄂᆞᆯ旽이此會ᄅᆞᆯ勸設ᄒᆞ야祈子ᄒᆞᆷ이러라○五月에前僉議侍中李公遂ㅣ卒ᄒᆞ다公遂ᄂᆞᆫ益州人이라性이精明謹愼ᄒᆞ야一毫도取予가不妄ᄒᆞ며臨事에剛毅ᄒᆞ야形勢의屈ᄒᆞᆫ비되지아니ᄒᆞ더라謚曰文忠이라ᄒᆞ다○다시王氏ᄅᆞᆯ立ᄒᆞ야妃ᄅᆞᆯ封ᄒᆞ니妃ᄂᆞᆫ宗室德豐君의女러라○冬十二月에密直提學李達衷이罷ᄒᆞ다達衷이일쯕廣坐中에셔辛旽을責ᄒᆞ야日人이言ᄒᆞ되公의酒色이過度ᄒᆞ다ᄒᆞ니

丁未

何故오ᄒᆞᆫ티旽이不悅ᄒᆞ야罷官ᄒᆞ다

十六年(元順帝至正二十七年○日皇後村上二十九年○西歷紀元後一千三百六十七年)이라春二月에元이高大悲ᄅᆞᆯ遣來ᄒᆞ다時에元主ㅣ濟州에避亂코자ᄒᆞ야御府의金帛을輸送ᄒᆞ고濟州로ᄡᅥ다시我의게屬ᄒᆞ다○僧禪顒으로ᄡᅥ王師ᄅᆞᆯ삼으니禪顒은旽의昵比ᄒᆞᄂᆞᆫ비라王이康安殿에셔邀見ᄒᆞᆯ시王이九拜ᄒᆞ니禪顒이立受ᄒᆞ고百官은朝服致賀ᄒᆞ며旽은獨히戎服으로殿上에立ᄒᆞ더라○秋七月에前僉議政丞鷄林府院君李齊賢이卒ᄒᆞ다齊賢이天資ㅣ重厚ᄒᆞ고ᄯᅩ學術이深邃ᄒᆞ야議論과事業에發ᄒᆞᄂᆞᆫ者ㅣ다燁然可觀이오平生에疾言遽色이無ᄒᆞ고ᄯᅩ虛襄下人ᄒᆞ야他人의事ᄂᆞᆫ비록片善이라도不聞ᄒᆞᆯ가惟恐ᄒᆞ며自號曰益齋라國人이景仰ᄒᆞ야老少貴賤을無論ᄒᆞ고다益齋先生이라稱ᄒᆞ더라所著ᄒᆞᆫ益齋亂藁十卷이有ᄒᆞ니高麗以來로金富軾李奎報等이다文名이大著ᄒᆞ나齊

賢으로써第一을삼더라論曰文忠이라ᄒᆞ다○冬十月에前侍中慶復興과知僉議吳仁澤과三司使安遇慶等이辛旽을謀除ᄒᆞ다가事覺ᄒᆞ야다南裔에杖流ᄒᆞ다○十二月에李穡으로써成均大司成을拜ᄒᆞ고鄭夢周로써博士를삼다穡이生員을增置ᄒᆞᆯ시夢周와金九容과朴尙衷과朴宜中과李崇仁等을擇ᄒᆞ야다他官으로敎官을兼授ᄒᆞ고每日明倫堂에坐ᄒᆞ야經業을分授ᄒᆞ고講을畢ᄒᆞᆫ後에서로論難ᄒᆞ니於是에學徒가坌集ᄒᆞ야程朱性理學이始興ᄒᆞ더라時에學者의所習ᄒᆞᄂᆞᆫ經書가中國으로브터至ᄒᆞᄂᆞᆫ者ㅣ오쟉朱子集註라夢周ㅣ講說이新意를自出ᄒᆞᆷ이多ᄒᆞ니聞者ㅣ자못疑訝ᄒᆞ더니밋胡炳文의四書通을見ᄒᆞ니意義가다脗合ᄒᆞᄂᆞᆫ지라穡이亟稱ᄒᆞ야曰達可(夢周의字라)의論議가竪說竪說이다理致에不當ᄒᆞᆷ이無ᄒᆞ다ᄒᆞ더라○辛旽이前僉議贊成事瑞寧君柳淑을殺ᄒᆞ다時에旽이淑이비록退仕ᄒᆞ엿스나王이復用ᄒᆞᆯ가恐ᄒᆞ야王께譖ᄒᆞ야曰淑이미양勾踐으로써上께比ᄒᆞ고范蠡로써自比ᄒᆞ니淑이만일蠡의乘舟를効ᄒᆞ면반다시燕京을向ᄒᆞ야德興君을謀立ᄒᆞ리니早除ᄒᆞ야後患을以絕ᄒᆞ소셔ᄒᆞᆫ듸王이命ᄒᆞ야杖流ᄒᆞ라ᄒᆞ거ᄂᆞᆯ旽이곳遣人執殺ᄒᆞ다淑이忠義大節이有ᄒᆞ고臨事決策에識見이卓絕ᄒᆞ더니밋臨死에顏色이平時와如ᄒᆞ더라謚曰文僖라ᄒᆞ다○成均祭酒金文鉉이其父達祥을弑ᄒᆞ다文鉉이淫悖無度ᄒᆞ야其兄의妾을私通ᄒᆞ거ᄂᆞᆯ達祥이法司가按治ᄒᆞᆯ가恐ᄒᆞ야辛旽의게請曰文鉉이不肖ᄒᆞ니置外ᄒᆞ라ᄒᆞᆫ듸旽이其罪를問ᄒᆞ거ᄂᆞᆯ達祥이斥言키難ᄒᆞ야但曰狂惑이라ᄒᆞ엿더니文鉉이聞ᄒᆞ고怨恨ᄒᆞ야旽의게言曰吾父ㅣ公의不德을議論ᄒᆞ야曰반다시亡國ᄒᆞ리라ᄒᆞᆫ다ᄒᆞ니旽이怒ᄒᆞ야達祥을遠地에流ᄒᆞ엿다가다시殺ᄒᆞ고文鉉은旽의門客이되더라○明兵이燕京을拔ᄒᆞ니元主ㅣ北으로沙漠에走ᄒᆞ다

己酉

十八年(明太祖洪武二年○日皇長慶二年○西曆紀元後一千三百六十九年)이라夏四月에明太祖ㅣ遣使ᄒᆞ야天下定ᄒᆞᆷ을告ᄒᆞ더라○禮部尙書洪尙載ᄅᆞᆯ還ᄒᆞ야明에如ᄒᆞ고自是로歲以爲常ᄒᆞ다○六月에官制ᄅᆞᆯ改ᄒᆞ다○秋七月이라先是에日人이投化ᄒᆞᄂᆞᆫ者ㅣ多ᄒᆞ야朝廷이巨濟와南海等處에分居케ᄒᆞ엿더니至是ᄒᆞ야다시諸郡을侵掠ᄒᆞ더라

庚戌

十九年(明太祖洪武三年○日皇長慶三年○西曆紀元後一千三百七十年)이라我 太祖ㅣ元의東寧府(在鴨江西)兀剌城을攻拔ᄒᆞ시다時에王이東寧府ᄅᆞᆯ擊ᄒᆞ야元을絕코자ᄒᆞᆯᄉᆡ 太祖ᄅᆞᆯ拜ᄒᆞ야東北面元帥ᄅᆞᆯ삼고池龍壽로西北面元帥ᄅᆞᆯ拜ᄒᆞ야往勦ᄒᆞ라ᄒᆞ거ᄂᆞᆯ 太祖ㅣ步騎萬餘ᄅᆞᆯ率ᄒᆞ시고鴨綠江을渡ᄒᆞ야兀剌城에至ᄒᆞ시니其酋高安慰ㅣ險要ᄅᆞᆯ據ᄒᆞ야不降ᄒᆞ거ᄂᆞᆯ 太祖ㅣ片箭으로ᄲᅧ射ᄒᆞ시니凡七十餘發에다敵人의面을中ᄒᆞ시ᄂᆞᆫ지라城中이奪氣ᄒᆞ고安慰ᄂᆞᆫ夜遁ᄒᆞ고諸山城이望風歸欵ᄒᆞ니於是에東은皇城(古女眞皇帝城)과北은東寧府와西ᄂᆞᆫ海에至ᄒᆞ고南은鴨綠ᄭᆞ지다遁逃一空ᄒᆞ더라○冬十一月에我 太祖ㅣ池龍壽로더브러遼城을攻拔ᄒᆞ시다初에奇轍의子賽因帖木兒ㅣ元에仕ᄒᆞ야平章事가되엿다가元이亡ᄒᆞ미平章事金伯顔으로더브러遺衆을招集ᄒᆞ야東寧府ᄅᆞᆯ據有ᄒᆞ고其父의仇ᄅᆞᆯ報코ᄌᆞᄒᆞ야我의北鄙ᄅᆞᆯ來寇ᄒᆞ거ᄂᆞᆯ王이 太祖와밋龍壽ᄅᆞᆯ命ᄒᆞ야擊ᄒᆞ라ᄒᆞ니 太祖ㅣ遼城에進軍ᄒᆞ실ᄉᆡ驍將處明이特勇拒戰ᄒᆞᄂᆞᆫ지라 太祖ㅣ몬져兜鍪ᄅᆞᆯ射ᄒᆞ시고또其脚을射ᄒᆞ야曰不降ᄒᆞ면장ᄎᆞᆺ汝의面을射ᄒᆞ리라ᄒᆞ시니處明이下馬叩頭ᄒᆞ고降ᄒᆞ니敵이氣奪ᄒᆞ더라드듸여其城을進拔ᄒᆞ니賽因帖木兒ᄂᆞᆫ遁去ᄒᆞ고伯顔을虜ᄒᆞ시고元의丞相納哈出과밋其餘敵將은招降ᄒᆞ시고班師ᄒᆞ시다(後에處明이 太祖의恩을感ᄒᆞ야矢瘢을見ᄒᆞ면嗚咽流涕ᄒᆞ더니雲峯戰爭의力戰立功ᄒᆞ다)

辛亥

二十年(明太祖洪武四年○日皇長慶四年○西曆紀元後一千三百七十一年)이라春二月에女眞千戶李

豆蘭이歸化ᄒᆞ니豆蘭의本姓은佟이러라○夏五月에前長沙(今茂長)監務李存吾ㅣ卒ᄒᆞ다存吾ᄂᆞᆫ慶州人이라性이孝友簡重ᄒᆞ고早孤力學ᄒᆞᆯ식鄭夢周李崇仁等으로더브러友善ᄒᆞ더니坐貶ᄒᆞᆫ後로브터公州石灘에寓居ᄒᆞ야旽의勢가益熾홈을見ᄒᆞ고憂憤成疾ᄒᆞ다가밋疾篤ᄒᆞ매左右로ᄒᆞ여곰扶起曰旽이尙熾乎아ᄒᆞ니左右ㅣ曰然ᄒᆞ다ᄒᆞᆫ딕還臥ᄒᆞ야曰旽이亡ᄒᆞ여야吾ㅣ亡ᄒᆞ리라ᄒᆞ고反席ᄒᆞ다가卒ᄒᆞ니年이三十一이라밋旽이誅ᄒᆞ매王이其忠을思ᄒᆞ야大司成을贈職ᄒᆞ다○秋七月에辛旽이伏誅ᄒᆞ다時에旽이威福을恣行ᄒᆞ니王도ᄯᅩᄒᆞᆫ自安치못ᄒᆞ더라王의性이猜忌ᄒᆞ야비록腹心大臣이라도밋權勢가盛ᄒᆞ면반다시誅ᄒᆞ거ᄂᆞᆯ旽이見誅ᄒᆞᆯ가恐ᄒᆞ야드듸여不軌를謀ᄒᆞᆯ식其黨으로더브러刻日擧事ᄒᆞ거ᄂᆞᆯ其客侍郞李韌이王씌告ᄒᆞᆫ딕王이이에其黨奇顯과崔思遠等을誅ᄒᆞ고旽을水原府에流ᄒᆞ엿다가誅ᄒᆞ야

京師에梟示ᄒᆞ고其二歲兒를幷殺ᄒᆞ고慶復興等을召還ᄒᆞ다○李穡으로政堂文學을拜ᄒᆞ고近臣다려謂曰文武兩大官이다第一流라ᄒᆞ니穡과밋我 太祖를指홈이러라○子弟衛를置ᄒᆞ고年少美貌者를選ᄒᆞ야屬ᄒᆞ고代言金慶興으로ᄡᅧ管理케ᄒᆞ니於是에洪倫과韓安과權瑨과盧瑄等이다寵幸ᄒᆞ야臥內에常侍ᄒᆞ고ᄯᅩ美壯ᄒᆞᆫ者를多選ᄒᆞ야禁中에常置ᄒᆞ고號曰東古赤이라ᄒᆞ고子弟衛로더브러幷히有寵ᄒᆞ더라○禑를封ᄒᆞ야江陵府院大君을삼다先是에辛旽이流ᄒᆞᆯ식王이侍臣다려謂ᄒᆞ야曰予가일즉辛旽家에셔一婢를幸ᄒᆞ야子를生ᄒᆞ니名은牟尼奴라善히保護ᄒᆞ라ᄒᆞ더니이윽고太后殿에召入ᄒᆞ야養育ᄒᆞ고侍中李仁任을顧謂曰元子ㅣ在ᄒᆞ니吾ㅣ無憂ᄒᆞ다ᄒᆞ더니至是ᄒᆞ야禑라改名ᄒᆞ고儒臣白文寶와田祿生과鄭樞等으로ᄡᅧ師傅를拜ᄒᆞ다

甲寅

二十三年(明太祖洪武七年○日皇後龜山二年西歷紀元後一千三百七十四年)이라秋七月에崔瑩으로ᄡᅥ楊廣(今京畿忠淸兩道)等道都統使를拜ᄒᆞ고諸軍을領率ᄒᆞ고濟州를伐ᄒᆞ다先是에明國이耽羅의馬二千匹을徵索ᄒᆞ거ᄂᆞᆯ王이許理韓方彦을命ᄒᆞ야往取ᄒᆞᆯᄉᆡ濟州에在ᄒᆞᆫ元人石迭里等이不聽曰吾ㅣ엇지元世祖의放畜ᄒᆞᆫ馬를明國에送ᄒᆞ리오ᄒᆞ고다만三百匹을給ᄒᆞᄂᆞᆫ지라王이明國의意를難違ᄒᆞ야瑩等으로ᄒᆞ여곰軍士二萬餘人을率ᄒᆞ고往攻ᄒᆞ니石迭里等이三千餘騎로ᄡᅥ明月浦(在濟州)에셔拒戰ᄒᆞ거ᄂᆞᆯ瑩이進擊大破ᄒᆞ고石迭里를斬ᄒᆞ고餘黨을盡殺ᄒᆞ니濟州가이에平ᄒᆞ다○九月에明의徵馬使ㅣ還ᄒᆞ거ᄂᆞᆯ王이密直副使金義를遣ᄒᆞ야護送ᄒᆞᆯᄉᆡ明使ㅣ酗酒ᄒᆞ야ᄆᆡ양義를殺코ᄌᆞᄒᆞ거ᄂᆞᆯ義ㅣ드듸여明使를殺ᄒᆞ고其馬三百匹을奪ᄒᆞ야北元에奔ᄒᆞ니義ᄂᆞᆫ本來元人이러라○王이江陵府院君禑의母가賤ᄒᆞ다ᄒᆞ야故宮人韓氏의所出이라稱ᄒᆞ고韓氏의三世를追贈ᄒᆞ다○宦者崔萬生과幸臣洪倫等이王을弑ᄒᆞ다初에王이倫等으로ᄒᆞ여곰宮掖을汚穢ᄒᆞ야生子ᄒᆞ기를冀ᄒᆞ더니時에益妃王氏ㅣ有身ᄒᆞ거ᄂᆞᆯ萬生이王끠告ᄒᆞᆫᄃᆡ王이喜曰誰와與合ᄒᆞᆫ고ᄒᆞ거ᄂᆞᆯ萬生이對曰益妃가言ᄒᆞ되洪倫이라ᄒᆞ더이다ᄒᆞᆫᄃᆡ王曰吾ㅣ맛당히倫을殺ᄒᆞ야滅口ᄒᆞᆯ거시오汝도ᄯᅩᄒᆞᆫ不免ᄒᆞ리라ᄒᆞ니萬生이大懼ᄒᆞ야是夜에倫等으로더브러寢殿에入ᄒᆞ야王을擊弑ᄒᆞ거ᄂᆞᆯ太后ㅣ發喪치아니ᄒᆞ고慶復興과李仁任等을召ᄒᆞ야萬生等을誅ᄒᆞ고仁任의議를從ᄒᆞ야江陵府院君禑를立ᄒᆞ다王의性이本來嚴重ᄒᆞ고動容이體節에中ᄒᆞ더니晩年에心疾을得ᄒᆞ야猜暴忌克ᄒᆞ고荒惑이滋甚ᄒᆞ다가此禍를及ᄒᆞ다謚曰恭愍이오玄陵에葬ᄒᆞ다

前廢王禑의小字ᄂᆞᆫ牟尼奴니在位十四年이라

乙卯

元年(明太祖洪武八年○日皇後龜山三年西歷紀元後一千三百七十五年)이라春正月에判宗簿寺崔

丙辰

源을明에還ᄒᆞ야敎使ᄒᆞᆫ事를剖辨ᄒᆞ다○都城의五部戶數를改定ᄒᆞᆯᄉᆡ屋의間架가二十以上은一戶가되야軍丁一名을出ᄒᆞ고架가少ᄒᆞ면或四五家를併ᄒᆞ야一戶를삼다

二年(明太祖洪武九年○日皇後龜山四年○西曆紀元後一千三百七十六年)이라春三月에廢王禑의母般若(音耶)를臨津에投ᄒᆞ다般若ㅣ太后宮에入ᄒᆞ야啼曰吾ㅣ實노主上을生ᄒᆞ얏거늘엇지韓氏를母ᄒᆞᄂᆞ고ᄒᆞᄂᆞᆫ지라時에仁任이王을推立ᄒᆞᆫ後로朝政을專擅ᄒᆞᆯᄉᆡ곳般若를捕ᄒᆞ야下獄ᄒᆞ엿다가맛ᄎᆞᆷ내臨津江에投ᄒᆞ다般若ㅣ被鞫ᄒᆞᆯ時에新創ᄒᆞᆫ中門을指ᄒᆞ야曰天이吾寃을若知ᄒᆞ면此門이必然自頹ᄒᆞ리라ᄒᆞ더니이윽고門이自頹ᄒᆞ니世人이크게惟訝ᄒᆞ더라○秋七月에日本이公州等城을陷ᄒᆞ니楊廣道元帥朴仁桂ㅣ敗死ᄒᆞ거ᄂᆞᆯ崔瑩이自請出戰ᄒᆞ야日兵으로더브러鴻山에셔戰ᄒᆞᆯᄉᆡ身先士卒ᄒᆞ며賊의矢가唇을中ᄒᆞ야流血이淋漓ᄒᆞ되神

丁巳

色이自若ᄒᆞ고드ᄃᆡ여奮擊大破ᄒᆞ니由是로威名이大振ᄒᆞ더라

三年(明太祖洪武十年○日皇後龜山五年○西曆紀元後一千三百七十七年)이라春三月에日本이窄梁에入ᄒᆞ야戰船을燒ᄒᆞ고또江華를寇ᄒᆞ니京城이大震ᄒᆞᄂᆞᆫ지라禑ㅣ恐ᄒᆞ야鐵原에遷都코ᄌᆞᄒᆞ거ᄂᆞᆯ崔瑩이力諫ᄒᆞ야乃止ᄒᆞ고이윽고賊이또西江(松都西江)을進逼ᄒᆞ거ᄂᆞᆯ瑩이邊安烈로더브러擊却ᄒᆞ다○夏五月이라時에日寇ㅣ慶尙道에充斥ᄒᆞ니元帥禹仁烈이濟師ᄒᆞ기를亟請ᄒᆞᄂᆞᆫ지라禑ㅣ我 太祖와金得齊等을拜ᄒᆞ야助戰元帥를삼고往援ᄒᆞ라ᄒᆞ거ᄂᆞᆯ 太祖ㅣ幷日直行ᄒᆞ시다가智異山에셔賊을大破ᄒᆞ시다○秋八月에日賊이西海道(今黃海道)를寇ᄒᆞ니元帥羅世巡等이敗績ᄒᆞ거ᄂᆞᆯ 太祖ㅣ곳進擊ᄒᆞ야賊을海州에셔大破ᄒᆞ시니餘賊이據險積柴ᄒᆞ야自固코ᄌᆞᄒᆞᄂᆞᆫ지라 太祖ㅣ胡床에踞坐ᄒᆞ사張樂進酒ᄒᆞ시고士卒로ᄒᆞ여곰柴를焚ᄒᆞ니烟焰이漲天ᄒᆞ고賊이勢窮ᄒᆞ야冒死

戊午

突圍ᄒᆞ다가矢가 太祖의座前酒瓶을中ᄒᆞ거ᄂᆞᆯ 太祖ㅣ安坐不起ᄒᆞ시고諸軍을令ᄒᆞ사擊殲幾盡ᄒᆞ다○內城을築ᄒᆞ다崔瑩이建議ᄒᆞ되京都外城이闊大ᄒᆞ야守禦키難ᄒᆞ니內城을築ᄒᆞ야不虞를備ᄒᆞᄌᆞᄒᆞᆷ이러라

四年(明太祖洪武十一年○西曆紀元後一千三百七十八年○日皇後龜山六年)夏四月이라時에日賊이水原南陽等州를連寇ᄒᆞ고ᄯᅩ宮梁에大集ᄒᆞ야昇天府(今豊德)를入ᄒᆞ니京師ㅣ大震ᄒᆞᄂᆞᆫ지라禑ㅣ崔瑩과밋贊成使楊伯淵과我 太祖를遣ᄒᆞ야防禦ᄒᆞᆯ시賊이벼ᄒᆞ되瑩의軍을破ᄒᆞ면京師를可圖라ᄒᆞ고곳瑩軍을急擣ᄒᆞ니瑩이拒敵지못ᄒᆞ고奔ᄒᆞ거ᄂᆞᆯ 太祖ㅣ精騎를率ᄒᆞ시고伯淵으로더브러合擊大破ᄒᆞ시니瑩이ᄯᅩᄒᆞᆫ從傍衝擊ᄒᆞ야賊을盡殲ᄒᆞ다○六月에日本의九州節度使源了俊이僧信弘을遣來ᄒᆞ야日賊을捕ᄒᆞ다先是에禑ㅣ判典校事羅興儒를日本에遣ᄒᆞ야海賊을禁ᄒᆞ라ᄒᆞ니日本이報稱ᄒᆞ되貴國을侵犯ᄒᆞᄂᆞᆫ者ᄂᆞᆫ我西海道의九州頑民이라本國이바야흐로遣將征討ᄒᆞ야海寇를禁戢ᄒᆞ리라ᄒᆞ더니其後에賊이오히려寇掠이不已ᄒᆞ거ᄂᆞᆯᄯᅩ鄭夢周를遣ᄒᆞ야交隣利害를極陳ᄒᆞ니日人이敬服ᄒᆞ더니至是ᄒᆞ야了俊이信弘으로ᄒᆞ여곰軍士를率ᄒᆞ고賊黨을來捕ᄒᆞᆯ시屢次爭鬪ᄒᆞ다가信弘이引兵歸國ᄒᆞ고翌年夏五月에日本이다시朴居士等을遣ᄒᆞ야海寇를來討ᄒᆞ더라○禑ㅣ南京(漢陽)에出獵ᄒᆞ다時에禑ㅣ淫荒無度ᄒᆞ야聲色遊畋으로以爲事ᄒᆞ더라

庚申

六年(明太祖洪武十三年○西曆紀元後一千三百八十年○日皇後龜山八年)이라春正月에太后洪氏ㅣ崩ᄒᆞ니壽가八十三이라后ㅣ賢行이有ᄒᆞ더니臨歿에禑를戒ᄒᆞ야大臣을咨訪ᄒᆞ고遊觀을勿事ᄒᆞ라ᄒᆞ더라○秋八月에禑ㅣ城南에出獵ᄒᆞᆯ시禾稼를蹂躪ᄒᆞ고ᄯᅩ羣少로더브러閭巷에馳騁ᄒᆞ야人家鷄犬을

射ᄒᆞ고行路婦人을刼掠ᄒᆞ더라○九月에我 太祖ㅣ日賊을雲峯에
셔大破ᄒᆞ시다先是에羅世巡과沈德符等이日賊을鎭浦(在今舒川)에셔破
ᄒᆞ엿더니賊이懷憤肆毒ᄒᆞ야州縣을連陷ᄒᆞ니三道沿海地가다蕩然
一空ᄒᆞ고ᄯᅩ元帥裴克廉鄭地等이沙斤驛(在今咸陽)에셔敗績ᄒᆞ니於是에
賊이雲峯縣을焚ᄒᆞ고引月驛(在今雲峯)에進屯ᄒᆞ야北上ᄒᆞᆫ다聲言ᄒᆞ니中
外가大震ᄒᆞᄂᆞᆫ지라禑ㅣ 太祖로ᄡᅥ楊廣(今京畿忠淸道)全羅慶尙三道都
巡察使를拜ᄒᆞ고邊安烈로ᄡᅥ副使를拜ᄒᆞ야往勦ᄒᆞ라ᄒᆞ거ᄂᆞᆯ 太祖
ㅣ安烈等으로더브러引兵南下ᄒᆞ야賊陣數十里를隔ᄒᆞ야 太祖ㅣ
道左의險徑을見ᄒᆞ시고曰賊이必然此道로由ᄒᆞ야我를掩襲ᄒᆞ리라
ᄒᆞ시고諸將을令ᄒᆞ야大路로進ᄒᆞ고 太祖ㅣ親히其險徑에入ᄒᆞ시
더니賊兵이果然其地에埋伏ᄒᆞ엿거ᄂᆞᆯ 太祖ㅣ賊五十餘人을射殺
ᄒᆞ시고三戰皆捷ᄒᆞ시니賊이據險自固ᄒᆞᄂᆞᆫ지라 太祖ㅣ諸軍을麾

督ᄒᆞ야仰攻ᄒᆞ실ᄉᆡ流矢가 太祖의左脚을中ᄒᆞ거ᄂᆞᆯ 太祖ㅣ矢를
抽ᄒᆞ시고意氣가益壯ᄒᆞ시니將士ㅣ感勵ᄒᆞ고人人이死戰ᄒᆞ더라賊
中에阿只拔都라ᄒᆞᄂᆞᆫ者ᄂᆞᆫ年이겨우十五六이라驍勇이無比ᄒᆞ고舞
槊馳突ᄒᆞ야所向에披靡ᄒᆞ거ᄂᆞᆯ 太祖ㅣ그堅甲과銅面을被ᄒᆞ미可
射ᄒᆞᆯ隙이無ᄒᆞᆷ을見ᄒᆞ시고偏將李豆蘭다려謂ᄒᆞ사曰我ㅣ其兜를射
ᄒᆞ야頂子가落ᄒᆞ거ᄂᆞᆯ汝ㅣ곳射ᄒᆞ라ᄒᆞ시고躍馬ᄒᆞ야阿只拔都의兜
를射中ᄒᆞ시니頂子가落ᄒᆞᄂᆞᆫ지라豆蘭이곳射殺ᄒᆞ니賊이氣挫ᄒᆞ거
ᄂᆞᆯ因ᄒᆞ야奮擊大破ᄒᆞ시니殭屍가遍野ᄒᆞ고川流가盡赤ᄒᆞ며餘賊은
智異山으로奔去ᄒᆞ더라凱還ᄒᆞ시니崔瑩이百官을率ᄒᆞ고天壽寺前
에셔迎接ᄒᆞᆯᄉᆡ 太祖로더브러再拜ᄒᆞ고執手流涕曰三韓의再造ᄒᆞᆷ
이在此一擧라ᄒᆞ더라日本이自此로 太祖를畏ᄒᆞ야敢近치못ᄒᆞ고
ᄆᆡ양我人을虜ᄒᆞ면반다시問曰李萬戶가今에何在오ᄒᆞ더라

壬戌

八年(明太祖洪武十五年○日皇後龜山十年○西歷紀元後一千三百八十二年)이라春二月에禑ㅣ南郊에出獵ᄒᆞ거ᄂᆞᆯ崔瑩이泣諫曰忠惠王은好色ᄒᆞ되반다시夜로ᄡᅥᄒᆞ고忠肅王은好游ᄒᆞ되다時를失치아니ᄒᆞ야民怨이無ᄒᆞ더니今에主上은游戲가無度ᄒᆞ야墮馬傷體ᄒᆞ거ᄂᆞᆯ臣이宰相에備位ᄒᆞ야匡救치못ᄒᆞ니何面目으로見人乎잇가ᄒᆞᆫᄃᆡ禑ㅣ不悛ᄒᆞ더라○日賊이竹嶺(今在豐基丹陽地)을踰ᄒᆞ야丹陽을寇ᄒᆞ거ᄂᆞᆯ元帥邊安烈이韓方彦으로더브러擊敗ᄒᆞ다○秋九月에禑ㅣ漢陽에遷都ᄒᆞ다先是에書雲觀이言ᄒᆞ되變怪가屢見ᄒᆞ니請컨ᄃᆡ遷都避災ᄒᆞᄌᆞᄒᆞ더니至是에崔瑩이또言ᄒᆞ거ᄂᆞᆯ이에遷都ᄒᆞ고侍中李子松으로ᄒᆞ여곰開京을留守ᄒᆞ다○趙浚으로ᄡᅥ慶尙道體覆使를拜ᄒᆞ다時에日寇가嶺南에充斥ᄒᆞ야人民이다逃竄ᄒᆞ거ᄂᆞᆯ崔瑩이浚을薦擧ᄒᆞ니浚이至ᄒᆞ야都巡問使李居仁의玩寇ᄒᆞᆫ罪를責ᄒᆞ고兵馬使兪益桓을斬ᄒᆞ니諸將이다股慄力戰ᄒᆞ야一

癸亥

甲子

道가賴安ᄒᆞ니浚은宰相仁規의後오大志가有ᄒᆞ더라

九年(明太祖洪武十六年○日皇後小松元年○西歷紀元後一千三百八十三年)이라秋八月에我 太祖ㅣ女眞人胡拔都를吉州에셔大破ᄒᆞ시다先是에胡拔都ㅣ東北諸城을侵掠ᄒᆞ거ᄂᆞᆯ禑ㅣ 太祖의威信이素著ᄒᆞ시다ᄒᆞ야門下贊成事東北面都指揮使를拜ᄒᆞ고往撫ᄒᆞ라ᄒᆞ거ᄂᆞᆯ時에胡拔都ㅣ端州(今端川)等地를寇ᄒᆞ니萬戶陸麗等이屢戰皆敗ᄒᆞᆫ지라 太祖ㅣ胡拔都를吉州에셔遇ᄒᆞ야李豆蘭으로ᄒᆞ여곰몬져進戰케ᄒᆞ셧더니豆蘭이大敗ᄒᆞ니胡拔都ㅣ 太祖를輕視ᄒᆞ고單騎로來戰ᄒᆞ거ᄂᆞᆯ 太祖ㅣ其馬를射ᄒᆞ시니馬ㅣ倒ᄒᆞᆫ지라 太祖ㅣ因ᄒᆞ야縱擊大破ᄒᆞ시니拔都ㅣ겨우遁去ᄒᆞ더라 太祖곳安邊策을禑에게陳ᄒᆞ시다

十年(明太祖洪武十七年○日皇後小松二年○西歷紀元後一千三百八十四年)이라政堂文學鄭夢周를明國에遣ᄒᆞ다時에明이朝廷과有釁ᄒᆞ야我使金庾와洪尙載等을流竄

乙丑

ᄒᆞ니人이다憚行ᄒᆞ고權貴를賂遺ᄒᆞ야規避ᄒᆞ거ᄂᆞᆯ이에夢周를遣ᄒᆞ시禑ㅣ召見面諭ᄒᆞᆫ듸夢周ㅣ曰君父의命을敢避乎잇가ᄒᆞ고遂行ᄒᆞ야明帝를進見ᄒᆞ고陳對가詳明ᄒᆞ니明帝ㅣ優待ᄒᆞ고드듸여庾와尙載等을放還ᄒᆞ더라○九月에宦官金實로써門下贊成事를拜ᄒᆞ니宦官의拜相은前此未有러라○先是에德宗이國子試를設ᄒᆞ엿다가恭愍王에至ᄒᆞ야廢止ᄒᆞ고至是에다시成均館을復設ᄒᆞᆯ시代言尹就가掌試ᄒᆞ야다勢家乳臭童子를取ᄒᆞ니時人이譏弄ᄒᆞ야曰紅粉榜이라ᄒᆞ니其兒童이紅衣를喜着ᄒᆞ고面에傳粉ᄒᆞᆷ이러라○冬十月에北元(北元은即元이北方에遁ᄒᆞᆫ後稱謂라)이遣使ᄒᆞ야來ᄒᆞ거ᄂᆞᆯ不納ᄒᆞ다

十一年(明太祖洪武十八年○日皇後小松三年○西曆紀元後一千三百八十五年)이라秋九月에我 太祖ㅣ日兵을咸州(今咸興)에셔大破ᄒᆞ시다先是에日兵이端州咸州等을連寇ᄒᆞ거ᄂᆞᆯ元帥沈德符等이拒戰ᄒᆞ다가皆敗ᄒᆞ니賊勢가益張ᄒᆞᄂᆞᆫ지라 太祖ㅣ自請往擊ᄒᆞ사咸州에至ᄒᆞ시니賊이螺聲을聞ᄒᆞ고大驚曰李萬戶가至ᄒᆞ엿다ᄒᆞ더라 太祖ㅣ護軍李豆蘭等百餘騎를率ᄒᆞ시고徐行ᄒᆞ야賊陣에至ᄒᆞ시니賊이大驚錯愕ᄒᆞ거ᄂᆞᆯ 太祖ㅣ胡床에坐ᄒᆞ사譯人으로ᄒᆞ여곰賊을呼謂曰今에主將은李萬戶라汝가速降ᄒᆞ라ᄒᆞ니賊酋ㅣ曰諾다ᄒᆞ고바야흐로議降ᄒᆞ다가未定에 太祖ㅣ曰맛당히其怠를因ᄒᆞ야擊ᄒᆞ리라ᄒᆞ시고몬져伏兵을設ᄒᆞ야豆蘭等으로ᄒᆞ여곰賊을誘入ᄒᆞ고 太祖ᄂᆞᆫ單騎로써衝突ᄒᆞ야賊을大殺ᄒᆞ시고伏兵이또起ᄒᆞ니呼聲이天地를震動ᄒᆞ더라이에賊徒가大潰ᄒᆞ야僵屍가川渠를蔽塞ᄒᆞ고一人도得脫ᄒᆞᆫ者ㅣ無ᄒᆞ니라○冬十二月에李仁任의婢鳳加伊를封ᄒᆞ야肅寧翁主를삼고妓七點仙으로寧善翁主를封ᄒᆞ엿다가後에다시鳳加伊를封ᄒᆞ야德妃를삼고또妓少梅香과鸞雙飛를封ᄒᆞ야다翁主를삼고미양出遊ᄒᆞᆯ時에幷騎馳騁ᄒᆞ

더라先是에仁任婢의婿趙英吉이有女ᄒᆞ니曰鳳加伊라禑ㅣ仁任第에至ᄒᆞ야寵幸ᄒᆞ고自是로其第에日往ᄒᆞ야仁任을稱ᄒᆞ야曰父라ᄒᆞ고仁任의妻朴氏ᄂᆞᆫ母라ᄒᆞ니仁任의權勢가더옥盛ᄒᆞ더라○李穡으로ᄡᅥ門下侍中을拜ᄒᆞ고師傅禮로待ᄒᆞ다

丁卯

十三年(明太祖洪武二十年○日皇後小松五年○西曆紀元後一千三百八十七年)이라夏六月에百官의官服制를改定ᄒᆞ다先是에本國이元의服制를用ᄒᆞ더니至是ᄒᆞ야鄭夢周와李崇仁과河崙과姜淮伯等이變制ᄒᆞ기를請ᄒᆞ야明國의紗帽團領等을倣用ᄒᆞᆯ새一品以下ᄂᆞᆫ다紗帽團領을服ᄒᆞ고其品帶도ᄯᅩᄒᆞᆫ差別이有ᄒᆞ며오작禑와宦官近幸이不用ᄒᆞ더라

戊辰

十四年(明太祖洪武二十一年○日皇後小松六年○西曆紀元後一千三百八十八年)이라春正月에林堅味와廉興邦과都吉敷와李成林과潘福海等을誅ᄒᆞ고李仁任은京山府(今星州)에安置ᄒᆞ다仁任이國柄을久竊ᄒᆞ미堅味로ᄡᅥ腹心을삼고ᄯᅩ興

邦等四人을引用ᄒᆞ야樞要에布列ᄒᆞ고賣官鬻爵ᄒᆞ며人의土田奴婢를占奪ᄒᆞ니中外가切齒ᄒᆞ더니會에興邦이ᄯᅩ密直使趙胖의田을奪ᄒᆞ거ᄂᆞᆯ胖이憤怒ᄒᆞ야其奴를捕殺ᄒᆞ니興邦이大怒ᄒᆞ야胖을謀叛ᄒᆞᆫ다誣ᄒᆞ고鞫問ᄒᆞᄂᆞᆫ지라崔瑩이곳禑를勸ᄒᆞ야胖을釋ᄒᆞ고堅味興邦等을誅ᄒᆞ고仁任은有功ᄒᆞ다ᄒᆞ야免死安置ᄒᆞ다○崔瑩으로ᄡᅥ門下侍中을拜ᄒᆞ고我 太祖ᄂᆞᆫ守侍中을拜ᄒᆞ고李穡은判三司事를拜ᄒᆞ다時에瑩이林堅味의廉興邦의所用ᄒᆞᆫ人을盡黜코ᄌᆞᄒᆞ거ᄂᆞᆯ 太祖ㅣ曰林廉이執政ᄒᆞᆫ지日久ᄒᆞ미士大夫가다其擧薦이니今에다만才能賢否만問ᄒᆞᆯ지라엇지旣往을咎ᄒᆞ리오ᄒᆞ신ᄃᆡ瑩이不聽ᄒᆞ더라○二月에明帝ㅣ鐵嶺以北은本來元國에屬ᄒᆞᆫ地니다遼東에歸屬ᄒᆞ라ᄒᆞ고鐵嶺衛를遼東에立ᄒᆞ다○三月에侍中崔瑩의女로ᄡᅥ寧妃를封ᄒᆞ고判事巾雅의女로ᄡᅥ正妃를封ᄒᆞ다初에王이瑩의女를納ᄒᆞᆯ시瑩

이辭謝曰臣女ㅣ卑陋ᄒᆞ니至尊을奉配치못ᄒᆞᆯ지라主上이必納고ᄌᆞ
ᄒᆞ실진ᄃᆡ老臣이맛당히剃髮入山ᄒᆞ리이다ᄒᆞ고涕泣으로ᄡᅥ繼ᄒᆞ되
禑ㅣ不聽ᄒᆞ더라○夏四月에禑ㅣ平壤에次ᄒᆞ야遼東을攻ᄒᆞ다初에
禑ㅣ明國이鐵嶺以北을佔奪홈을怒ᄒᆞ야崔瑩으로더브러密議ᄒᆞ야
明을攻ᄒᆞ고元과續好코ᄌᆞᄒᆞᆯ새西海道(今黃海道)에如ᄒᆞ야諸道兵을徵集
ᄒᆞ고我 太祖ᄅᆞᆯ召ᄒᆞ야曰寡人이遼陽을欲攻ᄒᆞ노니卿等은盡力ᄒᆞ
라ᄒᆞ거ᄂᆞᆯ 太祖ㅣ曰今에出師홈이四不可가有ᄒᆞ니以小攻大가一
不可오夏月發兵이二不可오擧國遠征ᄒᆞ면日本이我虛ᄅᆞᆯ乘ᄒᆞ리니
三不可오今에暑雨ᄅᆞᆯ當ᄒᆞ야弓弩ㅣ膠가觧ᄒᆞ고大軍이疾疫ᄒᆞ리니
四不可ㅣ니이다ᄒᆞ신ᄃᆡ禑ㅣ不聽ᄒᆞ야曰이믜興師ᄒᆞ엿스니中止치
못ᄒᆞ리라ᄒᆞ거ᄂᆞᆯ 太祖ㅣ退ᄒᆞ사涕泣曰生民의禍가自此로始ᄒᆞ엿
다ᄒᆞ시더라禑ㅣ平壤에至ᄒᆞ야徵兵을督責ᄒᆞ야浮橋ᄅᆞᆯ鴨江에作ᄒᆞ

고崔瑩을加ᄒᆞ야八道都統使ᄅᆞᆯ拜ᄒᆞ고曹敏修로左軍都統使ᄅᆞᆯ拜ᄒᆞ
고 太祖로右軍都統使ᄅᆞᆯ拜ᄒᆞ야各其諸將을率ᄒᆞ고進發ᄒᆞ니左右
軍이合三萬八千六百餘人이라號曰十萬이라ᄒᆞ고禑ㅣ瑩으로더브
러平壤에留駐ᄒᆞ고節制ᄅᆞᆯ遙授ᄒᆞᆯ새다시國人으로ᄒᆞ여곰胡服ᄒᆞ야
元의舊制ᄅᆞᆯ從ᄒᆞ니時에明國이藍玉을遣ᄒᆞ야北元을盤滅ᄒᆞ거ᄂᆞᆯ朝
廷은不知ᄒᆞ더라五月에左右軍이威化島(在今義州西江)에進屯ᄒᆞ고元帥
洪仁桂ㅣ몬져遼境에入ᄒᆞ야殺掠ᄒᆞ고還ᄒᆞ니禑ㅣ喜ᄒᆞ야金帛을賞
賜ᄒᆞ더라○六月에我 太祖ㅣ諸軍으로ᄡᅥ京城에還入ᄒᆞ사崔瑩을
執ᄒᆞ야流ᄒᆞ시다時에 太祖ㅣ曹敏修로더브러禑의게上言ᄒᆞ사攻
遼가不便ᄒᆞᆫ狀을極陳ᄒᆞ신ᄃᆡ禑ㅣ不納ᄒᆞ거ᄂᆞᆯ또崔瑩의게貽書ᄒᆞ야
利害ᄅᆞᆯ極言ᄒᆞ시니瑩이또ᄒᆞᆫ不聽ᄒᆞᄂᆞᆫ지라 太祖ㅣ드ᄃᆡ여諸將을
諭ᄒᆞ사曰今에만일遼東을攻ᄒᆞ면生民의禍ㅣ立至ᄒᆞ겟거ᄂᆞᆯ王이不

皆ᄒᆞ고禑도ᄯᅩᄒᆞᆫ老耄ᄒᆞ야國家存亡을不恤ᄒᆞ니今에公等과갓치上
을入見ᄒᆞ야禍福을親陳ᄒᆞ고君側의惡을除ᄒᆞ야生靈을奠安케ᄒᆞᆷ이
何如오ᄒᆞ신ᄃᆡ諸將이皆曰敢히公의命을不從ᄒᆞ리오ᄒᆞ거ᄂᆞᆯ이에回
軍ᄒᆞ야鴨綠江을渡ᄒᆞ실ᄉᆡ 太祖ㅣ白馬에彤弓白羽箭을挾ᄒᆞ시고
岸上에立ᄒᆞ야軍士의畢渡ᄅᆞᆯ遲待ᄒᆞ시니軍中이望見ᄒᆞ고相謂曰古
今來에如此人이安有ᄒᆞ리오ᄒᆞ더라時에童謠가有ᄒᆞ야木子가得國
ᄒᆞᆫ다ᄒᆞ고軍民老少가다歌誦ᄒᆞᄂᆞᆫ지라漕運使崔有慶이 太祖의還
軍ᄒᆞ심을禑에게奔告ᄒᆞ니禑ㅣ瑩으로더브러京師에馳還ᄒᆞ야拒戰
코ᄌᆞᄒᆞ거ᄂᆞᆯ左右軍이곳入京ᄒᆞᆯᄉᆡ敏修ㅣ瑩軍의게敗ᄒᆞ더니이윽고
 太祖ㅣ黃龍大旗ᄅᆞᆯ建ᄒᆞ시고花園을入圍ᄒᆞ시니花園은禑의所在
ᄒᆞᆫ處라諸軍이大呼ᄒᆞ야瑩을出ᄒᆞᆷ을請ᄒᆞ니禑ㅣ瑩의手ᄅᆞᆯ執ᄒᆞ고泣
別ᄒᆞ더라瑩이出ᄒᆞ미 太祖ㅣ謂ᄒᆞ사曰如此事變은我의本心이아

니라然이나攻遼ᄒᆞᄂᆞᆫ事ᄂᆞᆫ國家興亡이係ᄒᆞᆫ고로不得已至此ᄒᆞᆷ이니
好去好去ᄒᆞ라ᄒᆞ시고相對泣下ᄒᆞ시다가드ᄃᆡ여瑩을高峯縣(今高陽)에
流ᄒᆞ시니時에明이擧兵코ᄌᆞᄒᆞ다가還軍ᄒᆞᆷ을聞ᄒᆞ고乃止ᄒᆞ더라○
禑ㅣ廢ᄒᆞ고禑의子昌이立ᄒᆞ다初에我 太祖ㅣ還軍ᄒᆞ실ᄉᆡ典校副
令尹紹宗이軍前에詣ᄒᆞ야霍光傳을獻ᄒᆞ거ᄂᆞᆯ 太祖ㅣ趙仁沃으로
ᄒᆞ여곰讀케ᄒᆞ시니仁沃이因ᄒᆞ야極言ᄒᆞ되今王은王氏가아니오辛
旽의子라맛당히王氏ᄅᆞᆯ復立ᄒᆞᆷ이可타ᄒᆞ거ᄂᆞᆯ 太祖ㅣ心然之ᄒᆞ시
니이에諸將이禑ᄅᆞᆯ請ᄒᆞ야江華에如ᄒᆞ니禑ㅣ寧妃와밋燕雙飛로더
브러下殿ᄒᆞ야去ᄒᆞ더라이윽고曹敏修ㅣ力議ᄒᆞ야昌을立코ᄌᆞᄒᆞᆯᄉᆡ
李穡은名儒라ᄒᆞ야其言을欲藉ᄒᆞ야就問ᄒᆞᆫᄃᆡ穡曰맛당히前王의子
ᄅᆞᆯ立ᄒᆞ라ᄒᆞ거ᄂᆞᆯ敏修等이드ᄃᆡ여定妃(恭愍王妃安氏)의敎로ᄡᅥ昌을立ᄒᆞ니
時年이九歲러라○明이鐵嶺衛ᄅᆞᆯ罷ᄒᆞ다○八月에李穡으로ᄡᅥ門下

侍中을拜ᄒᆞ고我　太祖로써守侍中을拜ᄒᆞ다時에昌이書筵을開ᄒᆞ
고禑을命ᄒᆞ야書筵事를領ᄒᆞ고鄭夢周鄭道傳으로侍讀을拜ᄒᆞ야更
日入侍ᄒᆞ다○大司憲趙浚이建議ᄒᆞ되田柴科가廢ᄒᆞ야私田이됨으
로브터兼并ᄒᆞᄂᆞᆫ弊가甚ᄒᆞ니請컨ᄃᆡ革罷ᄒᆞ소셔ᄒᆞ니我　太祖ㅣ奏
行ᄒᆞ시다○楊廣等道都指揮使鄭地ㅣ日寇를大破ᄒᆞ다時에日賊이
楊廣全羅慶尙三道를入寇ᄒᆞ야州郡을屠燒ᄒᆞ거ᄂᆞᆯ地ㅣ諸將을領ᄒᆞ
고南原에셔戰ᄒᆞ야大破ᄒᆞ니人이謂ᄒᆞ되此戰이아니면三道民이盡
ᄒᆞ리라ᄒᆞ더라○我　太祖로써中外諸軍事를摠督ᄒᆞ다○九月에廢
王禑를驪興에遷ᄒᆞ다○冬十一月에金文鉉이伏誅ᄒᆞ다廢王禑의時
에言官이文鉉의弑父ᄒᆞᆫ罪를正코ᄌᆞᄒᆞ거ᄂᆞᆯ禑ㅣ不聽ᄒᆞ고全義에杖
流ᄒᆞ엿더니至是ᄒᆞ야遣人縊殺ᄒᆞ다○十二月에前侍中崔瑩을殺ᄒᆞ
다瑩이이믜流ᄒᆞ미다시鞫問ᄒᆞ실ᄉᆡ於是에典法判書趙仁沃等이瑩의

罪를請正ᄒᆞ거ᄂᆞᆯ昌이드듸여瑩을斬ᄒᆞ니瑩은惟淸의五世孫이라爲
人이戇直ᄒᆞ고學術이少ᄒᆞ나忠淸剛正ᄒᆞ고膂力이過人ᄒᆞ며臨陣對
敵에神氣가安閒ᄒᆞ고矢石이交前ᄒᆞ되懼色이略無ᄒᆞ고戰士가一步
를却退ᄒᆞ면곳斬徇ᄒᆞᄂᆞᆫ고로大小百餘戰에一次도敗衄치아니ᄒᆞ고
平常에生産을不事ᄒᆞ야居第가甚히陋醜ᄒᆞ되處홈이怡然ᄒᆞ며비록
將相을兼任ᄒᆞ야兵權을久典ᄒᆞᄂᆞ關節이不到ᄒᆞ더라至是에死ᄒᆞ니
年이七十三이라臨刑에辭色이不變ᄒᆞ고首가已斷ᄒᆞ되오히려移時
토록植立ᄒᆞ고死ᄒᆞᆫ日에都人이罷市ᄒᆞ고遠近이다流涕ᄒᆞ더라後에
賜謚曰武愍이라ᄒᆞ다

後廢王昌在位一年이라

己巳

元年(明太祖洪武二十二年○日皇後小松七年○西歷紀元後一千三百八十九年)이라春二月에慶尙道元
帥朴葳ㅣ日本對馬島를擊破ᄒᆞ다葳ㅣ日本을擊ᄒᆞ야戰功을屢立ᄒᆞ

더니至是에戰艦百隻을率ᄒᆞ고對馬島에至ᄒᆞ야日艦三百艘와밋傍岸의廬舍를焚燒殆盡ᄒᆞ다○秋七月에李穡으로判門下府事를拜ᄒᆞ고李琳으로門下侍中을拜ᄒᆞ고또鄭夢周의言을用ᄒᆞ야穡과琳과밋我 太祖를命ᄒᆞ야劒履로上殿ᄒᆞ고贊拜에不名ᄒᆞ니琳은昌의外祖러라○八月에琉球國이遣使ᄒᆞ야方物을獻ᄒᆞ거ᄂᆞᆯ昌이典客令金允厚로ᄒᆞ야곰報聘ᄒᆞ다○昌이廢ᄒᆞ고定昌府院君瑤ㅣ立ᄒᆞ다時에崔瑩의甥前護軍金佇ㅣ驪興에潛往ᄒᆞ야禑를見ᄒᆞ니禑ㅣ泣曰엇지鬱鬱히居此ᄒᆞ리오다만一力士를得ᄒᆞ야李侍中을害ᄒᆞ면吾志를可濟라ᄒᆞ고因ᄒᆞ야一劒을授ᄒᆞ야親信ᄒᆞ든判書郭忠輔로ᄒᆞ야곰圖謀ᄒᆞ라ᄒᆞ거ᄂᆞᆯ忠輔ㅣ我 太祖께告ᄒᆞ야佇를鞫問ᄒᆞ고 太祖ㅣ鄭夢周와趙浚과鄭道傳等으로더브러定議ᄒᆞ시되禑昌이다王氏가아니니宗祀를奉키難ᄒᆞ니맛당히廢假立眞ᄒᆞ리라ᄒᆞ시고드듸여定妃께白

己巳

ᄒᆞ야昌을江華에放ᄒᆞ고神宗七世孫瑤를迎立ᄒᆞ니時年이四十五라王이即位ᄒᆞ미禑昌을降ᄒᆞ야庶人을삼고李琳과밋其子貴生等을流ᄒᆞ고李穡으로써判門下府事를拜ᄒᆞ고邊安烈로써領三司事를拜ᄒᆞ고沈德符로써門下侍中을拜ᄒᆞ고我 太祖로써守門下侍中을拜ᄒᆞ고鄭道傳으로써三司使를拜ᄒᆞ다王의爲人이昏弱ᄒᆞ야即位ᄒᆞᆫ日에所爲를莫措ᄒᆞ고오쟉泣歎ᄒᆞᆯᄲᅮᆫ이러라

恭讓王의諱ᄂᆞᆫ瑤니在位四年이라

元年(明太祖洪武二十二年○日皇後小松七年○西曆紀元後一千三百八十九年)이라十二月에臺官이上言ᄒᆞ야李穡曹敏修李崇仁等의禑昌을右袒ᄒᆞᆫ罪를論ᄒᆞ거ᄂᆞᆯ이에敏修를廢ᄒᆞ야庶人을삼고穡과崇仁을流ᄒᆞ고遣使ᄒᆞ야禑昌父子를誅ᄒᆞ니禑의妻崔氏ㅣ大哭曰妾의至此ᄒᆞᆷ은吾父의過라ᄒᆞ고日夜哭泣ᄒᆞ야十餘日不食ᄒᆞ고夜에ᄂᆞᆫ禑의屍를抱宿ᄒᆞ며粒米를得ᄒᆞ면곳精

庚午

春供奭ᄒᆞ니時人이哀憐ᄒᆞ더라○官制를改ᄒᆞ다○功臣을錄ᄒᆞᆯ서我
太祖로ᄡᅥ奮忠定難匡復變理佐命功臣和寧郡開國忠義伯을封ᄒᆞ
고沈德符鄭夢周以下ᄂᆞᆫ다以次授爵ᄒᆞ니時에九功臣이라稱ᄒᆞ더라
二年(明太祖洪武二十三年○日皇後小松八年○西曆紀元後一千三百九十年)이라春正月에我　太祖로
ᄡᅥ八道軍馬를領ᄒᆞ고軍營을置ᄒᆞ야分番更宿ᄒᆞ다○三月에門下注
書吉再ㅣ棄官ᄒᆞ고歸ᄒᆞ다再ᄂᆞᆫ海平(今善山)人이라理學을攻ᄒᆞ야鄭夢
周를師事ᄒᆞ고廢王禑時에注書가되엿다가至是ᄒᆞ야國家ㅣ將亡ᄒᆞᆷ
을知ᄒᆞ고母老로ᄡᅥ辭官ᄒᆞ고善山에歸ᄒᆞ다○李穡等을遠地에流ᄒᆞ
다初에曹敏修ㅣ昌寧에謫在ᄒᆞ거ᄂᆞᆯ糾正田時等을遣ᄒᆞ야立昌ᄒᆞᆫ事
를鞫問ᄒᆞ고또時를長湍에遣ᄒᆞ야穡을鞫問ᄒᆞᆯ서獄卒로ᄒᆞ여곰左右
에執杖ᄒᆞ야晝夜逼迫ᄒᆞ고또敏修의獄詞를示ᄒᆞ니穡이誣服ᄒᆞ야曰
立昌ᄒᆞᆫ時에敏修ㅣ主將이된고로穡이敢違치못ᄒᆞ엿스나擅立을首

勸ᄒᆞᆷ은穡의情이아니라ᄒᆞ더니至是ᄒᆞ야臺官이다시二人을論劾ᄒᆞ
고또李琳과李貴生과李乙珍과鄭地와禹仁烈과李庚道와王安德과
禹洪壽와元庠이黨禍ᄒᆞᆫ罪를請ᄒᆞ거ᄂᆞᆯ王이我　太祖와밋沈德符를
命ᄒᆞ야曰敏修를已罪ᄒᆞ엿스니卿等이臺諫을論ᄒᆞ야다시論執지말
라ᄒᆞ고드ᄃᆡ여穡을咸昌에流ᄒᆞ고琳과貴生等九人도다科罪流配ᄒᆞ
다○閏三月에知申事李行을淸州에流ᄒᆞ다初에臺諫이李穡의罪를
論ᄒᆞ니行이啓曰臺諫의論劾이엇지功臣의意가아니리오ᄒᆞ거ᄂᆞᆯ我
太祖와밋功臣等이上書辨白ᄒᆞ고因ᄒᆞ야避位ᄒᆞᆷ을請ᄒᆞ니王
이親事ᄒᆞ라命ᄒᆞ고行을流ᄒᆞ다○鄭道傳으로ᄡᅥ政堂文學을拜ᄒᆞ고
金士衡으로ᄡᅥ密直使를拜ᄒᆞ고我　太宗으로ᄡᅥ右副代言을拜ᄒᆞ니
太宗은我　太祖의第五子라英睿가絕人ᄒᆞ시고高麗의政亂民離
ᄒᆞᆷ을憫迫ᄒᆞ사慨然히濟世ᄒᆞᆯ志가有ᄒᆞ시더라○漢陽에徙都ᄒᆞ다時

에書雲觀이道詵秘記에地理衰旺의書를進ᄒᆞ야是舉가有ᄒᆞ니라〇冬十一月에　我太祖로ᄡᅥ領三司事를拜ᄒᆞ고鄭夢周로ᄡᅥ守門下侍中을拜ᄒᆞ고池湧奇로ᄡᅥ判三司事를拜ᄒᆞ다〇西京千戶尹龜澤이我太祖ᄭᅴ告ᄒᆞ야曰金宗衍이沈德符와池湧奇와朴葳諸人으로더브러公을謀害ᄒᆞᆯ식德符ㅣ趙裕로ᄒᆞ야곰勒兵ᄒᆞ엿다ᄒᆞ거ᄂᆞᆯ　太祖ㅣ德符의게告ᄒᆞ시니德符ㅣ裕를下獄ᄒᆞ야對辨코ᄌᆞᄒᆞ거ᄂᆞᆯ　太祖ㅣ王ᄭᅴ白ᄒᆞ사曰德符ㅣ臣으로더브러猜貳가無ᄒᆞ니請컨ᄃᆡ勿問ᄒᆞ소서ᄒᆞ야이에裕를釋ᄒᆞ엿더니於是에憲府ㅣ疏爭ᄒᆞ야맛ᄎᆞᆷ내裕를絞殺ᄒᆞ고德符等을流ᄒᆞ고宗衍은支解ᄒᆞ다

三年(明太祖洪武二十四年〇日皇後小松九年〇太西紀元後一千三百九十一年)이라春正月에我　太祖로ᄡᅥ三軍都摠制使를拜ᄒᆞ고裵克廉趙浚鄭道傳은中左右軍摠制使를拜ᄒᆞ다〇二月에라王益富라ᄒᆞᄂᆞᆫ者ㅣ有ᄒᆞ니池湧奇妻族이라湧

奇家에出入ᄒᆞ야自謂ᄒᆞ되忠宣王의曾孫이라ᄒᆞ거ᄂᆞᆯ捕鞫絞殺ᄒᆞ고幷히湧奇를流ᄒᆞ다〇王이還都ᄒᆞ니刑曹判書安瑗의言을從ᄒᆞᆷ이러라〇私田을革罷ᄒᆞ고給田法을定ᄒᆞᆯ식文宗舊制를依ᄒᆞ야科田을京畿에置ᄒᆞ고各各其科를隨ᄒᆞ야受케ᄒᆞ니第一科ᄂᆞᆫ大君으로브터門下侍中ᄭᆞ지百五十結을給ᄒᆞ고其下ᄂᆞᆫ次次로遞減ᄒᆞ야十八科에至ᄒᆞ니凡田租가ᄆᆡ양水田一結에ᄂᆞᆫ糙米가三十斗오旱田一結에ᄂᆞᆫ雜穀이三十斗오此外에橫斂ᄒᆞᄂᆞᆫ者ᄂᆞᆫ贓으로ᄡᅥ論ᄒᆞ다(結字ᄂᆞᆫ麗時에創用ᄒᆞᆫ니即古昔一頃이라)〇秋七月에暹羅國이遣使來聘ᄒᆞ다暹羅ㅣ中國南海中에在ᄒᆞ야我로더브러相通치아니ᄒᆞ더니至是에其王이奈工等八人을遣ᄒᆞ야致書ᄒᆞ고方物을獻ᄒᆞᆯ식其人이或袒或跣ᄒᆞ고尊者ᄂᆞᆫ白布로ᄡᅥ髮을韜ᄒᆞ고僕從이尊者를見ᄒᆞ면脫衣露體ᄒᆞ며三譯ᄒᆞᆫ後에其意를達ᄒᆞ더라〇侍中鄭夢周ㅣ上言ᄒᆞ되臺官이다만彈劾을專事ᄒᆞ야論

壬申

가非辜에及ᄒᆞᆫ다ᄒᆞ고곳裴克廉等으로더브러立昌迎禑等五罪의輕重을分定ᄒᆞ고ᄯᅩ啓ᄒᆞ야曰今後에다시論劾ᄒᆞᄂᆞᆫ者ㅣ有ᄒᆞ면誣告로論ᄒᆞ소서ᄒᆞ더라○八月에日本源了俊이遣使ᄒᆞ야方物을獻ᄒᆞ고被擄人을歸ᄒᆞ다○九月에我 太祖로ᄡᅥ判門下府事를拜ᄒᆞ고沈德符로ᄡᅥ門下侍中을拜ᄒᆞ다○省憲과刑曹ㅣ上書ᄒᆞ되鄭道傳이奸慝을內懷ᄒᆞ고忠直을外施ᄒᆞ야國政을染汚ᄒᆞ니極刑에置ᄒᆞ소서ᄒᆞ거ᄂᆞᆯ王이功臣이라ᄒᆞ야宥ᄒᆞ고鄕里에放歸ᄒᆞ다○都評議司使ㅣ上言ᄒᆞ되銀銅이本來我國國產이아니니銀瓶의貨가復行키難ᄒᆞᆫ지라맛당히古今을參酌ᄒᆞ고本國에通行ᄒᆞᆯ楮貨ᄅᆞᆯ置ᄒᆞ야印造ᄒᆞᆫ後流布ᄒᆞ야五綜布와갓치兼行ᄒᆞ소서ᄒᆞ더라○李穡과李崇仁을召還ᄒᆞ다

四年(明太祖洪武二十五年是歲高麗亡○日皇後小松十年○西歷紀元後一千三百九十二年)이라夏四月에趙英珪ㅣ守侍中鄭夢周를殺ᄒᆞ다初에夢周ㅣ我 太祖의器重ᄒᆞᆫ비되야薦擢ᄒᆞ시고夢周도ᄯᅩᄒᆞᆫ 太祖의功業을深推ᄒᆞ야歌咏에形ᄒᆞ더니戊辰廢立ᄒᆞᆫ後로브터夢周ㅣ비로소 太祖ㅣ圖ᄒᆞᆯ志가有ᄒᆞ야迎禑立昌等五罪ᄅᆞᆯ定ᄒᆞ야彈駁을抑制ᄒᆞ고王으로ᄒᆞ여곰舊人을召用ᄒᆞ라ᄒᆞ며ᄯᅩ金震陽等을引薦ᄒᆞ야諫職에布列ᄒᆞ더니맛ᄎᆞᆷ 太祖ㅣ海州에셔畋ᄒᆞ시다가墜馬病篤ᄒᆞ시니夢周ㅣ聞ᄒᆞ고喜色이有ᄒᆞ야震陽等으로ᄒᆞ여곰몬져其羽翼을除ᄒᆞ라ᄒᆞ니於是에震陽이右常侍李擴等으로더브러上疏ᄒᆞ야三司左使趙浚과前政堂文學鄭道傳과前密直副使南誾과前判書尹紹宗과前判事南在와淸州牧趙璞等을論劾ᄒᆞ니王이이에浚等六人을遠地에流ᄒᆞ고ᄯᅩ金龜聯李皭等을其貶所에分遣ᄒᆞ야장찻鞫殺ᄒᆞᆯ시時에 太祖ㅣ碧瀾渡(在今松都)에還至ᄒᆞ시니 太宗이馳迎ᄒᆞ시고本邸에急歸ᄒᆞ사夢周ᄅᆞᆯ謀去ᄒᆞ실ᄉᆡ 太祖兄의婿卞仲良이夢周의게告ᄒᆞᆫᄃᆡ夢周ㅣ事가不濟ᄒᆞᆷ을知ᄒᆞ고 太

祖邸에至ᄒᆞ야問疾을稱ᄒᆞ고觀變ᄒᆞ거ᄂᆞᆯ 太祖ㅣ接待가如初ᄒᆞ시더라이에趙英珪等이夢周의還ᄒᆞᆷ을伺ᄒᆞ야路上에서擊殺ᄒᆞ다夢周의爲人이豪邁絶倫ᄒᆞ고忠孝大節이有ᄒᆞ며自少로好學不倦ᄒᆞ야깁히性命의奧理를透得ᄒᆞ고時에國家ㅣ多故ᄒᆞ야機務가浩繁ᄒᆞ거ᄂᆞᆯ夢周ㅣ聲色을不動ᄒᆞ고左酬右應에다其當에適合ᄒᆞ니時人이王佐才라稱ᄒᆞ더니밋國事가益艱ᄒᆞ미慨然히扶持全安ᄒᆞᆯ志가有ᄒᆞᆯ시一山僧이踵門獻詩ᄒᆞ야其去ᄒᆞᆷ을諷喩ᄒᆞ거ᄂᆞᆯ夢周ㅣ執詩流涕曰嗚呼晩矣라ᄒᆞ더니至是ᄒᆞ야맛ᄎᆞᆷ내國家에殉死ᄒᆞ니年이五十七이러라後에我朝ㅣ贈職賜諡ᄒᆞ고文廟에從祀ᄒᆞ다所著ᄒᆞᆫ詩文이豪放峻潔ᄒᆞ며圃隱集이有ᄒᆞ야世上에傳ᄒᆞ더라○鄭夢周ㅣ旣死ᄒᆞ미我 太宗이麗王의계啓ᄒᆞ사金震陽等을鞫問ᄒᆞᆯ서李穡禹玄寶李崇仁李種學趙瑚의게辭連ᄒᆞᆫ지라이에몬저震陽崇仁種學과밋徐甄權弘等

을遠地에流ᄒᆞ다震陽의爲人이慷慨不羣ᄒᆞ고屬文이善ᄒᆞ며鄭道傳으로더브러李穡을師事ᄒᆞᆯ서才名이道傳에過ᄒᆞ니道傳이忌嫉ᄒᆞ다가至是에體覆使黃居正을嗾ᄒᆞ야杖殺ᄒᆞ고種學은穡의次子라長沙(今茂長)에流ᄒᆞ더니또ᄒᆞᆫ道傳의縊殺ᄒᆞᆫ비되다○王이李穡을淸州에放ᄒᆞ다王이穡다려謂曰卿의子ㅣ이믜朝廷에得罪ᄒᆞ엿스니卿은去ᄒᆞ라然이나兩江배外에ᄂᆞᆫ오자卿의意를從ᄒᆞ야適ᄒᆞ라ᄒᆞᆫ티穡이對曰臣이田宅이無ᄒᆞ니安歸乎잇가ᄒᆞ더라○沈德符로배判門下府事를拜ᄒᆞ고 我太祖로배門下侍中을拜ᄒᆞ다○六月에前判三司事禹玄寶와밋宗室南平君和와前節制使王承貴等을遠地에流ᄒᆞ고鄭道傳南誾等을召還ᄒᆞ다玄寶의爲人이忠厚ᄒᆞ고居官에淸白ᄒᆞ며子洪壽等五人이다登科ᄒᆞ고孫成範은王女를尙ᄒᆞ니尹紹宗等이其宗支가彊ᄒᆞᆷ을忌ᄒᆞ야去코자ᄒᆞ더라玄寶ㅣ夢周等으로더브러王室을謀襲

35222

ᄒᆞ더니밋夢周ㅣ死ᄒᆞ미屍가道傍에在ᄒᆞ야敢近ᄒᆞᄂᆞᆫ者ㅣ無ᄒᆞ거늘支實ㅣ山僧을密敎ᄒᆞ야收瘞ᄒᆞ고麗가亡ᄒᆞ미中國에逃入ᄒᆞ엿다가다시歸國ᄒᆞ거늘　我太祖ㅣ召見ᄒᆞ사功臣爵號를賜ᄒᆞ시니不受ᄒᆞ고卒ᄒᆞ니諡曰忠靖이오洪壽等은鄭道傳의微賤을侮ᄒᆞ야其告身에署名치아니ᄒᆞ니道傳이깁히挾憾ᄒᆞ다가革命時에搆揑私殺ᄒᆞ니라○趙浚으로ᄡᅥ京畿左右道節制使를拜ᄒᆞ고南誾으로ᄡᅥ慶尙道節制使를拜ᄒᆞ야各各其道兵馬를掌ᄒᆞ다○秋七月에鄭道傳으로ᄡᅥ奉化郡忠義君을拜ᄒᆞ다○王이原州에遜位ᄒᆞ다時에　太祖威德이日盛ᄒᆞ시니衆心이推戴ᄒᆞ야稠人廣坐中에서揚言曰天命과人心이이믜所屬이有ᄒᆞ니엇지勸進치아니ᄒᆞᄂᆞᆫ고ᄒᆞ더니十二日辛卯에右侍中裵克廉等이王大妃安氏ᄭᅴ白ᄒᆞ야曰今王이昏闇ᄒᆞ야生民의主가되지못ᄒᆞ리이다ᄒᆞ고드듸여妃의敎로王을廢ᄒᆞ야原州에放ᄒᆞ니高麗ㅣ太祖開國ᄒᆞᆷ으로브터王에至ᄒᆞ기ᄭᆞ지凡三十四王이오歷年이四百七十五年에亡ᄒᆞ니　我太祖ᄭᅴ오셔即位ᄒᆞ신後에王을恭讓君으로降封ᄒᆞ셧다가後三年에君이崩ᄒᆞ거늘王을追封ᄒᆞ시다

歷史編輯之始本欲自檀君以迄　本朝通爲八編故上三編先行之日作序述其意矣其後議論稍異編至高麗而止幾爲五篇願世之君子幸毋以前後矛盾而見恠焉　圭桓識○

普通校訂 東國歷史卷五 高麗紀 七十二